Weine der Welt

Beratung: Susan Keevil

Beiträge: Geoff Adams, Christine Austin, Richard Baudains, Julie Besonen, Kathleen Buckley, Stephen Brook, Giles Fallowfield, Dr Caroline Gilby MW, Richard Jones, Susan Keevil, James Lawther MW, Angela Lloyd, Giles MacDonogh, Richard Mayson, Michael Palij MW, Jeni Port, John Radford, Roger Voss, Gary Werner, Dr Paul White

DK

DORLING KINDERSLEY
London, New York, Melbourne, München und Delhi

Produziert für Dorling Kindersley von Departure Lounge:
PROJEKTLEITUNG Georgina Matthews, Ella Milroy
GRAFIK Lisa Kosky
PROJEKTBETREUUNG Kelly Thompson
REDAKTION Debbie Woska
REDAKTIONSASSISTENZ Caroline Blake
GESTALTUNG Juliane Otterbach, Lee Redmond, Clare Tomlinson
KARTEN Draughtsman Ltd

Für die deutsche Ausgabe:
PROGRAMMLEITUNG Monika Schlitzer
PROJEKTBETREUUNG Silke Körber
HERSTELLUNGSLEITUNG Dorothee Whittaker
HERSTELLUNG Anna Strommer

Bibliografische Information Der Deutschen Bibliothek
Die Deutsche Bibliothek verzeichnet diese Publikation in der Deutschen Nationalbibliografie; detaillierte bibliografische Daten sind im Internet über http://dnb.ddb.de abrufbar.

Titel der englischen Originalausgabe: Wines of the World

ÜBERSETZUNG Dr. Andreas Kellermann, Christian Kennerknecht
REDAKTION APE, Overath

ISBN 3-8310-0871-X

Colour reproduction by Colourscan, Singapore
Printed and bound in China by South China Printing

Besuchen Sie uns im Internet
www.dk.com

◁ **Weingarten in Napa Valley, Kalifornien, USA**

Inhalt

500ml PRODUCT OF SOUTH AFRICA Alc 13,5% Vol.
de Trafford
VIN DE PAILLE
Wine from naturally dried grapes
WINE OF ORIGIN STELLENBOSCH
1999
MONT FLEUR · PO BOX 495 · STELLENBOSCH · FAX 021 8801611

Anhang

ÜBER DIESES BUCH

DIESES BUCH WILL IHNEN größtmöglichen Genuss an den zahllosen im Handel erhältlichen Weinen ermöglichen. Das erste Kapitel beleuchtet den historischen und kulturellen Kontext und gibt einen Überblick über verschiedene Traubensorten, Weintypen sowie Produktionsverfahren in Weingarten und Kellerei. Danach bieten 13 Kapitel einen Überblick über die wichtigsten Weinländer der Welt, die bedeutendsten Regionen sowie sachkundige Empfehlungen zu Spitzenerzeugern und einzelnen Weinen. Spezialkarten zeigen die Hauptanbaugebiete in jeder größeren Region bzw. jedem Land, und Themenkästen beleuchten wichtige Aspekte der Weinbranche (z. B. Weinrecht und Produktionsverfahren). Das letzte Kapitel liefert wichtige allgemeine Informationen (z. B. über das Lesen von Weinetiketten oder das Verkosten, Kaufen und Lagern von Wein) sowie ein Glossar grundlegender Begriffe.

Die wichtigsten Weinbauländer

Es gibt 13 farbig abgesetzte Kapitel, die jeweils ein wichtiges Weinland (bzw. eine Gruppe von zwei oder mehr Nachbarländern) behandeln. Jeder Unterabschnitt besteht aus folgenden Teilen: allgemeine Einleitung, Weinkarte der Region, Aufstellung der wichtigsten Anbaugebiete, Porträts von Spitzenerzeugern. Außerdem enthält jedes Kapitel Weinreisen, Kästen mit Berichten und Themenfeatures.

Kapiteleinleitung

Eine Karte illustriert die Hauptanbaugebiete oder Anbauländer.

1 Länder und Regionen

Hier wird die Weinproduktion für jede Region und jedes Land (bzw. jede Ländergruppe) im historischen Kontext dargestellt – mit einem kurzem Blick auf die heutige Weinbranche und einem Abriss der vorherrschenden Traubensorten und Weintypen.

Einleitung des Unterabschnitts

2 Weinkarte

Diese Karten zeigen die Hauptanbaugebiete einer bestimmten Region bzw. eines Landes.

Jedes Land ist leicht an der Farbgebung erkennbar.

Ein Kasten liefert einen Überblick über Klima, Topografie und andere das Terroir bestimmende Faktoren der Region.

Jedes Hauptanbaugebiet ist auf den Karten farbig markiert.

Eine Legende fasst alle farbkodierten Gebiete und deren Erzeuger zusammen und erleichtert so die Orientierung auf den folgenden Seiten.

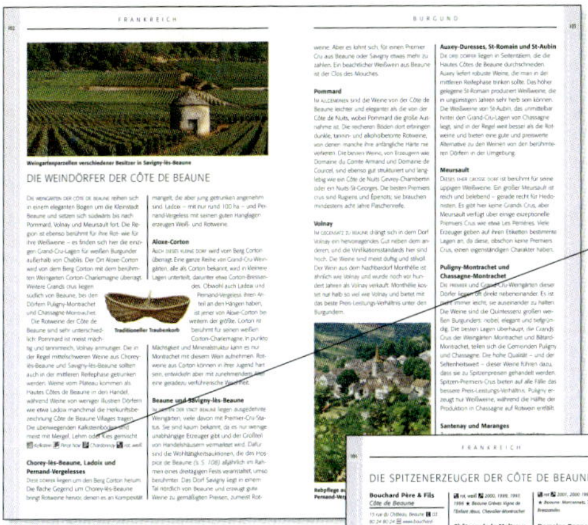

3 Weinbaugebiete

Diese Seiten bieten eine Einzeldarstellung der wichtigsten Anbaugebiete samt einem Überblick über Terroir, Anbau sowie Produktion und Charakteristik der Weine.

Detailangaben informieren über vorherrschende Bodentypen, rote und weiße Traubensorten sowie Weintypen eines jeden Anbaugebiets.

Themenkästen behandeln wichtige Aspekte des Weinbaus.

4 Führende Erzeuger

Beschreibung ausgewählter Spitzenerzeuger mit Informationen über ihre besonderen Weine.

Spitzenweine listet 12 empfohlene Weine auf. Symbole bezeichnen den Weintyp, € signalisiert die Preisgruppe (€ für die preiswerteste, €€€€ für die teuerste).

Im genannten **Anbaugebiet** befindet sich die Hauptkellerei des Erzeugers. Darunter finden sich Kontaktinformationen.

Der Kasten **Besuchertipps** liefert praktische Informationen wie Länge der Reiseroute sowie Angaben zu den Öffnungszeiten.

Detailangaben zu vorherrschenden Weintypen, den besten Jahrgängen und empfehlenswerten Weinen.

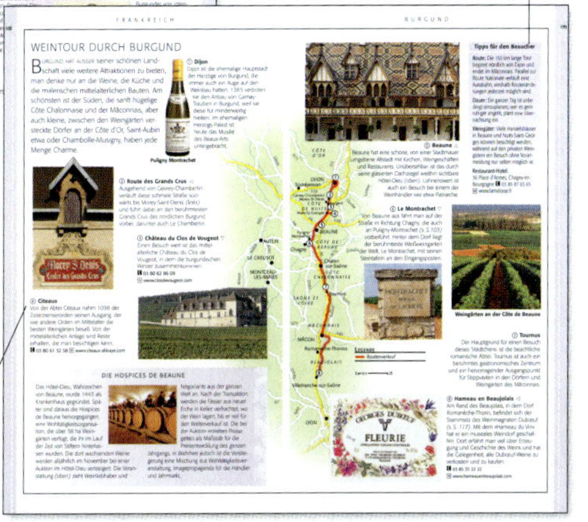

5 Weinreise

Hier findet man eine Karte samt Reiseroute zu weinbezogenen Attraktionen in einigen der berühmtesten Anbaugegenden der Welt.

Jedes erwähnte **Reiseziel** ist auf der Karte nummeriert.

EINFÜHRUNG IN DIE WEINE DER WELT

DIE WELT DES WEINS

Wein ist ein direktes Abbild des Terroirs (s. S. 22–25)*: Kein anderes Produkt bildet in solcher Weise die Summe seiner kulturellen, geografischen und historischen Ursprünge. Bei jeder Traubenlese kommen klimatische und menschliche Faktoren zusammen, weshalb Weine auch nie gleich sind. Ein Wein kann einfach oder komplex sein: Vordergründig nur ein unmittelbares Vergnügen für die Sinne, aber auch das Sinnbild eines Stückes Land und einer Zeit.*

HERKUNFT UND KULTURELLE BEDEUTUNG DES WEINS

Wein soll erstmals in den Bergen des georgischen Kaukasus hergestellt worden sein und ist seit Beginn der Geschichtsschreibung Teil der Weltkultur. Im alten Griechenland und in Rom lud der Gott Dionysos (bzw. Bacchus) dazu ein, mit Wein zu feiern, der dadurch fester Bestandteil mediterranen Lebens wurde. Später bildete er zudem ein wichtiges Element der christlichen Religion – europäische Klöster trugen im Mittelalter durch verbesserte Anbautechniken und Vinifikationsverfahren entscheidend zur Steigerung der Weinqualität bei.

Bacchus-Darstellung von Caravaggio (um 1593)

Als die Europäer im 16. Jh. in die Neue Welt aufbrachen, nahmen sie ihre Religion und ihre Reben mit. Neben seiner traditionellen religiösen Funktion wurde Wein hier als Durstlöscher auch ein wichtiger Teil der Alltagskultur, da er sauber und gefahrloser zu trinken war als Wasser. Inzwischen blühte in Europa der Weinhandel (mit den Exportzentren Bordeaux, Porto und Venedig), die Verfahren zur Flaschenfertigung wurden perfektioniert, die Schaumweinerzeugung kam auf und die Weine aus Bordeaux, Burgund, Deutschland und Portugal wurden immer begehrter: Die Weinwelt begann ihre heutige Form anzunehmen. Mittlerweile gehört Wein mehr als je zuvor auf der ganzen Welt zum Alltag, sei es als Festtrunk, sei es als vielseitiger Begleiter zu Speisen – was kaum überrascht: Neben der entspannenden Wirkung des Alkohols fasziniert er nach wie vor durch sein ständig wechselndes Gesicht, das untrennbar mit Land, Leuten und Kultur seiner Heimat verbunden ist.

DIE WEINWELT IM AUFBRUCH

Gegen Ende des 20. Jh. gab es weltweit über 8 Mio. Hektar Rebfläche, die um die 300 Mio. hl Wein erzeugten. Wein wird heute von Chile über Südafrika und Neuseeland bis hin nach China

◁ **Detail eines Freskos von Ghirlandaio, San Martino dei Buonoumini, Florenz**

praktisch überall hergestellt. Auf der Wein-Weltkarte *(s. vorderes Vorsatzblatt)* sieht man, dass die meisten Weingärten zwischen 32° und 51° nördlicher sowie 28° und 42° südlicher Breite liegen.

Der Mittelmeerraum bildet das Zentrum des Weinbaus. Hier gibt es um die 240 Sonnenstunden pro Monat, eine Durchschnittstemperatur von 17 °C während der Vegetationsperiode, um die 600 mm Niederschlag pro Jahr und frostig-kalte Winter, die den Reben eine Ruhephase verschaffen. Von diesen Idealbedingungen profitieren die klassischen Anbaugebiete Bordeaux, Burgund, das Rhônetal, Rioja und die Toskana, deren Weine weltweit Maßstäbe gesetzt haben. In diesen Bereichen der »Alten Welt« ist das Terroir überaus wichtig. Findet man das richtige Terroir, werden die Weine eine harmonische Kombination von Säure, Süße, Fruchtaromen und Tanninen in perfekter Ausgewogenheit ausbilden. Bei minderwertigem Terroir wird die Ernte dagegen häufig schlecht ausfallen.

Die Suche nach neuem Terroir hat viele Weinbauern in noch nicht erschlossene Gegenden Europas und der Neuen Welt gelockt, und viele neu entdeckte Gegenden, besonders in heißem Klima, eignen sich ausgezeichnet für den Anbau. Doch man stellt immer öfter fest, dass die besten Weine aus Weingärten kommen, bei denen der Einfluss von Wasser (in Form eines Sees, Flusses oder Meeres) oder die Höhenlage die Temperaturen senkt. Wenn die Reben ein wenig mehr ums Überleben kämpfen müssen, entwickeln die Trauben meist feinere Aromen.

Weingenuss im Voyager Estate, Australien

ALTE WELT UND NEUE WELT

HEUTE UNTERSCHEIDET man zwischen Weinen aus der »Alten« und der »Neuen« Welt. Erstere ist das Zentrum des Weinbaus, der sich hier seit 7000 v. Chr. entwickelt hat. Die klassischen Regionen Frankreichs, Italiens und Spaniens bilden den Kernbereich, in dem die Weinerzeugung als altehrwürdige Tradition zu Hause ist. Die Neue Welt dagegen umfasst Weingärten, die von Entdeckungsreisenden und Missionaren seit dem 14 Jh. in der südlichen Hemisphäre und Nordamerika angelegt wurden. Chile, Argentinien, Australien, Neuseeland, Kalifornien und Südafrika gehören zu dieser Kategorie.

Pflege der Reben im Frühling, Panther Creek, Oregon, USA

Bis vor kurzem war es noch recht einfach, ein Glas Wein zu nehmen und durch Riechen und Kosten festzustellen, ob er aus der Alten oder der Neuen Welt stammt: Letzterer besaß die typisch-vollen Fruchtaromen einer Weinlage mit warmem Klima. Eine Probe aus der Alten Welt dagegen wäre subtiler – mit feinen, komplexen Aromen und schlankeren, mehrschichtigen Geschmacksnoten. Heute ist dieser Unterschied weniger ausgeprägt als früher. Aufgrund verbesserter Anbau- und Vinifikationstechniken kann ein Wein der Alten Welt genauso üppig und reif schmecken wie aus der Neuen Welt. Doch das Gegenteil trifft ebenso zu: Die Winzer der Neuen Welt lernen auch viel von der Alten. Ihre Weinbauern suchen sich kühlere Weinlagen für den Anbau aromatisch-subtiler Traubensorten. Und in der Kellerei werden alte Techniken wie Fassvergärung, Verwendung wilder Hefekulturen u. Ä. eingesetzt, um den Wein komplexer zu machen. All das verwischt den geschmacklichen Unterschied zwischen Weinen der Alten und der Neuen Welt zusehends.

GUTSWEINE UND MARKENWEINE

ES GIBT VIELE verschiedene Weintypen und -qualitätsstufen. Die Kellereiverfahren sind so weit fortgeschritten, dass ein Winzer mit Zugriff auf die geeigneten Trauben praktisch erzeugen kann, was er möchte. Spitzenweingärten können einige Flaschen sorgfältig gekelterten Nobelweins liefern, die das Terroir reflektieren; der Wein kann jedoch auch ein gekonnter Verschnitt aus vielen Weingärten in größerer, kommerzieller Menge sein. Jeder dieser Weintypen hat bestimmte Vorteile: Aus den Verschnitten können »Weltmarken« werden, bei denen die Kunst darin besteht, dass der Wein – auch über Jahre hinweg – durchweg unverändert bleibt. Hier rangiert Verlässlichkeit an erster Stelle. Da solche Weine en masse produziert werden, sind sie auch erheblich preisgünstiger und flächendeckend erhältlich. Puristen dagegen sind der Ansicht, dass die Gutsweine die wirkliche Vielfalt des Weins zeigen: Sie sind ein echtes Spiegelbild ihres Landes und seiner Kultur, werden in geringeren Mengen hergestellt, sind schwieriger zu erhalten und können wesentlich teurer sein. Diese Weine lösen leidenschaftliche Diskussionen aus, und ihre Aromen und Geschmacksnoten verweilen auf der Zunge und im Gedächtnis: Sie haben alles, was ein Wein braucht.

Winzerei der Neuen Welt: Haras de Pirque, Chile

***Château* der Alten Welt, Burgund**

WEINKONSUM: AKTUELLE TRENDS

IN DEN TRADITIONELLEREN Weinländern Frankreich, Italien und Spanien wird zwar viel produziert, aber in den letzten 30 Jahren ist der Konsum beträchtlich zurückgegangen. Zunächst einmal ist die Wasserqualität gestiegen, so dass Wein nicht länger als Grundgetränk erforderlich ist. Zudem wird Wein nicht länger als Nährstoffquelle betrachtet, sondern eher als

Hemmnis bei der Arbeit, und schließlich ist der Konsum in den Bars zurückgegangen. Wein wird heute in kleineren Mengen und auf höherem Niveau produziert, um der Überproduktion und einem ständigen Anwachsen des europäischen »Weinsees« entgegenzutreten. Qualität und der damit verbundene Preis bedeuten aber auch, dass man mit Wein nicht mehr »zecht«, sondern daran nippt und ihn genießt.

Im englischsprachigen Raum ergibt sich jedoch ein anderes Bild: In Großbritannien z. B. ist der Weinkonsum seit 1970 um über 500 % gestiegen. Die zunehmende Beliebtheit des Weins ist hier direkte Folge der Überschwemmung des Marktes mit großen Mengen preiswerten, reif-fruchtigen Weins aus der Neuen Welt sowie des Aufkommens von »Markenweinen«. Über traditionelle Händler, Supermärkte und das Internet ist Wein überall und für jeden erhältlich und damit nicht mehr Privileg einer wohlhabenden Elite. Und da es immer mehr preiswerte Reisemöglichkeiten ins Ausland gibt, lernen Weintrinker jetzt auch eine größere Weinvielfalt kennen.

Einer allgemeinen Ansicht nach gehören Wein und gesunde Lebensführung zusammen. Aufgrund seiner Vorzüge als geselliges und gesundes Getränk und des vielseitigen Interesses, das man ihm überall entgegenbringt, wird Wein wohl noch lange Teil unserer Kultur sein.

Weinproduktion (in 1000 hl) 1999

Frankreich	60 935
Italien	58 110
Spanien	36 802
USA	20 691
Argentinien	15 888
Deutschland	12 244
Australien	8511
Südafrika	7968
Portugal	7806
Chile	4807
Griechenland	3680
Ungarn	3339
Österreich	2917
Schweiz	1310
Neuseeland	602
Kanada	350
Großbritannien	14

Weinkonsum (Liter pro Kopf/pro Jahr)

Frankreich	56,9
Portugal	50,0
Italien	50,0
Schweiz	43,1
Spanien	36,2
Argentinien	34,0
Griechenland	34,0
Österreich	31,0
Ungarn	31,0
Deutschland	23,9
Australien	20,0
Großbritannien	17,5
Neuseeland	16,7
Chile	16,0
Kanada	10,1
Südafrika	9,2
USA	7,6

Traubenlese in Australien für die Marke Jacob's Creek

DIE ALTE WELT

WEIN IST SEIT DEM ALTERTUM fester Bestandteil der Kulturen. Bereits die ältesten Zeugnisse über den Anbau von Kulturpflanzen erwähnen die Weinrebe. Von der »Wiege des Weinbaus« (Armenien, Georgien und die Küste des Schwarzen Meeres) über Ägypten und Griechenland bis in andere Gebiete Europas baute man die Rebe als Feldfrucht an – aus ernährungstechnischen, sozialen, ökonomischen und kulturellen Gründen.

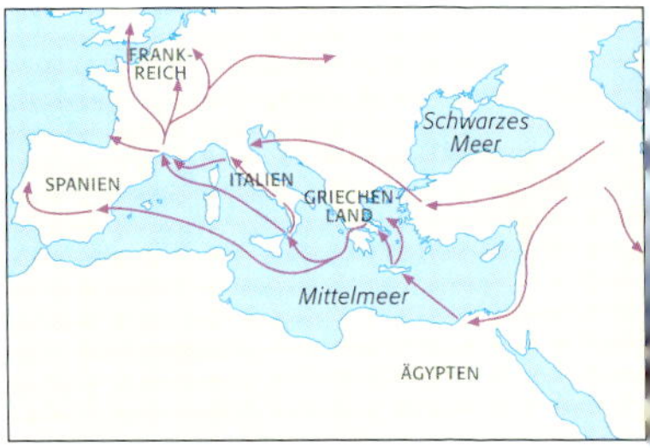

LEGENDE
→ *Ausbreitung des Weinbaus bis zum 1. Jh. n. Chr.*

Dionysos, der Weingott ◁
Die Griechen tranken auf den Gott Dionysos (auf der Schale links abgebildet), um ihre Sorgen zu vertreiben. Die Römer übernahmen diese Tradition und nannten ihren Gott Bacchus.

Griechische Amphore ▷
Amphoren, die zum Vergären, Reifen, Lagern und Transportieren von Wein dienten, gab es in verschiedenen Formen, Größen und Designs, die ihre Herkunft und das Ansinnen ihres Besitzers spiegelten. Diese stammt aus Zypern (um 540 v. Chr.).

Weintransport auf dem Fluss ◁
In Frankreich und Deutschland waren Rhône und Mosel wichtige Weinhandelswege. Hölzerne Fässer – hier als Dekoration, die das Grab eines Weinhändlers in Neumagen schmückt – verwendete man ungefähr ab dem 2. Jh. n. Chr.

CHRONIK

7000 v. Chr. Erste Zeugnisse des Traubenanbaus in Georgien

6000 v. Chr.

5000 v. Chr. Älteste Zeugnisse eines Weinlagers in den westiranischen Zagrosbergen

3150 v. Chr. Beisetzung des altägyptischen Königs Skorpion I mit Gefäßen, die Spuren von Wein aufweisen

2750 v. Chr. Wein wird in Tontafel-Texten aus der mesopotamischen Stadt Ur erwähnt.

2000 v. Chr.

1750 v. Chr. Der Kodex des babylonischen Königs Hammurabi legt Gesetze für den Weinhandel fest.

1600 v. Chr. Überreste einer Traubenpresse in Palaikastro (Kreta). Die mykenischen Herrscher Kretas führen den Weinbau auf dem griechischen Festland ein.

1500 v. Chr. Fertigung der ersten gläsernen Trinkgefäße in Ägypten. Diese werden später auch von den Römern vielerorts hergestellt.

Römische Amphore

1000 v. Chr.

300 v. Chr. Griechenland dominiert die »Weinindustrie« des Mittelmeerraums und steuert ihre Ausbreitung in Italien, Südfrankreich und auf der Iberischen Halbinsel.

186 v. Chr Verbot des Bacchus-Kultes in Rom weger zu starker Ausschweifunger

Bacchus am Vesuv
◁ *Als der Vesuv im Jahr 79 n. Chr. ausbrach und Pompeji samt seinen Weingärten zerstörte, benötigten die Römer dringend neue Weinlieferanten, und die Preise schossen in die Höhe. Erhaltene Überreste wie dieses Wandgemälde aus Pompeji zeigen, wie viel der Bacchus-Kult den Römern bedeutete.*

Die **Reben** wurden im fruchtbaren Nildelta an hohen Pergolas erzogen. Ihre Trauben sammelte man in Weidenkörben.

Rote Trauben und dunkler Saft auf vielen Gemälden lassen annehmen, dass die roten Trauben in Trögen zertreten wurden, um ihre Farbe zu extrahieren.

raubenlese in Ägypten △
)etaillierte Darstellungen von Traubenlese, Veinerzeugung und -transport im alten Ägypten iefern Gemälde wie dieses am Grab des Nacht 1500 v. Chr.) aus dem alten Theben. Viele der lort abgebildeten Techniken werden bis heute :ingesetzt.

WEIN IM CHRISTENTUM

Die christliche Eucharistie (Wein als das Blut Christi, Brot als sein Körper) hat komplexe Ursprünge. Die Darstellung von Wein als Blut stammt aus dem vorchristlichen Griechenland, und auch im jüdischen Ritual spielt Wein eine Rolle. Das Wunder der Verwandlung von Wasser in Wein (bei der Hochzeit von Kanaa) erinnert an römische Feste, bei denen Bacchus dem Mythos nach dasselbe getan haben soll. Die christliche Eucharistie entwickelte ihre derzeitige Form im 4. Jh. n. Chr., doch gibt es auch ältere Darstellungen.

Die Naturgeschichte des Plinius △
Der römische Autor Plinius der Ältere (23–79 n. Chr.) *listete die Weine seiner Zeit nach Qualität, Traubensorte und Herkunftsland genau auf und erlaubt so einen wertvollen Einblick in die damaligen Verfahren zur Weinproduktion.*

1. Jh. n. Chr. Die Römer führen den Weinbau in der Region von Bordeaux ein.

92–280 n. Chr. Der römische Kaiser Domitian verbietet das weitere Anpflanzen von Reben in Italien, um gravierendem Getreidemangel vorzubeugen. 280 n. Chr. Aufhebung des Gesetzes und Ausbau der Weingärten in Frankreich.

300 n. Chr. Fässer lösen Amphoren als Transportbehälter ab.

350 n. Chr. Bei Trier und im Moseltal floriert der Weinbau.

00 n. Chr. | **200 n. Chr.** | **300 n. Chr.**

65 n. Chr. Der Spanier Columella beschreibt in einem Buch die Prinzipien des Weinbaus.

Ausbruch des Vesuv

79 n. Chr. Der Vesuv-Ausbruch zerstört den Weinhandelshafen Pompeji.

Kaiser Domitian

300 n. Chr. Wein ist fester Bestandteil der christlichen Eucharistie geworden.

MITTELALTER UND RENAISSANCE

IM MITTELALTER gehörte die Weinerzeugung fest zum Kirchenalltag, so dass die Zukunft der europäischen Weingärten gesichert war. Im späten Mittelalter wurde Wein immer wichtiger: Anbautechniken wurden verfeinert, bevorzugte Traubensorten kultiviert und die Pressverfahren in den Kellereien verbessert. Bereits zu dieser Zeit verbesserte man den Wein durch Lagerung. Aufgrund der steigenden Qualität florierten Weinhandel und -transport.

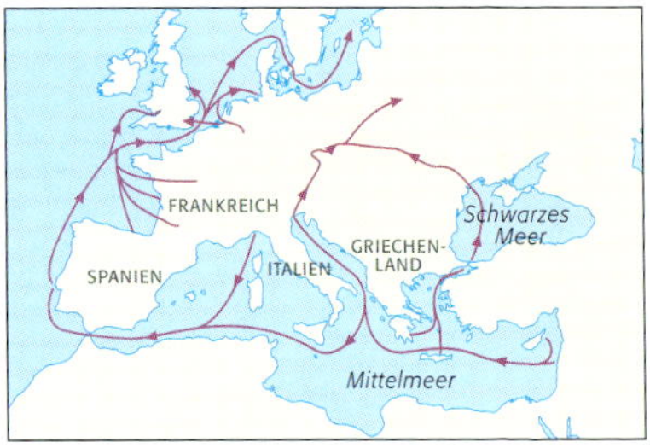

LEGENDE
→ *Weinhandelsstraßen in Europa, 16. Jh.*

Weinerzeugung im Mittelalter ◁
Im frühen Mittelalter war die Rotweinerzeugung gefährlich: Beim Zertreten der Trauben (links) entsteht Kohlendioxid, an dem die Arbeiter ersticken konnten. Im späten Mittelalter, als die Haltbarkeit des Weins wichtiger wurde, kamen Traubenpressen auf, die hochwertigeren Saft extrahierten.

Der Zeitpunkt der **Traubenlese** hing nicht nur von ihrem Reifegrad, sondern auch vom Stand des Mondes und der Sterne ab.

Burgunderweine ▽
Die Weingärten Burgunds (hier auf einem mittelalterlichen Wandteppich) erlebten unter Karl dem Großen und den Zisterziensermönchen eine Blütezeit, verfielen jedoch, als Beulenpest und Kriege ihren Tribut forderten.

Renaissance-Weinflasche ◁
Venedig war im 15. und 16. Jh. eine Drehscheibe des Weinhandels. Eine emaillierte Weinflasche wie diese war wohl nicht ungewöhnlich angesichts des Reichtums, den der Wein mit sich brachte.

Château Saumur an der Loire ▷
Dieses Bild zeigt die Traubenlese bei Château Saumur an der Loire (frühes 15. Jh.). Loire-Weine wurden im späten Mittelalter beliebt. Um 1 ha Rebfläche abzuernten, arbeiteten 20 Pflücker einen Tag lang, und da die Nachfrage nach gutem Wein stieg, wurde es immer wichtiger, geschulte Weingartenarbeiter zu haben.

CHRONIK

500 | **750** | **1000**

um 500
Der Zusammenbruch Roms unterbricht Handelswege und wirkt sich nachteilig auf die Produktion aus; die Kirche erhält den Weinbau jedoch aufrecht.

632
Beim Tod Muhammads gehört Wein nicht mehr zum arabischen Alltagsleben.

750
Vermutliche Festlegung des Weinrechts in Nordfrankreich und Deutschland durch Karl den Großen.

816
Ludwig, der Sohn Karls des Großen, wird in Reims gekrönt. Er sichert die Macht der Karolinger und setzt sich für regionale Weine ein.

um 900
Kalif Osman befielt, zwei Drittel der Weingärten von Valencia (Spanien) zu zerstören.

Leif Ericsson

1000
Leif Ericsson landet an der Nordküste Neufundlands, wo die vielen Wildreben ihn zur Verleihung des Namens Vinland (Weinland) veranlassen.

um 1050
Französische Landbesitzer roc Land für den Ausbau der We gärten – auch in Deutschlanc und dem späteren Ungarn.

Das Weinrecht Karls des Großen ▷
Die Vorliebe Kaiser Karls des Großen für den Wein und seine detaillierten Vorschriften zu Rebenanbau und Vinifikation führten viele französische und deutsche Weingärten aus dem frühen Mittelalter heraus. Der Legende zufolge soll er den Anbau weißer Trauben in Corton-Charlemagne angeordnet haben, da der Rotwein seinen Bart verfärbte.

Klöster und Wein △
Klösterweingärten trugen zur Qualitätssteigerung des Weins bei, da ihre Weine aber nicht in den Handel kamen, wurden weltliche Erzeuger für die Versorgung immer wichtiger.

Die Festlegung der Traubennamen begann im 14. Jh. Viele Weingärten bauten damals eine Sortenmischung an.

Reichtum der Händler ▷
Edward I. wollte sich die Loyalität der Bordeaux-Weinhändler sichern; also versprach er ihnen Macht und Reichtum, verlieh ihnen die Ehrenbürgerrechte der Stadt London und das Recht, ihre eigene Gilde zu gründen, die Vintners' Company.

AUFSTIEG UND FALL VON BORDEAUX

Nach der Heirat Heinrichs II. mit Eleonore Herzogin von Aquitanien im Jahr 1152 *(unten)* gehörte Bordeaux 300 Jahre lang zur englischen Krone. Eléonores Lieblingssohn Richard Löwenherz wählte Bordeaux als Sitz und nahm die Weinproduktion in seine Hand. In der Folge blühte der Handel zwischen Bordeaux und England, und die Vorlieben änderten sich – von dünnem Weißwein zum hellroten Clairet. Im Jahr 1453 erhielten die Franzosen Bordeaux zurück, und aufgrund der anschließenden Handelsbeschränkungen gingen die Exporte nach England zurück.

1200
Die spanischen Weingärten erholen sich nach dem Ende der muslimischen Herrschaft.

um 1300
Zisterzienser-Mönche bauen die Weingärten in Burgund und dem Rheinland aus.

1350
Großbritannien konsumiert etwa die Hälfte der gesamten Bordeaux-Exporte; bis 1390 steigt der Anteil auf 80 %.

Siegel eines Weinhändlers

1453
Bordeaux fällt zurück an Frankreich. Süßere Weine aus dem Mittelmeerraum und ein spanischer Sherry-Vorläufer kommen in Mode.

1200 — **1400** — **1500**

1152
Nach der Heirat Heinrichs II. mit Eleonore von Aquitanien gehört die Weinregion von Bordeaux 300 Jahre lang zur englischen Krone.

1335
Steuern auf Weinimporte machen zwei Drittel der Kommunaleinnahmen von Brügge (Flandern) aus.

1420
Portugal besiedelt die Insel Madeira und baut Reben für einen neuen aufgespriteten Wein an.

1437
Gründung der Vintners' Company in London, die den Einzel- und Großhandel der Stadt regelt.

1550er Jahre
Wein gilt per Dekret als besser für das Wohl der Allgemeinheit als das oft verunreinigte Wasser.

DAS GOLDENE ZEITALTER

DIE WEINGESCHICHTE des 16.–19. Jh. war voller Entwicklungen und Abenteuer: Amerika, Südafrika und Australien wurden für den Weinbau erschlossen, während man in Europa die Herstellungsverfahren für süßen, moussierenden und aufgespriteten Wein perfektionierte. Die Entwicklung von soliderem Flaschenglas und später auch Korken als Verschluss revolutionierten die Weinlagerung. Spitzenweine konnten nun bis zur Vollendung gelagert werden.

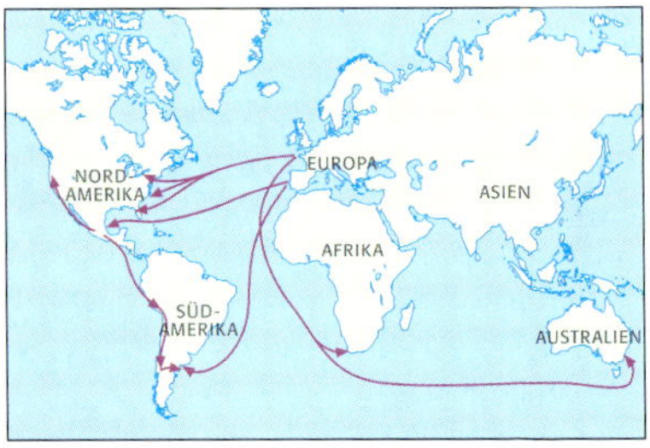

LEGENDE

→ *Ausbreitung des Weinbaus bis 1900*

Thomas Jeffersons Einsatz für den Wein ◁ *Nach seiner Zeit als amerikanischer Botschafter in Frankreich (1784–1789) brachte Jefferson viele Reben mit in die USA zurück. Als Präsident senkte er die Weinsteuer und unterstützte den Weinbau in seinem Land nach Kräften.*

Auf seinem Gut in Constantia *experimentierte Simon van der Stel mit Traubensorten, führte moderne Geräte ein und stellte sicher, dass nur vollreife Trauben gelesen wurden.*

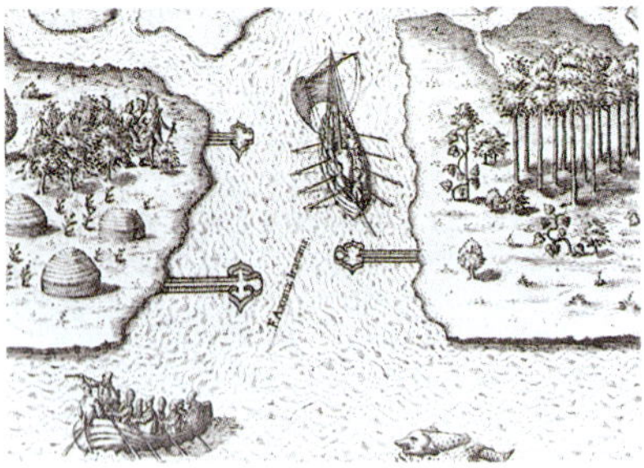

Ankunft französischer Schiffe in Florida ◁ *Französische Hugenotten auf der Flucht trafen 1562 in Florida ein, wurden dort heimisch und bauten Reben an. Sie wurden später von spanischen Siedlern vertrieben, die hier wohl ebenfalls Reben anbauten und Wein produzierten.*

CHRONIK

um 1520 Einführung von Weinreben in Mexiko

1557 Gründung argentinischer Weingärten

1568 Spanische Siedler stellen vermutlich erstmals in den USA Wein her.

1660er Die Bordeaux-Region Sauternes beginnt mit der Süßweinerzeugung.

1680er Englische Händler erreichen das Dourotal in Portugal und entdecken den Vorläufer des heutigen Portweins.

1500

1600

um 1540 In Chile werden Weingärten angelegt.

König Philip II.

1597 Auf Anweisung des spanischen Königs Philip II. gründet Don Lorenzo Garcia eine Kellerei in Mexiko, die bis heute arbeitet.

1630er In Newcastle (England) werden die ersten modernen Weinflaschen gefertigt.

1655 Die erste Ladung Reben trifft in Cape Town (Südafrika) ein.

1679 Das englische Parlament verbietet französischen Wein; portugiesische Weinexporte nehmen stark zu.

Die Bordeaux-Châteaus ◁

Bei der Klassifizierung der Bordeaux-Weine auf Anweisung Napoleons im Jahr 1855 hatte der Begriff Château nur wenig Bedeutung. Danach nahmen Glanz und Renommee solcher Schlösser und Güter wie Margaux (links) *immer mehr zu.*

Die Ursprünge des Schaumweins ▷

Dom Pérignon, Vater des Champagners, verbrachte einen Gutteil seines Lebens mit dem Versuch, etwas anderes als Schaumwein herzustellen – er betrachtete das Moussieren als Makel. Er wusste aber, wie es entstand, und als Schaumwein in Mode kam, war sein Wissen von großem Wert.

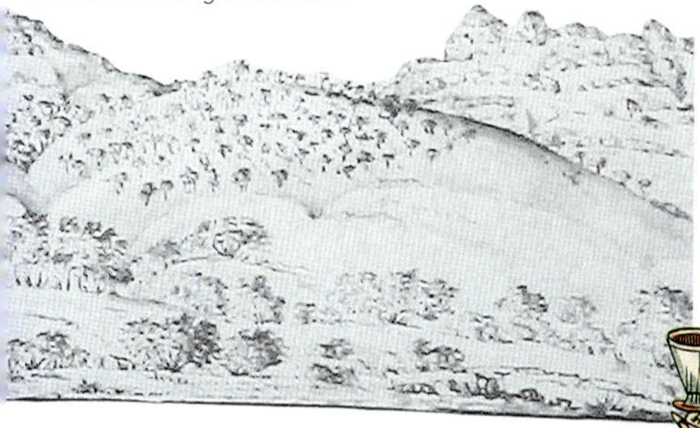

Erste südafrikanische Weingärten △

Der holländische Arzt Jan van Riebeeck führte 1655 die ersten Reben am Kap der guten Hoffnung ein. Nach einer schwierigen Anfangszeit revolutionierte der holländische Kommandant Simon van der Stel die Weinerzeugung durch Experimente mit den Reben auf seinem 1686 gegründeten Gut in Constantia.

Flaschen für Alltagswein ▷

Seit Anfang des 18. Jh. gab es Glas, das zum Transportieren, Lagern und Reifen von Wein robust genug war. Überall entstanden Fabriken, und Flaschen waren nun allerorts verfügbar.

PHYLLOXERA VASTATRIX

Die Reblaus *(Phylloxera Vastatrix)* schadete dem Weinbau im ausgehenden 19. Jh. auf verheerende Weise. Sie griff die Rebwurzeln an und vernichtete mit einem Schlag zahllose Weingärten – zuerst in England und Südfrankreich, dann im Rhônetal und in Bordeaux, bis sich die französischen Erträge in den 1880er-Jahren fast halbiert hatten. Von Frankreich aus breitete sie sich in Spanien, Italien, Portugal und Griechenland aus, wo viele Weingärten nie wieder bepflanzt wurden. Bis heute ist das einzige Mittel gegen die Reblaus das Pfropfen europäischer Reben auf resistente amerikanische Stöcke *(s. S. 510–511)*.

1769 Gründung von Klosterweingärten in San Diego (USA)

1788 Captain Arthur Phillip führt Weinreben in Neusüdwales (Australien) ein.

1820 Der Weinbau erreicht Nordkalifornien.

Dom Pérignon

1850er Ein Mehltau-Befall schmälert die Ernte französischer Weingärten.

1863 Erste Berichte über die Reblausplage; verheerende Auswirkungen in europäischen Weingärten

1700

1800

1703 England und Portugal vereinbaren im Methuen-Vertrag, dass portugiesischer Wein niedriger besteuert wird als französischer.

Weinprobe in den Londoner Docks, 1821

1821 Erfindung des Champagners durch Dom Pérignon

1840 Süßer Sherry macht zwei Fünftel der englischen Importwaren aus.

1881 Entdeckung, dass die Pfropfung französischer Reben auf amerikanische Wurzelstöcke Schutz vor der Reblaus bietet

20. JAHRHUNDERT UND NEUES JAHRTAUSEND

DIE TECHNISCHEN FORTSCHRITTE im 20. Jh. waren erheblich. In den 1970er-Jahren zeigte sich, dass die Neue Welt bei der Erzeugung von Spitzenweinen mit den europäischen Anbauregionen mithalten kann. Zugleich sorgte die Massenproduktion für einen Qualitätsrückgang, doch dank technischer Fortschritte in den 1980ern und 90ern stellt das neue Jahrtausend Weine in Aussicht, die hochwertiger und zuverlässiger sind als je zuvor.

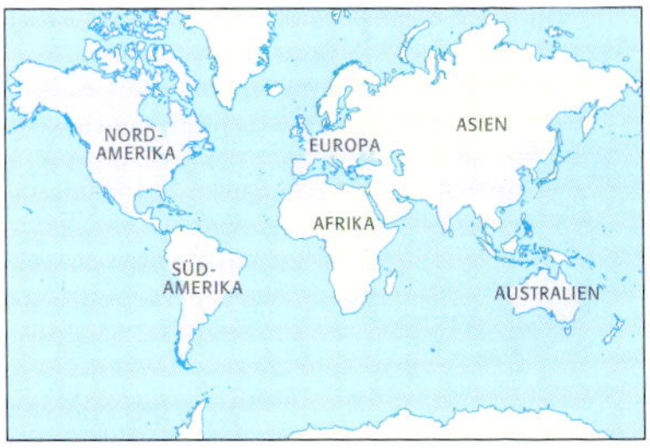

LEGENDE

Weinbauländer heute

Die amerikanische Prohibition △

Zu Beginn der Prohibition wurden 1920 die Weinvorräte systematisch vernichtet. Danach kam die Weinbranche der USA praktisch zum Erliegen, um sich erst wieder in den 1960er-Jahren zu erholen.

Werbung für Wein ▷

Seit diesem Plakat aus den 1930er-Jahren wurde die Weinwerbung immer ausgeklügelter. Maßnahmen zur Absatzsteigerung waren z. B. ein Etikett auf der Rückseite der Flasche mit einer Beschreibung des Weins und die Angabe der Traubensorte auf dem Vorderetikett.

Spezialtraktor für Weingärten △

Die Weinbautechnik verbesserte sich in den 1960ern – mit der Einführung von Maschinen, die die Reben von oben besprühen, beschneiden und ernten konnten. Der Massenanbau wurde möglich.

Moderne Riesenkellerei △

In der Neuen Welt erlaubten ein konstantes Klima und ausreichend verfügbare Fläche die Entstehung von Riesenkellereien wie Montana *(oben)* in Neuseeland, die jeden Tag Millionen von Litern zu erschwinglichen Preisen produzieren.

CHRONIK

1914–1918
Der 1. Weltkrieg und die anschließende Weltwirtschaftskrise schwächen die Weinbranche.

1935
In Frankreich werden die ersten AOC-Bestimmungen zur Kontrolle von Ertrag, Herkunft, Alkoholgehalt und Produktion angenommen.

Soldaten bei der Traubenlese, 2. Weltkrieg

1950er
Technische Fortschritte beim Weinbau: Traktoren zur Bestellung der Rebfläche, Chemikalien zur effektiveren Bekämpfung von Krankheiten, Verbesserung der Klonauswahl

1957
Max Schubert produziert »den ersten großen australischen Wein: Grange Hermitage«.

1900 — **1950** — **1960**

1920
In den USA verbietet die Prohibition den Weinkonsum. Die Produktion liegt bis zur Aufhebung 1933 brach.

1940–45
Der 2. Weltkrieg verstärkt den Druck auf die Weinbranche.

1950er
Aufgrund der Verbesserung des Leitungswassers ist Wein in ganz Europa kein Alltagsgetränk mehr.

1960er
Durch die Sortenrevolutior effektiverer Anbau möglich Angabe der Traubensorte dem Etikett sorgt für Klarh

Der Aufstieg der »Boutique Winery« △
Die Weinproduktion im kleinen Maßstab ermöglicht es dem Bauern, Terroir-betonte Weine aus einem einzelnen Weingarten zu erzeugen. Dies spielt bei der Erzeugung von Qualitätsweinen eine große Rolle.

Pariser Verkostung, 1976 ▽
In einer Blindverkostung mit bordeleser cru classés *und kalifornischen Weinen auf Cabernet-Basis überraschte die Jury sich selbst und die Welt, als sie einem amerikanischen Wein den ersten Platz gab. Dies stärkte das Vertrauen in die Weine der Neuen Welt enorm.*

WEINKRITIKER

Weinkritiker sind ein modernes Phänomen: Sie helfen der Öffentlichkeit beim Verstehen einer komplexen, sich stetig ändernden Materie. Die einflussreichsten (wie der Amerikaner Robert Parker, *unten*) haben eine so begeisterte Anhängerschaft, dass bereits ein kleines Lob von ihnen die Preise eines Weines in die Höhe schnellen lässt. Ihre Gegner sind der Ansicht, dass Wein Geschmackssache ist, da jeder Aromen anders wahrnimmt. Die Abhängigkeit von der Meinung eines Kritikers kann den Weingenuss und das Entdecken neuer Aromen erheblich schmälern.

Fortschritte im Weingarten ▽
In den 1990ern erkannte man, dass gute Weine nicht nur das Ergebnis guter Vinifikation, sondern auch der Weingartenpflege sind. Reduzierung der Erträge durch Beschneiden, Anpassung der Reben an ihre Umgebung und biologischer Weinbau verbessern die Resultate.

Edelstahltanks *können die Temperatur senken, so dass die Vergärung des Weins auch in heißesten Regionen kontrolliert abläuft.*

Die Massenproduktion *ermöglicht Wein von zuverlässig gleichbleibender Qualität – Flasche für Flasche.*

1964
In den USA beginnt die industrielle Weinerzeugung mit Gründung des Gallo-Imperiums *(rechts)*: Wein wird zum Massenartikel.

1970er
In Australien bekommt Bier durch Wein in Bag-in-Box-Verpackung Konkurrenz. Beginn der Massenproduktion australischer Weine.

1980er
Staatlich geförderte Rodungsprogramme führen dazu, dass in der Massenproduktion schlechte Reben zu Gunsten hochwertiger entfernt werden.

1980er/90er
Kleine »Boutiquen«-Kellereien fördern die Erzeugung hochwertiger Weine in der Neuen Welt.

1970 **1980** **2000**

963
alien perfektioniert ein System der Herunftsbezeichnungen DOC/DOCG).

1966
Durch die Gründung der Robert Mondavi Winery wird Napa Valley zum ersten renommierten Anbaugebiet Amerikas.

1976
In einer Pariser Verkostung wird ein kalifornischer Wein vor einem französischen platziert.

1981
Émile Peynaud revolutioniert die Weinerzeugung mit einem Buch, das die Bedeutung der Vergärung mit Temperaturkontrolle darlegt.

2000
Ein bordeleser Spitzenjahrgang läutet den Höhepunkt der Ära des Wein-»Marketings« ein.

WAS IST EIN TERROIR?

DIE EIGENSCHAFTEN DER REBEN und ihrer Früchte hängen in jedem Weingarten von einem einzigartigen Zusammenspiel von Klima, örtlichen Gegebenheiten und Bodentyp ab. Der aus den Trauben gekelterte Wein wiederum spiegelt Aspekte dieser speziellen Weinlage. Das französische Wort Terroir (wörtlich »Boden«) wird zur Beschreibung der gesamten Umgebung verwendet, in der eine Rebe wächst.

Küstenregion in der Provence, Frankreich

Maritimes Klima

Die Nähe einer größeren Wassermenge, z.B. des Meeres, bestimmt das Klima. Die Abbildung unten verdeutlicht die wichtigsten Faktoren und ihre Auswirkungen auf das Klima und den Weinbau.

DIE BEDEUTUNG DES KLIMAS

Das Klima beeinflusst die Eigenschaften von Reben am stärksten. Wein produzierende Regionen teilt man klimatisch in zwei Obergruppen ein: maritim *(unten)* und kontinental *(nächste Seite)*. Das folgende Diagramm vergleicht mehrere ihrer Witterungsfaktoren:

JULI-MITTELWERTE FÜR EIN TYPISCH MARITIMES BZW. KONTINENTALES KLIMA

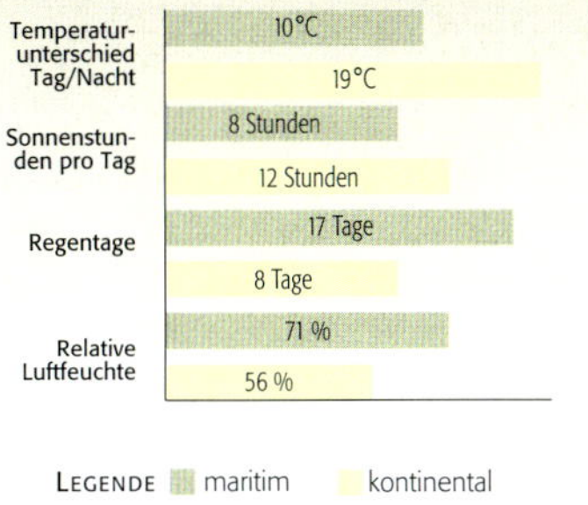

KLIMAKATEGORIEN

Im Zusammenhang mit Wein unterscheidet man drei verschiedene Klimakategorien:

- **Makroklima** entspricht etwa dem, was auch umgangssprachlich mit »Klima« gemeint ist. Es bezieht sich auf Hunderte von Quadratkilometern.
- **Mesoklima** bezieht sich auf einige Hundert Quadratmeter, oft die Größe eines Weingartens.
- **Mikroklima** betrifft nur einen kleinen Bereich, z.B. den Raum unter dem Blätterdach der Reben. Der Begriff bezeichnet das Klima im Bereich bodennaher Luftschichten, kann aber auch auf einen klar umrissenen Bereich angewendet werden.

Eine kontinentale Region: Alto Adige, Italien

Kontinentales Klima

In kontinentalen Lagen fehlt meist der Einfluss großer Wassermassen, weshalb das Klima hier trockener und manchmal auch sonniger ist. In kontinentalen Regionen herrschen starke Temperaturschwankungen zwischen Tag und Nacht sowie zwischen den Jahreszeiten. Diese Extreme können von Vorteil sein, da kältere Nächte die Entwicklung der Trauben verlangsamen, und eine längere Vegetationsperiode oft reifere und aromatischere Früchte liefert. Frost ist hier eine große Gefahr.

Kontinentale Regionen liegen oft höher als Küstenbereiche. Aufgrund der höheren Lage sinken die Durchschnittstemperaturen. Dies kann in heißen Regionen von Vorteil sein, in Randlagen dagegen ein Nachteil.

Die Lage bzw. die Ausrichtung des Hanges beeinflusst das Terroir. In der nördlichen Hemisphäre erhalten Südlagen mehr Sonne und sind wärmer als Nordlagen; in der südlichen Hemisphäre gilt das Gegenteil.

DIE BEDEUTUNG DES BODENTYPS

Die Reben leben von den organischen und mineralischen Bodenbestandteilen. Fruchtbarer Boden kann jedoch zu starkes Blattwachstum bei nur mittelmäßiger Frucht zur Folge haben; daher ist karger Boden besser geeignet. Noch wichtiger als die Bodenzusammensetzung ist seine Struktur: Eine gute Entwässerung ist der entscheidende Faktor. Typische Bodentypen:

Kalkstein
Kalksteinböden sind alkalisch und kalziumreich; sie eignen sich für Chardonnay-Reben.

Kies
Kiesböden sind warm und entwässern gut – ein Vorteil in kühlen, feuchten Regionen.

Schiefer
Schieferböden sind gute Wärmespeicher und können dem Wein eine mineralische Note verleihen.

Lehm
Lehmböden bestehen aus Ton, Sand und Schlamm und sind ein ausgewogener Bodentyp.

Granit
Granitböden sind sauer und kristallin; sie scheinen gut für Syrah-Reben geeignet.

Ton
Tonböden sind kühl und speichern Wasser – ein Vorteil in heißen, trockenen Regionen.

Die Ausrichtung der Triebe kann die Luftzirkulation unterstützen und Frost vorbeugen.

TRAUBENSORTEN

OBWOHL TERROIR UND VINIFIKATIONSVERFAHREN *eine wichtige Rolle spielen, hängt der Geschmack eines Weins in erster Linie von der einzelnen Traubensorte bzw. dem Sortenverschnitt ab. Die Vertrautheit mit einigen besonders typischen Traubensorten trägt entscheidend zum Verständnis der Stil- und Geschmacksvielfalt von Weinen aus aller Welt bei.*

DIE WICHTIGSTEN ROTEN TRAUBENSORTEN

DIESE VIER ROTEN SORTEN sind hinsichtlich Qualität und Verbreitung die wichtigsten.

Cabernet Sauvignon

Keine andere rote Sorte liefert so viele Qualitätsweine wie diese. Sie stammt vom linken Bordeaux-Ufer, wo man aus ihr körperreiche, elegante, lagerfähige Weine von vollendeter Ausdruckskraft erzeugt. Bei den klassischen Roten wird sie meist mit Merlot und Cabernet Franc verschnitten. In Napa Valley (Kalifornien) ergibt sie zugängliche Weine voll reifer Frucht.

614 800 ha Frankreich: Bordeaux (Pauillac, Margaux, Pessac-Léognan); Kalifornien; Südafrika; Australien; Chile Bidure, Petite Vidure (Frankreich)

Körperreich und ausdrucksvoll
Körperreiche, dunkle Weine mit schwarzer Johannisbeere, Minze und grünem Pfeffer. Beim Eichenausbau Vanille- oder Zedernnoten.

INTENSITÄT DES FRUCHTAROMAS

FEIN — AUSGEPRÄGT

BULGARIEN · BORDEAUX · SÜDAFRIKA · NEUSEELAND · CHILE · AUSTRALIEN · KALIFORNIEN

Weich und samtig
Junge Weine bieten sommerliche Fruchtaromen, Eichenausbau gibt ihnen eine sahnige Vanillenote. Im Alter entwickeln sich Wild- und Trüffelaromen.

Pinot Noir

Pinot Noir liefert einige der größten Weine der Welt – mittelschwere Rotweine mit duftigen Aromen, die sich im Alter entwickeln. Doch ist die Traube launisch und benötigt ein kühles Klima, geringe Erträge und gute Pflege. Ihre Heimat ist Burgund, aber sie wird auch in Oregon (USA) und Neuseeland erfolgreich angebaut. Die Weine aus der neuen Welt sind dabei zuverlässiger als die aus Frankreich, wenngleich sie nur selten dasselbe Niveau erreichen. Pinot Noir wird auch für Champagner verwendet.

207 300 ha Frankreich: Burgund (Gevrey-Chambertin, Volnay, Vosne-Romanée); Neuseeland: Central Otago, Martinborough; USA: Oregon, Kalifornien(Sonoma); Australien Spätburgunder oder Blauburgunder (Deutschland); Blauer Spätburgunder (Österreich); Pineau, Noirien (Frankreich); Pinot Nero (Italien)

INTENSITAT DES FRUCHTAROMAS

FEIN — AUSGEPRÄGT

CHILE · AUSTRALIEN · KALIFORNIEN · BURGUND · OREGON · NEUSEELAND

Syrah/Shiraz

In Frankreich wird diese Traube Syrah genannt und liefert die körperreichen, duftigen, lagerfähigen Rotweine der nördlichen Rhône. Sie wird zunehmend auch in Südfrankreich angebaut und in der Regel verschnitten. In der Neuen Welt nennt man sie meist Shiraz; sie liefert einige der intensivsten australischen Weine, vor allem aus den Tälern Barossa und Hunter sowie McLaren Vale. Das wärmere Klima sorgt für einen insgesamt reiferen und kräftigeren Wein. Shiraz wird auch in ganz Australien mit Cabernet Sauvignon zu gewöhnlicheren Verschnitten verarbeitet. Außerhalb Frankreichs und Australiens erscheint »Syrah« oder »Shiraz« ebenfalls auf den Etiketten.

309 700 ha *Frankreich: Rhônetal (Côte-Rotie, Hermitage, Cornas), Südfrankreich; Australien* *Petite Syrah (nördliche Rhône)*

Kraftvoll und würzig
Französischer Syrah ist dunkel und körperreich mit Aromen von schwarzen Früchten, Pfeffer und verbranntem Gummi. Der australische Shiraz ist reifer und intensiver.

INTENSITÄT DES FRUCHTAROMAS

FEIN → AUSGEPRÄGT

SÜDAFRIKA	KALIFORNIEN	SÜDFRANKREICH	RHÔNETAL	AUSTRALIEN

Weich und saftig
Liefert mittelschwere Weine mit weichen Pflaumen- und Brombeeraromen; in Bordeaux mit erdiger Note. Bei Eichenausbau können sahnige Vanillenoten entstehen.

Merlot

Merlot stammt aus Bordeaux und wird dort mit Cabernet Sauvignon und Franc verschnitten. In den Pomerol- und Saint-Émilion-Weinen vom rechten Bordeaux-Ufer feiert die Merlot-Traube ihre größten Triumphe und liefert als wichtigster Verschnittanteil seidenweiche, pflaumige Rotweine, die Jahrzehnte überdauern. Anderswo ist Merlot auch als Sortenwein beliebt. Weiche Tannine und saftige Aromen sind typisch für kalifornischen Merlot, dessen bessere Vertreter z. T. ebenfalls lagerfähig sind. Auch Chile hat diese Traubensorte eingeführt und stellt daraus leichte, süffige Weine her.

598 000 ha *Frankreich: Bordeaux (Saint-Émilion, Pomerol); Kalifornien; Chile* *Merlot Noir; Médoc Noir (Ungarn)*

INTENSITÄT DES FRUCHTAROMAS

FEIN → AUSGEPRÄGT

CHILE	AUSTRALIEN	BORDEAUX	KALIFORNIEN

Fortsetzung nächste Seite ▷

ANDERE ROTE SPITZENSORTEN

Barbera
Die in Norditalien und Argentinien beliebte Barbera liefert mittelschwere bis körperreiche, süffige Weine mit wenig Tannin und süßen Fruchtaromen (rote Beeren und Gewürze). *Italien (Alba, Asti)*

Cabernet Franc
Verwandt mit Cabernet Sauvignon, liefert sie leichtere, weichere Rotweine mit Aromen von Brombeere, roter Johannisbeere und Kräutern. In Bordeaux für Verschnitte und an der Loire für Sortenweine verwendet. *Frankreich: Bordeaux, Loiretal* *Breton (Loire)*

Carignan
Eine tanninreiche, robuste Sorte, die in Südfrankreich, Spanien und Teilen Kaliforniens vorkommt. Sie liefert Weine von kräftiger, dunkler Farbe mit einfachen Aromen roter Beeren. *Frankreich: Südfrankreich; Spanien; Kalifornien* *Cariñena (Spanien); Mazuelo (Rioja); Carignane (USA)*

Cinsaut
Diese duftige, würzige, hellfarbene Sorte wird in Südfrankreich und auf Korsika angebaut, dient oft für Verschnitte und liefert einen interessanten Rosé-Sortenwein. *Frankreich: Südfrankreich, Korsika* *Cinsault*

Dolcetto
Diese Traube liefert köstlich-süffige Weine von intensiver, dunkler Farbe mit lebhaften, angenehmen Aromen (Kirsche, Mandel, rote Früchte), die normalerweise jung getrunken werden. Es gibt auch konzentriertere Varianten. *Italien: Norden (Piemont)*

Gamay
Die Beaujolais-Traube kommt auch in anderen Gegenden Frankreichs und Europas vor. Typisch für ihren tanninarmen, süffigen Wein sind intensive Kirscharomen und eine lebhafte, rosa-violette Farbe. *Frankreich: Beaujolais, Loiretal*

Grenache
Die weltweit meist gepflanzte rote Traube liefert saftige, alkoholstarke, kirsch- und pfeffertönige Weine, die man oft für Verschnitte verwendet. *Frankreich: Rhônetal (Châteauneuf-du-Pape); Spanien (Rioja, Priorato)* *Garnacha Tinta (Spanien)*

Malbec
Eine rote Sorte voll würziger Aromen roter Beeren, die in Frankreich und in Argentinien angebaut wird, wo sie dunkle Weine mit kräftigen Tanninen liefert. *Frankreich: Cahors, Bordeaux; Argentinien* *Côt (Südwestfrankreich, Loiretal); Auxerrois (Cahors)*

Mourvèdre
Eine dunkle, kraftvoll-aromatische Sorte, die in Frankreich und Südspanien zum Verschneiden dient und wegen ihrer dunklen Farbe und der intensiven Lakritznote beliebt ist. *Frankreich: Südfrankreich; Spanien* *Monastrell (Spanien), Mataro (Kalifornien)*

Nebbiolo
Diese Sorte liefert in Barolo und Barbaresco (Piemont) einen körperreichen, äußerst kraftvollen Weinklassiker mit einem Bukett aus roten Beeren, Veilchen und Rosen sowie im Alter Teer und Trüffeln. *Italien: Piemont (Barbaresco, Barolo)* *Spanna (Piemont)*

Pinotage
Eine zu Beginn des 20. Jh. durch Kreuzung von Pinot Noir und Cinsaut gewonnene Traube, die den süßen, beerigen Pinot-Geschmack und die fruchtige Cinsaut-Würze kombiniert. In Südafrika beliebt, anderenorts noch kaum bekannt. *Südafrika*

Sangiovese
Italiens meistgepflanzte Sorte liefert mittelschwere bis körperreiche Weine mit lebhafter Säure, Sauerkirsch-, Pflaumen- und Trockenkräuteraromen. *Italien: Toskana (Chianti, Brunello di Montalcino, Vino Nobile di Montepulciano)* *Brunello (Montalcino)*

Tempranillo
Diese spanische Spitzentraube erzielt die besten Resultate in Rioja und Ribera del Duero. Sie liefert mittelschwere bis körperreiche Weine mit kraftvollen Tanninen und Himbeer- und Gewürzaromen. *Spanien (Rioja, Ribera del Duero)* *Tinto Fino (Ribera del Duero)*

Touriga Nacional
Eine der besten Trauben für Portwein und konventionelle portugiesische Weine, die ihre Konzentration und Tannin-Struktur durch sehr viel weiche Samtigkeit und Charme ausgleicht.
Portugal (Porto, Douro, Dão)

Zinfandel/Primitivo
Diese vielseitige Traube (Zinfandel in Kalifornien, Primitivo in Süditalien) erzeugt Weine von hellrotem Rosé bis zu kräftigem, alkoholstarkem Rotwein – mit saftigen Beerenaromen und weichen Tanninen.
Kalifornien; Italien: Süden

DIE WEINTRAUBE

Die moderne Weinindustrie existiert nur dank der besonderen Eigenschaften dieser einfachen Beere. Reife Weintrauben enthalten viel natürlichen Zucker, der zu Alkohol vergoren werden kann. Zudem besitzen sie die erforderliche Säure, um diesen Zuckergehalt auszugleichen und dem Wein einen frischen, ausgewogenen Geschmack zu verleihen. Die wichtigste Entscheidung des Weinbauern im Laufe des Jahres ist die Bestimmung des optimalen Erntezeitpunkts: Während die Trauben reifen, nehmen Zucker, Tannin, Farb- und Geschmacksstoffe zu, die Säure jedoch ab. Liest man sie zu früh, schmeckt der Wein unreif und sauer; liest man sie zu spät, fehlen ihm die nötige Struktur und Säure eines guten Weins.

Fortsetzung nächste Seite ▷

DIE WICHTIGSTEN WEISSEN TRAUBENSORTEN

DIESE VIER WEISSEN SORTEN werden vielleicht nicht am häufigsten angebaut, sind aber hinsichtlich der Qualität am wichtigsten.

Chardonnay

Chardonnay ist die beliebteste weiße Sorte der Welt, wird in vielen Ländern angebaut und liefert vermutlich auch den hochwertigsten Wein. Sie ist die wichtigste weiße Traube bei der Burgundererzeugung und auch beim Champagner von entscheidender Bedeutung. Sie liefert in der Regel einen körperreichen, trockenen Weißwein, dessen Geschmack jedoch je nach Anbauort und verwendeten Vinifikationsverfahren stark variiert – von spritzig-stählern bis hin zu intensiv-tropisch. Ihre aromatischsten Vertreter stammen aus Kalifornien, Chile und Australien. *411 100 ha* *Frankreich: Burgund (Meursault, Chablis, Pouilly-Fussé), Champagne; Kalifornien; Australien* *Morillon (Österreich)*

Vollmundig und aromatisch
In kühleren Klimazonen hat sie Aromen grüner Früchte, in wärmeren die tropischer Früchte. Wird häufig in Eiche ausgebaut.

INTENSITÄT DES FRUCHTAROMAS

FEIN — AUSGEPRÄGT

CHABLIS · BURGUND · NEUSEELAND · CHILE · AUSTRALIEN · KALIFORNIEN

Üppig und würzig
Junger Riesling schmeckt nach Limetten, Aprikosen und Äpfeln. Im Alter können sich Diesel- und Gewürznoten entwickeln. Die süßen Varianten besitzen köstliche Honig- und Marmeladentöne.

Riesling

Riesling gilt vielen als die beste weiße Traubensorte der Welt. Sie liefert einen leichten, duftigen Wein mit lebendiger Säure, herrlich aromatischem Geschmack und relativ niedrigem Alkoholgehalt. Riesling ist in mehreren Varianten erhältlich – von sehr trocken-mineralisch bis hin zu üppig-süß und überaus fruchtig – und wird selten in Eiche ausgebaut. Deutschland baut mehr Riesling als jedes andere Land an und erzeugt daraus die eindrucksvollsten Weine. Auch im benachbarten Elsass wird diese Traube angebaut; in Australien, Neuseeland und den USA gewinnt sie an Bedeutung. *136 900 ha* *Deutschland; Frankreich: Elsass; Australien; Neuseeand; USA* *Johannisberger Riesling, Rhein Riesling, Weißer Riesling; Riesling Renano (Italien)*

INTENSITÄT DES FRUCHTAROMAS

FEIN — AUSGEPRÄGT

DEUTSCHLAND · NEUSEELAND · ELSASS · AUSTRALIEN

Sauvignon Blanc

Eine trocken-spritzige, intensiv-aromatische Sorte mit ausgeprägter Säure, die in jüngerer Zeit wieder beliebter geworden ist. Sauvignon Blanc ist vor allem im Loiretal zu Hause, wo sie mittelschwere, unglaublich würzige Weißweine erzeugt. Auch in Bordeaux wird sie vielerorts angebaut und zunehmend zu Sortenwein verarbeitet, aber auch mit Sémillon zu trockenen und süßen Weißweinen verschnitten. Im neuseeländischen Marlborough findet Sauvignon Blanc ihren kräftigsten und aromatischsten Ausdruck – mit intensiver Stachelbeere und exotischen Fruchtaromen. In Bordeaux und Kalifornien wird ihr Wein manchmal in Eiche ausgebaut (und dann oft als Fumé Blanc bezeichnet). *178 000 ha* *Frankreich: Loiretal (Sancerre, Pouilly-Fumé), Bordeaux; Neuseeland: Marlborough; Chile* *Fumé Blanc (Loiretal); Muskat-Sylvaner (Deutschland, Österreich)*

Aromatisch und spritzig
Stachelbeere ist charakteristisch für Sauvignon Blanc – neben grüner Paprika, Brennnessel und Gras. In Neuseeland gehören auch tropische Fruchtaromen dazu. Eiche birgt die Gefahr, diese besonderen Aromen zu übertönen.

INTENSITÄT DES FRUCHTAROMAS

FEIN → AUSGEPRÄGT: CHILE – BORDEAUX – LOIRETAL – KALIFORNIEN – NEUSEELAND

Sémillon

Sémillon ist nicht unbedingt die bekannteste Sorte, doch ist ihre Bedeutung nicht zu unterschätzen. Sie liefert den Hauptbestandteil der legendären Sauternes-Süßweine aus Bordeaux, für die ihre üppigen, konzentrierten, köstlich-süßen Aromen mit der reizvollen Säure der Sauvignon Blanc verschnitten werden. Auch für die immer beliebteren trockenen Weißweine aus Bordeaux wird sie mit Sauvignon Blanc verschnitten. Sémillon liefert im australischen Hunter Valley ebenfalls bemerkenswerte trockene Weißweine, die nicht in Eiche ausgebaut werden. Jung sind sie leicht und würzig und entwickeln im Alter Röstaromen. *um 23 000 ha* *Frankreich: Bordeaux (Sauternes, Barsac); Australien: Hunter und Barossa Valley* *Boal (Portugal)*

Vielseitig und vielfältig
Es gibt eine Reihe unterschiedlicher Sémillon-Typen, deren typische Aromen Wachs, Honig, Orangenmarmelade und angebrannter Toast sind.

INTENSITÄT DES FRUCHTAROMAS

FEIN → AUSGEPRÄGT: HUNTER VALLEY – BORDEAUX (TROCKEN) – WEST-AUSTRALIEN – BAROSSA VALLEY – BORDEAUX (SÜSS)

Fortsetzung nächste Seite ▷

ANDERE WEISSE SPITZENSORTEN

Albariño
Am beeindruckendsten sind die hochwertigen, trockenen Weißweine aus dieser leicht pfirsichtönigen Traube. Die spanischen haben oft mehr Gewicht als die in Portugal. *Spanien (Rías Baixas); Portugal (Vinho Verde)* *Alvarinho (Portugal)*

Chasselas
Wird in Frankreich und Deutschland angebaut; am beliebtesten sind aber die trockenen, spritzigen, feinaromatischen schweizer Weine. In Spitzenlagen kann Chasselas sehr mineralisch-konzentriert sein. *Frankreich; Schweiz* *Fendant; Dorin (Schweiz)*

Chenin Blanc
Diese vielseitige Traube erzielt im Loiretal die besten Resultate – eine Stilvielfalt, die von trocken bis üppig-süß reicht, mit Aromen wie Honig, Limette und Vanille. *Frankreich: Loiretal (Savennières, Bonnezeaux); Südafrika*

Furmint
Ungarns wichtigste Sorte und Hauptgrundlage des Tokajer-Süßweins. Die für ihre lebhafte Säure und ein hohes Alkoholpotenzial bekannte Traube eignet sich wegen ihrer dicken Schale ideal zur Produktion von Dessertweinen. *Ungarn*

Gewürztraminer
Mit ihren deutlichen Litchi-, Rosen-, Lokum- und manchmal auch Räucherspeck-Aromen gehört diese Sorte zu den am leichtesten erkennbaren. Ihre aromatischsten Vertreter kommen aus dem Elsass. *Frankreich: Elsass*

Grüner Veltliner
Eine in Österreich vielerorts angebaute Sorte mit Spitzenpotenzial, die in der Region Wachau die besten Resultate erzielt: vollmundige, trockene Weißweine mit ausgeprägter Gewürznote, die sehr lagerfähig sind. *Österreich: Wachau, Wien*

Marsanne
Diese Traube mit Marzipan- und Mandelaromen wird an der südlichen Rhône angebaut und dort oft mit Roussanne verschnitten. Die Weine sind körperreich, säurearm und voller Charakter. *Frankreich: Rhônetal; Australien*

Muskattrauben
Zu dieser Traubenfamilie gehören drei verschiedene Sorten: Blanc à Petit Grains, Alexandria und Ottonel. Sie liefert im Elsass trockenen Weißwein und in Australien Liqueur Muscat. *Frankreich: Elsass, Südfrankreich; Australien; Italien* *Moscato (Italien); Muscatel*

Palomino
Eine hochwertige Traube, die in Andalusien für Sherry verwendet wird. Aufgrund ihres niedrigen Säure- und Zuckergehalts eignet sie sich dafür, in anderen Anbaugebieten bleibt sie ohne Bedeutung. *Spanien (Jerez)* *Palomino Fino (Spanien)*

Pinot Blanc
Eine relativ neutrale Traube, die in der Regel trockene, körperreiche Weine mit subtilen Rauchnoten erzeugt und vor allem im Elsass und in Österreich von Bedeutung ist. *Frankreich: Elsass; Italien; Österreich* *Pinot Bianco (Italien); Weißburgunder (Deutschland, Österreich)*

Pinot Gris
Eine körperreiche, dunkelfarbige weiße Traube mit subtilen Honig-, Rauch- und Gewürzaromen. Die italienischen Weine sind leichter als die elsässischen. *Frankreich: Elsass; Italien* *Tokay Pinot Gris (Elsass), Pinot Grigio (Italien), Grauburgunder (Deutschland)*

Silvaner
Diese Sorte wird in Deutschland und dem benachbarten Elsass angebaut. Silvaner ist eine relativ neutrale Traube mit lebhafter Säure, die sehr typische, trockene Weißweine liefert. *Deutschland; Frankreich: Elsass* *Sylvaner (Elsass)*

Trebbiano/Ugni Blanc
Trebbiano entspricht der französischen Ugni Blanc und ist die meist gepflanzte weiße Sorte Italiens. Sie liefert milde, trockene Weißweine, die normalerweise für Verschnitte verwendet werden. *Italien; Frankreich*

Verdelho
Eine wegen ihres Säuregehalts bemerkenswerte Sorte, die für Madeira und weißen Port verwendet wird. In Australien liefert sie einen körperreichen, würzigen Wein. *Portugal (Madeira, Douro); Australien* *Gouveio (Douro)*

Viognier
Diese Spitzentraube liefert körperreiche, trockene Weißweine mit Aprikosen- und Moschusaromen mit besonderen Resultaten an der nördlichen Rhône. *Frankreich: Rhônetal (Condrieu), Südfrankreich; Kalifornien; Chile*

DER STAMMBAUM DER WEINREBE

Die Weinrebe gehört zur Familie der ***Vitaceae***, innerhalb derer nur die Gattung ***Vitis*** für die Weinerzeugung von Bedeutung ist. Es gibt mehrere ***Vitis***-Arten, deren wichtigste die ***Vitis vinifera*** ist, aus der auch die meisten Weine gekeltert werden. Beliebte Sorten wie Chardonnay oder Cabernet Sauvignon gehören zur Art ***Vitis vinifera***; andere Arten liefern zwar in einigen Teilen der Welt ebenfalls Wein (z.B. die ***Vitis labrusca*** im Staat New York), dienen jedoch vor allem als Unterlagsreben. Nach der Verwüstung der europäischen Weingärten im 19. Jh. durch die Reblaus (die die Rebwurzeln angreift) werden heute praktisch alle ***Vitis vinifera***-Reben auf die Wurzelstöcke resistenter Arten wie ***Vitis berlandieri***, ***Vitis riparia*** und ***Vitis rupestris*** gepfropft. So können die ***Vitis vinifera***-Sorten ihren jeweiligen Geschmack entfalten und sind zugleich vor Infektionen geschützt.

IM WEINGARTEN

DURCH DIE WAHL DER LAGE, der Bepflanzungsmethode und bestimmte Maßnahmen im Laufe des Jahres können die Erzeuger Qualität und Stil ihres Weines beeinflussen, bleiben aber weitgehend auf die Natur angewiesen. Wenn die Trauben gelesen werden, sind sie von den speziellen Bedingungen des Weingartens und des Jahres geprägt. Daher spielt jede Jahreszeit bei der Weinerzeugung eine besondere Rolle.

Nördliche Hemisphäre: Sonoma, Kalifornien, USA

JANUAR BIS JUNI

In der nördlichen Hemisphäre weckt warmes Frühlingswetter das Leben im Weingarten; in der südlichen durchlaufen die Trauben ihre letzte Reifungsphase, und die Ernte beginnt.

Rebschnitt und Rebenerziehung
Der Rebschnitt (hier in Kampanien) beginnt im Januar. Dabei werden die Triebe des Vorjahres zurückgeschnitten, was die Anzahl möglicher Knospen und damit auch die Menge der Trauben reduziert. Dies ist eines der Hauptverfahren, um den Ertrag zu kontrollieren und konzentriertere Frucht zu erzeugen. Es gibt eine Reihe verschiedener Rebschnittverfahren, die vor allem auf Sprosse (ein oder zwei Sprosse mit mehreren Knospen) und Kurztriebe (mehrere Sprosse mit jeweils weniger Knospen) zielen. Die Wahl des Verfahrens hängt von Klima, Traubensorte, Erntemethode und z. T. der lokalen Gesetzgebung ab.

Pflügen
Im März/April wird der Boden zwischen den Reben zur Durchlüftung gepflügt *(rechts)*. An den Füßen der Reben aufgehäufte Erde wird ebenfalls entfernt.

NÖRDLICHE HEMISPHÄRE

JANUAR	FEBRUAR	MÄRZ

SÜDLICHE HEMISPHÄRE

Sommer-Rebschnitt
Nachdem Blüte und Fruchtansatz erfolgt sind, können die Bauern einige Traubenbüschel entfernen, um den Ertrag zu optimieren. Die heißen Weingärten der südlichen Hemisphäre liefern oft mehr reife, hochwertige Frucht als die der nördlichen.

Besprühen
Das Besprühen gegen Pilzerkrankungen, Schädlinge und Unkraut – hier im neuseeländischen South Island – beginnt im Januar und endet erst vier Wochen vor der Ernte.

Erntevorbereitungen
Die Erntegeräte werden ab Februar vorbereitet, aber die Weinbauern müssen sich darauf einstellen, wärmere Weinlagen bereits im Januar oder noch früher abzuernten. Die Trauben werden mit wissenschaftlichen Verfahren auf ihre Reife geprüft und auf den Geschmack getestet.

WACHSTUMSSTADIEN DER WEINREBE

1. Aufbrechen der Knospen
Das Aufbrechen der Knospen ist das erste Zeichen des jährlichen Rebenwachstums: Die Knospen schwellen an, öffnen sich und lassen grüne Triebe durchbrechen.

2. Erste Blätter
Sobald die Knospen geöffnet sind, entwickeln sich die Blätter. Winzige, keimende Blütenknospen befinden sich auf den jungen Trieben.

3. Die Blütezeit
Die Blütenknospen vergrößern sich; kleine, grüne Blüten öffnen sich. Im Verlauf der folgenden 10 Tage finden Bestäubung und Befruchtung statt.

4. Bildung von Früchten
Die meisten der befruchteten Blüten (um die 70 %) bilden nun Trauben aus. Der Rest wächst nicht weiter und fällt ab.

5. Beginn der Traubenreife
Als erste Zeichen der Reifung vergrößern und verfärben sich die Trauben (»rote« Trauben werden rot, »weiße« grüngelb).

6. Abfallen der Blätter
Einige Zeit nach der Traubenreife fallen die Blätter der Reben naturgemäß ab; dies ist das Ende ihres produktiven Zyklus.

Neue Anpflanzungen
Im April/Mai werden empfindliche Jungreben aus der Pflanzschule geholt und im Weingarten angepflanzt.

Frostgefahr
In frostanfälligen Gegenden stellen die Weinbauern Öfen, Windmaschinen und sogar Sprinkler im Weingarten auf, um die empfindlichen Knospen zu schützen.

Besprühen
Im Mai/Juni beginnt man, die Reben zum Schutz vor Insekten und Pilzkrankheiten mit Pestiziden zu besprühen. In kälteren und feuchteren Gebieten ist häufigeres Besprühen erforderlich.

Erziehung
Nach der Blüte werden die Triebe an Drähten festgebunden. In Europa wird die Erziehung der Reben oft nach regionalen Traditionen durchgeführt.

APRIL	MAI	JUNI

Ernte
Die arbeitsreichste Zeit im Jahr ist die Traubenlese im März/April. Pflückerteams (so wie die von Fabre Montmayou in Mendoza, Chile; *oben*) oder Maschinen (wie hier in Victoria, Australien; *rechts*) lesen die Trauben so sorgfältig und schnell wie möglich.

Weingartenpflege
Nach der Ernte bleibt es eine Zeit lang ruhig im Weingarten; jetzt steht die Repartur von Maschinen und Spalieren an. Von den Reben wird totes Holz abgeschnitten, unproduktive Pflanzen werden entfernt, und der Boden des Weingartens wird umgepflügt.

Wintervorbereitungen
Nachdem das Laub abgefallen ist, tritt die Rebe in eine Ruhephase ein und kann extrem kalte Temperaturen überdauern. Trotzdem häufen viele Weinbauern im Mai/Juni Erde an den Füßen der Reben auf, um sie vor den niedrigen Wintertemperaturen zu schützen.

Fortsetzung nächste Seite ▷

JULI BIS DEZEMBER

Während sich die Weingärten der nördlichen Hemisphäre jetzt auf die Traubenlese als den wichtigsten Abschnitt des Jahres vorbereiten, nutzt man diese Zeit im Süden dazu, eine neue Wachstumsphase vorzubereiten.

Südliche Hemisphäre: Weingarten in Yarra Valley, Victoria, Australien

Sommer-Rebschnitt
Nachdem Blüte und Fruchtansatz erfolgt sind, entfernen qualitätsbewusste Weinbauern im Juli einige Traubenbüschel, um den Ertrag zu reduzieren. Der Sommer-Rebschnitt erfolgt hier in den Côte-Blonde-Weingärten an der nördlichen Rhône (Frankreich).

Besprühen
Das Besprühen gegen Pilzerkrankungen, Schädlinge und Unkraut erfolgt meist mechanisch. Vier Wochen vor der Traubenlese wird es eingestellt.

Vorbereitung auf die Traubenlese
Im August und September wird die Ausrüstung vorbereitet. Wenn die Lese näher rückt, prüft man den Zuckergehalt der Trauben regelmäßig mit einem Refraktometer – wie hier an der Mosel in Deutschland.

NÖRDLICHE HEMISPHÄRE

JULI	AUGUST	SEPTEMBER

SÜDLICHE HEMISPHÄRE

Rebschnitt und Rebenerziehung
Der Rebschnitt erfolgt in der Regel im Juli/August und gehört zu den anspruchsvollsten Arbeiten im Weingarten. Er kann heute jedoch auch maschinell erledigt werden.

Pflügen
Der Boden zwischen den Weinreben wird zur Belüftung umgepflügt. In Gegenden mit Frost wird die zum Schutz aufgehäufte Erde entfernt.

KRANKHEITEN, SCHÄDLINGE UND GEFAHREN

Im Laufe eines Jahres sind die Reben unterschiedlichen Gefahren ausgesetzt. Die augenfälligste davon ist das Wetter – von Frühlingsfrösten, die junge Knospen abtöten können, bis hin zu Hagelstürmen. In feuchter Umgebung kann auch Fäulnis ein Problem darstellen (wenngleich *Botrytis cinerea*, Edelfäule, von Erzeugern süßer Weißweine geschätzt wird). Die Reblaus *(s. S. 510–511)* ist ein Insekt, das die europäischen Weingärten im 19. Jh. durch Befall der Rebwurzeln fast vernichtete. Heute verwenden die meisten Weinbauern daher zum Schutz resistente amerikanische Wurzelstöcke. Weitere Schädlinge sind z. B. Raupen und Spinnen oder Vögel *(rechts oben)*, Rehe, Wildschweine und in Australien Kängurus *(rechts unten)*, die sich gern an den reifen Trauben gütlich tun.

Ernte
Die Ernte im September/Oktober bildet den Höhepunkt der Arbeit im Weingarten. Die Qualität eines Jahrgangs hängt von den Wetterbedingungen und den jetzt getroffenen Entscheidungen des Weinbauern ab. Bei der Reifung steigt der Zuckergehalt der Trauben, während ihr Säuregehalt sinkt, und die Lese muss im Moment optimaler Balance zwischen diesen zwei Elementen erfolgen. Dabei ist das Wetter ausschlaggebend: Regen zur falschen Zeit kann die Trauben für Fäulnis anfällig machen, und das Wasser auf feucht gelesenen Trauben verdünnt den Wein. In den europäischen Anbaugebieten legen die örtlichen Behörden den frühesten Lesezeitpunkt fest. Manuelle Ernte (wie in Lavaux, Schweiz; *links*) gilt in der Regel als schonender für Trauben und Reben; die maschinelle Lese dagegen (wie in Paso Robles, Kalifornien; *unten*) ist wesentlich billiger und kann evtl. nachts stattfinden, wenn es kälter ist.

Spätlese
Für Süßweine lässt man die Trauben oft länger an der Rebe, um so einen süßeren Saft zu gewinnen. Wo die Wintertemperaturen unter Null fallen, wie hier im kanadischen Ontario, stellt man aus dem konzentrierten Saft der gefrorenen Trauben Eiswein her.

Weingartenpflege
Im Oktober wird das alte Holz der Reben z.T. entfernt, und unproduktive, ältere Reben werden ausgegraben. Danach wird der Weingarten umgepflügt.

Wintervorbereitungen
Nach der Ernte beginnt die Rebe, Energiereserven für die kommenden Monate aufzubauen. An den Füßen der Reben häuft man im November Erde auf, um sie vor den niedrigen Wintertemperaturen zu schützen.

OKTOBER	NOVEMBER	DEZEMBER

Neubepflanzung
Im Oktober/November holt man junge Reben *(oben)* aus der Pflanzschule und setzt sie ein. In der Neuen Welt werden sie oft weiter auseinander gepflanzt als in den europäischen Weingärten der nördlichen Hemisphäre, um Rebschnitt und Lese maschinell erledigen zu können.

Besprühen
Wo erforderlich, beginnt man im November/Dezember, die Reben zum Schutz vor Insekten und Pilzerkrankungen mit Pestiziden zu besprühen. Wärmere Lagen sind meist weniger krankheitsanfällig.

Rebenerziehung
Nach der Blüte bindet man die Triebe an Metalldrähten fest: Mechanisches Zurückschneiden und Lesen sind einfacher, wenn man alle Triebe in dieselbe Richtung wachsen lässt.

Frostgefahr
In Regionen mit Frostgefahr sind die Weinbauern darauf vorbereitet, die empfindlichen Knospen im Oktober/November zu schützen – z.B. mit einem solchen Anti-Frost-Rauchfeuer (Central Otago, Neuseeland; *links*). Auch Hubschrauber können durch das Durchmischen warmer und kalter Luftschichten Frost vorbeugen.

IN DER WEINKELLEREI

DIE GRÖSSE EINER KELLEREI reicht vom kleinen Schuppen bis zum gewaltigen Unternehmen mit hochmoderner Ausrüstung. Die Produkte sind jedoch, unabhängig von ihrer Größe, weitgehend von der Qualität der Trauben abhängig: Es ist schlicht unmöglich, aus schlechtem Rohmaterial guten Wein zu machen. Ein geschulter Weinmacher und moderne Technik bei der Qualitätssicherung sind ebenfalls wichtig.

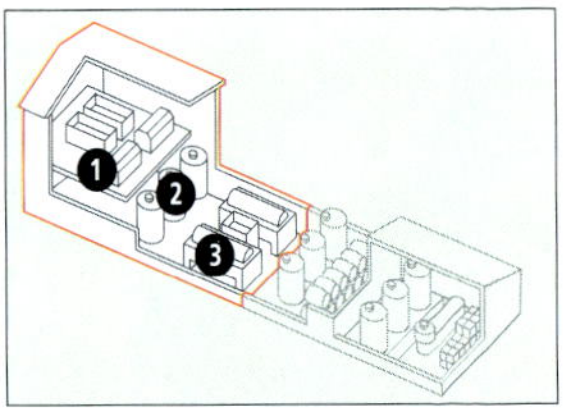

LEGENDE
— *Oberer Bereich (unterer Bereich s. S. 40)*

DIE ROTWEINERZEUGUNG

Bei den ersten Schritten des Vinifikationsprozesses gewinnt man aus den gelesenen Trauben einen Saft, der im Prinzip bereits Wein ist. Bevor er auf den Markt kommt, muss er allerdings noch weitere Schritte durchlaufen.

❶ Anquetschen und Entrappen
Nach der Anlieferung werden die Traubenbüschel durch einen Einfülltrichter *(oben)* in eine Traubenpresse befördert und dort von Walzen angequetscht, um den zuckerhaltigen Traubensaft mit Hefe und den Stielen in Kontakt zu bringen. Die Stiele werden danach mittels eines löcherigen, rotierenden Zylinders aus der Maische gesiebt.

Zugabe von Hefe an den Most: Die zum Vergären erforderliche Hefe kommt in natürlicher Form auf den Traubenschalen vor. Bevorzugt man Hefekulturen, werden diese vorbereitet und jetzt an die Maische gegeben, um die Vergärung einzuleiten.

❷ Vergärung
Die Hefe wandelt den Zucker der Trauben in Alkohol und Kohlendioxid um. Dabei wird sehr viel Wärme produziert, weshalb man die Temperatur sorgfältig kontrollieren muss, um die Aromen zu erhalten. Die Rotweinvergärung ist in der Regel nach vier bis sieben Tagen abgeschlossen, die Trauben verbleiben aber zur Extraktion in den Tanks *(links)*.

DIE WEISSWEINERZEUGUNG

Der Hauptunterschied zwischen Rotwein- und Weißweinerzeugung ist der zeitliche Ablauf von Auspressen und Vergärung. Die Weißweinerzeugung verläuft folgendermaßen:

1. Anquetschen und Entrappen: Dieser Schritt ist nicht zwingend.
2. Auspressen: Die Schalen sind zur Färbung des Weißweins nicht erforderlich; die Trauben werden daher vor der Vergärung ausgepresst.
3. Klären des Mostes: Der Most wird 24 Stunden geklärt, um Feststoffe (Schalen, Kerne) zu entfernen.
4. Vergärung: Während der Vergärung werden die Temperaturen niedrig gehalten, um das feine Fruchtaroma zu verstärken; dieser Schritt dauert daher meist länger. Die Vergärung von Weißwein kann in geschlossenen Eichenfässern erfolgen.
5. Aufrühren der Hefe: Mit dem Aufrühren des Hefesatzes nach der Vergärung erzielt man nach Wunsch zusätzliche Geschmacksnoten.
6. Malolaktische Gärung: Sie ist seltener als bei der Rotweinerzeugung.
7. Ausbau, Schönen, Filterung, Verschnitt und Abfüllung *(links)*: Diese Schritte erfolgen im wesentlichen wie beim Rotwein *(s. S. 40–41)*.

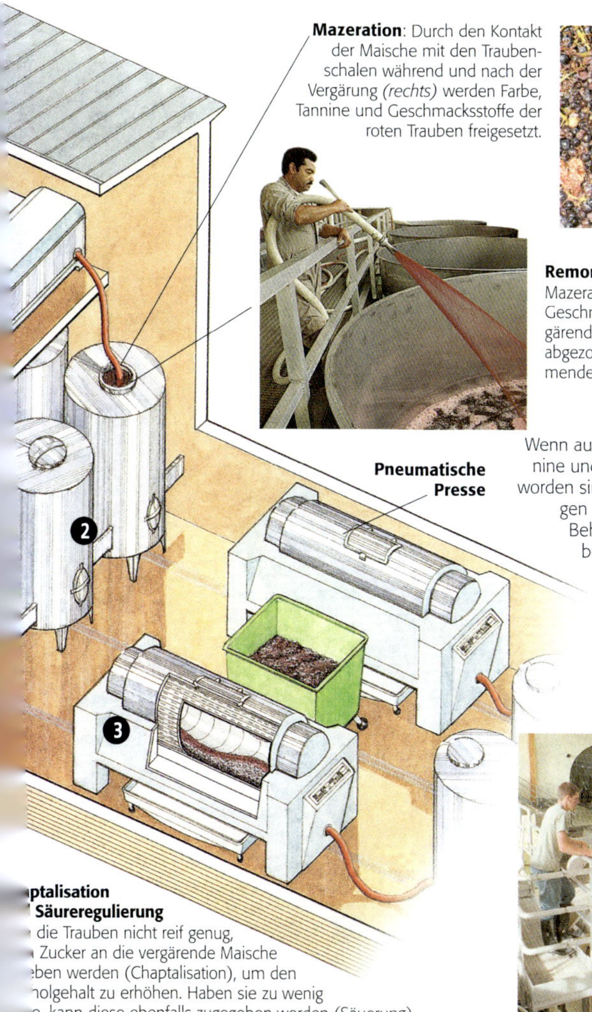

Mazeration: Durch den Kontakt der Maische mit den Traubenschalen während und nach der Vergärung *(rechts)* werden Farbe, Tannine und Geschmacksstoffe der roten Trauben freigesetzt.

Remontage: Dieser Prozess gehört zur Mazeration und optimiert die Farb- und Geschmacksextraktion. Dabei wird z. T. gärender Rotwein vom Kesselboden abgezogen und auf den oben schwimmenden Tresterhut gepumpt *(links)*.

❸ Auspressen

Wenn ausreichend Alkohol, Farbe, Tannine und Geschmacksstoffe extrahiert worden sind, zieht man den dünnflüssigen Vorlaufmost in einen anderen Behälter ab. Das im Tank verbleibende, vorwiegend feste Material wird danach ausgepresst *(unten)*, was eine dicke, dunkle Flüssigkeit ergibt. Dieser Pressmost kann mit dem Vorlaufmost verschnitten werden, um Tanningehalt und Farbe zu verstärken.

ptalisation
Säureregulierung
die Trauben nicht reif genug, Zucker an die vergärende Maische eben werden (Chaptalisation), um den nolgehalt zu erhöhen. Haben sie zu wenig e, kann diese ebenfalls zugegeben werden (Säuerung).

Fortsetzung nächste Seite ▷

DER REIFUNGSPROZESS

Im zweiten Teil der Vinifikation wird der Wein auf den Markt vorbereitet: Malolaktische Gärung und Ausbau sind bei vielen Weinen (vor allem roten) unabdingbar, da sie die Aromen hervorheben und weicher machen. Filterung und Schönen sorgen dafür, dass der Wein bei der Abfüllung rein und haltbar ist.

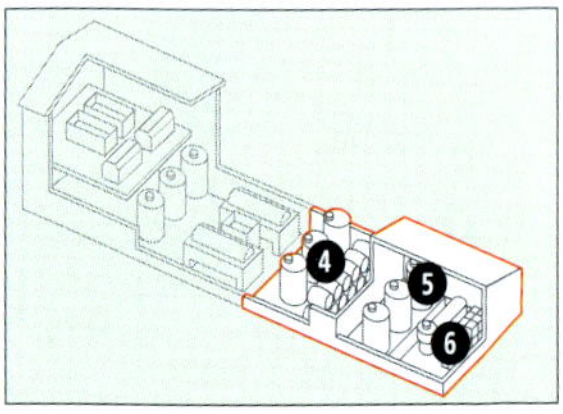

Legende

— *Unterer Bereich*

❹ Die Reifung (Ausbau)

Darunter versteht man in der Regel die z. T. viele Jahre dauernde Lagerung in Eichenfässern *(oben)*. Normalerweise bleibt dies hochwertigen Rot- und Weißweinen vorbehalten. Das porenreiche Holz der Fässer begünstigt eine leichte Oxidation, wodurch die Tannine weicher und die Aromen komplexer werden.

Malolaktische Gärung: Dieser Schritt erfolgt nach der ersten, alkoholischen Gärung: Die Weinmacher sorgen für die passenden Bedingungen, damit bestimmte Bakterien Apfelsäure in Milchsäure umwandeln, wodurch der Geschmack des Weins bzw. sein Körper weicher werden. Dies kann in Eichenfässern oder Gärtanks erfolgen und wird bei praktisch allen Rotweinen vorgenommen.

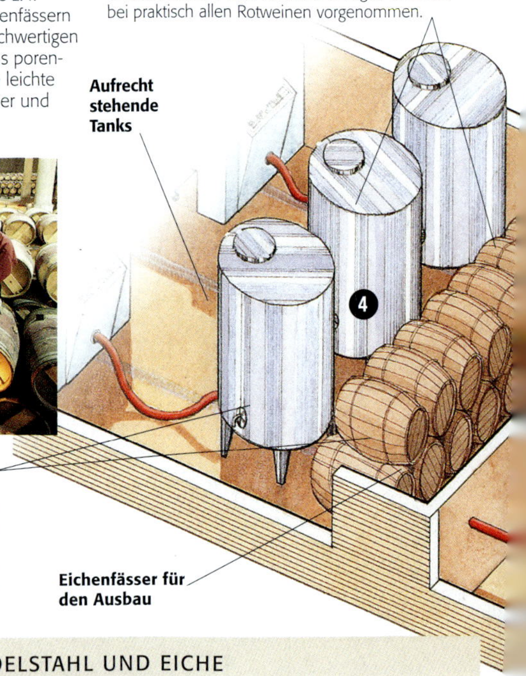

Abziehen: Beim Reifen des Weins bildet sich ein natürlicher Bodensatz, der für die geschmackliche Entwicklung von Nachteil sein kann. Beim Abziehen (das nach dem Klären erfolgen kann) wird der Wein daher oberhalb dieses Bodensatzes zum Weiterreifen in einen sauberen Behälter geleitet *(oben)*.

EDELSTAHL UND EICHE

Das traditionelle Material für Fässer, Gärbehälter und andere Geräte der Kellerei ist Eiche, aber die große Mehrheit der heute produzierten Weine wird teilweise oder ganz in Edelstahlbottichen hergestellt. Die Arbeit mit dem luftdichten, inerten und leicht zu reinigenden Edelstahl ist leicht. Moderne Gärbottiche besitzen eingebaute Kühlvorrichtungen, die eine genaue Temperaturkontrolle erlauben. Edelstahl hebt meist die lebendigen Fruchtmerkmale eines Weins hervor – vor allem, wenn die Gärtanks luftdicht verschlossen sind. Aufgrund der feinen Poren des Holzes ist eine leichte Oxidation unvermeidbar, was die ursprüngliche Frucht eher dämpft, aber zur Entwicklung komplexerer Aromen beitragen kann. Neue Eiche kann einem Wein Gewürz- und Vanillenoten verleihen; manchmal werden Eichenspäne in Edelstahltanks gegeben, um diese Wirkung zu erzielen *(s. S. 158–159)*.

❺ Schönen und Filtern
Die Technik des Schönens *(oben)* und Filterns wird auch als »Klären« bezeichnet und trägt zur Erzeugung eines Weins bei, der rein aussieht und in der Flasche haltbar ist. Schönen entfernt winzige Proteine mittels Eiweiß oder Betonit, die die Schwebeteilchen binden und auf den Fassboden sinken lassen. Filtern entfernt vor allem feste Ablagerungen aus der Flüssigkeit.

DIE KUNST DES VERSCHNEIDENS

Für die meisten modernen Weine wird der Inhalt mehrerer Fässer oder Bottiche verschnitten. Ein Verschnitt ist schon die einfache Mischungen aus Vorlauf- und Pressmost. Grundsätzlich sollte der verschnittene Wein am Ende mehr als nur die Summe seiner Bestandteile sein – dies können Weine aus verschiedenen Traubensorten, aus verschiedenen Weingärten bzw. von bestimmten Parzellen desselben Weingartens sein, in Eiche und ohne Eiche ausgebaute Weine, unterschiedliche Jahrgänge oder andere Kombinationen. Verschneiden ist eine sehr anspruchsvolle Tätigkeit, die viel Erfahrung, einen guten Geschmackssinn und die Fähigkeit voraussetzt, das Zusammenwirken verschiedener Aromen zu erahnen.

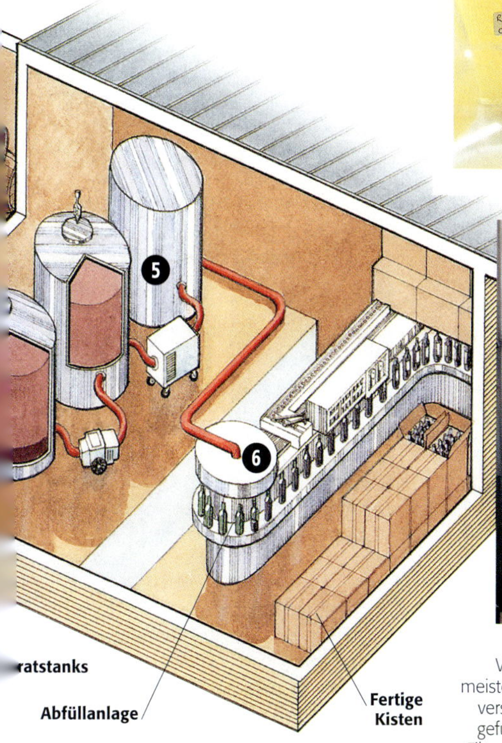

Flaschenausbau: Viele Spitzenweine wandern in den Keller des Erzeugers, um vor dem Verkauf weiterzureifen. In einigen europäischen Ländern ist dies gesetzlich vorgeschrieben, aber viele qualitätsbewusste Güter nehmen diese kostspielige Verpflichtung sogar freiwillig auf sich.

❻ Verschnitt und Abfüllung
Vor der Abfüllung *(oben)* werden für die meisten Weine mehrere verschiedene Fässer verschnitten und zum Klären in einen Tank gefüllt (zu diesem Zeitpunkt kann auch die Filterung erfolgen). Automatische Abfüllanlagen sind teuer, weshalb viele kleine Erzeuger mobile Vertragsabfüller dafür einsetzen. Ziel ist es, den natürlichen Charakter des Weins zu bewahren, indem man ihn langsam und sorgfältig abfüllt – durch Stickstoff oder Kohlendioxid vor Sauerstoff geschützt.

WEINTYPEN

WELTWEIT WERDEN UNZÄHLIGE Weintypen hergestellt. Aufgrund des Einflusses von Klima, geologischer Beschaffenheit, Traubenverschnitt und der Arbeitsweise des Winzers in Weingarten und Kellerei – Faktoren, die in ihrer Gesamtheit Terroir genannt werden – gleicht kein Wein dem anderen. Im Allgemeinen kann man folgende Typen unterscheiden:

SCHAUMWEIN

Schaumweine reichen von luftig-leichtem italienischem Prosecco und elegant-stahligem, im Alter ausreifendem französischem Champagner bis hin zum vollmundigen, herzerfreuend-toastigen Sekt aus den wärmeren Weingärten der Neuen Welt und dem reif-fruchtigen roten Shiraz-Schaumwein aus Australien. Der klassische Traubenverschnitt besteht aus Chardonnay, Pinot Noir und Pinot Meunier (vor allem bei Champagner) und entwickelt eine duftige, fest strukturierte Fruchtigkeit. Spitzenschaumwein entfaltet aufgrund der Flaschengärung und des Kontakts mit den verbrauchten Hefekulturen auch komplexe Biskuitnoten. Guter Champagner sollte komplexe **Toast-**, **Nuss-**, **Butter-** und **Biskuitaromen** besitzen und mit seinem Perlen einen Kontrast zum Geschmack liefern.

★ *Champagner (Frankreich); Cava (Spanien); Sekt (Deutschland); Prosecco, Franciacorta (Italien); »Traditional method« (Australien, Neuseeland und Kalifornien)*

MITTELSCHWERE, WÜRZIGE ODER STAHLIGE WEISSWEINE

Die würzigen und stahligen Arten haben eine weniger üppige Nase, sind geschmacklich prägnanter als aromatische Weine und passen ausgezeichnet zum Essen. Lässt man ihnen Zeit, sich im Glas zu erwärmen oder zu altern, entfalten sie auch weichere, geschmeidigere Aromen. Würzige Weine bieten oft Aromen von **Haselnuss** (Chardonnay), **feuchten Steinen** (Chenin Blanc) und **Bienenwachs** (Sémillon); stahlige tendieren zu **Feuerstein** bzw. **Stachelbeeren** (Sauvignon Blanc) und **Limetten** (Riesling). Im Allgemeinen sprechen würzige Weine eher auf Eichenausbau an als stahlige, jedoch nur auf einen kurzen: Eichene Vanilletöne können bei diesen Weinen leicht überhand nehmen.

★ *Chablis Premier und Grand Cru, weißer Burgunder, weißer Bordeaux, Sancerre und Pouilly-Fumé (Frankreich); Sauvignon Blanc (Neuseeland); Sémillon (Hunter Valley, Australien); Chenin Blanc (Südafrika); Riesling, Verdelho (Australien)*

KÖRPERREICHE, HOCHAROMATISCHE WEISSWEINE

Diese Weine sehen im Glas so köstlich aus wie sie schmecken: voll, kräftig und golden. Sie bieten einen Hauch **butTriger**, **honigtöniger Aromen** neben **tropischer Frucht**, **Pfirsich**, **Nektarine** und sogar **Ananas**. Am Gaumen entfalten sie ein üppiges, den Mund füllendes, weiches Aroma. Da sie von sonnigeren Lagen stammen, enthalten körperreiche Weine oft mehr Alkohol, doch die besten gleichen dies noch immer durch einen Hauch Säure aus. Obwohl sie von zusätzlichen, **vanilleartigen Eichentönen** profitieren, sollten diese nie zu stark sein. Körperreiche Weißweine kommen vor allem aus den wärmeren Ländern der Neuen Welt, aber auch Gegenden an der nördlichen Rhône, in Languedoc-Roussillon und Zentralspanien produzieren einige kraftvolle Weißweine. Viele davon werden im Alter noch komplexer.

★ *Chardonnay (Kalifornien, Chile und Australien); Marsanne und Viognier (Australien); weißer Rioja (Spanien); Condrieu und weißer Rhône-Wein (Frankreich)*

ZIG-TROCKENE, TE WEISSWEINE

Hier sind eine hellblasse, sogar grünstichige Farbe und ein Bukett aus **grünem Apfel**, **frisch gemähtem Gras**, **feuchten Steinen** und manchmal **Stachelbeere** typisch. Der neutrale Duft dieser leichten Weine wird von spritziger Säure und würzig-frischer Frucht mit **Apfel-**, **Birnen-** und **Zitrusnoten** am Gaumen getragen. Man sollte dabei auf die Sorten Pinot Blanc, Sauvignon Blanc, Riesling und leichtere Chardonnays achten. Diese Weine sind in der Neuen Welt nicht sehr verbreitet. Viele typische Vertreter wie portugiesischer Vinho Verde oder französischer Chablis und Muscadet stammen aus der Alten Welt. Eichenausbau ist bei einem spritzig-trockenen Weißwein nicht von Nutzen, und ein guter Erzeuger wird seine Weine damit nicht belasten. Diese Weine sollten jung und frisch getrunken werden und müssen erfrischend sein – nicht schlaff, mild und leblos.

★ *Chablis und Muscadet (Frankreich); Pinot Grigio (Italien); Kabinett Riesling (Deutschland); Vinho Verde (Portugal)*

DUFTIGE ODER BLUMIGE, TROCKENE BIS HALBSÜSSE WEISSWEINE

Duftige Weine haben z.T. auch eine kräftige Farbe, aber das eigentlich Typische ist ihre Nase. Sie bieten alles von **Honig**, **Diesel** und **Heu** (Riesling) bis zu **rauchigen Zitrusnoten** (Pinot Gris), **Pfirsich** (Viognier), **reinen Traubennoten** (Muscat) und sogar **Rosen**, **Litschis** und **Lokum** beim Gewürztraminer aus der aromatischsten Traube überhaupt. Die meisten dieser Duftnoten werden von entsprechenden Geschmacksnoten gestützt; der Wein selbst kann leicht und fein (Deutschland, Griechenland) oder kräftig-duftend und schwer sein (Elsass, Österreich). Das kräftige Aroma dieser Weine verträgt sich gut mit etwas Zucker, weshalb sie z.T. halbtrocken bzw. halbsüß ausfallen. Kein vernünftiger Erzeuger dämpft ihren lebhaften Charakter durch Eiche.

★ *Elsässer Gewürztraminer, Pinot Gris und Riesling (Frankreich); Spätlese Riesling (Deutschland); Grüner Veltliner (Österreich); Albariño (Spanien); Assyrtiko, Moschofilero (Griechenland))*

ROSÉ

Rosé wird aus roten Trauben gekeltert, aber nur kurze Zeit an den farbgebenden Traubenschalen gelassen und variiert je nach Mazerationsdauer von blassem Puderquasten-Rosa (kalifornischer Zinfandel) bis zu dunklem, undurchsichtigem Rot (australischer Grenache). Oft gleicht sein Körper dem eines Weißweins, doch die Aromen **roter Früchte** und **Heckenbeeren** verraten fast immer, dass er aus roten Trauben gemacht ist. Leichtere Vertreter kommen meist aus den Ländern der Alten Welt (Loiretal und Provence in Frankreich, Navarra in Spanien) – durstlöschend und fein-würzig mit einem Hauch roter Früchte. Schwerere Vertreter (Rhônetal und Australien) besitzen vollmundig-intensive, rotweinartige Aromen mit ein wenig griffigem Tannin. Grenache ist eine der beliebtesten Rosé-Trauben.

★ *Tavel, Lirac und Anjou rosé (Frankreich); Grenache (Navarra, Spanien); Zinfandel (Kalifornien, USA); Grenache (Australien)*

DIE GRUNDELEMENTE DES WEINS

Die Grundbestandteile in einem Glas Wein sind Zucker, Säure, Tannin und Alkohol und werden von Weinexperten bei der Beurteilung untersucht. Der **Fruchtzucker** wird zu Alkohol vergoren. Je reifer die Trauben, desto höher ist die Qualität von Frucht und Zucker. **Säure** hält die Frucht am Gaumen lebendig – vor allem bei Weißwein, der ohne sie fade und neutral ist. Rotwein ohne Säure wirkt dagegen nicht nur schwach und uninteressant, sondern ist auch nicht lagerfähig. **Tannin** aus den Traubenschalen und -kernen ist bei Weißweinen kaum spürbar (wenngleich vorhanden), verleiht einem Rotwein jedoch seine überaus wichtige Struktur, die ihn haltbar macht und im Alter reifen lässt. **Alkohol** schließlich verleiht dem Wein sein Gewicht – ein deutscher Wein mit 7 % Alkohol schmeckt eher leicht, ein stämmiger kalifornischer Zinfandel mit 17 % dagegen überaus voluminös. Bei gutem Wein sollte der Alkohol nie ein brennendes Gefühl verursachen.

Fortsetzung nächste Seite ▷

HOHER UND NIEDRIGER TANNINGEHALT

Stark tanninhaltiger Rotwein verursacht ein pelziges Gefühl auf der Zunge, ebenso wie eine Tasse starker, kalter Tee, was nicht gerade angenehm ist. Junge Weine können sehr tanninreich sein – vor allem die hochwertigen. Doch obwohl sie in ihrer Jugend schwer im Mund liegen, können sie nach einigen Jahren im Keller Genuss bereiten. So abstoßend es auch wirken mag: Tannin verleiht dem Wein sein »Rückgrat«, festigt seinen Fruchtcharakter und lässt ihn auf der Zunge nachklingen. Entscheidend dabei ist, dass es während der Lagerung des Weins weicher wird und dann kaum noch spürbar ist. Wenn ein Wein viel reife Frucht besitzt – was für die heißen Länder der Neuen Welt, etwa Australien und Chile, typisch ist –, wird diese mehr Gewicht haben als das Tannin, so dass der Wein bereits frisch abgefüllt weicher wirkt und besser zu trinken ist. Tanninarme Weine sind in ihrer Jugend zwar erfrischend fruchtig (etwa saftiger Beaujolais oder süffiger Grenache), haben aber nicht genug Struktur, um länger als einige Jahre in der Flasche zu lagern.

FRISCH-FRUCHTIGE TANNINARME ROTWEINE

Dies ist die einfachste, frischeste und saftigste Rotweinart. Diese rosafarbenen Weine sollten so jung wie möglich getrunken werden, wenn sie ihr fruchtiges Bukett (**Himbeere**, **roter Apfel** und **Kirsche**) entfalten – gestützt von angenehmen roten Fruchtnoten am Gaumen. Ihrer Tannine sind seidig-weich, und auch ihre Säure ist weich und geschmeidig. Frische, fruchtige Rotweine gibt es aus der Alten und Neuen Welt gleichermaßen – von Trauben wie Gamay, Grenache und Barbera, die von Natur aus tanninarm sind. In heißeren Ländern, wo die Trauben reifer werden, werden Tannine von voll-fruchtigen Aromen verdrängt: Eine in der Regel kräftige Traube wie Merlot kann so ihre Tannine in pflaumige Frucht verwandeln. Diese fruchtig-frischen Weine werden am besten nicht in Eiche ausgebaut.

★ *Beaujolais (Frankreich); Barbera d'Asti und d'Alba (Italien); Grenache (Spanien, Australien); leichtere Merlot-Weine (Kalifornien, Australien)*

SÜSS- UND DESSERTWEINE

Süßweine reichen von den leichten, beerigen Muscat-Vertretern, die weich-fruchtig auf der Zunge liegen, bis zu den schweren australischen Likörweinen, die die üppige Sonne einfangen. Erstere sind Apéritif-Weine, und auch Letztere sind zu konzentriert, um zum Essen getrunken zu werden. Zwischen den beiden liegt eine breite Palette von Süßweinen mit üppigen Honigaromen und buttrig-weichen Geschmacksnoten (**Aprikose**, **Pfirsich**, **Apfelkuchen**, **Gewürz**), die umso köstlicher werden, je wärmer die Herkunftsregion ist. Alle Süßweine sollten ihre süße Frucht mit spritziger Säure ausgleichen, sonst wirken sie leblos. Die würzigsten stammen von der Riesling-Traube. Die pikanteste, nachhaltigste Süße überhaupt besitzt ungarischer Tokajer.

★ *Moscato d'Asti (Italien); Alsace vendange tardive, Sauternes, Vouvray (Frankreich); Spätlese, Auslese, Beerenauslese, Eiswein (Deutschland, Österreich), Tokajer (Ungarn); spätgelesene Süßweine (Kalifornien, Österreich); Eiswein (Kanada); Liqueur Muscat (Australien)*

WÜRZIG, TROCKEN, AUFGESPRITET

Diese im Glas enttäuschend blassen Weine sind in Bukett und Geschmack außerordentlich kräftig. Sie bieten einen kräftigen Duft von **Salz**, **Mandeln**, **gemähtem Gras** und sogar **Käse**. Dem folgen trockene, würzige Mandelnoten, die den Gaumen betören und endlos nachklingen. Fino- und Manzanilla-Sherrys sind knochentrocken ohne jegliche Säure. Ihre berauschend-salzigen Noten rühren vom Fassausbau mit einem speziellen Hefe-Flor her *(s. S. 322)*. Sercial- und Verdelho-Madeiras sind spritziger und apfeltöniger als ihre spanischen Pendants, sind jedoch von einer vergleichbaren Würzigkeit und Nachhaltigkeit. Kein anderer Wein der Welt besitzt diese ungewöhnliche Charakteristik, bietet einen so erfrischenden Apéritif oder passt so gut zu salzigen Snacks.

★ *Fino-, Manzanillo-, Amontillado-Sherry (Spanien); Sercial- und Verdelho-Madeira (Portugal)*

MITTELSCHWERE BIS KÖRPERREICHE ROTWEINE

In diese Gruppe gehören die Rotwein-Klassiker, die eine feste Struktur und viel Rückgrat besitzen. Bei mittelschweren bis körperreichen Weinen der Alten Welt wie Burgunder, Bordeaux und Barolo sind Bukett und Geschmack zunächst z.T. nicht sehr ausdrucksvoll, doch nach ein bis zwei Jahren öffnen sie sich und entfalten ihren **Brombeer-**, **Maulbeer-**, **Pflaumen-** und **Veilchenduft**. Ihre geschmackliche Entwicklung ist ähnlich: Junge, harte Tannine werden weicher, und durch die Reifung entwickeln und erweitern sich die Fruchtaromen (**Cranberries**, **Gewürz**, **Trüffel** und **Schokolade**). Mittelschwere bis körperreiche Rotweine benötigen Eiche, die ihnen Struktur und auch einen Hauch Vanille verleiht. Diese Weine passen ausgezeichnet zu Fleischgerichten.

★ *Burgunder, Bordeaux (Frankreich); Chianti, Barolo, Barbaresco (Italien); Rioja (Spanien); Pinot Noir (Chile, Neuseeland, Oregon USA und Australien); Cabernet Sauvignon-Merlot-Verschnitte (Kalifornien, Australien)*

VOLLMUNDIGE, KRÄFTIGE, OFT WÜRZIGE ROTWEINE

Trauben wie Cabernet Sauvignon (**johannisbeerartige schwarze Frucht**), Shiraz (**würzige Pflaume** und **Lakritz**) und Zinfandel (**Leder** und **Erdbeere**) beherrschen diese Kategorie der körperreichsten Weine überhaupt. Die Weine wirken im Glas tintenschwarz, haben ein intensives Bukett schwarzer Frucht und dichte, samtig-weiche Frucht auf der Zunge. Entscheidend ist die Reife: Die Weine werden vorwiegend aus robusten Trauben gekeltert, die in heißen Regionen gedeihen (Napa Valley, Kalifornien; Barossa Valley, Australien). Oft entwickeln sie sich noch bei der Lagerung, aber durch ihre überwältigende Reife sind sie auch für den frühen Genuss fruchtig genug. Ihre kräftigen Fruchtaromen müssen immer durch Eiche ausbalanciert werden. Einige dieser Weine stammen auch aus Europa.

★ *Rhônetal-Syrah (Frankreich); Shiraz und Mourvèdre (Australien); Cabernet Sauvignon (Kalifornien, Australien); Zinfandel (Kalifornien); Primitivo (Italien); Toro (Spanien)*

DUNKEL, SÜSS, AUFGESPRITET

Diese hedonistischen Tropfen reichen von strohfarbenen, walnusstönigen Portweinen bis zu bernsteinfarbenem Oloroso-Sherry und rotschwarzen, **pflaumen-** und **veilchentönigen** Vintage Ports. Meist spiegelt ihr Braunton die im Holz verbrachte Zeit, und in der Regel entwickeln sie nussige Karamelaromen. Die dunkelroten beziehen ihre Farbe und ihren Geschmack fast nur aus der Traube und neigen dazu, in der Jugend reinfruchtig zu sein und bei besonders guter Qualität im Alter komplexe **Beeren-**, **Teer-** und **Bitterschokoladenoten** zu entwickeln (bei Vintage Ports kann dies 40 Jahre plus Lagerdauer bedeuten). Die Aufspritung mit Traubengeist erfolgt nach der Hälfte der Gärzeit, weshalb die Weine immer die typische Süße natürlichen Traubenzuckers bewahren.

★ *Oloroso-Sherry, Málaga (Spanien); Tawny Port, Late-bottled Vintage (LBV), Vintage Port, Malmsey- und Bual-Madeira (Portugal); aufgespritete Neue-Welt-Weine (Kalifornien, Australien)*

ALTE UND JUNGE WEINE

Das eindrucksvollste Merkmal frischer, junger Weine ist ihre direkte volle Fruchtigkeit. Mit ihrem einladenden Aroma **grüner Äpfel** (Sauvignon Blanc oder Riesling) und **schwarzer Johannisbeere** (Cabernet Sauvignon) sind sie leicht zugänglich und erfrischend zu trinken. Die meisten hochwertigen jungen Weine haben jedoch auch harte Kanten – griffige Tannine, spritzige oder sogar strenge Säure –, die erst mit der Zeit weicher werden. Nach einigen Jahren Reifung (in der Flasche oder im Eichenfass) verändern sich Weiß- und Rotweine enorm: Ihre vordergründige Fruchtigkeit wird weicher, und bei Weißweinen entwickeln sich komplexe **Gewürz-**, **Dörrobst-** und **Honignoten**, bei Rotweinen **Leder-**, **Trüffel-**, **Weihnachtskuchen-** und **Erdnoten**. Außerdem werden raue Tannine, schwere Eichentöne und betonte Säure milder, verbinden sich mit den Fruchtnoten und bilden so einen volleren, komplexeren Geschmack. Bei Weinen minderer Qualität funktioniert diese Umwandlung weniger gut, doch bei den besseren lohnt sich das Abwarten.

FRANKREICH

FRANKREICH

FRANKREICH GILT ALS *DAS* WEINLAND, *und entsprechend groß ist auch sein Einfluss weltweit. Andere Länder haben inzwischen tüchtig aufgeholt, aber keines verfügt über solch günstige natürliche Voraussetzungen. Frankreichs vielfältige Topografie, seine regional typischen Rebsorten sowie der Stolz auf eine große Tradition tragen dazu bei, dass es seine Bedeutung auch in Zukunft nicht verlieren wird.*

DIE ANFÄNGE

GRIECHEN AUS PHOKAEA brachten um 600 v. Chr. die ersten Weinreben nach Südfrankreich. Für eine weitere Verbreitung des Weinbaus sorgten die Römer. Ausgehend von einer frühen römischen Siedlung bei Narbonne verliefen zwei bedeutende Handelswege: nach Westen entlang der Garonne und nach Norden durch das Rhônetal. Entlang dieser Routen entwickelte sich auch der Weinbau und drang weit nach Norden, bis ins Loiretal und die Champagne, vor. Nach dem Niedergang des römischen Weltreichs im 5. Jh. n. Chr. kam der Kirche eine zentrale Rolle bei der Verbreitung des Weinbaus zu. Die Klöster besaßen weite Ländereien, und die Lieferung von Messwein war eine wichtige Einnahmequelle. Im Mittelalter gehörten dem Benediktiner- und Zisterzienserorden bedeutende Weingärten in Burgund, dem Loiretal und der Champagne.

Benediktinermönch im Weinkeller (Buchmalerei)

Im Mittelalter wurde Wein auch mehr und mehr zum Handelsgut. Bordeaux, das sich unter englischer Herrschaft befand, litt ohnehin nicht unter Absatzproblemen; später kamen noch Handelsverbindungen mit Städten in Nordeuropa dazu. Der Atlantikhafen La Rochelle exportierte Weine von der Loire und der Nachbarregion Poitou. Die Herzöge von Burgund mit ihrer Lehnshoheit über Flandern schließlich unterstützten die Handelsbeziehungen mit der Region der heutigen Beneluxstaaten.

Darstellung der Arbeit im Weinberg aus dem 15. Jh.

Bis zur Mitte des 19. Jh. wurde immer mehr Wein angebaut, wobei die Revolution von 1789 die Weinproduktion kaum beeinträchtigte. Einzig die Enteignung der Klöster hatte gravierende Auswirkungen auf die Besitzverhältnisse in Regionen wie z. B. Burgund. Bordeaux erlebte dank des Außenhandels, vor allem mit Französisch-Westindien, eine außergewöhnliche Blütezeit. Das spiegelte sich im zunehmenden Prestige einzelner Weingüter, dem Bau vieler berühmter Châteaus, von denen einige noch heute erhalten sind, und der Einrichtung des berühmten Klassifikationssystems aus dem Jahr 1855.

◁ **Château de Corton-André und seine Weingärten in Aloxe-Corton, Côte de Beaune, Burgund**

ANBAUREGIONEN

Frankreich verfügt über unterschiedliche natürliche Bedingungen, die einer Vielzahl von Rebsorten und Weintypen gerecht werden. Die Hauptanbauregionen des Landes erstrecken sich über drei klimatische Zonen. Alle Regionen wie Bordeaux oder das Loiretal, alle am Atlantik unterliegen maritimen Einflüssen. Im Süden herrscht mediterranes Klima, das die Weine Südfrankreichs und der südlichen Rhônegegend bestimmt. Im Osten – im Elsass, der Champagne, Burgund, der nördlichen Rhônegegend und der oberen Loire – überwiegt kontinentales Klima.

VOM 19. JH. BIS HEUTE

Um 1850 setzte die Ausbreitung gleich dreier aus Nordamerika eingeschleppter Rebkrankheiten dem Weinanbau in Frankreich ein abruptes Ende. Der Echte und der Falsche Mehltau, beides Pilzerkrankungen, sowie die Reblaus *Phylloxera (s. S. 528–529)* zerstörten ganze Weingärten.

Im 20. Jh. führten der wirtschaftliche Niedergang im Gefolge zweier Weltkriege zu einem Besorgnis erregenden Qualitätsverfall der Weine. Besonders die Region Languedoc-Roussillon entwickelte sich zu einem Großlieferanten minderwertigen Tafelweins. Billigimporte und Nachahmungen bedrohten zudem die Unverwechselbarkeit der Weine. Um dieses Problem zu beheben, führte man um 1930 das System der Appellation d'Origine Contrôlée *(s. S. 52)* ein. In den 1970er-Jahren brachten großzügige Investitionen und das Engagement einer Generation junger Winzer die Wende, was der Weinindustrie in den 1980er-Jahren zu einem neuen Aufschwung und den hohen Standards verhalf, wie wir sie heute kennen.

WEIN NIE OHNE ESSEN

Als Bestandteil eines alten kulturellen und gastronomischen Erbes gehören Essen und Wein in Frankreich seit jeher zusammen. Wein wird fast immer nur zu einem passenden Essen getrunken, und zu einem regional typischen Essen gehört immer ein Wein aus derselben Region. Nachdem sie sich jahrhundertelang nebeneinander entwickelt haben, sind regionale Spezialitäten und Weine perfekt aufeinander abgestimmt. Zu den klassischen Paarungen gehören die schwere Küche des Bordelais und seine tanninhaltigen, leicht verdaulichen Rotweine, Flussfisch in Buttersauce mit aromatischem weißen Burgunder, frischer Muscadet zu Meeresfrüchten sowie öligsüßer Sauternes zu üppiger *Foie gras*.

DIE WEINBRANCHE HEUTE

Frankreich macht sich mit Italien den Platz als führender Weinproduzent der Welt streitig. Doch ist die Produktion in den letzten 20 Jahren von 69 Mio. hl im Jahr 1985 auf 52 Mio. hl im Jahr 2002 gesunken. Die Gesamtanbaufläche liegt bei 860 000 ha; davon fallen 55 % auf AC-Weinberge, 31 % auf Vins de pays und 14 % auf Vins de table *(s. u.)*.

Was den Inlandsverbrauch betrifft, ist Frankreich mit einem jährlichen Gesamtkonsum von 34,5 Mio. hl abermals führend; der Pro-Kopf-Verbrauch liegt bei 57 l. Auf den Exportmärkten der Welt hat Frankreich angesichts wachsender Konkurrenz an Boden verloren, hält aber mit 15 Mio. hl pro Jahr nach Italien den zweiten Platz.

Das Rückgrat der französischen Weinindustrie bilden rund 145 000 Erzeuger. Diese übernehmen Weinbereitung und Abfüllung unter dem Namen einer Domäne, eines Châteaus oder eines Guts selbst, oder sie liefern die Trauben an eine Genossenschaft oder verkaufen entweder Trauben oder Wein an einen Négociant.

WEINBAU UND WEINBEREITUNG

Die jüngsten Fortschritte bei der Weinerzeugung konzentrierten sich hauptsächlich auf den Anbau, und so hat sich in dem Bestreben, die Standards zu verbessern, der Arbeitsaufwand im Weingarten vervielfacht. Sehr viel Arbeit wird zwar von Maschinen übernommen, aber auf den Spitzengütern legt man beim Rebschnitt und bei der Lese sehr viel Wert auf Handarbeit. Daneben gibt es eine deutliche Tendenz weg vom ungebremsten Einsatz von Kunstdünger und Spritzmitteln (im Vergleich etwa mit den 1960er- und 1970er-Jahren) zugunsten eines pragmatischeren Ansatzes. Die Bekämpfung von Krankheiten ist eng an örtliche Wettervorhersagen und an eine natürliche Bodenverbesserung gebunden. Manche Winzer haben sich sogar ganz dem biologischen Landbau verschrieben *(s. S. 105)*. Im Lauf der letzten 20 Jahre haben Programme zur Rodung und Neubepflanzung von Weinbergen zu einer Bevorzugung bestimmter Rebsorten geführt. So sind Syrah, Merlot, Cabernet Sauvignon, Chardonnay und Sauvignon Blanc heute eindeutig auf dem Vormarsch, während z. B. Carignan und Sémillon immer seltener werden.

WEINPRODUKTION IM JAHR 2002

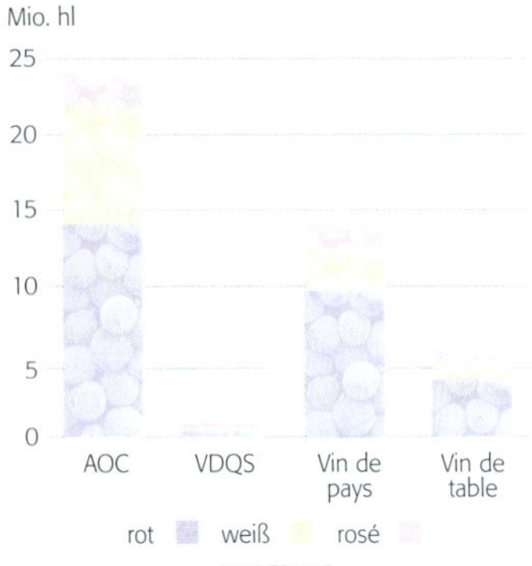

Weinlese im Clos de Vougeot in Burgund

ROTE REBSORTEN UND WEINTYPEN

DAS MILDE KLIMA VON BORDEAUX bringt mehr Spitzenweine als jede andere Region hervor; die Basis dafür bilden variable Verschnitte von Merlot, Cabernet Sauvignon und Cabernet Franc. Der Stil variiert von grasig und fruchtig bis hin zu kernig mit großer Fülle und Alterungspotenzial. Dieselben Rebsorten werden auch jeweils für sich zu sortenreinem Vin de pays verarbeitet, vor allem in der Region Languedoc-Roussillon. In der

Provence verwendet man Cabernet Sauvignon, um bestimmten Verschnitten Komplexität und ein kräftiges Tanningerüst zu verleihen. Cabernet Franc wiederum ist im Loiretal im Kommen, wo er einen frischen, fruchtigen Wein ergibt. Im kühleren Norden ist Pinot Noir die traditionelle rote Traube Burgunds. Sie ergibt volltönende, duftige, meist auch sehr langlebige Weine. Auch im Elsass macht man aus ihm Rotweine, in der Champagne verwendet man ihn für Verschnitte. Die typische Fruchtigkeit von Beaujolais stammt von der Traube Gamay, die auch im Loiretal vorkommt.

Weinbauer aus dem Bordelais

Syrah beherrscht das nördliche Rhônetal mit seinen tiefroten Weinen voll würziger, dunkelfruchtiger Intensität. Dieselbe Traube wird im Gebiet der südlichen Rhône und Languedoc-Roussillon auch für Verschnitte eingesetzt. Die wichtigste Sorte in diesen beiden Regionen ist aber Grenache. Mourvèdre ist die zweite Edelsorte, die im Süden für Verschnitte verwandt wird.

WEISSE REBSORTEN UND WEINSTILE

CHARDONNAY IST DIE IN FRANKREICH am häufigsten angebaute weiße Traube. Ihre volle Größe entfaltet sie in Burgund; die stilistische Bandbreite dort reicht von üppigem, buttrigem, fassgereiftem Meursault bis zu den mineralischen Weinen, wie sie im raueren Klima von Chablis gedeihen. In der Champagne verwendet man Chardonnay für Verschnitte sowie für sortenreinen Blanc de blancs. Darüber hinaus wird Chardonnay noch im Loiretal angebaut, und auch als fruchtiger, sortenreiner Vin de pays aus Languedoc-Roussillon erfreut er sich großer Beliebtheit.

Die frische, eindringliche Sauvignon-Blanc-Traube findet man im kühl-gemäßigten Klima des Loiretals und von Bordeaux. In letzterer Gegend wird sie oft mit Sémillon verschnitten, sei es für trockene oder ölig-süße Weintypen. Die andere weiße Traube von der Loire ist Chenin Blanc, aus der man sowohl trockene als auch süße Weine gewinnt.

Im Elsass präsentiert sich eine Reihe weißer Rebsorten, von welchen die wichtigsten der trockene, duftige Riesling, der parfümierte Gewürztraminer und der körperreiche Pinot Gris sind. In den südlichen Regionen entwickeln viele weiße Sorten dank des wärmeren Klimas weniger Säure, wie der traubige Muscat und der opulent-duftige Viognier aus der AC Condrieu.

Château Pichon-Longueville im Pauillac am linken Ufer der Gironde

FRANZÖSISCHES WEINRECHT

FRANKREICH VERFÜGT ÜBER die strengste Weingesetzgebung der Welt. Die in den 1930er-Jahren erlassene Appellation-d'Origine-Contrôlée-Regelung (AOC oder AC) bildet heute die Grundlage für die Weinrechte aller EU-Länder. Das AC-System basiert auf der Überzeugung, dass die jeweilige Herkunft den einzigartigen Geschmack französischer Weine ausmacht. Die Grenzen der einzelnen AC-Regionen sind klar definiert, und innerhalb dieser Gebiete gelten für die Erzeuger strenge Vorschriften. Die AC-Angabe auf einem Etikett garantiert, dass der Wein aus der angegebenen Region stammt und nach den dort geltenden Richtlinien erzeugt wurde. Eine Angabe der Rebsorte findet sich selten auf AC-Etiketten. Das setzt gewisse Grundkenntnisse beim Verbraucher voraus.

Etikett für einen Burgunder aus der AC Chassagne-Montrachet Premier Cru

AC-Weine stehen an der Spitze des französischen Klassifikationssystems. Es handelt sich dabei um so genannte Qualitätsweine, die in seltenen Fällen auch die Bezeichnung VDQS tragen. Die nächste Stufe in der Hierarchie bilden die Landweine, Vins de pays, die aus einem sehr weit gefassten Gebiet stammen können. An unterster Stelle rangieren die wirklich sehr einfachen Vins de table, Tischweine, die aus jeder beliebigen Region in Frankreich stammen können.

Die Klassifizierung

Französische Weine werden in vier Kategorien eingeteilt. Zwei davon bezeichnen Qualitätsweine, die anderen einfache Weine.

Appellation d'Origine Contrôlée (AOC oder AC): Diese Spitzenkategorie gilt als Garantie dafür, dass ein Wein aus einer bestimmten Region stammt und gemäß den dort geltenden Richtlinien und Gesetzen erzeugt worden ist. Davon betroffen sind u. a. Faktoren wie die genaue Lage der Appellation, zugelassene Rebsorten, Weintypen, Reberziehung, Ertragsmengen, Lesezeitpunkt, Mindestalkoholgehalt. In manchen Fällen gilt schon ein einzelnes Gut oder eine Lage als eigene AC *(s. rechts)*.

Vin Délimité de Qualité Supérieure (VDQS): Diese relativ unbedeutende Kategorie wird immer seltener verwendet. Sie bezeichnete ursprünglich Schwellenregionen, die eine Einstufung als AC anstrebten.

Vin de pays (VdP): Diese so genannten Landweine stammen aus einem klar umrissenen Gebiet. Die Bestimmungen sind nicht so strikt wie jene für AC- oder VDQS-Weine, was dazu führt, dass manche Erzeuger ihr Produkt bewusst als Landwein bezeichnen, um Rebsorten zu verwenden, die nach AC-Bestimmungen unzulässig wären. Jahrgang oder Rebsorte(n) können auf dem Etikett angegeben sein.

Vin de table (VdT): Für einfache Tischweine gelten keinerlei Herkunftsbestimmungen. Es handelt sich hier um die am wenigsten reglementierte Kategorie. Das Etikett darf keine Angaben hinsichtlich Jahrgang, Herkunft oder Rebsorte enthalten.

Etikett der AC Châteauneuf-du-Pape (Rhônetal)

Etikett Altenberg de Bergheim Grand Cru (AC Elsass)

Klassifikation innerhalb einer AC: In einigen AC-Regionen unterliegen bestimmte Güter einer zusätzlichen Bewertung und Kategorisierung. Bordeaux verfügt über das berühmteste – und komplexeste – Klassifikationssystem *(s. S. 62)*. Die vornehmen Châteaus im Médoc an der Rive gauche unterliegen einer Einteilung in fünf Qualitätsstufen von *premier* bis *cinquième cru*. Auf der anderen Seite der Garonne, an der Rive droite, gilt in der Region St-Emilion wiederum ein eigenes System mit der Bezeichnung *premier grand cru classé* für die Spitzengewächse. In Burgund werden nicht einzelne Güter, sondern Weingärten klassifiziert; an der Spitze stehen die Grand-Cru-Weine, gefolgt von den Premier-Cru-Weinen. Diese Einteilung gilt in der Champagne. Auch im Elsass dürfen sich die besten Lagen als *grand cru* bezeichnen.

DIE ANGABEN AUF DEM ETIKETT

Beim ersten Blick auf das Etikett eines französischen Weins sollten Sie darauf achten, ob es sich um einen AC-Wein handelt oder nicht. Der Kenner weiß somit gleich über Weintyp und Rebsorte(n) bescheid. Bezeichnungen wie *grand cru* oder *grand cru classé* sind möglicherweise ein Qualitätshinweis, wichtiger ist aber meist der Erzeugername. Der Standardwein eines guten Erzeugers ist oftmals besser als das Spitzengewächs eines anderen. Besonders wichtig bei französischen Weinen ist der Jahrgang, verwenden Sie also die Jahrgangsübersicht *(s. hintere Umschlaginnenseite)*, um eine gute Wahl zu treffen. Hier ist das Etikett von Château Margaux zu sehen, einem der berühmtesten Spitzenerzeuger im Bordelais.

Château Margaux bezeichnet den Erzeuger. Es kann sich dabei um ein Château, ein Gut, einen Abfüller oder einen Markennamen handeln.

Grand vin bedeutet wörtlich »großer Wein«, bezeichnet aber in der Regel den Spitzenwein eines Guts.

Mis en bouteille au château bezeichnet eine Gutsabfüllung, was auf einen qualitätsbewussten Erzeuger schließen lässt.

Appellation Margaux Contrôlée garantiert, dass der Wein aus der AC Margaux stammt und den dort geltenden Richtlinien entspricht.

2000 gibt den Jahrgang an.

Premier Grand Cru Classé besagt, dass es sich nach der Bordeaux-Klassifizierung aus dem Jahr 1855 um ein Spitzengewächs handelt.

Glossar der Etikettierungsbegriffe

blanc: *weiß*
cave: *Keller*
château: *Schloss, in Bordeaux die übliche Bezeichnung für ein Gut*
coopérative: *Genossenschaft, Erzeuger, der die Weinerzeugung für mehrere Anbauer übernimmt*
côte/coteaux: *Hang/Hänge*
crémant: *Schaumwein, der nach dem Champagnerverfahren bereitet wurde – z. B. Crémant d'Alsace*
cru: *wörtlich »Gewächs«, meist Bezeichnung für einen Weingarten*
cru classé: *klassifizierter Weingarten*
demi-sec: *halbtrocken*
domaine: *Gut, Domäne*
doux: *süß*
grand cru: *großes Gewächs*
méthode classique/méthode traditionnelle: *Bezeichnung für das in der Champagne übliche Verfahren der Schaumweinerzeugung*
mis (en bouteille) au château/domaine/à la propriété: *Gutsabfüllung*
négociant: *ein Händler, der Trauben, Most oder Wein ankauft und selbst weiterverarbeitet und vermarktet*
premier cru: *erstes Gewächs*
propriétaire: *Besitzer eines Guts oder Weingartens*
récoltant: *Traubenanbauer*
récolte: *Jahrgang, Ernte*
rouge: *rot*
sec: *trocken*
sélection de grains nobles: *aus edelfaulen Trauben erzeugter elsässischer Süßwein*

Etikett AOC Condrieu, Rhônetal

supérieur: *ein Wein mit höherem Alkoholgehalt als üblich*
vendage tardive: *Spätlese*
vieilles vignes: *alte Rebstöcke*
vigneron/viticulteur: *Winzer*
vignoble: *Weingarten*
vin: *Wein*

FRANZÖSISCHE SPITZENWEINE

BEI DER VERMARKTUNG FRANZÖSISCHER WEINE *steht die Herkunft und nicht die Rebsorte im Vordergrund. Heute schützen AC-Gesetze die verschiedenen regionalen Weintypen Frankreichs, unter welchen es einzigartige und weltberühmte Weine gibt. Die Herkunftsbezeichnung auf dem Etikett steht für diese Einzigartigkeit.*

① Champagner
Der berühmteste Schaumwein der Welt wächst in Frankreichs nördlichstem Weinbaugebiet. Unter schwierigen Bedingungen reifen dort Chardonnay, Pinot Noir und Pinot Meunier und liefern Grundweine mit hohem Säuregehalt und nuancierten Aromen. Diese sind ideal zur Erzeugung geschmeidiger und subtiler Schaumweine *(s. S. 170–175).*

② Süßweine von der Loire
In besonders guten, der Edelfäule zuträglichen Jahren gehören die von Chenin Blanc bereiteten Süßweine – unter ihnen der Coteaux de Layon – zu den besten der Welt. Diese öligen Weine mit ausgewogener Säure begeistern in ihrer Jugend mit Frucht- und Blumenaromen, nach einer gewissen Reifezeit mit Aromen von Honig und Trockenfrüchten *(s. S. 154–163).*

③ Pauillac
Der mächtige und langlebige Pauillac, von stahlig-mineralischer Qualität und mit Aromen von schwarzer Johannisbeere, Zedernholz und Zigarrenkisten, ist ein perfektes Beispiel für einen Rotwein von Bordeaux' Rive Gauche. Kiesböden und die Cabernet-Sauvignon-Dominanz tragen zur Ausprägung seines typischen Charakters bei *(s. S. 64 u. 68–69).*

④ St-Emilion
Dieser Wein gehört zu den Klassikern von Bordeaux' Rive Droite. Merlot und Cabernet Franc (oft mit etwas Cabernet Sauvignon) liefern auf den dortigen Kalkstein- und Lehmböden ausgewogene und körperreiche Weine von kühler Frische und schöner Tanninstruktur. Daneben gibt es eine konzentriertere moderne Variante mit reifer Frucht *(s. S. 76 u. 80–82).*

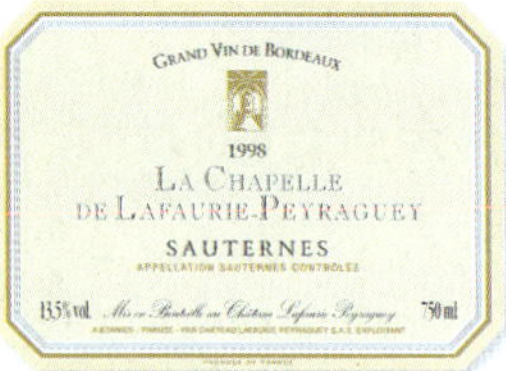

⑤ Sauternes
Reicher, üppiger, exotischer Sauternes ist ein wahres Naturwunder. Im südlichen Bordeaux fördert die neblig-feuchte Witterung die Ausbildung von Edelfäule, welche die Trauben der Sorten Sémillon, Sauvignon Blanc und Muscadelle auf natürliche Weise konzentriert. Das ergibt letztendlich dieses opulente, süße weiße Elixier *(s. S. 66 u. 74–75).*

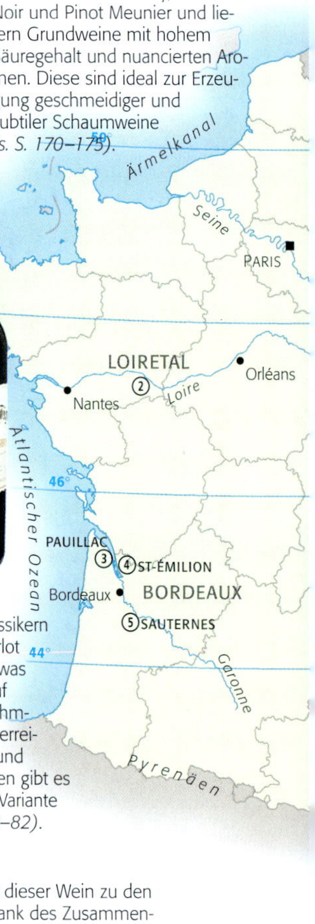

⑥ Côte Rôtie
Neben dem Hermitage gehört dieser Wein zu den Stars der nördlichen Rhône. Dank des Zusammenspiels von Syrah, Granitböden und kontinentalem Klima entsteht dieser dunkle, fruchtig-würzige und doch elegante und langlebige Rotwein. Da aber nur 200 ha unter Reben stehen, ist die Menge leider begrenzt *(s. S. 122 u. 130).*

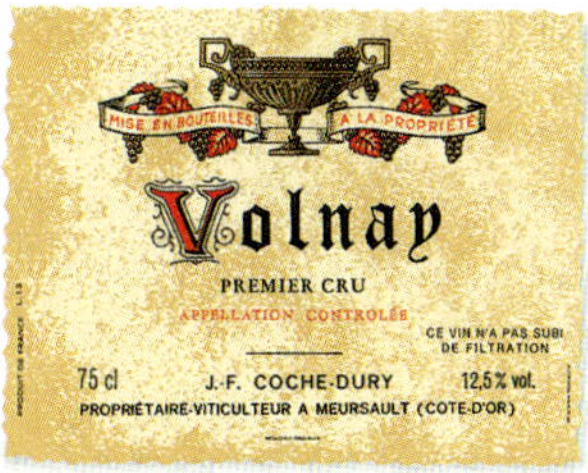

⑦ **Roter Burgunder**
Die Grundlage für diesen Wein ist der kapriziöse, aber duftige Pinot Noir. Allerdings wechseln Nuancierung und Aromen aufgrund des Terroir-Flickenteppichs im Burgund. Côte de Nuits und Côte de Beaune, zusammen das Herzland Burgunds, sind die Heimat großer Rotweine, darunter der kernig-intensive Chambertin und der edle und elegante Volnay *(s. S. 96–107)*.

⑧ **Weißer Burgunder**
Weißer Burgunder gilt als Paradeexemplar eines Chardonnays. Die größten Weine dieser Art kommen von der Côte de Beaune, darunter reiche, nussige, aber trockene Weine mit Honigaromen wie Corton-Charlemagne sowie blumig-intensive Weine wie Le Montrachet. Alle sind langlebig. In diese Kategorie fallen auch Weine aus Chablis und dem Mâconnais *(s. S. 96–107)*.

⑨ **Elsässischer Riesling**
Riesling ist der König unter den Elsässern. Lebendig, mit floralem Zitrusbukett, das sich im Alter in mineralische Petrolanklänge wandelt, ist dieser Wein körperreicher als sein deutscher Verwandter. Sein Stil unterscheidet sich von allen anderen französischen Weinen. Zu den besten gehören die Grands Crus und die süßeren Vendanges Tardives *(s. S. 180–183)*.

⑩ **Beaujolais**
Das Beaujolais mit Kalk, Lehm- und Granitböden grenzt südlich an Burgund. Der dort angebaute rote Gamay liefert einen frischen, fruchtigen Wein. Eine bedeutende Menge kommt als spritziger Beaujolais Nouveau auf den Markt. Reifere Beaujolais stammen von Cru-Lagen wie Moulin-à-Vent *(s. S. 114–117)*.

⑪ **Chablis**
Die frischen Chablis-Weine gedeihen in Nordburgund, jedoch entwickeln sie in einem kontinentalen Klima auf Lehm- und Kalkböden auch eine gewisse Strenge. Einem Premier bzw. Grand Cru sollte man deshalb acht Jahre in der Flasche gönnen *(s. S. 92–95)*.

⑫ **Châteauneuf-du-Pape**
Warm, gehaltvoll, mächtig und voller Aromen roter Frucht, spiegelt dieser berühmte Wein von der südlichen Rhône das mediterrane Klima dieses ausgedehnten Anbaugebiets. In dem Verschnitt erlaubt sind unglaublicherweise 13 verschiedene Rebsorten, aber in Wirklichkeit ist Grenache die Hauptsorte, unterstützt von Syrah und Mourvèdre *(s. S. 128 u. 133–134)*.

FRANZÖSISCHE SPITZENLAGEN

FRANKREICH HAT BEEINDRUCKENDE BEISPIELE für die Bedeutung des so wichtigen Begriffs des Terroirs aufzuweisen. Die folgenden sieben Spitzenweingärten der großen Anbauregionen liefern eine genauere Vorstellung dieser französischen Philosophie. Sie zeigen den Einfluss örtlicher Gegebenheiten auf klassische Rebsorten und die entsprechenden Weine, die alle unverwechselbar sind.

Chardonnay-Reben auf Muschelkalk im Grand Cru Les Clos, Chablis

Clos du Mesnil, Champagne

Aufgrund des Klimas der Champagne sind fast alle Weine Verschnitte verschiedener Lagen. Der Champagner Clos du Mesnil von Krug *(s. S. 174)* ist eine seltene Ausnahme. Der ummauerte, 1,5 ha große Weingarten liegt mitten im Dorf Le Mesnil-sur-Oger, was einen Schutz vor Witterungseinflüssen garantiert. Die günstige Südsüdost-Lage und die wasserdurchlässigen Kreideböden der Champagne lassen den dort angebauten Chardonnay alljährlich gut ausreifen. Der anschließenden Vergärung in kleinen Eichefässern (205 l) und einem Hefekontakt von bis zu 12 Jahren verdankt dieser Champagner seine aromatische Lebendigkeit und Ausgewogenheit.

Château Pétrus, Pomerol, Bordeaux

Die früh reifende Traube Merlot in Verbindung mit dem milden, aber feuchten Klima von Bordeaux sowie eine einzigartige Bodenbeschaffenheit garantieren den Erfolg der Weine von Château Pétrus *(s. S. 83)*. Das Herzstück des 11 ha großen Weingartens, der auch als Knopfloch des Petrus bezeichnet wird, besteht aus schwerem, blauem Lehm. Auf diesen Lehmböden mit geringer Wasserleitfähigkeit liefert Merlot die erforderliche Konzentration für Farbe, Mächtigkeit und Volumen, an die der Kenner bei den Weinen dieses weltberühmten Châteaus denkt.

Château-Pétrus-Plakette

Les Clos, Chablis Grand Cru, Burgund

Dieser Wein ist der Inbegriff eines großen Chablis *(s. S. 93)*: voll, intensiv, mineralisch und langlebig. Les Clos ist mit seinen 26 ha die größte der sieben Grand-Cru-Lagen in Chablis. Der steile Hang ist nach Südsüdwest ausgerichtet und bietet den dort wachsenden Chardonnay-Trauben optimale Reifebedingungen – im problematischen Kontinentalklima dieser Region ein entscheidender Vorteil. Der hier

Der ummauerte Weingarten des Hauses Krug inmitten des Dorfes Le Mesnil-sur-Oger, Champagne

offen zutage tretende Muschelkalk verleiht den Weinen eine kernig-mineralische Qualität. In einer Fläche von 1,7 ha, die zum Besitz der Domäne René und Vincent Dauvissat *(s. S. 95)* gehört, manifestiert sich der reinste Ausdruck dieser Lage. Die Reben werden so verarbeitet, dass der wahre Charakter des Weins zum Vorschein kommt.

Côte Blonde, Côte Rôtie, Rônetal

Marcel Guigal erzeugt seinen La Mouline genannten Côte Rôtie auf einem kleinen Stück Land an der Côte Blonde *(s. S. 122)*. Der steile, südöstlich ausgerichtete Schieferhang mit optimaler Sonneneinstrahlung verhilft den Weinen zu verhaltenen Aromen von dunklen Früchten, Veilchen und Gewürzen. Die an der Oberfläche leichten, sandigen Böden der Côte Blonde ergeben elegante Weine wie etwa den 11 % starken Viognier, den Guigal zusammen mit Syrah anbaut. Bei der Weinerzeugung setzt Guigal auf gute Extraktion und langen Ausbau in Eichenfässern, was dem Wein noch weicher macht und Gewicht verleiht.

Coulée de Serrant, Savennières, Loiretal

Chenin Blanc, maritimes Klima und Schieferböden ergeben im Zusammenspiel die trockenen, mineralischen, nach Apfel und Quitte duftenden Weine der AC Savennières *(s. S. 154)*. Spitzengewächs ist der auf einer 7 ha großen Grand-Cru-Lage angebaute Coulée de Serrant. Steinige Schieferhänge und niedrige Ertragsmengen fördern einen verstärkten Ausdruck des intensiv-aromatischen, mineralischen Charakter des Weins. Der Besitzer des Weingartens, Nicolas Joly, arbeitet biodynamisch, was den Einfluss des Terroirs besonders hervorhebt.

Altenberg de Bergheim, Grand Cru, Elsass

Dieser 36 ha große Grand-Cru-Weingarten verfügt laut dem Erzeuger Jean-Michel Deiss *(s. S. 182)* über ein dominierendes Terroir, das selbst den Charakter der Rebsorte über-

Weingarten La Mouline an der Côte Rôtie, Rhônetal

decken kann. Die 220–320 m lange Steillage und Schutz vor feuchten Westwinden begünstigen ein warmes, gemäßigtes Mesoklima. Die Böden aus Kalk, Mergel und Sandstein lassen die Reben tief wurzeln. Deiss erzeugt Gewürztraminer und Rieslingweine, baut aber (entgegen den AC-Vorschriften), um seine Vorstellung von Terroir zu untermauern, eine Parzelle verschiedener einheimischer Rebsorten an, aus denen er einen mächtigen, aber eleganten Wein ohne sortentypischen Charakter erzeugt – für ihn der wahre Ausdruck dieser Lage.

Etikett Altenberg de Bergheim Grand Cru

La Coume, Banyuls, Languedoc-Roussillon

Banyuls *(s. S. 143)*, direkt am Mittelmeer gelegen, wird von der Sonne verwöhnt und bringt Weine von üppiger Fruchtkonzentration hervor. Der Weingarten La Coume im Besitz der Domaine du Mas Blanc profitiert von diesem Klima, unterliegt aber auch lokalen Einflüssen. Dank der Höhenlage (300 m) und der Tramontan-Winde ist es weniger heiß, was den auf Grenache basierenden Weinen Frische verleiht. Steile Schieferhänge mit dünner Oberbodenschicht halten den Ertrag in Grenzen, was dem Extrakt und Tanningehalt der Weine zugute kommt. Bei der Weinerzeugung wird die Gärung mittels *mutage* nach fünf bis sechs Tagen abgebrochen, der fertige Wein 18 Monate im Tank ausgebaut.

BORDEAUX

Bordeaux ist nicht nur *weltberühmte Weinregion, sondern ein Weinimperium. Der auf einer Fläche von rund 120 000 ha erzeugte Jahresertrag liegt bei knapp 7 Mio. hl. Darunter befinden sich die prestigeträchtigsten Weine der Welt.* Die Châteaux *Margaux, Lafite, Haut-Brion und Cheval Blanc sind einige der Aushängeschilder, aber insgesamt gibt es etwa 7000 Weingüter.*

Die Römer waren wohl die Ersten, die in Bordeaux Wein anbauten, aber erst im 12. Jh. unter englischer Herrschaft begann man, mit Wein zu handeln. Die Heirat von Eleonore von Aquitanien mit Heinrich Plantagenet (dem späteren Heinrich II. von England) brachte die Region faktisch unter die Herrschaft der englischen Krone und leitete den Handel mit England ein *(s. S. 15)*. Diese politische Verbindung zerbrach 1453, die Handelsbeziehungen blieben jedoch bestehen, und es entwickelten sich weitere Märkte in Übersee. Seit jener Zeit hat der internationale Handel in Bordeaux seinen Platz gefunden.

Wein ist das Lebensblut der Region: Mit ihren 57 Appellationen hat sie 12 500 Anbauer, 57 Genossenschaften, 400 Négociants und 130 Broker. Zu den zahllosen Erzeugern gehören Anbauer – die mehrheitlich Genossenschaften angehören – und Châteaux, d. h. individuelle Weingüter mit oder ohne imposanten Prachtbauten. Die eigentliche Appellation Bordeaux liefert die Hälfte des Jahresertrags; daneben gibt es *petites appellations* wie Côtes de Bourg und schließlich berühmte Appellationen wie Pomerol und Margeaux.

Cabernet-Sauvignon-Traube

Der Weinliebhaber denkt bei Bordeaux vor allem an Rotwein – der in der Tat auch 85 % der Gesamtproduktion ausmacht. Die Basis dafür sind eigentlich drei Sorten: Cabernet Sauvignon, Merlot und Cabernet Franc. Aber auch Weißweine haben trotz rückläufiger Erträge noch immer einen bedeutenden Platz im Bordelais. Sauternes, ein Süßwein, gehört zu den großen Weinen, wobei auch die trockenen Weißweine qualitativ enorm aufgeholt haben. In beiden Fällen handelt es sich um Verschnitte aus Sémillon, Sauvignon Blanc und zuweilen etwas Muscadelle.

Typische Bordeaux-Barriques für den Ausbau des Weins vor der Abfüllung

◁ **Weingarten des Château Mouton-Rothschild in Pauillac**

WEINKARTE BORDEAUX

Die Flüsse Garonne und Dordogne durchqueren in ihrem Lauf zum Atlantik Bordeaux in nordwestlicher Richtung. Sie teilen die Region in drei Teile: Westlich der Garonne liegen die Rive-Gauche-Weingärten von Médoc, Graves und Sauternes; das Gebiet östlich der Dordogne, die Rive Droite, umfasst St-Émilion, Pomerol und Fronsac. Der dazwischen liegende Keil wird als Entre-deux-Mers, »zwischen zwei Meeren«, bezeichnet.

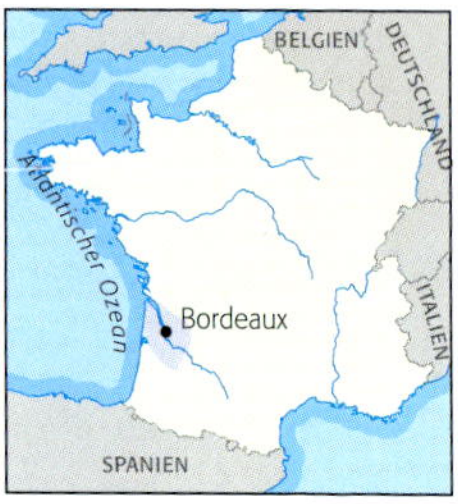

Legende

Bordeaux

Weinlese auf Château Margaux an der Rive Gauche

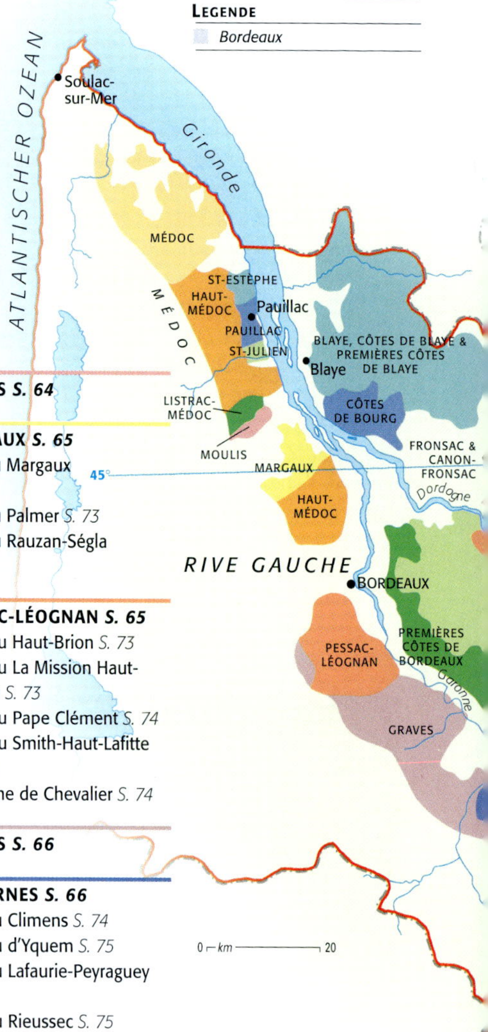

RIVE GAUCHE: GEBIETE U. SPITZENERZEUGER

MÉDOC *S. 63*

HAUT-MÉDOC *S. 63*

ST-ESTÈPHE *S. 63*
Château Cos d'Estournel *S. 68*
Château Montrose *S. 68*

PAUILLAC *S. 64*
Château Lafite-Rothschild *S. 68*
Château Latour *S. 68*
Château Lynch-Bages *S. 69*
Château Mouton-Rothschild *S. 69*
Château Pichon-Longueville *S. 69*
Château Pichon-Longueville Comtesse de Lalande *S. 69*

ST-JULIEN *S. 64*
Château Ducru-Beaucaillou *S. 72*
Château Gruaud-Larose *S. 72*
Château Léoville-Barton *S. 72*
Château Léoville Las Cases *S. 72*

LISTRAC-MÉDOC *S. 64*

MOULIS *S. 64*

MARGAUX *S. 65*
Château Margaux *S. 72*
Château Palmer *S. 73*
Château Rauzan-Ségla *S. 73*

PESSAC-LÉOGNAN *S. 65*
Château Haut-Brion *S. 73*
Château La Mission Haut-Brion *S. 73*
Château Pape Clément *S. 74*
Château Smith-Haut-Lafitte *S. 74*
Domaine de Chevalier *S. 74*

GRAVES *S. 66*

SAUTERNES *S. 66*
Château Climens *S. 74*
Château d'Yquem *S. 75*
Château Lafaurie-Peyraguey *S. 75*
Château Rieussec *S. 75*
Château Suduiraut *S. 75*

Château Pichon-Longueville in Pauillac

DAS TERROIR AUF EINEN BLICK

Breite: 44,5–45,5 °N

Höhe: 0–100 m über NN

Topografie: Die Geländebeschaffenheit spielt für den Weinbau in dieser flachen Region kaum eine Rolle. Viel wichtiger ist die Nähe zur Gironde, die die Reben vor Frost schützt sowie ihre Reifung fördert.

Boden: Von unterschiedlicher Beschaffenheit; die besten, darunter das Kalksteinplateau von St-Émilion und die Kiesböden im Médoc und in Grave, regulieren den Wasserhaushalt der Reben.

Klima: gemäßigtes Meeresklima. Da Niederschlagsmengen und Temperaturen von Jahr zu Jahr unterschiedlich sind, schwankt auch die Qualität der einzelnen Jahrgänge. In der Regel sind die Winter mild und die Sommer heiß.

Temperatur: Die Durchschnittstemperatur im Juli beträgt 20,5° C.

Niederschlag: Das Jahresmittel beträgt 900 mm.

Gefahren für den Weinbau: Regen zur Lesezeit; Frühjahrsfrost; Wasserstress; Grauschimmel

Rotweine aus Bordeaux

RIVE DROITE: GEBIETE U. SPITZENERZEUGER

ST-ÉMILION U. ST-ÉMILION GRAND CRU *S. 76*

Château Angélus *S. 80*
Château Ausone *S. 80*
Château Beau-Séjour Bécot *S. 80*
Château Belair *S. 80*
Château Cheval Blanc *S. 80*
Château de Valandraud *S. 80*
Château Figeac *S. 81*
Château Le Tertre Roteboeuf *S. 81*
Château Pavie Macquin *S. 81*
Château Pavie *S. 81*
Clos Fourtet *S. 81*
La Mondotte *S. 82*

ST-ÉMILION SATELLITES *S. 76*

POMEROL *S. 77*

Château La Conseillante *S. 82*
Château Lafleur *S. 82*
Château Le Pin *S. 82*
Château L'Église-Clinet *S. 82*
Château L'Évangile *S. 83*
Château Pétrus *S. 83*
Château Trotanoy *S. 83*
Vieux Château Certan *S. 83*

LALANDE-DE-POMEROL *S. 78*

FRONSAC U. CANON-FRONSAC *S. 78*

CÔTES DE CASTILLON U. BORDEAUX-CÔTES DE FRANCS *S. 78*

CÔTES DE BOURG *S. 79*

BLAYE, CÔTES DE BLAYE U. PREMIÈRES CÔTES DE BLAYE *S. 79*

ENTRE-DEUX-MERS: GEBIETE UND SPITZENERZEUGER

ENTRE-DEUX-MERS U. HAUT-BENAUGE *S. 84*

Château Ste-Marie *S. 86*

GRAVES DE VAYRES *S. 84*

PREMIÈRES CÔTES DE BORDEAUX *S. 84*

Château Reynon *S. 86*
Château Suau *S. 86*

CADILLAC, LOUPIAC U. STE-CROIX-DU-MONT *S. 85*

BORDEAUX U. BORDEAUX SUPÉRIEUR *S. 85*

Château Bonnet *S. 86*
Château de Fontenille *S. 87*
Château Thieuley *S. 87*
Château Tour de Mirambeau *S. 87*
Château de Reignac *S. 87*
Château Penin *S. 87*
Domaine de Courteillac *S. 87*

WEINKLASSIFIKATIONEN IN BORDEAUX

DIE MENSCHEN IN BORDEAUX MÖCHTEN WISSEN, *woran sie sind – darum haben sie eine Qualitätshierarchie für ihre Weine aufgestellt. Neben einem Klassifikationssystem wurden verschiedene Hierarchien im Lauf der letzten 200 Jahre etabliert, jede mit ihrer eigenen Geschichte und eigenen komplizierten Vorschriften.*

Etikett Cru Classé des Graves

Klassifikation von 1855

DIE BERÜHMTESTE Bordeaux-Klassifikation bezieht sich auf die Médoc-Rotweine und die süßen Sauternes-Weißweine. Das System entstand nach einer Anordnung Napoleons III. für die auf der Weltausstellung des Jahres 1855 in Paris präsentierten Weine. Das Syndicat des Courtiers aus Bourdeaux klassifizierte die Weine auf der Grundlage einer Jahrzehnte zurückreichenden Handelsstatistik. 60 Châteaus aus dem Médoc und eines (Château Haut-Brion) aus Graves wurden entsprechend dem Handelswert in fünf verschiedene Klassen eingeteilt (Premier bis Cinquième Cru). Dementsprechend wurden 26 Châteaus in Sauternes und Barsac in Erst- und Zweitgewächse unterteilt, wobei Château d'Yquem den Sonderstatus Premier Cru Supérieure zugewiesen bekam. Seither gab es nur eine Änderung: 1973 erfuhr Château Mouton-Rothschild eine Aufwertung vom Zweit- zum Erstgewächs. Die Klassifizierung ist noch heute ein verlässlicher Hinweis auf Qualität, auch wenn manche Châteaus mehr von ihrem Status profitieren als andere, was sich vor allem im Preis niederschlägt.

Graves-Klassifikation von 1959

DIE GRAVES-KLASSIFIKATION wurde 1953 vom Institut Nationale des Appellations d'Origine (INAO) erstellt und 1959 neu gefasst. Hier gibt es nur eine Kategorie, Graves Cru Classé. Alle 16 ausgewählten Châteaus liegen in der AC Pessac-Léognac.

Klassifikation der Crus Bourgeois, Médoc

NACH BEGUTACHTUNG aller Erzeuger im Médoc durch eine Expertenkommission erfolgte 2003 eine Neuklassifizierung der Crus Bourgeois. Die erste Klassifizierung innerhalb dieser Kategorie wurde während der Wirtschaftskrise in den 1930er-Jahren als Absatz fördernde Maßnahme vorgenommen; heute umfasst die Liste 247 Châteaus. Profitieren sollten in erster Linie Güter in einer jener acht Appellationen im Médoc, die bei der Klassifizierung von 1853 leer ausgegangen waren. Die heutige Einteilung ist fundierter und lässt auf ein gewisses Qualitätsniveau schließen, obwohl Hauptzweck noch immer ist, weniger bekannte Châteaus ins Rampenlicht zu rücken. Drei Kategorien wurden festgelegt: Crus Bourgeois Exceptionnels (9), Crus Bourgeois Supérieurs (87) und Crus Bourgeois (151).

Saint-Émilion-Klassifizierung

ORIGINELL AN DIESER EINTEILUNG ist, dass sie alle zehn Jahre revidiert wird. Erstmals wurde sie 1955 vorgenommen, zuletzt 1996. Es gibt zwei Kategorien: Premier Grand Cru Classé und Grand Cru Classé. Derzeit sind 13 Châteaus als Premier Grand Cru eingestuft. Die Châteaus Ausone und Cheval Blanc zeichnen sich zusätzlich durch ihren »A«-Status aus, während alle anderen sich mit »B« begnügen müssen. Die Zahl der Grands Crus Classés beläuft sich auf 55.

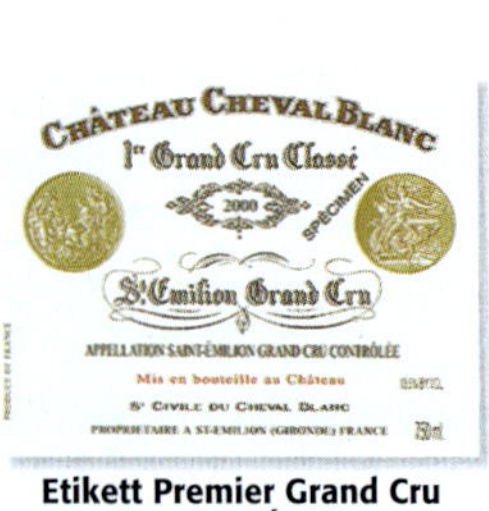

Etikett Premier Grand Cru Classé, St-Émilion

Château Cos d'Estournel in St-Estèphe, Rive Gauche

DIE WEINANBAUGEBIETE DER RIVE GAUCHE

DIE RIVE GAUCHE ist die bevorzugte Region für Cabernet Sauvignon, da die Kiesböden der Halbinsel Médoc (St-Estèphe, Pauillac, St-Julien und Margaux) und der weiter südlich gelegenen Region Graves für diese spät reifende Sorte gut geeignet sind. Die Weine sind in der Regel kernig, komplex und langlebig. Die Rive Gauche ist auch die Heimat des Sauternes, eines der feinsten Süßweine der Welt.

Architektonisches Detail

Médoc

DIE AC MÉDOC umfasst nur die nördliche Spitze der zwischen Atlantik und Gironde gelegenen Halbinsel Médoc. In der früher als Bas-Médoc bezeichneten Region stehen heute 5000 ha unter Reben. Das von Weidegebieten durchzogene Land ist flach, und die schweren Böden lassen stellenweise den Kies offen zutage treten. Die Weine sind oft erdig-rustikal, ja sogar mager, haben aber in jüngster Zeit dank höherer Merlot-Anteile an Fleischigkeit und Finesse zugelegt. Einen Großteil produzieren Genossenschaften, aber es gibt zunehmend mehr hochwertige Weine einzelner Châteaus.

Kalk-Lehm-Gemisch, Sand, Kies *Cabernet Sauvignon, Merlot, Cabernet Franc, Petit Verdot* *rot*

Haut-Médoc

IM SÜDLICHEN TEIL der Halbinsel bildet jenes 4500 ha große Anbaugebiet, das nicht zu einer der sechs Appellationen St-Estèphe, Pauillac, St-Julien, Listrac, Moulis, Margaux gehört, die AC Haut-Médoc. Die dort vorherrschenden Kiesböden sind ideal für den Anbau von Cabernet Sauvignon. Mit entsprechenden Investitionen und Know-how ist die Region in der Lage, hochwertige Weine mit Konzentration, Struktur und Alterungspotenzial hervorzubringen. Fünf Güter wurden in die Klassifikation von 1855 aufgenommen – Belgrave, Camensac, Cantemerle, La Lagune, La Tour Carnet –, aber ein Großteil der Produktion fällt in die Kategorie Cru Bourgeois.

Kies, Kalk-Lehm-Gemisch *Cabernet Sauvignon, Merlot, Cabernet Franc, Petit Verdot* *rot*

St-Estèphe

DIE NÖRDLICHSTE der vier herausragenden Gemeindeappellationen des Médoc, die AC Saint-Estèphe, hat im Vergleich zu ihren Nachbarn eher ländlichen Charakter. Die Güter befinden sich noch überwiegend in Familienbesitz. St-Estèphe hat seinen Anteil an den an die Trichtermündung angrenzenden Kiesböden, aber stellenweise tritt auch Kalkstein offen zutage. Im Westen und Norden kommen auch Sand- und Lehmböden vor. Cabernet Sauvignon entwickelt auf den kühleren Kalksteinböden einen leicht strengen Charakter, weshalb man sich mehr dem ausgewogeneren, fleischigeren Merlot zugewandt hat. Gemeinhin sind die Weine vollmundig, kernig und langlebig. 54 % des Ertrags fallen auf Crus Bourgeois, 20 % auf die fünf klassifizierten Gewächse und 17 % auf die einzige Genossenschaft der Region.

Kies, Kalk-Lehm-Gemisch, Sand *Cabernet Sauvignon, Merlot, Cabernet Franc, Petit Verdot* *rot*

DIE PLACE DE BORDEAUX

Der Weinhandel in Bordeaux wird über ein eigenes Vermarktungssystem, die Place de Bordeaux, abgewickelt. Dies ermöglicht den Erzeugern, ihre Weine ohne direkten Kundenkontakt an Händler (Négociants) zu verkaufen, die ihn wiederum an einheimische Zwischenhändler oder ausländische Importeure weiterverkaufen. Die Transaktion zwischen Erzeuger und Négociant übernimmt ein Mittelsmann, der Courtier, dem als Provision 2 % des Verkaufspreises zufallen. So wird der jüngste Jahrgang eines Spitzenchâteau über einen Courtier per Subskription verkauft und 18 bis 24 Monate später ausgeliefert. Ungefähr 75 % des Ertrags der Region, darunter Château-Abfüllungen und Handelsmarken, werden von rund 400 Négociants aufgekauft, die Handelskontakte zu 160 Ländern haben. Das Ansehen eines Château hängt oft auch davon ab, ob es der Place de Bordeaux angehört.

Pauillac

FÜR VIELE IST PAUILLAC das Musterbeispiel eines Medoc-Weins – mächtig, konzentriert und langlebig, von annähernd bleistifthaft-mineralischer Qualität und mit Aromen von schwarzer Johannisbeere, Zedernholz und Zigarrenkiste. Es ist daher nicht überraschend, dass neben 15 weiteren klassifizierten Gütern auch drei der fünf Erstgewächse des Jahres 1855 (die Châteaux Lafite-Rothschild, Latour und Mouton-Rothschild) in der AC Pauillac beheimatet sind. Das Geheimnis ihres Charakters sind die tiefgründigen Kiesböden und die direkte Nähe zur Gironde, dem »Wärmekraftwerk« der Region. Das Terroir hat sich als ideal für Cabernet Sauvignon erwiesen, Pauillacs wichtigster Rebsorte.

Kies *Cabernet Sauvignon, Merlot, Cabernet Franc, Petit Verdot* *rot*

St-Julien

EIN GRUND FÜR DIE SEIT JAHREN unangefochtene Beständigkeit dieser Region besteht darin, dass 80 % der 900 ha umfassenden Gesamtfläche sich im Besitz von 11 klassifizierten Chateaus befinden, darunter fünf Zweitgewächse, die sich allen hohen Qualitätsstandards verpflichtet fühlen. Der andere Grund ist die Lage. Die AC St-Julien besteht aus zwei von der Sonne verwöhnten und gut entwässerten Kiesplateaus. Cabernet Sauvignon ist die überwiegende Rebsorte, aber im Gegensatz zu den mächtig-konzentrierten Rotweinen der Nachbar-AC Pauillac zeigen die Weine hier Zurückhaltung und weichere Fruchtnoten. Dennoch sind sie ebenso langlebig.

Kies *Cabernet Sauvignon, Merlot, Cabernet Franc, Petit Verdot* *rot*

Listrac-Médoc

IN DER AC LISTRAC-MEDOC wird heute mehr Merlot als Cabernet Sauvignon angebaut. Aufgrund der kühlen Kalkstein- und Lehmböden sowie der größeren Entfernung von der Gironde setzt die Reifephase hier später als in den anderen Médoc-Appellationen ein, was die Reifung von Cabernet Sauvignon erschwert. Früher waren die Weine aus dem Grund etwas härter, während der Einsatz von Merlot sie heute insgesamt fleischiger und weicher macht. Die Genossenschaft Listrac ist ein bedeutender Erzeuger in dieser Gemeindeappellation, aber die besten Weine liefern die 20 *châteaux cru bourgeois*.

Kalkstein-Lehm-Gemisch, Kies, Sand *Merlot, Cabernet Sauvignon, Cabernet Franc, Petit Verdot* *rot*

Moulis

MIT EINER GRÖSSE VON 590 HA ist die AC Moulis die kleinste der Appellationen im Médoc. Wie die nördlich angrenzende AC Listrac-Médoc

Arbeiter auf Château Lafite-Rothschild, Pauillac

Das romantische Château Palmer in Margaux, 19. Jh.

hat auch Moulis Kalkstein- und Lehmböden. Im Osten gibt es Kiesböden, auf denen Cabernet Sauvignon voll ausreift. Einige Châteaus erzeugen hier Weine, die hinsichtlich Qualität und Stil mit einem guten Haut-Médoc vergleichbar sind. Weiter im Landesinnern ist der Merlot-Anteil höher, und die Weine sind fruchtiger, aber weniger intensiv. Wie in Listrac-Médoc liefern die Crus Bourgeois die besten Weine.

Kies, Kalk-Lehm-Gemisch *Cabernet Sauvignon, Merlot, Cabernet Franc, Petit Verdot* *rot*

Margaux

MIT 1400 HA unter Reben ist die AC-Margaux die größte der Gemeindeappellationen im Médoc. Zu ihr gehören Arsac, Labarde, Cantenac, Soussans und Margaux selbst. Die Kiesböden der Region mit ihrem niedrigen Lehmanteil sind für kaum etwas anders als den Weinbau geeignet. Cabernet Sauvignon insbesondere ergibt dort Weine von zarter Balance, duftigen Aromen und schöner Tanninstruktur. Häufig werden sie als »feminin« beschrieben, wenn auch dank moderner Techniken manche Weine heute konzentrierter sind. Bei 21 klassifizierten Châteaus (1855), darunter das Erstgewächs Château Margaux, würde man hohe Standards vermuten, aber bis in die Mitte der 1990er-Jahre blieb Margaux mangels Ehrgeiz der Erzeuger hinter den Erwartungen zurück. In den letzten Jahren hat diese AC mittlerweile in punkto Qualität und Beständigkeit aufgeholt und macht weiter Fortschritte.

Etikett Château Margaux, 2000

Kies *Cabernet Sauvignon, Merlot, Cabernet Franc, Petit Verdot* *rot*

Pessac-Léognan

DIE TRADITION DES WEINBAUS in dieser wohl ältesten Weinregion in Bordeaux geht bis ins Mittelalter zurück. 1987 wurde der nördliche Teil von Graves zur eigenständigen AC Pessac-Léognan erklärt, benannt nach den beiden westlich bzw. südlich der Stadt Bordeaux gelegenen Gemeinden. Manche Weingärten reichen bis an die Vororte der Stadt. Mit ihren Kiesböden verfügt die Region über ein großes Potenzial – was klangvolle Namen wie Château Haut-Brion und Château Pape Clément belegen – und hat von beträchtlichen Investitionen in den letzten Jahren profitiert. Berühmt war die Region seit jeher für ihre Rotweine – auf die heute 80 % der Gesamtanbaufläche von 1450 ha fallen. Die Rotweine sind vom Stil her mit denen aus dem Médoc vergleichbar, sind aber vielleicht etwas voller am Gaumen, mit rauchigen, mineralischen Nuancen. Die wenigen hier produzierten trockenen Weißweine sind die besten von Bordeaux: fein, voll, mit nachhaltigem Aroma und Duft von Zitrusfrüchten und lagerfähig.

Kies *Cabernet Sauvignon, Merlot, Cabernet Franc, Petit Verdot* *Sauvignon Blanc, Sémillon, Muscadelle* *rot, weiß*

EDELFÄULE

Der für die Edelfäule *(pourriture noble)* verantwortliche Schimmelpilz *Botrytis cinerea* ist in Sauternes weit verbreitet. Bei einem Befall mit diesem Pilz reduziert sich der Wassergehalt der Trauben, was den Zucker- und Säuregehalt erhöht und die Aromen verstärkt. Das Resultat sind süße, ölige und kraftvoll-aromatische Weine. Feuchte Morgennebel und warme Nachmittage sind ideal für die Ausbildung von *Botrytis*. Der Pilz durchdringt die Schale der Trauben, lässt aber das Fruchtfleisch unberührt. Braune Flecken bedecken die langsam einschrumpfende Beere. Da diese Entwicklung unregelmäßig verläuft, werden die Trauben, oftmals sogar einzelne Beeren, in mehreren Lesegängen geerntet – daher die niedrigen Erträge und die hohen Produktionskosten. Aufgrund der notwendigen Witterungsbedingungen ist ein guter Sauternes-Jahrgang nicht unbedingt auch ein guter Jahrgang für roten Bordeaux.

Graves

TYPISCH FÜR DIESE REGION sind kleine Güter in Familienbesitz, in die weniger investiert wurde als in die des nördlichen Nachbarn Pessac-Léognan. Trotzdem gibt es dort zunehmend hochwertige Weine. Wie der Name vermuten lässt, überwiegen Kiesböden, aber es kommen auch Kalkstein-Lehm-Böden vor. Die auf einer Fläche von 2500 ha erzeugten Rotweine der AC Graves enthalten zunehmend Merlotanteile. Sie sind betont fruchtig und sollten nicht länger als vier bis fünf Jahre lagern. Weitere 800 ha erbringen Weißweine: knackig, frisch, aromatisch und knochentrocken oder aber vollmundig und fassgereift. Es gibt auch süßen Graves Supérieur, den man in geringen Mengen aus spät gelesenen Trauben produziert.

Kies, Kalkstein mit Lehm gemischt, Sand *Cabernet Sauvignon, Merlot, Cabernet Franc* *Sauvignon Blanc, Sémillon, Muscadelle* *rot, weiß, Dessertwein*

Sauternes

DIES IST DIE HEIMAT einzigartiger Weine: üppig süß, ölig und aromatisch. Die Region Sauternes, exklusiv für edelsüße Weißweine zuständig, liegt 40 km flussaufwärts von der Stadt Bordeaux entfernt am linken Ufer der Garonne. Die Gesamtfläche der AC umfasst 2200 ha, über die sich die fünf Gemeinden Bommes, Fargues, Sauternes, Preignac und Barsac verteilen. Die Erzeuger in Barsac dürfen ihre Weine entweder als Sauternes oder als Barsac etikettieren, alle anderen Weine heißen Sauternes. Das berühmteste der 1855 klassifizierten Spitzenchâteaus ist Château d'Yquem. Diese reichen, opulenten Weine sind repräsentativ für ihr Terroir. Die Trauben, mehrheitlich Sémillon, reifen zunächst ganz normal heran, bis im Herbst die ersten Morgennebel die Ausbildung von *Botrytis cinerea* bewirken. Verantwortlich für den Nebel sind die kühleren Wasser des Flusses Ciron, der in die wärmere Garonne mündet. Die Trauben werden selektiv von Hand gelesen, manchmal bis in den Dezember hinein. Die offizielle Obergrenze für die ohnehin sehr niedrigen Erträge liegt bei 25 hl pro ha. Aufgrund des unsteten Klimas fallen die Jahrgänge sehr unterschiedlich aus, weshalb Spitzenchâteaus manche Jahrgänge komplett übergehen. Die tiefere Lage und der höhere Kalkgehalt des Bodens sind der Grund dafür, dass ein Barsac meist leichter ist als ein Sauternes. Geringe Mengen weniger üppigen Süßweins kommen auch aus der Nachbar-AC Cérons.

Kies, Kalkstein, Sand *Sémillon, Sauvignon Blanc, Muscadelle* *weiß, Dessertwein*

Von Weingärten umgebene Schlossruine in Sauternes

SÜDWEST-FRANKREICH

DER BEGRIFF »SÜDWEST-FRANKREICH« *ist eher eine Verlegenheitslösung, als die Bezeichnung einer homogenen Weinregion. Das Gebiet umfasst rund 30 ACs. Im Norden grenzt es an Bordeaux, erstreckt sich südwärts bis zu den Pyrenäen und ostwärts bis nach Toulouse. Der gemeinsame Nenner sind Weine von starkem Charakter, die aus einer Vielzahl ausgefallener Rebsorten gewonnen werden.*

Die östlich von Bordeaux gelegenen Appellationen **Bergerac**, **Monbazillac** (bekannt für süße Weißweine), **Buzet**, **Côtes de Duras**, **Cahors** und **Gaillac** galten im Mittelalter als ernsthafte Rivalen von Bordeaux. Das Klima ist gemäßigt mit landeinwärts etwas kälteren Wintern. Eine wichtige Rolle spielen die Genossenschaften; auf sie fällt ein maßgeblicher Anteil an der Gesamtproduktion. Angebaut werden überwiegend die Bordaux-Sorten – Cabernet Sauvignon, Merlot und Cabernet Franc für Rotweine, Sémillon, Sauvignon Blanc und Muscadelle für Weißweine. Die daraus gewonnen Weine sind mit jenen aus Bordeaux vergleichbar. In Cahors ergibt Malbec (dort als Auxerrois bekannt) dunkle, mineralische, tanninreiche Rotweine. In Gaillac gibt es mittlerweile zahlreiche einheimische Rebsorten, darunter die weißen Mauzac und Len de l'El. In der AC **Côtes de Frontonnais** liefert Négrette würzig-aromatische Rotweine.

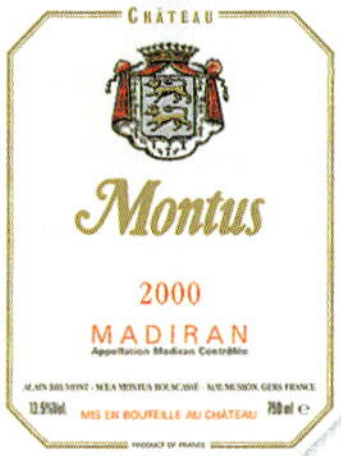

Etikett Château Montus

In der Nähe der spanischen Grenze und im Baskenland liegen die Appellationen **Madiran**, **Jurançon** und **Irouléguy**. Sie erlebten in den letzten 15 Jahren eine Renaissance bei Qualitätsweinen. Das Klima ist auch hier maritim, doch in Jurançon und Irouléguy befinden sich die Weingärten in einer Höhe von 300 bis 400 m. Aus Tannat werden in Madiran kernige, tanninreiche Rotweine hergestellt, die durch moderne Kellertechniken weicher werden. Dieselbe Sorte, verschnitten mit Cabernet Franc und Cabernet Sauvignon, findet in Irouléguy Verwendung. Jurançon liefert süße und trockene Weißweine, die aus Petit und Gros Manseng sowie aus Petit Courbu gekeltert werden.

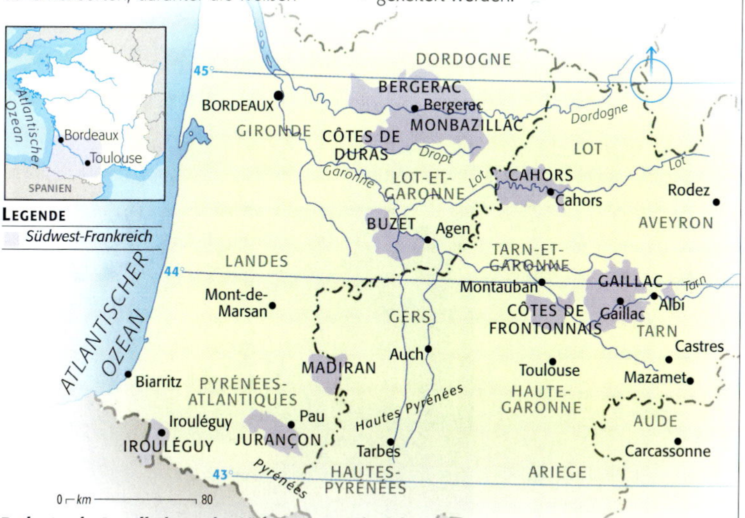

Bedeutende Appellationen im Südwesten Frankreichs

DIE SPITZENHERSTELLER DER RIVE GAUCHE

Etikett Château Cos d'Estournel

Château Cos d'Estournel
St-Estèphe

St-Estèphe *05 56 73 15 50*
www.cosestournel.com *n. V.*

Cos d'Estournel wurde 1811 von Louis Gaspard d'Estournel gegründet, der mit der Errichtung der noch heute benutzten Kellerei im fernöstlichen Stil seiner Orientschwärmerei Ausdruck verlieh. Cos, eines von zwei Zweitgewächsen in St-Estèphe, ergibt einen reichen, dichten, schön strukturierten Grand Vin mit ungewöhnlich hohem Merlotanteil, der dem Wein noch mehr Körper verleiht. 1994 brachte man mit Les Pagodes de Cos einen beachtenswerten Zweitwein heraus. Derzeitiger Eigentümer ist ein französischer Geschäftsmann, Leiter ist Jean-Guillaume de Prats aus der Familie der Vorbesitzer.

rot *2002, 2001, 2000, 1998, 1996, 1995, 1994, 1990*

Château Montrose
St-Estèphe

St-Estèphe *05 56 59 30 12*
n. V.

Das andere der beiden Zweitgewächse von St-Estèphe, seit 1896 im Besitz der Familie Charmolüe, hat ein Profil, das dem von Château Latour in Pauillac gleicht. Die tiefgründigen, nach Südosten ausgerichteten Kies-Weingärten von Château Montrose liegen nahe an der Gironde. Die von Cabernet Sauvignon dominierten Weine sind kernig, stahlig und für lange Alterung bestimmt. Durch eine längere Reifung verlieren die Weine ihr zuweilen hartes Äußeres.

rot *2002, 2001, 2000, 1999, 1998, 1996, 1995, 1994, 1990*

Château Lafite-Rothschild
Pauillac

Pauillac *05 56 73 18 18*
www.lafite.com *n. V.*

Die Geschichte des Hauses Lafite reicht bis in das 14. Jh. zurück. Der Name stammt von dem gaskonischen Wort *la hite* – Hügel –, und der 100 ha große Weingarten liegt in der Tat auf einem zur Gironde hin ausgerichteten Kieshügel. Das Gut wurde 1855 als Erstgewächs eingestuft, und Lafite-Weine werden seit jeher für ihre Eleganz und ihr hohes Alterungspotenzial gerühmt. Veränderungen in der Vinifikation haben dazu geführt, dass die Jahrgänge seit 1995 sublim sind, mit mehr Gewicht, Volumen und Struktur. Seit 1868 befindet sich das Gut im Besitz der Familie Rothschild. Auch das Zweitetikett, Carruades de Lafite, hat seit 1995 große Fortschritte gemacht.

rot *2002, 2001, 2000, 1999, 1998, 1997, 1996, 1995, 1994, 1990*

Château Latour
Pauillac

Pauillac *05 56 73 19 80*
www.chateau-latour.com *n. V.*

Château Latour hat das klassische Profil eines Pauillac. Er wird überwiegend aus Cabernet-Sauvignon-Trauben hergestellt, die auf tiefgründigem Kies wachsen. Daher ist der Wein von verhaltener Mächtigkeit und stahlig-kühler Struktur, mit dem Duft von

Weinkeller auf Château Lafite-Rothchild (Entwurf Ricardo Bofill)

Etikett Château Lynch-Bages

schwarzer Johannisbeere und Zeder. Herzstück des Guts ist die Spitzenlage L'Enclos, die das Château und die im Jahr 2002 renovierte Kellerei umgibt. Andere Lagen werden für den hervorragenden Zweitwein, Les Forts de Latour, genutzt. Nach 30 Jahren in britischem Besitz wurde Château Latour 1993 von dem französischen Geschäftsmann François Pinault aufgekauft.

rot 2002, 2001, 2000, 1999, 1998, 1996, 1995, 1994, 1990

Château Lynch-Bages
Pauillac

Pauillac 05 56 73 24 00
www.lynchbages.com *n. V.*

Kaum ein Stil ist so unverwechselbar wie der von Château Lynch-Bages. Opulenz und Volltönigkeit unterscheiden diesen von Cabernet Sauvignon dominierten Wein von anderen eher stahligen und zurückhaltenden Pauillacs. Lynch-Bages erzielte jahrelang Preise, die seinen Status als Fünftgewächs weit übersteigen. Das auf dem Bages-Plateau gelegene Gut befand sich einmal im Besitz der Familie Lynch aus Galway in Irland und gehört heute der Familie Cazes. In geringen Mengen produziert man auch Blanc de Lynch-Bages, einen Weißwein aus Sémillon, Sauvignon Blanc und Muscadelle. Vom Stil her ist er für das Médoc eine Rarität und mit weißem Graves vergleichbar.

rot, weiß rot: 2002, 2001, 2000, 1999, 1998, 1996, 1995, 1990

Château Mouton-Rothschild
Pauillac

Pauillac 05 56 73 21 29
www.bphr.com *n. V.*

Der ursprüngliche Name Château Brane-Mouton wurde 1853 geändert, als Baron Nathaniel de Rothschild den Besitz erwarb. 1855 als Zweitgewächs klassifiziert, wurde Château Mouton-Rothschild 1973 zu einem Erstgewächs aufgewertet – eine Folge der Beharrlichkeit von Baron Philippe de Rothschild, der 1922 die Leitung übernommen hatte. Auf ihn geht auch die Einführung von Künstleretiketten *(s. S. 70–71)* zurück: Seit 1945 trägt jeder Jahrgang ein exklusives Etikett, das Künstler wie Marc Chagall, Salvador Dalí, Joan Miró, Andy Warhol u. a. gestaltet haben. Mouton ist ein reicher, dichter und opulenter Wein. Daneben gibt es einen Zweitwein, Le Petit Mouton, und eine geringe Menge Weißwein mit dem Namen L'Aile d'Argent.

rot, weiß rot: 2002, 2001, 2000, 1999, 1998, 1996, 1995, 1994, 1990

Château Pichon-Longueville
Pauillac

Pauillac 05 56 73 17 17
www.pichonlongueville.com
n. V.

1850 teilte Baron Joseph de Pichon-Longueville den Familienbesitz unter seinen fünf Kindern auf. Château Pichon-Longueville (Baron), ein Zweitgewächs, ging an seine beiden Söhne. Der dort wachsende, von Cabernet Sauvignon dominierte Wein ist auf klassischere Weise mächtig. Das Gut gehört seit 1987 der Versicherungsgesellschaft AXA-Millésimes, die das Château renovieren ließ und eine moderne, von zwei internationalen Stararchitekten entworfene Kellerei errichtete.

rot 2002, 2001, 2000, 1999, 1998, 1996, 1995, 1990

CHÂTEAU-ETIKETTEN

Alle Bordeaux-Châteaus erzeugen einen Grand Vin genannten Hauptwein, den einzig der Name des Châteaus kennzeichnet. Auch die Namen von Zweitweinen leiten sich in der Regel von dem des Châteaus ab. Manche Erzeuger haben zusätzlich einen Drittwein.

Château Pichon-Longueville Comtesse de Lalande
Pauillac

Pauillac 05 56 59 19 40
www.pichon-lalande.com *n. V.*

Château Mouton-Rothschild

Dieser Besitz besteht aus drei Fünfteln des ursprünglichen Guts Pichon-Longueville und gehörte den Töchtern von Baron Pichon-Longueville. Die Leitung oblag ausschließlich der Tochter Virginie, nach ihrer Heirat Comtesse de Lalande. So erklärt sich der Namenszusatz. May-Eliane de Lencquesaing besitzt und leitet das Gut seit 1978 und hält dessen Status als hervorragendes Zweitgewächs aufrecht. Der Wein, mit einem geringfügig höheren Merlot-Anteil im Verschnitt als in Pauillac üblich, ist rund und weich und schon in jungen Jahren verführerisch.

rot 2002, 2001, 2000, 1999, 1998, 1996, 1995, 1994, 1990

MOUTON-ROTHSCHILD-ETIKETTEN

Baron Philippe (*rechts*)

1945 GAB BARON PHILIPPE DE ROTHSCHILD zum Ende des 2. Weltkriegs die künstlerische Gestaltung für das Etikett seines Château Mouton-Rothschild in Auftrag. Daraus entwickelte sich eine feste Tradition. In jedem Jahr betraute man einen zeitgenössischen Künstler damit, das Etikett für den neuen Wein zu gestalten. Ausnahmen waren die Jahre 1953, beim 100-jährigen Bestehen des Guts, und 1977, als der Besuch der englischen Königinmutter gefeiert wurde.

BERÜHMTE KÜNSTLER

Entwürfe vieler berühmter Künstler schmückten die Etiketten von Mouton-Rothschild. Als Vorgabe dienten die Themen Wein, Trinkgenuss und der »Augsburger Widder«, ein silbernes Trinkgefäß aus dem 16. Jh., das im Museum des Châteaus gezeigt wird. Das Honorar bestand in allen Fällen, wie könnte es anders sein, aus mehreren Kisten Wein. Beteiligt waren u.a. folgende Künstler:

1955 Georges Braque
1957 André Masson
1958 Salvador Dalí
1964 Henry Moore
1969 Joan Miró
1970 Marc Chagall
1972 Serge Poliakoff
1971 Wassily Kandinsky
1973 Pablo Picasso
1974 Robert Motherwell
1975 Andy Warhol
1980 Hans Hartung
1990 Francis Bacon

Jahrgang 2000
Der 2000er Mouton-Rothschild hat kein Etikett aus Papier. Die Flasche schmückte eine Emailreproduktion des Augsburger Widders.

Skulptur im Museum des Châteaus

Jahrgang 1987
Das Etikett dieses Jahrgangs gestaltete der schweizer Maler Hans Erni (geb. 1909). Es zeigt Baron Philippe de Rothschild, geschmückt mit den von Reben umrankten Hörnern des Augsburger Widders. Ernis Entwurf erwies sich als letzte Hommage an Baron Philippe, der im Januar 1988 verstarb.

Jahrgang 1982
Der amerikanische Schauspieler, Regisseur und Aquarellmaler John Huston (1906–1987) schuf als eines seiner letzten Werke das Etikett für den Jahrgang 1982. Es zeigt das Wappentier des Hauses Mouton, den Widder, in einem Freudentanz im Verein mit Sonne und Rebe.

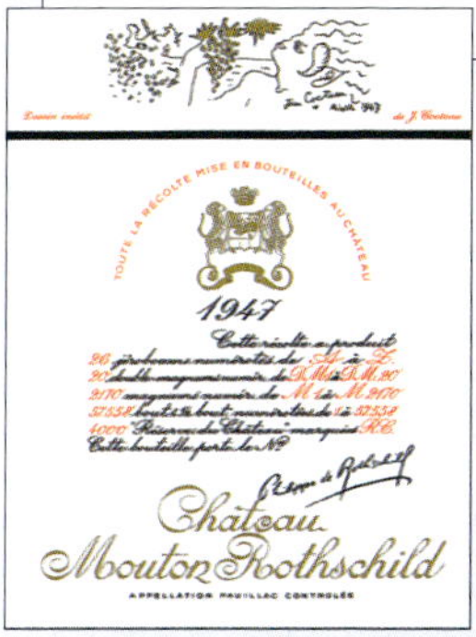

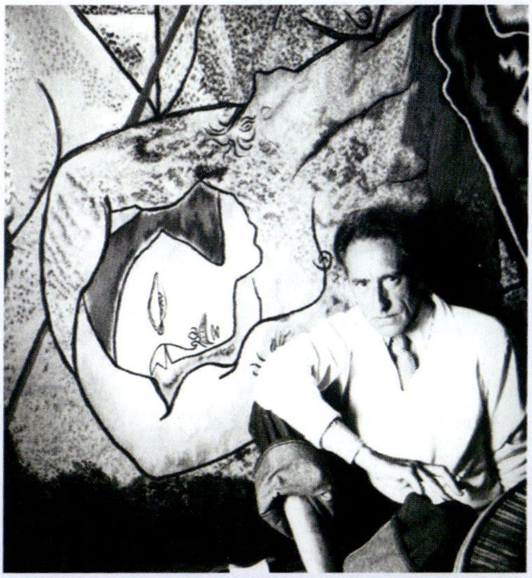

Jahrgang 1947
Der französische Künstler Jean Cocteau (1889–1963) steuerte mittelbar den Entwurf für den Jahrgang 1947 bei. Eine verloren gegangene Zeichnung Cocteaus zeigte das Profil des Schauspielers Jean Marais. Für den 1947er Mouton-Rothschild reproduzierte Marais eine Kopie aus dem Gedächtnis.

Château Ducru-Beaucaillou
St-Julien

St-Julien Beychevelle
05 56 73 16 73 *n. V.*

Das aus dem 19. Jh. stammende Château, ein gestreckter Bau mit mächtigen Ecktürmen, steht in prominenter Lage an der Gironde im Süden von St-Julien. Dahinter versteckt befindet sich ein neuer High-Tech-Keller. Die aus Quarz, Feuerstein und anderen Gesteinsarten bestehenden Kiesel, *cailloux*, die dem Weingut seinen Namen gaben, sind unübersehbar im Boden vorhanden. Holzkontaminationen im alten Lagerkeller verursachten in den späten 1980er-Jahren Schwankungen bei den Jahrgängen, aber inzwischen hat das Gut seine Topform wieder. Der Wein ist reif und elegant, braucht aber zu seiner vollständigen Entwicklung mindestens zehn Jahre.

rot *2002, 2001, 2000, 1999, 1998, 1996, 1995*

Château Ducru-Beaucaillou

Château Gruaud-Larose
St-Julien

St-Julien Beychevelle
05 56 73 15 20 *n. V.*

Château Gruaud-Larose steht an einem kleinen Fluss im Süden der Appellation St-Julien. Der Weingarten befindet sich als einzelne Parzelle auf tiefgründigen Kiesböden mit hohem Lehmanteil – mit ein Grund für den reichen, vollen Charakter des Weins. In den letzten 20 Jahren hat das Gut mehrmals seinen Besitzer gewechselt, profitierte aber zwischen 1993 und 1997 von einem umfangreichen Investitionsprogramm des damaligen Besitzers Alcatel-Alstom. Heute gehört das als Zweitgewächs eingestufte Gut der Familie Merlaut.

rot *2002, 2001, 2000, 1999, 1998, 1996, 1995, 1990*

Château Léoville-Barton
St-Julien

St-Julien Beychevelle *05 56 59 06 05* *www.leoville-barton.com* *n. V.*

Kein klassifiziertes Weingut im Médoc befindet sich bereits so lange im Besitz eines Eigentümers wie Château Léoville-Barton, das 1826 von der aus Irland stammenden Familie Barton gekauft wurde. Der Chef, Anthony Barton, leitet das als Zweitgewächs eingestufte Château seit 1982 und hat bewiesen, dass es nach wie vor zu den beständigsten im Médoc gehört. Der in Holzfässern bereitete Wein ist langlebig, zurückhaltend und von klassischer Ausgewogenheit. Die Kellerei teilt sich das Gut mit Château Langoa-Barton, einem drittklassigen Gut, das sich ebenfalls im Besitz der Familie Barton befindet.

rot *2002, 2001, 2000, 1999, 1998, 1996, 1995, 1994, 1990*

Château Léoville Las Cases
St-Julien

St-Julien Beychevelle
05 56 73 25 26 *n. V.*

Die Kernlage von Léoville Las Cases, der Weingarten Grand Enclos, grenzt an Château Latour an, weshalb es nicht überrascht, dass der Wein über Pauillac-Stahligkeit verfügt. In einem gründlichen Auswahlverfahren werden 40 % der Jahresernte für den Grand Vin bestimmt. Der Rest wird für den sehr guten Zweitwein, Clos du Marquis, verwendet oder an Négociants verkauft. Obschon Zweitgewächs, braucht Las Cases heute einen Vergleich mit den Erstgewächsen nicht zu scheuen.

rot *2002, 2001, 2000, 1999, 1998, 1996, 1995, 1994, 1990*

Château Margaux
Margaux

Margaux *05 57 88 83 83* *www.chateau-margaux.com* *n. V.*

Das erstklassige Château, dessen Fassade ein beeindruckendes Säulenportal ziert, ist seit 1978 im Besitz der Familie Mentzelopoulos. Die Gesamtanbaufläche beträgt 90 ha, und der Wein, ein auf Cabernet Saivignon basierender Verschnitt, der oft mit etwas Petit Verdot »gewürzt« wird, verbindet natürliche Mächtigkeit mit Eleganz. Der exzellente Zweitwein nennt sich Pavillon Rouge; daneben gibt es noch einen Weißwein erster Güte, Pavillon Blanc, der ausschließlich aus Sauvignon Blanc gekeltert wird und der den AC-Vorschriften gemäß allgemein als Bordeaux bezeichnet wird.

rot, weiß *rot: 2002, 2001, 2000, 1999, 1998, 1996, 1995, 1994, 1993, 1990*

Etikett Château Léoville Barton

Château Palmer
Margaux

Cantenac ☎ *05 57 88 72 72*
www.chateau-palmer.com ◯ *n. V.*

DAS GUT wurde im 19. Jh. von Generalfeldmarschall Palmer gegründet, der unter Wellington gedient hatte. Heute gehört es einem Konsortium niederländischer, englischer und französischer Familien. Viele Jahre lang übertraf der als Drittgewächs eingestufte Wein die erwartete Qualität und war in den 1960er- und 70er-Jahren sogar einem Château Margaux überlegen. Für seine legendäre samtige Textur ist nicht zuletzt ein gesunder Merlot-Anteil verantwortlich. Auch der Zweitwein, Alter Ego de Palmer, ist hervorragend.

rot ***2002, 2001, 2000, 1999, 1998, 1996, 1995, 1990***

Château Rauzan-Ségla
Margaux

Margaux ☎ *05 57 88 82 10*
◯ *n. V.*

ENDE DES LETZTEN JH. hatte Château Rauzan-Ségla, das sich in der 1855er Klassifizierung mit einem zweiten Platz innerhalb der AC hinter Château Margaux begnügen musste, einen schwankenden Ruf. Gute Jahrgänge entstanden 1983, 1986 und 1988, aber erst nachdem das Gut 1994 von der Familie Wertheimer, den Besitzern des Hauses Chanel, aufgekauft worden war, konnte es die Beständigkeit früherer Jahre zurückgewinnen. Umfangreiche Investitionen haben dieses Zweitgewächs von Grund auf verändert, und der Wein ist heute von echter Vornehmheit und Eleganz.

rot ***2002, 2001, 2000, 1999, 1998, 1996, 1995***

Château La Mission Haut-Brion

Château Haut-Brion
Pessac-Léognan

Pessac Cedex ☎ *05 56 00 29 30*
www.haut-brion.com ◯ *n. V.*

CHÂTEAU HAUT-BRION wurde im 16. Jh. gegründet und befindet sich seit 1935 im Besitz der amerikanischen Familie Dillon. Der 45 ha große Weingarten liegt heute inmitten der Vororte der Stadt Bordeaux. Die dort angebauten Trauben gehören zu den am frühesten reifenden der ganzen Region, was sich auch in der Qualität des Weins bemerkbar macht. Zudem wird der Haut-Brion durch eine Zugabe von Merlot weniger streng als vergleichbare Weine aus dem Médoc. Das Château produziert auch geringe Mengen eines saftig-weichen trockenen Weißweins.

rot, weiß ***rot: 2002, 2001, 2000, 1999, 1998, 1996, 1995, 1994, 1993, 1990***

Château Palmer

Château La Mission Haut-Brion
Pessac-Léognan

Pessac Cedex ☎ *05 56 00 29 30*
www.haut-brion.com ◯ *n. V.*

CHÂTEAU LA MISSION HAUT-BRION wurde 1993 von der Familie Dillon aufgekauft und ist nun mit dem benachbarten Château Haut-Brion sozusagen verschwistert. Die Weine bewahren trotz gleichen Personals und Kellertechnik ihren eigenen Stil. Während der Haut-Brion bei einer gewissen Subtilität fein und elegant ist, ist La Mission fleischig-voll mit einem kraftvollen, offenen Charakter. Haut-Brion ist meist der bessere Wein.

rot ***2002, 2001, 2000, 1999, 1998, 1996, 1995, 1994, 1990***

SPITZENZWEITWEINE: RIVE GAUCHE

- Ⓡ Château Palmer Alter Ego €€
- Ⓡ Château Lafite-Rothschild Carruades de Lafite €€€
- Ⓡ Château Bahans Haut-Brion €€€
- Ⓡ Château Léoville Las Cases Clos du Marquis €€€
- Ⓡ Château Montrose La Dame €€
- Ⓡ Château Léoville-Barton La Réserve €€
- Ⓡ Château Mouton-Rothschild Le Petit Mouton €
- Ⓡ Château Pape Clément Le Clémentin €€€
- Ⓡ Château Latour Les Forts €€€
- Ⓡ Château Cos d'Estournel Les Pagodes de Cos €€
- Ⓡ Château Margaux Pavillon Rouge €€€
- Ⓡ Château Pichon-Longueville Comtesse Réserve €€

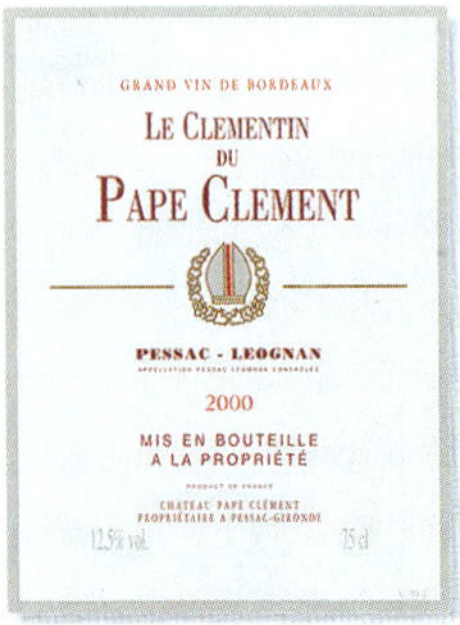

Etikett Château Pape Clément

Château Pape Clément
Pessac-Léognan

216 ave du Docteur Nancel Pénard, Pessac *05 57 26 38 38*
www.pape-clement.com
n. V.

DIE GESCHICHTE von Pape Clément reicht bis ins 14. Jh. zurück, doch 1985 erlebte das Château eine wahre Renaissance. Man errichtete eine neue Kellerei, kreierte den Zweitwein Le Clémentin und überholte die Weingärten von Grund auf. 2001 erfolgte eine weitere Neuerung, als 120 Arbeitskräfte die Trauben erstmals von Hand lasen. Pape Clément, ohnehin ein tieffarbiger, reicher und voller Wein, hat seither noch an Konzentration und Textur gewonnen. Auch weißer Pape Clément wird in geringen Mengen hergestellt.
rot, weiß *rot: 2002, 2001, 2000, 1999, 1998, 1996, 1995, 1990*

Château Smith-Haut-Lafitte
Pessac-Léognan

Martillac *05 57 83 11 22*
www.smith-haut-lafitte.com
n. V.

FLORENCE UND DANIEL CATHIARD haben dieses Gut 1990 gekauft und seitdem mit großem Aufwand auf Vordermann gebracht. Der Weingarten wird nun biologisch bearbeitet und die Erträge wurden reduziert. In der renovierten Kellerei stehen neue Gärbottiche aus Holz, die in der eigenen Küferei hergestellt werden. Das Ergebnis zeigte sich zuerst beim aromatischen Sauvignon Blanc des Hauses, aber seit 1994 hat auch der Rotwein, traditionell ein Verschnitt aus Cabernet Sauvignon, Cabernet Franc und Merlot, an Dichte, Körper und Finesse gewonnen.
rot, weiß *rot: 2002, 2001, 2000, 1999, 1998, 1996, 1995, 1994, 1990*

Domaine de Chevalier
Pessac-Léognan

102 chemin de Mignoy, Léognan
05 56 64 16 16 *www.domainedechevalier.com* *n. V.*

DER STAR DES HAUSES ist der langlebige, auf Sauvignon Blanc basierende Weißwein, der nur in kleinen Mengen hergestellt wird. Der Rotwein, überwiegend Cabernet Sauvignon, ist heute ein klassischer Graves-Wein, komplex und mineralisch, von guter Länge und Balance. Domaine de Chevalier wird seit 1983 von Olivier Bernard geführt. Er installierte neue Geräte, brachte den Weingarten auf Vordermann und ließ vier große Windmaschinen aufstellen, um Frühjahrsfröste zu lindern.
rot, weiß *rot: 2002, 2001, 2000, 1999, 1998, 1996, 1995, 1990*

Château Climens
Sauternes

Barsac *05 56 27 15 33*
n. V.

CHÂTEAU CLIMENS, ein Erstgewächs, ist das führende Gut in der AC Barsac. Man erzeugt dort einen für die Region mustergültigen Süßwein, üppig und konzentriert, aber von delikater Säure. Climens ist anfangs eher zurückhaltend und braucht mindestens zehn Jahre, um eine breite Palette von Honigaromen zu entwickeln. Danach entwickelt er sich noch über Jahre weiter. Der

ÖNOLOGEN AUS DEM BORDELAIS

Die Fakultät für Önologie der Universität Bordeaux hat die Vinifikation weltweit beeinflusst. Zu ihren Aufgabengebieten gehören die Forschung, die Entwicklung neuer Herstellungsmethoden und die Ausbildung von Önologen. Das Niveau der Einrichtung wird seit ihrer Gründung 1880 von engagierten Direktoren gewährleistet, darunter drei aus derselben Familie – Ulysse Gayon (der zusammen mit Louis Pasteur studiert hat), Jean Ribéreau-Gayon sowie dessen Sohn Pascal – und der gegenwärtige Amtsinhaber Yves Glories.

Auch in beratender Funktion hatten Önologen der Universität großen Einfluss. Einer der bekanntesten ist Émile Peynaud, der viele heute gängige Vinifikationsmethoden etablierte, darunter die Kontrolle der malolaktischen Gärung und die temperaturkontrollierte Gärung. International berühmt ist auch Michel Rolland *(rechts)*, ein Befürworter des maximalen Reifegrads von Trauben.

Weinlese in den Weingärten von Château Suduiraut, im Hintergrund Château d'Yquem

Betrieb, 1971 von Lucien Lurton erworben, gehört heute seiner Tochter Bérénice, die ihn auch leitet.

weiß, Desserwein 2002, 2001, 1999, 1998, 1997, 1996, 1995, 1990

Château d'Yquem
Sauternes

Sauternes *05 57 98 07 07*
www.chateau-yquem.fr

Château d'Yquem ist seit vielen Jahren eine Klasse für sich. Das 1855 als Premier Cru Supérieur *(s. S. 62)* klassifizierte Gut befand sich seit 1785 im Besitz der Familie Lur-Saluces, wurde aber 1996 durch den Konzern LVMH aufgekauft. Der hohe Anspruch blieb erhalten. Die Trauben des 100 ha großen Weingartens, überwiegend Sémillon mit etwas Sauvignon Blanc, werden selektiv gelesen, wenn es sein muss Beere für Beere. Die Erträge sind winzig – etwa ein Glas Wein pro Rebstock –, und in schlechten Jahren (wie 1992) wird überhaupt kein Yquem produziert. Für Gärung und Ausbau verwendet man neue Eichenfässer, in denen der Wein dreieinhalb Jahre reift. Das Ergebnis ist ein üppiger, mächtiger, exotischer Tropfen.

weiß, Dessertwein 1998, 1997, 1996, 1995, 1994, 1993, 1991, 1990

Château d'Yquem

Château Lafaurie-Peyraguey
Sauternes

Bommes *05 57 19 57 77*
n. V.

Mit dem grossartigen 1983er-Jahrgang meldete sich dieses Erstklasse-Château eindrucksvoll zurück. Von da an waren seine Süßweine reich und duftig mit wunderbarer Fruchtkonzentration. Zum Besitz gehören ein Château aus dem 13. Jh. und ein ideal besonnter Weinhügel in der Gemeindelage Bommes.

weiß, Dessertwein 2002, 2001, 1999, 1998, 1997, 1996, 1995, 1990

Château Rieussec
Sauternes

Fargues de Langon *05 57 98 14 14* *www.lafite.com* *n. V.*

Wollte man von einem Konkurrenten des Château d'Yquem sprechen, dann käme nur das benachbarte Château Rieussec in Betracht. Seit das Gut 1985 vom französischen Zweig der Familie Rothschild aufgekauft wurde, haben die Weine in punkto Kontinuität und Reinheit der Frucht gewonnen. Die selektive Lese verläuft präziser, die Weine werden fassvergoren (seit 1996) und die Reifezeit beträgt jetzt statt 15 Monaten zweieinhalb Jahre.

weiß, Dessertwein 2002, 2001, 1999, 1998, 1997, 1996, 1995, 1990

Château Suduiraut
Sauternes

Preignac *05 56 63 61 92*
www.chateausuduiraut.com
n. V.

Der Besitzer, die Versicherungsgesellschaft AXA-Millésimes, ließ das aus dem 18. Jh. stammende Château komplett renovieren, einschließlich des von Le Nôtre gestalteten Gartens. Auch der Wein, ein Erstgewächs, hat von den ausgiebigen Investitionen in den 90 ha großen Weingarten und den Keller profitiert. Die jüngsten Jahrgänge waren durchweg erfolgreiche Weine – ölige Sauternes mit schöner Ausgewogenheit und großem Alterungspotenzial.

weiß, Dessertwein 2002, 2001, 1999, 1998, 1997, 1996, 1995, 1990

Lese auf dem weltberühmten Château Petrus, Pomerol

DIE WEINBAUGEBIETE DER RIVE DROITE

DA KALK- UND LEHMBÖDEN in diesem Teil von Bordeaux überwiegen, ist der zeitig reifende Merlot die bevorzugte Traube. St-Émilion und Pomerol, die beiden bedeutenden Appellationen, erzeugen runde, saftige und körperreiche Weine. Preiswerte Weine kommen aus Fronsac und den zahlreichen »Côtes«-Regionen.

St-Émilion & St-Émilion Grand Cru

DER WEINBAU in St-Émilion reicht bis in die gallo-römische Zeit zurück. Die heutige AC umfasst genau das 1289 urkundlich festgelegte Gebiet: neun Gemeinden, darunter die mittelalterliche Stadt St-Émilion. 1999 wurde das gesamte Gebiet von der UNESCO zum Weltkulturerbe ernannt. Die hier überwiegenden Kalk- und Lehmböden sind besser für Merlot geeignet als für den spät reifenden Cabernet Sauvignon. Cabernet Franc, hier auch Bouchet genannt, war früher stärker verbreitet und ist wichtiger Bestandteil vieler Verschnitte. Charakteristisch für St-Émilion-Weine sind ihre kühle Frische und weiche Frucht, die besten verfügen zusätzlich über eine schöne Tanninstruktur und Alterungspotenzial.
Der moderne Stil ist dunkler, reifer und konzentrierter. Insgesamt umfasst das Gebiet 5500 ha, die entweder als AOC St-Émilion oder als AOC St-Émilion Grand Cru ausgewiesen sind. Bei Letzterem sind ein höherer Mindestalkoholgehalt, niedrigere Erträge und die Anerkennung von zwei Verkostungsgremien vorgeschrieben. Die höherwertige Etikettierung macht 65 % der Gesamtmenge aus und umfasst alle klassifizierten Châteaus.

Kalk-Lehm-Gemisch, Kies, Sand
Merlot, Cabernet Franc, Cabernet Sauvignon *rot*

Detail von Château Pavie, Saint-Émilion Grand Cru

St-Émilion-Satelliten

DIESE SO GENANNTEN Satellitengemeinden liegen, getrennt durch das Flüsschen Barbanne, in der nördlichen Fortsetzung der Hügellandschaft um St-Émilion. Vier AC-Gemeinden – Lussac, Montagne, Puisseguin und St-Georges – dürfen den Zusatz St-Émilion auf ihre Etiketten drucken. Es finden sich ebenfalls Kalk- und Lehmböden, zuweilen auch Sand, aber bedingt durch die geringfügig langsamere Reifung ist die Witterung im Herbst entscheidend für die Qualität der Trauben. Merlot überwiegt, und die Weine sind vielleicht eine Spur rustikaler als ein St-Émilion. Die getätigten Investitionen sind weniger hoch, was sich positiv auf den Preis auswirkt – diese Weine bieten ein gutes Preis-Leistungs-Verhältnis. Neben zahlreichen kleinen Erzeugern gibt es die Genossenschaft Les Producteurs Réunis, die in der AC Lussac-St-Émilion 40 %, in der AC Puisseguin-St-Émilion 20 % des Weins erzeugt.

Insgesamt stehen in diesem Gebiet 3900 ha unter Reben, wobei die AC Montagne-St-Émilion flächenmäßig die größte ist.

Kalk-Lehm-Gemisch, Sand *Merlot, Cabernet Franc, Cabernet Sauvignon* *rot*

Pomerol

WIRKLICH GUTER POMEROL ist ein ultimativer Weingenuss. Ein Spitzen-Pomerol ist voll und fett, verfügt über eine samtige Textur und ein üppiges Bukett sowie einen festen Kern, der ihn gut altern lässt. Es werden rund 800 ha bewirtschaftet, die durchschnittliche Betriebsgröße beträgt gerade einmal 6,5 ha. Die Mengen sind also begrenzt und die Preise schon allein deswegen hoch. Seltsamerweise waren diese Weine außerhalb Frankreichs und der Beneluxstaaten bis in die 1960er-Jahre kaum bekannt. Anders als im benachbarten St-Émilion gibt es im Pomerol keine Kalkböden, sondern überwiegend Kies, Sand und Lehmböden, die die Reben, zu 80 % Merlot, früh reifen lassen. Die Region erstreckt sich über eine sanft abfallende Hochebene nordöstlich von Libourne, in deren Zentrum die reichsten Weine auf Lehm- und Kiesböden wachsen. Dort finden sich Spitzenchâteaus wie Pétrus, Lafleur und Le Pin. Auf den niedrigeren Terrassen im Westen und Süden sind die Böden sandiger und die Weine leichter und weniger mächtig. Die AC Pomerol ist die einzige Weinregion in Bordeaux ohne ein offizielles Klassifikationssystem.

Kies, Lehm, Sand *Merlot, Cabernet Franc, Cabernet Sauvignon* *rot*

Château Angélus, St-Émilion Grand Cru

DIE BÖDEN VON ST-ÉMILION

Weingarten von Château Ausone

Das Anbaugebiet St-Émilion umfasst sechs Bodenzonen, die Qualität und Stil des Weins beeinflussen. Die besten reduzieren die Wasserversorgung der Reben und fördern so eine höhere Konzentration an Tanninen, Farbe und Extrakt in den Trauben.

Kalksteinplateau
Im Zentrum befindet sich ein Kalksteinuntergrund, der aus einer Anhäufung von Meeresfossilien entstanden ist. Er begrenzt die Wasseraufnahme der Rebstöcke, was den Weinen schöne Tannine, kühle Frische und Alterungspotenzial verleiht. Nicht wenige der Premiers Grands Crus Classés dieser Region stammen von hier (die Châteaus Belair, Canon, Magdelaine und Clos Fourtet).

Obere Hanglagen
Diese an das Plateau angrenzenden Hänge bestehen aus einer tieferen Schicht aus Lehm und Kalkstein. Die Weine sind tanninhaltiger und langlebig. Die klassifizierten Güter von St-Émilion (die Châteaus Ausone, Pavie, l'Arrosée, La Clotte, Larcis Cicasse) sind hier stark vertreten.

Untere Hanglagen
In diesen auch *pieds de côtes* genannten Bereichen herrscht eine Mischung aus Sand und Lehm vor. Die Böden hier sind weniger vorteilhaft als direkt auf dem Plateau oder an den *côtes*, bringen aber mitunter interessante Ergebnisse hervor.

Quartärkies
In der nordwestlichen, an das Pomerol angrenzenden Ecke befindet sich ein Streifen von Kiesböden, wie sie im Médoc anzutreffen sind. Zwei Premiers Grands Crus Classés, Cheval Blanc und Figeac, sind die Hauptnutznießer dieser wärmeren Böden. Die Weine sind komplex und altern gut.

Sand
Sandböden überwiegen im Nordwesten der Region. Die Wasserregulierung ist weniger effektiv, und die Weine haben weniger Gewicht und Struktur. Sie sind angenehm fruchtig und schmecken am besten im Alter von zwei bis fünf Jahren.

Dordogne-Ebene
Die fruchtbare Schwemmebene zwischen den Ausläufern des Plateaus und der Dordogne bringt kaum Spitzenweine hervor. Die Weine sind meist fruchtig und zum frühen Trinkgenuss bestimmt.

Weingärten in der Umgebung von Canon-Fronsac

Lalande-de-Pomerol

IN JÜNGSTER ZEIT hat sich dank Neuinvestitionen und jungen Führungskräften einiges getan. Die Weine sind runder und insgesamt interessanter geworden. Die AC Lalande-de-Pomerol grenzt, jenseits des Flüsschens Barbanne, nördlich direkt an den prestigeträchtigeren Nachbarn Pomerol an. Es stehen 1120 ha unter Reben. Wie im Pomerol sind die Weingüter klein und die Weine hochpreisig (wenn auch weniger teuer als Pomerol). Die vorherrschende Rebsorte ist Merlot (75 %). Die Böden sind unterschiedlich, wobei gerade die Sand- und Kiesböden Weine hervorbringen, die einem echten Pomerol durchaus vergleichbar sind, aber weniger Alterungspotenzial und Gewicht haben. Je weiter man nach Westen geht, desto sandiger werden die Böden und desto leichter die Weine.

Kies, Lehm, Sand *Merlot, Cabernet Franc, Cabernet Sauvignon, Malbec* *rot*

Fronsac und Canon-Fronsac

WESTLICH VON LIBOURNE erstreckt sich ein wie ein Dreieck geformtes Gebiet, das von den Flüssen Dordogne im Süden und Isle im Osten begrenzt wird. Es umfasst die AC Fronsac sowie die winzige, nur 300 ha große Enklave Canon-Fronsac. Im 18. und 19. Jh. schätzte man die Weine dieser Gegend ebenso wie St-Émilion. Ende des 19. Jh. jedoch zerstörte Reblausbefall die Weingärten, und erst in den 1970er-Jahren bahnte sich ein Aufschwung an. Dank zahlreicher Investitionen sind die Spitzenweine heute wieder einem St-Émilion ebenbürtig. Die Böden der hügeligen Gegend bestehen überwiegend aus Kalkstein und Lehm auf einem Untergrund aus Lehm und Ton. Die Hauptrebsorte ist, wie in den meisten ACs der Rive Gauche, Merlot (78 %). Die Weine sind von Natur aus mächtig und konzentriert, haben aber leicht etwas Adstringierendes und Rustikales. Dank späterer Lese und Investitionen in neue Fässer und Kellertechnik hat man das Problem aber mittlerweile im Griff. Canon-Fronsac mit seiner überwiegend südlichen Ausrichtung und einem höheren Kalksteinanteil in den Böden hat das Potenzial, feinere Weine hervorzubringen als Fronsac. Allerdings ist die Qualität der Weine eher schwankend.

Kalk-Lehm-Gemisch, Sandstein *Merlot, Cabernet Franc, Cabernet Sauvignon, Malbec* *rot*

Côtes de Castillon und Bordeaux-Côtes de Francs

DIE REGION CÔTES DE CASTILLON mit ihren 3000 ha unter Reben hat ein ähnliches Profil wie das benachbarte St-Émilion. Das Kalksteinplateau und die Hänge sind überwiegend mit Merlot und etwas Cabernet Franc bewachsen, die zusammen körperreiche Rotweine mit kernig-frischem Abgang ergeben. Der wichtigste Unterschied ist das etwas kühlere Klima der Côtes de Castillon und der aus diesem Grund spätere Lesetermin. Die Trauben müssen gut ausreifen, damit der Säuregehalt der Weine nicht zu hoch ist. Nach zahlreichen Investitionen und dank gut ausgebildetem Personal bietet diese AC heute einige der interessantesten Weine der Rive Droite. Der Name Côtes de Castillon geht auf die Stadt Castillon-la-Bataille zurück. Dort endete 1453 die 300-jährige englische Herrschaft über Aquitanien mit dem Sieg der französischen über die englische Armee *(s. S. 17)*.

Im Nordosten grenzt die AC Bordeaux-Côtes de Francs an. Die viel kleinere Region erzeugt

BARRIQUES

Die berühmten Bordeaux-Fässer oder Barriques werden nicht nur in Frankreich, sondern weltweit verwendet. Ein klassisches Barrique ist 95 cm hoch und fasst 225 l. Die Eichendauben sind 20 bis 22 mm stark. Im Barrique wird der Wein vergoren und bis zur Abfüllung gelagert und ausgebaut. Hochwertige Weine lagern bis zu zwei Jahre im Fass. Durch den Sauerstoff, der in geringer Menge durch das Holz dringt, werden die Tannine weicher, Farbe und aromatische Komplexität intensiver. Viele Spitzenchâteaus in Bordeaux verwenden nur neue Eichenfässer, die dem Wein zusätzliche Aromen verleihen.

Rotweine und geringe Mengen Weißwein, wobei Wert auf hohe Qualität gelegt wird. Bei den Rotweinen spielen Cabernet Sauvignon und Cabernet Franc eine größere Rolle; sie ergeben nicht ganz so aromatische Weine, die aber über kernig-nachhaltige Präsenz am Gaumen und über gutes Alterungspotenzial verfügen. Die Weißweine sind vollmundig, reich, duftig und von guter Säure.

Kalk-Lehm-Gemisch, Sand, Kies Merlot, Cabernet Franc, Cabernet Sauvignon Sémillon, Sauvignon Blanc, Muscadelle rot, weiß

Côtes de Bourg

DIE AC CÔTES DE BOURG wird wegen ihrer vielen Hügel aus Kalkstein und Lehm auch die Schweiz der Gironde genannt. Die Region liegt da, wo die Dordogne in die Gironde mündet, und hat daher ein etwas milderes Klima als andere Teile Bordeaux'. Die durchschnittliche Regenmenge gehört zu den niedrigsten im Bordelais. Die Römer waren die Ersten, die in dieser 3900 ha großen Region Reben anpflanzten. Unter den roten Rebsorten überwiegt Merlot, obwohl die Weine zu großen Teilen Verschnitte mit Malbec sind (6 % der Anbaufläche). Die Weine sind in der Regel körperreich und kernig, von tiefer Farbe und erdiger Fruchtigkeit, die in den letzten Jahren subtiler geworden ist. In geringen Mengen wird auch Weißwein hergestellt. Neben mehreren guten selbstständigen Erzeugern legt vor allem die Genossenschaft Cave de Bourg-Tauriac zunehmend Wert auf Qualität.

Kalk-Lehm-Gemisch Merlot, Cabernet Franc, Cabernet Sauvignon, Malbec Sauvignon Blanc, Sémillon, Colombard, Muscadelle rot, weiß

Blaye, Côtes de Blaye und Premières Côtes de Blaye

DIE REGION BLAYE umschließt zwar die Region Bourg, aber das Terrain ist wechselhafter und das Anbaugebiet weniger kompakt. Es gibt drei Anbauzentren: in der Umgebung der Hafenstadt Blaye im Westen, im Norden nahe der Kleinstadt St-Ciers und im Süden bei St-Savin. Insgesamt stehen dort 6000 ha unter Reben. 90 % des Gesamtertrags ist Rotwein, der als AOC Premières Côtes de Blaye etikettiert wird. Auch hier überwiegt Merlot, aber die Weine sind vom Stil her frischer als jene der Côtes de Bourg mit weniger Gewicht und Struktur. Seit 2000 gibt es einen edleren, als AOC Blaye ausgewiesenen Roten, der deutlich voller und konzentrierter ist. Die zugelassenen Ertragsmengen sind niedriger, und nach 18 Monaten erfolgt eine zweite Prüfung durch ein Verkostungsgremium. Weißer Premières Côtes de Blaye ist meist Sauvignon Blanc.

Kalk-Lehm-Gemisch, Sand, Kies Merlot, Cabernet Sauvignon, Cabernet Franc, Malbec Sauvignon Blanc, Sémillon, Muscadelle rot, weiß

Detailansicht eines Blay-Châteaus

DIE SPITZENERZEUGER DER RIVE DROITE

Château Angélus
St-Émilion Grand Cru

St-Émilion *05 57 24 71 39*
www.chateau-angelus.com
n. V.

CHÂTEAU ANGÉLUS hat die Entwicklung in St-Émilion seit Mitte der 1980er-Jahre entscheidend vorangetrieben und stieg 1996 zu Recht zum Premier Grand Cru Classé auf. Besseres Management, rigorose Selektion und eine ausgefeilte Kellertechnik sind das Verdienst des Besitzers Hubert de Boüard. Die Weine, ein Verschnitt aus Merlot und Cabernet Franc, sind bewusst zeitgemäß: tieffarbig, aromatisch, voll und konzentriert mit einem Hauch neuer Eiche.

rot *2002, 2001, 2000, 1999, 1998, 1997, 1996, 1995, 1994, 1990*

Château Ausone
St-Émilion Grand Cru

St-Émilion *05 57 24 68 88*

AUSONE, eines von zwei Premiers Grands Vrus Classés in St-Émilion mit A-Status, hat noch heute einen gewissen Seltenheitswert. Von der 7 ha großen Rebfläche gewinnt man nur 2000 Kisten pro Jahr. Die Weine sind von zeitloser Frische und Eleganz. Unter der Ägide des Besitzers Alain Vauthier produzierte man seit 1995 nur mustergültige Jahrgänge, Weine von großer aromatischer Komplexität und makelloser Textur.

rot *2002, 2001, 2000, 1999, 1998, 1997, 1996, 1995, 1990*

Etikett Château de Valandraud

Château Beau-Séjour Bécot
St-Émilion Grand Cru

St-Émilion *05 57 74 46 87*
www.beausejour-becot.com *n. V.*

CHÂTEAU BEAU-SÉJOUR BÉCOT erlitt 1986 die Schmach einer Deklassierung, erhielt aber nach zehn Jahren den Rang eines Premier Grand Cru Classé zurück. Die Brüder Gérard und Dominique Bécot führen heute ein Gut, das hohen Standards entspricht. Die Weingärten befinden sich auf dem Kalksteinplateau von Saint-Émilion und an den *côtes*. Die Weine haben genügend Struktur und Balance für langes Altern, dazu eine reife, reiche Textur. Die Brüder Bécot erzeugen auch Kleinstmengen eines individuellen Garagenweins *(s. S. 83)*, La Gomerie.

rot *2001, 2000, 1999, 1998, 1996, 1995, 1990*

Château Beau-Séjour Bécot

Château Belair
St-Émilion Grand Cru

St-Émilion *05 57 24 70 94*
www.chateaubelair.com *n. V.*

DIE STILISTISCH ELEGANTEN, delikaten Weine von Château Belair zollen dem Kalkstein-Terroir ihren Respekt. Wer gerne große, konzentrierte Weine trinkt, wird sich mit ihnen nie richtig anfreunden können, aber wie sich herausgestellt hat, altern sie gut. Pascal Delbeck, Besitzer und Weinmacher, verfolgt völlig trendunabhängig seine eigene Philosphie auf diesem Premier-Grand-Cru-Classé-Gut. 1998 stellte er den 12 ha großen Weingarten auf biodynamische Bewirtschaftung um.

rot *2001, 2000, 1999, 1998, 1996, 1995, 1994, 1990*

Château Cheval Blanc
St-Émilion Grand Cru

St-Émilion *05 57 55 55 55*
www.chateau-chevalblanc.com

CHÂTEAU CHEVAL BLANC, ein Premier Grand Cru Classé mit A-Status, kann schon in jungen Jahren höchst verlockend sein und hat dennoch großes Alterungspotenzial. Vom fülligen Charakter der Nachbarregion Pomerol ist einiges zu spüren, jedoch ist Merlot nicht die Hauptsorte auf diesem 37 ha großen Gut. Die Originalität des Weins basiert auf 60 % Cabernet Franc. Er verleiht ihm aromatische Komplexität und Balance. Auch der Zweitwein, Le Petit Cheval, ist gut.

rot *2001, 2000, 1999, 1998, 1996, 1995, 1994, 1990*

Château de Valandraud
St-Émilion Grand Cru

St-Émilion *05 57 55 09 13*
www.thunevin.com

JEAN-LUC THUNEVIN ist der Vater der Garagenwein-Bewegung *(s. S. 83)*. Drei kleine, eher ungünstig in der Dordogne-Ebene gelegene Parzellen bildeten 1991 die Grundlage für den ersten Valandraud, der seitdem mit großer Sorgfalt produziert wird: niedrige Erträge, strikte Selektion, das beste Equipment, neue Eichenfässer. Die Weine sind groß, dunkel, würzig und reich konzentriert. Da sie hohe

Etikett Château Figeac

Preise erzielen, konnte Thunevin weitere Lagen dazukaufen, weshalb die Zusammensetzung der Weine nicht mehr dieselbe ist wie am Anfang.

rot *2001, 2000, 1999, 1998, 1997, 1996, 1995, 1994*

Château Figeac
St-Émilion Grand Cru

St-Émilion *05 57 24 72 26*
www.chateau-figeac.com *n. V.*

IM 18. JH. umfasste Figeac 200 ha, darunter die Rebfläche, die heute zu Château Cheval Blanc gehört. Mit heute nur mehr 40 ha ist Château Figeac noch immer eines der größten Premiers Grands Crus Classés. Die Kiesböden sind konsequenterweise zu je einem Drittel mit Cabernet Franc, Merlot und Cabernet Sauvignon bestückt. Der Wein ist duftig, gut strukturiert und vom Stil her fast ein Médoc. Sein Alterungspotenzial überrascht.

rot *2001, 2000, 1999, 1998, 1996, 1995, 1990*

Château Le Tertre Roteboeuf
St-Émilion Grand Cru

St-Émilion *05 57 74 42 11*

FRANÇOIS MITJAVILE übernahm dieses Gut 1977 und baute es zu einem Spitzengut aus. Die Weine sind nicht klassifiziert – eine persönliche Entscheidung Mitjaviles –, liegen aber preislich gleichauf mit den Premiers Grands Crus Classés. Sie sind reif, sogar exotisch, und entwickeln in wärmeren Jahren einen südlichen, mediterranen Charakter. Sehr reife Trauben und gekonnter Fassausbau sind ein Teil des Geheimnisses dieses Erzeugers.

rot *2001, 2000, 1999, 1998, 1997, 1996, 1995, 1994, 1990*

Château Pavie Macquin
St-Émilion Grand Cru

St-Émilion *05 57 24 74 23* *n. V.*

UNTER DEN GROSSEN Grands Crus Classés, gehört Château Pavie Macquin sicher zu den Kandidaten, die bald zum Premier Grand Cru Classé gekürt werden. Der Rebgarten befindet sich in bester Lage auf dem Kalksteinplateau von St-Émilion. Der Besitz wird von Nicolas Thienpont und dem Weinmacher Stéphane Derenoncourt geführt. Die dunkelroten Weine verfügen über eine feste Struktur mit einem mineralischen Kern. Sie brauchen mindestens sieben bis acht Jahre Flaschenreife.

Clos Fourtet

rot *2002, 2001, 2000, 1999, 1998, 1997, 1996, 1995, 1994, 1990*

Château Pavie
St-Émilion Grand Cru

St-Émilion *05 57 55 43 43*
www.vignoblesperse.com

CHÂTEAU PAVIE, ein Premier Grand Cru Classé, ist in den Lehm- und Kalksteinlagen der *côtes* von St-Émilion angesiedelt und hat durch den Kauf von Gérard Perse 1998 einen Aufschwung erlebt. Eine neue Kellerei und Lagerkeller wurden gebaut, man reduzierte die Erträge und begann die Neubepflanzung der Weingärten. Die Weine sind schwer, mächtig und konzentriert – für manche bereits zu viel des Guten.

rot *2001, 2000, 1999, 1998, 1996, 1995, 1990*

Clos Fourtet
St-Émilion Grand Cru

St-Émilion *05 57 24 70 90*
www.closfourtet.com *n. V.*

CLOS FOURTET mit seiner Ideallage auf dem Kalksteinplateau direkt vor den Toren von St-Émilion ist das preiswerteste unter den Premiers Grands Crus Classés. Die Weine sind vielleicht weniger en vogue als die Weine anderer Spitzengüter, sie sind aber gut definiert, frisch und eignen sich zum Altern. Zudem waren sie während der letzten zehn Jahre von bemerkenswerter Beständigkeit. Der Besitz ging vor einiger Zeit an den französischen Geschäftsmann Philippe Cuvelier, der das hohe Niveau halten möchte.

rot *2001, 2000, 1999, 1998, 1996, 1995, 1990*

La Mondotte
St-Émilion Grand Cru

St-Émilion ☎ 05 57 24 71 33
W www.neipperg.com ◯ n. V.

La Mondotte wurde 1996 auf der Basis einer 4,5 ha großen Rebfläche auf dem Kalksteinplateau von St-Émilion gegründet. Eigentlich wollte der Besitzer, Stephan von Neipperg, die Fläche dem Grand-Cru-Classé-Château Canon-la-Gaffelière angliedern, das ihm ebenfalls gehört, aber die Behörden verhinderten dies. Daher schuf er diesen Garagenwein *(s. rechts)*, einen Merlot-Verschnitt mit ausdrucksstarker, saftiger Frucht, dichtem Extrakt und mächtiger Tanninstruktur. Alle Jahrgänge waren bisher erfolgreich.

rot 2002, 2001, 2000, 1999, 1998, 1997, 1996

Château La Conseillante
Pomerol

Pomerol ☎ 05 57 51 15 32 ●

Der 12 ha große Weingarten von La Conseillante liegt dem von Château Cheval Blanc genau gegenüber. Die Böden kennzeichnet ein Gemisch aus Lehm, Kies und Sand. Die Weine sind von weicher, samtiger Struktur und schon in jungen Jahren ansprechend, was aber wiederum darüber hinwegtäuscht, dass sie hervorragend altern. Ein beherzteres Vorgehen im Weingarten und eine bessere Selektion der Trauben würden dem Wein zu noch mehr Qualität verhelfen.

rot 2000, 1999, 1998, 1996, 1995, 1994, 1990

Château Lafleur
Pomerol

Grand Village, Mouillac
☎ 05 57 84 44 03 ●

Dieses Kleinod liegt auf dem Plateau des Pomerol in direkter Nähe zu Château Pétrus und dem Vieux Château Certan. Der kleine Weingarten wird liebevoll gepflegt. Der Wein, eine Cuvée von Cabernet Franc und Merlot, ist der eleganteste unter den Pomerol-Weinen – mit üppiger Textur, voller Frucht, schönen Tanninen und mineralischer Komplexität. Der Zweitwein, Pensées de Lafleur, ist ebenfalls sehr fein und, gemessen am Preis des Grand Vin, eher günstig.

rot 2002, 2001, 2000, 1999, 1998, 1996, 1995, 1990

Château Le Pin
Pomerol

Pomerol ☎ 05 57 51 33 99 ●

Das 2 ha große Gut machte mit dem 1979er-Jahrgang erstmals von sich reden und gehört seitdem zu den großen Sensationen im Pomerol. In Sachen Preis und Qualität übertreffen die Weine zuweilen sogar Château Pétrus. Sie sind voll, duftig, samtig und haben viel vom Reiz eines Spitzenburgunders. Château Le Pin ist früh trinkreif, hat aber auch genügend Struktur, um zu altern. Der Merlot-dominierte Wein wird nur in geringen Mengen hergestellt. Sehr zum Leidwesen des eher konservativen Besitzers gilt Le Pin vielen als Vorläufer der Garagenbewegung *(s. rechts)*.

rot 2001, 2000, 1999, 1998, 1996, 1995, 1994, 1990

Etikett Château L'Église-Clinet

Château L'Église-Clinet
Pomerol

Pomerol ☎ 05 57 25 96 59
W www.eglise-clinet.com ●

Das winzige Gut auf dem Plateau des Pomerol erlangte in den letzten Jahren Kultstatus. Das Geheimnis seines Erfolgs beruht auf einem hohen Anteil alter Rebstöcke (von denen manche aus den 1930er-Jahren stammen), einem interessanten Anteil Cabernet Franc im Verschnitt (bis zu 30 %) und dem Talent des Weinmachers und Besitzers Denis Durantou. Das Ergebnis sind

Keller des Weinguts La Mondotte

GARAGENWEINE

Hinter diesen Weinen der Rive Droite stand ursprünglich die Absicht, die traditionellen Hierarchien in Bordeaux zu umgehen. Denn wie sollte ein Erzeuger einen Spitzenwein herstellen und einen angemessenen Preis dafür erzielen, wenn die bestehenden Vermarktungsstrukturen keinen Platz dafür boten? Die Antwort bestand darin, mit der besten Technik nach alter Handwerkstradition Weine aus vollreifen Trauben herzustellen.

Etikett Le Dôme

Eine positive Besprechung durch den amerikanischen Weinkritiker Robert Parker *(s. S. 21)* genügte, um schnell weltweit Anerkennung zu finden. Schließlich ließ der Ehrgeiz reicher Sammler die Preise hochschnellen. Château Le Pin im Pomerol wird oft als Ausgangspunkt der Bewegung genannt, aber eigentlicher Urheber ist Jean-Luc Thunevin, der Besitzer von Château Valandraud in St-Émilion. Er produzierte 1991 seinen ersten Wein in einer Garage, was Grund für die heute geläufige Bezeichnung ist. Die besten sind u. a.: *Le Dôme (www.teyssier.fr); Château Gracia (05 57 24 70 35); La Gomerie (www.beausejour-becot.com); Magrez Fombrauge (www.fombrauge.com); La Mondotte; Château Péby Faugères (www.chateau-faugeres.com); Château de Valandraud (s. S. 80).*

reiche und konzentrierte Weine von unverwechselbarer Balance und Vollendung.

rot 2002, 2001, 2000, 1999, 1998, 1997, 1996, 1995, 1994, 1990

Château L'Évangile
Pomerol

Pomerol 05 57 55 45 55 www.lafite.com n. V.

Die Familie Rothschild von Lafite-Rothschild *(s. S. 68)* war seit 1989 Mitbesitzer und ist seit 1999 alleiniger Besitzer von L'Évangile. Seither wurden umfangreiche Investitionen wie etwa Neubepflanzungen und der Bau neuer Keller getätigt. Der Weingarten liegt auf dem Plateau des Pomerol mit den Châteaus Pétrus und Cheval Blanc als unmittelbaren Nachbarn. Die Weine – reich, mächtig und schon jetzt beeindruckend – können nur noch besser werden.

rot 2000, 1999, 1998, 1997, 1995, 1994, 1990

Château Pétrus
Pomerol

Pomerol 05 57 51 78 96

OBSCHON NOCH in den 1960er-Jahren im Ausland weitgehend unbekannt, gehört Pétrus zu den legendären Bordeauxweinen. Der unter der Bezeichnung »Knopfloch des Petrus« bekannte Weingarten mit den einzigartigen Böden aus schwerem Lehm ist fast zu 100 % mit Merlot bestückt. Die voluminösen Weine verfügen über reichlich Extrakt und feste, schöne Tannine. Wichtig sind aber auch die große Erfahrung des Besitzers – und Négociant – Jean-Pierre Moueix, der es schafft, die optimal gereiften Trauben etwa innerhalb eines Tages zu ernten.

rot 2001, 2000, 1999, 1998, 1997, 1996, 1995, 1994, 1990

Château Trotanoy
Pomerol

Pomerol 05 57 51 78 96

DER EIGENTÜMER von Château Pétrus, der Négociant Jean-Pierre Moueix, besitzt seit 1953 auch Château Trotanoy. Diesem kommt somit die Erfahrung ein und desselben technischen Teams zugute, und in den Weingärten mit ihrem Gemisch aus Lehm und Kies wächst vor allem Merlot. Der Wein kommt einem Pétrus in punkto Mächtigkeit und Gewicht so nahe wie kaum ein anderer. Eine Neubepflanzung in den 1980er-Jahren führte zu leichten Qualitätseinbußen, die aber mittlerweile wieder behoben sind.

rot 2001, 2000, 1999, 1998, 1995, 1994, 1990

Vieux Château Certan
Pomerol

Pomerol 05 57 51 17 33 www.vieux-chateau-certan.com n. V.

DIESES CHÂTEAU ist zwar ein enger Nachbar von Château Pétrus, aber die Weine sind völlig unterschiedlich. Vieux Château Certan ist eher schlank als fleischig, und von den Aromen und der festen, straffen Struktur her gleicht er eher einem Médoc als einem Pomerol. Bei Anteilen von 30 % Cabernet Franc und 10 % Cabernet Sauvignon ist das kein Wunder. Das Gut gehört seit 1924 der belgischen Familie Thienpont.

Vieux Château Certan

rot 2002, 2001, 2000, 1999, 1998, 1996, 1995, 1990

Weingarten mit einer alten Kirche, Entre-Deux-Mers

DIE WEINBAUGEBIETE IN ENTRE-DEUX-MERS

ENTRE-DEUX-MERS bezeichnet die Region zwischen Garonne und Dordogne, aber auch eine Appellation für trockenen Weißwein. Hier befindet sich das Produktionszentrum von Bordeaux: Man erzeugt riesige Mengen an rotem Bordeaux und Bordeaux Supérieure *(s. rechts)*, aber auch kleine Mengen süßen Weißweins.

Entre-Deux-Mers u. Haut-Benauge

INNERHALB DER REGION Entre-Deux-Mers liegt die Appellation Entre-Deux-Mers. Sie ist bekannt für ihre trockenen Weißweine aus den klassischen Bordeaux-Sorten Sauvignon Blanc, Sémillon und Muscadelle. Die lebendigen, frischen und fruchtigen Weißweine werden jung getrunken und bieten meist ein gutes Preis-Leistungs-Verhältnis. Es stehen rund 1600 ha unter Reben. Haut-Benauge ist eine eigene Appellation im Süden der Region Entre-Deux-Mers. Die Weine sind ähnlich, werden aber zur besseren Vermarktung meist als Entre-Deux-Mers oder Bordeaux ausgewiesen.

Schluff, Sand, Kies, Kalk-Lehm-Gemisch
Sauvignon Blanc, Sémillon, Muscadelle *weiß*

Graves de Vayres

BEI DIESER KLEINEN AC, die mit der Region Graves nichts zu tun hat, handelt es sich um eine Enklave im Norden der Region Entre-Deux-Mers nahe der Stadt Vayres. Die Böden bestehen überwiegend aus Kies. Man erzeugt leichte, fruchtige Rotweine, aber auch kleine Mengen trockenen Weißweins.

Kies, Sand *Merlot, Cabernet Sauvignon, Cabernet Franc, Malbec* *Sauvignon Blanc, Sémillon, Muscadelle* *rot, weiß*

Premières Côtes de Bordeaux

DIESE AC BILDET einen schmalen Streifen im Süden der Region Entre-Deux-Mers. Der Lauf der Garonne ist von Steilhängen aus Kalkstein geprägt, dahinter schließt sich eine Hügellandschaft an. Die Region war einmal bekannt für ihre süßen und halbsüßen Weißweine, heute überwiegen Rotweine. Es sind Verschnitte auf Merlot-Basis mit Anteilen von

CLAIRET

Clairet ist eine Bordeaux-Spezialität, die sich wachsender Beliebtheit erfreut. Vom Typ ähneln die Weine jenen, die im 12. Jh. nach England exportiert wurden und dort als »Claret« bezeichnet wurden – später ein Synonym für roten Bordeaux. Ein Clairet ist hell und roséfarben, aber kräftiger als Rosé und weniger tanninhaltig als Rotwein. Die Weine sind ideal als Aperitif, zu Vorspeisen oder zu Gegrilltem. Der dunkle Rosaton rührt daher, dass man bei der Vergärung die Schalen bis zu zwei Tagen in der Maische belässt und nicht wie bei einem Rosé nur vier oder fünf Stunden. Merlot ist neben Cabernet die bevorzugte Traubensorte. Manche Clairets reifen auch kurz im Eichenfass. Man trinkt sie am besten gekühlt im Jahr nach der Lese.

Cabernet Sauvignon und Cabernet Franc. Die lebendigen, fruchtigen, mittelschweren Weine sollten nicht länger als drei bis fünf Jahre lagern. Nur spezielle Cuvées altern länger.
Kalk-Lehm-Gemisch, Kies *Merlot, Cabernet Sauvignon, Cabernet Franc, Malbec* *Sauvignon Blanc, Sémillon, Muscadelle* *rot, weiß*

Cadillac, Loupiac u. Ste-Croix-du-Mont

DIESE DREI WEISSWEIN-AC'S liegen Sauternes und Barsac gegenüber auf der anderen Seite der Garonne. Wie in den Nachbarregionen kommt auch hier Edelfäule *(s. S. 66)* vor: Morgennebel begünstigen die Ausbildung eines Pilzes, der den Weinen einen süßen, honigartigen bzw. karamelisierten Geschmack verleiht. Die Weine sind weniger mächtig und konzentriert als Sauternes, bieten aber ein hervorragendes Preis-Leistungs-Verhältnis, besonders die Spitzenjahrgänge der letzten Zeit (2001, 1999, 1997, 1996). Ste-Croix-du-Mont (425 ha) ist historisch die bedeutendste der drei ACs. Ihre Weine können angeblich mit bestem Sauternes konkurrieren. Die Weine aus Loupiac (400 ha) sind etwas frischer, mit deutlicherer Säure, während jene aus dem kleineren Cadillac von üppig-exotisch bis zu halbsüß variieren.
Kalk-Lehm-Gemisch, Kies *Sémillon, Sauvignon Blanc, Muscadelle* *weiß, Dessertwein*

Blick über Rebzeilen auf eine Mühle in Haut-Benage

BORDEAUX

Bordeaux-Flaschen

Die allgemeine Appellation Bordeaux umfasst über 50000 ha und liefert ungefähr 50 % der Gesamtproduktion im Raum Bordeaux. Nur als Bordeaux bezeichnete Weine werden überall im Département Gironde erzeugt, 75 % stammen allein aus der Region Entre-Deux-Mers. Zwei Drittel davon ist Rotwein, der Rest sind Weißwein, Rosé, Clairet und Schaumwein. Die Qualität ist bei diesen Mengen natürlich unterschiedlich und bewegt sich zwischen Garagenweinen in limitierter Auflage und billigem Fusel. 75 % aller AC-Rotweine aus Bordeaux werden unter Pseudomarken wie etwa Mouton Cadet *(s. unten)* vermarktet oder als Hausmarke von Supermarktketten. Im besten Fall hat roter Bordeaux eine grasige Fruchtigkeit; die Weißen sind lebendig, trocken und erfrischend. Sainte-Foy-Bordeaux ist ein eigener Bereich im Osten der Region Entre-Deux-Mers, aber die meisten dieser Erzeuger bevorzugen die Kennzeichnung AC Bordeaux.

BORDEAUX SUPÉRIEUR

Die AC Bordeaux Supérieur ist überwiegend für Rotwein bestimmt, von geringen Mengen weißen Süßweins abgesehen. Geografisch deckt sie dasselbe Gebiet wie die allgemeine Appellation Bordeaux ab, lediglich ein höherer Alkoholgehalt (10 statt 9,5 %) und eine geringfügige Ertragsbegrenzung sind erforderlich. Wichtiger ist, dass die Weine nicht vor dem September des Jahrs nach der Lese in den Handel kommen dürfen, um eine etwas längere Reifezeit zu garantieren. Deshalb haben diese Weine etwas mehr Struktur und Tiefe als einfacher Bordeaux. Jährlich werden nur 10000 ha als Bordeaux Supérieur Rouge ausgewiesen; 75 % davon sind Erzeugerabfüllungen. Die Standards sind auch hier unterschiedlich, in der Regel aber sind diese Weine verlässlicher.

DIE SPITZENERZEUGER IN ENTRE-DEUX-MERS

Château Ste-Marie
Entre-Deux-Mers

51 rte de Bordeaux, Targon
05 56 23 64 30 n. V.

CHÂTEAU SAINTE MARIE ist ein Weißweinspezialist; der Entre-Deux-Mers Vieilles Vignes (von über 25 Jahre alten Rebstöcken) und der fassvergorene Madlys bestehen überwiegend aus Sauvignon Blanc, beide enthalten aber auch Anteile von über 100 Jahre alten Sémillon-Reben. Ersterer ist klassisch frisch und fruchtig, Letzterer etwas runder und voller. Weiterhin gibt es einen roten Bordeaux Supérieur und den Premières Côtes de Bordeaux Alios – beide weich und fruchtig.

rot, weiß rot: 2000
★ Entre-Deux-Mers Vieilles Vignes

Etikett Château Reynon

Château Reynon
Premières Côtes de Bordeaux

21 rte de Cardan, Beguey
05 56 62 96 51 www.denisdubourdieu.com n. V.

CHÂTEAU REYNON gehört Denis Dubourdieu, einem Önologieprofessor der Universität Bordeaux. Dubourdieu hat besondere Anstrengungen darauf verwendet, den roten Reynon voranzubringen – mit Erfolg. Der wunderbar ausgeglichene Wein betört mit Nuancen von roten Früchten, behutsam eingesetzter Eiche und einem langen, frischen Abgang. Zwei bis fünf Jahre sind das ideale Trinkalter. Der weiße Bordeaux Vieilles Vignes hat Zitrusaromen und eine tiefe Frucht. Weiterhin produziert Château Reynon geringe Mengen edelsüßen Weißweins.

rot, weiß, Dessertwein rot: 2001, 2000, 1999, 1998 ★ Premières Côtes de Bordeaux, Vieilles Vignes Bordeaux Blanc

Château Suau
Premières Côtes de Bordeaux

Capian 05 56 72 19 06
www.chateausuau.com
n. V.

MONIQUE BONNET gehört zu den führenden Erzeugern in der AC Premières Côtes de Bordeaux. Sie ließ den 60 ha großen Weingarten in den letzten zehn Jahren modernisieren und investierte in die Kelleranlagen. Sie bietet zwei Cuvées an (jeweils rot und weiß): Tradition und Cuvée Prestige. Am interessantesten ist die robuste und reife rote Cuvée Prestige. Dieser Verschnitt aus Merlot, Cabernet Sauvignon und Cabernet Franc wird zu 30 % in neuen Eichenfässern ausgebaut.

rot, weiß, rosé rot: 2001, 2000, 1998 ★ Cuvée Prestige

Château Bonnet
Bordeaux

Grézillac 05 57 25 58 58
www.andrelurton.com

ANDRÉ LURTON war maßgeblich daran beteiligt, die Weine aus der Großappellation Bordeaux zu verbessern. Die Weine haben stets ein gutes Niveau an Fruchtextrakt und Reife. Der Rotwein Réserve wird 12 Monate im Barrique ausgebaut und hat etwas mehr Volumen und Ausdruck als die Cuvée Classique. Der weiße Entre-Deux-Mers ist stets lebendig, sauber und fruchtig. Jüngst hinzugekommen ist Divinius, vom Stil her fast ein Garagenwein.

rot, weiß, rosé rot: 2001, 2000, 1999, 1998 ★ Réserve, Entre-Deux-Mers

BORDEAUX-MARKEN

Große Mengen einfachen AC-Bordeaux' werden zu Markenweinen verarbeitet. Dazu kaufen Négociants Weine bzw. Trauben überall in Bordeaux auf, bei Weinbauern, Einzelerzeugern und Genossenschaften, und bereiten daraus Verschnittweine. Unbestrittene Nummer eins in dieser Branche ist mit einem Jahresabsatz von 15 Mio. Flaschen der Mouton Cadet des Hauses Rothschild. Ihm folgen die Marken Malesan und Baron de Lestac aus dem Haus William Pitter bzw. Castel. Die großen Négociants erzeugen eher durchschnittliche Weine, aber dank hoher Markenbindung sind sie erfolgreich. Zu den interessanteren, in geringeren Mengen produzierten Markenweinen gehören Premius und Exigence von Yvon Mau, Sirius von Sichel sowie Epicure und Dourthe Numéro 1 Blanc von Bordeaux Vins Sélection.

Château de Fontenille
Bordeaux

La Sauve ☎ *05 56 23 03 26*
🕒 *n. V.*

ALLE DREI WEINE, die Stéphane Defraine auf dem 36 ha großen Château Fontenille produziert, sind von gleichmäßig guter Qualität. Der rote Bordeaux ist rund, weich, fruchtig und früh trinkreif. Der weiße Entre-Deux-Mers ist leichter als mancher andere, aber wunderbar aromatisch. Der Clairet aus überwiegend Cabernet Franc ist fruchtig und rundum gut.

rot, weiß, Clairet *rot: 2001, 2000, 1999, 1998* ★ *Bordeaux, Entre-Deux-Mers, Bordeaux Clairet*

Château Thieuley
Bordeaux

La Sauve-Majeure ☎ *05 56 23 00 01*
🕒 *n. V.*

FRANCIS COURSELLE, ehemalige Dozentin für Önologie, hat die letzten 30 Jahre daran gearbeitet, dieses in Familienbesitz befindliche Château zur Vollendung zu bringen. Die Bewirtschaftung des Weingartens ist vorbildlich und die Kellertechnik so manchem Grand Cru ebenbürtig. Rote und weiße Standardcuvées sind beständig gut, während die fassgereifte Cuvée Francis Curselle – rot wie weiß – mehr Tiefe und Alterungspotenzial hat.

rot, weiß, Clairet *rot: 2001, 2000, 1999, 1998* ★ *Cuvée Francis Courselle*

Château Tour de Mirambeau
Bordeaux

Naujan et Postiac ☎ *05 57 84 55 08*
🕒 *n. V.*

JEAN-LOUIS DESPAGNE besitzt sechs Weingüter im Bordelais mit einer Gesamtfläche von 300 ha. Das Flaggschiff, Château Tour de Mirambeau, steht für eine ganze Palette von Weinen, darunter einen beständig guten Entre-Deux-Mers und einen guten Bordeaux Supérieur. Die Cuvée Passion ist ein besonderer Tropfen, fassgereift und in rot und weiß zu haben.

rot, weiß, rosé *rot: 2001, 2000, 1998* ★ *Entre-Deux-Mers, Cuvée Passion*

Château Tour de Mirambeau

Château de Reignac
Bordeaux Supérieur

St-Loubès ☎ *05 56 20 41 05* 🕒 *n. V.*

DIE ANLAGE VON Château de Reignac wirkt sehr majestätisch. Die Weine wurden seit 1990 durch bedeutende Investitionen und die technischen Fertigkeiten des Eigentümers, Yves Vatelot, ständig besser. Château de Reignac ist der Zweitwein: gut zu trinken, frisch und aromatisch. Der Spitzenwein, Reignac, ist vollmundig, konzentriert und schokoladig; er wird zu 100 % in neuer Eiche ausgebaut. In begrenzter Auflage gibt es Balthus sowie etwas fassvergorenen weißen Reignac.

rot, weiß *rot: 2001, 2000, 1999, 1998* ★ *Bordeaux Supérieur*

Château Penin
Bordeaux Supérieur

Génissac ☎ *05 57 24 46 98*
www.chateaupenin.com 🕒

CHÂTEAU PENIN gehört dank seines Besitzers Patrick Carteyron zu den Geheimtipps unter den einfachen AC-Bordeaux. Es gibt drei rote Cuvées – Tradition, Grande Sélection und Les Cailloux –, alle mit hohem Merlot-Anteil und extra fruchtbetont. Les Cailloux wird von einem auf Lehm- und Kiesböden wachsenden Rebbestand erzeugt und 12 Monate in neuer Eiche ausgebaut. Er ist ebenso gut wie viele St-Émilions, wenn nicht besser. Ebenso außergewöhnlich ist der Clairet.

rot, weiß, rosé, Clairet *rot: 2001, 2000, 1999, 1998, 1995* ★ *Grande Sélection, Les Cailloux, Clairet*

Domaine de Courteillac
Bordeaux Supérieur

Ruch ☎ *05 57 40 79 48* 🕒 *n. V.*

DER TALENTIERTE WEINMACHER Stéphane Asseo, der sich zur Zeit einen Namen in Kalifornien macht, brachte diese Domäne in den 1980er-Jahren auf Vordermann. Heute gehört sie dem Négociant Dominique Meneret und setzt noch immer hohe Standards. Der rote Domaine de Courteillac ist ein klassischer, eleganter Bordeaux mit gut integrierter Eiche und fester, schöner Struktur, die ihn mindestens zehn Jahre altern lässt. Der in geringer Menge erzeugte Weißwein ist aromatisch und von schöner Textur.

rot, weiß *rot: 2001, 2000, 1999, 1998* ★ *Domaine de Courteillac*

Etikett Château de Reignac

BURGUND

IN KAUM EINER ANDEREN REGION *Frankreichs hat der Weinbau eine so lange Tradition wie in Burgund. Schon im 7. Jh. ließen einflussreiche Klöster die ersten Weingärten anlegen, und die Erfahrungen vieler Generationen von Winzern führten im Lauf der Zeit zu einem umfassenden Verständnis der unterschiedlichen Bodenbeschaffenheiten. Weine aus Burgund sind berühmt für ihre Eleganz.*

Die Weingärten Burgunds liegen überwiegend in einem schmalen Streifen, der von Chablis südwärts bis zu den Vororten Lyons verläuft. Im Lauf der Zeit wurden sie in Qualitätsstufen eingeteilt. Die einfachsten Lagen liefern einen schlichten Burgunder (Bourgogne), gefolgt von den Village-Lagen, deren Weine den Namen des Dorfes oder der Gemeinde auf dem Etikett tragen. Auf den Premier- und Grand-Cru-Lagen wachsen die feinsten und langlebigsten Weine Burgunds.

Chardonnay-Traube

Es ist nicht immer leicht zu verstehen, warum ein Weingarten als Grand Cru eingestuft ist, während der Weingarten unmittelbar daneben als Village-Lage gilt. Doch diese Unterscheidungen haben sich über die Jahre bewährt. Entscheidend ist das Terroir, jene mysteriöse Mischung aus Bodentyp, Mikroklima, Ausrichtung, Frostrisiko u. Ä., die das Potenzial einer Parzelle bestimmen.

Nach dem im Code Napoléon festgelegten französischen Erbrecht muss ein Besitz gleichmäßig unter den Nachkommen aufgeteilt werden. Das hatte zur Folge, dass aus einst großen Weingärten kleine Parzellen wurden, die in den Grand-Cru-Lagen oft nur ein oder zwei Rebzeilen umfassen. Die Güter in Burgund sind deshalb meist klein (zwischen 5 und 15 ha), und die meisten Erzeuger produzieren Weine von einem Dutzend oder mehr Appellationen. Einige der größten Rebflächen gehören Handelskellereien (Négociants, *s. S. 97*), die ihre Ernte noch ergänzen, indem sie zusätzlich Trauben kleinerer Winzer aufkaufen. Nur so können sie angemessene Mengen gefragter Weine produzieren.

So gesehen ist Burgund als Weinregion höchst kompliziert, aber wiederum auch sehr einfach, denn man baut nur drei Rebsorten an. Fast alle Weißweine werden aus Chardonnay gekeltert, während Pinot Noir die bestimmende rote Traube ist. Der saftige, wenn auch weniger feine Gamay gedeiht im Beaujolais.

Traubenlese in Nuits-St-Georges an der Côte de Nuits

◁ **Flickenteppich kleiner Rebgärten in Burgund**

WEINKARTE BURGUND

BURGUND ERSTRECKT SICH 175 km lang von Chablis im Norden bis nach Beaujolais im Süden. Mit Ausnahme von Chablis, das vom übrigen Teil der Region getrennt ist, gehen die Weinberge fast nahtlos ineinander über. Sie sind in sechs ACs eingeteilt. Die prestigeträchtigsten Lagen finden sich an der Côte de Nuits und der Côte de Beaune, die zusammen die Côte d'Or bilden, Burgunds berühmten »Goldhang« zwischen Dijon und Chagny.

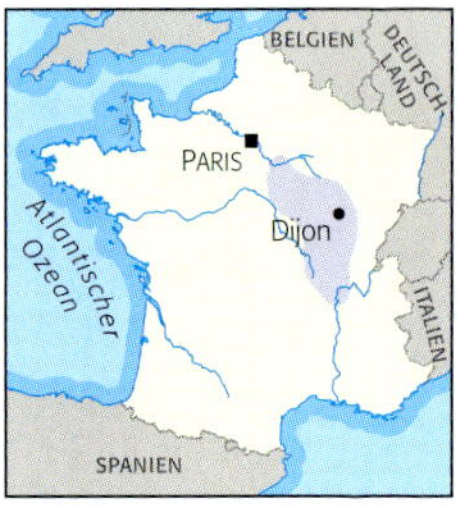

LEGENDE

Burgund

Der ummauerte Weingarten Clos-Saint-Jacques in der AC Gevrey-Chambertin, Côte de Nuits

WANN IST BURGUNDER TRINKREIF?

Je einfacher die Appellation ist, desto früher können und sollten die Weine getrunken werden. Einfacher Bourgogne ist trinkreif, sobald er im Handel ist, während Village-Weinen zwei oder drei Jahre auf der Flasche oft gut bekommen. Premiers und Grands Crus dagegen gewinnen durch Lagern generell an Komplexität. Roter Spitzenburgunder kann bis zu 30 Jahre lagern, zehn Jahre zumindest schaden nie. Guter weißer Burgunder mundet in der Regel in einem Alter von fünf Jahren am besten. Aufgrund der Klimaerwärmung und einer zunehmenden Tendenz, die Trauben in vollreifem Zustand zu ernten, ist es heute nicht mehr erforderlich, Burgunder reifen zu lassen. Früher ergaben nicht ausgereifte Trauben oft harte Tannine, die erst nach Jahren weich wurden; heutzutage dagegen sind die Tannine auch dank moderner Weinbereitungstechniken weicher und schon die jungen Weine voller und geschmeidiger.

Bacchusdarstellung am Handelshaus Louis Jadot, Côte de Nuits

DAS TERROIR AUF EINEN BLICK

Breite: 45,5–48 °N

Höhe: 175–500 m über NN

Topografie: Die berühmtesten Weingärten liegen an der 50 km langen Côte d'Or. Diese Hügelkette ist von Flüssen durchzogen die ostwärts zur Saône fließen. Die Ausrichtung und Neigung der Hänge ist von großer Bedeutung.

Boden: Kalksteinböden, durchsetzt mit Lehm, Granit und Sand.

Klima: Gemäßigtes Klima mit kalten, trockenen Wintern und warmen Sommern. Ein milder September lässt die Trauben gut reifen.

Temperatur: Das Julimittel beträgt 20 °C.

Niederschlag: Das Jahresmittel beträgt 690 mm. Heftige Regenfälle im Mai, Juni und Oktober.

Gefahren für den Weinbau: Frost, Mehltau, Hagel, Regen zur Lese

BURGUND: GEBIETE UND SPITZENERZEUGER

Weine von der Côte d'Or

Château de la Maltroye in der AC Chassagne-Montrachet

Weinbergarbeiter bei der Lese von Chardonnay-Trauben in Chablis

DIE WEINBAUGEBIETE IN CHABLIS

IM NORDEN BURGUNDS liegt die Weißweinregion Chablis, die auf eine gut 1400-jährige Tradition zurückblicken kann. Anfangs produzierte man dort hauptsächlich Weine für Paris, aber schon Ende des 19. Jh. standen 40 000 ha unter Reben. Dann kam es durch die Reblauskrise und Absatzschwierigkeiten zu einem drastischen Einbruch der Produktion. Die Region erholte sich zwar wieder, trotzdem umfasst die Gesamtrebfläche bis heute nicht mehr als 4000 ha.

Mit der Bezeichnung Chablis wurde viel Missbrauch getrieben. In Kalifornien z. B. galt sie als Synonym für billige trockene Weißweine. In Chablis, wo die Winzer auf den einzigartigen Charakter ihrer Weine stolz sind, war man über diesen zweifelhaften Ruf wenig erfreut. Echter Chablis wird ausschließlich aus Chardonnay gekeltert und sollte knochentrocken, aber nicht hart sein, stahlig, aber nicht herb, voll, aber nicht schwer. Gerade die Verbindung von reifer Frucht und mineralischen Nuancen macht Chablis zu einem einzigartigen Begleiter zu Meeresfrüchten und gegrilltem Fisch. Der Wein verdankt seinen Charakter dem nördlichen Klima, das einen hohen Säuregehalt bewirkt, und den Kalksteinböden.

Wie die anderen Teile Burgunds sind die Weingärten in Chablis in eine Hierarchie eingeteilt, die von der AC Petit Chablis und der AC Chablis bis zu den Spitzenlagen AC Premier Cru und Grand Cru Chablis reicht.

Muschelkalk *Chardonnay* *weiß*

Etikett von La Chablisienne

Petit Chablis

VIELE KENNER rümpfen hier die Nase, da die Böden, auf denen Petit-Chablis-Trauben heranreifen, nicht über den in der Region sonst hohen Kalksteingehalt verfügen. Aber auch ein Petit Chablis ist reiner Chardonnay zu einem meist guten Preis-Leistungs-Verhältnis, wenn die Weine auch selten wirklich groß sind. Sie sollten jung und frisch getrunken werden.

Chablis

EINFACHER CHABLIS wird auf rund 4000 ha Rebfläche erzeugt, was Chablis zur quantitativ bedeutendsten AC Burgunds macht. Die Anbaufläche wurde in den letzten Jahrzehnten beträchtlich erweitert, ohne dass die Qualität darunter gelitten hat.

Premier Cru Chablis

AUF PREMIER-CRU-NIVEAU wird Chablis wirklich interessant. Es gibt 40 über ganz Chablis verstreute Weingärten dieser Kategorie. Die Zahl ist deshalb so hoch, da kleine Areale innerhalb einzelner Premier-Cru-Weingärten als eigene Premier-Cru-Appellation, so genannte Lieux-dits oder Einzellagen, gelten. So dürfen z. B. Winzer mit Rebbeständen in Fourchaume, einer bekannten Premier-Cru-Lage, auf dem Etikett den Namen der Gesamtlage oder den Namen ihrer Parzelle (Vaupulent, Côte de Fontenay, Vaulorent oder L'Homme Mort) angeben. Tatsächlich entscheiden sich die meisten Winzer für die umfassendere Gebietsbezeichnung.

Ein Chablis Premier Cru weist in der Regel mehr mineralische Komplexität – Spritzigkeit, erfrischende Säure, Feuerstein- und sogar Steinaromen – auf als einfacher Chablis oder Petit Chablis und braucht zwei bis drei Jahre auf der Flasche, um aromatische Komplexität zu entwickeln. Weine eines Spitzenjahrgangs von einem Spitzenwinzer können problemlos ein ganzes Jahrzehnt lagern und eine goldene Farbe und weicheres Aroma entwickeln.

Es gibt folgende weitere Premiers Crus: Montée de Tonnerre (einschließlich Chapelot und Pied d'Aloup), Mont de Milieu (einschließlich Morein, Fourneaux, Côte des Prés Girots), Vaucoupin, Beauroy (einschließlich Troesmes), Côte de Léchet, Vaillons (einschließlich Châtains, Sécher, Beugnons, Les Lys, Mélonots, Roncières, Les Épinottes), Montmains (einschließlich La Forest, Butteaux), Vosgros (einschließlich Vaugiraut), Vau Ligneau, Vau-de-Vey (Vaux Ragons) sowie einige andere, die selten angegeben werden.

MIT ODER OHNE EICHE?

Die Frage, wie Chablis ausgebaut werden soll, ist strittig. Manche Winzer halten am traditionellen Ausbau in alter Eiche fest, andere setzen bei Vinifikation und Lagerung auf Edelstahl, wieder andere arbeiten mit neuer Eiche. Während alte Eiche den Wein belüftet und ohne Freisetzung von Eichearomen reifen lässt, verleiht neue Eiche dem Wein einen toast- und vanilleartigen Touch. Edelstahl wiederum bewahrt die Reinheit der Frucht und charakteristische Lagenunterschiede. Neue Eiche im Übermaß kann die typische mineralisch-intensive Qualität eines Chablis überdecken. Viele Weingüter gehen eher undogmatisch vor und wählen je nach Wein unterschiedliche Methoden. Letztendlich handelt es sich hier um eine Frage des Stils, nicht der Qualität. Leider gibt es keine Hinweise auf dem Etikett zu Vinifikation und Reifung.

Grand Cru Chablis

GRAND CRU CHABLIS HAT noch deutlicher ausgeprägte Eigenschaften als Premier Cru. Dies sind die kräftigsten, vollsten und komplexesten Weine der Region. Es lohnt sich, sie zu lagern – am besten zehn Jahre. Die zugelassenen Ertragsmengen der Grands Crus sind niedriger als bei anderen Chablis-Lagen, und mit einer Rebfläche von nur 106 ha – die nur 3 % der Gesamtproduktion in Chablis ausmachen – sind die Weine rar und entsprechend kostspielig. Aufgrund der nördlichen Lage von Chablis kommt es immer wieder zu Reifeproblemen. Während die Premier-Cru-Weingärten im ganzen Gebiet verstreut sind, liegen sämtliche Grands-Cru-Gebiete an einem Südwesthang, wo die Trauben relativ früh reifen. Insgesamt gibt es sieben Grands-Crus: Die größte und bekannteste ist Les Clos, die anderen sind Bougros, Les Preuses, Vaudésir, Grenouilles, Valmur und Blanchot.

Irancy und Sauvignon de St-Bris

OFFIZIELL NICHT MEHR zur AC Chablis gehörig, liegt zwischen Chablis und der Stadt Auxerre im Südwesten ein kleines Gebiet, in dem man Pinot Noir anbaut. Die bekannteste Appellation ist Irancy. Außerhalb dieser AC produzierte Weine werden als Bourgogne Rouge verkauft oder zum Schaumwein Crémant de Bourgogne verarbeitet. In guten Jahren können diese Weine sehr wohlschmeckend sein, in kühleren Jahren aber sind sie entschieden mager. Weiterhin gibt es eine regionale Besonderheit: Sauvignon de Saint-Bris. Wie der Name schon sagt, ist die Rebsorte hier Sauvignon Blanc statt Chardonnay; die Weine sind knackig und preiswert.

Das Weingut Jean-Marc Brocard und die Kirche von Préhy, Chablis

DIE SPITZENERZEUGER IN CHABLIS

Domaine Billaud-Simon
Chablis

1 quai de Reugny
03 86 42 10 33

DIESES 20-HA-GUT verfügt über ausgedehnte Weingärten in den besten Premier-Cru- und Grand-Cru-Lagen in Chablis. Unter der Leitung von Bernard Billaud und seinem Neffen Samuel entstand hier eine Kellerei, die zu den modernsten der ganzen Region gehört. Fast alle Weine werden in Edelstahl ausgebaut, und nur einige wenige Crus, darunter Mont de Milieu und Blanchot, erhalten etwas Eichekontakt. Reinheit und mineralische Komplexität zeichnen diese Weine aus.

weiß 2002, 2000, 1998, 1996, 1995
★ *Vaillons, Blanchot*

Domaine Billaud-Simon

Domaine François & Jean-Marie Raveneau
Chablis

9 rue de Chichée
03 86 42 17 46

RAVENEAU BESITZT NUR 8 ha Rebfläche, dafür aber hervorragende Lagen ausschließlich in Premier oder Grand-Cru-Weingärten. Die Weine werden im Tank vergoren, teilweise in alter Eiche ausgebaut. Man verschneidet unterschiedliche Partien desselben Weins, um eine gleichbleibende Qualität zu gewährleisten. Ergebnis ist klassischer Chablis: mineralisch und hart in der Jugend, mit der Zeit dann mit nussiger Komplexität. Les Clos ist meist der feinste Wein, der nur in begrenzter Menge zu haben ist.

weiß 2002, 2000, 1998, 1996, 1995 ★ *Butteaux, Les Clos, Blanchot*

Domaine Jean-Paul & Benoît Droin
Chablis

14 bis rue Jean-Jaurès 03 86 42 16 78 www.jeanpaul-droin.fr

JEAN-PAUL DROIN ist einer der umsichtigsten Weinmacher der Region und in der glücklichen Lage, Weingärten in vier Grands Crus zu besitzen: Blanchot, Les Clos, Valmur und Vaudésir. Viele Jahre lang ein Verfechter von Vergärung und Ausbau in neuer Eiche, ließ er sich in den 1990er-Jahren von Kritikern umstimmen, denen seine Weine einfach zu holzwürzig waren. Heute sind die Weine viel ausgewogener – zwar teuer, aber unendlich komplex und ihren Preis wert.

weiß 2002, 2000, 1998, 1996, 1995 ★ *Vaucoupin, Les Clos*

Domaine Laroche
Chablis

22 rue Louis Bro 03 86 42 89 00
www.michellaroche.com

MICHEL LAROCHE ist ein energischer und ehrgeiziger Mann. Er besitzt an die 100 ha Land in Chablis, auf denen er es schafft, erfolgreich Spitzenqualität auf allen Ebenen zu bieten – von einfachem AC-Chablis (St-Martin) bis hin zu üppigen Grands Crus. Seit mehr als 20 Jahren baut Laroche seine Spitzenweine in alter Eiche aus. Die Réserve de l'Obédience gibt es seit 1991. Sie wird mit größtmöglicher Sorgfalt aus alten Reben bereitet und zu hohen Preisen in den Handel gebracht.

weiß 2002, 2000, 1998, 1996, 1995 ★ *St Martin, Fourchaume, Réserve de l'Obédience*

Domaine Louis Michel
Chablis

9 blvd de Ferrières
03 86 42 88 55

LOUIS MICHEL und sein Sohn Jean-Loup besitzen rund 20 ha in Chablis, ein Großteil davon in den Premier-Cru-Lagen Montmains und Montée de Tonnerres. Da alle Weine ausschließlich in Edelstahl ausgebaut werden, bleiben der primäre Fruchtcharakter und Vitalität erhalten. Da keine Eiche verwendet wird, kommen auch lagentypische Besonderheiten gut zum Tragen. Alle Weine haben einen fairen Preis.

weiß 2002, 2000, 1998, 1996, 1995 ★ *Montmains, Vaudésir*

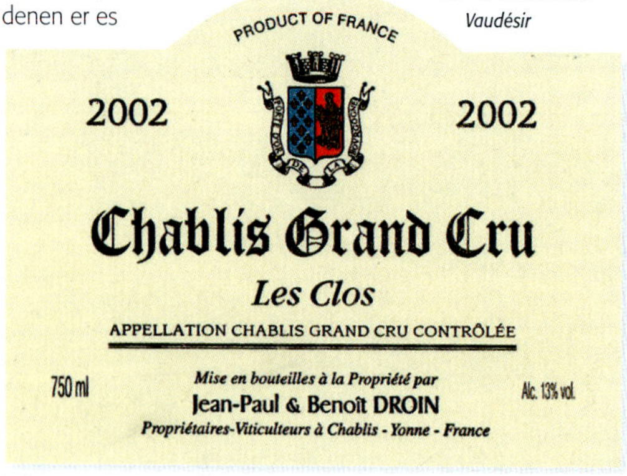

Etikett von Jean-Paul & Benoît Droin

Domaine René & Vincent Dauvissat
Chablis

8 rue Émile Zola
03 86 42 11 58

VINCENT DAUVISSAT hat seine Begabung als Weinmacher von seinem Vater geerbt, weshalb man um die Tradition dieses Weinguts nicht zu fürchten braucht. Dauvissat zufolge akzentuiert ein langer Reifeprozess die mineralischen Nuancen, und alle Weine werden in alter Eiche vergoren und ausgebaut. Das geht zwar auf Kosten einer offenen, traubigen Fruchtigkeit, aber die Weine sind ohnehin für langes Lagern gedacht. Nach fünf Jahren zeigen sie ihre makellose Balance und Komplexität.

weiß 2002, 2000, 1998, 1996, 1995 ★ La Forest, Vaillons, Les Clos

Domaine William Fèvre
Chablis

21 ave d'Oberwesel
03 86 98 98 98

MIT EINER REBFLÄCHE von 16 ha gehörten William Fèvre mehr Grand-Cru-Reben als jedem anderen Erzeuger in Chablis. 1998 verkaufte er seinen Besitz an Bouchard Père & Fils *(s. S. 104)*. Von da an entwickelten sich die Weine mit zu den üppigsten der Region, mit reicher Frucht und wunderbarem Lagencharakter. Waren die Weine zu Fèvres Zeiten holzlastig, hält man sich heute mit Eiche zurück.

weiß 2002, 2000, 1998, 1996, 1995 ★ Montée de Tonnerre, Blanchots

Jean-Marc Brocard
Chablis

3 rte de Chablis, Préhy 03 86 41 49 00 www.brocard.fr

JEAN-MARC BROCARD ist, einzigartig in Chablis, ein Selfmademan, der 2 ha geerbt und in der Folge einen 80-ha-Besitz aufgebaut hat. Seine Weine baut er ausschließlich in Edelstahl aus, da in seinen Augen nicht Eiche, sondern der Boden Chablis den typischen Charakter verleiht. Neben Chablis von sehr verlässlicher Qualität erzeugt Brocard auch hinreißenden Bourgogne Blanc aus anderen Trauben. Hohe Produktionsmengen halten die Preise in Grenzen.

Edelstahltank bei Jean-Marc Brocard

weiß 2002, 2000, 1998, 1996, 1995 ★ Montée de Tonnerre, Beauregard

La Chablisienne
Chablis

8 blvd Pasteur 03 86 42 89 89 www.chablisienne.fr

MIT EINER JAHRESPRODUKTION von rund 500 000 Kisten gehört diese Genossenschaft zu den Großen der Region und bietet bei dauerhaft hoher Qualität ein gutes Preis-Leistungs-Verhältnis. Neben einer beeindruckenden Anzahl von Premiers und Grands Crus erzeugt La Chablisienne auch Verschnitte wie etwa den Vieilles Vignes. Dieser Wein aus alten Reben verfügt über dezente Holznoten und kommt trinkreif in den Handel.

weiß 2002, 2000, 1998, 1996, 1995 ★ Vieilles Vignes, Beauroy

Maison Pascal Bouchard
Chablis

Parc des Lys 03 86 42 18 64
www.pascalbouchard.fr

DIESES WEINGUT ist eines der größten in Chablis und verfügt, z. T. auf Vertragsbasis, über eine Rebfläche von 100 ha. 1995 nahm das Unternehmen eine neue Kellerei in Betrieb. Nur einige der Grands Crus erhalten bei Vergärung und Ausbau etwas Eichekontakt. Mit ihrer vollen Frucht und ausgeprägten Mineralstruktur schmecken sie jung am besten, aber die feinsten Crus sollten einige Jahre lagern.

weiß 2002, 2000, 1998, 1996, 1995 ★ Fourchaume Vieilles Vignes, Les Clos

SPITZENWEINE: CHABLIS

- Domaine Billaud-Simon Chablis Blanchot Vieilles Vignes €€€
- Domaine François & Jean Marie Raveneau Chablis Les Clos €€
- Domaine Jean-Paul & Benoît Droin Chablis Vaudésir €€
- Domaine Laroche Chablis Réserve de l'Obédience €€€€
- Domaine Laroche Chablis St Martin €€
- Domaine Louis Michel Chablis €
- Domaine René & Vincent Dauvissat Chablis Vaillons €€
- Domaine William Fèvre Chablis Montée de Tonnerre €€
- Jean-Marc Brocard Chablis €€
- La Chablisienne Chablis Beauroy €€
- La Chablisienne Chablis Vieilles Vignes €€
- Maison Pascal Bouchard Chablis Fourchaume Vieilles Vignes €€

Grand-Cru-Weingarten und Château von Clos de Vougeot

DIE WEINBAUGEBIETE DER CÔTE DE NUITS

NACH ANSICHT VIELER KENNER bringt die Côte de Nuits die feinsten Rotweine der Region hervor. Fast alle roten Grands Crus finden sich hier im Herzland Burgunds, dessen Osthänge in früherer Zeit mächtige Klostergüter bewirtschafteten. Nirgendwo sonst auf der Welt erreicht Pinot Noir eine so atemberaubende Komplexität und Eleganz. Er hat delikate Aromen roter Früchte und eine Struktur, die eine Lagerung über Jahrzehnte ermöglicht, wobei der Wein immer mehr Geschmacksnuancen entwickelt. In Burgund glaubt man, dass die Größe eines Weines weniger von der Traube als vielmehr vom Boden abhänge. Pinot Noir gilt als die Traube, die den Kalksteinböden der Côte de Nuits am besten Ausdruck verleiht.

Die Weingärten beginnen gleich südlich von Dijon, liegen zunächst auf einer Ebene, erstrecken sich dann in weitem Bogen über nach Osten ausgerichtete Hänge bis wenige Kilometer südlich von St-Georges. Von da an gehören sie zur Côte de Beaune *(s. S. 102–103)*. Die AC Côte de Nuits Villages umfasst überwiegend abseits von den berühmten Hängen gelegene Dörfer auf dem Plateau; aufgrund der höheren Lage und des kühleren Kleinklimas reifen die Trauben dort weniger gut, weshalb die Weine weniger geschätzt werden. Die Region gliedert sich in zahlreiche ACs.

Kalkstein *Pinot Noir* *Chardonnay*
rot, weiß, rosé

Domaine des Lambrays

Marsannay

BIS IN DIE 1980ER-JAHRE war Marsannay hauptsächlich für seine Rosés bekannt. Sie werden wie der Rote aus Pinot Noir gekeltert und können wunderbar sein, gelten aber eigentlich als Verschwendung von gutem Terroir. Der bekannteste Erzeuger ist wohl Bruno Clair, aber auch andere, darunter Charlopin, nehmen ihr Handwerk ernst und produzieren volle, gut trinkbare Weine zu guten Preisen. Besonders zu empfehlen sind die Roten.

Fixin

DIESES DORF PROFITIERT von historischen Verbindungen zu Napoleon, stammte doch einer von dessen Weggefährten von hier. Nach dem gemeinsamen Exil kehrte er zurück, benannte einen Weingarten nach dem Kaiser, ließ eine Statue aufstellen und richtete ein kleines Museum ein. Die beste Lage ist Clos de Chapître auf den Hängen bei dem Dorf. Die Weine sind eher solide als elegant, aber meist lohnenswert.

Gevrey-Chambertin

GEVREY-CHAMBERTIN, der größte Weinlieferant an der Côte de Nuits, verfügt über sage und schreibe neun Grand Crus, von welchen Le Chambertin der berühmteste (und meist der Beste) ist. Der Status eines Weingartens ist nicht immer ein verlässlicher Qualitätshinweis: manche Grand-Cru-Weine enttäuschen fast durchweg, während Spitzenerzeuger wie etwa Denis Mortet hervorragende Weine von Village

Lagen machen. Von den Premiers Crus steht Clos-Saint-Jacques unangefochten an erster Stelle. Die Weine aus Gevrey-Chambertin sind meist robust und sehr langlebig, und die besten haben obendrein eine erstaunliche Finesse.

Morey-St-Denis

Die kette von grand-cru-weinbergen, die sich von Gevrey-Chambertin südwärts erstreckt, setzt sich bis Morey-Saint-Denis fort. Einige dieser Weingärten, besonders Clos de la Roche und Clos Saint Denis, sind von herausragender Qualität. Im Gegensatz zu den meisten Cru-Lagen in Burgund, die in zahllose Parzellen zersplittert sind, befinden sich zwei komplette Grand Crus in Morey-Saint-Denis im Besitz von nur je einem Eigentümer. Es sind Clos des Lambrays und Clos de Tart, die nach Jahrzehnten der Mittelmäßigkeit mittlerweile delikate Weine hervorbringen.

Chambolle-Musigny

Morey-st-denis geht derart nahtlos in Chambolle-Musigny über, so dass die beiden Dörfer sich die Grand-Cru-Lage Bonnes Mares teilen. Aus Chambolle-Musigny kommen die elegantesten Weine der Côte de Nuits. Sie sind duftig und delikat und altern meist gut. Die zweite Grand-Cru-Lage, Le Musigny, gehört zu den teuersten in ganz Burgund. Die Weine genießen aufgrund ihrer außergewöhnlichen Finesse und Tiefe der Aromen hohes Ansehen.

Vougeot

Dieses dorf ist vor allem bekannt für seine mit 50 ha – für burgundische Verhältnisse – große Grand-Cru-Lage Clos de Vougeot. Allein wegen ihrer Größe und der unterschiedlichen Böden erbringt diese Lage ganz unterschiedliche Weine: von unspektakulär bis großartig ist alles vertreten. Deshalb sollte man sich nur an die besten Winzer halten, darunter Château de la Tour und die Domänen Anne Gros, Denis Mortet, Jean Grivot und Méo-Camuzet.

Die NÉGOCIANTS

Bis vor rund 50 Jahren verkauften fast alle Winzer in Burgund ihre Weine an Händler, so genannte Négociants, die die Weine verschnitten und unter eigenem Namen verkauften. Im Lauf der Jahre aber verkauften immer mehr Erzeuger ihre Weine selbst. Da die Weingüter in Burgund klein und Premier- und Grand-Cru-Parzellen oft winzig sind, spielen die Négociants nach wie vor eine wichtige Rolle, und wer große Mengen guten Burgunders kaufen möchte, ist ohnehin auf sie angewiesen. Viele sind leider nur mittelmäßig, einige jedoch, darunter Louis Jadot, Joseph Drouhin und Bouchard Père & Fils, machen wirklich gute Weine. Meist haben diese Händler auch eigene Rebflächen.

Vosne-Romanée

Die weine aus vosne-romanée sind robust und dennoch geschmeidig, duftig und zugleich voll, körperreich und kräftig. Wie in Gevrey-Chambertin gibt es auch hier zahlreiche Grands Crus und auch hervorragende Premiers Crus. Da überrascht es nicht, dass die Weine sehr gefragt und entsprechend teuer sind, aber auch niemals enttäuschen.

Reklame für die Weine aus Nuits-St-Georges

Nuits-St-Georges

Es ist beinahe ein unding, dass dieses berühmte Dorf keine Grands Crus hat, was vielleicht damit zusammenhängt, dass sich knauserige Winzer in den 1930er-Jahren entsprechend höhere Steuern sparen wollten. Die Gemeinde Nuits-St-Georges erstreckt sich südwärts bis über das Gebiet des Weilers Prémeaux, so dass die Qualität aufgrund der Größe schwankt. Wie so oft in Burgund zählt auch hier der Name des Erzeugers mehr als die Lage des Weingartens.

DIE SPITZENERZEUGER DER CÔTE DE NUITS

Domaine Armand Rousseau
Côte de Nuits

1 rue de l'Aumônerie, Gevrey-Chambertin 03 80 34 30 55 www.domaine-rousseau.com n. V.

WENIGE WINZER sind so angesehen wie Charles Rousseau. Über Jahrzehnte hinweg erzeugte er einige der tiefgründigsten Weine aus Gevrey-Chambertin. Clos Saint Jacques und Clos de Bèze sind voll und holzwürzig; seine anderen Weine sind dagegen etwas leichter, von innen her delikat, aromatisch und voller Finesse. In ihrer Jugend oft unscheinbar, brauchen diese Wein meist zehn Jahre, um ihre unwiderstehliche Eleganz zu erreichen.

rot 2002, 2001, 2000, 1999, 1996, 1995, 1993 ★ Gevrey-Chambertin Clos St Jacques, Ruchottes Chambertin, Chambertin

Charles Rousseau von der Domaine Armand Rousseau

SPITZENWEINE: BURGUND

- Ⓡ Domaine Armand Rousseau Gevrey-Chambertin Clos St Jacques €€€€
- Ⓡ Domaine Bruno Clair Marsannay Longeroies €€
- Ⓡ Domaine Comte Georges de Vogüé Le Musigny €€€€
- Ⓡ Domaine de la Romanée-Conti La Tâche €€€€
- Ⓡ Domaine de le Vougeraie Bonnes Mares €€€
- Ⓡ Domaine Denis Mortet Gevrey-Chambertin Au Vellé €€€
- Ⓡ Domaine des Lambrays Clos des Lambrays €€€
- Ⓡ Domaine Dujac Clos de le Roche €€€
- Ⓡ Domaine Georges Roumier Chambolle-Musigny Les Cras €€
- Ⓡ Domaine Henri Gouges Nuits-St-Georges Pruliers €€
- Ⓡ Domaine Méo-Camuzet Vosne-Romanée Cros Parantoux €€€€
- Ⓡ Louis Jadot Fixin €€

Domaine Bernard Dugat-Py
Côte de Nuits

rue de Planteligone, Gevrey-Chambertin 03 80 51 82 46 www.dugat-py.com

BERNARD DUGAT-PY gehört neben Charles Rousseau und Denis Mortet zu den besten Winzern in Gevrey-Chambertin. Die meisten seiner Rebstöcke sind sehr alt; da er die Trauben und den Boden für sich sprechen lassen möchte, greift er bei der Vinifikation und beim Ausbau des Weins so wenig wie möglich ein. Bernard liebt fleischige Weine.

rot 2002, 2001, 2000, 1999, 1996, 1995, 1993 ★ Bourgogne Cuvée Halinard, Gevrey-Chambertin Coeur de Roy, Chambertin

Domaine Bruno Clair
Côte de Nuits

5 rue du Vieux College, Marsannay 03 80 52 28 95

BRUNO CLAIR hat seinen Sitz in der Randlage Marsannay, verfügt aber über Rebbestände in Bestlagen der Côte d'Or. Seine Marsannay-Rotweine zeigen, wozu dieses Gebiet in der Lage ist. Seine Spitzenweine stammen jedoch meist von den Lagen Clos Saint Jacques und Clos de Bèze in Gevrey-Chambertin. Auch die Weißweine aus Morey-Saint-Denis und Marsannay können sehr gut sein. Bei einem Rebbesitz von 21 ha kann Bruno Clair seiner Kundschaft eine große Auswahl bieten.

rot, weiß, rosé 2002, 2001, 2000, 1999, 1996, 1995, 1993 ★ Marsannay Longeroies, Gevrey-Chambertin Clos St Jacques

Domaine Comte Georges de Vogüé
Côte de Nuits

Chambolle-Musigny 03 80 62 86 25

WAS DIE QUALITÄT der Besitzungen in Chambolle-Musigny anbetrifft, so sind sie ohne Konkurrenz. Zur Domäne gehören die Premier-Cru-Lagen Les Amoureuses, Bonnes Mares und Le Musigny, letztere sogar zu 70 %. Die Ansprüche sind derart hoch, dass Weine von unter 20 Jahre alten Reben mit der weniger prestigeträchtigen Herkunftsbezeichnung Premier Cru Chambolle abgefüllt werden. De Vogüé strebt nach Perfektion, und nicht selten erreicht er sie.

rot 2002, 2001, 2000, 1999, 1996, 1995, 1993 ★ Chambolle-Musigny Amoureuses, Bonnes Mares, Le Musigny

Domaine de la Romanée-Conti

s. S. 101.

Domaine de la Vougeraie
Côte de Nuits

rue de l'Eglise, Prémeaux 03 80 62 48 25 www.domainedelavougeraie.com n. V.

KEIN HÄNDLER war zielstrebiger als Jean-Claude Boisset, was den Erwerb von Besitz in dieser Region betrifft. Ende der 1990er-Jahre gehörten ihm bereits rund 37 ha Rebfläche. Dann heuerte er einen französisch-kanadischen Weinmacher an, Pascal Marchand, und gründete diese Domäne, um eigene Weine zu produzieren und zu vermarkten. Von Anfang an produzierte La Vougeraie reiche, stilistisch moderne Burgunder mit üppigen Aromen und bewusst langer Lebensdauer.

rot, weiß 2002, 2001, 2000, 1999 ★ Pinot Noir Terres de Famille, Gevrey-Chambertin Les Évocelles, Bonnes Mares

Domaine Denis Mortet
Côte de Nuits

22 rue de l'Eglise, Gevrey-Chambertin 03 80 34 10 05

BIS IN DIE 1990ER-Jahre war Denis Mortet so gut wie unbekannt. 1990 wurde der Familienbesitz zwischen ihm und seinem Bruder aufgeteilt. Bereits wenige Jahre später war Denis Mortet ein Superstar, berühmt für seine vollen, dichten Weine, die oftmals mehr Schlagkraft als Eleganz hatten. Heute haben seine Weine Finesse und Kraft, Gewicht und Mächtigkeit. Die meisten Rebflächen sind Village-Lagen in Gevrey Chambertin, die Rebstöcke jedoch alt und die Qualität hervorragend, weshalb die Weine so viel kosten wie ein Premier Cru. In geringer Menge erzeugt er auch einen Gevrey Chambertin Grand Cru.

rot 2002, 2001, 2000, 1999, 1996, 1995, 1993 ★ Gevrey En Motrot, Gevrey En Champs, Clos de Vougeot

Domaine Denis Mortet

Domaine des Lambrays
Côte de Nuits

31 rue Basse, Morey-St-Denis 03 80 51 84 33

BIS AUF EINE WINZIGE PARZELLE gehört diese 9 ha große Grand Cru-Domäne der Familie Freund aus Koblenz. Dank der hervorragenden Lage kann Thierry Brouin, der die Verantwortung für die Domäne und den Keller trägt, hervorragende Weine erzeugen. Was in seinen Augen der Marke Lambrays nicht gerecht wird, füllt man als Morey-Saint-Denis Premier Cru ab.

rot 2002, 2001, 2000, 1999, 1996, 1995, 1993 ★ Morey-St-Denis Premier Cru, Clos des Lambrays

Weinbereitung auf der Domaine de la Vougeraie

Domaine Dujac
Côte de Nuits

7 rue de la Bussière, Morey-St-Denis 03 80 34 01 00 www.dujac.com n. V.

DAS »JAC« IN DUJAC bezieht sich auf Jacques Seysses, einen ehemaligen Bankier, der sich 1969 aufs Weinmachen verlegte und dieses außergewöhnliche Gut mit Sitz in Morey-St-Denis gründete. Als wissbegieriger Quereinsteiger beratschlagte er sich mit den besten Erzeugern der Region. Heute lässt er auf der ganzen Welt andere an seinen Erfahrungen teilhaben. Seine eigenen Weine verfügen über Mächtigkeit und über Finesse, die besten von ihnen können 30 Jahre reifen.

rot, weiß 2002, 2001, 2000, 1999, 1996, 1995, 1993 ★ Gevrey-Chambertin Combottes, Bonnes Mares, Clos de la Roche

Domaine Georges Roumier
Côte de Nuits

rue de Vergy, Chambolle-Musigny 03 80 62 86 37 www.roumier.com n. V.

CHRISTOPHE ROUMIER ist der Star in Chambolle-Musigny. Für ihn beginnt Qualität bereits im Weingarten, und so lässt er der Rebpflege die größte Aufmerksamkeit zukommen. Bei der Vinifikation hält sich Roumier an traditionelle Verfahren und achtet darauf, seine Weine nicht in zu viel neuer Eiche auszubauen. Die besten Weine sind der Premier Cru Chambolle-Musigny Les Amoureuses und der Grand Cru Bonnes Mares, aber auch sein einfacher Bourgogne Rouge hat Klasse.

rot 2002, 2001, 1999, 1996, 1995, 1993 ★ Chambolle-Musigny, Les Amoureuses, Bonnes Mares

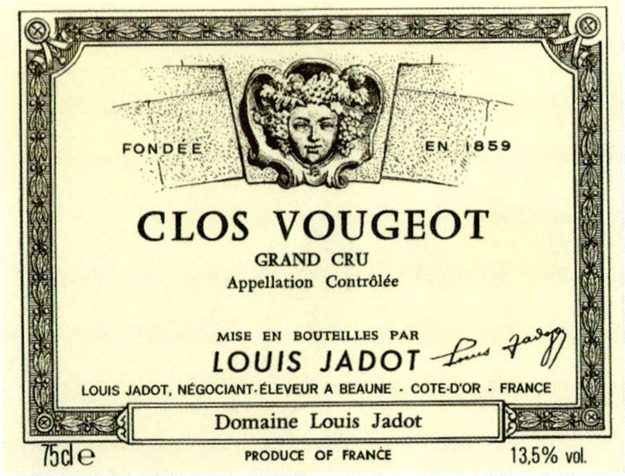

Grand-Cru-Etikett von Louis Jabot

Domaine Henri Gouges
Côte de Nuits

7 rue du Moulin, Nuits-St-Georges
03 80 61 04 40
www.gouges.com *n. V.*

VIELE JAHRE GALT Gouges als das Spitzengut in Nuits-Saint-Georges. Dann geriet es in eine Krise, und es dauerte bis in die 1990er-Jahre, ehe die Domäne mit einer neuen Generation am Ruder zu alter Größe zurückfand. Alle Weine stammen aus Nuits-St-Georges und bieten einen Querschnitt der besten Premiers Crus. Gouges produziert auch kleine Mengen eines bemerkenswert würzigen Weißweins.

rot, weiß 2002, 2001, 1999, 1996, 1995, 1993 ★ Nuits-St-Georges: Pruliers, Les St Georges

Domaine Jean Grivot
Côte de Nuits

6 rue de la Croix-Rameau, Vosne-Romanée 03 80 61 05 95 www.grivot.com n. V.

EINE ZEIT LANG erzeugte Étienne Grivot, beraten von einem Önologen namens Guy Accad, sehr dunkle Weine, die nichts vom wahren Charakter eines echten Burgunders hatten. Seit einigen Jahren entstehen hier wieder wundervolle, reiche und stilvolle Weine. Sie sind der perfekte Ausdruck des großen Terroirs von Nuits-Saint-Georges und Vosne-Romanée.

rot 2002, 2001, 2000, 1999, 1996, 1995, 1993 ★ Vosne-Romanée Beaux Monts, Échézeaux, Richebourg

Domaine Leroy
Côte de Nuits

rue du Pont Boillot, Auxey-Duresses
03 80 21 21 10
www.domaineleroy.com

DIESES GROSSARTIGE WEINGUT hat Lalou Bize-Leroy geschaffen, eine entschlossene Frau, die in ihrer Freizeit am liebsten klettern geht. Daneben leitet sie auch noch ihre Handelskellerei Maison Leroy. Sie gehört zu den Ersten in Burgund, die auf biodynamischen Anbau *(s. S. 105)* umgestellt haben, um Kraft und Gesundheit der überdüngten Böden wiederherzustellen – zuweilen auch mit esoterisch angehauchten Maßnahmen. Die Weine sind hervorragend – und extrem teuer.

rot 2002, 2001, 2000, 1999, 1996, 1995, 1993 ★ Vosne-Romanée Brûlées, Pommard Vignots, Musigny

Domaine Jean Grivot

Domaine Méo-Camuzet
Côte de Nuits

11 rue des Grands Crus, Vosne-Romanée 03 80 61 11 05
www.meo-camuzet.com

NICOLAS MÉO hätte zu seinem Vater in die Werbebranche gehen können, entschied sich aber stattdessen für das Familienweingut. In enger Zusammenarbeit mit dem legendären burgundischen Erzeuger Henri Jayer produzierte er bald Weine, die jenen von bekannteren Gütern in Vosne-Romanée ebenbürtig waren. Seine Weine sind nichts für zaghafte Zeitgenossen: Sie sind reich und dicht, und oft dauert es fünf Jahre oder mehr, ehe sie sich öffnen. Aber die Geduld wird belohnt mit einem der komplexesten Rotweine Burgunds.

rot 2002, 2001, 2000, 1999, 1996, 1995, 1993 ★ Vosne-Romanée Cros Parantoux, Richebourg

Louis Jadot
Côte de Nuits

21 rue Eugène Spuller, Beaune
03 80 22 10 57
www.louisjadot.com *n. V.*

VIELE JAHRE unter der Leitung der Familie Gagey, produziert dieses berühmte Handelshaus feste, tanninbetonte, langlebige Weine von Lagen an der Côte de Nuits (sowie üppige Weißweine von Côte-de-Beaune-Lagen). Weinmacher ist seit mehr als 30 Jahren Jacques Lardière, was sich in der gleichmäßigen und beständigen Qualität der Weine widerspiegelt. Selbst in sehr schwierigen Jahren wie 1994 entstand eine beeindruckende Auswahl von Weinen.

rot, weiß 2002, 2001, 2000, 1999, 1996, 1995, 1993 ★ Fixin, Clos de Vougeot, Clos St Denis

DOMAINE DE LA ROMANÉE-CONTI

Die Domaine de la Romanée-Conti erzeugt nur 7500 Kisten überaus seidiger Rotweine pro Jahr, die weltweit gefragt sind. Wer die Weine der Jahrgänge 1999, 1996 oder 1990 probiert hat, wird eingestehen, dass das Weingut seinen hohen Rang verdient und die exorbitanten Preise gerechtfertigt sind. Da die Standards der Vinifikation in Burgund insgesamt steigen, wird der Abstand zwischen der Domaine de la Romanée-Conti und anderen Gütern stetig kleiner.

Ob die Domaine de la Romanée-Conti das bedeutendste Weingut Burgunds ist, mag dahingestellt bleiben, auf jeden Fall verfügt sie über die besten Weingärten: ausschließlich Grand Crus, überwiegend in Vosne-Romanée, aber auch Besitzungen in Montrachet. Die Domäne wird von dem brillanten Miteigentümer Aubert de Villaine geleitet.

Die hier erzeugten Weine zeichnen sich eher durch Subtilität und Eleganz als durch Mächtigkeit und Tanninstärke aus. Sie sind reich, ja sogar üppig, aber gleichzeitig auch wunderbar duftig. Dem anfänglichen Ineinander von Veilchen- und Himbeeraromen gesellen sich mit zunehmendem Alter Aromen von feuchtem Laub, Trüffeln und andere Noten hinzu.

Die Weingärten
Nichts an diesem schlichten steinernen Pfosten am Eingang des Romanée-Conti-Weingartens deutet darauf hin, dass man im Begriff ist, einen der berühmtesten und besten Weingärten der Welt zu betreten.

Kontakt

1 rue Derrière-la-Four, Vosne-Romanée
03 80 62 48 80

Weine

rot 2001, 1999, 1997, 1996, 1995, 1993 ★ La Tâche, Richebourg, Romanée-Conti

Die Weine
Die Rotweine der Domäne stammen alle von umliegenden Weingärten, dennoch hat jeder seinen charakteristischen Geschmack. Vier der Grand-Cru-Lagen teilt sich die Domäne mit anderen Erzeugern, zwei jedoch – La Tâche und Romanée-Conti – sind Komplettlagen. Die Möglichkeit eines Direktverkaufs auf dem Weingut gibt es nicht, aber Romanée-Conti, der mit Abstand teuerste Wein des Guts, kostet im Handel gut und gerne 3000 Euro. Von den anderen Weinen ist nur einer – Échézaux – für unter 500 Euro zu haben.

Blick vom Weingarten La Tâche über das Dorf Vosne-Romanée

Weingartenparzellen verschiedener Besitzer in Savigny-lès-Beaune

DIE WEINDÖRFER DER CÔTE DE BEAUNE

DIE WEINGÄRTEN DER CÔTE DE BEAUNE reihen sich in einem eleganten Bogen um die Kleinstadt Beaune und setzen sich südwärts bis nach Pommard, Volnay und Meursault fort. Die Region ist ebenso berühmt für ihre Rot- wie für ihre Weißweine – es finden sich hier die einzigen Grand-Cru-Lagen für weißen Burgunder außerhalb von Chablis. Der Ort Aloxe-Corton wird von dem Berg Corton mit dem berühmten Weingarten Corton-Charlemagne überragt. Weitere Grands crus liegen südlich von Beaune, bei den Dörfern Puligny-Montrachet und Chassagne-Montrachet.

Die Rotweine der Côte de Beaune sind sehr unterschiedlich: Pommard ist meist mächtig und tanninreich, Volnay anmutiger. Die in der Regel mittelschweren Weine aus Chorey-lès-Beaune und Savigny-lès-Beaune sollten auch in der mittleren Reifephase getrunken werden. Weine vom Plateau kommen als Hautes Côtes de Beaune in den Handel, während Weine von weniger illustren Dörfern wie etwa Ladoix manchmal die Herkunftsbezeichnung Côte de Beaune Villages tragen. Die überwiegenden Kalksteinböden sind meist mit Mergel, Lehm oder Kies gemischt.

Kalkstein *Pinot Noir* *Chardonnay* *rot, weiß*

Traditioneller Traubenkorb

Chorey-lès-Beaune, Ladoix und Pernand-Vergelesses

DIESE DÖRFER liegen um den Berg Corton herum. Die flache Gegend um Chorey-lès-Beaune bringt Rotweine hervor, denen es an Kompexität mangelt, die aber jung getrunken angenehm sind. Ladoix – mit nur rund 100 ha – und Pernand-Vergeless mit seinen guten Hanglagen erzeugen Weiß- und Rotweine.

Aloxe-Corton

AUCH DIESES KLEINE DORF wird vom Berg Corton überragt. Eine ganze Reihe von Grand-Cru-Weingärten, alle als Corton bekannt, wird in kleinere Lagen unterteilt, darunter etwa Corton-Bressandes. Obwohl auch Ladoix und Pernand-Vergeless ihren Anteil an den Hängen haben, ist jener von Aloxe-Corton bei weitem der größte. Corton ist berühmt für seinen weißen Corton-Charlemagne. In punkto Mächtigkeit und Mineralstruktur kann es nur Montrachet mit diesem Wein aufnehmen. Rotweine aus Corton können in ihrer Jugend hart sein, entwickeln aber mit zunehmendem Alter eine geradezu verführerische Weichheit.

Beaune und Savigny-lès-Beaune

IM WESTEN DER STADT BEAUNE liegen ausgedehnte Weingärten, viele davon mit Premier-Cru-Status. Sie sind kaum bekannt, da es nur wenige unabhängige Erzeuger gibt und der Großteil von Handelshäusern vermarktet wird. Dafür sind die Wohltätigkeitsauktionen, die das Hospice de Beaune *(s. S. 108)* alljährlich im Rahmen eines dreitägigen Fests veranstaltet, umso berühmter. Das Dorf Savigny liegt in einem Tal nördlich von Beaune und erzeugt gute Weine zu gemäßigten Preisen, zumeist Rotweine. Aber es lohnt sich, für einen Premier Cru aus Beaune oder Savigny etwas mehr zu zahlen. Ein beachtlicher Weißwein aus Beaune ist der Clos des Mouches.

Pommard

IM ALLGEMEINEN sind die Weine von der Côte de Beaune leichter und eleganter als die von der Côte de Nuits, wobei Pommard die große Ausnahme ist. Die reicheren Böden dort erbringen dunkle, tannin- und alkoholbetonte Rotweine, von denen manche ihre anfängliche Härte nie verlieren. Die besten Weine, von Erzeugern wie Domaine du Comte Armand und Domaine de Courcel, sind ebenso gut strukturiert und langlebig wie ein Côte de Nuits Gevrey-Chambertin oder ein Nuits-St-Georges. Die besten Premiers crus sind Rugiens und Épenots; sie brauchen mindestens acht Jahre Flaschenreife.

Volnay

IM GEGENSATZ ZU BEAUNE drängt sich in dem Dorf Volnay ein hervorragendes Gut neben dem anderen, und die Vinifikationsstandards hier sind hoch. Die Weine sind meist duftig und stilvoll. Der Wein aus dem Nachbardorf Monthélie ist ähnlich wie Volnay und wurde noch vor hundert Jahren als Volnay verkauft. Monthélie kostet nur halb so viel wie Volnay und bietet mit das beste Preis-Leistungs-Verhältnis unter den Burgundern.

Rebpflege auf dem Berg Corton über dem Dorf Pernand-Vergelesses

Auxey-Duresses, St-Romain und St-Aubin

DIE DREI DÖRFER liegen in Seitentälern, die die Hautes Côtes de Beaune durchschneiden. Auxey liefert robuste Weine, die man in der mittleren Reifephase trinken sollte. Das höher gelegene St-Romain produziert Weißweine, die in ungünstigen Jahren sehr herb sein können. Die Weißweine von St-Aubin, das unmittelbar hinter den Grand-Cru-Lagen von Chassagne liegt, sind in der Regel weit besser als die Rotweine und bieten eine gute und preiswerte Alternative zu den Weinen von den berühmteren Dörfern in der Umgebung.

Meursault

DIESES EHER GROSSE DORF ist berühmt für seine üppigen Weißweine. Ein großer Meursault ist reich und belebend – gerade recht für Hedonisten. Es gibt hier keine Grands Crus, aber Meursault verfügt über einige exzeptionelle Premiers Crus wie etwa Les Perrières. Viele Erzeuger geben auf ihren Etiketten bestimmte Lagen an, da diese, obschon keine Premiers Crus, einen eigenständigen Charakter haben.

Puligny-Montrachet und Chassagne-Montrachet

DIE PREMIER und Grand-Cru-Weingärten dieser Dörfer liegen oft direkt nebeneinander. Es ist nicht immer leicht, sie auseinander zu halten. Die Weine sind die Quintessenz großen weißen Burgunders: nobel, elegant und tiefgründig. Die besten Lagen überhaupt, die Grands Crus der Weingärten Montrachet und Bâtard-Montrachet, teilen sich die Gemeinden Puligny und Chassagne. Die hohe Qualität – und der Seltenheitswert – dieser Weine führen dazu, dass sie zu Spitzenpreisen gehandelt werden. Spitzen-Premiers-Crus bieten auf alle Fälle das bessere Preis-Leistungs-Verhältnis. Puligny erzeugt nur Weißweine, während die Hälfte der Produktion in Chassagne auf Rotwein entfällt.

Santenay und Maranges

ZU SANTENAY gehören mehrere Weingärten westlich von Chagny, deren südliche Verlängerung die Weingärten von Maranges bilden. Damit ist Maranges das südlichste Weindorf der Côte de Beaune. Gute Weine dieser Lagen sind fleischig; die Qualität steigt beständig. Da beide Dörfer wenig bekannt sind, bieten sie ein gutes Preis-Leistungs-Verhältnis.

DIE SPITZENERZEUGER DER CÔTE DE BEAUNE

Bouchard Père & Fils
Côte de Beaune

15 rue du Château, Beaune ☎ 03 80 24 80 24 W www.bouchard-pereetfils.com ◯ n. V.

JAHRZEHNTELANG war dies eines der berühmtesten Handelshäuser in Beaune. In den 1980er-Jahren jedoch ruinierten diverse Skandale den Ruf des Hauses. 1995 ging es in den Besitz des Champagner-Erzeugers Joseph Henriot *(s. S. 173)* über, der konsequent dafür sorgte, dass das Unternehmen heute wieder in einem Atemzug mit den besten Handelshäusern Burgunds genannt wird.

SPITZENWEINE:
CÔTE DE BEAUNE

- Ⓡ Bouchard Père & Fils Volnay Caillerets €€€
- Ⓦ Château de la Maltroye Chassagne-Montrachet Dent du Chien €€€
- Ⓦ Domaine Bonneau du Martray Corton-Charlemagne €€€€
- Ⓦ Domaine Chandon de Briailles Pernand-Vergelesses Île de Vergelesses €€
- Ⓦ Domaine des Comtes Lafon Meursault Perrières €€€
- Ⓡ Domaine du Château de Chorey Beaune Les Cras €€
- Ⓡ Domaine du Comte Armand Pommard Clos des Épeneaux €€€
- Ⓦ Domaine Leflaive Puligny-Montrachet €€€
- Ⓦ Domaine Marc Colin & Fils St-Aubin En Remilly €€
- Ⓦ Domaine Michel Bouzereau & Fils Meursault Tessons €€
- Ⓡ Domaine Michel Lafarge Volnay Vendanges Sélectionées €€
- Ⓦ Olivier Leflaive Rully Rabourcé €€

rot, weiß 2000, 1999, 1997, 1996 ★ Beaune Grèves Vigne de l'Enfant Jésus, Chevalier-Montrachet

Château de la Maltroye
Côte de Beaune

Chassagne-Montrachet ☎ 03 80 21 32 45 ◯ n. V.

DAS CHÂTEAU de la Maltroye sticht als eines der schönsten Gebäude des Ortes heraus. Seit 1992 gehört der 15-ha-Besitz Pierre Cornut – einschließlich einer beachtlichen Auswahl schönster Premiers Crus. In einem ungewöhnlich kalten mittelalterlichen Keller wird der Wein zu einem Drittel in neuer Eiche ausgebaut. Die Weißweine sind reich und würzig, die besten Crus von bemerkenswerter Mächtigkeit. In geringer Menge gibt es roten Chassagne-Montrachet.

rot, weiß 2001, 2000, 1999, 1996, 1995

★ Chassagne-Montrachet: Clos de Château, La Romanée, Dent du Chien

Domaine Albert Morot
Côte de Beaune

ave Charles Jaffelin, Beaune ☎ 03 80 22 35 39 ◯ n. V.

NACHDEM Françoise Choppin diesen altmodischen Besitz jahrelang geleitet hatte, übergab sie ihn 2000 an ihren Neffen Geoffrey. Alle Weingärten in Beaune und in Savigny haben Grand-Cru-Status. Die Weine selbst waren lange nur Insidern bekannt, aber das wird sich ändern. Geoffrey brachte die Weinbereitung auf den neusten Stand und führte mehr neue Eiche ein. Die Qualität ist nach wie vor hoch, der Stil verfeinert sich zunehmend.

rot 2001, 2000 1999, 1995 ★ Beaune: Marconnets, Teurons, Bressandes

Domaine Bonneau du Martray
Côte de Beaune

Pernand-Vergelesses ☎ 03 80 21 50 64 ●

JEAN-CHARLES LE BAULT de la Morinière hing seinen Architektenberuf als 1994 an den Nagel und übernahm die Leitung dieses 200 Jahre alten Familienguts, das roten und weißen Corton Charlemagne produziert. Damit ist es neben der Domaine de la Romanée-Conti das einzige Gut Burgunds, das ausschließlich Grand-Cru-Weine produziert. Mit einem 9,5 ha großen Corton-Charlemagne-Anteil ist es zudem der größte Erzeuger dieses Spitzenweins. Die Weißweine vereinen Reichtum, mineralische Komplexität, Nachhaltigkeit und ein enormes Alterungspotenzial. Diese Größe erreichen die Rotweine bisher noch nicht.

Domaine Bonneau du Martray

rot, weiß 2001, 2000, 1999, 1997, 1996, 1995, 1992

★ Corton-Charlemagne

Domaine Chandon de Briailles
Côte de Beaune

1 rue Soeur Goby, Savigny-lès-Beaune ☎ 03 80 21 52 31 ◯ n. V.

DIESE VON MUTTER und Tochter geleitete Domäne erzeugt Weine mit einem besonderen Touch. Die Weißweine aus Pernand-Vergelesses und Savigny können hervorragend sein, der rote Savigny Lavières ist mineralisch und elegant. Die besten Weine, natürlich von der Grand-Cru-Lage Corton, zeichnen sich eher durch Finesse und Subtilität als durch Mächtigkeit aus.

rot, weiß *2000, 1999, 1996, 1995, 1993* ★ *Savigny Lavières, Pernard-Vergelesses Île de Vergelesses, Corton*

Domaine Charles & Rémi Jobard
Côte de Beaune

12 rue Sudot, Meursault
03 80 21 20 23 *n. V.*

François Jobard ist berühmt für seine recht strengen Weine und daher bekannter als sein Neffe Rémi. Seit 1997 jedoch macht Rémi sensationelle weiße Burgunder von seinen Weingärten in Meursault. Die besten Weine sind meist die Premiers Crus Genevières und Charmes: Sie sind volltönend, saftig und fest strukturiert.

weiß *2001, 2000, 1999, 1996, 1995* ★ *Meursault: Genevrières, Charmes*

Domaine des Comtes Lafon
Côte de Beaune

Clos de la Barre, Meursault
03 80 21 22 17

Manche Burgunderexperten betrachten Dominique Lafon als den bedeutendsten Weißweinerzeuger der Welt, womit sie wohl auch Recht haben. Andere Meursaults können durchaus weich und buttrig, ja delikat sein, sie sind aber dennoch kein Burgunder durch und durch. Lafons Meursault dagegen ist mit seiner Kraft und Rassigkeit und einer Fülle reicher, reifer Frucht unverwechselbar reinster Burgunder. Ein ähnliches Geschick hat er in Sachen Rotwein: Sein Volnay Santenots ist einer der feinsten und ausgewogensten Weine aus diesem Dorf.

rot, weiß *2001, 2000, 1999, 1998, 1997, 1996, 1995, 1993* ★ *Meursault: Clos de la Barre, Perrières; Volnay Santenots*

BIODYNAMISCHER WEINBAU: ALLES NUR HOKUSPOKUS?

Der Philosoph und Pädagoge Rudolf Steiner entwickelte in den 1920er-Jahren die geistigen Grundlagen des biodynamischen Landbaus. Besondere Bedeutung kommt dabei den Mondphasen zu, was alles andere als neu ist, da traditionelle französische Winzer sich bei der Flaschenabfüllung schon immer nach den Mondphasen gerichtet haben. Weitaus umstrittener ist die Verwendung von Tierkompost, Baldrian und Schachtelhalmsud, und zwar in homöopathischen Dosen. Viele Winzer stehen diesen Methoden sehr skeptisch gegenüber, deren Ziel es ist, das organische Gleichgewicht des Bodens wiederherzustellen.

Der biodynamische Weinbau wurde 1980 erstmals von Nicolas Joly im Loiretal eingeführt und wird heute von fast 20 führenden Erzeugern in Burgund und im Rhônetal praktiziert. Manche von ihnen geben zu, dass sie nicht verstehen, wie die Methode funktioniert, bestehen aber darauf, dass die Qualität der Weine eindeutig besser ist.

Domaine du Château de Chorey
Côte de Beaune

Chorey-lès-Beaune *03 80 22 06 05* *www.chateau-de-chorey-les-beaune.fr*

Das Dorf Chorey wird gern übersehen, weil es auf der östlichen Seite der N 74 liegt, abseits der noblen Hänge der Côte d'Or. Die Familie Germain, deren Weine früher unter dem Namen Germain Père & Fils in den Handel kamen, lebt in Chorey. Man macht delikaten, jung zu trinkenden Chorey und einige Beaune-Premiers-Crus, die zu den besten Weinen dieser Lage zählen.

rot, weiß *2000, 1999, 1997, 1996, 1995, 1993* ★ *Chorey-lès-Beaune, Beaune: Vignes Franches, Les Cras*

Etikett Domaine du Château de Chorey

Domaine du Comte Armand
Côte de Beaune

place de l'Eglise, Pommard
03 80 24 70 50 *n. V.*

Der ganze Stolz dieser Domäne ist der 5 ha große Clos des Épeneaux, ein Premier Cru erster Güte. Von dort stammt einer der mächtigsten und tanninreichsten Rotweine Burgunds, dessen vielschichtige Tiefe sich erst nach vielen Jahren zeigt. Weine, die sich der AC als nicht würdig erweisen, werden als einfacher Pommard verkauft und bieten ein gutes Preis-Leistungs-Verhältnis. Zusätzlich entstehen hier auch einige weniger konzentrierte Weine aus Volnay und Auxey-Duresses. 2003 wurde komplett auf biodynamischen Anbau umgestellt.

rot *2000, 1999, 1997, 1996, 1995, 1993, 1991* ★ *Pommard, Pommard Clos des Épeneaux*

Domaine Étienne Sauzet
Côte de Beaune

11 rue de Poiseul, Puligny-Montrachet 03 80 21 32 10 www.etienne-sauzet.com n. V.

SEIT JAHREN erzeugt dieses Gut sehr beständige Weine. Der Weinmacher Gérard Boudot ist ein Freund guter Säure, weshalb es einige Jahre dauern kann, bis die Weine Harmonie erreichen. Neben eher subtilen Weinen hat Boudot ein gutes Sortiment an Premiers Crus sowie alte Reben in den Grand-Cru-Lagen Bâtard-Montrachet und Chevalier-Montrachet.

weiß 2000, 1999, 1996, 1995, 1992 ★ Puligny-Montrachet: Combettes, Champs Canet; Bâtard-Montrachet

Domaine Françoise & Denis Clair
Côte de Beaune

14 rue de la Chapelle, Santenay 03 80 20 61 96 n. V.

DER BESITZ dieser Domäne verteilt sich auf Santenay und Saint-Aubin, und beide Lagen bringen auf 11 ha exzellente Weine hervor. Denis Clair gehört einer Generation von Winzern an, für die sowohl die Weingartenpflege als auch die entsprechende Behandlung der Trauben im Keller von Bedeutung sind. Er produziert saftige Rotweine und würzige Weißweine mit dezenten Eichenoten.

rot, weiß 2000, 1999, 1996, 1995 ★ St-Aubin: En Remilly, Murgers des Dents de Chien

Domaine Jacques Prieur
Côte de Beaune

6 rue des Santenots, Meursault 03 80 21 23 85 n. V.

DIE 1970ER- und 1980er-Jahre waren eine enttäuschende Zeit für diejenigen, die diese Domäne kannten. Zu ihr gehörten exzellente Weingärten (darunter Montrachet, Musigny und Chambertin), aber die Weine waren ausdruckslos. Kaum jedoch war die Familie Prieur in den 1990er-Jahren eine Partnerschaft mit dem Handelshaus Antonin Rodet *(s. S. 112)* eingegangen, ging es mit der Qualität beständig bergauf. Heute sind die Weine dunkel, reich und zupackend.

rot, weiß 2000, 1999, 1998, 1996, 1995, 1993 ★ Corton Bressandes, Vosne Clos des Santenots, Le Montrachet

Grand-Cru-Etikett der Domaine Jean-François Coche-Dury

Domaine Jean-François Coche-Dury
Côte de Beaune

9 rue Charles-Giraud, Meursault 03 80 21 24 12

SEIT EINIGEN Jahren hat dieses Gut einen legendären Ruf, und da sich der Rebbesitz über mehrere Appellationen verteilt, sind die Mengen begrenzt und die Weine schwer zu finden. Sie werden von Liebhabern aus allen Teilen der Welt geschätzt. Besonders gefragt ist der Meursault sowie der Corton-Charlemagne, der von einem langen Ausbau in Eiche profitiert.

rot, weiß 2000, 1999, 1997, 1996, 1995, 1993, 1992 ★ Meursault Perrières, Corton-Charlemagne, Volnay Clos des Chênes

Domaine Leflaive
Côte de Beaune

place des Marronniers, Puligny-Montrachet 03 80 21 30 13 www.leflaive.fr

WENN MAN IN DEN 1970ER- und 1980er-Jahren von weißem Burgunder sprach, kam einem zuerst der Name Vincent Leflaive in den Sinn. Mit der Zeit verloren die Weine jedoch an Ausdruck. In den 1990er-Jahren übernahm seine Tochter Anne-Claude die Leitung und stellte auf biodynamischen Weinbau um. Das Ergebnis kann sich sehen lassen, sind doch ihre Premiers und Grand Crus aus Puligny-Montrachet tiefgründig und konzentriert wie nur wenige weiße Burgunder.

weiß 2000, 1999, 1997, 1996, 1995, 1993 ★ Puligny-Montrachet Les Pucelles, Chevalier-Montrachet

Domaine Marc Colin & Fils
Côte de Beaune

Gamay, St-Aubin 03 80 21 30 43 n. V.

DER GENIALE MARC COLIN besitzt Rebflächen in dem unterschätzten Dorf St-Aubin. Außer diesen Weinen produzieren er und seine drei Söhne einen hervorragenden Le Montrachet. Alle Weingärten in St-Aubin sind Premiers Crus, die besten in der Regel En Remilly und Chatenière. Die Weine sind fassvergoren und zeigen eine intensive Frucht und den wohlüberlegten Einsatz neuer Eiche.

weiß 2001, 2000, 1999, 1996
★ St-Aubin: En Remilly, Chatenière; Le Montrachet

Domaine Michel Bouzereau & Fils
Côte de Beaune

3 rue de la Planche-Meunière, Meursault 03 80 21 20 74 n. V.

MICHEL BOUZEREAU ist zwar nicht so bekannt wie andere Meursault-Erzeuger, dennoch produzieren er und sein Sohn Jean-Baptiste makellose Weine sowohl von den Premier-Cru- wie auch von den Village-Lagen wie etwa Tesson und Limozin. Die Weine sind reichhaltig und konzentriert sowie von schlanker Eleganz, zu welcher die geschickte Verwendung von Eiche perfekt passt. Ihre Würzigkeit hält sie am Gaumen lebendig.

weiß 2000, 1999, 1996, 1995
★ Meursault: Limozin, Charmes, Genevrières

Domaine Michel Lafarge
Côte de Beaune

Volnay 03 80 21 61 61 n. V.

SEIT 30 JAHREN produziert Michel Lafarge in Volnay Weine, die zu den elegantesten des Ortes zählen – von reicher Frucht, aber nie dicht. Seine besten Weine sind meist die Premiers Crus Clos des Chênes und Clos du Château de Duc; letztere Lage besitzt Lafarge komplett. 2001 übergab Lafarge das Ruder an seinen Sohn Frédéric, der auf biodynamische Bewirtschaftung umstellte.

rot, weiß 2001, 1999, 1998, 1996, 1995, 1993
★ Volnay: Vendanges Sélectionées, Clos des Chênes, Clos du Château des Ducs

Domaine Michel Lafarge

Domaine Vincent Girardin
Côte de Beaune

Les Champs Lins, BP 48, Meursault 03 80 20 81 00

IN MEURSAULT gründete Girardin zusätzlich zu seinem 14-ha-Besitz ein kleines Handelshaus, für das er Trauben verschiedener Herkunft von der ganzen Côte de Beaune aufkauft. Seine Rotweine aus Santenin sind reich und geschmeidig, während Corton-Charlemagne und Pommard immer beeindruckender werden. Girardin liebt einen kräftigen Schuss neuer Eiche, und anscheinend haben auch seine zahlreichen Kunden nichts dagegen einzuwenden.

rot, weiß 2000, 1999, 1998, 1995 ★ Santenay Gravières, Corton-Charlemagne, Pommard Rugiens

Olivier Leflaive
Côte de Beaune

place du Monument, Puligny-Montrachet 03 80 21 37 65
www.olivier-leflaive.com n. V.

WÄHREND SEINE COUSINE Anne-Claude die Leitung des Familienguts in Puligny-Montrachet übernahm, baute sich Olivier Leflaive am selben Ort diese Handelskellerei auf. Er produziert überwiegend Weißweine, sowohl von den großen Lagen in Puligny-Montrachet und Meursault, aber auch von weniger bekannten Dörfern wie St-Aubin und Rully, die ein hervorragendes Preis-Leistungs-Verhältnis bieten. Es sind stilistisch moderne Burgunder von intensiver Farbe, cremiger Textur und jung trinkbar.

rot, weiß 2001, 2000, 1999, 1998, 1996, 1995, 1992
★ Rully Rabourcé, Puligny-Montrachet Les Folatières, Bienvenues Bâtard-Montrachet

LE MONTRACHET: DAS BESTE VOM BESTEN

Der 8 ha große Weingarten Le Montrachet ist die berühmteste Weißweinlage der Welt. Selbst in mäßigen Jahren wachsen dort Weine von Rang. Die wirklich großen Jahrgänge sind einzigartig. Die Stärke der Weine beruht auf ihrer dichten Textur und Aromenkonzentration. Sie sind von fester, aber nicht herber Säure und haben ein gutes Alterungspotenzial. Das Qualitätsniveau ist extrem hoch. Viele der Erzeuger, die hier über Rebbesitz verfügen, gehören zu den besten Burgunds, darunter die Domaine de la Romanée-Conti, Domaine des Comtes Lafon, Domaine Drouhin, Domaine Jacques Prieur und Anne-Claude und Olivier Leflaive. Die Weine sind jedoch überteuert, und ein Bâtard-Montrachet oder ein Chevalier-Montrachet sind meist ebenso gut und weitaus preiswerter.

WEINTOUR DURCH BURGUND

Burgund hat ausser seiner schönen Landschaft viele weitere Attraktionen zu bieten, man denke nur an die Weine, die Küche und die malerischen mittelalterlichen Bauten. Am schönsten ist der Süden, die sanft hügelige Côte Chalonnaise und der Mâconnais, aber auch kleine, zwischen den Weingärten versteckte Dörfer an der Côte d'Or, Saint-Aubin etwa oder Chambolle-Musigny, haben jede Menge Charme.

Puligny Montrachet

① Dijon

Dijon ist die ehemalige Hauptstadt der Herzöge von Burgund, die immer auch ein Auge auf den Weinbau hatten. 1385 verboten sie den Anbau von Gamay-Trauben in Burgund, weil sie diese für minderwertig hielten. Im ehemaligen Herzogs-Palast ist heute das Musée des Beaux-Arts untergebracht.

② Route des Grands Crus ◁

Ausgehend von Gevrey-Chambertin verläuft diese schmale Straße südwärts bis Morey-Saint-Denis *(links)* und führt dabei an den berühmtesten Grands Crus des nördlichen Burgund vorbei, darunter auch Le Chambertin.

③ Château du Clos de Vougeot ▽

Einen Besuch wert ist das mittelalterliche Château du Clos de Vougeot, in dem die burgundischen Winzer zusammenkommen.

☎ 03 80 62 86 09
W www.closdevougeot.com

④ Citeaux

Von der Abtei Citeaux nahm 1098 der Zisterzienserorden seinen Ausgang, der wie andere Orden im Mittelalter die besten Weingärten besaß. Von der mittelalterlichen Anlage sind Reste erhalten, die man besichtigen kann.

☎ 03 80 61 32 58 W www.citeaux-abbaye.com

DIE HOSPICES DE BEAUNE

Das Hôtel-Dieu, Wahrzeichen von Beaune, wurde 1443 als Krankenhaus gegründet. Später sind daraus die Hospices de Beaune hervorgegangen, eine Wohltätigkeitsorganisation, die über 58 ha Weingärten verfügt, die ihr im Lauf der Zeit von Stiftern hinterlassen wurden. Die dort wachsenden Weine werden alljährlich im November bei einer Auktion im Hôtel-Dieu versteigert. Die Veranstaltung *(oben)* zieht Weinliebhaber und Négociants aus der ganzen Welt an. Nach der Transaktion werden die Fässer aus neuer Eiche in Keller verfrachtet, wo der Wein lagert, bis er reif für den Weiterverkauf ist. Die bei der Auktion erzielten Preise gelten als Maßstab für die Preisentwicklung des ganzen Jahrgangs, in Wahrheit jedoch ist die Versteigerung eine Mischung aus Wohltätigkeitsveranstaltung, Imagepropaganda für die Händler und Jahrmarkt.

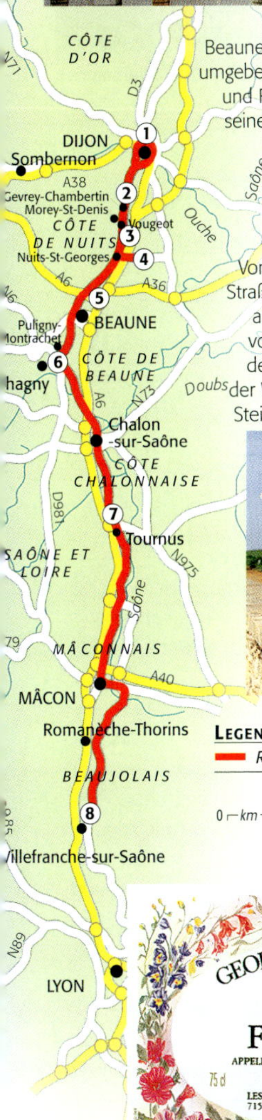

⑤ Beaune △

Beaune hat eine schöne, von einer Stadtmauer umgebene Altstadt mit Kirchen, Weingeschäften und Restaurants. Unübersehbar ist das durch seine glasierten Dachziegel weithin sichtbare Hôtel-Dieu *(oben)*. Lohnenswert ist auch ein Besuch bei einem der Weinhändler wie etwa Patriarche.

⑥ Le Montrachet ▽

Von Beaune aus fährt man auf der Straße in Richtung Chagny, die auch an Puligny-Montrachet *(s. S. 103)* vorbeiführt. Hinter dem Dorf liegt der berühmteste Weißweingarten der Welt, Le Montrachet, mit seinen Steintafeln an den Eingangsposten.

Tipps für den Besucher

Route: Die 150 km lange Tour beginnt nördlich von Dijon und endet im Mâconnais. Parallel zur Route Nationale verläuft eine Autobahn, weshalb Routenänderungen jederzeit möglich sind.

Dauer: Ein ganzer Tag ist unbedingt einzuplanen; wer es gern ruhiger angeht, plant eine Übernachtung ein.

Weingüter: Viele Handelshäuser in Beaune und Nuits-Saint-Georges können besichtigt werden, während auf den privaten Weingütern ein Besuch ohne Voranmeldung nur selten möglich ist.

Restaurant-Hotel:
36 Place d'Armes, Chagny-en-Bourgogne ☎ 03 85 87 65 65
W www.lameloise.fr

Weingärten an der Côte de Beaune

⑦ Tournus

Der Hauptgrund für einen Besuch dieses Städtchens ist die beachtliche romanische Abtei. Tournus ist auch ein berühmtes gastronomisches Zentrum und ein hervorragender Ausgangspunkt für Stippvisiten in den Dörfern und Weingärten des Mâconnais.

⑧ Hameau en Beaujolais ◁

Am Rand des Beaujolais, in dem Dorf Romanèche-Thorin, befindet sich der Stammsitz des Weinmagnaten Dubœuf *(s. S. 117)*. Mit dem »Hameau du Vin« hat er ein museales Weindorf geschaffen. Dort erfährt man viel über Erzeugung und Geschichte des Weins und hat die Gelegenheit, alle Dubœuf-Weine zu verkosten und zu kaufen.

☎ 03 85 35 22 22
W www.hameauenbeaujolais.com

Anlieferung von Chardonnay-Trauben bei der Genossenschaft Buxy in Montagny, Côte Chalonnaise

DIE WEINDÖRFER DER CÔTE CHALONNAISE UND DES MÂCONNAIS

Côte Chalonnaise

IN DER SANFT HÜGELIGEN, zwischen der Côte d'Or und dem Mâconnais gelegenen Landschaft der Côte Chalonnaise gibt es neben dem Weinbau auch andere Formen der Landwirtschaft. Die Rebflächen sind nicht durchgängig, sondern um die größeren Dörfer herum gruppiert. Man baut Rot- und Weißweine an, die bis vor kurzem noch als rustikal galten. Dank der Anstrengungen qualitätsbewusster Négociants und einiger Winzer haben sich die Standards beträchtlich verbessert, so dass die Côte Chalonnaise heute preiswerte Weine von guter Qualität bietet. Zusätzlich zur Appellation Côte Chalonnaise gibt es die vier folgenden ACs.

Kalkstein *Pinot Noir* *Chardonnay*
rot, weiß

Etikett Domaine François Lumpp

Bouzeron

DIE KLEINE GEMEINDE Bouzeron mit nur 60 ha Rebfläche ist vor allem für die dort angebaute säurereiche weiße Sorte Aligoté *(s. rechts)* bekannt. 1997 erhielt das Dorf eigenen Appellations-Status und darf sich jetzt Bouzeron statt wie bisher Aligoté de Bouzeron nennen.

Rully

DIESES DORF wird von einem prächtigen Schloss beherrscht, und in den 300 ha umfassenden Weingärten wachsen fast je zur Hälfte Pinot Noir und Chardonnay. Ein Großteil der Weine wird von Handelshäusern erzeugt, darunter Antonin Rodet, Domaine Drouhin und Olivier Leflaive. Aber auch unabhängige Weingüter machen immer mehr Weine von sehr guter Qualität. Die Premiers Crus von Erzeugern wie der Domaine Henri & Paul Jacqueson sind fruchtig, saftig und in der Tat preiswert.

Mercurey

DIESE BEDEUTENDE AC verfügt über 600 ha Rebfläche – 90 % davon Rotwein, und rund ein Drittel hat Premier-cru-Status. Die Weine waren früher oft ziemlich schroff, aber dank des Engagements ehrgeiziger Winzer wie Michel Juillot hat sich daran einiges geändert. Große Flächen in dieser AC besitzt das Handelshaus Domaine Faively, und auch dieser Erzeuger hat hohe Standards, die zunehmend Vorbild werden. Die Weißweine der Gegend sind im Kommen, aber die eigentliche Stärke des Dorfes sind robuste, fruchtige Rotweine.

Givry

DAS KLEINE DORF GIVRY bildet die kleinste AC der Region. Die Anstrengungen einiger ambitionierter Winzer haben aber bewiesen, dass Givry geschmeidige Pinots und angenehm aromatische Chardonnays hervorbringen kann (wenn auch nur ca. 10 % der Produktion Weißweine sind). Die besten Erzeuger sind Domaine François

Lumpp, Domaine du Clos Salomon, Michel Sarrazin, Domaine Ragot und Parizé & Fils.

Montagny

DIESES DORF IM SÜDEN der Côte Challonaise produziert ausschließlich Weißwein. Alle Weingärten haben Grand-Cru-Status, aber viele Weine sind recht ausdruckslos. Große Mengen stammen von einer verlässlichen Genossenschaft in Buxy, es gibt aber Besseres von Handelskellereien wie Olivier Leflaive und Charton & Trébuchet.

Mâconnais

DIE STÄRKE DIESER GROSSEN REGION im Nordwesten von Mâcon liegt in fruchtigen, von Chardonnay gekelterten Weißweinen. Die Rotweine, üblicherweise von Gamay, sind fast immer von minderer Qualität. Die ganz einfachen Weine werden als Mâcon oder Mâcon Supérieure vermarktet, weitaus mehr Charakter haben jedoch die als Mâcon-Village deklarierten Weine, wobei anstelle des Village auf dem Etikett oft der Name eines der 43 Dörfer dieser Appellation steht.

Ein Großteil der Weine stammt von Genossenschaften, von denen einige relativ anspruchsvolle Weine produzieren. Im letzten Jahrzehnt kam es zu einem sprunghaften Anstieg der Qualität. Die Spitzenweine aus Pouilly-Fuissé und den benachbarten Dörfern sind dabei den besten aus Chablis und der Côte de Beaune ebenbürtig, obschon sich der Stil der Weine stark unterscheidet. Sie sind fett, ziemlich alkoholhaltig und von fleischiger Textur.

Kalkstein *Gamay* *Chardonnay*
rot, weiß

ALIGOTÉ: BESSER ALS IHR RUF

Nur wenige Weinliebhaber können Aligoté etwas abgewinnen, es sei denn als Basis für Kir. Hier mildert Cassis die typische Schärfe. Als Aubert de Villaine, Miteigentümer der Domaine de la Romanée-Conti *(s. S. 101)*, dort ein paar Parzellen kaufte, war ihm das Potenzial dieser Traube sehr wohl bewusst. 1979 setzte sich de Villaine für die Schaffung einer AC Bouzeron und damit für eine Aufwertung des Rufs von Aligoté ein. Vollreifer Aligoté kann erfrischend und delikat sein, eine anregende Alternative zu dem in Burgund allgegenwärtigen Chardonnay.

Weingärten am Felsen von Solutré in Pouilly-Fuissé

Viré-Clessé

DIESE 1999 GESCHAFFENE AC ersetzt die beiden Mâcon-Village-Appellationen Mâcon-Viré und Mâcon-Clessé. Die Rebfläche von rund 400 ha teilen sich viele gute Erzeuger.

Pouilly-Fuissé

DIE MIT ABSTAND bekannteste Appellation im Mâconnais umfasst 850 ha und bringt mit die interessantesten Weine der Region hervor. Die Weingärten liegen zu Füßen markanter Felsklippen, die Wärme speichern und an die Reben abgeben. Der auf den Kalksteinböden angebaute Chardonnay ist meist voller und fetter als jener von der Côte de Beaune. Man bereitet daraus saubere fruchtige Weine ohne Eiche, aber auch Cuvées mit viel neuer Eiche, die üppig und opulent sein können.

Pouilly-Vinzelles und Pouilly-Loché

DIESE APPELLATIONEN liegen im Osten von Pouilly-Fuissé. Pouilly-Loché wird oft ganz legal als Pouilly-Vinzelles deklariert. Die Produktion ist überwiegend in der Hand von Genossenschaften, wobei die Mengen gering sind, da beide ACs zusammen nur 81 ha umfassen.

St-Véran

DIESE 500 HA GROSSE APPELLATION umfasst acht Gemeinden, deren Weine bis 1971, dem Jahr der Gründung der AC, meist als Beaujolais Blanc verkauft wurden. Die Anbauflächen liegen im Norden und Süden von Pouilly-Fuissé, und einige der besseren Weine ähneln denen aus dieser bekannteren AC. Die Weine schmecken frisch und angenehm und bieten oft ein gutes Preis-Leistungs-Verhältnis.

DIE SPITZENERZEUGER DER CÔTE CHALONNAISE UND DES MÂCONNAIS

Antonin Rodet
Côte Chalonnaise

Mercurey 03 85 98 12 12
www.rodet.com

RODET IST EIN gut geführtes Handelshaus mit 160 ha Rebfläche in verschiedenen Teilen Burgunds. Sein langjähriger Leiter, Bertrand Devillard, hat eine Schwäche für die Côte Chalonnaise. Das Unternehmen hat dort zwei bedeutende Güter gepachtet (Château de Rully in Rully und Château Chamirey in Mercurey), und ihm gehört Château de Mercey, das Mercurey und einfachen AC-Burgunder produziert. Rodet ist stets bestrebt, die Qualität seiner Weine zu verbessern und ihnen mehr Finesse zu geben. Gute Jahrgänge können sensationell und dabei überaus preiswert sein. In schwierigen Jahren sind die Weine eher gewöhnlich.

rot, weiß 1999, 1997, 1996, 1993 ★ Rully Blanc (Château de Rully), Mercurey (Château Chamirey), Mercurey (Château de Mercey)

Domaine du Clos Salomon
Côte Chalonnaise

Givry 03 85 44 32 24

EINST WAR CLOS SALOMON der am meisten geschätzte Weingarten in Givry, während die Weine in den letzten Jahrzehnten kaum beeindruckten.

Domaine Faiveley

Seit einigen Jahren jedoch setzen Ludovic du Gardin und sein Bruder alles daran, um die Qualität der Weine zu verbessern, was ihnen bereits gelungen ist. Der Wein, der robuster ist als viele andere aus dem Dorf, wird zu 20 % in neuer Eiche ausgebaut, was die Fülle der Frucht noch durchkommen lässt.

rot 1999, 1997, 1996 ★ Givry Clos Salomon

Domaine Faiveley
Côte Chalonnaise

8 rue de Tribourg, Nuits-St-Georges 03 85 61 04 55

FAIVELEY IST EIN größeres Handelshaus mit Rebbesitz in guten Lagen in ganz Burgund. Viele dieser Weingärten liegen in Mercurey. Es handelt sich dabei um sechs Parzellen, deren Weine fast alle separat zubereitet und abgefüllt werden. La Framboisière und Les Mauvarennes sind für baldigen Trinkgenuss gedacht, da ihr Charme und ihre Frucht schnell verblassen. Der bedeutendste Wein stammt von der Premier-Cru-Lage Clos du Roi und wird z. T. in neuer Eiche ausgebaut.

rot, weiß 1999, 1997, 1996, 1993 ★ Mercurey: La Framboisière, Clos du Roi

Etikett Domaine Henri & Paul Jacqueson

Domaine François Lumpp
Côte Chalonnaise

36 ave de Mortières, Givry 03 85 44 45 57 n. V.

FRANÇOIS LUMPP besitzt Weingärten in mehreren Lagen, darunter auch einige Premiers Crus. Alle seine Weine respektieren die für Givry typische Frucht, die eher delikat als voll ist. Das verleiht den Weißweinen eine angenehm grasige Qualität, den Rotweinen einen Hauch Himbeere in der Nase. Der beste Rotwein unter den Crus ist meist Crausot, der über Frische und Konzentration verfügt.

rot, weiß 1999, 1997, 1996, 1993 ★ Givry: Crausot, Petit Marole

Domaine Henri & Paul Jacqueson
Côte Chalonnaise

5 rue de Chèvremont, Rully 03 85 91 25 91 n. V.

HENRI JACQUESON und sein Sohn Paul gelten bei vielen zu Recht als beste Erzeuger in Rully. Sie verfügen über Rebbesitz in guten Premiers-Crus-Lagen: Les Pucelles und Grésigny für Weißwein sowie Les Cloux und Chaponnière für Rotwein. Obwohl das Haus Jacqueson, wie Rully insgesamt, eher für seine vollen und würzigen Weißweine bekannt ist, kann der Rotwein Les Cloux hervorragend sein.

rot, weiß 2001 1999, 1997, 1996 ★ Rully: Grésigny, Les Cloux

Domaine Michel Juillot
Côte Chalonnaise

59 Grande rue, Mercurey
03 85 98 99 89
www.domaine-michel-juillot.fr

MICHEL JUILLOT war derjenige, der Mercurey zu einem Begriff machte. Heute leitet sein Sohn Laurent den 27-ha-Besitz. Besonders stolz sind sie auf die drei Lagen Champs Martin, Clos de Tonnerre und Clos des Barraults. Juillot erzeugt zwar sehr viel Weißwein, spannender jedoch sind die Roten mit ihrem Duft von roten Früchten und einer Robustheit, die nie rustikal wirkt.

rot, weiß 1999, 1997, 1996, 1993 ★ Mercurey: Champs Martin, Clos des Barraults

Château de Fuissé
Mâconnais

Fuissé 03 85 27 05 90
www.chateau-fuisse.fr

JAHRZEHNTELANG gab dieses Gut im Besitz von Jean-Jacques Vincent in Pouilly-Fuissé den Ton an, obschon in den letzten Jahren andere Güter stark aufgeholt haben. Die Rebfläche ist mit 30 ha so groß, dass bestimmte Parzellen separat verarbeitet werden. Die bekannteste Abfüllung ist die

Etikett Château Fuissé

Cuvée Vieilles Vignes, es gibt aber noch andere Lagenweine, etwa Le Clos und Les Combettes. Vincent geht sparsam mit neuer Eiche um und hat auf diese Weise ein Sortiment aromatischer, gut strukturierter Weine hergestellt, die gut altern.

weiß 1999, 1997, 1996, 1995 ★ Pouilly-Fuissé: Cuvée Vieilles Vignes, Le Clos

Domaine de la Bongran
Mâconnais

Quintaine, rue Gillet, Clessé
03 85 36 94 03
www.bongran.com n. V.

JEAN THÉVENET bricht mit allen Traditionen und kehrt dabei, so wie er selbst es sieht, lediglich zur Tradition zurück – denn seiner Meinung nach macht er Weine, wie sie sein Großvater gemacht hätte. Seine Erträge sind sehr viel geringer als die offiziell erlaubte Höchstgrenze, und er liest spät. Somit sind die Weine sehr reich und alkoholhaltig. Thévenets zweites Gut, die Domaine Emilian Gillet, produziert ähnliche Weine.

weiß 2000, 1999, 1997, 1996, 1995 ★ Cuvée Tradition, Cuvée Botrytis

Domaine Guffens-Heynen
Mâconnais

Vergisson 03 85 51 66 00 n. V.

DER IN BELGIEN GEBORENE Jean-Marie Guffens-Heynen leitet das hoch angesehene Handelshaus von Verget, das sich auf weißen Burgunder spezialisiert hat. Weiterhin besitzt er Rebflächen in Mâcon Pierreclos und Pouilly-Fuissé. Um letztere kümmert sich seine Frau, während er im Keller das Sagen hat. Die handwerklich sauber hergestellten Weine sind reich und tiefgründig.

weiß 2000, 1999, 1997, 1996 ★ Mâcon Pierreclos, Mâcon Pierreclos en Chavigne

Domaine J A Ferret
Mâconnais

Le Plan, Fuissé 03 85 35 61 56
n. V.

ZU DEN STÄRKEN dieses 15-ha-Besitzes gehört es, dass alle Reben mindestens 30 Jahre alt sind und Weine von beträchtlicher Konzentration erbringen. Die Trauben werden von Hand gelesen und im Barrique vergoren. Manche Parzellen kommen als Einzellagen in den Handel, von denen besonders Les Ménétrières zu erwähnen ist. Diese in neuer Eiche ausgebauten Weine sind ungewöhnlich reich.

weiß 2000, 1999, 1997, 1996 ★ Pouilly-Fuissé: Le Clos, Les Ménétrières

SÜSSER CHARDONNAY VON THÉVENET

Chardonnay ist immer trocken, richtig? – Nicht, wenn Jean Thévenet von der Domaine de la Bongran die Hand im Spiel hat. Thévenets Trauben werden manchmal von Edelfäule befallen *(unten)*, und 1983 verarbeitete er die Trauben erstmals so, als ob es sich um Sauternes *(s. S. 66)* handelte. Er wählte nur die aus, die von Botrytis befallen waren. Das Ergebnis war ein reicher, honigartiger Wein, immerhin einige Tausend Flaschen, die weltweit Aufmerksamkeit erregten. Seit jener Zeit produziert Thévenet diese Weine so gut wie jedes Jahr. Sie sind makellos, dennoch betrachten die Behörden im Mâconnais sie als untypisch und gestatten den Verkauf nur unter der Appellation Mâcon-Villages. Thévenet ficht das nicht an, und mittlerweile hat er einige Nachahmer gefunden.

Windmühle in einem Gamay-Weingarten, Moulin-à-Vent

DIE WEINDÖRFER IM BEAUJOLAIS

Der Süden Burgunds ist ein weites, landschaftlich reizvolles Gebiet mit kleinen Dörfern und Hängen, die fast ausschließlich mit Gamay bepflanzt sind. Da die Rebsorte und auch die Böden anders sind, wird das Beaujolais oft gar nicht mehr zu Burgund gerechnet, und die Weine unterscheiden sich tatsächlich.

Beaujolais-Weine kamen vor einigen Jahrzehnten zu Ehren, als sie in den Bistros von Paris und Lyon in Strömen flossen. Der Wein hinterlässt vor allem den Eindruck von Frische und lebendiger, knackiger Frucht – ein besonders bei Beaujolais Nouveau gepflegter und profitabler Stil. Wie seriöserer Beaujolais wird auch dieser nach dem Verfahren der *macération carbonique* (Kohlensäure-Gärung) bereitet. Dabei werden die ganzen Trauben unter einer Schicht von Kohlendioxid vergoren, was vor allem die Fruchtigkeit betont, aber zu Lasten der Struktur der Weine geht. Daneben arbeiten manche Erzeuger nach den in Burgund sonst üblichen Vinifikations- und Ausbaumethoden.

Etikett Domaine des Terres Dorées, Beaujolais

Das Beaujolais hat in den letzten Jahren zahlreiche Veränderungen erlebt: Neben kleinen Familiengütern wird die Region von Genossenschaften und Handelshäusern beherrscht, was zu einem Qualitätsverfall geführt hat. Die Folge waren Absatzprobleme – ein Teil der Ernte des Jahres 2002 endete in den Brennereien. Dabei ist guter Beaujolais ein einzigartiger Wein, der immer seine Liebhaber behalten wird.

Auf der Qualitätsskala ganz unten steht einfacher AC-Beaujolais, von dem jährlich rund 80 Mio. Flaschen produziert werden. Eine Stufe höher mit einer Jahresproduktion von 45 Mio. Flaschen liegt die AC Beaujolais Villages. Der Rest, rund 48 Mio. Flaschen, trägt als Herkunftsbezeichnung die Appellation der zehn Cru-Lagen, die alle ihren eigenen Charakter haben. Diese Crus *(unten)* liegen alle im Norden der Region.

Granit *Gamay* *rot*

Juliénas

Die Region gehört nicht zu den unmittelbar ansprechenden Crus, denn die Weine von dieser 569 ha großen Rebfläche sind säure- und tanninbetont. Andererseits altern sie gut und entwickeln dabei Würze. In Jahren mit niedrigem Säureniveau zeigt Juliénas zudem eine willkommene Kräftigkeit.

St-Amour

Dieses am weitesten im Norden gelegene Cru-Dorf lebt zu einem Gutteil auch von seinem romantischen Namen. Mit ihrer süßen, reifen Frucht haben die Weine in der Tat ihren Reiz, verfügen aber über weniger Charakter als andere Beaujolais-Crus.

Chénas

Auf 250 ha erbringen die Reben dieses Dorfes dank eines Granit-Untergrunds Weine mit mehr Fülle und Alterungspotenzial, als dies bei vielen anderen Beaujolais-Crus der Fall ist. Sie sind weniger fruchtbetont, haben aber mehr Gewicht und Dichte, was ihnen auch mehr Komplexität verleiht.

Moulin-à-Vent

DIESES 640 HA umfassende Cru-Dorf ist eine ernst zu nehmende Appellation, und die dort erzeugten Weine verdanken ihren besonderen Charakter dem Mangangehalt des Bodens. Zudem werden sie länger und mit einem höheren Eicheanteil ausgebaut als die anderen Crus im Beaujolais. Sie halten sich gut und erinnern nach rund zehn Jahren etwas an Pinot Noir. Manche Moulin-à-Vents sind zu gewichtig und extraktreich und sind weniger gut trinkbar als die einfacheren, fruchtigeren Exemplare.

Fleurie

FLEURIE IST EINER der duftigsten und elegantesten Weine des Beaujolais. Der ansprechende Name tut sein Übriges dazu, dass die Weine auch zu den teuersten dieser Region gehören, obwohl bei einer Anbaufläche von 800 ha eine beträchtliche Menge im Umlauf ist. Glücklicherweise gibt es zahlreiche verlässliche Erzeuger.

Chiroubles

AUF EINER WEINBERGSFLÄCHE von 300 ha erzeugt Chiroubles leichte Weine, die aber deswegen nicht schlecht sind. Sie sollten am besten jung getrunken werden, solange die Frucht noch richtig lebhaft ist.

DAS PHÄNOMEN »NOUVEAU«

Beaujolais Nouveau wird nach der Lese möglichst rasch abgefüllt, um möglichst viel Frucht zu erhalten. Leider haben Unmengen durchschnittlicher Nouveaus dem Image dieser Weine sehr geschadet, dabei können sie sehr schmackhaft sein. Natürlich spielen hier auch wirtschaftliche Faktoren eine Rolle.

Beaujolais Nouveau wird mittels Kohlensäure-Gärung hergestellt. Dabei werden die Gamay-Trauben nach wenigen Tagen auf der Maische abgepresst und ohne Schale weitervergoren. Bei fachgemäßer Durchführung des Verfahrens erhält man farbintensive und fruchtige Weine mit minimalem Tanningehalt, die schon wenige Wochen nach der Lese trinkbar sind.

Richtig »en vogue« war der Nouveau in den 1960er-Jahren. Aus der Zeit stammt auch der Brauch der so genannten Nouveau-Rennen: Sieger ist der Erzeuger, der die ersten Flaschen an Restaurants und Bars ausliefert.

Morgon

MIT MEHR ALS 1000 HA unter Reben ist diese Cru-Lage schon von der Fläche her bedeutsam. Dank der Schieferton- und Granitböden ist sie auch eine der besten. Die Weine sind zwar in jungen Jahren nicht immer ansprechend, dafür altert Morgon aber meist gut. Für Kenner ist die Unterregion Côte du Py ein Begriff, da dort die besten Trauben der AC wachsen.

Gamay-Lese in Fleurie

Régnié

RÉGNIÉ WURDE ERST 1988 in den Rang einer AC erhoben und ist damit das jüngste Cru-Dorf im Beaujolais. Bei einer Rebfläche von 640 ha sollten die Weine eigentlich präsenter sein, aber da sie sich noch nicht durchgesetzt haben, werden viele als einfache Beaujolais Villages abgefüllt.

Brouilly und Côte de Brouilly

GANZ IM SÜDEN des Beaujolais liegen diese beiden Crus. Brouilly ist mit 1200 ha Rebfläche ein ziemlich großes Dorf. Côte de Brouilly bietet mit einer Rebfläche von 300 ha in der Regel etwas mehr Qualität, da die Trauben auf Hängen wachsen. Beide Weine haben sehr viel Frucht und können schon jung gut getrunken werden.

DIE SPITZENERZEUGER DES BEAUJOLAIS

Château des Jacques
Beaujolais

Romanèche-Thorins 03 85 35 51 64 www.louis-jadot.com n. V.

DIESER BEDEUTENDE BESITZ in Moulin-à-Vent ging 1996 an das in Beaune ansässige Handelshaus Louis Jadot *(s. S. 100)*. Seit dieser Zeit gelten hier die in Burgund üblichen Regeln der Weinbereitung, d. h., man verzichtet auf die Kohlensäure-Gärung, verwendet aber dafür beim Ausbau etwas neue Eiche. Die 27 ha große Rebfläche verteilt sich über mehrere Parzellen, die separat verarbeitet und manchmal auch separat abgefüllt werden. Burgunderniveau haben auch die Preise, die deutlich höher liegen als im Beaujolais sonst üblich.

rot 2002, 2000, 1999 ★ Moulin-à-Vent: Roche, Clos du Grand Carquelin

Domaine Calot
Beaujolais

Villié-Morgon 04 74 04 20 55

JEAN CALOT ist einer von immer mehr Weinmachern im Beaujolais, die sich von der Kohlensäure-Gärung abgewendet haben. Das Durchschnittsalter seiner Reben liegt bei 40 Jahren, es gibt sogar einige Hundertjährige darunter. Letztere fließen in seine nach schwarzer Johannisbeere duftende Morgon Cuvée Veilles Vignes ein. Eine weitere Spezialität ist die Morgon Cuvée Jeanne. Sie wird von überreifen Trauben bereitet und ist körperreicher und samtiger als die meisten Beaujolais.

Etikett Domaine Calot

rot 2002, 2000, 1999, 1996, 1995 ★ Morgon: Cuvée Vieilles Vignes, Cuvée Jeanne

Domaine de la Madone
Beaujolais

La Madone, Fleurie 04 74 69 81 51

DIESE DOMÄNE gehört zu den wenigen wirklich guten Erzeugern in Fleurie. Die Weine sind idealerweise blumig und ansprechend, und Jean-Marc Desprès macht Weine, die diesem Stil nahe kommen. Die regulären Abfüllungen sind schlicht und geradlinig, die Cuvée Vieilles Vignes lebendiger und konzentrierter. Beide trinkt man am besten jung.

rot 2002, 2000, 1999, 1996 ★ Fleurie, Fleurie Vieilles Vignes

Domaine des Terres Dorées
Beaujolais

Crière, Charnay 04 78 47 93 45 n. V.

JEAN-PAUL BRUN ist der eigenwilligste Erzeuger der Region, der allen gängigen Beaujolais-Klischees den Kampf angesagt hat. Er arbeitet zum einen mit den in Burgund üblichen Methoden, d. h. mit Naturhefen und langer Gärdauer. Passenderweise nennt sich dieser Wein auch Cuvée à l'Ancienne. Zum anderen beschränkt sich Brun nicht auf Gamay, sondern produziert auch Chardonnay, sowohl mit als auch ohne Eiche, sowie unglaublich volle, spät gelesene Weine.

rot, weiß 2002, 2000, 1999, 1996, 1995 ★ Beaujolais Cuvée à l'Ancienne, Moulin-à-Vent

Domaine Émile Cheysson
Beaujolais

Chiroubles 04 74 04 22 02

DIESES GUT VON 1870 gehört heute Jean-Pierre Large, und die 26 ha Reben verteilen sich über verschiedene Lagen in Chiroubles. Die Weine sind in ihrer Jugend oft verschlossen, entwickeln aber nach ein bis zwei Jahren den Duft von Veilchen und eine seidige Textur.

rot 2002, 2000, 1999, 1996, 1995 ★ Chiroubles: Traditionnelle, Cuvée Prestige

ZURÜCK ZU DEN WURZELN

Zu Beginn des 21. Jh. befand sich das Beaujolais in einer Krise. Spitzenweine erzielten zwar nach wie vor hohe Preise, aber für die Billigprodukte fanden sich keine Kunden mehr. Die Lösung bestand für viele Winzer in der Rückkehr zu den traditionellen Produktionsmethoden, was die Abkehr von hohen Erträgen, Chaptalisation und Kohlensäure-Gärung bedeutete. Während früher ein Großteil der kommerziellen Beaujolais-Weine so jung wie möglich abgefüllt wurde, lassen die Traditionalisten ihren Weinen heute wieder mehr Zeit.

Viele gewissenhafte Beaujolais-Erzeuger haben sich für einen Mittelweg entschieden. Sie haben die Erträge gesenkt und bauen ihre Weine in alten Eichefässern aus, um ihnen mehr Tiefe und Harmonie zu verleihen.

Domaine Louis-Claude Desvignes
Beaujolais

135 rue de la Voute, Villié-Morgon
04 74 01 23 35 n. V.

DIESE IN DER SIEBTEN Generation in Morgon ansässige Winzerfamilie steuert einen klaren Kurs zwischen der jugendlich-hedonistischen Variante von Beaujolais und einem ernsthafteren Stil. Louis-Claude Desvignes liest seine Trauben so spät wie möglich, um seinen Weinen bei langen Gärzeiten Fülle und Farbe zu geben. Diese können zwar jung getrunken werden, gehören aber zu den wenigen, denen zwei bis drei Jahre auf der Flasche gut tun.

rot 2002, 2000, 1999, 1996, 1995 ★ Morgon: Javernières, Côte du Py

Dubœuf
Beaujolais

BP12, Romanèche-Thorins
03 85 35 34 20
www.duboeuf.com

GEORGES DUBŒF hält dem Beaujolais seit jeher die Treue. Seine Laufbahn begann vor 50 Jahren, als er seine Weine persönlich an örtliche Restaurants verkaufte, heute ist er einer der großen Négociants Frankreichs. Er arbeitet mit 400 Winzern und 15 Genossenschaften zusammen und erzeugt 3 Mio. Kisten pro Jahr. Zusammen mit seinem Sohn Franck verkostet Dubœf noch immer drei Stunden täglich, um die Weine für sein Sortiment auszuwählen. Dubœf erzeugt nicht nur Weine von verlässlicher Qualität, sondern hat auch mit der Schaffung seines Hameau du Vin viel für die Region getan. Dieses Mini-Weindorf verfügt über ein Museum und einen großen Laden.

rot, weiß 2002, 2000, 1999, 1996, 1995 ★ Fleurie, Morgon, Moulin-à-Vent Prestige

Dubœuf

Etikett Maison Mommessin

Jean-Marc Burgaud
Beaujolais

Villié-Morgon 04 74 69 16 10
www.jean-marc-burgaud.com n. V.

WIE EINIGE ANDERE ERZEUGER hat sich auch Jean-Marc Burgaud von dem leichten, nichts sagenden Beaujolais-Stil losgesagt, um fortan mehr Substanz und Subtilität anzustreben. Morgon Les Charmes ist leicht und frisch, während der gewichtigere, zwölf Monate in Eichefässern gereifte Wein von der Côte du Py stammt, wo Burgaud alte Reben besitzt.

rot 2002, 2000, 1999, 1996, 1995 ★ Morgon: Côte du Py, Vieilles Vignes

Maison Mommessin
Beaujolais

Quincié-en-Beaujolais 04 74 69 09 30 www.mommessin.com

DIESE 1865 gegründete Handelskellerei verschneidet und verkauft hochwertige Weine aus allen Cru-Dörfern im Beaujolais. Die einfachen Abfüllungen sind von brauchbarer Qualität, während Einzellagen-Cuvées wie die Moulin-à-Vent Réserve deutlich darüber liegen.

rot 2002, 2000, 1999, 1996, 1995 ★ Brouilly, Fleurie, Moulin-à-Vent Réserve

SPITZENWEINE: BEAUJOLAIS

- R Château des Jacques Moulin-à-Vent Roche €€
- R Domaine Calot Morgon Cuvée Jeanne €
- R Domaine Calot Morgon Cuvée Vieilles Vignes €
- R Domaine de la Madone Fleurie Vieilles Vignes €
- R Domaine des Terres Dorées Beaujolais Cuvée à l'Ancienne €€
- R Domaine des Terres Dorées Moulin-à-Vent €
- R Domaine Émile Cheysson Chiroubles Cuvée Prestige €
- R Domaine Louis-Claude Desvignes Morgon Côte du Py €
- R Duboeuf Brouilly €
- R Jean-Marc Burgaud Morgon Vieilles Vignes €€
- R Maison Mommessin Moulin-à-Vent Réserve €
- R Paul & Eric Janin Moulin-à-Vent Clos du Tremblay €

Paul & Eric Janin
Beaujolais

Romanèche-Thorins 03 85 35 52 80 n. V.

DIESER TRADITIONELLE 12-ha-Besitz wird, ungewöhnlich für das Beaujolais, teilweise biodynamisch bewirtschaftet. Janin vinifiziert viele Parzellen separat, baut sie in großen Fässern aus und verschneidet sie dann. In seinen Augen ist diese Komposition besser als die einzelnen Weine. Es handelt sich hier um komplexe Weine mit Aromen von Kirsche und Lakritz. Der Spitzenwein ist meist Clos de Tremblay, der von den ältesten Parzellen des Guts in Moulin-à-Vent bereitet wird.

rot 2002, 2000, 1999, 1996, 1995 ★ Beaujolais-Villages, Moulin-à-Vent Clos du Tremblay

DAS RHÔNETAL

DAS RHÔNETAL IST EINE REGION voller Kontraste. Während der Norden kühl, vornehm und zurückhaltend ist und seinen Ausdruck in nur einer roten Traube findet, ist der Süden das genaue Gegenteil: warm, überschäumend, herzerwärmend erdverbunden und geprägt von zahllosen Rebsorten.

Von Lyon aus fließt die Rhône in Richtung Süden durch eine mitteleuropäisch geprägte Landschaft mit hohen felsigen Bergen, die bis an ihr Ufer reichen. An den Hängen aus Granit, Schiefer und Gneis reiht sich Weingarten an Weingarten, wo die Reben an Pfählen erzogen werden. Die steile Lage macht Trockensteinterrassen erforderlich, um der Erosionsgefahr vorzubeugen. Auf diesem Flickenteppich von Rebgärten ist nur eine rote Rebsorte, nämlich Syrah, zugelassen, die in fünf Appellationen oder Cru-Lagen gedeiht: Côte Rôtie, Hermitage, Cornas, Saint-Joseph und Crozes-Hermitage.

Anbinden von Reben an der Côtes Rôtie

In den 1960er-Jahren standen die ACs Côte Rôtie, Hermitage und Cornas und die auf Viognier spezialisierten Weißweinappellationen Condrieu und Château Grillet beinahe vor dem Aus. Erst als man ihre wahre Qualität erkannte, konnten sie dank zahlreicher Investitionen überleben. Die Produktion ist jedoch sehr gering, da die Winzer nur wenige Hektar große Flächen bewirtschaften. Ihre Trauben verarbeiten sie entweder selbst oder verkaufen sie an Handelshäuser.

Im Vergleich dazu bietet der Süden große Weite. Hier liegen 90 % der 80 000 ha umfassenden Gesamtanbaufläche des Rhônetals. Die Weingüter sind größer als im Norden, und hier gedeihen nicht nur Syrah, sondern mehrere Rebsorten, darunter Grenache und Mourvèdre.

Die größte Cru-Lage ist die AC Châteauneuf-du-Pape, die vor allem für ihre warmen, edlen Rotweine berühmt ist. Rotweinappellationen sind auch Vacqueyras und Gigondas, während die Rosé-AC und die dreifarbige AC Lirac die Liste der Crus abschließen. Die großen Mengen liefern jedoch die Regional-ACs Côtes du Rhône und Côtes du Rhône Village und neuere ACs wie Côtes du Ventoux.

Blick über die Rhône auf den Hermitage-Weingarten

◁ **Einzeln am Pfahl erzogene Syrah-Reben auf den steilen Terrassen der Côte Blonde**

WEINKARTE RHÔNETAL

DIE WEINGÄRTEN des nördlichen Rhônetals liegen zwischen den Städten Vienne im Norden und Valence im Süden. Am westlichen Flussufer reihen sich die ACs Côte Rôtie, Condrieu, Château Grillet, Saint-Joseph, Cornas und Saint-Péray, am östlichen Ufer liegen Hermitage und Crozes-Hermitage. Nach rund 100 km folgen die ACs der südlichen Rhône: Châteauneuf-du-Pape, Gigondas, Vacqueyras, Lirac und Tavel direkt im Norden von Avignon. Dazwischen befinden sich die weniger bekannten Regionen Coteaux du Tricastin und Diois, beide am Ostufer gelegen (Département Drôme), und Côtes de Vivarais am Westufer (Département Ardèche). Im Südosten von Avignon (Département Vaucluse) liegen die Côtes du Ventoux und die Côtes du Lubéron.

Etikett Domaine Bois de Boursan, Châteauneuf-du-Pape

LEGENDE
Rhônetal

SPITZENWEINE: RHÔNETAL

- Ⓡ Château de Beaucastel Châteauneuf-du-Pape €€€
- Ⓦ Château de Beaucastel Châteauneuf-du-Pape Roussanne Vieilles Vignes €€€
- Ⓡ Château Rayas Châteauneuf-du-Pape €€€
- Ⓡ Clos des Papes Châteauneuf-du-Pape €€€
- Ⓦ Domaine André Perret Condrieu Coteau de Chéry €€€
- Ⓡ Domaine Bois de Boursan Châteauneuf-du-Pape Cuvée des Félix €€€
- Ⓡ Domaine Clape Cornas €€
- Ⓡ Domaine Jamet Côte Rôtie €€€
- Ⓡ Domaine Jean-Louis Chave Hermitage €€€
- Ⓦ Domaine Jean-Louis Chave Hermitage €€€
- Ⓡ Guigal Côte Rôtie La Mouline €€€
- Ⓡ Paul Jaboulet Aîné Hermitage La Chapelle €€€

NÖRDLICHE RHÔNE: GEBIETE UND SPITZENERZEUGER

CÔTE RÔTIE *S. 122*
Domaine Clusel Roch *S. 130*
Domaine Jamet *S. 130*
Guigal *S. 130*

CONDRIEU *S. 123*
Domaine André Perret *S. 130*
Domaine Georges Vernay *S. 130*
Domaine Yves Cuilleron *S. 131*

CHÂTEAU GRILLET *S. 123*

ST-JOSEPH *S. 124*

CROZES-HERMITAGE *S. 124*
Domaine Alain Graillot *S. 131*

HERMITAGE *S. 124*
Delas Frères *S. 131*
Domaine Jean-Louis Chave *S. 131*
M Chapoutier *S. 132*
Paul Jaboulet Aîné *S. 132*

CORNAS *S. 125*
Domaine Clape *S. 132*

ST-PÉRAY *S. 125*

Lese von Syrah-Trauben in der nördlichen Rhône

DAS TERROIR AUF EINEN BLICK

Breite: 43,5–45,5 °N

Höhe: 0–450 m über NN

Topografie: Das zerklüftete Terrain im Norden ist geprägt von steilen Schieferhängen, die zu einem Plateau 350 m hoch über dem Talboden ansteigen. Die besten Lagen sind nach Süden und Südosten ausgerichtet und bieten Schutz vor kalten Nordwinden. Der Süden bietet einen Wechsel zwischen sehr heißer Schwemmlandebene und Kalkstein- und Lehmhängen, die bis zu 450 m ansteigen.

Boden: Granit, Schiefer, Sand, Feuerstein, Kalk, Glimmer, Lehm

Klima: Im Norden herrscht klassisches Kontinentalklima mit heißen Sommern und kalten Wintern: ideal für Syrah, der weniger Wärme benötigt. Kühle, trockene Nordwinde und wärmere, feuchte Südwinde wechseln im Jahresverlauf. Im Süden ist das Klima eindeutig mediterran, mit heißen, trockenen Sommern und regenreichen Wintern, also bestens geeignet für Sorten wie Grenache und Mourvèdre.

Temperatur: Das Julimittel beträgt 22,5° C im Norden, 23,5° C im Süden.

Niederschlag: Das Jahresmittel beträgt 600–650 mm.

Wind: Im Süden fördert der Mistral *(s. S. 129)* den Reifeprozess.

Gefahren für den Weinbau: Pilzerkrankungen, Hagel

SÜDLICHE RHÔNE: GEBIETE UND SPITZENERZEUGER

CÔTES DU VIVARAIS *S. 126*

COTEAUX DU TRICASTIN *S. 126*

CLAIRETTE DE DIE, CRÉMANT DE DIE UND CHÂTILLON-EN-DIOIS *S. 126*

GIGONDAS *S. 127*
Domaine Raspail-Ay *S. 133*

VACQUEYRAS *S. 127*
Domaine de la Monardière *S. 133*

CHÂTEAUNEUF-DU-PAPE *S. 128*
Château de Beaucastel *S. 133*
Château la Nerthe *S. 133*
Château Rayas *S. 134*
Clos des Papes *S. 134*
Domaine Bois de Boursan *S. 134*
Domaine Bosquet des Papes *S. 134*
Domaine de la Janasse *S. 134*

LIRAC *S. 128*

TAVEL *S. 128*
Château d'Aquéria *S. 135*

CÔTES DU VENTOUX *S. 129*

CÔTES DU LUBÉRON *S. 129*

CÔTES DU RHÔNE UND CÔTES DU RHÔNE VILLAGES *S. 127*
Domaine La Réméjeanne *S. 135*
Domaine Marcel Richaud *S. 135*

Blick über die Rhône auf Tain L'Hermitage

Mittelalterliche Kapelle auf dem Hermitage-Berg hoch über der Rhône

DIE WEINBAUGEBIETE DER NÖRDLICHEN RHÔNE

DAS NÖRDLICHE RHÔNETAL wird von einer einzigen roten Traube bestimmt: Syrah. Geringe Mengen Weißwein liefern duftige Viognier-Trauben und die feinwürzigen Sorten Marsanne und Roussanne. Von hier stammen einige der feinsten Weine Frankreichs – Hermitage, Côte Rôtie und Condrieu. Leider sind die Mengen begrenzt, da die Weingärten sich in einem engen Tal drängen.

Blick auf die Rhône und die Stadt Condrieu

Côte Rôtie

DIE HÜGEL DER AC CÔTE RÔTIE (»gerösteter bzw. verbrannter Hang«) bieten einen imposanten Eindruck: Schmale Weinbergterrassen auf Schwindel erregend steilen Schieferhängen fallen zur Rhône hinunter ab. Diese auf einer 8 km langen Strecke am linken Flussufer gelegenen Weingärten sind die nördlichsten im Rhônetal überhaupt. In den 1960er-Jahren hätten wirtschaftliche Schwierigkeiten und die körperlich schwere Arbeit in den Weingärten beinahe zu ihrer Stilllegung geführt, was aber durch eine jüngere Generation verhindert wurde. Heute stehen 200 ha unter Reben, die jährlich gut eine Mio. Flaschen dieser fabelhaften, tiefdunklen Weine produzieren. Sie haben üppige Aromen von roten Früchten, Veilchen und Gewürzen, sind geschmacksintensiv, von samtiger Struktur und in ihrem Gepräge eher geschmeidig. Schon in ihrer Jugend sind sie ansprechend, aber auch alterungsfähig. Diese Wunderleistung vollbringt Syrah, die hier auf Wärme speichernden Schieferböden am Rande der kontinentalen Klimazone wächst. Syrah dürfen in dieser Appellation ganz legal bis zu 20 % weiße Viognier zugegeben werden. Wie hoch der Anteil im Einzelnen ist, lässt sich schwer sagen, da beide Sorten oft gemeinsam angebaut werden, dürfte aber selten 20 % erreichen.

Die Côte Rôtie umfasst zwei Abschnitte. Südlich der Stadt Ampuis erbringen die Kieselerde- und Kalksteinböden der Côte Blonde Weine von großer Eleganz, während an der Côte Brune im Norden mit ihren dunkleren, eisenhaltigen Lehmböden der Schwerpunkt auf Struktur liegt. 72 Weingärten in diesen beiden Bereichen gelten offiziell als Einzellagen, und der Trend geht hin zu hochpreisigen Lagenweinen. Der überwiegende Teil der Weine stammt jedoch von rund 100 Erzeugern, die kleine Parzellen an der Côte Blonde und an der Côte Brune besitzen und die entweder eigenen Wein produzieren oder die Trauben an Handelshäuser verkaufen.

Schiefer, Gneis, Kalkstein, Lehm *Syrah* *Viognier* *rot*

Condrieu

CONDRIEU HAT EINE ÄHNLICHE Topografie und Geschichte wie die Côte Rôtie: steile, direkt an den Fluss heranreichende Hänge, terrassierte Weingärten, zudem gab es auch hier nach schwerer Krise in den 1970er-Jahren einen Neuanfang. Der große Unterschied besteht darin, dass man in dieser AC ausschließlich Weißwein, und zwar aus Viognier, produziert. Diese Sorte wird hier seit Jahrhunderten angebaut und erbringt hervorragende Weine. Das Aromaspektrum der ölig-schweren Weine umfasst eine Mischung aus Aprikose, Birne, Pfirsich und Rosenwasser bei trockenem Condrieu, Zitronat und Orangeat bei der selteneren süßen Variante. Der Alkoholgehalt liegt bei beeindruckenden 13,5 %, der Säuregehalt ist niedrig. Diese gefragten Weine trinkt man am besten in einem Alter von zwei bis drei Jahren. Viognier hat sich in diesem Klima als sehr schwierige Traube erwiesen: Sie neigt zu schlechtem Fruchtansatz und erzielt oft nur niedrige Erträge. Das bedeutet, dass Condrieu bei einer Rebfläche von nur 100 ha ein sehr seltener Wein und der Preis entsprechend hoch ist. Von den rund 100 Erzeugern der Region machen 30 ihren eigenen Wein, alle übrigen verkaufen die Trauben an Négociants. Von diesen ist E. Guigal der bedeutendste, auf dessen Konto ein Drittel, wenn nicht gar die Hälfte des Gesamtproduktion geht.

Granit, Sand *Viognier* *weiß*

Château Grillet

MIT NUR 4 HA UNTER REBEN ist die AC Château Grillet eine der kleinsten Appellationen Frankreichs. Tatsächlich ist Grillet eine Enklave innerhalb von Condrieu und bildet eine Art Amphitheater, das nach Süden offen ist und Schutz vor Nordwinden bietet. Grillet gehört seit 1840 der Familie Neyret-Gachet. Die Rebsorte ist auch hier Viognier, der Wein ist aber weniger üppig als ein Condrieu. Er ist härter und braucht Flaschenreife, was mit der Intensität des Weins zusammenhängt und der langen Dauer, die er im Eichenfass verbringt (20–22 Monate). Der hohe Preis erklärt sich dadurch, dass der Wein selten ist und zu Beginn des 20. Jh. einmal als einer der größten Weine Frankreichs galt.

Granit, Sand *Viognier* *weiß*

DER REVOLUTIONÄR JEAN-LUC COLOMBO

Der Önologe Jean-Luc Colombo hat die kleine Weinwelt an der Rhône regelrecht aufgemischt. Als er 1984 in die verschlafene Region Cornas kam, um dort das Centre Oenologique aufzubauen, sorgte allein sein Status als Außenseiter für genügend Gerede. In der Folge stiftete seine Vorliebe für bestimmte moderne Methoden der Weinbereitung nur noch mehr Verwirrung. Schließlich sind die Verwendung von Zuchthefen und Techniken wie das Abbeeren der Trauben, schnelle Vergärung mit langer Mazerationsphase und Ausbau in neuer Eiche weit entfernt von dem, was man hier als traditionell erachtet. Hinzu kam die Tatsache, dass Colombo die Weine seiner eigenen Domäne in Cornas in Bordeauxflaschen und nicht – wie sonst in der Region üblich – in Burgunderflaschen füllt. Sein bleibender Einfluss zeigt sich darin, dass die Weinbereitung heute kontrollierter und sauberer abläuft und dass die Weine allgemein zugänglicher sind. Neben seiner Domäne in Cornas besitzt Colombo weitere Rebbestände in Saint-Péray und in den Coteaux d'Aix en Provence ganz in der Nähe seiner Heimatstadt Marseille. Er produziert Weine unter der Handelsmarke Jean-Luc Colombo und ist beratend im ganzen Rhônetal von der Schweiz bis Châteauneuf-du-Pape tätig.

W *www.vinsjlcolombo.com*

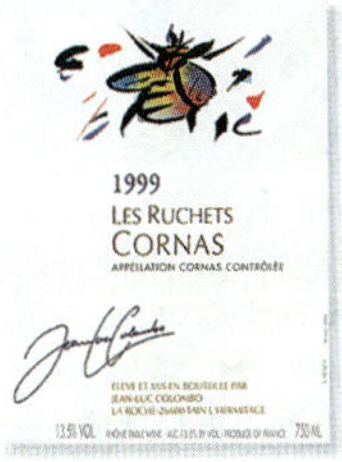

Etikett Jean-Luc Colombo

Steile Terrassen in der AC Château Grillet

St-Joseph

ST-JOSEPH ERSTRECKT sich auf einer Distanz von 60 km am westlichen Rhôneufer entlang zwischen Condrieu und Cornas. Man erzeugt überwiegend Rotwein (90 %), und das Spektrum reicht von leicht und fruchtig bis hin zu eher vollen, festen und tanninreichen Varianten. Eine große Rolle spielen die Ausrichtung der Weingärten – wie an der Côte Rôtie werden Südhänge bevorzugt – und die jeweiligen Weinbereitungsmethoden. Idealerweise sollten die Weine die für Syrah typische delikat-reine dunkle Frucht zeigen, die im Alter von zwei bis fünf Jahren am besten zum Ausdruck kommt. Mit einer Größe von 900 ha ist St-Joseph eine der größten Unterregionen an der Rhône. Die geringen Mengen Weißweins werden überwiegend aus Marsanne erzeugt. Die besten sind körperreich, von lebhafter Säure und einem leicht blumigen Bouquet.

Granit, Schiefer, Sand, Kies *Syrah*
Marsanne, Roussanne *rot, weiß*

Syrah-Lese auf dem Hermitage-Gut von Paul Jaboulet Aîné

Crozes-Hermitage

MIT 1280 HA UNTER REBEN ist Crozes-Hermitage die größte Appellation an der nördlichen Rhône. Die Weingärten liegen dicht gedrängt in den Ebenen um den Berg Hermitage *(s. rechts)* am östlichen Rhôneufer. In dieser Region produziert man überwiegend Rotwein und nur 10 % Weißwein. Die in der Regel jung zu trinkenden Weine sind weicher und fruchtiger als ein Hermitage, verfügen aber auch über ein Stück der robusten Intensität des illustren Nachbarn. Ihr Stil variiert je nach Bodentyp: Weine, die auf den steinigen Granitböden im Süden wachsen, sind oft langlebiger als der Durchschnitt. 60 % der Produktion entfallen auf die Genossenschaft in Tain l'Hermitage, der Rest stammt von Handelskellereien wie Paul Jaboulet Aîné und weniger guten Einzelerzeugern. Weißer Crozes-Hermitage ist körperreich und duftig und entwickelt oft nach fünf bis sechs Jahren etwas mehr Komplexität.

Granit, Kies, Sand, Lehm *Syrah*
Marsanne, Roussanne *rot, weiß*

Syrah-Weingärten in der AC Crozes-Hermitage

Hermitage

DIESE VORNEHMSTE APPELLATION an der nördlichen Rhône ist berühmt für ihre langlebigen Rotweine und komplexen Weißweine. Schon in gallo-römischer Zeit betrieb man hier Weinbau, aber so richtig bekannt wurden die Weine erst, als sie ebenso hohe Preise erzielten wie die klassifizierten Bordeauxgewächse. Tatsächlich wurde Bordeaux sogar manchmal mit einem Schuss Hermitage aufgepeppt, um ihm mehr Kraft, Tiefe und Farbe zu verleihen. Zur Appellation Hermitage gehören die Hänge des gleichnamigen Granitbergs, der die Stadt Tain l'Hermitage am Ostufer der Rhône überragt. Der Legende nach geht der Name auf einen von den Kreuzzügen verwundet heimgekehrten Ritter zurück, der auf diesem Berg bis zu seinem Tod als Eremit gelebt haben soll. Wie an der Côte Rôtie sind Ausrichtung und Bodenbeschaffenheit der 140 ha großen Rebfläche unterschiedlich, weshalb sie in mehrere Climats oder Einzellagen unterteilt ist. Roter Hermitage (75 % der Produktion) ist für seine Mächtigkeit und Intensität berühmt. Er benötigt mindestens zehn Jahre Flaschenreife und kann genauso lange altern wie großer Bordeaux. Weißer Hermitage aus Marsanne und Roussanne ist körperreich und in der Jugend von honigartigem Bouquet. Mit zunehmender Reife entwickelt er einen stärker mineralischen Abgang. Ein Drittel der Produktion entfällt auf die in Tain l'Hermitage ansässige Genossenschaft. Danach folgen, was die Mengen betrifft, die Handelshäuser Chapoutier und Paul Jaboulet Aîné. Rund 15 Einzelerzeuger machen ihren eigenen Wein.

Granit, Lehm, Löss *Syrah* *Marsanne, Roussanne* *rot, weiß*

Syrah-Trauben

HERMITAGE-EINZELLAGEN

Die AC Hermitage vermittelt den Eindruck eines geschlossenen Ganzen, der Eindruck täuscht aber. Sie umfasst zwar ausschließlich die Hänge eines einzelnen Berges, aber aufgrund unterschiedlicher Höhenlagen (100–300 m), Ausrichtungen und Bodentypen entwickeln die Syrah-Trauben feine Geschmacksunterschiede. Das hat zur Ausweisung mehrerer Einzellagen (Climats) geführt. Die Granitböden von **Les Bessards** im Westen ergeben robuste Weine mit straffer Tanninstruktur. Im Osten erzeugen die steinigen Kalksteinböden von **Le Méal** Fleischigkeit, Volumen und eine seidige Textur, während der Lehmboden von **Les Gréffieux** direkt unterhalb geschmeidige, fruchtige Weine hervorbringt. **Péléat** ist für seine Eleganz berühmt und ideal für Weißweine geeignet. Ebenfalls gut gedeiht Weißwein auf den Kalkstein- und Lehmhängen der **Rocoulé**-Lage. Die würzige Seite von Syrah kommt durch die steinigen Böden von **Beaume** und die höheren Areale von **L'Hermite** zum Ausdruck. Das Gros der Hermitage-Weine sind üblicherweise Verschnitte unterschiedlicher Lagen.

Cornas

CORNAS IST SOZUSAGEN das schwarze Schaf an der nördlichen Rhône. Die Syrah-Weine dieser AC hatten im 18. Jh. einen guten Ruf, sind aber heute weit abgeschlagen hinter den Stars Côte Rôtie und Hermitage und »preiswertem« Crozes-Hermitage und Saint-Joseph. Möglicherweise werden die Weine etwas unterschätzt wegen der Größe der Appellation (90 ha) und weil klangvolle Namen unter den Erzeugern fehlen. Die nach Süden ausgerichteten Weingärten, die vor Nordwinden schützen, bieten die Gewähr für einen hohen Reifegrad. Die Weine sind meist konzentriert und solide. Reiferes Lesegut und kürzere Extraktion tragen dazu bei, dass die Tannine heute runder als in der Vergangenheit sind. Ende der 1980er-Jahre entwickelte sich ein modernerer Stil, der auch auf den Önologen Jean-Luc Colombo zurückzuführen ist *(s. S. 123)*. Man entstielt nun die Trauben und verwendet neue Eiche im Keller. Was die Alterung betrifft, sind zehn Jahre ideal.

Granit, Sand, Kalkstein *Syrah* *rot*

Syrah-Reben in Cornas

St-Péray

AUF EINER REISE entlang des nördlichen Rhônetals ist dies die südlichste Station. Die geringe Produktionsmenge dieser AC beinhaltet ausschließlich weiße Still- und Schaumweine aus Roussanne und Marsanne. Der Schaumwein wird nach der Champagnermethode hergestellt und überwiegend vor Ort verkauft. Ihm fehlt meist die erfrischende Spritzigkeit wirklich guten Schaumweins. Der weiße Stillwein ist von blumiger Duftigkeit, weich und rund und einem St-Joseph nicht unähnlich. Jung getrunken sind diese Weine überaus ansprechend.

Granit, Kalkstein *Marsanne, Roussanne* *weiß, Schaumwein*

Reben- und Sonnenblumenfelder vor einer Schlossruine, südliches Rhônetal

DIE WEINBAUGEBIETE DER SÜDLICHEN RHÔNE

DIE WEINE aus dem südlichen Rhônetal sind warm, herzhaft und körperreich – vom Stil her eher mit Languedoc-Roussillon und der Provence verwandt als mit der nördlichen Rhône. Für die Weine ist eine Reihe von Sorten zugelassen, jedoch bildet Grenache üblicherweise die Basis für die Roten. Auch fruchtiger, körperreicher Rosé wird produziert. Der in geringen Mengen hergestellte Weißwein ist weich und rund und hat wenig Säure.

Grenache-Trauben

Côtes du Vivarais

DIESES UNSCHEINBARE GEBIET im Département Ardèche wurde 1999 zur Appellation erhoben. Die Witterung ist meist kühler und feuchter als sonst an der südlichen Rhône, und die Weine sind deshalb auch magerer. Man produziert überwiegend Rotweine, meist Syrah-Grenache-Verschnitte, die 90 % des Rebbestands ausmachen müssen. 85 % der Produktion entfallen auf Genossenschaften.

Kalkstein *Syrah, Grenache, Cinsaut, Carignan* *Clairette, Grenache Blanc, Marsanne* *rot, weiß, rosé*

Coteaux du Tricastin

DIESE DIREKT IM SÜDEN von Montélimar gelegene AC ist mit 2500 ha ziemlich groß. Die Rotweine – 90 % der Produktion – sind vom Stil her wie leichter Côtes du Rhône und sollten jung getrunken werden. Der Mistral trifft die hoch gelegene Landschaft mit voller Wucht, und Trauben wie Grenache reifen nur schwer. Besser gedeiht dagegen die Syrah-Traube, die laut den AC-Bestimmungen 20 % des Bestands ausmachen muss. Weitere 8 % der Produktion entfallen auf einen fruchtigen Rosé, während Weißwein noch rar ist, aber kräftig aufholt.

Kalkstein mit Lehm, Sand *Grenache, Syrah, Cinsaut, Carignan, Mourvèdre* *Grenache Blanc, Clairette, Marsanne, Roussanne, Viognier* *rot, weiß, rosé*

Clairette de Die, Crémant de Die und Châtillon-en-Diois

UNGEFÄHR 40 KM ÖSTLICH der Rhône im Drômetal liegt die Region Diois. Der bekannteste Wein der drei ACs dort ist der leichte, süße, traubige Schaumwein Clairette de Die. Er wird aus Muscat Blanc à Petits Grains und Clairette hergestellt, und zwar nach der *méthode dioise*, einem Verfahren, bei dem die Zweitgärung in der Flasche auf der Basis von Restzucker und nicht durch die Zugabe von Zucker abläuft. Der trockene weiße Schaumwein Crémant de Die wird nach der traditionellen Methode nur aus Clairette bereitet. Stillwein in geringer Menge, rot und weiß, produziert man in Châtillon-en-Diois. Diese Weine sind eher leicht. Die Roten werden überwiegend aus Gamay, die Weißen aus Aligoté und Chardonnay hergestellt.

steinig *Gamay, Pinot Noir, Syrah* *Muscat Blanc à Petits Grains, Clairette, Aligoté, Chardonnay* *rot, weiß, rosé*

Gigondas

GIGONDAS LIEGT WIE VACQUEYRAS *(s. unten)* im Schatten des Höhenzugs der Dentelles de

Montmirail. Die Böden beider ACs sind ähnlich, nur dass die Hänge in Gigondas bis zu 400 m hoch ansteigen. In Verbindung mit den niedrigeren Temperaturen erbringen diese Böden Weine mit zusätzlicher Intensität und Volumen und einer strafferen Struktur, so dass die Grenache-dominierten Weine auch fester sind und länger altern. Ein Jahrzehnt schaffen diese mächtigen Weine spielend, und obschon die Preise in den letzten Jahren angezogen haben, ist Gigondas nach wie vor geradezu ein Schnäppchen.

Kalkstein, Lehm, Sand *Grenache, Syrah, Mourvèdre, Cinsaut* *rot, rosé*

Vacqueyras

VACQUEYRAS, die jüngste der Cru-Lagen an der Rhône, wurde 1990 von einfachem Côte du Rhône Villages zum »großen Gewächs« erhoben. Man produziert hauptsächlich Rotwein, der zu den wirklich preiswerten der Region gehört, denn die Weine haben deutlich mehr Gewicht und Konzentration als reguläre Villages-Abfüllungen. Die bestimmende Rebsorte ist Grenache, der die Weine großzügig und voll, warm und körperreich macht. Man trinkt sie am besten in einem Alter zwischen drei und sechs Jahren. Man erzeugt in Vacqueyras auch geringe Mengen an Weißwein.

Kalkstein, Lehm, Sand *Grenache, Syrah, Mourvèdre, Cinsaut* *Grenache Blanc, Clairette, Bourboulenc, Marsanne, Viognier* *rot, weiß, rosé*

Terrassierter Weinberg in Gigondas

CÔTES DU RHÔNE

Weingarten in der AC Côtes du Rhône

Der Begriff Côtes du Rhône dient zuweilen zur Bezeichnung des Rhônetals, in erster Linie aber als Markenname für einfache AC-Weine. Unter dem Dach der Herkunftsbezeichnung AC Côtes du Rhône tummeln sich zahllose Erzeuger, die auf einer Fläche von 40 000 ha jährlich fast 2 Mio. hl Wein produzieren, und zwar überwiegend Roten. Die AC umfasst auch Gebiete der nördlichen Rhône, der Löwenanteil des Ausstoßes entfällt aber auf den Süden. Selbstverständlich gibt es in einem so großen Gebiet unterschiedliche Stile, die von leicht und fruchtig bis hin zu dunklem Fruchtcharakter reichen. Der beste Indikator für Qualität ist meist der Preis. Die vorherrschende Traube ist mit 40 % Grenache. Andere rote Sorten sind Syrah, Mourvèdre, Cinsaut und Carignan, während die Weißweine auf Grenache Blanc, Clairette, Bourboulenc, Marsanne und Viognier basieren. Ungefähr 70 % der Produktion entfallen auf Genossenschaften.

CÔTES DU RHÔNE VILLAGES

Côtes du Rhône Villages ist eine höhere Klasse als AC-Côtes du Rhône. Die Weine haben mehr Tiefe und unterliegen strengeren Kriterien. So ist der Anteil von Grenache, Syrah und Mourvèdre höher, die zulässigen Erträge sind niedriger. Die Villages-AC erstreckt sich über 96 Gemeinden an der südlichen Rhône, von denen 16 namentlich auf den Etiketten erscheinen. Die Besten kommen aus Cairanne und Rasteau *(rechts)*: körperreich und von schöner Tanninstruktur. Côtes du Rhône Villages ist fast überwiegend Rotwein, meist ein Verschnitt aus Grenache, Syrah, Mourvèdre, Cinsaut und Carignan. Die Weißweine, nur 1 %, sind weich, rund, duftig und jung zu trinken. Aus Rasteau kommt auch ein süßer, aufgespriteter Vin Doux Naturel (VDN, *s. S. 141*), aus Beaumes-de-Venise ein ähnlicher Muscat-Wein.

Châteauneuf-du-Pape

Der berühmteste Rhône-Wein ist nach dem Ort benannt, an dem die Päpste im 14. Jh. eine Sommerresidenz unterhielten, nachdem sie ihren Sitz von Rom nach Avignon verlegt hatten. Châteauneuf-du-Pape ist mit 3200 ha eine ziemlich große AC und die weitaus größte Cru-Lage an der Rhône mit einer Jahresproduktion von 100 000 hl. Viele Weingärten sind übersät mit runden, bis zu faustgroßen Steinen, die Wärme speichern und die Reife und Aroma der Trauben fördern. Man produziert überwiegend Rotweine – mächtig, alkoholstark und entsprechend langlebig –, die besten davon samtig und süß, voller Sommerfrucht und schönen Tanninen, im Abgang von mineralischer Frische. Einige haben sogar etwas von rotem Spitzenburgunder. Doch bei den 13 in der Appellation zugelassenen Sorten *(s. rechts)* gibt es beträchtliche Stil- und Qualitätsunterschiede. Auch die Böden, die Hangausrichtung und die Vinifikationsmethoden variieren. Noch mehr Abwechslung bringt die Vorliebe für Spezial-Cuvées – alte Reben, außergewöhnliche Verschnittkreationen oder Ausbau in neuer Eiche. Nach mehreren großen Jahrgängen (1998–2001) ist es wirklich an der Zeit, diese Weine zu probieren, zumal eine junge Generation ehrgeiziger Erzeuger auf den Plan getreten ist. Weißer Châteauneuf-du-Pape, ein Verschnitt der vier weißen Sorten, ist voll und fruchtig und von delikat blumigem Bouquet und sollte jung getrunken werden.

sandiger roter Lehm, Steine, Kalkstein *Grenache, Syrah, Mourvèdre, Cinsaut, Counoise* *Grenache Blanc, Clairette, Bourboulenc, Roussanne* *rot, weiß*

Etikett Château La Nerthe, Châteauneuf-du-Pape

Weingärten in Tavel

DIE 13 REBSORTEN VON CHÂTEAUNEUF-DU-PAPE

In der AC Châteauneuf-du-Pape haben die Erzeuger die Wahl zwischen 13 unterschiedlichen Rebsorten: **Grenache**, **Syrah**, **Mourvèdre**, **Cinsaut**, **Counoise**, **Vaccarèse**, **Terret Noir**, **Muscardin**, **Bourboulenc**, **Clairette**, **Roussanne**, **Picardan** und **Picpoul** – wahrscheinlich alles Prä-Phylloxera-Reben. Damit wäre eigentlich eine große stilistische Bandbreite möglich, tatsächlich aber ist zu 75 % Grenache mit seinen großen warmen Aromen die bestimmende Sorte. In jüngster Zeit wurden vermehrt Syrah und Mourvèdre angebaut, um den Weinen mehr Komplexität und Struktur zu verleihen, aber nur wenige Erzeuger haben alle 13 Sorten im Programm.

Der ideale Verschnitt, wie ihn der Besitzer von Château la Nerthe um 1910 zusammengestellt hat, umfasst zehn Sorten: Cinsaut und Grenache für Reife, Wärme und Beständigkeit, Mourvèdre, Vaccarèse, Muscardin und Syrah für Struktur, Frische und Alterungspotenzial, Counoise und Picpoul für Frische, Bouquet und angenehm weinige Noten, Bourboulenc und Clairette schließlich für Strahlkraft und Finesse.

Lirac

Die gegenüber von Châteauneuf-du-Pape auf der anderen Seite der Rhône gelegene AC Lirac umfasst heute 700 ha. Der Grenache-dominierte Rotwein ist robust und fleischig, und die Weine mit einem höheren Mourvèdre-Anteil sind vom Stil her fester und alterungsfähig. Der Rosé ähnelt dem der Nachbarregion Tavel, voll und alkoholstark und gut zum Essen. Er sollte wie der fruchtige Weiße jung getrunken werden.

Kalkstein, Sand, Steine *Grenache, Syrah, Mourvèdre, Cinsaut* *Grenache Blanc, Clairette, Bourboulenc* *rot, weiß, rosé*

Tavel

Diese Region ist vor allem für seinen Rosé bekannt, und bei einer Anbaufläche von 950 ha ist für Nachschub stets gesorgt. Die Grundsorte stellt Grenache, der je nach Erzeuger durch einen Mix anderer roter und weißer

Rund geschliffene Steine *(galets roulés)* in einem Weingarten, Châteauneuf-du-Pape

Trauben ergänzt wird. Die kräftigen, körperreichen, fruchtigen Weine haben einen trockenen Abgang und schmecken am besten gekühlt zum Essen. Als etabliertes Produkt mit Markencharakter sind sie meist teurer als andere Rosés.

Kalkstein, Sand, Lehm *Grenache, Syrah, Mourvèdre, Cinsaut, Carignan* *Clairette, Bourboulenc* *rosé*

Côtes du Ventoux

DIESE MIT 7700 HA unter Reben größte der »jungen« Rhône-ACs wird wieder von Rotwein bestimmt. An den Hängen des 1900 m hohen Mont Ventoux wachsen die Reben bis zu einer Höhe von 500 m. Das bedeutet, dass das Klima mit größeren Temperaturunterschieden zwischen Tag und Nacht allgemein kühler ist als sonst in dieser Gegend. Das wiederum führt zu frischen, fruchtigen Weinen mit deutlicher Säure. Das Gros ist für baldigen Trinkgenuss bestimmt, aber immer mehr Erzeuger machen heute Weine, die man gut fünf bis sechs Jahre lagern kann. Der in geringen Mengen produzierte Weißwein ist meist von leichtem Körper und blumigem Bouquet.

Kalkstein, Lehm, Sandstein *Grenache, Carignan, Syrah, Cinsaut, Mourvèdre* *Clairette, Ugni Blanc, Bourboulenc, Grenache Blanc, Roussanne* *rot, weiß, rosé*

DER MISTRAL

Der Mistral, ein kalter Nordwind, der von den Alpen her durch das Rhônetal fegt, ist typisch für diese Region. Er ist der Grund dafür, warum es im Winter im Rhônetal oft kälter ist als in Mitteleuropa. Als er 1956 drei Wochen lang wehte, sanken die Temperaturen auf –15° C. Sämtliche Olivenbäume gingen ein. Seine Gewalt ist besonders verheerend für Spalierreben, weshalb Pfahl- und Buscherziehung hier überwiegen. Andererseits tragen die trockenen, kühlen Winde dazu bei, Pilzerkrankungen wie Mehltau einzudämmen und die Trauben vor der Lese zu konzentrieren.

Côtes du Lubéron

DIE CÔTES DU LUBÉRON wurden 1988 zur eigenen AC ernannt und umfassen heute eine Anbaufläche von 4000 ha. Das landschaftliche Erscheinungsbild ist dem der Côtes du Ventoux ähnlich, nur dass hier der Zauber der Provençe deutlicher zum Tragen kommt. Die Reben wachsen an den Hängen der Lubéron-Berge, umgeben von Lavendelfeldern, Obstgärten und malerischen Dörfern. Das Klima ist etwas kühler, die Rotweine in der Regel leicht und fruchtig, ab und an mit etwas mehr Gewicht und Struktur. Aufgrund des kühleren Klimas erzeugt man hier mehr Weißwein als sonst an der Rhône. Sie sind meist rund und fruchtig, haben aber dennoch mehr Biss als andere weiße Rhône-Weine.

Kalkstein, Sand *Grenache, Syrah, Carignan, Cinsaut, Mourvèdre* *Grenache Blanc, Ugni Blanc, Vermentino, Clairette, Bourboulenc* *rot, weiß, rosé*

Costières de Nîmes

DIESE AC wird manchmal dem Anbaugebiet Rhône zugeordnet. In diesem Buch wird sie unter dem Gebiet Languedoc-Roussillon *(s. S. 140)* abgehandelt.

DIE SPITZENERZEUGER DER NÖRDLICHEN RHÔNE

Domaine Clusel Roch
Côte Rôtie

15 rue Laclat, Verenay, Ampuis *04 74 56 15 95* *n. V.*

DAS EHEPAAR Gilbert Clusel und Brigitte Roch produziert einen der am feinsten strukturierten und elegantesten Weine der Côte Rôtie. Ihren Erfolg verdanken sie zum Großteil der hervorragenden Qualität ihrer Frucht. Neben der Standard-Cuvée (12 000 Flaschen) erzeugen sie die Auslese Les Grandes Places (2500 Flaschen), einen fester strukturierten Wein von 60 Jahre alten Reben. Daneben produzieren sie kleine Mengen eines reichen weißen Condrieu.

rot, weiß *rot: 2001, 2000, 1999, 1998, 1996, 1995, 1994, 1991, 1990* ★ *Côte Rôtie, Côte Rôtie Les Grandes Places*

Domaine Jamet
Côte Rôtie

Le Vallin, Ampuis *04 74 56 12 57* *n. V.*

DIE BRÜDER Jean-Luc und Paul Jamet machen einen hervorragenden langlebigen Côte Rôtie von 25 über die ganze Region verstreuten Parzellen. Die lebhafte Fruchtigkeit des Weins bleibt fünf Jahre erhalten, lässt man ihn bis zu acht Jahren liegen, bekommt er mehr Komplexität. Leider ist die Jahresmenge auf 30 000 Flaschen begrenzt.

rot *2001, 2000, 1999, 1998, 1997, 1996, 1995, 1994, 1991, 1990* ★ *Côte Rôtie*

Guigal
Côte Rôtie

Ampuis *04 74 56 10 22* *www.guigal.com* *n. V.*

MARCEL GUIGAL ist eine der Schlüsselfiguren, die für die Renaissance der nördlichen Rhône verantwortlich sind. Unterstützt von seinem Sohn Philippe leitet er ein florierendes Imperium, das die Négociant-Marken E Guigal, Vidal Fleury und de Vallouit sowie Domänenweine aus eigenen Weingärten umfasst. Am bekanntesten von Letzteren sind die intensiv-reichen, aber teuren Lagenweine von der Côte Rôtie La Mouline, La Landonne und La Turque sowie Château d'Ampuis von sechs verschiedenen Lagen und der verschwenderisch duftige Condrieu La Doriane. Darüber hinaus gibt es einen sehr feinen St-Joseph von Weingärten, die ehemals Jean-Louis Grippat gehörten.

rot, weiß *rot: 2001, 2000, 1999, 1998, 1997, 1996, 1995, 1994, 1991, 1990* ★ *Côte Rôtie La Mouline, Côte Rôtie La Landonne, Condrieu La Doriane*

Domaine André Perret
Condrieu

Verlieu, Chavanay *04 74 87 24 74* *www.andreperret.com* *n. V.*

ANDRÉ PERRET ist ausgewiesener Condrieu-Spezialist. Seine Rezeptur beinhaltet geringe Anteile überreifer Viognier-Trauben als Verschnittpartner für den Rest der Ernte, Naturhefen und zwölf Monate Tank- und Fassausbau. Zwei seiner Cuvées sind besonders bemerkenswert – der aromatische Clos Chanson und der umwerfend geschmacksintensive, elegante Coteau de Chéry. Perret macht auch einen saftigen roten St-Joseph: Les Grisières, die Top-Cuvée dieser AC.

rot, weiß *rot: 2001, 2000, 1999, 1998* ★ *Condrieu Coteau de Chéry, St-Joseph Les Grisières*

Domaine Georges Vernay
Condrieu

1 rte nationale, Condrieu *04 74 56 81 81* *www.georges-vernay.fr*

IN DEN 1950ER- und 1960er-Jahren, als sich die Region im Niedergang befand, bepflanzte Georges Vernay unbeirrt die dortigen Terrassen neu. Heute umfasst die Domäne 16 ha und wird von der Tochter Christine Vernay geführt. Sie erzeugt sehr geschätzte Côte Rôties und St-Josephs sowie drei Condrieus. Der Côte Rôtie Maison Rouge ist ein eleganter Wein. Die Condrieus Chaillées de l'Enfer und Coteau de Vernon sind reich, voll und exotisch, wobei Letzterer mehr Tiefe hat. Beide

Château d'Ampuis, das heute zu Guigal gehört

sollten in einem Alter zwischen drei und sechs Jahren getrunken werden.

rot, weiß *rot: 2001, 2000, 1999, 1998, 1996* ★ *Condrieu Coteau de Vernon*

Domaine Yves Cuilleron
Condrieu

Verlieu, Chavanay *04 74 87 02 37* *www.cuilleron.com* *n. V.*

Etikett Domaine Yves Cuilleron

SEIT YVES CUILLERON diese Domäne 1987 übernommen hat, wurde sie ständig berühmter und größer und umfasst heute 31 ha. Es gibt eine verwirrende Vielzahl unterschiedlicher Cuvées aus Condrieu, Côte Rôtie und St-Joseph. Die Weine sind reich, dicht und mächtig, in ihrer Jugend oft von neuer Eiche geprägt. Der betörend aromatische weiße Condrieu Les Chaillets wird von den ältesten Parzellen gemacht, und der süße, ebenfalls weiße Les Ayguets mit Zitrus- und Marmeladearomen von spät gelesenen Trauben. Zu den besten roten Cuvées gehören Les Serines sowie Terres Sombres und Bassenon. Yves Cuilleron ist auch an dem Projekt Vins de Vienne-Seyssuel *(s. S. 132)* beteiligt.

rot, weiß *rot: 2001, 2000, 1999, 1998, 1997, 1996, 1995, 1994, 1991, 1990* ★ *Condrieu Les Ayguets, Côte Rôtie Terres Sombres, St-Joseph Les Serines*

Domaine Alain Graillot
Crozes-Hermitage

Les Chênes Verts, Pont de l'Isère *04 75 84 67 52* *n. V.*

EHEMALS MARKETING-MANAGER bei einem großen französischen Konzern, verlegte sich Alain Graillot in den späten 1980er-Jahren auf den Weinbau und produziert heute beständig guten Crozes-Hermitage. Die rote Variante ist reif und fruchtig, der Spitzenwein La Guiraude üppig konzentriert und alterungswürdig. Der Weiße ist frisch und aromatisch. In geringeren Mengen gibt es auch würzigen roten St-Joseph und geschmeidigen Hermitage von einer Parzelle in der Hermitage-Lage Les Gréffieux.

rot, weiß *rot: 2001, 2000, 1999, 1998, 1997, 1996, 1995* ★ *Crozes-Hermitage, Crozes-Hermitage La Guiraude*

Delas Frères
Hermitage

Z A de l'Olivet, St-Jean-de-Muzols *04 75 08 60 30* *www.mmdusa.net* *n. V.*

Dieses Handelshaus befindet sich im Besitz des Champagnererzeugers Deutz *(s. S. 172)* und somit der Roederer-Gruppe. Unter dem Önologen Jacques Grange, der zuvor bei M Chapoutier *(s. S. 132)* war, hat es in den letzten Jahren enorme Fortschritte gemacht. Besonders die Rotweine sind durchweg gut. Sie haben heute mehr Gewicht, reinere Frucht und schönere Struktur. Zu den Spitzenweinen gehören der mächtige Hermitage Les Bessards und der dichte La Landonne von der Côte Rôtie. Der Hermitage Marquise de la Tourette und der Côte Rôtie Seigneur de Maugiron sind nicht so exorbitant teuer und ihren Preis wert.

rot, weiß *rot: 2001, 2000, 1999, 1998, 1997, 1995, 1991, 1990* ★ *Hermitage Les Bessards, Hermitage Marquise de la Tourette, Côte Rôtie La Landonne*

Domaine Jean-Louis Chave
Hermitage

37 ave du St-Joseph, Mauves *04 75 08 24 63*

DIE HALSETIKETTEN der Weine dieser Domäne tragen die Aufschrift »Vignerons de Père en Fils depuis 1481« (Winzer in Vater-Sohn-Folge seit 1481). Nachdem Gérard Chave in den 1970er-Jahren den Stab von seinem Vater übernommen hatte, waren die Weine bald gefragt wie nie zuvor. Heute produziert er zusammen mit seinem Sohn Jean-Louis weiterhin feste, feine langlebige Hermitage-Weine. Das Geheimnis dafür sind die alten Reben in sieben verschiedenen Einzellagen oder Climats, die separat vinifiziert und meisterhaft verschnitten werden. In Jahren, die die beiden für außergewöhnlich erachten (in jüngerer Zeit 2000, 1998, 1995, 1991 und 1990), produzieren sie die intensivere Cuvée Cathelin. Ihr weißer Hermitage ist ebenfalls ein alterungsbedürftiger Wein. Daneben gibt es in kleinen Mengen einen früher trinkreifen fruchtigen roten Saint-Joseph.

rot, weiß *rot: 2001, 2000, 1999, 1998, 1997, 1996, 1995, 1994, 1991, 1990* ★ *Hermitage (rot, weiß), Hermitage Cuvée Cathelin*

Domaine Jean-Louis Chave

M Chapoutier
Hermitage

18 ave Dr Paul Durand, Tain l'Hermitage 04 75 08 28 65
www.chapoutier.com

Dieses Handelshaus, ebenfalls seit Generationen in Familienbesitz, wird von den Brüdern Michel und Marc Chapoutier geleitet. Das Unternehmen besitzt eine beeindruckende Zahl von Weingärten im gesamten Rhônetal, darunter auch ein Stück Hermitage, die alle biodynamisch bewirtschaftet werden. Die besten Weine stammen von den Hermitage-Lagen des Guts. Zu den Spitzen-Cuvées des umfangreichen Sortiments gehören folgende Weine: der mächtige und imposant strukturierte Ermitage Le Pavillon (aus der AC Hermitage) und der Côte Rôtie La Mordorée (beide von sehr alten Reben), der opulente, eichenwürzige weiße Hermitage Cuvée de l'Orée sowie ein üppiger roter Crozes-Hermitage mit Namen Les Varonniers. Das Unternehmen produziert auch Wein in den Regionen Côtes du Roussillon, Banyuls und Coteaux d'Aix en Provence und in Südaustralien.

rot, weiß rot: 2001, 2000, 1999, 1998, 1997, 1996, 1995, 1994, 1991, 1990 ★ Ermitage Le Pavillon, Hermitage La Sizeranne, Côte Rôtie La Mordorée

Paul Jaboulet Aîné
Hermitage

Les Jalets, RN 7, La Roche sur Glun, Tain l'Hermitage 04 75 84 68 93
www.jaboulet.com

Dieses legendäre Handelshaus wurde im 19. Jh. von Antoine Jaboulet gegründet und ist alles in allem noch immer ein Familienbetrieb. Das Angebot ist nach wie vor verlockend, besonders was die Weine aus den eigenen Weingärten betrifft. Das Flaggschiff ist der mächtige, langlebige rote Hermitage La Chapelle, der von 25 über den Hermitage-Berg verteilten Parzellen produziert wird. Crozes-Hermitage ist bei Jaboulet seit jeher stark vertreten, etwa mit den gut strukturierten Cuvées Domaine de Thalabert und Raymond Roure. Ein reich konzentrierter Wein ist der Domaine de Saint-Pierre aus Cornas.

Paul Jaboulet Aîné

rot, weiß rot: 2001, 2000, 1999, 1998, 1997, 1996, 1995, 1994, 1991, 1990 ★ Hermitage La Chapelle, Crozes-Hermitage Domaine de Thalabert, Cornas Domaine de St-Pierre

Domaine Clape
Cornas

146 rte nationale, Cornas
04 75 40 33 64 n. V.

Der reserviert-zurückhaltende Auguste Clape ist seit Jahren eine der tragenden Säulen von Cornas. Zusammen mit seinem Sohn Pierre-Marie keltert er einen authentisch-traditionellen Cornas, der vor reifer Frucht strotzt, dabei aber auch fest und konzentriert und ganz ohne neue Eiche ist. Seit 1997 werden die jungen Reben (12–16 Jahre) für die Cuvée-Renaissance verwendet, während die älteren (25–60 Jahre) in den Spitzenwein fließen, der schlicht Cornas heißt. In geringen Mengen erzeugt die Domäne auch einen Côtes du Rhône nur aus Syrah sowie einen delikaten, auf 12 000 Flaschen jährlich limitierten Saint-Péray.

rot, weiß rot: 2001, 2000, 1999, 1998, 1996, 1995, 1994, 1991, 1990
★ Cornas

SEYSSUEL – EINE WIEDERENTDECKUNG

1996 setzten sich drei führende junge Erzeuger an der nördlichen Rhône – Yves Cuilleron, Pierre Gaillard und François Villard – das ehrgeizige Ziel, den ehemals berühmten Weinberg Seyssuel wiederzubeleben. Am Ostufer der Rhône nahe der Stadt Vienne gelegen, fiel der Weingarten Ende des 19. Jh. der Reblausplage zum Opfer. Bis heute konnten 11 ha der nach Süden ausgerichteten Schieferhänge bepflanzt werden, und daraus wurden zwei reine Sortenweine produziert: der aromatische Taburnum aus Viognier und der Syrah-Wein Sotanum. Letzterer ist reich und würzig wie so mancher Côte Rôtie. Diese außergewöhnlichen Weine tragen die Bezeichnung Vins de Pays des Collines Rhodaniennes, da Seyssuel keine eigene AC ist. Zur Finanzierung des Projekts gründeten die drei Freunde eigens ein kleines Handelshaus namens Les Vins de Viennes, das aus angekauften Trauben in geringen Mengen Spitzenweine produziert.

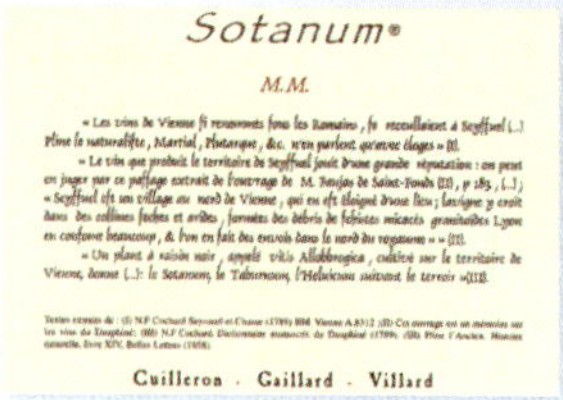

www.vinsdevienne.com

DIE SPITZENERZEUGER DER SÜDLICHEN RHÔNE

Domaine Raspail-Ay
Gigondas

Gigondas ☎ *04 90 65 83 01*
◻ *n. V.*

DOMINIQUE AY ist ein sachlicher Winzer, der auf seinem 18-ha-Gut einen alterungswürdigen Gigondas herstellt. Er setzt auf gute Trauben, sorgfältige Vinifikation und Ausbau in den klassischen großen Eichen-*foudres*. Die Weine haben ein festes Tanningerüst und brauchen mindestens vier bis fünf Jahre Flaschenreife. In geringen Mengen gibt es auch hervorragenden Rosé.

rot, rosé *rot: 2001, 2000, 1999, 1998, 1996, 1995* ★ *Gigondas*

Domaine de la Monardière
Vacqueyras

Quartier les Grès, Vacqueyras
☎ *04 90 65 87 20* ◻ *n. V.*

MARTINE UND CHRISTIAN Vache zeigen das Potenzial der AC Vacqueyras anhand einer Auswahl von drei Weinen verschiedener Bodentypen. Alle drei bestehen, mit Anteilen von Syrah und Mourvèdre, überwiegend aus Grenache. Les Calades wächst auf Lehmböden, ist warm und großzügig und schmeckt jung am besten. Réserve des 2 Monardes ist von der Frische und Finesse, die mehr bei sandigen Böden vorkommt, wohingegen der Vieilles Vignes von 60 Jahre alten Grenache-Reben stammt, die auf steinigem Lehm- und Kalkboden wachsen. Der Wein ist für längeres Lagern geeignet.

rot, weiß *rot: 2001, 2000, 1999, 1998, 1996* ★ *Vacqueyras Réserve des 2 Monardes, Vieilles Vignes*

Keller auf Château la Nerthe

Château de Beaucastel
Châteauneuf-du-Pape

Courthézon ☎ *04 90 70 41 00*
W *www.beaucastel.com* ◻ *n. V.*

DER EINZIGARTIGE WEIN dieses Châteaus gehört zu den größten Frankreichs. Er ist fest, konzentriert und verfügt über Noten von dunklen Früchten, Gewürzen und Wild. Im Alter entwickelt er oft eine tabakartige Komplexität. Das Besondere ist die Verschnittkomposition. Der Grenache-Anteil wurde auf 30 % reduziert zugunsten von Mourvèdre und Counoise, die mit 30 bzw. 10 % vertreten sind. Die anderen 30 % bestehen je nach Jahrgang aus verschiedenen anderen Sorten. Auf dem 100-ha-Gut baut man alle 13 in der AC zugelassenen Sorten an. In herausragenden Jahren produziert man die tanninreiche Cuvée Hommage à Jacques Perrin, die aus 60 bis 70 % Mourvèdre besteht. Es gibt auch zwei exzellente weiße Châteauneufs, einer davon der üppige Roussanne Vieilles Vignes, sowie roten und weißen Côtes du Rhône der Marke Coudoulet de Beaucastel.

Château de Beaucastel

rot, weiß *rot: 2001, 2000, 1999, 1998, 1997, 1996, 1995, 1994, 1990* ★ *Châteauneuf-du-Pape (rot), Châteauneuf-du-Pape Cuvée Hommage à Jacques Perrin, Châteauneuf-du-Pape Roussanne Vieilles Vignes*

Château la Nerthe
Châteauneuf-du-Pape

rte de Sorgues, Châteauneuf-du-Pape
☎ *04 90 83 70 11* W *www.chateau-la-nerthe.com* ◻ *n. V.*

AUF DIESEM großartigen Gut, das zu den ältesten in Châteauneuf-du-Pape gehört, macht man schon seit 1784 eigenen Wein. Die Moderne hielt 1985 Einzug, als es von der Familie Richard gekauft und Alain Dugas als Manager eingesetzt wurde. Damals wurde der Weingarten komplett überholt, man reduzierte die Erträge und trimmte die Weine auf einen zeitgenössischeren Stil. Die Rot- wie auch Weißweine sind reif, elegant und geschliffen. In herausragenden Jahrgängen erzeugt man die länger lagerfähigen Prestigeweine Cuvée des Cadettes (rot) und Clos de Beauvenir (weiß).

rot, weiß *rot: 2001, 2000, 1999, 1998, 1997, 1996, 1995, 1994, 1990* ★ *Châteauneuf-du-Pape (rot, weiß), Châteauneuf-du-Pape Cuvée des Cadettes*

Château Rayas
Châteauneuf-du-Pape

Châteauneuf-du-Pape
04 90 83 73 09

RAYAS, kein Château wie jedes andere, ist berühmt für die Qualität und Originalität seiner Weine, aber auch für die Exzentrik des ehemaligen Besitzers Jacques Reynaud. Sein Neffe Emmanuel sorgte für etwas mehr Ordnung und Beständigkeit, aber der reine Grenache-Wein blieb unverändert: reich, süß und mächtig mit dem Aroma von Sommerfrüchten. Daneben gibt es einen beeindruckenden Zweitwein, Pignan, und vollen, frischen weißen Rayas. Delikater, konzentrierter Côtes du Rhône, sowohl rot wie weiß, erscheint in geringen Mengen unter dem Label Château de Fonsalette.

rot, weiß *rot: 2001, 2000, 1999, 1998, 1996, 1995, 1994, 1991, 1990* ★ *Châteauneuf-du-Pape (rot), Châteauneuf-du-Pape Pignan, Côtes du Rhône Château de Fonsalette (rot)*

Etikett Château Rayas

Clos des Papes
Châteauneuf-du-Pape

13 ave Pierre de Luxembourg, Châteauneuf-du-Pape
04 90 83 70 13 *n. V.*

DER TRÜGERISCH KRAFTVOLLE Wein Clos des Papes gehört zu den beständigsten der Region. 1976 begann Paul Avril, der Gutseigentümer, seine Suche nach dem idealen Verschnitt und kultiviert mittlerweile verteilt über die gesamte AC alle 13 Châteauneuf-Sorten. Er und sein Sohn haben den Grenache-Anteil im Verschnitt zugunsten von Mourvèdre und Syrah auf 60 % reduziert. Das Ergebnis ist ein eleganter, reifer Wein mit Kirsch- und Himbeeraromen und markanter Länge. Sehr fein ist auch der weiße Châteauneuf.

rot, weiß *rot: 2001, 2000, 1999, 1998, 1997, 1996, 1995, 1994, 1990* ★ *Châteauneuf-du-Pape (rot, weiß)*

Clos des Papes

Domaine Bois de Boursan
Châteauneuf-du-Pape

Quartier St-Pierre, Châteauneuf-du-Pape *04 90 83 73 60*
n. V.

BOIS DE BOURSAN befindet sich in Familienbesitz und hat in letzter Zeit unter der Leitung von Jean-Paul Versino Furore gemacht. Zur Domäne gehören 27 über die AC verteilte Parzellen mit zum Teil 100 Jahre alten Reben. Die Qualität der Trauben kommt in den Weinen und der Überfülle reiner Aromen deutlich zum Ausdruck. Die intensive Cuvée des Félix stammt von den besten ertragsarmen Parzellen und wird nicht in den großen Eiche-*foudres*, sondern in kleineren Fässern ausgebaut.

rot *2001, 2000, 1999, 1998, 1997, 1996, 1995, 1994, 1991, 1990* ★ *Châteauneuf-du-Pape (rot), Châteauneuf-du-Pape Cuvée des Félix*

Domaine Bosquet des Papes
Châteauneuf-du-Pape

18 rte d'Orange, Châteauneuf-du-Pape *04 90 83 72 33*
n. V.

DIE ÜBERWIEGEND auf Grenache basierenden Weine werden von Vater und Sohn Maurice und Nicolas Boiron bereitet und in großen Eiche-*foudres* ausgebaut. Die Standard-Cuvée ist von großzügiger Frucht und mineralischer Frische mit Noten von Kirsche und Himbeere in der Nase. Dank alter Reben verfügt die Cuvée Chante le Merle über mehr Intensität. La Gloire de Mon Grand-Père dagegen, seit 1998 im Programm, betört mit Eleganz und frischer Frucht. Die geringen Mengen Weißweins sind rund und fruchtig und jung zu trinken.

rot, weiß *rot: 2001, 2000, 1999, 1998, 1996, 1995, 1994, 1990* ★ *Châteauneuf-du-Pape (rot), Châteauneuf-du-Pape Chante le Merle*

Domaine de la Janasse
Châteauneuf-du-Pape

27 Chemin du Moulin, Courthézon
04 90 70 86 29
www.lajanasse.com

AIMÉ SABON gründete die Domäne 1973, steil bergauf mit den Weinen ging es aber erst 1991, dem Jahr, in dem Sabon sich mit seinem Sohn Christophe zusammentat (dieser hatte zuvor in Burgund Weinbau studiert). Seit dieser Zeit haben die überwiegend auf Grenache basierenden Weine an Finesse gewonnen, ohne ihren weichen, runden, marmeladeartigen Fruchtcharakter einzu-

REGELN VON DER RHÔNE: FRANKREICHS ERSTES AC-SYSTEM

Zu Beginn des 20. Jh., als viele Weingärten in Folge der Reblauskrise und des Auftretens von Mehltau brachlagen, kamen immer mehr gefälschte Weine auf den Markt. Um sich vor dieser Unsitte zu schützen, erließ man unter Beteiligung von Baron Le Roy de Boiseaumarié, einem prominenten Rechtsanwalt und Besitzer von Château Fortia *(s. rechts)*, erstmals in Châteauneuf-du-Pape Vorschriften zur Vinifikation, die 1923 in Kraft traten. Später wurden sie zum Vorbild für die kontrollierte Ursprungsbezeichnung französischer Weine, die Appellation d'Origine Contrôlée (AOC). Dieses 1935 eingeführte System ist das erste seiner Art überhaupt. Die wichtigsten Bestandteile sind eine geografische Eingrenzung, die Festlegung bestimmter Rebsorten und die Art ihrer Kultivierung sowie ein bestimmter Mindestalkoholgehalt. In der AC Châteauneuf-du-Pape ist zudem eine strikte Selektion des Leseguts vorgeschrieben, wobei etwa fünf bis 20 % der Trauben eines Jahrgangs ausgesondert werden.

büßen. Es gibt drei Cuvées unterschiedlicher Intensität: Tradition, Chaupin (100 % Grenache) und Vieilles Vignes (von bis zu 100 Jahre alten Reben). Von den preiswerten Côtes du Rhônes ist besonders Les Garrigues zu empfehlen, und auch die weißen Châteauneufs sind interessant, besonders der fleischige Prestige.

rot, weiß *rot: 2001, 2000, 1999, 1998, 1996, 1995, 1994, 1990* ★ *Châteauneuf-du-Pape (rot), Châteauneuf-du-Pape Chaupin, Côtes du Rhône Les Garrigues*

Château d'Aquéria
Tavel

Tavel *04 66 50 04 56*
W *www.aqueria.com*

DIESES MIT 60 HA Rebfläche ziemlich große Gut ist schon seit einigen Jahren eine verlässliche Quelle für guten fruchtigen Tavel Rosé. Zudem verfügen die Weine von Château d'Aquéria über eine Frische, die man nicht überall findet. Auf diesem Gut wird auch Lirac erzeugt: Der Rote ist fest strukturiert, der Weiße frisch und duftig.

rot, weiß, rosé *rot: 2001, 2000, 1999, 1998* ★ *Tavel*

Domaine La Réméjeanne
Côtes du Rhône Villages

Cadignac, Sabran
04 66 89 44 51

IN EINEM abgelegenen Dorf im Département Gard erzeugen Rémy Klein und seine Frau Ouahi ein schönes Sortiment reich texturierter, volltönender und fruchtbetonter Weine. Für fast alle Rotweine bildet Syrah die Basis, während der Spitzenwein, der Côtes du Rhône Les Eglantiers, ausschließlich aus Syrah besteht. Der Côtes du Rhône Villages Les Genevrières ist mächtig und schwer und benötigt wie Les Eglantiers zwei bis drei Jahre Flaschenreife. Für den baldigen Genuss bestimmt sind die fruchtigen Weine Les Chèvrefeuilles und Les Arbousiers.

rot, weiß, rosé *rot: 2001, 2000, 1999, 1998, 1996* ★ *Côtes du Rhône: Les Eglantiers, Villages Les Genevrières*

Etikett Domaine La Réméjeanne

Domaine Marcel Richaud
Côtes du Rhône Villages

rte de Rasteau, Cairanne
04 90 30 85 25

DER RÜHRIGE Marcel Richaud ist ein Spezialist für saftig-erfrischende Weine voller reifer Fruchtaromen. Mit die Besten sind sein preiswerter roter Côtes du Rhône Garrigues, der festere Côtes du Rhône Cairanne und der Cairanne l'Ebrescade. Letzterer basiert auf alten Grenache-Reben, hat mehr Intensität und schönere Tannine und ein Alterungspotenzial von fünf bis sechs Jahren. Der leicht eichenwürzige weiße Cairanne ist voll, fett und cremig.

rot, weiß *rot: 2001, 2000, 1999, 1998, 1996, 1995* ★ *Côtes du Rhône Garrigues, Côtes du Rhône Villages Cairanne, Côtes du Rhône Villages Cairanne l'Ebrescade*

SÜDFRANKREICH

BLAUER HIMMEL, GLEISSENDES LICHT, *vom Mistral gebeugte Zypressen, Pinien und Olivenbäume, zerklüftetes Terrain, kleine Dörfer mit verwinkelten Gassen – das ist Südfrankreich. Die am Mittelmeer gelegene Region ist ein bedeutendes Weinbaugebiet. Allein auf Languedoc-Roussillon entfällt ein Drittel der Gesamtanbaufläche Frankreichs.*

Der Weinbau in Südfrankreich geht bis in die Zeit um 600 v. Chr. zurück, als Griechen und Römer die ersten Weingärten anlegten. Moderne Vinifikationsmethoden setzten sich erst in den 1970er-Jahren durch. Damals war die Region berüchtigt für ihre billigen Rotweine, und viele Winzer in Languedoc-Roussillon, die unter dem schlechten Ruf ihrer Region litten, hatten es sich zum Ziel gesetzt, zukünftig auf Klasse statt auf Masse zu setzen.

Reklame für Rivesaltes-Weine

Heute sind fast 90 % der produzierten Weine Rotweine, aber sie sind kaum wiederzuerkennen. Die Hänge wurden mit Grenache, Syrah und Mourvèdre bepflanzt, alte Carignan-Parzellen, die den Weinen Charakter verleihen, wurden zu neuem Leben erweckt. In Verbindung mit vermehrten Investitionen und modernen Kellertechniken hat der Wechsel der Rebsorten dazu geführt, dass die Appellationen Languedoc-Roussillons heute mit reichen, charaktervollen Verschnitten mit die aufregendsten Weine Frankreichs hervorbringen.

Die Weine wurden als Vins de pays klassifiziert, was die Möglichkeit eröffnete, strikte AC-Regelungen zu umgehen. Auf diese Weise konnte man neue Trauben wie Merlot, Cabernet Sauvignon und Chardonnay anbauen. Die so erzeugten preiswerten Sortenweine werden meist unter der regionalen Herkunftsbezeichnung Vin de Pays d'Oc vermarktet.

Für die Provence sieht die Lage etwas anders aus. Aufgrund der florierenden Tourismusindustrie ist die Nachfrage nach Rosé besonders hoch. Diese Weine sind nicht wirklich preisverdächtig, stehen aber, was den Ausstoß betrifft, ganz vorn. Große Rotweine kann man jedoch im von Mourvèdre dominierten Bandol finden und vermehrt auch bei einzelnen Erzeugern, die beachtliche Fortschritte mit einem Mix aus Grenache, Syrah und Cabernet Sauvignon machen.

Von Weingärten umgebenes abgelegenes Gehöft in der Provence

◁ **Frühling in der Provence**

WEINKARTE SÜDFRANKREICH

IM NORDEN VON DEN AUSLÄUFERN der Seealpen und dem Zentralmassiv, im Süden durch das Mittelmeer begrenzt, ist Südfrankreich eigentlich ein einziger Weingarten. In der Provence im Osten stehen 26 000 ha unter Reben, der größte Teil davon in der AC Côtes de Provence. Von dort breitet sich das Netz von Weingärten westwärts zunächst über das Rhônedelta und Costières de Nîmes, dann über die Gebiete Languedoc und Roussillon aus, um schließlich eine Gesamtfläche von 300 000 ha zu bedecken. Corbières ist flächenmäßig am größten, aber was die Weinproduktion betrifft, sind die Coteaux du Languedoc am bedeutendsten.

Einladung zur Verkostung in Banyuls

LEGENDE

Südfrankreich

SPITZENWEINE: SÜDFRANKREICH

- Ⓡ Château de Pibarnon Bandol €€€
- Ⓡ Domaine Canet-Valette St-Chinian Maghani €€
- Ⓡ Domaine d'Aupilhac Coteaux du Languedoc Montpeyroux €€€
- Ⓡ Domaine de la Rectorie Collioure Coume Pascole €€
- Ⓡ Domaine de Trévallon VDP des Bouches-du-Rhône €€€
- Ⓡ Domaine du Clos des Fées Côtes du Roussillon Villages Vieilles Vignes €€€
- Ⓡ Domaine du Mas Blanc Banyuls Rimage La Coume €€
- Ⓡ Domaine Gauby Côtes du Roussillon Villages Muntada €€€
- Ⓡ Domaine Peyre Rose Coteaux du Languedoc Syrah Léone €€€
- Ⓡ Domaine Tempier Bandol Cabassaou €€€
- Ⓡ Mas Bruguière Coteaux du Languedoc Pic St-Loup La Grenadière €€€
- Ⓡ Mas de Daumas Gassac VDP de l'Hérault €€€

LANGUEDOC-ROUSSILLON: GEBIETE UND SPITZENERZEUGER

COSTIÈRES DE NÎMES *S. 140*

COTEAUX DU LANGUEDOC *S. 140*

Domaine d'Aupilhac *S. 144*
Domaine Canet-Valette *S. 144*
Domaine Peyre Rose *S. 144*
Mas Bruguière *S. 144*
Mas Jullien *S. 144*
Prieuré de St-Jean de Bébian *S. 144*

MINERVOIS *S. 141*

CORBIÈRES U. FITOU *S. 142*

CABARDÈS U. CÔTES DE MALEPÈRE *S. 142*

LIMOUX *S. 142*

CÔTES DU ROUSSILLON U. CÔTES DU ROUSSILLON VILLAGES *S. 142*

Domaine du Clos des Fées *S. 145*
Domaine Gauby *S. 145*

Wanddekoration, Provence

DAS TERROIR AUF EINEN BLICK

Breitengrad: 42,5–44 °N

Höhe: 0–500 m über NN

Topografie: Von Gebirgen bis hin zu flachen, ariden Küstenebenen variierend. Im Languedoc findet sich eine karge, felsige Hügellandschaft.

Böden: Fruchtbare Schwemmlandböden in den Tälern; Schiefer und Kalkstein auf den Hügeln

Klima: Mediterran. Heiße, trockene Sommer und regenreiche Winter

Temperatur: Das Julimittel beträgt 22° C, aber die Tagesspitzen im Sommer übersteigen oft die 30-°C-Marke. An der Küste sind die Temperaturen extremer als im Hinterland, die markantesten Tag-Nacht-schwankungen finden sich an den Hängen.

Niederschlag: Das Jahresmittel beträgt 500–700 mm. Durch die größere Nähe zum Atlantik regnet es im Westen etwas mehr.

Wind: Trockene Nordwinde, *cers* bzw. *tramontane* genannt, tragen wie der Mistral dazu bei, Fäulnis zu verhindern. An der Küste bringen Meereswinde Kühlung.

Gefahren für den Weinbau: Stürme, Feuchtigkeit, Witterungsschwankungen

RIVESALTES U. MAURY *S. 143*

BANYULS UND COLLIOURE *S. 143*

Domaine de la Rectorie *S. 145*
Domaine du Mas Blanc *S. 145*

VIN DE PAYS

Mas de Daumas Gassac *S. 145*

PROVENCE: ANBAUGEBIETE UND SPITZENERZEUGER

BELLET *S. 146*

CÔTES DE PROVENCE *S. 146*

Château de Roquefort *S. 148*
Domaine Richeaume *S. 148*

COTEAUX VAROIS *S. 146*

BANDOL *S. 146*

Château de Pibarnon *S. 148*
Château Pradeaux *S. 148*
Domaine Tempier *S. 149*

CASSIS *S. 147*

Clos Ste Magdeleine *S. 149*

PALETTE *S. 147*

Château Simone *S. 149*

COTEAUX D'AIX EN PROVENCE *S. 147*

LES BAUX DE PROVENCE *S. 147*

VIN DE PAYS

Domaine de Trévallon *S. 149*

Weinlese in der Provence

VIN DE PAYS

Das Languedoc-Roussillon ist mit einem Anteil von 80 % an der Gesamtmenge der bedeutendste Erzeuger von Vin de pays (VDP) in Frankreich. Ein Großteil davon trägt die regionale Herkunftsbezeichnung Vin de pays d'Oc, der Rest Namen kleinerer Regionen. Da die Bestimmungen für VDP weniger strikt sind als AOC-Vorschriften, können die Erzeuger Sortenweine oder Verschnitte mit internationalen Trauben produzieren. Die Qualität von Vin de pays liegt eine Stufe höher die von einfachem Vin de table.

Verkaufsstand für Wein in den Coteaux du Languedoc

DIE WEINBAUGEBIETE DES LANGUEDOC-ROUSSILLON

LANGUEDOC-ROUSSILLON ist Rotweinland. Das Gros der Weine wird aus den fünf regional typischen Rebsorten bereitet, und AC-Weine sind meist ein Verschnitt aus allen fünf. Immer beliebter wird die im benachbarten Rhônetal so verbreitete Syrah. Die katalanischen Sorten Mourvèdre und Carignan ergeben dunkle, tanninreiche, würzige Weine. Die besonders häufigen Trauben Grenache und Cinsaut bieten jede Menge Fruchtgenuss.

Costières de Nîmes

GENAU ZWISCHEN ZWEI großen Regionen gelegen, wird die AC Costières de Nîmes oft zum Languedoc gerechnet, obwohl sie verwaltungstechnisch eigentlich zu den Rhône-Départements gehört. Nachdem ihr alter Name Costières du Gard 1989 geändert wurde, hat sich so manches getan: Es wurde verstärkt investiert und man hat neue Weinbereitungsmethoden eingeführt. Costières de Nîmes ist eine der heißesten Regionen Frankreichs. Sie liegt ziemlich tief und ist, ähnlich wie Châteauneuf-du-Pape *(s. S. 128)*, übersät mit runden Steinen *(galets roulés)*, die nachts Wärme abgeben. Die Weine sind stilistisch verwandt mit den mächtigen, fleischigen Rotweinen des südlichen Rhônetals.

Sandböden, z. T. bedeckt mit rund geschliffenen galets roulés *Grenache, Syrah, Carignan, Mourvèdre* *Grenache Blanc, Marsanne, Roussanne* *rot, weiß, rosé*

Coteaux du Languedoc

DIE AC COTEAUX DU LANGUEDOC ist mit 15 000 ha unter Reben ziemlich groß. Das Klima variiert: Im kühleren Hinterland, das bis zu den Ausläufern der Cevennen reicht, sind die Weine – 90 % rot und rosé – vom Stil her frischer, während die wärmeren Regionen direkt am Mittelmeer größere, wuchtigere Weine hervorbringen. Bestimmendes Merkmal der Landschaft ist karge, felsige, von Rosmarin und Thymian durchsetzte Mittelmeerheide, die *garrigue*.

Die Coteaux du Languedoc sind derart vielfältig, dass man sich, was die Weine betrifft, schon auskennen sollte. Inoffiziell sind auf den Etiketten mittlerweile zwölf Terroirs namentlich ausgewiesen. Zur besseren Orientierung wurde für die Rotweine eine Qualitätshierarchie aufgestellt. Auf der untersten

ANIANE

Aniane ist ein gefragtes Gebiet zur Produktion von Qualitätstrauben. Hier liegen z. B. die berühmten Vin-de-pays-Weingärten von Mas de Daumas Gassac. Auch Robert Mondavi *(s. S. 476)* wollte sich hier einkaufen, wurde aber vom Bürgermeister des Ortes daran gehindert. Bei dem Schauspieler Gérard Depardieu *(rechts)* lag der Fall anders. Er besitzt dort ein 2,5 ha großes Stück Land mit Syrah und Grenache, die er zu einem Garagenwein verarbeitet. Der 2003er wurde tatsächlich in einer Garage gemacht; 15 Journalisten verlasen die Trauben von Hand.

Stufe findet sich einfacher Coteaux du Languedoc; bereits hier sind Ertragsmengen und zugelassene Rebsorten genau geregelt. In einem nächsten Schritt wurden sieben klimatisch unterschiedliche Zonen (Grès de Montpellier, Terrasses de Béziers, La Clape, Terres de Sommières, Pic St-Loup, Terrasses de Larzac, Pézenas) als Subregionen definiert, für die eine strengere Regelung gilt. Offiziell anerkannt sind bisher Grès de Montpellier, La Clape und Pic Saint-Loup. Zur dritten Stufe gehören Gebiete mit vollem AC-Status mit noch strengeren Regeln und einer Berücksichtigung nicht nur des Klimas, sondern auch der Böden.

In den letzten 20 Jahren haben viele talentierte Weinmacher zu einem qualitativen Neubeginn beigetragen. Die Stile variieren, doch der Schwerpunkt liegt allgemein auf Reife, Konzentration und Kräuteraromen. Beispiele sind, alle mit AC-Status, frischer, mineralischer Faugères, der etwas fleischigere St-Chinian und der weiße Clairette du Languedoc.

Kalkstein, Schiefer, galets roulés *Syrah, Grenache, Mourvèdre, Carignan, Cinsaut*
Grenache Blanc, Bourboulenc, Picpoul, Clairette, Roussanne *rot, weiß, rosé*

VIN DOUX NATUREL

Goldfarbener Vin doux naturel ist eine Spezialität des Roussillon, das Frankreich zu 90 % mit diesem Elixier versorgt. Anders als der Name vermuten lässt, handelt es sich um aufgespriteten Wein. Dieser wird mittels eines *mutage* genannten Verfahrens erzeugt, bei dem teilvergorenem Traubenmost neutraler Branntwein (mit 96 % Alkohol) zugefügt wird. Das stoppt die Gärung, und aufgrund des verbleibenden Restzuckergehalts entstehen süße, mächtige Weine. Manche füllt man früher ab, um ihren Fruchtcharakter zu bewahren (Muscat de Rivesaltes, *unten*; Vintage Maury, Banyuls Rimage), andere lagert man in Eichenfässern (Rivesaltes Hors d'Age, Banyuls Grand Cru). Rote Süßweine dieser Art stammen überwiegend von Grenache, während der Weiße auf Muscat, Grenache Blanc und Macabeo basiert.

Minervois

Die AC Minervois ist wie ein nach Süden ausgerichtetes großes Amphitheater, das vom Canal du Midi im Süden zur Montagne Noire im Norden hin ansteigt. Das Klima im Westen bei Carcassonne ist atlantisch geprägt und wird in Richtung Osten bis Narbonne zunehmend mediterran. Unter den Erzeugern spielen Genossenschaften eine besondere Rolle, obwohl auch einige gute Einzelerzeuger attraktive und fruchtige Weine produzieren. Seit 1997 hat Minervois La Livinière, in der Mitte der Region gelegen, eigenen AC-Status. Die felsigen Böden, das hügelige Gelände und das warme, trockene Klima begünstigen vollere, festere und langlebigere Weine.

Kalkstein, Sandstein, Schiefer *Syrah, Carignan, Grenache, Cinsaut, Mourvèdre*
Marsanne, Roussanne, Macabeo, Bourboulenc, Grenache Blanc *rot, weiß, rosé*

Weingärten in hügeliger Landschaft in Corbières

Corbières und Fitou

Corbières ist eine wild zerklüftete Region, geprägt von einem dramatischen Wechsel zwischen Bergen, Tälern und felsigem Terrain. Sie ist zudem sehr groß – 15 000 ha stehen unter Reben, und elf Herkunftsgebiete bezeichnen die wechselnden Einflüsse von Bergen, Meer und Boden. Für fleischige und körperreiche Rotweine stehen vor allem Boutenac, Lagrasse und Durban. Aus der Appellation Fitou, die seit 1948 AC-Status hat, kommen nur Rotweine. Diese haben jedoch viel mit Corbières gemeinsam, werden sie doch in zwei Gebieten innerhalb von Corbières erzeugt. Die Weine, die im zerklüfteten Hinterland wachsen, haben mehr Struktur und Alterungspotenzial als jene von den Rebflächen direkt am Mittelmeer.

roter Sandstein, Lehm, Kalkstein, Schiefer, Kies
Grenache, Syrah, Mourvèdre, Carignan, Cinsaut
Grenache Blanc, Bourboulenc, Macabeo, Marsanne, Roussanne *rot, weiß, rosé*

Cabardès und Côtes de Malepère

Die AC Cabardès und die VDQS-Region Côtes de Malepère sind die beiden westlichsten Appellationen der Region Languedoc-Roussillon. Ihre Lage spiegelt sich in der Auswahl der zugelassenen Rebsorten, die typisch für den Mittelmeerraum und Südwesten sind. Der Stil der Weine ist je nach Verschnitt unterschiedlich.

Rotweine aus dem Languedoc-Roussillon

Ein höherer Bestandteil an Cabernet führt zu schlankeren, festeren Weinen mit Schwarze-Johannisbeer-Aromen, Grenache betont dagegen mehr die Wärme des Mittelmeers.

Kalkstein, Schiefer, Granit, Lehm *Merlot, Cabernet Franc, Grenache, Syrah, Cabernet Sauvignon* *rot, rosé*

Limoux

Der kühlende Einfluss des Atlantiks in dieser hügeligen Region verhilft weißen Rebsorten zu gutem Gleichgewicht und schöner Säure, und Limoux verdankt ihm wohl den Status als Schaumweinkapitale des Südes. Die Weine werden nach der *méthode traditionelle* erzeugt *(s. S. 166–167)*. Blanquette de Limoux besteht zu mindestens 90 % aus Mauzac, während Crémant de Limoux einen großzügigen Schuss Chardonnay enthält. Die weißen Stillweine der AC Limoux basieren auf Chardonnay. Die besten stammen von der Genossenschaft Sieur d'Arques und werden in jedem Frühjahr unter der Marke Toques et Clochers versteigert. Roter AC-Limoux wurde 2003 offiziell anerkannt.

Kalkstein mit Lehm *Merlot, Malbec, Syrah, Grenache, Carignan* *Mauzac, Chardonnay, Chenin Blanc* *rot, weiß, Schaumwein*

Côtes du Roussillon und Côtes du Roussillon Villages

Im Süden in Richtung spanischer Grenze liegt die AC Côtes du Roussillon. Das Klima ist trocken-heiß, und fast ununterbrochen weht der nördliche Tramontane-Wind, was zu reichen, warmen, konzentrierten Weinen führt. Den

MUSCAT

Aus der Muscat-Traube gewinnt man in mehreren Appellationen aufgespriteten Vin doux naturel. Das mit Abstand größte Produktionsgebiet ist Muscat de Rivesaltes im Roussillon; dort erbringen Muscat d'Alexandrie und die vornehme, kleinbeerige Muscat à Petits Grains süße und doch frische, aromatische Weine für den baldigen Genuss. Die Muskatweine aus der Region Languedoc werden ausschließlich aus Muscat Blanc à Petit Grains gemacht. St-Jean-de-Minervois stammt aus der nordwestlichen Ecke der AC Minervois und hat aufgrund der dortigen Höhenlage und der Kalksteinböden mehr Finesse. Die schwereren Weine der ACs Muscat de Frontignan, Muscat de Mireval *(rechts)* wachsen auf der heißen Küstenebene nahe Montpellier.

Horizont bestimmen Berge, vor allem der schneebedeckte Canigou. Die Trauben für die Côtes du Roussillon werden in 118 über die gesamte Region verstreuten Gemeinden angebaut, wohingegen die besseren Côtes du Roussillon Villages überwiegend von Hanglagen im Norden stammen. Diese Weine sind konzentrierter, würziger und weicher. Vier Gemeinden haben das Recht, auf dem Etikett namentlich zu erscheinen: Caramany, La Tour de France, Lesquerde und Tautavel.

Kalkstein mit Lehm, Granit, Schiefer, Gneis *Grenache, Carignan, Syrah, Mourvèdre, Cinsaut* *Grenache Blanc, Marsanne, Roussanne, Vermentino, Macabeo* *rot, weiß, rosé*

Rivesaltes & Maury

Das Roussillon mit seinem trocken-heißen Klima hat eine große Tradition für aufgespritete Süßweine, Vins doux naturels. VDN aus Rivesaltes, den es in rot und weiß, seltener auch in rosé gibt, wird überwiegend von denselben Erzeugern hergestellt, die auch Côtes du Roussillon und Côtes du Roussillon Villages produzieren. Rivesaltes Ambré basiert auf weißen Trauben, Rivesaltes Tuilé auf mindestens 50 % roter Grenache. Beide werden zwei Jahre im Fass ausgebaut. »Hors d'Age« bedeutet, dass der Wein mindestens fünf Jahre Fassreife hat. Maury ist ein starker, tanninreicher, Grenache-dominierter Vin doux naturel aus dem Norden der Region. Er wird entweder abgefüllt, solange er jung und fruchtig ist (dann meist mit dem Zusatz »Vintage«), oder aber vor der Abfüllung einige Jahre ausgebaut.

Kalkstein, Schiefer *Grenache, Syrah, Carignan* *Grenache Blanc, Grenache Gris, Macabeo, Bourboulenc* *fortified*

Etikett Domaine de la Rectorie

MAS DE SAPORTA

Hinter dieser Adresse am Stadtrand von Montpellier verbirgt sich der Sitz des Winzerverbandes Coteaux du Languedoc. Den Besucher erwarten ein Informationszentrum und eine große Auswahl von Weinen zu Domänenpreisen. Gut vertreten sind Coteaux du Languedoc, Saint-Chinian und Faugères, in einer kleineren Auswahl Corbières, Fitou und Minervois. Das Angebot umfasst auch landesübliche Spezialitäten.

***Lattes* 04 67 06 04 44**

www.coteaux-languedoc.com

Banyuls & Collioure

An der spanischen Grenze reichen die Ausläufer der Pyrenäen bis ans Mittelmeer. Auf den steilen, glühend heißen Hügeln halten Trockensteinmauern in einer Gesamtlänge von 6000 km die terrassierten Weinberge in Form. Von hier stammt der Banyuls, der feinste aufgespritete Wein Frankreichs. Als Rimage bezeichneter Jahrgangs-Banyuls wird frühzeitig abgefüllt, damit die kräftige Frucht nicht verloren geht. Banyuls, der längere Zeit in Eichefässern oder gläsernen Bonbonnes reift, schmeckt maderisiert. Grand Cru bedeutet in diesem Fall, dass der Wein zu 75 % aus Grenache besteht und mindestens 30 Monate Fassreife hat. Auch weißen Banyuls gibt es in geringen Mengen. Collioure wird in derselben Region produziert. Die Varianten in rot und rosé sind trocken, aber körperreich, trockener weißer Collioure wurde 2002 offiziell anerkannt.

Schiefer *Grenache, Mourvèdre, Syrah, Carignan* *Grenache Blanc, Grenache Gris, Malvoisie, Macabeo, Vermentino* *rot, weiß, aufgespriteter Wein*

Küstenweingärten in Banyuls

DIE SPITZENERZEUGER DES LANGUEDOC-ROUSSILLON

Domaine d'Aupilhac
Coteaux du Languedoc

28 rue du Plô, Montpeyroux 04 67 96 61 19 www.aupilhac.com n. V.

ALS SYLVAIN FADAT 1989 begann, arbeitete er noch mit dem Tank eines Weintransporters. Heute besitzt er 30 ha Rebfläche, darunter einen Weingarten in einer Höhe von 350 m. Zu empfehlen ist der Coteaux du Languedoc Montpeyroux, der die klassischen fünf Sorten des Südens enthält (Syrah, Grenache, Mourvèdre, Carignan, Cinsaut). Bemerkenswert sind auch die zwei Vins de pays Le Carignan und Les Plos des Baumes. Ersterer stammt von über 50 Jahre alten Reben, Letzterer von Trauben (Cabernet Sauvignon, Cabernet Franc und Merlot) aus der Hochpreis-Region Aniane.

rot, weiß, rosé rot: 2001, 2000, 1999, 1998, 1997, 1996, 1995, 1994, 1993 ★ Coteaux du Languedoc Montpeyroux, VDP Le Carignan

Domaine Canet-Valette
Coteaux du Languedoc

rte de Causses-et-Veyran, Cessenon-sur-Orb 04 67 89 51 83 n. V.

MARC VALETTE bestockte seinen Weingarten in St-Chinian zwischen 1988 und 1992, als er noch Mitglied einer Genossenschaft war. 1999 kam eine nach dem Gravitationsprinzip arbeitende Kellerei dazu. Er setzt auf strikte Ertragsreduzierung, baut seine Trauben organisch an und lässt einen Teil sogar mit Füßen stampfen. Die Weine sind voll und konzentriert und haben seit 1997, als er begann, die Trauben zu entrappen, auch mehr Finesse. Der Topwein der Domäne ist Maghani, ein Verschnitt aus Syrah und Grenache.

rot 2001, 2000, 1999, 1998, 1997, 1996, 1995 ★ Maghani

Etikett Domaine d'Aupilhac

Domaine Peyre Rose
Coteaux du Languedoc

St-Pargoire 04 67 98 75 50 n. V.

DIE WEINE, die Marlène Soria irgendwo im Hinterland bei La-Grande-Motte bereitet, sind etwas ganz Besonderes. Die beiden Syrah-dominierten und stark ertragsbegrenzten Rotweine Clos des Cistes und Syrah Léone werden drei Jahre und mehr im Fass ausgebaut, so dass sie beim Verkauf schon eine gewisse Reife haben. Sie sind dicht, konzentriert und duftig und haben ein erstaunliches Alterungspotenzial.

rot, weiß rot: 1998, 1997, 1996, 1995, 1994, 1993 ★ Syrah Léone, Clos des Cistes

Mas Bruguière
Coteaux du Languedoc

La Plaine, Valflaunes 04 67 55 20 97 n. V.

GUILHEM BRUGUIÈRE bepflanzte schon in den 1970er-Jahren die Weingärten des Familienguts mit Syrah, Grenache und Mourvèdre. Sein Spitzenrotwein La Grenadière wird im Fass ausgebaut und ist lange lagerfähig. L'Arbouse gefällt mit seinen Gewürznoten, und der aus Roussanne gemachte Weißwein Les Muriers ist einer der harmonischsten der Coteaux du Languedoc.

rot, weiß, rosé rot: 2001, 2000, 1999, 1998, 1997, 1996, 1995, 1994, 1993 ★ L'Arbouse, La Grenadière

Mas Jullien
Coteaux du Languedoc

rte de St-André, Jonquières 04 67 96 60 04

OLIVIER JULLIEN setzte bereits sehr früh auf das Potenzial dieser Region. 1985, im Alter von 20 Jahren, gründete er dieses Weingut auf der Basis einer kleinen familieneigenen Parzelle, heute gehört er zu den wichtigsten der Region. Zu seinem umfassenden Sortiment gehören der Coteaux du Languedoc – ein Spitzenrotwein, der wunderbar altert –, Les États d'Âme – ein leichter zu trinkender Rotwein –, und der etwas eigene, spät gelesene Clairette de Beudelle.

Mas Jullien

rot, weiß, rosé rot: 2001, 2000, 1999, 1998, 1997, 1996, 1995, 1994, 1993 ★ Coteaux du Languedoc, Les États d'Âme

Prieuré de St-Jean de Bébian
Coteaux du Languedoc

rte de Nizas, Pézenas 04 67 98 13 60 www.bebian.com n. V.

ZU DIESEM BESITZ kaufte der damalige Eigentümer Alain Roux Rebstöcke von Spitzengütern in Châteauneuf-du-Pape, Hermitage und Bandol. Seit 1994 gehört das Gut der Weinautorin Chantal Lecouty und ihrem Ehemann Jean-Claude Le Brun, die dem Erbe ihres Vorgängers treu blieben und reiche, mächtige und relativ langlebige Weine zu erzeugen.

rot, weiß rot: 2001, 2000, 1999, 1998, 1997, 1996, 1995 ★ Coteaux du Languedoc rot

Domaine du Clos des Fées
Côtes du Roussillon Villages

69 rue du Maréchal-Joffre, Vingrau
04 68 29 40 00
www.closdesfees.com n. V.

DER EHEMALIGE SOMMELIER, Restaurator und Weinautor Hervé Bizeul hat sich auch als fähiger Weinmacher erwiesen, nahm doch das Gut nach seinem ersten Jahrgang, dem 1998er, einen geradezu kometenhaften Aufstieg. Das Programm umfasst drei Verschnitte aus Syrah, Grenache, Carignan und Mourvèdre: Les Sorcières ist reich und fruchtig, Vieilles Vignes und Clos des Fées dagegen gewichtiger. Die teure Sonderabfüllung La Petite Sibérie, ein Lagenwein nur aus Grenache, ist auf 2000 Flaschen pro Jahr begrenzt.

rot 2001, 2000, 1999, 1998 ★ Vieilles Vignes, Le Clos des Fées

Domaine Gauby
Côtes du Roussillon Villages

Le Faradjal, Calce 04 68 64 35 19
n. V.

GÉRARD GAUBY, der Star des Roussillon, hat seine Bodenhaftung nie verloren. Seine Weine waren in den 1980er-Jahren noch mächtig und tanninstark, entwickelten aber mit der Zeit hinsichtlich Struktur und Frucht mehr Feinheit. Von 1996 an bewirtschaftete er sein Gut biologisch, seit 2001 biodynamisch. Neben den hervorragenden Rotweinen Vieilles Vignes und dem Syrah-dominierten Mundata gibt es auch ein 1a-Weißweinsortiment.

rot, weiß rot: 2001, 2000, 1999, 1998, 1997, 1996, 1995, 1994, 1993 ★ Vieilles Vignes, Muntada

Cabernet-Sauvigon-Reben von Mas de Daumas Gassac

Domaine de la Rectorie
Banyuls & Collioure

54 ave du Puig-Delmas, Banyuls-sur-Mer 04 68 81 02 94
www.la-rectorie.com n. V.

DIE QUALITÄT dieser Domäne ist der Arbeit der Brüder Parcé zu verdanken. Sie bewirtschaften rund 30 terrassierte Parzellen in verschiedenen Höhenlagen bis 400 m. Das Sortiment handwerklich produzierter Weine umfasst vier Banyuls, drei Collioures, zwei trockene Weiße und zwei Rosés. Die Rotweine bestehen überwiegend aus Grenache, nur der langlebige, elegante Collioure Coume Pascole enthält etwas Syrah. Die Banyuls-Cuvée Léon Parcé mit ihrer reichen Fruchtkonzentration reift zwölf Monate im Fass.

rot, weiß, rosé, aufgespriteter Wein Collioure red: 2001, 2000, 1999, 1998, 1997, 1996, 1995, 1993 ★ Collioure Coume Pascole, Léon Parcé

Domaine du Mas Blanc
Banyuls & Collioure

9 ave du Général-de-Gaulle, Banyuls-sur-Mer 04 68 88 32 12 www.domaine-du-mas-blanc.com n. V.

DIESES FAMILIENGUT wurde in den 1970er-Jahren von André Parcé gegründet. Für Kontinuität sorgt nun sein Sohn Jean-Michel. Das Hauptinteresse liegt auf dem Banyuls-Sortiment: Rimage und Rimage La Coume werden frühzeitig abgefüllt, um die Frucht zu erhalten; Cuvée du Docteur Parcé ist ein Verschnitt mehrerer Jahrgänge; Hors d'Age de Sostréra wird wie Sherry stufenweise verschnitten. Der weiße Banyuls basiert auf Muscat, Grenache Blanc und Malvoisie.

rot, aufgespriteter Wein Banyuls Rimage: 2001, 2000, 1998, 1997, 1996 ★ Banyuls Rimage La Coume

Mas de Daumas Gassac
Vin de Pays

Aniane 04 67 57 71 28
www.daumas-gassac.com

DIESES LEGENDÄRE WEINGUT hat der ehemalige Lederwarenhersteller Aimé Guibert in den 1970er-Jahren aus dem Nichts aufgebaut. Damals entdeckte er das außergewöhnliche Potenzial seines Sommersitzes, heuerte die Koryphäe Prof. Émile Peynaud als Berater an und pflanzte die ersten Reben. Schon bald hatte der erste Jahrgang, der 1978er, den Beinamen Château Lafite-Rothschild des Südens und war fortan in aller Munde. Für den langlebigen Rotwein bildet Cabernet Sauvignon die Grundlage, die Weißweine basieren auf Viognier, Chardonnay und Petit Manseng. Aus dem Grund sind sie alle als Vins de pays etikettiert.

rot, weiß red: 2001, 2000, 1999, 1998, 1997, 1996, 1995, 1994, 1993 ★ VDP de L'Hérault

Weingarten an den Côtes de Provence

DIE WEINBAUGEBIETE DER PROVENCE

KÜCHE, LEBENSART UND KLIMA machen diese Gegend zur Rosé-Region. Dennoch keltern heute immer mehr Einzelerzeuger respektable Rotweine aus Syrah, Grenache, Mourvèdre und Cabernet Sauvignon. Ernst zu nehmende Rotweine, überwiegend aus Mourvèdre, findet man in Bandol.

Bellet

IN DEN AUSLÄUFERN DER ALPEN nördlich von Nizza gibt es noch eine Hand voll Erzeuger, die an der Kennzeichnung AC Bellet festhalten. Anfang des 19. Jh. standen hier 1000 ha unter Reben, heute sind es nur noch 50. Die kühlen Hanglagen eignen sich besonders für den Anbau von Vermentino (Rolle), die frische, aromatische Weißweine erbringt. Die Rotweine stammen nach alter italienischer Tradition von den Sorten Folle Noire (Fuella) und Braquet (Brachetto). Das Gros der Weine wird vor Ort abgesetzt.

Kies, Sand, Lehm *Folle Noire, Braquet, Grenache, Cinsaut* *Vermentino, Chardonnay* *weiß, rosé*

Weidenkorbflasche

Côtes de Provence

80 % DER PRODUKTION sind Roséweine. Ansonsten überwiegt hier die Vielfalt, bedingt schon allein durch die Größe – 20 000 ha stehen unter Reben – und die Unterschiede beim Klima und in der Topografie. Weinbau betreibt man von der Küstenregion um St-Tropez bis in die kühleren Hanglagen nördlich von Draguignan. Der Rosé wird überwiegend aus Cinsaut und Grenache gemacht und fließt in einen unersättlichen heimischen Markt. Immer mehr Erzeuger bieten gute Rotweinverschnitte aus Syrah, Cabernet Sauvignon und Mourvèdre an.

Sandstein, Kalkstein, Granit, Schiefer *Cinsaut, Grenache, Syrah, Carignan, Cabernet Sauvignon* *Clairette, Vermentino, Sémillon, Ugni Blanc* *rot, weiß, rosé*

Coteaux Varois

DIESE REGION um die Stadt Brignoles erhielt 1993 vollen AC-Status. Man kultiviert dieselben Sorten wie an den Côtes de Provence, allerdings liegen sämtliche Weingärten weitab von der Küste im höheren, kühleren Binnenland. Das verleiht den Weinen mehr Intensität. Das volle Potenzial dieser Region wurde bisher noch nicht ausgeschöpft, einen charakteristischen Weinstil gibt es noch nicht.

Kalkstein *Grenache, Cinsaut, Syrah, Carignan, Cabernet Sauvignon* *Vermentino, Grenache Blanc, Clairette, Sémillon, Ugni Blanc* *rot, weiß, rosé*

Bandol

DIE BEDEUTENDSTE AC der Provence ist nach dem Seebad Bagnol benannt. Der Schwerpunkt liegt auf Rosé, wirklich interessant jedoch sind die Rotweine – stahlig, tanninreich mit Kräuternoten und gutem Alterungspotenzial. Die durchschnittliche Sonnenscheindauer auf den terrassierten Weinbergen beträgt dank ihrer Lage in bis zu 400 m Höhe 3000 Stunden pro Jahr. So reifen die Trauben gut aus, während Meereswinde für Abkühlung sorgen. Diese Bedingungen sind ideal für Mourvèdre, deren Anteil in roten Verschnitten mindestens 50 % beträgt. Für den Wein sind mindestens 18 Monate Fassreife vorgeschrieben.

Kalkstein mit Lehm *Mourvèdre, Grenache, Cinsaut, Syrah, Carignan* *Clairette, Ugni Blanc, Bourboulenc, Sauvignon Blanc* *rot, weiß, rosé*

Cassis

DIE GRÖSSTE BEDROHUNG für den malerischen Fischereihafen Cassis und seine Weine ist die Stadtentwicklung, liegt die AC Cassis doch am östlichen Stadtrand von Marseille. Auf nur 175 ha produziert man dort vor allem frische Weißweine mit nur wenig Säure, die aber regional sehr gefragt sind.

Kalkstein *Grenache, Cinsaut, Mourvèdre, Carignan* *Ugni Blanc, Clairette, Marsanne, Sauvignon Blanc, Grenache Blanc* *rot, weiß, rosé*

Palette

DAS BESONDERE an dieser mit 35 ha winzigen Appellation ist ein seltener Kalksteinboden, *calcaire de Langesse* genannt, und Weine – rot, weiß und rosé –, die mehr Flaschenreife benötigen als im Süden üblich. Der maßgebliche Erzeuger, Château Simon, produziert feste, mineralische Weißweine und langlebige, aber ziemlich eigenwillige Rotweine.

Kalkstein *Grenache, Mourvèdre, Syrah, Cinsaut* *Clairette, Grenache Blanc, Ugni Blanc, Muscat* *rot, weiß, rosé*

Coteaux d'Aix en Provence

DIESE GROSSE APPELLATION erstreckt sich vom Lubéron im Norden bis ans Mittelmeer im Süden und von Aix-en-Provence im Osten bis zum Rhônetal im Westen. Alles in allem stehen rund 3500 ha unter Reben, verteilt über Lagen zwischen Meereshöhe und 400 m. Das Gros der Weine entfällt mit 55 % auf Rosé, 40 % sind Rotweine, der Rest Weißweine. Zugelassen ist ein breites Sortenspektrum, darunter Cabernet Sauvignon, Mourvèdre und die eher neutrale Counoise, die frische, runde Rosés und Rotweine mit Tiefe und Intensität erbringen.

Kalkstein mit Lehm, Kalkstein mit Sand *Grenache, Cabernet Sauvignon, Carignan, Syrah, Cinsaut* *Bourboulenc, Vermentino, Clairette, Grenache Blanc, Ugni Blanc* *rot, weiß, rosé*

Weingärten und Zitadelle, Les Baux de Provence

KORSIKA

Die gebirgige Insel Korsika liegt rund 170 km vor der französischen Küste. Das Klima ist insgesamt trocken und warm, je nach Meeresnähe, Höhenlage und Wind gibt es aber Abweichungen. Die wichtigste weiße Sorte ist Vermentino, die weiche und aromatische Weine hervorbringt. Rot- und Roséweine stammen von den klassischen südfranzösischen Sorten Grenache, Carignan und Cinsaut sowie von Nielluccio und der einheimischen Sciacarello. Stark im Kommen sind internationalen Trauben, die als Vins de l'Île de Beauté vermarktet werden.

Die Appellation nennt sich Vin de Corse, wobei fünf Unterregionen namentlich auf Etiketten erscheinen. Die AC Ajaccio ist für delikate Rotweine aus Sciacarello bekannt, Patrimonio für seine mächtigen Rotweine aus Nielluccio.

Les Baux de Provence

LES BAUX DE PROVENCE gehörte früher zu Coteaux d'Aix, erhielt aber 1995 eigenen AC-Status für Rotweine und Rosés; die Weißweine laufen nach wie vor unter Coteaux d'Aix. Die Weingärten liegen in den Ausläufern der Alpilles. Dort baut man neben den im Süden traditionellen Sorten auch Cabernet Sauvignon an, aber nur mit einem zulässigen Höchstanteil von 20 %. Es gibt in dieser kleinen Region nur etwa ein Dutzend Weingüter, die fruchtige Rotweine mit leichter Tanninschärfe produzieren. Viele davon arbeiten biologisch, was sich unter den gegebenen klimatischen Bedingungen anbietet.

Kalkstein *Grenache, Cinsaut, Syrah, Carignan, Mourvèdre* *rot, rosé*

DIE SPITZENERZEUGER DER PROVENCE

Château de Roquefort
Côtes de Provence

Roquefort La Bedoule
04 42 73 20 84
n. V.

IN DIESEM WEINGUT in der Nähe von Bandol wuchs Raimond de Villeneuve auf und kehrte 1994 dorthin zurück, um die Leitung zu übernehmen. Zuerst organisierte er den Weingarten neu, hielt aber an der biologischen Wirtschaftsweise fest. Die Weine sind überaus fruchtig und von feiner Textur. Der Weißwein Les Genêts ist frisch und duftig, die Rosés Corail und Sémiramis haben die Frucht roter Beeren. Die roten Verschnitte Les Mûres und Rubrum Obscurum sind sehr wohlschmeckend, Letzterer mit etwas mehr Konzentration und Struktur. La Pourpre, aus Carignan und Syrah, wird nur in Spitzenjahren produziert.

rot, weiß, rosé *rot: 2001, 2000, 1999, 1998, 1997, 1996*
★ *Les Mûres, Rubrum Obscurum*

Domaine Richeaume
Côtes de Provence

Puyloubier *04 42 66 31 27*
n. V.

HENNING HOESCH arbeitete eigentlich als Lektor an der Universität Aix-en-Provence, als er 1972 die Domaine Richeaume gründete. Mittlerweile ist das Gut 20 ha groß, und Hoesch wird von seinem Sohn Sylvain unterstützt, der als Önologe mehr Erfahrungen in Übersee sammelte als in Europa. Die beiden produzieren einen aromatischen Blanc de Blancs aus Vermentino und Clairette und einige gute Rotweine. Die Cuvée Tradition z. B., ein Cabernet-Sauvignon-Grenache-Verschnitt, ist dunkelrot, reich und kräuterwürzig, die Cuvée Columelle hat mehr Tiefe und Komplexität.

rot, weiß, rosé *rot: 2001, 2000, 1999, 1998, 1997, 1996, 1995, 1993, 1990* ★ *Cuvée Columelle*

Etikett Château de Roquefort

Château de Pibarnon
Bandol

Chemin de la Croix-des-Signaux, La Cadière-d'Azur *04 94 90 12 73*
www.chateaupibarnon.com

HENRI DE ST VICTOR hängte 1977 seinen Job in der Pharma-Branche an den Nagel und wurde Winzer in Bandol. Damals war Château de Pibarnon nur drei oder vier Hektar groß, umfasst aber mittlerweile fast 50 ha. Heute hat Eric de St Victor, Henris Sohn, das Sagen und produziert einen sagenhaften Wein – elegant, komplex und langlebig. Der Rote basiert auf Mourvèdre mit etwas Grenache, der fruchtige Rosé ist ein Verschnitt aus Mourvèdre und Cinsaut und der Weiße eine Mischung aus Clairette, Bourboulenc, Marsanne, Roussanne und Viognier.

rot, weiß, rosé *rot: 2001, 2000, 1999, 1998, 1997, 1996, 1995, 1993, 1990* ★ *Bandol rot*

Château Pradeaux
Bandol

Chemin des Pradeaux, St-Cyr-sur-Mer
04 94 32 10 21 *n. V.*

CHÂTEAU PRADEAUX befindet sich seit 1752 im Besitz der Familie Portalis, der gegenwärtige Leiter ist Cyrille Portalis. Sein Erfolgsgeheimnis beruht u. a. auf alten Reben und niedrigen Erträgen. Sein Mourvèdre-dominierter, absolut kompromissloser Wein ist fest strukturiert und braucht mehrere Jahre in der Flasche, um sich zu entfalten. Er zeigt wie kaum ein anderer das Alterungspotenzial der Weine aus Bandol und reift zu wunderbarer Finesse und Komplexität heran.

rot, rosé *rot: 2001, 2000, 1999, 1998, 1997, 1996, 1995, 1993, 1990*
★ *Bandol rot*

Etikett Château Pradeaux

Henri de St Victor von Château de Pibarnon

Domaine Tempier
Bandol

Le Plan du Castellet, Le Castellet
04 94 98 70 21
www.domainetempier.com

DOMAINE TEMPIER gehört seit langem zu den führenden Gütern in Bandol. Das Weingut wurde in den 1940er-Jahren von Lucien Peyraud wiederbelebt und befindet sich noch heute im Besitz dieser Familie. Die Leitung hat Daniel Ravier, der ein breites Rotweinprogramm entwickelt hat. Classique und Cuvée Spéciale stammen von verschiedenen Parzellen, während La Migoua, La Tourtine und Cabassaou Lagenweine bester Güte sind. Alle Weine sind Verschnitte auf der Basis von Mourvèdre mit etwas Grenache, Cinsaut und Syrah.

rot, weiß, rosé — rot: 2001, 2000, 1999, 1998, 1997, 1996, 1993, 1990 ★ Cuvée Spéciale, La Tourtine, Cabassaou

Clos Ste Magdeleine
Cassis

Cassis 04 42 01 70 28 n. V.

DIE TERRASSIERTEN WEINBERGE von Clos Ste Magdeleine reichen direkt bis ans Mittelmeer. Das Gut gehört seit einigen Jahren kontinuierlich zu den Spitzenerzeugern der Region. Die aus Marsanne, Clairette und Ugni Blanc bereiteten Weine haben eine unendlich weiche, runde Frucht und ein blumiges, honigartiges Bouquet. Man trinkt sie am besten jung.

weiß, rosé — weiß: 2002, 2001, 2000, 1999, 1998 ★ Cassis white

Château Simone
Palette

Meyreuil 04 42 66 92 58 n. V.

AUF DIESEM EINZIGARTIGEN GUT, das seit sieben Generationen der Familie Rougier gehört, hält man auf Tradition. Der biologisch bewirtschaftete Weingarten wurde nie neu bestockt, und nur wenn es unbedingt erforderlich ist, werden einzelne Stöcke ausgetauscht. Angebaut werden unterschiedliche Sorten, von denen überwiegend Grenache und Mourvèdre für Rotwein und Clairette für Weißwein verwendet werden. Letzterer ist von mineralischer Frische und umso besser, je länger er in der Flasche lagert. Der Rotwein wird bis zu drei Jahren in Eiche ausgebaut, ist von heller Farbe und das Gegenteil der modernen fruchtbetonten Weine.

rot, weiß, rosé — weiß: 2001, 2000, 1999, 1998, 1997, 1996, 1995, 1993 ★ Palette weiß

Domaine de Trévallon
Vin de Pays

St-Etienne du Grès 04 90 49 06 00
www.trevallon.com n. V.

ELOI DÜRRBACH macht einen wahrlich einzigartigen roten Verschnitt aus Cabernet Sauvignon und Syrah, die er im Verhältnis 1 : 1 mischt. Der Wein ist von schöner Textur, zeigt Aromen von Lorbeer und Strauchheide und altert endlos. Weil aber der Anteil von Cabernet Sauvignon höher ist als in der AC Les Baux-de-Provence zugelassen, werden die Weine, die sonst AC-Weine wären, als Vins de pays vermarktet. Ebenfalls gut ist der fassvergorene Weißwein aus Marsanne, Roussanne und Chardonnay.

rot, weiß — rot: 2001, 2000, 1999, 1998, 1997, 1996, 1995, 1993, 1990 ★ VDP rot

BIOWEINGÜTER

Die Provence ist geradezu prädestiniert für biologischen Weinbau. Unter dem Einfluss des meist sonnigen Klimas und der reinigenden Wirkung der trockenen Mistralwinde gibt es im Weingarten kaum Probleme mit Pilzerkrankungen und Vogelfraß. Bioweingüter gibt es überall in der Region, besonders viele aber in der kleinen AC Les Baux de Provence. Besonders hervorzuheben sind hier Mas de la Dame, Mas de Gourgonnier, Domaine Hauvette, Château de Romain, Domaine des Terres Blanches und Domaine de la Vallongue.

DAS LOIRETAL

IN PARIS STEHEN DIE WEINE *von der Loire seit jeher hoch im Kurs, während sie von der internationalen Weinszene meist unterschätzt werden. Dabei ist die Vielfalt der Region überwältigend – von knackig trockenen Weißweinen und preiswerten Schaumweinen bis hin zu erfrischenden Rosés, leichten Rotweinen und Süßweinen von Weltruf.*

Aufgrund der Nähe zu Paris gab es für die Weine von der Loire schon im Mittelalter gute Absatzmöglichkeiten, und viele der zahlreichen kleinen Winzer konnten ihre Produkte direkt vermarkten. Schon bald kamen mit der Flussschifffahrt Handelsbeziehungen mit Belgien und den Niederlanden hinzu, während die Seehäfen im Westen den Handel mit England begünstigten.

Weinbereitung in früherer Zeit

Was die Vielzahl von Anbaugebieten verbindet, ist ihre gemeinsame Lage an der Loire, die im Zentralmassiv entspringt und bis zu ihrer Mündung im Atlantik 1000 km zurücklegt. Am Oberlauf des Flusses gedeihen Weine, die außerhalb Frankreichs selten in Erscheinung treten, z. B. Saint-Pourçain, Côte Roannaise oder Côtes du Forez. Die ernst zu nehmenden Anbaugebiete findet man erst weiter nördlich bei Pouilly-sur-Loire und von da an in Richtung Westen bis Nantes. An diesem Abschnitt der Loire liegen rund 13 000 Weingüter in Familienbesitz, die eine Rebfläche von insgesamt mehr als 50 000 ha bewirtschaften. Zu den einzelnen Gütern gehören im Durchschnitt nur wenig mehr als 4 ha, dennoch ist das Loiretal mit einer Jahresproduktion von rund drei Mio. Hektolitern nach Bordeaux und dem Rhônetal der drittgrößte AC-Weinerzeuger Frankreichs.

Das Gros der Weine von der Loire sind weiße Stillweine, auf die 55 % der Gesamtmenge entfallen; 24 % sind Rotweine, 14 % Rosé- und 7 % Schaumweine. Aufgrund der relativ nördlichen Lage und des gemäßigten Klimas sind alle Weine von guter Säure und erfrischendem Charakter. Aber bedingt durch die Größe des Anbaugebiets und der Vielzahl der kultivierten Sorten unterscheiden sich die Weine beträchtlich.

Sauvignon-Blanc-Lese vor den Toren der Stadt Sancerre

◁ **Château de Tracy, Appellation Pouilly-Fumé**

WEINKARTE LOIRETAL

DIE GROSSEN ANBAUGEBIETE der Loire liegen am Flussabschnitt zwischen Pouilly-sur-Loire in Zentralfrankreich und dem Atlantik. Dieser Abschnitt lässt sich in vier größere Regionen mit je eigenen Weinen unterteilen. Das Pays Nantais am Atlantik ist die Heimat des Muscadet. Daran anschließend im Osten liegt Anjou-Saumur mit seinen üppigen Süßweinen (Coteaux du Layon) und Chenin Blanc (Savennières). Aus der Touraine kommen die besten Loire-Rotweine (Chinon, Bourgueil und Saint-Nicolas-de-Bourgueil) und süße Varianten von Chenin Blanc (Vouvray und Montlouis). Vom Oberlauf der Loire kommt Sauvignon Blanc (Sancerre und Pouilly-Fumé).

LEGENDE

Loiretal

Weingarten im Pays Nantais

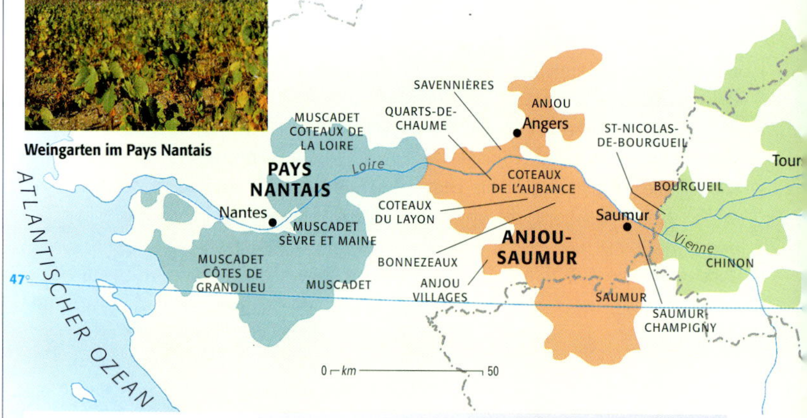

SPEZIALITÄTEN VON DER LOIRE UND DER PASSENDE WEIN

Das Loiretal hat den Beinamen »Garten Frankreichs« und eine entsprechend abwechslungsreiche regionale Küche. Ebenso ursprünglich und vielfältig sind die Weine. Manche Gerichte verlangen geradezu nach einem bestimmten Wein. Austern, Muscheln und andere Schalentiere aus dem Atlantik schmecken wunderbar zu einem frischen, trockenen, knackigen Muscadet. Spargel, gebratener Breitling, Geflügellebermousse oder Ziegenkäse sind die ideale Begleitung zu einem makellosen, knackigen Sancerre oder Poilly-Fumé. Flussfisch in Sahnesauce – Karpfen, Hecht, Zander – passt gut zu einem jungen, fruchtigen Rotwein wie Saumur-Champigny oder zu einem trockenen Weißen auf Chenin-Blanc-Basis aus Vouvray oder Savennières. Fasan oder Wildente harmoniert mit einem älteren, im Charakter ausgeprägten Chinon oder Bourgeuil. Und womit könnte man ein Dessert mit Obstkuchen und einem süßen, aber kribbelnd frischen Coteaux du Layon übertreffen?

Fisch und Meeresfrüchte

Sauvignon-Blanc-Weingärten, Sancerre

DAS TERROIR AUF EINEN BLICK

Breitengrad: 47–48 °N

Höhe: 0–350 m über NN

Topografie: Die Loire fließt in Ost-Westrichtung durch ein breites Tal. Das Gebiet ist ziemlich flach mit hügeligen Gegenden in Anjou-Saumur und der Touraine, wo die Zuflüsse der Loire sanft abfallende Flusstäler bilden. Der Ort Sancerre im Osten liegt 300 m hoch.

Boden: Schiefer, Granit, Gneis, Sand im Pays Nantais; Schieferton, Schiefer, Sandstein, Tuff in Anjou-Saumur; Sand, Lehm, Kies, Tuff in der Touraine; Muschelkalk ähnlich wie in Chablis am Oberlauf

Klima: Kühl und gemäßigt. An der Atlantikküste überwiegt maritimer Einfluss, der in Abstufungen landeinwärts bis Orléans andauert. Am Oberlauf der Loire ist das Klima eher kontinental.

Temperatur: Das Julimittel beträgt 19 °C.

Niederschlag: Das Jahresmittel beträgt 750 mm.

Gefahren für den Weinbau: Frühjahrsfröste

Etikett Domaine Henry Marionnet, Touraine

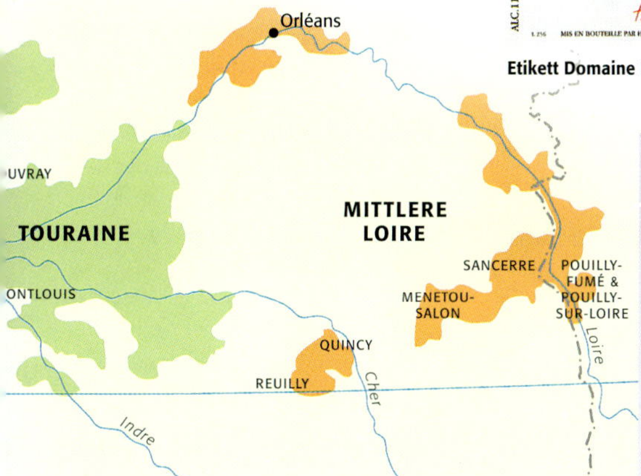

SPITZENWEINE: LOIRETAL

- Château de Villeneuve Saumur Les Cormiers €€
- Château Pierre Bise Coteaux du Layon Anclaie €€€
- Domaine de la Taille aux Loups Montlouis Cuvée des Loups *(moelleux)* €€€
- Domaine de l'Écu Muscadet Sèvre et Maine Expression de Granit €€
- Domaine des Baumard Quarts-de-Chaume €€€
- Domaine Didier Dagueneau Pouilly-Fumé Silex €€€€
- Domaine du Clos Naudin Vouvray *(sec)* €€
- Domaine Henri Bourgeois Sancerre La Côte des Monts Damnés €€
- Domaine Huet Vouvray Le Clos du Bourg *(demi-sec)* €€
- Domaine Huet Vouvray Le Mont *(moelleux)* €€€
- Domaine Patrick Baudouin Coteaux du Layon Maria Juby €€€
- Coulée de Serrant Savennières €€€€

LOIRETAL: GEBIETE UND SPITZENERZEUGER

PAYS NANTAIS *S. 154*

Domaine de l'Écu *S. 160*

ANJOU-SAUMUR *S. 154*

Château de Villeneuve *S. 160*
Château Pierre Bise *S. 160*
Clos Rougeard *S. 160*
Coulée de Serrant *S. 160*
Domaine des Baumard *S. 161*
Domaine Patrick Baudouin *S. 161*

Etikett Domaine de la Taille, Touraine

TOURAINE *S. 156*

Domaine Bernard Baudry *S. 161*
Domaine de la Taille aux Loups *S. 161*
Domaine du Clos Naudin *S. 162*
Domaine Henry Marionnet *S. 162*
Domaine Huet *S. 162*
Domaine Philippe Alliet *S. 162*
Domaine Yannick Amirault *S. 162*

MITTLERE LOIRE *S. 157*

Château de Tracy *S. 163*
Domaine Alphonse Mellot *S. 163*
Domaine Didier Dagueneau *S. 163*
Domaine Henri Bourgeois *S. 163*

Lese von Melon de Bourgogne in Muscadet, Pays Nantais

DIE WEINBAUGEBIETE DES LOIRETALS

AUS DEM LOIRETAL kommen regionaltypische Weine ganz unterschiedlicher Art: trockene, halbtrockene und süße Weißweine, Rot- und Rosé- sowie Schaumweine. Der überwiegende Teil sind Weißweine, die man in Anjou-Saumur und in der Touraine meist aus Chenin Blanc (regional: Pineau de la Loire) erzeugt, im Pays Nantais aus Melon de Bourgogne, am Oberlauf der Loire und in der Touraine aus Sauvignon Blanc. Die bestimmende rote Traube ist Cabernet Franc, die hauptsächlich in Anjou-Saumur und in der Touraine vorkommt. Unabhängig vom Stil sind alle Weine in diesem nördlichen Klima eher delikat-aromatisch als mächtig und fruchtbetont.

Melon-de-Bourgogne-Traube

Pays Nantais

DIESE WESTLICHSTE ANBAUREGION an der Loire ist die Heimat des Muscadet, eines trockenen, knackigen Weißweins, der gern zu Fisch und Meeresfrüchten getrunken wird. Er wird aus der eher neutralen Traube Melon de Bourgogne erzeugt, einer im 17. Jh. eingeführten burgundischen Sorte. Sie überstand als Einzige den eisig kalten Winter des Jahres 1709.

Die Weingärten, rund 13 000 ha, liegen in der Umgebung von Nantes und verteilen sich auf vier ACs. Die größte ist **Muscadet Sèvre et Maine**, aus der 80 % der Weine stammen. Die besten haben ein feines, duftiges Bouquet, mineralischen Biss und ab und an auch Alterungspotenzial. **Muscadet Coteaux de la Loire** hat vielleicht mehr Körper, während **Muscadet Côtes de Grandlieu**, die erst 1994 eingeführte und damit jüngste AC, im Stil weicher ist. Die Appellation **Muscadet** fällt kaum ins Gewicht.

Die besten Muscadets sind meist *sur-lie*-Abfüllungen, was bedeutet, dass der Wein nach Ende der Gärung vier bis fünf Monate im Gärbehälter auf der Hefe ruht und danach direkt abgefüllt wird. Durch die Hefesatzlagerung schmeckt der Wein intensiver und voller, und da auch noch ein Rest prickelnder Kohlensäure vorhanden ist, erhält er eine zusätzliche frische Note. Noch trockener als Muscadet ist der VDQS Plant du Pays Nantais aus Folle Blanche.

Schiefer, Granit, Gneis, Sand *Melon de Bourgogne, Folle Blanche* *weiß*

Anjou-Saumur

NIRGENDWO AUF DER WELT kommt Chenin Blanc so mustergültig zum Ausdruck wie hier, abgesehen vielleicht von Vouvray in der Touraine. In einem Zusammenspiel von Seeklima, geschützten Tälern und Schieferböden entstehen süße und trockene Weine der Spitzenklasse, die Jahre oder gar Jahrzehnte lagern können.

Südwestlich von Angers auf der nördlichen Flussseite liegen die Weingärten der AC **Savennières**, deren Hänge aus Schiefer und Schieferton bis an den Fluss heranreichen. Typischer Savennières ist trocken-mineralisch und braucht mindestens vier bis fünf Jahre Flaschenreife. Halbtrockene und süße Versionen macht man nur in besonderen Jahren. Innerhalb der AC Savennières liegen die beiden Subappellationen **Roche aux Moines** und **Coulée de Serrant**. Letztere ist winzig klein und befindet sich komplett im Besitz von Nicolas Joly, der die Weingärten strikt biodynamisch *(s. S. 105)* bewirtschaftet.

Die besten Süßweine kommen aus den ACs **Coteaux de l'Aubance** und **Coteaux du Layon**, die die Zuflusstäler südlich der Loire abdecken. Je nach Ausrichtung der Hänge reift hier Chenin Blanc zu duftiger Süße heran und wird unter günstigen Umständen durch Botrytisbefall *(s. S. 66)* verfeinert. Selektive und späte Lese ist deshalb unerlässlich. Die Spitzenweine haben eine üppige Frucht und in jungen Jahren blumige Aromen, die mit zunehmender Reife Noten von Trockenfrüchten und Honig annehmen; bei gut eingebundenem Säurerückgrat sind sie am Gaumen fettig. Zwei Lagen an den Coteaux du Layon, **Bonnezeaux** und **Quarts de Chaume**, gelten als prädestiniert für diesen Stil und haben deshalb eigenen AC-Status.

Trockene Weißweine und Rotweine stammen aus der AC **Anjou**. Typisch für die Weißweine ist das von mineralischen Noten unterlegte Apfel-Quitten-Aroma. Sie basieren auf Chenin Blanc, manchmal mit etwas Chardonnay oder Sauvignon Blanc. Die weichen Rotweine sind aus Cabernet Franc. Der leichte, süffige Gamay aus der AC **Anjou-Gamay** wird überwiegend vor Ort konsumiert. **Anjou-Villages** und **Anjou-Villages Brissac** sind reine Rotwein-ACs. Die Weine von ausgewählten Lagen im Süden werden aus Cabernet Franc und Cabernet Sauvignon erzeugt und haben etwas mehr Farbe, Intensität und Struktur als regulärer Anjou. Eine große Rolle in Anjou spielt auch Rosé, der in mehreren Stilen angeboten wird. **Cabernet d'Anjou** und **Rosé d'Anjou** sind halbtrocken, **Rosé de Loire** (der auch in der Touraine erzeugt wird) dagegen trocken.

Die Kalkstein-Tuffböden im Süden bei Saumur und weiter ostwärts haben die Stadt und die Region Saumur zu einem Zentrum der Schaumweine gemacht *(s. oben)*. Die Stadt erinnert mit ihren in den Tuffkalkstein gehauenen Kellern etwas an Épernay in der Champagne. Die allgemeine Herkunftsbezeichnung für rote und weiße Stillweine lautet AC **Saumur**; die Weine werden wie in Anjou aus Cabernet Franc bzw. Sauvignon Blanc gemacht, sind aber wegen der Kalkböden leichter. Die besten Rotweine (ebenfalls Cabernet Franc) stammen von der Unter-AC **Saumur-Champigny**. Sie duften nach Himbeeren und Veilchen, sind meist frisch und fruchtig.

Schiefer, Schieferton, Sandstein, Tuff *Cabernet Sauvignon, Cabernet Franc, Grolleau, Gamay* *Chenin Blanc, Chardonnay, Sauvignon Blanc* *rot, weiß, rosé, Schaum- u. Dessertwein*

Crémant de Loire

SCHÄUMENDE LOIREWEINE

In der großen Angebotspalette der Loire haben auch Schaumweine ihren Platz. Die besten werden nach der *méthode traditionnelle* in den Zentren Saumur und Vouvray erzeugt. Schaumweine aus Vouvray und Montlouis werden nur aus Chenin Blanc erzeugt, dessen kräftiger Säurebiss sie besonders frisch und apfelig wirken lässt. Mit etwas Flaschenreife kommt eine honigartige Note hinzu. Saumur brut basiert auf Chenin Blanc, zur Abrundung sind auch Sorten wie Chardonnay, Sauvignon Blanc oder Cabernet Franc zugelassen. Crémant de Loire wird von Trauben aus Anjou, Saumur oder der Touraine erzeugt. Da die Vorschriften hier strenger als für Saumur sind, haben die Weine meist mehr Finesse.

Chenin-Blanc-Weingärten, Coteaux du Layon

Frisch geerntete Chenin-Blanc-Trauben, Vouvray

Touraine

Die besten Loire-Rotweine kommen aus der Touraine, und zwar von den Appellationen **Chinon**, **Bourgueil** und **St-Nicolas-de-Bourgueil**. Sie werden von Cabernet Franc (regional: Breton) bereitet und sind meist frisch und fruchtig. Ihr Reiz besteht darin, dass sie bekömmlich und nicht allzu schwer sind und zu fast allen Speisen passen. Leichtere und jüngere Weine können leicht gekühlt (13 oder 14 °C) serviert werden, um den Fruchtcharakter zu betonen. Je nach Jahrgang (der 1996er und 1997er waren hervorragend) und Boden sind die Weine auch fester und langlebiger und können zehn Jahre und länger lagern.

Etikett Domaine Huet

Die größte von drei ACs, Chinon, ist 2100 ha groß und liegt zu beiden Seiten des Nebenflusses Vienne. Die Weine sind allgemein von weicher, runder Textur. Leichtere Varianten kommen von den sandigen Schwemmlandböden in Flussnähe, Weine mit mehr Kraft und Struktur von den Lehm- und Kiesböden des Plateaus oder von südwärts ausgerichteten Kalksteinhängen. In geringen Mengen gibt es auch trockenen weißen Chinon aus Chenin Blanc. Nördlich der Loire bei Bourgueil finden sich abermals Tuffböden, was den Weinen Festigkeit verleiht, während die Schwemmlandböden von Saint-Nicolas-de-Bourgueil leichtere und fruchtigere Weine erbringen. In allen drei Regionen bieten die Erzeuger oft mehrere unterschiedliche Cuvées an, um Bodentyp und Alter der Weine zum Ausdruck zu bringen.

Die umfassende regionale Appellation für einfache und leichte Weiß-, Rot- und Roséweine lautet **Touraine**. Sie werden in der Umgebung der Stadt Tour und in einer nach Osten bis Blois reichenden Zone angebaut. Es sind viele Sorten zugelassen, die beiden häufigsten sind jedoch Gamay und Sauvignon Blanc. Drei Unterregionen dürfen zusätzlich auf dem Etikett erscheinen: **Touraine Mesland**, **Touraine Amboise** und **Touraine Azay-le-Rideau**; **Touraine Noble-Joué** (seit 1999) steht für geringe Mengen von blassrosafarbenem, leichtem Vin gris aus Pinot Meunier, Pinot Noir und Pinot Gris.

Im Osten von Tours liegen die beiden großen Weißwein-ACs der Touraine, **Vouvray** und **Montlouis**. Hier wird Chenin Blanc zu trockenen *(sec)*, halbtrockenen *(demi-sec)*, süßen *(moelleux)* Weinen, aber auch zu Schaumweinen *(s. S. 155)* verarbeitet. Typisch sind Apfel-Honignoten und messerscharfe Säure. Jahrgangsbedingte Schwankungen beeinflussen nicht nur die Qualität, sondern auch den Stil der Weine. Wenn Edelfäule die Trauben befällt, kommt die süßere Stilvariante mit Aromen von Quitten und kandierten Früchten mehr zum Tragen, während in gewöhnlichen Jahren Schaumweine und trockene Weine überwiegen. Unabhängig vom Stil haben alle diese Weine ein Alterungspotenzial von oft mehreren Jahrzehnten. Das am Nordufer der Loire gelegene Vouvray bringt auf seinen Tuffsteinhängen Weine mit mehr Intensität und Gewicht hervor als Montlouis am Südufer. In Vouvray finden sich beeindruckende, in den Tuff gehauene Weinkeller und Höhlenwohnungen.

Tuff, Sand, Lehm, Kies *Cabernet Franc, Gamay, Côt, Cabernet Sauvignon* *Chenin Blanc, Sauvignon Blanc, Chardonnay* *rot, weiß, rosé, Schaum- und Dessertwein*

SÜSSE LOIRE-WEINE

Die offiziellen Richtlinien für den Süßegrad der Loire-Weine gehen auf ein EU-Dekret zurück. Trockene Weine sollten einen Restzuckergehalt von höchstens 5 g/l haben.

Halbtrockene *(demi-sec)* Weine sollten in dem Bereich zwischen fünf und 14 g/l liegen, süße *(moelleux)* Weine in dem Bereich zwischen 14 und 45 g/l. Was darüber liegt, läuft unter sehr süß *(doux)*, einem Begriff, der den meisten Erzeugern missfällt, und die stattdessen *liquoreux* vorziehen. Nicht berücksichtigt von dieser Norm ist der hohe Säuregehalt von Weinen wie Vouvray oder Montlouis, der den Zuckergehalt ausgleicht und die Weine trockener wirken lässt. Viele Erzeuger geben den genauen Stil ihrer Weine in vielen Fällen gar nicht an. Somit lässt sich auf den ersten Blick oft nicht erkennen, wie süß oder trocken ein Wein tatsächlich ist. Ein Anhaltspunkt ist der Preis, da süße Weine meist teuerer sind, und zuweilen wird trockener Vouvray mit einem hohen, aber nicht wahrnehmbaren Restzuckergehalt inoffiziell als *sec tendre* bezeichnet. Unabhängig vom Zuckergehalt jedoch gilt, dass Süßweine von der Loire Klassiker sind, die Jahrzehnte alt werden können und dabei ihre Frische beibehalten.

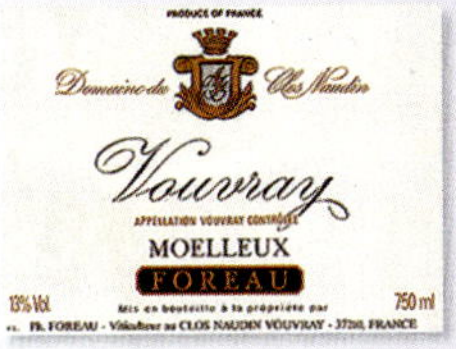

Etikett der Domaine Clos Naudin

Obere Loire

MIT SO BERÜHMTEN WEINEN wie **Sancerre** oder **Pouilly-Fumé** ist die Obere Loire das Zentrum für Sauvignon Blanc. Das Klima ist kontinental und begünstigt trockene, knackig-spritzige Weine. Die Aromen reichen von Roter Johannisbeere, Stachelbeere bis hin zu Zitrusnoten.

Die größere der beiden Appellationen, Sancerre, umfasst 2600 ha Rebfläche auf hügeligem Kalksteingelände und ist nach der gleichnamigen Stadt am Westufer der Loire benannt. Pouilly-Fumé wächst auf der gegenüber liegenden Seite des Flusses in der AC **Pouilly-sur-Loire**. Dort ist das Land flacher, die Traube jedoch mit Sauvignon Blanc dieselbe. Pouilly-sur-Loire bezeichnet verwirrenderweise auch einen Weißwein, der jedoch von Chasselas bereitet wird und in keiner Weise einem Vergleich standhält.

Geschmacklich liegen Sancerre und Pouilly-Fumé nahe beisammen. Ersterer ist voller und etwas fruchtiger, Letzterer schmeckt aufgrund eines höheren Feuersteinanteils im Boden intensiver und ausgeprägter mineralisch. Sehr delikat sind beide, wenn man sie jung trinkt.

Die Pouilly-Fumé-Region ist nur für Weißwein zuständig, wohingegen Sancerre auch etwas Rot- und Roséwein von Pinot Noir erzeugt. Der Rote ist leicht, mit kirschähnlichen Noten, und wird hauptsächlich in Pariser Bistros oder vor Ort konsumiert.

Die anderen Anbaugebiete der Oberen Loire liegen wie Sancerre auf der linken Seite des Flusses. Die AC **Menetou-Salon** grenzt westlich an Sancerre an und erzeugt ebenfalls Sauvignon Blanc und leichte Rot- und Roséweine von Pinot Noir. Die Weine sind nicht so bekannt, bieten aber oft viel Qualität für relativ wenig Geld. Auch in der AC **Reuilly** produziert man Rot- und Weißweine von denselben Sorten sowie Rosé von Pinot Gris. Der Weiße ist leicht und etwas schärfer, der Rote leichter als Sancerre. Die benachbarte AC **Quincy** ist nur für Weiße zuständig; auf sandigen Kiesböden erbringt Sauvignon Blanc abermals fruchtige und aromatische, im Stil weiche Weine.

Kalkstein, Feuerstein, Sand, Kies *Pinot Noir* *Sauvignon Blanc* *rot, weiß, rosé*

Sauvignon-Blanc-Weinberge in Sancerre

WEINFÄSSER

EICHENFÄSSER DIENEN SCHON seit Jahrhunderten zur Lagerung und zum Transport von Wein, da Holz sich leicht zu dichten Behältern verarbeiten lässt und zudem früher ausreichend zur Verfügung stand. Weine, die in Fässern aus neuer Eiche vergoren oder ausbaut wurden, nehmen nicht nur den Geschmack von Holz an, sondern sind auch insgesamt komplexer. Da Holz atmet, geht mit einem Ausbau in Fässern eine leichte Oxidation einher, was die Weine weicher macht und sie vor der Abfüllung klärt und stabilisiert.

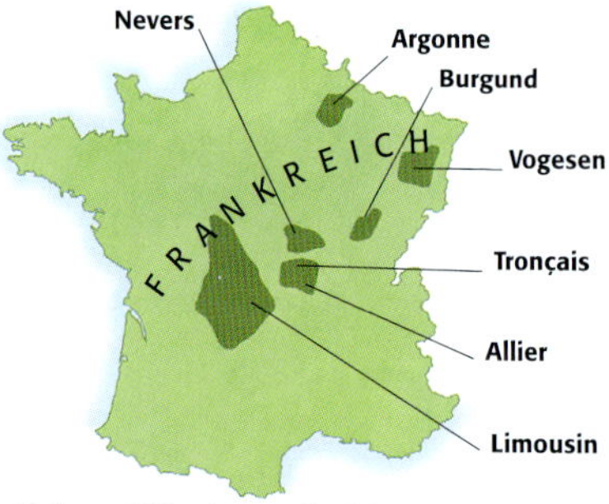

Eichenwälder in Frankreich
Holz für Eichenfässer liefern die USA, Russland und die Balkanländer, als das beste Holz für Weinfässer gilt jedoch gemeinhin jenes von den Eichenwäldern Zentralfrankreichs. Besonders geschätzt und teuer ist Holz aus Allier, Tronçais und Nevers.

DIE KUNST DES KÜFERS

Je nach Verwendungszweck gibt es verschiedene Arten von Fässern. In jedem Fall ordnet man die Dauben zuerst zu einem Kreis und bringt sie dann unter Zuhilfenahme von Hitze und Metallreifen in Form. Anschließend werden die Fässer mittels einer offenen Flamme innen »getoastet«. Der Grad der Toastung – schwach, medium oder stark – ist maßgebend für die Intensität der Vanille-, Räucher- und Gewürznoten des Weines.

1. Montage
Die Dauben werden zu den Enden hin verjüngt und in einem Kreis arrangiert. Ein Montagereifen hält sie zusammen.

2. Vorläufige Form
Dann schlägt der Böttcher Metallreifen auf das Fass, um es ansatzweise in Form zu bringen.

3. Endgültige Form
Feuer und Wasser begleiten den Fertigungsprozess in dieser Phase, in deren Verlauf der Böttcher weitere Reifen aufschlägt.

4. Toasten
Die Innenseite wird getoastet, um dem Wein Charakter zu geben.

5. Fertigstellung
In einem letzten Arbeitsgang wird der unregelmäßige Rand glatt gehobelt.

ZEITGEMÄSSE ALTERNATIVEN ZUM HOLZFASS

Hochwertige Eichenfässer sind teuer, weshalb die Weinindustrie mit verschiedenen Methoden versucht, denselben Effekt kostengünstiger zu erreichen. Man hängt z. B. Fassdauben aus Eiche in stählerne Gärtanks. Noch billiger ist es, Nylonbeutel mit Eichenchips wie Teebeutel in die Ausbaubehälter zu geben.

Wie beim klassischen Eichenfass hat man auch hier die Möglichkeit, den Wein über die jeweilige Herkunft des Holzes und den Grad der Toastung zu beeinflussen.

Mit Holzchips lässt sich das Weinaroma kostengünstig manipulieren.

Alternative Sauerstoffzufuhr
Die minimale Oxidation, die Wein beim Fassausbau weicher und harmonischer werden lässt, ist auch ohne Holz zu haben. Mikrooxidation ist ein Verfahren, bei dem man dem Wein Sauerstoff in wohl dosierten Mengen künstlich zuführt, um in Beton- oder Stahltanks ähnliche Effekte wie im Barrique zu erreichen.

FASSGRÖSSEN

Die Größe eines Fasses hat direkten Einfluss auf den Wein. Je kleiner das Fass ist, umso rascher reift der Wein, da bei einem größeren Verhältnis von Holzoberfläche zu Inhalt mehr Sauerstoff in kürzerer Zeit nach innen gelangt.

Fuder (1000 l)

Pipe (550 l)

Barrique (225 l)

Gönci (136 l)

SPITZENERZEUGER IM LOIRETAL

Domaine de l'Écu
Pays Nantais/Muscadet Sèvre et Maine

La Bretonnière, Le Landreau
02 40 06 40 91 *n. V.*

KEIN ARGUMENT könnte überzeugender für biodynamischen Weinbau sprechen als die Weine der Domaine de l'Écu. Ihr Besitzer Guy Bossard hat Muscadet praktisch neu geschaffen, mit vollen, duftigen, komplexen Weinen, die obendrein alterungsfähig sind. Längst ein Klassiker ist der reguläre Muscadet Sèvre et Maine *sur lie*. Daneben gibt es drei außergewöhnliche Cuvées mit der Note und dem Namen des Bodentyps, von dem sie stammen: Expression de Gneiss, de Granit und d'Orthogneiss. Seinen außergewöhnlichen Schaumwein nennt Bossard Ludwig Hahn. Er macht ihn nach dem Champagnerverfahren von Melon de Bourgogne, Folle blanche und Chardonnay.

weiß* *2002, 2001, 2000, 1999, 1998, 1997* ★ *Muscadet Sèvre et Maine: Expression de Gneiss, Expression de Granit, Expression d'Orthogneiss

Château de Villeneuve
Anjou-Saumur/Saumur-Champigny

3 rue Jean Brevet, Souzay-Champigny
02 41 51 14 04
www.chateau-villeneuve.com

DIESES CHÂTEAU aus dem 18. Jh. ist aus dem Tuff der Gegend erbaut. Ebenso beeindruckend sind die penibel gearbeiteten Weine von Jean-Pierre Chevallier. Die Rotweine von Cabernet Franc, reich, mächtig und tieffarbig, sind ein wunderbares Beispiel für das wahre Potenzial von Saumur-Champigny. Verlässlich ist die reguläre Cuvée, während man die lange lagerfähigen Weine Le Grand Clos und Vieilles Vignes nur in besonders guten Jahren (wie 2001, 1999 oder 1997) macht. Der Saumur Les Cormiers von Chenin Blanc ist reich und konzentriert.

Etikett Château de Villeneuve

rot, weiß* *rot: 2002, 2001, 2000, 1999, 1997, 1996* ★ *Saumur-Champigny, Saumur-Champigny Le Grand Clos, Saumur Les Cormiers

Château Pierre Bise
Anjou-Saumur/Coteaux du Layon

Beaulieu-sur-Layon *02 41 78 31 44*
n. V.

CLAUDE PAPIN kennt das Terroir seines 54-ha-Besitzes wie seine Westentasche. Aus diesem Grund macht er auch derart beeindruckende Weine, die alle einen Bezug zur Lage und den Böden der verschiedenen, über Savennières und die Coteaux du Layon verstreuten Parzellen haben. Ihren großzügigen Fruchtcharakter verdanken sie später und selektiver Lese. Besonders bemerkenswert sind der feste, aber saftig trockene Savennières Clos de Coulaine, der üppig süße Coteaux du Layon Anclaie und der ebenfalls süße Quarts de Chaume. Von Cabernet Sauvignon von Vulkanböden in den roten Anjou-Villages wird Sur Spilite erzeugt.

rot, weiß, Dessertwein* *weiß: 2002, 2001, 2000, 1999, 1997, 1996* ★ *Coteaux du Layon Anclaie, Savennières Clos de Coulaine, Anjou-Villages Sur Spilite

Clos Rougeard
Anjou-Saumur/Saumur-Champigny

15 rue de l'Église, Chacé
02 41 52 92 65 *n. V.*

DIE BRÜDER Charly und Nadi Foucault sind für ihren guten Wein bekannt. Weinbergspflege, alte Cabernet-Franc-Reben, niedrige Erträge und Barrique-Ausbau führen zu einem konzentrierten Saumur-Champigny, der mit den sonst hier üblichen leichten, fruchtigen Rotweinen nichts gemein hat. Die beiden Spitzenweine Les Poyeux und Le Bourg sind ebenso elegant, zurückhaltend und strukturiert wie mancher Bordeaux. Körperreicher, trockener weißer Saumur ist in geringen Mengen zu haben.

rot, weiß* *rot: 2002, 2001, 2000, 1999, 1997, 1996* ★ *Saumur-Champigny: Les Poyeux, Le Bourg

Coulée de Serrant
Anjou-Saumur/Savennières

Château de la Roche-aux-Moines, Savennières *02 41 72 22 32* *www.coulee-de-serrant.com*

Coulée de Serrant

NICOLAS JOLY ist der missionarische Vorkämpfer für den biodynamischen Weinbau *(s. S. 105)* in Frankreich. Ihm gehören die 7 ha große Grand-Cru-Lage Coulée de Serrant, ein 3 ha großer Anteil der Grand-Cru-Lage Roche aux Moines sowie weitere Parzellen in der regionalen AC Savennières. Die Weine werden ganz im Vertrauen auf die Qualität der Chenin-Blanc-Trauben so naturbelassen wie möglich zubereitet. Coulée de Serrant ist immer trocken und körperreich, mit fester Säure und Aromen von Honig und Quitte. Es empfiehlt sich, den Wein vor dem Trinken zu dekantieren.

weiß 2002, 2001, 2000, 1999, 1997, 1996, 1995 ★ Coulée de Serrant, Roche aux Moines Clos de la Bergerie

Domaine des Baumard

Anjou-Saumur/Coteaux du Layon

8 rue de l'Abbaye, Rochefort-sur-Loire 02 41 78 70 03 www.baumard.fr

MIT WEINBERGEN beiderseits der Loire in Savennières und den Coteaux du Layon ist Florent Baumard in der Lage, ein breites Sortiment köstlicher Weine bereitzustellen. Der trockene weiße Savennières Clos St-Yves ist fest, jedoch nicht kantig. Die noch intensivere Trie Spéciale macht er nur in besonders guten Jahren (wie 2000 oder 1997). Clos Ste-Catherine, der Süßwein von den Coteaux du Layon, ist von besonderer Eleganz, während der Quarts-de-Chaume Unmengen reicher, saftiger Frucht an den Tag legt. Der rote Anjou hat in den letzten Jahren enorm zugelegt.

rot, weiß, rosé, Dessertwein weiß: 2002, 2001, 2000, 1999, 1997, 1996, 1995, 1993, 1990 ★ Coteaux du Layon Clos Ste-Catherine, Quarts-de-Chaume, Savennières Trie Spéciale

Etikett Domaine Patrick Baudouin

Domaine Patrick Baudouin

Anjou-Saumur/ Coteaux du Layon

Princé, Chaudefonds-sur-Layon 02 41 78 66 04 www.patrick-baudouin-layon.com n. V.

DIESE DOMÄNE, auf der selektiv gelesen wird, erzeugt Weine von natürlicher Fülle und Fruchtkonzentration. Je nach Jahrgang entstehen so mehrere Coteaux du Layonn Cuvées von Chenin Blanc mit unterschiedlichem Süßegrad. Es sind dies in absteigender Reihenfolge: Après Minuit, Maria Juby, Grains Nobles und Les Bruandières. Die Domäne macht auch einen wunderbar weichen trockenen Anjou Blanc mit frischen, mineralisch unterlegten Apfel- und Quittenoten sowie in geringen Mengen roten fruchtigen Anjou-Villages.

rot, weiß, Dessertwein weiß: 2002, 2001, 2000, 1999, 1997, 1996, 1995 ★ Anjou Blanc, Coteaux du Layon: Grains Nobles, Maria Juby

Domaine Bernard Baudry

Touraine/Chinon

13 Coteau de Sonnay, Cravant-les-Coteaux 02 47 93 15 79 n. V.

BERNARD BAUDRY begann 1977 mit nur 2 ha Reben in Chinon und hat den Besitz, den er mit seinem Sohn Matthieu führt, bis heute auf 30 ha ausgebaut. Die Weine reifen in Tuffsteinkellern heran. La Croix Boissée von Cabernet Franc und Gréseaux, Ersterer auf Kalksteinböden, Letzterer auf Kiesböden gewachsen, sind gut strukturiert und alterungsfähig, während der Chinon Granges weicher und fruchtiger ist. 2001 kam eine neue Cuvée dazu: Clos Guillot

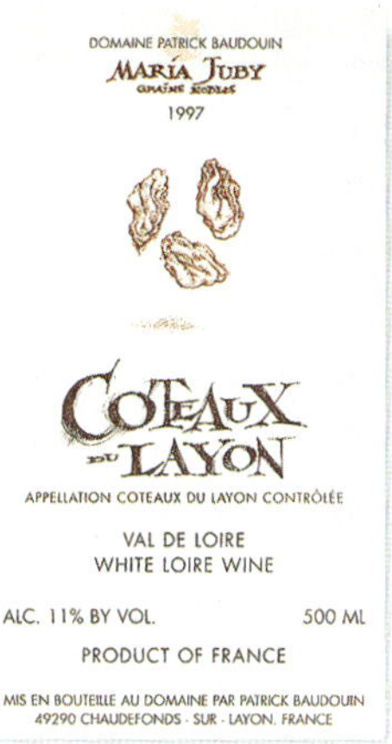

Etikett Domaine Patrick Baudoin

von ungepfropften Reben. Daneben gibt es frischen weißen Chinon von Chenin Blanc.

rot, weiß rot: 2002, 2001, 2000, 1999, 1997, 1996, 1995, 1993, 1990 ★ Chinon: Granges, Grézeaux, La Croix Boissée

Domaine de la Taille aux Loups

Touraine/Montlouis

8 rue des Aitres, Husseau, Montlouis-sur-Loire 02 47 45 11 11 n. V.

1988 GRÜNDETE der ehemalige Weinhändler Jacky Blot mit dem Erwerb dreier kleiner Parzellen dieses Weingut. Heute gehören ihm 16 ha in Montlouis und Vouvray. Seine Weine sind insgesamt eher elegant. Sie werden in Eichenfässern von selektierten Chenin-Blanc-Trauben bereitet. Es gibt zwei trockene Montlouis-Weine: den geradlinigen Les Dix Arpents und die Cuvée Remus, die in ihrer Jugend getoastete Eichenaromen aufweist. Je nach Jahrgang gibt es auch einen *demi-sec* und die süße Cuvée des Loups sowie Schaumweine.

weiß, Schaum- u. Dessertwein 2002, 2001, 2000, 1999, 1998, 1997, 1996 ★ Montlouis: Les Dix Arpents, Cuvée des Loups (demi-sec)

Domaine du Clos Naudin
Touraine/Vouvray

14 rue de la Croix Buisée, Vouvray
02 47 52 71 46 n. V.

PHILIPPE FOREAU beschreibt die feste mineralische Würze älterer Jahrgänge seines Chenin Blanc aus Vouvray als beinahe »chablisesque«. Egal ob *sec, demi-sec, moelleux* oder – in Ausnahmejahren mit Botrytisbefall – *moelleux réserve* (1997, 1995, 1990), alle Weine sind reif, von kristalliner Klarheit und ziemlich lange haltbar. Nach der Champagnermethode erzeugte Schaumweine (Vouvray), sowohl mit als auch ohne Jahrgang, gibt es ebenfalls.

weiß, Schaumwein 2002, 2001, 2000, 1999, 1998, 1997, 1996, 1995, 1993, 1990 ★ Vouvray (sec, réserve moelleux, *Schaumwein*)

Domaine Henry Marionnet
Touraine/Vin de Pays

Domaine de la Charmoise, Soings
02 54 98 70 73 www.henry-marionnet.com n. V.

ES GRENZTE SCHON an eine Pioniertat, als Henry Marionnet seinen Weinberg in der Touraine neu bepflanzte und fortan fruchtigen Gamay Nouveau und sauberen, im Stil modernen Sauvignon Blanc produzierte. Nun hat er sich darauf verlegt, vergessene Rebsorten wieder einzuführen; von der weißen Traube Romorantin (erstmals 1850 gepflanzt) macht er seinen Provignage und von Gamay de Bouze den Wein Les Cépages (beides Vins de pays). Vinifera ist ein Wein von ungepfropften Gamay-Reben. Alle drei zeichnen sich durch ihre außerordentlich reine Frucht aus.

rot, weiß weiß: 2002, 2001, 2000 ★ Touraine Sauvignon Blanc, Provignage, Vinifera

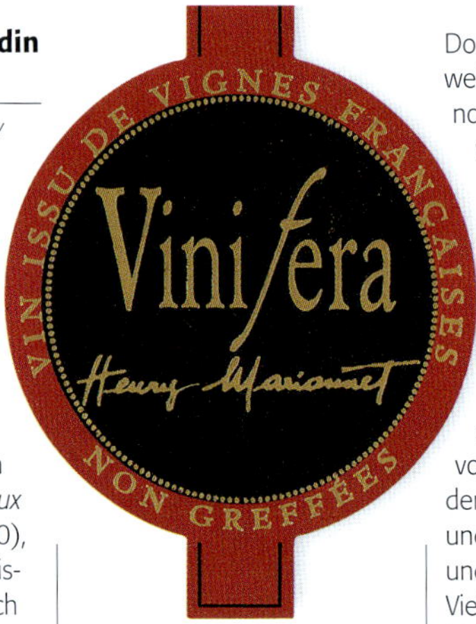

Etikett Domaine Henry Marionnet

Domaine Huet
Touraine/Vouvray

11 rue de la Croix Buisée, Vouvray
02 47 52 78 87 www.huet-echansonne.com

GASTON HUET machte sich mit dieser Domäne in Vouvray nach dem Zweiten Weltkrieg einen Namen als Winzer. Auf den Fortbestand des guten Rufs achtet heute sein Schwiegersohn Noël Pinguet, der biodynamisch wirtschaftet. Die Weine werden von Chenin Blanc gemacht, der auf drei Spitzenlagen heranwächst: Le Mont, Le Haut-Lieu und Le Clos du Bourg. Je nach Jahrgang sind sie trocken, halbtrocken oder süß und in jedem Fall enorm alterungsfähig.

weiß 2002, 2001, 2000, 1999, 1998, 1997, 1996, 1995, 1993, 1990 ★ Vouvray: Le Mont, Le Haut-Lieu, Le Clos du Bourg

Domaine Philippe Alliet
Touraine/Chinon

L'Ouche-Mondé, Cravant-les-Coteaux
02 47 93 17 62 n. V.

IN 20 JAHREN harter Arbeit haben Philippe Alliet und seine Frau Claude diese Domäne zu einem Referenzweingut für Rotweine in Chinon gemacht. Alliet ließ sich von den Weinbereitungsmethoden der Spitzengüter in Bordeaux inspirieren und hat einige für sein eigenes Weingut übernommen, darunter den Ausbau in Bordeaux-Barriques. Dieser kommt drei Weinen von Cabernet Franc zugute – der leichteren Standardcuvée und den besser strukturierten und konzentrierten Weinen Vieille Vignes und Coteau de Noiré.

rot 2002, 2001, 2000, 1999, 1998, 1997, 1996, 1995 ★ Chinon: Vieilles Vignes, Coteau de Noiré

Domaine Yannick Amirault
Touraine/Bourgueil

5 pavillon du Grand Clos, Bourgueil
02 47 97 78 07 n. V.

YANNICK AMIRAULT ist als Winzer derart engagiert, dass er den Rebschnitt auf seinem 18-ha-Besitz noch immer selbst vornimmt. Je nach der Beschaffenheit des Bodens und dem Alter der Reben erzeugt er eine Reihe von Cabernet-Franc-Cuvées, alle mit einer wunderbar reinen Frucht. Aus St-Nicolas-de-Bourgueil kommen die Weine Les Graviers und der festere Les Malgagnes, aus Bourgueil stammt La Petite Cave sowie die fein texturierten Weine Les Quartiers und Le Grand Clos. Alle Reben haben ein beträchtliches Alter.

Domaine Yannick Amirault

rot 2002, 2001, 2000, 1999, 1997, 1996 ★ St-Nicolas-de-Bourgueil Les Malgagnes, Bourgueil: Les Quartiers, Le Grand Clos

Château de Tracy
Obere Loire/Pouilly-Fumé

58150 Tracy-sur-Loire
03 86 26 15 12 n. V.

TRADITION WIRD groß geschrieben auf Château de Tracy. Wein baut man dort schon seit 1396 an, und die Familie d'Estutt d'Assay residiert dort seit dem 16. Jh. In den letzten zehn Jahren ließ Henry d'Estutt d'Assay zwei Drittel des 29-ha-Weinbergs neu bepflanzen und die Weinbergsarbeit kontinuierlich verbessern. Er macht nur einen Wein, und zwar von Sauvignon-Blanc-Trauben, die auf Kalkstein und Feuerstein wachsen und die in Edelstahl und Beton vinifiziert und ausgebaut werden. Der intensive, klassisch von Mineralnoten und Zitrusaromen durchsetzte Wein schmeckt am besten mit einem Jahr Flaschenreife.

weiß 2002, 2001, 2000, 1999, 1998 ★ Pouilly-Fumé Château de Tracy

Domaine Alphonse Mellot
Obere Loire/Sancerre

Domaine de la Moussière, Sancerre
02 48 54 07 41
www.mellot.com n. V.

EINSCHLIESSLICH des derzeitigen Weinmachers und Leiters der Domäne gab es bereits 19 Alphonse Mellots, worauf man mit der Namensgebung der Cuvée Génération XIX offen anspielt. Diese gibt es als weißen (Sauvignon Blanc) und roten (Pinot Noir) Sancerre. Die anderen Sauvignon Blancs von diesem 48-ha-Gut sind alle wunderschön gearbeitet und auch entsprechend aufgemacht. Domaine de la Moussière, die Standard-Cuvée, strotzt vor Frische und Zitrusaromen. Die intensive Cuvée Edmond stammt von alten Reben und wird wie Génération XIX in Eiche ausgebaut. Die rote Variante dazu ist bester Pinot Noir aus Sancerre.

Etikett Domaine Alphonse Mellot

rot, weiß weiß: 2002, 2001, 2000, 1999, 1998, 1997, 1996, 1995 ★ Sancerre: Domaine de la Moussière, Cuvée Edmond, Génération XIX (rot)

Domaine Didier Dagueneau
Obere Loire/Pouilly-Fumé

1–7 rue Ernesto Ché Guevara, St-Andelain 03 86 39 15 62 n. V.

MIT LÖWENMÄHNE und Vollbart sieht Didier Dagueneau ziemlich wild aus. Seine Weine dagegen sind alles andere als schroff, sondern vielmehr feinster Ausdruck von Sauvignon Blanc in Pouilly-Fumé. Sie sind durchweg präzise und schön gearbeitet und werden im Eichenfass ausgebaut. En Chailloux ist der weichste von ihnen, Buisson Renard zitrusbetont, Pur Sang großzügig und Silex mineralisch und reintönend.

weiß 2002, 2001, 2000, 1999, 1998, 1997 ★ Pouilly-Fumé: Buisson Renard, Pur Sang, Silex

Domaine Henri Bourgeois
Obere Loire/Sancerre

Chavignol, Sancerre 02 48 78 53 20 www.bourgeois-sancerre.com

DIESES DYNAMISCHE Unternehmen ist in Chavignol ansässig, einem Dorf, das für seinen Sancerre ebenso berühmt ist wie für seinen Ziegenkäse (Crottin de Chavignol). Das Hauptprodukt ist Sancerre, aber das Gut hat noch weitere Weinberge in Pouilly-Fumé, Quincy und sogar in Marlborough in Neuseeland. Die faszinierenden Sancerre-Weine unterscheiden sich alle je nach Lage, Bodenbeschaffenheit und Alter der Sauvignon-Blanc-Reben. Les Baronnes ist die frische und knackige Standard-Cuvée, Le MD de Bourgeois ist mineralischer und intensiver und La Côté des Monts Damnés lang anhaltend und komplex.

rot, weiß, rosé weiß: 2002, 2001, 2000, 1999, 1998, 1997, 1996, 1995 ★ Le MD de Bourgeois, La Côte des Monts Damnés

Weinlese auf der Domaine Henri Bourgeois in Sancerre

CHAMPAGNE

WIRKLICH GUTER CHAMPAGNER *ist ganz und gar einzigartig und vereint alle Qualitäten eines großen Schaumweins: Frische und betörendes Prickeln, komplexe Aromen und eine Fülle am Gaumen, die mit schönem Säurespiel harmoniert. Zwar produzieren viele Weinregionen gute Schaumweine, die großen stilbildenden Marken jedoch gibt es nur in der Champagne.*

Die Champagne ist die nördlichste Weinregion Frankreichs. In ihrem kühlen Klima reifen die Trauben langsam und entwickeln dabei jenes hohe Maß an Säure, das für den langsamen Reifeprozess der Weine unerlässlich ist. Ihre Komplexität beruht jedoch nicht allein auf dieser klimatischen Besonderheit, sondern vielmehr auf dem magischen Zusammenspiel von Klima, Kreideböden und einer 300 Jahre alten Tradition.

Reklame, um 1930

Ursprünglich war die Champagne eine Rotweinregion. Die im Herbst bereiteten Weine kamen im Winter zur Ruhe, da die Kälte den Gärprozess stoppte. Bei der Erwärmung im Frühjahr setzte dann die Gärung in der Flasche erneut ein – was ein leichtes Moussieren bewirkte. Diese jungen, spritzigen Weine waren Mitte des 17. Jh. in England sehr beliebt. Noch im selben Jahrhundert entdeckten die Winzer in der Champagne, an ihrer Spitze der Benediktinermönch Dom Pérignon, eine Möglichkeit, diese zweite Gärung zu perfektionieren und zu kontrollieren. Das war die Geburtsstunde des Champagners.

Champagner ist heutzutage meist ein Verschnitt von zwei oder drei Rebsorten (Pinot Noir, Pinot Meunier und Chardonnay), aber auch eine ausgeklügelte Mischung von Weinen mehrerer Lagen (Crus). In der Regel werden sogar mehrere Jahrgänge verschnitten, was bei kaum einem anderen großen Wein vorkommt. Jahrgangschampagner entsteht nur in den besten Jahren.

Bei einer Jahresproduktion von 300 Mio. Flaschen dreht sich alles in der Champagne um Schaumwein. Die wertvollen Anbauflächen befinden sich überwiegend in der Hand von rund 19000 Winzern. 264 Négociants teilen sich ein Achtel der Fläche, zu denen auch die legendären Champagnerhäuser gehören.

Château de Saran, Moët & Chandon, an der Côte des Blancs

◁ **La Grande Dame im Lagerkeller von Veuve Clicquot Ponsardin, Reims**

DAS CHAMPAGNERVERFAHREN

DAS CHAMPAGNERVERFAHREN, *in Frankreich* méthode traditionnelle *genannt, ist eine Jahrhunderte alte Methode der Schaumweinerzeugung. Sie stammt aus der Champagne, und heute werden nahezu alle Schaumweine von Rang weltweit nach dem Champagnerverfahren erzeugt. Champagner dürfen sich jedoch nur jene Schaumweine nennen, die in der Champagne erzeugt wurden. Der Begriff* méthode traditionnelle *ist die Gewähr dafür, dass Weine außerhalb dieser Region ebenso aufwändig und mit demselben Qualitätsbewusstsein produziert wurden.*

Champagner von Louis Roederer und Pol Roger

Das Verfahren im Einzelnen

Trauben: Schaumwein erzeugt man aus den unterschiedlichsten Sorten, beliebte Champagnersorten sind Chardonnay, Pinot Noir und Pinot Meunier. Da Säure besonders wichtig ist, werden die Trauben zuweilen früher als sonst geerntet. Rote Trauben müssen unbedingt von Hand gelesen werden. Andernfalls könnte die Schale verletzt werden, was die klare Farbe des Vorlaufmosts beeinträchtigt.

Pressen: Der Pressvorgang sollte möglichst sanft verlaufen, um herbe Aromen und Tannine im Most zu vermeiden. In der Champagne ist der Umfang der Mostausbeute aus einer bestimmten Traubenmenge genau geregelt.

Rüttelmeister *(remueurs)* bei ihrer Arbeit bei Perrier-Jouët

Erste Gärung: Der Most wird in Edelstahltanks (zuweilen auch in alten Eichenfässern) vergoren, um einen säurereichen Wein mit moderatem Alkoholgehalt zu gewinnen. Normalerweise werden die Stillweine verschiedener Sorten und Lagen separat vergoren, damit man mehr Kombinationsmöglichkeiten für den Verschnitt hat. Nach der Erstgärung durchlaufen fast alle zukünftigen Schaumweine die malolaktische Gärung *(s. S. 40)* – ein natürlicher Prozess, bei dem Apfelsäure in Milchsäure umgewandelt wird, was dem Wein einen sahnigen Touch verleiht.

Pinot-Noir-Trauben

Verschnitt: Fast alle Schaumweine enthalten mehrere Rebsorten verschiedener Lagen und – außer bei Jahrgangschampagner – Jahrgänge. Diese Vorgehensweise entwickelte sich in der Champagne, da aufgrund des kühlen Klimas nicht in jedem Jahr reife und gesunde Trauben zur Verfügung standen. Mit dem Verschneiden verschiedener Jahrgänge kann ein Champagnerhaus einen konstanten Stil gewährleisten. Aber das Verschneiden *(assemblage)* bewirkt mehr als nur Beständigkeit. Ein erfahrener Weinmacher kann Weine so geschickt miteinander kombinieren, dass das Endprodukt hochwertiger ist als die Summe seiner Teile.

Zweite Gärung: Der Verschnittwein wird nach Zugabe der Liqueur de tirage – einer Mischung aus Wein, Zucker und Hefe – in Flaschen abgefüllt und mit Kronkorken verschlossen. Im Lauf der Flaschengärung, die nun einsetzt, wird der Zucker in Alkohol umgewandelt und es entsteht Kohlendioxid, das später die Bläschen verursacht.

Hefeausbau: In diese Phase reift der Wein auf dem Hefesatz in der Flasche heran. Dabei reagieren im Verlauf eines Autolyse genannten Prozesses die abgestorbenen

Hefesatz im Flaschenhals

Hefezellen mit dem Wein und es entstehen die sehr gefragten Biskuit- und Toastaromen.

Entfernen des Bodensatzes: Nach der Reife wird jede Flasche über längere Zeit immer wieder ein Stück gedreht und dabei gerüttelt, so dass der Hefesatz langsam in den Flaschenhals rutscht. Man nennt diesen Vorgang *remuage*. Anschließend wird der Flaschenhals schockgefroren und der Kronkorken entfernt. Dabei schießt der Bodensatz unter großem Druck aus der Flasche heraus. Dieser Vorgang wird als Degorgieren bezeichnet.

Dosage und Verkorkung: Bei der Dosage wird die während des Degorgierens verloren gegangene Flüssigkeitsmenge ersetzt, und zwar mit der so genannten *liqueur d'expédition*, einer Mischung aus Reservewein und Zucker. Etwas Zucker wird je nach Stil nahezu allen Schaumweinen zugefügt, um den Säuregehalt auszubalancieren. Dann presst man mit großem Druck einen relativ mächtigen Korken in die Flasche. Dieser sichere Verschluss wird zur weiteren Verstärkung mit einem Drahtaufsatz gesichert.

Im Keller von Alfred Gratien

CHAMPAGNERTYPEN UND VORSCHRIFTEN

Zur klaren Unterscheidung der Typen haben die Erzeuger eine Reihe von Fachbegriffen geprägt.

Brut: Der Stil eines Champagners hängt von der Zuckermenge bei der Dosage ab und reicht von *ultra brut* (sehr trocken) über *brut* (trocken) und *demi-sec* (halbtrocken) bis hin zu *doux* (süß).

Non Vintage: Dies ist die international gängige Bezeichnung eines Champagners ohne Jahrgang, der mindestens 15 Monate auf der Hefe reifte.

Jahrgang: Jahrgangschampagner stammt von den Weinen nur eines Jahres und muss mindestens drei Jahre Flaschenreife vorweisen. Folgende Jahrgänge waren in der Champagne die bis dato besten: 1998, 1997, 1996, 1995, 1990, 1989, 1988, 1985, 1983, 1982.

Krug's Grande Cuvée

Rosé: Die Champagne erlaubt es als eine von wenigen Appellationen, Rosé aus einem Verschnitt von Rot- und Weißwein zu erzeugen.

Blanc de Blancs: Dieser ausschließlich aus weißen Sorten (fast immer 100 % Chardonnay) erzeugte Champagner ist der langlebigste überhaupt.

Blanc de Noirs: Ausschließlich von roten Trauben (Pinot Noir und Pinot Meunier) erzeugt, hat ein **Blanc de Noirs** meist fruchtigere Aromen als die gängigen Champagnersorten.

Grande Marque: Wörtlich übersetzt »Große Marke«. Der Begriff wird von führenden Häusern verwendet, ist aber für die Qualität letztendlich kaum von Bedeutung.

Flaschengrößen: Champagner ist in unterschiedlich großen Flaschen erhältlich. Die Magnumflasche (zwei normale Flaschen à 75 cl) gilt als ideal für die Reifung. Größere Flaschen sind Jeroboam (vier mal 75 cl), Methusalem (acht mal 75 cl) und Melchior (24 mal 75 cl).

Cuvée de Prestige: Das Sortiment vieler Häuser umfasst auch teure Spitzenabfüllungen. Diese Weine kommen meist als Jahrgangschampagner in den Handel. Sie bestehen aus den besten Trauben einer Region und reifen extra lange. Beispiele sind Dom Pérignon (Moët & Chandon) und La Grande Dame (Veuve Clicquot).

Etikett Veuve Clicquot Ponsardin

WEINKARTE CHAMPAGNE

DIE AC CHAMPAGNE setzt sich bei einer Nord-Süd-Ausdehnung von 150 km und einer Ost-West-Ausdehnung von 115 km aus fünf Anbauregionen zusammen. Épernay befindet sich im Zentrum der drei größten und prestigeträchtigsten Champagnergebiete: Montagne de Reims, Vallée de la Marne und Côte des Blancs. Südlich an die Côte des Blancs grenzt die Region Côte de Sézanne an. Noch weiter südlich, rund 100 km von Épernay entfernt, liegt die Côte des Bar. Zur Champagne gehören 17 Grands Crus und 43 Premiers Crus. Die Gesamtanbaufläche umfasst 32 000 ha.

Lese auf dem Gut Alfred Gratien

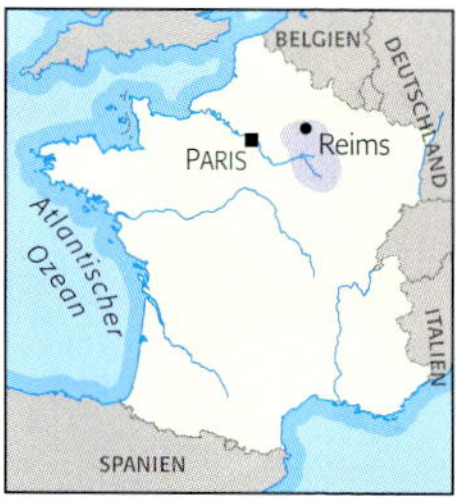

LEGENDE

Champagne

Champagnerglas

DIE HANDELSHÄUSER DER CHAMPAGNE

Die zahlreichen Handelshäuser der Champagne kaufen ihre Trauben überwiegend von Winzern aus der ganzen Appellation, so dass der Sitz eines Hauses meist wenig über den Stil der Weine sagt. Die einzelnen Weine so zu verschneiden, dass das Endprodukt dem Stil des Hauses entspricht, ist eine schwierige Angelegenheit, und nicht wenige der größeren Häuser verwenden fast 100 verschiedene Crus, um den gewünschten Geschmack zu erreichen (wie etwa Moët für seine Cuvée Brut Impérial). Nur wenige Häuser wie Bollinger und Louis Roederer bauen ihre Trauben komplett selbst an.

Viele der ganz großen Champagnerhäuser befinden sich in Reims oder Épernay. In Épernay reihen sie sich entlang der Avenue de Champagne, während große Namen in Reims (Ruinart, Veuve Clicquot, Posardin, Taittinger und Pommery) rund um die Place du Général Gouraud zu finden sind. Die meisten bieten Besichtigungen und Verkostungen an.

Ein weiteres Zentrum der Champagnerindustrie, das mit einigen der besten mittelgroßen Erzeugern aufwarten kann, ist Aÿ und Mareuil-sur-Aÿ, wo Bollinger, Billecart-Salmon, Deutz, Gosset und Philipponnat ihren Sitz haben.

Die fünf meistverkauften jahrgangslosen Champagner sind: Moët & Chandon Brut Impérial, Veuve Clicquot Ponsardin Yellow Label, Lanson Black Label, Mumm Cordon Rouge *(s. oben)* und Piper-Heidsieck Brut.

CHAMPAGNE: SPITZENERZEUGER

Noge sur-Sei

Weingärten und *Château* in der Champagne

DAS TERROIR AUF EINEN BLICK

Breite: 48–49,5 °N. Die Lage an der für den Weinbau klimatischen Randzone bedeutet, dass ein Ausreifen der Trauben nur möglich ist, wenn man den Wachstumszyklus der Rebe aufs Äußerste dehnt.

Höhe: 60–360 m über NN

Topografie: Die Landschaft besteht aus einer sanft hügeligen, windreichen Ebene, die in Ost-Westrichtung von Flüssen durchzogen ist. Die Weingärten schmiegen sich an Hügel und die sanften Hänge der Flusstäler, die Schutz vor dem Westwind bieten.

Boden: Poröser Unterboden aus Kreide mit guter Drainagefähigkeit. Die Stellen, wo Kreide offen zutage tritt, reflektieren die Wärme.

Klima: Die Champagne hat ein kühles Klima und ist Stürmen von der Kanalküste ausgesetzt.

Temperatur: Das Julimittel beträgt in Reims 18,5 °C, in Épernay 19,5 °C.

Niederschlag: Das Jahresmittel beträgt 600 mm in Reims und 670 mm in Épernay.

Gefahren für den Weinbau: Frühjahrsfröste. 2003 sanken die Temperaturen bis auf - 6 °C, was zu einem Verlust von mehr als der Hälfte der Ernte führte.

Champagner der Marken Moët & Chandon und Billecart-Salmon

SPITZENWEINE: CHAMPAGNE

- Ⓢ Billecart-Salmon NV Brut Rosé €€€
- Ⓢ Champagne Bollinger Grande Année Vintage Rosé €€€
- Ⓢ Champagne Charles Heidsieck Blanc de Blancs Blanc des Millénaires €€€€
- Ⓢ Champagne Charles Heidsieck NV Mis en Cave €€€
- Ⓢ Champagne Deutz Brut Classic NV €€€
- Ⓢ Champagne Henriot Blanc de Blancs NV €€€
- Ⓢ Champagne Jacquesson & Fils NV Cuvée (individuell nummeriert) €€€
- Ⓢ Champagne Philipponnat Clos des Goisses €€€€
- Ⓢ Laurent-Perrier Grande Siècle Alexandra Rosé €€€€
- Ⓢ Moët & Chandon Dom Pérignon €€€€
- Ⓢ Pol Roger Brut €€€
- Ⓢ Ruinart Dom Ruinart Vintage Blanc de Blancs €€€€

Schneebedeckter Weingarten von Moët & Chandon an der Côte des Blancs

DIE WEINBAUGEBIETE DER CHAMPAGNE

DIE APPELLATION CHAMPAGNE ist in fünf Anbauzonen unterteilt, die jeweils mit nur einer der drei großen Trauben zu tun haben: Pinot Noir, Pinot Meunier, Chardonnay. Champagner besteht in der Regel – zu unterschiedlichen Anteilen – aus allen drei Sorten von verschiedenen Crus oder Dörfern. In der gesamten Appellation sind gut 12 000 ha mit Pinot Noir bestockt, etwa 10 900 ha mit Pinot Meunier und knapp 9000 ha mit Chardonnay.

In dieser klimatischen Randlage können kleinste Terroir-Unterschiede die Qualität der Trauben beeinflussen. Deshalb sind die Weingärten nach der Échelle des Crus (»Rangfolge der Gewächse«), in Qualitätsstufen eingeteilt. Alle 301 Dörfer sind klassifiziert. Danach gelten 17 zu 100 % als Grand Cru, die 43 Premiers Crus liegen im Bereich zwischen 90 und 99 %, der Rest liegt irgendwo zwischen 80 und 89 %.

kreidehaltig *Pinot Noir, Pinot Meunier* *Chardonnay* *Schaumwein*

Etikett Alfred Gratien

Montagne de Reims

EHER EIN WEITES HOCHPLATEAU als ein Berg, bildet die Montagne de Reims einen von Reims aus in Richtung Süden verlaufenden U-förmigen Bogen mit geschützten Hanglagen, die sanft zu den Flüssen Vesle und Marne hin abfallen. Das Gebiet ist alles andere als einheitlich; abhängig vom Mikroklima und der Ausrichtung der einzelnen Lagen wachsen hier höchst unterschiedliche Weine. Auch die Böden sind uneinheitlich, obschon die Grands Crus alle kreidehaltige Böden aufweisen, für den die Champagne berühmt ist. An der Montagne de Reims liegen neun von 17 Grands Crus.

Die Region ist vor allem für ihren Pinot Noir (41 %) bekannt, und auch der Ruf so berühmter Grand-Cru-Dörfer wie Mailly, Verzenay, Verzy, Ambonnay und Bouzy beruht vor allem auf der Qualität dieser Traube. Westlich von Ludes sowie an der Petite Montagne südwestlich von Reims spielt Pinot Meunier eine größere Rolle. Es gibt auch einige bedeutende Chardonnay-Parzellen, und zwar überwiegend in den Premier Cru-Dörfern Villers-Marmery und Trépail.

Vallée de la Marne

AUF DER NORDSEITE des Marnetals finden sich Weingärten ausgehend von Tours-sur-Marne in Richtung Westen, während sich die Weingärten von Épernay aus auf beiden Seiten des Flusses bis Saacy-sur-Marne nach Westen ausbreiten. Die bestimmende Sorte ist Pinot Meunier (63 %), die in diesem frostgefährdeten Tal dank ihres späten Austriebs und der frühen Reife kaum Probleme bereitet. Pinot Meunier ist weniger veredelt als Chardonnay und Pinot Noir und gilt in der Champagne als das Arbeitstier unter den Trauben. Sie wird von den großen Häusern viel genutzt, weil ihre Fruchtigkeit dazu beiträgt, jahrgangslose Verschnitte weicher und in jungen Jahren zugänglicher zu machen.

Côte des Blancs

DIE CÔTE DES BLANCS trägt ihren Namen, weil man hier fast ausschließlich weiße Trauben kultiviert. Sie erstreckt sich von Épernay aus in Richtung Süden. Die Weingärten sind überwiegend nach Osten ausgerichtet und liegen auf einem Unterboden aus reinem Muschelkalk, der reich an Mineralien und Spurenelementen ist. 97 % der Trauben an der Côte des Blancs sind Chardonnay. Chardonnay-Trauben von den fünf Grand-Cru-Lagen – Cramant, Avize, Oger, Le Mesnil-sur-Oger und Chouilly – sind die gefragtesten und erzielen entsprechende Preise. Sie verleihen einem Verschnitt Frische und Finesse. Pur verwendet – wie im Blanc de Blancs von Salon –, ergeben sie Weine von großer Langlebigkeit und Intensität.

Côte de Sézanne

DIESES GEBIET mit einer Größe von nur 1360 ha ist von der Côte des Blancs durch die Saint-Gond-Sümpfe getrennt. Der Unterboden besteht überwiegend aus Lehm bzw. lehmhaltigem Schwemmsand und nur stellenweise aus Kreide. Wie an der Côte des Blancs ist Chardonnay die bestimmende Sorte (62 %), der Pinot-Noir-Anteil beläuft sich auf 20 %. Nicht zuletzt aufgrund der südostexponierten Hänge sind die Weine fruchtiger als die von der Côte des Blancs, gelten manchmal aber als rustikaler und weniger fein. Auf der Échelle des Crus wird dieses Gebiet als Ganzes klassifiziert: die weißen Trauben schneiden mit 87 %, die roten mit 85 % ab.

Côte des Bar

DIESE REGION im Département Aube verfügt mit einer Anbaufläche von 7105 ha nur über ein Fünftel der Gesamtrebfläche der Champagne. Die hier kultivierten kräftigen, vollaromatischen und reifen Pinot-Noir-Trauben sind sehr gefragt und decken fast die Hälfte des Bedarfs in der Champagne. Fast alle größeren Champagnerhäuser kaufen hier Trauben für ihre jahrgangslosen Verschnitte.

Die drei Gemeinden, aus denen Les Riceys besteht (Ricey-Haut, Ricey-Haut-Rive und Ricey-Bas), dürfen als einzige in ganz Frankreich Weine dreier verschiedener Appellationen produzieren: Schaumwein (Champagner) und zwei Stillweine (roten Coteaux Champenois und Rosé des Riceys).

BEDEUTENDE GENOSSENSCHAFTEN

In den letzten zehn Jahren haben die Genossenschaften in der Champagne mächtig aufgeholt, und die besten sind längst ein Geheimtipp für wohlfeilen hochwertigen Champagner; ein paar seien hier empfohlen.

Champagne Beaumont des Crayères
W *www.champagne-beaumont.com*

Diese mittelgroße Genossenschaft sitzt in Mardeuil. Rund 200 Nebenerwerbswinzer bewirtschaften dort an den Wochenenden und in den Ferien eine Gesamtfläche von 80 ha. Das Sortiment kann sich sehen lassen, besonders der Jahrgangschampagner Nostalgie, der, gemessen am Preis, echte Klasse hat.

Champagne H Blin & Co
W *www.champagne-blin.com*

Die attraktiven und unkomplizierten Champagnersorten dieser Genossenschaft basieren auf Pinot Meunier und sind preiswert.

Champagne Jacquart
W *www.jacquart-champagne.fr*

Jacquart wurde zur Hausmarke von vier Genossenschaften, die unter dem gemeinsamen Dach Alliance Champagne zusammengeschlossen sind, aber unter den Marken Pannier, Veuve A Devaux und Raoul Collet auch eigene Weine vertreiben. Seit mehreren Jahren schon sind die Weine sowohl mit als auch ohne Jahrgang beständig gut, und das zu einem hervorragenden Preis-Leistungs-Verhältnis.

Jacquard-Cuvée auf Eis

Champagne Nicolas Feuillatte CVC
W *www.feuillatte.com*

Dieser mit 4900 Mitgliedern größten Genossenschaft der Champagne gehört fast ein Fünftel (über 6000 ha) der Gesamtanbaufläche der Appellation. Fast alle Weine basieren auf Chardonnay, wobei den jüngsten zuweilen eine gewisse Schärfe anhaftet. 2001 kamen erstmals vier Jahrgangs-Lagenchampagner von 1995 auf den Markt; weitere sollen folgen.

Union Champagne
W *www.de-saint-gall.com*

Dieser Zusammenschluss von 1800 Mitgliedern verfügt über den größten Genossenschaftsbesitz an der Côte des Blancs: 800 ha in Grand-Cru-Lage und 400 ha in Premier-Cru-Lage. De Saint Gall ist ein feiner Verschnitt von Weinen von vier Grand-Cru-Dörfern an der Côte des Blancs: Avize, Cramant, Oger und Les-Mesnil-sur-Oger. Der Preis aller Weine ist realistisch.

DIE SPITZENERZEUGER DER CHAMPAGNE

Billecart-Salmon
Champagne

40 rue Carnot, Mareuil-sur-Aÿ
03 26 52 60 22
www.champagne-billecart.fr

BILLECART-SALMON, 1818 gegründet, ist ein kleiner, familieneigener Betrieb mit einem stabilen Sortiment feiner Weine. Besonders gefragt sind die delikaten, schön ausgewogenen Rosés, jener ohne Jahrgang, aber auch die Jahrgangs-Cuvée Elisabeth Salmon. Billecart-Salmon produziert auch Jahrgangschampagner, der sehr gut altert, jedoch in einem völlig anderen Stil als sein Nachbar Bollinger. 2003 kam erstmals ein sortenreiner Jahrgangs-Pinot-Noir auf den Markt, der von einem ummauerten Weingarten (Clos Saint Hilaire) in Mareuil-sur-Aÿ stammt.

Schaumwein 1995, 1990 ★ NV Brut Rosé, Cuvée Elizabeth Salmon Rosé

Champagne Alfred Gratien
Champagne

30 rue Maurice-Cerveaux, Épernay
03 26 54 38 20
www.alfredgratien.com

DAS TRADITIONSBEWUSSTE Haus Alfred Gratien pflegt einen eigenen Stil, da es die Erstgärung noch in Eichenfässern durchführt. Die Chardonnay-dominierten Jahrgangsweine sind überaus langlebig, z. T. deshalb, weil sie keine malolaktische Gärung durchlaufen. Man kann sie mit schönem Erfolg viele Jahre lagern.

Schaumwein 1995, 1990, 1988 ★ Vintage

Etikett Billecart-Salmon

Champagne Bollinger
Champagne

18 blvd du Maréchal de Lattre de Tassigny, Aÿ 03 26 53 33 66
www.champagne-bollinger.fr

DIESES TRADITIONSBEWUSSTE Champagnerhaus ist den hohen Ansprüchen verpflichtet, die es 1992 in der »Charta über Ethik und Qualität« selbst festgelegt hat. Bollinger hat seinen Stammsitz in Aÿ und besitzt dort ein 143 ha großes Gut, das den Traubenbedarf zu 70 % deckt. Diese Trauben sind die Gewähr für den hohen Standard der komplexen, Pinot-Noir-dominierten Weine.

Bollinger RD *(récemment dégorgé)* ist ein Jahrgangswein, der längere Zeit auf der Hefe reift und, um seine Frische zu bewahren, erst kurz vor der Auslieferung degorgiert wird. Wer gern reiche, reife Jahrgangsweine mag, der sollte die viel preiswertere Cuvée Grande Année kaufen und zu Hause reifen lassen. Das Sortiment umfasst auch den Vieilles Vignes Françaises – einen Blanc de Noirs von drei kleinen Parzellen mit prä-phylloxera-Reben, der Lagenchampagnern, etwa Clos du Mesnil oder Clos des Goisses, recht ähnlich ist.

Schaumwein 1995, 1992, 1990, 1988, 1985 ★ Grande Année (weiß, rosé)

Champagne Bollinger

Champagne Charles Heidsieck
Champagne

4 blvd Henry Vasnier, Reims
03 26 84 43 50
www.charlesheidsieck.com

DIE MEISTEN Champagnerhäuser werden gern an der Qualität ihres jahrgangslosen Brut-Champagners gemessen, und der allein ist hier so gut, dass er den hervorragenden Ruf des Hauses rechtfertigt. Die anderen Weine sind nicht minder gut, besonders der sortenreine Chardonnay Blanc des Millénaires, der so langlebig ist, dass selbst der 1990er seinen Gipfel noch nicht erreicht hat. Ob sich die Qualität nach dem Tod des Weinmachers Daniel Thibault 2002 halten lässt, ist noch offen.

Schaumwein 1990 ★ NV Mis en Cave, Blanc des Millénaires

Champagne Deutz
Champagne

16 rue Jeanson, Aÿ 03 26 56 93 96
www.champagne-deutz.com

UNTER KENNERN wird Deutz seit langem hoch geschätzt für den feinen Jahrgangswein Blanc de Blancs und die delikate, ausgewogene Luxus-Cuvée Willam Deutz. Das Unternehmen wurde 1993 von Louis Roederer gekauft, und der neue Eigentümer Jean-Claude Rouzaud hat klug investiert. 1994 nahm er den jahrgangslosen Brut Classic wieder ins Programm, der unter seiner Ägide zu einem der besten und beständigsten Weine der Champagne wurde. Der neue sortenreine Jahrgangs-Chardonnay, die Luxus-Cuvée L'Amour de Deutz, dürfte den Ruf des Hauses noch weiter verbessern.

Schaumwein 1995, 1990 ★ NV Brut Classic, Blanc de Blancs

Champagne Drappier
Champagne

Grand Rue, Urville *03 25 27 40 15* *www.champagne-drappier.com*

DRAPPIER, ein Handelshaus in Familienbesitz, ist wohl das beste an der Côte des Bars – einer Region, die dem Weinmacher Michel Drappier zufolge nicht der Ort für eleganten und delikaten Champagner ist. Seine Spezialität sind deshalb Weine mit sehr viel Charakter, und da dieser Stil immer beliebter wird, ist der Name Drappier für Insider längst ein Begriff. Drappiers jahrgangslose Cuvée ist ein zupackender Pinot-Noir-dominierter Wein, während die Jahrgangschampagner, besonders Grande Sendrée, das Potenzial zeigen, das in dieser Region steckt. Die besten Jahrgänge von Carte d'Or Brut werden in zwei Chargen mit unterschiedlicher Flaschenreife ausgeliefert.

Schaumwein *1995, 1990, 1988* ★ *Grande Sendrée, NV Carte D'Or*

Champagne Henriot
Champagne

3 place des Droits de l'Homme, Reims *03 26 89 53 00* *www.champagne-henriot.com*

JOSEPH HENRIOT ist der, dem das Haus Veuve Clicquot den guten Ruf verdankt. Nach seinem Weggang von Clicquot brachte er Bouchard Père & Fils *(s. S. 104)* und William Fèvre *(s. S. 95)* auf Vordermann. Auch für die Leitung dieses Familienbetriebs ist er zuständig. Es ist zwar nicht sehr bekannt, aber interessant sind die Weine trotzdem. Neben einem attraktiven Blanc de Blancs gibt es die elegante Prestigelinie Cuvée des Enchanteleurs. Der Star des Sortiments jedoch ist der Brut Vintage, ein Wein mit Alterungspotenzial – ein wahres Schnäppchen.

Schaumwein *1995* ★ *Brut Vintage, Cuvée des Enchanteleurs, NV Blanc de Blancs*

Champagner von Drappier

Champagne Jacquesson & Fils
Champagne

68 rue du Colonel Fabien, Dizy *03 26 55 68 11*

DIESER KLEINE unkonventionelle Erzeuger macht seinen Brut ohne Jahrgang nicht in einem einheitlichen Stil, sondern kreiert ihn von Jahr zu Jahr neu. Der erste Wein dieser Art, die Cuvée No 728, erschien 2003 und basiert überwiegend auf einer Assemblage von Grundweinen des Jahres 2000; alle folgenden Weine werden entsprechend durchgezählt. Der bis dahin unter dem Namen Perfection bekannte Wein fiel fortan aus dem Programm, während der Jahrgangswein Signature blieb. Ihm werden in Zukunft mehrere sortenreine Lagenweine zur Seite gestellt, darunter ein Pinot Meunier vom Weingarten direkt bei der Kellerei, ein Pinot Noir aus Aÿ und ein Chardonnay ohne Dosage (absolut trocken, ohne Zuckerzusatz) aus Avize.

Schaumwein *1995, 1990, 1988* ★ *NV Cuvée (jeweils nummeriert), Signature*

Champagne Lanson
Champagne

12 blvd Lundy, Reims *03 26 78 50 50* *www.lanson.fr*

BLACK LABEL von Lanson ist der einzige populäre Champagner, der keine malolaktische Gärung durchläuft, und kann aus dem Grund leicht scharf wirken. Aber nach einigen Jahren Flaschenreife zeigt sich, wie gut er wirklich gemacht ist. Die Jahrgangsweine des Hauses können in der Tat sehr gut sein (wie in den Jahren 1995, 1989, 1988 und 1976), und die beiden Prestige-Cuvées – die Jahrgangs-Cuvées Blanc de Blancs und die Noble Cuvée – zeigen wahre Eleganz.

Schaumwein *1996, 1995, 1989, 1988* ★ *Blanc de Blancs, Noble Cuvée*

Champagne Perrier Jouët
Champagne

26 ave de Champagne, Épernay *03 26 53 38 00* *www.perrier-jouet.com*

NACH EINER ZEIT mangelnder Investitionen unter dem Getränkegiganten Seagram geht es unter dem neuen Eigentümer Allied Domecq wieder bergauf. Das zeigt zumindest die jahrgangslose Cuvée Grand Brut. Seit Weinmacher Hervé Deschamps 1993 das Heft in die Hand nahm, haben auch die Jahrgangsweine aufgeholt. Die Cuvée de prestige Belle Époque, in weiß und rosé jeweils in der berühmten Flasche mit dem Blumenmotiv erhältlich, zeigte abgesehen von den Jahren 1989 und 1990 kaum Einbrüche. Die jüngsten Jahrgänge kommen womöglich an die Spitzenjahre 1988, 1985 und 1982 heran.

Schaumwein *1996, 1995* ★ *Belle Époque (weiß, rosé)*

Champagne Philipponnat
Champagne

13 rue du Pont, Mareuil-sur-Aÿ
03 26 56 93 00
www.champagnephilipponnat.com

NACHDEM Bruno Paillard dieses Haus erworben hatte, kam es ihm zuerst darauf an, die hervorragende steile Südlage Clos des Goisses wiederherzustellen. Mittlerweile kümmert sich Charles Philipponnat (der für Moët & Chandon in Südamerika tätig war, ehe ihn Paillard an das Haus zurückholte, das einst seiner Familie gehört hatte) um die behutsame Anpassung und Verbesserung der anderen Weine des Sortiments. Auf jeden Fall ist Philipponnat ein Name, mit dem in naher Zukunft zu rechnen sein wird.

Schaumwein *1990, 1988, 1985*
★ *Clos des Goisses*

Champagne Salon
Champagne

Le Mesnil-sur-Oger *03 26 57 51 65*

SALON ist ein außergewöhnlicher Wein. Er kommt aus Le Mesnil-sur-Oger, einem Grand-Cru-Dorf an der Côte des Blancs, und er wird ausschließlich von Chardonnay-Trauben eines einzigen Jahrgangs bereitet. Pro Jahr entstehen nur 10 000 Kisten, und der Wein reift in der Regel mindestens zehn Jahre im Keller, ehe er in den Handel kommt. Selbst dann ist der Wein meist noch von schneidender Frische – es dauert Jahrzehnte, ehe er seine volle, atemberaubende Komplexität entwickelt.

Etikett Taittinger

Schaumwein *1990, 1988, 1985*
★ *Salon*

Champagne Taittinger
Champagne

9 place St-Nicaise, Reims *03 26 85 45 35* *www.taittinger.fr*

TAITTINGER gehört zu den wenigen noch unabhängigen großen Champagnerhäusern. Es verfügt über Rebbesitz an der Côte des Blancs, der für die Prestige-Cuvée Comtes de Champagne, einem reinen Blanc de Blancs, genutzt wird. Heute konzentriert man sich bei Taittinger auf diesen Wein, der auch als Rosé erhältlich ist, anstatt weiterhin auf die überteuerte, schick aufgemachte Vintage Collection zu setzen, die nur noch auf der Webseite des Unternehmens angeboten wird.

Schaumwein *1995* ★ *Comtes de Champagne Blanc de Blancs*

WINZER-ERZEUGER

Es gibt rund 5000 Winzer, die eigenen Champagner in den Handel bringen. Entscheidend für diese Winzer-Erzeuger ist es, wo sie ihren Sitz und die Weingärten haben, da es ihnen nicht gestattet ist, wie die großen Handelshäuser Trauben aufzukaufen. Jedoch dürfen sie bis zu 5 % ihrer Ernte mit anderen Winzern tauschen, um mehr Verschnittmöglichkeiten zu haben. Folgende Winzer-Erzeuger sind zu empfehlen: *Chartogne-Taillet (03 26 03 10 17); Vilmart & Co (www.champagnevilmart.fr); René Geoffroy (03 26 55 32 31); Larmandier-Bernier (03 26 52 13 24); Serge Mathieu (03 25 29 32 58).*

Champagne Veuve Clicquot Ponsardin
Champagne

1 place des Droits de l'Homme, Reims
03 26 89 54 41
www.veuve-clicquot.fr

DER NACH MOËT zweitgrößte Erzeuger von Brut ohne Jahrgang hat unter seinem Erfolg gelitten. Der erhöhte Ausstoß ging zu Lasten von Qualität und Stil. Allerdings konnte die hohe Qualität der kräftigen Pinot-Noir-dominierten Jahrgangsweine gehalten werden. Es gibt sie in rot und weiß, und beide altern ausgezeichnet. Ebenfalls beständig gut, aber teuer, ist die Prestige-Cuvée La Grande Dame.

Schaumwein *1996, 1995*
★ *Brut, Rosé, La Grande Dame*

Krug
Champagne

5 rue Coquebert, Reims
03 26 84 44 20 *www.krug.com*

DIESES 1843 gegründete Haus, ehemals im Besitz von Rémy-Cointreau, gehört heute dem LVMH-Konzern. Befürchtungen, LVMH wolle die Produktion zu Lasten der Qualität steigern, sind unbegründet. Bei Krug lagert sogar die Grande Cuvée ohne Jahrgang mindestens sechs Jahre, ehe sie das Haus verlässt, während man Spitzenweine noch weitaus länger zurückhält. Wer in den vollen Genuss eines Krug-Jahrgangsweins kommen möchte, sollte diesen nach dem Kauf nochmals bis zu zehn Jahre lagern. Bei einer Verkostung im Jahr 2002 – als Henri Krug zurücktrat – wurden fast alle ausgelieferten Jahrgänge, an denen er beteiligt war (1962 bis 1988) geöffnet. Von den jüngeren Jahrgängen war der 1981er der jüngste, der sich seinem Gipfel näherte.

Schaumwein *1989, 1988, 1985, 1982, 1981* ★ *NV Grande Cuvée, Krug*

Laurent-Perrier
Champagne

ave de Champagne, Tours-sur-Marne
03 26 58 91 22
www.laurent-perrier.fr

DER WEINMACHER Alain Thierry gehört in der Champagne zu den besten seiner Zunft, und er macht zwei der größten Weine der Appellation: die Prestige-Cuvée Grande Siècle und Salon *(s. S. 174)*. Bekannt ist das Haus als Erzeuger des umsatzstärksten Roséchampagners ohne Jahrgang, Aufmerksamkeit verdienen aber auch sein leichter Brut ohne Jahrgang und die respektablen Jahrgangsweine. Die Grande-Siècle-Cuvées, hier besonders der Rosé, gehören zu den wenigen, die diese Bezeichnung zu Recht verdienen.

Schaumwein 1995, 1990
★ Grande Siècle: La Cuvée, Alexandra Rosé; NV Brut

Louis Roederer
Champagne

21 blvd Lundy, Reims
03 26 40 42 11
www.champagne-roederer.com

NEBEN GHISLAIN Montgolfier vom Haus Bollinger ist wohl Jean-Claude Rouzaud der Mann, der am meisten zur Durchsetzung höchster Standards in der Champagne beigetragen hat. Roederer-Weine sind beispielhaft in ihrer Eleganz, Subtilität, Komplexität und Langlebigkeit. Ausgedehnte Besitzungen in den besten Grand-Cru-Lagen bilden die Basis für ein einmaliges Sortiment. Der Premier genannte Brut ohne Jahrgang stellt fast alle vergleichbaren Weine in den Schatten, und das Flaggschiff des Hauses, Roederer Cristal, ist neben Dom Pérignon und der Grande Cuvée von Krug längst Kult. Der Blanc de Blancs mit Jahrgang ist nicht ganz so legendär, aber trotzdem ein feiner Wein für weniger betuchte Zeitgenossen.

Schaumwein 1996, 1995, 1990
★ NV Brut Premier, Blanc de Blancs

Moët & Chandon
Champagne

18 ave de Champagne, Épernay 03 26 51 20 20 www.moet.com

DER MIT ABSTAND bekannteste und meistverkaufte Champagner ohne Jahrgang ist Moët & Chandons Brut Impérial. Die konstante Qualität dieses Weins ist in Anbetracht des Ausstoßes (16 Mio. Flaschen jährlich) bemerkenswert. Der unlängst auf den Markt geworfene Rosé ohne Jahrgang hält einem Vergleich mit dem Pendant von Laurent-Perrier jederzeit stand, und auch die Jahrgangsweine haben durchaus Stil und Entwicklungsvermögen. Dom Pérignon gehört dank dem Talent des Weinmachers Richard Geoffroy nach wie vor zur absoluten Spitzenklasse. Dieser Wein erreicht höchste Qualität selten vor einer Reifezeit von 15 Jahren.

Laurent-Perrier

Schaumwein 1996, 1995, 1990
★ Dom Pérignon, NV Rosé

Pol Roger
Champagne

1 rue Henri Lelarge, Épernay 03 26 59 58 00 www.polroger.co.uk

NACH EINER KRITISCHEN Phase hat Pol Roger seine alte Spitzenform wiedererlangt. Die feinen langlebigen Jahrgangsweine sind sehr gefragt und nicht überteuert. Sie brauchen Zeit, um ihr volles Potenzial zu entfalten; wer also den 1988er schon geleert hat, ist damit um einen zukünftigen Genuss ärmer. Als Prestigewein hat die Jahrgangs-Cuvée Sir Winston Churchill kaum ihresgleichen. Und da nun Dominique Petit das Sagen hat, ist ein Rückschritt in nächster Zeit kaum zu erwarten.

Schaumwein 1996, 1995, 1990, 1988 ★ Sir Winston Churchill Cuvée

Ruinart
Champagne

4 rue des Crayères, Reims 03 26 85 40 29 www.ruinart.com

RUINART, das älteste Champagnerhaus überhaupt, wurde 1729 gegründet und ist als einziger LVMH-Erzeuger auf Chardonnay und Blanc de Blancs spezialisiert. Mit der Neukreation eines Blanc de Blancs ohne Jahrgang und einer teuren Assemblage mehrerer Spitzenjahrgänge, L'Exclusive genannt, umfasst das Sortiment nun drei Weine dieses Kalibers. Der Ruf das Hauses basiert jedoch auf dem Jahrgangswein Dom Ruinart Blanc de Blancs. Dieser besteht ungewöhnlicherweise aus einem Verschnitt mehrerer Crands Crus von der Côte des Blancs mit Chardonnay aus den besten Dörfern der Montagne de Reims.

Schaumwein 1995, 1990 ★ Dom Ruinart Blanc de Blancs

Statue von Dom Thierry Ruinart

ELSASS

BEEINFLUSST VON DER *deutschen und französischen Kultur ist das Elsass mit kaum einer anderen Weinregion vergleichbar. Die Weingärten liegen in einem langen Streifen an den Hügeln der Untervogesen und bringen vielfältige, fruchtige und körperreiche Weine hervor, die den Namen der jeweiligen Rebsorte tragen.*

Die wechselvolle Geschichte des Weinbaus im Elsass geht bis in die römische Zeit zurück. Zeitweise waren die Erträge angeblich so groß, dass man überschüssigen Wein sogar zum Anmischen von Mörtel verwendet haben soll. In anderen Jahren wiederum fiel die Ernte komplett aus, verursacht durch verschiedenste Faktoren wie etwa Raupen-, Reblausbefall, Frostschäden, Beulenpest oder die napoleonischen Kriege.

Elsässischer Weinmeister

Etwa 400 Jahre dauernde Gebietsstreitigkeiten – nach dem Deutsch-Französischen Krieg (1871) ging das Gebiet an Deutschland, 1918 wurde es französischer Oberhoheit unterstellt und im 2. Weltkrieg abermals von den Deutschen besetzt – haben den Charakter der elsässischen Weine geprägt. Die Weingärten sind nach Deutschland hin angelegt, und obwohl das Elsass seit 1945 zu Frankreich gehört, ist der deutsche Einfluss, sei es bei den Ortsnamen oder den Rebsorten, unübersehbar. Hinsichtlich Trauben, Böden und Höhenlage gibt es viele Ähnlichkeiten mit dem Rheingau *(s. S. 362–363)*, trotzdem sind die konzentrierten und mächtigen elsässischen Weine eine Klasse für sich. Man erzeugt trockene und süße Varianten, alle von nahezu perfekter Frucht-Säure-Balance. Bei der Vinifikation spielt Eiche kaum eine Rolle, weshalb die Aromen der Trauben pur zur Geltung kommen. Das Klima dieser Mittelgebirgsregion sorgt dafür, dass die für Weine wichtige Säure ausreicht.

Das Elsass produziert überwiegend Weißweine: Gewürztraminer, Riesling, Muscat Blanc à Petits Grains, Pinot Gris u. a. Muscat und Pinot Gris kommen auch sonst in Frankreich vor, während die anderen beiden Sorten in keiner weiteren Appellation zugelassen sind. Nur 9 % der Gesamtproduktion entfallen auf Pinot Noir, die einzige rote Traube dieser Gegend.

Alter Fasswagen in Dambach-la-Ville

◁ **Blick von dem Weingarten Kirchberg de Ribeauvillé auf das Dorf Ribeauvillé**

WEINKARTE ELSASS

GERADEWEGS DURCH DIE BEIDEN elsässischen Départements Bas-Rhin und Haut-Rhin mit ihren insgesamt 15 000 ha Weingärten verläuft die berühmte Elsässische Weinstraße. Die feinsten Weine kommen aus dem Kerngebiet des Départements Haut-Rhin, wo die Vogesen Schutz vor Weststürmen bieten. Bei Wissembourg an der deutschen Grenze gibt es noch ein kleines, nur 2 ha großes Gebiet mit Pinot Blanc und Pinot Noir.

Gewürztraminer-Trauben

ELSÄSSISCHES WEINRECHT

IM GEGENSATZ ZU DEN MEISTEN anderen französischen Weinregionen werden die Weine im Elsass nach der Rebsorte benannt. Die vier wichtigsten Sorten sind Gewürztraminer (in Frankreich Gewurztraminer geschrieben), Muscat Blanc à Petit Grains (auch: Muscat d'Alsace), Riesling und Pinot Gris (auch: Tokay Pinot Gris). Weiterhin auffallend an elsässischen Weinen ist die traditionelle, gesetzlich vorgeschriebene schlanke Flasche.

Alsace oder Vin d'Alsace
Diese Herkunftsbezeichnung wurde 1962 eingeführt. In Sortenweinen zulässige Trauben sind Gewürztraminer, Klevener de Heiligenstein, Muscat Blanc à Petit Grains, Pinot Blanc, Riesling, Silvaner (auch: Sylvaner) und Pinot Gris.

Edelzwicker
Dies sind preiswerte Verschnittweine unterschiedlicher Sorten. Da fast alle elsässischen Weine reinsortig sind, haben die Weinmacher mit dieser Kategorie die Möglichkeit, zwei oder mehr Sorten zu verschneiden. Erlaubt sind Pinot Blanc, Auxerrois, Pinot Gris, Pinot Noir, Riesling, Gewürztraminer, Muscat Blanc à Petit Grains, Silvaner und Chasselas.

Etikett Alsace Grand Cru, Domaine Marcel Deiss

Alsace Grand Cru
Hierbei handelt es sich um Spitzenweine von 50 ausgewiesenen Lagen. Für die Trauben gelten bezüglich Reife und Geschmack bestimmte Kriterien. Zugelassene Trauben sind u. a. Gewürztraminer, Muscat, Riesling und Pinot Gris.

Vendange Tardive & Sélection de Grains Nobles
Vendange Tardive wird von spät gelesenen Trauben bereitet und ist von gutem Süße-Säure-gleichgewicht. Für die Sélection de Grains Nobles werden die Beeren einzeln gelesen. Der Wein ist sehr süß und wird nur in Jahren mit *Botrytis*-Befall produziert. Als Herkunftsbezeichnung gilt in beiden Fällen Alsace oder Alsace Grand Cru. Die zugelassenen Trauben sind Gewürztraminer, Muscat, Riesling und Pinot Gris.

Crémant d'Alsace
Dieser traditionell erzeugte Schaumwein *(s. S. 166–167)*. enthält vor allem Pinot Blanc, zulässig sind auch Pinot Gris, Pinot Noir, Riesling und Chardonnay. Mit Pinot Noir wird ein Crémant Rosé erzeugt.

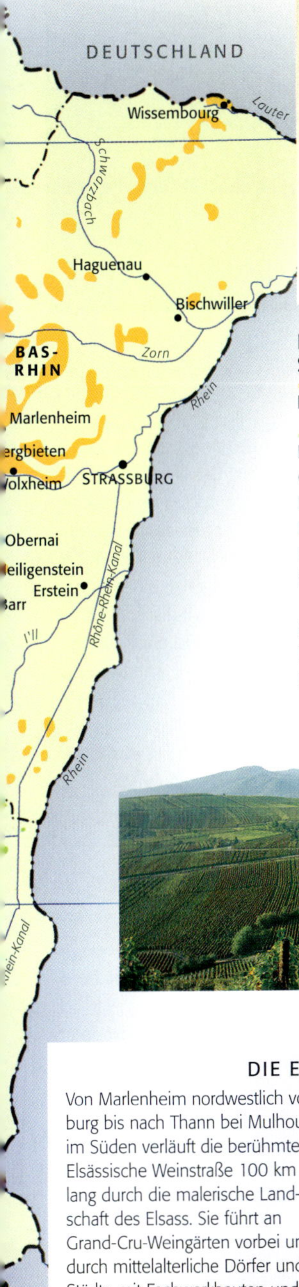

DAS TERROIR AUF EINEN BLICK

Breite: 47,5–49 °N

Höhe: 180–420 m über NN

Topografie: Die Weingärten liegen im engen Rheintal. Schutz vor Regen und Wind bieten im Westen die Vogesen, im Süden der Jura und im Osten der Schwarzwald.

Boden: Unterschiedlichste Bodentypen: Granit, Kalkstein, mergelhaltiger Lehm, Schiefer, Vulkanböden, Sandstein

Klima: Gemäßigt mit viel Sonne und einer ausgedehnten, kühlen Wachstumsperiode

Temperatur: Das Julimittel beträgt 24 °C.

Niederschlag: Relativ wenig. Im zentral gelegenen Colmar beträgt das Jahresmittel 400–500 mm.

Gefahren für den Weinbau: Hagel, Frost, Dürre, Überproduktion

ELSASS: GEBIETE UND SPITZENERZEUGER

BAS-RHIN *S. 180*

HAUT-RHIN *S. 180*

Clos St-Landelin *S. 182*
Domaine Marcel Deiss *S. 182*
Domaines Schlumberger *S. 182*
Domaine Weinbach *S. 182*
Domaine Zind-Humbrecht *S. 182*
Hugel & Fils *S. 183*
Léon Beyer *S. 183*
Maison Trimbach *S. 183*

Maison Trimbach und die Grand-cru-Lage Geisberg in Ribeauvillé

Weingarten Niedermorschwihr, Département Haut-Rhin

DIE ELSÄSSISCHE WEINSTRASSE

Von Marlenheim nordwestlich von Straßburg bis nach Thann bei Mulhouse im Süden verläuft die berühmte Elsässische Weinstraße 100 km lang durch die malerische Landschaft des Elsass. Sie führt an Grand-Cru-Weingärten vorbei und durch mittelalterliche Dörfer und Städte mit Fachwerkbauten und kopfsteingepflasterten Straßen. Unterwegs kann man sich mit Weinen der Region und lokalen Spezialitäten stärken. Wer sich nicht mehrere Tage Zeit nehmen kann, macht am Besten von der zentral gelegenen Stadt Colmar aus kleinere Ausflüge ins Umland. Die Wege durch die Weingärten sind für Besucher kurz vor und während der Lese gesperrt.

Traditionelles Ladenschild

W *www.alsace-route-des-vins.com*

Weinlese im Département Haut-Rhin

DIE WEINDÖRFER DES ELSASS'

Bas-Rhin

WEINGÄRTEN und schmucke Fachwerkdörfer prägen das Erscheinungsbild der Landschaft in diesem nördlichen Département. Da die Vogesen hier nicht sehr hoch sind, bieten sie nur begrenzt Schutz vor Regen aus dem Westen. Aus dem Grund lassen die Weine oft die Intensität und Reife vermissen, die man weiter südlich findet. Bas-Rhin ist in folgende Unterregionen aufgeteilt.

Granit, Kalkstein, Lehmanteile *Pinot Noir* *Gewürztraminer, Riesling* *weiß*

Marlenheim und Umgebung

MARLENHEIM, bekannt für seine leichten, frischen Rosés, ist auch der Ausgangspunkt der Elsässischen Weinstraße *(s. S. 179)*. Von der zu Wolxheim gehörenden Grand-Cru-Lage Altenberg soll angeblich Napoleon seinen Lieblingswein bezogen haben, einen Vin de paille, zu dessen Erzeugung man auf Strohmatten getrocknete Chasselas-Trauben verwendet. Heutzutage gängiger sind trockene Weine aus Riesling, Gewürztraminer und Pinot Blanc; besonders nennenswert ist Gewürztraminer aus der Gemeinde Bergbieten.

Andlau und Umgebung

RIESLING ist die Spezialität von Andlau, der Gemeinde mit den meisten Grands Crus (Moenchberg, Wiebelsberg und Kastelberg) in Bas-Rhin. Der Grund dafür sind der harte, felsige Boden und das heiße und trockene Klima. Aus Heiligenstein im Norden kommt der einzigartig rassige Klevener de Heiligenstein. Das Dörfchen Barr unmittelbar südlich von Andlau ist für seinen saftigen Gewürztraminer bekannt, während Mittelbergheim für seinen Silvaner geschätzt wird. Diese Traube erbringt hier einen ungewöhnlich vollen, alterungswürdigen Wein, was mit der Reinheit der Kalksteinböden zu tun hat, aber auch damit, dass die Grand-Cru-Lage Zotzenberg ein Becken bildet, das die Sonne regelrecht einfängt. Volle Rieslinge dagegen sind typisch für Eichhoffen; die Besten kommen in der Regel vom Weingarten Kritt.

Haut-Rhin

IN DIESER REGION, die zu den trockensten in ganz Frankreich gehört, gibt es rund 50 Weingärten mit Grand-Cru-Status. Je weiter man in die Vogesen vordringt, desto steiler werden die Hänge, desto besser die Reben und desto mächtiger die Weine. Nachfolgend mehr über die einzelnen Dörfer im Département Haut-Rhin.

Kalkstein, Sandstein, Granit *Pinot Noir* *Riesling, Gewürztraminer, Pinot Blanc, Pinot Gris* *weiß*

Domaine Zind-Humbrecht, Haut-Rhin

Ribeauvillé und Umgebung

DIESES BILDERBUCHDORF ist berühmt für seine klassischen, intensiven Rieslinge, die hier auf Sandstein und Mergel gedeihen. Das Gebiet kann mit drei Grand-Cru-Lagen aufwarten: Geisberg, Kirchberg und Osterberg. Die Spezialität des Dorfes Bergheim im Nordosten ist alterungswürdiger Gewürztraminer, während extra reicher Muscat und konzentrierter Auxerrois aus Rorschwihr im Norden kommen. Das nördlichste Weindorf, Saint-Hippolyte, ist für seinen weichen, kirschartigen Pinot Noir bekannt. Tatsächlich kommen aus diesem und dem Nachbardorf Rodern die besten Rotweine der Region.

Riquewihr und Umgebung

In der Umgebung von Riquewihr finden sich mit die besten Weingärten der Region, darunter die Grand-Cru-Lagen Schoenenbourg und Sporen. Die Spezialität dieser Gegend ist langlebiger Riesling. Die sehr warme Grand-Cru-Lage von Beblenheim im Osten – passenderweise Sonnenglanz genannt – erbringt reife und vollaromatische Weine, wobei Gewürztraminer überwiegt. Weiter im Süden dagegen, in Mittelwihr, steht wieder Riesling im Mittelpunkt: eine stahlige Variante mit rassigen und doch dezenten Aromen, was man meist auf das milde Klima und die idealen Kies- und Kalksteinböden zurückführt. In Kaysersberg, noch weiter im Süden, gedeiht an den Steillagen Schlossberg und Bixkoepflé fetter Gewürztraminer.

Turckheim und Umgebung

Im Westen von Colmar bei Ammerschwihr liegt der älteste Grand-Cru-Weingarten des Elsass, der für Rieslingweine und gut strukturierte Gewürztraminer berühmte Kaefferkopf. Gute Rieslinge kommen auch aus Katzenthal weiter im Süden. Turckheim, ein Dorf mit Befestigungsanlagen und der Grand-Cru-Lage Brand, bevorzugt mittlerweile Pinot Gris und Pinot Noir. Dank langer Sonnenscheindauer reifen hier auch dickschalige rote Trauben gut aus. Die Rosé- und Rotweine aus Pinot Noir sind konzentriert, reich und delikat. Eine Verkostung wert ist auch der mächtige, intensive Pinot Gris aus Wintzenheim, besonders die seltene spät gelesene Sélection de Grains Nobles.

Eguisheim und Umgebung

Die drei Schlösser von Husseren-les-Châteaux bestimmen das Panorama von Eguisheim, dem höchsten Ort der Elsässischen Weinstraße. Im Umkreis der Stadt liegen gleich mehrere Spitzenweingärten für Riesling, Gewürztraminer und Muscat. Hocharomatischer Muscat und intensiver Gewürztraminer sind die Highlights der Grand-Cru-Lage Goldert in Gueberschwihr. In Pfaffenheim macht man den im ganzen Elsass reichsten Pinot Blanc, während das höher gelegene Soultzmatt das Gewürztraminer-Grand-Cru-Zinnkoepflé und frischen, aromatischen Pinot Blanc zu bieten hat. Die Grand-Cru-Lage Pfingstberg bei Orschwihr bringt mächtigen und sublim rassigen Pinot Blanc und Pinot Gris hervor.

Guebwiller & Thann

Viele der konzentriertesten elsässischen Weine kommen aus diesem südlichen Teil der Region, die mit den Grands Crus Kessler, Kit terlé, Saering und Spiegel aufwarten kann. Rund 75 % der zu Guebwiller gehörenden Weingärten befinden sich im Besitz der Domaines Schlumberger, deren Spezialität Pinot Gris und Gewürztraminer sind, abgesehen von geringen Mengen eleganten Kitterlé-Rieslings. Das etwas weiter südlich gelegene Wuenheim erzeugt knackig frischen Riesling von der Grand-Cru-Lage Ollwiller. Dieses Dorf war lange Zeit der Endpunkt der Elsässischen Weinstraße. Seit jedoch die lange vernachlässigten steilen Weinberge von Thann in den 1970er-Jahren durch Léonard Humbrecht (Domaine Zind-Humbrecht) neu bepflanzt wurden, kamen aus dem Süden zunehmend mehr große Weine. Am bekanntesten ist die terrassierte, überaus steile Grand-Cru-Lage Rangen. Die Hauptsorte hier ist der sonnenhungrige Pinot Gris.

Das malerische Dorf Riquewihr

DIE SPITZENERZEUGER DES ELSASS'

Clos St-Landelin
Haut-Rhin

rte du vin, Rouffach
03 89 78 58 00
www.mure.com

1630 GRÜNDETE Michel Muré dieses Weingut. Die Weine stammen von der Grand-Cru-Lage Vorbourg in Rouffach. Unter den ausgewogenen, konzentrierten Weißweinen finden sich ein mächtiger Riesling und ein erfrischender Muscat. Es gibt auch einen komplexen, fassgereiften Pinot Noir. Im Besitz derselben Familie befindet sich auch das Handelshaus René Muré – eine Marke, unter der überwiegend jung zu trinkende Weine vertrieben werden.

rot, weiß 2002, 2001, 2000, 1999, 1996, 1995, 1993 ★ Riesling Vorbourg, Pinot Noir, Muscat Vendanges Tardives Vorbourg

Domaine Marcel Deiss
Haut-Rhin

15 rte du vin, Bergheim 03 89 73 63 37 www.marceldeiss.com

FÜR JEAN-MICHEL DEISS geht das Terroir über alles. Er geht in seiner Überzeugung sogar so weit, alle Weine – entgegen der elsässischen Tradition – nicht mit dem Namen der Traube, sondern mit dem des Weingartens auszuzeichnen. Die Weine haben Balance und Finesse und sind zudem hervorragend konzentriert. Die Rieslinge von den Grands Crus Altenberg de Bergheim und Schoenenbourg sind außergewöhnlich, die Weine von der Grand-Cru-Lage Mambourg sind reich, aber teuer.

weiß 2001, 2000, 1994 ★ Grand Cru Altenberg de Bergheim, Grand Cru Schoenenbourg, Grand Cru Mambourg

Etikett Domaine Marcel Deiss

Domaines Schlumberger
Haut-Rhin

100 rue Théodore-Deck, Guebwiller 03 89 74 27 00 www.domaines-schlumberger.com

MIT EINEM REBBESTAND von 140 ha ist Schlumberger der mit Abstand größte Erzeuger im Elsass. Die Weingärten liegen in der Umgebung von Guebwiller und wurden im 19. Jh. nach und nach von Nicolas Schlumberger erworben, darunter die heutigen Grands crus Saering, Kessler, Kitterlé und Spiegel oder Lagen wie Heissenstein und Schimberg. Der berühmteste Wein der Domäne nennt sich Cuvée Christine – ein Gewürztraminer Vendange Tardive, der zugleich voll und mächtig, aber niemals zu üppig ist. Er kann zehn Jahre oder länger liegen. Les Princes Abbés ist der Name eines zehn Weine umfassenden Sortiments: neun Sortenweine und ein Verschnitt, die alle jung zu trinken sind.

weiß 2000, 1996 ★ Riesling Grand Cru Saering, Riesling Grand Cru Kitterlé, Gewürztraminer Grand Cru Kitterlé

Domaine Weinbach
Haut-Rhin

Clos des Capucins, 25 rte du vin, Kientzheim 03 89 47 13 21 www.domaineweinbach.com

SCHON 890 N. CHR. erkannten Mönche der Abtei Etival die besondere Lage des Weingartens Clos des Capucins. Heute befindet er sich im Besitz von Colette Faller und ihren Töchtern Laurence und Catherine. Ihre Weine gehören zu den besten im Elsass: Sie sind rein und ausgewogen mit einem Hauch Süße. Manche zählen Laurence Faller sogar zu den besten Weißweinmacherinnen der Welt. Ihr absolutes Spitzenprodukt ist ein konzentrierter, komplexer und rassiger Riesling von der Grand-Cru-Lage Schlossberg mit ihren wildromantischen Hängen in der Umgebung von Kaysersberg.

weiß 2001, 1998, 1990 ★ Riesling Grand Cru Schlossberg, Riesling Réserve, Pinot Gris Cuvée Laurence

Domaine Zind-Humbrecht
Haut-Rhin

4 rte de Colmar, Turckheim
03 89 27 02 05 n. V.

DER NATURWISSENSCHAFTLER und Ingenieur Olivier Humbrecht wurde als Erster in Frankreich mit dem begehrten Titel des Maître du Vin ausgezeichnet. Heute steht er an der Spitze einer Bewegung, die den biodynamischen Weinbau nach burgundischem Vorbild *(s. S. 105)* auch im Elsass durchsetzen möchte. Sein Rebbesitz, vom Vater Léonard Schlumberger im Laufe vieler

Jahre aufgebaut, umfasst einige der besten Lagen dieser Gegend. Die Weine sind außergewöhnlich gut. Im Basissortiment finden sich volle, trockene Weine, sein Spitzenwein ist die sehr reiche und üppige Vendange Tardive aus Pinot Gris und Gewürztraminer.

weiß 2001, 1998, 1994
★ Gewürztraminer Grand Cru Hengst, Vendange Tardive Pinot Gris Clos Windsbuhl, Muscat Herrenweg de Turckheim

Hugel & Fils
Haut-Rhin

3 rue de la première armée, Riquewihr 03 89 47 92 15
www.hugel.com

VIELE JAHRE war Jean »Johnny« Hugel der Mann, der das Elsass weltweit vertrat. Heute wird das Unternehmen, das bis auf das Jahr 1639 zurückgeht, von seinen Söhnen Marc und Étienne geleitet. Ihre stilvollen und eleganten Weine sind nach wie vor ein Muss für jeden Liebhaber elsässischer Weine. Besonders gut sind die spät gelesenen Weine, Vendange Tardive und Sélection de Grains Nobles. Gentil, ein Verschnitt aus Gewürztraminer, Riesling, Pinot Gris, Muscat und Silvaner, ist wunderbar aromatisch.

weiß 2001, 2000, 1998
★ Riesling Cuvée Jubilee, Gewürztraminer Sélection de Grains Nobles, Tokay Pinot Gris Vendange Tardive

Léon Beyer
Haut-Rhin

2 rue de la première armée, Eguisheim 03 89 21 62 30
www.leonbeyer.fr

1580 TRATEN die Beyers als Winzer in Erscheinung, 1867 kam das Weingut dazu, und noch heute machen sie einer alten Familientradition gemäß trockene Weine für Spitzenrestaurants. Die Leitung haben mittlerweile Marc Beyer und sein Sohn Léon. Ihr Markenzeichen ist der Comte d'Eguisheim, den sie allerdings nur in den besten Jahren keltern. Der 20-ha-Besitz umfasst Grand-Cru-Lagen in Eichberg und Pfersigberg, worauf man auf den Etiketten nicht hinweist. Einfachere Weine werden von angekauften Trauben gemacht.

weiß 2000, 1990 ★ Riesling Les Écaillers, Riesling Comtes d'Eguisheim, Gewürztraminer Comtes d'Eguisheim

Maison Trimbach
Haut-Rhin

15 rte de Bergheim, Ribeauvillé 03 89 73 60 30 www.maison-trimbach.fr

Maison Trimbach

DAS HAUS TRIMBACH ist die beste Adresse für frischen, rassigen, volltönenden und anmutigen Riesling, und der Clos Sainte-Hune, von einem nur 1,3 ha großen Weingarten, ist der wohl feinste Riesling der Welt. Pro Jahr produziert man davon nur 9000 Flaschen. Der Wein ist duftig, stahlig und hat reine Frucht sowie wahre Eleganz und sollte mindestens fünf Jahre altern. Von nahezu derselben Qualität ist die Riesling-Cuvée Frédéric-Émile, und auch für den riesigen Rest des Sortiments, das weltweit in Restaurants vertreten ist, gelten vergleichbare Standards.

weiß 2001, 2000, 1998 ★ Riesling Clos Ste-Hune, Gewürztraminer Seigneurs de Ribeaupierre, Pinot Gris Réserve

SPITZENWEINE: ELSASS

- Cave de Turckheim Gewürztraminer Brand €€ (*www.cave-turckheim.com*)
- Clos St-Landelin Riesling Grand Cru Vorbourg €€€
- Domaine Marcel Deiss Grand Cru Mambourg €€€€
- Domaine Marc Kreydenweiss Riesling Clos Rebberg €€ (03 88 08 95 33)
- Domaine Paul Blanck Riesling Grand Cru Furstentum Vieilles Vignes €€€ (*www.blanck.com*)
- Domaines Schlumberger Gewürztraminer Grand Cru Kitterlé €€€
- Domaine Weinbach Riesling Grand Cru Schlossberg Cuvée Ste-Catherine €€€
- Domaine Zind-Humbrecht Pinot Gris Clos Jebsal Sélection de Grains Nobles €€€€
- Hugel & Fils Tokay Pinot Gris Vendange Tardive €€€
- Kuentz-Bas Riesling Grand Cru Eichberg €€ (*www.kuentz-bas.fr*)
- Léon Beyer Riesling Comtes d'Eguisheim €€
- Maison Trimbach Riesling Clos Ste-Hune €€€€

Etikett Gewürztraminer Sélection des Grains Nobles, Hugel & Fils

ITALIEN

ITALIEN

MIT SEINEN 3000 JAHREN Weinbautradition steht Italien unbestritten in vorderster Linie der Weinerzeuger weltweit. Mit Ausnahme Frankreichs wird nirgendwo anders so viel Wein produziert und konsumiert.

DIE ANFÄNGE

Die Weinrebe wurde im 4. Jh. v. Chr. von Griechen und Etruskern in Sizilien, Apulien und der Toskana eingeführt und schon bald in ganz Italien angebaut. Die Römer jedoch sorgten für ihre Verbreitung in ganz Europa: Eine Karte des heutigen Weinbaus in Europa ist fast identisch mit der des Römischen Reiches in seiner Blütezeit *(s. S. 14)*. Wein wurde ein wichtiger Teil römischen Lebens – nicht nur als wesentliches Element der berüchtigten Orgien und Inspirationsquelle von Dichtern und Schriftstellern. Bereits vor fast 2000 Jahren beschrieben Römer wie Plinius Schlüsselfaktoren für die Gewinnung von Qualitätstrauben wie Standort, Rebenerziehung und -schnitt, Erträge und Alterung. Die Behauptung, die Römer hätten in 200 Jahren mehr zur Weinproduktion beigetragen als die Italiener in fast 2000, ist zwar nicht schmeichelhaft, dennoch kann man konstatieren, dass Weinanbau und -erzeugung der Römer ein Niveau erreichten, das bis zur Einführung von Neuerungen wie Pasteurisierung und Temperaturkontrolle unerreicht blieb.

Lagerung von Wein, römisches Relief

Porträt des römischen Weingottes Bacchus, von Caravaggio

MODERNE GESCHICHTE

Der Fall Roms mag das Ende des goldenen Weinzeitalters bedeutet haben, aber der Weinbau auf der Halbinsel wurde fortgesetzt und florierte unter den vielen Herrscherhäusern, die bis zur Vereinigung Italiens (1861) in den verschiedenen Regionen regierten. 1000 Jahre erbitterter Rivalität zwischen den Stadtstaaten verliehen den Weingärten eine außergewöhnliche Vielfalt, da jede politische Einheit lokale Arten und Traditionen pflegte. In dieser Zeit nahm der italienische Weinbau allmählich seine heutige Gestalt an, die sich durch eine verwirrende Vielfalt regionaler Traubenarten, Weintypen und lokaler Vinifikationsverfahren auszeichnet. Einige Anbaugebiete wie Chianti bestehen praktisch unverändert seit dem 14. Jh., andere wie Brunello di Montalcino entstanden dagegen erst 500 Jahre später.

Obwohl Italien schon immer ein gewaltiges Potenzial besessen hatte, gab es kaum Anreiz, die Weinqualität zu steigern – obwohl sich das Land ideal für den Weinanbau eignet und auch einen hohen Inlandskonsum aufweist. Mit dem Aufkommen eines breiten Mittelstandes nach dem 2. Weltkrieg interessierten sich die Italiener

◁ **Castello di Volpaia mit Radda (Chianti) im Hintergrund, Toskana**

WEINBAUREGIONEN

Italien ist vollständig mit Weinreben bedeckt. Das Land ist in vier Hauptanbauzonen aufgeteilt – Nordwesten, Nordosten, Mittelitalien sowie den Süden und die Inseln, die wiederum in 20 Anbaugebiete unterteilt sind. In diesen Anbauzonen gilt vielerorts ein kompliziertes System von DOC(G)s, darunter sind so berühmte Namen wie Barolo, Barbaresco, Soave und Valpolicella.

erstmals mehr für Qualität als für Quantität.

Die 1950er-Jahre brachten eine beispiellose Nachfrage nach besserem Wein – und die wirtschaftliche Stabilität für seine Produktion. Allmählich wechselte Italiens gigantische Weinindustrie den Kurs. Die Abhängigkeit von den Genossenschaften ließ nach, Erträge wurden reduziert, neue Technologien eingeführt.

In den 1960er-Jahren erschienen Super-Toskaner wie Sassicaia *(s. S. 261)*, der den italienischen Wein weltweit bekannt machte. Diese außerhalb des DOC(G)-Systems aus internationalen Rebsorten gekelterten Weine waren so gut, dass Sammler aus der ganzen Welt sie eilends und zu Rekordpreisen kauften. Anderen Erzeugern zeigten sie, dass Italien international wettbewerbsfähig war. Was als Bächlein einiger Erzeuger begann, die die Erträge senkten und technische Verbesserungen vornahmen, ist heute ein Strom – vom Aosta-Tal bis Sizilien.

ESSEN UND WEIN

L'abbinamento (das Passende) bezeichnet im Italienischen die gelungene Verbindung von Speise und Wein. Beide haben sich über Jahrhunderte gemeinsam entwickelt: Bistecca alla Fiorentina (Steak) und Chianti Classico, Risotto und Soave oder Ossobuco und Barolo ergänzen sich geschmacklich zu solch idealen Kombinationen. Italienische Weine vereinen natürliche, spritzige Säure und feste Tannine, weshalb sie ideal zu rotem Fleisch, Sahnesaucen und Salami passen. Daher schmecken sie auch so gut vor Ort, wo man sie zu den jeweils passenden Speisen trinkt.

DIE WEINBRANCHE HEUTE

Italien ist weltweit der zweitgrößte Erzeuger und der größte Exporteur von Wein. Mit über 1 Mio. Weinbauern und einer durchschnittlichen Weingutgröße von unter 1 ha ist der italienische Weinbau stark fragmentiert. Daher ist es außerordentlich schwierig, wie andernorts große, internationale Marken zu kreieren, die konstante Qualität in hohen Mengen bieten. Das milde italienische Klima fördert hohe Erträge, die dann allerdings oft in veralteten Genossenschaftsanlagen verarbeitet werden. Der Weinbau Italiens hat jedoch auch ein anderes Gesicht: moderne Privatgüter, die sämtliche Produktionsschritte kontrollieren und über Heere von – oft auswärts geschulten – Agronomen und Önologen verfügen. Diese Erzeuger halten natürlich nichts von Massenproduktion; sie gingen zuweilen so weit, dass sie ihre Weine außerhalb des offiziellen DOC(G)-Systems stellten, um dessen Einschränkungen zu umgehen. Kultweine wie Sassicaia von Tenuta San Guido sind zwar in der Minderheit, sie haben den Ruf des Landes aber aufpoliert: Italien ist unzweifelhaft stark im Kommen.

Traubenlese in der Toskana

WEINBAU UND VINIFIKATION

Es gibt in Italien zwei Hauptverfahren der Rebenerziehung: an Hochspalieren oder nach dem eher qualitätsorientierten Rebschnittverfahren. Reben an Hochspalieren lassen unter sich Platz für andere Früchte (ein wichtiger Vorteil für Kleinbetriebe) und sind an den so häufigen Steilhängen leichter zu bearbeiten; die Erträge sind bei diesem Verfahren eher hoch. Jüngere Weingüter dagegen nehmen – ähnlich wie in Frankreich – den Rebschnitt vor. Dabei sind die Reben die einzige Frucht und werden meist viel enger gepflanzt und auf niedrige Höhe zurückgeschnitten, was die Traubenqualität verbessert. Das altmodische Hochspalier trägt wenig zur Reifung bei, und der Mangel an Geschmack und Farbe muss dann durch lange Gärzeiten in der Kellerei wettgemacht werden. Durch die verbesserte Traubenqualität beim Rebschnitt konnten die Gärzeiten indessen verkürzt werden. Temperaturkontrollierte Fermentierung ist heute schon fast die Regel, und in einigen Genossenschaften sieht man sogar Edelstahlbehälter. Der Ausbau in neuen Eichenfässern bleibt jedoch umstritten:

Weingärten in der Toskana, einer der wichtigsten Anbauregionen Italiens

Einige Erzeuger schwören auf Botti aus slawonischer Eiche, andere haben zu den kleineren französischen Barriques gewechselt; in beiden Fällen verkürzt sich die Dauer des Ausbaus.

Weinbau im Gebirge bei Alto Adige (Nordostitalien)

ROTWEIN: TRAUBENSORTEN UND WEINTYPOLOGIE

Italien ist ein Rotweinland, und sein ausgezeichneter Ruf beruht auf so namhaften Sorten wie Barolo (Piemont), Brunello di Monralcino (Toskana), Taurasi (Kampanien) und Chianti Classico (Toskana). Das warme, milde See- und Bergklima und die kargen Böden verleihen seinen Rotweinen eine seltene Kombination aus Gewicht und Eleganz. Trauben wie Nebbiolo, Sangiovese und die sizilianische Nerello Mascalese haben das Potenzial für Weine, die extrakt- und alkoholreich, aber zugleich auch stilvoll und lagerfähig sind. Aglianico, Nero d'Avola und Montepulciano sind etwas kräftiger und weniger subtil, entwickeln aber dieselbe Eleganz.

Von den zahllosen Geschmacksnoten italienischer Rotweine sind schwarze Früchte und ein Hauch Erde fast allgegenwärtig. Es gibt jedoch auch Ausnahmen – vor allem im Norden, wo regionale Sorten wie Teroldego, Refosco und Freisa rote Früchte und sogar florale Töne bieten. Feste Tannine und spritzige Säure – Strukturelemente, die für Langlebigkeit und gute Kombinierbarkeit mit Speisen sorgen – sind in der Regel typischer als individuelle Geschmacksnoten. Die großen italienischen Rotweine sind Ausdruck ihres Terroirs: Man spürt hier Italien geradezu. Sie strahlen einen Charme und eine Authentizität aus, welche auch auf die 2000 Jahre alte Anbaugeschichte zurückzuführen ist.

WEISSWEIN: TRAUBENSORTEN UND WEINTYPOLOGIE

Die Römer mochten eher helle und süße Weine; im heutigen Italien ist das Gegenteil der Fall. Doch es gibt im Norden wie im Süden auch einheimische weiße Sorten – große Bereiche mit Trebbiano, vereinzelt auch Vernaccia, Garganega und Greco –, die an das jeweilige Klima angepasst sind. Im heißen, tiefsten Süden, wo Ende Juli Chardonnay und Sauvignon geerntet werden, sind die lokalen Sorten Greco, Fiano und Inzolia zwei Monate später vollreif, und das mit moderatem Alkoholpotenzial, ausgewogener Säure und einer intensiven Aromenfülle.

Kontrolliert man die Erträge, zeichnen sich diese Weißweine durch eine einzigartige Kräuternote aus – kombiniert mit ihrer sortentypisch-mineralischen Schärfe. Verdicchios subtile Nussigkeit, Garganegas ausgeprägt florale Note und Grecos offene Fruchtigkeit sind individuelle Merkmale – und doch sind diese Weine auch typisch italienisch. Oft entsprechen Aromaintensität und Gewicht einander und werden zudem durch erstaunlich frische Säure ausgeglichen – eine ideale Ergänzung zu Pasta, Risotto und Fisch. Derart natürlich-ausgewogene, vielseitige Weine waren lange eine Selbstverständlichkeit und erhalten nun die gebührende Aufmerksamkeit.

HEIMISCHE TRAUBEN ITALIENS

WÄHREND DIE WEINWELT HEUTE ZUNEHMEND *von einigen »internationalen« Trauben beherrscht wird, bleibt Italien ein Zufluchtsort für rare einheimische Sorten. Über 2000 davon sind das reiche Erbe einer langen Weinbaugeschichte, wobei für die Züchtung unterschiedlicher Sorten örtliche Gegebenheiten genutzt wurden. Hier werden einige der wichtigsten einheimischen Trauben Italiens beschrieben.*

Aglianico ◁
Eine alte, rote Traube, die vor allem im Süden vorkommt und ausgezeichnete Weine mit typischen vollmundigen Tanninaromen gerösteter Kirschen, Schokolade und Teer liefert.
13 000 ha ★ Taurasi DOCG, Aglianico del Vulture DOC

Arneis
Mit ihrer körperreichen, trockenen Art gilt Arneis als eine der besten hellen Trauben Italiens. Sie ist für ihre reizvoll-duftigen Melonen-, Birnen-, Mandel- und Trockenkräuteraromen bekannt und wird vor allem im Piemont angebaut.
400 ha ★ Roero Arneis DOC, Langhe DOC

Barbera ▽
Barbera liefert – vor allem im Piemont – körperreiche Weine voll weicher, süßer Früchte und Aromen von roten Beeren, Gewürzen und Holzrauch. Sie ist die zweithäufigste rote Traube Italiens, wird aber vorwiegend im Norden angebaut.
50 000 ha ★ Barbera d'Alba DOC, Barbera d'Asti DOC

Cortese ▽
Diese hochwertige Traubenart ergibt erfrischende körperreiche Weißweine mit ansprechenden Limetten-, Reineclaude- und Mineralaromen. Man findet sie im Piemont, der Lombardei und Venezien. Ihre besten Weine gehören zur Gavi DOCG.
3000 ha ★ Gavi DOCG

Corvina ▽
Die wichtigste Traube der Valpolicella DOC; sie gibt den nach Kirsche und Kräutern duftenden Weinen der Region ihr Gerüst und bietet, richtig verarbeitet, konzentrierte Aromen und samtige Tannine. Am besten kommt sie in Amarone- und Recioto-Weinen zur Geltung.
4500 ha ★ Valpolicella DOC

Dolcetto △
Die so genannte »kleine Süße« ergibt köstlich-süffige, dunkelfarbige Weine mit kräftigen Kirscharomen, die als Barolo und Barbaresco meist jung und fruchtig zu trinken sind, aber auch lagerfähig sein können.
4500 ha ★ Dolcetto di Dogliani DOC, Dolcetto d'Alba DOC

Garganega
Sie kann durchaus hervorragende Qualität liefern, aber ihr Ruf hat unter langweiligen Soave-Abfüllungen gelitten. Ihre besten Weine gehören zur Soave Classico DOC und bieten vollmundige Mandel-, Zitronen- und Honigaromen.
13 000 ha ★ Soave Classico DOCG

Nebbiolo △
Aus ihr keltert man die legendären Barolo- und Barbaresco-Weine mit ihrer herrlichen Veilchen-, Rosen-, Teer- und Gewürznase, hohem Säureanteil, süßen Früchten und kräftigen Tanninen.
2700 ha ★ Barolo DOCG, Barbaresco DOCG, Nebbiolo d'Alba DOC

Greco Bianco ▽
Eine alte griechische Sorte, die vorwiegend in Kampanien angebaut wird. Ihr berühmtester Vertreter, Greco di Tufo DOC, ist ein körperreicher, trockener, dunkler Weißwein mit Birnen-, Pfirsich- und Trockenkräuteraromen.
1000 ha ★ Greco di Tufo DOCG

Primitivo ◁
Sie wird reinsortig und für Verschnitte verwendet, hat in der Regel einen hohen Alkoholgehalt und ein fruchtig-bitteres Kirscharoma. Sie ist mit der Zinfandel verwandt, liefert aber ganz andere Weine.
17 000 ha ★ Salice Salentino DOC, Primitivo di Manduria DOC

Montepulciano
Sie wird vielerorts in Mittelitalien angebaut (vor allem in der Montepulciano d'Abruzzo DOC) und liefert leichte, gut trinkbare Weine mit vielen Kirsch-, Schwarzbeer- und würzigen Pfefferaromen.
31 000 ha ★ Montepulciano d'Abruzzo DOC

Negroamaro ▽
Negroamaro (wörtlich »schwarze Bittere«) liefert meist dunkle Weine mit konzentrierten Tanninen und vollmundigen Aromen von Schwarzkirsche, Lakritz und schwarzer Johannisbeere. Sie ist im Süden sehr verbreitet und wird oft für Verschnitte verwendet.
31 000 ha ★ Salice Salentino DOC

Sangiovese ▷
Aus der meistangebauten roten Traube Italiens kann man Weltklasse-Weine keltern: mittelschwer bis körperreich mit weichen, körnigen Tanninen und erdigen Kräuter-, Vanille- und Bitterkirscharomen.
über 100 000 ha ★ Chianti Classico DOCG, Brunello di Montalcino DOCG

Trebbiano △
Trebbiano oder Ugni Blanc ist eine einfache Traube, die trockenen, spritzigen, aber absolut gewöhnlichen Wein liefert. Sie ist die häufigste weiße Sorte Italiens und wird üblicherweise verschnitten.
100 000 ha ★ Trebbiano di Romagna DOC, Trebbiano d'Abruzzo DOC

Verdicchio
Zwei DOCs in Le Marche (Mittelitalien) erzeugen aus dieser charaktervollen weißen Traube einen trockenen, spritzigen Weißwein mit Zitronen-, Gras- und Mandelaromen.
2400 ha ★ Verdicchio dei Castelli di Jesi DOC, Verdicchio di Matelica DOC

Vernaccia
Verschiedene Typen dieser Traube werden in ganz Italien angebaut; am bekanntesten ist die toskanische Vernaccia di San Gimignano DOCG. Sie liefert einen spritzigen, trockenen Weißwein mit typischen Nuss- und Gewürzaromen.
1500 ha ★ Vernaccia di San Gimignano DOCG

ITALIENISCHES WEINRECHT

Auf den ersten Blick wirkt das italienische Weinrecht mit nur vier Klassifikationskategorien einfach. An erster Stelle steht die Denominazione di Origine Controllata e Garantita (DOCG), an zweiter die Denominazione di Origine Controllata (DOC). Diese »geprüften Weine mit zusätzlicher Garantie« (DOCG) und »geprüften Weine« (DOC) werden in einem bestimmten Gebiet nach lokalen Vorschriften produziert. Ihnen folgen Indicazione Geografica Tipica (IGT) und schließlich vino da tavola *(VdT), Tafelwein.*

Theoretisch sollten die DOCG-Weine die besten sein, gefolgt von DOC, IGT und zuletzt den Tafelweinen. Die Lage ist jedoch wesentlich komplizierter: Zunächst einmal garantiert eine DOC- oder DOCG-Klassifizierung trotz des Namens keine besondere Qualität, da die Vorschriften oft nicht streng genug sind. Zweitens ist ein DOCG-Wein einem DOC nicht unbedingt überlegen, da einige Regionen nur aus politischen Gründen höher eingestuft wurden. Drittens vermeiden einige Erzeuger das DOC- und DOCG-System völlig, da sie ihm entweder wenig Bedeutung zusprechen oder die Verwendung von Traubensorten und Verfahren vorziehen, die die bestehenden Vorschriften nicht gestatten. Eine Reihe der besten italienischen Weine sind daher als IGT oder sogar VdT auf dem Markt.

IGT-Etikett von Planeta, Sizilien

Italienische Weinklassifikation

Alle italienischen Weine tragen eine dieser Kennzeichnungen:
Denominazione di Origine Controllata e Garantita (DOCG): Dies ist die höchste Qualitätsstufe bei italienischem Wein. Einige Regionen besitzen diesen Status nur für bestimmte Weine. Acqui etwa kann nur aus der Brachetto-Traube gekelterte Weine als DOCG etikettieren.
Denominazione di Origine Controllata (DOC): Sie entspricht der französischen Appellation d'Origine Contrôlée (AOC).
Indicazione Geografica Tipica (IGT): Diese Kategorie entspricht dem französischen Vin de Pays. Viele gute italienische Weine werden zur Vermeidung strenger DOC- oder DOCG-Vorschriften als IGT ausgezeichnet – vor allem bei Verwendung unüblicher Traubensorten wie Chardonnay, Cabernet Sauvignon oder Merlot.
Vino da Tavola (VdT): Sie machen den Großteil der italienischen Weinproduktion aus und sind in der Regel von minderer Qualität – allerdings mit Ausnahmen.

IGT-Etikett von Castello di Farnetella, Toskana, Mittelitalien

Etikett Chianti Classico DOCG von Bran Caia, Toskana

Etikett Dolcetto d'Alba DOC von Ceretto, Nordwestitalien

ITALIENISCHE DOCS

Nordostitalien
Friaul-Julisch-Venetien: Ramandolo
Venetien: Bardolino Superiore, Soave Superiore, Recioto di Soave

Nordwestitalien
Lombardei: Franciacorta, Valtellina Superiore
Piemont: Asti, Barolo, Barbaresco, Brachetto d'Acqui, Dogliani, Gattinara, Gavi, Ghemme, Moscato d'Asti, Sforzato di Valtellina

Mittelitalien
Romagna: Albana di Romagna
Toskana: Brunello di Montalcino, Carmignano, Chianti, Chianti Classico, Vernaccia di San Gimignano, Vino Nobile di Montepulciano
Umbrien: Sagrantino di Montefalco, Torgiano Riserva

Süditalien und Inseln
Kampanien: Fiano di Avellino, Greco di Tufo, Taurasi
Sardinien: Vermentino di Gallura

ANGABEN AUF EINEM ITALIENISCHEN WEINETIKETT

Bei einem Wein mit DOCG- oder DOC-Auszeichnung kann man am Namen der Region oder der Provinz normalerweise bereits den Weintyp erkennen. Beide Einstufungen lassen theoretisch auf einen hochwertigen Wein schließen, geben aber leider keine Garantie. Nur der Name des Erzeugers kann genaueren Einblick verschaffen.

Der Erzeugername ist noch wichtiger, wenn der Wein als IGT oder Vino da Tavola etikettiert ist. Ein Anhaltspunkt kann auch der Preis sein, da ein IGT-Spitzenwein das 2- bis 3-fache eines DOCG-Weins aus derselben Gegend kosten kann; er muss jedoch nicht mehr wert sein.

Der Name der Traubensorte wird manchmal auf dem Etikett angegeben (Ausnahme: VdT) und kann auf den Weintyp schließen lassen. Das Wort »di« (oder d') bedeutet »von«; Barbera d'Alba bezeichnet z. B. die Barbera-Traubensorte aus der Region Alba. Die Qualität der Jahrgänge variiert – im Allgemeinen um so mehr, je weiter nördlich das Anbaugebiet liegt.

Badia a Passignano ist der Name des Weinguts, könnte aber auch ein Markenname sein.

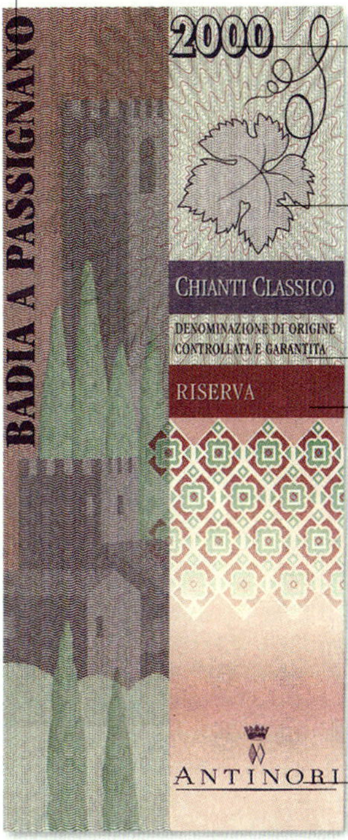

2000 bezeichnet den Jahrgang (das Jahr der Traubenlese).

Chianti Classico wird als Anbaugebiet ausgewiesen – also das Chianti-»Kernland« bzw. sein »klassischer« Bereich.

Denominazione di Origine Controllata e Garantita, auch DOCG abgekürzt, ist die offizielle Qualitätseinstufung.

Riserva bedeutet, dass der Wein wenigstens drei Jahre lang in Fass und Flasche ausgebaut wurde, bevor er auf den Markt kam.

Antinori ist der Name des Erzeugers und in diesem Fall auch des Besitzers eines der besten Weingüter Italiens.

Etikettierungsbegriffe

abboccato: *leicht süß*

anno/annata: *Jahrgang*

amabile: *halbsüß*

amaro: *bitter oder trocken*

amarone: *in Valpolicella aus getrockneten (passito) Trauben erzeugter DOC-Wein* *(s. S. 229)*

azienda/tenuta: *Weingut*

azienda agricola: *ein Gut, das seinen Wein aus eigenen Trauben erzeugt*

bianco: *weiß*

cascina: *Weingut*

cantina: *Weinkellerei*

cantina sociale: *Kooperative*

chiaretto: *hellrot oder dunkel-rosé*

classico: *der ursprüngliche Produktionsbereich in einer DOC(G)-Region (meist bessere Weingärten)*

dolce: *süß*

fattoria: *Weingut*

fermentazione naturale: *Schaumweinerzeugung mit Flaschen- oder Tankgärung*

frizzante: *leicht moussierend*

imbottigliato all'origine: *auf dem Gut abgefüllt*

metodo classico: *nach Champagner-Verfahren erzeugter Schaumwein*

passito: *ein starker, kräftiger Wein aus getrockneten Trauben; er kann süß (z. B. recioto) oder trocken (z. B. amarone) sein*

produttore: *Erzeuger*

recioto: *süßer Rot- oder Weißwein aus getrockneten Trauben; eine meist recht starke Spezialität aus Venetien*

ripasso: *wörtl. »Rückkehr«; Verwendung von amarone-Traubenschalen zur Einleitung einer Sekundärgärung bei normalem Valpolicella. Der fertige Wein hat mehr Körper, Alkohol und amarone-Aromen.*

rosso: *rot*

rosato: *rosé*

secco: *trocken*

spumante: *moussierend*

Prosecco di Valdobbiadene DOC

Superiore: *bezeichnet meist DOC(G)-Weine mit höherem Alkoholgehalt (kein Qualitätsindikator)*

vendemmia: *Jahrgang*

vino: *Wein*

vin santo: *weißer Dessertwein; toskanische Spezialität aus getrockneten Trauben; lagert mind. drei Jahre in kleinen Fässern*

vino novello: *wörtl. »neuer Wein«, eine Entsprechung zum Beaujolais Nouveau*

vigneto/vigna: *Weinberg*

NORDWESTITALIEN

NORDWESTITALIEN HÄLT VIEL AUF *seine eigene Identität. Man ist hier zu Recht stolz darauf, eine Reihe der angesehensten Weine Italiens zu erzeugen und damit die Herzen von Weinliebhabern aus aller Welt zu gewinnen.*

Die gleichbleibend hochwertigen Produkte aus den Weinkellern des Nordwestens haben mehr für Italiens Ruf getan als die der anderen Regionen. Im Gegensatz zu ihrer außergewöhnlich hohen Qualität ist ihr mengenmäßiger Anteil jedoch eher unbedeutend.

Die Römer führten die Rebe im Nordwesten ein, doch die frühesten Zeugnisse der Winzerkunst stammen erst aus dem 13. Jh. Schnell erkannte man, wie förderlich sich das kühlere Klima der Region, ein langer Herbst und karge Böden auf die Trauben auswirkten. Wie in der Toskana ist die Jahrhunderte währende wirtschaftliche Blüte Grund dafür, dass die Produktion nicht von Genossenschaften, sondern von unabhängigen Weingütern dominiert wird. Über Generationen hat sich so eine gesunde, wettbewerbsfähige Branche entwickelt – bereit, das große natürliche Potenzial der Region zu nutzen. Die Alpen mildern die heiße Sommersonne; die kühleren Temperaturen erhalten Säure in den Trauben und fördern Komplexität. Allerdings bleibt der Weinbau an den Steilhängen eine zermürbende Arbeit für die Weinbauern.

Barbaresco

Wie überall in Italien litt die Weinbranche auch hier unter der Instabilität des Landes nach dem 2. Weltkrieg. Dann, nach Jahrzehnten der Bedeutungslosigkeit, schaffte Piemont in den 1980er-Jahren den Aufstieg und wetteifert nun mit der Toskana um die besten Rotweine des Landes. Auf den Kalksteinhängen der Langhe-Hügel ist die Nebbiolo-Traube virtuose Solistin und bildet mit Barbera und Dolcetto ein Trio, das es mit den drei bordeleser Hauptsorten aufnehmen kann.

Heute hat der Nordwesten mehr als nur die berühmten Namen und hohen Preise der Langhe-Barolos und -Barbarescos zu bieten. Aromatische Weißweine aus Ligurien und dem Aosta-Tal, Schaumweine aus der Lombardei und Piemonter Nebbiolo-Außenposten ergeben ein exquisites Mosaik.

Weinberg mit einer Libanonzeder in Barolo, Piemont

◁ **Terrassierte Weingärten umgeben das Dorf Manarola in Cinque Terre, Ligurien.**

WEINKARTE NORDWESTITALIEN

DIE TERRASSIERTEN, MOSAIKARTIGEN DOC(G)S des Aosta-Tals und der Lombardei gehören zu Italiens nördlichsten Weinbau-Außenposten. Weiter südlich, jenseits der breiten Poebene, liegt das berühmte Anbaugebiet der Langhe, darunter auch die Spitzenreiter Barolo und Barbaresco. Direkt südlich davon erheben sich die ligurischen Alpen und markieren die nördliche Grenze des Küstenklimas, das ligurischen Weißweinen ihre frische Note verleiht. In den fruchtbaren Ebenen von Emilia im Osten dominieren Lambrusco-Reben.

Weingärten und mittelalterliche Burg in Barolo, Piemont

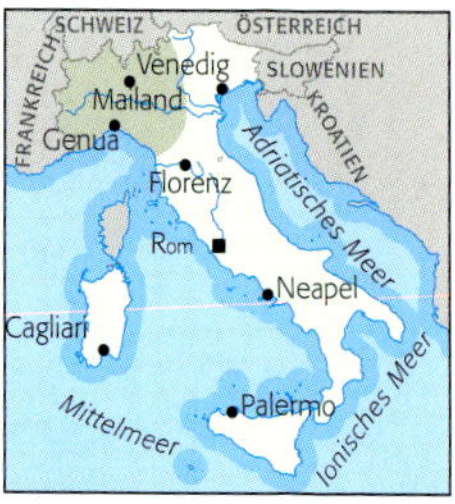

LEGENDE

Nordwestitalien

SPITZENWEINE: NORDWESTITALIEN

- **R** Angelo Gaja Langhe Sorì Tildin €€
- **S** Cà del Bosco Franciacorta Brut Rosé €€
- **R** Domenico Clerico Barolo Percristina €€€
- **D** Ferrando Erbaluce di Caluso Cariola €€ (37.5cl)
- **R** Giuseppe Mascarello Barolo Bricco €€€
- **W** Institut Agricole Régional Valle d'Aosta Pinot Gris €€
- **S** La Spinetta Moscato d'Asti Bricco Quaglia €€
- **W** La Zerba Gavi di Tassarolo Terrarossa €€
- **R** Pecchenino Dolcetto di Dogliani Sirì d'Jermu €€
- **R** Roberto Voerzio Barbera d'Alba Vigneto Pozzo €€€ (0173 509196)
- **S** Uberti Franciacorta Satèn Magnificentia €€
- **W** Walter de Batté Cinque Terre €€

Weinberge in Valtellina, Lombardei

DAS TERROIR AUF EINEN BLICK

Breite: 44–46,5 °N

Höhe: Variiert beträchtlich zwischen Colli Piacentini und Aostatal (100–900m)

Topografie: Berge und Hügel im Nordwesten sind optimal für Weingärten. Das Aostatal besitzt die steilsten Hänge; Piemont und die nördlichen Weingärten der Lombardei liegen in Südlage an den Alpenausläufern, wobei sie die breite Poebene überblicken. Niedrigere Höhe und Südlage ergeben hier ein ideales Klima für den Weinbau.

Boden: Kalkmergel, Ton, Sand, Kies, Kalkstein und Gletschermoräne

Klima: Es spielt eine entscheidende Rolle für die Qualität der einzelnen Jahrgänge und kann von Jahr zu Jahr stark schwanken. Im Aostatal und der Lombardei kann es kühl-kontinental werden; weiter südlich sorgt mediterraner Einfluss für eine frühere Knospenöffnung und kühlere Abende. Das Langhe-Gebiet erfreut sich oft eines echten Altweibersommers.

Temperatur: 22°C Durchschnittstemperatur im Juli

Niederschlag: 850 mm im Jahresdurchschnitt

Gefahren für den Weinbau: Mehltau, Hagel, mangelnde Reifung wegen Hagel, kaltes Wetter, Regen in September und Oktober

NORDWESTITALIEN: GEBIETE UND SPITZENERZEUGER

Etikett Cà del Bosco, Lombardei

Weine von Giuseppe Mascarello und Bruno Giacosa, Piemont

Terrassierter Nebbiolo-Weingarten in Donnaz, Aostatal

DIE WEINBAUGEBIETE NORDWESTITALIENS

Das Aostatal

AUFGRUND SEINER KLEINEN FLÄCHE und Produktionsmenge wird das Aostatal neben der Langhe *(s. S. 206)* mit ihren berühmten Weinen leicht übersehen – was schade ist, denn weinbauhistorisch steht es dem übrigen Italien in nichts nach. Der Weinbau in den zergliederten, steilen, terrassierten Weingärten ist so arbeitsintensiv, dass er kaum lohnt.

Das lange, schmale Aostatal folgt dem Fluss Dora Baltea. Hier ist Landwirtschaft Knochenarbeit, da es nur wenig Flachland und Mutterboden gibt. Die Rebe jedoch hält sich tapfer auch dort, wo andere Früchte aufgeben, und so hat das Aostatal einen eigenen, wenngleich winzigen, Weinbau entwickelt. Seine frischen, eleganten Weine sind jedoch noch unbekannt und unterbewertet.

Bruna-Etikett, Ligurien

An der Piemonter Grenze liegt die DOC **Donnaz**, eine Art natürliche Fortsetzung von Carema im Piemont. In beiden wird die Nebbiolo-Traube angebaut, deren Duft durchweg ein typisches Merkmal ist. Auch wenn die Donnaz-Weine nicht so kräftig sind wie ein Barolo oder Barbaresco, präsentieren sie Nebbiolo in beispielloser Eleganz und Reinheit.

Dort, wo sich das Tal nach Osten wendet, erblickt man die Terrassen der DOC **Chambave**. In jüngerer Zeit hat sich diese Gegend einen guten Namen mit Dessertweinen aus der Muskattraube (Moscato) im Passito-Stil *(s. S. 280)* gemacht, die feiner und rassiger als die aus dem Süden sind. Chambave produziert auch einen bescheidenen Rotwein aus der weiter westlich im Tal immer beliebteren Petit-Rouge-Traube. Sie herrscht in dieser Region vor, ist ihren Klimalaunen gewachsen und Hauptstütze der DOCs **Enfer d'Arvier** und **Torrette** bei der Stadt Aosta. Feste Säure, halbdunkle Farbe und ein leichtes Johannisbeergelee-Bukett passen gut zur regionalen herzhaften Bergkost.

Die Weinberge der DOC **Blanc de Morgex et de la Salle** liegen im Schatten des Mont Blanc – mit 1200 m die höchsten Europas. Die Weine der hiesigen Prié-Blanc-Traube verbinden einen hohen Säureanteil mit mineralischer Intensität.

Um nicht als IGT herabgestuft zu werden, gestattet die DOC **Valle d'Aosta** die Etikettangabe einer Reihe im Tal gepflanzter Traubensorten. Neben der allgegenwärtigen Chardonnay gibt es eine Reihe lokaler Stars mit der weißen Petite Arvine an erster Stelle. Ihr mineralischer, stachelbeerartiger Charakter kann es geschmacklich mit den besten Sancerre- und Pouilly-Fumé-Weinen aufnehmen. Die rote Prëmetta scheint hier durch den Einsatz einiger hingebungsvoller Weinbauern ein Comeback zu erleben und bietet eine angenehm-fruchtige, Beaujolais-artige Nase. Es gibt zudem einige gute Vertreter von Pinot Grigio (Pinot Gris; oft verwirrenderweise als Malvoisie etikettiert).

kieshaltig, Sand, Ton *Nebbiolo, Petit Rouge, Prëmetta* *Moscato, Prié Blanc, Chardonnay, Petite Arvine, Pinot Grigio* *rot, weiß, Schaum- u. Dessertwein*

Piemont

s. S. 206

Ligurien

LIGURIEN ERSTRECKT SICH ALS BREITER STREIFEN von der französischen Riviera bis zur nördlichen Toskana, darunter ein Teil von Europas wertvollstem Nutzland. Tourismus und Seehandel haben die ligurische Weinindustrie in den Schatten gestellt, doch die Region besitzt enormes Potenzial.

Die seltene Kombination von Höhenlage und Meeresklima ist für die Erzeugung aromatischer Weine ideal. Weine aus ligurischen Vermentino-Trauben können es mit den besten Sardiniens aufnehmen, und manch einer würde ihnen aufgrund ihrer Frische und Konzentration einen ganz besonderen Rang zumessen. Neben Vermentino mit seinem Birnen-Apfel-Aroma gibt es hier den ebenso geschätzten Pigato mit Mandel-Aprikosen-Aroma. Beide werden selten in Eiche ausgebaut und passen ideal zu Meeresfrüchten oder dem – ebenfalls ligurischen – Pesto.

Ligurien ist zu Recht für seine Weißweine bekannt und auch Italiens letzter Rossese-Außenposten – eine für ihren leichten Körper und ihre köstlichen Johannisbeer- und Erdbeer-Noten hochgelobte Rebsorte. Wegen ihrer Vielseitigkeit (in punkto Lagerfähigkeit und Kombinierbarkeit mit Speisen) genießt sie den Schutz der DOC **Rossese di Dolceacqua**. Die Erzeuger in dieser kleinen Enklave dicht an der französischen Grenze möchten diese Sorte wieder auf ihren verdienten Platz unter den eleganten Rotweinen bringen. Rossese di Dolceacqua ist die einzige nur dieser Traube gewidmete Abfüllung und zugleich Liguriens einziger DOC-Rotwein.

Daneben schlägt die DOC **Riviera Ligure di Ponente** (»Liguriens Sonnenuntergangsküste«) den Bogen zur Stadt Genua – von Fläche und Volumen die größte ligurische DOC. 80 % der hiesigen Produktion sind Weißweine. Die Rebsorten werden nützlicherweise auf dem Etikett angegeben, und auch Rossese taucht unter dem Riviera-Ligure-di-Ponente-Banner erneut auf, wenngleich die aristokratischen Sorten Pigato und Vermentino dominieren.

Auf der anderen Seite des Golfes von Genua liegt die beliebte Felsküste der Riviera di Levante. Die zerklüftete Halbinsel Cinque Terre ragt mit ihren fünf Dörfern westlich von La Spezia ins Mittelmeer hinein. An ihre unwirtlichen Hänge klammert sich eine der erstaunlichsten italienischen DOCs: **Cinque Terre** umfasst eine Reihe alter Terrassen, die eher an das Aostatal als den Mittelmeerraum erinnern. Die Arbeit an den Hängen dieser Gegend verlangt besondere Hingabe. Die Gesamtproduktion dieser DOC liegt heute noch unter der einiger bordeleser Châteaus, angesichts ihrer Weine wünscht man sich mehr derart zähe Anbauer.

In Cinque Terre wird Vermentino mit Bosco und Albarola verschnitten. Diese betörende Mischung aus Kräuternoten, reifer Frucht und mineralischen Tönen ergibt einige der besten ligurischen Weißweine. Der unaussprechbare Sciacchetrà ist ein Dessertwein im Passito-Stil *(s. S. 280)* aus der Bosco-Traube, die wie die Malvasia einen für die Süßweinerzeugung idealen Kräuterton besitzt.

Nördlich von Cinque Terre liegt die eher enttäuschende DOC **Colline di Levanto**, und südlich, an der toskanischen Grenze, die lohnenswertere **Colli di Luni**. Beide DOCs liefern wenig aufregende, aber zuverlässige trockene Weißweine für angenehme Urlaubstage.

eisenreicher Ton, Kalkstein *Rossese, Dolcetto, Sangiovese* *Vermentino, Pigato, Bosco, Albarola* *rot, weiß, Schaum- u. Dessertwein*

Erntearbeiter in den Bergen um Manarola, eines der fünf Cinque-Terre-Dörfer, Ligurien

Die Lombardei

Weingärten in Valtellina, Lombardei

Die Lombardei ist das industrielle Kernland Italiens mit der Mode- und Finanzmetropole Mailand. Geografisch umfasst es einen beträchtlichen Teil Nordwestitaliens, darunter einen breiten Streifen der Poebene und den Großteil der italienischen Seen. Die junge lombardische Weinindustrie hat im Schatten der italienischen Produktionsriesen – Piemont, Emilia und Venetien – nie genug Renommee gehabt, um mit ihren berühmten Nachbarn zu konkurrieren. In jüngeren Jahren gewann sie jedoch Auftrieb durch die plötzliche Betriebsamkeit im Gebiet von **Franciacorta** nach dessen Beförderung zur DOCG im Jahr 1995 – bisher die einzige derartige Einstufung für traditionell produzierten Schaumwein *(s. S. 166)*. Seine Aura des Anspruchsvollen hat Winzer und Investoren, die zeigen wollten, dass Italiens Schaumweine mit den besten der Champagne konkurrieren können, magnetartig angezogen. Ungeachtet des Wettbewerbs orientieren sich heute alle italienischen Schaumweine zweifellos an Franciacorta, und ernst zu nehmende gibt es darunter in Hülle und Fülle.

Die Qualität der Franciacorta-Weine beruht auf mehreren Faktoren. Neben den beträchtlichen Investitionen vieler Erzeuger wirken sich auch niedrige Erträge, neueste Technologie und kostenintensive Qualitätsorientiertheit beträchtlich aus. Der karge, steinige Boden der Alpenausläufer südlich des Lago d'Iseo eignet sich gut zur Gewinnung hochwertiger Trauben. Seine Kargheit, das kontinentale Klima der Gegend und häufiger Nebel tragen quasi zur Entstehung eines Schaumweinterroirs bei.

Die DOCG-Vorschriften selbst legen strenge Kriterien fest: Nur drei Traubensorten (Chardonnay, Pinot Noir und in geringerem Maße Pinot Blanc) sind gestattet, und die Gärung auf der Hefe *(s. S. 166)* muss 18 Monate, bei Jahrgangsweinen sogar 30 Monate betragen. Stille Weine aus dieser Region werden zur DOC **Terre di Franciacorta** gerechnet; zum Traubentrio der Schaumweine gesellen sich dabei noch eine Reihe internationaler Kollegen, darunter Bordeaux-Sorten (vor allem die zwei Cabernets und Merlot).

Die DOC **Lugana** – östlich des Lago d'Iseo und direkt südlich des Gardasees an der lombardisch-venetianischen Grenze – genießt fast dasselbe Klima und denselben Boden wie ihr berühmter Nachbar. Sie darf zwar auch Schaumwein erzeugen, ist aber für ihren Trebbiano bekannt – aus einer als langweilig verschrieenen weißen Traube mit berüchtigt hohen Erträgen. Auf den Hügeln von Lugana verwandelt sich Trebbiano jedoch in eine duftende Berühmtheit von großer Frische und Langlebigkeit.

Etikett Tenuta Roveglia, Lugana

Zwischen Lago d'Iseo und Lago di Como liegt die DOC **Valcalepio**. Als Nachbarin von Franciacorta mit ähnlich vorteilhafter Lage kann sie keine Entschuldigungen für die glanzlosen Erzeugnisse seit ihrer Absteckung 1976 vorbringen. Die Fülle der internationalen Sorten hat großes Potenzial, aber die Apathie, die die italienische Weinbranche in den 1970er/80er-Jahren erfasste, bestimmt die Produktion nach wie vor.

Etwa 100 km nördlich von Valcalepio und Franciacorta liegt das Hochgebirgstal der DOCG **Valtellina Superiore**. Der Fluss Adda verläuft in dieser Region ähnlich wie der Dora Baltea im Aostatal und hat ein ähnlich tiefes Tal gegraben.

Zwischen den beiden Gegenden gibt es noch viele weitere Gemeinsamkeiten, z. B. die Begeisterung für Nebbiolo (hier Chiavennasca genannt) – weit entfernt von seiner natürlichen Heimat in der Langhe. Im Kontrast zu

DIE WAHRHEIT ÜBER LAMBRUSCO

Ein trockener, roter, leicht moussierender Qualitätslambrusco mag die überraschen, die nur einen süßen Schaumwein erwarten. Er galt als ideales Pendant zu Parmaschinken und Parmesan, doch sein plötzlicher Erfolg in den 1980er-Jahren führte zur Überproduktion – bis das Endprodukt mit dem Original keine Ähnlichkeit mehr hatte. Man entzog der Traube ihre natürliche Farbe (rot), fügte Zucker hinzu und füllte in Flaschen mit Schraubverschluss ab; Umsatzrückgang und Ablehnung waren zwangsläufig die Folge. Heute jedoch zeichnet sich seine Auferstehung ab: Traditionelle DOCs wie **Sorbara** und **Grasparossa di Castelvetro** (Emilia) haben kürzlich neuen Auftrieb erhalten. Die besten Lambruscos stammen aus den Weingärten der Apenninenausläufer südlich von Modena. Ihre Nordhänge zögern die Reifung hinaus, so dass Trauben mit moderatem Zuckergehalt und belebender natürlicher Säure in die Kellerei kommen. Sie machen Lambrusco zum idealen Kontrapunkt für die schwere Küche der Region. Durch kurze Mazeration wird eher Farbe als Tannin extrahiert, und die Fermentierung wird in abgedichteten Tanks zu Ende geführt, um etwas Kohlendioxid zu erhalten. Richtiger Lambrusco muss als DOC aus Lambruscotrauben gekeltert und mit Sektkorken verschlossen werden. Er ist fast immer trocken, unvermittelt-beerig und prickelt leicht-erfrischend bei mäßigem Alkoholgehalt.

den 2000 m hohen Gipfeln ringsum wurden die Weingärten auf moderaten 300–400 m angelegt, wo Nebbiolo allen Widrigkeiten zum Trotz in kurzen, heißen Sommern reift. Valtellina ist in fünf Unterbereiche unterteilt – Maroggia, Sassella, Grumello, Inferno und Valgella –, die auf dem Etikett angegeben werden. Die Bezeichnung Sforzato bedeutet, dass der Wein wie ein Amarone aus Valpolicella *(s. S. 229)* aus getrockneten Trauben gekeltert wurde. **Sforzati di Valtellina** DOCG-Weine sind zwangsläufig alkohol- und extraktreich und bilden den Gipfel der hiesigen Winzerkunst.

Im Gegensatz zu Valtellina mit seinen makellosen Weingärten ist die DOC von **Oltrepò Pavese** geradezu riesenhaft (fast so groß wie Soave). Sie darf verwirrenderweise 10 Sorten anbauen, produziert Weine unterschiedlicher Güte, und es gibt kaum Bemühungen, die geheimnisvolle DOC-Gesetzgebung zu enträtseln (einer Minderheit von Erzeugern muss man anrechnen, dass sie das Blatt zu wenden versuchen). Diese Weine werden vor Ort konsumiert, wobei die lebhaften Tropfen aus der Bonarda- bzw. Croatina-Traube besonders beliebt sind. Einer davon ist Sangue di Guida – ein moussierender, süßer Rotwein, der an den Piemonter Brachetto d'Acqui erinnert.

Kalkstein mit Ton-, Kreide- oder Kiesdeckschicht; schwerer Ton Nebbiolo, Barbera, Bonarda, Lambrusco, Cabernet Sauvignon, Cabernet Franc, Merlot, Pinot Nero Trebbiano, Cortese, Chardonnay, Pinot Bianco, Moscato, Pinot Grigio, Malvasia, Riesling, Riesling Italico rot, weiß, rosé, Schaum- u. Dessertwein

La-Stoppa-Weingarten in Colli Piacentini, Emilia

Emilia

Abgesehen von Frascati ist die Malvasia-Traube nirgendwo in Italien so wichtig wie in **Colli Piacentini**, der wichtigsten DOC von Emilia; auch Gutturnio, ein Verschnitt aus Barbera und Bonarda, ist hier sehr beliebt. Andere wichtige DOCs von Emilia sind **Sorbara** und **Grasparossa di Castelvetro**, bekannte Erzeuger des traditionellen Lambrusco *(s. o.)*.

Kalkstein, Ton, Kreide (Hügel), fruchtbarer Ton, alluvialer Sand (Ebene) Barbera, Bonarda, Cabernet Sauvignon, Pinot Nero, Lambrusco Trebbiano, Chardonnay, Pinot Grigio, Malvasia, Sauvignon Blanc rot, weiß, rosé, Schaum- u. Dessertwein

DIE SPITZENERZEUGER NORDWESTITALIENS

Institut Agricole Régional
Aostatal

regione La Rochère, 1A, Aosta 0165 215811 www.iaraosta.it n. V.

DIE WINZERFACHSCHULE von Aosta hat sich bereits durch Ausbildung führender Winzer des Landes einen Namen gemacht, sie ist mit dem Verkauf der Produkte ihrer neuen Versuchswinzerei jetzt aber noch einen Schritt weitergegangen. Frei von kommerziellen Erwägungen achtet man hier nur auf Qualität, und die Ergebnisse sind sehr ermutigend – z. B. der Pinot Gris (Pinot Grigio): Mit seinen 14,5 % Alkohol könnte er leicht kopflastig wirken, aber ein ausgeprägter Anteil Aosta-typischer Säure hält ihn im Gleichgewicht. Am eindrucksvollsten ist die Nebbiolo von den Steilhängen in 900 m Höhe. Diese Mischung aus reifer schwarzer Frucht und rauchiger Eiche würde manchen Barolo in den Schatten stellen.

rot, weiß letzte Jahrgänge

★ Valle d'Aosta: Pinot Gris, Petite Arvine; Trésor du Caveau VdT

Bruna
Ligurien/Riviera Ligure di Ponente

via Umberto I 81, Ranzo 0183 318082 n. V.

DIE WELT BRAUCHT mehr ligurische Pigato-Experten und Spitzenwinzer wie Riccardo Bruna, den die Aussicht auf einen großen Pigato und Rossese auch nach 30 Jahren in der Kellerei noch so begeistert wie einst. Seine Weine sind intensive Interpretationen dieser Trauben aus Weingärten hoch oben in den ligurischen Alpen. Sein Spitzenwein Pigato U

Eine Auswahl von Bellavista-Weinen

Baccan entfaltet von herrlicher Säure getragene, üppige Geißblatt- und Mandelnoten und wird sich sicherlich mehrere Jahre auf seinem Gipfel halten. Der Pigato Villa Torrachetta ist etwas weniger komplex, bietet aber eine Fülle leckerer Tropenfrucht. Bruna erzeugt zudem Rossese Le Russeghine, einen der besten Repräsentanten dieser leichten, eleganten Traube.

rot, weiß letzte Jahrg.

★ Riviera Ligure di Ponente: Pigato U Baccan, Pigato Villa Torrachetta, Rossese Le Russeghine

Walter de Batté
Ligurien/Cinque Terre

via Trarcantu 25, Riomaggiore 0187 920127 n. V.

WER SICH ALS ERSTER an den Hängen von Cinque Terre in irgendeiner Weise landwirtschaftlich betätigte, muss aus Verzweiflung gehandelt haben; um diese Torheit im 21. Jh. fortzusetzen, ist eine kompromisslose Persönlichkeit vonnöten. Kompromisslos ist die Hartnäckigkeit von Walter de Batté jedoch nur teilweise. Er pflegt sein kostbares Land mit den lokalen Trauben Bosco und Albarola weiterhin von Hand. Seine Kellerei könnte auch als landwirtschaftliches Museum fungieren, seine Weine jedoch machen jeden Kritiker mundtot. Cinque Terre entwickelt sich langsam im Glas, enthüllt dann Frische und auf der Zunge tanzende Steinobstnuancen. Sein Sciacchetrà ist absolut bezaubernd, mit Honigsüße und spritziger Säure im Wechselspiel.

weiß, Dessertwein letzte Jahrg.

★ Cinque Terre, Cinque Terre Sciacchetrà

Bellavista
Lombardei/Franciacorta

via Bellavista 5, Erbusco 0307 762000 www.bellavistasrl.it n. V.

BELLAVISTA, DAS JUWEL der Moretti-Familienkrone, ist eher Lebensform als Weingut. Der Kellerei angegliedert sind eines der berühmtesten Restaurants und eines der luxuriösesten Hotels Italiens. Die Moretti-Familie machte ihr Vermögen im Baugewerbe, aber ihre Leidenschaft ist eindeutig der Wein.

Modernes Etikett von Brunas Spitzenwein

Angesichts der hier investierten Summen erstaunt die einheitlich hohe Qualität nicht. Obwohl auch stille Weine erzeugt werden, kümmert man sich besonders um die Schaumweine. Der Jahrgangswein Gran Cuvée Brut bietet komplexe Biskuitnoten – die Weinmacher aus der Champagne sollten sich besser in Acht nehmen!

rot, weiß, Schaumwein
2001, 1999, 1998, 1997
★ *Franciacorta: Gran Cuvée Brut, Gran Cuvée Pas Operé*

Cà dei Frati
Lombardei/Lugana

via Frati 22, Sirmione 030 919468 www.cadeifrati.it

In der oft schlecht geredeten DOC Lugana bleibt Cà dei Frati das interessanteste Weingut, wenngleich andere Güter bereits aufholen. Die Brüder Dal Cero haben hier viel investiert und produzieren zahlreiche Weinsorten, darunter auch Schaum- und Dessertweine. Ihre Trumpfkarte bleibt der Lugana Brolettino Grand' Annata, dessen Potenzial die gesamte DOC wiederbeleben könnte. Nur die besten Trauben werden ausgewählt und in Barriques fermentiert, um dann in Holz und Flasche zu reifen – Trebbiano von seiner besten Seite: goldfarben, die Nase nach Backobst und Kräuternoten duftend, aromatischer Abgang. Der geradlinige Lugana bietet auf der Zunge Bilderbucharomen von Melone und Apfel in enormer Fülle. Ein Lugana-Schaumwein und der köstliche IGT-Dessertwein Tre Filer aus Trebbiano, Sauvignon Blanc und Chardonnay im Recioto-Stil vervollständigen dieses beispielhafte Portfolio.

Etikett Cà dei Frati

rot, weiß, Schaum- u. Dessertwein
letzte Jahrg. ★ *Lugana: Brolettino Grand'Annata, I Frati; Tre Filer IGT*

Cà del Bosco
Lombardei/Franciacorta

via Case Sparse 20, Erbusco
0307 766111 n. V.

Cà del Bosco gehört zur italienischen Winzerelite und produziert jedes Jahr 1 Mio. Flaschen stiller und moussierender Weine von außerordentlicher Qualität. Die Schaumweine erfahren am meisten Beachtung, darunter der himmlische Annamaria Clementi, der nur in besten Jahren gemacht wird – ein durchaus angemessener Tribut für die Gründerin des Guts, Annamaria Clementi Zanella. Das frische Brotaroma dieses Weins (Ergebnis von über drei Jahren auf der Hefe) verbindet sich mit eleganter Zitrusfrucht. Der Brut Rosé ist zweifelsohne der beste seiner Klasse – mit üppigem, reifem Stachelbeercharakter und einem Hauch Restzucker. Die stillen Weine sind erstaunlicherweise ebenso reinrassig wie ihre berühmteren Kollegen. Der von einer kleinen Parzelle gekelterte Cabernet Sauvignon Maurizio Zanella kann es mit den besten Vertretern der Toskana oder aus Piemont aufnehmen, wogegen der moderne, unverhohlen eichentönige Chardonnay regelmäßig prämiert wird.

rot, weiß, Schaumwein *2001, 2000, 1998* ★ *Franciacorta Brut: Annamaria Clementi, Brut Rosé; Maurizio Zanella IGT*

CÀ DEL BOSCO: EIN WEGBEREITER

Als Annamaria Clementi Zanella 1968 ihre ersten Reben auf den bewaldeten Hügeln südlich des Lago d'Iseo pflanzte, bestand ihr Besitz praktisch nur aus einem Haus im Wald. Franciacorta war eine der wenigen Gegenden Italiens, wo die Rebe noch nicht Fuß gefasst hatte, und auf den sanften Hügeln verstreut lagen die Sommersitze Mailänder Industrieller. Obwohl es in dieser Gegend keinerlei Weinbau gab, war sich Annamaria über ihr großes Potenzial im Klaren und widmete sich hartnäckig der Enträtselung ihres Geheimnisses. Cà del Bosco, das »Haus in den Wäldern«, benötigte zehn Jahre entschlossener, harter Arbeit und endloser Experimentierens, um – fast allein – Franciacorta zum Maßstab für Italiens junge Schaumweinbranche zu machen. Heute gibt es hier Dutzende von Gütern, die der mächtigen Champagne ernste Konkurrenz machen, aber Cà del Bosco ist nach wie vor führend.

Cavalleri
Lombardei/Franciacorta

via Provinciale 96, Erbusco 0307 760217 www.cavalleri.it n. V.

EIN BESUCH DIESES GUTS mit turmverzierten Toren und imposanter Zufahrt gleicht einer Reise in die Vergangenheit. Die traditionsreiche Erzeugung ausgezeichneten Franciacortas ist der ganze Stolz der Cavalleri-Familie und wird hier sehr ernst genommen. Ihre Weine sind angenehm-ländlich und spiegeln Traubencharakter und Vinifikation zugleich. Lange Lagerung auf der Hefe (vier Jahre bei Jahrgangsweinen) sorgt für zusätzliche Komplexität, aber der entscheidende Fruchtcharakter ist immer präsent. Die Spitze bildet der Jahrgangswein Satèn – ein idealer, üppig moussierender Sommerschaumwein mit gerösteten Briochenoten.

rot, weiß, Dessertwein 2000, 1998, 1996 ★ Franciacorta Brut Satèn

Mazzolino
Lombardei/Oltrepò Pavese

via Mazzolino 26, Corvino San Quirico 0383 876122 www.tenuta-mazzolino.com n. V.

DIE OLTREPÒ PAVESE DOC erzeugt Unmengen von Wein, und den Großteil vergisst man am besten. Tenuta Mazzolino ist der einsame Stern

Etikett Nino Negri

inmitten all dieser Mittelmäßigkeit: Französische Önologen, die mit Sorten wie Pinot Nero (Pinot Noir) und Cabernet Sauvignon ja durchaus vertraut sind, vinifizieren hier gekonnt die internationalen Traubensorten, neben denen eine beeindruckende Reihe regionaler Spezialitäten wie Bonarda wächst. Der Pinot Nero verdient eine besondere Erwähnung – einer der besten Italiens mit typischer roter Beerenfrucht und eleganter Präsenz am Mittelgaumen.

rot, weiß, Dessertwein letzte Jahrg. (w), 2000 (r) ★ Oltrepò Pavese: Chardonnay, Cabernet Sauvignon, Pinot Nero

Nino Negri
Lombardei/Valtellina

via Ghibellini 3, Chiuro 0342 482521 www.giv.it

DAS NEGRI-GUT ist der unangefochtene König von Valtellina. Es stellt in jedem Unterbezirk eine komplette Produktreihe her sowie eine Serie von Sforzati- und Amarone-Weinen, für die Valtellina bekannt ist. Sein Jahresvolumen erreicht fast 1 Mio. Flaschen, was die durchgehende Spitzenqualität noch beeindruckender macht. An erster Position steht Sfursat Cinque Stelle, ein unsterblicher Nebbiolo, der gaumenbetäubende Tannine mit einem enormen Konzentrat aus Tabak, Schokolade und Backobst vereint. Dies sind traditionelle Nebbiolos – lange Mazerationszeiten und einige Jahre Fassausbau ergeben den orangefarbenen Rand und oxidierten Charakter eines Nebbiolo vom Vorjahr. Dieser altmodische Ansatz mag kritisiert werden, aber ältere Jahrgänge sind noch sehr ausgewogen und frisch.

rot, weiß 1999, 1998, 1997, 1995 ★ Valtellina Superiore Vigna Fracia, Valtellina Sfursat Cinque Stelle

Tenuta Roveglia
Lombardei/Lugana

loc Roveglia, 1, Pozzolengo 030 918663 www.tenutaroveglia.it

Regale voller Franciacorta-Wein auf dem Cavalleri-Gut

HINTER DEM gepflegten Äußeren der Tenuta Roveglia steht einer der aktivsten Erzeuger der Lombardei – mit einer echten Leidenschaft für Trebbiano. Der preiswerte Lugana ist ein herrliches Beispiel für die erschwinglichen, nussigen, leicht duftigen Freuden dieser DOC. Eine Qualitätsstufe höher steht der Vigne di

Catullo von einer Parzelle alter Trebbiano-Reben: Bittermandeln in Verbindung mit Melone und belebende Zitrussäure im Mittelpunkt – bei einem unglaublich langen Abgang angesichts seiner einfachen Herkunft und des bescheidenen Preises.

weiß, Schaumwein *letzte Jahrg.* ★ *Lugana Superiore Vigne di Catullo*

Triacca

Lombardei/Valtellina

via Nazionale 121, Villa di Tirano *0342 701352* *www.triacca.com* *n. V.*

GÜNSTIGSTENFALLS IST DIE Nebbiolo-Traube nur schwer zu kultivieren; sie aber unter den alpinen Bedingungen von Valtellina zur Reifung zu bewegen, erfordert echte Liebe zur Sache. Es muss frustrierend sein, sich in den steilen, terrassierten Weingärten abzumühen, geduldig das Trocknen der Trauben abzuwarten und den Wein lange im Fass auszubauen – nur für ein bisschen Anerkennung durch die Gemeinde der Weinliebhaber. Domenico Triacca aber genießt die Herausforderung und lässt sich von der niedrigen Zahl der Valtellina-Anhänger nicht abschrecken. Ohne Zweifel verdienen diese Weine aber mehr Anerkennung. Triaccas Valtellina Sforzato aus teilgetrockneten Trauben verwendet die Nebbiolo-Struktur als Grundlage für wahrhaft dekadente Mengen schwarzer Frucht und mineralischer Intensität. Der Valtellina Prestigio bietet in einfacherer Form viel von den Reizen des Sforzato – am besten mit dem herzhaften Eintopf der Region zu genießen.

rot, weiß *2000, 1999* ★ *Valtellina Sforzato, Valtellina Superiore Prestigio*

Uberti

Lombardei/Franciacorta

via Enrico Fermi 2, Erbusco *0307 267476* *www.ubertivini.it* *n. V.*

IM GEGENSATZ zu den für Franciacorta typischen, glanzvollen Liebhaber-Weingütern ist Uberti ein reines Familienunternehmen unter der anspruchsvollen Führung von Agostino und Eleonora Uberti geblieben. Die Jahresproduktion von gerade 120 000 Flaschen stammt nur aus eigenen Weingärten, und die herstellerische Güte aller Weinsorten katapultiert Uberti direkt an die Spitze der Winzergemeinde von Franciacorta. Bestnoten gehen an den Extra Brut Comari del Salem, dessen fehlende Trockenheit durch eine Fülle an Apfelnoten und toastige Komplexität mehr als ausgeglichen wird. Satèn Magnificentia kombiniert Steinobst und eleganten Biskuit mit einem hocharomatischen Abgang.

rot, weiß, Schaumwein *2000, 1997, 1995* ★ *Franciacorta: Extra Brut Comarí del Salem, Satèn Magnificentia*

Etikett La Stoppa

La Stoppa

Emilia/Colli Piacentini

fraz Ancarano, Rivergaro *0523 958159* *www.lastoppa.it* *n. V.*

FÜR DIE VERHÄLTNISSE von Emilia ist die La-Stoppa-Kellerei recht klein (sie produziert knapp 200 000 Flaschen von eigenen Weingärten) – so behält die Besitzerin Elena Pantaleoni aber die Kontrolle über jeden Produktionsbereich. Der Verschnitt Stoppa im Bordeaux-Stil bietet Frucht und Holz, und der Malvasia Passito Vigna del Volta ist geradezu ein Hit: Zehn Monate Eiche haben dem kräuter- und honigtönigen, konzentrierten Malvasia einen Hauch würziger Vanille verliehen. Die Region könnte mehr dieser Kellereien gebrauchen.

rot, weiß, Dessertwein *2000, 1996* ★ *Colli Piacentini: Cabernet Sauvignon Stoppa, Malvasia Passito Vigna del Volta*

La Tosa

Emilia/Colli Piacentini

loc La Tosa, Vigolzone *0523 870727* *n. V.*

DIE DOC COLLI PIACENTINI ist nicht für Qualitätsweine bekannt. Sie hat nur wenige Spitzenerzeuger und erscheint selten im Pantheon großer italienischer Weine. Daher ist es umso angenehmer, die ausgezeichneten, günstigen La-Tosa-Weine von Stefano und Ferruccio Pizzamiglio zu kosten. Ihnen ist es weitgehend gelungen, reine Frucht und Sortencharakter zu verbinden. Ihr Malvasia, Sauvignon Blanc und Cabernet Sauvignon sind süffige Beispiele für das Potenzial dieser Gegend.

rot, weiß, Schaumwein *rot: 2000, 1999, 1997; weiß: letzte Jahrg.* ★ *Colli Piacentini: Malvasia Sorriso di Cielo, Cabernet Sauvignon Luna Selectiva, Sauvignon Blanc*

Das Dorf Castiglione Falletto in Barolo, Langhe

DIE WEINBAUGEBIETE PIEMONTS

PIEMONT IST DIE HEIMAT der exklusiven Barolo- und Barbaresco-DOCGs, aus denen einige der besten Weine Italiens, ja der Welt stammen. Der gute Ruf dieser Region ist eng mit der Nebbiolo-Traube verknüpft, aber sie bietet dem Weinliebhaber mehr als nur die Produkte ihrer zwei berühmten Söhne. Weinreben bedecken jeden Fleck Piemonts, das aus einer komplizierten Reihe miteinander verflochtener DOCs besteht. Sie verteilen sich auf fünf Hauptgebiete: Asti, Alba, die nördlichen und östlichen DOCs sowie die Langhe als Herz des Weinbaus von Piemont.

Lese von Nebbiolo-Trauben

Moräne mit ausstreichendem Kies oder Stein (Norden); Kalkstein (Langhe); Kalkstein, Lehm, Ton (Asti); Kalkstein mit Alluvialkies oder eisenreichem Mergel (Osten) *Nebbiolo, Dolcetto, Barbera, Freisa, Grignolino, Brachetto, Croatina (Bonarda)* *Erbaluce, Moscato, Cortese, Arneis, Timorasso* *rot, weiß, Schaum- und Dessertwein*

Die Langhe

DAS LANGHEGEBIET IST DIE HEIMAT der besten Rotweine Norditaliens. Das Zusammenwirken von Klima, Trauben und Boden ist hier so ergiebig wie in Bordeaux oder Burgund, und auch die Ausgewogenheit und Langlebigkeit hiesiger Weine kann mithalten. Die Langhe (vom lateinischen Wort für »Zunge«) umfasst ein System aus steilen, engen Hügeln nördlich der ligurischen Alpen – im Westen und Norden vom Fluss Tanaro, im Osten vom Fluss Bormida begrenzt. Entscheidend ist, dass es nach Norden entwässert, seine steilen Südhänge erhalten hat und sich einer einzigartigen Bodenmischung rühmen kann. Die Hügelgipfel hier weisen den höchsten Kalksteingehalt von ganz Norditalien auf; in der Hangmitte dominiert Sandstein, an der Talsohle Ton. Diese drei Bodentypen korrespondieren in etwa mit den drei wichtigsten in den Langhe angebauten Traubensorten: Nebbiolo, Barbera und Dolcetto. Nebbiolo reift am langsamsten und ist am hochwertigsten. Sie liefert die DOCG-Spitzenweine **Barolo** und **Barbaresco**. Barbera belegt den mittleren Bereich der Hänge, Dolcetto dagegen die Nord- oder Westhänge sowie die Talsohle. Diese beiden Sorten liefern die Weine der beiden eigenständigen Subregionen Asti und Alba *(s. S. 208–9)* sowie der **Dogliani** DOCG. Die **Langhe** DOC selbst ist Sammelplatz vieler guter Weine, die außerhalb der DOCG-Gebiete produziert werden.

Das Datum der Beerenlese zeugt vom Meereseinfluss auf das Langhe-Klima – bei Barbaresco ist das trotz der nördlicheren Lage etwa eine Woche früher als bei Barolo. Vor allem nachts stabilisiert kühlere Seeluft den Säuregehalt, der sonst aufgrund des heißen Sommers niedriger wäre. Regen ist ein Hauptproblem; die feuchtesten Monate sind Mai und September, d. h. die Blüte- und Erntezeit. Zudem kann von dem heißen, trockenen Wetter hervorgerufener Hagel Verwüstungen anrichten. Trotz ihrer robusten Konstitution können die Nebbiolo-Jahrgänge beträchtlich variieren.

DIE WEINKLASSIKER DER LANGHE

Obwohl aus der Langhe noch andere *Weine als Barolo und Barbaresco kommen, haben gerade diese zwei die Aufmerksamkeit der Welt auf die nebligen Hänge in dieser Ecke Piemonts gelenkt. Die schwierige Nebbiolo-Traube reift hier optimal aus und liefert Weine, die in keinem Keller fehlen sollten. Doch auch Barbera und Dolcetto zählen heute zu den Klassikern* (s. S. 208–209).

Barolo

Ein Barolo ist ein elegantes, herrliches Stück Winzerkunst, und die Nebbiolo-Traube der Schlüssel dazu. Den jungen Wein macht ein abschreckender Tannin- und Säuregehalt undurchdringlich und reserviert, obgleich sein Duft bereits vollendet ist. Veilchen-, Johannisbeer- und Lakritzaromen treten hervor; intensiv und doch ungenau, nicht durch ein bestimmtes Element gekennzeichnet, deutet sich seine künftige Größe an. Im Alter (sogar bei bescheideneren Weinen nach wenigstens zehn Jahren) entwickelt sein Bukett eine Vielseitigkeit, die dem jungen Wein fehlt – florale Noten neben Pfeffertönen, rote Früchte verwandeln sich in schwarze, und zu den Tabak-, Leder- und Teeraromen tritt ein Lakritzhauch. Die ausgeprägte Nebbiolo-Säure kommt im höheren Alter zur Geltung, während die Tannine langsam weicher werden. Die besten Weine halten sich problemlos 20 Jahre oder sogar länger, aber es gibt nur wenige ältere Weine auf dem Höhepunkt. Erst kürzlich vorgenommene Änderungen bei der Vinifikation haben neue Maßstäbe gesetzt, und die heutigen Weine sind zweifelsohne die besten, die die Region je hervorgebracht hat. Die Barolo DOCG im Westen der Langhe umfasst die fünf Gemeinden La Morra, Barolo, Monforte d'Alba, Serralunga d'Alba und Castiglione Falletto und schließt die Weingärten von Cannubi, Brunate, La Serra, Monprivato und Bussia mit ein.

Domenico Vlerico-Barolo

Barbaresco-Weingärten über dem Tanaro-Tal

Barbaresco

Barbaresco, die »Schwester« des Barolo, wird im Zentrum der Langhe ebenfalls aus Nebbiolo gekeltert. Obwohl er aus der Hand von Spitzenwinzern genauso konzentriert und strukturiert ist wie ein Barolo, gibt es feine Unterschiede: Die Tannine sind weicher, die Frucht eher rot als schwarz, und der Ausbau verläuft schneller als beim Barolo. Diese Aspekte werden zugegebenermaßen vom Winzer ebenso beeinflusst wie vom Terroir. In der Barbaresco-DOCG gibt es drei Gemeinden – Neive, Treiso und Barbaresco selbst –, deren Produktion etwa ein Drittel der Barolo-Produktion beträgt (im Schnitt 3 Mio. Flaschen jährlich).

Dogliani

Die Dogliani DOCG liegt südlich von Barolo. Auf Kalksteingipfeln wird hier Dolcetto gepflanzt, und die Weine sind kraftvoll-aromatisch. Außergewöhnliche Dolcetto-Tropfen zeugen vom Potential des Langhe-Terroirs.

Weingärten bei Casorzo in den Monferrato-Hügeln, Asti

das oft verkannte Alterungspotenzial der Traube.

An Barbera d'Asti grenzen die Zwillings-DOCGs **Asti** und **Moscato**, die für süße Schaumweine nach der Asti-Methode reserviert sind. Diese überlappenden DOCGs liefern 65 Mio. Flaschen Schaumwein pro Jahr. Asti ist ursprünglich ein edler Schaumwein, aber sein Name litt durch minderwertige Vinifikation und Überproduktion. In Hochform ist er ausgesprochen fruchtig und enthält wenig Alkohol. Generell ist Moscato d'Asti eher leichter, feiner und raffinierter als Asti. Die angrenzende DOCG **Brachetto d'Acqui** erzeugt einen herrlich süßen, schaumigen, nach Erdbeeren duftenden roten Dessertwein.

Zwei DOCs zwischen Asti und Gavi sind ausschließlich Dolcetto gewidmet: **Dolcetto d'Acqui** und **Dolcetto di Ovada**. In ihren frischen, einfachen Weinen zeigen sich die süße, schwarze Frucht der Traube und ihr jugendlicher Zauber.

Die DOC **Roero** im Südwesten Astis verwendet nur die zwei Hauptsorten Nebbiolo und Arneis, wenngleich auf dem sandigen Boden dort auch beträchtliche Mengen Barbera angebaut werden. Ihr Nebbiolo ist eine hochwertige Alternative zu den Nachbarn Barolo und Barbaresco. Der Arneis dagegen ist angenehm-ölig mit Quittenaromen. Schließlich gibt es noch eine Reihe von DOCs ohne feste regionale Verankerung, die einfach nach der verwendeten Traubensorte benannt werden.

Asti

VON REBEN BEDECKTE HÜGEL umgeben die mittelalterliche Stadt Asti, und die Winzer haben das natürliche Potenzial dieses jahrhundertealten Zentrums Piemonteser Weinkultur vollständig erschlossen. Es besitzt jedoch eine verwirrende Vielzahl von DOCs, und was es noch verwirrender macht: In Asti sind fünf Traubensorten zugelassen, wobei Barbera und Moscato die Hauptrolle spielen.

Eine entscheidende Rolle bei der Festlegung der DOCs spielt die geografische Struktur der Asti umgebenden Hügel. Im Norden der Stadt verlaufen die Monferrato-Hügel zwischen den Flüssen Po und Tanaro. Dies ist die Region Barbera mit ihrer eigenen DOC, **Barbera del Monferrato**, womit der besonderen Affinität dieser Traube für Ton- und Lehmböden Rechnung getragen wird. Andere Trauben dieser Region wie Freisa, Dolcetto und Cortese müssen sich mit dem Sammelbecken **Monferrato** DOC zufrieden geben. Südlich von Monferrato und dem Tanaro und südöstlich von Asti liegt die DOC **Barbera d'Asti**. Diese Gegend ist im Grunde eine Fortsetzung des Barbaresco-Gebiets, aber der Boden ist wegen seines höheren Ton- und niedrigeren Kalksteingehaltes nicht für Nebbiolo geeignet. Glücklicherweise gedeiht Barbera auf solch schweren Böden. Die Barbera d'Asti DOC mit ihren Unterbereichen Nizza und Tinella holt alles aus der Traube heraus. Der Alkoholgehalt von bis zu 15 % wird durch eine Fülle schwarzer Frucht und das legendäre Wildaroma ausgeglichen. Ältere Jahrgänge sind perfekt ausbalanciert und spiegeln

DIE ASTI-METHODE

Asti war der erste süße Schaumwein weltweit und stellte den Gipfel technischer Entwicklung dar, als er vor über einem Jahrhundert erstmals erzeugt wurde – und zwar nach der so genannten Asti-Methode: Der Traubenmost vergärt in verschlossenen Tanks, bis sein Alkoholgehalt 5 bis 7 % beträgt. In diesem Stadium moussiert der Wein bereits voll, enthält aber noch beträchtliche Mengen unvergorenen Zuckers. Um eine weitere Gärung zu verhindern, wird er nun unter Druck gefiltert. Sowohl Moscato d'Asti als auch Asti sind für den sofortigen Konsum gedacht.

Sie liegen über zahlreiche Gemeinden um Asti herum verstreut; dazu gehört ein Trio leichter Rotweine, die jung getrunken werden sollten: **Freisa d'Asti**, **Dolcetto d'Asti** und **Grignolino d'Asti**. Auf dem Gipfel zeigen sie intensive rote Früchte in Verbindung mit erfrischendem Sprudeln.

Alba

Die DOCs von Alba spiegeln das Muster von Asti und erstrecken sich über viele Gemeinden rings um die Stadt. Albas Sorten-DOCs wie **Dolcetto d'Alba** und **Barbera d'Alba** produzieren exzellente Weine, die bei Spitzenwinzern außerordentliche Qualität erreichen. Daneben gibt es **Nebbiolo d'Alba**, eine DOC von schwindender Bedeutung, deren Weine jedoch günstig und von guter Qualität sind.

Der Norden

Die Weinbauregionen im Norden Piemonts werden nur selten gewürdigt. Nördlich von Turin, an der Grenze zum Aostatal, liegt die DOC **Carema**. Die steilen Terrassen dieser Region liefern einen Nebbiolo von selten reinem Aroma. Südlich davon, wo die Hänge nicht mehr so steil sind, produziert die DOC **Erbaluce di Caluso** trockene und süße Weine aus der gleichnamigen Traube. Der trockene ist bereits sehr ansprechend – leicht aromatisch und mit frischer Säure. Der süße Caluso Passito dagegen rangiert unter Italiens Spitzen-Dessertweinen. Er wird aus im *passito*-Stil *(s. S. 280)* getrockneten Trauben erzeugt und vereint die Erbaluce-Säure mit einer herrlichen Marmeladen- und Honignase. Man findet ihn selten außerhalb der DOC.

Östlich von Caluso breitet sich eine Reihe vernachlässigter DOCs an den Südhängen des Po-Tals aus. Sie eignen sich ideal für den Weinbau, und die vor Ort Spanna genannte Nebbiolo-Traube reift hier ohne Probleme. Ghemme und Gattinara wurden in den späten 1960er-Jahren, im Zuge des meteoritenhaften Aufstiegs von Barolo und Barbaresco, ebenfalls zur DOCG aufgewertet, sind heute aber wie andere DOCs der Region praktisch unbekannt. **Ghemme**, **Gattinara**, **Boca**, **Bramaterra** und **Lessona** suchen ihre Inspiration alle bei Nebbiolo und verkaufen ihre Weine zu immer günstigeren Preisen.

TRADITION VERSUS MODERNE

In der Geschichte Piemonter Qualitätsweinerzeugung gibt es eine Reihe überlieferter Traditionen. Man debattiert dabei über zwei Themen: Mazeration und Ausbau. In der Vergangenheit reiften die von Viren geschädigten Trauben nur schwer. Die unreifen Trauben wurden lange mazeriert, um etwas Farbe aus den blassen Schalen zu extrahieren – mit dem ungewollten Nebeneffekt, dass auch Tannine extrahiert wurden. Wegen des zu hohen Tanningehalts ließ man die Weine dann jahrelang in Eiche reifen. In guten Jahren erhielt man so einen Wein, dessen kräftige Struktur durch ausreichend Frucht ausgeglichen wurde, meist jedoch waren die Weine unausgewogen. Fortschritte in der Vinifikation sorgen dafür, dass die Trauben vollreif sind und Mazerations- und Reifungsdauer sich verkürzen. So erhält man fruchtigere, tanninärmere Weine. Traditionalisten meinen jedoch, dass der Umschwung zu weit geht und die großen Weine heute ihren kompromisslosen Charakter zu verlieren drohen, der ihnen anfangs Anerkennung einbrachte.

Der Osten

Im Osten Piemonts liegt **Gavi**, eine der wenigen DOCGs für stillen Weißwein. Die hier heimische Traube Cortese hat offensichtlich ein Faible für den Alluvialboden mit seinen gelegentlich ausstreichenden, eisenreichen Adern. Die Gavi-Weingärten liegen nördlich von Genua, wo maritimer Einfluss die lebhafte Säure erhält. Gavis vornehmem Ruf steht ein unkomplizierter Weintyp gegenüber: Diese leichten, frischen Weine verbinden ihren Zitruscharakter mit einem stabilen, mineralischen Rückgrat.

Asti-Schaumwein

Die Hügel der **Colli Tortonesi** DOC liegen zwischen Gavi und Oltrepò Pavese und werden leider oft übersehen. Dank einer neuen Erzeugergeneration, die keine Mühen scheut, ist dies eines der aufstrebenden Gebiete im Norden. Barbera ist die Traube Nr. 1 für Rotweine dieser DOC; die weißen stützen sich auf Cortese und den Lokalhelden Timorasso. Alle Weine sind von kühler Eleganz, die roten sind ausgefeilt, während die wesentlich günstigeren weißen die Klasse eines Gavi haben.

DIE SPITZENERZEUGER PIEMONTS

Angelo Gaja
Piemont/Langhe

via Torino 36, Barbaresco
0173 635158

Angelo Gaja, unermüdlicher Botschafter Piemonts und außergewöhnlicher Winzer, ist bereits zu Lebzeiten eine Legende. Sein Ruhm beruht ausschließlich auf der Qualität seiner Weine, die jahrzehntelang ihresgleichen suchten. Seit den späten 1980er-Jahren hat er zwar ernst zu nehmende Rivalen, ist aber noch heute der erste unter seinesgleichen. Seinen Namen hat sich Gaja mit Barbaresco gemacht, der noch immer das Feld anführt. Die Einzellagenweine Sorì Tildin, Sorì San Lorenzo und Costa Russi lässt er aufgrund seiner Enttäuschung über das DOC-System heute in der Kategorie Langhe DOC Nebbiolo abfüllen. Auch Sperss und Conteisa (für andere einfach Barolo) tragen den Namen dieser DOC. Die Weine dieses Guts zeichnen sich durch Ausgewogenheit aus: Säure und Tannine liefern ausreichend Struktur, überschatten jedoch nie die wunderbar komplexe Frucht. Gaja besitzt auch Weingärten in Bolgheri (Toskana).

rot, weiß 2000, 1999, 1998, 1997, 1996 ★ Langhe: Sorì Tildin, Sperss, Conteisa

Braida
Piemont/Barbera d'Asti & Brachetto d'Acqui

via Roma 94, Rocchetta Tanaro
0141 644113 www.braida.it
n. V.

Braida und Barbera sind für Weinliebhaber untrennbar miteinander verbunden. Der verstorbene Giacomo Bologna setzte sich für die Barbera-Traube ein. Als Erster nutzte er das Potenzial des tonreichen Bodens in den Hügeln östlich von Asti und trat für ein höheres Niveau in der DOC Barbera d'Asti ein. Er hinterließ eines der angesehensten Güter von Piemont und einige Weine, die das Renommee der Barbera-Traube begründeten. Sein Spitzenwein Ai Suma kann in manchen Jahren etwas eichentönig sein, aber der Bricco dell'Uccellone liegt mit viel schwarzer Frucht und weicher Eiche genau richtig. Sein roter Schaumwein Brachetto d'Acqui ist der beste im Umkreis.

Angelo-Gaja-Rotweine

rot, weiß, Schaum- u. Dessertwein 2001, 2000, 1998, 1995 ★ Barbera d'Asti: Ai Suma, Bricco dell'Uccellone; Brachetto d'Acqui

Bricco Rocche
Piemont/Barolo & Barbaresco

via Monforte 63, Castiglione Falletto
0173 62867 www.ceretto.com
n. V.

Die Bezeichnung Bricco Rocche geht auf den angesehensten Weingarten dieses Guts zurück und bildet den Barolo-Zweig des Familienimperiums Ceretto; entsprechend laufen dessen Barbaresco-Geschäfte unter dem Namen Bricco Asili. In beiden Fällen sind die Ceretto-Erzeugnisse hochwertig – der Barolo und der Barbaresco aus den namengebenden Weingärten sind zwar der ganze Stolz des Guts, aber die makellose Produktpalette bietet dem Genießer noch weit mehr.

rot, weiß, Schaumwein 2001, 2000, 1999, 1997, 1995, 1990 ★ Barolo Bricco Rocche, Barbaresco Bricco Asili

Bruno Giacosa
Piemont/Barolo & Barbaresco

via XX Settembre 52, Neive 0173 67027 www.brunogiacosa.it
n. V.

Obwohl seine Kellereien in der Barbaresco DOCG liegen, kombiniert Bruno Giacosa auch beim Barolo Tradition und Moderne. Die Weine sind großartig. Der Barolo Falletto ist komplex und klassisch proportioniert, der Barbaresco Asili bietet mehr Delikatesse, aber die feste Struktur der Nebbiolo-Traube ist immer zu spüren.

rot, weiß 2000, 1998, 1996, 1995 ★ Barolo Falletto, Barbaresco Asili

Cascina La Barbatella
Piemont/Barbera del Monferrato

strada Annunziata 55, Nizza Monferrato 0141 701434 n. V.

Angelo Sonvicos kleines Gut südlich des Tanaro hat sich mit Barbera einen Namen gemacht. Bei seinem Sonvico erzielt der Verschnitt von Barbera mit Cabernet Sauvignon große Wirkung. Die geröstete Eiche bleibt genug im

Etikett Bricco Rocche

Hintergrund, um rote Früchte mit Nuancen von Cabernet-Schärfe freizugeben. Auch der strukturierte Barbera Vigna dell'Angelo ist sehr gut.
rot, weiß 2000, 1998, 1997, 1995 ★ Barbera del Monferrato Rosso Sonvico, Barbera d'Asti Superiore Vigna dell'Angelo

Cà Viola
Piemonte/Langhe

borgata San Luigi 11, Dogliani
0173 70547 www.caviola.com
n. V.

Beppe Caviola verbringt so viel Zeit mit seiner Arbeit als beratender Weinmacher, dass man nur schwer begreift, wie er die Zeit findet, auf seinem eigenen Gut einige der qualitativ beständigsten piemontesischen Weine zu keltern. Seine stimmungsvollen Keller bringen trotzdem jedes Jahr 40 000 Flaschen erstklassigen Barberas, Dolcettos und Pinot Neros hervor. Der Favorit darunter ist der Dolcetto Barturot – eine vollendete Mischnung aus süßer Frucht, weichen Tanninen und aromatischen Noten.
rot 2001, 2000, 1999, 1998, 1995 ★ Langhe Dolcetto Barturot, Langhe Rosso Bric du Luv

Domenico Clerico
Piemont/Barolo & Langhe

loc Manzoni 67, Monforte D'Alba
0173 78171 n. V.

Domenico Clerico hat sein Leben der Verbesserung des Barolos gewidmet. Die rotierenden Gärbehälter und neuen Barriques seiner Kellerei sind dabei Zeichen der Moderne. Die in der Jugend dunklen und sehr tanninhaltigen, aber zugleich komplexen Tropfen Domenicos rechtfertigen die herausragende Position des Barolo unter den italienischen Rotweinen. Zwei Drittel der Weingutproduktion

Ferrando-Etikett

umfassen Dolcetto, Barbera und Arte (ein Verschnitt aus 85 % Nebbiolo mit Barbera und Cabernet), aber diese werden oft übersehen – drei Barolos stehlen ihnen die Show: Einerseits der nach Domenicos Tochter benannte Percristina von den Reben des Mosconi-Weingartens, Pajana und Ciabot, die beiden anderen, sind kräftiger und benötigen wenigstens ein Jahrzehnt, um ihren Gipfel zu erreichen.
rot 2000, 1998, 1997, 1995 ★ Barolo: Percristina, Ciabot Mentin Ginestra; Langhe Rosso Arte

Elio Altare
Piemonte/Barolo & Langhe

fraz Annunziata 51, La Morra
0173 50835 n. V.

Der Modernist Elio Altare hat zweifelsohne widerlegt, dass die Einführung von Edelstahl und Barriques das Ende des bekannten Barolos bedeutet. Seine Weingärten liegen in der Gemeinde La Morra, wo die elegantesten und duftigsten Barolos zu Hause sind, und sein Flaggschiff Barolo Arborina definiert den Avantgarde-Barolo neu: raffiniert am Gaumen, reife Tannine, mehrere Lagen von Frucht und beträchtliche Kraft.
rot 2001, 2000, 1999, 1997, 1995 ★ Barolo Vigneto Arborina, Langhe Rosso Larigi

Enzo Boglietti
Piemonte/Barolo

via Roma 37, La Morra
0173 50330

Die verrückten Etiketten der modernen, eleganten und angenehm zu trinkenden Langhe-Klassiker von diesem jungen Weingut spiegeln seine innovative Einstellung. Man widmet sich vor allem dem Barolo, der in drei Versionen gekeltert wird: als traditioneller Brunate aus einem der La-Morra-Spitzenweingärten mit Tabak- und Blumennote, als Case Nere mit deutlicher Eichennote, aber viel reifer Frucht, und als Fossati, der diese Vorzüge kombiniert.
rot 2001, 2000, 1999, 1998 ★ Barolo: Brunate, Case Nere, Fossati

Ferrando
Piemont/Carema & Erbaluce di Caluso

via Torino 599/A, Ivrea 0125 641176 www.ferrandovini.it

Die Weine von Roberto und Luigi Ferrandos Gut repräsentieren die Vielfalt piemontesischer Winzerkunst. Zu ihren Höhepunkten gehört der faszinierende Carema Etichetta Nera mit weicher, reifer Frucht und behutsam eingesetzter Eiche – bei beispielhafter Ausgewogenheit und bescheidenen Preisen. Der süße Caluso Passito Vigneto Cariola ist zauberhaft: Nach vier Jahren in alter Eiche bietet dieser ölige Nektar eine verblüffende Komplexität – Rose, Backobst, Honig, Gewürze und Vanille verbinden sich zu einem köstlichen Dessertwein.
rot, weiß, Schaum- und Dessertwein 2000, 1997, 1995 ★ Carema Etichetta Nera, Erbaluce di Caluso Cariola, Caluso Passito Cariola

Giuseppe Mascarello

Giacomo Conterno
Piemont/Barolo

loc Ornati 2, Monforte d'Alba 0173 78221 www.conterno.it

DER 1895 IN ARGENTINIEN geborene Giacomo Conterno kam in jungen Jahren nach Italien, um in Monforte d'Alba ein kleines Restaurant mit Winzerei zu eröffnen. Sein Wein trug den Namen Monforte oder Monfortino; Monfortino Riserva wird bis heute erzeugt. Die Kellereien führt jetzt Sohn Giovanni weiter. Der Verkauf des Weins kann sich durch den längeren Ausbau bis zu zehn Jahre hinauszögern, aber das Warten lohnt sich. Der in guten Jahren gekelterte Tropfen benötigt z. T. 20 Jahre Reifezeit.

rot 1995, 1990, 1988, 1985

★ *Barolo Riserva Monfortino*

Giuseppe Mascarello
Piemont/Barolo, Dolcetto d'Alba & Barbera d'Alba

via Borgonuovo 108, Monchiero 0173 792126 www.mascarello1881.com n. V.

MAURO MASCARELLO und Sohn Giuseppe sind die selbst ernannten Wächter der Winzertradition in Piemont. Ihre 1881 gegründete Kellerei hat nur wenige Zugeständnisse an den unaufhaltsamen technischen Fortschritt gemacht. Technologie kann jedoch bei Weingärten wie den ihren nur wenig beisteuern. Der Monprivato Cru ist der ganze Stolz der Mascarellos – ein herausragendes Terroir in Südlage mit weißem Mergelboden. Der Barolo von Monprivato vereint die Eleganz von La Morra mit der Kraft von Serralunga. Mascarellos Barolo Monprivato rühmt sich bemerkenswerter Langlebigkeit und Anmut. Ein Dolcetto mit kräftigem Haferpflaumenaroma und ein verlockender Barbera runden die Liste ab.

rot 2001, 2000, 1999, 1997

★ *Barolo Monprivato, Dolcetto d'Alba Bricco, Barbera d'Alba Scudetto*

La Spinetta
Piemont/Barbaresco & Barbera d'Asti

via Annunziata 17, Castagnole delle Lanze 0141 877396 n. V.

WER BARBARESCO als »Schwester« des Barolo bezeichnet, sollte einmal den tintenschwarzen Giganten begegnen, die in Giorgio Rivettis Keller auf La Spinetta lauern. Diese Weine – Ergebnis winziger Erträge (in manchen Jahren weniger als 20 hl/ha) und des Ausbaus in 100 % neuer französischer Eiche – mit ihrer undurchdringlich-violetten Farbe, einer explosiven Johannisbeer- und Vanillenase und 15 % Alkohol mit intensiver schwarzer Frucht ergeben ein unvergessliches Verkostungserlebnis. Der Nachteil ist, dass die Produktion bei nur 3,5 ha Barbaresco-Weingärten begrenzt ist – der Vorteil, dass Giorgio einen Barbera d'Asti Superiore erzeugt, der ebenso betörend ist wie sein Barbaresco. Nur wenige Winzer Piemonts können der Legende La Spinetta das Wasser reichen.

rot, weiß, Schaum- und Dessertwein 2001, 2000, 1999, 1998

★ *Barbaresco Vigna Gallina, Barbera d'Asti Superiore, Monferrato Rosso Pin*

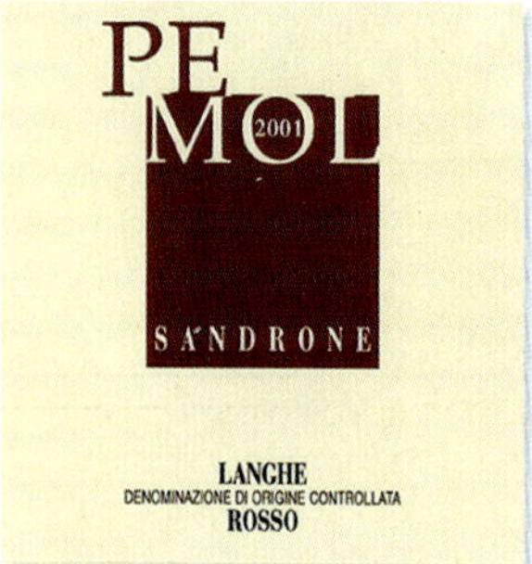

Etikett Luciano Sandrone

La Zerba
Piemont/Gavi

strada per Francavilla 1, Tassarolo 0143 342259 n. V.

IHR GAVI HAT DER Mascharini-Familie schnell einen hervorragenden Ruf eingebracht, doch viel zu oft ist er dünn und überteuert. Dieser jedoch – von einer Parzelle 50 Jahre alter Cortese-Reben auf einem eisenreichen Terra-Rossa-Boden – ist eine Ausnahme. Reife Reineclauden und gelbe Pflaumen kündigen einen Gavi an, der den DOCG-Status dieser Region definitiv rechtfertigt.

weiß letzte Jahrg.

★ *Gavi di Tassarolo Terrarossa*

Luciano Sandrone
Piemont/Barolo & Langhe

via Pugnane 4 0173 560023 www.sandroneluciano.com n. V.

VOR 25 JAHREN hat Luciano Sandrone seine erste Flasche Barolo produziert – lange genug, um sich einen festen Platz unter den Spitzen-Barolos zu erobern. Sein Barolo Cannubi Boschis stammt von Hängen, die viele zu den besten der ganzen DOCG zählen. Der sorgfältig gekelterte Wein benötigt Zeit für den Ausbau, aber seine Herkunft ist sofort offenkundig. Sandrones Barbera-

Nebbiolo-Verschnitt Pe Mol ist ein herrlich runder, eichentöniger Roter mit genug Tannin, um die üppige Frucht im Zaum zu halten.

rot 2000, 1999, 1997, 1995, 1990 ★ Barolo Cannubi Boschis, Langhe Rosso Pe Mol

Matteo Correggia
Piemont/Roero & Barbera d'Alba

case Sparse Garbinetto, via Santo Stefano Roero 124, Canale 0173 978 009 www.matteocorreggia.com n. V.

Der Namensgeber dieses Weinguts starb vor einigen Jahren, aber seine Ideale – Qualität und Innovation – leben weiter. Die heutige Begeisterung für die DOC Roero kann zum guten Teil Matteo Correggias Ausdauer bei der Arbeit mit den Sorten Nebbiolo und Arneis zugeschrieben werden. Sein Roche d'Ampsej belegt sein gutes Urteilsvermögen: ein Nebbiolo, der in einem Moment untypischer Üppigkeit eingefangen wurde, voll von bacchantischer Dekadenz. Sein Barbera d'Alba Marun ist fast ebenso gut. Arneis, der unbesungene Held von Roero, verwandelt sich hier wie Aschenputtel, um sich im Glanze lebhafter Frucht und Finesse zu zeigen.

rot, weiß 2000, 1999, 1998, 1997, 1995 ★ Roero Roche d'Ampsej, Barbera d'Alba Marun, Roero Arneis

Orsolani
Piemont/Erbaluce di Caluso

via Michele Chiesa 12, San Giorgio Canavese 0124 32386 n. V.

Die Familie Orsolani begann im 19. Jh., in dieser Gegend Wein anzubauen. Heute stellt sie mehr als 100 000 Flaschen jährlich her, darunter den bezauberndsten Erbaluce überhaupt. Nach grünem Apfel, Quitten und Kräutern duftend, ist er gut trinkbar und sehr preisgünstig.

rot, weiß, Dessertwein letzte Jahrg. ★ Erbaluce di Caluso La Rustià

Paolo Scavino
Piemont/Barolo

via Alba Barolo 33, fraz Garbelletto, Castiglione Falletto 0173 62850 n. V.

Auf diesem legendären Barolo-Gut mit Weingärten in absolut beneidenswerter Lage kann Enrico Scavino offensichtlich nichts falsch machen. Der Bric del Fiasc aus Castiglione demonstriert die Kraft und Langlebigkeit, für die das Dorf bekannt ist. Rocche dell' Annunziata spiegelt La Morras Eleganz und Duft. Cannubi aus dem vielleicht begehrtesten Weingarten der ganzen DOCG bietet die unwiderstehlichen Reize eines Barolo: perfekte Ausgewogenheit reifer Tannine und süßer Frucht; ein unvergessliches Bukett mit Gewürz, Blumen, schwarzer Frucht und feuchter Erde. Wein könnte nicht verlockender sein.

rot, weiß 2000, 1998, 1996, 1995 ★ Barolo: Bric del Fiasc, Rocche dell'Annunziata, Cannubi

Pecchenino
Piemont/Dogliani

borgata Valdiberti 59, Dogliani 0173 70686

Die Pecchenino-Weingärten in den Hügeln zwischen Monforte d'Alba und Dogliani liegen knapp außerhalb der Barolo-Grenze – was für die Brüder Orlando und Attilio kein Grund zur Beunruhigung ist. Ihr Ziel war immer die Erzeugung hochwertigen Dolcettos, und diese umgängliche Traube wird in den besten Weingärten

Etikett Matteo Correggia

angebaut. Ihre Dolcettos sind kräftige Weine (oft mit einem Alkoholgehalt von über 14 %, und der großzügige Einsatz junger Eiche mag bei Puristen Anstoß erregen) – aber die üppige brombeerige Frucht wird auch strengste Kritiker milde stimmen.

rot, weiß 2001, 2000, 1999 ★ Dogliani Sirì d'Jermu, Dogliani Bricco Botti

Vigneti Massa
Piemont/Colli Tortonesi

piazza Capsoni 10, Monleale 0131 80302 n. V.

Walter Massas ruhige, unprätenziöse Art gleicht den sanften Hügeln der Colli Tortonesi, trotzdem ist er ein leidenschaftlicher Anhänger dieser entlegenen DOC, der Heimat der Timorasso-Traube. Der duftig-blumige Charakter von Massas eleganter, heller Lieblingstraube täuscht über ihr Alterungspotenzial hinweg. Auch Barbera, aus der er zwei erstklassige Tropfen keltert, ist eine von Massas Stärken. Der nach dem Weingarten benannte Bigolla ist ein großer, eichentöniger Wein; der leichtere Monleale verbindet süße, schwarze Frucht und Vanille, und der Croatina Pertichetta ist das landesweit beste Beispiel für einen Wein aus der oft übersehenen roten Croatina- bzw. Bonarda-Traube.

rot, weiß, Dessertwein 2001, 2000, 1999 ★ Colli Tortonesi: Barbera Bigolla, Barbera Monleale; Timorasso Copsta del Vento

NORDOSTITALIEN

DIESE LANDSCHAFTLICH WIE KULTURELL *sehr vielfältige Region mit der kulturellen Metropole Venedig und zweisprachigen Gebieten an den Grenzen reicht von den Alpen bis zur Adria. Dank ihrer topografischen Gegensätze kann alles angebaut werden – von der üppigen, sonnenliebenden roten Traube bis zur aromatischen, an kühleres Klima gewöhnten weißen.*

Von den drei Anbaugebieten des heutigen Nordostens hat Venetien die älteste Winzertradition. Unter den Römern blühte hier der Weinbau bereits im 2. Jh., und Valpolicella-Rotweine aus getrockneten Trauben gehen auf eine uralte Spezialität aus den Hügeln bei Verona zurück. In den Grenzgebieten war die Geschichte des Weinbaus bewegter: Er florierte unter Österreich-Ungarn, das bis 1919 einen Großteil des Adige-Tals und den äußersten Nordosten regierte, doch durch die Reblaus und den 1. Weltkrieg wurden die Weingärten auf lange Zeit verwüstet. Friaul-Julisch-Venetien, das jüngste Anbaugebiet im Nordosten, begann erst in den 1960er-Jahren, sich davon zu erholen.

Traubenpflücker im Trentino

Die wichtigsten Gebiete des Nordostens – Trentino-Alto Adige, Venetien und Friaul-Julisch-Venetien – bauen zusammen um die 50 offiziell zugelassene Traubensorten an, darunter viele heimische wie Lagrein und Refosco; aber auch die im späten 19. Jh. eingeführten internationalen Sorten wie Sauvignon Blanc, Chardonnay und Pinot Grigio (Pinot Gris) sind stark vertreten.

Der Nordosten produziert alles – von Schaum- und trockenen Weißweinen bis zu Rosé-, Rot- und Dessertweinen, wobei auf Venetien der höchste Anteil entfällt. Amarone (Venetien, *s. S. 229*) zählt zu Italiens erfolgreichsten schweren Roten, während Soave, Valpolicella und Proseccoweine die leichten, klassischen Venetier verkörpern. Die Weinindustrie von Friaul-Julisch-Venetien und Trentino-Alto Adige ist jünger und produziert viel weniger, aber ihre Spitzenweine gehören zur nationalen Elite. Leider ist die Nachfrage vor Ort enorm, so dass oft nur winzige Mengen exportiert werden.

Herbstliche Weingärten in den Hügeln des Valpolicella-Classico-Bereichs, Venetien

◁ **Die große Burg Soave im Veneto**

WEINKARTE NORDOSTITALIEN

Maculan, Veneto

DIE BESTEN WEINGÄRTEN NORDOSTITALIENS liegen vorwiegend in einem Gebiet, das sich vom nördlichen Valle dell'Isarco durch Trentino-Alto Adige bis nach Verona und dann über Venetien und Friaul-Julisch-Venetien bis an den Golf von Triest erstreckt. Kurioserweise verteilt die Gegend mit den größten Boden- und Klimaunterschieden die Mehrzahl ihrer Weine auf nur zwei Haupt-DOCs – Alto Adige und Trentino –, wenngleich es einige unbekanntere DOCs innerhalb dieser beiden gibt. In Venetien und Friaul-Julisch-Venetien dagegen gibt es ein komplexes System von Subzonen.

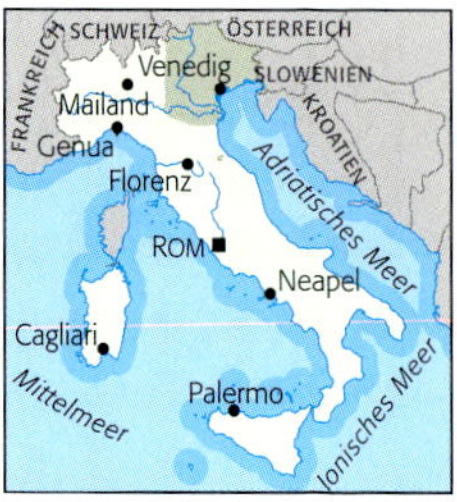

LEGENDE

Nordostitalien

NORDOSTITALIEN: GEBIETE UND SPITZENERZEUGER

Foradori-Etikett, Trentino

Weingarten und Winzerei von Produttori San Michele Appianos, Alto Adige

DAS TERROIR AUF EINEN BLICK

Breite: 45,3–47 °N

Höhe: 0–900 m über NN

Topografie: Die Weingärten profitieren vom Schutz der Alpen und dem mildernden Einfluss von Gardasee und Adria. Die besten Lagen sind Südhänge, Hügel mittlerer Höhe und Talseiten.

Boden: Von Gletscher-Alluvialboden bis zu vulkanischem Grundgestein, Kalkstein und sandigem Kiesboden

Klima: Im Allgemeinen heiße Sommer und milde Winter. Dank vieler Südlagen, hoher Berge und des mildernden Einflusses von Gardasee und Adria ist Frost selten.

Temperatur: 23 °C Durchschnittstemperatur im Juli

Niederschlag: 500–1450 mm im Jahresdurchschnitt

Gefahren für den Weinbau: Hagel, unvorhersehbarer Niederschlag, Dürre

Etikett Le Vigne di Zamò, Friaul-Julisch-Venetien

SPITZENWEINE: NORDOSTITALIEN

- Ⓡ Allegrini La Poja Corvina Veronese IGT €€€
- Ⓦ Borgo del Tiglio Collio Bianco Ronco della Chiesa €€€
- Ⓡ Cantina Produttori Bolzano Alto Adige Lagrein Riserva Taber €€€
- Ⓢ Ferrari Giulio Ferrari Riserva del Fondatore Trento Brut €€€
- Ⓡ Foradori Granato Vigneti delle Dolomiti Rosso IGT €€€
- Ⓦ Gini Soave Classico Superiore Contrada Salvarenza Vecchie Vigne €€
- Ⓡ Le Due Terre Sacrisassi Colli Orientali del Friuli Rosso €€€
- Ⓓ Maculan Acininobili Veneto Bianco IGT €€€€
- Ⓦ Produttori Termeno Alto Adige Gewürztraminer Nussbaumerhof €€
- Ⓡ Romano Dal Forno Amarone della Valpolicella Vigneto di Monte Lodoletta €€€€
- Ⓦ Schiopetto Mario Schiopetto Bianco IGT €€€
- Ⓦ Vie di Romans Sauvignon Vieris Friuli Isonzo €€

Tenuta San Leonardo-Weingärten, Trentino

Die Weingärten von Tenuta San Leonardo, Trentino

DIE WEINBAUGEBIETE VON TRENTINO-ALTO ADIGE

DIE BEZIRKE TRENTINO UND ALTO ADIGE werden aus Verwaltungsgründen zusammengerechnet, bilden jedoch zwei verschiedene Weinregionen mit je eigener Geschichte und eigenen Sorten sowie extremen Boden- und Klimaunterschieden. Den starken deutschen Einfluss im zweisprachigen Alto Adige erkennt man an den doppelten Orts- und Weinbezeichnungen, wogegen Trentino eher traditionell-italienisch ist.

Alto Adige

Alto Adige (Südtirol), Italiens nördlichste Weinregion, ist ein kleines, dynamisches Anbaugebiet mit nur ca. 5 ha Reben. Seine exklusiven, nur in geringer Menge produzierten Weine genießen in Italien Kultstatus; die großflächiger vertriebenen Marken bieten jedoch auch ein ausgezeichnetes Preis-Leistungs-Verhältnis.

Unter den Habsburgern (bis 1919) wurde die recht langweilige Schiava-(Vernatsch-)Traube im Adige-Tal (Valle dell'Adige) zur Sicherung der heimischen Rotweinversorgung extensiv angebaut. Die moderne Weinbereitung in Alto Adige beginnt mit der Einführung interessanterer Rebsorten in den späten 1970er-Jahren. Von diesen Neulingen repräsentieren Sauvignon Blanc und Chardonnay den pikanten Fruchtcharakter von Alto Adige recht gut, doch der sehr trockene Pinot Bianco (Pinot Blanc) sowie aromatischer Silvaner und Riesling bringen den Charakter der Region noch besser zum Ausdruck. Ein anderer authentischer Terroir-Wein ist der Gewürztraminer: Dieser Klassiker präsentiert sich in Alto Adige vollmundig, strotzend vor Frucht-, Blüten- und Gewürzaromen und halbtrocken bis halbsüß.

Beim Rotwein stimmen die Weinbauern darin überein, dass der Schiava-Anbau, der noch etwa die Hälfte der gesamten Rebfläche der Region einnimmt, weiter eingeschränkt werden muss. Ein gut gemachter, leichter, weicher, trockener Schiava ist nichstdestotrotz ein ideales Sommergetränk. Lagrein, eine andere heimische Sorte, ist dagegen die Traube der Stunde. Sie ergibt – in neuer Eiche ausgebaut, um ihre robusten Tannine zu mildern – dunkle, rauchige, sehr tiefe Rotweine. Ihre 6 % Anbaufläche können die Nachfrage nicht einmal annähernd decken. Die empfindlichste Traube überhaupt, Pinot Nero (Pinot Noir), hat hier ebenfalls Fuß gefasst: Die kühlen Hänge oberhalb des Dorfes Egna bieten eine der wenigen Mikrozonen Italiens, wo man deren flüchtige Sortenaromen einfangen kann.

Cesconi-Etikett, Trentino

In Alto Adige dominieren qualitätsorientierte Genossenschaftswinzereien, aber es gibt auch immer mehr kleine Winzer, die charaktervolle Weine von Hand bereiten. Die Mehrzahl davon wird unter dem Oberbegriff **Alto Adige** (Südtirol) DOC abgefüllt. Davon ausgenommen sind jedoch einige gesondert etikettierte Herkunftsbereiche: Lagrein aus

Gries bei der Provinzhauptstadt Bolzano; Schiava-Weine aus dem pittoresken Dorf **Santa Maddalena**; aromatische Weiße aus den Voralpentälern **Valle Isarco** und **Val Venosta**; Pinot Bianco und Sauvignon Blanc mit intensiv-mineralischen Noten aus **Terlano** – auf sie alle lohnt es sich zu achten.

gletscher-alluvial bis vulkanisch *Schiava, Lagrein, Pinot Nero, Merlot, Cabernet Sauvignon* *Pinot Bianco, Gewürztraminer, Silvaner, Sauvignon Blanc, Chardonnay* *rot, weiß, rosé, Schaum- und Dessertwein*

Trentino

TRENTINO, DER REIN ITALIENISCHSPRACHIGE TEIL von Trentino-Alto Adige, nimmt den südlicheren Teil Adiges sowie die sich bis zum Gardasee und den Dolomiten erstreckenden Seitentäler ein. Gute Planung und makellose Vinifikation (in dieser Gegend befindet sich Italiens beste Önologenschule) haben hier eine sehr marktorientierte Weinbranche hervorgebracht. Die DOC **Trentino** bringt 19 Sortenweine und mehrere Verschnitte aus verschiedenen Bereichen dieser Subregion zusammen. Von der Produktion entfallen 80 % auf Genossenschaften, 18 % auf private Abfüllfirmen und der Rest auf unabhängige Winzer. Obwohl letztere nur 2 % der abgefüllten Weine liefern, zählen ihre Produktionen zum Interessantesten, was das Trentino heute hervorbringt. Viele dieser Winzer entscheiden sich anstelle der DOC-Auszeichnung für die weniger restriktive IGT-Etikettierung Vigneti delle Dolomiti.

Chardonnay ist die am häufigsten angebaute Traube der Region; der größte Teil davon fließt in den **Trento** DOC Metodo Classico, der Weine im Champagner-Stil erschwinglich macht. Trentino ist die einzige italienische Region, wo Müller-Thurgau produziert wird – eine Traube, die man mit hoch gelegenen Weingärten in Verbindung bringt und die spritzige Weißweine mit Grapefruitnote liefert. Eine andere Höhen liebende Sorte ist die Nosiola – eine helle Traube, deren trockene Weine nicht besonders aufregend sind, die aber im mediterranen Mesoklima des Valle dei Laghi einen süßen Dessertwein namens Vin Santo liefert. An roten Trauben gibt es hier neben Cabernet Savignon und Merlot auch eigene, heimische Arten. Die vermutlich interessanteste ist die dunkle, trockene, körperreiche Teroldego. Sie wächst nur in einem kleinen, kiesreichen Bereich in der Sohle des Valle dell'Adige namens Campo Rotaliano und liefert den **Teroldego Rotaliano** DOC. Marzimo ist ein gefälliger Rotwein aus dem Süden der Region, den Mozarts Librettist Del Ponte so schätzte, dass er ihm im Schlussakt des Don Giovanni ein Denkmal setzte.

tiefe Kiesschichten, grauer Mergel, Basalt *Merlot, Cabernet Sauvignon, Teroldego, Marzemino* *Chardonnay, Müller-Thurgau, Nosiola, Pinot Bianco* *rot, weiß, Schaum- und Dessertwein*

EIN NEUES GRAPPA-IMAGE

Grappa gewinnt man seit Jahrhunderten in ganz Norditalien durch Vergärung und Destillation von Schalen und Kernen, die bei der Weinbereitung zurückbleiben. In Trentino-Alto Adige, Venetien und Friaul-Julisch-Venetien wird diese Tradition besonders gepflegt. Grappa diente ursprünglich in armen Gegenden als Medizin oder Antidepressivum, gilt seit Ende der 1980er-Jahren aber auch als raffinierter Digestiv. Heute haben weiche Traubenaromen seine rustikale Derbheit abgelöst. Er wird gern in venetianischem Murano-Glas abgefüllt. Einige der besten Erzeuger: *Jacopo Poli (0424 524426), Nonino (www.nonino.it), Distilleria Aquileia (www.distilleria aquileia.com) und Segnana (www.ferrarispumante.it)*

Steile Weingärten in Santa Maddalena, Alto Adige

SPITZENERZEUGER VON TRENTINO-ALTO ADIGE

Abbazia di Novacella
Alto Adige/Valle Isarco

via Abbazia 1, Varna 0472 836189 www.kloster-neustift.it n. V.

SEIT DEM 12. JH. keltern Mönche in dieser Abtei Wein. Abbazias Ruf wurde zwar gelegentlich erschüttert, aber die Einstellung eines neuen Winzerteams in den späten 1990ern hat für mehr Kontinuität gesorgt. Neben dem klassisch-trockenen, zitrustönigen Valle Isarco Silvaner hat Novacella kürzlich mit dem prämierten herben Einzellagenwein Lagrein Riserva Praepositus beeindruckt.

rot, weiß, Dessertwein 2002, 2001 (w), 2000 (r), 1999 (w), 1997 ★ Alto Adige: Valle Isarco Silvaner Brixner Praepositus, Lagrein Riserva Praepositus

Alois Lageder
Alto Adige

Tenuta Löwengang, via dei Conti 9, Magrè 0471 809500 www.lageder.com n. V.

GENAU WIE ALOIS LAGEDER erwecken auch seine Weine den Eindruck echter Spontaneität. Dahinter stehen jedoch profunde Überzeugungen, sei es bei der umweltfreundlichen Bestellung der Weingärten bis zur Verwendung von Sonnenenergie in der Kellerei. Lageders zahlreiche ausgesuchte Einzellagenweine stammen aus Gegenden, die für die entsprechenden Sorten in der Region bekannt sind. Verkosten Sie die konzentrierten Johannisbeeraromen des Cor Römigberg Cabernet Sauvignon von den heißen Südhängen des Lago di Caldaro oder den feuersteinartigen, trockenen Lehenhof Sauvignon Blanc von den vulkanischen Terlano-Terrassen als Paradebeispiele für Terroir-Unterschiede in Alto Adige.

rot, weiß 2002, 2001 (w), 2000 (r) ★ Alto Adige: Löwengang Chardonnay, Cor Römigberg Cabernet Sauvignon, Lehenhof Terlaner Sauvignon

Alois Lageder-Etikett

Arunda
Alto Adige

via Civica 53, Meltina 0471 668033 n. V.

SEPP REITERER STELLT in dem winzigen Tiroler Dorf Meltina (1200 m über NN) traditionellen, flaschenvergorenen Schaumwein her. Er baut die Weine bis zu fünf Jahre aus und spricht sich für eine minimale Dosage (Zuckerzugabe bei der Abfüllung) aus, um den trockenen, herben Charakter des Alto Adige zu erhalten. Seine Spumante-Weine gehören zu den interessantesten und langlebigsten Italiens.

Schaumwein 1999, 1997, 1995, 1993 ★ Alto Adige: Spumante Arunda Brut Rosé, Spumante Arunda Extra Brut Riserva, Spumante Arunda Extra Brut Cuvée Marianna

Cantina Produttori Bolzano
Alto Adige

piazza Gries 2, Bolzano 0471 270909 www.kellerei bozen.com n. V.

DIE FUSION DER ZWEI führenden Genossenschaften Bolzanos, Cantina Gries und Produttori Santa Maddalena, hat die Crème der Lagrein-Produk-

GENOSSENSCHAFTSWINZEREIEN IN ALTO ADIGE

Bei Genossenschaften denkt man generell an Alltagswein und nicht an ausgesuchte Qualität. In Alto Adige jedoch stellen die *cantine produttori*, die 70 % der Produktion abwickeln, viele der besten Weine her.

Mitte der 1980er-Jahre reformierten Luis Raifer und Hans Terzer das komplizierte Genossenschaftssystem des 19. Jh. und machten es bei der Modernisierung der regionalen Weinbranche zur treibenden Kraft. Drastische Ertragssenkung, strenge Traubenauswahl und exklusive Einzellagenabfüllungen brachten Alto Adige in die Spitzenliga italienischer Weinerzeugung. Seitdem sind etliche fortschrittliche *produttori*-Kellereien entstanden und haben den Genossenschaftssektor zum zuverlässigsten und interessantesten der Region gemacht. Achten Sie z. B. auf: *Produttori Andriano (www.andrianer kellerei.it); Produttori Cornaiano (www.girlan.it); Viticoltori Caldaro (www.kellerei kaltern.com); Produttori Cortaccia (www.kellerei-kurtatsch.it); Erste e Neue (www.erste-neue.it); Produttori Merano (www.meraner kellerei.com); Cantina Valle Isarco (www.cantinavalleisarco.it; links).*

tion in der klassischen Subzone Gries jetzt unter einem Dach vereint. In der gemeinsamen Liste findet man ihre besten alten und jungen Rotweine: Die beerentönige Auslese Barone Carl Eyre wird in großen, traditionellen Fässern ausgebaut; der dichte, schokoladige Taber Riserva kommt aus den neuen Barriques der modernen Winzerschule. Beide sind tadellos.

rot, weiß, rosé, Dessertwein *rot: 2002, 2001, 2000, 1999, 1998, 1997*

★ *Alto Adige: Lagrein Scuro Taber Riserva, Lagrein Dunkel Riserva Collection Barone Carl Eyre, Lagrein Dunkel Riserva Prestige*

Hofstätter
Alto Adige

piazza Municipio 7, Termeno
0471 860161
www.hofstatter.com *n. V.*

HOFSTÄTTER BESITZT mit Vigna Sant'Urbano nicht nur den größten Pinot-Nero-Weingarten Italiens, sondern auch eines der besten Gewürztraminer-Güter von Alto Adige. Sein langlebiger Pinot Nero ist seit 15 Jahren makellos, wogegen der pfeffrige Gewürztraminer erst in den letzten zwei, drei Jahren aufgerückt ist.

rot, weiß, Dessertwein *2002, 2001 (w), 1998 (w), 1997, 1995*

★ *Alto Adige: Pinot Nero Riserva Barthenau Vigna Sant'Urbano, Gewürztraminer Kolbenhof Soll*

Kuen Hof
Alto Adige/Valle Isarco

loc Mahr 110, Bressanone *0472 850546* *n. V.*

SILVANERTRAUBEN LIEFERN leichte, trockene, blumige Sommerweine. Peter Pilger, der Besitzer und Winzer von Kuen Hof, sucht jedoch noch eine andere Dimension in dieser Sorte. Mit schon fast fanatischer Hingabe verarbeitet er winzige Erträge, liest die Trauben spät und baut seine Weine in Akazienfässern aus – zu körperreichen Tropfen mit vielschichtiger Frucht und Aromen, die die Zeit überdauern. Gleichermaßen eindrucksvoll sind sein trockener, pfirsichtöniger Gewürztraminer und sein vollmundiger Grüner Veltliner aus einer österreichischen Traubensorte, die außerhalb des Valle dell'Isarco nirgends in Italien angebaut wird.

weiß *2000, 1999, 1995, 1992*

★ *Alto Adige Valle Isarco: Silvaner, Grüner Veltliner, Gewürztraminer*

Die schöne Umgebung von Produttori Colterenzio, Alto Adige

Josephus Mayr-Unterganzner
Alto Adige

Erbhof Unterganzner, via Campiglio 15, Cardano *0471 365582* *n. V.*

DIE MEISTEN WEINBAUERN des Alto Adige verdienen gut am Verkauf ihrer Trauben an die 16 ausgezeichneten Genossenschaften der Region. Ein kleiner Weinbauer, der das Risiko eigener Weinherstellung und -abfüllung auf sich nimmt, muss daher sicher sein, Spitzenqualität zu liefern. Auf den Lagrein-Experten Josephus Mayr trifft beides zu. In den letzten Jahren hat er eine begeisterte Anhängerschaft für seinen beerentönigen Riserva und seinen einzigartigen Lamarein Vino da Tavola im *amarone*-Stil gefunden *(s. S. 229)*.

rot *2000, 1999, 1997, 1998, 1995*

★ *Alto Adige: Lagrein Dunkel Riserva, Vino da Tavola Lamarein (Lagrein)*

Produttori Colterenzio
Alto Adige

strada del Vino 8, Cornaiano
0471 664246 *www.colterenzio.com* *n. V.*

LUIS RAIFER, der Direktor von Colterenzio, führte internationale Qualitätsstandards für Genossenschaftsweine ein und trat so als einer der Ersten dem Misstrauen der Außenwelt gegenüber diesen Weinen entgegen. Eine wichtige Rolle dabei spielte sein Cornell Chardonnay, der hinter einem Hauch buttriger Eiche den Sortenweinstil von Alto Adige verkörpert. Der Lafoa Sauvignon aus dem Familien-Weingarten dagegen setzt sich subtiler und persönlicher mit dieser internationalen Standardsorte auseinander – delikate Quittenaromen und ein trockener, mineralischer Abgang. Schwarzhaus Pinot Nero ist der zukunftsträchtige Rotwein der Kellerei, die zudem gute, heimische Sortenweine liefert.

rot, weiß, Dessertwein *2002, 2001 (w), 2000, 1999, 1997* ★ *Alto Adige: Lafoa Sauvignon, Cornell Chardonnay, Cornell Pinot Nero Schwarzhaus Riserva*

Produttori di Terlano
Alto Adige/Terlano

via Silberleiten 7, Terlano 0471 257135 www.cantina-terlano.com n. V.

DIESE KLEINE, auch Cantina Terlano genannte Genossenschaft ist auf trockene Weine spezialisiert. Ihre Trauben stammen aus hoch gelegenen Gärten mit sandigen, quarzreichen Böden und liefern intensive und langlebige Pinot Biancos und Sauvignon Blancs. Auch die noch erhältlichen 10 und 12 Jahre alten Weißweine schmecken nach wie vor sehr frisch. Die sehr eigenwillige Lagrein-Traube vereint die Struktur von Gries-Weinen mit den typisch intensiven Aromen Terlanos.

rot, weiß 2001 (w), 2000, 1999, 1998, 1997 ★ Alto Adige: Terlaner Sauvignon Quarz, Terlaner Pinot Bianco Vorberg, Lagrein Riserva Porphyr

Produttori San Michele Appiano
Alto Adige

via Circonvallazione 17/19, Appiano 0471 664466 www.stmichael.it n. V.

DIESE GENOSSENSCHAFT mit dem höchsten Umsatz und schnellsten Wachstum in Alto Adige wurde 2000 vom italienischen Weinführer Gambero Rosso zum italienischen Erzeuger des Jahres gekürt. Am bekanntesten sind die trockenen Weißweine, vor allem der herrliche Sanct Valentin Sauvignon Blanc. In den letzten Jahren hat Kellermeister Hans Terzer auch einen exzellenten Cabernet Sauvignon sowie einen Pinot Nero in der Sanct-Valentin-Reihe herausgebracht.

rot, weiß, rosé, Dessertwein 2002, 2001, 2000, 1999 (w), 1997 ★ Alto Adige: Sanct Valentin Sauvignon Blanc, Sanct Valentin Cabernet Sauvignon, Sanct Valentin Gewürztraminer

Cantina La Vis

Produttori Termeno
Alto Adige

strada del Vino 144, Termeno 0471 860126 www.tramin-wine.it n. V.

WILLI STURZ IST DERZEIT der interessanteste Winzer von Alto Adige. Seine Zauberhand hat Produttori Termenos Einzellagen-Auslesen in den letzten zwei bis drei Jahren an die Spitze dieser Kategorie gebracht. Auch im mittleren und unteren Marktsegment hat er Wunder bewirkt, so dass diese mittelgroße Genossenschaft jetzt eine der überzeugendsten Produktpaletten der Region vorweist. Der weiche, reife Fruchtstil seiner Weißweine zeigt sich beim mehrfach preisgekrönten Nussbaumerhof Gewürztraminer; die stilvolle Frucht und die diskrete Eiche seiner Rotweine demonstriert sein Lagrein Urbanhof.

rot, weiß, Dessertwein 2002, 2001, 2000, 1999, 1998 ★ Alto Adige: Gewürztraminer Nussbaumerhof, Lagrein Urbanhof Terminum, Pinot Bianco Tauris

Cantina La Vis
Trentino/IGT

via Carmine 7, Lavis 0462 246325 www.cantinalavis.com n. V.

DIE BREITE PRODUKTPALETTE dieser Genossenschaft bietet durchweg hervorragende Qualität. La Vis leistete Pionierarbeit bei der Erforschung der Zoneneinteilung, d. h. der Zuordnung von Lagen und Rebsorten im Trentino. Ihre traditionelle Spezialität – vorwiegend vom kühleren Ostufer des Adige – sind fruchtige weiße Sortenweine wie der Chardonnay Ritratti und der duftende Müller-Thurgau Maso Roncador. Auch Ritratti Rosso, ein roter IGT-Verschnitt aus Lagrein und Teroldego wird hier produziert – dunkel wie Tinte und voll rauchiger Frucht.

rot, weiß, Dessertwein 2002 (w), 2001 (w), 1999 (r), 1995 ★ Trentino Müller-Thurgau Maso Roncador, Ritratti Rosso Vigneti delle Dolomiti IGT

Cesconi
Trentino/IGT

via Marconi 39, loc Pressano, Lavis 0461 240355 n. V.

DIESES JUNGE Gut debütierte 1988 mit einigen Weißweinen und rückte dabei in die

GEWÜRZTRAMINER-SYMPOSIUM

DNA-Studien haben wohl bewiesen, was die Einheimischen aufgrund des Traubennamens schon immer behaupteten: dass der Gewürztraminer aus der Alto-Adige-Gemeinde Tramin (heute Termeno) stammt. Jedes Jahr wird dieses pittoreske Tiroler Dorf für eine Juliwoche zum Weltzentrum des würzigen weißen Sortenweins – als Gastgeber eines internationalen Genießersymposiums voller Veranstaltungen rund um Wein und Speisen.

Über 200 Gewürztraminer aus aller Welt schmücken den Hauptausstellungsraum. Die Speisen bereiten Michelin-Starköche zu, und die Verkostungen leitet der jeweilige Sommelier-Weltmeister. *www.tramin.it*

vorderste Reihe unabhängiger Winzer der Region vor. Einige ebenso beeindruckende Rotweine aus der mediterranen Klimazone des Gardasees folgten zwei Jahre später. Bei den DOC-Weinen spricht die reife Frucht für sich selbst, wogegen die IGTs Olivar und Pivier ernst zu nehmende, in Eiche ausgebaute Weine sind. Olivar ist ein fleischiger Verschnitt von Chardonnay, Pinot Bianco und Pinot Grigio; Pivier ist ein voller, würziger Merlot.

rot, weiß 2002 (w), 2001 (w), 2000 (r) ★ Olivar Vigneti delle Dolomiti Bianco IGT, Pivier Vigneti delle Dolomiti Rosso IGT, Trentino Pinot Grigio

Ferrari
Trentino

via del Ponte di Ravina 15, Trento 0461 972311 www.ferrarispumante.it n. V.

DIESES TRADITIONSUNTERNEHMEN wurde 1902 von einem geschäftstüchtigen Gärtnereiinhaber und leidenschaftlichen Weinbauer gegründet. Ferraris Chardonnay-orientierter Stil ist typisch für Trentino, und die Weine sind durchweg tadellos – vom preiswerten Brut bis zur kristallen-eleganten, komplexen Riserva Giulio Ferrari, die nach acht Jahren degorgiert, nach zehn Jahren auf den Markt gebracht und mit Sicherheit noch ein weiteres Jahrzehnt getrunken wird.

Schaumwein 1993, 1992, 1991, 1990 (Riserva del Fondatore) ★ Trento: Giulio Ferrari Riserva del Fondatore, Perlé, Brut

Foradori
Trentino/IGT

via Damiano Chiesa 1, Mezzolombardo 0461 603447 www.elisabettaforadori.com n. V.

ELISABETTA FORADORI HOLT mit ihrem IGT-Wein Granato mehr aus der einfachen Teroldego-Traube heraus als jeder andere Erzeuger – ein Tropfen, der hart und kompromisslos wirken kann, dafür aber durch seine Tiefe und Komplexität entschädigt. Über die Trägheit der DOC verärgert, entschloss sich Elisabetta, mit dem Jahrgang 2000 zur IGT Vigneti delle Dolomiti zu wechseln. Ihr Zweitwein bleibt der trocken-mineralische Teroldego Rotaliano DOC.

Inhaberin und Weinmacherin Elisabetta Foradori

rot, weiß 2002, 2001 (r), 2000 (r), 1999 (r), 1996 (r) ★ Granato Vigneti delle Dolomiti Rosso IGT, Myrto Vigneti delle Dolomiti Bianco IGT, Foradori Teroldego Rotaliano

Pojer & Sandri
Trentino/IGT

loc Molini 6, Faedo 0461 650342 www.pojeresandri.it n. V.

MARIO POJER UND FIORENTINO Sandri betreiben Trentinos innovativste Winzerei. Seit dieses kreative Paar in den frühen 1980ern mit einem Rotwein aus der heimischen Schiva-Traube begann, hat es ständig neue Projekte entwickelt und war dem Trend in der Regel einen Schritt voraus. Ihr letzter Vorstoß beinhaltet die Erzeugung je eines roten und eines weißen Terroir-orientierten Weins vom restaurierten Maso-Besler-Gut im Val di Cembra, wo die Verbindung von Höhenlage und komplizierten Verschnitten heimischer Traubensorten Weine mit intensiven, sehr originellen Beeren- und Wildkräuteraromen ergibt.

rot, weiß, rosé, Schaum- und Dessertwein, Grappa 2002, 2001 (w), 2000, 1997, 1994 (r), 1993 (r) ★ Spumante Extra Brut, Besler Bianck Vigneti delle Dolomiti Bianco IGT, Rosso Faye Vigneti delle Dolomiti Rosso IGT

Tenuta San Leonardo
Trentino/IGT

fraz Borghetto all'Adige, loc San Leonardo 3, Avio 0464 689004 www.sanleonardo.it n. V.

SAN LEONARDO WURDE als italienisches Pendant zu einem bordeleser Premier Cru bezeichnet, ist aber mehr als nur ein Médoc-Doppelgänger. Barriques und Traubensorten – vor allem Cabernet Sauvignon, Cabernet Franc und Merlot – sind in der Tat französisch, aber Boden und Klima sind typisch für das Trentino. Gemeinsam bewirken diese Elemente eine Kräuter- und Lakritznuance hinter der Frucht – Kennzeichen der Rotweine aus dem südlichen Valle dell'Adige. Der edle, neue IGT-Zweitwein ist der pflaumige Villa Gresti auf Merlotbasis.

rot 2000, 1999, 1997, 1995, 1993, 1990 ★ San Leonardo Rosso delle Dolomiti IGT, Villa Gresti Vigneti Rosso delle Dolomiti IGT

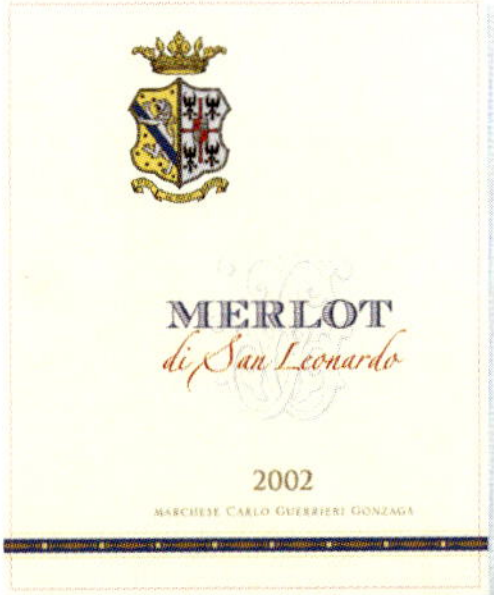

Etikett Tenuta San Leonardo

Weingärten in Hanglage, Prosecco di Valdobbiadene & Conegliano

DIE WEINBAUGEBIETE VENETIENS

In Venetien geben Weine von den Hügeln nördlich von Verona den Ton an. Soave und Valpolicella – die Gebiete mit der höchsten Dichte bedeutender Erzeuger – liefern gemeinsam 40 % der regionalen DOC-Produktion. Andernorts variiert die Qualität, aber nicht ohne Spitzenleistungen: In praktisch jeder der übrigen 20 DOC-Zonen gibt es wenigstens einen guten – manchmal auch hervorragenden – Erzeuger. Rotweine im internationalen Stil von den Qualitätspionieren in Colli Berici und Colli Euganesi lassen vermuten, dass hier noch viele interessante Weine darauf warten, gekeltert zu werden. Wer Dessertweine mag, sollte sich mit der DOC Gambarella beschäftigen. In solchen Rand-DOCs treten jedoch eher Qualität und Produktionsstil hervor als ein Terroir-Charakter.

Sand, Kalkstein, Mergel, Basalt Corvina, Rondinella, Cabernet Sauvignon, Merlot Garganega, Vespaiolo rot, weiß, rosé, Schaum- und Dessertwein

Bardolino

Der hellrote Wein der DOC **Bardolino** am Südostufer des Lago di Garda wird aus etwa derselben Corvina-Rondinella-Molinaria-Traubenmischung wie der Valpolicella erzeugt und bietet wie jener Kirschfrucht und Mandelabgang, nur leichter und weicher. Ein großer Teil der hohen Jahresproduktion fließt in den munteren Bardolino Novello im Beaujolais-Nouveau-Stil *(s. S. 115)*. Chiaretto ist der Standard-Rosé der DOC, und **Bardolino Superiore** DOCG ist eine neue und bis dato selten verwendete Kategorie.

Bianco di Custoza

Dieser beliebte Touristenwein stammt von einem kleinen Gebiet südlich des Lago di Garda. Er wurde früher nur aus der recht matten Trebbiano-Traube (Ugni Blanc) gekeltert, aber eine neue Rechtslage bei der DOC Bianco di Custoza erlaubt unternehmungslustigen Erzeugern nun, ihre Weine mit den ausdrucksstärkeren Trauben Pinot Bianco, Chardonnay und Riesling Italico aufzupolieren, was sie leicht und schon jung angenehm trinkbar macht.

Pieropan-Etikett, Soave

Prosecco di Valdobbiadene & Conegliano

Der beste Prosecco stammt von den Hügeln bei den Städten, nach denen auch die DOC benannt ist: Valdobbiadene und Conegliano. Prosecco-Trauben erzeugen einen fassvergorenen Spumante – leicht, schäumend, frisch und duftend. »Brut« ist der trockenste; »dry« verwirrenderweise der süßeste und »extra dry« irgendwo dazwischen. Prosecco ist ideal für den Sommer; erwarten Sie daher nicht den Körper eines Spumante auf Chardonnay-Basis.

Valpolicella

Die Vorschriften der DOC Valpolicella erlauben die Erzeugung vier verschiedener Rotweintypen von denselben Rebflächen und aus demselben Grundverschnitt von Corvina, Molinara und Rondinella. Dies sind – vom leichtesten bis zum körperreichsten – Valpolicella, Valpolicella Superiore, Amarone *(s. S. 229)* und Recioto; Recioto und sein trockenes Gegenstück Amarone sind alkoholstarke Weine aus teilgetrockneten Trauben. Der einfache Valpolicella ist ein trockener, schmackhafter Alltagswein aus frischen Trauben. Valpolicella Superiore ist theoretisch ein frischer Traubenwein, wird aber oft durch Refermentation mit den Amarone-Schalenresten oder einen Tropfen Amarone selbst verstärkt. Typisch für alle Valpolicella-Weine ist das Kirscharoma mit dem bitteren Hauch der Corvina-Traube. Die besten besitzen zudem eine trockene Würze, die man traditionell den Böden des »Classico«-Bereichs zuschreibt – also der 1968 gegründeten Valpolicella-Zone im Herzen der heutigen DOC, auf die jetzt weniger als die Hälfte der Gesamtproduktion entfällt. Die unterschiedlichen Valpolicellatypen beruhen nicht nur auf der Verwendung frischer oder getrockneter Trauben, sondern auch den mitverschnittenen Traubensorten und der Wahl der Fässer. Französische Barriques mit ihren ausgeprägten Toast- und Vanillearomen setzen sich hier zunehmend durch.

Soave

DIE WICHTIGSTE TRAUBE DER DOC **Soave** ist eine heimische Sorte namens Garganega mit feinen Zitronen- und Mandelaromen. Mit einer Jahresproduktion von über 60 Mio. Flaschen ist Soave Italiens größte Weißwein-DOC. Der Ruf ihrer Abfüllungen wurde aufgrund einer Vernachlässigung der Qualität zugunsten der Quantität in den 1980er-Jahren ernsthaft beschädigt, doch in den letzten fünf bis zehn Jahren haben die Bemühungen kleiner Weinbauern und Winzer aus dem Soave wieder einen seriösen Weißwein gemacht – wenngleich verschiedene Vinifikationstypen und die offizielle Genehmigung von Chardonnay zum Verschnitt seine Identität etwas verwischt haben. Normaler Soave kann recht langweilig sein, aber die seit dem Jahrgang 2002 geltende neue DOCG-Kategorie **Soave Superiore** dürfte die Guten vom Rest unterscheiden. Notfalls achte man auf die als »Classico« etikettierten Abfüllungen, die von den Spitzen-Hanglagen der Gemeinden Soave und Monteforte d'Alpone stammen und mehr Körper und Aroma haben sollten. Ein anderer zur Größe fähiger Soave ist **Recioto di Soave** DOCG, ein süßer Weißwein mit Honig- und Aprikosenaromen aus getrockneten Garganega-Trauben.

Gambellara

DIESE DOC NIMMT einen kleinen Hügelbereich in der Provinz Vincenza ein. Hier erzeugt man aus der Garganega-Traube einen süßen weißen Recioto und Soave-ähnliche, trocken-blumige Weißweine. Mineralienreiche Böden und ein mildes Klima bieten hier ein bis jetzt nur partiell genutztes Potential für Qualitäts-Weißweine.

Colli Berici

DIE NIEDRIGEN, BEWALDETEN HÜGEL dieser DOC sind eher für ihre Villen als für Wein berühmt – wenngleich Cabernet Sauvignon und Merlot hier gut reifen und man in den letzten Jahren begonnen hat, überzeugende Tropfen im Bordeaux-Stil zu keltern. Die regionale Spezialität ist eine leichte, aber tanninreiche Traube namens Tocai Rosso mit Himbeeraromen.

Weingärten bei Bardolino am Gardasee

Colli Euganei

CABERNET UND MERLOT haben hier einen ausgeprägt reifen und weichen Charakter. Auch der Anbau der Muskattraube (Moscato) hat Tradition, aus der ein trockener Wein und ein Dessertwein namens Fior d'Arancio Passito gekeltert werden.

DIE SPITZENERZEUGER VENETIENS

Adami
Venetien/Prosecco

via Rovede 21, Vidor ☎ *0432 982110* Ⓦ *www.adamispumanti.it* ◯ *n. V.*

DER UNTERSCHIED ZWISCHEN gutem und ausgezeichnetem Prosecco liegt in der Ausgewogenheit von Moussieren, Süße und Säure. Franco Adami jongliert bei seinen Schaumweinen meisterhaft mit diesen drei Elementen. Zur Zeit konzentriert er sich auf den trockenen, biskuittönigen Brut, aber der Klassiker seines Familienbetriebs bleibt der Vigneto Giardino mit seinem weichen, blumigen Stil.

Schaumwein *letzte Jahrg.* ★ *Prosecco di Valdobbiadene Spumante Brut Bosco di Gica, Prosecco di Valdobbiadene Spumante Dry Vigneto Giardino*

Allegrini
Venetien/Valpolicella

corte Giara 9/11, Fumane ☎ *045 6832011* Ⓦ *www.allegrini.it* ◯ *n. V.*

FRANCO ALLEGRINI HAT NIE aufgehört, vorgefasste Meinungen über Valpolicella in Frage zu stellen – von der Produktion seines Corvina-Sortenweins La Poja in den frühen 1980ern bis zur Modernisierung des Trocknungsprozesses für Amarone-Trauben und jetzt einem Cabernet- und Merlot-Weingarten bei der Villa Giona. Die neuen Jahrgänge der superben Allegrini-Klassiker besitzen mehr Körper und Fruchtaromen.

rot, recioto *2000, 1998, 1997, 1995, 1993* ★ *La Poja Corvina Veronese IGT, Amarone della Valpolicella Classico, La Grola Rosso Veronese IGT*

Anselmi
Venetien/IGT

via San Carlo 46, Monteforte d'Alpone ☎ *045 7611488* ◯ *n. V.*

NACH JAHRZEHNTEN des Zweifels an der offiziellen Herkunftsbezeichnung hat Roberto Anselmi beschlossen, aus der Soave DOC auszusteigen und seine Weine in Veneto IGT umzubenennen. Seine Maßstäbe bleiben so hoch wie früher; vom eleganten Garganega-Sortenwein I Capitelli Passito mit Aromen kandierter Früchte bis zum Capitel Croce, Venedigs erstem in Eiche ausgebauten Garganega mit Tropenfrucht-Nase und langem Abgang.

weiß, Dessertwein *2002, 2001, 2000, 1999, 1998* ★ *Veneto Bianco IGT: I Capitelli Passito, Capitel Croce, Capitel Foscarino*

Bisol Desiderio & Figli

VINITALY

Dies ist *die* italienische Weinmesse: Jeden April kommen Kunden, Erzeuger, Journalisten und zahlreiche Weinliebhaber aus der ganzen Welt nach Verona, um sich fünf Tage lang mit italienischem Wein zu befassen – es gibt keine bessere Gelegenheit für die, die an einem Intensivkurs interessiert sind. 4000 Erzeuger vom Konzern bis zum kleinsten Familienunternehmen präsentieren ihre Weine zur Verkostung. Die 75 geführten Verkostungen des Programms sind teils hochspezialisiert, teils einfach unterhaltsame Treffen mit Wein und Essen und bieten einfach alles – von Regionaleinführungen bis zu Proben seltener Jahrgänge. Ⓦ ***www.vinitaly.com***

Bisol Desiderio & Figli
Venetien/Prosecco

via Fol 33, fraz S Stefano, Valdobbiadene ☎ *0432 900138* Ⓦ *www.bisol.it* ◯ *n. V.*

DIE MEISTEN WINZEREIEN im Prosecco DOC-Gebiet beziehen ihre Früchte von Vertragsbauern; Bisol besitzt als einziger Erzeuger umfangreiche eigene Weingärten. Dieser Vorteil einer direkten Kontrolle über die Traubenversorgung führt in Folge niedrigerer Erträge zu mehr Persönlichkeit – vor allem bei den besonderen Weinen: Verkosten Sie den biskuittönigen Crede, den weich-sahnigen Garnei und den blumigen Vigneti del Fol.

Schaumwein *letzte Jahrg.* ★ *Prosecco di Valdobbiadene Spumante Brut Crede, Prosecco di Valdobbiadene Spumante Dry Garnei, Prosecco di Valdobbiadene Spumante Extra Dry Vigneti del Fol*

Gini
Venetien/Soave

via G Matteotti 42, Monteforte d'Alpone ☎ *045 7611908* ◯ *n. V.*

HINTER SANDRO GINIS bescheidenem Auftreten und seinem Enthusiasmus verbergen sich das Können eines der begabtesten Soave-Winzers. Er hat gutes Material zur Verfügung, aber es bedarf auch großen Könnens, um Weine mit der Klasse des herrlich-komplexen Contrada Salvarenza oder des üppigen Dessertweins Renobilis zu keltern. Dieses Familiengut zählt zu den besten Soaves.

weiß, recioto *2002, 2001, 2000, 1999, 1998* ★ *Soave Classico Superiore Contrada Salvarenza Vecchie Vigne, Recioto di Soave Renobilis, Soave Classico Superiore La Froscà*

Sorgfältiges Sortieren der Trauben bei Maculan

Inama
Venetien/Soave & IGT

via IV Novembre 1, San Bonifacio 0456 104343 www.inamaaziendaagricola.it n. V.

STEFANO INAMA ERZEUGT einrucksvolle Weine her: Für einen Soave wirken ihre dunkle Strohfarbe und die reifen Aromen manchmal zu direkt, aber man muss ihre Natürlichkeit einfach bewundern. Inamas Vulcaia Fumé Sauvignon Blanc rühmt sich einer außergewöhnlich festen Textur und köstlicher Frucht- und Mineralaromen. Achten Sie auch auf den Aufsteiger Cabernet Sauvignon Bradissimo von den Colli Berici.

rot, weiß 2001, 2000 (w), 1998, 1996 ★ Soave Classico Vigneto du Lot, Vulcaia Fumé Sauvignon Blanc Veneto IGT, Soave Classico Superiore Vigneti di Foscarino

Maculan
Veneto/Breganze & IGT

via Castelletto 3, Breganze 0445 873733 www.maculan.net n. V.

WÄHREND DER LETZTEN 15 Jahre hat Fausto Maculan mit Acininobili einen der besten italienischen Dessertweine und mit Fratta den überzeugendsten Cabernet Sauvignon Venetiens produziert. Aber er hat auch an der Perfektionierung seiner eklektischen, immer internationaleren Produktpalette weitergearbeitet. Seine letzte Tat, der Crosara Merlot aus der DOC Breganze, zählt zu den interessantesten neuen Weinen des Landes.

rot, weiß, Dessertwein 2001, 2000, 1999, 1997 (r), 1994 (r) ★ Veneto IGT: Acininobili Bianco, Fratta Rosso; Breganze Crosara Merlot

Masi
Venetien/Valpolicella & IGT

via Monteleone 2, fraz Gargagnago, Sant'Ambrogio di Valpolicella 045 6832511 www.masi.it n. V.

SEIT DER EINFÜHRUNG EINES neuen Amarone-Stils Mitte der 1980er ist Masi in Valpolicella Wegbereiter: Toar war die erste moderne IGT-Alternative zum Valpolicella Superiore; dazu kam – für die Produktion des IGT Osar – die Neubelebung der roten Oselata-Traube mit dem für eine Valpolicellasorte hohen Tanningehalt. Masis neuestes Projekt ist ein Rotwein im Amarone-Stil namens Grandarella, den man in Friaul aus einem Refosco-, Carmenère- und Corvina-Verschnitt erzeugt.

rot, weiß, recioto rot: 1999, 1998, 1997, 1995, 1993, 1990 ★ Amarone della Valpolicella Classico: Mazzano, Campolongo di Torbe; Osar Rosso del Veronese IGT

Pieropan
Venetien/Soave

via Camuzzoni 3, Soave 045 6190171 www.pieropan.it n. V.

DER UNABHÄNGIGE WINZER Leonildo Pieropan erzeugt zwei kompromisslos hochwertige Einzellagen-Auslesen. La Rocca ist eine in Eiche ausgebaute Soave-Spätlese, Calvarino dagegen ein typischer, frisch-trockener, fassvergorener Soave mit Frühlingsblumenaroma und feinen Frucht- und Mandelnoten. Beide gehören zu den besten ihrer Kategorie und bieten ein ausgezeichnetes Preis-Leistungs-Verhältnis.

weiß, Dessertwein 2001, 2000, 1999, 1998 ★ La Rocca Soave Classico Superiore Calvarino, Soave Classico Superiore, Passito della Rocca Bianco del Veneto IGT

Quintarelli
Veneto/Valpolicella

via Cere 7, Negrar 045 7500016 n. V.

GIUSEPPE QUINTARELLI GEHÖRT zu den Valpolicella-Begründern. Sein Amarone setzte jahrzehntelang Maßstäbe. Heute sind die Ansichten über die reifen Rosinentöne und den sehr langen Fassausbau seiner Riservas (nicht zu reden von Preisen im Grand-Cru-Burgunder-Bereich) ein wenig geteilt. Der Valpolicella Classico Superiore bietet einen einfacheren Einstieg in diesen vielleicht etwas rustikal wirkenden, aber einzigartigen, faszinierenden Weintyp.

Masi

rot, recioto 1997, 1995, 1993, 1990 ★ Amarone della Valpolicella Monte Cà Paletta, Valpolicella Classico Superiore Monte Cà Paletta, Alzero VdT

Traubenlese bei Romano dal Forno in Valpolicella

Romano Dal Forno
Venetien/Valpolicella

loc Lodoletta 1, Cellore d'Illasi
045 7834923 n. V.

IN DER REGION VALPOLICELLA mangelt es nicht an fortschrittlichen Erzeugern. Romano dal Forno aber ist revolutionär. Niemand sonst käme auf die Idee, die lokalen Sorten mit einer Dichte von 13 000 Pflanzen pro Hektar zu kultivieren und weniger als 1 kg Trauben pro Rebe abzuernten. Aber es macht hier auch niemand Weine, die gewaltige Konzentration mit solcher Klasse und Eleganz verbinden.

*rot, recioto **1998, 1997, 1996, 1995, 1993, 1990, ★ Amarone della Valpolicella Vigneto di Monte Lodoletta, Recioto della Valpolicella Vigneto di Monte Lodoletta, Valpolicella Superiore Monte Lodoletta***

Ruggeri
Venetien/Prosecco

via Prà Fontana, Valdobbiadene 0423 9092
n. V.

RUGGERI, eines der größten und besten Unternehmen der DOC Valdobbiadene & Conegliano widerlegt die Ansicht, Quantität und Qualität seien unvereinbar. Sein runder, fruchtiger Spitzenwein Giustino B ist ein seltenes Beispiel für einen Prosecco mit Jahrgangsangabe.

Schaumwein letzte Jahrg. ***★ Prosecco di Valdobbiadene Spumante Extra Dry Selezione Giustino B, Prosecco di Valdobbiadene Spumante Dry Santo Stefano***

Speri
Venetien/Valpolicella

via Fontana 14, fraz Pedemonte, San Pietro in Cariano 045 7701154
www.speri.com n. V.

SPERI IST EIN alteingesessener Valpolicella-Erzeuger mit ausgedehnten Weingärten, darunter auch der herausragende Vigneto Sant'Urbano. Wie bei vielen Familienbetrieben zum Zeitpunkt des Generationenwechsels schwankt sein Vinifikationsstil zwischen Tradition und Innovation. Speris komplexer, samtiger Amarone kann sich mit den besten messen.

*rot, recioto **2000, 1998, 1997, 1995, 1993 ★ Amarone della Valpolicella Classico Vigneto Sant'Urbano, Recioto della Valpolicella Classico La Roggia***

Tedeschi

Tedeschi
Venetien/Valpolicella & IGT

via Verdi 4/A, fraz Pedemonte, San Pietro in Cariano 045 7701487
www.tedeschiwines.com n. V.

VIELE ERZEUGER würden darin übereinstimmen, dass die wichtigste Herausforderung für Valpolicella die Erzeugung eines internationalen Spitzen-Rotweins aus lokalen Traubensorten ohne Zugabe getrockneter Trauben ist. Riccardo Tedeschi hat dies geschafft. Sein Rosso La Fabriseria hat die ganze Kirsch- und Pflaumenfrucht des regionalen Corvina-Rondinella-Verschnitts und die Struktur, die diesen Sorten so oft fehlt. Er erzeugt zudem zwei herausragende Amaronis: den samtigen Capitel Monte Olmi und den konzentrierten La Fabriseria.

*rot, recioto **2000, 1999, 1998, 1997, 1995 ★ Rosso La Fabriseria Rosso del Veronese IGT, Amarone della Valpolicella Classico Capitel Monte Olmi, Amarone della Valpolicella La Fabriseria***

Tommaso Bussola
Venetien/Valpolicella

via Molino Turri 30, fraz San Peretto, Negrar 045 7501740 n. V.

TOMMASO BUSSOLA verwendet 6 kg Frucht für nur eine halbe Flasche seines TB Auslese-*recioto*! Die meisten Erzeuger zerquetschen die getrockneten Trauben für diesen süßen Rotwein im Januar oder Februar; er dagegen lässt sie bis Ende März einschrumpeln, so dass der Saftgehalt minimal und die Zucker- und Geschmackskonzentration wahrhaft atemberaubend ist. Seine trockenen Amaroni sind ebenso beeindruckend.

*rot, recioto **1999, 1998, 1997, 1996, 1995 ★ Recioto della Valpolicella TB, Amarone della Valpolicella Classico TB Vigneto Alto, Amarone della Valpolicella Classico TB***

SPITZENWEIN AMARONE

AMARONE IST EINER DER EDELSTEN Rotweine der Welt und rühmt sich einer Skala von Aromen, die an Kirschmarmelade, Rosinen, Rosenblüten und Gewürze erinnern. Er wird aus halbgetrockneten Trauben erzeugt – nach einer noch auf die byzantinische Zeit zurückgehenden Tradition aus den Veroneser Hügeln. Amarone ist ein nur in der DOC Valpolicella hergestellter Verschnitt aus Corvinone-, Molinara- und Rondinella-Trauben sowie bis zu 15 % anderer heimischer und internationaler zugelassener Sorten. Sein Alkoholgehalt reicht von 14 bis zu 16 %. Seit den frühen 1990er-Jahren geht der Trend dahin, die Trocknungsperiode der Trauben zu verkürzen, um fruchtigere Weine mit weniger Alkohol zu erzeugen und die Wirkung des Botrytisbefalls zu reduzieren *(s. S. 66)*. Amarone kommt frühestens zwei Jahre nach der Lese auf den Markt und sollte dann bereits fast trinkreif, aber auch noch lagerfähig sein. Spitzenjahrgänge sind 1990, 1995 und 1997.

Wichtige Erzeuger
Der Hauptteil der Amarone-Produktion kommt aus der Valpolicella-Classico-Zone *(s. S. 225)*, wo viele alteingesessene Güter wie Allegrini, Masi, Quintarelli, Speri und Tedeschi sowie eine aufstrebende Generation von Erzeugern wie Tommaso Bussola ansässig sind. Es gibt auch einige ausgezeichnete Amarone-Erzeuger außerhalb der Valpolicella-Classico-Zone in den Illasi- und Mezzane-Tälern – darunter Romano dal Forno, dessen Produkte im Allgemeinen zur Spitze gerechnet werden.

Der Produktionsprozess
Traditionell wählt man Trauben von den Büschelspitzen aus. Heute werden alle Früchte geerntet und unreife oder beschädigte Trauben entsorgt. Man lässt sie dann wenigstens drei Monate trocknen – meist in einem klimatisierten Schuppen, um Schimmel zu vermeiden. Am Ende sind die Trauben auf die Hälfte ihrer Originalgröße geschrumpft und reif für die Vinifikation.

Weingärten von Masi, einem führenden italienischen *Amarone*-Erzeuger

Traubenlese in Friaul-Julisch-Venetien

DIE WEINBAUGEBIETE VON FRIAUL-JULISCH-VENETIEN

WINZIGE PRODUKTIONSMENGEN, zahllose Traubensorten, haarspalterisch aufgeteilte DOC-Zonen und viele kleine Erzeuger machen das herausragende Friaul-Julisch-Venetien (F-J-V) zum komplexesten Gebiet Nordostitaliens. Nur die Toskana und Piemont, die zwei- bis dreimal so viel Wein erzeugen, erhalten mehr Auszeichnungen. Friaul-Julisch-Venetien führte mit innovativen, frischen Sortenweinen die italienische Weißweinrevolution Anfang der 1980er-Jahre an. Seit Mitte der 1990er-Jahre bietet es auch besonders ausgesuchte, in Eiche ausgebaute Weiß- und immer mehr überzeugende Rotweine. Es gibt hier neun DOC-Bereiche, deren Traubensortiment einander ähnelt. Um diese Region zu verstehen, muss man den Charakter der Trauben und ihr Verhalten in den unterschiedlichen Subzonen kennen. Die edelsten Weine kommen aus drei DOCs im Osten, während der Süden und Westen eher für kommerzielle Weine bekannt sind.

Livio Felluga-Etikett

sandiger Lehm, alluvialer Kiesboden, steiniger Mergel *Merlot, Refosco, Schioppettino, Pignolo* *Tocai Friulano, Ribolla Gialla, Pinot Grigio, Pinot Bianco, Sauvignon Blanc, Chardonnay, Picolit* *rot, weiß, Schaum- und Dessertwein*

LA SERENISSIMA

Aufgrund der Kompliziertheit des DOC-Systems in Friaul-Julisch-Venetien könnten dem Besucher echte Winzerei-Juwelen entgehen. Die Enoteca La Serenissima (Laden und Weinstube) soll dies verhindern und den Weg zu den lohnendsten Zielen der Gegend weisen. Hier findet man eine Auswahl friaulischer Spitzenweine, die ein Önologen-Gremium jährlich unter Aufsicht der örtlichen Regierung nach strengen Kriterien auswählt: Um zugelassen zu werden, muss ein Wein wenigstens 80 von 100 Punkten erhalten. Das Sortiment enthält um die 300 Marken, darunter alle großen Namen sowie viele gute, kleine Erzeuger. *via Battisti, 26, Gradisca d'Isonzo* *0481 199598*

Die Spitzenzonen

ALLE RENOMMIERTEN WEINE stammen aus einem Gebiet, das die Hügel der Colli Goriziano, die Colli Orientali del Friuli und den nördlichen Teil der Friuli Isonzo DOC einbezieht. Die historischen DOC-Zonen **Collio** und **Colli Orientali del Friuli** haben heiße Sommer und mineralreiche Böden – was körperreiche Weißweine voll Frucht und Aroma mit mehr Alkohol und weniger Säure als anderswo ergibt. Collio ist auf trockene Weißweine spezialisiert – darunter auch Originalverschnitte unter der Etikettierung Collio Bianco DOC –, Colli Orientali eher auf Sortenweine, von Dessert- bis zu regionalen Rotweinen wie Refosco und Schippettino. Der nördliche Teil der **Friuli Isonzo** DOC bewegt sich auf demselben Niveau wie die Hügel, hat aber weniger Spitzenerzeuger. Das dortige Klima eignet sich für trockene Weißweine.

Fässer in einem friaulischen Weinkeller

Das Flachland

DIE ÜBRIGEN DOC-ZONEN der Region liegen in der Ebene längs der Adriaküste und im Landesinneren Friauls westlich von Venetien. Sie erzeugen Weine für den Alltagsverbrauch. Mit ihren 6000 ha Weingärten baut allein die DOC **Grave del Friuli** mehr Wein an als die übrigen DOCs von F-J-V zusammen – eine Quelle preiswerter internationaler Sortenweine wie Sauvignon Blanc oder Chardonnay mit spritzigen Aromen.

Die Küstenebene ist in drei DOCs aufgeteilt: **Aquileia**, **Annia** und **Latisana**. Lockere Sand- oder Kalksteinböden liefern hier vorwiegend leichte bis mittelschwere Weine. Friuli-Aquileia ist die größte der drei DOCs, und ihre würzigen Weißweine sind die leckersten der Küste.

Da sie so winzig ist (weniger als 50 ha Weingärten), bleibt die DOC **Carso** oft unberücksichtigt. Sie liegt auf einer vom Wind gepeitschten Kalkstein-Hochebene über der Bucht von Triest. Ihre Spezialität sind erstaunlich trockene Weine aus den heimischen Sorten Vitovska und Refosco (Terrano).

Weinterrassen in Colli Orientali del Friuli

Die Traubensorten von Friaul-Julisch-Venetien

Weingüter in Friaul-Julisch-Venetien bauen nicht selten zwölf oder mehr Traubensorten an und füllen jeden Wein separat ab. Weniger rentable werden allmählich abgeschafft, aber die Produktion dieser Region bleibt vielfältig.

Lokale Traubensorten

Malvasia: Eine Collio-Spezialität, die dort opulent ausreift und Malvasia Istriana heißt. Liefert in Aquileia einen einfacheren, aber würzigeren Weißwein.

Picolit: Eine süße, weiße Traube von den Colli Orientali, die dort Kultstatus genießt – aufgrund einer genetischen Störung, die ganze Ernten vernichten kann, weshalb ihr Wein rar und teuer ist.

Pignolo: Eine sehr tanninreiche, langlebige und teure rote Ausnahmetraube, die sich wieder in die Produktion der Colli Orientali einschleicht.

Refosco: Der edelste Vertreter dieses Rotweins voll beeriger Frucht und weicher Tannine stammt von den Colli Orientali; sein voller Name lautet Refosco dal Peduncolo Rosso. Eine Unterart davon ist der Terrano-Wein in Carso.

Ribolla Gialla: Diese seit dem 12. Jh. in Collio gepflanzte weiße Traube hat im Laufe der Jahre an Boden verloren, ist aber wegen ihrer trockenen Zitrusaromen wieder gefragt.

Schioppettino: Eine dunkle, saftige rote Traube mit einem Hauch exotischer Aromen, die jung getrunken werden sollte.

Tocai Friulano: Die meistgepflanzte weiße Traube der Gegend. Sie benötigt Hanglagen und sorgfältige Pflege; Erzeuger Collios und der Colli Orientali haben in den letzten Jahren viel in sie investiert. Nicht in Eiche ausgebaute Weine zeigen Heckenaromen und einen trockenen, mandeltönigen Abgang.

Verduzzo: Eine weiße Traube mit Apfelaroma aus der DOC desselben Namens, die einen reellen, erschwinglichen Dessertwein liefert. Sie wird auch für die Mikroproduktion Ramandolo DOCG verwendet.

Internationale Sorten

Sauvignon Blanc, die erfolgreichste, gedeiht am besten im Dreieck Collio-Colli Orientali-Isonzo, wo sie typischerweise aromatische, fassvergorene Weine liefert. Pinot Grigio ist das Aushängeschild Isonzos und wurde dort erstmals in Italien in Eiche ausgebaut; ihre Weine sind groß und langlebig. Pinot Bianco ergibt in Collio raffinierte Weine mit Orangenblütenaromen und Backobst. Die Chardonnaytypen reichen von elegant à la Burgund bis zu sonnig-kalifornisch; diese Sorte ist in Isonzo und den Colli Orientali am stärksten vertreten. Merlot reift besser als Cabernet Sauvignon; ihre Weine gehören zu den besten.

SPITZENERZEUGER V. FRIAUL-JULISCH-VENETIEN

Borgo San Daniele
F-J-V/Friuli Isonzo & IGT

via San Daniele 16, Cormons
0481 60552 www.borgo sandaniele.it n. V.

MAURO MAURI GEHÖRT zu den jungen Trendsettern im Friaul, die den spritzig-trockenen Weityp zugunsten eines volleren, weicheren aufgegeben haben. Er glättet die rustikale Note des Tocai Friulano, und sein Arbis Blanc genannter Pinot-Bianco-Sauvignon-Blanc-Chardonnay-Tocai-Friulano-Verschnitt ist ein köstlicher, nicht ganz trockener Weißwein im Elsässer Stil.

rot, weiß 2002 (w), 2001 (w), 2000, 1999 ★ Friuli Isonzo Tocai Friulano, Friuli Isonzo Bianco Arbis Blanc, Arbis Rosso Venezia Giulia IGT

Borgo del Tiglio
F-J-V/Collio

via San Giorgio 71, fraz Brazzano, Cormons 0481 62166 n. V.

NICOLA MANFERRARI wählt gewissenhaft Weine aus unterschiedlichen Mikrozonen rings um sein Gut, um persönliche, langlebige Weißweine zu produzieren. Wer sie nicht kennt, wird überwältigt sein von der Kraft und Originalität seines klassischen Ronco della Chiesa (aus Tocai Friulano), dem vollen, würzig-eichentönigen Malvasia und dem einzigartigen Studio di Bianco, einem Tocai-Friulano-Sauvignon-Riesling-Verschnitt.

rot, weiß 2001 (w), 2000 (w), 1999, 1998 (w), 1996 ★ Collio Bianco Ronco della Chiesa, Collio Bianco Studio di Bianco, Collio Malvasia Selezione

Edi Keber
F-J-V/Collio

loc Zegla 17, Cormons
0481 61184 n. V.

KEBER IST DER INBEGRIFF des Collio-Weinbauern: Herzlich, gastfreundlich und kompetent. Als größter Produzent der DOC Collio Bianco ist er seit Ende der 1990er mit dabei und profitiert von einer Regelung, die den Erzeugern bei der Traubensortenwahl freie Hand lässt: Er verschneidet sechs verschiedene Sorten zu seinem facettenreichen Collio Bianco. Sein Zweitwein ist ein nicht in Eiche ausgebauter Tocai Friulano mit der festen Struktur und den Blumen-Kräuter-Aromen dieser Vorzeigesorte Friauls.

rot, weiß weiß: 2002, 2001, 2000, 1999, 1998, 1997 ★ Collio Tocai Friulano, Collio Bianco

Etikett Girolamo Dorigo

Girolamo Dorigo
F-J-V/Colli Orientali del Friuli
via del Pozzo 5, Buttrio
0432 674268 n. V.

DORIGOS PRODUKTE haben eine frankophile Note: ein Cabernet-Sauvignon-Merlot Montsclapade, ein Ronc di Juri Chardonnay im Burgunderstil und Schaumwein nach traditioneller Methode. Dorigo erzeugt auch den Dessertwein Picolit und den tanninreichen, langlebigen roten Pignolo, die in guten Jahren beide herausragend sein können.

rot, weiß, Schaum- und Dessertwein 2001 (w), 2000, 1999 (r), 1998 (w) ★ Colli Orientali del Friuli: Rosso Montsclapade, Chardonnay Vigneto Ronc di Juri; Dorigo Brut VdT

Kante
F-J-V/Carso

loc Prepotto 3, Duino-Aurisina
040 200255 n. V.

EDI KANTE ist Erzeuger in Carso, der kleinsten DOC von F-J-V. Seine Poduktionsmenge ist winzig, aber das trockene, feuersteinartig-intensive Aroma seiner Weine ist unvergesslich.

JOSKO GRAVNER: ZURÜCK IN DIE ZUKUNFT

Josko Gravner besitzt und betreibt ein kleines Gut im Dorf Oslavia in der DOC Collio. Seine Chardonnays der 1980er-Jahre brachten ihm den Ruf ein, Italiens bester Weißweinerzeuger zu sein. 1997 begann er, mit alternativer Winzerei zu experimentieren. Seine Suche nach *dem* natürlichen Wein führte ihn zu Methoden aus der Antike und der Verwendung von zwei Meter hohen Tongefäßen namens *kvevri*. Nach dem Zerquetschen der Trauben kommen Saft und Schalen in diese Gefäße, die sieben Monate lang zum Gären und Reifen vergraben werden. Der Wein wird dann dreieinhalb Jahre in großen Eichenfässern ausgebaut, bevor man ihn ungefiltert abfüllt. Diese einzigartigen Weine sind trocken, konzentriert und körperreich. Gravners Jahresproduktion von 40 000 Flaschen umfasst einen Roten namens Rujno auf Merlot-Basis, einen weißen Ribolla-Gialla-Sortenwein und einen Pinot-Grigio-Chardonnay-Sauvignon-Verschnitt namens Breg. Nur kleine Mengen werden exportiert.

Falls der Vitovska zu zart oder der Terlano aus Refosco-Trauben zu scharf wirken, probiere man den Sauvignon Blanc oder den würzigen Malvasia.
rot, weiß *weiß: 2001, 2000, 1999, 1998, 1997* ★ *Carso: Malvasia, Vitovska, Sauvignon Blanc*

La Castellada

F-J-V/Collio

fraz Oslavia 1, Gorizia 0481 33670 n. V.

EINIGE DER WICHTIGSTEN Weißweine von F-J-V kommen aus dem Dorf Oslavia – einem der wenigen Orte der Region, wo die seltene Ribolla-Traube ihr volles Potenzial entfaltet und Weine mit Heckenaromen und Zitrusnoten liefert. Die Bensa-Brüder von La Castellada erzeugen einen Ribolla-Sortenwein und verschneiden ihre anderen sechs oder sieben Sorten zu dem soliden Bianco della Castellada.
rot, weiß *2000, 1999, 1998, 1996, 1995* ★ *Collio Bianco della Castellada, Collio Ribolla Gialla*

Le Due Terre

F-J-V/Colli Orientali del Friuli

via Roma 68/B, Prepotto 0432 713189 n. V.

LE DUE TERRE produziert eine winzige Menge Wein von großer Persönlichkeit. In einer Region, die für ihre Weißweine bekannt ist, ist dies eines der wenigen Güter, dessen Spitzenwein rot ist. Sacrisassi Rosso ist ein Verschnitt aus lokalen Sorten und vereint den würzigen Schioppettino-Charakter mit beeriger Refosco-Frucht. Sacrisassi Bianco – ein Weißwein mit dem Körper eines guten Rotweins – besteht aus Tocai Friulano, Ribolla Gialla und Sauvignon Blanc.

Le Due Terre

Stilvolles Kante-Etikett

rot, weiß *2000, 1999, 1998, 1997 (r); 2001 (w)* ★ *Colli Orientali del Friuli: Sacrisassi Bianco, Sacrisassi Rosso*

Le Vigne di Zamò

F-J-V/Colli Orientali del Friuli

via Abate Corrado 4, loc Rosazzo, Manzano 0432 759693 www.levignedizamo.com n. V.

ZAMÒS MODERNE Winzerei wurde Mitte der 1990er-Jahre vom Gut der einstigen Abbazia di Rosazzo auf die gegenüberliegende Straßenseite verlegt. Jetzt, wo die Weingärten voll entwickelt sind, machen Zamòs einfache Tocai-Friulano- und Malvasia-Sortenweine einen sehr guten Eindruck. Die erstklassigen, körperreichen Cinquant'-Anni-Auslesen stammen von winzigen Parzellen 50 Jahre alter Tocai-Friulano- und Merlot-Reben.
rot, weiß, Dessertwein *2001 (w), 2000 (w), 1999* ★ *Colli Orientali del Friuli: Tocai Friulano Vigne Cinquant'-Anni, Pinot Bianco Tullio Zamò, Merlot Vigne Cinquant'Anni*

Lis Neris

F-J-V/Friuli Isonzo & IGT

via Gavinana 5, San Lorenzo Isontino 0481 80105 www.lisneris.it n. V.

DAS LIS-NERIS-GUT wurde in den letzten Jahren ständig vergrößert, aber sein Sortiment hat Inhaber Alvaro Pecorari nach und nach reduziert, um sich auf die Sorten zu konzentrieren, die ihm am wichtigsten sind: Chardonnay, Sauvignon Blanc und Pinot Grigio. Letztere spielt auch eine große Rolle in seinen zwei neuen IGT-Spitzenverschnitten Lis und Confini. Tal Lùc ist einer der besten italienischen Dessertweine, und der hauseigene Rotwein ist auch recht gut.
rot, weiß, Dessertwein *2001 (w), 2000, 1999, 1998 (w), 1996 (w)* ★ *Friuli Isonzo Gris Pinot Grigio, Lis Venezia Giulia Bianco IGT, Tal Lùc Verduzzo Passito VdT*

Livio Felluga

F-J-V/Colli Orientali del Friuli

via Risorgimento 1, fraz Brazzano, Cormons 0481 60203 www.liviofelluga.it n. V.

DIESER FAMILIENBETRIEB, der ausgedehnte Weingärten in mehreren Spitzenlagen der Colli Orientali besitzt, begann seinen Aufstieg Ende der 1990er-Jahre mit der Einstellung des angesehenen toskanischen Winzers Stefano Chioccioli. Achten Sie auf seine neuen Versionen der Felluga-Klassiker Terre Alte (Tocai-Friulano-Sauvignon Blanc-Pinot-Bianco) und Sossò (Merlot-Refosco). Daneben gibt es anspruchsvolle neue Weine wie den in Eiche vergorenen Pinot Bianco Illivio.
rot, weiß, Dessertwein *2001 (w), 2000, 1999, 1997, 1995 (w)* ★ *Colli Orientali del Friuli: Rosazzo Rosso Sossò, Rosazzo Bianco Terre Alte, Bianco Illivio*

Livon
F-J-V/Collio

via Montarezza 33, fraz Dolegnano, San Giovanni al Natisone
0432 757173 www.livon.it
n. V.

FAMILIE LIVON schwimmt bei Weißweinen des mediterranen Typs gegen den derzeitigen Trend in Italien, wenn sie ihrem eigenen, eleganten, leicht eichentönigen Stil treu bleibt – Beispiele dafür sind der preisgekrönte Braide Mate Chardonnay und der trockene, fein-aromatische Braide Alte (Moscato-Sauvignon Blanc-Chardonnay-Picolit). Diese Familie besitzt auch das Collio-Weingut Tenuta Roncalto und produziert die preiswerte Villa-Chiopris-Reihe roter und weißer Alltagsweine.

rot, weiß, Dessertwein 2001 (w), 2000 (r), 1999, 1998 (w), 1997 ★ Collio Braide Mate Chardonnay, Braide Alte VdT, Collio Merlot Tiare Mate

Livon

Miani
F-J-V/Colli Orientali del Friuli

via Peruzzi 10, fraz Vicinale, Buttrio
0432 674327 n. V.

ENZO PONTONI betreibt die absolute Ein-Mann-Winzerei. Seine niedrigen Erträge sind legendär: Er stellt mit 18 ha Weingarten 8000 Flaschen her. Sein schneidiger, fassgereifter Tocai Friulano, der eichentönige Ribolla Gialla und der nach Johannisbeere duftende Merlot von alten Reben haben Gewicht und Konzentration. Lohnend, aber nur schwer erhältlich.

rot, weiß 2001 (w), 2000, 1999, 1998 (w) ★ Colli Orientali del Friuli: Tocai Friulano, Ribolla Gialla, Merlot

Ronco del Gelso
F-J-V/Friuli Isonzo

via Isonzo 117, Cormons
0481 61310 n. V.

GIORGIO BADINS Weine verlangen Geduld. Jung bieten sie eine prächtige Struktur, aber nur einen Hauch Frucht; erst nach einigen Jahren im Keller entwickelt sich ihre wahre Frucht. Alternativ kann man versuchen, den Charakter der jungen Weine durch Dekantieren aufzuschließen. Bei etwas Luftkontakt entfaltet der Tocai Friulano reife Pfirsich-, Wildkräuter-, Fenchel- und Mandelnoten.

rot, weiß 2001 (w), 2000 (w), 1999, 1998 (w) ★ Friuli Isonzo: Pinot Grigio Sot Lis Rivis, Sauvignon, Tocai Friulano

Russiz Superiore
F-V G/Collio

via Russiz 7, Capriva del Friuli
0481 00164 www.marcofelluga.it n. V.

OBWOHL DIE FELLUGA-BRÜDER vor 30 Jahren getrennte Wege gingen, haben beide nach wie vor Einfluss auf die Qualitätsweine von Friaul-Julisch-Venetien. Livio Felluga *(s. S. 233)*, jetzt von Livios Kindern geleitet, bezieht seine Trauben vorwiegend von den Colli Orientali. Marco Felluga dagegen ist in Collio ansässig, auf dem historischen Russiz Superiore-Familiensitz. Alle Trauben dieser kostenintensiven Winzerei gehen in Gutsauslesen wie den saftigen Sortenwein Collio Sauvignon Blanc. Dasselbe Winzerteam produziert aus vorwiegend eingekauften Trauben die Marco Felluga-Reihe, die qualitativ nur knapp hinter den Gutsauslesen rangiert.

rot, weiß 2002 (w), 2001 (w), 2000 (w), 1998 ★ Collio Bianco Disôre, Collio Sauvignon, Collio Rosso Riserva degli Orzoni

Schiopetto
F-J-V/Collio & IGT

via Palazzo Archivescovile 1, Capriva del Friuli 0481 80332
www.schiopetto.it n. V.

DIE TRADITIONELLE RHEINISCHE Flasche mit gestrecktem Hals wird hier nicht mehr verwendet, aber die Weine machen einen besseren Eindruck als je zuvor. Das neue, verschlankte Schiopetto-Sortiment setzt auf klassische Collio-Sortenweine – mandeltönigen Tocai Friulano, saftigen Sauvignon Blanc, orangenblütentönigen Pinot Bianco – sowie den veränderten, leicht eichentönigen Blanc de Rosis aus Tocai Friulano, Pinot Grigio, Sauvignon Blanc, Malvasia Istriana und Ribolla Gialla. Das Glanzstück aber ist

Schiopetto Tocai Friulano-Etikett

der neue Mario Schiopetto Bianco aus einem einzigartigen Chardonnay-Tocai Friulano-Verschnitt. Dieser Wein wurde zu Ehren des im Mai 2003 verstorbenen Mario Schiopetto kreiert, den man zu Recht als Begründer der modernen Vinifikation in Friaul-Julisch-Venetien betrachtet.

rot, weiß weiß: 2002, 2001, 1999, 1998 ★ Mario Schiopetto Bianco Venezia Giulia IGT, Collio Tocai Friulano, Collio Pinot Bianco

Etikett aus Volpe Pasinis Zuc-di-Volpe-Reihe

Vie di Romans
F-J-V/Friuli Isonzo

loc Vie di Romans 1, Mariano del Friuli 0481 69600 www.viediromans.it n. V.

WENN DIE GRÖSSTEN WEINE auch das größte Vergnügen bereiten, gibt es für Gianfranco Gallo nur wenig Konkurrenz. Man muss lediglich der Versuchung widerstehen, sie zu trinken, bevor die Zeit die unter der Oberfläche verborgenen Geschmacksnoten hervorbringen konnte: Nach zwei bis drei Jahren Flaschenausbau sind sie am besten. Gianfranco produziert einen Sauvignon Blanc mit und einen ohne Ausbau im Fass – einer so köstlich wie der andere.

rot, weiß 2001 (w), 2000 (w), 1999 (w), 1998 (w) ★ Friuli Isonzo: Sauvignon Vieris, Chardonnay Vie di Romans, Sauvignon Pière

Villa Russiz
F-J-V/Collio

via Russiz 6, Capriva del Friuli 0481 80047 www.villarussiz.it n. V.

GIANNI MENOTTI produziert körperreiche Weine mit viel Sortencharakter. Er zögerte viele Jahre, Eiche zu verwenden, und erzeugt auch heute nur einen fassvergorenen Weißwein, aber der Chardonnay de la Tour zeigt, dass er die Technik vollkommen beherrscht. Die Spitzenauslese dieses Collio-Guts wurde nach dessen Besitzer im 19. Jh., Comte de la Tour, benannt, der französische Rebsorten in dieser Gegend einführte.

rot, weiß 2002 (w), 2001 (w), 2000, 1999, 1998 (w) ★ Collio: Sauvignon de la Tour, Merlot de la Tour, Chardonnay Gräfin de la Tour

Etikett Villa Russiz Merlot

Vinnaioli Jermann
F-J-V/Colli Orientali del Friuli

via Monte Fortino 21, fraz Villanova, Farra d'Isonzo 0481 888080 www.jermann.it n. V.

SILVIO JERMANNS Aktivitäten in punkto Weinerzeugung sind bis in die 1970er-Jahre zurückzuverfolgen, und von ihm kommen große Weißweine – vom genialen Vintage-Tunina-Verschnitt und dem in Eiche ausgebauten Capo-Martino-Verschnitt bis zu einem stilvollen Chardonnay mit dem rätselhaften Namen Were Dreams. Mit seinem neuen Pignacoluse auf Pignolo-Basis hat er nun sein Ziel erreicht, einen Rotwein desselben Formats zu erzeugen.

rot, weiß 2002 (w), 2001 (w), 2000, 1999 (r), 1997, 1996 ★ Vintage Tunina VdT, Capo Martino in Ruttaris VdT, Pignacoluse Venezia Giulia IGT

Volpe Pasini
F-J-V/Colli Orientali del Friuli

via Cividale 16, fraz Togliano, Torreano di Cividale 0432 715151 www.volpepasini.net n. V.

EMILIO ROTOLO übernahm diese Winzerei Mitte der 1990er-Jahre in heruntergekommenem Zustand und machte daraus in nur drei Jahren einen der Aufsteiger der Region. Die neue, ausgesprochen internationale Zuc-di-Volpe-Produktreihe ist die Arbeit des Merlot-Experten Riccardo Cotarella, einer der begehrtesten beratenden Weinmacher Italiens. Die Rotweine stecken voll samtiger Tannine und beeriger Aromen; die Weißweine bieten Fruchtsalataromen und – im Falle des Pinot Bianco – eine sehr noble Eichennote.

rot, weiß 2002 (w), 2001, 2000, 1999 ★ Colli Orientali del Friuli: Merlot Focus Zuc di Volpe, Pinot Bianco Zuc di Volpe, Pinot Grigio Zuc di Volpe

MITTELITALIEN

DIE VIELGESTALTIGE HÜGELLANDSCHAFT *Mittelitaliens liefert etwa ein Viertel der nationalen Weinproduktion. Die Verbindung aus Terroir, mediterranem Klima und erfahrenen Erzeugern ergibt einige der besten Weine des Landes.*

Die einzelnen Bereiche Mittelitaliens unterscheiden sich hinsichtlich ihrer Geschichte und der Art der Weinerzeugung beträchtlich. Der Toskana, die die meisten DOCs sowie die umfangs- und variantenreichste Weinproduktion besitzt, kommt dabei die Führungsrolle zu: Sie wetteifert mit Piemont um den Titel des landesweit besten Anbaugebiets. Bereits die Etrusker nutzten die Hügel der Zentraltoskana für den Weinbau. Heute verwandeln enorme Investitionen den toskanischen Küstenbereich Maremma in die wachstumsträchtigste Spitzenweinregion.

Weinschenke in einem mittelalterlichen Fresko, Umbrien

Bei anderen Gegenden Mittelitaliens denkt man an Alltagsweine, doch zeichnet sich auch hier ein Wandel ab: Romagna, Le Marche, Latium, Umbrien und Abruzzen verbessern ihre Qualität – eindrucksvolle Weine kleiner Erzeuger spielen hier zunehmend eine Rolle.

Die Weingärten Mittelitaliens umfassen heute über 200 000 ha mit ganz verschiedenen heimischen Rebsorten – in erster Linie Sangiovese und Montepulciano für Rotweine sowie Verdicchio, Trebbiano (hier vor allem Trebbiano Toscano) und Malvasia für Weißweine. Cabernet Sauvignon und Merlot haben in der Toskana einen festen Platz und finden sich jetzt auch in Spitzenweinen anderer Regionen Mittelitaliens.

Traditionelle Abfüllungen aus Mittelitalien wie der gleichbleibend gute Chianti Classico, Sangiovese di Romagna und Rosso Piceno aus Le Marche sind mit am preiswertesten. Auch roter Montepulciano aus den Abruzzen und der derbe umbrische Sagratino entfalten nun ihr Potenzial. Bei den Weißweinen zeichnet sich Verdicchio durch Persönlichkeit und Güte aus – doch nicht alles Lohnende trägt einen DOC-Titel: Immer mehr Erzeuger experimentieren erfolgreich mit französischen Traubensorten, die die regionale IGT-Klassifizierung gestattet.

Weingärten von Marchesi de' Frescobaldi, Toskana

◁ **Haus in Hanglage und Weingärten, Toskana**

WEINKARTE MITTELITALIEN

DER LÄNGLICHE MITTELBEREICH der italienischen Halbinsel umfasst sieben Regionen von der toskanisch-ligurischen Grenze im Nordwesten bis nach Molise im Südosten. Sie werden der Länge nach durch die Bergkette der Apenninen miteinander verbunden und zugleich in der Mitte geteilt. Auf der Adria-Seite erstreckt sich ein fast ununterbrochener Weinbaugürtel parallel zur Küste durch Romagna, Le Marche, Abruzzen und Molise, wo er die Ebenen und zum Gebirge hin ansteigenden Hügel bedeckt. Auf der Westseite der Apenninen liegen die Weinbaugebiete im hügeligen Landesinneren von Toskana *(s.S. 252–267)*, Umbrien und Latium verstreut.

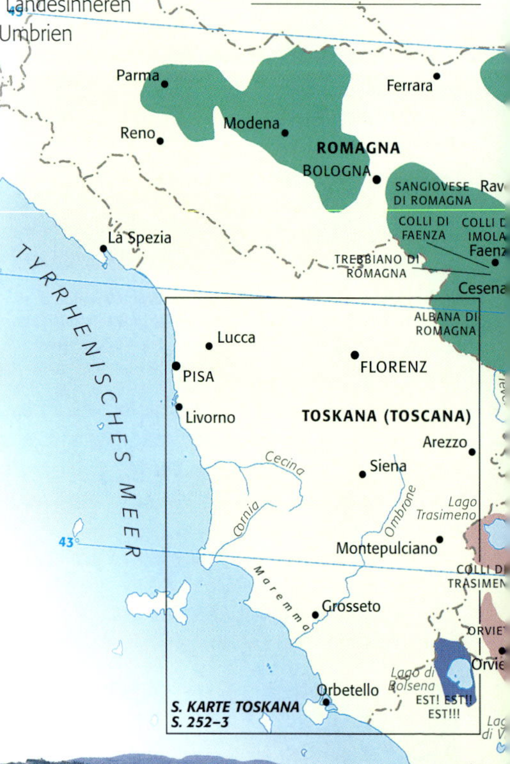

SPITZENWEINE: MITTELITALIEN

- Ⓡ Arnaldo Caprai – Val di Maggio Sagrantino di Montefalco 25 Anni €€€€
- Ⓦ Bucci Verdicchio dei Castelli di Jesi Classico Villa Bucci Riserva €€
- Ⓦ Castello della Sala Cervaro della Sala Bianco dell'Umbria IGT €€
- Ⓡ Falesco Montiano Lazio IGT €€€
- Ⓡ Fattoria Le Terrazze Chaos Marche Rosso IGT €€€
- Ⓓ Fattoria Zerbina Albana di Romagna Passito Scacco Matto €€€
- Ⓡ Lanari Rosso Conero Fibbio €€ (0712 861343)
- Ⓡ Masciarelli Montepulciano d'Abruzzo Villa Gemma €€
- Ⓦ Sartarelli Verdicchio dei Castelli di Jesi Classico Superiore Balciana €€€
- Ⓡ Stefano Berti Sangiovese di Romagna Superiore Calisto €€€
- Ⓦ Valentini Trebbiano d'Abruzzo €€€€
- Ⓦ Villa Simone Frascati Vigneto Filonardi €

Weingärten bei Montefalco, Umbrien

Traubenlese bei Masciarelli, Abruzzen

DAS TERROIR AUF EINEN BLICK

Breite: 41,5–45 °N

Höhe: 0–700 m über NN

Topografie: Mittelitalien reicht von der nordöstlichen Toskana bis zur Küstenebene von Molise. Geländetypen und Höhen variieren stark; die Weingärten liegen in Ebenen und an Gebirgsausläufern.

Boden: Kalkhaltiger Ton im hügeligen Bereich der Adria; stark gemischter, steiniger Mergel in der Zentraltoskana und sandiger Ton in der Maremma. Rote Trauben gedeihen hier am besten, aber der kalkige Ton von Orvieto und der vulkanische Boden von Frascati lassen auch weiße gedeihen.

Klima: Unterschiedlich; im Allgemeinen heiße, trockene Sommer, gefolgt von kalten Wintern. Im Süden mediterranes Klima, im Norden entsprechend kühler.

Temperatur: 24 °C Durchschnittstemperatur im Juli

Niederschlag: 600–900 mm im Jahresdurchschnitt

Wind: Kühle Brisen von der Adriaküste mildern die heißen Sommertemperaturen an der Ostküste.

Gefahren für den Weinbau: Frühlingsfrost; Hagel; Regen während der Erntezeit

Boccadigabbia-Etikett, Le Marche

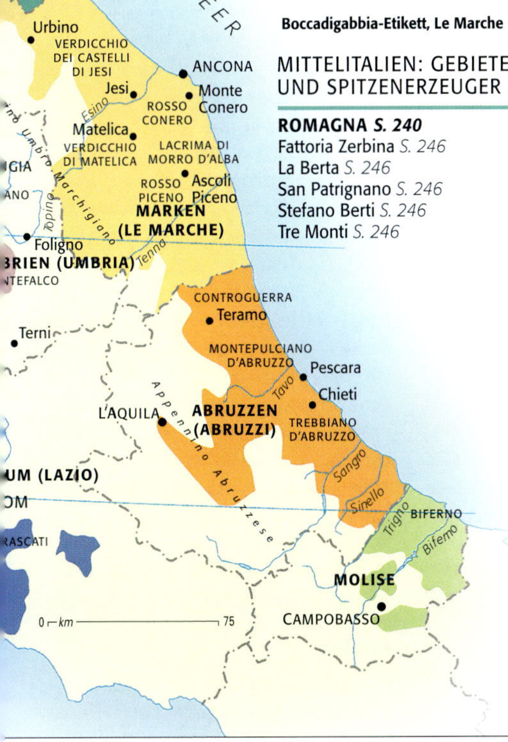

MITTELITALIEN: GEBIETE UND SPITZENERZEUGER

Loreto, von einem Rosso-Piceno-Weingarten aus gesehen

DIE WEINBAUGEBIETE MITTELITALIENS

Romagna

DIE BESTEN ROTEN WIE WEISSEN ROMAGNA-WEINE stammen von den bis zu 350 m hohen Hügeln im Landesinneren. Romagna zeichnet sich durch das am leichtesten zu verstehende DOC-System Italiens aus, und die offiziellen Etiketten teilen das Wichtigste mit: Traubensorte und Region. Dazu kommt noch, dass es nur drei wichtige Traubensorten gibt: Trebbiano (Ugni Blanc), Albana und Sangiovese.

Sangiovese-Trauben

Die erste der drei begegnet uns in der DOC **Trebbiano di Romagna**, die vor allem in den Küstenebenen trockene, eher neutrale Weine erzeugt. Die zweite lieferte als **Albana di Romagna** Italiens ersten weißen DOCG-Wein. Dessen Aufstieg in die höchste offizielle Weinkategorie 1987 wurde mit Skepsis betrachtet. Die Secco-Variante hat etwas Körper, strotzt aber nicht gerade vor Aroma. Der Passito aus getrockneten Trauben dagegen – fein, konzentriert, honigsüß und mit Pfirsich- und Mandelaromen – hat diesem Wein Ansehen verschafft. Das bekannteste Produktionsgebiet liegt bei dem Dorf Bertinoro, wo Kalkböden dem Wein zusätzliches Aroma verleihen. Ein anderer Lokalheld ist der **Sangiovese di Romagna** DOC. Sowohl die Adriaregion wie auch die benachbarte Toskana beanspruchen die Herkunft dieser wichtigsten roten Traube Mittelitaliens für sich; vermutlich hat jede Region eigene Klone entwickelt . Auf dem sandigen Mergel der Hügel oberhalb der Städte Forlì, Faenza und Cesena liefert die Romagna-Traube leuchtend rubinrote Weine mit Veilchenaroma und kräftigen, trockenen Aromen. **Colli d'Imola**, **Colli di Faenza** und **Colli di Rimini** sind kleine, Ende der 1990er-Jahre entstandene DOCs in Hügellage, die den Weinen dieser drei Städte eine eigene Identität geben sollten. Alle erlauben die Verwendung von Chardonnay und Cabernet neben der traditionellen Sangiovese-Traube. Die DOC **Romagna** liefert einfache Alltagsweine; die Superiore-Variante besitzt mehr Frucht und Konzentration, und die Riserva-Variante reift zwei Jahre und hat dann wesentlich weichere Tannine und mehr Beerenaromen als vorher. Viele andere, interessante Weine stehen außerhalb des DOC-Systems. Aus Prestigegründen füllen viele Erzeuger die für DOCs erlaubte Sorte Sangiovese lieber unter den kürzlich entstandenen IGT-Etikettierungen Forlì, Rubicone und Ravenna ab, die man zunehmend auch für andere Sortenweine oder Chardonnay-Sauvignon-Verschnitte nutzt.

sandiger Mergel, fossilienreicher Kalkstein

Sangiovese, Cabernet Sauvignon *Albana, Trebbiano, Chardonnay* *rot, weiß, Dessertwein*

Marken

OBWOHL MAN IN MARKEN früher mit internationalen Traubensorten geliebäugelt hat, ist die Region ihren eigenen Sorten im Wesentlichen treu geblieben. Bei Weißweinen dominiert Verdicchio, eine spezielle Marken-Sorte, die in zwei bestimmten DOC-Zonen wächst. Die Trauben für die DOC-Weine **Verdicchio dei Castelli di Jesi** stammen von den 500 m hohen Hügeln nordöstlich von Ancona. Classico auf dem Etikett bedeutet, dass der Wein aus dem historischen Produktionsbereich um die Stadt Jesi stammt. Superiore-Weine haben 0,5 % mehr Alkohol als Classico, Riserva 0,5 % mehr als Superiore. Mit einer Jahresproduktion von etwa 24 Mio. Flaschen ist Castelli di Jesi die bislang größte DOC der Marken und nach Soave die zweitgrößte Italiens. **Verdicchio di Matelica** wächst in einer viel kleineren DOC-Zone in der Nachbarprovinz Macerata, näher an den Bergen. Die Böden hier sind besonders mineralreich, was, verbunden mit einem kühleren Mesoklima, der Grund für die besonders würzige Intensität der Matelica-Weine sein mag. Der Terroir-Faktor hat jedoch weniger Einfluss als die vielen Vinifikationsverfahren.

Verdicchio ist ein körperreicher Wein mit trockenem, nussigem Aroma. Einfache Varianten reifen nicht in Eiche und sollten jung getrunken werden. Die meisten Erzeuger aber produzieren auch besondere Auslesen, darunter Spätlesen oder fassgereifte, die in manchen Fällen leicht ein Jahrzehnt oder länger lagerfähig sind. Sie besitzen reife Apfel- und Aprikosennoten sowie zahlreiche Wildkräuteraromen von Thymian bis Fenchel und Anis.

Die wichtigste Rotweintraube ist Montepulciano; die Reinform dieser herzhaften, nach Beeren duftenden Sorte kommt aus **Rosso Conero**. Erzeuger dieser kleinen DOC am Rande der Vororte von Ancona verschneiden ihren Montepulciano, der auf den trockenen, kalkigen Böden des Monte Conero wächst, eher nicht. Das Ergebnis ist ein ernst zu nehmender, süffiger Wein mit typischer Brombeermarmeladennote neben einer Spur Veilchen und Rosenblüten. **Rosso Piceno** DOC dagegen wird meist aus einem Montepulciano-Sangiovese-Verschnitt gekeltert, der trockenere Aromen erzeugt – oft mit einem Hauch Kirsche oder Pflaume. In dieser DOC bezeichnet der Begriff Superiore einen Wein aus dem Spitzengebiet um Ascoli Piceno, auf dessen heißen, trockenen Böden die Montepulciano-Rebe gut wächst. Mengenmäßig betrachtet ist Rosso Piceno hier die größte Rotwein-DOC.

Die kleinste DOC ist **Lacrima di Morro d'Alba**. Der Sortenwein aus der gleichnamigen Traube entfaltet ein explosives Gemisch aus Frucht, Gewürz und duftigen Blumenaromen. Am intensivsten zeigt dies der Novello – ein leichter, fruchtiger Wein, der für den sofortigen Konsum im November nach der Ernte auf den Markt kommt. Seine Gesamtproduktion beträgt derzeit 5000–6000 Flaschen, nimmt jedoch zu, da die fast verschwundene Traube seit kurzem wieder angebaut wird. Ein anderer kleiner, aber expandierender Sektor ist Wein aus importierten Trauben, den man als IGT Marche abfüllt. Die zur Zeit hier produzierten Chardonnay, Sauvignon Blanc und Pinot Grigio werden die Verdicchio-Erzeugung zwar nicht bedrohen; Cabernet Sauvignon, Merlot und Syrah könnten die Loyalität der Region zu ihren eigenen Sorten in der Zukunft jedoch ernsthaft auf die Probe stellen.

sandiger Ton, kalkhaltiger Mergel *Montepulciano, Sangiovese, Lacrima di Morro, Cabernet Sauvignon, Merlot* *Verdicchio* *rot, weiß*

Weingarten Verdicchio dei Castelli di Jesi Classico

Toskana

Siehe S. 252–267 .

Umbrien

WEISSER ORVIETO UND IN GERINGEREM Maße auch roter Torgiano begründeten Umbriens Ruf als Weinregion, werden aber seit Mitte der 1990er-Jahre von einer neuen Generation von Spitzenrotweinen aus dem Dorf Montefalco in den Schatten gestellt. Das DOC-System dieser Region ist recht traditionell geblieben, d. h. Erzeuger, die mit alternativen Traubensorten experimentieren möchten, müssen die IGT-Umbrien-Etikettierung verwenden, die hier wie in anderen Teilen Mittelitaliens von Jahr zu Jahr mehr Anhänger und Lob findet. Umbrien umfasst folgende drei Hauptanbaugebiete – neben einigen kleineren, weniger bekannten.

fossilienreicher, kalkhaltiger Ton, sandiger, kalkhaltiger Ton *Sangiovese, Canaiolo, Sagrantino, Gamay, Merlot* *Trebbiano (Procanico), Malvasia, Grechetto, Sauvignon Blanc* *rot, weiß, Dessertwein*

Orvieto

IN DER DOC ORVIETO wird eine örtliche Trebbiano-Unterart in Verbindung mit variablen Anteilen Grechetto, Verdello, Drupeggio (Canaiolo Bianco) und Malvasia verwendet. Grundsätzlich sind die Weine leicht, sehr trocken und leicht mandeltönig. Das ausgedehnte Anbaugebiet setzt sich im benachbarten Latium fort. Man sollte Classico-Weine von den Spitzenlagen der bis zu 500 m hohen Hügel (genau im Süden der sehenswürdigen Domstadt) wählen. Kalkhaltiger, fossilienreicher Ton verleiht hier zusätzlichen Körper und intensive Würze. Ein anderer Vorteil der Classico-Zone ist die im Herbst von den Seen und dem Fluss unterhalb der Stadt aufsteigende Feuchtigkeit. Sie schafft Idealbedingungen für Dessertwein-Spätlesen, die aus denselben Trauben wie die trockenen Weine gekeltert werden. Immer mehr Erzeuger produzieren diesen Weintyp und kehren so zu ihren Wurzeln zurück – früher war Orvieto süß. Die als *dolce* ausgezeichneten Dessertweine gibt es nur in Kleinstmengen, doch man sollte auf sie achten.

DAS TORGIANO-WEINMUSEUM

Das Museo del Vino in Torgiano zeigt seit 1974 eine der größten und vollständigsten Weinartefakt-Sammlungen Europas. Das von dem passionierten Winzer Giorgio Lungarotti *(s. S. 249)* und seiner Frau gegründete Museum erzählt die Weingeschichte anhand von Gegenständen, die in den letzten 2000 Jahren zum Erzeugen, Lagern und Servieren von Wein dienten. Die Ausstellungsstücke reichen von hethitischen Trinkgefäßen des 2. Jt. v. Chr. aus Anatolien und bacchantischen Kelchen aus dem alten Rom bis hin zu raffinierten Landwirtschaftsgeräten, bizarren Haushaltsgeräten und künstlerischen Kuriositäten. Die Zusammenhänge von Traubenanbau und Vinifikation werden erklärt, und ein großer Bereich widmet sich bildlichen Darstellungen der Vergangenheit. Es gibt zudem einen Museumsshop, eine gut sortierte Weinhandlung und ein Restaurant mit heimischer Küche.

W ***www.made-in-italy.com/winefood/wine/museum.htm***

Malerisches Kloster und Weingärten, Orvieto

Torgiano

IN DEM DORF TORGIANO südlich von Perugia produziert man einen DOC-Weißwein aus Trebbiano und Grechetto, einen DOC-Rotwein aus Sangiovese-Canaiolo und – aus denselben Trauben – einen roten Riserva mit DOCG-Status. Die Reben wachsen auf sandigen, kalkhaltigen Böden in 200–300 m Höhe. Weiße wie rote Weine sind trocken und mittelschwer. Der **Torgiano Bianco** DOC-Wein hat Melonen- und Aprikosennoten; der rote **Torgiano Rosso** DOC mit Kirsch- und Veilchenduft sollte jung getrunken werden; **Torgiano (Rosso) Riserva** DOCG dagegen reift drei Jahre in Holz. Er besitzt den typischen Granatton von Riserva auf Sangiovese-Basis, viel Tannin und komplexe, würzigblumige Aromen. Jahrzehntelang füllte Lungarotti als einziger Erzeuger Torgiano-Weine ab; heute stehen mehrere Marken zur Auswahl, aber Lungarotti ist noch immer der Hauptträger dieser DOC.

Montefalco

Nach der Stadt Montefalco werden ein roter DOC-Verschnitt (60–70 % Sangiovese, 10–15 % Sagrantino plus einige andere) und ein DOCG-Sortenwein aus Sagrantino benannt. Die Weingärten liegen an heißen, trockenen Hängen, vorwiegend mit Tonboden und auf derselben Höhe wie Torgiano, nur weiter nördlich. Der erdig-muskulöse Einstiegswein **Montefalco Rosso** DOC wird heute oft durch etwas Merlot etwas weicher gemacht. Es folgt der körperreiche Rosso Riserva, ein Vertreter des original-mittelitalienischen, in Holz gereiften Weintyps – zu einem Bruchteil des Preises entsprechender Toskaner.

Der Star jedoch ist der überaus kraftvolle **Sagrantino di Montefalco** DOCG. Die Traubensorte Sagrantino wächst nur in dieser Gegend Umbriens. Der Legende nach wurde sie von den Franziskanern von Assisi kultiviert (die Alternativschreibung Sacrantino lässt auf einen Altarwein schließen), aber in Schriftzeugnissen lässt sie sich nur bis ins 19. Jh. zurückverfolgen. Traditionell wurde die Traube zur Erzeugung eines (noch existierenden) Passito-Weins getrocknet, der vage an den Recioto di Valpolicella DOC in Nordostitalien erinnert *(s. S. 224)*. Die spezialisierte Produktion eines trockenen Sagrantino begann erst in den 1990er-Jahren richtig – vor allem dank des bahnbrechenden Arnaldo-Caprai-Guts. Er ist ein Wein mit berauschendem Brombeer- und Karamelapfelaroma sowie wuchtigen Tanninen, die erst nach drei bis vier Jahren weicher werden, vor allem seit Spitzenerzeuger ihre Weine komplett mit neuer Eiche behandeln. Die Jahresproduktion von Sagrantino *secco* liegt derzeit unter 500 000 Flaschen, wird sich aber in den kommenden Jahren schnell vervielfachen, da Unternehmen, die sich in die Region eingekauft haben – darunter Cecchi, Antinori, Frescobaldi, Lungarotti und Livon aus Friaul – dann ihre ersten Jahrgänge auf den Markt bringen.

Etikett Castello della Sala, Umbrien

Andere umbrische DOCs

Von dem halben Dutzend weniger bekannter DOCs der Region lohnt es sich, auf die fruchtigen Rotweine der DOC **Colli del Trasimeno** auf Sangiovese-Basis zu achten. An den Hügeln um den Lago Trasimeno werden seit langem die üblicherweise für Beaujolais verwendeten roten Gamay-Trauben angebaut, die in den DOC-Verschnitt eingehen und gelegentlich auch einen Sortenwein liefern.

Andere französische Sorten sind für die an Bedeutung gewinnende IGT-Umbrien-Abfüllung bestimmt; wie bei allen IGTs können sie auf dem Etikett angegeben werden oder nicht. Chardonnay hat hier einige Anhänger, und im Gebiet von Orvieto nutzt man gelegentlich Sauvignon Blanc für Sauternes-artige Süßweine *(s. S. 66)*. Die Szene beherrschen jedoch die berechenbaren Sorten Cabernet Sauvignon und Merlot – in Sortenweinen, Verschnitten im Bordeaux-Stil oder in Verbindung mit der einheimischen Sangiovese-Traube.

Lungarotti-Weingarten, Torgiano

Latium

Beinahe die Hälfte des hier produzierten Weines stammt aus einer hügeligen Gegend namens Castelli Romani südlich von Rom. Wegen des angenehmen Klimas stehen hier seit Jahrhunderten neben vielen Weinreben die Sommerresidenzen römischer Aristokraten (ganz zu schweigen von der des Papstes). Castelli Romani ist ein Weißweingebiet, obwohl sich diese Breitengrade eher für Rotwein eignen. Die Mischung aus feinkörnigen vulkanischen Böden und bis zu 400 m hohen Erhebungen bietet den idealen Lebensraum für die traditionellen weißen Sorten. Führend sind dabei die ergiebigen Trauben Trebbiano und Malvasia – wichtige Frascatizutaten – neben einem kleinen Teil Greco. Das Gebiet der DOC **Frascati** versorgt die Weinstuben und Gaststätten der Ewigen Stadt seit 2000 Jahren mit Alltagswein – leicht, weich und jung zu trinken. Superiore-Weine sind körperreicher, aber haben vor allem den leicht salzigen Mandelabgang, der gutem Frascati einen unverkennbaren Hauch Persönlichkeit verleiht. Das andere alte Weißweingebiet Latiums liegt an der Nordgrenze zu Umbrien; an den vulkanischen Hängen um den See von Bolsena wächst dort dieselbe elementare Traubenmischung aus Trebbiano und Malvasia für die DOC **Est! Est!! Est!!!** *(s. rechts)*. Ihre Ausrufezeichen mögen heute etwas merkwürdig wirken, aber moderne Vinifikationstechnik erzeugt hier einen milden Weißwein mit Pfirsichnoten – ein herrliches Sommergetränk. Wer in dieser Region etwas Gewichtigeres, Prägnanteres sucht, muss Latiums IGT-Weine außerhalb der traditionellen DOCs erkunden. Es gibt eine zunehmende Zahl von Kellereien, deren Ehrgeiz über die hiesigen Trauben hinaus in das Reich von Chardonnay, Viognier, Cabernet Sauvignon, Merlot, Syrah und Petit Verdot reicht. Vor allem aber die Zukunft des Rotweins, der hier nie stark vertreten war, liegt eindeutig im Bereich internationaler Sorten.

Reben an einem Olivenhain, Frascati, Latium

TRINKEN WIE DIE RÖMER

Seit der Antike rühmt sich die italienische Hauptstadt eines blühenden Weinhandels. Weinexport und -konsum der Römer waren beachtlich. Zentrale Bedeutung hatten hierbei Schänken, die Wein von den Hügeln südlich Roms verkauften. Der Begriff *frascati* rührt daher, dass man einen Zweig mit Blättern, *frasca* genannt, an die Gaststättentür hängte, wenn ein neuer Jahrgang fertig war.

Die Tradition der Weinschänke hielt sich bis ins Mittelalter – 1425 zählte man noch 1022 in der Hauptstadt – und ist noch heute lebendig: Die moderne als *osteria*, *vineria* oder *enoteca* bezeichnete Weinstube serviert Weine sowie leichte Gerichte und ist meist einer Weinhandlung angegliedert. Nirgendwo sonst im Land gibt es eine so große Weinauswahl. Zu den besten Adressen Roms gehören:
Cavour 313, via Cavour 313 (06 7685496); Cul de Sac 1, Piazza Pasquino 73 (06 68801094); Semidivino, via Alessandri 230 (06 44250795); Trimani Wine Bar, via Cernaia 37b (06 4469630); Gusto, Piazza Augusto Imperatore 9 (06 3226273); Simposio, Piazza Cavour 16 (06 3211502); Enoteca al Parlamento, via dei Prefetti 15 (06 6873446).

feinkörnig-vulkanisch, Tuffstein-Ton, Kalkstein
Cabernet Sauvignon, Merlot *Trebbiano, Malvasia (Toscana, del Lazio und di Candia)*
rot, weiß

Abruzzen

In den Abruzzen gilt ein regionales Klassifikationssystem, das nicht Subzonen, sondern nur Sorten unterscheidet (seit kurzem mit einer Ausnahme). Da sich die gesamte Produktion um zwei Traubensorten dreht, ist eine Aufstellung der Weine sehr einfach. Die zwei Hauptgruppen sind der rote **Montepulciano d'Abruzzo** DOC und der weiße **Trebbiano d'Abruzzo** DOC. Die einzige derzeitige Ausnahme zu dieser übergreifenden Einteilung ist die neue DOC **Controguerra**. Sie bietet

Masciarelli-Weingärten in den Abruzzen

einer Reihe lokaler und internationaler Sorten Raum, die in einer besonderen Subzone um die gleichnamige Stadt an der Grenze zu den Marken angebaut werden. Um ernsthaft eine Rolle zu spielen, muss die Produktion dieser DOC jedoch noch steigen. Bei Montepulciano-d'Abruzzo-Weinen von den Hügeln um Teramo darf der Herkunftsbereich auf dem Etikett genannt werden (Colline Teramane). Man plant zudem, dieser Abfüllung den DOCG-Status zu verleihen. Die Montepulciano-Traube verdient Aufmerksamkeit: Sie stammt aus den Abruzzen und hat nichts mit der gleichnamigen toskanischen Stadt zu tun. Ihren Wein mit seinem dunklen, würzigen Fruchtcharakter und der milden Säure kann man jung trinken; sie kann aber auch stämmige, kraftvoll-tanninreiche Weine mit hoher Lagerfähigkeit liefern. Aus ihr wird zudem ein köstlicher Rosé mit Erdbeeraroma namens Cerasuolo bereitet – ein ideales Sommergetränk.

Die vor Ort Trebbiano d'Abruzzo (Bombino Bianco) genannte Traube unterscheidet sich von der im übrigen Mittelitalien angebauten Trebbiano Toscano. Sie ergibt meist frische, trockene Weißweine mit grasartigem Aroma, kann aber auch komplexe, körperreiche, leicht in Eiche ausgebaute Weine liefern, die Jahrzehnte überdauern – ein Weg, den nur wenige Erzeuger beschreiten (in erster Linie der legendäre Valentini). Andere Traubensorten haben hier weniger Anhänger als im übrigen Mittelitalien, d. h., nur wenige Erzeuger nutzen die IGT-Abruzzo-Auszeichnung. Chardonnay gedeiht ausgezeichnet in den Abruzzen, aber ein Winzer überlegt gut, bevor er zu einer bereits zu häufig gepflanzten Sorte wechselt.

sandiger Ton, steiniger Ton, Kalkstein *Montepulciano* *Trebbiano d'Abruzzo* *rot, weiß, rosé*

EST! EST!! EST!!!

Die Ausrufezeichen sind Teil dieser Marke und gehen auf einen kaiserlichen Abgesandten des 12. Jh. zurück, der die Weinqualität in den Schenken längs des kaiserlichen Wegs prüfen sollte. Er schrieb »est«, d. h. »hier ist er«, an die Türen derer, die den besten Wein reichten. In seiner Begeisterung für den Wein von Montefiascone (oder weil er bereits alles dreifach sah) schrieb er Est! Est!! Est!!! und gab so dem Wein dieser Gegend seinen Namen.

Molise

MOLISE IST NACH DEM AOSTA-TAL Italiens zweitkleinstes Anbaugebiet. Die Identität seiner Weine ist untrennbar mit dem Haupterzeuger Di Majo Norante verbunden, der die Region im Alleingang populär gemacht hat. Der Anbau konzentriert sich auf die Küstenebene, wo heiße, trockene Sommer Bewässerung erforderlich machen. Die Region hat zwei DOCs: Die Regionen übergreifende DOC **Molise** gestattet etwa ein Dutzend Sorten, am gebräuchlichsten sind dabei Falanghina und Aglianico aus dem benachbarten Kampanien und die kalabrische Greco Bianco. Aglianico ergibt einen dunklen, körperreichen Rotwein mit Schwarzkirsch- und Veilchenaromen. Die zwei anderen Sorten verschneidet Di Majo Norante zu einem pfirsichtönigen Weißen. Die zweite DOC, **Biferno**, beschränkt sich auf die Provinz Campobasso; Hauptsorten sind hier die weiße Trebbiano und die rote Montepulciano d'Abruzzo.

sandiger Ton, Ton, Kalkstein *Montepulciano, Aglianico* *Trebbiano d'Abruzzo, Greco Bianco, Falanghina* *rot, weiß*

DIE SPITZENERZEUGER MITTELITALIENS

Fattoria Zerbina

Romagna/Sangiovese di Romagna, Albana di Romagna & IGT

via Vicchi 11, Marzeno di Faenza 0546 40022 www.zerbina.com n. V.

CRISTINA GEMINIANI begann ein Wirtschaftsstudium, wechselte dann zur Önologie und leitete bereits mit Ende 30 das Weingut ihres Großvaters. Dessen Stärke sind die heimischen Trauben. Man erzeugt Sangiovese vom fruchtigen, nicht in Eiche ausgebauten Ceregio bis zum großartigen Riserva Pietramora aus alten Reben. Scacco Matto mit Honig- und Aprikosennoten ist der führende Dessertwein der Region, Marzieno ein edler Sangiovese-Cabernet-Sauvignon-Verschnitt.

rot, Dessertwein rot: 2001, 2000, 1999, 1998, 1997 ★ Sangiovese di Romagna Superiore Riserva Pietra-mora, Albana di Romagna Passito Scacco Matto, Marzieno Rosso IGT

La Berta

Romagna/Sangiovese di Romagna

via Pideura 48, Brisighella 0546 84998 n. V.

DIESES ALTE FAMILIENUNTERNEHMEN begann Mitte der 1990er mit einer Neubepflanzung, die dem Weinmacher Stefano Chioccioli erstklassiges Rohmaterial liefert. Dunkle Farbe, weiche Tannine und reife Frucht des Ca' di Berta Cabernet-Sauvignon-Sangiovese-Verschnitts zeigen Bordeaux-Einfluss; auch der Sangiovese Riserva Olmatello ist weich, aber seine Aromen haben eher heimischen Charakter.

rot 2001, 1999, 1998 ★ Colli di Faenza Rosso Ca' di Berta, Sangiovese di Romagna Superiore Riserva Olmatello

San Patrignano

Romagna/Sangiovese di Romagna

via San Patrignano 53, Ospedaletto di Coriano 0541 362362 www.sanpatrignano.org n. V.

SAN PATRIGNANO ist eine sich selbst tragende Drogen-Rehabilitationsgemeinde. Die Weinerzeugung unter Spitzenwinzer Riccardo Cotarella ist dabei eine der vielen Aktivitäten zur Finanzierung des Zentrums. Schwerpunkt bilden Rotweine, die Cotarellas Stempel tragen: undurchdringliche Farbe, explosive Frucht und dichte Struktur. Zu den ehrgeizigen Zukunftsplänen gehört die Erweiterung der Weingärten von derzeit 45 ha auf 100 ha.

rot, weiß 2001, 2000, 1999 ★ Sangiovese di Romagna Riserva Avi

Stefano Berti

Romagna/Sangiovese di Romagna

loc Ravaldino, Monte, via la Scagna 18, Forlì 0543 488074 n. V.

MIT 40 IST STEFANO BERTI gerade ein Jahr älter als die Sangiovese-Reben auf seinen 7,5-ha-Boden in Hanglage. Bis 1999 verkaufte er die Trauben an eine Genossenschaft vor Ort; 2000 begann er, im Keller seines Familienguts seinen eigenen Wein zu keltern. Sein erster Sangiovese di Romagna war trotz des fragwürdigen Jahrgangs viel versprechend, und der 2001er war herausragend. Die Spitzenauslese Calisto besitzt enorme Frucht und Substanz, ist aber auch sehr geschmeidig und ausgewogen. Ravaldo ist weniger holzbetont und konzentriert, hat aber dieselben Kirsch- und Trockenblumenaromen wie sein großer Bruder.

rot 2001, 2000 ★ Sangiovese di Romagna: Superiore Calisto, Superiore Ravaldo

Etikett Fattoria Zerbina

Tre Monti

Romagna/Sangiovese di Romagna & Colli d'Imola

via Lola 3, Imola 0542 657116 www.tremonti.it n. V.

TRE MONTI gehört zur wachsenden Zahl von Erzeugern, die für die neue DOC Colli d'Imola eintreten. Sie soll den Weinen von den Hügeln um Imola, die sonst unter die IGT-Kategorie fallen würden, eine Identität geben. Das Gut produziert eine kleine Zahl beachtlicher Chardonnays unter der neuen DOC, aber am interessantesten ist bisher ein körperreicher, würziger Cabernet-Sauvignon-Sangiovese-Verschnitt namens Boldo. Von den traditionelleren Weinen ist der Sangiovese Riserva Thea besonders edel und nuancenreich.

rot, weiß 2000, 1999, 1997 ★ Colli d'Imola Rosso Boldo, Sangiovese di Romagna Superiore Thea

Boccadigabbia

Marken/Rosso Piceno & IGT

contrada Castelletta 56, Civitanova Marche 0733 70728 www.boccadigabbia.com n. V.

DIESES GUT – einst im Besitz von Napoleon III. – hat mit der Spezialisierung auf französische Sortenweine eine Tradition des 19. Jh. wiederbelebt.

Akronte, ein konzentrierter Cabernet Sauvignon, erhält durch zweijährigen Ausbau in neuer Eiche besondere Intensität. Der üppige, würzige Pix ist der erste anspruchsvolle Merlot aus den Marken. Inhaber Elvido Alessandri nutzt auch die heimischen Traubensorten: Saltapicchio ist ein edler Sangiovese mit weichen Fruchtaromen und einer Tiefe und Textur, die man selbst in der Toskana nicht immer findet. Rosso Piceno, das Kerngeschäft, besitzt köstliche trockene Kirschfrucht und viel Körper.

rot 2000, 1998, 1997, 1995 ★ Rosso Piceno; Marche IGT: Akronte, Saltapicchio, Pix

Bucci

Marken/Verdicchio dei Castelli di Jesi

fraz Pongelli, via Cona 30, Ostra Vetere 071 964179 www.villabucci.com n. V.

Ampelio Bucci und sein altgedienter Weinmacher Giorgio Grai nutzen für den Villa Bucci Riserva traditionelle Methoden wie Vergärung bei natürlicher Temperatur oder langen Eichenfassausbau. Die Trauben für diesen legendären Weißwein stammen aus fünf verschiedenen Weingärten; jeder Teil wird vor dem Verschnitt durch Meisterverkoster Grai separat vinifiziert und ausgebaut, damit Gleichgewicht und Komplexität wunschgemäß sind. Der Wein kommt nach drei Jahren auf den Markt und ist dann ausgewogen und aromatisch. Ein typischer Jahrgang besitzt weiche Aprikosenfrucht und eine breite Skala blumiger Nuancen und behält seine Frische in der Flasche über Jahre.

weiß 2000, 1999, 1998, 1997, 1995, 1993 ★ Verdicchio dei Castelli di Jesi Classico Villa Bucci Riserva

Boccadigabbia-Etikett

Fattoria Le Terrazze

Marken/Rosso Conero & IGT

via Musone 4, Numana 071 7390352 n. V.

Die Terni-Familie erzeugt seit 1862 in der DOC Rosso Conero Qualitätsweine. Ihr Spitzenwein ist der Sassi Neri mit Rosso-Conero-Brombeeraromen und einem Hauch Leder im Hintergrund. Chaos ist die neue IGT-Kreation von Antonio Terni und seinem Berater Attilio Pagli. Dieser Wein aus Montepulciano, Merlot und Syrah ist dunkel wie Tinte und von fast übertriebener Weichheit und Fruchtkonzentration.

rot 2001, 2000, 1998, 1997 ★ Rosso Conero Sassi Neri, Chaos Marche Rosso IGT

Garofoli Gioacchino

Marken/Verdicchio dei Castelli di Jesi & Rosso Conero

via Arno 9, Loreto 071 7820163 www.garofolivini.it n. V.

Garofoli produziert über 2 Mio. Flaschen pro Jahr. Das Gut ist für seinen Verdicchio bekannt, von dem Carlo Garofoli fünf typische Varianten erzeugt. Der Classico Superiore Podium entfaltet Nektarinen- und Akazienaromen und ist weich und rund am Gaumen. Der Riserva Serra Fiorese kommt nach einem Jahr Fassausbau auf den Markt, wenn er eine honigtönige Nase und einen langen, mineralischen Geschmack entwickelt hat. Man achte auch auf den muskulösen Rosso Conero Agontano.

rot, weiß, Schaum- und Dessertwein 2001 (w), 2000, 1999, 1998, 1997 ★ Rosso Conero Riserva Grosso Agontano; Verdicchio dei Castelli di Jesi: Classico Superiore Podium, Riserva Serra Fiorese

La Monacesca

Marken/Verdicchio di Matelica

contrada Monacesca, Matelica 0733 812602 n. V.

Dieser Familienbetrieb produziert Terroir-betonte Weine, die die würzige Art der DOC Matelica akzentuieren, aber durch den ausschließlichen Ausbau in Edelstahltanks den Sortencharakter der Verdicchio-Traube bewahren. Der einfache DOC-Wein zeigt blumige Aromen und einen langen, trockenen Abgang. Spitzenwein Mirum Riserva stammt von 30-jährigen Reben und kommt zwei Jahre nach der Ernte auf den Markt. Genießen Sie den vollen, Geschmack sowie süße Anis-, Aprikosen- und Haselnussaromen.

weiß 2002, 2001, 2000, 1999, 1998 ★ Verdicchio di Matelica: La Monacesca, Mirum Riserva

Garofoli-Gioacchino-Weingärten

Etikett Arnaldo Caprai

Monte Schiavo – La Vite
Marken/Verdicchio dei Castelli di Jesi & Rosso Conero

Fraz Monteschiavo, via Vivaio, Maiolati Spontini 0731 700385 www.monteschiavo.it n. V.

PIERALISI, eine der größten Landwirtschaftsmaschinenfirmen Italiens, kaufte diese ehemalige Genossenschaft 1994. Monte Schiavo deckt alle DOCs der Region ab, doch Verdicchio ist tonangebend. Die Einstiegsmarke Coste del Molino ist ihr Geld absolut wert; der fassgereifte Riserva Giuncare, die erstklassige Spätlese Pallio di San Floriano und der neue Navito dagegen kommen für die Spitzenplätze der DOC Castelli di Jesi in Frage. Auch die eichentönige Auslese Rosso Conero Adeodato und den innovativen IGT-Verschnitt Esio im Bordeaux-Stil sollte man probieren.

rot, weiß 2002 (w), 2001, 2000 (r) ★ Verdicchio dei Castelli di Jesi: Coste del Molino, Classico Superiore Pallio di San Floriano; Rosso Conero Adeodato

Saladini Pilastri
Marken/Rosso Piceno

via Saladini 5, Spinetoli 0736 899534 n. V.

SALADINI PILASTRIS MISSION ist es, aus dem rustikalen, preiswerten Rosso Piceno ohne Umwege einen Spitzenwein zu machen. An Ressourcen mangelt es nicht, da das 120-ha-Gut ausgezeichnete Lagen an den Hügeln südlich von Ascoli Piceno besitzt. Die Spitzenauslese Vigna Monteprandone gibt es seit Ende der 1990er; sie benötigte einige Jahre, aber der exzellente Jahrgang 2000 war genau richtig. Ihr Kollege Montetinello liegt qualitativ dicht dahinter. Von den jüngeren Rotweinen bietet der erstaunlich gute Rosso Piceno eines der besten Preis-Leistungs-Verhältnisse in Italien.

rot 2001 (r), 2000, 1999, 1998 ★ Rosso Piceno, Rosso Piceno Superiore Montetinello, Rosso Piceno Superiore Vigna Monteprandone

Sartarelli
Marken/Verdicchio dei Castelli di Jesi

contrada Costa del Molino, Poggio San Marcello 0731 89732 www.sartarelli.it n. V.

SARTARELLIS SPEZIALITÄT ist die Spätlese Verdicchio Contrada Balciana. Die Grundidee bei diesem einzigartigen Wein war, die Trauben erst im November zu pflücken – wenn sie eine normalerweise nur für Dessertweine genutzte Überreife aufweisen – und trocken so zu vinifizieren, dass ihre enorme Aromakonzentration eingefangen wird (ohne Einfluss von Eichenausbau). Dies ergibt einen außergewöhnlichen Wein, der aus Verdicchio etwas ganz Neues macht. Seine Aromen wechseln von Pfirsich-Mango zu Wildkräutern und Gewürzen und weiter zu Pilz- und Unterholznoten. Der Körper strotzt vor Aromen, der Abgang ist fast unendlich.

weiß 1999, 1998, 1997, 1995 ★ Verdicchio dei Castelli di Jesi Classico Superiore: Tralivio, Balciana

Umani Ronchi
Marken/Verdicchio dei Castelli di Jesi, Rosso Conero & IGT

SS 16, km 310+400, Osimo 071 7108019 www.umanironchi.it

UMANI RONCHI ist der größte Rosso-Conero-Einzelerzeuger. Seine Weine reichen vom nicht in Eiche ausgebauten Serrano über den preiswerten San Lorenzo bis zur Spitzenauslese Cùmaro. Jeder davon ist sein Geld wert und gut trinkbar. Die Verdicchio-Produktion des Unternehmens ist ebenfalls dreistufig gegliedert. Um zu zeigen, dass man auch in der Luxusklasse mitspielen kann, brachte man 1995 einen Cabernet-Sauvignon-Montepulciano-Merlot-Verschnitt namens Pelago heraus, der sofort den Londoner International Wine Challenge gewann.

rot, weiß 2002 (w), 2000 (r), 1999 (r), 1998 (r) ★ Rosso Conero Cùmaro, Verdicchio dei Castelli di Jesi Classico Superiore Casal di Serra, Pelago Marche Rosso IGT

Arnaldo Caprai – Val di Maggio
Umbrien/Montefalco Rosso, Sagranto di Montefalvo & IGT

loc Torre Montefalco 0743 378 802 www.arnaldocaprai.it n. V.

CAPRAI GLAUBTE als Erster an die Sagrantino-Traube und widmete ihr ein ganzes Programm inklusive Klonauswahl und Neubepflanzung (mit 30 ha ist er der größte Anbauer dieser Sorte in der DOCG). Diese Investition zahlt sich nun aus. Der beratende Weinmacher Attilio Pagli gebührt Anerkennung für die Nutzung Sagrantinos unnachgiebiger Tannine und die Entwicklung des komplexen Fruchtcharakters, der diesen Erzeuger auszeichnet. Die Spitzenmarke Sagrantino 25 Anni ist ungeheuer, aber auch Collepiano und der stark verbesserte Montefalco Rosso Riserva folgen dicht dahinter. Vor einiger Zeit ist ein enorm strukturierter Merlot-Cabernet-Sauvignon-Verschnitt namens Outsider auf den Markt gekommen.

rot 2000, 1999, 1998, 1997, 1995 ★ Montefalco Rosso Riserva; Outsider Umbria Rosso IGT; Sagrantino di Montefalco: Collepiano, 25 Anni

Castello della Sala
Umbrien/Orvieto & IGT

Castello della Sala, Ficulle 0763 86051 www.antinori.it

Alle Produkte dieses 160-ha-Guts im Besitz von Antinori sind makellos, aber der IGT Cervaro della Sala ist der Star. Dieser geniale Verschnitt aus in Eiche ausgebautem Chardonnay und Grechetto gehört zu den zehn weißen Spitzenweinen des Landes. Es gibt ihn seit Mitte der 1980er, aber kein italienischer Erzeuger ist an diesen einzigartigen Stil herangekommen. Cervaro ist von überbordender Frucht und Energie und kann zwei Jahre nach der Ernte genossen werden, muss aber auch

Palazzone-Etikett

das Alter nicht fürchten. Der süße Muffato della Sala (ein Sauvignon Blanc-Grechetto-Gewürztraminer-Riesling-Verschnitt) ist weniger beständig, z. T. aber ebenfalls großartig.

rot, weiß, Dessertwein weiß: 2001, 2000, 1999, 1998, 1997 ★ Cervaro della Sala Bianco dell'Umbria IGT, Muffato della Sala Umbria Bianco Passito IGT

Lungarotti
Umbrien/Torgiano & IGT

via Mario Angeloni 16, Torgiano 075 988661 www.lungarotti.it n. V.

Als Pionier der 1960er- und 1970er-Jahre pflanzte Giorgio Lungarotti als erster umbrischer Erzeuger Cabernet Sauvignon und verwendete Fässer für Weißwein. Jahrzehntelang füllte er als Einziger den Chianti-artigen Torgiano DOC ab, und sein Rubesco trug maßgeblich zur Popularität umbrischen Rotweins bei. Der Riserva Vigna Monticchio, der erst bis zu zehn Jahre nach der Ernte auf den Markt kommt, gehört noch zum Erbe Lungarottis; der in Eiche ausgebaute Aurente Chardonnay und der rote IGT-Verschnitt (Cabernet-Sangiovese-Canaiolo-Montepulciano) Giubilante repräsentieren hier die neue Weingeneration.

rot, weiß rot: 2000, 1999, 1997, 1995; weiß: 2000 ★ Aurente Chardonnay dell'Umbria IGT, Giubilante Rosso dell'Umbria IGT, Torgiano Rosso Riserva Rubesco Vigna Monticchio

Palazzone
Umbrien/Orvieto & IGT

loc Rocca Ripesena 68, Orvieto 0763 344921 www.palazzone.it n. V.

Palazzone ist sehr innovativ, aber setzt sich auch für traditionelle, heimische Trauben ein: Einerseits gibt es von ihm Miniproduktionen wie einen prämierten Cabernet-Sauvignon-Cabernet-Franc-Verschnitt namens Armaleo, einen jungen, fruchtigen Viognier und eine Sauvignon-Blanc-Spätlese; andererseits den Orvieto Classico Campo del Guardiano, der in seiner Kategorie oft der Beste ist und die weitgehend unbeachtete Möglichkeit des Flaschenausbaus heimischer Weißweine nutzt. Nach 16 Monaten im Keller kommt er voll Wildblumen- und Kräuteraromen und mit ausbalanciertem Gaumen auf den Markt. Muffa Nobile ist ein saftiger Sauvignon-Blanc-Dessertwein mit Honig- und Sultaninenaroma.

rot, weiß, Dessertwein 2002 (w), 2001 (w), 2000 (r), 1999 (w) ★ Orvieto Classico Campo del Guardiano, Muffa Nobile Umbria IGT, Armaleo Umbria IGT

AUFSTEIGER AUS UMBRIEN

Neben der recht kurzen Liste international bekannter umbrischer Kellereien gibt es noch viel mehr ausgezeichnete Erzeuger, deren Durchbruch unmittelbar bevorsteht. Die Mehrheit von ihnen arbeitet mit Sorten, die das DOC-System nicht gestattet, weshalb sie die IGT-Umbriea-Etikettierung verwenden. Am interessantesten sind dabei die aus Merlot gekelterten Rotweine: *Cantina Monrubio, Palaia (0763 626064); I Girasoli di Sant'Andrea, Il Doge (0759 410798); Castello delle Regine, Merlot (www.castellodelleregine.com; rechts); Sportoletti, Villa Fedelia (www.sportoletti.com); La Fiorita Lamborghini, Campoleone (0758 350029); Poggio Bertaio, Crovello (0759 56791)*

Etikett Castel de Paolis

Castel de Paolis
Latium/Frascati & IGT

via Val de Paolis 41, Grottaferrata 06 9413648 www.casteldepaolis.it n. V.

CASTEL DE PAOLIS zeichnet sich durch innovative Verschnitte, niedrige Erträge und hohe Preise aus. Der einfache Frascati ist der körperreichste von den erhältlichen DOC-Weinen. Der superreife Vigna Adriana aus einem exotischen Verschnitt aus Malvasia del Lazio, Viognier und Sauvignon Blanc besitzt auch starke 14 % Alkohol. I Quattro Mori ist ein reifer, pfeffriger Verschnitt aus Syrah, Merlot, Cabernet Sauvignon und Petit Verdot.

rot, weiß 2002 (w), 2001 (r), 2000 (r), 1999 (r) ★ Frascati Superiore, Vigna Adriana Lazio Bianco IGT, I Quattro Mori Lazio Rosso IGT

Di Mauro Paola – Colle Picchioni
Latium/IGT

loc Frattocchie, via di Colle Picchione 46, Marino 06 93546329 www.collepicchioni.it n. V.

DIE FAMILIE DI PAOLO übernahm beim Kauf dieses Guts in den 1970er-Jahren bordeleser Rebsorten. Damals war Rotweinproduktion in den Castelli Romani etwas Ungewöhnliches, aber mit dem Vigna-del-Vassallo-Verschnitt aus Merlot, Cabernet Sauvignon und Cabernet Franc hat sich das geändert. Diesem roten Spitzen-IGT gelang 1996 mit der Einstellung von Riccardo Cotarella der Durchbruch – komplexe Beerenfrucht, Gewürzaromen und üppige Textur. Auch Le Vignole ist gut: ein Malvasia-Trebbiano-Sauvignon-Blanc-Verschnitt mit Tropenfruchtaromen.

rot, weiß 2000 (r), 2001, 1999 (r) ★ Le Vignole Lazio Bianco IGT, Colle Picchioni Vigna del Vassallo Lazio Rosso IGT

Falesco
Latium/Est! Est!! Est!!! & IGT

zona Artigianale Le Guardie, Montefiascone 0761 834011 n. V.

DER BERATENDE WEINMACHER Riccardo Cotarella betreibt diese Kellerei mit Bruder Renzo, Antinoris Generaldirektor. Riccardo ist Italiens bester Experte für Merlot, den er auch für seinen Spitzenwein Montiano verwendet. Er entfaltet Frucht- und Gewürzaroma, begleitet von Kakao- und Röstkaffeenoten neuer Eiche. Seine Struktur ist dicht, sahnig und vielschichtig, der fruchtige Abgang lang und süß. Est! Est!! Est!!! Poggio dei Gelsi ist ein munterer Weißwein mit Zitronat- und Zitrusaromen.

rot, weiß rot: 2001, 2000 1999, 1998, 1997, 1996; weiß: letzte Jahrg. ★ Est! Est!! Est!!! di Montefiascone Poggio dei Gelsi, Montiano Lazio IGT, Vitiano Umbria Rosso IGT

Fontana Candida
Latium/Frascati & IGT

via Fontana Candida 11, Monteporzio Catone 06 9420066 www.fontanacandida.com n. V.

WIE ALLE KELLEREIEN der Gruppo Italiano Vini (GIV) wird auch Fontana Candida von Önologen betrieben. Direktor und Winzer Francesco Bardi vertritt einen sehr praktischen Ansatz. Er ist ein großer Fan der Malvasia-del-Lazio-Traube, die viel weniger als andere, produktivere Malvasia-Unterarten in Castelli Romani genutzt wird, seinem Frascati aber die typische Rundheit und das leicht duftende Fruchtaroma gibt. Der Sortenwein Terre dei Grifi Malvasia bietet den vollen Geschmack.

weiß letzte Jahrg. ★ Frascati Superiore Terre dei Grifi, Terre dei Grifi Malvasia del Lazio IGT

Villa Simone
Latium/Frascati

via Frascati Colonna 29, Monteporzio Catone 06 9449717 www.enotecacostantini.com n. V.

TYPISCH FÜR DEN WEINTYP von Villa Simone sind frische, intensive Aromen – in Folge der frühen Lese und sorgfältig kontrollierten Vinifikation. Winzer Lorenzo Costantini ist begeistert vom Potenzial der heimischen Ottonese-Traube, die er vor der Vergessenheit bewahrt hat und jetzt neu pflanzen lässt. Neben einem leckeren, einfachen Frascati erzeugt Villa Simone zwei Einzellagen-Auslesen: Filonardi hat viel Struktur, und Villa dei Preti ist ein köstlich-intensiver, trockener Weißwein, den man am besten zu Fisch trinkt.

weiß letzte Jahrg. ★ Frascati Vigneto Filonardi, Frascati Superiore Villa dei Preti

Fattoria La Valentina
Abruzzen/Montepulciano d'Abruzzo & Trebbiano d'Abruzzo

via Colle Cesi 10, Spoltore 085 4478158 www.fattorialavalentina.it n. V.

DIESE KELLEREI hat sich in den letzten fünf Jahren schnell vergrößert. La Valentina produziert nur heimische Sorten, darunter ein Trebbiano und ein Montepulciano – preiswert und für den Alltagsgebrauch gedacht. Seit den späten

1990ern, als der Weinmacher Luca d'Attoma begann, hier die Vinifikation zu überwachen, gab es eine Reihe gewichtiger Sonderauslesen – zuerst den Einzellagenwein Spelt, dann Binomio und zuletzt Bellovedere. Sie alle besitzen Kraft und gehaltvolle Aromen, die der Flaschenausbau verfeinern wird.

rot, weiß 2000 (r), 1999, 1998, 1997 ★ Montepulciano d'Abruzzo: Binomio, Spelt, Bellovedere; Trebbiano d'Abruzzo

Illuminati Dino

Abruzzen/Montepulciano d'Abruzzo & Controguerra

contrada San Biagio 18, Controguerra 0861 808008 www.illuminativini.it n. V.

ILLUMINATI VERPFLICHTETE sich der neuen DOC Controguerra bei deren Gründung 1996 als erste Kellerei und blieb auch ihr Hauptvertreter. Ihr roter Controguerra ist ein beeindruckender Riserva-Verschnitt namens Lumen aus Montepulciano und Cabernet, der sich durch pflaumige Aromen und eine hervorragende Alterserwartung hervortut. Ciafrè, seine saftige, weiße Entsprechung, besteht aus einer komplexen Mischung heimischer Traubensorten.

rot, weiß 2002 (w), 1999, 1998, 1997 ★ Montepulciano d'Abruzzo Colline Teramane Zanna, Controguerra: Rosso Riserva Lumen, Bianco Ciafrè

Masciarelli

Abruzzen/Montepulciano d'Abruzzo, Trebbiano d'Abruzzo & IGT

via Gamberale 1, San Martino sulla Marrucina 0871 85241 www.masciarelli.it n. V.

GIANNI MASCIARELLI begann Anfang der 1980er, auf seinem Familienbesitz Wein abzufüllen. Von dessen Erfolg beflügelt, verbesserte er die Wein-

Illuminati Dino

gärten durch dichte Bepflanzung und begann, in neue Barriques zu investieren. Der fassvergorene Chardonnay bezieht seine fruchtige Intensität von den kalkhaltigen Böden. Der zweite Spitzenweißwein besitzt eine bei Trebbiano seltene, vollmundige Fruchtreife. Der mehrfach preisgekrönte Montepulciano Villa Gemma bietet Wildfrüchte, Gewürz, Lakritz und raffiniert-toastige Eiche.

rot, weiß 2000, 1999 (r), 1998 (r), 1997 (r) ★ Chardonnay Marina Cvetic VdT, Trebbiano d'Abruzzo Marina Cvetic, Montepulciano d'Abruzzo Villa Gemma

Valentini

Abruzzen/Montepulciano d'Abruzzo & Trebbiano d'Abruzzo

via del Baio 2, Loreto Aprutino 085 8291138

DER LEGENDÄRE RUF dieser Weine beruht teils darauf, dass sie so großartig sind, teils aber auch auf dem sie umgebenden Mysterium. Edoardo Valentinis Winzerphilosophie wirkt seltsam und geheimnisvoll, und seine Methode bleibt weitgehend im Dunkeln. Sicher ist nur, dass er in alten Fässern traditioneller Größe ohne Temperaturkontrolle vinifiziert und sein Produkt weder klärt noch filtert. Diese Weine sind von einzigartiger Länge, Komplexität und Intensität.

rot, weiß 2000 (w), 1999 (w), 1998 (r), 1997 (r), 1995 (r) ★ Montepulciano d'Abruzzo, Trebbiano d'Abruzzo

Di Majo Norante

Molise/Biferno, Molise & IGT

contrada Ramitelli 4, Campomarino 0875 57208 www.dimajonorante.com n. V.

LANGE ZEIT WAR DI MAJO Norante der einzige in italienischen Weinführern erwähnte Erzeuger aus Molise; der beste ist er zweifellos. Seine große, preiswerte Produktpalette (900 000 Flaschen pro Jahr) ist heimischen Trauben verpflichtet: Falanghina und Greco bei Weißweinen, Montepulciano und Aglianico bei Roten. Seit Riccardo Cotarella 2000 als Weinmacher hinzugezogen wurde, haben die Weine an Frucht und Körper gewonnen. An der Spitze stehen der muskulöse Montepulciano Don Luigi, der Aglianico Contado und der in Eiche ausgebaute weiße Biblos. Auch den klassisch-trockenen, nach Beeren duftenden Ramitello sollte man verkosten.

rot, weiß, Dessertwein 2001, 2000, 1999 ★ Biblos Terra degli Osci Bianco IGT Molise, Biferno Rosso Ramitello, Molise Montepulciano Don Luigi

Masciarelli-Weingärten

WEINKARTE TOSKANA

Die Toskana teilt sich in zwei Hauptgebiete: die Küstenzone am Tyrrhenischen Meer – von Livorno über Grosseto bis an die Provinzgrenze zu Latium – und das hügelige Landesinnere der Provinzen Florenz und Siena. Die meisten Weingärten der Provinzen Pisa und Lucca liegen im Landesinneren, doch wegen des warmen, maritimen Klimas ähneln ihre Weine denen der Küste. Die beiden Hauptgebiete sind in DOC-Zonen mit jeweils eigenen Produktionsnormen und festgelegten Traubensorten aufgeteilt. Erzeuger, die am DOC-System nicht teilnehmen, verwenden eine alternative IGT-Etikettierung.

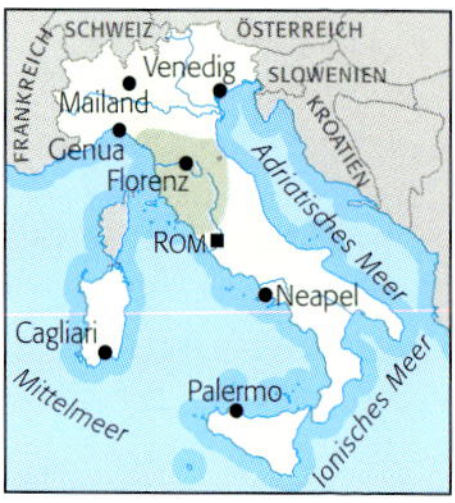

Chianti-Classico-Weingärten in Hanglage

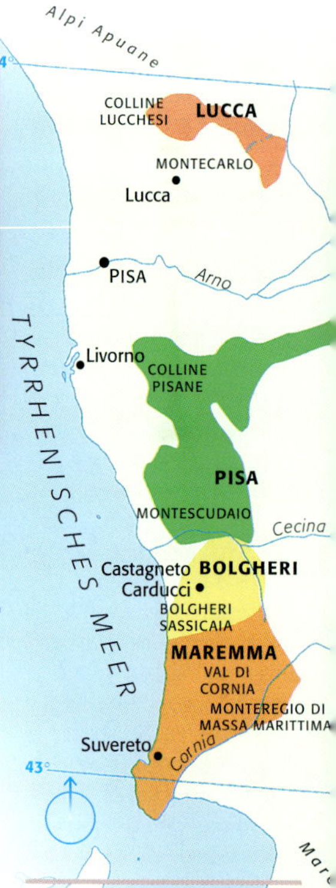

DIE KÜSTE: GEBIETE UND SPITZENERZEUGER

LUCCA *S. 254*

PISA *S. 254*
Castello del Terriccio *S. 260*
Tenuta di Ghizzano *S. 260*

BOLGHERI *S. 254*
Le Macchiole *S. 260*
Michele Satta *S. 260*
Tenuta dell'Ornellaia *S. 261*
Tenuta Guado al Tasso *S. 261*

MAREMMA *S. 255*
Gualdo del Re *S. 261*
Le Pupille *S. 261*
Montepeloso *S. 262*
Moris Farms *S. 262*
Poggio Argentiera *S. 262*
Russo *S. 262*
Tua Rita *S. 262*

DAS LANDESINNERE

CARMIGNANO *S. 256*
Tenuta di Capezzana *S. 263*

CHIANTI CLASSICO *S. 256*
Castello di Brolio-Ricasoli *S. 263*
Castello di Fonterutoli *S. 263*
Fattoria di Felsina *S. 263*
Fattoria Isole & Olena *S. 263*
Fontodi *S. 264*
La Massa *S. 264*
Marchesi Antinori *S. 265*
Riecine *S. 264*
Rocca di Montegrossi *S. 264*

CHIANTI *S. 256*
Marchesi de' Frescobaldi *S. 266*

VERNACCIA DI SAN GIMIGNANO *S. 257*
Montenidoli *S. 266*

BRUNELLO DI MONTALCINO *S. 257*
Biondi Santi (Greppo) *S. 266*
La Cerbaiola-Salvioni *S. 266*
Pieve di Santa Restituta *S. 267*
Siro Pacenti *S. 267*
Tenute Silvio Nardi *S. 267*

VINO NOBILE DI MONTEPULCIANO *S. 257*
Poliziano *S. 267*
Tenuta Valdipiatta *S. 267*

Trocknende Trauben, Rocca di Montegrossi, Chianti Classico

DAS TERROIR AUF EINEN BLICK

Breite: 42,5–44 °N

Höhe: 100–500 m über NN

Topografie: Das Gebiet besteht zu einem Fünftel aus Bergen und zwei Dritteln aus Hügeln. Weingärten in höherer Lage teilen den Boden mit Wald und Olivenhainen. Offenes Flachland und sanfte Hügel zur Küste hin eignen sich für intensiveren Weinbau.

Boden: Grundsätzlicher Bodentyp ist sandiger, kalkhaltiger Mergel; variable Ton-, Stein- und Mineralienmischungen beeinflussen den Weinbau stark. Die besten Böden enthalten blättrig gepressten Ton (*galestro*) und/oder ockerfarbenen, kalkhaltigen Fels (*albarese*).

Klima: An den Hügeln ist der Sommer heiß und trocken, der Herbst aber unberechenbar; während der Ernte kann es regnen. Im warmen, trockenen Küstenklima ist die Ernte meist unproblematisch.

Temperatur: 24 °C Durchschnittstemperatur im Juli

Niederschlag: 690 mm (Küste) und 850 mm (Hügel) im Jahresdurchschnitt

Gefahren für den Weinbau: Frühlingsfrost; Herbstregen in den Hügeln im Landesinneren

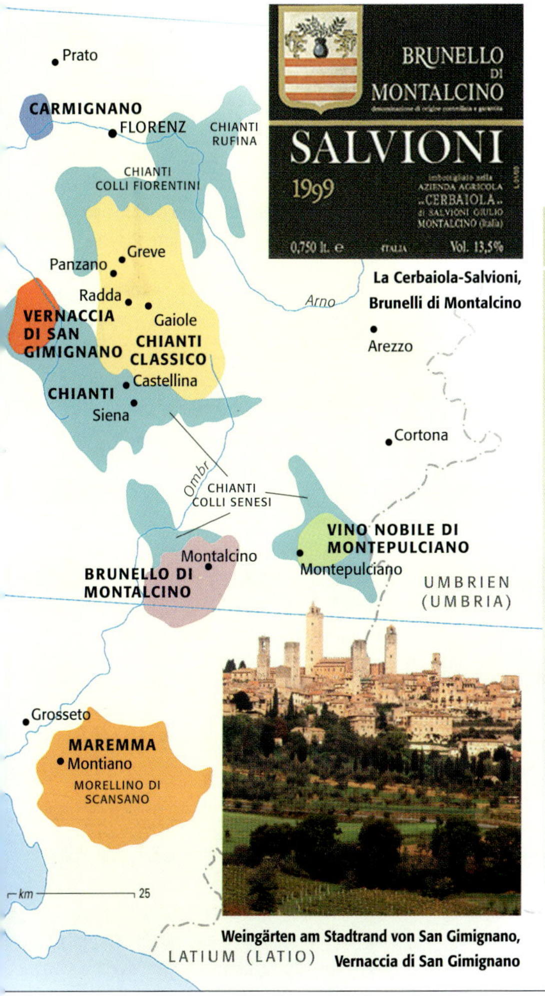

La Cerbaiola-Salvioni, Brunelli di Montalcino

Weingärten am Stadtrand von San Gimignano, Vernaccia di San Gimignano

SPITZENWEINE : TOSKANA

D Avignonesi Vin Santo €€€€ (www.avignonesi.it)

R Castello di Fonterutoli Siepi Toscana IGT €€€€

R Fattoria di Felsina Chianti Classico Riserva Rancia €€

R Fattoria Isole & Olena Chianti Classico Riserva €€

R La Cerbaiola-Salvioni Brunello di Montalcino €€€€

R Le Pupille Saffredi Maremma Toscana IGT €€€

R Marchesi Antinori Solaia Rosso Toscana IGT €€€€

R Poliziano Vino Nobile di Montepulciano Riserva Asinone €€€

R Riecine Chianti Classico Riserva €€€

R Siro Pacenti Brunello di Montalcino €€€€

R Tenuta dell'Ornellaia Masseto Toscana IGT €€€€

R Tenuta San Guido Bolgheri Sassicaia €€€€ (www.sassicaia.com)

Weingarten Tenuta dell'Ornellaia in Bolgheri

DIE WEINBAUGEBIETE DER TOSKANA

DIE KÜSTE

DIE TOSKANISCHE KÜSTE ist das wachstumsintensivste italienische Weinbaugebiet. Unter Führung der aristokratischen Elitegüter von Bolgheri und kleiner Kellereien in der Maremma flossen in den letzten Jahren Investitionen in das Küstengebiet von Livorno und Grosseto, was auch für die früher nur wenig bekannten Gegenden um Pisa und Lucca von Vorteil ist. Wir sind hier in einer Rotweingegend; in den älteren DOCs wie Morellino di Scansano finden sich Sangiovese-Reben, aber den Schwerpunkt bilden internationale Sorten wie Cabernet Sauvignon, Merlot und Syrah. Die Namen der Güter sagen hier mehr über Weintyp und -qualität als die neuen, kaum bekannten DOCs.

Weinrebenblatt

Lucca

DIE HÜGEL IM NORDEN und Nordosten der typisch toskanischen Stadt Lucca liefern kleine Mengen eines köstlich-süffigen und recht ursprünglichen Weins. Sandböden verleihen Weiß- wie Rotwein einen leichten bis mittelschweren Körper, milde Säure und saftige Frucht. **Colline Lucchesi** ist die Haupt-DOC für Rotwein auf Sangiovese-Basis. Die interessantesten Weine dieser Abfüllung stammen vom aufstrebenden Tenuta-di-Valgiana-Gut. **Montecarlo** DOC ist ein Weißwein mit gutem Körper und mild-nussigem Charakter aus einem Verschnitt heimischer Trebbianos mit transalpinen Sorten, die französische Aristokraten in den 1820er-Jahren hier einführten. Diese DOC ist dank einer allmählichen Modernisierung der Weinherstellung wieder erhältlich.

sandig, sandig-kalkhaltig *Sangiovese, Ciliegiolo* *Trebbiano, Roussanne, Malvasia, Vermentino* *rot, weiß*

Pisa

DIE PROVINZ PISA umfasst eine Vielzahl von Anbaugebieten, die südöstlich der Stadt mit dem schiefen Turm beginnen und sich bis an die Küste erstrecken. **Colline Pisane** ist eine traditionelle DOC auf Sangiovese-Basis – aufgefüllt mit dem heimischen, nach Kirsche duftenden Ciliegiolo. Auch Merlot und Cabernet Sauvignon haben sich gut an die hiesigen Tonböden angepasst, und IGT-Weine von Aufsteiger-Gütern wie I Giusti e Zanza verschaffen diesem bislang wenig bekannten Teil der Toskana nun Ansehen. **Montescudaio** ist eine große, eher verschlafene DOC nördlich der Spitzenzone Bolgheri. Maritimes Klima und mineralreiche Böden verleihen ihren Weinen intensives Aroma. Cabernet und Merlot wurden hier in die DOC aufgenommen und bringen bessere Resultate als die traditionelle Sangiovese.

Sand, sandiger Ton *Sangiovese, Merlot, Cabernet Sauvignon, Ciliegiolo* *rot*

Bolgheri

DIESE WEINBAUREGION IST um die legendäre, durch Sassicaia berühmt gewordene Tenuta San Guido gewachsen *(s. S. 261)*. Die von der Mehrzahl hiesiger Erzeuger genutzte DOC Bolgheri hat sogar den eigenen Subbereich Bolgheri Sassicaia. Die enormen Investitionen der letzten Jahre haben einen Produktionsan-

stieg eingeleitet, und neue Besitzer wie Angelo Gaja *(s. S. 210)* bringen bereits ihre ersten Jahrgänge heraus. Die Weingärten befinden sich auf vorwiegend steinigen Sandböden der Gemeinden Bolgheri und Castagneto Carducci in Küstennähe. Für Sangiovese sind diese Bedingungen vielleicht nicht ideal, aber Cabernet Sauvignon, Merlot und seit kurzem auch Syrah ergeben hier edle, ausgewogene Weine.
steiniger, kalkhaltiger Sand, Ton *Sangiovese, Cabernet Sauvignon, Merlot, Syrah* *Vermentino, Chardonnay, Sauvignon Blanc* *rot, weiß, rosé*

Die Stadt Montiano im Süden Maremmas

Maremma

GENAU GENOMMEN IST DIE MAREMMA das Küstenflachland der Provinz Grosseto, aber der Begriff wurde auf die Weinbaugebiete an der gesamten Südwestküste und an den Hügeln landeinwärts ausgedehnt. Dieses Gebiet nannte man auch »italienisches Kalifornien«; viele große Weinfirmen aus der Toskana (und von weiter her) wurden von der Möglichkeit, hier Spitzenweine in kommerziell lohnenden Mengen zu erzeugen, angelockt und haben in den letzten fünf Jahren investiert.

Morellino di Scansano ist die traditionelle DOC dieser Region auf Sangiovese-Basis. Achten Sie auf die robusten, pflaumentönigen Rotweine mit mediterranen Gewürz- und Tabaknoten, die nicht besonders lange lagern müssen. **Val di Cornia** ist eine jüngere DOC mit Suvereto als Mittelpunkt. Böden wie in Chianti oder dem Norden von Montalcino verleihen hiesigen Rotweinen viel mehr Kraft und Alterungspotential als anderswo. Val di Cornias Ruf beruhte auf Kleinkellereien mit niedriger Produktionsmenge, in Zukunft werden hier jedoch eher moderne Großkellereien wie Petra von der Moretti-Familie die Hauptrolle spielen. Cabernet Sauvignon und Merlot gelingen gut in dieser Gegend, die als eines der wenigen Terroirs jenseits des hügeligen Landesinneren aber auch einen großartigen Sangiovese hervorbringt. **Monteregio di Massa Marittima** ist eine recht neue DOC, die ein großes Anbaugebiet nördlich von Grosseto umfasst. Offizielle Traubensorte ist hier Sangiovese, aber die auffallendsten Tropfen von diesen Hügeln sind IGT-Sortenweine oder Verschnitte aus Cabernet und/oder Merlot.
steiniger, kalkhaltiger Ton *Sangiovese, Cabernet Sauvignon, Merlot, Alicante* *Trebbiano* *rot, weiß*

DIE SUPER-TOSKANER

Das Phänomen der Super-Toskaner geht auf die frühen 1980er zurück. Erzeuger, die von den veralteten Normen des DOC(G)-Systems frustriert waren, wandten sich damals alternativen Traubensorten zu, um eine neue Art von Spitzenweinen außerhalb des Systems zu kreieren. Diese Weine wurden als IGT oder VdT und damit im Grunde als Alltagswein etikettiert, sollten aber paradoxerweise die gepriesenen Spitzenerzeugnisse dieser Region werden. Seit Mitte der 1990er-Jahre wurden viele traditionelle DOC(G)s verändert und neue geschaffen, um den Erzeugern bei der Traubenwahl mehr Freiheit zu lassen. Daher könnten viele Super-Toskaner heute DOC(G)-Status haben, oft bevorzugt man jedoch die IGT-Etikettierung wegen ihres modisch-elitären Images und den damit verbundenen hohen Preisen. Abgesehen von Super-Toskanern mit eigenen Einträgen lohnen sich u. a. folgende: ***Castello di Ama**: L'Apparita (Merlot) 0577 746031;* ***Castello di Bossi**: Girolamo (links; Merlot) 0577 359330;* ***La Brancaia**: Brancaia Il Blu (Sangiovese-Cabernet Sauvignon-Merlot) 0577 738353;* ***Castello di Rampolla**: La Vigna di Alceo (Cabernet Sauvignon) 055 852001;* ***San Fabiano**: Calcinaia Cerviolo Rosso (Sangiovese-Cabernet Sauvignon-Merlot) 0577 979232;* ***San Giusto a Rentennano**: Percarlo (Sangiovese) 0577 747121.*

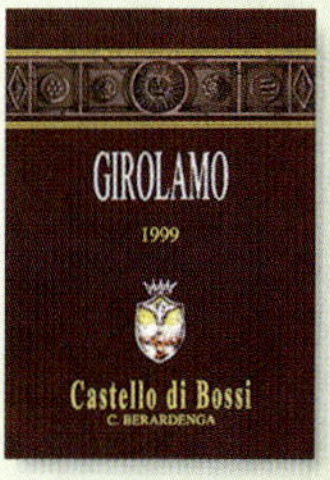

DAS LANDESINNERE

DAS HÜGELIGE LANDESINNERE war in den 1980er-Jahren der Mittelpunkt einer Weinrenaissance: Hier setzten neue Güter Maßstäbe für den Rest Italiens. Geblieben ist das Renommee der Toskana mit ihren klassischen DOCGs auf Sangiovese-Basis: Brunello di Montalcino, Carmignano, Chianti und Vino Nobile di Montepulciano – neben einer Menge von Super-Toskaner-Weingütern.

Fontodi-Weingarten, Chianti Classico

Carmignano

GROSSHERZOG COSIMO III. berücksichtigte diese winzige, hügelige DOCG im Nordwesten von Florenz in seinem Dekret von 1716, das die ersten europäischen Qualitäts-Anbaugebiete festlegte. Die Weine werden aus Sangiovese und Cabernet Sauvignon gekeltert – hier schon lange vor den Super-Toskanern ein traditioneller Verschnitt. Warme Südhänge liefern robuste Weine mit hoher Lagerfähigkeit.

steinig, kalkhaltiger Ton *Sangiovese, Cabernet Sauvignon* *Trebbiano, Malvasia* *rot, weiß, Dessertwein*

Chianti Classico

CHIANTI NENNT MAN DAS HÜGELLAND, das sich südlich von Florenz bis Siena erstreckt. Die DOCG Chianti Classico ist hier das traditionelle Zentrum der Weinproduktion. Ursprünglich umfasste das Classico-Gebiet die Dörfer Gaiole, Radda und Castellina; heute schließt es auch die Nachbargemeinden Greve, San Casciano, Barberino Val d'Elsa und Castelnuovo Berardenga ein. Boden und Mesoklima sind hier sehr unterschiedlich. Die besten Weine stammen von steinig-kalkhaltigem Grund in 350–450 m Höhe und besitzen Körper, intensive Frucht und Blütenaromen. Die Hauptsorte ist Sangiovese, ergänzt durch kleine Mengen der rotschaligen Canaiolo, Colorino und Mammolo sowie bei Alltagsweinen der weißen Trebbiano und Malvasia. Diese Mischung wurde um 1860 von Baron Bettino Ricasoli eingeführt und nach seinen Vorgaben beibehalten – bis zur Revision der DOCG Mitte der 1990er, die den Erzeugern erlaubte, Chianti aus 100 % Sangiovese zu keltern, aber auch innovative Verschnitte z. B. mit Cabernet Sauvignon oder Merlot ermöglichte. Puristen beklagen bei modernem Chianti Classico den Verlust der toskanischen Note (heute verwenden nur wenige ausschließlich heimische Sorten), aber qualitativ betrachtet ist er makellos. Ein nicht-Riserva lässt viel Beerenfrucht, einen Hauch neuer Eiche und einen würzigen, mittelschweren Körper erwarten; der Riserva dagegen ist äußerst körperreich.

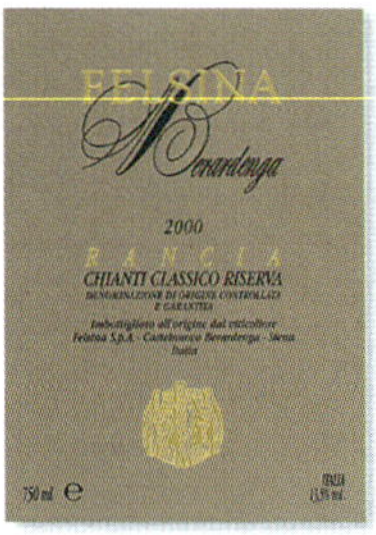

Fattoria di Felsina, Chianti Classico

steiniger, kalkhaltiger Mergel, sandiger Ton *Sangiovese, Canaiolo, Cabernet Sauvignon, Merlot, Colorino, Mammolo* *Trebbiano, Malvasia* *rot, Dessertwein*

Chianti

ETWA ZWEI DRITTEL der Chianti-DOCG-Jahresproduktion werden außerhalb der Classico-Zone erzeugt. Dazu gehören andere Weine aus besonderen Subzonen. Einfacher Chianti – im Grunde aus derselben Traubenmischung wie der Classico erzeugt – ist oft gar nicht so aufregend, aber auf einzelne Perlen in den Subzonen sollte man achten. Chianti Colli Fiorentini ist bekannt für einen leichteren, nach Iris duftenden, jung zu trinkenden Weintyp. Weiter südlich produziert Chianti Colli Senesi einen muskulöseren Rotwein. Chianti Rufina ist die am höchsten liegende und kühlste Chiantizone. Wein aus diesen Hügeln östlich von Florenz hat viel Säure und kräftige Tannine, aber auch die erdigen Sangiovese-Schwarzkirscharomen und großes Stehvermögen.

kalkhaltiger Ton, sandiger Ton *Sangiovese, Canaiolo, Cabernet Sauvignon, Merlot* *Trebbiano, Malvasia* *rot, Dessertwein*

Vernaccia di San Gimignano

DER 1276 ERSTMALS erwähnte **Vernaccia di San Gimignano** DOCG ist der älteste weiße Sortenwein Italiens. Seine Trauben werden rings um die mittelalterliche Stadt angebaut und liefern leichte, trockene Alltagsweine. Einen weicheren Körper und sortentypische Veilchen- und Mandelaromen bieten die Spitzenauslesen; darunter auch in Eiche ausgebaute Riserva (Vernaccia ist eine der ganz wenigen italienischen Weißwein-DOCGs mit einer Riserva-Kategorie). Einige Erzeuger der Gegend produzieren auch hochwertigen Rotwein unter San Gimignano-, Chianti Colli Senesi- oder IGT-Etikettierung.

kalkhaltiger Ton, sandiger Ton *Sangiovese* *Vernaccia* *rot, weiß*

Brunello di Montalcino

BRUNELLO DI MONTALCINO – seit 1982 DOCG – geht auf das zurück, was man heute als Sangiovese-Grosso-Klonauslese bezeichnen würde: Der Bauer Ferruccio Biondi Santi wählte im 19. Jh. Ableger der besten Reben seines Guts aus, vermehrte sie und kreierte so einen Klon der Brunello-Traube (alias Sangiovese), der körperreiche, lagerfähige Weine erzeugt. Von seiner ersten Abfüllung im Jahr 1888 bis in die 1950er-Jahre war seine Familie praktisch der einzige Erzeuger von Brunello di Montalcino. Mit Einführung der DOC begann die Produktion 1966 zu steigen, aber Biondi Santi blieb die Gallionsfigur der Abfüllung. Erst mit steigenden Produktionsstandards und massivem Ausbau der Rebflächen rückte eine neue Erzeugergeneration auf. Brunello ist der einzige toskanische Wein aus 100 % Sangiovese und muss zudem am längsten gelagert werden: Vier Jahre sind obligatorisch, davon wenigstens zwei in Eiche. Sein Geschmack hat sich heute zu einem viel fruchtigeren, runderen, dunkleren Stil gewandelt.

Brunello ist mit Abstand der teuerste toskanische DOCG-Wein. Ein guter Jahrgang vermittelt den vollen, reifen Charakter der südlichen Toskana und die Komplexität, die der ausgedehnte Ausbau bedingt. Diese hocharomatischen Weine haben Schwarzkirsch- und Pflaumennoten im Vorder- sowie eine Reihe von Gewürzen und Kräutern im Hintergrund.

sandiger Ton, Ton, galestro *Sangiovese (Brunello)* *rot*

Trocknende Vin-santo-Trauben

VIN SANTO

Vin Santo ist der altehrwürdige toskanische Dessertwein aus getrockneten, im Frühjahr nach der Lese gepressten Trauben. Deren Saft wird traditionellerweise mit der kostbaren Resthefe *(madre)* des letzten Weinpostens in kleinen Holzfässern vergoren und ausgebaut. Viele Winzer verwenden heute allerdings Barriques, und nur wenige trauen aus hygienischer Sicht der traditionellen Hefe. Trotzdem bleibt dieser Wein ein besonderes Erzeugnis aus der ursprünglichen Trebbiano-Malvasia-Mischung. In Florenzer *trattorie* taucht man zum Dessert Kekse in Vin Santo. Daneben gibt es auch edlere Varianten: Der von dem Montepulciano-Erzeuger Avignonesi in winzigen Mengen produzierte zehn Jahre alte Vin Santo ist aufgrund seiner explosiven Konzentration einer der begehrtesten Süßweine der Welt. W ***www.avignonesi.it***

Vino Nobile di Montepulciano

MONTEPULCIANO LIEGT SÜDÖSTLICH von Siena auf einem Hügel und stellt DOCG-Weine aus einer Traubenmischung auf Sangiovese-Basis her (vor Ort Prugnolo genannt). Die warmen, tonreichen Hänge liefern Rotweine mit soliden Tanninen und erdigen Aromen. Es gibt hier einige moderne Güter, doch diese Abfüllung hat im Allgemeinen ein traditionelleres Image als Chianti und weniger Prestige als Montalcino – eine gute Quelle für kräftigen, preiswerten Rotwein von echt toskanischem Charakter.

kalkhaltiger Ton *Sangiovese, Canaiolo, Cabernet Sauvignon* *Trebbiano, Malvasia* *rot, Dessertwein*

WEINREISE DURCH CHIANTI

Familienemblem von Badia a Coltibuono

DIESE REISE FÜHRT DURCH DAS HERZ der Chianti Classico DOCG zwischen den Kunststädten Florenz und Siena. Sie kombiniert Spitzenweinverkostungen mit faszinierender Landschaft und Einblicken in das toskanische Landleben. Die Kellereibesuche zeigen zwei Chianti-Gesichter: den internationalen Aufsteiger Fonterutoli und den Familienbetrieb Podere Capaccia. Dazu kommen unvergessliche Eindrücke von Renaissance-Villen wie Vignamaggio und befestigten mittelalterlichen Orten wie Volpaia.

① Enoteca Pinchiorri
Probieren Sie Annie Feoldes toskanisch-französische Küche in diesem Florentiner Restaurant mit zwei Michelin-Sternen. Die Auswahl des vorwiegend französisch-italienischen Weinkellers ist umwerfend; Italiens größte Auswahl an Magnums und alten Jahrgängen. ☎ 055 242777

② Markt und Weingüter ▽
In den letzten Jahren hat Chiantis größte Weinstadt Greve seine Bevölkerungsstruktur verändert, aber der Markt am Samstagmorgen gibt noch immer einen Eindruck echten toskanischen Landlebens. Die Enoteca Gallo Nero *(unten)* bietet die umfangreichste Chianti-Classiso-Auswahl der Region. Zu besichtigende Weingüter: Castello di Vicchiomaggio (055 854079); Castello di Verrazzano (055 854243); Villa Vignamaggio (055 854661). ☎ 055 853297 (Enoteca Gallo Nero)

Conca d'Oro unterhalb von Panzano

③ Panzano ▷
An Panzanos Südhängen – Conca d'Oro genannt – finden sich zahlreiche kleine Chianti-Classico-Spitzenkellereien auf engstem Raum. Der Reihe nach stößt man hier auf Castello dei Rampolla *(rechts)*, den Erzeuger eines der besten toskanischen Einzellagen-Cabernets, den Wegbereiter Fontodi *(s. S. 264)* und das Spitzengut La Massa *(s. S. 264)*. ☎ 055 852725 (Erzeuger-Vereinigung)

④ Castello di Fonterutoli
Familie Mazzei besitzt diese Burg im Zentrum des mittelalterlichen Ortes Fonterutoli seit 1435. Hier kann man große Weine in einem für Chianti typischen Umfeld erleben. Die Burg beherbergt heute eine moderne Kellerei und das Gut mit Verkauf, Verkostungen, Kellereibesuchen nach Vereinbarung und einer *osteria (s. S. 263)*. ☎ 0577 73571 W www.fonterutoli.it

WEINVERANSTALTUNGEN IN DER TOSKANA

Die größte toskanische Weinmesse ist die Corte del Vino – jedes Jahr am dritten Mai-Wochenende in San Casciano. Hundert der besten Erzeuger der Region schenken ihren eigenen Wein ein, und Spitzenwinzer veranstalten professionelle Verkostungen. Eine *enoteca* (Weinhandlung) verkauft alle ausgestellten Weine *(www.principecorsini.com)*. Jedes Chianti-Dorf hat zudem jährlich seine eigene Ausstellung – die beste und größte davon in der zweiten September-Woche in Greve *(www.chianticlassico.com)*. Für Gutsbesuche gibt es den Tag der *Cantine Aperte* im Mai, an dem die Kellereien für Besichtigungen und Verkostungen landesweit ihre Türen öffnen *(www.movimentoturismovino.it)*.

⑤ Badia a Coltibuono △

Die Abtei von Coltibuono in Gaiole wurde 1000 n. Chr. gegründet, und ihre Mönche kultivierten in dieser Region als Erste die *Vitis vinifera*. Heute liegt sie mitten in einem Chianti-Classico-Weingut mit Besuchsmöglichkeit, Weinhandlung, Restaurant und sogar Kochkursen.

☎ 0577 74481 Ⓦ www.coltibuono.com

Tipps für Besucher

Route: Diese 117 km-Reise beginnt in Florenz und endet in Siena.

Dauer: Ein Tag kann ausreichen – doch Vorsicht: Toskanische Landstraßen sind schlecht.

Kellereien: Die meisten Kellereien kann man besuchen; vorher telefonisch die Öffnungszeiten erfragen.

Restaurant-Empfehlungen: Lo Sfizio di Bianchi ☎ 0577 749501 in Gaiole, und Mangiando Mangiando ☎ 055 546372 in Greve

Nützliche Kontakte: Konsortium der Weinerzeuger Ⓦ www.chianticlassico.com

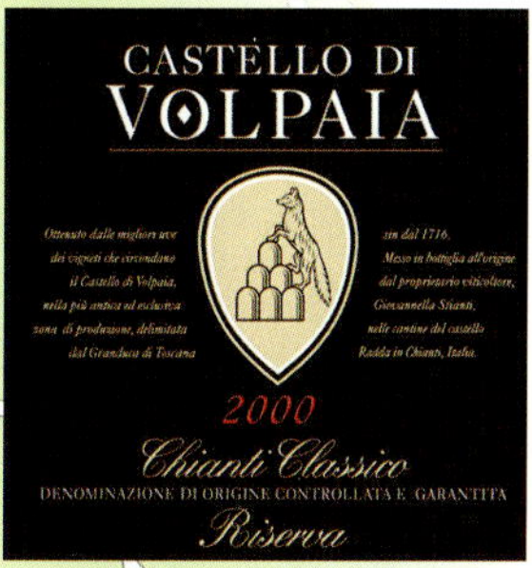

Etikett Castello di Volpaia

⑥ Podere Capaccia

Capaccia ist ein kleines Familiengut am Rand eines Naturreservats bei Radda, das einen außergewöhnlich guten Chianti in traditionellem Stil herstellt. Auch Olivenöl und andere Landwirtschaftsprodukte werden hier angeboten.

☎ 0577 738385 Ⓦ www.poderecapaccia.com

⑦ Castello di Volpaia ▽

Hinter den perfekt restaurierten Mauern des Bergdörfchens Volpaia befindet sich eine moderne Kellerei und eine Ölmühle auf dem neuesten Stand der Technik (Olivenöl, Essig und Wein im Angebot). An Wein kann man den Super-Toskaner Sangiovese-Cabernet Balifico und den Chianti Riserva Coltassala erwerben.

☎ 0577 738066 Ⓦ www.volpaia.com

⑧ Enoteca Italiana

Italiens nationales Weinmuseum befindet sich in einer mittelalterlichen Festung am Rande Sienas und bietet Ausstellungen, Verkostungen und andere Veranstaltungen an. Seine Sammlung umfasst etwa 1100 Weine, von denen die meisten auch zu kaufen sind. Die *enoteca* liefert zudem viele Informationen über die Umgebung.

☎ 0577 288497 Ⓦ www.enoteca-italiana.it

SPITZENERZEUGER AN DER KÜSTE

Castello del Terriccio
Pisa/IGT

via Bagnoli 20, Castellina Marittima
050 699709 www.terriccio.it
n. V.

GIAN ANNIBALE ROSSI di Medelana Serafini Ferri hat nicht nur den längsten Namen in der toskanischen Weinbranche, sondern auch eine der längsten Serien von Fünf-Sterne-Jahrgängen der Region vorzuweisen. Sein Erfolg zeugt vom vorteilhaften Klima dieser flachen Hügel an der toskanischen Küste – und von den Maßstäben, die sein beratender Weinmacher Carlo Ferrini in den 1990er-Jahren, als er zum ersten Mal zu Terriccio kam, angelegt hat. Ferrini – der begehrteste Önologe der Toskana – beaufsichtigt weiterhin die hier produzierten Rotweine (sämtlich IGTs). Lupicaia, das Cabernet-Sauvignon-Merlot-Spitzenprodukt, ist für seine Eukalyptus-Note bekannt. Der Zweitwein Tassinaia ist weicher und jünger zu trinken. In den jüngeren Jahrgängen hat Ferrini begonnen, etwas Merlot an den einfachen Cabernet-Sangiovese-Verschnitt zu geben.

rot 1999, 1998, 1997, 1996, 1995 ★ Toscana IGT: Tassinaia, Lupicaia

Tenuta di Ghizzano
Pisa/IGT

via della Chiesa 13, Ghizzano di Peccioli 0587 630096 www.tenutadighizzano.com n. V.

DIESES EXKLUSIVE GUT machte Mitte der 1980er mit einem Sangiovese-Cabernet-Sauvignon-Verschnitt namens Veneroso im vollen, samtigen Stil von Antinoris Tignanello Furore. Dem folgte eine ruhigere Phase, bis Luca d'Attoma und danach der Önologe

Etikett Tenuta di Ghizzano

Carlo Ferrini die hiesige Winzerei durch strengere Traubenauslese und bessere Abstimmung des Eichenausbaus wiederbelebten. Merlot ist hier jetzt eine wichtige Sorte, die dem Veneroso pflaumige Reife verleiht und die Grundlage für den preisgekrönten Verschnitts Nambrot im Bordeaux-Stil bildet.

rot 2000, 1999, 1998, 1997 ★ Rosso Toscana IGT: Veneroso, Nambrot

Le Macchiole
Bolgheri/IGT

loc Contessine, via Bolgherese 189/A, Bolgheri 0565 766092 www.lemacchiole.it n. V.

EUGENIO CAMPOLMI führte einen Gemischtwarenladen, bis ihn seine Liebe zum Wein 1981 zur Gründung dieses mustergültigen Guts bewegte. Nach seinem Tod wurde es 2002 von seiner Frau Cinzia übernommen; die Kellerei leitet Weinmacher Luc d'Attoma. Paleo war ursprünglich das Flaggschiff des Guts, aber an die Spitze der neuen toskanischen Elite gelangte es durch zwei in Kleinstmengen produzierte Rotweine – Messorio (Merlot) und Scrio (Syrah) –, die bei ihrem Erscheinen Ende der 1990er sofort Kultstatus erhielten. Sie zeichnen sich durch eine herrliche Mischung aus starken, konzentrierten Fruchtaromen und Eiche aus.

rot 1999, 1998, 1997, 1995 ★ Bolgheri Rosso Superiore Paleo; Rosso Toscana IGT: Messorio, Scrio

Michele Satta
Bolgheri/IGT

loc Vigna al Cavaliere 61, Castagneto Carducci 0565 773041 n. V.

MICHELE SATTA ist ein unabhängiger Erzeuger, dessen Kellerei sich im Schatten der Großgüter Ornellaia und San Guido entwickelt hat. Anfangs standen traditioneller weißer Vermentino und roter Sangiovese im Mittelpunkt seiner Produktion; in den 1990er-Jahren wurde er ehrgeiziger und legte dichte Merlot-, Cabernet-Sauvignon- und Syrah-Pflanzungen an. Sein roter Spitzenbolgheri Rosso Piastraia kombiniert diese Trauben zu einem körperreichen Wein mit Marmeladenfrucht und weichen Tanninen. Der IGT Costa di Giulia ist ein reifer Weißwein mit Melonenaroma aus einem neuen Vermentino-Sauvignon-Blanc-Verschnitt.

rot, weiß 2000, 1999, 1998, 1997 ★ Costa di Giulia Bianco Toscana IGT, Bolgheri Rosso Piastraia

Paleo, das Aushängeschild von Le Macchiole

SASSICAIA: EIN GANZ BESONDERER WEIN

In den 1950ern pflanzte der toskanische Aristokrat Mario Incisa della Rocchetta Cabernet-Sauvignon-Ableger des bordeleser Château Lafite in einen Weingarten namens Sassicaia auf seinem Gut Tenuta San Guido in Bolgheri, um Wein für die Familie herzustellen. Als Rocchettas Neffe Piero Antinori – Leiter der Weinfirma Antinori – diesen Wein kostete, war er überwältigt und überredete seinen Onkel dazu, ihn zu verkaufen. Er schickte ihm zudem seinen Önologen Giacomo Tachis zur Unterstützung. Rocchettas Wein schnitt in einer historischen Verkostung der weltbesten Cabernets in London 1978 als Erster ab, und seitdem läuft es. Sassicaia ist vielleicht Italiens größter Wein. Aufgrund seiner Klasse und Langlebigkeit – Jahrgänge wie 1985 sind noch heute vollkommen – gilt er als eine mit den besten Bordeaux-Weinen vergleichbare Anlage. Andere Spitzenjahrgänge sind 1988, 1995, 1997 und 1999. Der Verschnitt besteht aus etwa 85 % Cabernet Sauvignon und 15 % Cabernet Franc; sein Stil ist seidig, dezent, intensiv-aromatisch, trocken und lang – ein Wein, der fünf oder sechs Jahre benötigt, um sich zu entfalten. Sassicaia hat seit 1994 seine eigene DOC (Bolgheri Sassicaia).

W *www.sassicaia.com*

Tenuta dell'Ornellaia
Bolgheri/IGT

via Bolgherese 191, Bolgheri ☎ *0565 762410* W *www.ornellaia.it* ◷ *n. V.*

LUDOVICO ANTINORI gründete sein 70-ha-Gut auf Land, das sich – neben dem der Tenuta San Guido (Sassicaia) und Piero Antinoris Guado al Tasso – ursprünglich über weite Bereiche Bolgheris erstreckte. Während der 1980er- und größtenteils auch der 1990er-Jahre stellte Ornellaia als einziger Erzeuger an der toskanischen Küste Sassicaia-ähnliche Weine her. Die futuristische Architektur von Ornellaia wirkt kalifornisch, doch die Weine folgen eher dem Bordeaux-Stil. Der nach dem Gut benannte Wein ist ein voller, weicher Bolgheri DOC aus Cabernet-Merlot. Der begrenzt produzierte IGT-Wein Masseto – bei Sammlern aus aller Welt begehrt – ist reiner Merlot. Dieser seit 1995 makellose Wein ist im Vergleich zu Sassicaia direkter, fruchtig, und seine Tannine sind früher trinkreif. Das Gut wurde 2002 von dem Kalifornier Robert Mondavi und dem Marchesi de' Frescobaldi gekauft.

rot *1999, 1998, 1997, 1995*

★ *Bolgheri Rosso Superiore Ornellaia, Masseto Toscana IGT*

Tenuta Guado al Tasso
Bolgheri

loc Belvedere, Bolgheri ☎ *0565 749735* W *www.antinori.it*

DIESES 200-HA-GUT Antinoris südlich von Bolgheri spielt für den Florentiner Großerzeuger eine doppelte Rolle: Von hier stammen beträchtliche Mengen eines fruchtigen, aus Sangiovese gekelterten Rosés namens Bolgheri Rosato sowie ein leicht-duftiger weißer Vermentino. Er beliefert Antinori aber auch mit neuen Rotweinen aus bordeleser Sorten. Guado al Tasso ist ein edler, mittelschwerer Wein mit Cabernet-Sauvignon-Frucht und einem Hauch gerösteter Eiche.

rot, rosé *1999, 1998, 1997*

★ *Bolgheri Rosso Superiore Guado al Tasso*

Gualdo del Re
Maremma/Val di Cornia

loc Notri 77, Suvereto ☎ *0565 829888* ◷ *n. V.*

INHABER NICO ROSSI ist bei seinem Spitzenrotwein von Verschnitten zu Sortenweinen übergegangen und hat die IGT-Etikettierung zugunsten der Aufsteiger-Abfüllung Val di Cornia DOC aufgegeben. Sein Federico Primo wird nun ausschließlich aus Cabernet Sauvignon und sein l'Rennero aus Merlot hergestellt – kraftvolle, würzige, intensive Weine, die wegen der begrenzten Produktionsmenge schwer zu bekommen sind, aber die Suche lohnen. Gualdo del Re stellt zudem einen respektablen Val di Cornia DOC her.

rot *1999, 1998* ★ *Val di Cornia: l'Rennero Suvereto, Federico Primo*

Le Pupille
Maremma/Morellino & IGT

piagge del Maiano 92/A, Istia d'Ombrone ☎ *0564 409517* W *www.elisabettageppetti.com* ◷ *n. V.*

Le Pupille besitzt eine der besten Produktreihen der Maremma – vom einfachen Morellini di Scansano DOC bis zu den zwei Spitzenauslesen Morellino di Scansano Poggio Valente und Saffredi IGT. Der Einzellagenwein Poggio Valente aus einem DOC-Verschnitt auf Sangiovese-Basis besitzt die für die Südtoskana typische Kombination aus Körper und pflaumiger Frucht. Saffredi dagegen geht in die Bordeaux-Richtung – mit den vollen, breiten Tanninen der Alicante-Sorte als lokalem Akzent.

rot *1999, 1998, 1997*

★ *Morellino di Scansano, Morellino di Scansano Poggio Valente, Saffredi Maremma Toscana IGT*

Montepeloso
Maremma/IGT

loc Montepeloso, Suvereto
0565 828180

WIE MEHRERE SEINER berühmten Nachbarn war auch das Montepeloso-Gut zunächst nur Liebhaberei. Unter seinem ehrgeizigen neuen Besitzer jedoch wurden Weingarten wie Kellerei entschlossen modernisiert: Fabio Chiarelotto bringt die typische Kraft der Weine aus dieser Maremma-Gegend zur Geltung und verleiht ihnen zudem einen Hauch Eleganz und Schärfe, die in der Südtoskana z. T. fehlen. Nardo besteht zu 90 % aus Sangiovese, mit Cabernet Sauvignon aufgefüllt; Gabbro ist ausschließlich Cabernet. Beides sind erstklassige IGTs, aber bei einer Produktion von unter 3000 Flaschen teuer und schwer erhältlich.

rot 2000, 1999, 1998 ★ Toscana IGT: Gabbro, Nardo

Moris Farms

Moris Farms
Maremma/Morellino di Scansano

loc Curanuova, Fattoria Poggetti, Massa Marittima 0566 919135 www.morisfarms.it n. V.

DIE KELLEREI MORIS FARMS (trotz des englischen Namens in italienischem Besitz) wurde gegründet, bevor die Maremma in Mode kam, und ist der neuen Generation von Gütern daher einige Schritte voraus. Der Morellino DOC ist pflaumig, trocken und sehr preiswert. Avvoltore war der Prototyp eines IGT-Super-Toskaners aus der Maremma und bleibt einer der besten dieser Kategorie – ein Wein, dessen ursprünglicher Sangiovese-Cabernet-Mischung etwas Syrah zusätzliche Würze verleiht und der viel Farbe und enorme, reife Fruchtaromen bietet.

rot 2000, 1999, 1998, 1997 ★ Morellino di Scansano, Avvoltore Maremma Toscana IGT

Poggio Argentiera
Maremma/Morellino di Scansano

loc Banditella di Alberese, Grosseto 0564 405099 www.poggioargentiera.com n. V.

VON DEN IN DEN 1990ERN gegründeten Maremma-Gütern kam Poggio Argentiera als eines der ersten richtig in Schwung. Während sich andere Erzeuger heute auf internationale Sorten konzentrieren, ist Inhaber Gianpaolo Paglia dem heimischen Morellino-di-Scansano-DOC-Verschnitt aus Sangiovese und Alicante treu geblieben. Sein Morellino Capatosta ist ein üppiger Rotwein in mediterranem Stil mit Unmengen von Frucht und Gewürz und viel Körper. Der nicht ganz so konzentrierte Zweitwein Bellamarsilia steht auf der Qualitätsleiter nur eine halbe Stufe tiefer.

rot 2000, 1999 ★ Morellino di Scansano Capatosta, Morellino di Scansano Bellamarsilia

Russo
Maremma/Val di Cornia

via Forni 71, Suvereto
0565 845105 n. V.

MICHELE UND ANTONIO RUSSO sind Neulinge in der Weinszene von Suvereto und setzen auf traditionellere Trauben wie Sangiovese und Canaiolo statt auf die großen internationalen Sorten. Ihr neuer, mit Hilfe des Önologen und Sangiovese-Experten Alberto Antonini erzeugter Riserva Barbicone besteht aus dem klassischen Chianti-Verschnitt Sangiovese-Canaiolo. Er vereint die Qualität des Bodens mit authentisch-toskanischer Frucht und Blumenaromen und ist garantiert lagerfähig.

rot 2000, 1999, 1998 ★ Val di Cornia Suvereto Rosso Riserva Barbicone

Tua Rita
Maremma/IGT

loc Notri 1, Suvereto
0565 829237 n. V.

DIESE KLEINKELLEREI war zunächst nur ein Alterssitz, dann aber führend bei der Entwicklung einer der wachstumsintensivsten und aufregendsten toskanischen Anbauzonen rings um das Dorf Suvereto. Stefano Chioccioli hat das Gut jetzt von Luca d'Attoma – dem Winzer, der es zu Beginn der 1990er gründete – übernommen, aber der Tua-Rita-Stil ist noch so kraftvoll und konzentriert wie einst. Giustri di Notri IGT ist ein enorm intensiver Cabernet-Merlot-Verschnitt mit tintenschwarzen Tanninen. Redigaffi IGT ist ein üppiger, sorgfältig erzeugter Merlot von internationaler Spitzenqualität.

rot 1999, 1998, 1997, 1995, 1990 ★ Toscana IGT: Giusto di Notri, Redigaffi

Etikett Poggio Argentiera

SPITZENERZEUGER IM LANDESINNEREN

Tenuta di Capezzana
Carmignano/IGT

loc Seano, via di Capezzana 100, Carmignano *055 8706005*
www.capezzana.it *n. V.*

CAPEZZANA IST DAS ÄLTESTE GUT in dieser kleinen Hügellandschaft nördlich von Florenz – der ersten toskanischen DOC, die offiziell zugelassene Sangiovese-Cabernet-Verschnitte erzeugte. Seit Stefano Chioccioli 1998 hier seine Arbeit aufgenommen hat, hat es neuen Auftrieb bekommen. Carmignano Villa di Capezzana besitzt alle Chioccioli-Kennzeichen: dunkle Farbe, einen Überfluss an Fruchtaromen und weiche Tannine. Ghiaie della Furba ist ein machtvoller Cabernet-Merlot-Syrah-Verschnitt, und der Vin Santo Capezzana ist sehr weich und konzentriert.

rot, weiß, Dessertwein *2000, 1999, 1997, 1995, 1990* ★ *Carmignano Villa di Capezzana, Ghiaie della Furba Toscana Rosso IGT, Carmignano Vin Santo Riserva*

Castello di Brolio-Ricasoli
Chianti Classico/IGT

loc Brolio, Gaiole *0577 7301*
n. V.

AUF CASTELLO DI BROLIO legte Baron Bettino Risacoli in den 1860er Jahren den Traubenverschnitt für Chianti fest. Das 220 ha große Gut hat gute und schlechte Zeiten gesehen, aber seit Francesco Ricasoli in den frühen 1990ern die Kellerei übernahm, gehört es zur neuen Chianti-Classico-Spitzenklasse. Ricasoli bepflanzte den besten Bereich des Guts neu, erneuerte den Lagerkeller und brachte mit dem Agronom und Weinmacher Carlo Ferrini die Produktion auf Vordermann. Die Chianti-Classico-Serie beginnt jetzt mit dem preiswerten Brolio. Der Castello di Brolio aus 100 % Sangiovese mit weichen Tanninen und etwas Eiche im Hintergrund ist der Spitzenwein. Der Super-Toskaner Casalferro ist ein eleganter Sangiovese-Merlot-Cabernet-Verschnitt mit Beerenaroma.

rot, weiß *2000, 1999, 1998, 1997, 1995* ★ *Chianti Classico Brolio, Chianti Classico Castello di Brolio, Casalferro Toscana IGT*

Tenuta di Capezzana

Castello di Fonterutoli
Chianti Classico/IGT

loc Fonterutoli, via Ottone di Sassonia, Castellina *0577 73571*
www.fonterutoli.it *n. V.*

MITTE DER 1990ER-JAHRE wurde die Produktion bei Fonterutoli umgekrempelt, um – als Reaktion auf den Aufstieg der sensationellen Super-Toskaner – das Chianti Classico-Profil zu verbessern. Der Castello di Fonterutoli Chianti Classico führt seit seinem Debut 1996 die Produktreihe an – eine moderne, subtile Variante dieses DOCG mit viel Farbe, weichen Tanninen und mehr als einem Hauch Cabernet Sauvignon. Der makellose Zweitwein heißt Fonterutoli. Zudem werden etwa 25 000 Flaschen eines seidigen Sangiovese-Merlot-Verschnitts namens Siepi produziert.

rot *1999, 1998, 1997, 1996, 1995* ★ *Chianti Classico Fonterutoli, Chianti Classico Castello di Fonterutoli, Siepi Toscana IGT*

Fattoria di Felsina
Chianti Classico/IGT

str Chiantigiana 484, Castelnuovo Berardenga *0577 355117*
n. V.

FELSINA IST EIN KLASSIKER. Der strenge Stil dieses Hauses spiegelt einerseits die Überzeugungen von Besitzer Giuseppe Mazzocolin und Winzer Franco Bernabei und andererseits die steinigen, kalkhaltigen Böden vor Ort. Fontalloro war ein typischer Super-Toskaner aus 100 % Sangiovese; neben dem Riserva Rancia führt er eine Reihe sehr guter Terroir-betonter Chianti Classico-Weine an. Felsina erzeugt auch einen eichentönigen, fassvergorenen Chardonnay namens I Sistri.

rot, weiß *1999, 1997, 1995, 1990, 1988* ★ *Chianti Classico Riserva Rancia, Fontalloro Sangiovese di Toscana IGT, I Sistri Chardonnay di Toscana IGT*

Fattoria Isole & Olena
Chianti Classico/IGT

loc Isole, Barberino Val d'Elsa
055 8072763 *n. V.*

PAOLO DE MARCHI ist einer der angesehensten Winzer von Chianti, und sein Cepparello gehört zu den bahnbrechenden, aus 100 % Sangiovese bestehenden IGT-Weinen der 1980er mit beeriger Frucht und weichen Tanninen. Unter der Marke Collezione de Marchi füllt Paolo begrenzte Mengen Chardonnay und Syrah ab – und einen Cabernet, der zum toskanischen Klassiker wurde. Sein köstlicher Vin Santo ist einer der drei besten der Region.

rot, weiß, Dessertwein *2000, 1999, 1997, 1995, 1990* ★ *Cepparello Toscana IGT, Cabernet Sauvignon Collezione de Marchi Toscana IGT, Vin Santo del Chianti Classico*

Fontodi
Chianti Classico/IGT

via San Leolino 89, Panzano 055 852005 www.fontodi.com

DAS MANETTI-FAMILIENGUT an den berühmten Hängen von Panzano gehörte in den 1980ern zu den ersten, die zeigten, dass Chianti mehr bedeutet als mit Raffia überzogene Flaschen. Der beratende Weinmacher Franco Bernabei entwickelt die typisch-dichten Tannine neben feinen, faszinierenden Aromen, die nicht von Eichennoten verwischt werden. Flaccianello ist ein Sangiovese-Terroir-Wein, der sich nach frühestens fünf Jahren öffnet. Etwas Cabernet Sauvignon verleiht dem langlebigen Vigna del Sorbo Riserva Tiefe und ein eher internationales Aroma.

rot 1999, 1997, 1996, 1995, 1990 ★ Chianti Classico Riserva Vigna del Sorbo, Flaccianello della Pieve Colli della Toscana Centrale IGT

Fontodi

La Massa
Chianti Classico/IGT

via Case Sparse 9, Panzano 055 852722 n. V.

GIAMPAOLO MOTTA kam in den späten 1980er-Jahren aus Neapel nach Chianti, um das Winzergewerbe zu erlernen. Vor dem Erwerb eigenen Besitzes begann er als Traubenpflücker und Arbeiter in mehreren Kellereien; 1992 ergriff er dann die Gelegenheit und kaufte ein ums Überleben kämpfendes Gut in einer Traumlage bei Panzano. Im selben Jahr produzierte er seinen ersten Wein. Obwohl dies in der Toskana eines der schlechtesten Jahre seit Menschengedenken war, gewann er einen erstaunlich reifen und konzentrierten Wein, der ihn in die neue Elite der Region aufsteigen ließ. Italiens maßgeblicher Weinführer *Gambero Rosso* hat jedem Jahrgang seines Chianti Classico Giorgio Primo seit 1993 die höchste Auszeichnung verliehen – ein Erfolg, der dem von Sassicaia gleichkommt *(s. S. 261)*. Seit 2003 erzeugt das Gut keinen einfachen Chianti Classico mehr – dessen Platz hat ein exzellent gearbeiteter Sangiovese-Cabernet-Merlot-IGT namens La Massa eingenommen.

rot 2001, 1999, 1998, 1997, 1995 ★ La Massa Toscana IGT, Chianti Classico Giorgio Primo

Marchesi Antinori
Chianti Classico/IGT

S. rechts

Riecine
Chianti Classico/IGT

loc Riecine, Gaiole 0577 749098 www.riecine.com n. V.

DER ENGLISCHE GESCHÄFTSMANN John Dunkley kaufte Riecine in den frühen 1970ern, noch bevor Chianti in Mode kam. Mit seiner Frau verwandelte er den 8-ha-Besitz in ein echtes Juwel. Als er 1999 starb, tat sich der Amerikaner Gary Baumann mit dem altgedienten Winzer Sean O'Callaghan zusammen, um die Tradition fortzusetzen. Sie haben den Stil und die praktische Herangehensweise des ursprünglichen Inhabers wie auch dessen hohe Maßstäbe beibehalten. Die Chiantis von Riecine zeichnen sich durch reine Beerenfrucht, mittelschweren Körper und einen langen, trockenen Abgang aus. La Gioia ist ein Sangiovese-Super-Toskaner mit etwas offenherziger Eiche.

rot 2001, 1999, 1998, 1997, 1995 ★ Chianti Classico, Chianti Classico Riserva, La Gioia di Riecine Rosso Toscana IGT

Rocca di Montegrossi
Chianti Classico/IGT

fraz Monti, loc San Marcellino, Gaiole 0577 747977 www.marcdegrazia.com n. V.

ALS DAS ALTE CACCHIANO-GUT Mitte der 1990er-Jahre zwischen den Ricasoli-Firidolfi-Brüdern aufgeteilt wurde, erhielt der ältere Bruder Giovanni das Schloss und die umliegenden Weingärten; Marco dagegen übernahm ein 18-ha-Gut weiter unten am Hang, um das man sich dringend kümmern musste. Da er praktisch bei Null anfing, konnte Marco ein Juwel von einer Kellerei und eine ganz persönliche Serie von Chiantis mit ausgeprägtem Terroir-Charakter aufbauen. Diese südwestliche Ecke der Gemeinde Gaiole liefert einen duftigen Weintyp mit elegantem, mittelschwerem Körper. Die Spitzenauslese ist der Riserva San Marcellino.

rot 2001, 1999, 1998 ★ Chianti Classico, Chianti Classico Vigneto San Marcellino Riserva

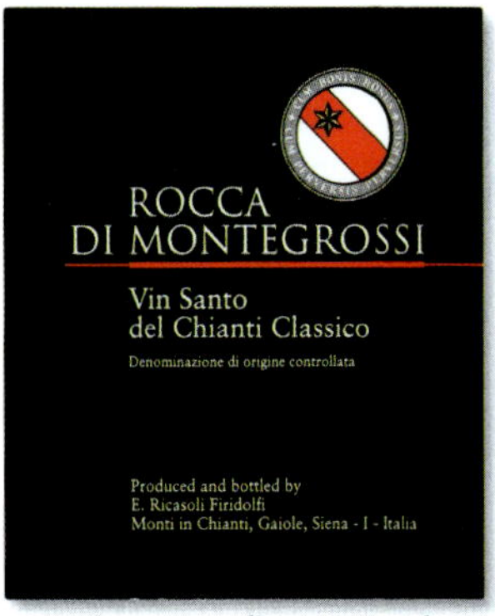

Etikett Rocca di Montegrossi

DAS ANTINORI-IMPERIUM

PIERO ANTINORI erkannte als Erster, dass toskanischer Wein der internationalen Norm angepasst werden musste – indem man das technische Niveau anhob und seinen eher harten, trockenen Geschmack weicher und ansprechender machte. In den frühen 1970ern experimentierten seine Weinmacher auf der Suche nach einem Stil, der dem internationalen Geschmack eher entsprach, aber toskanisch blieb, mit Barrique-Ausbau und alternativen Verschnitten. Das Ergebnis hieß Tignanello und war in der heutigen Gestalt erstmals 1975 erhältlich – ein revolutionärer Verschnitt aus 80 % Sangiovese und 20 % Cabernet Sauvignon bzw. Cabernet Franc. Der ebenso bahnbechende Solaia, für den man das Sangiovese-Cabernet-Verhältnis des Tignanello umkehrte, kam 1978 heraus. Diese zwei Marken brachten toskanischen Wein mit den bordeleser und kalifornischen Vorbildern der 1970er-Jahre in Einklang und läuteten so die toskanische Weinrenaissance ein.

Die Weinmacher

Hinter Antinoris Erfolg stehen einige der besten Weinmacher Italiens. Die epochalen Weine Tignanello und Solaia waren das Werk von Giacomo Tachis, dem Doyen italienischer Önologen. Er erfand den Sangiovese-Cabernet-Verschnitt und zeigte, wie man Barriques verwendet. Sein Nachfolger Renzo Cotarella *(rechts)* steht hinter dem Chardonnay-Grechetto-Verschnitt Cervaro della Sala und half Antinori, mit Pian delle Vigne Brunello in Montalcino einzusteigen.

Kontaktinformation

piazza degli Antinori 3, Firenze
055 23595 www.antinori.it

Weininformation

rot, weiß, Dessert- und Schaumwein 1999, 1997, 1995, 1990, 1988 ★ Chianti Classico Badia di Passignano Riserva, Solaia Rosso Toscana IGT, Tignanello Rosso Toscana IGT

Antinori-Güter

Antinori erkannte, dass er für den internationalen Markt ein Portfolio von Spitzenweinen benötigen würde, das über den Chianti seiner Heimat hinausginge. Die Erweiterung seines Imperiums begann 1940 mit dem Kauf des umbrischen Castello della Sala. In der Toskana besitzt er u. a. das Chianti-Gut Badia di Passignano, den riesigen Besitz Guado al Tasso in Bolgheri, die Brunello-Kellerei von Pian delle Vigne und La Braccesca in Montepulciano. Außerhalb der Region stellt seine umbrische Kellerei Castello della Sala einen der besten italienischen Weißweine, Cervaro della Sala, her. In Piemont besitzt Antinori den Barolo-Erzeuger Prunotto, und 1998 ergatterte er das Tormaresca-Gut in Puglia. Zudem besitzt er Weingärten im Ausland.

Antinori-Weingarten mit sanften Hügeln im Hintergund

Marchesi de' Frescobaldi
Chianti/Chianti Rufina & IGT

via San Spirito 11, Firenze
055 27141 www.frescobaldi.it
n. V.

MARCHESI DE' FRESCOBALDI ist der größte Weingartenbesitzer der Toskana. Anders als sein Konkurrent Antinori machte seine Firma zunächst wenig Anstalten, außerhalb der Region zu expandieren. Als sie es Mitte der 1990er-Jahre doch tat, wollte sie ganz an die Spitze. Ein Joint Venture mit dem Kalifornier Mondavi brachte einen teuren Merlot-Sangiovese-Verschnitt namens Luce hervor. Dem folgte die sensationelle Übernahme des Ornellaia-Guts in Bolgheri. Inzwischen haben Verbesserungen an den Weinen des alten Familienguts Castello di Nipozzano auch das Profil des preiswerten Chianti Rufina Riserva Nipozzano und des komplexen, strengen Einzellagenweins Riserva Montesodi gehoben.

rot, weiß 1999, 1998, 1997, 1995, 1990 ★ Chianti Rufina Riserva Nipozzano, Chianti Rufina Montesodi, Lamaione Toscana VdT

Montenidoli
Vernaccia di San Gimignano

loc Montenidoli, San Gimignano
0577 941565 www.montenidoli.com n. V.

ELISABETTA FAGIUOLI erzeugt drei Varianten des Vernaccia di San Gimignano: Tradizionale wird mit den Schalen mazeriert, was einen dunkel-strohfarbenen Wein mit Blattaromen ergibt. Fiore wird im modernen Stil weich gepresst und kalt fermentiert, was die feine Fruchtnote zum Vorschein bringt. Di Carato ist ein voller, buttriger, eichenausgebauter Wein. Gemeinsamer Nenner sind der Körper und das süße Mandelaroma. Man achte auf den muskulösen, langlebigen roten Chianti Colli Senesi Montenidoli.

rot, weiß 2001, 2000, 1999, 1998 ★ Vernaccia di San Gimignano: Tradizionale, Fiore, Di Carato

Biondi Santi (Greppo)
Brunello di Montalcino/IGT

loc Greppo, Montalcino 0577 847121 www.biondisanti.it n. V.

FRANCO BIONDI SANTI stellt auf seinem Greppo-Gut in Montalcino auch weiterhin jene strengen, langlebigen Riservas her, die Brunellos internationalen Ruf begründet haben. Sein Sohn Jacopo besitzt und leitet die gerade renovierte Castello di Montepò-Kellerei in der Maremma, wo er eine Serie Rotweine produziert, die bereits früher trinkreif sind – angeführt von dem seidig-eleganten Super-Toskaner Schidione aus Sangiovese-Cabernet-Merlot. Sein Spitzenwein Riserva Il Greppo ist sehr teuer, aber auch sehr erfolgreich. Empfehlenswert ist der Jahrgang 1997, den Bionti Santi Sanior den besten seines Lebens nennt.

rot 1997, 1990, 1978, 1964, 1945 ★ Brunello di Montalcino Riserva Il Greppo, Schidione Toscana Rosso IGT

La Cerbaiola-Salvioni
Brunello di Montalcino

piazza Cavour 20, Montalcino
0577 848499 n. V.

GIULIO SALVIONI besitzt 2 ha eines Spitzenweingartens und einen winzigen, niedrigen Keller auf dem Marktplatz von Montalcino. In guten Jahren erreicht seine Brunello-Produktion 4500 Flaschen. Sein Stil ist im besten Sinne traditionell; er betont Ausgewogenheit und authentische Blumen- und Gewürzaromen seines in slawonischer Eiche ausgebauten Sangiovese. Der gleichbleibend hochwertige, sehr langlebige Cerbaiola ist ein Spitzenwein.

rot 1997, 1995, 1990, 1985 ★ La Cerbaiola Brunello di Montalcino

DIE FLIEGENDEN WEINMACHER DER TOSKANA

Eine neue Generation von Gutsbesitzern, die in den 1970er- und 1980er-Jahren in die Toskana strömten, brachte auch frisches Kapital, Unternehmergeist und den Expertenkult mit. Sie legten die Weinbereitung in die Hände einer neuen Klasse von Fachleuten: den umherreisenden, freien Berater. Franco Bernabei, Maurizio Castelli und Vittorio Fiore waren Schlüsselfiguren bei der Renaissance toskanischer Weine in den 1980er-Jahren. Ihnen folgte eine begabte junge Generation, zu denen u. a. Luca d'Attoma, Alberto Antonini und Attilio Pagli zählen. Am begehrtesten ist derzeit Carlo Ferrini *(oben)*, der hinter Fonterutoli, Brolio, Terriccio und etwa 20 anderen Kellereien steht. Diese als »fliegende Weinmacher« bekannten Experten sind unentbehrlich – nicht nur für die Produktion, sondern auch für das Image. Man diskutiert jedoch, ob der Aufstieg der Super-Experten nicht zu viel Einfluss in den Händen einiger weniger Personen konzentriert und Individualität verhindert.

Pieve di Santa Restituta
Brunello di Montalcino

loc Chiesa di Santa Restituta, Montalcino 0577 848610

DER PIEMONTESER Kulterzeuger Angelo Gaja kaufte dieses Gut 1996 direkt vom ursprünglichen Besitzer Roberto Bellini. Er erzeugt nur zwei Weine – beides Brunello-di-Montalcino-Auslesen im subtilen Gaja-Stil. Der Sugarille ist voller, weicher und komplexer; Rennina ist trockener und etwas härter, aber erfüllt von echtem Sangiovese-Charakter.

rot 1998, 1997 ★ Brunello di Montalcino: Sugarille, Rennina

Siro Pacenti
Brunello di Montalcino

loc Pelagrilli 1, Montalcino 0577 848662 *n. V.*

DER JUNGE GIANCARLO PACENTI erregte in den späten 1980ern Aufsehen, als er dieses Gut mit einem Rosso di Montalcino – theoretisch der Zweitwein der DOCG-Zone – auf dem Markt platzierte, der in Blindverkostungen mehr Punkte erhielt als viele Brunello DOCGs. Sein Brunello selbst wird seit 1993 produziert und gehörte sofort zu den drei besten der DOCG. Sein Wein ist voll und fest mit Wildbeer- und Kirscharomen und hat weniger Eiche, als man bei einem Ausbau in 90 % neuen Barriques erwarten würde. Der intensive, fruchtbetonte Rosso bleibt noch für lange Zeit der beste Wein Montalcinos.

rot 1998, 1997, 1995 ★ Rosso di Montalcino, Brunello di Montalcino

Poliziano-Etikett

Tenute Silvio Nardi
Brunello di Montalcino

loc Casale del Bosco, Montalcino 0577 808269 *n. V.*

SEIT MITTE DER 1990ER hat Emilia Nardi dieses 72-ha-Brunello-di-Montalcino-Gut völlig neu strukturiert. Sie setzt stark auf Forschung im Weinbau und bepflanzt derzeit große Bereiche ihres Besitzes mit Sangiovese-Klonen von einer alten, gutseigenen Unterlage. Vinifikation und Ausbaustile wurden von dem Bordeaux-geschulten beratenden Weinmacher Paolo Vagaggini ebenfalls modernisiert. Er erzeugt dunkle Farben, weiche Tannine und viel mehr Frucht als üblich bei einem Brunello – neben sahnigen Noten neuer Eiche. An erster Stelle steht der Einzellagenwein Brunello Manachiara.

rot 1998, 1997, 1995 ★ Brunello di Montalcino, Brunello di Montalcino Manachiara

Tenute Silvio Nardi

Poliziano
Vino Nobile di Montepulciano/IGT

via Fontago 1, Montepulciano Stazione 0578 738171 *www.carlettipoliziano.com* *n. V.*

DAS MONTEPULCIANO-GEBIET erzeugt vollmundigen, aber nicht immer sehr subtilen Sangiovese. Das Poliziano-Team – Besitzer und Agronom Federico Carletti und beratender Weinmacher Carlo Ferrini – gewinnt aus dem hiesigen Rohmaterial einige der weichsten modernen Weine der Region. Die Spitzenauslese Vino Nobile Riserva Ansinone zeigt reife Brombeerfrucht und runde, weiche Tannine, mit denen sie bereits drei Jahre nach der Lese, wenn sie auf den Markt kommt, trinkreif ist. Wer der Versuchung weitere zwei bis drei Jahre widerstehen kann, wird mit einem enormen Gewinn an Geschmack belohnt. Der Super-Toskaner Le Stanze, ein Cabernet-Sangiovese-Merlot-Verschnitt, kommt bordeleser Spitzenweinen gleich.

rot 1999, 1998, 1997, 1995, 1990 ★ Vino Nobile di Montepulciano, Riserva Asinone, Le Stanze del Poliziano Toscana IGT

Tenuta Valdipiatta
Vino Nobile di Montepulciano/IGT

via della Ciarliana 25, Montepulciano 0578 757930 *n. V.*

DIESER 25-HA-BETRIEB wurde in den 1990er-Jahren durch dichtere Bepflanzung und radikale Neugestaltung der Vinifikation verbessert und liefert jetzt einige der muskulösesten Rotweine der Zentraltoskana. Önologe Paolo Vagaggini packt mehr konzentrierte Farbe, Frucht und Körper in eine Flasche als jeder andere Weinmacher von Montepulciano. Vigna d'Alfiero, der erstmals 1999 auf den Markt kam, ist die DOCG-Spitzenauslese. Trincerone ist ein saftiger, sehr origineller Merlot-Canaiolo-Verschnitt.

rot 1999, 1998, 1997, 1995 ★ Vino Nobile di Montepulciano Riserva, Vino Nobile di Montepulciano Vigna d'Alfiero, Trincerone Rosso Toscana IGT

SÜDITALIEN UND DIE INSELN

SEIT DIE GRIECHEN im 8. Jh. v. Chr. nach Sizilien kamen, ist die Rebe in dieser Region Trostspender und Einnahmequelle. Heute ist das Interesse an süditalienischen Weinen dank günstiger Grundstücke, eines idealen Klimas und einer für europäische Verhältnisse toleranten DOC(G)-Gesetzgebung wieder gestiegen.

NACHDEM SIE MEHR als ein Jahrhundert nur Verachtung für den Süden übrig hatten, sind internationale Großkonzerne jetzt bestrebt, das enorme Weinbaupotenzial dieser Region zu nutzen. Neben Investitionen bringt dies Verbesserungen im Weinbau und die lange überfällige Einführung von Edelstahl mit sich. Moderne Technik ist hier jedoch noch immer die Ausnahme. Die Eignung des Südens für den Weinbau hat keinen Fortschritt, sondern eher ein Übermaß zur Folge gehabt. Südlich von Neapel entsprechen weniger als 3 % der Produktion den DOC- oder DOCG-Normen.

Trotzdem ist der Weinbau für Zehntausende sich nur knapp tragende Landwirtschaftsbetriebe mit einem durchschnittlichen Grundbesitz von unter 1 ha die finanzielle Grundlage. Im Gegensatz zu den florierenden Gütern des reichen Nordens gibt es im Süden nur wenige Kellereien in Privatbesitz, die sowohl ihre Trauben selbst anbauen als auch ihren eigenen Wein abfüllen. Hier werden noch 80 % der Ernte von riesigen Genossenschaften vinifiziert, die den Wein zum Verschnitt verkaufen: Apulien produziert mehr Trauben als ganz Nordwestitalien, Sizilien mehr als ganz Bordeaux.

Weingott Bacchus, römisches Fresko

Das Geheimnis dieser gewaltigen Produktion sind ein für den Weinbau nahezu ideales Klima sowie eine Unmenge äußerst ergiebiger heimischer Trauben. Diese Kombination gibt dem Süden ein bemerkenswertes Potenzial, das erst jetzt erschlossen wird. Er ist nunmehr in der Lage, sich zur ertragreichsten Weinbauregion Italiens zu entwickeln – ausgestattet mit mehr Technologie als je zuvor und frei von vielen rechtlichen Einschränkungen.

Sizilianische Weinbauern bei der Traubenlese

◁ **Weinberge bei Vettica Minora in der Nähe von Amalfi, Kampanien**

WEINKARTE SÜDITALIEN UND DIE INSELN

KEIN ITALIENISCHER WEINGARTEN ist weit vom Meer entfernt. In den tiefer liegenden Küstenlagen des Südens ist der maritime Einfluss am stärksten; weiter im Landesinneren gleicht der Einfluss des Meeres die höhere Lage aus. Die fruchtbaren apulischen Ebenen sind eines der größten Weinbaugebiete des Landes. Basilicata, Kampanien und Kalabrien dagegen sind hügeliger – hier ist der Weinbau schwieriger, und es gibt nur eine Hand voll DOC(G)s. Die Inseln Sizilien (Sicilia) und Sardinien (Sardegna), beide geografisch isoliert, weisen einen vielfältigen Weinbau auf.

Etikett aus Vallone, Apulien

LEGENDE

Süditalien

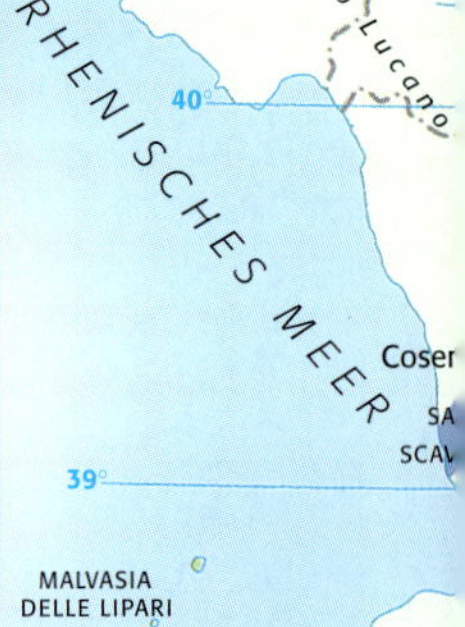

SPITZENWEINE: SÜDITALIEN UND DIE INSELN

- Ⓦ Cusumano Nadaría Inzolia IGT €
- Ⓓ Donnafugata Passito di Pantelleria Ben Ryè €€ (37.5 cl)
- Ⓡ Felline Primitivo di Manduria €€
- Ⓡ Feudi di San Gregorio Patrimo IGT €€€
- Ⓦ Firriato Chiaramonte IGT Sicilia €
- Ⓕ Marco de Bortoli Vecchio Samperi €€ (50 cl)
- Ⓡ Molettieri Taurasi Vigna Cinque Querce €€€
- Ⓡ Montevetrano IGT €€€€ (www.montevetrano.it)
- Ⓡ Morgante Nero d'Avola Don Antonio IGT Sicilia €€
- Ⓦ Odoardi Scavigna Bianca Pian della Corte €€
- Ⓦ Planeta Cometa IGT Sicilia €€
- Ⓦ Terredora Greco di Tufo Loggia della Serra €€

Pflege von Aglianico-Reben, Basilicata

Traubenlese bei D'Ambra, Kampanien

DAS TERROIR AUF EINEN BLICK

Breite: 41,5–37 °N

Höhe: 10–600 m über NN

Topografie: Die Apenninen überragen das Festland; die besten Weingärten liegen an Ausläufern in Nordlage. Viele sizilianische Weingärten liegen am Ätna.

Boden: Vorherrschend vulkanisch, Granit; etwas Ton und Kreide

Klima: Die südliche Lage und der Scirocco (ein heißer Wind aus Afrika) sorgen für hohe Reifungstemperaturen; der Einfluss des Mittelmeers senkt dagegen die Nachttemperatur in den Küstenregionen auf maximal 20 °C.

Temperatur: 24,5 °C Durchschnittstemperatur im Juli

Niederschlag: 600 mm im Jahresdurchschnitt. Die robusten Sorten des Südens können trotz Wassermangels während der Wachstumsphase voll ausreifen.

Gefahren für den Weinbau: Dürre; zu schnelle Reifung oder Austrocknung durch den Scirocco

SÜDITALIEN UND DIE INSELN: GEBIETE UND SPITZENERZEUGER

Weingärten in der Nähe von Menfi, Sizilien

Weingarten in Martina Franca, südliches Apulien

DIE WEINBAUGEBIETE SÜDITALIENS

Apulien

Apulien ist das italienische Pendant zum kalifornischen Central Valley oder zu Australiens Riverina – sehr flach und in den Sommermonaten unter glühender Sonne. Für Weinbauern ist das Leben hier leicht: Der Regen fällt während der Wintermonate, lange nach der Traubenlese; es gibt eine Fülle alter, unbewässerter Weingärten mit heimischen Rebsorten; die Trauben reifen in der Regel jedes Jahr gleich gut aus; die Bodenpreise betragen ein Zehntel der im Norden üblichen. Angesichts dieser eindeutigen Standortvorteile verwundert es nicht, dass einige der größten italienischen Erzeuger wie Antinori, GIV und Casa Girelli beschlossen haben, sich hier niederzulassen.

Trotz aller Vorzüge war die Durchschnittsqualität apulischer Weine bis vor kurzem durchweg niedrig. Generationen von Winzern haben aufgrund absurd hoher Erträge und schlechter Verfahren das Potenzial dieses Weinbauparadieses ungenutzt gelassen. Apulien produziert mehr Wein als jede andere italienische Region (14 % der Landesgesamtmenge), doch nur 2,5 % davon haben DOC-Status. Jahrzehntelang hatte Nordeuropa Tankwagenladungen voll apulischen Weins für die Wermutproduktion oder anspruchslose Verschnitte verbraucht, doch dann sah sich die apulische Überproduktion schlagartig mit dem allgemein sinkenden Verbrauch Europas und der gegenwärtigen Vorliebe für Weine aus der Neuen Welt konfrontiert. Damit waren die Tage des Massenumsatzes gezählt.

In den letzten zehn Jahren hat Apulien eine wahre Renaissance erlebt, und es ehrt die dortigen Weinbauern, nicht selbstgefällig gewesen zu sein. Zwei Faktoren haben bei diesem Prozess eine entscheidende Rolle gespielt: Erstens brachten EU-Subventionen und Privatfirmen das erforderliche Kapital in ein Gebiet, wo die Vorteile von Kühlung und Edelstahl dringend benötigt wurden. Der zweite Faktor waren die – oft aus der Neuen Welt stammenden – »fliegenden Weinmacher«, die neue Ideen und genaues Wissen um die modernen Weintypen mitbrachten.

Etikett Leone de Castris, Salice Salentino

Das Terroir-Konzept ist in Apulien sehr ausgeprägt: Das Mosaik aus Traubensorten, Landschaften und Philosophien hat hier unzählige Weintypen hervorgebracht, wovon auch die vielfach undurchsichtige Gesetzgebung der über 25 DOCs zeugt.

Nordapulien markiert die südliche Anbaugrenze mittelitalienischer Traubensorten (Trebbiano für Weiß- sowie Montepulciano und Sangiovese für Rotwein) und den Beginn des süditalienischen Weinbaus. Die hier heimische Bombino-Bianco-Traube liefert angenehme, zitrustönige Weißweine; die Verdeca-Traube kann hochwertige, trockene Weißweine mit konzentrierten Tropenfruchtaromen erzeugen.

Die Weißwein-DOC **Locorotondo** ist, neben den weniger bekannten **Gravina** und **Martina Franca**, wichtigster Vorkämpfer Apuliens.

Die Hauptrolle spielen jedoch Rotweine, und in Apulien mangelt es nicht an ausgezeichnetem Rohmaterial dafür. Im Norden formen elegante Tannine und zurückhaltende Säure der Uva di Troia die erfrischenden, edlen Weine der DOC **Castel del Monte**. Weiter südlich im »Absatz« Italiens öffnet sich die weite Ebene der Halbinsel Salento; hier beginnt das Reich der allgegenwärtigen Negroamaro. Ihrem Namen entsprechend (wörtlich: »schwarzer Bitterer«) liefert sie Weine mit üppiger schwarzer Frucht am Gaumen und leicht bittersüßem Nachklang, was vortrefflich zur heimischen Küche passt. Negroamaro kommt am besten in **Salice Salentino**, der produktivsten apulischen DOC, zur Geltung und liefert zudem das Gerüst für **Brindisi**, **Copertino** und **Squinzano**, wo sie oft mit etwas Malvasia Nera (Roter Malvasia) und Primitivo weicher gemacht wird.

Primitivo – ein Klon der kalifornischen Zinfandelrebe – ist mengenmäßig zwar recht unbedeutend, scheint sich aber die Führungsrolle der Negroamaro angeeignet zu haben. Ihre ausgeprägte Marmeladennote und die optionale Zinfandel-Etikettierung haben ihr einen kometenhaften Aufstieg beschert. Ihre besten Weine stammen von den ausgewachsenen, nicht bewässerten und in Bodennähe erzogenen Reben der **Primitivo di Manduria** DOC. Primitivo wird gelegentlich auch für Dessertwein verwendet, wenngleich in diesem Segment die rare DOC **Aleatico di Puglia** am bedeutendsten bleibt. Diese DOC-Zone umfasst ganz Apulien und ist zugleich sein größtes Geheimnis: Der aus roten Trauben desselben Namens im Passito-Stil *(s. S. 280)* gekelterte Aleatico wetteifert mit Recioto um den Titel des besten roten Süßweins Italiens.

Seit 1990 hat sich Apulien von der Massenproduktion losgesagt und aktiv versucht, sein großes Potenzial optimal zu nutzen. Neben Sizilien bietet es zweifellos die aufregendsten Neuentdeckungen – zu einem unschlagbaren Preis-Leistungs-Verhältnis.

Sand und Ton über Kalkstein, Ausstriche eisenreichen, roten Lehms *Primitivo, Aleatico, Negroamaro, Malvasia Nera, Montepulciano, Sangiovese, Uva di Troia* *Bombino Bianco, Verdeca, Trebbiano, Chardonnay* *rot, weiß, rosé, Dessert- und aufgespriteter Wein*

Nach der Traubenlese in der Nähe von Brindisi, Apulien

DER MEZZOGIORNO

Grund für die Umorientierung des Mezzogiorno (Süditaliens) in den letzten zehn Jahren war vor allem die Überproduktion innerhalb der EU. Angesichts des immer größeren Weinsees vebot Brüssel zunächst alle Neupflanzungen und initiierte dann zahlreiche Programme zur Reduzierung der Rebfläche. Erstmals waren die Erzeuger im Süden gezwungen, entweder ihre Weingärten zu vernichten oder kommerziell rentable Weine zu erzeugen. Die Qualitätspioniere der Region – Planeta *(oben)* u. a. – zeigten daraufhin nicht nur, dass man weniger produzieren und doch noch verdienen konnte, sondern vor allem, dass man nur auf diese Weise Profit machen konnte. Die Zahl der Erzeuger, die sich den neuen ökonomischen Verhältnissen anpassen, steigt nun ständig. Einen großen Wein zu machen ist nirgends leicht; guten Wein zu machen könnte jedoch nirgends leichter sein als im Weinbauparadies des Mezzogiorno.

Bauernhaus und Weingarten in Aglianico del Vulture, Basilicata

Kampanien

Am Vesuv südlich der Provinzhauptstadt Neapel (Napoli) gibt es den idealen Boden für Weinbau – das an Spurenelementen und Mineralien reiche, an organischen Stoffen jedoch arme Gebiet rings um den Vulkan soll einige der besten italienischen Weine seit römischer Zeit produziert haben. Hierher stammt auch der noch immer allgegenwärtige Lacryma Christi, der als Rot-, Weiß-, Rosé-, Schaum-, Dessert- und aufgespriteter Wein als DOC **Vesuvio** erhältlich ist und in den Trattorien von Neapel weiterhin Kapital aus seinem Namen schlägt.

Etwas landeinwärts liegt der verfallene Ort Taurasi, wo die einzige DOCG des Südens und eine seiner edelsten roten Trauben – Aglianico – zu Hause sind. Aglianico, deren Weine sich gut für lange Lagerung eignen und feine Tannine mit frischer Säure verbinden, besitzt alle Merkmale einer klassischen Sorte. Ihre besten Tropfen erreichen ihren Gipfel erst nach einem Jahrzehnt und entwickeln dann einen intensiven Veilchenduft. Aglianico passt am besten zu den köstlichen Würsten aus dem Süden.

Der vulkanische Boden rings um den Vesuv eignet sich gleichermaßen zur Kultivierung weißer Trauben; zu den Hauptsorten zählen hier – mit steigender Güte – Falanghina, Greco und Fiano. Nachdem sie sich 2000 Jahre lang an Boden und Klima anpassen konnten, erzeugen diese Trauben Weine mit elegantem Terroir-Charakter statt statt hohem Alkoholgehalt und schlaffer Säure. Sie bringen selten mehr als 12,5 % Alkohol und werden oft erst im Oktober geerntet. Glücklicherweise erkannten die Erzeuger, dass die feinen Birnen-, Quitten- und Dörrapfelnoten am besten ohne Eicheneinfluss zur Geltung kommen. Zu den Haupt-DOCGs gehören **Fiano d'Avellino** und **Greco di Tufo** in sanfter Hügellandschaft.

Die bescheidene Falanghina-Traube, die in der Umgebung von Taurasi kaum erwähnt zu werden braucht, hat Kultstatus erreicht – vor allem durch die Anstrengungen zweier Erzeuger in der unbekannten DOC **Falerno del Massico**.

Weingärten in Savuto an der kalabrischen Nordküste

Der honigtönig-üppige Falanghina aus dieser vergessenen Ecke Kampaniens wird von allen Seiten mit Lob überhäuft. Auch der rote Falerno, ein Verschnitt aus Aglianico und dem heimischen Piedirosso, wird wegen seiner saftigen roten Frucht gelobt.

Piedirosso wird auch auf Ischia, einer Insel in der Bucht von Neapel, angebaut. Seinerzeit konkurrierte Ischia als Ferienziel mit Capri und hat jenes heiter-unbeschwerte Image behalten; die Weine der DOC **Ischia** haben sicher auch aufgrund glücklicher Urlaubserinnerungen eine gewisse, ihrer Qualität nicht unbedingt angemessene Anhängerschaft. Vor dem Panorama eines Sonnenuntergangs am Mittelmeer würden allerdings nur wenige ein Glas des heimischen, kirschduftenden Piedirosso oder des ebenso unbekannten weißen Biancolella mit seinem leichten Zitruszauber ablehnen. Hier liegt das d'Ambra-Gut in der Produktion vorne.

Zu den weniger bekannten kampanischen DOCs gehören **Sannio** und **Taburno** genau zwischen Falerno und Avellino. Hier beherrschen Genossenschaften die Produktion, aber die Verbesserungen sind schon deutlich spürbar. Nördlich von Neapel, in einem seltsamen Mosaik aus Industriegebiet und Weingärten, liegt die DOC **Campi Flegrei**. Dass ihre Weine absolut nicht in Mode kommen, ist eine Schande, denn sie bieten einen erschwinglichen, angenehmen Eindruck von den heimischen Sorten Kampaniens.

vulkanischer Kalktuff und Kalkstein, bedeckt von Ton und Alluvialböden in Tälern *Piedirosso, Aglianico* *Falanghina, Greco, Fiano, Biancolella* *rot, weiß, rosé, Dessert- u. Schaumwein*

Basilicata

In der Basilicata – einer Region zwischen Apulien, Kalabrien und Kampanien im Spann des italienischen Stiefels – gibt es nur eine DOC: **Aglianico del Vulture**. Anders als in Apulien reichen die Weingärten hier bis in über 600 m Höhe und liefern einen entsprechend frischen, strukturierten Rotwein aus der Aglianico-Traube. Ein guter Aglianico del Vulture reicht zwar nicht an den ebenfalls aus der intensiven Aglianico gekelterten Taurasi heran, bietet aber ein ausgezeichnetes Preis-Leistungs-Verhältnis.

Ton, vulkanisch am Monte Vulture *Aglianico* *rot*

DIE URSPRÜNGE DES WEINS

Italien verdankt seine 2500 Jahre ununterbrochener Weinproduktion Etruskern und Griechen. Die Etrusker landeten nördlich von Rom und besiedelten den größten Teil der heutigen Toskana; die Griechen besiedelten zuerst Apulien, bevor sie den Phöniziern Sizilien abnahmen. Die von ihnen eingeführten Reben passten sich so gut an ihre neue Heimat an, dass sie Italien Enotria, d. h. »Land der Rebe« nannten. Die noch heute in Kampanien und Sizilien vielerorts gepflanzte Greco-Traube ist griechischen Ursprungs und wurde seinerzeit in Keramikkrügen zu einem trüben, jung getrunkenen Wein vergoren. Längere Lagerung war eine römische Erfindung, die Zugabe von Seewasser als Konservierungsmittel eine griechische. Die Griechen erzogen die Reben in Bodennähe, um den Verlust von Feuchtigkeit zu vermeiden, und die meisten Weingärten des Südens wenden dieses Verfahren bis heute an. Der griechische Einfluss in Italien reichte weit, und der Einfluss der Rebe auf Ackerbau, Wirtschaft und Bevölkerung ist nicht zu unterschätzen. Heute haben über 1 Mio. Italiener direkt mit der Weinproduktion tun.

Kalabrien

Kalabrien scheint wenig von den finanziellen Zuschüssen profitiert zu haben, die nach Süditalien fließen. Die bekanntesten DOCs der Region liegen an der Küste – **Melissa** und **Cirò** im Süden und **Savuto** (nur Rotwein) und **Scavigna** im Norden. Der etwas grobe Gaglioppo ist die treibende Kraft hinter den tanninreichen Rotweinen, wenngleich auch die sizilianische Nerello (vorwiegend Nerello Mascarese, aber auch Nerello Cappuccio) gelegentlich vorkommt. Die Weißweine basieren auf der Greco-Traube, aber wer an kampanische Spitzenweine gewöhnt ist, wird von den Versuchen Kalabriens enttäuscht sein. Der kalabrische Greco ist am besten zu heimischen Meeresfrüchten und aus dem Krug zu trinken.

Ton, Sand und Mergel *Gaglioppo, Nerello Mascalese* *Greco* *rot, weiß, rosé*

DIE SPITZENERZEUGER SÜDITALIENS

Candido
Apulien/Salice Salentino & IGT

via Armando Diaz 46, San Donaci
0831 635674
www.candidowines.it

AUSSERHALB SÜDITALIENS würden Alessandro und Giacomo Candidos Weingärten (140 ha) und ihre Produktion von 2 Mio. Flaschen gewaltig erscheinen. Ihren Ruf verdanken sie deren Qualität; ihr zuverlässiger, süßsaurer Salice Salentino dient der DOC seit Jahrzehnten als Bannerträger. Negroamaro erzielt hier Spitzenergebnisse, obwohl sie beim modernen Immensum gekonnt mit Cabernet Sauvignon, beim eichentönigen Vorzeigewein Duca d'Aragona mit Montepulciano verschnitten wird. Man produziert zudem kleine Mengen Chardonnay und Sauvignon Blanc neben einem ausgezeichneten Tropfen aus der raren Aleatico – Apuliens Antwort auf den Recioto Venetiens.

rot, weiß, Dessertwein *rot: 2001, 2000, 1998, 1996; weiß: letzte Jahrg.*
★ *Salice Salentino, Immensum IGT, Aleatico di Puglia, Duca d'Aragona IGT*

Cantina del Locorotondo
Apulien/Locorotondo & IGT

via Madonna della Catena 99, Locorotondo *080 4311644*
www.locorotondodoc.com

BEI DEN MEISTEN Genossenschaften geht es um Menge und Preis. Insofern sind die guten Rot- und Weißweine dieser Kellerei mit ihrem außergewöhnlichen Preis-Leistungs-Verhältnis eine willkommene Überraschung. Sie wurde 1929 von einigen Bauern gegründet, die die mangelnde Anerkennung für ihre harte Arbeit satt

Stilvolles Etikett der Cantina del Locorotondo

hatten, kontrolliert heute über 1000 ha Weingärten und stellt über 3,5 Millionen Flaschen jährlich her. Vom spritzigen Einstiegswein Locorotondo bis zum Roccia Rosso auf Negroamaro-Basis und dem eichentönigen Cummerse sind die Weine dieses Erzeugers so angenehm wie günstig. Der Einzellagenwein Verdeca Vigneti aus Talinajo mit seinen Zitrus- und Blumennoten zeigt wieder einmal, dass Italien in jeder Preisklasse mit der Neuen Welt mithalten kann.

rot, weiß, rosé *letzte Jahrg.*
★ *Roccia Rosso IGT, Cummerse IGT, Vigneti in Talinajo, Locorotondo*

Felline
Apulien/Primitivo di Manduria & IGT

via Santo Stasi Primo, Manduria
0999 711 660

FELLINE IST DAS Aushängeschild des Pervini-Imperiums, einer apulischen Dynastie unter der Leitung von Gregory und Elisabetta Perucci. Niedrige Erträge und fehlende Bewässerung sind nur ein Teil der Maßnahmen zur Pflege ihrer über 80-ha-Weingärten. In den meisten Jahren werden nur zwei Weine gekeltert: der außergewöhnlich preiswerte Alberello – ein Verschnitt aus Negroamaro und Primitivo – und der behutsam in Eiche ausgebaute DOC-Wein Primitivo di Mandura. In großen Jahren bringt Önologe Roberto Cipreso noch begrenzte Mengen eines stämmigen Primitivo-Montepulciano-Verschnitts als IGT-Wein Vigna del Feudo heraus.

rot *2001, 2000, 1997*
★ *Primitivo di Manduria, Vigna del Feudo IGT, Alberello IGT*

Leone de Castris
Apulien/Salice Salentino & IGT

via Senatore De Castris 26, Salice Salentino *0832 731112*
www.leonedecastris.com

LEONE DE CASTRIS hat seit seiner Gründung im Jahr 1665 apulische Weinbaugeschichte geschrieben – ohne Unterbrechnung und konkurrenzlos. Die derzeitige Jahresproduktion von 3,5 Mio. Flaschen ist auf jeden Fall bedeutend, und der Familie gebührt Anerkennung für ihre Bemühungen und Erfolge. Der feste, üppige Five Roses Anniversario (IGT) verdient als Apuliens bester Rosé besondere Erwähnung, und der dicht gepackte DOC-Wein Salice Salentino Riserva ist ein echter Winzer-Kraftakt.

rot, weiß, rosé, Dessertwein
rot: 2001, 2000, 1999, 1998, 1995, 1993; weiß: letzte Jahrg.
★ *Rosato Five Roses Anniversario IGT, Salice Salentino Rosso Riserva Donna Lisa*

Rivera
Apulien/Castel del Monte

SS 98 km 19,800, Contrada Rivera, Andria ☎ *0883 569501*
W *www.rivera.it* ◷ *n. V.*

ANGESICHTS DER INVESTITIONEN und des Aufwands, den dieses Gut in die heimische Troia-Traube investiert hat, und seiner Treue zur DOC Castel del Monte gibt es kaum Zweifel, dass es Vorreiter apulischer Weinbereitung bleibt. Die Kellerei ist so sauber und modern wie ihre Weine, und Carlo de Coratos scheute im Bemühen um Qualität keine Kosten. Il Falcone, ein Verschnitt aus 65 % Troia und 35 % Montepulciano, reift 12 Monate in Barriques und bietet ein berauschendes Aroma – gestützt von einem seidigen, ausgewogenen Kirsch- und Pflaumengeschmack. Einer der besten apulischen Rotweine.

rot, weiß, rosé, Dessertwein *rot: 2001, 2000, 1998; weiß: letzte Jahrg.* ★ *Castel del Monte Il Falcone Riserva*

Rivera

Weingarten in der Nähe von Locorotondo, Apulien

Taurino
Apulien/IGT

SS 605, Guagnano ☎ *0832 706490*
W *www.taurinovini.it* ◷

COSIMO TAURO und seiner Kellerei, beide von undefinierbarem Alter, scheinen vom Verstreichen der Zeit und den Launen der Mode unberührt geblieben zu sein. Apuliens 2000 Jahre Weinbaugeschichte sind der Schlüssel zu diesem Gut: Traditionelle Trauben wie Negroamaro und Malvasia Negra werden bis zu fünf Jahre in alter Eiche ausgebaut – mit so bewundernswerter Hingabe bewahrt Cosimo das Erbe. Der leicht oxidierte, aber intensiv-aromatische Notarpanaro VdT macht Lust auf eine Reise durch Apuliens sonnendurchströmte Vergangenheit.

rot, weiß, rosé, Dessertwein *rot: 2001, 1999, 1997, 1995; weiß: letzte Jahrg.* ★ *Salice Salentino Rosso Riserva, Notarpanaro VdT*

Vallone
Apulien/Brindisi & IGT

via XXV luglio 7, Lecce
☎ *0832 308041*
W *www.agricolevallone.it* ◷ *n. V.*

IN EINEM GEBIET, wo Weinbau mehr Enttäuschung als Triumph beschert, ist das Vallone-Gut ein willkommener Leitstern von gleichbleibender Güte. Seit seiner Gründung 1934 hat sein Brindisi Rosso Vigna Flaminio denjenigen, der einen richtig herzhaften Rotwein wünscht, mehr als zufrieden gestellt. Vallones Spitzenwein Graticciaia ist eine Negroamaro-Spätlese, die es schafft, gaumenbetäubenden Alkoholgehalt mit frischer Säure und angemessen-robusten Tanninen zu vereinen. Doch Vorsicht: Dies ist kein Wein für zart Besaitete.

rot, weiß, rosé, Dessertwein *rot & Dessertwein: 2000, 1997, 1995; weiß: letzte Jahrg.* ★ *Brindisi Rosso Vigna Flaminio, Graticciaia IGT*

GENOSSENSCHAFTEN IN SÜDITALIEN

Bevor Italien der EWG beitrat, gab es in Süditalien nur wenig Privatinvestitionen und ein paar Kellereien in Privatbesitz. Millionen von Bauern konnten ihren Lebensunterhalt nur notdürftig in Kleinbetrieben verdienen. Beim Versuch, die Agrarwirtschaft zu stärken, setzten mehrere Regierungen Landwirtschaftsgenossenschaften als Rettungsanker ein. Diese boten ihren Weinbauern, die nach Produktionsmenge bezahlt wurden, einen sicheren Markt. Im Laufe der Zeit stieg die Produktion steil an, aber der einheimische Konsum sank, was zu einem als »Weinsee« bezeichneten Überangebot führte. Im Süden sind die Genossenschaften nach wie vor wichtig und decken 80 % der Produktionsmenge. Die Mehrheit von ihnen legt dabei noch immer mehr Wert auf Quantität als auf Qualität, aber einige haben Programme gestartet, um den Anbau höherwertiger Trauben zu fördern. Zu den angesehensten gehören: *Cantina del Locorotondo (Apulien), Cantina del Taburno (Kampanien; www.cantinadeltaburno.it), Settesoli (Sizilien; 0925 77111), Cantina Gallura (Sizilien) und Cantina di Santadi (Sardinien).*

Caggiano
Kampanien/Taurasi

contrada Sala, Taurasi 0827 74723 www.cantinecaggiano.it

ANTONIO CAGGIANO erzeugt einen beeindruckenden Taurasi-DOCG-Wein, der bis jetzt seine Nummer eins ist – bei seiner Begeisterung für alles Kampanische ist es nur eine Frage der Zeit, bis seine übrigen Weine dieselbe Ausgewogenheit und Konzentration aufweisen. Beim Taurasi mildern 18 Monate in Eiche die harten Tannine und harmonisieren Struktur und Frucht.

rot, weiß, Dessertwein rot: 2000, 1999, 1997; weiß: letzte Jahrg.; Dessertwein: 2000 ★ Taurasi Vigna Macchia dei Goti

D'Ambra
Kampanien/Ischia

loc Panza, SS 270 Via Mario d'Ambra, Forio 0819 07210 www.dambravini.com

AUF DER INSEL ISCHIA befindet sich D'Ambra, eines der besten Güter des Südens.

D'Ambra-Etikett

Dies bestätigt bereits ein Glas des ausgeprägt fruchtigen Biancolella Frassitelli von den terrassierten Weingärten in 500 m Höhe. Am meisten beeindruckt dieses Gut aber durch seinen Einsatz für heimische Sorten, von denen es viele – wie Biancolella – nur auf Ischia gibt. Forastera, San Lunardo und Guarnaccia werden von der D'Ambra-Familie ebenfalls liebevoll ausgesucht, aufgezogen und vinifiziert.

rot, weiß 2001 (w), 2000, 1999 (r) ★ Ischia Biancolella Tenuta Frassitelli

MONTEVETRANO: AUF DEM SPITZENPLATZ

Silvia Imparato, eine der führenden italienischen Fotografinnen, erbte im Jahr 1985 ihr kleines Familiengut in den Hügeln jenseits des vornehmen Ferienortes Sorrento. Dessen Weingärten wurden für sie bald zur Leidenschaft, und obwohl sie von Beruf keine Weinmacherin ist, verwendete sie viel Fleiß und Vermögen auf die Renovierung von Weingärten und Kellerei. Ein Teil ihrer beträchtlichen Investitionen floss in den Dienst von Riccardo Cotarella, einen der berühmtesten Weinmacher Italiens. Sein Sachverstand, Silvias kompromisslose Suche nach Perfektion und das erstklassige Terroir des Guts gipfelten im 1993er Montevetrano IGT Colli di Salerno – einem Wein, der in Italien und den USA sofort einen Spitzenplatz belegte. Heute gehört er zu Italiens begehrtesten Rotweinen. Montevetrano, ein verlockender »Bordeaux-trifft-Neapel«-Verschnitt aus Cabernet Sauvignon, Merlot und Aglianico, bietet Aromen neuer Eiche und Johannisbeere. Seine älteren Jahrgänge fanden enormen Anklang, und der bescheidenen Silvia und dem Gut hat er zu Starruhm verholfen.

www.montevetrano.it

Fattoria Villa Matilde
Kampanien/Falerno del Massico

Strada Statale Domitiana 18, frazione località Parco Nuovo-Cellole 0823 932088 www.fattoriavillamatilde.com

DIE FALERNO-WEINE werden gefeiert, seit Plinius im 1. Jh. v. Chr. erstmals auf sie aufmerksam gemacht hat. Die Avallone-Familie hat sich 2000 Jahre später entschieden, der DOC Falerno del Massico mit allen Mitteln ihren alten Glanz zurückzugeben. Falanghina – andernorts nur eine schwächere Fiano- und Greco-Verwandte – brilliert in dem Falerno Bianco Vigna Caracci, einer Pfirsich-Aprikosen-Mischung mit exotischer Würze. Der rote Vigna Camarato aus 80% Aglianico und Piedirosso ist mit konzentrierter Brombeere und saftiger roter Johannisbeere ebenso beeindruckend.

rot, weiß, rosé, Dessertwein rot: 2000, 1999, 1997; weiß: letzte Jahrg. ★ Falerno del Massico Bianco: Vigna Caracci, Vigna Camarato

Feudi di San Gregorio
Kampanien/IGT

contrada Cerza Grossa, Sorbo Serpico 0825 986611 www.feudi.it

FEUDI DI SAN GREGORIO ist seit über 20 Jahren Spitzenwinzer in Kampanien und wird zweifellos auch weiterhin Maßstäbe setzen. Der brillante Winzer Riccardo Cotarella hat hier bei einer ganzen Reihe kampanischer Klassiker Wunder gewirkt. Die beliebten Sorten Falanghina, Fiano, Greco und Taurasi sind sämtlich mustergültig, aber am interessantesten sind die gutseigenen Entwicklungen. Der weiße Campanaro, ein Greco-Fiano-Verschnitt von ausgesuchten Parzellen, bietet eine Palette üppiger

Tropenfrucht, gestützt von dezenter Fassreifung. Serpico aus 100 Jahre alten Aglianico-Reben ist ein Inbegriff der Mäßigung und füllt den Mund mit eleganten Tanninen und konzentrierter Frucht, wird jedoch noch übertroffen von dem monumentalen Patrimo von einer kleinen Parzelle alter Merlot-Reben.

rot, weiß, Dessertwein rot: 2000, 1999, 1998, 1997, 1995; weiß: letzte Jahrg.; Dessertwein: ★ Fiano Campanaro IGT, Serpico IGT, Patrimo IGT

Molettieri
Kampanien/Taurasi

via Musanni 19, Montemarano
0827 637224
www.salvatoremolettieri.it

SALVATORE MOLETTIERI zufolge war sein Aglianico schon immer so gut, nur hat der Rest der Welt erst in den letzten Jahren davon Kenntnis genommen. Der konzentrierten Schwarzkirsch- und Haferpflaumencharakter seines kräftigen Taurasi DOCG spricht in der Tat für sich. Der Riserva schafft es, die enorme Aglianico-Statur in reife Beerenfrucht und sahnige neue Eiche zu hüllen, und braucht ein Jahrzehnt, um seinen Gipfel zu erreichen.

rot 2000, 1999, 1998, 1997, 1996, 1994 ★ Taurasi Vigna Cinque Querce, Vigna Cinque Querce Riserva

Terredora
Kampanien/Greco di Tufo

via Serra, Montefusco 0825 968 215 www.terredora.com n. V.

TERREDORA VERDANKT seine Existenz einem erbitterten Streit in einer der führenden Weinfamilien Kampaniens: Die zwei Mastroberardino-Brüder trennten sich 1996, wobei einer (Paolo) Kellerei und Namen behielt, der andere die Weingärten, die zu den besten Kampaniens zählen.

Molettieri-Weingärten in Kampanien

Lucio Mastroberardino baute nun eine neue Kellerei auf (Terredora) und brachte seinen ersten Jahrgang nur aus den eigenen Weingärten auf den Markt. Seine Weine zeugen von seinem umfassenden Wissen und dem Bemühen, sein geliebtes Terroir zur Geltung zu bringen. Terredoras Produkte sind durchweg hochwertig: Der elegante Fiano d'Avellino und der opulente Greco di Tufo meiden Eiche und betonen konzentrierte Frucht, während der feine Taurasi beides gekonnt verbindet.

rot, weiß, rosé, Dessertwein rot: 2000, 1998, 1997; weiß: letzte Jahrg. ★ Greco di Tufo Loggia della Serra, Fiano d'Avellino Terre di Dora, Taurasi Fatica Contadina

Librandi
Kalabrien/Cirò & IGT

SS 106 C da San Gennaro, Cirò Marina 0962 31518 www.librandi.it

ERSTKLASSIG, ZUVERLÄSSIG und jahrzehntelang das einzige kalabrische Gut mit einem gewissen Anspruch auf Qualität. In der Kellerei geht es noch auf seltsame Weise altmodisch zu, aber es zeichnen sich auch neue Tendenzen ab. Neben seinem umfangreichen Besitz in der DOC Cirò hat Librandi kürzlich neue Weingärten in der DOC Melissa erworben – eine gute Nachricht für Anhänger heimischer Traubensorten, für die sich Librandi trotz seines letzten Erfolgs mit dem Chardonnay-Sortenwein Critone schon immer eingesetzt hat. Der wirkliche Höhepunkt jedoch bleibt Gravello, eine Kombination aus Gaglioppo-Struktur und Cabernet-Sauvignon-Fruchtigkeit.

rot, weiß, rosé, Dessertwein rot: 2000, 1997, 1990; weiß: letzte Jahrg. ★ Critone IGT, Gravello IGT, Cirò Duca Sanfelice

Odoardi
Kalabrien/Scavigna & Savuto

viale della Repubblica 143, Cosenza
0984 29961

DER RADIOLOGE Dr. Gregorio Odoardi experimentierte in Kalabrien als Erster mit dichter Bepflanzung und neuen Eichenfässern. Dadurch und mit der Hilfe seines beratenden Weinmachers Stefano Chioccioli hat er neue Maßstäbe für kalabrischen Wein gesetzt. Neben niedrigen Erträgen profitieren die Weingärten hier vom starken maritimen Einfluss, der schwarze Frucht und feine Blumennoten des Scavigna DOC Vigna Garrone konserviert – eines 12 Monate in neuer Eiche gealterten Verschnitts aus Aglianico, Merlot, Cabernet Sauvignon und Cabernet Franc. Weitere Höhepunkte sind der weiße Scavigna und der rote Savuto DOC Vigna Mortilla.

rot, weiß, Dessertwein rot: 2000, 1999; weiß: letzte Jahrg. ★ Scavigna Vigna Garrone, Savuto Vigna Mortilla

Weingärten in Marsala, Sizilien

DIE WEINBAUGEBIETE SARDINIENS UND SIZILIENS

Sardinien

INFOLGE EU-FINANZIERTER PROGRAMME zur Verkleinerung des europäischen Weinsees wurden in den letzten 15 Jahren drei Viertel der Rebstöcke auf Sardinien herausgerissen. Trotzdem wird hier eine immer größere Zahl ganz annehmbarer Weine produziert. Die Carignano-Traube (Carignan) aus der DOC **Carignano del Sulcis** kann einen gefälligen Roten ergeben; Cannonau (Grenache), der bekannteste Wein der Insel, ist ähnlich saftig und erinnert an Konfitüre. Merkwürdigerweise befindet sich hier auch Süditaliens einzige Weißwein-DOCG, nämlich **Vermentino di Gallura**. Sie fristete trotz beträchtlichen Potenzials ein abgeschiedenes Dasein. Ihre besten Weine sind konzentriert und reif mit feuersteinartig-blumiger Note. Die weiße Traube Nuragus liefert die DOC **Nuragus di Cagliari**. Auf Sardinien gibt es noch Erzeuger, die sich hartnäckig dagegen wehren, die Produktion der altmodisch-kuriosen DOC **Vernaccia di Oristano** einzustellen – eines trockenen, kirschartigen Apéritifs, der jetzt zu verschwinden droht.

Granit-Untergrund mit Ton und Sand

Carignano, Cannonau *Vermentino, Vernaccia* *rot, weiß, rosé, Dessert-, Schaum- und aufgespriteter Wein*

Sizilien

SIZILIENS VIELE EINHEIMISCHE, an die enormen Klimaunterschiede angepasste Traubensorten haben eine Unmenge von Weintypen hervorgebracht. Trotz unablässiger EU-Forderungen nach Rodung von Rebflächen sind die sizilianischen Anbauflächen mit ihren 158 000 ha noch immer größer als anderswo in Italien.

Hier stößt man auf exzellente IGT- und DOC-Weine. Es gibt eine IGT-Auszeichnung für die gesamte Insel (IGT Sicilia), so dass man Trauben von allen Anbauflächen verschneiden und die Produkte als Sortenwein etikettieren kann – vorteilhaft für Versuchsweingärten und Erzeuger, die große Mengen preiswerten Weins aus internationalen Sorten keltern möchten. Die Ausläufer der Peloritani-

PASSITO-WEINE

Das heiße Klima des Südens eignet sich ideal für die Produktion einer italienischen Nationalkostbarkeit: des Dessertweins aus getrockneten Trauben *(passito)*. Die Erzeuger scherzen, dass der kräftige Wind und die niedrige Luftfeuchte in zwei Wochen das schaffen, wofür man im Norden zwei Monate benötigt. Die meisten *passito*-Weine werden aus Moscato oder Malvasia gekeltert und stammen aus den DOCs **Passito di Pantelleria** und **Malvasia delle Lipari** (beide auf Inseln vor Sizilien). Die Trauben werden vollreif geerntet und auf Strohmatten zum Trocknen in die Sonne gelegt. Dabei können bis zu 60 % des Saftes verloren gehen; mit dem Verdunsten des Wassers steigt der Zuckergehalt. Die sirupartige Flüssigkeit mag monatelang fermentieren, aber der fertige Wein enthält sowohl viel Zucker als auch viel Alkohol. Italiener nennen diese Weine Vini da Meditazione – ihren Konsum soll eine gewisse besinnliche Stimmung begleiten.

Berge im äußersten Nordosten sind von bröckeligen Basalt-Terrassen durchzogen. Dies ist die Heimat der fast verlassenen roten DOC **Faro** wie auch ihrer unbesungenen, heldenhaften italienischen Traube, der Nerello Mascalese. Diese kultige Abfüllung bewahrt ungeachtet der glühenden Hitze Siziliens ihre Burgunder-Eleganz. Die delikaten roten Fruchtaromen und ihr feiner Geschmack sind für einen sizilianischen Wein ungewöhnlich.

Südlich von Faro münden die niedrigen Gipfel der Monti Peloritani in den 3300 m hohen Ätna, Europas größten aktiven Vulkan. An seinen Hängen erstrecken sich die Weingärten vom Meeresspiegel bis in fast 1000 m Höhe. Sie gehören zu den höchsten Europas, und die dadurch verzögerte Reifung steigert die Aromakonzentration. In der DOC **Etna** wächst neben der Nerello- die Carricante-Traube, die lagerfähige Weißweine von konzentriert-mineralischer Natur und Dörrobstcharakter liefert.

Siziliens südöstliche Ecke ist die heißeste und trockenste Gegend Italiens. Hier regnet es nur in großen Abständen, während der Schirokko die Temperaturen auf bis zu 40 °C steigen lässt. Nur robusteste Reben wie die rote Nero d'Avola, die wichtigste Stütze der DOC **Eloro**, halten dieses extreme Klima aus.

Nero d'Avola gehört heute zu den am meisten angebauten roten Sorten Siziliens und verlangt in den Kanon der besten einheimischen Trauben Italiens aufgenommen zu werden. Ihr Geschmacksprofil zeichnet sich durch eine gewisse aristokratische Nervosität aus – saftige Säure, feine bzw. gelegentlich aggressive Tannine sowie eine trockene Maulbeernote; niedrige Erträge sorgen für hohen Alkoholgehalt und einen Backpflaumen-Zimt-Charakter. Sie verträgt sich mit Eiche und lässt sich gut mit der roten Frappato verschneiden – in der DOC **Cerasuolo di Vittoria**, bei der die seit Generationen in Einzelbereichen um Vittoria im Süden der Insel angebaute Frappato wenigstens 40 % betragen muss. Sie ist mit ihrer hellen Farbe, den weichen Tanninen und einer guten Portion roter Johannisbeere und Erdbeere die mediterrane Antwort auf die Gamay-Traube des Beaujolais. Ihr Wein besitzt frische Säure, wird selten in Eiche ausgebaut und ist jung zu trinken. Obwohl rote Sorten zum festen Inventar Siziliens gehören, verdienen einige weiße Trauben eine gesonderte Erwähnung. Catarratto wird aufgrund ihrer erdigen Aromen und des enormen Alkoholgehalts in der Regel für **Marsala** verwendet *(s. oben)*, gönnt ihren Fans bei begrenzten Erträgen aber gelegentlich auch Momente würziger Brillanz. Ihre geistige Heimat ist die DOC **Alcamo**. Die allgegenwärtige Moscato (hier Zibibbo genannt) kommt in prächtigen Dessertweinen wie **Passito di Pantelleria** DOC *(s. links)* am besten zur Geltung. Dessen dunkle Bernsteinfarbe und Backobstnase sind die Vorboten intensiver Süße, die eine natürliche Frische ausgleicht. **Malvasia delle Lipari** DOC bietet eine erfrischende Kräutervariante des *passito*-Themas *(s. links)*.

Kalk und Ton, vulkanischer Basalt, Sand

Frappato, Nerello Mascalese, Nerello Cappuccio, Nero d'Avola *Moscato, Malvasia, Grillo, Inzolia, Catarratto, Damaschino, Carricante*

rot, weiß, rosé, Dessert-, Schaum- und aufgespriteter Wein

Marsala-Wein

MARSALA

Der feine und doch kräftige, aufgespritete Marsala ist die Folge einer zufälligen Begegnung. Als John Woodhouse – ein in Sizilien geborener, britischer Weinimporteur – 1770 nach Marsala kam, waren aufgespritete Weine im georgianischen England sehr beliebt. Sein florierendes Unternehmen importierte bereits Sherry und Portwein, und er führte unverzüglich ein italienisches Pendant ein, zu dessen Anhängern auch Lord Nelson zählte. Marsala war ursprünglich trocken und wurde nach dem bereits beim Sherry verwendeten Solera-Verfahren ausgebaut. Die Marsala-Traube par excellence ist nach wie vor Grillo, aber Inzolia, Catarratto und Damaschino sind ebenfalls zugelassen. Nach der Blütezeit des 19. Jh. führten sinkende Verkaufszahlen im 20. Jh. zur Entwicklung neuer Varianten, darunter trocken, halbtrocken und süß *(secco, semisecco* und *dolce)* sowie rot, gold- und bernsteinfarben *(rubino, ambra* und *oro)*. Diese verwirrende Nomenklatur brachte den Niedergang: Die Qualitätsproduktion ist seit den späten 1970er-Jahren um 97 % gesunken. Selbst die ältesten und interessantesten Sorten, Vergine und Vergine Stravecchio, haben heute Schwierigkeiten.

DIE SPITZENERZEUGER SARDINIENS UND SIZILIENS

Argiolas
Sardinien/IGT & Nuragus di Cagliari

via Roma 56/58, Serdiana 0707 40606 www.vinidocsardegna.it

EHRE, WEM EHRE GEBÜHRT: Argiolas hatte das Potenzial des sardischen Terroirs schon viel früher als andere erkannt. Der Spitzenwein Turriga IGT – größtenteils Cannonau, durch etwas Malvasia Nera verstärkt – mit seinem reifen, marmeladigen Charakter, umrahmt von gerösteter Eiche, kann manch einen Châteauneuf-du-Pape in Verlegenheit bringen. Gleichermaßen eindrucksvoll sind der liebliche Angialis, der trockene Costamolino aus Vermentino und ein kostbarer weißer Nuragus di Cagliari DOC. Läge Argiolas in der Toskana, wären diese Weine dreimal so teuer.

rot, weiß, Dessertwein rot: 1998, 1997, 1995, 1994, 1993, 1992; weiß: letzte Jahrg. ★ Turriga IGT, Angialis IGT, Nuragus di Cagliari

Cantina Gallura
Sardinien/Vermentino di Gallura

via Val di Cossu 9, Tempio Pausania 0796 31241 www.cantinagallura.it

DIE GENOSSENSCHAFT von Gallura, ein einsamer Außenposten des sardischen Weinbaus, hält ihre Mitarbeiter immer wieder zur gebührender Sorgfalt in den Weingärten an. Im Laufe der Jahre haben sich diese Worte in deren Bewusstsein verankert, und so hat die Region einen anständigen Vermentino hervorgebracht. Die drei angebotenen Varianten (Canayli, Piras und Mavriana) sind durchweg hocharomatisch und ausdrucksvoll. Vermentino di

Argiolas-Etikett

Gallura DOCG gehört nach wie vor zu den italienischen Weißweinen mit dem besten Preis-Leistungs-Verhältnis – und diese Kooperative zu seinen Hauptvertretern.

rot, weiß,rosé, Dessertwein letzte Jahrg. ★ Vermentino di Gallura: Canayli, Mavriana, Piras

Cantina di Santadi
Sardinien/Carignano del Sulcis

via Su Pranu 12, Santadi 0781 950127 www.cantinadisantadi.it

SANTADI IST BEI WEITEM keine Durchschnittsgenossenschaft: Sie liefert nicht nur einige der besten Weine der Insel, sondern ganz Italiens. Dass diese durchaus erschwinglich bleiben, erfreut diejenigen, die die Köstlichkeiten der kaum bekannten DOC Carignano del Sulcis entdeckt haben. Santadis Terre Brune steckt voll teeriger Brombeerfrucht – neben geschmeidigen Tanninen und langem Abgang. Sein jüngerer Bruder Rocca Rubia ist fast ebenso eindrucksvoll – und beide Weine steigern ihr Preis-Leistungs-Verhältnis stetig.

rot, weiß, rosé, Dessertwein rot: 2001, 2000, 1999, 1998; weiß: letzte Jahrg. ★ Carignano del Sulcis Superiore Terre Brune, Carignano del Sulcis Riserva Rocca Rubia

Capichera
Sardinien/IGT

SS Arzachena, S Antonio, 5km, Arzachena 0789 80800 www.capichera.it n. V.

IM AUSGEDÖRRTEN Buschland von Nordsardinien liegt das Capichera-Gut. Die unermüdlichen Qualitätsbemühungen der Familie Ragnedda gehen der Mehrheit der Erzeuger bislang ab. Die Familie fasste kürzlich die schwierige Entscheidung, sich von Sardiniens einziger DOCG (Vermentino di Gallura) zu trennen, um ihre Weine als IGTs zu etikettieren. Dies ist umso bedauerlicher, als Capichera viel für Vermentino getan und so das Image der gesamten Region verbessert hat. Vendemmia Tardiva ist einer der besten Vermentinos mit nussigen Aromen – von Wildblumen und seltener Komplexität überlagert. Der Capichera bietet einen günstigeren Einstieg in den Genuss dieser Traube. Das Gut hat zudem kürzlich eine Reihe solider, aber etwas teurer Rotweine herausgebracht.

rot, weiß letzte Jahrg. ★ Capichera Vendemmia Tardiva IGT, Capichera IGT

Contini
Sardinien/Vernaccia di Oristano

via Genova 48/50, Cabras 0783 290806 www.vinicontini.it

WER DIE VIELFALT von Weintypen befürwortet, muss Attilio Continis Entschluss, mit Vernaccia di Oristano DOC einen der unmodernsten italienischen Weine zu bereiten, begrüßen. Der leicht oxidierte, unverwüstliche und zu Suppen und Antipasto unvergleichliche Vernaccia di Oristano ist die italienische Antwort auf guten *amontillado*-Sherry

(s. S. 323) – mit feiner Haselnuss-Honignase und einer warmen Karamelnote im Abgang. Attilios prächtiger Antico Gregori wartet noch darauf, entdeckt zu werden.
rot, weiß, Dessertwein *rot, weiß: letzte Jahrg.; Dessertwein: 2001, 1992, 1990* ★ *Vernaccia di Oristano Antico Gregori*

Contini-Etikett

Benanti
Sizilien/Etna & IGT

via G Garibaldi 475, Viagrande 0957 893 533 www.vinicola benanti.it n. V.

DICHTE BEPFLANZUNG, niedrige Erträge und manuelles Untertauchen des Tresterhuts während der Vergärung sind nur einige der Maßnahmen, die die Benanti-Familie unternimmt, damit ihr Gut zu den besten der DOC Etna zählt. Die hoch gelegenen Weingärten mit vulkanischem Boden liefern kleine Mengen aromatischer, einheimischer Trauben. Der weiße Pietramarina von 80 Jahre alten, in 850 m Höhe gepflanzten Carricante-Reben ist eine konzentrierte, glücklicherweise eichenfreie Mischung aus Mandel, Apfel und Lakritz. Der Rosso di Verzella ist eine ebenso eindrucksvolle Nerello-Mascalese-Interpretation.
rot, weiß, Dessertwein *2000, 1999, 1997* ★ *Etna Bianco Superiore Pietramarina, Minella IGT Sicilia*

Calatrasi
Sizilien/IGT

loc San Cipirello, contrada Piano Piraino, Palermo www.calatrasi.it 0918 576 767

CALATRASI GEHÖRT TEILS dem australischen Großkonzern Hardy Wine Company und teils Maurizio Micciché, einem sizilianischen Arzt. Er gründete das Gut als Vinifikationszweig einer Genossenschaft, zu deren Bildung er die Weinbauern vor Ort ermuntert hatte. Inzwischen gehört auch eine Kellerei in Apulien dazu, aber Calatrasi ist die treibende Kraft hinter der Marke D'Istinto, die gefällige Süffigkeit mit einem guten Preis-Leistungs-Verhältnis verbindet. Alle d'Istinto-Weine laufen als Sortenweine unter dem IGT-Symbol.
rot, weiß *letzte Jahrg.*
★ *Marchio D'Istinto IGT Sicilia*

Colosi
Sizilien/Malvasia delle Lipari

via Militare Ritiro 23, Messina 0905 3852 www.cantine colosi.it n. V.

PIERO COLOSI IST großer Verfechter des fast verschwundenen Dessertweins Malvasia delle Lipari DOC. Er erzeugt davon einen *naturale*- und einen *passito*-Typ, aber die sonnige Insel Lipari ist im Grunde dem *passito*-Verfahren verschrieben *(s. S. 280)*. Dies betont den Kräutercharakter der Traube, und man erhält einen Wein von ansprechender, eukalyptus- und aprikosentöniger Bitterkeit.
rot, weiß, Dessertwein *letzte Jahrg.* ★ *Malvasia delle Lipari Passito di Salina*

Cusumano
Sizilien/IGT

con San Carlo, Partinico 0918 903456 www.cusumano.it

DIE BRÜDER Diego und Alberto Cusumano experimentieren seit 1989 auf der 140-ha-Farm ihres Vaters mit unterschiedlichen Traubensorten; erst 2001 waren sie mit den Ergebnissen so zufrieden, dass sie einen Wein auf den Markt brachten. Dieses Gut macht nicht einen Fehler, und Diegos Persönlichkeit ist in allen Weinen erkennbar – vom heiteren Inzolia Cubìa bis zum dramatischen Noà, einem Verschnitt aus Nero d'Avola, Merlot und Cabernet. Kürzlich haben die beiden eine 160-ha-Parzelle in 700 m Höhe erworben, um mit Rebsorten für kälteres Klima zu experimentieren. Alle Weine kommen als IGT Sicilia auf den Markt.
rot, weiß *letzte Jahrg.*
★ *IGT Sicilia: Inzolia Cubìa, Noà*

Donnafugata
Sizilien/Passito di Pantelleria & Contessa Entellina

via S Lipari 18, Marsala 0923 724 200 www.donnafugata.net

Donnafugata erzeugt eine musterhafte Palette sizilianischer Klassiker – viele davon als DOC Contessa Entellina. Vigna di Gabri bietet die bei der Inzolie-Traube so beliebten Sommerfrucht- und Akaziennoten in Reinform. Der ölige Ben Ryè hat bei Anhängern des traditionellen Passito di Pantelleria DOC neue Maßstäbe gesetzt.
rot, weiß, Dessertwein *2001 (w), 2000, 1998 (r)* ★ *Contessa Entellina Vigna di Gabri, Passito di Pantelleria Ben Ryè*

Donnafugata-Etikett

Firriato
Sizilien/IGT

via Trapani 4, Paceco 0923 882755 www.firriato.it

Familie di Gaetano hat viel investiert, um Weingärten und Kellerei topfit zu halten. Es ist sicher nicht einfach, bei 16 Weinen und 4 Mio. Flaschen einen hohen Standard aufrechtzuerhalten, doch alle Weine, die aus ihren unprätentiösen Gebäuden kommen, sind absolut vorzeigbar. Der preisgünstige Chiaramonte aus der Catarratto-Traube bietet eine Fülle attraktiver Zitronen- und Steinfruchtaromen. Eine Stufe darüber steht der Santagostino Bianco aus 70 % Catarratto mit einem Schuss in Eiche ausgebauten Chardonnays. Beim Santagostino Rosso ist es ähnlich – 65 % Nero d'Avola, durch würzigen Syrah ausbalanciert. Beide bieten moderne Versionen traditionell-sizilianischer Aromen. Alle Weine sind als IGT Sicilia auf dem Markt.

rot, weiß rot: 2000, 1999, 1998; weiß: letzte Jahrg.

★ IGT Sicilia: Chiaramonte, Santagostino Bianco, Santagostino Rosso

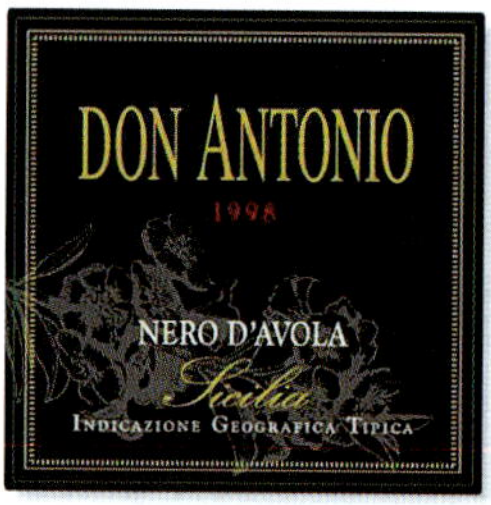

Morgante-Etikett

Gulfi
Sizilien/IGT

loc Roccazzo, via Maria Santissima del Rosario, Chiaramonte Gulfi 0932 921 654 www.gulfi.it

Vito Catania machte sein Glück im Formel-1-Rennsport und kehrte dann in seine Heimatstadt zurück, um einen Nero d'Avola herzustellen, der die Welt im Sturm erobert hat. Seit 1996 hat er 90 ha mit Nero d'Avola bepflanzt – in einer unglaublichen Dichte von 8500 Reben pro Hektar. Das erste, tintenschwarze Produkt seines Guts ist ein Nero d'Avola, wie er sein sollte – nach würziger schwarzer Frucht duftend, überlagert von milder junger Eiche. Ohne Zweifel wird sich dieses Gut zu einem der Favoriten Siziliens entwickeln.

rot 2001, 2000 ★ Nero d'Avola Rosso Ibleo IGT Sicilia

Marco de Bartoli
Sizilien/Marsala

contrada Fornara Samperi, 292, Marsala 0923 962 093 www.lilibeo.com/debartoli/debchi.html n. V.

In einem Meer von Mittelmäßigkeit war Marco de Bartoli einer der wenigen, die die Möglichkeiten des Marsala *(s. S. 281)* ausschöpften – und mit welchem Ergebnis! An der Spitze dreier Weine steht der erhabene, 20 Jahre alte Marsala Vecchio Samperi Riserva – ein zartsüßer, außerordentlich komplexer aufgespriteter Wein, der sofort der gesamten Marsala-Familie zur Ehre gereichte. Die Jahrgangsweine Marsala Superiore und Vigna la Miccia sind ähnlich subtil. Über seinen Spitzen-Marsala hinaus produziert Marco zudem den exquisiten Passito di Pantelleria Bukkuram.

weiß, Dessert- und aufgespriteter Wein Dessert- und aufgespriteter Wein: 2001, 2000, 1998, 1994; weiß:

PLANETAS KOMETENHAFTER AUFSTIEG

Vor nur 20 Jahren wären die Leistungen der Familie Planeta undenkbar gewesen. Ihre Wandlung von einem unbekannten Traubenlieferanten zu einem der angesehensten Weinerzeuger Italiens beruht auf harter Arbeit und unerschütterlichem Vertrauen in das Potenzial des einzigartigen sizilianischen Terroirs. Diego Planeta, der Präsident von Cantina Settesoli – der größten Genossenschaftskellerei der Insel – und eines seiner 6000 Mitglieder entschieden sich 1985, mit einheimischen und internationalen Sorten zu experimentieren, um zu sehen, ob der karge Boden Siziliens noch etwas anderes hergäbe als zweitklassigen Wein. Er pflanzte in einer unermüdlichen Aktion über 50 verschiedene Sorten-, Klon- und Wurzelstockkombinationen, um die Qualität der Inselweine über das Rohmaterial zu steigern. Dieses Projekt markiert einen Wendepunkt im sizilianischen Weinbau: Planetas erster Wein, ein Chardonnay aus seinem Versuchs-Weingarten, erhielt auf beiden Seiten des Atlantik einstimmiges Lob und war ein Beweis für das Potenzial des Südens. Heute produziert Planeta über ein Dutzend Weine mit zunehmender Betonung inheimischer Sorten.

letzte Jahrg. ★ Vecchio Samperi 20 Anni, Marsala Superiore, Passito di Pantelleria Bukkuram

Morgante
Sizilien/IGT

contrada da Racalmare, Grotte
0922 945579
www.morgante-vini.it

ES FÄLLT SCHWER, sich eine unprätentiösere Kellerei als diese funktionellen Gebäude hinter Agrigento vorzustellen. Ihre Weine jedoch zeugen von Carmelo und Giovanni Morgantes Absicht, Nero d'Avola weltweit bekannt zu machen. Nur zwei zudem günstige Nero-d'Avola-Weine werden hier produziert: eine süffige, nur vier Monate in Eiche ausgebaute Variante und der besinnlichere, ein Jahr in neuer Eiche ausgebaute Don Antonio. Er bietet reife Frucht und würzige Komplexität, die den höheren Preis mehr als rechtfertigt.

rot 2000, 1999, 1998
★ Nero d'Avola Don Antonio IGT Sicilia

Murana
Sizilien/Passito di Pantelleria

contrada Khamma 276, Pantelleria
0923 915231

SALVATORE MURANA ist der inoffizielle Fürst der DOC Pantelleria und führende Erzeuger köstlichen sizilianischen Süßweins aus sonnengetrockneten Moscato-Trauben. Sein Martingana besitzt eine göttliche Konzentration der für Moscato typischen Orangenblüten- und Sultaninenaromen, ergänzt durch Pfirsich und Honig. Khamma ist ähnlich, bietet aufgrund eines kurzen Eichenausbaus jedoch auch eine würzige Note.

rot, weiß, Dessertwein rot u. weiß: letzte Jahrg.; Dessertwein: 1999, 1998, 1997 ★ Passito di Pantelleria Martingana, Passito di Pantelleria Khamma

Palari
Sizilien/Faro

loc Santo Stefano Briga, contrada Barna, Messina 0906 94281
n. V.

DER BEKANNTE italienische Weinjournalist Luigi Veronelli trat 1990 an Salvatore Geraci, einen Architekten aus Messina, mit einem ehrgeizigen Unternehmen heran: Er bat ihn, die DOC Faro vor dem Untergang zu bewahren. Zu jener Zeit gab es dort nur zwei Erzeuger; nach italienischem Recht müssen es jedoch wenigstens drei sein, damit eine DOC bestehen bleibt. Geracis Familie besaß 4 ha terrassierter Weingärten, hatte den Wein aber immer vor Ort in Korbflaschen verkauft. Glücklicherweise nahm Salvatore die Herausforderung an, experimentierte zwischen 1992 und 1994 und brachte dann einen ersten Wein auf den Markt, der sogar einen italienischen Spitzenpreis gewann. Palaris Faro aus ertragsniedrigen Nerello-Mascalese- und Nerello-Cappuccio-Trauben ist eine elegante Komposition neuer Eiche mit süßer Beerenfrucht.

rot 2000, 1999, 1998, 1997, 1996, 1995, 1994 ★ Palari Faro

Planeta
Sizilien/IGT

via Michele Amari, Palermo 0913 27965 www.planeta.it n. V.

JAHR FÜR JAHR liefert der überaus selbstsichere Planeta-Clan seine Ware aus. Obwohl Chardonnay und Cabernet Sauvignon mit ihrer offenkundigen, internationalen Attraktivität die Preise gewinnen, ist die Familie auf ihre Erfolge mit italienischen Sorten am stolzesten. Der weiße, teilweise in Barriques ausgebaute Cometa aus 100 % Fiano hinterlässt einen unvergesslichen Eindruck intensiven Backobst- und Gewürzgeschmacks. Santa Cecilia, der Nero d'Avola des Hauses, beeindruckt durch feine Tannine und gute Ausdauer. Die Planeta-Weine sind trotz ihrer Qualität und des Rummels um das Gut ausgesprochen preisgünstig. Sie kommen als IGT Sicilia auf den Markt.

rot, weiß rot: 2000, 1997, 1996; weiß: letzte Jahrg. ★ IGT Sicilia: Cometa, Santa Cecilia

Valle dell'Acate
Sizilien/Cerasuolo di Vittoria

contrada Bidini, Acate
0932 874166
www.valledellacate.com n. V.

DER FLUSS ACATE hat breite Terrassen in die trockenen Ebenen der Südostspitze Siziliens geschnitten. Valle dell'Acate ist eine Mini-Genossenschaft mit nur sieben Mitgliedern, deren Weingärten auf diesen Terrassen liegen. Der karge Boden und die Meeresnähe bilden ein ideales Mesoklima für Inzolia, Nero d'Avola und Frappato, die von Gaetana Jacono gekonnt vinifiziert werden. Mit seiner delikaten roten Frucht und der frischen Säure ist ihr Cerasuolo di Vittoria der ideale Sommer-Rotwein.

rot, weiß letzte Jahrg.
★ Inzolia IGT Sicilia, Cerasuolo di Vittoria DOC

Etikett Valle dell'Acate

SPANIEN

SPANIEN

SPANIEN IST WESTEUROPAS zweitältestes Weinland und stellt nach 3000-jähriger Geschichte Weine her, die zu den modernsten Europas gehören – von angenehm-fruchtigen Alltagsweinen bis hin zu beeindruckenden, enorm komplexen und lagerfähigen Klassikern von internationalem Format. Seine heutigen Weingärten und Kellereien sind Teil einer Weinindustrie, die aktiver und vielseitiger ist als je zuvor.

HINTERGRUND

DIE WEINHERSTELLUNG wurde zwischen 1100 und 500 v. Chr. in Andalusien begonnen – zunächst waren es phönizische Händler, später die Griechen, die vor den Machtkämpfen im östlichen Mittelmeerraum und den dadurch entfachten Kriegen an der Ägäis-Küste flohen und dabei Familien, Vieh und Weinreben mitnahmen. Nach 200 v. Chr. gestalteten die Römer den weitgehend privaten Weinbau so um, dass sie ihre Legionen und Rom selbst versorgen konnten. So entstand Spaniens Exportmarkt.

Cava-Plakat aus den 1920er-Jahren

Nach dem Einfall der muslimischen Mauren 711 n. Chr. wurde die Weinherstellung für mehrere Jahrhunderte unterbunden. Ab dem 14. Jh. wurde dann vor allem Sherry als wichtiger Exportartikel in Großstädten ganz Europas verkauft. Die spanische Herrschaft in Südamerika eröffnete ab 1492 – besonders im 17. und 18. Jh. – weitere Exportmöglichkeiten.

Die nächste große Veränderung trat in den 1850er-Jahren in Rioja ein *(s. S. 302)*, als erstmals Bordeaux-Verfahren bei der Herstellung spanischen Rotweins eingesetzt wurden. Der Exportmarkt wurde von der Reblaus-Katastrophe im späten 19. Jh. weiter angekurbelt, da Frankreich einen Großteil seiner Weingärten verloren hatte und Nachschub aus Spanien benötigte.

Im späten 20. Jh. machte die spanische Weinbranche den größten Schritt nach vorn: Nach der Rückkehr zur Demokratie 1978 und vor allem dem EU-Beitritt 1986 erlebte das Land eine neue Blütezeit und zog folglich viele Investoren an. Verbesserte Verfahren in punkto Rebenanbau, -erziehung und -beschneidung, neue Geräte und eine bessere Ausbildung führten zu starken Veränderungen in Weingarten und Kellerei – was eine entsprechende Qualitätssteigerung spanischen Weins zur Folge hatte. Eine schwere Dürre brachte 1992/93 viele Anbauer dazu, entgegen den damaligen Vorschriften mit Bewässerung zu experimentieren; erst seit 2003 ist dies gesetzlich gestattet.

Traubenlese in einem Torres-Weingarten, Katalonien

DIE WEINBRANCHE HEUTE

Spanien war lange das Land mit der weltweit größten Rebfläche (1,1 Mio. ha). Da viele Weingärten

◁ **Weingärten und Bauernhaus bei Valdepeñas, Ciudad Real, Castilla-La Mancha**

WEINBAUREGIONEN

Spanien besitzt 17 autonome Gebiete und 60 Qualitätswein-Zonen (DO/DOCa) sowie zwei DO Pago-Zonen. Das Land zerfällt in drei Teile: den Nordwesten einschließlich der kühlen Küstenbereiche Galiziens und des warmen Hochlands von Castilla y León im Landesinneren; den Nordosten mit La Rioja, Aragón, Navarra und Katalonien sowie Zentral- und Südspanien mit Kastilien-La Mancha, Valencia, Andalusien und den Kanaren.

jedoch in trockenen, produktionsschwachen Regionen liegen, befindet es sich mit einer Jahresproduktion von 45,3 Mio. hl weltweit nur an dritter Stelle. Das Land besitzt über 10 000 Kellereien, 60 DO-Zonen und 17 autonome Anbaugebiete für regionale Weine. Früher wurden viele Bodegas (Kellereien) als Genossenschaften betrieben; seit Mitte der 1990er-Jahre jedoch geht der Trend dahin, sie in GmbHs mit früheren Mitgliedern als Anteilseignern umzuwandeln – was zu einer nennenswerten Qualitäts- und Leistungssteigerung geführt hat.

Traubenleserin beim Fest der Traube, Andalusien

TRAUBENSORTEN UND WEINTYPEN

DER KLASSISCHE SPANISCHE WEIN ist rot, wird aus der Tempranillo-Traube gekeltert und besitzt ein fruchtiges Erdbeer-Himbeer-Aroma mit etwas gerösteter Eiche. International bekannt wurde er durch die Spitzenleistungen aus Rioja, aber Spanien hat heute noch viel mehr zu bieten. Zu den Spitzenregionen gehören Navarra mit seinen leuchtenden, kirsch-frischen Cabernet Sauvignons und Merlots, Ribera del Duero mit international bekannten, stark extrahierten, komplex-vollmundigen Tempranillo-Weinen und Katalonien mit Weltklasseweinen wie Penedès und Priorat, die aus den Garnache- und Cariñena-Trauben (Grenache und Carignan) alter Weingärten mit niedrigen Erträgen gekeltert werden.

Von den Weißweinregionen stellt Rueda (Castilla y León) einige der besten spanischen Weißweine aus Verdejo und Sauvignon Blanc her. Rías Baixas (Galizien) kämpft mit kühlen, spritzigen, klaren Weinen aus der Albariño-Traube um den Titel des spanischen Weißweinklassikers. Aragóns alte Garnacha-Pflanzungen liefern Weine mit erstaunlichem Preis-Leistungs-Verhältnis. La Mancha ist eine weitere gute Quelle für günstigen Rotwein (vorwiegend Tempranillo) und einige hochwertige Überraschungen (etwa die herrlichen, eichentönigen Rotweine von Valdepeñas). Spaniens beeindruckendes Angebot erweitert sich noch um Cava, den heute meistverkauften Schaumwein der Welt, und Sherry als ältesten Dessertwein der Welt. Er wird in Andalusien aus der Palomino-Traube gekeltert und variiert vom hellen, trockenfeinen Fino bis zum vollmundig-pikanten Oloroso.

SPANISCHES WEINRECHT

*DAS SPANISCHE WEINRECHT wurde im Juni 2003 überarbeitet, wobei man bestehende Vorschriften verschärfte und zwei neue Kategorien einführte: DO Pago und VCIG. Wie in jedem EU-Land werden die Weine auch in Spanien unterteilt in »Qualitätsweine«, die in ausgewiesenen Gebieten unter recht strengen Vorschriften produziert werden, und »Tafelweine« (*vino de la tierra *und* vino de mesa*), für die weniger oder praktisch keine Vorschriften gelten. Die vier Qualitätskategorien lauten Pago DO, DOCa, DO und VCIG. Sie werden in der Regel von einem Consejo Regulador überwacht, der für die Umsetzung bestimmter Weinbau- und Vinifikationsnormen sorgt – betreffend Traubensorten, Maximalerträge, Ausbau und die vorgeschriebenen Etikettangaben. Die Marken der verschiedenen Consejos Regulador (s. u.) sind eine Herkunftsgarantie und befinden sich auf dem Etikett oder der Kapsel. Innerhalb jeder DO werden die Normen jetzt von einem unabhängigen Komitee überwacht, das befugt ist, in die Weinproduktion und -qualität zu regeln.*

Etikett Terra Alta DO

Spanische Weinklassifikation

Denominación de Origen de Pago (DO Pago): Diese kleine Kategorie ist für beste Weine einzelner Güter mit nachweislich hohem Produktionsniveau reserviert.

Denominación de Origen Calificada (DOCa): Dies sollten Weine sein, die ihr hohes Qualitätsniveau nachweislich wenigstens zehn Jahre halten konnten. Es gibt derzeit nur drei DOCas: Rioja war die erste, gefolgt von der Schaumweinregion Cava.

Consejo Regulador-Marke für Rioja

Denominación de Origen (DO): Diese Kategorie entspricht ungefähr der französischen Appellation d'Origine Contrôlée (AOC) und umfasst Weine, die in einer ausgewiesenen Region gemäß regionaler Vorschriften erzeugt werden. DO-Weine können qualitativ variieren, sollten aber stilistisch ihre Region repräsentieren. DO-Weine werden wie DOCa-Weine von einem Consejo Regulador und unabhängigen Komitees überwacht.

Vino de Calidad con Indicación Geográfica (VCIG): Diese 2003 neu eingeführte Kategorie ist für hochwertige VdlT-Weine *(s. u.)* gedacht, die aufsteigen möchten; sie entspricht etwa dem französischen Vin Délimité de Qualité Supérieure (VDQS). VCIG-Weine können frühestens nach fünf Jahren zum DO-Wein aufsteigen und werden von einem *órgano de gestión* (Verwaltungskomitee) kontrolliert.

Vino de la tierra (VdlT): Diese Landweine entsprechen ungefähr dem französischen Vin de pays; sie werden weniger überwacht als die der DOs und VCIGs und können aus einem recht großen Gebiet stammen. Es gibt zudem Pläne für eine *vino-de-la-tierra-de-España*-Kategorie.

Vino de mesa (VdM): Nach europäischem Recht dürfen bei einfachem Tafelwein keine Angaben zu regionaler Herkunft, Traubenart oder Jahrgang auf dem Etikett gemacht werden.

Etikett Empordà-Costa Brava DO *reserva*

Etikett Rueda DO

Etikett Rioja DOCa *gran reserva*

Etikett Navarra DO

ANGABEN AUF EINEM SPANISCHEN WEIN-ETIKETT

Bei einem spanischen Weinetikett sollte man zuerst den Namen der Region ermitteln, da er in der Regel recht eindeutig auf Weintyp und -qualität schließen lässt. In diesem Beispiel stammt der Wein aus Penedès, hat damit DO-Status und genießt einen ausgezeichneten Ruf. Begriffe wie *crianza*, *reserva* und *gran reserva* geben an, wie lange der Wein ausgebaut wurde und sind – wie auch der Erzeugername – ein weiterer Qualitätsindikator. Die Traubensorte wird nicht immer angegeben, ist aber oft im DO-Namen enthalten.

1870 ist das Gründungsjahr der Kellerei.

Torres ist der Name des Erzeugers.

Gran Coronas ist der Name des Weins.

Penedès Denominación de Origen bestätigt, dass dies ein Wein der Kategorie DO aus dem Gebiet Penedès ist.

Cabernet Sauvignon ist die Traubensorte.

Alkoholgehalt

Inhalt

Reserva bedeutet, dass der Wein wenigstens drei Jahre in Fass und Flasche ausgebaut wurde, bevor er auf den Markt kam.

Embotellador Miguel Torres bestätigt, dass dieser Wein auf dem Gut abgefüllt wurde.

1999 ist der Jahrgang, d. h. das Jahr der Traubenlese.

Glossar der Etikettierungsbegriffe

añejo: *Wein, der wenigstens 12 Monate ausgebaut wurde*

año: *Jahr*

blanco: *weiß*

bodega: *Kellerei*

brut: *trocken (Schaumweine)*

Cava: *eine DO oder Herkunftsbezeichnung für traditionell produzierten Schaumwein aus festgelegten Regionen Spaniens*

cosecha: *Traubenlese oder Jahrgang*

coto: *Gut*

crianza: *Wein, der vor dem Verkauf wenigstens 6 Monate in Eiche und 18 in der Flasche ausgebaut wurde (bei Rotweinen)*

dulce: *süß*

elaborado: *erzeugt*

embotellado: *abgefüllt*

espumoso: *Schaumwein – nach egal welcher Methode erzeugt*

finca: *Gut*

generoso: *aufgespriteter Wein*

granja: *Gut*

gran reserva: *Wein, der vor dem Verkauf wenigstens 18 Monate in Eiche und den Rest der fünf Jahre in der Flasche ausgebaut wurde (bei Rotweinen). Dies sollte theoretisch nur bei besten Jahrgängen erfolgen.*

noble: *ein Wein, der wenigstens 24 Monate ausgebaut wurde*

pálido: *hell (aufgespritete Weine)*

reserva: *Wein, der vor dem Verkauf wenigstens ein Jahr in Eiche und den Rest der drei Jahre in der Flasche ausgebaut wurde (bei Rotweinen)*

rosado: *rosé*

seco: *trocken*

semi-deco: *halbtrocken*

tinto: *rot*

vendímia: *Jahrgang*

Etikett Rueda DO

viejo: *Wein, der wenigstens 36 Monate mit ausgeprägtem oxidativem Effekt ausgebaut wurde*

viña/viñedo: *Weingarten*

viñas viejas: *alte Reben*

vino: *Wein*

vino jóven: *»junger Wein« mit wenig bzw. ohne Eichenausbau*

WEINKARTE NORDSPANIEN

DER GRÖSSTE TEIL SPANISCHER SPITZENWEINE stammt aus der Nordhälfte des Landes; hier bietet die bergige Landschaft sogar in heißesten Sommern kühle Lagen für den Weingarten. Die bedeutendsten Anbaugebiete liegen an den Ufern der zwei Flüsse Duero und Ebro. Der Duero fließt westwärts durch die Anbaugebiete von Castilla y León (das berühmteste ist Ribera del Duero), der Ebro südostwärts durch die bekannten Regionen La Rioja und Navarra und dann weiter durch Aragón und Katalonien.

Torres, Katalonien

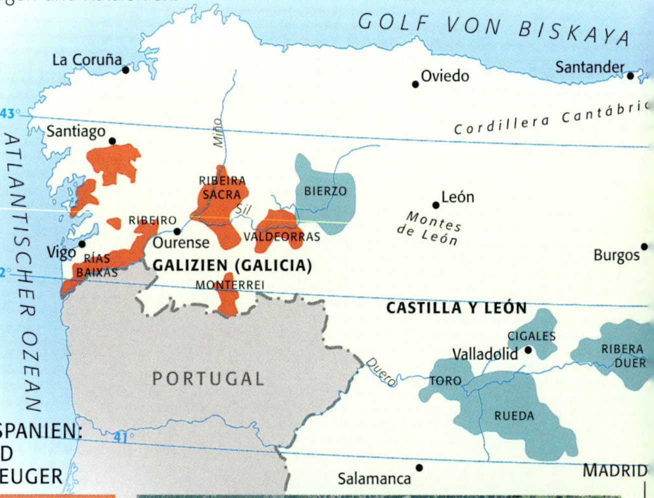

NORDWESTSPANIEN: GEBIETE UND SPITZENERZEUGER

Durius-Alto-Duero-Weingärten in Castilla y León, Nordwestspanien.

Weingärten und Kirche in La Rioja

DAS TERROIR AUF EINEN BLICK

Breite: 41–43,5 °N.

Höhe: 0–2600 m über NN; Weingärten auf Meereshöhe längs der katalanischen Küste; im Flachland in Aragón und Navarra, im Bergland ebenfalls in Navarra sowie in La Rioja, Penedès und Ribera del Duero.

Topografie: Gebirgskette der Cordillera Cantábrica im Norden

Boden: Vorwiegend Kalkstein, gemischt mit Sandstein oder kalkhaltigem Ton

Klima: Im Norden der Cordillera Cantábrica gemäßigt unter atlantischem Einfluss; im Süden der Berge eher kontinental. Das Flachland ist heiß und trocken mit semiariden Bereichen, das Bergland von Ribera del Duero, La Rioja und Navarra ist kühler. Nach Osten hin wird das Klima mediterraner; komplexes Mesoklima im katalonischen Hochland und feuchte, gemäßigte Gebiete im Küstenbereich.

Temperatur: 22 °C Durchschnittstemperatur im Juli

Niederschlag: 1200 mm im Jahresdurchschnitt

Gefahren für den Weinbau: Frost im Hochland von La Rioja, Navarra und Aragón; Regen und Wind zur Erntezeit in Galizien und País Vaso; Pilzinfektionen in Katalonien

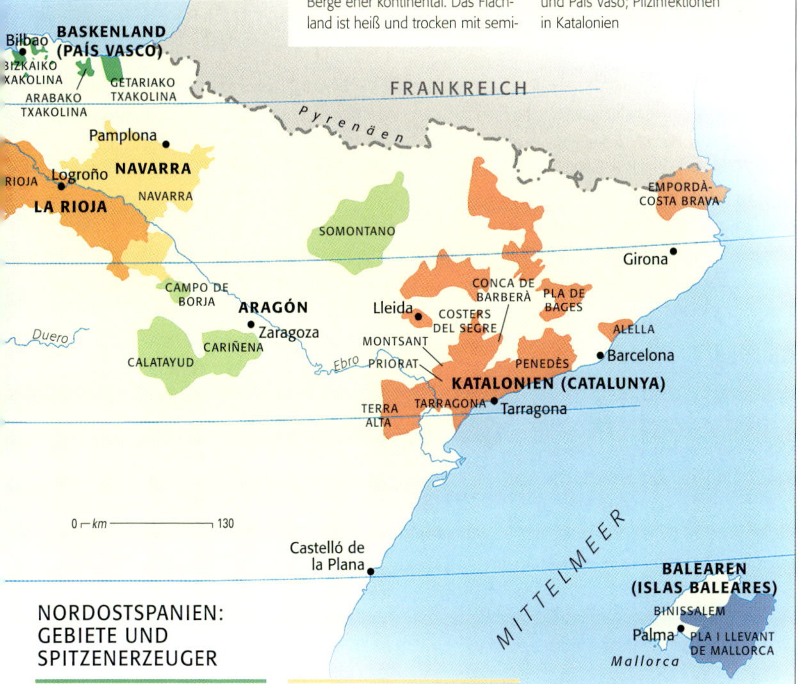

NORDOSTSPANIEN: GEBIETE UND SPITZENERZEUGER

BASKENLAND *S. 300*

LA RIOJA *S. 300*
Berberana *S. 308*
Bodegas Marqués de Murrieta *S. 308*
Contino *S. 308*
CVNE *S. 308*
La Rioja Alta *S. 309*
Marqués de Cáceres *S. 309*
Marqués de Riscal *S. 309*

NAVARRA *S. 301*
Bodegas Guelbenzu *S. 309*
Bodegas Julián Chivite *S. 309*
Bodegas Ochoa *S. 310*

ARAGÓN *S. 302*
Blecua *S. 310*
Bodega Pirineos *S. 310*
Bodegas San Alejandro *S. 310*
Covinca *S. 310*
Viñas del Vero *S. 310*

KATALONIEN *S. 303*
Álvaro Palacios *S. 311*
Agustí Torelló *S. 311*
Celler de Capçanes *S. 311*
Clos Mogador *S. 312*
Codorníu *S. 312*
Europvin Falset *S. 312*
Freixenet *S. 312*
Raïmat *S. 312*
Torres *S. 313*

BALEAREN *S. 305*

Weingärten oberhalb des Miño-Flusses in Ribeiro, Galizien

DIE WEINBAUGEBIETE NORDWESTSPANIENS

DIE ZWEI EINZIGEN ANBAUGEBIETE Nordwestspaniens gewinnen zunehmend an Bedeutung: Galizien im kühlen Nordwesten erzeugt einen der frischesten und köstlichsten Weißweine Spaniens. Das große Gebiet von Castilla y León im trockenen Landesinneren ist die Heimat der international bekannten DO Ribera del Duero, deren Spitzenrotweine zur Zeit immer populärer werden.

Galizien

DIESE REGION nördlich von Portugal gehört mit ihren tiefen Flusstälern, hoch aufragenden Granitgipfeln und abgelegenen Buchten zu den schönsten Spaniens. Das kühle, feuchte Klima und vielseitig nutzbare Granitböden liefern ideale Bedingungen für die Produktion frischer, trockener, fruchtiger Weißweine. Die wichtigsten werden aus der Albariño-Traube gekeltert.

Albariño-Trauben

Von den fünf DO-Zonen dieser Region stellt **Rías Baixas** den am ehesten für den Exportmarkt geeigneten Wein Galiziens her, wenngleich er aufgrund der geringen Produktion recht teuer ist. Die besten Weine dieser Gegend bestehen zu 100 % aus Albariño. Die Weingärten bilden eher kleine Parzellen an den Steilhängen der Flusstäler, wo man die Reben meist in Pergolas erzieht, so dass die Trauben durch ein Blätterdach vor der Sonne geschützt und nicht überreif werden. Dies hält sie zudem vom Boden fern, denn bei 1600 mm Niederschlag im Jahr kann Feuchtigkeit zum Problem werden. Rías Baixas ist zwar die bekannteste DO, doch auch die anderen beginnen, auf den internationalen Markt zu drängen. **Ribeiro** liegt rings um die hübsche Stadt Ribadávia am Fluss Miño und ist die zweitwichtigste. Auch sie erzeugt sehr guten Weißwein (vorzugsweise aus der Godello-Traube), der nicht ganz so pfirsichtönig wie Albariño ist, aber trotzdem einen feinen, kräuterartigen Duft hat. Ausgezeichneten Godello liefert auch **Valdeorras**, die neben Ribeiro älteste galizische DO. Sie liegt längs des Flusses Sil im Osten der Region und erzeugt einige lohnende, leichte Mencía-Rotweine. **Ribeira Sacra** ist ein winziges Gebiet um die Stadt Monforte de Lemos, wo man die Traubensorten Albariño, Loureira und Godello für aromatische Weißweine und Mencía für feinen Rotwein anbaut. Rings um die Stadt Verín liegt **Monterrei** als kleinste galizische DO. Sie liefert ähnliche Weine wie Ribeira Sacra.

Alluvialboden, Granit und Schiefer *Mencía* *Albariño, Godello* *rot, weiß*

Castilla y León

DAS ALTE KERNLAND KASTILIENS ist eine Gegend mit zahlreichen Kathedralen, Denkmälern und Burgen – das Vermächtnis der Adligen und Beamten, die hier lebten und für die die großen Rotweine von Castilla y León einst produziert wurden. Die Region nimmt fast ein Fünftel des Landes ein und wird durch die Berge von León vor den Schwankungen des atlantischen Klimas geschützt. Es gibt hier einige hohe Berge, und ein Teil der besten

Weingärten liegt in über 800 m Höhe, was lange, heiße Tage während der Reifungsphase zur Folge hat – verbunden mit kalten Nächten, in denen die Reben »ruhen« können. Die Weinproduktion war hier (mit einigen bemerkenswerten Ausnahmen) recht niedrig, bis Ribera del Duero in den 1980er-Jahren seinen DO-Status erhielt und man allmählich auf sie aufmerksam wurde.

Ribera del Duero ist zweifellos die wichtigste der fünf DO-Zonen von Castilla y León, und ihr bekanntester Weißwein, Vega Sicilia *(s. S. 299)*, hat seit Mitte des 19. Jh. bewiesen, dass die Produktion von Weltklasse-Rotweinen hier möglich ist. Doch erst 1989 – sieben Jahre nach Verleihung des DO-Status 1982 – erlangten diese Weine internationale Aufmerksamkeit: Plötzlich wollte jeder einen Anteil haben, und seitdem steigen die Bodenpreise. Die Hauptvorteile hier sind die Höhe (bis zu 900 m) und die kalkreichen Böden auf einer Schiefersohle – ideal für Weinreben. Abgesehen von ein wenig Cabernet Sauvignon wird in den Weingärten zu fast 100 % Tempranillo (hier Tinto Fino oder Tinto del País genannt) angebaut. Die Weine sind mächtig, kraftvoll, voller Frucht und sehr gut lagerfähig. Besonders gelungene zählen zu den besten Weinen Spaniens – mit angemessenen Preisen.

Rueda ist die wichtigste Weißwein-DO von Castilla y León. Ihre Produkte konkurrieren in der Tat mit den Albariños von Rías Baixas um den Titel des feinsten spanischen Weißweins.

Seit den späten 1970er-Jahren ist hier die Produktion frischer, feiner, fruchtiger, spritziger, trockener Weißweine aus der heimischen Verdejo-Traube – seit den 1980er-Jahren auch aus Cabernet Sauvignon – stark gestiegen. Ruedas Rotweine (vorwiegend aus Tempranillo) können ausgespochen gut sein, sind aber nicht so umwerfend wie die aus Ribera del Duero.

Die drei übrigen DO-Zonen sind außerhalb Spaniens weniger bekannt, was sich jedoch ändern wird. Toro liegt nicht ganz so hoch wie Ribera del Duero (650–830 m) und besitzt ein heißeres Klima. Tempranillo, dort Tinta de Toro genannt, erreicht unter den Bedingungen einen beträchtlichen Alkoholgehalt – bis zu 15 %. Toro ist berühmt für seine großen Rotweine, die sehr feurig, kraftvoll und vollmundig sind. Viele große Erzeuger des teureren Ribera del Duero kaufen hier Land, und Toro ist wahrscheinlich die kastilische Weinregion der Zukunft. Cigales könnte folgen: dieselbe Traube, ein ähnlicher Weintyp, die gleiche Höhenlage und ein sehr steiniger Boden, den einige Anbauer besonders für Tempranillo sehr schätzen. **Bierzo** ganz im Norden ist vor allem auf Rotwein aus der Mencía-Traube spezialisiert und könnte in Zukunft ebenfalls einiges zu bieten haben.

Alluvialboden, Kalkstein, Kreide
Tempranillo *Verdejo, Sauvignon Blanc* *rot, weiß*

ALBARIÑO: GUT IM KOMMEN

Schmackhaft-knackige Frucht, Pfirsicharomen und die herrliche Würze von Albariño machen ihn zum idealen Begleiter galizischer Meeresfrüchte. Diese unverwechselbare Traube reklamieren sowohl Galizien als auch Portugal (wo sie Alvarinho genannt wird) für sich; manche, wie Miguel Torres, meinen aber auch, dass Albariño nichts anderes als die Riesling-Traube ist, die im 11. Jh. von deutschen Santiago-Pilgern mitgebracht wurde. Wie dem auch sei: Sie liefert einen der wirklich großen Weißweine Spaniens – und der Welt.

Weingarten in Ribera del Duero, Castilla y León

DIE SPITZENERZEUGER NORDWESTSPANIENS

Fillaboa
Galizien/Rías Baixas

Lugar de Fillaboa, Salvaterra do Miño, Pontevedra 986 658 132 www.fillaboa.es n. V.

DIESES NUR 32 HA große Gut ist im Besitz einer Handelsgesellschaft, wird aber von einer Familie betrieben und erzeugt beispielhaften, duftigen Albariño. Es zählt zu den wenigen Bodegas von Rías Baixas, die Weine für die Lagerung und für den sofortigen Konsum produzieren; beide Sorten gehören zu den besten der ganzen DO. Sie entlocken der Traube viel Raffinesse und werden regelmäßig prämiert.

weiß letzte Jahrgänge

★ *Fillaboa, Selección de la Familia*

Martín Códax

Martín Códax
Galizien/Rías Baixas

Burgáns 91, Vilariño, Cambados, Pontevedra 986 526 040 www.martincodax.com

DAS UNTERNEHMEN IST ein ausgezeichnetes Beispiel für eine kleine Kellerei mit moderner Technik. Die gesamten 190 ha sind mit Albariño bepflanzt, aber – wie hier üblich – verteilt auf über 1200 separate Parzellen. Man produziert zwei Standardweine (den Burgáns aus ausgewählten Spitzentrauben) sowie den fassvergorenen Organistrum und die fabelhafte Spätlese Gallaecia (*semi seco* = halbtrocken).

weiß letzte Jahrgänge

★ *Burgáns, Organistrum, Gallaecia*

Aalto
Castilla y León/ Ribera del Duero

ctra de Peñafiel, Roa de Duero, Burgos 947 540 781 www.aalto.es

AALTO IST DAS EHRGEIZIGE Projekt zweier bekannter Personen von Dobera del Duero: Marino García war 30 Jahre lang Chefwinzer bei Vega Sicilia, und Javier Zaccagnini von 1992 bis 1998 Direktor des Consejo Regulador; zusammen verfügen sie über großes Fachwissen. Die ersten Weine dieses 1996 gegründeten Unternehmens zeigen bereits erstaunliche Reife, Fülle und Finesse, doch vermutlich entfaltet die Produktion erst in 15–20 Jahren ihr volles Potenzial. Aalto ist Mitglied von Grandes Pagos de Castilla, Spaniens elitärster Erzeugervereinigung.

rot 2001, 2000, 1999

★ *Aalto, Pagos Seleccionados*

Abadía Retuerta
Castilla y León

ctra de Soria, Sardón de Duero, Valladolid 983 680 317 www.abadia-retuerta.com

IN DER RENOVIERTEN ehemaligen Abtei von Santa María de la Retuerta befindet sich eine 1996 eingerichtete Kellerei mit modernster Technik. Hier wird neben etwas Cabernet Sauvignon vor allem Tempranillo angebaut; die Trauben werden von Hand verlesen. Sie arbeitet außerhalb des DO-Systems, aber selbst der einfache Cuvée Primicia sticht manche Weine der DO Ribera del Duero aus.

rot 1999, 1998, 1997, 1996

★ *El Campanario, Pago Negralada, Pago Valdebellón*

Alejandro Fernández
Castilla y León/ Ribera del Duero

Real 2, Pesquera de Duero, Valladolid 983 870 037 www.pesqueraafernandez.com

DURCH FERNANDEZ' sensationellen 1986er wurde die Welt auf Ribera del Duero aufmerksam. Er besitzt 150 ha Anbaufläche in Pesquera und weitere 200 ha auf Condado de Haza, einem Gut etwa 20 km östlich in Roa de Duero. Seine Weine – durchweg Tempranillos –

Fillaboa-Etikett aus Rías Baixas

Etikett Castilla la Vieja

sind in der Tat großartig, geradezu leuchtend vor Frucht und Reife – und wie zu erwarten auch entsprechend teuer.

rot *1999, 1998, 1997, 1996, 1995, 1994, 1993, 1992, 1991, 1990*
★ *Pesquera, Condado de Haza, Alenza*

Álvarez y Díez
Castilla y León/Rueda

Juan Antonio Carmona 16, Nava del Rey, Valladolid *983 850 136*
www.alvarezydiez.com

DIESE ALTEINGESESSENE Bodega wurde 1994 auf die Erzeugung von kaltvergorenem Weißwein modernen Stils aus Verdejo, Sauvignon Blanc und etwas Viura umgestellt. Sie liefert auch einen berauschenden, aber feinen, fassvergorenen Verdejo, doch am besten verkauft sich Mantel Blanco – etwas trockener als die Weine anderer Firmen der DO Rueda, aber mit klassischer Verdejo-Frucht und Kräutern.

weiß *letzte Jahrgänge*
★ *Mantel Blanco*

Castilla la Vieja
Castilla y León/Rueda

ctra La Coruña, km 170.6, Rueda, Valladolid *983 868 116*
www.bodegasdecastilla.com

DIE BRÜDER Ricardo und Antonio Sanz gehören zur ältesten Winzerfamilie von Rueda und bewirtschaften 200 ha seit ihrer Geschäftsaufnahme im Jahr 1976. Ihr Aushängeschild ist der Palacio de Bornos, ein reiner, sehr duftiger Verdejo. Bornos ist ein reiner Sauvignon Blanc mit typisch grasiger Stachelbeerfrucht – neben einer warmen, spanischen Note. Die Brüder Sanz produzieren auch eine halbsüße Verdejo-Spätlese namens Exencia de Bornos. Andere Familienmitglieder produzieren Wein auf den Bodegas Con Class, Cuevas de Castilla (Rueda) und Toresanas (Toro).

weiß *letzte Jahrgänge*
★ *Palacio de Bornos, Bornos*

Descendientes de J Palacios
Castilla y León/Bierzo

Calvo Sotelo 6, Villafranca del Bierzo, León *987 540 821*

EINE WEITERE ZUSAMMENARBEIT zwischen dem Weinpionier Ávaro Palacios, der auch die Finca Dofi in Priorat *(s. S. 311)* gründete, und seinem Neffen Ricardo Pérez, der bei Château Margaux in Bordeaux gelernt hat. Beide sind mit dem legendären, in Rioja verehrten José Palacios verwandt. Sie kamen 1999 nach Bierzo, um die schwierige Mencía-Traube anzubauen, und kauften 11 ha alter Reben in 45 separaten Parzellen. Das Duo erzeugt einen Erstwein (Corullón) und einen Zweitwein (Bierzo), und ihre ersten Jahrgänge sind außergewöhnlich gut. Mencía von alten Reben mit niedrigem Ertrag besitzt eine elegante Struktur mit spritziger Brombeerfrucht.

rot *2000, 1999* ★ *Corullón, Bierzo*

Durius Alto Duero
Castilla y León/VdIT

ctra Zamora-Fermoselle, km 56, Fermoselle, Zamora *980 613 163*
www.arcobu.com

DIESE FIRMA IST EIN Joint Venture zwischen Carlos Falcó, Marqués de Griñón und der rasch expandierenden Arco-Bodegas Unidas, die Pläne für Gebiete den gesamten Duero entlang von Ribera del Duero bis nach Portugal hat. Falcós Markenname Durius besteht schon einige Jahre, aber seit der Ernte von 2003 werden die Weine in einer neuen Bodega erzeugt, die keiner DO angehört und deren Weine als VdIT Arribes del Duero klassifiziert sind. Ihre Tempranillo-Frucht ist etwas kühler als bei weiter südlich produzierten Weinen, und behutsamer Fassausbau macht die Weine etwas weicher.

rot *2000, 1999* ★ *Durius, Hacienda Zorita*

SPITZENWEINE: NORDWESTSPANIEN

- R Aalto €€€
- R Abadía Retuerta Pago Negralada €€€€
- R Alejandro Fernández Alenza €€€€
- W Castilla la Vieja Palacio de Bornos €
- R Descendientes de J Palacios Bierzo €€
- R Durius Alto Duero Hacienda Zorita 2000 €
- R Emilio Moro Malleolus de Valderramiro €€€€
- W Fillaboa Selección de la Familia €€
- W Marqués de Riscal Reserva Limousin €€
- W Martín Códax Gallaecia €€€
- R Valdelosfrailes €
- R Viña Bajoz Gran Bajoz €€€

Tempranillo-Weingarten, Emilio Moro

Emilio Moro
Castilla y León/ Ribera del Duero

ctra Peñafiel-Valoria, Pesquera de Duero, Valladolid ☎ *983 878 400*
W *www.emiliomoro.com* ○

EMILIO MORO besitzt 70 ha Tempranillo-Reben, darunter die 1933 gepflanzte Einzellage Finca Resalso. Sein Malleolus wird aus Trauben alter Reben gekeltert. Der Malleolus de Valderramiro stammt aus einem 80-jährigen Weingarten selben Namens und zählt mit seiner einzigartigen Frucht und Komplexität zu den feinsten Weinen von Ribera del Duero.

rot 2001, 2000, 1999, 1998, 1997, 1996, 1995, 1994, 1993 ★ Finca Resalso, Malleolus, Malleolus de Valderramiro

Fariña
Castilla y León/Toro

Camino del Pal, Toro, Zamora
☎ *980 577 673*
W *www.bodegasfarina.com* ○

MANUEL FARIÑA ist möglicherweise derjenige, der die DO Toro populär gemacht hat. Sein Vater gründete das Unternehmen 1942, aber Manuel führte neue Verfahren und Ideen ein. Seine 250 ha sind vorwiegend mit Tempranillo bepflanzt, und seine Weine sind legendär: vollmundig, kraftvoll, pflaumig – ideale Begleiter für die robuste Kost der Region.

rot 2001, 2000, 1999, 1998, 1996, 1995, 1994, 1991, 1990 ★ Colegiata, Gran Colegiata, Primero

Hacienda Monasterio
Castilla y León/ Ribera del Duero

ctra Pesquera-Valbuena, Pesquera de Duero, Valladolid ☎ *983 484 002* ○

DANK IHRES ENGAGIERTEN Besitzers, des dänischen Winzers Peter Sisseck, hat diese moderne Kellerei in kurzer Zeit einen außergewöhnlichen Ruf erlangt. Neben etwas Cabernet Sauvignon und Merlot dominiert hier Tempranillo. Sisseck hat die Dominio de Pingus bei Quintanilla de Onésimo etwa 20 km westlich aufgebaut und behauptet, Wein mit »maximaler Tempranillo-Ausdruckskraft« zu produzieren. Dieser Wein (Pingus) ist mit 535 € pro Flasche der teuerste ganz Spaniens, aber auch die preiswerteren sind konzentriert und schön strukturiert.

rot 1998, 1997, 1995, 1994, 1992 ★ Hacienda Monasterio, Pingus, Flor de Pingus

Pflücker bei Marqués de Riscal

Marqués de Riscal
Castilla y León/Rueda

ctra N-IV, km 172.600, Rueda, Valladolid ☎ *983 868 029* ○

DIESE BODEGA – besser bekannt als Vinos Blancos de Castilla – gab der DO Rueda 1972 ein neues Gesicht. Francisco Hurtado von Marqués de Riscal *(s. S. 309)* wollte einen Weißwein produzieren, war aber von weißem Rioja nicht sehr angetan und suchte eine Alternative. Nach vielen Versuchspflanzungen entschied er sich für die DO Rueda, wo die beste heimische weiße Traube gedieh (Verdejo). Er baute eine neue Kellerei und holte sich vom Consejo Regulador die Genehmigung, auch Sauvignon Blanc anzubauen. Die spritzige, kräutertönige Frische seines Verdejo ist sehr ansprechend. Daneben produziert er einen sechs Monate im Fass ausgebauten Reserva Limousin aus 100 % Verdejo und einen einfach nur Riscal genannten Tempranillo-Rotwein (kein DO).

rot, weiß rot: 2001, 2000, 1999; weiß: letzte Jahrgänge ★ Marqués de Riscal, Reserva Limousin

Mauro
Castilla y León/VdIT

Cervantes 12, Tudela de Duero, Valladolid ☎ *983 521 439*
W *www.bodegasmauro.com* ○ *n. V.*

MAURO IST DIE 1980 gegründete Familien-Bodega von

Mariano García *(s. auch Aalto S. 296)*. Die Weine seines Weingartens – etwa 20 km westlich der DO Ribera del Duero – werden als VdIT Castilla y León klassifiziert und sind vorbildlich. Tempranillo herrscht vor, aber auch Garnacha und Syrah (in der DO untersagt) werden angebaut. Alle Weine sind typisch für García: reif, komplex und behutsam in Eiche ausgebaut.

rot 2000, 1999, 1998, 1997, 1996, 1995, 1994, 1993 ★ Mauro

Maurodos
Castilla y León/VdIT

ctra N-122, km 412, Villaester, Valladolid 983 521 972

DIESES NEUE UNTERNEHMEN der Familie von Mariano García hat das Ziel, den besten Wein der DO Toro zu kreieren. Sein erster Jahrgang, der Viña San Román 1999, ist ein 22 Monate fassgereifter Tempranillo von hervorragender Qualität. Wie die anderen García-Weine ist auch San Román ein moderner Klassiker: voll, strukturiert und kraftvoll – und dabei von zarter Feinheit. Wie das Aalto-Gut *(s. S. 296)* gehört auch Maurodos zu Grandes Pagos de Castilla.

rot 1999 ★ Viña San Román

Valdelosfrailes
Castilla y León/Cigales

ctra Cubillas, Cubillas de Santa Marta, Valladolid 983 485 024

DIESE NETTE, KLEINE KELLEREI in der DO Cigales gehört einem Kollektiv von Bodegas aus Ribera del Duero, die auch in den Nachbar-DOs Fuß fassen möchte. Sie erzeugt einen köstlichen Tempranillo Jóven sowie zwei noch bessere, ein Jahr oder länger in Eiche ausgebaute Cuvées her. Der einfache Valdelosfrailes ist ein treffliches Beispiel für einen jungen Wein mit viel Frucht, der ein Jahr nach der Ernte genossen werden sollte.

rot 2001, 2000, 1999 ★ Valdelosfrailes, Prestigio, Vendímia Seleccionada

Vega Sicilia
Castilla y León/ Ribero del Duero

ctra N-122, km 323, Valbuena de Duero, Valladolid 983 680 147 www.vegasicilia.com

DIESE ÄLTESTE und angesehenste Bodega von Ribera del Duero wurde 1864 gegründet, wenngleich ihre erste Flasche Wein erst 1915 auf den Markt kam. Sie produziert tadellose Weine – und das schon seit einer Zeit, bevor jemand von Ribera del Duero gehört hat. Auf den 200 ha Rebland wächst vor allem Tempranillo – neben Cabernet Sauvignon, Merlot und Malbec. Die Weine enthalten 80 % Tempranillo: Der fünfjährige Valbuena wurde 30 Monate in Eiche ausgebaut; der legendäre Único bis zu 15 Jahre. Vega Sicilia gehört auch Alión ganz in der Nähe, wo man modernere, nur 12 Monate in Eiche ausgebaute Weine aus 100 % Tempranillo erzeugt.

rot 1999, 1997, 1996, 1995, 1994, 1993, 1992 ★ Valbuena, Alión, Único (1989)

Viña Bajoz
Castilla y León/Toro

av de los Comuneros 90, Morales de Toro, Zamora 980 698 023 www.vinabajoz.com

DIESE 1962 in der DO Toro gegründete Genossenschaft wurde in den letzten Jahren umstrukturiert und damit in allen Bereichen verbessert. Jetzt liefern ihre 1000 ha Tempranillo-Reben Weine, die fast Weltklasse-Niveau haben – fast zu Genossenschaftspreisen. Gran Bajoz ist ein umwerfendes, elegantes, kraftvoll-strukturiertes Beispiel.

rot 2001, 2000, 1999, 1998, 1997 ★ Bajoz, Gran Bajoz

DIE GESCHICHTE DER VEGA SICILIA-WEINE

Im frühen 20. Jh. gehörte Vega Sicilia dem baskischen Winzer Domingo Garramiola. In punkto Investitionen, Zeit und Vinifikationsart hatte er freie Hand und genoss schon bald einen guten Ruf. Er produzierte aus Trauben der ältesten, ertragsärmsten Reben einen Wein mit intensiver, duftender Frucht und enormem Durchhaltevermögen, der traditionell erst nach zehn Jahren im Fass auf den Markt kam. Unter Mariano García als Winzer legte der Wein ab 1966 allmählich seinen ursprünglichen, stark eichentönigen Stil ab, behielt aber Konzentration, Duft und Intensität und damit seine wesentlichen Merkmale. Dann kaufte David Álvarez 1982 Vega Sicilia, sorgte für die Modernisierung der Bodega und für eine angemessene wirtschaftliche Basis. Mit Xavier Ausás als Weinmacher geht die Arbeit nun weiter. Vega Sicilia Único ist zwar nicht der schwere, eichentönige Gigant von einst, bleibt aber gut strukturiert und harmonisch – mit dunkler, kraftvoller Frucht und langer Haltbarkeit.

Weingärten inmitten von Gerstenfeldern, Navarra

DIE WEINBAUGEBIETE NORDOSTSPANIENS

IN NORDOSTSPANIEN LIEGEN mit 17 DO-Zonen vier der produktivsten Weinregionen des Landes – La Rioja, Navarra, Aragón und Katalonien. Viele davon sind – auch wegen der Nähe zu Frankreich und den Häfen Bilbao und Barcelona – weithin bekannt, während sich andere DOs der Region die öffentliche Anerkennung noch erarbeiten müssen.

Baskenland

DAS BASKENLAND (País Vasco, auf baskisch Euskadi) besteht aus drei Provinzen: Bizkaia (Vizcaya) und Gipuzkoa (Guipúzcoa) stellen vorwiegend traditionelle, leichte, oft etwas moussierende Baskenweine mit den Namen der jeweiligen DOs her: **Bizkaiko Txakolina** (nach der Provinz Bizkaia) und **Getariako Txakolina** (nach Getaria in Gipuzkoa). Man verwendet in beiden Fällen dieselben, nur im baskischen Weinbau verwendeten Trauben: die weiße Hondarrabi Zuri und, in geringerem Umfang, die rote Hondarrabi Beltza. Die Weißweine sind frisch, spritzig und schmecken besonders an heißen Tagen und zu Meeresfrüchten; die Rotweine sind meist sehr leicht und nicht besonders aufregend. Die dritte Provinz, Araba (Álava) stellt größtenteils Rioja auf Tempranillo-Basis her (Rioja Alavesa).

Sandboden auf Ton *Hondarrabi Beltza, Tempranillo* *Hondarrabi Zuri*
rot, weiß

Etikett Marqués de Riscal, La Rioja

La Rioja

SPANIENS POPULÄRSTER WEIN wurde nach dieser Region benannt. Schon bevor die Römer im 2. Jh. kamen, baute man hier die Trauben für diesen frischen Rotwein an und presste sie in Steintrögen mit den Füßen aus – eine Tradition, die fast 2000 Jahre fortbestand. In den 1850er-Jahren führten Wegbereiter aus Bordeaux neue Verfahren ein *(s. S. 302)*, darunter die Vergärung in Eichenfässern und den Ausbau in anderen hochwertigen Fässern; dies brachte allmählich die Komplexität und Langlebigkeit des zuvor nur einfachen Landweins zum Vorschein. Auf diese Weise entstand der heutige **Rioja**. Seit Mitte der 1980er-Jahre wurden enorme Summen investiert, damit der begehrte Wein unverfälscht und hochwertig blieb. Die Aufwendungen an Zeit, Energie und Geld rentierten sich, als Rioja 1991 zur Denominación Origen Calificada (DOCa) wurde, also eine Klassifikationsstufe oberhalb der DO erreichte, die nur Weine für sich beanspruchen können, die viele Jahre lang gleichbleibend hochwertig waren. Seitdem haben zwar nicht alle Rioja-Jahrgänge diese Auszeichnung verdient, aber in guten Jahren sind sie in der Tat außergewöhnlich.

Für Rioja-Weine sind nur sieben Traubensorten aus drei Subregionen zugelassen: aus Rioja Alta im Nordwesten, Rioja Alavesa im Baskenland und Rioja Baja im südöstlichen Teil Riojas und den Teilen Navarras, die mit unter die Rioja DOCa fallen. Die Reben von Rioja Alta und Alavesa wachsen in Höhen von bis zu 600 m auf kalk- und eisenreichen Tonböden und liefern die besten Tempranillo- und Graciano-Trauben. Rioja Bajas mit seinen Alluvialböden liegt tiefer (300 m) und ist heißer. Hier werden vorwiegend Cariñena-Trauben (Carignan oder Mazuelo) und Garnacha-Trauben (Grenache) angebaut.

Rioja-Rotweine besitzen reife erdbeer- und himbeertönige Tempranillofrucht, unterstrichen von einer warmen Eichennote – Ergebnis des Fassausbaus in der Kellerei. Es gibt sie in vier Hauptsorten: Jóven, Crianza, Reserva und Gran Reserva *(s. S. 291)*. La Rioja produziert jedoch auch etwas Weißwein und Rosé (Rosado). Der Weißwein ist in der ein Regel junger, frischer Macabeo (oder auch Viura). Es gibt jedoch auch in Eiche ausgebauten weißen Rioja, meist aus Macabeo- und Malvasia-Trauben. Diese Weine können viele Jahre lagern, und man muss sich meist erst an sie gewöhnen.

eisenreicher Ton, kalkreicher Ton *Tempranillo, Garnacha, Cariñena, Graciano* *Macabeo, Malvasía, Garnacha Blanca* *rot*

DIE RIOJA-MISCHUNG

Für typischen Rioja verwendet man seit langem eine Traubenmischung aus allen drei Subregionen, wobei die Art des Verschnitts vom Erzeuger abhängt – in der Regel 70 % Tempranillo für Frische und Frucht, 20 % Garnacha für Körper und Alkoholgehalt, und die letzten 10 % bilden eine Mischung aus Cariñena für Farbe und Wärme sowie Graciano für Finesse. Seit einiger Zeit zeigt sich bei großen Erzeugern der Trend, mehr auf eigene Weingärten zurückzugreifen und sogar Einzellagen-, Einzelgut- und »Boutiquen«-Weine zu produzieren. Dabei wird oft auch mit Cabernet Sauvignon, Merlot und sogar Syrah experimentiert.

Navarra

NAVARRA STAND LANGE im Schatten seines Nachbarn La Rioja. Hier wurde sehr guter Rosé hergestellt, der sich vor Ort bis heute gut verkauft, außerhalb Spaniens jedoch fast gar nicht. In den 1980er-Jahren, als eine höhere Zahl von Traubensorten zugelassen wurde, änderte sich das. Heute macht sich die DO Navarra einen Namen mit einer reichhaltigen Weinpalette – darunter Cabernet Sauvignon, Chardonnay, Garnacha Blanca (weiße Grenache), Malvasía, Moscatel (Muskat), Merlot und die sieben Rioja-Sorten. Eine neue Niederlassung des Forschungszentrums EVENA, wo man die Beziehung zwischen Reben und Boden untersucht, hat ebenfalls zur Förderung der Region beigetragen. Navarra umfasst fünf Gebiete: Valdizarbe, Tierra Estella, Ribera Alta, Baja Montaña und Ribera Baja. Angebaut wird in Höhen von weniger als 350 m in Ribera Baja bis zu etwa 600 m in Valdizarbe. Je niedriger die Lage, desto wärmer das Klima; daher eignet sich das Hochland besser für internationale Sorten und das Tiefland besser für Garnacha und Cariñena.

Es ist fast unmöglich, die Weine Navarras zu charakterisieren. Zu den besten gehören klassische, eichentönige Tempranillos, die mit vollendeter Anmut altern. Daneben gibt es üppig strukturierte, fassvergorene Chardonnays, duftig-elegante Cabernet Sauvignons und seit kurzem auch köstliche süße Weißweine aus spät gelesener Moscatel (Muskattraube) – und in Navarra wird weiter experimentiert: Man achte auf Pinot Noir, Syrah und Gewürztraminer, vor allem aus den kühleren Lagen im Norden.

vorwiegend Kies auf Kreidesohle, im Tiefland sandig *Tempranillo, Cabernet Sauvignon* *Macabeo, Chardonnay* *rot, weiß, rosé*

Sanft ansteigende Weingärten in Rioja Alta, La Rioja

Aragón

DAS ALTE KÖNIGREICH ARAGÓN ist relativ neu auf dem internationalen Weinmarkt, obwohl seine älteste DO – Cariñena – schon 1960 gegründet wurde. Die zwei Provinzen der Region umfassen vier DO-Gebiete: **Campo de Borja**, **Calatayud** und **Cariñena** in der Provinz Zaragoza sowie **Somontano** weiter nördlich in der Provinz Huesca.

Die drei DOs von Zaragoza verfügen über ein ähnliches Terroir: trocken mit glühendheißen Sommern, kalten Wintern und weichen Sandböden auf Kalksteinsohle in 350 bis über 800 m Höhe. In Campo de Borja baut man Garnacha, Tempranillo und Cariñena, aber auch Cabernet Sauvignon, Merlot und Syrah an. Am besten gelingen hier Garnacha-Tempranillo-Verschnitte mit minimalem Eichenausbau – sie können lecker, frisch, fruchtig und preiswert sein. Calatayud im Südwesten ist Aragóns größte DO und in der Lage, Qualitätsweine zu niedrigen Preisen herzustellen. Hier sind junge, frische Garnacha-Tempranillo-Verschnitte in der Regel ebenfalls am besten, aber man leistet auch mit Cabernet Sauvignon Erstaunliches. Im Osten liegt die Region Cariñena, die der Cariñena-Traube (Carignan) ihren Namen gab, obwohl diese dort kaum angebaut wird – verbreiteter ist ein angenehmer trockener Weißwein aus Macabeo (Viura). Rotweine aus Tempranillo und Garnacha – vielleicht auch Monastrell und Cabernet Sauvignon – scheinen hier eine Zukunft zu haben. Die Weingärten von Somontano liegen verstreut an der Südseite der Pyrenäen und wurden durch Neuinvestitionen und Umstrukturierungen zu einem der entwicklungsstärksten Weinbaugebiete Spaniens. Hier sind die Trauben Moristel (rot) und Alcañón (weiß) zu Hause, aber auch Tempranillo, Macabeo, Cabernet Sauvignon, Pinot Noir, Chardonnay und sogar Gewürztraminer werden angebaut. Aus Somontano kommen in der Regel Sortenweine; die neuen Weißweine sind meist rein, frisch und fruchtig.

sandig auf braunem Kalkstein, Sandstein mit Karbonat *Garnacha, Tempranillo, Moristel, Cabernet Sauvignon* *Viura, Macabeo, Alcañón, Chardonnay* *rot, weiß*

Castillo de Milmanda, Conca de Barberá, inmitten der Weingärten Kataloniens

RIOJA: FRANZÖSISCHE URSPRÜNGE

In der Erfolgsgeschichte von Rioja kommt Frankreich eine wichtige Rolle zu. Der spanische Edelmann Luciano de Murrieta (der spätere Marqués de Murrieta) entlieh 1852 hochwertige bordeleser Eichenfässer, um den vermutlich ersten »modernen« Rioja zu kreieren. Auch der Adlige Camilo Hurtado de Amézaga, der spätere Marqués de Riscal, ließ sich von Bordeaux inspirieren. Er legte 1856 einen Weingarten und 1860 die erste spanische Bodega industriellen Formats an *(s. S. 309)*. Sein Erfolg ging vor allem auf die Verwendung riesiger Gärbottiche aus Eiche und teurer Fässer französischer Herkunft zurück: schön gefertigt, luftdicht und robust, so dass der Wein sicher nach Amerika verschifft werden konnte. Zu einer erneuten Zusammenarbeit mit Frankreich kam es im späten 19. Jh., als die Reblaus *(s. S. 528–529)* große Teile des französischen Weinbaus vernichtete. Angesichts ihrer schwindenden Weinvorräte wandten sich die Franzosen nach Spanien, wo sie Weine im Bordeaux-Stil fanden (wenngleich vorwiegend aus Tempranillo hergestellt): Mehrere französische Investoren waren von Rioja so begeistert, dass sie hier eigene Bodegas errichteten. Der so entstandene Exportmarkt existiert bis heute; Rioja ist noch immer Frankreichs beliebtester ausländischer Wein.

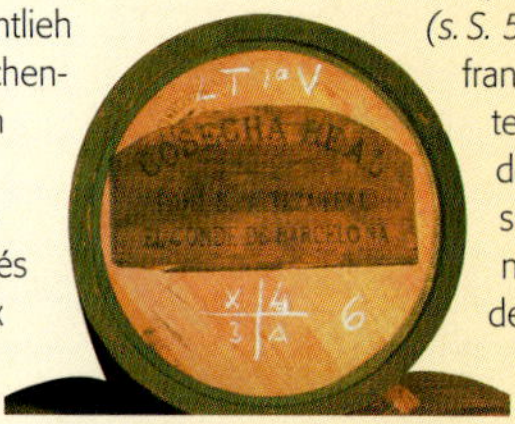

Ein Fass Marqués de Riscal

Katalonien

KATALONIEN (CATALUNYA) stellt seit über einem halben Jahrhundert mit Erfolg Weine her - nicht zuletzt dank der beträchtlichen Bemühungen der Familie Torres *(s. S. 313)*. Weiße Trauben wurden im weitgehend mediterranen Klima Kataloniens schon immer angebaut, und ein Weißwein aus den »drei großen« Trauben Parellada, Macabeo und Xarel-lo passt ideal zu Meeresfrüchten. Als in den 1960er-Jahren der Tourismus-Boom einsetzte, begannen die Winzer mit der Herstellung von Rotwein, um den ansteigenden Bedarf selbst zu decken. Katalonien gehörte zu den ersten Regionen des Landes, die internationale Sorten wie Cabernet Sauvignon anbauten. Kühnere Erzeuger bepflanzten auch schwierige Lagen im kühleren Klima von Alt-Penedès, und bald gab es einen typisch-katalanischen Weintyp, der europaweit konkurrenzfähig war. Einige dieser Weine gehören heute zu den begehrtesten und teuersten Europas, und obwohl hier noch immer mehr Weiß- als Rotwein produziert wird, sind es meist die Rotweine, die internationalen Ruhm genießen.

Katalonien besitzt 11 DO-Bereiche – mehr als jede andere Region Spaniens. Die wichtigste (und mit 27500 ha größte) ist **Penedès** in der Provinz Barcelona. Die zweitwichtigste ist mit 1800 ha eine der kleinsten DOs: **Priorat** in der Provinz **Tarragona**, die auch selbst eine DO-Zone hat. Zu erwähnen sind ferner die jüngeren DO-Zonen **Montsant** und **Costers del Segre**. Die übrigen DOs – **Empordà-Costa Brava**, **Pla de Bages**, **Alella**, **Conca de Barberá** und **Terra Alta** – sind in erster Linie von lokaler Bedeutung, doch manchmal gelangen ihre Weine auch auf den Weltmarkt. Eine Besonderheit ist die 1999 gegründete DO **Catalunya**, die den Verschnitt von DO-Weinen aus unterschiedlichen Regionen Kataloniens unter Beibehaltung des DO-Status gestattet.

alluvial, sandig, Ton auf Kalkstein, etwas Granit und Schiefer *Cabernet Sauvignon, Merlot, Tempranillo* *Parellada, Macabeo, Xarel-lo, Chardonnay* *rot, weiß*

Freixenet-Etikett, Penedès

Priorat

PRIORAT (PRIORATO) ist die zweitkleinste DO Kataloniens, aber auch eine der renommiertesten. Bis Mitte der 1980er-Jahre kannte man nur einen Wein aus dieser Gegend: Cartoixa Scala Dei Negre, einen gewaltigen, dunklen Rotwein aus den Trauben alter Garnacha-Reben. Dieser sensationelle Wein soll 50 Jahre überdauern und ist bis heute ein Klassiker. Von 1987–1998 legten jedoch ein halbes Dutzend junger Winzer Weingärten rings um die felsige Bergstadt Gratallops an und pflanzten dort internationale Sorten wie Cabernet Sauvignon, Merlot, Syrah und Pinot Noir; zudem übernahmen sie alte Pflanzungen der heimischen Garnacha. Die meisten Winzer terrassieren ihre Gärten an den steilen Hängen des Flusstals (bis zu 700 m hoch), wo ausstreichender Schiefer ein ausgezeichnetes entwässerndes Grundgestein bildet. Ergebnis war eine Reihe beeindruckender Klassiker namens »Clos«. Diese Weine standen jedoch völlig außerhalb des DO-Systems und mussten anfangs als Tafelwein verkauft werden. Besonderes Engagement zeigte Álvaro Palacios *(s. S. 311)* mit der Gründung zweier Güter: zuerst Clos Dofi (heute Finca Dofi) und dann Clos L'Ermita (heute L'Ermita), die erstaunlich komplexe, kraftvolle Weine liefern. Kurz darauf erlaubten die DO-Behörden den erfolgreichen Newcomern vorbehaltlos die Mitgliedschaft. Viele von ihnen haben sich seitdem einen Namen gemacht.

Arbeit mit dem Pflug bei Álvaro Palacios, Priorat

Raïmats 1918 errichtete Bodega, Costers del Segre

Montsant

MONTSANT LIEGT IN DEN GEBIRGSAUSLÄUFERN unterhalb von Priorat und gehörte bis 2001 zur ausgedehnten DO Tarragona. Ihre Winzer eiferten den Nachbarn weiter oben nach, indem sie mit moderner Vergärungstechnik Weine von alten Reben mit niedrigem Ertrag herstellten, und setzten sich für eine eigene, vom riesigen Tarragona unabhängige Klassifizierung ein – bis ihre Mühen 2002 mit der Festlegung der DO Montsant belohnt wurden. Montsant wollte von Anfang an etwas deutlich Besseres als die überall in Tarragona produzierten, preisgünstigen Supermarktweine herstellen. Ersten Ergebnissen zufolge gelingt dies, und die Winzer können zudem erschwingliche Alternativen zu den Weinen Priorats bieten. Montsant-Rotweine sind ausgezeichnete, einfallsreiche Verschnitte traditioneller und internationaler Sorten; z. B. kombiniert der Mas Collet von Celler de Capçanes Garnacha, Cariñena, Tempranillo und Cabernet Sauvignon auf vielschichtige, elegante Art.

Weingärten und Sierra de Montserrat, Penedès

Costers del Segre

DIESE DO ENTSTAND 1987 vor allem dank des erfolgreichen Erzeugers Raïmat. Zu diesem großen Gut der bekannten Cava-Firma Codorníu gehören 1000 ha – vorwiegend mit Chardonnay, Cabernet Sauvignon, Merlot und Tempranillo bepflanzt. Weine kalifornischen Typs voll süffiger, üppiger, reifer Frucht geben für die ganze, aus sechs Subzonen um die Stadt Lledia bestehende Region den Ton an. Da sich noch andere Erzeuger hier niederlassen, wird sie eines von Kataloniens interessantesten Anbaugebieten.

Penedès

PENEDÈS IST DAS ZENTRUM der boomenden spanischen Cava-Branche *(s. rechts)* – in 600 m Höhe auf einer weiten Hochebene, umgeben von bis zu 900 m hohen Gebirgszügen. Die Landschaft bietet hier vor allem drei Bodentypen, die ganz unterschiedliche Weinarten hervorbringen.

In Baix-Penedès (unter 250 m) werden Trauben für Alltagsweine angebaut. Die leichten, spritzigen Weißweine werden aus den drei Regionalfavoriten Parellada, Macabeo und Xarel-lo gekeltert; die vor Ort konsumierten, fruchtig-jung zu trinkenden Rotweine in der Regel aus Tempranillo und Garnacha. Mitja-Penedès (250–500 m) hat ein spürbar kühleres Klima und liefert tendenziell bessere

Trauben – mit frischerer Säure, aber vollreif. Viele Zulieferer der Cava-Branche arbeiten in diesem Teil von Penedès. Der Tempranillo aus dieser Höhe gehört zu den besten der Region – ein herrlich frischer Wein mit reifer Erdbeer-Himbeer-Frucht und einem Gewürzhauch. In Alt-Penedès (über 500 m) kommt das individuelle Mikroklima der Weingärten zur Geltung und fördert die Reifung von Sorten wie Pinot Noir, Chardonnay und sogar Riesling. Hier sind die Temperaturen noch niedriger, und die gebirgigen Ausstriche bieten bis in 800 m Höhe Ecken und Winkel mit ganz eigenen Charakteristika. Die Erträge sind niedriger und die Frostgefahr höher, doch die Trauben dieser Gegend liefern einige der besten Weine Kataloniens.

Balearen

Bis in die 1980er-Jahre wurde auf den Balearen produzierter Wein nur vor Ort getrunken, doch die Weinerzeuger von Mallorca kämpften unter Führung von Bodegas Franja Roja (José L. Ferrer) weiter um ihre eigene DO. Ihre Bemühungen zahlten sich 1991 aus, als der Gegend von **Binissalem** DO-Status zugesprochen wurde.

Die DO Binissalem liegt bei der gleichnamigen Stadt in einer leicht hügeligen Region im Zentrum Mallorcas. Hier werden vor allem heimische Trauben angebaut – Manto Negro und Callet für robuste Rot- und Moll für leichte, frische Weißweine – sowie ein wenig Monastrell, Cabernet Sauvignon und Merlot. Diese Weine unterscheiden sich spürbar von denen des Festlands und haben etwas Rustikales an sich: Manto Negro ist vielleicht nicht so subtil wie Tempranillo, besitzt jedoch eine satte Reife, die gut zur lokalen Küche passt. Eine weitere DO kam 1999 dazu: **Pla i Llevant de Mallorca**. Sie umfasst die Osthälfte der Insel mit den größeren Städten Manacor und Felanitx. Ihre Weingärten liegen in Meereshöhe bis um die 100 m, und ihre Weine ähneln denen von Binissalem. Einige Bodegas erzielen hier jedoch faszinierende Resultate mit Tempranillo, Cabernet Sauvignon und Merlot, vor allem Miquel Oliver, der einen umwerfenden, wenigstens 18 Monate in Eiche ausgebauten Cabernet Sauvignon namens Ses Ferritges herstellt.

lockerer Mutter- auf Alluvialboden, Ton auf Kalkstein *Manto Negro, Callet, Tempranillo, Monastrell* *Moll, Macabeo, Parellada, Chardonnay* *rot, weiß*

CAVA – DER BELIEBTESTE SEKT DER WELT

Das Freixenet-Gut in Sant Sadurni d'Anoia

Cava wird seit den 1860er-Jahren nach traditioneller Methode hergestellt *(s. S. 166–167)*, und obwohl er generell ein preisgünstiger Wein ist, wächst das Interesse an Spitzenqualität. Als meistverkaufter Schaumwein der Welt löste Cava 2001 den Champagner ab. Die Stadt Sant Sadurní d'Anoia in Penedès bestreitet etwa 90 % der Cava-Herstellung, doch seine Herkunft ist nicht auf ein geografisches Gebiet beschränkt: Die Trauben werden in ganz Katalonien angebaut und können aus unterschiedlichen Regionen verschnitten werden, solange sie aus eingetragenen Cava-Weingärten stammen.

Cava-Arten und Traubensorten

Die wichtigsten Trauben sind: Paradella, die einen samtigen, weichen Körper erzeugt, Macabeo für Spritzigkeit und Säure und Xarel-lo für Reife, Struktur und Komplexität. Ebenfalls zugelassen sind u. a. Chardonnay (einige Cavas bestehen zu 100 % daraus) und die roten Trauben Garnacha, Monastrell und Trepat für den Rosé. Klassischer Cava brut besitzt weiche, samtige Säure und ist knochentrocken, aber zugleich fein-funkelnd-fruchtig; das Bukett älterer Jahrgänge kann auch eine Wildnote aufweisen.

Empfohlene Erzeuger

Die zwei größten Firmen der Branche sind Codorníu und Freixenet. Einige kleinere, unabhängige Häuser produzieren individuelle, stilvolle Weine in kleinere Mengen:

Augustí Torelló *(www.torello.es)*
Mont-Ferrant *(www.montferrant.com)*
Gramona *(www.gramona.com)*
Juvé y Camps *(www.troc.es/juveycamps)*
Giró Ribot *(www.giroribot.es)*
Rovellats *(www.cavasrovellats.com)*

Etikett Gramona Cava

WEINREISE DURCH LA RIOJA

LA RIOJA IST SPANIENS *größte Rotwein-Region mit über 2500 Weinbauern, 500 Kellereien und einer Jahresproduktion von fast drei Millionen Hektolitern (400 Mio. Flaschen). Ihr Zentrum bildet die belebte Stadt Logroño, doch die vielen Kellereien befinden sich in Kleinstädten und auf großen Privatgütern. In der imposanten Landschaft mit vielen befestigten Altstädten und ursprünglichen Dörfern ziehen sich die Berge ins Ebro-Tal hinunter.*

Marqués de Riscal Gran Reserva

① **Rioja-Weinmuseum**
Dieses Museum zeigt die Geschic des Rioja-Weins und die Ausstattu der Bodegas. Ausstellungsstücke erklären die regionale Weinkultur; Land, Boden und Anbautechniken werden beschrieben, und man ka einige der besten Weine der Gege verkosten.
☎ 941 310 547

② **La Rioja Alta** △
Dieser Erzeuger in Haro mit großem Besucherzentrum und Laden bietet regelmäßig Führungen an. Viele Vinifikationsarbeiten werden hier noch von Hand ausgeführt – man hat Gelegenheit, das Zusammenwirken alter und neuer Verfahren zu zu sehen *(s. S. 309)*.
☎ 941 310 346 Ⓦ www.riojalta.com

③ **Bodegas Miguel Merino**
Diese 1993 gegründete Bodega gehört zu den Aufsteigern von La Rioja. Ihr erster Jahrgang (1994) wurde 2000 verkauft. Die von der Familie betriebene Kellerei, eine der kleinsten La Riojas, stellt begrenzte Mengen hochwertiger Reservas her. Auch die hübsche Stadt Briones lohnt einen Besuch.
☎ 941 322 263 Ⓦ www.miguelmerino.com

WEINFESTE

Im Sommer gibt es in La Rioja eine Reihe von Weinfesten. An jedem 11. Juni erinnert die **Fiesta de San Bernabé** in Logroño an die Belagerung von 1521: Die von der Versorgung abgeschnittenen Bewohner aßen damals Fisch zu Brot und Wein, weshalb man heute zum Gedenken Fisch, Brot und Wein in bauchigen Flaschen verteilt. **La Batalla del Vino** am 29. Juni ist Teil der Feierlichkeiten zu Ehren von San Juan, San Felices und San Pedro; bei der »Schlacht« bespritzen sich die Teilnehmer gegenseitig mit Wein. La Batalla del Clarete am 25. Juli ist das Pendant dazu, anlässlich des Festes von Santiago in San Asensio (Clarete ist ein junger, leichter Rotwein aus dieser Gegend). Am 21. September, dem Fest San Mateos, werden während der einwöchigen Fiesta de la Vendímia die ersten Trauben auf dem Platz in der Stadtmitte von Logroño feierlich mit den Füßen zerstampft *(links)*. Der erste Wein der neuen Ernte wird vor Beginn des Festes der Virgen de Valvanera dargebracht. Mehr über Weinfeste und regionale Veranstaltungen erfährt man in der Touristeninformation von Logroño *(s. Besucher-Tipps)*.

④ Bodegas LAN

Der vorbildhafte, klassische Rioja dieser 1974 gegründeten Bodega ist bekannt. Das beeindruckende 640 qm-Kellergewölbe für die Fässer besitzt keine Zwischensäulen. Die Weine, vor allem Culmen de Lan Reserva, sind ebenfalls bemerkenswert.

☎ 941 450 950
Ⓦ www.bodegaslan.com

Ein Glas Rioja

⑤ Bodegas Ontañón

Diese moderne, 1985 eröffnete Bodega stellt ausgezeichnete, preigünstige Reservas her und hat Pionierarbeit bei den neuen, süßen Moscatel-Weinen geleistet. Ein kleines Museum zeigt Mosaike, Statuen, Bilder und Glasmalereien des Künstlers Miguel Angél Saínz zum Thema Wein.

☎ 941 270 482
Ⓦ www.ontanon.es

Besucher-Tipps

Route: Diese 102 km-Tour beginnt in Haro und endet in Elciego.

Dauer: Die Tour dauert einen halben bis einen Tag.

Kellereien: Die meisten Kellereien kann man besuchen; vorher anrufen, Öffnungszeiten erfragen und einen Termin ausmachen.

Nützliche Kontakte:
Logroño Tourist office
☎ 941 260 665
Ⓦ www.larioja.org

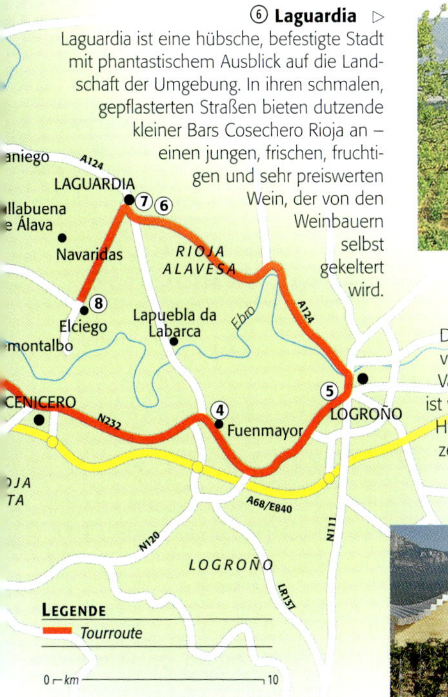

⑥ Laguardia ▷

Laguardia ist eine hübsche, befestigte Stadt mit phantastischem Ausblick auf die Landschaft der Umgebung. In ihren schmalen, gepflasterten Straßen bieten dutzende kleiner Bars Cosechero Rioja an – einen jungen, frischen, fruchtigen und sehr preiswerten Wein, der von den Weinbauern selbst gekeltert wird.

⑦ Bodegas Ysios ▽

Diese imposante neue Kellerei wurde 1998 von dem Architekten Santiago Calatrava aus Valencia gebaut. Die Holz-Stahl-Konstruktion ist von den Bergen der Sierra de Cantabria im Hintergrund inspiriert. Feine, köstliche Weine zeugen hier von einer Rückkehr zum Prinzip des Terroirs.

☎ 941 293 500 Ⓦ www.byb.es

⑧ Marqués de Riscal ◁

Eine der ältesten Bodegas der DO, zu der jetzt noch eine architektonische Neuheit gehört: Zu der von Frank Gehry entworfenen neuen Firmenzentrale gehören auch Besucherzentrum, Museum und Restaurant. In der Kellerei stehen noch bis heute verwendete traditionelle Kelterpressen neben Gärbottichen aus Edelstahl *(s. S. 309)*.

☎ 941 606 000 Ⓦ www.marquesderiscal.com

DIE SPITZENERZEUGER NORDOSTSPANIENS

Berberana
La Rioja/Rioja

ctra Elciego, Cenicero, Rioja Alta
941 453 100
www.berberana.com

DIE FIRMA BERBERANA wurde ursprünglich 1877 gegründet, gehört jetzt aber zur Arco Bodegas-Unidas Group, die unter eigener Ägide und in Joint Ventures überall in Nordspanien und -portugal Wein herstellt. Sie besitzt 3000 ha Weingärten und mehrere Bodegas in La Rioja. Ihr Basissortiment ist recht gut, wird jedoch von den wunderbaren höherwertigen Weinen in den Schatten gestellt. Zu den besten gehören die Marke Marqués de Griñón und der Enartis-Wein von der Dominio de Susar in Rioja Baja – ein rauchiges, würziges Schwergewicht mit etwas Syrah, Merlot und Cabernet Sauvignon.

rot 2000, 1999, 1998, 1996, 1995, 1994 ★ Enartis, Viña Alarde, Marqués de Griñón

Bodegas Marqués de Murrieta
La Rioja/Rioja

Castillo de Ygay, Ctra Logroño-Zaragoza, Rioja Alta 941 271 370 www.marquesdemurrieta.com n. V.

Diese prächtige alte Bodega wurde von Luciano de Murrieta gegründet, der 1852 als Erster einen Rioja modernen Typs herstellte *(s. S. 302)*. Familie Cebrián besitzt das Gut seit 1983, hat es liebevoll restauriert und erweitert, neue Weine eingeführt und mit Einzellagen experimentiert. Man hat auch die Vinifikation modernisiert, die Traditionen des Gründers jedoch beibehalten. Capellanía ist ein weißer Einzellagenwein im traditionell-eichentönigen Stil von alten Viura-Reben. Ygay, das

Etikett La Rioja Alta

Vorzeige-Sortiment, besteht aus großartigen, intensiven, komplexen, duftenden Reservas und Gran Reservas.

rot, weiß 1997 (w), 1996, 1995, 1994 (r), 1992 (r), 1991 (r) ★ Gran Reserva Castillo Ygay, Dalmau, Marqués de Murrieta, Capellanía

Contino
La Rioja/Rioja

Finca de San Gregorio, Laserna, Álava
941 600 201
www.contino-sa.com n. V.

DIESE BODEGA stellt nicht nur einen der anerkanntesten Weine der Region her – den gleichnamigen Cantino –, sondern auch durchgehend hochwertige Einzellagenweine. Dazu gehören der volle, konzentrierte Viña del Olivo aus einem kleinen Weingarten mit Olivenbaum und der umwerfende, elegante und doch kraftvolle Sortenwein Graciano aus einer der seltensten Trauben Riojas. Seit dem Gründungsjahr 1974 gehören 50 % von Contino CVNE.

rot 1999, 1998, 1997, 1996, 1995, 1994 ★ Contino, Viña del Olivo

Contino-Etikett

CVNE
La Rioja/Rioja

Barrio del Estación, Haro, Rioja Alta
941 304 800
www.cvne.com n. V.

DIE 1879 GEGRÜNDETE CVNE (Compañía Vinícola del Norte de España), eine der ältesten Bodegas von Rioja, hat kürzlich viel in eine neue Kellerei-Ausstattung auf dem neuesten Stand der Technik investiert. Ihr Basissortiment stammt von den eigenen 560 ha, aber die Spitzenweine (Viña Real und Imperial Reserva) werden vor allem mit eingekauften Trauben hergestellt – Ersterer aus Rioja Alavesa (er besitzt die Frische reifen Tempranillos), der Zweite mit einer klassischen Graciano-Garnache-Mischung, die vorwiegend aus Rioja Alta kommt.

rot 2000, 1999, 1998, 1997, 1996, 1995, 1991, 1990 ★ CVNE Imperial Reservas, Viña Real

La Rioja Alta
La Rioja/Rioja

av Vizcaya, Haro, Rioja Alta 941 310 346 www.riojalta.com n. V.

DIESER VETERAN VON 1890 war ohne Unterbrechung im Besitz der Familie Aranzábal. Seine Spitzenweine werden auf traditionelle Weise von Hand gekeltert; man hat jedoch inzwischen auch einige moderne Verfahren eingeführt, und neben den alten Eichenbottichen der Bodega gibt es jetzt auch solche aus Edelstahl. Viña Ardanza gilt vielen als Maßstab für den Rioja Reserva: klassische Tempranillo-Frucht, geröstete amerikanische Eiche und langer Fassausbau.

***rot* 1995, 1994, 1990 ★ Viña Ardanza, Gran Reservas**

Marqués de Cáceres
La Rioja/Rioja

ctra Logroño, Cenicero, Rioja Alta 941 455 064

ENRIQUE FORNER, der dieses Haus 1970 gründete, lernte sein Metier in Bordeaux. Seine Firma – offiziell als Uníon Vitivinicola bekannt – führte die Edelstahlausstattung in Rioja ein und ist für die gleichbleibende Qualität ihrer Produkte bekannt. Mit dem einfachen Marqués de Cáceres ist man auf der sicheren Seite, und der 1991er Gran Reserva ist noch immer großartig. 1996 kam ein Spitzenwein aus handverlesenen Trauben namens Gaudium heraus, der Wärme und Kraft eines traditionellen Rioja mit enormer Reife und Duftigkeit verbindet.

rot, weiß rot: 1999, 1998, 1996, 1995, 1994, 1991; weiß: jüngster Jahrgang ★ Marqués de Cáceres, Gaudium, Antea

Bodegas Julián Chivite

Marqués de Riscal
La Rioja/Rioja

c/Torrea 1, Elciego, Álava 945 606 000 www.marquesderiscal.com

DIE NACH IHREM GRÜNDER, einem Wegbereiter des echten Rioja *(s. S. 302)* benannte Firma wird heute vom Oberhaupt der Familie Hurtado geleitet und gehört noch immer zu den besten Rioja-Erzeugern. Hier installierte man 1995 einen der ersten Traubensortiertische, und kürzlich wurde die neue, von Frank Gehry entworfene Firmenzentrale mit Besucherzentrum, Restaurant und Hotel hinter der Bodega eröffnet *(s. S. 307)*. Die Firma besitzt eine der ältesten Cabernet-Sauvignon-Pflanzungen von Rioja. Die Marke Barón de Chirél, 1991 unter Beifall auf den Markt gekommen, vereint Rioja-Würze mit Cabernet-Reife und verlockendem Aroma. Riscals Ruf gründet sich auf gewissenhafte Qualitäts- und Detailkontrolle und die Bereitschaft, im Bedarfsfall viel zu investieren.

rot 1997, 1996, 1995, 1994, 1993, 1992, 1991 ★ Marqués de Riscal, Barón de Chirél

Bodegas Guelbenzu
Navarra

San Juan 14, Cascante 948 850 055 www.guelbenzu.es n. V.

DIE WEINGÄRTEN DIESER FIRMA wurden in den 1980er-Jahren neu bepflanzt, doch man hörte praktisch nichts mehr von ihr, bis ihre Weine Anfang der 1990er-Jahre unter dem Namen Guelbenzu auf den Markt kamen. Sie zog sich 2002 aus der DO Navarra zurück, um in schlechten Jahren zum Erhalt der ausgezeichneten Reputation auch Trauben anderer Güter verwenden zu können. Daher gibt es die Weine jetzt als Tafelwein mit der Etikettierung Vino del Mesa del Ribera del Queiles. Sie stammen von voll entwickelten Reben mit niedrigem Ertrag und sind vorbildlich; besonders zu erwähnen ist der schier unglaubliche Lautus, ein Tempranillo-Merlot-Cabernet Sauvignon-Garnacha-Verschnitt mit 12 Monaten Fassreife.

rot 1999, 1998, 1996, 1995, 1994, 1993, 1992 ★ Azul, Evo, Lautus

Bodegas Julián Chivite
Navarra

Ribera 34, Cintruénigo 948 811 000 www.bodegaschivite.com n. V.

BODEGAS JULIÁN CHIVITE ist die älteste Kellerei Navarras (1647 gegründet) und sicherte bis Mitte der 1980er-Jahre drei Viertel aller Expore der DO. Seit 1997 wird die Firma mit ihren 550 ha Reben von den vier Kindern des verstorbenen Julián Chivite geführt – Julián fungiert als Geschäftsleiter, Fernando als Winzer, Carlos als Verwaltungsleiter und Mercedes als Exportleiterin. Das Basissortiment Gran Feudo bietet hohe Qualität zu günstigen Preisen. Spitzenweine sind ein warmer, buttriger, fassvergorener Chardonnay namens Chivite Colección und ein Tempranillo-Cabernet-Reserva namens Colección 125, der eindrucksvolle Frucht und ein elegant-würziges, eichentöniges Aroma aufweist.

rot, weiß rot: 1999, 1998, 1997, 1996, 1995, 1994; weiß: letzte Jahrg. ★ Gran Feudo, Colección 125

Traubenlese, Bodegas Ochoa

Bodegas Ochoa
Navarra

Alcalde Maillata, 2, Olite ☎ *948 740 006* W *www.bodegasochoa.com* ◯

DIESE KLEINE, 1847 gegründete Bodega wird nach wie vor von der Familie Ochoa geführt; Javier stellt den Wein her und hat auch viel zur önologischen Forschung in Navarra beigetragen. Die 130 ha Reben dieses Guts liefern Tempranillo, Garnacha, Cabernet Sauvignon und Merlot. Eines seiner Aushängeschilder ist der herrlich ausdrucksvolle Ochoa Tempranillo. Ochoa war auch bahnbrechend bei den herrlichen blumig-süßen, regelmäßig prämierten Moscatel-Weinen Navarras.

rot, weiß, Dessertwein *rot: 1997, 1996, 1995, 1994, 1993, 1992, 1991, 1990; weiß: letzter Jahrg.* ★ *Ochoa, Moscatel Dulce*

Blecua
Aragón/Somontano

ctra Barbastro-Naval, Barbastro, Somontano, Huesca ☎ *974 302 216* W *www.bodegablecua.com* ◯ *n. V.*

DIESE BODEGA – ein Ableger von Viñas del Vero – stellt nur einen Wein namens Blecua aus Cabernet Sauvignon, Merlot und Garnacha mit bis zu 24 Monaten Fassreife her. Von Anfang an hatte man hier den Wunsch, den besten Wein von Somontano zu produzieren; das Ergebnis besitzt eine elegante Nase und einen schweren, üppig-rauchigen, kraftvollen Körper, der wohl mehrere Jahre zur Reifung benötigt.

rot *2000, 1998, 1997* ★ *Blecua*

Bodega Pirineos
Aragón/Somontano

ctra Barbastro-Naval, Barbastro, Somontano, Huesca ☎ *974 311 289* W *www.bodegapirineos.com* ◯

SEIT DIESE EINSTIGE Genossenschaft 1993 in eine GmbH umgewandelt wurde, hat sie enorme Fortschritte hinsichtlich Technik und Vinifikation gemacht. Ihr Basissortiment heißt Bodega Pirineos; ihre besten Weine sind die roten Señorío de Lazán, Montesierra und Marboré. Letzterer, der edelste, ist eine eklektische Mischung aus Tempranillo, Cabernet Sauvignon, Merlot, Moristel und Parraleta mit kräftiger Frucht und elegant-würzigen Tanninen.

rot *1998, 1997, 1996, 1995, 1993, 1990* ★ *Señorío de Lazán, Montesierra, Marboré*

Bodegas San Alejandro
Aragón/Calatayud

ctra Calatayud-Cariñena 4, Miedes de Aragón, Calatayud, Zaragoza ☎ *976 892 205* W *www.san-alejandro.com* ◯ *n. V.*

DIESE GENOSSENSCHAFTS-Bodega bietet seit Mitte der 1990er-Jahre hohe Qualität bei gutem Preis-Leistungs-Verhältnis. Ihre Mitglieder bestellen etwa 1300 ha Weingarten (meist mit den für Aragón typischen Trauben Tempranillo und Garnacha), und ihre Weine sind erstaunlich gut – insbesondere Baltasar Gracián Crianza, ein vollendeter Garnacha-Tempranillo-Cariñena-Verschnitt mit 12 Monaten Fassreife. In Spanien kostet er unter 4 € pro Flasche, wäre manch einem jedoch das Dreifache wert.

rot *2000, 1999, 1998, 1997, 1996, 1995, 1994* ★ *Baltasar Gracián Crianza*

Covinca
Aragón/Cariñena

ctra Valencia, Longares, Cariñena, Zaragoza ☎ *976 142 653* ◯ *n. V.*

COVINCA IST EINE GROSSE, moderne Genossenschaft mit 3000 ha Weingarten, die kräftig in ihre moderne Ausstattung investiert hat. Ihre besten Weine sind Garnacha-Tempranillo-Verschnitte. Das Spitzensortiment Marqués de Ballestar ist entschieden besser als das Torrelongares-Basissortiment und bietet bis zum Gran Reserva ein ausgezeichnetes Preis-Leistungs-Verhältnis. Die allerbesten Weine enthalten auch etwas Graciano.

rot *1999, 1997, 1996, 1992, 1991* ★ *Marqués de Ballestar*

Viñas del Vero
Aragón/Somontano

ctra Barbastro-Naval, Barbastro, Somontano, Huesca ☎ *974 302 216* W *www.vinasdelvero.es* ◯ *n. V.*

DIESE 1986 GEGRÜNDETE Versuchseinrichtung für Somontano hat sich in nur wenigen Jahren zu einer der modernsten Bodegas Spaniens entwickelt. Mit jetzt 1000 ha und

Etikett Bodegas San Alejandro

einem ausgezeichneten Ruf stellt sie nun Weine durchgehend hoher Qualität aus internationalen wie aus heimischen Sorten her – der Gran Vos Reserva (Merlot, Cabernet, Pinot Noir) ist vielleicht einer der besten spanischen Rotweine.

rot, weiß · rot: 1997, 1996, 1995, 1994, 1993, 1992; weiß: letzte Jahrg. ★ Viñas del Vero, Gran Vos Reserva

Álvaro Palacios
Catalunya/Priorat

Aforès, Gratallops, Tarragona
977 839 195

ÁLVARO PALACIOS, der eigentlich aus La Rioja stammt, war der erfolgreichste von mehreren Pionieren, die in den späten 1980ern an den unwirtlichen Hängen rings um Gratallops Reben pflanzten. Er trug dazu bei, den Weinstil von Priorat dauerhaft zu verändern. Alle Weine seines 25-ha-Guts sind eindrucksvolle Beispiele für sorgfältige Rebenpflege und gekonnte Vinifikation.

Álvaro Palacios

Besonders herausragend ist der sagenhaft duftende, komplexe, volle L'Ermita. Neben etwas Cabernet enthält er vor allem auch Trauben von 100 Jahre alten Garnacha-Reben an Steilhängen. Heute gehört er zu den begehrtesten und teuersten Weinen Spaniens.

rot · 1999, 1998, 1997, 1996, 1995, 1994, 1993 ★ Las Terrasses, Finca Dofi, L'Ermita

Agustí Torelló
Catalunya/Cava

La Serra, Sant Sadurní d'Anoia, Barcelona · 938 911 173
www.agustitorello.com · n. V.

MATA, EIN KLASSISCHER Gran Reserva aus Paralleda, Macabeo und Xarel-lo, ist vermutlich der beste Cava Spaniens. Mata Reserva Barrica wird durch die Fassgärung noch aromatischer, und den spritzigen, fruchtigen Kripta gibt es in einer torpedoförmigen Flasche (mit rundem Boden) für etwa 40 €.

Schaumwein · 2000, 1999, 1998, 1997 ★ Mata, Kripta

Celler de Capçanes
Catalunya/Montsant

Llaberia, Capçanes
977 178 319 · n. V.

DIES IST NOCH EINE EHEMALIGE Genossenschaft, die in eine GmbH umgewandelt wurde. Celler de Capçanes gehört zu den Wegbereitern der viel versprechenden neuen DO Montsant. Auf 300 ha werden hier Garnacha, Mazuelo, Tempranillo und Cabernet Sauvignon angebaut. Ihr Spitzenwein ist Mas Tortó, ein absolut hochwertiger Garnacha-Merlot-Syrah-Cabernet-Sauvignon-Verschnitt mit vier Monaten Fassausbau.

rot · 2000, 1999, 1998, 1997, 1996 ★ Cabrida, Mas Collet, Mas Tortó

12 WEINE FÜR DIE ZUKUNFT

Ausgewählte Weine einer neuen Winzer-Generation, die sich in Nordostspanien einen Namen gemacht hat:

R Finca Allende Aurus
Ein Rioja aus traditionellen Trauben, dessen Konzentration und Komplexität sich sehen lassen können. €€€€
941 322 301

R Castillo de Monjardín Merlot
Ein üppiger Merlot, auf die eichentönige Art von Navarra gekeltert. €
www.monjardin.es

R Bàrbara Forés Coma d'en Pou
Ein voller, würziger Garnacha-Cabernet-Merlot-Syrah mit 18 Monaten Fassausbau – wegweisend für Terra Alta. €€€
977 420 160

R Viticultores Mas d'En Gil Coma Vella
Ein kräftiger, fruchtiger Wein aus Priorat (vorwiegend Cariñena und Garnacha) mit exotischen Zigarrenkistennoten. €€
www.masdengil.com

R Bodegas Aragonesas Coto de Hayas Garnacha Centenaria
Ein Rotwein aus einer alten Campo-de-Borja-Firma. Rauchig-würziger Garnacha von alten Reben mit einem Hauch Eiche. €
www.bodegas aragonesas.com

R Vall-Llach Embruix
Ein Priorat-Wein, der pure, reife Cariñena- und Garnachafrucht entfaltet. €€
www.masmartinet.com

R Finca Valpiedra Classic
Ein reifer Rioja im Tempranillo-Stil mit 16 Monaten Eichenausbau. €€€
www.bujanda.com

R Castillo Perelada Gran Claustro
Ein Cabernet-Merlot aus Empordà-Costa Brava mit typisch katalanischer Reife und enorm kraftvoller, langer Frucht. €€€
www.perelada.com

R Castell del Remei Oda
Ein kraftvoller Cabernet-Merlot-Tempranillo mit gerösteter amerikanischer Eiche – einer der Aufsteiger von Costers del Segre. €€
www.castell delremei.com

R Roda Roda I
Ein zarter, fruchtiger, fein strukturierter Tempranillo, der vom Rioja-Alta-Terroir profitiert. €€€
www.roda.es

R Miquel Oliver Ses Ferritges
Ein üppiger Cabernet-Merlot mit 18 Monaten Eichenausbau, der in der DO Pla i Llevant de Mallorca das Feld anführt. €
www.miqueloliver.com

W Txómin Etxániz
Ein fabelhaft kühler, spritziger Hondarrabi-Zuri-Weißwein aus Getariako Txakolina. €
943 140 702

Clos Mogador
Catalunya/Priorat

Camí Manyetes, Gratallops, Tarragona
977 839 171 n. V.

René barbier gehörte zu den Gratallops-Pionieren von 1987 und entschloss sich nach dem Bau seiner Kellerei, an einem Hang in der Nähe auch ein Haus zu errichten. Hier stellt er nur einen Wein her, nämlich Clos Mogador, u. a. für Europvin Falset *(s. rechts)*. Clos Mogador ist ein Garnacha-Cabernet-Sauvignon-Syrah-Cariñena-Verschnitt mit bis zu 16 Monaten Fassausbau – einer der besten Weine Spaniens.

rot 1999, 1998, 1997, 1996, 1995, 1994, 1993 ★ Clos Mogador

Codorníu
Catalunya/Cava

av Jaime Codorníu, Sant Sadurní d'Anoia, Barcelona 938 183 232
www.codorniu.es

Codorníu, einer der zwei spanischen Cava-Riesen, wurde 1551 gegründet und richtete 1872 als erste Firma eine Kellerei für die Cava-Herstellung in industriellem Stil ein. Heute lagern in den riesigen Kellern Millionen von Flaschen, und das Unternehmen bewirtschaftet 3000 ha Rebfläche – vorwiegend werden traditionelle Sorten wie Parellada, Macabeo und Xarello angebaut, Codorníu hat für alle Weine aber schon immer auch wenigstens 40 % Chardonnay verwendet. Beim Spitzenwein Jaume de Codorníu gleicht die pure Frische der einheimischen Sorten Macabeo und Paradella die Fülle des Chardonnay aus.

weiß, Schaumwein laufender Jahrgang oder ohne Jahrgang
★ Jaume de Codorníu, Cuvée Reina María Cristina, Non Plus Ultra

Gestelle mit Cava-Flaschen im Freixenet-Keller

Europvin Falset
Catalunya/Montsant

ctra Bellmunt, Falset, Tarragona
977 831 712

Der Engländer Christopher Cannan (Bordeaux) und René Barbier (Priorat) haben mit dieser 1999 gegründeten Bodega gezeigt, wie nahe Montsant in punkto Qualität an Priorat herankommen kann. Der aromatisch-komplexe Laurona ist ein enorm konzentrierter Garnacha-Cariñena-Verschnitt mit etwas Syrah und Cabernet. 6 Vinyes de Laurona ist noch besser und könnte es in der Tat mit Montsants berühmtem Hangnachbarn aufnehmen.

rot 2000 ★ Laurona, 6 Vinyes de Laurona

Freixenet
Catalunya/Cava

Joan Sala 2, Sant Sadurní d'Anoia, Barcelona 93 891 7096
www.freixenet.es n. V.

Freixenet, Spaniens zweiter Cava-Riese, wurde 1889 gegründet – ein strenger Traditionalist, der bei weißem Cava entschieden gegen die Verwendung anderer Trauben als den drei großen Sorten (Parellada, Macabeo, Xarello) ist. Sein berühmtester Wein ist Cordón Negro, der beste jedoch Reserva Real, den man für einen Königsbesuch bei der Hundertjahrfeier von Freixenet kreierte. Dieser Reserva mit einem Verschnittanteil alten Weins entfaltet außerordentliche Komplexität.

weiß, Schaumwein laufender Jahrgang oder ohne Jahrgang
★ Cuvée DS, Reserva Real, Siglo XX

Raïmat
Catalunya/Costers del Segre

Afueras, 25111 Raïmat, Lleida 973 724 000 www.raimat.com n. V.

Dieses riesige 3000-ha-Gut begann 1918 in der Provinz Lleida mit der Weinherstellung und war 1987 der Hauptgrund für die Gründung der DO Costers del Segre. Seine ultramoderne Kellerei gehört der Familie Raventós aus Codorníu. Der Stil ihrer Weine ist kalifornisch (die Winzer werden dort ausgebildet); am besten ist der umwerfende Raïmat 4 Varietales Gran Reserva, ein Cabernet-Merlot-Tempranillo-Pinot-Noir-Verschnitt mit 24 Monaten Fassausbau.

rot, weiß rot: 1997, 1996, 1995, 1994; weiß: letzte Jahrgänge
★ Raïmat Abadía, Raïmat El Molí, Raïmat 4 Varietales

DAS TORRES-IMPERIUM

Torres, der bekannteste Erzeuger Kataloniens, existiert seit 1800, wurde jedoch erst unter dem verstorbenen Miguel Torres Carbó aus der dritten Generation der Firmenleitung international bekannt. In den 1940er- und 1950er-Jahren reiste er viel umher, um den Markennamen weltweit zu etablieren. Torres gehörte zu den Ersten, die internationale Traubensorten in Katalonien einführten, und triumphierte auf der Pariser Gault-Millau-Weinolympiade 1970 mit seinem Cabernet Sauvignon Gran Coronas Black Label (jetzt bekannt als Mas la Plana), der bei einer Blindverkostung alle bordeleser Spitzenweine schlug. Die Firma hat immer ohne Zögern erneuert, experimentiert und ihre Weine und Märkte entwickelt; sie besitzt jetzt sogar Anteile in Chile und Kalifornien. Inzwischen ist die fünfte Torres-Generation an der Arbeit: Miguel Carbós Enkel Miguel kümmert sich um Jean León (jetzt Teil des Torres-Portfolios), während Enkelin Mireia unter der Marke Nerola ein neues Sortiment frischer, zitrustöniger Weiß- und würzig-pfeffriger Rotweine entwickelt.

Miguel Agustín Torres

Miguel Agustín Torres, der derzeitige Firmenleiter, absolvierte seine Ausbildung in Madrid, Montpellier und Dijon. Er errichtete 1962 Spaniens erste Kellerei mit Edelstahlausstattung zur Gärungskontrolle und setzt seitdem unermüdlich die Arbeit in seinen Weingärten fort.

PRAKTISCHE INFORMATION

Comerç 22, Vilafranca del Penedès, Barcelona *938 177 400* *www.torres.es* *n. V.*

Weininformation

rot, weiß *rot: 1999, 1998, 1997, 1996, 1995, 1994, 1993, 1992, 1991, 1990; weiß: letzte Jahrgänge ★ Gran Coronas, Mas Borras, Mas la Plana, Fransola, Gran Viña Sol, Milmanda*

Die Weine

Torres-Weine sind typischerweise Sortenweine, z. B. Sauvignon Blanc, Chardonnay, Moscatel, Gewürztraminer und Riesling sowie Pinot Noir und Cabernet Sauvignon (Letztere für den Spitzenwein Mas la Plana). Im Laufe der Jahre nahm man auch den Anbau einiger fast verschwundener katalanischer Spezialitäten wieder auf: Der Wein Grans Muralles wird aus einer Auswahl alter katalanischer Sorten (z. B. Garró) gekeltert.

Der Torres-Weingarten Mas la Plana, Baix-Penedès

WEINKARTE ZENTRAL- UND SÜDSPANIEN

DIESES GROSSE GEBIET umfasst fünf unabhängige Regionen mit 32 DOs, darunter auch die zwei Pagos (Flurstücke mit kleinen Weinbergen). Einige DOs sind nur von lokalem Interesse. In Jumilla und Yecla gibt es einige Spitzenerzeuger, und vor allem die Weine aus La Mancha und Valencia sind weltweit bekannt – hauptsächlich wegen ihres Preis-Leistungs-Verhältnisses. Besondere Bedeutung kommt der DO Jerez zu, die Spaniens ältesten und (heute) zweitbeliebtesten Wein herstellt: Sherry.

Piqueras rosé

LEGENDE

Zentral- und Südspanien

ZENTRALSPANIEN: GEBIETE UND SPITZENERZEUGER

SÜDSPANIEN: GEBIETE UND SPITZENERZEUGER

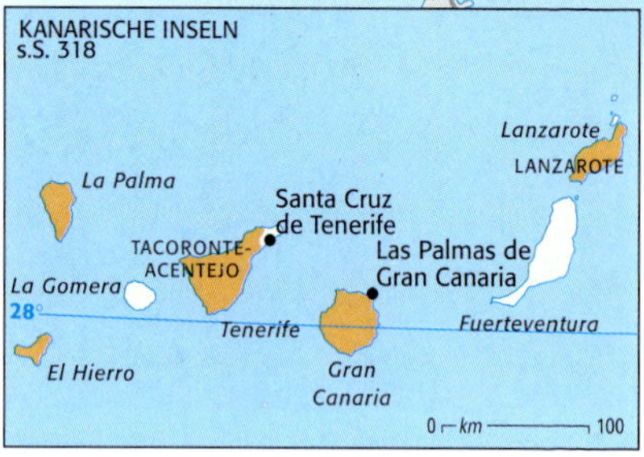

Weingärten in der Ebene von La Mancha, Kastilien-La Mancha

DAS TERROIR AUF EINEN BLICK

Breite: 36–40,5 °N (Festland); 28 °N (Kanaren)

Höhe: 0–3482 m über NN

Topografie: Zentralspanien bildet eine ausgedehnte Hochebene (Meseta) mit Madrid als höchstem Punkt (650 m Höhe). Im Süden mündet die Meseta in die Gebirgsregion Andalusiens. Von dort fällt das Land wieder auf den Meeresniveau ab. Die Kanarischen Inseln sind vulkanischen Ursprungs und besitzen einige der höchsten Weingärten weltweit (über 1500 m).

Boden: Durchweg sandiger Ton, stellenweise reich an Kalkstein

Klima: Rau, mit starken Temperaturschwankungen; in Andalusien heiß-mediterran (wobei das Hochland viel feuchter ist als das Tiefland), auf den Kanaren suptropisch

Temperatur: 33 °C Durchschnittstemperatur im Juli in Córdoba auf dem Festland, 28 °C auf den Kanaren

Niederschlag: 625 mm im Jahresdurchschnitt in Córdoba auf dem Festland, 200 mm auf den Kanaren

Gefahren für den Weinbau: Sommerdürre

Traubenlese, Andalusien

SPITZENWEINE: ZENTRAL- UND SUDSPANIEN

- R Agapito Rico Carchelo €
- R Dehesa del Carrizal Cabernet Sauvignon €€
- R Dominio de Valdepusa Eméritus €€€€
- D Enrique Mendoza Dolç de Mendoza €€
- R Félix Solís Viña Albali Gran Reserva €
- R Finca Élez Manuel Manzaneque Nuestro Syrah €€
- A González Byass Tío Pepe €
- R J A Megía & Hijos Corcovo Blanco €
- R Mustiguillo Quincha Corral €€€
- W Nuestro Padre Jesús del Perdón Mundo de Yuntero Blanco €
- R Piqueras Castillo de Almansa €
- R Vinícola de Castilla Guadianeja Reserva €€

Reben auf Albariza-Boden, Jerez, Andalusien

Reben auf sandigem Tonboden, Valdepeñas, Kastilien-La Mancha

DIE WEINBAUGEBIETE ZENTRAL- UND SÜDSPANIENS

ZENTRALSPANIEN

In dem ausgedehnten Gebiet zwischen Madrid und der Grenze zu Andalusien liegen 15 DO-Zonen und zwei Pago-DOs. In den letzten zwei Jahrzehnten haben die hiesigen Bodegas (vor allem in der DO La Mancha) ihre Qualität zunehmend gesteigert – und die besten von ihnen haben deutlich gezeigt, dass Zentralspanien Weltklasse-Weine herstellen kann.

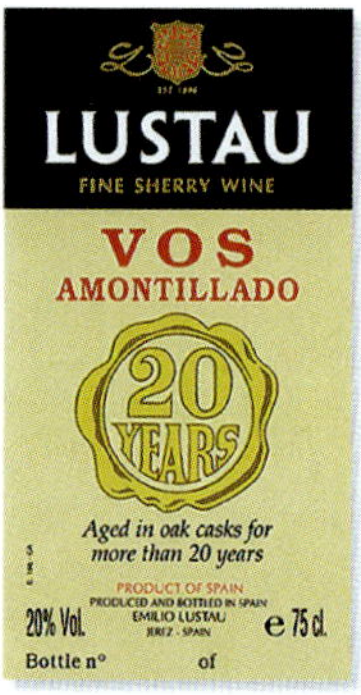

Etikett Emilio Lustau, Jerez, Andalusien

Madrid und Estremadura

Das Gebiet südlich von Madrid und südwestlich bis an die portugiesische Grenze gehört zu der DO **Vinos de Madrid**, wo man vorwiegend Malvar für Weiß- und Garnacha für Rotweine anbaut. Hier wird zwar jetzt auch mit exotischeren Sorten experimentiert, doch bislang ohne wirklich hochwertige Resultate. Die 2001 gegründete DO **Ribera del Guadiana** in der Estremadura dagegen sollte man im Auge behalten. Hier haben einige Erzeuger investiert und haben es sogar auf den Exportmarkt geschafft.

sandiger Ton auf Kalkstein und Kreide

Tempranillo, Monastrell, Bobal *Airén, Merseguera* *rot, weiß*

Kastilien-La Mancha

Dieses riesige Gebiet südlich und südwestlich von Madrid besitzt enormes Potenzial für den Weinbau. Hier wird viel Wein produziert, doch von den sieben DOs nur in La Mancha und Valdepeñas im größeren Stil. La Mancha galt lange als Lieferant von Billigwein für die Hauptstadt, bis niedrige Bodenpreise in den 1970er-Jahren Investoren anlockten. Zwar stellt man hier nach wie vor einfache, preiswerte Weine her, doch einige Bodegas produzieren auch Spitzenerzeugnisse. Tempranillo (vor Ort Cencibel genannt) ist die wichtigste Traube – würzig, voll und nach Sommerfrucht duftend. Komplexe Rotweine auf Tempranillo-Basis – manchmal mit etwas Cabernet Sauvignon oder sogar Syrah – werden sorgfältig im Fass ausgebaut. Die wichtigste weiße Traube La Manchas, Airén, ist zugleich die in Spanien meistgepflanzte weiße Sorte – leicht, frisch und aromatisch. In der trockenen, heißen Enklave Valdepeñas am Rand der Hochebene (Meseta) im Süden La Manchas überwiegt Tempranillo, und die Weine sind sehr eichentönig und ausgereift mit üppiger Frucht. Dies ist eine der preisgünstigsten DO-Zonen Spaniens, wo trotz oft lächerlich niedriger Preise dank neuester Technologie fantastische Resultate erzielt werden.

Die übrigen fünf DOs sind: **Almansa** mit gelegentlichen Spitzenerzeugnissen; Méntrida, die noch einen weiten Weg vor sich hat; **Manchuela**, 2000 gegründet und vielleicht bald viel versprechend; **Mondéjar**, seit 1997 DO und auf dem Weg nach oben, und **Ribera del Júcar**, 2003 gegründet und jetzt mit inte-

ressanten Resultaten. Bei den Pago-DOs **Dominio de Valdepusa** und **Finca Élez** *(s. S. 319)* handelt es sich um zwei Spitzenkellereien außerhalb der bestehenden DO-Grenzen, denen jeweils eine Einzelgut-DO zugesprochen wurde.
rot-brauner, sandiger Ton, etwas Kalkstein/Kreide *Tempranillo, Garnacha, Monastrell* *Airén, Macabeo* *rot, weiß*

Valencia und Murcia

In dieser auch Levante genannten Region gibt es sechs DO-Zonen, aber nur wenige gute Weine. Hier lag die Betonung schon immer auf dem Export (d. h. der Menge, nicht der Qualität), und überall auf der Welt bieten Supermärkte preiswerte, leckere, nur als »Spanischer Weißwein« oder »Spanischer Rotwein« etikettierte Produkte aus dieser Gegend an. Eine der drei DO-Zonen Valencias, **Alacant** (Alicante), baut Merseguera für Weißwein sowie Monastrell für schweren Rotwein an – beide zwar nicht sehr aufregend, aber gut und bekömmlich. Die Weingärten der DO **Utiel-Requena** sind aufgrund ihrer Höhenlage (bis zu 800 m), die den Bauern mehr Möglichkeiten lässt, viel versprechend. Hier scheint die einheimische rote Bobal-Traube, die man früher nur für die Massenproduktion verwendete, für Spitzenweine geeignet. Auch die DO **Valencia** stellt Rot- und Weißwein (Monastrell und Merseguera) in großen Mengen her – einwandfrei und preisgünstig. Weiterhin findet der heimische Süßwein Moscatel de Valencia großen Absatz.

DAS ANDALUSISCHE HOCHLAND

Im tiefen Süden, wo die Weine traditionell aufgespritet werden, ist das Hochland bevorzugtes Anbaugebiet: je höher, desso besser für den Weinbau. Inzwischen haben kluge Investoren begonnen, hier Land für die Herstellung nicht aufgespriteter Weine zu kaufen. Die Alpujarras-Weingärten – mit über 1500 m die höchsten auf europäischem Festland – zeigen, dass Garnacha und Tempranillo in Andalusien ohne Überreife angebaut werden können. Señorio de Nevada *(Tel.: 902 300 028)*, ein Gut in Villamena in der Sierra Nevada, baut mit Erfolg Syrah und Merlot an. Westlich davon, in Ronda, erlaubt eine Höhe von 750 m faszinierende Experimente mit Tempranillo und Petit Verdot *(s.* Principe Alfonso *S. 321)*. Die bisherigen Ergebnisse werden zweifellos bald weitere Erzeuger und Investoren an die höher gelegenen Hänge locken.

Die Weine der drei DO-Zonen von Murcia, wo vorwiegend Monastrell für Rot- und Merseguera oder Macabeo für Weißwein angebaut wird, ähneln denen des benachbarten Valencia. In **Jumilla**, wo die Monastrell-Traube mit Erfolg wieder eingeführt wurde, gibt es einige Spitzenerzeuger, z. B. Agapito Rico. **Yecla** besteht nur aus einer Stadt mit einer Bodega, die sich gelegentlich hervortut. **Bullas** im Südwesten ist die jüngste DO Murcias (1994) und lässt sich noch nicht genau einordnen.
rot-braune Erde auf Kalkstein, etwas Ton *Tempranillo, Garnacha* *Merseguera, Malvasía* *rot, weiß*

Airén-Traubenlese in La Mancha

SÜDSPANIEN

Mit Andalusien beginnt um 500 v. Chr. die Weinherstellung in Spanien bzw. Westeuropa – mit robusten, kräftigen, süßen Weinen, aus denen sich später das entwickelte, was man heute Sherry nennt. Bis heute werden Sherry und seine Verwandten aus Montilla und Málaga hergestellt, aber man beginnt auch, beeindruckende Rot- und Weißweine zu entwickeln, vor allem im kühleren Hochland *(s. oben)*.

Andalusien

ANDALUSIEN IST DIE HEIMAT DES SHERRYS, der aufgrund seiner Machart und der verschiedenen Varianten weltweit einzigartig ist *(s. S. 322–323)*. Seit Mitte der 1990er-Jahre darf »Sherry« – früher Oberbegriff für aufgespritete Weine – nur noch für Weine aus der DO **Jerez** verwendet werden: vom hellsten, feinsten Manzanilla, den man als kräftigen Weißwein am besten zu Meeresfrüchten trinkt, bis zum nachtschwarzen, üppigsüßen Pedro Ximénez. Sherry wird meist aus der Palomino-Traube gewonnen, die auf den kalkhaltigen Albariza-Böden der Weingärten rings um die drei Sherrystädte gedeiht: Jerez de la Frontera im Zentrum, Puerta de Santa María und Sanlúcar de Barrameda an der Küste.

Die besten Weine von **Montilla-Moriles** werden genau wie Sherry hergestellt; wegen dieser Ähnlichkeit wurde der Amontillado-Sherry sogar nach Montilla benannt. Die wichtigste Traube ist hier jedoch nicht Palomino, sondern Pedro Ximénez, und Montilla-Weine sind von Natur aus stark und z. T. auch nicht aufgespritet, wogegen Sherry immer aufgespritet wird. Auch Montilla-Weine gibt es in den Varianten »dry«, »medium« oder »cream« als billigere Alternative zu Sherry. Die DO **Condado de Huelva** westlich von Jerez stellt aus der heimischen Zalema-Traube aufgespritete Weine her. Die DO **Málaga** weiter östlich ist für ihren herrlichen, dunklen, aufgespriteten Pedro-Ximénez-Wein mit Karamelaroma bekannt. Leider sind in Málaga die Bodenpreise für Ferienhäuser höher als die für Weingärten, weshalb deren Fläche abnimmt.

Sand oder Ton auf Kalkstein, im Westen sehr kalkig *Palomino, Pedro Ximénez* *aufgespritet*

Montilla-Fässer

Palomino-Traubenlese in Andalusien

Kanarische Inseln

AUF DEN KANAREN gibt es nicht weniger als zehn über alle Inseln – mit Ausnahme von Fuerteventura – verteilte DO-Zonen. Doch nur zwei produzieren genug Wein für den Export. **Tacoronte-Acentejo** (Teneriffa) ist die älteste und wichtigste DO-Zone der Inseln. Sie produziert warme, robuste Rot- und frische, reine Weißweine aus den heimischen Listán-Negro- und Gual-Trauben sowie klassische Süßweine aus Malvasía. Das größte Potenzial haben die Rotweine. Die besten sind duftig-vollmundig und lassen sich gut in Eiche ausbauen.

In der DO **Lanzarote**, wo man Vertiefungen in das Lavagestein schlägt und die Reben hineinpflanzt, sind die alten, süßen Weißweine aus Malvasía und Moscatel zu Hause, die zu Shakespeares Zeit »Canary Sack« hießen. Obwohl hier heute mehr moderne Weiß- und Rotweine produziert werden, gibt es die Süßweine noch immer, teils zartduftig und feinsüß, doch mit belebender Frische. Die anderen DOs sind weniger bedeutend. Sie produzieren meist Rot- und Weißwein aus den heimischen Sorten Listán Negro und Malvasía; manche bauen auch auf dem Festland schon lange verschwundene Trauben wie Bujariego (Vijariego) und Gual an.

vulkanisch *Listán Negro, Negramoll* *Pedro Ximénez, Malvasía, Moscatel, Verdello, Bujariego* *rot, weiß, Dessertwein*

DIE SPITZENERZEUGER MITTEL- UND SÜDSPANIENS

Dehesa del Carrizal
Kastilien-La Mancha/VdIT

Retuerta del Bullaque, Ciudad Real
www.dehesadelcarrizal.com
914 811 385

MANGELS DO-STATUS wurde diese herausragende, 1987 gegründete Kellerei als VdIT eingestuft. Auf 22 ha wachsen Chardonnay, Cabernet Sauvignon, Merlot und Syrah. Die Bodega ist ein echter Favorit.

rot 1999, 1998, 1997, 1996, 1995, 1994, 1992 ★ Chardonnay, Cabernet Sauvignon

Dominio de Valdepusa
Kastilien-La Mancha/ Pago DO

ctra San Martín de Pusa, km 6.5, Malpica de Tajo, Toledo
925 977 222

MIT PHANTASIE UND MUT machten Carlos Falcó sein Gut Toledo in den 1970er-Jahren populär *(s. unten)*. Hier werden verblüffende Cabernet Sauvignon, Syrah und Petit Verdot produziert. 1998 erstaunte er die Weinwelt mit seinem Eméritus, einem Syrah-Cabernet-Sauvignon-Petit-Verdot-Verschnitt mit 13 Monaten Fassausbau, der viel Wärme und Komplexität besitzt.

Etikett J A Megia & Hijos

rot 2000, 1999, 1997, 1996, 1995, 1993, 1990 ★ Dominio de Valdepusa Eméritus

Félix Solís
Kastilien-La Mancha/ Valdepeñas

Autovía Andalucía, km 199, Valdepeñas, Ciudad Real www.felixsolis.com 926 322 400

DIESER MODERNE Betrieb mit roboterbetriebenem Lager stellt nur Tempranillo-Rotwein her. Das Basissortiment besteht aus Los Molinos, Soldepeñas und Viña Albali, einem Rotwein voller Frucht und Reife mit dem wohl besten Preis-Leistungs-Verhältnis Spaniens.

rot 2001, 2000, 1999, 1998, 1997, 1996, 1995 ★ Viña Albali

DAS WUNDER VON MALPICA

Die heiße, trockene Region von Malpica de Tajo in der Provinz Toledo eignet sich eher weniger für gute Weine, und ohne Carlos Falcó, den Marqués de Griñón, und sein Gut Dominio de Valdepusa gäbe es hier vermutlich keine Weingärten. Er baute in den 1970er-Jahren in Toledo Cabernet Sauvignon, Merlot und andere Trauben an, obwohl die Gegend für den Weinbau als ungeeignet galt. Damals machte man sich über sein Vorhaben lustig, inzwischen sind seine Weine sehr gefragt. 2002 erhielt er eine der ersten DO-Pago-Einstufungen. Seit 1995 haben die Sherry-Riesen Osborne und González Byass hier zwei neue Güter gebaut (Solaz und Altozano) – um Falcós Erfolg nachzueifern.

Finca Élez
Kastilien-La Mancha/ Pago DO

ctra Ossa de Montiel-Bonillo, El Bonillo, Albacete 967 585 003

FILM- UND THEATERREGISSEUR Manuel Manzaneque ließ sich 1992 in der Sierra de Alcaraz nieder, wo er eine ganz neue Form der Produktion leitet. Seine Weingärten, die jetzt DO-Pago-Status haben, liegen um die 1000 m hoch, wo das kühlere Mikroklima die Syrah-, Chardonnay-, Merlot-, Cabernet-Sauvignon- und Tempranillo-Reben gut gedeihen lässt. Seine besten und am einfachsten erhältlichen Weine sind der volle, buttrige, fassvergorene Chardonnay und der warme, würzige Syrah.

rot, weiß rot: 2000, 1999, 1998, 1997, 1996, 1995, 1994, 1993; weiß: letzte Jahrg. ★ Manzaneque Finca Élez, Manuel Manzaneque Nuestro Syrah

J A Megía & Hijos
Kastilien-La Mancha/ Valdepeñas

Magdalena 33, Valdepeñas, Ciudad Real www.corcovo.com
926 347 828

DIESER JUNGE FAMILIENBETRIEB in der Altstadt von Valdepeñas besitzt die einzige Bodega der Stadt mit unterirdischem Keller für den Ausbau. Seine 120 ha Weingarten liefern gelungene Weiß- und Rotweine aus den traditionellen Sorten Airén und Tempranillo; der beste ist die köstlich-fruchtige, überraschend frische Reserva Corcovo.

rot 2001, 2000, 1999, 1998, 1997, 1996 ★ Corcovo

Nuestro Padre Jesús del Perdón
Kastilien-La Mancha/ La Mancha

ctra Alcázar, Pol Ind, Manzanares, Ciudad Real 926 610 309
www.yuntero.com ○

DIESE SCHON LANGE bestehende, riesige Genossenschaft mit ihren 3000 ha gewann im Zuge der Renaissance der DO La Mancha an Bedeutung: Man produziert hier Weißwein aus Airén und Chardonnay sowie Rotwein aus Cabernet Sauvignon und Tempranillo. Am besten ist der biologisch angebaute Mundo de Yuntero Tempranillo.

rot 2001, 2000, 1999, 1998, 1997, 1996, 1995, 1994, 1993, 1992, 1991, 1990 ★ Mundo de Yuntero

Piqueras
Kastilien-La Mancha/ Almansa

Zapateros, Pol Ind El Mugrón, Almansa, Albaccete 967 341 482
www.bodegaspiqueras.com ○

VIELE JAHRE LANG war dies die einzige bemerkenswerte Bodega der DO Almansa – und sicher auch die einzige mit Zugang zum Exportmarkt. Die Kellerei stellt mit 220 ha Nutzfläche Monastrell- und Tempranillo-Rotwein auf Reserva-Niveau her. Piqueras hat vielen aufstrebenden neuen Erzeugern in Almansa den Weg gewiesen. Alle Piqueras-Weine sind gut, aber der gut strukturierte, volle, üppige Reserva ist eindeutig das Glanzstück.

rot 2001, 2000, 1999, 1998, 1997, 1995, 1993
★ Castillo de Almansa

Piqueras

Etikett Emilio Lustau

Vinícola de Castilla
Kastilien-La Mancha/ La Mancha

Pol Ind Calle 1, Manzanares, Ciudad Real 926 647 800
www.vinicoladecastilla.com ○

DIESES GUT, das als einer der ersten Newcomer 1976 eine Bodega auf dem neuesten Stand der Technik errichtete, produziert mit 150 ha Rebland Rotwein – vorwiegend Tempranillo, dazu etwas Cabernet Sauvignon und Merlot. Die Vinifikation ist tadellos. Wenn Geld keine Rolle spielt, empfiehlt sich der volle, würzige Señorío de Guadianeja Reserva.

rot 2000, 1999, 1998, 1997, 1996, 1995 ★ Castillo de Alhambra, Señorío de Guadianeja Reserva

Agapito Rico
Valencia & Murcia/Jumilla

Casa de la Hoya, Paraje El Carche, Jumilla, Murcia 968 435 137 ○

ERST MITTE DER 1990ER-Jahre zeigte sich, dass Monastrell Wein von Weltklasse produziert – eine Entdeckung, nach der sich Agapito Rico fragte, was sich dem Hochland um Jumilla noch entlocken ließe. Das Ergebnis ist Carchelo, ein köstlicher und ausgewogener Monastrell-Tempranillo-Verschnitt. Rico pflanzte zudem Cabernet Sauvignon und Merlot und produziert einen gewaltigen, würzigen Syrah mit nur drei Monaten Fassausbau – den Vorzeigewein.

rot 2002, 2001, 2000, 1999, 1998, 1997, 1996, 1994, 1992
★ Carchelo

Enrique Mendoza
Valencia & Murcia/ Alacant

Partida El Romeral, L'Alfás del Pi, Alicante 965 888 639
www.bodegasmendoza.com ○

AUCH DAS 1989 gegründete Gut von Enrique Mendoza hat sich ein hohes Ziel gesteckt und 85 ha Rebland in 600 m Höhe u. a. mit Chardonnay, Pinot Noir und Moscatel bepflanzt. Mendozas Santa Rosa ist ein preisgekrönter Cabernet-Sauvignon-Merlot-Syrah-Verschnitt, und auch sein Syrah hat viel Lob erhalten. Am exotischsten ist der süße rote Verschnitt Dolç de Mendoza, eine moderne Version der Garnatxa-Weine, die an der Ostküste einst das Hauptprodukt waren.

rot 2000, 1999, 1998, 1997, 1996, 1995, 1994 ★ Enrique Mendoza, Dolç de Mendoza

Mustiguillo
Valencia & Murcia/VdIT

ctra N-330, km 191, Las Cuevas de Utiel, Valencia 96 230 4574 ●

DIESE PREISGEKRÖNTE, 1999 gegründete Bodega in der DO Utiel-Requena zieht es vor, unabhängig zu bleiben. Mit der hier vorherrschenden, einheimischen Bobal-Traube vollbringen die Weinmacher wahre Wunder. Da sie außerhalb des Systems arbeiten, konnten sie mehr experimentieren.

rot 2001, 2000 ★ Finca Terrerazo, Quincha Corral

Alvear
Andalusien/ Montilla-Moriles

av María Auxiliadora 1, Montilla, Córdoba 957 650 100
www.alvear.es *n. V.*

DIESE 1729 GEGRÜNDETE Bodega in der DO Montilla-Moriles ist in Familienbesitz und investiert stark in ihre Qualitätsweine. Auf dem Exportmarkt kennt man die nicht aufgespriteten; daheim dagegen sind die aufgespriteten am beliebtesten. Besonders lohnend sind der feine Capataz Fino, der volle Oloroso Asunción, der meistverkaufte spritzig-trockene Fino CB und der delikate Fino en Rama (nur vor Ort erhältlich).

rot, weiß, aufgespritet ★ Fino Capataz, Fino CB, Solera 1910

Emilio Lustau
Andalusien/Jerez

Calle Arcos, 53, Jerez de la Frontera, Cádiz 956 341 597
www.emilio-lustau.com

LUSTAU (1896 GEGRÜNDET) gehört heute dem Industrieriesen Luís Caballero, arbeitet aber noch als unabhängiger Erzeuger. Das Standard-Sortiment Solera Reserva umfasst Sherrys wie den ganz hellen, trockenen Puerto Fino und den vollmundigen, alten East India. Das Almacenista-Sortiment bietet umwerfende, von Hand hergestellte Single-Solera-Weine, für die der Manzanilla Amontillado ein glänzendes Beispiel ist.

aufgespritet ★ Puerto Fino, Cuevas Jurado, Old East India

González Byass
Andalusien/Jerez

Manuel María González 12, Jerez de la Frontera, Cádiz 956 357 000
www.gonzalezbyass.es *n. V.*

DAS SEIT 1835 arbeitende Familienunternehmen González Byass besitzt vielleicht die eindrucksvollste Bodega der Region (einen ganzen Bereich der Altstadt von Jerez de la Frontera samt gepflasterten Straßen) und präsentiert das eindrucksvollste Sortiment aufgespriteter Jerez-Weine. Zu diesen qualitativ makellosen Produkten gehört auch Tío Pepe, ein weltweiter Bestseller. Unter den alten Weinen finden sich der prachtvoll-nussige Amontillado del Duque, der kostbare Apóstoles Palo Cortado und der ehrwürdige, vollmundige Matúsalem.

aufgespritet ★ Tío Pepe, Apóstoles Palo Cortado, Matúsalem

Hidalgo-La Gitana
Andalusien/ Manzanilla

Banda de Playa 42, 11540 Sanlúcar de Barrameda, Cádiz 956 385 304
www.lagitana.es

HIDALGO LA GITANA IST einer wichtigsten Erzeuger von Manzanilla-Sherrys (La Gitana genannt): Dieser vor über 200 Jahren gegründete Familienbetrieb bietet auch eine beeindruckende Palette alter aufgespriteter Weine. Pastrana Manzanilla Pasada ist der vermutlich beste Einzellagenwein dieser Art in Sanlúcar. Der Jerez Cortado Hidalgo ist ein vollendeter Tropfen aus alten Fässern, die man vor einigen Jahren zufällig in einer anderen Bodega der Familie Hidalgo entdeckt hatte.

aufgespritet
★ La Gitana, Pastrana, Manzanilla Pasada, Napoléon

Hidalgo-La Gitana

Perez Barquero
Andalusien/Montilla-Moriles

av Andalucía 27, Montilla, Córdoba
957 650 500
www.perezbarquero.com

NOCH EINE BODEGA, die genug Selbstvertrauen für Investitionen hat und dabei weiterhin ausgezeichnete Weine zu angemessenen Preisen herstellt. Die Gran-Barquero-Serie bietet eine repräsentative Auswahl von Montilla-Weinen – vom exzellenten Fino bis zum würzigen, backobsttönigen Pedro Ximénez.

aufgespritet ★ Gran Barquero

Príncipe Alfonso
Andalusien/VdIT

Estación de Parchite, 104 Ronda, Málaga 952 114 124
www.arcobu.com

PRINZ ALFONSO zu Hohenlohe aus dem ehemaligen Österreich-Ungarn hatte 1948 die Idee, aus Marbella einen Ferienort an der Küste zu machen. Auch in Sachen Winzerkunst war er ein Visionär: Auf seinem Gut hoch oben im Ronda-Hochland wird ein herausragender – wenngleich unklassifizierter – vollfruchtig-würziger Petit Verdot mit 18 Monaten Fassausbau produziert (Príncipe Alfonso).

rot *2001, 2000, 1999*
★ Príncipe Alfonso

Etikett González Byass

SHERRY UND DAS SOLERA-SYSTEM

SHERRY WIRD AUF UNTERSCHIEDLICHE WEISE *seit über 2000 Jahren produziert. Er ist Spaniens arbeitsintensivster und komplexester Wein, gewonnen durch einen einzigartigen Prozess des portionsweisen Verschnitts alter und junger Weine entsprechend einem Solera genannten System. Die Vielfalt des Sherrys reicht von hellen, feinen, knochentrockenen Weinen hin zu alten, kraftvoll-süßen Elixieren mit exotischen Duftnoten – ein Weintyp, der vielerorts imitiert wurde, aber außerhalb von Jerez nie wirklich Erfolg hatte. Innerhalb der EU dürfen nur Weine aus Jerez »Sherry« genannt werden.*

Verschiedene Sherrys

Weingärten und Trauben: Die Weingärten von Jerez bilden ein Dreieck zwischen den drei andalusischen Städten Jerez de la Frontera, Puerto de Santa María und Sanlúcar de Barrameda. Besonderes Merkmal dieser Gegend ist der hohe Kalkgehalt des Bodens, der in der Regenzeit das Wasser aufnimmt und bis in die heißen Sommermonate für die Rebenwurzeln speichert. Die wichtigste Sherry-Traube ist die relativ schlichte Palomino, aus der man alle Hauptsorten gewinnt. Pedro Ximénez (PX) mit ihrem volleren Saft wird für süßere Sorten verwendet, Moscatel ausschließlich für Süßwein.

Vinifikation und Aufspritung: Traubenlese und Vinifikation erfolgen genauso wie bei jedem anderen trockenen Weißwein. Im Jahr nach der Traubenlese wird der Wein mit einer Mischung aus reinem Alkohol und Wein leicht aufgespritet (bei besonders guten Weinen auf einen Alkoholgehalt von 14,5 %). Dies stabilisiert den Wein und liefert Nährstoffe für die Flor-Entwicklung.

Sherryfässer werden durch die Bodega gerollt.

Flor: Diese natürliche Hefeart stellt in vielen Weinregionen ein Problem dar, aber im Gebiet von Jerez ist sie für die Erzeugung von Finos-Weinen eher von Vorteil. Sie wächst als Film auf der Weinoberfläche, ernährt sich von Restzucker, Fuselölen und Spurenelementen im Wein und verhindert im oberen Fassbereich einen Luftkontakt des Weins – und damit seine Oxidierung. Zudem verleiht sie dem Wein eine nussige, hefige Note. Fässer, in denen sich viel Flor bildet, kommen in die Fino-Solera *(s. unten)*; die anderen kommen in die Oloroso-Solera. Später im Jahr findet die Endauswahl statt: Zukünftige Fino-Weine werden auf 15,5 % aufgespritet, zukünftige Oloroso-Weine auf 17,5 %, was den noch vorhandenen Flor abtötet.

DAS SOLERA-SYSTEM

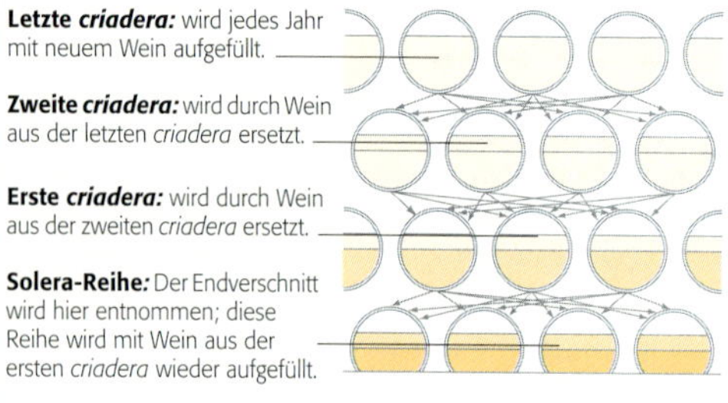

Das Solera-System: Das komplizierte Solera-System ist der Schlüssel zur Qualitätskontrolle: Man mischt junge und alte Weine desselben Typs, um eine gleichbleibende Qualität zu erzielen. Üblicherweise erfolgt dies in vier

Palomino-Trauben werden zerstampft.

oder fünf Criaderas genannten Reihen von Eichenfässern *(s. links)*: Jedes Jahr werden zwei Drittel des Weins einer jeden Reihe mit einem Drittel aus der Reihe des Folgejahres verschnitten; aus der ältesten Reihe wird dabei der Wein für den Verkauf entnommen und durch den aus der Folgereihe ersetzt usw. Die letzte Criadera schließlich wird mit frischem Wein aus dem jeweiligen Jahr aufgefüllt.

Fino-Soleras werden regelmäßig geleert, um die Frische des Weins zu erhalten. Ein anständiger Fino verbringt bis zum Verkauf um die fünf Jahre im System. Oloroso-Soleras dagegen werden z. T. nie völlig geleert, weshalb das Alter eines solchen Sherrys schwer anzugeben ist, wenn er auf den Markt kommt. Jedes Fass enthält etwas Wein aus dem Jahr, in dem die Solera aufgestellt wurde; aus diesem Grund geben Erzeuger oft dieses Jahr an. Jeder Sherry-Typ besitzt seine eigene Solera: In einer Fino-Solera verstärkt der neue Wein jedes Mal das Flor-Wachstum; in einer Oloroso-Solera nimmt er schnell die Vollmundigkeit und Reife des alten Weins an.

Etikett Amontillado-Sherry

SHERRY-ARTEN

Es gibt zahlreiche Sherry-Arten – die Besten von ihnen gehören zu den folgenden Kategorien.

Fino: Dies sind die hellsten und trockensten Jerez-Weine. **Manzanilla** ist ein in der kühlen Küstenstadt Sanlúcar de Barrameda, wo ein ganz besonderes Meeres-Mesoklima herrscht, gereifter Fino. Er ist der feinste und frischste Sherry überhaupt, manchmal mit einem Hauch Zitrusschale in der Nase, immer jedoch mit Mandel-Nuss-Aroma. Finos aus Puerto de Santa María sind so leicht und delikat, dass sie ideal zu Meeresfrüchten passen; Jerez-Finos sind etwas schwerer und duftiger, aber ebenfalls frisch, spritzig, trocken und nussig.

Etikett Manzanilla-Sherry

Die Weine lagern getrennt und nehmen die Nussigkeit eines Fino an – geglättet von der Vollmundigkeit eines Oloroso.

Amontillado: Wenn ein Fino über fünf Jahre im Solera-System gereift ist, wird er zum **Fino-Amontillado**. Sein Flor ist abgestorben, und er hat begonnen zu oxidieren und einen feinen Mandelton anzunehmen. Sein Geschmack ist voller und pikanter, aber noch sehr trocken. In Sanlúcar werden solche Weine **Manzanilla-Pasada** genannt. Nach 10 Jahren ist der Wein erheblich dunkler (Walnusston) geworden und wird **Amontillado** genannt. Echter Amontillado ist ebenfalls knochentrocken, dabei aber reif und vollmundig bei würzig-pikanter Nase.

Palomino-Trauben

Oloroso: Ausgereift (nach etwa 10 Jahren in der Solera) sind diese Weine vollmundig-pikant, aber noch immer trocken. Sie sind nicht so pikant wie **Amontillado** und können auch mit etwas Pedro Ximénez gesüßt zu »cream«-Sherry verarbeitet werden, doch dies sind in großen Mengen erzeugte Verschnitte.

Palo cortado: Diese kostbare, teure Sorte wird produziert, wenn der Hefeflor unerwartet abstirbt.

Sortenweine: Dies sind die tendenziell süßesten Sherrys. Die vollen, üppigen Moscatel-Weine werden während der Vergärung aufgespritet, um so viel natürlichen Traubenzucker wie möglich zu erhalten. Für alten Pedro-Ximénez-Wein lässt man die Trauben vor der Pressung in der Sonne trocknen. Er kann fast schwarz sein und gehört zu den vollmundigsten, süßesten Weinen der Welt.

Sherrys mit Altersangabe: Alte Weine werden nach ihrem Alter als 12-, 15-, 20- und 30-year-old klassifiziert. Während sie noch in der Solera sind, wird ihr Durchschnittsalter nach einer komplizierten mathematischen Formel berechnet. Vor der Kategorisierung müssen zudem eine Verkostung und ein Zulassungstest absolviert werden.

Jahrgangs- und Einzelfass-Sherrys: Einige Erzeuger produzieren auch Einzeljahrgänge (außerhalb des Solera-Systems) und »Einzelfass«-Weine, die in ein einzelnes, besonders gutes Fass abgefüllt werden.

PORTUGAL

PORTUGAL

NUR WENIGE LÄNDER von der Größe Portugals bieten eine so faszinierende Vielfalt an Weinen und einheimischen Traubensorten. Dieses kleine Land besitzt so viel Rebfläche, dass es zu den zehn größten Weinproduzenten der Welt zählt.

HINTERGRUND

DER WEINBAU HAT auf der Iberischen Halbinsel eine lange Geschichte, die bis in die Zeit vor der Gründung Portugals zurückreicht. Im Westen der Halbinsel könnte bereits um 2000 v. Chr. Wein angebaut worden sein, doch man geht davon aus, dass die Phönizier die Weinerzeugung einführten. Die Römer setzten diese Tradition fort. Unter muslimischer Herrschaft im 8.–12. Jh. erlebte die Weinkultur dann einen herben Rückschlag. Mit den Christen, die zwischen dem 10. und 13. Jh. von Norden aus nach Süden vordrangen, entwickelte sich die portugiesische Nation.

Portugals Erfolg als Weinland beruht auf dem Überseehandel. Das durch den Vertrag von Windsor 1386 besiegelte britisch-portugiesische Abkommen machte auch britische Händler in Portugal heimisch. Einige ließen sich bereits im 15. Jh. in Portugal nieder, und im 16. Jh. existierten im Norden und auf Madeira bereits zahlreiche florierende britische Handelsfirmen. Viele Portweinhäuser sind bis heute in britischer Hand.

Madeira-Fass

Im 18. Jh. gehörten Portwein und Madeira bereits zu Portugals Hauptexportartikeln und erfreuten sich bei den Briten großer Beliebtheit – vor allem dann, wenn Bordeaux und Burgunder wegen Streitigkeiten mit Frankreich wieder einmal nicht erhältlich waren.

Im späten 19. Jh. wurde Portugal wie andere europäische Länder von der Reblausplage heimgesucht. Zahlreiche Traubensorten wurden vernichtet, und einige Anbaugebiete haben sich nicht mehr wirklich erholt. Von Nachteil war auch, dass der portugiesische Diktator António d'Oliveira Salazar Mitte des 20. Jh. die Bauern zum Anbau von Weizen anstelle von Reben anhielt – im Bestreben, das Land autark zu machen. Nach 48-jähriger Herrschaft wurde sein Regime 1974 gestürzt. Seit 1986 ist Portugal Mitglied der EU, was zur Etablierung eines DOC-Systems nach dem Modell der franzö-

Männer, die ein Boot mit Portwein-Fässern beladen (Glasmalerei)

◁ **Das Dorf Vale de Mendiz mit seinen Weingärten im Douro-Tal**

sischen AOC führte. Seitdem erhalten die ländlichen Gebiete EU-Gelder, wobei die Weinbranche zu den Hauptnutznießern zählt.

Portugals Kellereien gehören heute zu den modernsten Europas, und auch in den Weingärten finden Anpassungen an neue Standards statt. Viele Weinbauern experimentieren mit einzigartigen heimischen Traubensorten *(s. S. 335)*, die z. T. schon in Vergessenheit geraten waren.

Terrassierte Weingärten im Douro-Tal

DIE WEINBRANCHE HEUTE

LANGE ZEIT KANNTE man nur Portugals großartige aufgespritete Weine, doch dank modernisierter Erzeugungsmethoden finden auch nicht aufgespritete Weine immer mehr Verbreitung. Heute verteilen sich die etwa 240 000 ha Rebfläche in Portugal auf etwa 300 000 Weinbauern. Vor allem im dichter bevölkerten Norden des Landes sind die Weingärten infolge des napoleonischen Erbrechts stark zergliedert, weshalb viele Anbauer die Genossenschaften vor Ort – von denen es insgesamt über 100 gibt – mit ihren Trauben beliefern. Einige größere Firmen, die oft ausgedehnte Anbauflächen besitzen, sind in Privatbesitz – vor allem Sogrape, José Maria da Fonseca, J P Vinhos, Caves Aliança und Quinta de Aveleda. Mit Hilfe von EU-Mitteln hat sich zudem eine Reihe kleiner Privatfirmen (Quintas) von den Genossenschaften gelöst und erzeugt nun eigene, wesentlich individuellere Weine *(s. S. 340)*.

Portugals Gesamtproduktion liegt bei sieben Mio. Hektolitern jährlich, doch diese Zahl sagt noch nichts über starke Schwankungen infolge des launenhaften atlantischen Klimas. Um die 60 % der gesamten Weinproduktion sind Rot-, Rosé- und aufgespritete Weine, 40 % sind Weißweine. Etwas weniger als ein Drittel der Jahresproduktion gelangt auf den Exportmarkt, dessen Hauptkunden nach Angola (ehemals portugiesische Kolonie) Frankreich, Großbritannien, Deutschland und die USA sind.

TRAUBENSORTEN UND WEINTYPEN

TROTZ DER UMSTRUKTURIERUNG der Weinindustrie im Laufe des letzten Jahrzehnts waren die Portugiesen stets auf die Bewahrung ihres Erbes bedacht, so dass die meisten Weine nach wie vor gut ihr Terroir erkennen lassen. Die Grantiböden im kühlen Nordwesten liefern den spritzig-mineralischen Vinho Verde, der wärmere Schieferboden landeinwärts ermöglicht die beerig-fruchtigen Aromen von Portwein und nicht aufgespritetem Douro-Rotwein. Weine aus dem Küstengebiet sind eher leicht und werden nach Süden hin zunehmend voller. Die Ebenen tief im Süden stellen Portugals Neue Welt dar – mit Weinen voll aromatischer Frucht. Die küstennahe Vulkaninsel Madeira hat ihr eigenes, typisches Terroir, das einige sehr gut ausbaufähige Weine liefert. Moderne Weine werden meist aus mehreren internationalen Traubensorten gekeltert, doch Portugal hat sich stets von derartigen Trends ferngehalten, so dass die einheimischen Traubensorten bis heute erhalten geblieben sind.

PORTUGALS AUFGESPRITETE WEINE

PORTWEIN UND MADEIRA entstanden durch Zufall. Im 17. und 18. Jh. fügte man dem Wein, der über weite Strecken verschifft wurde, etwas Branntwein als Konservierungsmittel zu. Gelegentlich gab man bereits während der Vinifikation Traubengeist zu, wodurch die Vergärung gestoppt wurde und der natürliche Traubenzucker erhalten blieb. Hieraus haben sich Portwein und Madeira entwickelt. Sie zeugen von den unterschiedlichen Anbaubedingungen des nordportugiesischen Douro-Tals und der Atlantikinsel Madeira.

Tawny Port und Verdelho Madeira

Portwein

Seit Beginn des 19. Jh. gibt es den süßen, vollen aufgespriteten Portwein, der sich seitdem großer Beliebtheit erfreut.

Die Trauben

Für Portwein dürfen gut 80 Traubensorten verwendet werden, und seit den 1970ern erfreuen sich Touriga Franca, Tinta Roriz, Tinta Barroca, Touriga Nacional und Tinta Cão besonderer Beliebtheit. Auch das Interesse an anderen roten Sorten wie Sousão, Tinta Amarela, Tinta Francisca und Tinta da Barca erwacht wieder. Jede Sorte hat andere Eigenschaften, wobei Farbe und Zuckergehalt wichtige Kriterien sind.

Die Vinifikation

Der Gärzeit dauert bei Portwein nur 48 Stunden, und in dieser Zeitspanne müssen so viel Aroma, Farbe und Tannine wie möglich aus den Traubenschalen extrahiert werden. Da der Traubensaft nur kurze Zeit mit den Schalen in Kontakt bleibt, ist eine intensive Mazeration nötig. Traditionell wurden die Trauben daher in großen, *lagares* genannten Steinbottichen mit den Füßen zertreten. Heute werden nur noch die besten Weine so produziert. Zur Beschleunigung des Extraktionsvorgangs wurden auch andere Verfahren (z.B. spezielle Roboter) entwickelt. Wenn die Hälfte des natürlichen Traubenzuckers zu Alkohol vergoren ist, stoppt man die Gärung durch Zugabe eines farblosen Traubengeistes mit 77 % Alkohol.

Traubentreten für Portwein in einem traditionellen *lagar*

Blick von Vila Nova de Gaia über den Douro nach Porto

Die Klassifizierung

Nach der Ernte wird der meiste Portwein von den Quintas flussabwärts in die Lagerhallen von Vila Nova de Gaia verschifft, wo man ihn vor dem Ausbau klassifiziert. Es gibt verschiedene Portweinarten *(s. rechts)*, die sich in zwei Hauptgruppen aufteilen lassen: »Wood Ports« wie Ruby, die meisten LBVs, Tawny und Colheitas werden unterschiedlich lange (von 2 bis zu 40 und mehr Jahren) unabgefüllt ausgebaut und dann trinkreif abgefüllt. »Bottle-matured Ports« reifen eine kürzere Zeit im Fass und entwickeln sich dann in der Flasche weiter, z. B. Vintage Ports, Crusted Ports und einige ungefilterte LBVs (Late Bottled Vintages). Mit Ausnahme von Single Quinta Ports (Weinen eines einzelnen Guts) sind alle Portweine komplexe Verschnitte, wobei jeder Erzeuger einen hauseigenen Stil entwickelt.

Madeira

Die portugiesische Insel Madeira produziert von ihrem eigenen aufgespriteten Wein mehrere Sorten von unterschiedlicher Süße.

Trauben und Weintypen

Bei klassischem Madeira werden Sortenweine aus den *nobre* (edel) genannten weißen Traubensorten am meisten geschätzt. Die trockenen Weine gewinnt man aus Sercial, halbtrockene (medium-dry) aus Verdelho, halbsüße (medium-rich) aus Bual und die Malmsey genannten süßesten aus Malvasía. Die Mehrzahl der Madeiras jedoch (fast alle drei- bis fünfjährigen trockenen bis süßen Sorten) wird aus der hellroten Tinta Negra Mole, der meistangebauten Traubensorte der Insel, erzeugt.

Vinifikation

Die Weine werden vor dem Aufspriten mit 95-%igem Traubengeist je nach Süße teilweise oder ganz vergoren und danach langsam erhitzt. Die besten altern 20 Jahre oder mehr bei den warmen Temperaturen Madeiras, bis sie die ätherischen Madeira-Noten und -Aromen entwickeln. Die jungen Weine lagert man in den warmen oberen Etagen der Lagerhallen, die älteren in den kühleren unteren Etagen. Bei preiswerten Weinen wird die Wirkung dieser langen Lagerung durch künstliches Erhitzen imitiert – auf bis zu 55 °C in riesigen Bottichen über mindestens 90 Tage. Die Weine schmecken oft vergleichsweise weich, voll und karamelisiert. Durch diesen extremen Reifungsprozess und den hohen natürlichen Säuregehalt der Trauben ist Madeira praktisch unverderblich.

Fässer mit Verdelho Madeira

PORTWEINARTEN

Die vielen verschiedenen Portweinarten unterscheiden sich durch Herkunft und Qualität des Weins sowie die Art der Lagerung. Trinkreife Weine haben einen Stöpselverschluss, die für die Lagerung bestimmten einen Korken.

Grahams Vintage Port 1977

Ruby: Die jüngste und fruchtigste Portweinart ist voll und pfeffrig, manchmal aber auch etwas roh und spritig – ein Verschnitt mehrerer Jahrgänge, der vor der Abfüllung zwei oder drei Jahre reift. Rubys aus hochwertigen Trauben werden mit dem Vermerk *reserva* abgefüllt und reifen durchschnittlich drei bis fünf Jahre; sie sind weicher und haben eine höhere Aromakonzentration als einfacher Ruby.

Tawny: Theoretisch sollte diese Art länger gelagert worden sein als Ruby, aber sehr preiswerter Tawny ist so alt wie einfacher Ruby und lediglich etwas dünnflüssiger. Die wirklichen Tawnys sind älter (in der Regel mit Altersangabe: 10, 20, 30 oder 40 Jahre) und durch die lange Fasslagerung seidig-komplex mit Aromen von Früchtekuchen.

Vintage und Tawny Port

Vintage Port: Dies ist der beste, vor der Abfüllung zwei Jahre in Holz gelagerte Wein eines guten Jahrgangs. Er wird ungefiltert abgefüllt und reift 20 Jahre oder mehr in der Flasche nach, wobei er ein Depot bildet. Vintage Ports sollte man vor dem Servieren dekantieren; jung sind sie meist undurchsichtig, voll reifer Beerenfrucht und gusseisernen Tanninen. Im Alter werden sie weicher, öffnen sich und entwickeln einen blumigen Charakter, der Kraft und Eleganz vereint. Vintage Ports gibt es nur in den besten Weinjahren.

Late Bottled Vintage (LBV): Wein eines einzelnen Jahres bzw. einer Ernte, der in wesentlich größerer Menge als Vintage Port erzeugt und vor der Abfüllung vier bis sechs Jahre in Holz ausgebaut wird. Die sehr beliebten LBVs sind intensiver und aromakonzentrierter als Rubys. Im Gegensatz zu Vintage Ports werden sie meist gefiltert und trinkreif abgefüllt.

Colheita: Dies ist der Wein einer einzelnen Ernte, der wenigstens sieben Jahre in Holz ausgebaut und dabei weich und seidig wie Tawny wird. Einige Colheitas lagern 30 Jahre oder länger in Holz und nehmen dabei einen vollmundigen Madeiracharakter an.

Crusted Port: Dies sind Verschnitte von Weinen mehrerer Jahrgänge, die wie Vintage Port ungefiltert abgefüllt werden. Sie ähneln diesem auch in Kraft und Konzentration und bieten oft ein sehr gutes Preis-Leistungs-Verhältnis.

Weißer Port: Ein in der Regel nicht trockener Portwein aus verschiedenen weißen Trauben (vorwiegend Viosinho, Rabigato, Malvasia Fina, Codega, Gouveio, Moscatel, Arinto, Fernão Pires, Folgosão und Donzelinho), den man als Aperitif trinkt.

WEINKARTE PORTUGAL

MIT AUSNAHME der hoch gelegenen Bergregionen ist Portugal praktisch vollständig in Weinregionen aufgeteilt. Das Land erstreckt sich knapp 200 km von Ost nach West und um die 600 km von Nord nach Süd. Dazu zählen auch die Anbaugebiete der Insel Madeira knapp 1000 km südwestlich des Festlands. Es gibt 24 DOCs, 5 IPRs und 8 Vinhos Regionais. Porto, wo man seit mehr als zwei Jahrhunderten Portwein produziert, ist die berühmteste DOC Portugals.

Das Dorf Lapela in Vinho Verde mit Weingärten

In Funchal (Madeira) wird ein Schiff mit Weinfässern beladen.

SPITZENWEINE: PORTUGAL

- Ⓡ A A Ferreira Barca Velha €€€€
- Ⓐ Churchill's Dry White Port €€
- Ⓐ Henriques & Henriques 15-Year-Old Verdelho €€
- Ⓦ Herdade do Esporão Branco €€
- Ⓡ Luís Pato Vinha Pan €€€
- Ⓐ Madeira Wine Company Blandy's 1954 Bual €€€
- Ⓦ Niepoort Redoma Branco €€
- Ⓡ Quinta do Crasto Maria Teresa €€€
- Ⓐ Quinta do Monte d'Oiro Homenagen a António Carqueijeiro €€€€
- Ⓡ Quinta do Mouro €€
- Ⓡ Quinta do Vale Meão €€€
- Ⓐ W & J Graham's 1970 Vintage Port €€€€

PORTUGAL: GEBIETE UND SPITZENERZEUGER

Azulejos mit Arbeitern bei der Traubenlese

DOURO S. 333
Sogrape *S. 338*

DÃO S. 333

BAIRRADA S. 334
Caves Aliança *S. 341*
Luís Pato *S. 341*

ESTREMADURA S. 334

COLARES S. 334

BUCELAS S. 334

RIBATEJO S. 335
D F J Vinhos *S. 342*

HALBINSEL SETUBAL S. 336
José Maria da Fonseca *S. 342*
J P Vinhos *S. 342*

ALENTEJO S. 336
Herdade do Esporão *S. 342*
Quinta do Carmo *S. 343*

ALGARVE S. 337

MADEIRA S. 337
Henriques & Henriques *S. 343*
Justino Henriques *S. 343*
Madeira Wine Company *S. 343*
Vinhos Barbeito *S. 343*

0 km 100

DAS TERROIR AUF EINEN BLICK

Breite: 37–42 °N

Höhe: 0–1990 m über NN

Topografie: Der Tejo teilt Portugal in zwei Hälften. Der Norden ist bergig (bis zu fast 2000 m in der Serra da Estrela) mit einem schmalen Küstenstreifen; südlich davon ist die Landschaft wesentlich flacher (selten über 500 m).

Boden: Granit und Schiefer im Landesinneren; Kalkstein, Sand und Ton im Küstenbereich

Klima: Ausgeprägter atlantischer Einfluss mit starken Niederschlägen im Küstengebiet. Landeinwärts und im Süden wird das Klima kontinentaler. Nahe der spanischen Küste ist Dürre ein Problem. Die unterschiedlichen Klimazonen sind ein Hauptfaktor für die Entwicklung verschiedener Weintypen.

Temperatur: 22,5 °C Durchschnittstemperatur im Juli in Lissabon, 21,3 °C am Douro

Niederschlag: 670 mm im Jahresdurchschnitt in Lissabon, 1130 mm am Douro

Wind: Schäden durch Küstenwinde möglich. Wind aus östlichen Richtungen bewirkt Austrocknung in den Sommermonaten.

Gefahren für den Weinbau: Frost; Regen während der Ernte; Pilzerkrankungen

PORTUGIESISCHES WEINRECHT

SEIT DEM EU-BEITRITT *1986 hat man viele neue Anbaugebiete zugelassen und das portugiesische Weinrecht an das anderer europäischer Länder angeglichen. Es gibt vier Qualitätsstufen. Traubensorten, Maximalerträge und Mindestanforderungen hinsichtlich der Reifung werden auf DOC- und IPR-Ebene kontrolliert.*

Denominação de Origem Controlada (DOC)
Der französischen AOC entsprechend ist DOC in Portugal die höchste Qualitätsstufe. Die Weine werden nach den lokalen Vorschriften produziert.

Indicação de Proveniencia Regulamentada (IPR)
Eine Kategorie für Weine mit genug Potenzial, um DOC-Status zu erlangen.

Vinho regional
Regionalweine aus einem ausgedehnteren, aber gesetzlich festgelegten Gebiet; eine Entsprechung zum französischen Vin de Pays. Diese Kategorie erlaubt das Verschneiden von Weinen aus einem größeren Gebiet und wird von vielen Erzeugern im Süden bevorzugt.

Vinho de mesa
Tafelwein

Etikett Quinta da Aveleda

Etikettierungsbegriffe

adega: *Kellerei*
branco: *weiß*
colheita: *Jahrgang*
doce: *süß*
engarrafado: *abgefüllt*
garrafa: *Flasche*
garrafeira: *ein Begriff, der besondere Güte anzeigt. Die Weine reifen vor dem Verkauf für eine Mindestdauer in Fass und Flasche. Die Vorschriften dafür sind strenger als für einen reserva.*
maduro: *alt oder reif*
quinta: *Weingarten oder -gut*
reserva: *Weine, die einen wenigstens 0,5 % höheren Alkoholgehalt erreicht haben. Anders als in Spanien gibt es keine Bedingungen für Fass- und Flaschenreifung.*
rosado: *rosé*
séco: *trocken*
tinto: *rot*
verde: *wörtlich »grün«, bedeutet bei Wein »jung«*
vinho: *Wein*

Das Dorf Sabrosa inmitten von Weingärten, Douro-Tal

DIE WEINBAUGEBIETE PORTUGALS

DER NORDEN

DIE BEKANNTESTEN portugiesischen Weine kommen aus dem Norden des Landes. Bezeichnungen wie Portwein oder Vinho Verde sind bereits allgemein geläufig. Es gibt vier DOCs und drei große, aber weniger bedeutende Vinhos Regionais: Minho, Tràs-os-Montes und Beiras.

Vinho Verde

DIE KÜSTENLINIE NÖRDLICH von Porto trägt den passenden Namen Costa Verde (»grüne Küste«). Landeinwärts liegen die ausgedehnten Weingärten von Vinho Verde, die als größte DOC die gesamte Nordwestecke Portugals umfasst. Einen Vinho Verde sollte man trinken, solange er jung ist. Da er meist ohne Jahrgangsangabe abgefüllt wird, ist davon auszugehen, dass der ausgeschenkte Wein im Vorjahr gekeltert wurde.

Vinho Verde ist meist trocken und leicht moussierend bei hohem Säure-, aber niedrigem Alkoholgehalt (8,5–11 %). Bei Exportweinen wird dies oft durch Süßung kaschiert. Der vor Ort beliebte rote Vinho Verde ist sehr tanninhaltig, passt jedoch ausgezeichnet zu Meeresfrüchten. Da Vinho Verde oft ein Verschnitt ist, werden die Weingärten mit vielen verschiedenen Traubensorten gemischt bepflanzt; immer häufiger aber wird er auch nur aus Loureiro und/oder Trajadura, zwei wichtigen weißen Sorten aus der Region, gekeltert. Ganz im Norden, längs des Flusses Minho, liefert die Alvarinho-Traube einen vollmundigeren, aromatischen trockenen Weißwein, der herrlich zu Schalentieren aus dem Atlantik passt.

vorwiegend Granitsohle *Vinhão, Azal Tinto* *Loureiro, Trajadura, Padernã, Avesso, Azal, Alvarinho* *rot, weiß*

Ein Boot, das Portwein befördert (Azulejo)

Porto

PORTO (OPORTO), ist Portugals zweitgrößte Stadt. Sie hat ihren Namen einem der bekanntesten aufgespriteten Weine gegeben: *vinho do porto* oder Portwein. Die Weingärten der DOC Porto liegen etwa 100 km landeinwärts in einem genau abgegrenzten Gebiet mit ausstreichendem Schiefer. Wie die in Nordportugal vorherrschenden Böden mit Granitsohle sind auch die Schieferböden des Douro unfruchtbar und schwer zu bestellen. Im Gegensatz zu Granit bricht Schiefer jedoch senkrecht, so dass die Reben tiefer wurzeln können. Aufgrund seines einzigartigen Terroirs wurde im Douro-Tal eines der ersten Anbaugebiete überhaupt festgelegt – und zwar 1756, als die portugiesische Regierung unter Führung des Marquês de Pombal eine genaue Abgrenzung der Portwein-Anbauflächen anordnete.

Im Laufe der Jahre hat man winzige Terrassen für jeweils nur ein paar Rebzeilen in die Steilhänge des Douro und seiner Nebenflüsse (Corgo, Tedo, Tavora, Torto und Pinhão) gearbeitet. Diese atemberaubend schöne Landschaft könnte als technische Meisterleistung der letzten drei Jahrhunderte in die Liste der Weltwunder aufgenommen werden – in der Tat wurde sie von der UNESCO zum Weltkulturerbe erklärt. In den letzten Jahren allerdings hat die zunehmende Mechanisierung zur Neubepflanzung vieler Weingärten geführt, und die hohen Böschungsmauern wurden z.T. zerstört und ersetzt. Moderne Weingärten werden entweder auf Patamares (in den Hang gearbeiteten Terrassen mit Erdwällen statt Böschungsmauern) angelegt bzw. immer öfter auch als *vinha ao alto*, den Hang auf- und absteigende Rebzeilen. Das obere Douro-Tal ist durch die bis zu 1400 m hohe Serra do Marão vor dem Atlantik-Westwind und seinen Niederschlägen geschützt. Das Gebiet umfasst drei offiziell anerkannte Subregionen: Die westlichste, Baixo Corgo, ist die kleinste, feuchteste und am dichtesten bepflanzte. Sie produziert einen Großteil des preiswerten Ruby- und Tawny-Portweins *(s. S. 329)*. Die zweite, Cima Corgo, ist wesentlich trockener. Mit der Kleinstadt Pinhão als Zentrum produziert sie die Spitzenportweine (Vintage, LBV und gereiften Tawny) sowie eine steigende Zahl nicht aufgespriteter Douro-Weine *(s. unten)*. Die dritte, östlichste Subregion ist Douro Superior.

Zentrum des Portweinhandels ist Vila Nova de Gaia gegenüber von Porto an der Trichtermündung des Douro. Nach der Lese werden die Weine hierhin transportiert, um in den relativ kühlen und feuchten, »lodges« genannten Lagerhallen zu reifen. Hier entstehen auch die vielen verschiedenen Portweinarten *(s. S. 329)*.

Schiefer *Touriga Nacional, Touriga Franca, Tinta Roriz, Tinta Barroca, Tinto Cão, Tinta Amarela* *aufgespritet*

Douro

In der Douro-Region steht der Portweinhandel zwar noch an erster Stelle, aber die Winzer widmen sich zunehmend auch unaufgespriteten Qualitätsweinen, die seit 1979 ihre eigene DOC besitzen (DOC Douro). Weine aus diesem Gebiet besitzen die Reife und Konzentration eines guten Portweins. Hier werden heute einige der besten portugiesischen Rotweine, in erster Linie aus Portwein-Trauben, erzeugt – die besten in kleinen, manchmal winzigen Mengen, die oft zu hohen Preisen auf dem heimischen Markt verkauft werden. Doch die pure Fülle und Intensität eines Rotweins von 70-jährigen Reben mit niedrigem Ertrag rechtfertigt den Preis.

Schiefer *Touriga Nacional, Touriga Franca, Tinta Roriz, Tinta Barroca, Tinto Cão, Tinta Amarela* *Gouveio, Viosinho, Rabigato, Malvasia Fina, Donzelinho* *rot, weiß*

Dão

Rotwein aus der DOC Dão wurde lange als der beste Portugals vermarktet, konnte den Erwartungen jedoch oft nicht gerecht werden. Da die Region jetzt aber nicht mehr im Würgegriff der Genossenschaften ist, gibt es eine Reihe von Unternehmern, die beweisen wollen, dass man in Dão Weine von hoher Qualität produzieren kann. Dão liegt – nach fast allen Seiten durch hohe Berge geschützt – wie ein Großteil des Douros in der Übergangszone zwischen maritimem und kontinentalem Klima und hat das Potenzial für große Weine. Viele Traubensorten des Douro gibt es auch hier, und die besten entfalten den blumigen Charakter der Touriga Nacional.

Die meisten Weingärten sind klein und liegen zwischen Pinien- und Eukalyptuswäldern verstreut. Derzeit gibt es hier nur zwei größere Erzeuger: Sogrape und Dão Sul, die gute, würzig-pfeffrige Rotweine produzieren. Auch diverse Quintas (Quintas dos Roques, da Maias, de Saes und das Carvalhas) produzieren kraftvoll-intensive Rotweine.

Granit *Touriga Nacional, Tinta Roriz, Alfrocheiro Preto, Jaen, Tinta Pinheira* *Encruzado, Bical, Malvasia Fina, Rabo de Ovelha* *rot, weiß*

Traubenlese an Pergola-Reben in Vinho Verde

Bairrada

Die küstennahe DOC Bairrada kann guten und schlechten Wein liefern – in Abhängigkeit von der unberechenbaren roten Baga-Traube. Vollreif liefert sie dichte Rotweine mit herrlicher Brombeernote, die jahre-, manchmal jahrzehntelang lagern können. Die zuverlässigsten Baga-Erzeuger sind Luís Pato, Casa da Saima, Quinta do Baixo und Caves São João. Nur zu oft aber werden die Trauben aufgrund drohenden Regens noch unreif gelesen, und die Weine schmecken dann herb und dünn. In dieser Region sollte man sich mehr mit dem Anbau befassen, damit die Trauben früher reifen. Bairrada ist jedoch wie ein Großteil Nordportugals zergliedert in winzige, von Wochenend-Bauern bestellte Güter, die ihre Trauben zur Vinifikation an Genossenschaften verkaufen. Ein Großteil der Ernte fließt in den Mateus rosé *(s. S. 339)*, der in Anadia im Zentrum der Region erzeugt wird. Man produziert auch Weißwein – vor allem für die heimische Schaumweinindustrie.

Ton auf Kalkstein, etwas Sand Baga, Castelão Maria Gomes, Bical, Rabo de Ovelha rot, weiß, rosé, Schaumwein

ZENTRALPORTUGAL

Mit Ausnahme einiger alter Enklaven hat Zentralportugal bei Wein immer eher Quantität als Qualität geliefert. Allein aus den zwei Gebieten Estremadura und Ribatejo stammen etwa ein Drittel der Gesamtproduktion des Landes. Inzwischen gibt es jedoch in beiden Regionen eine Reihe viel versprechender Terroirs.

Weingärten bei Arruda in der Estremadura

Estremadura

Dieser Küstenstreifen wird umgangssprachlich auch Oeste (Westen) genannt. Die gesamte Region umfasst um die 50 000 ha Weingärten, wovon jedoch weniger als ein Drittel als DOC, IPR oder Vinho Regional eingestuft ist (von den sieben DOCs/IPRs sind Alenquer und Arruda am bekanntesten). Zwar können immer mehr Weine diese Herkunftsbezeichnungen in Anspruch nehmen, aber derzeit liefert die Estremadura noch in erster Linie Vinho de Mesa – meist von den 19 großen Genossenschaften produziert. Mit Hilfe von EU-Geldern haben sich diese Unternehmen in den letzten Jahren sehr verändert und sind jetzt in der Lage, preiswerte, ausdrucksvolle Rotweine zu produzieren. Die besten stammen von windgeschützten Lagen der Serras Aire, Candeiros und Montejunto, wo – vor allem rings um die Stadt Alenquer – bereits zahlreiche Quinta-Weine von Weltklasse erzeugen. Der Beste von allen ist Quinta do Monte d'Oiro – ein Syrah, der es mit den besten Rhône-Weinen aufnehmen kann.

vorwiegend Kalksteinsohle Castelão, Tinta Miuda, Cabernet Sauvignon, Syrah, Merlot Antão Vaz, Arinto, Bical, Chardonnay, Fernão Pires rot, weiß, rosé

Colares

Aus dieser winzigen DOC an der Atlantikküste westlich von Lissabon kommt einer der ältesten Weine Portugals. Die auf sandigem Boden über einem Kliff gepflanzten Ramisco-Reben haben die europäische Reblausepidemie des 19. Jh. überlebt, denn die Reblaus kann ihren Lebenszyklus im Sand nicht zu Ende führen und verschonte daher die Wurzeln. In jüngeren Jahren ist der Ertrag zurückgegangen, aber die wenigen verbliebenen Reben wachsen weiterhin auf ihren eigenen Wurzeln und müssen nicht auf reblausresistente Wurzelstöcke gepfropft werden. Heute ist guter Colares schwer zu finden. Die älteren Jahrgänge deuten eine wunderbar duftige, feine Größe an.

Sand Ramisco Arinto, Jampal, Malvasia rot, weiß

Bucelas

Obwohl die DOC Bucelas weniger als 25 km vom Zentrum Lissabons entfernt ist, konnte sie bislang ihre Anbaugebiete bewahren bzw. sie sogar zurückgewinnen. Im 19. Jh. kannte

Merlot-Traubenlese in Ribatejo

man diese Region aufgrund eines oft mit Branntwein aufgespriteten, trockenen Weißweins. Heute ist Bucelas noch immer weiß, wird aber unaufgespritet abgefüllt. Die wichtigste Traube hier ist die zitronige Arinto. Sie liefert – oft in Verbindung mit der kräftigen Esgana Cão – trockene, fruchtige Weißweine mit spritzig-natürlicher Säure.

Kalksteinsohle *Arinto, Esgana Cão, Rabo de Ovelha* *weiß*

Ribatejo

MITTEN DURCH RIBATEJO, das Zentrum portugiesischer Landwirtschaft, fließt der Tejo bis nach Lissabon. Im Norden herrschen Kleingüter vor, die von der Estremadura aus in den westlichen Randbereich der Provinz übergreifen. Im Süden und Osten liegen einige der größten und erfolgreichsten Weingüter des Landes. Fruchtbare, oft vom übertretenden Fluss bewässerte Böden fördern jede Form von Anbau, darunter auch die vielen Weingärten.

Ribatejo ist ein Gebiet für die Massenproduktion preiswerter Weine. Erfreulicherweise werden die Weingärten zu beiden Seiten des Tejo inzwischen in höhere Lagen verlegt, wodurch die Erträge sinken, die Qualität aber steigt. Die Region liefert vorwiegend Weißwein aus der vielseitigen Fernão-Pires-Traube – ein Erbe aus der Zeit, als Ribatejo den Branntwein für die Portwein-Aufspritung produzierte. Heute genießen jedoch die Rotweine die größere Aufmerksamkeit. Neben einheimischen Spitzensorten wie Trincadeira und Touriga Nacional werden auch internationale Sorten (Cabernet Sauvignon, Merlot und Syrah) in großem Stil angebaut. Die Weine aus dem wärmeren Südosten ähneln denen aus dem benachbarten Alentejo. Ganz Ribatejo ist heute in DOC- und Vinho-Regional-Gebiete aufgeteilt (Letztere verwirrenderweise »Ribatejano« genannt). Zur DOC Ribatejo gehören zudem die sechs Subregionen **Tomar**, **Chamusca**, **Santarém**, **Almeirim**, **Cartaxo** und **Coruche**.

Ton mit Kalksteinsohle, Alluvial- und Sandboden *Castelão, Camarate, Preto Martinho, Tinta Miuda, Trincadeira, Touriga Nacional, Cabernet Sauvignon, Merlot, Syrah* *Fernão Pires, Talia, Boal de Alicante, Arinto, Chardonnay, Sauvignon Blanc* *rot, weiß*

PORTUGIESISCHE TRAUBENSORTEN

Was haben ein roter Hund, ein Katzenschwanz, ein Schafschwanz, Fliegenmist und ein Hundewürger gemein? All dies sind Namen portugiesischer Traubensorten. Portugals Weinbau bildet eine Insel mit faszinierender Traubenvielfalt. Viele Trauben sind unbedeutend, aber die Intensivierung des Weinbaus im Laufe des letzten Jahrzehnts hat auch einige ausgezeichnete einheimische Sorten hervorgebracht. Traditionell sind portugiesische Weine – aufgrund der Mischbepflanzung der Lagen mit unterschiedlichen Sorten – meist Verschnitte. Da aber seit den 1980ern der sortenreine Anbau immer mehr Verbreitung findet, kommen jetzt die Sortenweine zum Zug. Es gibt einige viel versprechende weiße Sorten (Loureiro, Arinto, Encruzado, Antão Vaz), aber die meisten Trauben sind rot und liefern jetzt auch Sortenweine. Ganz vorne liegen die traditionellen Portwein-Trauben: Touriga Nacional, Touriga Franca und Tinta Cão. Gute bis hervorragende Ergebnisse liefern auch die würzig-pfeffrige Trincadeira, die himbeertönige Castelão, Baga mit ihrem wunderbaren Wildbeeren- und Brombeer-Charakter sowie Alfrocheiro und Tinta Miuda. Außer der spanischen Tempranillo (hier Tinta Roriz und Aragonez genannt) sind nur vergleichsweise wenige ausländische Sorten nach Portugal gelangt.

Touriga Nacional

DER SÜDEN

Weingärten bei Vidigueira in Alentejo

DER SÜDEN PORTUGALS war noch bis vor 20 Jahren in Sachen Wein lange Niemandsland. Wegen des heißen Klimas war der Wein oft arm an Frucht und ungenießbar. Durch Finanzhilfen der EU und die Einführung von Edelstahlgeräten sowie temperaturkontrollierter Vergärung wendete sich das Blatt, und vor allem die Provinz Alentejo ist heute ein ernst zu nehmendes Anbaugebiet.

Halbinsel Setúbal

DIE ZWISCHEN DEN FLÜSSEN Tejo und Sado in den Atlantik ragende Landspitze wird inoffiziell Halbinsel Setúbal genannt. Hier sind zwei in Portugal führende Winzer ansässig: José Maria de Fonseca und J P Vinhos (alias João Pires). Diese Region produziert zahlreiche Weine mit eigenen, einander überschneidenden Herkunftsgebieten.

Die DOC **Setúbal** steht für süßen, aufgespriteten Wein aus der heimischen Muskattraube (Moscatel de Setúbal). Dieser vor der Abfüllung manchmal jahrzehntelang im Fass ausgebaute Wein wird nach etwa fünf Jahren bernstein-orangefarben, nach 20 Jahren mahagonibraun und nach 50 oder mehr Jahren im Fass ebenholzfarben. Seine kandierten Fruchtnoten entwickeln einen Hauch Buttertoffee und schließlich sirupartige Fülle. Der 20 Jahre alte Setúbal ist am besten und schmeckt gut zu süßen Desserts.

Die DOC **Palmela** ist mit Setúbal größtenteils deckungsgleich, reicht jedoch ostwärts weiter in die Ebene hinein. Dieses Gebiet besitzt zwei sehr typische Terroirs: nach Norden hin Kalksteinhügel, die sich besser für weiße Trauben eignen (neben Cabernet Sauvignon und Merlot), und landeinwärts sowie im Osten Sandböden, auf denen die Castelão-Traube vorherrscht. Maritimes und kontinentales Klima gehen hier genau die richtige Mischung sein, um aus ihr Weine von einiger Intensität und Lagerfähigkeit zu keltern; jung sind sie himbeertönig und oft herb, gewinnen im Alter aber eine teerartige Komplexität.

Terras do Sado heißt der *vinho regional* der gesamten Halbinsel sowie der Küstenlinie südwärts in Richtung Algarve. Hier gedeihen um die 60 Traubensorten, und eine wachsende Zahl innovativer Weine kombiniert einheimische und internationale Trauben. Die Weinproduktion konzentriert sich auf den Norden. Bei Grandola im Alentejo, gibt es ein Gefängnis, das seine Häftlinge mit der Weinbergbestellung und Weinerzeugung beschäftigt.

Kalkstein im Hügelland, sandige Ebenen *Castelão, Trincadeira Preta, Aragonez, Touriga Nacional, Touriga Franca, Cabernet Sauvignon, Merlot, Syrah* *Moscatel de Setúbal, Fernão Pires, Arinto, Chardonnay, Sauvignon Blanc* *rot, weiß, rosé, aufgespritet*

Alentejo

DAS ALENTEJO, die größte Provinz Portugals, reicht vom Tejo im Norden bis zum Algarve im Süden und umfasst so etwa ein Drittel des Landes. Nur ein Sechstel der Bevölkerung lebt in diesem von Landwirtschaft geprägten Gebiet – z.T. auf Gütern *(latifúndios)*, die Hunderte, ja manchmal Tausende Hektar umfassen. Kork war lange eines der wichtigsten Produkte, doch jetzt durchziehen riesige grüne Streifen Rebland die unfruchtbaren Ebenen.

Landeinwärts lässt der milde Atlantikeinfluss stark nach, und im Sommer ist mangelnder Niederschlag ein Dauerproblem. Die einst von der EU verbotene Bewässerung gilt heute als unabdingbar. Alentejo-Rotweine aus charismatischen Trauben wie Aragonez und Trincadeira mit superreifen, sonnigen Aromen verkaufen sich gut. Großerzeuger wie Esporão und Cartuxa sowie gut geführte Genossenschaften in Redondo und Reguengos sind in der Lage, große Weinmengen von konstanter Qualität zu produzieren, was im Norden kaum der Fall wäre. Es gibt auch einige gute

Weißweine aus Antão Vaz und Roupeiro. Die gesamte Provinz Alentejo fällt jetzt unter die Vinho-Regional-Abfüllung Alentejano, und es gibt acht Enklaven mit DOC-Status: **Portalegre**, **Borba**, **Redondo**, **Évora**, **Reguengos**, **Granja-Amareleja**, **Moura** und **Vidigueira**. Jede dieser Regionen hat das Recht, Weine unter eigenem Namen mit vorausgestelltem »Alentejo« abzufüllen.

unterschiedliche Böden mit Schiefer und Granit-Kalksteinsohle *Trincadeira, Aragonez, Castelão, Moreto, Cabernet Sauvignon, Syrah, Alicante Bouschet* *Antão Vaz, Roupeiro, Diagalves, Manteudo, Perrum, Chardonnay* *rot, weiß*

Algarve

PORTUGALS SÜDLICHSTE KÜSTENREGION ist ein beliebtes Touristenziel, war aber nie für ihren Wein bekannt. Der Sänger Cliff Richard gründete hier eine Kellerei und kann das Algarve-Image jetzt vielleicht mit einem Rotwein aus Aragonez, Trincadeira und Syrah aufbessern. Der 2001 erstmals verkaufte Wein ist angesichts seines Preises nicht herausragend, aber besser als alles, was bis dahin produziert wurde. Es ist zu früh, um zu sagen, ob sich ihm noch andere anschließen werden; immerhin gibt es neues Interesse am Anbaugebiet Algarve.

Ton auf Kalksteinsohle *Negra Mole, Bastardo, Castelão, Aragonez, Trincadeira, Syrah* *Arinto, Diagalves, Perrum, Rabo de Ovelha* *rot, weiß*

Madeira

ZWEI TODFEINDE DER MEISTEN WINZER, Hitze und Wind, machen aus Madeira einen der bezaubherndsten und unverwüstlichsten Weine der Welt: Aufgrund ihrer günstigen Lage im Atlantik (1200 km südwestlich von Lissabon) wurde Madeira kurz nach der Kolonisierung durch die Portugiesen im frühen 15. Jh. zu einem wichtigen Seehafen. Man pflanzte Reben auf der Insel, und Schiffe nahmen Wein mit an Bord – vermutlich als Mittel gegen Skorbut. Man fand bald heraus, dass sich diese zur Konservierung aufgespriteten Weine veränderten, wenn man sie durch die Tropen transportierte. Im späten 18. Jh. kam Madeira auch in den USA und in Großbritannien in Mode.

Heute werden die Weine nicht mehr im Fass durch die Tropen transportiert, aber noch immer erhitzt – entweder künstlich in riesigen Bottichen (*estufas*) oder viele Jahre im Fass bei den auf der Insel herrschenden Temperaturen. Der Boden hier ist vulkanisch, und die Reben erkämpfen sich auf winzigen, stufenartigen Terrassen (*poios*) ihren Lebensraum. Es gibt vier wichtige, offiziell als »edel« eingestufte Traubensorten: Sercial, Verdelho, Bual und Malvasía. Aus ihnen allein werden sehr trockene bis vollmundig-süße weiße Sortenweine gekeltert. Die meistgepflanzte Sorte der Insel ist jedoch die vielseitige Tinta Negra Mole, aus der man unterschiedliche Weintypen als Imitate der so genannten »edlen« Trauben produziert. Alle Madeiras besitzen eine ausgeprägt spritzige Säure, was auf die Bodenqualität, aber auch auf die Trauben zurückgeht. Die trockensten Weine aus Sercial können recht herb sein; bei halbtrockenem Verdelho und vollmundigem Bual oder Malvasia (Malmsey) dagegen gleicht die Säure die Süße aus. Da die Weine vor der Abfüllung erhitzt werden, sind sie die haltbarsten der Welt: Es ist möglich, Weine aus dem späten 18. Jh. zu finden, die bis heute unglaublich lebendig und angenehm zu trinken sind. Einmal geöffnet, hält sich Madeira noch Monate, sogar Jahre.

Korbumflochtene Madeira-Flasche

vulkanisch *Tinta Negra Mole* *Sercial, Verdelho, Bual, Malvasia* *aufgespritet*

Terrassierte Weingärten und Ackerland bei dem Dorf Curral das Freiras, Madeira

DIE SPITZENERZEUGER PORTUGALS

Quinta da Aveleda
Vinho Verde

Apartada 77P, Penafiel 255 718 200 www.aveleda.pt

DIESES IDYLLISCHE, 30 km von Porto entfernte Gut erzeugt den meistverkauften Vinho Verde Portugals. Aveledas 200-ha-Weingarten ist der bei weitem größte und technisch fortschrittlichste Nordwestportugals. Die Hauptmarke Casal Garcia wird weltweit exportiert: leicht, spritzig und halbtrocken, gekeltert aus den Früchten Hunderter Bauern aus der Umgebung. Grinalda am anderen Ende des Spektrums wird nur aus gutseigenen Trauben erzeugt: richtig trocken und von herrlich frischem, blumigem Charakter. Der dunkle, herbe rote Vinho Verde ist nur etwas für Liebhaber.

rot, weiß, Branntwein letzte Jahrgänge ★ Quinta da Aveleda, Grinalda, Alvarinho

Sogrape
Douro

Apartado 3032, Aldeia Nova, Avintes 227 850 300 www.sogrape.pt einige Niederlassungen

SOGRAPE, der bei weitem größte Erzeuger Portugals, verdankt seinen Aufstieg dem Mateus rosé *(s. rechts)*. Die Firma mit Hauptsitz in Douro hat sich aufgeteilt und besitzt inzwischen Anteile in den meisten großen Anbaugebieten des Landes (Vinho Verde, Dão, Bairrada, Alentejo) sowie in Argentinien, wird aber noch von der Gründerfamilie Guedes geführt, den Besitzern von Quinta do Azevedo bei Barcelos. Hier produziert man den spritzigen Gazela Vinho Verde sowie unter dem Markennamen Duque de Viseu einen zuverlässigen, guten roten und weißen Dão.

Etikett Quinta da Aveleda

Zuletzt hat Sogrape sich im Alentejo niedergelassen, wo der köstlich-saftige Rotwein Vinho do Monte und auf dem Gut Herdade do Peso eine Reihe sehr guter roter Sortenweine erzeugt werden.

rot, weiß, rosé 2000, 1999 ★ Quinta das Carvalhas, Duque de Viseu

A A Ferreira
Porto

rua da Carvalhosa 19/105, Vila Nova de Gaia 223 745 292

DIE TAPFERE Dona Antónia Ferreira (1811–1896) baute in Douro ein Imperium auf, das noch heute besteht, und ihre Firma war bis zum Verkauf an Sogrape im Jahr 1987 in Familienbesitz. Als Markenführer Portugals hat Ferreira einen guten Namen für Tawnys und Barca Velha – einen unaufgespriteten Douro-Rotwein, der so teuer ist wie ein Vintage Port. Er wird aus Portwein-Trauben erzeugt (vorwiegend Tinta Roriz mit etwas Tinta Franca, Tinta Barroca und Tinta Amarela), und das nur in den besten Jahren – seit dem ersten Jahrgang 1952 waren es 13.

rot, aufgespritet 2000, 1997, 1995, 1994 ★ Barca Velha (1995, 1991, 1985) Dona Antónia Reserva Pessoal, Duque de Braganca 20-Year-Old Tawny

Churchill's
Porto

rua da Fonte Nova 5, Vila Nova de Gaia 223 703 641 www.churchills-port.com

CHURCHILL'S WURDE 1981 von den Brüdern Graham gegründet und machte sich schnell einen Namen für gute, dichte LBVs und Vintage Ports. Der nussige Dry White Port nimmt in zehn Jahren Fassausbau Tawny-Charakter an und ist einer der ganz wenigen lohnenden weißen Portweine.

aufgespritet 2000, 1997, 1994 ★ Dry White Port, LBV, Quinta da Gricha 2001 Vintage Port

Cockburn's
Porto

rua das Coradas, Vila Nova de Gaia 223 776 500 www.cockburns-usa.com

Churchill's

COCKBURN'S (»co-burns« ausgesprochen), einer der besten Namen der Portweinbranche, wurde 1815 gegründet, 1962 von Harvey's of Bristol und später von Allied Domecq übernommen. In den letzten 30 Jahren hat sich die Firma auf den britischen Markt konzentriert, wo ihr Special Reserve der meistverkaufte Portwein ist. Cockburn's besitzt ausgedehnte Weingärten im entlegenen Douro Superior, darunter die flachen Gebiete des Vilariça-Guts, die in den 1970ern für die Special Reserve bepflanzt wurden – einen vollen, körperreichen Ruby Reserva mit fünf Jahren Holzausbau.

aufgespritet 2000, 1983, 1963 ★ Special Reserve, LBV, Quinta dos Canais 2000 Vintage Port

Croft Port
Porto

Largo Joaquim Magalhães 23, Vila Nova de Gaia 223 305 514 www.croftport.com

DIE 1678 GEGRÜNDETE FIRMA Croft gehört zu den ältesten und angesehensten der Branche. Mit Diageo als Inhaber hatte sie eine schwere Zeit, fand später aber bei Fladgate Partnership ein neues Zuhause. In den 1990ern ist die Qualität der Weine gestiegen, und die Vintage Ports gewannen die Fülle und Geschmackskonzentration zurück, für die sie bis in die 1960er-Jahre berühmt waren.

aufgespritet 2000, 1994, 1991, 1963 ★ Croft Distinction, Croft 20-Year-Old Tawny, Croft 1991 Vintage Port

Dow's Port
Porto

Silva & Cosens Lda, Trav Barão de Forrester, Vila Nova de Gaia 223 396 063 www.dows-port.com

SILVA & COSENS, einer von sechs Portweinerzeugern im Besitz der Familie Symington, wurde 1798 von Bruno da Silva in London gegründet. Der Markenname Dow's wurde etwa ein Jahrhundert später eingeführt und wird seither mit herausragenden Vintage Ports assoziiert – dichten, konzentrierten Weinen, die trockener als die der meisten anderen Erzeuger sind. Dow's Crusted Ports sind fast ebenso voll und imposant, jedoch wesentlich preiswerter.

aufgespritet 1997, 1994, 1980, 1970, 1966, 1963 ★ Dow's Midnight, LBV, Quinta do Bomfim 1987 Vintage Port

Einige Fonseca-Porto-Portweine

Fonseca Porto
Porto

rua Barão de Forrester 404, Vila Nova de Gaia 223 742 800 www.fonseca.pt

FONSECA GUIMARAENS (nicht zu verwechseln mit José Maria da Fonseca) wurde 1822 von Manuel Pedro Guimaraens gegründet. Obwohl Fonseca heute zu Fladgate Partnership gehört, ist die Familie Guimaraens noch aktiv beteiligt. Der verstorbene Bruno Guimaraens und sein Sohn haben einige der besten Portweine auf den Markt gebracht. Mit Ausnahme der Jahre 1983 und 1980 macht Fonseca vielleicht noch besseren Vintage Port als das Schwesterunternehmen Taylor – in der Jugend köstlich dicht, entwickeln sie später prächtige Eleganz.

aufgespritet 2000, 1994, 1992, 1985, 1970, 1966, 1963 ★ Fonseca Bin 27, 20-Year-Old Tawny, Quinta do Panascal 1991 Vintage Port

Gran Cruz Porto
Porto

Sociedade Comercial de Vinhos, Rua José Mariani 390, Vila Nova de Gaia 223 746 490

WEGEN SEINES enormen Umsatzes auf dem französischen Portweinmarkt – dem größten der Welt – ist Cruz Portugals beliebteste Portweinmarke. Ihre einfachen, preiswerten Tawnys sind am bekanntesten; hier geht jedoch nicht selten Menge vor Qualität.

aufgespritet 2000 ★ Tribute Reserve LBV

DIE PORTUGIESEN UND IHR ROSÉ

1942 erreichte der Export aufgespriteter Weine ein absolutes Tief. Einige Geschäftsleute beschlossen daher, aus überschüssigen Portweintrauben eine neue Art Rosé zu erzeugen. Hierfür mieteten sie eine Kellerei. Ihr Wein namens Mateus war frisch, leicht moussierend und halbtrocken. Zuerst exportierte man ihn nach Brasilien, doch als dieser Markt in den späten 1940ern zusammenbrach, orientierte sich der Erzeuger Sogrape nach Großbritannien, das nach dem 2. Weltkrieg wieder mehr Interesse an Wein zeigte. Die Verkaufszahlen erreichten in den frühen 1980er-Jahren ihren Gipfel, aber noch immer exportiert Mateus pro Jahr 16 Mio. Liter in 130 Länder auf vier Kontinenten. Sein kleinerer Konkurrent Lancers erzeugt jetzt bei José Maria da Fonseca einen ganz ähnlichen, moussierenden Rosé. Lancers verkauft sich gut in Italien und den USA, wo Mateus weniger Erfolg hat. Im Gegensatz zu den Spaniern haben die Portugiesen nie Geschmack an Rosé gefunden.

Mateus rosé

Niepoort
Porto

rua Infante D Henrique 16 2° Frt, Porto 222 001 028 n. V.

SEIT GRÜNDUNG dieser Firma im Jahr 1842 haben fünf Generationen der Niepoort-Familie in einer engen Lagerhalle im Zentrum von Vila Nova de Gaia Wein gehortet. Obwohl Niepoort vor allem für gute alte Tawnys und Colheitas bekannt ist, sind alle Produkte ausgezeichnet. Leider werden sie nur in kleinen Mengen vertrieben. Dirk Niepoort hat sich jetzt an die Produktion einiger voller, unaufgespriteter Weine unter den Markennamen Redoma, Charme und Batuta gemacht.

aufgespritet 2000, 1997, 1994, 1982, 1970 ★ LBV, 20-Year-Old Tawny, 1994 Colheita

Quinta do Noval
Porto

av Diogo Leite 256, Vila Nova de Gaia 223 770 270 www.quintadonoval.com

QUINTA DO NOVAL, nach der auch dieser Spediteur mit ausgezeichnetem Portweinsortiment benannt ist, gehört zu den sehenswürdigsten Gütern des Douro-Tals. Weine mit der Etikettierung Quinta do Noval werden aus Trauben des Gutes selbst gekeltert; andernfalls tragen sie nur den Namen Noval. Nach einem Qualitätseinbruch in den 1980ern sind Novals Vintage Ports wieder richtig auf der Höhe. Noval Naçional, der in Kleinstmengen von einer Parzelle unveredelter Reben gewonnen wird, hält den Rekord für die teuerste Flasche Vintage Port aller Zeiten: Jahrgang 1931 wurde 1983 für 5900 US-Dollar verkauft.

aufgespritet 2000, 1997, 1994 ★ LBV, Quinta do Noval 1994 Vintage Port, Quinta do Noval Naçional

Etikett Quinta do Noval

Ramos Pinto
Porto

av Ramos Pinto 380, Vila Nova de Gaia 223 707 000

ADRIANO RAMOS PINTO machte sich im späten 19. Jh. mit dem Portweinvertrieb nach Brasilien einen Namen – unterstützt durch eine Reihe von Plakaten mit spärlich bekleideten Damen. Das Unternehmen blieb in Familienbesitz, bis es 1990 an die Champagnerfirma Louis Roederer *(s. S. 175)* verkauft wurde; der Weinmacher ist jedoch noch ein direkter Nachfahre des Gründers. Ramos Pinto ist vor allem für seine guten Einzel-Quinta-Tawnys bekannt. Quinta da Ervamoira 10-Year-Old ist gelbbraun mit vollem Rosinen-Sultaninen-Aroma und einem Hauch gerösteter Mandeln. Quinta do Bom Retiro 20-Year-Old ist ein hellbernsteinfarbener ausgewogener Tawny mit weichen, verlockenden Aromen. Der Fassausbau bedingt geröstete Mandel- und Paranusskomplexität.

aufgespritet 1983 ★ Quinta da Ervamoira 10-Year-Old Tawny, Quinta do Bom Retiro 20-Year-Old Tawny

Sandeman
Porto

Largo de Miguel Bombarda 3, Vila Nova de Gaia 223 740 500 www.sandeman.com

DIESER 1790 von dem Schotten George Sandeman gegründete Erzeuger wird für immer mit der Silhouette des Dons verbunden sein – einem auf Anhieb erkennbaren Logo. Die Firma wird bis heute von einem Sandeman (der ebenfalls George heißt) geleitet, gehört aber jetzt zu Sogrape. Sandeman bringt kleine Mengen ausgewogener Tawnys auf den Markt und erzeugt einen Vintage Port namens Vau Vintage voller Maulbeerfrucht. Man sollte ihn jung trinken, obwohl er 10 Jahre lagern kann.

aufgespritet 2000, 1994 ★ Imperial Tawny, 20-Year-Old Tawny, Vau Vintage

DER AUFSTIEG DER *QUINTAS*

Klein ist fein: Immer mehr Privatgüter oder Quintas verdienen inzwischen genug, um ihre Weine selbst zu produzieren und zu vermarkten. Obwohl einige von ihnen denselben Önologen als Berater haben, sorgt diese Unabhängigkeit für viel mehr Vielfalt und Individualität. Quinta do Ameal in Vinho Verde und Quinta de Covela in Minho gehören zu den Gütern, die man bereits wegen ihrer besonderen Weine kennt; im Douro sind dies die Quintas do Crasto, do Cotto, de la Rosa, do Vale Meão und do Fôjo. Weiter südlich in Dão hat sich Quinta dos Roques einen Namen gemacht, und in der Estremadura sind die Quintas do Monte d'Oiro und de Pancas von Interesse. Ribatejos Spitzen-Quintas sind Quinta de Alorna, Quinta do Casal Branco und Casa Cadaval; im Alentejo sind es Quinta do Mouro, Cortes de Cima und Herdade de Mouchão.

Taylor's Port
Porto

rua do Choupelo 250, Vila Nova de Gaia
223 742 800 www.taylor.pt

TAYLOR'S GILT als einer der angesehensten Portweinerzeuger überhaupt. Die Firmengeschichte reicht bis ins Jahr 1692 zurück, und Taylor's wurde als einziger britischer Erzeuger nie verkauft oder übernommen. Als heute ältestes Mitglied von Fladgate Partnership (neben Fonseca, Croft und Delaforce) erzeugt Taylor's Vintage Ports, die auf Auktionen die höchsten Preise erzielen. Taylor's hat auch als erster LBVs populär gemacht – eine der meistverkauften Portweinarten. Das Sortiment ist riesig; die jungen Vintage Ports sind dicht und konzentriert und entwickeln bei einem Alter von etwa 20 Jahren einen üppigen, veilchenartigen Blumencharakter.

aufgespritet 2000, 1983, 1980, 1977, 1966, 1963 ★ Taylor's First Estate, LBV, Vintage Ports: Quinta de Vargellas, Quinta da Terra Feita 1991

W & J Graham's Port
Porto

rua Rei Ramiro 514, Vila Nova de Gaia 223 776 300
www.grahams-port.com

DIE GRAHAMS waren Stoffhersteller, die infolge einer unbezahlten Schuld ins Portweingeschäft kamen. Ihre Speditionsfirma wurde von den Symingtons (den Besitzern von Dow's und Warre's) gekauft, die weiterhin Weine im typisch-vollmundigen Graham-Stil erzeugen. Unter ihren phänomenalen Produkten ist ein köstlich-fruchtiger LBV.

aufgespritet 2000, 1997, 1994, 1991, 1983, 1977, 1970, 1966, 1963 ★ Six Grapes, Malvedos 1992 Vintage Port, 1985 Vintage Port, 30-Year-Old Tawny

Warre's Port
Porto

Trav Barão de Forrester 85, Vila Nova de Gaia 223 776 300
www.warre.com

DIE 1670 GEGRÜNDETE Firma Warre (»wor« ausgesprochen) ist die älteste in britischem Besitz. Sie schloss sich in den 1960ern der Symington-Gruppe an, doch die Warre-Familie blieb bis 1991 mit dem Geschäft verbunden. Obwohl vor allem Warres Vintage Ports einen guten Namen haben, hat sich das Unternehmen kürzlich mit Otima, einem sehr weichen, verlockenden, 10-jährigen Tawny mit ausgeprägtem Dörrobstaroma und nussigem Abgang profiliert.

aufgespritet 2000, 1991, 1983, 1970 ★ Warre's Warrior, Otima 10-Year-Old Tawny, Quinta da Cavadinha 1987 Vintage Port

Caves Aliança
Bairrada

rua do Comércio, Sangalhos
234 732 000
www.caves-alianca.com

DIESE GROSSE, 1927 gegründete Firma mit Sitz in Bairrada wurde in den letzten Jahren umstrukturiert. Nach hohen Investitionen in eine neue Kellerei beschäftigt man sich jetzt mit den Weingärten: Der Grundbesitz in Trás-os-Montes, Douro, Dão, Alentejo und Bairrada beläuft sich auf insgesamt 350 ha. Aliança praktiziert als erster Erzeuger Bairradas einen moderneren Vinifikationsstil. Der bordeleser Weinmacher Michel Rolland soll diesen Vorgang beschleunigen; Aliança produziert nun immer zugänglichere, süffige Rotweine. T da Quinta da Terrugem aus dem Alentejo ist schnell zu einem der begehrtesten portugiesischen Rotweine geworden – bei einem günstigen Preis.

rot, weiß, rosé, Schaumwein 2001, 2000, 1997 ★ Galeria (rot & weiß), Alabastro, T da Quinta da Terrugem

W & J Graham's Port

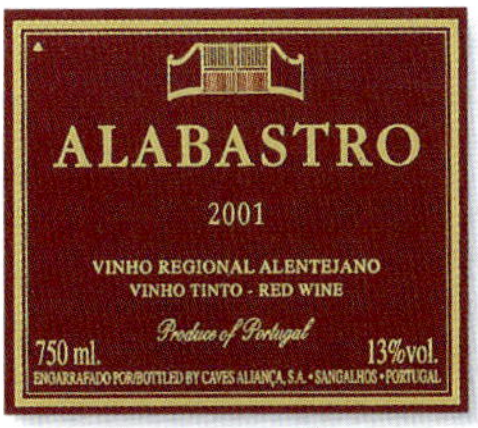

Etikett Caves Aliança

Luís Pato
Bairrada

Ois de Bairro, Anadia
231 528 156 n. V.

LUÍS PATO HAT MEHR als jeder andere Winzer unternommen, um Bairrada (und vielleicht ganz Portugal) populär zu machen. Er begann erst 1980, nachdem er 70 ha Rebland von seinem Vater geerbt hatte, seinen eigenen Wein abzufüllen, und hat seitdem unermüdlich an seinem guten Namen gearbeitet. Nach einem Jahrzehnt oder mehr des Ausprobierens hat Pato ein erfolgreiches Rezept für die unterschiedlichen Beschaffenheiten des Terroirs erarbeitet: Von über 20 auf den sandigen und kalkigen Tonböden der Region verstreuten Parzellen reserviert er die sandigeren für Weißweine und leichte Rotweine; auf den schwereren Tonböden produziert er intensive, körperreiche Rotweine – vor allem aus der launischen Baga-Traube.

rot, weiß, Schaumwein 2001, 2000, 1995 ★ Vinha Barrosa, Vinha Pan, Pé Franco

D F J Vinhos
Ribatejo

Quinta Fonte Bela, Vila Cha de Ourique, Cartaxo
243 704 701

DER VERSTORBENE Dino Ventura und Fausto Ferraz arbeiteten als Weinimporteure in London, als sie den Winzer José Neiva kennen lernten. In kurzer Zeit bauten die drei eine der erfolgreichsten portugiesischen Weinfirmen auf. Mit Trauben aus der Estremadura und Ribatejo produzieren sie – vor allem für den britischen Markt – ein großes Weinsortiment, das auch in Portugal immer beliebter wird. Neivas Weine verdanken ihrem Weinmacher zwar meist mehr als ihrem Terroir, sind aber angenehm zu trinken. Zum Sortiment gehören auch günstige Weine, die örtliche Genossenschaften unter Neivas Leitung erzeugen – von den unterschiedlichen Marken ist Ramada vermutlich am bekanntesten. Segada (auch als Casa do Lago abgefüllt) ist ein weicher, gefälliger, halbtrockener Weißwein mit Ananasnote aus Trauben des Fonte-Bela-Guts. Senda do Vale ist ein Trincadeira-Cabernet-Sauvignon-Verschnitt aus Cartaxo mit Pflaumen-, Haferpflaumen- und Johannisbeeraromen.

rot, weiß *letzte Jahrgänge*
★ *Manta Preta, Grand'Arte, Segada, Senda do Vale*

José Maria da Fonseca
Halbinsel Setúbal

Vila Nogeuira de Azeitão, Azeitão
212 197 500
www.jmf.pt

DIESE FIRMA ist noch immer im Besitz der Nachfahren von José Maria da Fonseca, der sich 1834 auf der Halbinsel Setúbal niederließ. Die Brüder António und Domingos Soares Franco kümmern sich als Direktor bzw. Weinmacher um die 650 ha Weingärten. Der gute Ruf der Firma gründete auf der Marke Periquita, die 1850 entwickelt wurde und noch immer zu Portugals meistverkauften Rotweinen gehört. Nach dem 2. Weltkrieg folgte Fonseca Sogrape ins Rosé-Geschäft – mit Lancers, einer Antwort auf Mateus *(s. S. 339)*. Infolge der schnellen Entwicklung teilte sich die Firma kurzzeitig, ging 1996 aber wieder zusammen. Sie besitzt eine der fortschrittlichsten Winzereien des Landes, die ständig wechselnde Produkte erzeugt, darunter innovative Rotweine aus einheimischen und fremden Trauben. Zudem ist sie der größte Erzeuger aufgespriteten Setúbals – ihre Vorräte reichen bis 1884 zurück.

rot, weiß, rosé, Schaumwein, aufgespritet *2001, 2000, 1999*
★ *Periquita Classico, Primum, TE Garrafeira, CO Garrafeira, Optimum*

J P Vinhos
Halbinsel Setúbal

Vila Nogueira de Azeitão, Azeitão
212 198 060
www.jpvinhos.com

JOÃO PIRES aus dem Algarve baute seine Winzerei klugerweise an der wichtigsten Nord-Süd-Eisenbahnverbindung der Halbinsel Setúbal, um den Durst der Algarve-Fischer zu löschen. Seitdem hat seine Firma mehrere Wiedergeburten erlebt und wurde in den 1980ern durch den australischen Weinmacher Peter Bright auch international bekannt. Obwohl Bright inzwischen sein eigenes Unternehmen hat, sind viele seiner Weine nach wie vor erfolgreich. Jahrelang war der bekannteste Wein der Firma der köstlich-aromatische, trockene Muskat João Pires. Diese Marke wurde verkauft, und J P Vinhos begann, solide Rotweine wie Tinta da Anfora und Só Syrah zu erzeugen, zuletzt unter Leitung des Geschäftsmanns Jo Berardo aus Madeira. Daneben gibt es süße, aufgespritete Setúbal-Weine und Loridos-Schaumweine.

rot, weiß, Schaumwein, aufgespritet *2001, 2000, 1999* ★ *Serras de Azeitão, Tinta da Anfora, Só Syrah*

Herdade do Esporão
Alentejo

Finagra, Reguengos de Monsaraz
266 509 270
www.esporao.com

ESPORÃO BESITZT mit 550 ha Rebland die größte Einzellage Portugals – Ergebnis zehnjähriger Investitionen des Bankers und Geschäftsmanns José Roquette. Für die Winzerei ist David Baverstock zuständig, ein Australier mit 20 Jahren Berufserfahrung in Portugal. Obwohl die Weine vorwiegend aus superreifen heimischen Trauben gekeltert werden, besitzen sie ein volles, teils minziges Aroma, das

Bei J P Vinhos werden Periquita-Trauben abgeladen.

an amerikanische Rotweine erinnert. Die Hauptmarke Monte Velho bietet durchweg solide Rot- und Weißweine, die auf den Weinkarten quasi aller portugiesischen Restaurants stehen.

rot, weiß, rosé, Schaumwein *2001, 2000* ★ *Esporão (red & white), Vinha da Defesa, Trincadeira*

Quinta do Carmo
Alentejo

Herdade das Carvalhas, Gloria, Estremoz *268 33 73 20*
www.lafite.com *n. V.*

DER WINZEREIBEREICH von Quinta do Carmo, die einst zu einem großen Familiengut gehörte, wird heute als Joint Venture von Les Domaines Baron de Rothschild – dem Inhaber des bordeleser Château Lafite-Rothschild *(s. S. 68)* – und Jo Berardo von J P Vinhos betrieben. Ein guter Teil des Weingartens wurde neu bepflanzt, und nach Qualitätseinbußen in den 1990er-Jahren scheint es jetzt wieder bergauf zu gehen. Für einen Wein, der die Kraft und Reife des Alentejo mit französischer Finesse verbindet, wurden neben einheimischen Traubensorten auch Cabernet und Syrah gepflanzt.

rot, weiß *2000, 1999* ★ *Quinta do Carmo, D Martinho*

Henriques & Henriques
Madeira

Sítio de Bélem, Camara de Lobos
291 941 551

HENRIQUES & HENRIQUES besitzt die größte Rebfläche der Insel und somit ausreichend Material für seine ausgezeichnete Produktpalette. Die 10- und 15-jährigen Verschnitte aus allen vier »edlen« Traubensorten setzen Maßstäbe für Madeira. Henriques & Henriques bie-

Etikett Herdade do Esporão

tet zudem einige absolut bemerkenswerte Jahrgangsweine, die vor der eigentlichen Firmengründung von 1850 datieren.

aufgespritet *1954, 1944, 1934, 1927* ★ *10-Year-Old Bual, 15-Year-Old Verdelho, Monte Seco*

Justino Henriques
Madeira

Parque Industrial de Cancela, Caniço
291 934257

JUSTINO HENRIQUES, der heute größte Madeirahändler, füllt vor allem große Mengen preiswerten Weins unter der Marke Cruz für den Export nach Frankreich ab. Die Firma besaß früher Lagerhallen im Zentrum von Funchal, ist jedoch in praktischere und zweckmäßigere Gebäude im Industriegebiet außerhalb der Stadt umgezogen. Sie produziert ein komplettes Sortiment an Weintypen, darunter Jahrgangsweine aus dem frühen 20. Jahrhundert mit dem für traditionellen Madeira typischen vollen, gebacken-gerösteten Charakter.

aufgespritet *1964, 1954* ★ *10-Year-Old Malmsey*

Madeira Wine Company
Madeira

rua dos Ferreiros 191, Apartado 295, Funchal *291 470 100*
www.madeirawinecompany.com

DIE 1913 aus der Vereinigung einiger kleiner Firmen hervorgegangene »Madeira Wine Association« – wie sie damals hieß – gewann durch den Beitritt von Blandy's, Leacock, Miles und Cossart Gordon an Bedeutung, und dies sind auch die vier Hauptmarken geblieben. Heute leitet die Familie Symington aus Porto das Unternehmen – mit dem Partner Blandy's, der auf der Insel noch immer stark vertreten ist. Die Firma lagert herrliche Vorräte an Vintage Madeira in Fass und Flasche – Letzterer noch aus dem 19. Jh. Kürzlich wurde mit Blandy's Alvada ein ausgezeichneter neuer Wein lanciert – ein weicher, rosiniger, mittelschwerer Bual-Malvasia-Verschnitt.

aufgespritet *1972, 1958, 1954* ★ *Blandy's Alvada, Cossart Gordon Colheitas, Blandy's 1954 Bual*

Vinhos Barbeito
Madeira

Estrada Monumental 145, Apartado 264, Funchal *291 761829*

DIESES FAMILIENUNTERNEHMEN erhielt 1990 neuen Auftrieb durch den Eintritt von Ricardo Diogo, einem jüngeren Mitglied der Barbeito-Familie, der ein Joint Venture mit dem japanischen Großkunden Kinoshita einging. Barbeito füllt heute kleine Mengen innovativer, fassgereifter Madeiras ab.

aufgespritet *1957, 1901* ★ *Malvasia 1993 Colheita, 20-Year-Old Malvasia*

Vinhos Barbeito

HOTEL

DEUTSCHLAND, ÖSTERREICH, SCHWEIZ

DEUTSCHLAND

Deutschland ist die Heimat *des Rieslings, der vielen als der edelste aller Weißweine gilt. Das Land verdankt seine Stellung als einer der weltgrößten Weinproduzenten der Vielfalt an Weintypen: von lieblichen Trockenbeerenauslesen (TBA) bis hin zu rassigen Kabinettweinen. Die meisten werden innerhalb Deutschlands konsumiert und sind im Ausland kaum bekannt.*

HINTERGRUND

Die Römer brachten den Weinbau ins nördliche Europa. Im frühen Mittelalter befanden sich ausgedehnte Weingüter im Besitz der Kirche, und lediglich in diesem Rahmen fand eine Entwicklung des Weinbaus statt. Der Legende nach stand Kaiser Karl der Große (8. Jh.) an einem Wintertag am Ufer mit Blick auf das Rheingau und beobachtete, wo der Schnee am schnellsten schmolz. Daraufhin ordnete er an, genau an diesen wärmeren Stellen mit dem Weinbau zu beginnen.

Wappen des Guts Geheimer Rat Dr. von Bassermann-Jordan

Im späten Mittelalter befanden sich viele Weingüter im Rheingau und weiter im Süden im Besitz adliger Familien. Man schätzt, dass die Rebflächen Ende des 16. Jh. das Dreifache der heutigen ausmachten. Kriegerische Auseinandersetzungen wie der Dreißigjährige Krieg (1618–1648) verwüsteten zahllose Weingärten, und in Notzeiten ersetzten die Bauern die Reben immer wieder durch Feldfrüchte. Nichtsdestotrotz entwickelte sich der Weinanbau, und im späten 19. Jh. hatten die besten Weine aus dem Rheingau ein mit den Premiers Crus aus Bordeaux vergleichbares Niveau. In den 1960er- und 1970er-Jahren kam es dann zu einem starken Qualitätsabfall, als viele Weinproduzenten nur noch auf größtmögliche Erträge setzten. Erst in den letzten Jahren gab es wieder ernsthafte Versuche, an den einst so guten Ruf deutscher Weine anzuknüpfen.

DIE WEINBRANCHE HEUTE

Im internationalen Vergleich gehört Deutschland mit nur 100 000 ha Rebfläche eher zu den kleineren Produzenten. Tatsächlich entspricht dies etwa einem Neuntel der Anbaufläche von Frankreich oder Italien. Das Image deutscher Weine wurde stark durch

Blick auf das Weinbaugebiet Mosel-Saar-Ruwer

◁ **Terrassierte Weinberge an den steilen Ufern des Rheins bei Kaub, Mittelrhein**

WEINBAUGEBIETE

Die meisten der zentralen deutschen Weinanbaugebiete gruppieren sich um die Flüsse Rhein, Mosel und Main im Südwesten. Daneben gibt es zwei weitere Regionen an Elbe und Saale in Ostdeutschland.

mittelmäßige lieblich-süße Weine beschädigt, die in den vergangenen Jahrzehnten für den Export produziert wurden. Dieses Problem wurde noch durch das Nebeneinander von sehr kleinen Weingütern und großen Produzenten verschärft. Die kleinen Güter, die vielfach Weine mit Weltklasse-Niveau produzieren, können nur begrenzte Mengen auf den Markt bringen; die großen dagegen konzentrieren sich weniger auf gute Qualität, so dass ihre Weine eher nicht dazu beitragen, das Ansehen deutscher Weine im Ausland zu verbessern.

Regionale Weingesetze sowie antiquierte Vorschriften für die Etikettierung haben den Verbrauchern ebenfalls das Leben schwer gemacht *(s. S. 348–349)*. Zahllose Weingärten dürfen auf dem Etikett genannt werden, ebenso unübersichtlich viele Kreuzungen von Traubensorten. Auch wenn damit die Vermarktung erschwert wird, so hat diese Vielfalt auch ihr Gutes, denn nur wenige Länder können eine solche Auswahl an Weintypen vorweisen.

TRAUBENSORTEN UND WEINTYPEN

Riesling ist nach wie vor die vorherrschende Traubensorte im südlichen Teil Deutschlands – besonders in den Regionen an Mosel und Rhein. Die lange Wachstumsperiode und das häufige Auftreten von Botrytis *(s. S. 66)* ermöglichen es den Rieslingwinzern, einige der besten Süßweine überhaupt zu produzieren. Die besten Weine Deutschlands sind die auf den Gütern abgefüllten Rieslinge, die von stahlig-trocken bis hin zu süß und rassig alles abdecken. Gemessen an ihrer Qualität werden sie zu preiswert verkauft.

Im Süden, besonders in Baden, herrschen vor allem Pinot-Sorten vor. Weißburgunder (Pinot Blanc) findet sich in allen deutschen Weinbaugebieten, während Früh- oder Spätburgunder (Pinot Noir) eher in nördlicheren Regionen, z. B. an der Ahr, angebaut wird und immer bessere Resultate erzielt. Silvaner genießt keine besondere Wertschätzung, außer in Franken, wo er Spitzenqualität erreichen kann.

In der Pfalz und in Baden produziet man vor allem trockene Weine. Im kühleren Klima weiter im Norden werden diese oft sehr herb. Häufig sind die Weine mit Restzucker versetzt, was sie erfrischend fruchtig macht.

Deutsche Rotweine werden häufig in Eiche ausgebaut, Weißweine dagegen kaum. So bewahren die Weißen die besonderen Eigenschaften von Boden und Mikroklima viel besser als Weine, die in teuren französischen Eichenfässern gereift sind.

Weinhandlung in Meersburg, Baden

DEUTSCHES WEINRECHT

Für den Laien sind deutsche Weinetiketten zunächst ein Buch mit sieben Siegeln, und selbst Experten müssen bei den Feinheiten oft passen. Die Fülle an Informationen ist beachtlich – Rebsorte, Reifegrad, Weingarten, Gemeinde, Region, Name und Anschrift des Erzeugers und schließlich noch die amtliche Prüfnummer mit verschiedenen Angaben in verschlüsselter Form.

Weingut Freiherr Heyl zu Herrnsheim, Rheinhessen

Alle deutschen Anbaugebiete sind in kleinere Einheiten unterteilt, die so genannten Bereiche; ihnen folgen die nächstkleineren Einheiten Großlage und Einzellage. Aber anders als in anderen europäischen Ländern sind die Weingärten nicht nach der Qualität klassifiziert. Stattdessen werden die Weine nach dem Reifegrad der Trauben bei der Lese eingeteilt. Somit kann je nach Jahrgang jede Lage die höchste Qualitätskategorie, Qualitätswein mit Prädikat (QmP), erreichen.

In der Tat ergeben reifere Trauben meist bessere Weine. Aber aufgrund von Lücken im Weinrecht, die den Anbau minderer, gut reifender Sorten gestatten, werden rund 90 % der Produktion als QmP, oder, eine Stufe darunter, als QbA (Qualitätswein bestimmter Anbaugebiete) klassifiziert. Die Hierarchie kann also irreführend sein, da Spitzenweine dieselbe Klassifikation aufweisen wie Billigweine.

Qualitätsstufen deutscher Weine

Deutsche Weine werden nach dem Reifegrad des Leseguts klassifiziert.

***Qualitätswein mit Prädikat* (QmP):** Dieses Gütesiegel bezeichnet die höchste Qualitätsstufe. Dafür müssen die Trauben einen bestimmten Mindestgehalt an Zucker aufweisen – von *Kabinett* (Wein von Trauben mit geringerem Reifegrad) bis zur *Trockenbeerenauslese* (Wein von Trauben mit höchstem Reifegrad). Die jeweils festgelegten Reifegrade schwanken je nach Region und Rebsorte. Das Hinzufügen von Zucker zum Erreichen höherer Alkoholwerte (Chaptalisation) ist bei QmP-Weinen unzulässig.

***Kabinett*:** meist liebliche Weine, es sei denn, sie sind als trocken oder halbtrocken ausgewiesen

***Spätlese*:** trockene bis leicht süßliche Weine

***Auslese*:** süße Weine, manchmal mit einem Anteil edelfauler Trauben

***Beerenauslese* (BA):** Süßweine mit hohem Anteil edelfauler Trauben

***Eiswein*:** intensiv süße Weine von gefrorenen Trauben. Eisweine haben meist sehr klare, volle Aromen.

Spätlese von Domänenweingut Schloss Schönborn im Rheingau

***Trockenbeerenauslese* (TBA):** Intensiv süße Weine von ausschließlich edelfaulen Trauben

***Qualitätswein bestimmter Anbaugebiete* (QbA):** Diese zweite Stufe der deutschen Qualitätshierarchie bezeichnet Weine mit großzügiger Herkunftsangabe. Chaptalisation ist für diese Kategorie erlaubt.

***Landwein*:** Dieses Pendant zum Vin de pays bezeichnet einen gehobenen Tafelwein aus einem der 13 deutschen Anbaugebiete.

***Deutscher Tafelwein*:** unterste Güteklasse für Wein ohne jede Herkunftsangabe

Anmerkung: In Österreich sind die Anforderungen an den Reifegrad für Beerenauslese und Trockenbeerenauslese höher.

GROSSES GEWÄCHS

Diese Kategorie wurde eingeführt, um jenseits der offiziellen Klassifizierung einen neuen Qualitätsstandard zu schaffen. Einzelne Mitglieder des Verbands deutscher Prädikatsweingüter (VdP) bezeichneten damit erstmals Mitte der 1990er-Jahre Spitzenlagen in den Anbaugebieten Rheingau und Pfalz. Voraussetzungen für dieses Gütesiegel sind der Anbau bestimmter Sorten (wie etwa Riesling) und konsequente Ertragsreduzierung, damit der Charakter der Lage zum Ausdruck kommt. Weine der Qualitätsstufe Auslese und darunter müssen in jedem Fall trocken sein; Weine höherer Qualitätsstufen sind üppig süß. Derzeit ist diese Klassifikation noch wenig verbreitet, könnte aber in Zukunft an Bedeutung gewinnen.

VdP-Gütesiegel

ETIKETTEN DEUTSCHER WEINE

Neben dem Namen des Erzeugers geben folgende Angaben mögliche Hinweise auf Typ und Qualität. Die Rebsorte: Die besten deutschen Weine sind in der Regel QmP-Weine von Riesling, vom Stil her eher lieblich (Kabinett) bis hin zu üppig süß (Trockenbeerenauslese). Eine Ausnahme bilden Weine mit dem Zusatz trocken oder halbtrocken. Qba-Weine sind nur zu empfehlen, wenn sie von renommierten Erzeugern stammen.

Der Alkoholgehalt gibt Hinweise auf den Stil: Liegt er unter 12 % (oder gar unter 10,5 %), ist der Wein eher lieblich oder süß. Auch die einzelnen Anbaugebiete haben bestimmte Stile: Weine aus südlichen Lagen sind meist trockener und voller. Nicht zuletzt ist der Preis ein Indikator für Qualität. Es gibt gute preiswerte deutsche Weine, jedoch sind die Weine von Spitzenerzeugern meist entsprechend teuer.

Glossar

Bereich: *eine Unterregion innerhalb der bekannten Anbaugebiete. Das Qualitätsniveau bei Bereichs-Weinen ist meist niedrig.*

Classic: *vom Stil her eher trockene Weine von Sorten wie Riesling, Silvaner oder Rivaner. Der Begriff wurde eingeführt, um die Etikettensprache zu vereinfachen.*

Einzellage: *die kleinste offizielle Weinbaueinheit*

Großlage: *Zusammenfassung mehrerer Einzellagen*

halbtrocken: *mehr Restsüße als trocken*

trocken: *Wein ohne erkennbare Restsüße*

Rotling: *Rosé*

Wappen des Weinguts Reichsrat von Buhl

Selection: *bezeichnet ähnlich wie Classic hochwertige trockene Weine, die nur in geringen Mengen erzeugt werden. Der Begriff ist noch nicht etabliert.*

Ursprungslage: *neuer Begriff, der Großlage ersetzen soll. Derartige Weine mit Herkunftsgarantie müssen zudem bestimmte festgeschriebene Anforderungen hinsichtlich Rebsorte und Verarbeitungsmethoden erfüllen.*

Etikett Weingut Juliusspital

WEINKARTE VON DEUTSCHLAND

Riesling-Etikett des Weinguts Geheimer Rat Dr. v. Bassermann-Jordan, Pfalz

WENNGLEICH SICH DAS ANBAUGEBIET von Tafel- und Landwein in Deutschland *(s. S. 348)* bis nach Mecklenburg-Vorpommern erstreckt, wird der Großteil des Qualitätsweines eher im Südwesten erzeugt. Zwischen Bonn und Bodensee schlängelt sich der Rhein durch eine Vielzahl von Weinbauregionen, deren Namen – Ahr, Mosel, Saar, Ruwer und Nahe – die Wichtigkeit des Rheins und seiner Zuflüsse für den Weinbau bezeugen. Rheinhessen ist die größte Region, doch die beliebtesten Anbaugebiete sind die Südhänge im Rheingau. Weiter östlich erstreckt sich Franken entlang des Mains, und als äußerster Vorposten weit im Osten findet man die Anbauregionen Saale-Unstrut und Sachsen. Bevorzugt wird weißer Riesling erzeugt.

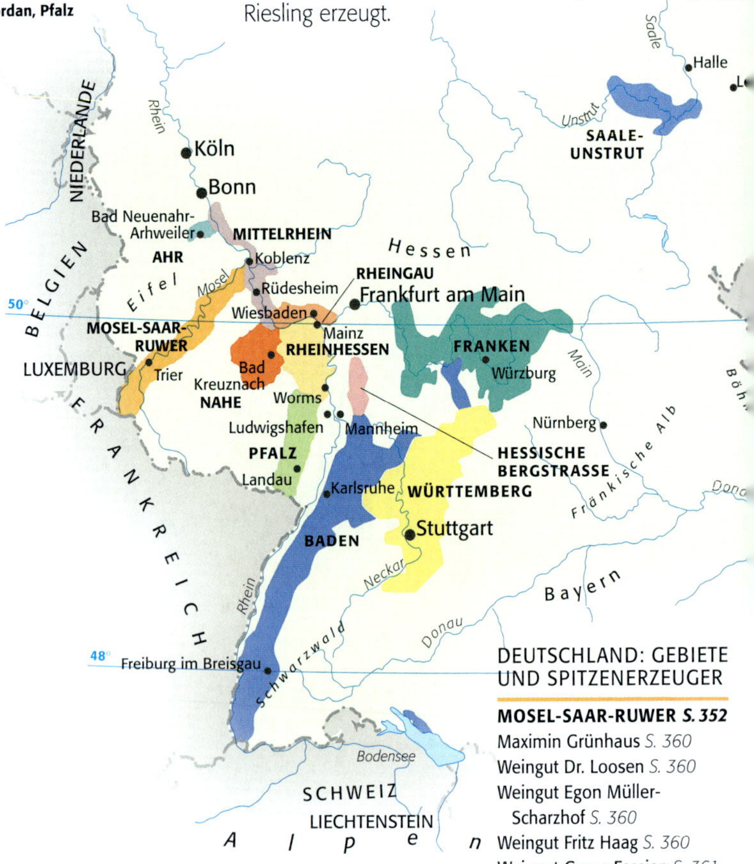

DEUTSCHLAND: GEBIETE UND SPITZENERZEUGER

MOSEL-SAAR-RUWER *S. 352*

Maximin Grünhaus *S. 360*
Weingut Dr. Loosen *S. 360*
Weingut Egon Müller-Scharzhof *S. 360*
Weingut Fritz Haag *S. 360*
Weingut Grans-Fassian *S. 361*
Weingut Heymann-Löwenstein *S. 361*
Weingut J J Prüm *S. 361*

Rieslingernte in der Mosel-Saar-Ruwer-Region

DAS TERROIR AUF EINEN BLICK

Breite: 49–51 °N.

Höhe: 65–380 m über NN

Topografie: Die meisten Weingärten sind in Flusstälern angesiedelt, bevorzugt an – z. T. sehr steilen – Südhängen.

Boden: Große Bandbreite: Löss, Lehm, Kalk, Sandstein, Mergel, Vulkangestein und Granit

Klima: Feucht und kühl. Die nördlicheren Regionen wie Mosel-Saar-Ruwer und auch Saale-Unstrut und Sachsen haben ein wechselhaftes Klima, das zuweilen problematisch für den Weinbau ist, in den südlicheren Regionen wie der Pfalz herrscht ein sonnigeres und wärmeres Klima.

Temperatur: Das Julimittel beträgt 18,5 °C.

Niederschlag: Der Jahresdurchschnitt beträgt 490–880 mm.

Gefahren für den Weinbau: Raureif, Herbstregen, Pilzerkrankungen, Unterreife.

Weingut Georg Breuer im Rheingau

Die hoch über der Mosel im Bereich Bernkastel gelegene Burg Landshut

ANBAUGEBIETE IN DEUTSCHLAND

Mosel-Saar-Ruwer

DAS GEBIET MOSEL-SAAR-RUWER ist in fünf Bereiche unterteilt. Reste von Kelteranlagen aus römischer Zeit sind ein Verweis auf die 2000-jährige Weinbautradition in dieser Gegend. Die Weine waren bis zu Beginn des 20. Jahrhunderts ausschließlich für den lokalen Konsum bestimmt, erst später wurde die Region auch landesweit für ihre frischen, ansprechenden Weine bekannt. Die pittoresk gelegenen Weinberge erstrecken sich direkt vom Flussufer über meist steile Hänge. Das starke Gefälle gewährleistet größtmögliche Sonneneinstrahlung, zudem speichern die Schieferböden die Wärme und tragen so zusätzlich zur Reifung der Trauben bei. Es gibt viele Weingärten in flacherem Gelände, die größtenteils mit Müller-Thurgau bestockt sind und einfache Weine ohne die Eleganz und Langlebigkeit von Riesling hervorbringen. Auf den an der Mosel und ihren Nebenflüssen Ruwer und Saar gelegenen Parzellen wachsen einzigartige Rieslinge: mit wenig Alkohol, natürlicher Traubensüße und rassiger Säure.

Trotz ihres Renommees hat die Region zunehmend mit Schwierigkeiten zu kämpfen. Die Pflege der Weinberge und die Lese ist schwierig und bleibt auf den weniger zugänglichen Lagen häufig aus. Wirtschaftlichkeit ist wohl nur mit höheren Preisen zu erreichen.

Rieslinge von der Mosel gehören zu den delikatesten Weißweinen überhaupt und altern zudem sehr gut; bis zu 40 Jahre alte Weine sind noch heute angenehm frisch. Moselweine sind im Allgemeinen relativ vollmundig und fruchtig, während die von den kühleren Regionen Saar und Ruwer stahliger und intensiver sind. Trockene Rieslinge kommen immer mehr in Mode, haben aber in schwierigen Jahren oft eine gewisse Schärfe. Doch profitieren die trockenen Varianten von der globalen Erwärmung. In Ausnahmejahren erzeugt man im Gebiet Mosel-Saar-Ruwer hervorragende Botrytis-Weine *(s. S. 66)*. Am seltensten sind Trockenbeerenauslesen, da hier die Beeren einzeln gelesen werden; nur wenige Weingüter erzeugen mehr als einige Hundert Flaschen.

HEYMANN-LÖWENSTEIN

Logo Weingut Heymann-Löwenstein

Dass diese Weine bei Auktionen oft Spitzenpreise erzielen, ist nicht weiter verwunderlich: Sie bewahren ihre Kraft und Frische ein Jahrhundert lang und sind intensiv und aromatisch.

blauer Schiefer, Devon-Schiefer *Spätburgunder (Pinot Noir)* *Riesling, Elbling* *rot, weiß, Schaum- und Dessertwein*

Bereich Burg Cochem

DIE NÖRDLICHE MOSEL oder Untermosel wird auch als Terrassenmosel bezeichnet, da viele der steilen Weinberge terrassiert sind. Es gibt dort nur wenige Erzeuger von Rang, aber dank der Arbeit engagierter Winzer gerät die Region zunehmend ins Blickfeld. Trockene

Rieslinge von Erzeugern wie dem Weingut Heymann-Löwenstein sind mitunter sehr erfolgreich. Schnäppchenjäger können hier durchaus fündig werden, da die Region bei weitem nicht so bekannt ist wie die Mittelmosel.

Bereich Bernkastel

DIESER ABSCHNITT zwischen Pünderich und Schweich ist der größte Mosel-Bereich. Die feinsten Weine wachsen im zentralen, zwischen Urzig und Trittenheim gelegenen Unterabschnitt, der auch als Mittelmosel bekannt ist. Hier finden sich die berühmtesten Lagen der Region, darunter Wehlener Sonnenuhr, Bernkasteler Doktor und Brauneberger Juffer-Sonnenuhr, aber auch die weniger bekannten Lagen um Pünderich und Enkirch erlangen zunehmend Aufmerksamkeit. Lange Zeit gehörten die berühmtesten Erzeuger der Familie Prüm an, während heute an hervorragenden Winzern kein Mangel herrscht.

Bereich Ruwer

ÖSTLICH VON TRIER fließt die Ruwer, an deren Ufern Mönche vor 1000 Jahren den Weinbau begründeten. Leider nimmt die Rebfläche der überaus steilen und schwer zu bewirtschaftenden Weinberge immer mehr ab. Die Weine von Gütern wie Maximin Grünhaus und Karlsmühle gehören zu den exquisitesten der ganzen Region. Man erzeugt sowohl trockene als auch süße Rieslinge, die aber zum Großteil für den lokalen Markt bestimmt sind.

BERNKASTELER DOKTOR: DIE WUNDERKUR

Der nach Süden ausgerichtete Weinberg hoch über Bernkastel gilt als wertvollste Agrarfläche Deutschlands. Die kleine Parzelle teilen sich nur drei Erzeuger: Wegeler-Deinhard, Reichsgraf von Kesselstatt und Thanisch. Die dort auf wenigen Hektar produzierten Weine gehören zu den teuersten Deutschlands. Der Legende nach bekam der Weinberg seinen Namen von Erzbischof Boemund von Trier, der im 14. Jh. ein Schloss hoch über der Stadt bewohnte. Als er eines Tages erkrankte und keine Medizin Wirkung zeigte, heilte ihn ein Glas Wein von einem nahe gelegenen Weinberg. Aus Dankbarkeit verlieh er der Lage den Ehrentitel Doktor. Als man 1921 dort die erste Trockenbeerenauslese von der Mosel produzierte, wurde der Weinberg noch berühmter.

Bereich Saar

BEI KONZ mündet die Saar in die Mosel: Von dort aus erstreckt sich die Region Saar südwärts bis Serrig. Sie ist größer als Ruwer, aber weitaus kleiner als der Bereich Bernkastel. Mit bitterkalten Wintern ist das Klima an der Saar extrem, so dass die Trauben in manchen Jahren nicht ausreifen und die Weine sehr sauer sind. Dagegen gehören die Weine in guten Jahren zu den feinsten der ganzen Region und sind dann noch besser als jene von der Mosel. Das Weingut Egon Müller setzt die Maßstäbe. An der Saar wachsen auch mächtige trockene Weine, aber nur, wenn man die Erträge auf ein kaum mehr rentables Maß reduziert.

Das an der Mosel gelegene Weingut Reinhold Haart

Die Bereiche Obermosel und Moseltor

DIE OBERMOSEL liegt westlich von Trier an der Grenze zu Luxemburg. Hier ist die häufigste Sorte Elbling, die heute überwiegend als Basis für die Sektproduktion angebaut wird. Die davon gewonnenen trockenen Weine sind bei viel zu hohen Erträgen oft mager und hart. Häufig sind Frühjahrsfröste eine große Gefahr in Weingärten. Der Bereich Moseltor, ein kleiner Anhang im Süden der Obermosel, ist kaum von Bedeutung.

Ahr

DIREKT SÜDLICH von Bonn gelegen, gehört Ahr zu Deutschlands – und Europas – am weitesten nördlich gelegenen Weinbaugebieten. Hier wird bevorzugt Pinot Noir angebaut, und die Trauben können auf den Steilhängen entlang des Flusstals voll ausreifen. In der Vergangenheit wurden die Weine eher lieblich vinifiziert, doch inzwischen strebt man reichere, trockene Pinots von dichter Eleganz an. Die Mengen sind begrenzt und die Preise entsprechend hoch. Auch andere Traubenarten werden in der Ahrregion angebaut, doch produziert man daraus wesentlich weniger interessante Weine.

Schiefer, Lehm *Pinot Noir (Spätburgunder), Portugieser* *Riesling* *rot, weiß*

Bingen, am Zusammenfluss von Rhein und Nahe gelegen, wo Rheingau, Nahe und Rheinhessen aufeinander treffen

Mittelrhein

HINTER RÜDESHEIM fließt der Rhein durch das schmale Rheintal mit seinen zahlreichen Burgen wieder nach Norden. Hier befindet sich das Weinbaugebiet Mittelrhein. Die Hänge sind hier sehr steil, und viele Weinberge wurden in den letzten Jahrzehnten aufgegeben, weil die Arbeit zu mühsam und damit auch zu teuer ist. Die Region Mittelrhein liegt im Schatten ihrer Nachbarn im Süden und Westen, dem Rheingau und dem Moselgebiet, und meist wird sie unterschätzt, obwohl hier ausgezeichnete Rieslinge produziert werden. Der Mittelrhein ist auch für den Tourismus attraktiv, und viele Winzer begnügen sich damit, mittelmäßige Weine für den Verkauf in lokalen Weinstuben und Restaurants zu keltern. Auf diese Weise geraten die wenigen ernsthaften Produzenten, die hohe Qualitätsstandards zu erreichen versuchen, leicht aus dem Blickfeld.

Schiefer *Pinot Noir (Spätburgunder)* *Riesling, Müller-Thurgau* *rot, weiß, Schaumwein, Dessertwein*

Nahe

DIE NÖRDLICHSTEN Ausläufer dieser Region liegen dem Rheingau gegenüber am Südufer des Rheins, und die Weinberge erstrecken sich in südwestliche Richtung in die Seitentäler der Nahe. Hinsichtlich der Böden und Traubensorten ist die Region so vielfältig, dass es kaum erstaunt, dass ihr ein unverwechselbarer Charakter fehlt. Es gibt einige ausgezeichnete Erzeuger, doch produziert man vor allem preiswerte Massenweine. Die Nahe ist weniger bekannt, als sie es verdient, und daher ist das Preis-Leistungs-Verhältnis auch bei den guten Weinen ausgesprochen günstig.

Die besten Weingärten liegen an steilen Hängen bei den Orten Niederhausen und Schlossböckelheim. Die dort produzierten Rieslinge können außerordentlich gut sein. In Rheinnähe sind die Böden schwer und fruchtbar und bringen weiche Weine hervor, denen es allerdings manchmal an Würze fehlt.

Porphyr, Schiefer, Ton, Lehm, Sandstein *Pinot Noir (Spätburgunder)* *Riesling, Müller-Thurgau, Silvaner* *rot, weiß, Schaumwein, Dessertwein*

Rheingau

Bei Mainz macht der Rhein eine Kehre und fließt 32 Kilometer lang direkt nach Westen. Am Nordufer erstrecken sich Weingärten auf den nach Süden ausgerichteten Hängen, wo stellenweise schon seit Jahrhunderten Riesling angebaut wird. Die westlichsten Ausläufer der Region bei Assmannshausen blicken hinsichtlich der Kultivierung von Pinot Noir auf eine ähnlich lange Tradition zurück.

Im 19. Jh. waren Weine aus dem Rheingau so gefragt und so teuer wie die besten Gewächse aus Bordeaux, doch in der jüngeren Vergangenheit hat der gute Ruf der Region gelitten, da bei steigenden Preisen die Qualität nachgelassen hat. Einige Produzenten haben inzwischen Gegenmaßnahmen ergriffen, konnten sich aber über die Art des angestrebten Stils noch nicht einigen. 1984 gründeten einige regionale Winzer, allen voran Bernhard Breuer vom Weingut Georg Breuer und Graf Matuschka-Greiffenclau von Schloss Vollrads, die Charta Rheingau, deren Ziel die Pflege klassischer Rieslinge mit guter Säurestruktur als idealen Begleitern zu gutem Essen ist. Guter Riesling aus dem Rheingau sei, so die Winzer, vergleichbar mit gutem Chablis. Die Charta war zwar nur bedingt erfolgreich, löste aber dringend nötige Diskussionen über Weintypen und die Klassifikation der Weingärten aus. Breuer und andere sahen die einzige Chance des Rheingaus darin, sich auf exzellente Lagen mit Erst-Gewächs-Status zu konzentrieren. Nach langwierigen Debatten wurde schließlich im Jahr 2000 eine Liste mit Erst-Gewächs-Weingärten veröffentlicht. Demnach erhielt etwa ein Drittel der Rebfläche im Rheingau den begehrten Status, was einige Winzer für vollkommen überzogen halten. Allerdings ging man bei der Etikettierung ausgesprochen vernünftig vor und behielt die Bezeichnung Erstes Gewächs nur einem oder zwei außerordentlich guten Weinen pro Jahr vor. Der vorherrschende Stil ist eher trocken mit guter Säurestruktur, und in außergewöhnlichen Jahrgängen werden herrliche Dessertweine aus edelfaulen Trauben produziert.

Etikett Weingut Georg Breuer

Obwohl die Spitzenweine aus dem Rheingau hervorragend sind, mangelt es ihnen oft an Körper, und der natürlich hohe Säuregehalt ist schwierig auszubalancieren. Viele Gutsbesitzer lassen zudem ihre Geschäfte von Managern führen, die aus wirtschaftlichen Gründen Risiken vermeiden, wie sie die Produktion außergewöhnlicher Weine mit sich bringt. Darunter leidet der Standard der gesamten Region.

Doch die Weinberge des Rheingaus sind nicht umsonst berühmt. Riesling, ob trocken oder lieblich, kann hier zu großartigen Weinen heranreifen, und daran wird sich auch künftig nichts ändern.

Burg Stahleck, im Hintergrund Lorch mit seinen Weingärten im Rheingau

Die Dörfer im Rheingau

AM ÖSTLICHEN RAND des Rheingaus, am Rheinufer gegenüber von Mainz, ziehen sich die Weingärten von Hochheim vom Flussufer hinauf bis zur Hauptstraße der Altstadt. Das Mesoklima hier ist wärmer als im übrigen Rheingau und bringt daher ungewöhnlich körperreiche und kräftige Weine hervor. Weiter im Westen, hinter den Weingärten von Eltville, liegt auf der Höhe Rauenthal. Rauenthal kann sich einiger bemerkenswerter Güter rühmen, darunter Baiken, Gehrn und Nonnenberg. Zu Kiedrich, einem der hübschesten Dörfer im Rheingau, gehört der Gräfenbach-Weingarten. Erbach dagegen liegt nahe am Flussufer.

Ungewöhnlich ist das Gut Schloss Schönborn in Hattenheim, dessen Weingärten mitten auf einer Rheininsel liegen. Oestrich schließt direkt an Winkel und Mittelheim im Westen an. Die bekanntesten Güter sind Schloss Vollrads sowie Lenchen und Droosberg bei Oestrich. Die Weingärten von Hallgarten im Nordwesten sind die am höchsten gelegenen im Rheingau. Das einzige renommierte Weingut hier ist Schönhell, dessen Weine weniger bekannt sind als sie es verdienen.

Johannisberg, eher ein Weiler als ein Dorf, ist weltberühmt für sein Schloss und sein Kloster, die beide nach dem 2. Weltkrieg wieder aufgebaut wurden. Der bekannteste Weingarten erstreckt sich unterhalb des Schlosses, wo die Böden einen hohen Quarzitgehalt haben. Im Sommer ist Rüdesheim eine Touristenattraktion, doch die Besucher schenken den weiten Rebflächen, die oberhalb und westlich des Städtchens liegen, kaum mehr als einen kurzen Blick. Die Reben hier leiden leicht unter Trockenheit, so dass die Trauben in regenreichen Jahren besser gedeihen. Zu Geisenheim zwischen Johannisberg und Rüdesheim gehören ebenfalls einige gute Weingärten, etwa Kläuserweg. Doch bekannter ist das Städtchen durch seine Fachhochschule für Weinbau und die Forschungseinrichtung, in der neueste Kreuzungen und verschiedene Weinbaumethoden erforscht werden.

Am weitesten im Westen, versteckt hinter der Flussbiegung, liegen Assmannshausen und Lorch. In Assmannshausen sind die Schieferböden fast ausschließlich mit Pinot Noir bepflanzt, während Lorch, das direkt an der Grenze zum Mittelrhein liegt, saubere, feurige Rieslinge produziert, die in der Tat mehr mit den Weinen aus der Region Mittelrhein gemeinsam haben als mit denen des Rheingaus. Diese Weine werden häufig unterschätzt und haben ein gutes Preis-Leistungs-Verhältnis.

Lehm, Ton, Quarz *Pinot Noir (Spätburgunder)* *Riesling* *rot, weiß, Schaumwein, Dessertwein*

KLOSTER EBERBACH

Im Jahr 1155 überließ der Erzbischof von Mainz den Weingarten Hattenheim, heute als Steinberg bekannt, den Zisterziensern. Die Mönche bauten in der Nähe das Kloster Eberbach. Nachdem der Weingarten von napoleonischen Truppen konfisziert worden war, ging er zunächst in herzoglichen Besitz, dann in preußischen Staatsbesitz über. Heute befindet sich die Verwaltung des Weinguts, das der Hessischen Landesregierung gehört, im Kloster *(s. S. 363)*. Dort finden auch Weinauktionen statt, die Käufer aus der ganzen Welt anziehen. Weine werden hier nicht mehr gekeltert, doch das Klostergebäude ist eine Touristenattraktion.

Weinschänke Drosselhof in Rüdesheim, Rheingau

Rheinhessen

DIESES GEBIET ist die Weinregion mit dem zweifelhaftesten Ruf, da das Gebiet von industriell arbeitenden Weingütern beherrscht wird, die in großen Mengen billige, charakterlose Weißweine produzieren. Dadurch wurde das Ansehen deutscher Weine weltweit schwer beschädigt. Hier werden viele früh reifende Kreuzungen angebaut, die hohe Erträge ermöglichen. Das kommt allen Erzeugern entgegen, denen Quantität vor Qualität geht, und die Weine sind gewöhnlich eher langweilige Verschnitte. Ein Beispiel ist die Liebfrauenmilch – die legalerweise als Qualitätswein aus Rheinhessen, Pfalz, Nahe oder Rheingau eingestuft wird. Liebfrauenmilch muss zu mindestens 70 % aus Riesling, Kerner, Silvaner oder Müller-Thurgau bestehen und zwischen 18 und 40 g Restzucker aufweisen. Leider macht dieser charakterlose Wein noch immer ein Viertel der Gesamtproduktion von Rheinhessen aus.

Zum Glück ist dies aber nicht alles, was die Region hervorbringt. Näher am Fluss, an der so genannten Rheinterrasse zwischen Nierstein und Nackenheim, gibt es Hänge mit roten Böden, die volle, mineralische und überwiegend trockene Rieslinge hervorbringen. Beachtliche Weine gibt es auch weiter südlich bei Flörsheim-Dalsheim, Westhofen und Bechtheim. Eine weitere Spezialität aus Rheinhessen ist Silvaner: ein trockener, spritziger Wein, der vor allem während der Spargelsaison getrunken wird. Fast 30 % der Weingärten in Rheinhessen bringen rote Sorten hervor, vor allem Dornfelder, was diese Traube zur zweitbeliebtesten der Region macht.

Ton, Lehm, Schiefer, eisenhaltig, Sand *Portugieser, Dornfelder* *Müller-Thurgau, Silvaner, Riesling* *rot, weiß, Schaumwein, Dessertwein*

Wappen von Weingut Wittmann, Rheinhessen

Pfalz

Die Pfalz ist der südlichste Teil von Rheinhessen. Dieses relativ warme Gebiet liegt im Schutz des Haardtgebirges und bringt einige der besten trockenen Rieslinge Deutschlands hervor, die beeindruckend schwer und kräftig sind. Riesling beherrscht das Gebiet zwischen Bad Dürkheim und Neustadt, besonders bei Wachenheim, Forst, Deidesheim und Ruppertsberg. Anderswo gedeihen auch Scheurebe, Gewürztraminer, Rieslaner und, weiter südlich, auch Pinot-Trauben.

Bis vor etwa 15 Jahren genoss die Südpfalz keinen guten Ruf, doch inzwischen haben sich die Standards erhöht. Von hier stammen viele gute Pinot Noirs, Chardonnays und Weißburgunder, ebenso einige kraftvolle Rieslinge. Das milde Klima ermöglicht die Produktion kräftiger, runder Weine ohne die hier sonst häufig anzutreffende kantige Säure. Diese Weine entsprechen den modernen Trends und sind sehr erfolgreich. In keiner anderen Weingegend ist die Qualität in den letzten Jahren so deutlich angestiegen wie in der Pfalz.

Lehm, Sand, Basalt, Löss, Kalk *Portugieser, Pinot Noir (Spätburgunder), Dornfelder* *Riesling, Scheurebe, Weißburgunder (Pinot Blanc)* *rot, weiß, Schaumwein, Dessertwein*

Weingärten um das Dorf Wachenheim in der Pfalz

Franken

DIE REGION FRANKEN gehört zu Nordbayern und verfügt über 6000 ha Rebland, die sich auf den Hängen am Mainufer rund um Würzburg befinden. Obwohl mehr als ein Drittel des hiesigen Weinbaugebiets mit Müller-Thurgau bestockt ist, ist die Region eher für ihre exzellenten Silvaner und Rieslinge bekannt. Rotweine machen nur einen Bruchteil der Produktion aus, doch kommen einige beeindruckende Spätburgunder (Pinot Noir) aus der Umgebung von Bürgstadt. Im dem kontinentalen Klima, das in Franken herrscht, sind strenge Fröste keine Seltenheit. Die Jahrgänge im vergangenen Jahrzehnt waren allerdings beständig gut. Viele Frankenweine werden in Bocksbeutel abgefüllt, in die traditonellen flachen, bauchigen Flaschen. Es gibt eine starke regionale Nachfrage nach Frankenweinen, so dass sie eher teuer sind. Sie sind überwiegend trocken, körperreich und von kräftiger Säure. Süßweine – wie Eiswein und TBA – sind selten, können aber von exzellenter Qualität sein.

Kalk, Sandstein, Ton, Löss *Pinot Noir (Spätburgunder, Frühburgunder)*
Müller-Thurgau, Silvaner, Riesling
rot, weiß, Schaumwein, Dessertwein

Hessische Bergstraße

DIE WEINGÄRTEN der Hessischen Bergstraße beginnen direkt nördlich von Heidelberg und erstrecken sich als schmales Band rund 30 Kilometer nach Norden, wobei sie einer alten römischen Bergstraße folgen. Rund die Hälfte der 450 ha Rebfläche ist mit Riesling bepflanzt; daneben gibt es kleinere Mengen Müller-Thurgau und andere traditionelle Sorten. Die Hessische Bergstraße ist landschaftlich reizvoll: zwischen Obstwiesen liegen Weingärten, die von Kleinbauern bestellt werden. Da nur wenige Weinbauern ihre Trauben selbst keltern, stammt der überwiegende Teil der Produktion aus regionalen Kooperativen und wird vor Ort an Wochenendausflügler und Touristen verkauft.

Löss, Ton, Granit, Sandstein *Spätburgunder (Pinot Noir), St. Laurent* *Riesling, Müller-Thurgau, Grauburgunder (Pinot Gris)* *rot, weiß, Dessertwein*

Württemberg

OBWOHL DAS WEINBAUGEBIET in Württemberg im wesentlichen dem Lauf des Neckars folgt, befinden sich die meisten Weingärten direkt nördlich von Stuttgart. Mit 11 000 ha Rebfläche ist Württemberg das viertgrößte Weinbaugebiet Deutschlands. Zu fast 70 % wird Rotwein angebaut, vor allem Trollinger. Diese Traube, die in Italien Schiava und in Tirol Vernatsch heißt, wird zu leichten, fast roséfarbenen Weinen verarbeitet, die in Württemberg selbst stark nachgefragt, andernorts aber nur selten zu finden sind. Beeindruckende Rotweine werden aus Schwarzriesling (Pinot Meunier), Lemberger und Spätburgunder (Pinot Noir) gekeltert. Für einige der anspruchsvollsten Rotweine der Gegend gibt es das Etikett »Hades«: Sie werden aus wenig

Weingarten über dem Dorf Unterhambach in der Hessischen Bergstraße

ertragreichen Reben gekeltert und in Barriques ausgebaut. In Württemberg produziert man auch Riesling, doch bringen nur wenige Winzer bemerkenswerte Produkte hervor.

Mergel, Kalk, Sandstein *Trollinger, Schwarzriesling (Pinot Meunier), Lemberger, Spätburgunder (Pinot Noir)* *Riesling* *rot, weiß, Schaumwein, Dessertwein*

Gutedel (Chasselas)-Traube

Baden

BADEN IST DAS südlichste Weinbaugebiet Deutschlands und erstreckt sich über 400 km von den Grenzen Frankens bei Würzburg durch das Rheintal bis an die Grenze zur Schweiz. Insgesamt stehen fast 16 000 ha unter Reben. Allein durch ihre Größe weist die Region Baden eine Vielzahl unterschiedlicher Böden, Klimate und Traubensorten auf, was die Vermarktung der Weine schwierig macht. Müller-Thurgau herrscht im Norden, in Tauberfranken, vor, Riesling dagegen im Kreis Ortenau direkt südlich von Baden-Baden. Weiter im Süden erreichen Pinotsorten dank der hohen Sonneneinstrahlung und der vulkanischen Böden ausgezeichnete Qualität, vor allem dunkel-fruchtiger Spätburgunder (Pinot Noir), die meistangebaute Traube in Baden. Das Markgräflerland und der Bodensee schließlich, die südlichsten Regionen Badens, sind vor allem für ihre leichten Weißweine von Gutedel (in der Schweiz als Chasselas bezeichnet) und Müller-Thurgau bekannt.

Löss, Kalk, vulkanisch, Granit *Spätburgunder (Pinot Noir)* *Müller-Thurgau, Grauburgunder (Pinot Gris), Weißburgunder (Pinot Blanc), Riesling, Gutedel (Chasselas)* *rot, weiß, moussierend, Dessertwein*

Saale-Unstrut

SÜDWESTLICH VON LEIPZIG, am Zusammenfluss von Saale und Unstrut, liegt das Zentrum der nördlichsten Weinbauregion Europas. Das raue, kontinentale Klima bringt nicht nur regelmäßge Fröste mit sich, sondern beschränkt den Weinbau auf einige kleine Gebiete auf nach Süden ausgerichteten Hängen, die insgesamt nur etwa 650 ha umfassen. Trotzdem ist diese Fläche etwa doppelt so groß wie noch vor über 15 Jahren nach der Wiedervereinigung Deutschlands, als neue Weingärten angelegt und alte wieder instand gesetzt wurden. Kultiviert werden zumeist weiße Traubensorten, vor allem Müller-Thurgau. In der historischen Stadt Naumburg gibt es einen öffentlichen Verkostungsraum.

Kalk, Löss, Ton *Spätburgunder, Portugieser* *Müller-Thurgau, Weißburgunder (Pinot Blanc), Silvaner* *rot, weiß, rosé, Schaumwein, Dessertwein*

Sachsen

DIE REBFLÄCHEN in Sachsen erstrecken sich über fast 450 ha entlang der Elbe nordwestlich von Dresden. Dieses am weitesten östlich gelegene Weinbaugebiet Deutschlands leidet wie das benachbarte Saale-Unstrut unter strengen Frösten. Müller-Thurgau ist die bevorzugte Rebsorte, aus der ein leicht trinkbarer Wein bereitet wird, der bei Einheimischen und Touristen, die die Sächsische Schweiz besuchen, gleichermaßen beliebt ist.

Granit, Löss, Sand, Ton *Spätburgunder (Pinot Noir), Dornfelder* *Müller-Thurgau, Riesling, Weißburgunder (Pinot Blanc), Traminer* *rot, weiß, Dessertwein*

Denkmal von St. Urban, dem Schutzpatron der Winzer, in einem badischen Weingarten

DIE SPITZENERZEUGER DEUTSCHLANDS

Maximin Grünhaus
Mosel-Saar-Ruwer

Mertesdorf 0651 5111
www.vonschubert.com n. V.

DIESES WEINGUT, heute im Besitz der Familie von Schubert, geht auf eine Gründung durch ein Kloster im 17. Jh. zurück. Seine drei Lagen tragen noch immer die alten Bezeichnungen: Abtsberg, Herrenberg und Bruderberg. Rund die Hälfte der Produktion sind trockene Weine mit hervorragendem Ruf. Außerhalb Deutschlands ist das Gut für seine exquisiten und langlebigen Süßweine bekannt.

weiß, Dessertwein 2002, 2001, 1999, 1997, 1995, 1993 ★ Maximin Grünhäuser: Herrenberg Riesling Kabinett, Abtsberg Riesling Auslese, Abtsberg Riesling Eiswein

Weingut Dr. Loosen
Mosel-Saar-Ruwer

St. Johannishof, Bernkastel
06531 3426
www.drloosen.de n. V.

DAS GUT DR. LOOSEN verfügt über hervorragende Weingärten in den renommiertesten Gemeinden der Mittelmosel: Graach, Wehlen, Bernkastel, Erden und Urzig. Ernst Loosen war seit jeher klar, dass hohe Preise die Grundlage für wirtschaftliches Überleben sind, dass man sie aber nur mit Weinen von sehr hoher Qualität erzielen kann. Durch Ertragsreduktion und eine strenge Selektion des Leseguts konnte er den spezifischen Lagencharakter herausarbeiten und hat alljährlich brillante Rieslinge aller Reifeklassen im Sortiment.

weiß, Dessertwein 2002, 2001, 2000, 1999, 1998, 1997, 1996, 1993 ★ Wehlener Sonnenuhr Riesling Kabinett, Erdener Prälat Riesling Auslese, Urziger Würzgarten Riesling TBA

Etikett Weingut Dr. Loosen

ERNST LOOSEN

Seit Ernst Loosen das Familiengut 1987 übernommen hat, arbeitet er unermüdlich an der Qualität seiner Weine. Im Gegensatz zu anderen Moselwinzern brachte er seine Weine und damit auch die anderen Moselweine bewusst in die Öffentlichkeit, pachtete aber Ende der 1990er-Jahre zusätzlich das Weingut J. L. Wolf in der Pfalz. Dort produziert er trockene Rieslinge, für die seiner Meinung nach die Mosel nicht der richtige Ort ist. Während Loosen mit seinen Attacken gegen das schwerfällige deutsche Weingesetz im eigenen Land vielfach aneckte, machten ihn in sein Enthusiasmus – und die Qualität seiner Weine – im Ausland zu einem der anerkanntesten deutschen Erzeuger.

Ernst Loosen

Weingut Egon Müller-Scharzhof
Mosel-Saar-Ruwer

Wiltingen 06501 17232
www.scharzhof.de

ZWISCHEN OBEREMMEL und Wiltingen erhebt sich der markante Weingarten Schwarzhofberg. Zu seinen Füßen steht das gediegene Gutshaus Schwarzhof, seit 1797 Sitz der Familie Müller, der noch immer die besten Lagen dieses weltberühmten Weinbergs an der Saar gehören. Seit 1961 ist das Gut mit Recht vor allem für seine Süßweine, Eisweine und Trockenbeerenauslesen, die durchweg Spitzenpreise erzielen, bekannt.

weiß, Dessertwein 2002, 2001, 1999, 1997, 1995, 1994, 1993 ★ Scharzhofberger: Riesling Kabinett, Riesling BA

Weingut Fritz Haag
Mosel-Saar-Ruwer

Dusemonder Str. 44, Brauneberg
0653 4410 www.weingut-fritz-haag.de n. V.

WILHELM HAAG ist der führende Erzeuger an einer der Spitzenlagen der Mittelmosel, dem Weingarten Brauneberger Juffer-Sonnenuhr. Moselweine werden gemeinhin als muskulös bezeichnet, aber diese Weine tragen bei relativ leichtem Gerüst eine Fülle mineralischer Aromen. Haag füllt Fässer verschiedenen Charakters gerne separat ab, so dass es zuweilen Auslesen ein und desselben Jahrgangs gibt.

weiß 2002, 2001, 1999, 1997, 1995, 1993 ★ Brauneberger Juffer-Sonnenuhr Riesling Kabinett, Brauneberger Juffer-Sonnenuhr Riesling BA

Weingut Grans-Fassian
Mosel-Saar-Ruwer

Römerstr. 28, Leiwen ☎ 06507 3170 www.grans-fassian.de n. V.

GERHARD GRANS leitet heute dieses 1624 gegründete Weingut. Er erbrachte den Beweis, dass auch die weniger bekannten Weingärten um Leiwen und Trittenheim Rieslinge von Weltrang hervorbringen können. Mehr als ein Drittel seiner Weine sind trocken. Am besten sind die Süßweine und ganz besonders der Eiswein. Sie verbinden ein Übermaß an Fruchtigkeit mit spritziger Säure.

weiß, Dessertwein 2002, 2001, 1999, 1998, 1996, 1995 ★ Trittenheimer Apotheke Riesling Spätlese, Leiwener Klostergarten Riesling Eiswein

Weingut Heymann-Löwenstein
Mosel-Saar-Ruwer

Bahnhofstr. 10, Winningen ☎ 02606 61919 www.heymann-loewenstein.com n. V.

SEIT REINHARD Löwenstein diesen Besitz 1980 übernahm, wurde Winningen zu einem Begriff in der Weinwelt. Löwenstein hat bewiesen, dass dieser Flussabschnitt sowohl für trockene Weine als auch für Süßweine von mindestens Auslesequalität geeignet ist. Im Sortiment finden sich einige das Terroir betonende Weine, etwa Schieferterrassen oder Von blauem Schiefer. Von den Einzellagenweinen ist Winninger Uhlen der beste, obschon auch alle anderen Weine reich und konzentriert sind.

weiß 2002, 2001, 2000, 1999, 1998, 1997 ★ Riesling Schieferterrassen, Winninger Röttgen Riesling, Winninger Uhlen BA

Weingut Reichsgraf von Kesselstatt

Weingut J J Prüm
Mosel-Saar-Ruwer

Uferallee 19, Wehlen ☎ 06531 3091

SEIT MEHR ALS einem Jahrhundert ist Prüm der Name schlechthin für Qualitätsweine von der Mittelmosel. Das Gut befindet sich heute im Besitz von Dr. Manfred Prüm und verfügt über beste Lagen in Wehlen und Graach. Die Weine überzeugen in jungem Alter nicht immer, sind aber nach vier Jahren voll entwickelt und halten dann 20 Jahre und länger. Sie sind unaufdringlich elegant, von leichtem Körper, aber intensivem Aroma. Für viele Rieslingliebhaber sind Prümweine der Inbegriff guter Moselweine.

weiß 2002, 2001, 1999, 1998, 1995, 1994, 1993 ★ Graacher Himmelreich Riesling Spätlese, Wehlener Sonnenuhr Riesling Auslese

Weingut Reichsgraf von Kesselstatt
Mosel-Saar-Ruwer

Schlossgut Marienlay, Morscheid ☎ 06500 91690 www.kesselstatt.com n. V.

GROSSE ADELSGÜTER sind selten an der Mosel. Dieses gelangte 1978 in den Besitz des Weingroßhändlers Günther Reh, die Leitung übernahm seine Tochter Annegret Reh-Gartner. Sie trennte sich von zweitklassigen Lagen und konzentrierte sich auf die Spitzenlagen Schwarzhofberg, Josephshof, Piesporter Goldtröpfchen und Kaseler Nieschen an der Ruwer. Fast die Hälfte aller Weine sind trocken, aber oft sind jene mit etwas Restzucker die besseren. Es gibt nur wenige Erzeuger mit einem so breiten Spektrum an Moselweinen in vergleichbarer Qualität.

weiß 2002, 2001, 1999, 1998, 1995, 1994, 1993 ★ Piesporter Goldtröpfchen Riesling Kabinett, Scharzhofberger BA, Palais Kesselstatt Riesling Trocken

Weingut Reinhold Haart
Mosel-Saar-Ruwer

Ausoniusufer 18, Piesport ☎ 06507 2015 www.haart.de n. V.

THEO HAARTS Kellerei blickt auf die beeindruckenden Hänge von Piesport auf der anderen Seite des Flusses, wo er beträchtliche Anteile an der berühmten Goldtröpfchen-Lage besitzt. Dank niedriger Erträge und strikter Leseselektion gehört Haart seit langem zu den besten Erzeugern in dieser Gemeinde. Seine Weine sind sauber, mineralisch und kräftig.

weiß 2002, 2001, 2000, 1999, 1998, 1997, 1994, 1993 ★ Piesporter Goldtröpfchen: Riesling Kabinett, Riesling Auslese

Weingut St. Urbanshof
Mosel-Saar-Ruwer

Urbanusstr. 16, Leiwen ☎ 06507 93770 www.weingut-st-urbans-hof.de

VOR RUND 50 JAHREN gegründet, katapultierte sich dieses Gut unter der Leitung von Nik Weis plötzlich an die Spitze. Der Stammsitz ist Leiwen, zu dem Gut gehören aber auch bedeutende Weingärten an der Saar und eine Parzelle Piesporter Goldtröpfchen. Die trockenen Weine der Lage Wiltinger Schlangengraben sind schlank und mineralisch. Die süßeren Weine sind in ihrer Art und Reinheit die Quintessenz feinen Rieslings.

weiß 2002, 2001, 2000, 1999, 1998, 1995 ★ Piesporter Goldtröpfchen Riesling Kabinett, Ockfener Bockstein Riesling Auslese

Einer der Weingärten von Weingut Meyer-Näkel in der Ahr

Weingut Deutzerhof
Ahr

Mayschoß *02643 7264*
www.weingut-deutzerhof.de
n. V.

DAS WEINGUT Deutzerhof baut neben Pinot Noir (Spätburgunder) auch Dornfelder, Portugieser, Chardonnay und Riesling an. Der Mitinhaber Wolfgang Hehle bereitet aus allen Sorten charaktervolle Weine. Die beiden besten, Altenahrer Eck und Grand Duc, verdanken ihre Qualität den geringen Erträgen alter Rebstöcke. Nicht mehr als ein Drittel der Weine wird in neuer Eiche ausgebaut. Hehles Weine sind meistens trocken, doch gelegentlich produziert er auch Rieslingauslesen und Eisweine.

rot, weiß, Dessertwein *2001, 2000, 1999, 1997, 1995* ★ *Grand Duc Spätburgunder, Altenahrer Eck Spätburgunder Großes Gewächs Trocken*

Weingut Meyer-Näkel
Ahr

Hardtbergstr. 20, Dernau
02643 1628 *www.meyer-naekel.de* *n. V.*

WERNER NÄKEL hat Maßstäbe gesetzt indem er bewies, dass in dieser Region guter Pinot Noir produziert werden kann. Seine einfachsten Cuvées sind der Trocken und Trocken G, gefolgt von Blauschiefer, der seinen Namen den Schieferböden verdankt, auf denen er gedeiht. Näkel produziert auch edelsüße Goldkapselweine und hat drei Einzellagen-Pinots im Sortiment. Die Weine sind gut strukturiert und eichentönig.

rot, weiß *2001, 1999, 1997, 1995, 1994* ★ *Frühburgunder Goldkapsel, Spätburgunder S*

Weingut Ratzenberger
Mittelrhein

Blücherstr. 167, Bacharach
06743 1337 *www weingut-ratzenberger.de*

JOCHEN RATZENBERGER hat bewiesen, dass der Mittelrhein durchaus das Potenzial für schlanke, aber langlebige Rieslinge mit duftig-mineralischem Birnenaroma hat. Der wichtigste heißt Caspar R, ein stark säurehaltiger Wein, der durch Restzucker ausbalanciert wird. Dieses Gut bereitet seit 1997 auch guten Schaumwein aus Riesling.

weiß, Schaumwein, Dessertwein *2001, 1996, 1993* ★ *Bacharacher Wolfshöhle Riesling, Bacharacher Kloster Fürstental Riesling Eiswein*

Schlossgut Diel
Nahe

Burg Layen *06721 96950*
www.schlossgut-diel.com

ARMIN DIEL hat sich sowohl als Wein- und Restaurantkritiker als auch als Weinproduzent einen Namen gemacht. Seine Weingärten liegen in der nördlichen Naheregion, und er baut neben Riesling auch Burgundersorten an.

Alle Weine werden nach höchsten Standards gekeltert. Der Dorsheimer Goldloch ist oft der beste Riesling, und der im Fass ausgebaute Weiße Burgunder kann ausgezeichnet sein.

weiß, Schaumwein *2001, 2000, 1999, 1998, 1996, 1993* ★ *Weißer Burgunder Barrique, Dorsheimer Goldloch Riesling Spätlese*

EINE SÜSSE GESCHICHTE

Für jede Gegend, in der aus edelfaulen Trauben *(s. S. 66)* süße Weine gekeltert werden, gibt es eine Legende, die erklärt, wie es zu dieser Art von Wein kam. So auch im Rheingau: Im 18. Jh. befand sich Schloss Johannisberg im Besitz des Fürstbischofs von Fulda, der die Entscheidung traf, wann die Lese beginnen sollte. In Jahr 1775 traf der Bote allerdings sehr spät ein – so spät, dass die Weingärten bereits von *Botrytis*, einem unansehnlichen Pilz, befallen waren. Wie angewiesen wurden die Trauben gelesen und gekeltert, und das Ergebnis waren wunderbar süße, saftige Weine. Solche Weine wurden, wenn es die Witterung zuließ, auch weiterhin produziert, und in den Schlosskellern gibt es noch alte Jahrgänge von BA- und TBA-Weinen: der 1862er TBA war 2001 noch gut genießbar.

Weingut Hermann Dönnhoff
Nahe

Bahnhofstr. 11, Oberhausen 06755 263 www.doennhoff.com n. V.

HELMUT DÖNNHOFF übernahm das Familiengut 1971. Seine exzellenten Weingärten in Niederhausen, Oberhausen, Norheim und Schlossböckelheim weisen überwiegend vulkanische Böden auf. Gelesen wird spät, die Erträge sind gering, und die Vinifikation geschieht mit traditionellen Methoden. Sämtliche Weine zeichnen sich durch Reinheit und Klarheit aus. Die Rieslinge sind voll und ausgewogen, nie schwer. Dönnhoff ist zu Recht für seine Eisweine berühmt, die im Land ihresgleichen suchen.

weiß, Dessertwein 2002, 2001, 2000, 1999, 1998, 1996, 1993 ★ Niederhäuser Hermannshöhle Riesling Spätlese, Oberhäuser Brücke Riesling Eiswein

Domänenweingut Schloss Schönborn
Rheingau

Hauptstr. 53, Hattenheim 06723 91810 www. schoenborn.de

Dieses ausgedehnte 65-ha-Weingut ist schon seit Jahrhunderten im Besitz der Familie von Schönborn. Die Kellereien befinden sich in Hattenheim. Die Qualität war nicht immer konstant, doch Jahrgänge wie 1989 zeigten, dass Schloss Schönborn ausgezeichnete Süßweine produzieren kann. In den vergangenen Jahren hat sich das Gut auf seine besten Weinberge konzentriert – den Hattenheimer Pfaffenberg und den Erbacher Marcobrunn.

weiß, Dessertwein 2001, 1999, 1998, 1995, 1992 ★ Hattenheimer Pfaffenberg Riesling Erstes Gewächs, Erbacher Marcobrunn: Riesling Kabinett, Riesling BA

Hessische Staatsweingüter Kloster Eberbach
Rheingau

Schwalbacher Str. 52–62, Eltville 06123 92300 www.staatsweingueterhessen.de

Dieses Klostergut befindet sich heute im Besitz der Hessischen Landesregierung. So ist es oft von politischen Entscheidungen abhängig, kann aber auch auf bedeutende Ressourcen zurückgreifen. Im Rheingau und an der Hessischen Bergstraße gibt es insgesamt sechs Staatsweingüter. Zu den besten Weingärten gehört Steinberg, dessen Ursprünge in die Zeit vor der Gründung des Klosters im 12. Jh. zurückreichen. In der Vergangenheit war die Qualität bestenfalls unausgewogen, was angesichts der Größe des Unternehmens nicht erstaunlich ist. Doch Dieter Greiner, seit kurzem Direktor der Staatsweingüter, trägt dafür Sorge, dass ein Weingut mit so vielen Spitzenlagen regelmäßig außergewöhnliche Weine hervorbringt.

weiß 2001, 1999, 1998, 1995, 1993 ★ Erbacher Marcobrunn Riesling Kabinett, Steinberger Riesling Erstes Gewächs, Rüdesheimer Berg Schlossberg Riesling Erstes Gewächs

Domänenweingut Schloss Schönborn

Schloss Johannisberg
Rheingau

Geisenheim-Johannisberg 06722 70090 www.schloss-johannisberg.de

DIESES GUT liegt auf einer Hochebene, von der aus man die Weingärten überblicken kann, in denen seit 1720 nur Riesling kultiviert wird; seit 1775 wurden hier geradezu legendäre Süßweine gekeltert. Mit den Qualitätsstufen BA und TBA bringt Schloss Johannisberg noch immer beeindruckende Weine hervor, doch die übrigen Weine sind weniger bemerkenswert. Die Jahrgänge seit 1999 deuten auf eine Besserung hin.

weiß, Dessertwein 2001, 1999, 1998, 1996, 1995, 1993 ★ Schloss Johannisberger Riesling Spätlese Trocken, Schloss Johannisberger Riesling BA

Schloss Vollrads
Rheingau

Oestrich-Winkel 06723 660 www.schlossvollrads.com

IN DEN 1980ER- und 1990er-Jahren war Graf Matuschka-Greiffenclau eine der einflussreichsten Persönlichkeiten in der deutschen Weinszene. Der Besitzer von Schloss Vollrads achtete jedoch wenig auf Qualität. Nachdem 1997 finanzielle Schwierigkeiten den Grafen in den Selbstmord getrieben hatten, kaufte eine Bank das Gut und stellte eine exzellente neue Belegschaft ein, die das Gut zu alter Größe zurückführen soll. Das Team befindet sich auf dem richtigen Weg: Späte, selektive Lesen haben die Qualität verbessert, und die Weine, darunter einige ganz hervorragende, sind ausgewogen und konzentriert.

weiß, Dessertwein 2001, 2000, 1999 ★ Schloss Vollrads Riesling, Schloss Vollrads Riesling Eiswein

Weingut Franz Künstler
Rheingau

Kirchstr. 38, Hochheim
06146 82570
www.weingut-kuenstler.de

DAS WARME Mesoklima von Hochheim bringt Weine von ungewöhnlicher Fülle und Kraft hervor, doch keiner der Produzenten vor Ort übertrifft die Bemühungen von Gunter Künstler. Seine Süßweine sind außergewöhnlich, doch auch mehrere trockene Rieslinge, werden von Künstler produziert. Seine Pinot Noirs (Spätburgunder) verkauft er zu hohen Preisen, doch fehlt ihnen die Harmonie der Rieslinge.

rot, weiß, Schaumwein 2001, 1999, 1998, 1997, 1995, 1993 ★ Hochheimer Stielweg Riesling Spätlese Trocken, Hochheimer Hölle Riesling Auslese Trocken

Weingut Georg Breuer
Rheingau

Grabenstr. 8, Rüdesheim
06722 1027
www.georg-breuer.com

BERNHARD BREUER, der im Mai 2005 verstorben ist, war zeitlebens passionierter Verfechter der trockeneren Varianten des Rheingau-Rieslings. Daneben produziert er aber auch BA- und TBA-Weine, wenn die Bedingungen es zuließen. Die besten Weingärten des Guts sind Rüdesheimer Berg Schlossberg und Rauenthaler Nonnenberg. Die Einzellagenweine dieser Weingärten sind teuer, aber ihr Geld wert.

rot, weiß, Schaumwein 2001, 1999, 1997, 1995, 1993 ★ Rüdesheim Estate Riesling Trocken, Rauenthaler Nonnenberg Riesling Trocken, Rüdesheimer Berg Rottland Riesling Auslese

Weingut Johannishof
Rheingau

Grund 63, Johannisberg
06722 8216
www.weingut-johannishof.de

ANGEHÖRIGE der Familie Eser betreiben das Gut seit 1685; heute sind es Hans-Hermann Eser und sein Sohn Johannes. Sie besitzen auch Weingärten in Winkel und Geisenheim sowie bedeutende Lagen in Rüdesheim. Der Stil des Weinguts ist eher ausgewogen-frisch als kräftig oder muskulös.

weiß 2001, 1999, 1998, 1997, 1995, 1993 ★ Johannisberger Klaus Riesling Spätlese, Rüdesheimer Berg Rottland Riesling Erstes Gewächs

Weingut Peter Jakob Kühn
Rheingau

Mühlstr. 70, Oestrich 06723 2299
www.weingutpjkuehn.de

PETER JAKOB KÜHNS Einsatz für verbesserte Qualität hat sein Familiengut zu einer der besten Adressen des Rheingaus gemacht. Oft besucht er andere Weinbauregionen, um über deren Methoden etwas zu erfahren. Er keltert trockene Oestricher-Doosberg-Rieslinge und lieblichere aus Oestricher Lenchen: seine BA- und Eisweine gehören zu den besten der Region.

Riesling-Traube

rot, weiß, Dessertwein 2001, 1999, 1998, 1996, 1995, 1993 ★ Oestricher Doosberg Riesling Erstes Gewächs, Oestricher Lenchen Riesling BA

Weingut Robert Weil
Rheingau

Mühlberg 5, Kiedrich 06123 2308
www.weingut-robert-weil.com

ZWAR GEHÖRT das Gut seit 1988 Suntory, doch die japanische Firma traf die kluge Entscheidung, den jungen Wilhelm Weil anzustellen, um die Geschäfte zu führen. Seine Spezialität sind gut gereifte Rieslinge aus dem Weingarten Gräfenberg. Während der Lese scheut man keine Kosten, und eine Gruppe von 70 Lesern geht mehrmals durch die Rebzeilen und liest nur die reifen Beeren. Die Mehrzahl der Weine sind trocken, doch Weil produziert jedes Jahr auch größere Mengen sehr süßer Weine. Keinem anderen Gut im Rheingau ist es gelungen, in zwölf aufeinander folgenden Jahren TBA-Weine hervorzubringen.

Weingut Peter Jakob Kühn

rot, weiß, Dessertwein 2001, 1999, 1997, 1996, 1995, 1993 ★ Riesling Spätlese Trocken, Kiedricher Gräfenberg Riesling Auslese

Weingut Freiherr Heyl zu Herrnsheim
Rheinhessen

Langgasse 3, Nierstein
06133 57080 www.heyl-zu-herrnsheim.de

UNTER SEINEM früheren Besitzer spielte das Gut eine führende Rolle bei der Produktion trockener Weine und bei biologischem Anbau im Rheinland. 1994 erwarb die Familie Ahr den Besitz. Sie behielt die Philosophie des Guts bei und verbesserte die Qualität. Die meisten gutseigenen Weingärten in Flussnähe verfügen über rote Böden (Roter Hang), wo die Trauben für die Rotschiefer-Abfüllungen wachsen. Die Spitzenrieslinge vom Niersteiner Brudersberg und von der Lage Pettental haben die kräftige Erdigkeit, wie sie für die besten Lagen Rheinhessens charakteristisch ist.

weiß, Dessertwein 2001, 2000, 1999, 1998, 1996 ★ Rotschiefer Silvaner Trocken, Niersteiner Brudersberg Riesling Großes Gewächs, Niersteiner Brudersberg Riesling TBA

Weingut Gunderloch
Rheinhessen

Carl-Gunderloch-Platz 1, Nackenheim
06135 2341
www.gunderloch.de

DIE HÄLFTE der Gunderlocher Reben wächst in dem rotbödigen Weingarten Nackenheimer Rothenberg, der es qualitativ durchaus mit den bekannteren Niersteiner Lagen aufnehmen kann. Die Weinbereitung auf dem Gut ist sehr traditionell: Sehr geringe Erträge werden ohne Zusatz von kultivierter Hefe ungewöhnlich lange im Fass ausgebaut, ehe der Wein in Flaschen abgefüllt wird. Das Ergebnis ist eine Reihe der komplexesten trockenen wie auch süßen Rieslinge Rheinhessens. Gunderloch produziert auch den halbtrockenen Jean-Baptiste für Restaurants.

weiß, Dessertwein 2001, 1999, 1998, 1997, 1996, 1993 ★ Jean-Baptiste Riesling Kabinett, Nackenheimer Rothenberg Auslese

Etikett Weingut Wittmann

Weingut Keller
Rheinhessen

Bahnhofstr. 1, Flörsheim-Dalsheim
06243 456

DIESER NEUE STERN ist ziemlich überraschend in einem der am wenigsten geschätzten Gebiete im südlichen Rheinhessen aufgegangen. Die Kellers analysierten zunächst ihre besten Lagen (Dalsheimer Hubacker für Riesling, Dalsheimer Bürgel für Pinot Noir) und holten dann das Beste aus ihnen heraus, indem sie die Erträge limitierten. Die trockenen Rieslinge sind ebenso außergewöhnlich wie die vollen, vielschichtigen BAs und TBAs aus Riesling und Rieslaner.

rot, weiß, Dessertwein 2002, 2001, 1999, 1998 ★ Dalsheimer Hubacker Riesling Trocken Max, Dalsheimer Bürgel Spätburgunder Felix, Riesling TBA

Weingut Wittmann
Rheinhessen

Mainzer Str. 19, Westhofen
06244 905036 www.wittmannweingut.com n. V.

Die Keller des Weinguts Wittmann beherbergen eine Sammlung moderner Kunstwerke, von denen einige auf den Flaschenetiketten abgebildet sind. Der Anbau geschieht nach biologischen Kriterien, und alle trockenen Weine sind knackig und klar definiert. Niedrige Erträge sowie die sich stetig weiterentwickelnde Vinifikation sichern die Qualität. Neben würzigen Großes-Gewächs-Rieslingen gibt es eindrucksvolle trockene Weißburgunder (Pinot Blanc) und Chardonnays. Die besten Abfüllungen jedes Jahrgangs werden mit »S« (für »Selection«) gekennzeichnet. Die Lage Westhofener Morstein bringt einige exzellente Süßweine hervor.

weiß, Dessertwein 2001, 1999, 1998, 1996, 1993 ★ Weißer Burgunder S, Westhofener Morstein Riesling Großes Gewächs, Westhofener Morstein Riesling BA

SPITZENGÜTER: DEUTSCHLAND

- W Weingut Dr. Bürklin-Wolf Forster Ungeheuer Riesling Erstes Gewächs €€
- W Weingut Dr. Loosen Wehlener Sonnenuhr Riesling Kabinett €
- D Weingut Emrich-Schönleber Monzinger Frühlingsplätzchen Riesling Eiswein €€€€ (www.schoenleber.de)
- W Weingut Franz Künstler Hochheimer Kirchenstück Riesling Spätlese Trocken €€
- W Weingut Freiherr Heyl zu Herrnsheim Niersteiner Brudersberg Riesling Trocken €€
- W Weingut Georg Breuer Rüdesheim Estate Riesling Trocken €
- W Weingut Hermann Dönnhoff Oberhäuser Brücke Riesling Spätlese €€
- W Weingut Keller Dalsheimer Hubacker Riesling Auslese €€€
- W Weingut Müller-Catoir Mussbacher Eselshaut Rieslaner Auslese €€€
- W Weingut Ökonomierat Rebholz Chardonnay Spätlese Trocken R €€
- W Weingut Robert Weil Kiedricher Gräfenberg Riesling Auslese €€€
- W Weingut St. Urbans-Hof Ockfener Bockstein Riesling Auslese €€

Weingut Christmann
Pfalz

Peter-Koch-Str. 43, Gimmeldingen
06326 6039

NACHDEM STEFFEN Christmann 1994 das Familiengut übernommen hatte, ging es mit der Qualität steil bergauf. Einige seiner Lagen in Ruppertsberg, Deidesheim und Königsbach dürfen sich nach der neuen Klassifikation Großes Gewächs *(s. S. 348)* nennen. Die Qualität seiner trockenen Rieslinge steht dem Standard seiner opulenten Süßweine von edelfaulen Trauben in nichts nach. Bei Spätburgunder erreicht Christmann mit bewusst reduzierten Erträgen die erforderliche Konzentration für die stark holzbetonten Weine.
rot, weiß, Dessertwein 2002, 2001, 2000, 1998, 1997, 1996
★ Gimmeldinger Mandelgarten Riesling Großes Gewächs, Ruppertsberger Reiterpfad Riesling TBA, Königsbacher Idig Spätburgunder Großes Gewächs

Weingut Dr. Bürklin-Wolf
Pfalz

Weinstr. 65, Wachenheim
06322 95330
www.buerklin-wolf.de

MIT DER EHESCHLIESSUNG von Luise Wolf mit Dr. Albert Bürklin im Jahr 1875 entstand das größte private Weingut Deutschlands. Wie bei anderen großen Erzeugern der Pfalz kam es in den 1980er-Jahren zu Qualitätseinbrüchen. Jedoch konnten die gegenwärtigen Besitzer, Bettina Bürklin und ihr Ehemann Christian von Guradze, die Qualität wieder steigern. Die Rebflächen des Guts umfassen fast alle guten Parzellen der Lage Mittelhaardt, die Bewirtschaftung ist streng biologisch. Man erzeugt zwar auch Spätburgunder und Dornfelder, aber berühmt ist das Gut für seine trockenen Rieslinge. Von den üppigen Süßweinen, die das Renommee von Bürklin-Wolf einst begründeten, ist man abgekommen.
rot, weiß 2002, 2001, 1999, 1998, 1997, 1996, 1994, 1993
★ Forster Ungeheuer Riesling Großes Gewächs, Forster Kirchenstück Riesling Großes Gewächs

Weingut Christmann

Weingut Geheimer Rat Dr. von Bassermann-Jordan
Pfalz

Kirchgasse 10, Deidesheim
06326 6006
www. bassermann-jordan.de

IN DEN WEIT VERZEIGTEN Kellern dieses geschichtsträchtigen Weinguts stößt man auf Nischen voller römischer Amphoren und anderer Altertümer aus der Region. Nach Qualitätseinbrüchen in den 1980er-Jahren gelang Ende der 1990er-Jahre dem Weinmacher Ulrich Mell die Wende, und Bassermann-Jordan zählt heute wieder zur Spitze. Das Gros der trockenen Rieslinge stammt von hervorragenden Lagen in Ruppertsberg, Deidesheim und Forst. In sehr guten Jahren macht man auch superbe Trockenbeerenauslesen mit vollen Aromen von Pfirsichkompott und Feigen.
rot, weiß, Dessertwein 2002, 2001, 1999, 1998, 1996, 1994
★ Pechstein Forst Riesling Spätlese Trocken, Reiterpfad Ruppertsberg Riesling TBA

Weingut Josef Biffar
Pfalz

Niederkirchener Str. 13, Deidesheim
06369 67629
www.biffar.com

DIE BIFFARS kamen zwar schon 1723 von Lyon nach Deidesheim, aber erst in den 1990er-Jahren rückte das Gut dank eines neuen Weinmachers in die Topliga auf. Die Weingärten verteilen sich auf die Spitzengemeinden von Mittelhaardt, wobei die besten Lagen Deidesheimer Grainhübel und Wachenheimer Gerümpel sind. Mehr als zwei Drittel aller Weine sind trocken, aber auch die Auslesen können hervorragend sein. Es lohnt, den trockenen Weißburgunder im Auge zu behalten.
weiß 2002, 2001, 1999, 1998, 1997, 1996, 1994 ★ Deidesheimer Herrgottsacker Riesling Spätlese Trocken, Wachenheimer Gerümpel Großes Gewächs

Etikett Weingut Geheimer Rat Dr. von Bassermann-Jordan

Weingut Knipser
Pfalz

Hauptstr. 47, Laumersheim
06328 742
www.weingut-knipser.de

WERNER KNIPSER ist sehr experimentierfreudig: Er hat sich an ungewöhnlichen Weinen der Sorte Gelber Orleans versucht, den er auf seinem Gut in der nördlichen Pfalz wieder eingeführt hat, aber auch an Chardonnay und Sauvignon Blanc. Im trockenen Mesoklima dieser Gegend gedeihen sogar gehaltvolle Rotweine. Auch wenn die Qualität nicht immer beständig ist, hat sich dieses innovative Gut viele begeisterte Anhänger geschaffen.

rot, weiß 2002, 2001, 1999, 1997, 1996 ★ Weißburgunder Spätlese Trocken, Laumersheimer Kirschgarten Spätburgunder Spätlese Trocken

Weingut Koehler-Ruprecht
Pfalz

Weinstr. 84, Kallstadt
06322 829

BERND PHILIPPI ist weltweit als Berater tätig und erzeugt in seiner Heimatgemeinde Kallstadt mächtige und langlebige Rieslinge für Koehler-Ruprecht. Unter seinem eigenen Namen entsteht ein ganz anders geartetes Sortiment: fassvergorene Weine von Riesling, Chardonnay und Trauben aus der Pinotfamilie. Jedoch fehlt diesen nicht an Regeln und Vorschriften gebundenen eigenwilligen Weinen die Beständigkeit seiner Rieslinge.

rot, weiß 2001, 2000, 1999, 1998, 1994 ★ Kallstadter Saumagen Riesling Spätlese Trocken, Philippi Spätburgunder R

Weingut Müller-Catoir
Pfalz

Mandelring 25, Neustadt
06321 2815

DIESES URSPRÜNGLICH von Hugenotten gegründete Gut erreichte dank seines brillanten Weinmachers Hans-Günther Schwarz höchstes Niveau. Das erstaunt umso mehr, als das Gut keine herausragenden Weingärten besitzt. Im Sortiment überwiegt Riesling, aber es gibt auch beträchtliche Bestände an Grauburgunder, Scheurebe, Muskateller, Gewürztraminer und Rieslaner. Schwarz entschied sich für Naturhefen und minimale Intervention, weiterhin machte er sich für eine späte und selektive Lese stark. Das Ergebnis sind intensiv aromatische Weine mit einem Hauch Exotik. Die hervorragenden Rieslinge werden manchmal von Rieslaner, der Spezialität des Hauses, noch übertroffen. Diese Kreuzung von Riesling und Silvaner hat mehr Säure als Riesling und liefert Süßweine von belebender Rassigkeit.

rot, weiß, Dessertwein 2002, 2001, 1999, 1998, 1997, 1996, 1994 ★ Riesling Spätlese Trocken, Haardter Bürgergarten Muskateller Trocken

Weingut Ökonomierat Rebholz
Pfalz

Weinstr. 54, Siebeldingen
06345 3439
www.oekonomierat-rebholz.de

HANSJÖRG REBHOLZ gehört das gediegenste Weingut der südlichen Pfalz. Chardonnay und Spätburgunder werden im Barrique ausgebaut. Die Rieslinge können in jungen Jahren streng sein, sind aber von unglaublicher Intensität und Langlebigkeit. Die Spitzenlagen für Riesling sind Birkweiler Kastanienbusch (eher klassisch) und Siebeldinger im Sonnenschein (eher exotisch). Der in älteren Barriques vergorene Weißburgunder kann wunderbar sein, ebenso wie der duftige Muskateller.

rot, weiß 2002, 2001, 2000, 1999, 1998, 1996, 1994 ★ Siebeldinger im Sonnenschein: Riesling Großes Gewächs, Weißer Burgunder Großes Gewächs; Spätburgunder R

Weingut Reichsrat von Buhl
Pfalz

Weinstr. 16, Deidesheim
06326 965010
www.reichsrat-von-buhl.de

DIESES GROSSE GUT mit Anteilen an fast allen Spitzenweingärten der Pfalz, gehörte einst dem Freiherrn Enoch von und zu Guttenberg, einem Dirigenten mit wenig Interesse an Wein. Er verpachtete sein Gut an ein japanisches Unternehmen. 1994, nach Jahren der Mittelmäßigkeit, engagierte man den brillanten Frank John als Weinmacher. Er halbierte die Erträge und begann so spät wie möglich mit der Lese. Die trockenen Rieslinge von den Forst-Weingärten sind hervorragend, was in günstigen Jahren auch auf die Süßweine zutrifft. John nimmt auch die Rotweinproduktion sehr ernst, und der beste Spätburgunder des Jahres 2001 hatte genügend Statur für einen Ausbau in neuer Eiche.

rot, weiß, Dessertwein 2002, 2001, 1999, 1998, 1996, 1994 ★ Forster Pechstein Riesling Großes Gewächs, Forster Kirchenstück Riesling Großes Gewächs, Forster Ungeheuer Riesling TBA

Weingut Reichsrat von Buhl

Etikett Weingut Rudolf Fürst

Weingut Horst Sauer
Franken

Bocksbeutelstrasse 14, Escherndorf
093 81 43 64 www.weingut-horst-sauer.de n. V.

HORST SAUER wurde 2004 in London als »Weißwein-Erzeuger des Jahres 2004« ausgezeichnet. Ein Drittel seiner 10 ha ist mit Silvaner bestockt. Mit Silvanern und Rieslingen von der Spitzenlage Lump beeindruckt er regelmäßig. Mit seiner sorgfältigen Arbeitsweise macht Sauer selbst Standardweine zu einem echten Trinkgenuss.

weiß, Dessertwein 2003, 2002, 2001, 2000 ★ Escherndorfer Lump Silvaner Spätlese trocken

Weingut Rudolf Fürst
Franken

Hohenlindenweg 46, Bürgstadt
093 71 86 42 www.weingut-rudolf-fuerst.de n. V.

EINIGE DER BESTEN Weine Deutschlands stammen von diesem Gut in Westfranken. Paul und Monika Fürst bereiten Weißburgunder (Pinot Blanc) und Rieslinge, werden aber vor allem für ihre ausgewogenen Rotweine geschätzt. Der Spätburgunder Reserve (Pinot Noir) aus dem Weingarten Centgrafenburg ist einfach exzellent.

rot, weiß, Schaumwein, Dessertwein 2003, 2002, 2001, 2000 ★ Bürgstadter Centgrafenburg Spätburgunder trocken R, Parzival trocken R

Hessische Staatsweingüter Domaine Bergstrasse
Hessische Bergstraße

Grieselstr. 34–36, Bensheim
062 51 31 07 www.staatsweingueterhessen.de

DIESES GROSSE Weingut im Besitz der Landeregierung Hessen wird als Zweigniederlassung von Kloster Eberbach betrieben *(s. S. 363)*. Man erzeugt vor allem Riesling, wobei besonders die lieblichen überzeugen. Geschäftsführer Volker Hörr sichert dem Gut die Spitzenstellung an der Hessischen Bergstraße.

rot, weiß, Dessertwein 2003, 2001, 1999 ★ Heppenheimer Centgericht Riesling TBA

Weingut Graf Adelmann
Württemberg

Burg Schaubeck, Kleinbottwar
071 48 92 12 20
www.graf-adelmann.com

GRAF ADELMANN, ein Familienbetrieb nördlich von Stuttgart, hat mehr als ein Viertel seiner Fläche mit Riesling bestockt, doch die bekanntesten Weine sind Rotweine auf der Grundlage von Lemberger. Die Spitzen-Cuvée ist Vignette, ein beeindruckender Verschnitt von Lemberger, Samrot, Dornfelder und Cabernet.

rot, weiß, Dessertwein 2003, 2002, 2001, 1999 ★ Vignette trocken (Hades)

Weingut Bernhard Huber
Baden

Heimbacher Weg 19, Malterdingen
076 44 12 00 www.weingut-huber.com n. V.

SPÄTBURGUNDER (Pinot Noir) ist die Visitenkarte Bernhard Hubers: 70 % seiner 26 ha sind mit dieser Traube bestockt, aus der er vier verschiedene Weine bereitet. Die meisten sind kräftig im Stil, und manche brauchen etwas Zeit, um sich zu öffnen. Huber ist auch für seine charaktervollen Chardonnays bekannt und produziert

ROTWEIN: AUF DEM AUFSTEIGENDEN AST?

Die Rotweinproduktion in Deutschland hat eine lange Tradition, doch viele Jahre bevorzugte man – ganz anders als in anderen Ländern – leichte, süße Sorten. In den 1990er-Jahren stellten die besten Winzer fest, dass das Geheimnis guter Rotweine zum einen in den Weingärten liegt, zum anderen in einer längeren Kohlensäure-Maischung.
Nach wie vor ist Pinot Noir – oder auch Früh- bzw. Spätburgunder –, die einst durch Mönche aus Burgund nach Deutschland kam, die bedeutendste rote Traubensorte. Doch auch aus einheimischen Trauben wie Schwarzriesling (Pinot Meunier) und Lemberger werden interessante Weine bereitet, ebenso aus internationalen Sorten wie Merlot und Cabernet Sauvignon. In Süddeutschland und in der Region Ahr produziert man bemerkenswerte Rotweine. Zu den Rotweinspezialisten gehören die Weingüter Meyer-Näkel *(s. S. 362)*, Rudolf Fürst *(s. oben)* und August Kesseler.
www.august-kesseler.de

zudem begrenzte Mengen guten Sekts aus Weißburgunder (Pinot Blanc) und Spätburgunder (Pinot Noir).

rot, weiß, rosé, Schaumwein, Dessertwein 2003, 2002, 2001, 1999 ★ Spätburgunder trocken R

Weingut Dr. Heger
Baden

Bachenstr. 19–21, Ihringen 07 66 82 05 www.heger-weine.de n. V.

DIE HÄLFTE der Weinberge Hegers auf den vulkanischen Hängen des Kaiserstuhls sind mit Spätburgunder (Pinot Noir) und Riesling bepflanzt, obwohl auch Rebflächen mit Grauburgunder (Pinot Gris) und Weißburgunder (Pinot Blanc) zum hervorragenden Ruf Hegers beigetragen haben. Die besten Lagen sind Winklerberg und Schlossberg, aber auch die Zweitweine, etikettiert als Weinhaus Joachim Heger, sind von hervorragender Qualität.

rot, weiß, Dessertwein 2003, 2002, 2001, 2000 ★ Achkarrer Schlossberg Grauburgunder Auslese trocken

Weingut Lützkendorf
Saale-Unstrut

Saalberge 31, Bad Kösen 034 46 36 10 00 www.weingut-luetzkendorf.de n. V.

UWE LÜTZKENDORF besitzt 10 ha Rebland, dessen größter Teil mit Silvaner bepflanzt ist, doch er produziert auch guten Weißburgunder (Pinot Blanc) und Riesling sowie exzellenten Traminer.

weiß, Dessertwein 2003, 2002, 2001, 1999 ★ Karsdorfer Hohe Gräte Traminer Spätlese trocken

Weingut Pawis
Saale-Unstrut

Lauchaer Strasse 31c, Freyburg/Unstrut 034 46 42 83 15 www.weingut-pawis.de

Das Logo des Weinguts Schloss Proschwitz, am Einfahrtstor des Weinguts

SEIT ER DAS Familiengut 1998 übernommen hat, steckte Bernhard Pawis viel Arbeit in die Bewirtschaftung des Weingartens. Die wichtigste Sorte ist Riesling, doch die Grau- und Weißburgunder (Pinot Gris und Blanc) haben ebenfalls Klasse. Pawis' Weinlokal ist sehr beliebt.

rot, weiß, Dessertwein 2003, 2002, 2001, 1999 ★ Freyburger Edelacker Riesling Spätlese trocken

Weingut Klaus Zimmerling
Sachsen

Bergweg 27, Dresden-Pillnitz 035 12 61 87 52 n. V.

KLAUS ZIMMERLING bebaut seine 4 ha Rebland biologisch. Er hält die Erträge gering (20 hl pro ha) und erzeugt damit Weine, die perfekter Ausdruck des Terroirs sind. Sie sind ausgesprochen gut vinifiziert, besonders die Grauburgunder (Pinot Gris) und Rieslinge.

weiß, Dessertwein 2003, 2002, 2001, 1999 ★ Riesling trocken »R«

Weingut Martin Schwarz
Sachsen

Weinbergstr. 34, Radebeul 035 18 95 60 72

MARTIN SCHWARZ war als Weinmacher in Schloss Proschwitz nicht zufrieden und begann daher 2003 damit, unter eigenem Namen Weine von einem steilen, nur 1 ha großen Grundstück in Radebeul zu produzieren. Seine Arbeit mit Traminer, Spätburgunder (Pinot Noir), Weißburgunder (Pinot Blanc) und Grauburgunder (Pinot Gris) ruft Begeisterung hervor, obwohl seine Weine bislang nur in sehr begrenzten Mengen erhältlich sind. Dem Weingut Schwarz steht eine viel versprechende Zukunft bevor.

rot, weiß 2003 ★ Weißburgunder-Grauburgunder trocken

Weingut Schloss Proschwitz
Sachsen

Dorfanger 19, Zadel 03 52 17 67 60 www.schloss-proschwitz.de

PROSCHWITZ, ein barockes Schloss und das älteste Weingut in Sachsen, besitzt über 50 ha Rebland. Man baut Grauburgunder (Pinot Gris), Weißburgunder (Pinot Blanc), Spätburgunder (Pinot Noir), Riesling und andere Traubensorten an. Viele der Weine trinkt man am besten ein oder zwei Jahre nach der Abfüllung.

rot, weiß, Dessertwein 2003, 2002, 1999 ★ Traminer Eiswein

ÖSTERREICH UND DIE SCHWEIZ

BEI ÖSTERREICH UND DER SCHWEIZ *denkt man in der Regel an schneebedeckte Berge. Die an den niedrigeren Hängen befindlichen Weinberge und ihre Weine sind dagegen viel weniger bekannt. Dies trifft vor allem auf die Schweiz zu, die kaum Wein ins Ausland exportiert. Die ausdrucksvollen Weine Österreichs jedoch finden international immer mehr Beachtung. Die Weine beider Nationen halten große Entdeckungen bereit.*

ÖSTERREICH

IN ÖSTERREICH SOLL DER WEINBAU bis in die Zeit vor der Christianisierung und der Römerzeit zurückreichen. Man nimmt an, dass die ersten österreichischen Weinreben von den Kelten gepflanzt wurden. Doch erst im Mittelalter nahm die Weinproduktion durch die Klöster Gestalt an. Das Kaiserreich hinterließ ein reiches Erbe – nicht zuletzt aufgrund von Forschungen und Experimenten, die die erste, 1860 in Klosterneuburg gegründete Weinschule des Landes unternahm. Nach dem 1. Weltkrieg verkleinerte sich das Reich auf seinen Kern, und Österreich ist seither vom Tourismus geprägt. Die Weinbranche stand in enger Verbindung mit dem Tourismus, denn die Gäste erwarteten kaum mehr als Frauen in folkloristischen Trachten, die Krüge mit halbtrockenem Wein zu kaltem Schweinefleisch und Schrammelmusik servierten.

St. Urban, Schutzheiliger der Winzer

Erst in den 1950er-Jahren begann eine kleine Gruppe von Weinbauern aus der Wachau, der Branche durch die Erzeugung ernst zu nehmender österreichischer Weine ein neues Gesicht zu geben. Der Weinskandal von 1985 (damals wurden Weine durch Winzer, die Chemikalien in den Most gaben, in Misskredit gebracht) bewirkte einen Einbruch, setzte aber einen Reformprozess in Gang, welcher der Branche nützte.

Die letzten zwei Jahrzehnte haben dem östereichischen Wein eine wahre Erfolgsgeschichte beschert. Die Rieslinge des Landes zählen heute weltweit zu den besten, und der Grüne Veltliner findet ebenfalls Anerkennung, und die ohne Eiche ausgebauten Chardonnays sowie fruchtige Sauvignon Blancs aus der Steiermark haben einen sehr regionaltypischen Charakter.

In Österreich stehen heute etwa 46 000 ha unter Reben, und die Produktion beträgt etwa ein Viertel der deutschen (75 % davon sind Weißweine). Die Weine werden meist im Land selbst abgesetzt, aber Deutschland kauft die Überschüsse auf. Die Exporte nach Schweden und Japan nehmen immer mehr zu.

Das Weindorf Weißenkirchen (Wachau, Österreich)

WEINPRODUZIERENDE LÄNDER

Diese beiden kleinen Länder liegen in Zentraleuropa und haben keinen Zugang zum Meer. Die Alpen beherrschen einen großen Teil der Landschaft, so beschränkt sich die Weinproduktion eher auf Randbereiche.

SCHWEIZ

DIE SCHWEIZER Weinbautradition reicht vermutlich ebenfalls bis vor die Römerzeit zurück, wenngleich die Weinerzeugung eher in kleinem Maßstab stattfand, bis sie im Mittelalter unter dem Einfluss der Zisterziensermönche Auftrieb erhielt. Danach florierte der Weinbau, bis die schweizer Weingärten im späten 19. Jh. von der Reblaus heimgesucht wurden. Aber auch die aufkommende Industrialisierung sowie die Zunahme billiger Importweine auf dem Markt fügten der Schweizer Weinbranche schwere Schäden zu.

In den letzten Jahrzehnten hat sich die Situation gebessert. Die 7 Mio. Schweizer sind begeisterte Weinkonsumenten und trinken 380 Mio. Flaschen pro Jahr. Dieser Bedarf übersteigt die heimische Produktion bei weitem, hat der Branche aber gleichzeitig Auftrieb gegeben: Heute produziert die Schweiz 149 Mio. Flaschen pro Jahr (fast zu gleichen Teilen Weiß- und Rotwein). Die 15 000 ha Rebland verteilen sich auf fast alle 26 Kantone, konzentrieren sich jedoch auf drei Gebiete: den französischsprachigen Westen, den deutschsprachigen Osten und den italienischsprachigen Süden.

Das Wallis (Valais) in der französischsprachigen Schweiz ist unbestritten das Spitzenanbaugebiet des Landes. Hier wird vor allem Chasselas (auch Fendant genannt), die beliebteste Rebsorte des Landes, angebaut. Ihre weißen Trauben liefern leichte, trockene Weine, die neutral oder hocharomatisch sein können. Pinot Noir und Gamay zählen zu den Valais-Rotweinen; ein aus beiden gewonnener Verschnitt wird Dôle genannt. Zu den einheimischen roten Sorten zählen die würzig-tanninreiche Cornalin sowie Humagne Rouge.

Im Osten wird vorwiegend Rotwein hergestellt. Die meisten Weine sind leichte Blauburgunder (Pinot Noir) – die dominierende rote Traube des Landes. Von den Weißweinen ist der leichte, blumige Müller-Thurgau am weitesten verbreitet. Im Tessin (Ticino) im Süden des Landes herrscht Merlot vor – in unterschiedlichen Stilen, doch viele dieser (oft in Eiche ausgebauten) Weine haben Weltklasse.

Da Schweizer Weine vor allem im Inland Abnehmer finden, wird weniger als 1 % der Produktion exportiert – was sehr schade ist, denn das Land bietet eine charaktervolle Vielfalt an Weinen. Die Preise sind allerdings relativ hoch.

Weingärten im Wallis, westliche Schweiz

WEINKARTE ÖSTERREICH

ÖSTERREICHS WEINGÄRTEN liegen im Osten des Landes entlang der Grenze zur Tschechischen Republik, Slowakei, Ungarn und Slowenien. Das wichtigste Anbaugebiet ist Niederösterreich mit der fruchtbaren Donauebene im Nordosten. In den kleinen, aber bedeutenden Gebieten Wachau und Kremstal im Westen von Niederösterreich sind einige der innovativsten Erzeuger Österreichs ansässig.

LEGENDE
Österreich

ÖSTERREICH: GEBIETE UND SPITZENERZEUGER

NIEDERÖSTERREICH *S. 374*
Bernhard Ott *S. 378*
Franz Proidl *S. 378*
F X Pichler *S. 378*
Nikolaihof *S. 378*
Toni Hartl *S. 378*
Weingut Alzinger *S. 379*
Weingut Bründlmayer *S. 379*
Weingut Familie Nigl *S. 379*
Weingut Familie Pitnauer *S. 379*
Weingut Franz Hirtzberger *S. 379*
Weingut Hiedler *S. 379*
Weingut Högl *S. 380*
Weingut Alphart *S. 380*
Weingut Knoll *S. 380*
Weingut Lagler *S. 380*
Weingut Malat *S. 380*
Weingut Prager *S. 380*
Weingut Undhof Salomon *S. 380*

WIEN *S. 375*
Weingut Wieninger *S. 381*

BURGENLAND *S. 376*
Ernst Triebaumer *S. 381*
Heribert Bayer *S. 381*
Josef Pöckl *S. 381*
Umathum *S. 382*
Weingut Familie Gesellmann *S. 382*
Weingut Gernot und Heike Heinrich *S. 382*
Weingut Juris *S. 382*
Weingut Kollwentz *S. 382*
Weingut Prieler *S. 383*
Weingut Velich *S. 383*
Weinlaubenhof Kracher *S. 383*

STEIERMARK *S. 377*
Tement *S. 383*
Weingut Erich und Walter Polz *S. 383*

Weingut Prieler, Burgenland

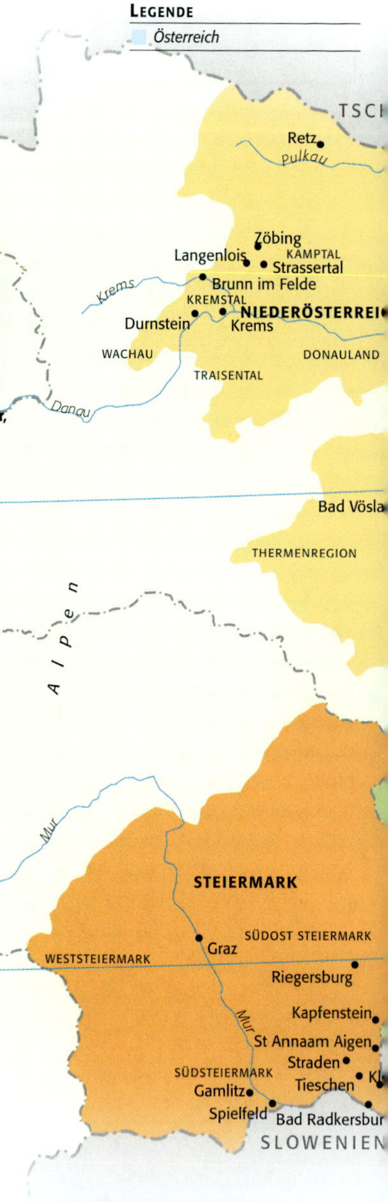

Gutshof und Weingarten in Hanglage nahe Graz in der Steiermark

DAS TERROIR AUF EINEN BLICK

Breite: 46,5–49 °N

Höhe: 115–650 m über NN

Topografie: Unterschiedlich; von flachen Ufergebieten rings um den großen, flachen, Neusiedler See im östlichen Burgenland bis zu den sanften Hügeln der Steiermark

Boden: Vorwiegend steiniger Schiefer-, Kalkstein- und Kiesboden

Klima: Kontinental, mit relativ mildem Herbst, der oft eine späte Reifung bis in den Oktober oder November erlaubt

Temperatur: Durchschnittstemperatur im Juli: 19,5 °C

Niederschlag: 603 mm im Jahresdurchschnitt. Im westlichen Weinviertel regnet es am wenigsten, im östlichen am meisten.

Wind: Warme Winde aus dem ungarischen Flachland entlang der Donau sorgen für höhere Temperaturen in Weingärten an Flussufern.

Gefahren für den Weinbau: Frühlingsfröste, Regen

Österreichische Spitzensorten

Es gibt eine Reihe in Österreich heimischer Traubensorten, die besonders typisch für dieses Land sind.

Weiße Traubensorten

Grüner Veltliner: Diese wichtige Sorte hat Aromen von Pfeffer und Grapefruit. Die besten Trauben kommen aus der Wachau, und viele Österreicher halten sie für einen ernsthaften Konkurrenten von Chardonnay und Riesling.

Welschriesling: Diese Traube ist nicht mit Riesling verwandt; sie liefert leichte, aromatische Weine. Wegen ihres zitronigen Säureanteils ist sie beliebt in der Schaumwein- bzw. Sekterzeugung

Zierfandler: Der würzige Zierfandler wurde traditionell mit Rotgipfler zu Gumpoldskirchner, einem Weißwein aus der Thermenregion, verschnitten.

Rotgipfler: Der zweite Verschnittanteil des würzigen Gumpoldskirchner ist heute ebenfalls als Sortenwein erhältlich. Manchmal duftet er nach dunklem Brot.

Neuburger: Eine Kreuzung aus Weißburgunder (Pinot Blanc) und Silvaner, die am häufigsten in der Wachau vorkommt. Er ist vorwiegend körperreich und kann ein nussiges Aroma besitzen.

Grüner-Veltliner-Trauben

Blaufränkisch

Rote Traubensorten

Blaufränkisch: Diese in Österreich sehr beliebte Traube liefert robuste, farbintensive Rotweine mit Himbeernoten und einem Hauch weißen Pfeffers. Manchmal wird sie auch als österreichische Antwort auf Cabernet Sauvignon bezeichnet.

Zweigelt: Diese in ganz Österreich angebaute Sorte ist eine Kreation von Dr. Zweigelt, der dafür St. Laurent und Blaufränkisch kreuzte. Sie kann hohe Erträge liefern, produziert unter Kontrolle jedoch attraktive, saftige Weine mit Kirschnote.

Blauer Wildbacher: Diese dunkelrote, in der Steiermark heimische Traube wird fast ausschließlich für Schilcher, den spritzigen Rosé, verwendet.

Weingärten entlang der Donau in der Wachau

DIE WEINBAUGEBIETE ÖSTERREICHS

Niederösterreich

BEI EINER REBFLÄCHE von 33 650 ha entfallen 58 % der österreichischen Weinproduktion auf Niederösterreich. Man produziert überwiegend trockene Weißweine, und die beliebteste Sorte ist Grüner Veltliner, der fast die Hälfte der Anbaufläche einnimmt. Niederösterreich umfasst acht Weinbaugebiete.

wechselnd *Portugieser, Zweigelt, St. Laurent* *Grüner Veltliner, Müller-Thurgau, Welschriesling* *rot, weiß, Dessertwein*

Weinviertel

FÜR DIESES MIT 18 000 ha Rebfläche größte Weingebiet des Landes wurde im Zuge des Weinskandals 1985 eine DAC (Districtus Austria Controllatus) genannte und von der EU anerkannte Herkunftsbezeichnung geschaffen. Das Klima ist unterschiedlich, in der Umgebung von Retz eher trocken, feuchter entlang der March, dem Hauptanbaugebiet für den österreichischen Klassiker Grüner Veltliner. Die Grundweine für die florierende österreichische Sektindustrie (überwiegend Grüner Veltliner, Weißburgunder und Riesling) stammen hauptsächlich aus Poysdorf im Nordosten. Dort erzeugt man auch hervorragende Stillweine – in erster Linie pfeffrige Grüne Veltliner und delikat saftige Weißburgunder. Das nördlich gelegene Pulkautal ist Sitz des Gutes Hardegg, das erstmals in Österreich Weine im Portstil und Viognier produzierte.

Weinlokal in Wien

Kamptal

KLIMA UND BODENBESCHAFFENHEIT machen das Kamptal zu einer der besten Weinregionen des Landes, besonders für trockene Weißweine von Grünem Veltliner, Riesling und Weißburgunder. Das Herz des Kamptals ist Langenlois, wo erstklassige Erzeuger wie etwa Bründlmayer beheimatet sind. Bedeutende Winzer findet man auch in den Gemeinden Straß und Zöbing. Auf dem Heiligenstein mit seinen Urgesteinsböden wachsen Grüner Veltliner der Spitzenklasse, beeindruckende Weißburgunder und rassige Rieslinge. Die Erzeuger im Kamptal haben sogar eine eigene Klassifikation geschaffen: Große Erste Lage (Grand Cru), Erste Lage (Premier Cru) und Klassifizierte Lage (Cru Classé).

Kremstal

IN DER TAUSEND JAHRE alten Stadt Krems und an den Ufern des Flusses Krems sitzen einige der besten Erzeuger Niederösterreichs. Die Sandböden im Osten sind ideal für lebhaften Grünen Veltliner, während ernsthaftere Weine – besonders Rieslinge mit deutlichem Kalkton – auf den Urgesteinsböden von Stein und Senftenberg gedeihen. Weitere gute Anbaugebiete liegen in der Umgebung von Rohrendorf und Brunn am Felde sowie am anderen Donauufer in Furth und Palt. Hier steht wieder Grüner Veltliner im Vordergrund, aber auch Riesling spielt eine gewisse Rolle.

Wachau

Dank ihrer mächtigen Rieslinge mit Kalkton wurde die Wachau zum berühmtesten Weingebiet Österreichs. Trotzdem entfallen nur 10 % der Produktion auf diese Sorte. Bestimmend ist nach wie vor Grüner Veltliner, der hier auf Granitböden wächst und einem Riesling in nichts nachsteht.

Ein typischer Heuriger in Wien

Mit Weingärten beiderseits der Donau gehört die Wachau mit zu den schönsten Weingbaugebieten der Welt. Die Weine von den Südhängen unterhalb Dürnsteins sind meist mächtiger als die stromaufwärts erzeugten. Gute Erzeuger gibt es auch im südlich der Donau gelegenen Mautern. Der Verband Vinea Wachau hat ein eigenes Klassifikationssystem geschaffen: *Steinfeder* für leichte, nicht chaptalisierte Weine, *Federspiel* für Weine vergleichbar mit einen mittelschweren Kabinett und *Smaragd* für mächtigen, trockenen Kabinett oder Spätlese *(s. S. 348)*.

Traisental

Österreichs jüngste und kleinste Weinregion entstand 1995 – 700 ha zwischen Donau und St. Pölten –, hat aber noch keine eigene Identität entwickelt. Das Vorzeigegut war und ist der 7-ha-Besitz von Ludwig Neumayer in Inzersdorf ob der Traisen, der bekannt ist für seine beeindruckenden Weißburgunder.

Donauland

Die Region besteht aus dem Raum Klosterneuburg und dem Wagram westlich von Wien. Das Kloster selbst verfügt über den größten Weingartenbesitz des Landes, darunter einige Steilhänge direkt im Westen von Wien, die besonders gut für Riesling und Grünen Veltliner geeignet sind. Die besten Donauland-Weine kommen aber immer noch vom Wagram, der größten Lössstufe Europas. Der Grüne Veltliner von dort gehört zu den besten Österreichs.

Carnuntum

Dieses Weinbaugebiet am Nordufer der Donau ist sehr im Kommen. Die guten Erzeuger stammen fast alle aus der Gegend um Göttlesbrunn. Der Westen ist vor allem für seinen vollen, kirschduftigen Zweigelt bekannt, man erzeugt dort aber auch Cabernet Sauvignon und sogar Syrah. Im Osten überwiegt Blaufränkisch, der aber nicht das Gewicht entsprechender Weine aus dem Burgenland erreicht.

Thermenregion

In einem typischen Wiener Gasthaus trank man früher lieblichen weißen Gumpoldskirchner und roten Vöslauer – beides Weine aus der Thermenregion. Vöslauer war in der Regel ein dünner, aus der Rebe Portugieser gekelterter Wein, heute mit Cabernet Sauvignon, St-Laurent und Blauburgunder verschnitten. Gumpoldskirchner stammt von den Hügeln um Gumpoldskirchen, die noch als Ausläufer der Alpen gelten. Die klassischen Sorten waren Zierfandler und Rotgipfler; in der Umgebung von Baden im Norden überwog Neuburger, angeblich eine Burgundersorte. Auf die durch den Weinskandal 1985 *(s. S. 370)* ausgelöste Krise reagierten die Winzer mit einem Wechsel zu Chardonnay. Guten Winzer kehren heute wieder zur Tradition zurück.

Wien

In der ländlichen Umgebung Wiens gibt es viele Winzer, die die Weinlokale, die Heurigen, mit frischen, jungen Weißweinen versorgen. Diese ebenfalls Heurige genannten Weine gelten ein Jahr nach der Lese als Altwein. Einheimische und Touristen stellen keine besonderen Ansprüche an diese Weine, trotzdem keltern einige Erzeuger zunehmend Rieslinge und Weißburgunder mit beträchtlichem Potenzial.

Kalkstein, Löss, Lehm, Kies *Zweigelt*
Grüner Veltliner, Riesling *rot, weiß*

Reich verziertes Fass aus dem Burgenland

Apetlon auch volle, trockene Weißweine.

Weiter entfernt von den Seen findet man in zunehmendem Maß andere Weintypen. Das Weingut Gols etwa wurde berühmt für seine großen Rotweine. Hier, in einiger Entfernung vom Ostufer des Neusiedlersees, ist auch der Sitz der Winzervereinigung Pannobile, deren neun Mitglieder die heimischen Sorten wie Blaufränkisch, St.-Laurent und Zweigelt mit neuen Sorten verschneiden. Im Norden des Sees liegt Jois, wo man Blauburgunder im Burgunderstil verarbeitet.

Burgenland

DAS BURGENLAND ist das zweitgrößte und vielfältigste Weinbaugebiet Österreichs. Es gehörte bis 1921 zu Ungarn und hat daher eine andere Weintradition als Niederösterreich. Die häufigste Sorte ist auch nicht Grüner Veltliner, sondern Welschriesling. Wie in Ungarn ist die bestimmende rote Traube Blaufränkisch, besonders im Mittelburgenland. Ungarisch geprägt ist auch der Ruster Ausbruch, die österreichische Variante des Tokajers. Das Burgenland ist in vier Regionen unterteilt.

Kies, Sand, Lehm, Kreide, Kalkstein
Blaufränkisch, Zweigelt, Cabernet Sauvignon, Syrah, Nebbiolo, Tempranillo *Welschriesling, Weißburgunder, Chardonnay* *rot, weiß, Dessertwein*

Neusiedlersee (Seewinkel)

DIESE REGION WIRD sehr häufig mit üppigen Süßweinen in Verbindung gebracht, die man hier von Welschriesling, Scheurebe (Sämling 88), Traminer, Grauburgunder, Weißburgunder und Bouvier keltert. Die Trauben gedeihen in den Weingütern an den Ufern des flachen Neusiedler Sees rund um die Dörfer Illmitz und Apetlon. Voraussetzung für die Entstehung der Edelfäule *(s. S. 66)* sind die hier häufig auftretenden Herbstnebel, die zudem von mehreren Flachwassern mit so beredten Namen wie Oberer und Unterer Stinkersee begünstigt werden. Ungeachtet dessen gelingen in der feuchten Umgebung von

Neusiedlersee-Hügelland

DAS ZENTRUM DIESER REGION im Leithagebirge westlich des Neusiedler Sees bildet Rust, die Hauptstadt des Burgenlandes. Schon im 17. Jh. wurde diese Stadt berühmt für ihren Ausbruch genannten Süßwein, der ungefähr dem Aszú *(s. S. 397)* aus Tokay entspricht. Für Ausbruch verwendet man nur Anteile edelfauler Trauben, wodurch das Endprodukt etwa mit einem Sauternes *(s. S. 66)* vergleichbar wird. In den höheren Regionen erzeugt man seit einigen Jahren auch Bordeaux-Verschnitte und trockene Weißweine von Chardonnay sowie von Sauvignon Blanc.

Mittelburgenland

DIE UMGEBUNG DER Gemeinden Horitschon, Neckenmarkt und Deutschkreuz ist seit alters her zu zwei Dritteln mit Blaufränkisch bestockt. Dagegen waren die 1980er- und 1990er-Jahre von Experimenten geprägt: Der französische Önologe Philippe Ricôt überzeugte viele Winzer von Merlot, und der mittlerweile verstorbene Hans Igler führte Cabernet Sauvignon ein. In jüngster Zeit brachte die Genossenschaft Neckenmarkt einige Weine von Blaufränkisch auf den Markt, die als exemplarisch gelten können. Roland Velich aus Apetlon und Erich Krutzler aus Deutsch-Schützen haben nahe der ungarischen Grenze in Lutzmannsburg einen weiteren neuen Wein kreiert – Moric, der von jahrhundertealten Blaufränkisch-Reben stammt.

Südburgenland

DIESE REGION GANZ IM Süden von Österreich produziert geringe Mengen Rotwein. In Deutsch-Schützen erzeugt das Weingut Krutzler einen der besten Rotweine des Landes, Perwolf, einen Verschnitt von Blaufränkisch und etwas Cabernet Sauvignon. Nennenswerte Weinorte sind auch Eisenberg und Rechnitz. In Heiligenbrunn und Moschendorf wird noch Uhudler erzeugt – ein Wein von ungepfropften Amerikanerreben –, der ein leichtes Erdbeer-Aroma hat.

Steiermark

DIE STEIERMARK IST, was die Produktion betrifft, nach Wien die kleinste Weinregion. Einer von zehn Erzeugern betreibt einen Buschenschank genanntes Weinlokal – ein Indiz dafür, dass hier einfache Trinkweine erzeugt werden. In dem warmen Klima werden überwiegend trockene Weißweine erzeugt, Süßwein sin geringen Mengen nur in guten Jahren. Seit einiger Zeit erfreuen sich die saftig-fruchtigen Weine in Österreich zunehmender Beliebtheit, und ihr Bekanntheitsgrad steigt.

Vulkanböden *Zweigelt* *Welschriesling, Sauvignon Blanc, Chardonnay, Grauburgunder (Pinot Gris), Weißburgunder (Pinot Blanc), Gelber Muskateller* *rot, weiß, rosé, Schaumwein*

Etikett Weingut Gernot und Heike Heinrich

Südoststeiermark

IN DER VULKANISCH geprägten Hügellandschaft dieser Region wächst überwiegend Welschriesling, so auch bei Bad Radkersburg auf einem nach Slowenien hineinragenden Landstrich. Nennenswerte Lagen sind in dieser Region Kapfenstein, St. Anna am Aigen, Straden, Tieschen, Riegersburg und Klöch – deren Spezialität halbtrockener Gewürztraminer ist.

Südsteiermark

DIE WEINE DIESER REGION sind ebenso beeindruckend wie die Landschaft. Die ersten hochwertigen trockenen Weißweine erzeugte Willi Sattler sen. in den 1970er-Jahren in Gamlitz. Eigentlich produzierte man damals halbtrockene Weine nach dem Geschmack deutscher Touristen, aber nach dem Glykolskandal 1985 folgten viele Sattlers Beispiel. Empfehlenswert sind Sauvignon Blanc, Chardonnay (Morillon) und Grauburgunder, möglichst trocken-fruchtbetont mit wenig Holz. Das Rückgrat der Gegend bildet Welschriesling – seine delikate Säure und erfrischend saubere Frucht können eine Offenbarung sein.

Weststeiermark

DIE SPEZIALITÄT der Weststeiermark schlechthin ist Schilcher: ein dunkler Rosé mit deutlicher Säure, der von der Sorte Blauer Wildbacher gekeltert wird. Auch Schilcher-Sekt wird produziert. In guten Jahren machen die Winzer aus dem Blauen Wildbacher auch einen Merlot-ähnlichen Rotwein.

Weingärten in der Umgebung von Kapfenstein, Südoststeiermark

DIE SPITZENERZEUGER ÖSTERREICHS

Bernhard Ott
Niederösterreich

Neufang 36, Feuersbrunn ☎ *02738 22 57* W *www.ott.at* ○ *n. V.*

BERNHARD OTT erzeugt fast ausschließlich Grünen Veltliner. Mit dieser Festlegung hatte er so viel Erfolg, dass er zum Star avancierte. Seine Spitzenabfüllung ist der dichte, strukturierte Rosenberg Reserve; am bekanntesten hat ihn jedoch Fass 4 gemacht, ein ausgewogener Wein, verschnitten aus einer Reihe großartiger Lagen.

weiß *2003, 2002, 2001, 2000, 1999* ★ *Grüner Veltliner Fass 4, Grüner Veltliner Rosenberg Reserve*

Franz Proidl
Niederösterreich

Oberer Markt 5, Senftenberg ☎ *02719 24 58* ○ *n. V.*

JAHRZEHNTELANG lag der terrassierte Weinberg von Ehrenfels verlassen unterhalb der verfallenen Burg Senftenberg im nordwestlichen Kremstal. In den späten 1980er-Jahren machte sich Franz Proidl an die Arbeit und begann mit dem Anbau kraftvoller Rieslinge und Grüner Veltliner auf dem mineralischen Boden. Er erzeugt auch wunderbare Dessertweine aus edelfaulen Trauben.

weiß, rot, Dessertwein *2003, 2002, 2001, 2000, 1999* ★ *Riesling Senftenberger Ehrenfels*

Namensschild am Haus von Franz Proidls Weingut

Weingarten in Hanglage in Niederösterreich

F X Pichler
Niederösterreich

Oberloiben 27, Loiben ☎ *02732 85 3 75* ●

FRANZ XAVER PICHLER ist in Österreich eine Legende. Er besitzt nur einen 13-ha-Weingarten, ergänzt seine Produktion jedoch durch eingekaufte Riesling- und Grüner-Veltliner-Trauben. Seine Smaragd-Spitzenweine sind bereits Legende, vor allem die mit der Auszeichnung »M« (»monumental«). Halten Sie nach den kräftigen Grünen Veltlinern vom Kellerberg und vom Loibner Berg Ausschau. Die jungen Rieslinge können streng sein; sie entwickeln sich jedoch prächtig: Loibner Berg und Kellerberg sind auch hier führend. In außergewöhnlich guten Jahren erzeugt Pichler auch einen süßen Wein.

weiß, Dessertwein *2002, 2001, 2000, 1999, 1998, 1997* ★ *Kellerberg Riesling, Loibner Berg Grüner Veltliner*

Nikolaihof
Niederösterreich

Mautern ☎ *02732 82 901* W *www.nikolaihof.at* ○ *n. V.*

NIKOLAIHOF LIEGT etwas versteckt südlich der Donau, verdient aber trotzdem, beachtet zu werden. Hier werden auf 16 ha Land (Wachau und Stein) biologisch-dynamische Weine angebaut. Die Besitzer Nikolaus und Christine Saahs erzeugen strenge, kantige Rieslinge (Vom Stein, Im Weingebirge, Steiner Hund); daneben liefern sie auch interessante Verschnitte wie die Cuvée Elisabeth von Chardonnay und Neuburger. In der Saison betreibt die Familie in dem schönen, alten Haus ein Restaurant.

weiß *2002, 2001, 2000, 1999, 1998, 1997* ★ *Cuvée Elisabeth, Steiner Hund Riesling*

Toni Hartl
Niederösterreich

Florianigasse 7, Reisenberg ☎ *02234 80636 5* W *www.toni-hartl.at* ○ *n. V.*

TONI HARTL ist noch ein Newcomer, erntet für seine Rotweine jedoch weithin Beifall. Im Nordosten der Thermenregion erzeugt er einen guten Pinot Noir namens La Création. Seine Rebflächen liegen jedoch größtenteils im Burgenland, westlich des Neusiedler Sees. Zu den Abfüllungen von dort gehört ein großartiger Verschnitt von

Zweigelt und Bordeaux-Sorten namens Inkognito, der in neuer Eiche ausgebaut wird.
rot, weiß 2003, 2002, 2001, 2000, 1999 ★ La Création Pinot Noir, Inkognito

Weingut Alzinger
Niederösterreich

Unterloiben 11, Loiben 02732 77 900 www.alzinger.at n. V.

Leo Alzinger geht beim Weinbau in der östlichen Wachau keine Kompromisse ein. Und diese Einstellung hat ihn in der österreichischen Weinszene nach vorne gebracht. Herausragende Parzellen in Hanglage in Loiben und Dürnstein liefern Rieslinge und Grünen Veltliner von außergewöhnlicher Tiefe, die jedoch noch in der Flasche reifen müssen. Die Steinertal-Einzellagenweine sind herausragend.
weiß 2003, 2002, 2001, 2000, 1999 ★ Riesling Steinertal, Grüner Veltliner Steinertal

Weingut Bründlmayer
Niederösterreich

Zwettler Str. 23, Langenlois 02734 21 720 www.bruendlmayer.at

Willi Bründlmayer erzeugt auf seinem 50-ha-Gut mehr als ein Dutzend Weine. Seine Spitzenabfüllungen sind die kraftvollen Grünen Veltliner und Rieslinge (Alte Reben), aber auch sein weicher Chardonnay oder der in Eiche ausgebaute Grauburgunder sind makellos. Gelegentlich erzeugt er köstliche Dessertweine sowie einige gute Rotweine (insbesondere den Pinot Noir). Sein Sekt gehört zu den ausgewogensten Österreichs.
rot, weiß, Schaumwein, Dessertwein 2002, 2001, 2000, 1998, 1997, 1995, 1994, 1993, 1992, 1990 ★ Alte Reben: Riesling, Grüner Veltliner; Sekt

Weingut Familie Nigl
Niederösterreich

Priel 7, Senftenberg 02719 26 09 www.weingutnigl.at n. V.

Familie Nigl erzeugt auf den felsigen Böden oberhalb von Senftenberg Grüne Veltliner und Rieslinge der Spitzenklasse. Hervorragend sind Weine von den Lagen Kremsleiten, Senftenberger Piri und Hochäcker, die zu den besten der Wachau zählen.
weiß, Dessertwein 2002, 2001, 2000, 1999, 1998, 1997 ★ Senftenberger Piri Riesling, Senftenberger Hochäcker Riesling

Weingut Familie Pitnauer
Niederösterreich

Weinbergstr. 6, Göttlesbrunn 02162 82 49 www.pitnauer.com n. V.

Hans Pitnauer aus Göttlesbrunn brilliert mit körperreichen Rotweinen wie Bienenfresser (einem reinen Zweigelt) und dem nach Pitnauers Vater und Großvater benannten Franz Josef (einem Verschnitt aus Zweigelt, Cabernet Sauvignon und St. Laurent oder Syrah).
rot, weiß 2002, 2001, 2000, 1999, 1998 ★ Bienenfresser, Franz Josef

Etikett Weingut Bründlmayer

Weingut Familie Nigl

Weingut Franz Hirtzberger
Niederösterreich

Kremserstr. 8, Spitz an der Donau 02713 22 09 n. V.

Franz Hirtzberger ist eine wichtige Person in der Wachau und gehört zur zweiten Generation auf diesem Familiengut, das trockene Weine produziert. Sein kraftvoller, manchmal stark alkoholischer Honivogl Grüner Veltliner ist ein Musterbeispiel für die übrigen Smaragd-Weine. Hochrain und Singerriedl liefern herrlich lange, komplexe Rieslinge.
weiß 2002, 2001, 2000, 1999, 1998, 1997 ★ Honivogl Grüner Veltliner Smaragd

Weingut Hiedler
Niederösterreich

Am Rosenhügel 13, Langenlois 02734 24 68 www.hiedler.at n. V.

Das Ehepaar Hiedler genießt weltweit Anerkennung für seine Arbeit in Kamptal. Nur ein Hektar des Heiligenstein-Weingartens in der Nähe des Dorfes Zöbing liefert brillante Rieslinge; zudem erzeugen die Hiedlers auch sechs verschiedene Grüner-Veltliner-Varianten – vom leichten, spritzigen Löss bis hin zum bezaubernd komplexen Maximum.
weiß, rot 2003, 2002, 2001, 2000, 1999 ★ Riesling Maximum, Grüner Veltliner Maximum

Weingut Högl
Niederösterreich

Viessling 31, Spitz an der Donau
02713 84 58
www.weingut-hoegl.at n. V.

VOR ZEHN JAHREN war es noch unvorstellbar, dass ein anderer Anbauer in der Wachau neben die vier großen (Pichler, Hirtzberger, Prager und Knoll) treten würde, doch Högl hat es mit seinen Weinen, die er in Spitz und Loiben erstellt, geschafft. Rieds Schön (Grüner Veltliner) und Bruck (Riesling) sind gleichermaßen vorbildliche Wachau-Weine.

weiß 2002, 2001, 2000, 1999, 1998 ★ Rieds Schön Grüner Veltliner, Bruck Riesling

Weingut K. Alphart
Niederösterreich

Wiener Str. 46, Traiskirchen 02252 25 3 28 www.alphart.com

ALS BESTER Anbauer der Thermenregion hat Karl Alphart einen Mittelweg zwischen Tradition und Moderne gefunden. Die meisten seiner Weine aus Zierfandler, Rotgipfler oder Neuburger sind sehr trocken, aber in guten Jahren produziert er auch die besten würzigen BAs und TBAs *(s. S. 348)*.

weiß, Dessertwein 2002, 2001, 2000, 1999, 1998 ★ Zierfandler, Rotgipfler, Neuburger

Weingut Knoll
Niederösterreich

Unterloiben 10, Loiben 02732 79 3 55 www.knoll.at n. V.

KNOLL ERZEUGT einige der besten Grünen Veltliner und Rieslinge der Wachau. Bemerkenswert ist der Schütt Veltliner, der in guten Jahren einen herrlichen Ananasduft aufweist. Der Loibenberg-Wein ist zudem prächtig strukturiert. Knolls beste Rieslinge stammen von den Loibenberg- und Kellerberg-Lagen. Daneben produziert er gelegentlich auch Dessertweine.

weiß, Dessertwein 2002, 2001, 2000, 1999, 1998 ★ Schütt Grüner Veltliner

Weingut Lagler
Niederösterreich

Rote Torgasse 10, Spitz 02713 2516
www.weingut-lagler.at n. V.

NACHDEM DAS GUT Lagler mehrere Jahre für eine nahe gelegene Genossenschaft Trauben angebaut hatte, begann man in den späten 1970er-Jahren, selbst Wein zu erzeugen. Karl Lagler produziert heute erstklassige Rieslinge und Grüne Veltliner von ausgezeichneten Lagen im Herzen der Wachau.

weiß, rot 2003, 2002, 2001, 2000, 1999 ★ Riesling Steinborz, Grüner Veltliner Steinborz

Weingut Malat
Niederösterreich

Lindengasse 27, Furth bei Göttweig
02732 82 9 34 www.malat.at
n. V.

DER FRÜHERE SKISPORTLER und Rennfahrer Gerald Malat besitzt 30 ha Rebfläche und produziert eine überwältigende Palette an Weinen. Seine Rotweine – ein Blauburgunder (Pinot Noir) und ein auf den internationalen Markt ausgerichteter Bordeaux-Verschnitt – sind sehr interessant, und seine Weißweine fallen nicht weit dahinter zurück. Dazu gehören ein eichentöniger Chardonnay und ein italienisch inspirierter Weißburgunder sowie eher regional ausgerichteter Riesling und Grüner Veltliner.

rot, weiß, Schaumwein, Dessertwein 2002, 2001, 2000, 1999, 1998, 1997 ★ Blauburgunder

Weingut Prager
Niederösterreich

Weissenkirchen 48 02715 22 48
www.weingutprager.at n. V.

FRANZ PRAGER gehörte zu den Pionieren der trockenen Wachau-Weine. Ein komplexer, opulenter, von Schwiegersohn Toni Bodenstein erzeugter Riesling ist das Aushängeschild. Die besten Weine stammen von den Lagen Achleiten, Klaus und Steinriegl.

weiß 2002, 2001, 2000, 1999, 1998, 1997 ★ Riesling Achleiten, Riesling Klaus, Riesling Steinriegl

Weingut Undhof Salomon
Niederösterreich

Undstrasse 10, Krems-Stein 02732 832 26 www.undhof.at n. V.

BERT UND ERICH Salomon bestellen 20 ha Rebland am westlichen Rand des Kremstals. Die Hälfte ihrer Weingär-

Etikett Weingut Malat

Der Keller des Weinguts Wieninger in Wiens Umgebung

ten ist mit Riesling bestockt, die hier ausgesprochen elegante Weine erzeugt. Auf der restlichen Rebfläche wächst Grüner Veltliner, die hier von ausgeprägter Mineralität ist.

weiß 2003, 2002, 2001, 2000, 1999 ★ Riesling Kremser Koegl Reserve, Grüner Veltliner Von Stein

Weingut Wieninger
Wien

Stammersdorfer Str. 80, Stammersdorf
01290 10 12 www.wieninger.at

FRITZ WIENINGER widerspricht dem Bild des eher traditionell gesinnten Wiener Weinbauern, indem er moderne, raffinierte Weine für Spitzengeschäfte und gehobene Restaurants der Stadt erzeugt. Er ist jetzt auf beiden Seiten der Donau tätig; in Nussdorf produziert er den altmodischen Gemischten Satz, einen Verschnitt aller im Weingarten angebauten Trauben (von denen einige noch unbestimmt sind). Seine berühmtesten Weine sind die weichen Chardonnays (Select und Grand Select) im internationalen Stil. Kaum zu glauben, dass es in einem Wiener Heurigen Weine wie seinen Pinot Noir und den Cabernet-Merlot-Verschnitt gibt.

rot, weiß 2002, 2001, 2000, 1999, 1998, 1997 ★ Nussdorf Gemischter Satz, Select Chardonnay

Ernst Triebaumer
Burgenland

Raiffeisenstr. 9, Rust 02685 528 www.triebaumer.com n. V.

AUF DEN WEINETIKETTEN DIESES Gutes stehen groß die Buchstaben »ET«. Wenn auch die Anspielung auf Stephen Spielbergs berühmten Film nicht beabsichtigt war – die Qualität der Weine von Ernst Triebaumer kann durchaus als außerirdisch bezeichnet werden. Triebaumer ist sehr auf konstante Qualität bedacht. Er ist auch die Triebkraft der kleinen Rotweinrevolution, die sich in Österreich vollzieht. Sein intensiver Blaufränkisch Mariental setzte den Maßstab, an dem man bereits seit 1986 die österreichischen Rotweine misst.

rot, weiß, Dessertwein 2003, 2002, 2001, 2000, 1999 ★ Blaufränkisch Mariental, Ruster Ausbruch

Etikett Josef Pöckl

Heribert Bayer
Burgenland

Wirtschaftspark 5, Neckenmarkt
02610 426 44
www.weinfreund.at n. V.

HERIBERT BAYER ist als Négociant tätig und bezieht seine Trauben von der nahe gelegenen Genossenschaft Neckenmarkt. Er gehört zudem zu einer kleinen Gruppe von Produzenten, die derzeit österreichische Rotweine ins Blickfeld rücken. Sein Aushängeschild ist der In Signo Leonis – ein Verschnitt aus Blaufränkisch, Cabernet Sauvignon und Zweigelt, der so traumhaft ist, wie bereits sein Name nahe legt.

rot, weiß 2003, 2002, 2001, 2000, 1999 ★ In Signo Leonis, Sails White Rotgipfler

Josef Pöckl
Burgenland

Baumschulgasse 12, Mönchhof
02173 80 2 58
www.poeckl.com n. V.

PÖCKL IST IM GRUNDE noch ein Newcomer im Burgenland, gilt aber trotzdem bereits als einer der besten – wenn nicht der beste – Rotweinerzeuger ganz Österreichs. Zu seinem Repertoire gehören Zweigelt, Syrah, Nebbiolo und Zinfandel, aber die Spitzenprodukte seines Guts sind die facettenreichen Weine Admiral (Zweigelt, Cabernet Sauvignon, Merlot) und Rosso e Nero (Zweigelt, Cabernet Sauvignon, Blaufränkisch, Syrah, Merlot, St. Laurent). Rosso e Nero ist heute zu Recht einer der begehrtesten Weine des Landes.

rot, Dessertwein 2002, 2001, 2000, 1999, 1998 ★ Admiral, Rosso e Nero

Umathum
Burgenland

St-Andräer-Str. 7, Frauenkirchen
02172 24 4 00
www.umathum.at *n. V.*

IN DEN 1980ER-JAHREN, als er einige seiner ersten roten Verschnitte im Burgenland erzeugte, gehörte Peppi Umathum zu den innovativen Weinbauern. Einige dieser Weine zählen bis heute zu seinen besten, z. B. Haideboden (aus Zweigelt und Merlot) und Hallebühl (Zweigelt, Blaufränkisch, Cabernet Sauvignon). Sein geradliniger, himbeertöniger St. Laurent und sein neuestes Erzeugnis, ein stämmiger Pinot Noir aus dem Weingarten Jois, sind ebenfalls herausragend.

rot, weiß, Dessertwein 2002, 2001, 2000, 1999, 1998, 1997 ★ Haideboden, Hallebühl, Jois Pinot Noir

Weingut Familie Gesellmann
Burgenland

Langegasse 65, Deutschkreutz
02613 80 360
www.gesellmann.at

DIE WEINE dieses Gutes werden heute von Albert Gesellmann erzeugt, der auch in Südafrika und Kalifornien gearbeitet hat und dem Familienunternehmen so eine internationale Ausrichtung verschafft. Man produziert auch Weißweine, aber wahre Höhepunkte sind die Rotweine – insbesondere der körperreiche Blaufränkisch Creitzer, der dunkelfarbige Pinot Noir aus Ried Siglos und der Bordeaux-Verschnitt Bela Rex.

rot, weiß 2002, 2001, 2000, 1999, 1998 ★ Bela Rex, Blaufränkisch Creitzer, Ried Sigloss Pinot Noir

Weingut Gernot und Heike Heinrich
Burgenland

Baugarten 60, Gols *02173 31 7 60*
www.heinrich.at *n. V.*

GERNOT HEINRICH hat bereits unterschiedliche Weintypen produziert. Jedes Jahr nimmt er einen Wein aus dem Sortiment, der aber durch etwas Neues ersetzt wird. Heinrich hat eine glückliche Hand, und von einem ausgewogenen Chardonnay bis hin zum komplexeren Pannobile-Weiss-Verschnitt, von einem Zweigelt bis hin zur Salzberg Cuvée (Zweigelt, Blaufränkisch, Merlot, Syrah), die in Österreich derzeit stark im Trend liegt, gelingt ihm alles. Die produzierten Mengen sind gering und die Preise exorbitant.

rot, weiß 2002, 2001, 2000, 1999, 1998 ★ Pannobile Weiss, Salzberg Cuvée

Etikett Weingut Juris

Weingut Juris
Burgenland

Marktgasse 12–18, Gols
02173 22 03
www.juris.at *n. V.*

AXEL STIEGELMARS Gut in Juris gehörte zu den Ersten, die sich in Österreich mit Rotweinen einen Namen machten. Die Weine gibt es noch heute: ein beispiellos körperreicher St. Laurent und ein gewichtiger Pinot Noir, Inamera (Cabernet, Merlot) und der St. Georg (Pinot Noir, St. Laurent und Zweigelt). An Weißweinen erzeugt Stiegelmar Chardonnay und Sauvignon Blanc sowie üppigen Strohwein und andere Süßweine.

rot, weiß, Dessertwein 2002, 2001, 2000, 1999, 1998, 1997 ★ Strohwein

SPITZENGÜTER: ÖSTERREICH

- W Bründlmayer Alte Reben Riesling €€
- W Franz Hirtzberger Singerriedl Riesling Smaragd €€€
- W F X Pichler Loibner Berg Riesling Smaragd €€€
- R Gesellmann Creitzer €€€
- R Gernot & Heike Heinrich Salzberg Cuvée €€€
- R Josef Pöckl Rosso e Nero €€€
- R Juris St-Laurent €€€
- W Knoll Loibenberg Grüner Veltliner Smaragd €€€
- W Polz Hochgrassnitzberg Sauvignon Blanc €€€
- W Prager Riesling Steinriegl €€€
- W Tement Zieregg Sauvignon Blanc €€€
- D Weinlaubenhof Kracher Zwischen den Seen €€€

Weingut Kollwentz
Burgenland

Haupstr. 120, Großhöflein
02682 651 58 0
www.kollwentz.at *n. V.*

ANTON KOLLWENTZ zählt zu den führenden Rotweinvertretern des Burgenlandes. Er kultivierte als Erster Cabernet-Sauvignon-Reben in Österreich und wird auf seinem Gut 2006 erstmals auch Pinot Noir (Blauburgunder) produzieren. Sein Aushängeschild ist ein Blaufränkisch-Verschnitt namens Steinzeiler, aber er bietet auch Weißweine an: Ein Einzellagen-Chardonnay namens Tatschler ist ebenfalls sehr beeindruckend. In der Tat ist Kollwentz vielleicht der einzige Erezuger, der in drei aufeinander folgenden Ausgaben des Weinführers Gault-Millau für Rotweine, Weißweine und Dessertweine Spitzennoten erhielt.

rot, weiß, Dessertwein 2003, 2002, 2001, 2000, 1999 ★ Steinzeiler, Chardonnay Tatschler

Weingut Prieler
Burgenland

Hauptstr. 181, Schützen im Gebirge
02684 22 29
www.prieler.at n. V.

DAHEIM FINDEN Engelbert Prieler und seine Tochter Sylvia keine rechte Beachtung, obwohl sie gute Weinmacher sind, die geschickt mit der Blaufränkisch-Traube umzugehen wissen. An Weißweinen gibt es Weißburgunder (Pinot Blanc) und Chardonnay, die in internationalem Stil vinifiziert werden, dabei aber ihre feine Säure behalten. Prieler tut sich auch mit Cabernet Sauvignon hervor, der hier z. T. mit Zweigelt verschnitten wird.

rot, weiß 2002, 2001, 2000, 1999, 1998, 1997 ★ Prieler Blaufränkisch Goldberg, Weißburgunder

Weingut Velich
Burgenland

Seeufergasse 12, Apetlon 02175 3187 www.velich.at n. V.

HEINZ UND ROLAND Velich bewirtschaften 9 ha Rebland im Neusiedlersee Seewinkel Nationalpark, die ausschließlich Weißwein liefern. Die Vorzeige-Abfüllung ihres Gutes ist der Einzellagenwein Tiglat, ein ausdrucksvoller Chardonnay, der in französischen Eichenfässern vergoren und ausgebaut wird. Wenn das Klima es gestattet, produziert Velich einen herausragenden Welschriesling-Dessertwein.

weiß, Dessertwein 2003, 2002, 2001, 2000, 1999 ★ Chardonnay Tiglat, Welschriesling TBA

Weingarten von Weinlaubenhof Kracher

Weinlaubenhof Kracher
Burgenland

Apetloner Str. 37, Illmitz
02175 33 77
www.kracher.at n. V.

ALOIS (»LUIS«) Kracher ist vielleicht der bekannteste Vertreter österreichischen Weins im Ausland, seit er 1998 mit der Weinerzeugung in Kalifornien begann. Daheim in Illmitz verwaltet er ein winziges Stück Rebland, kauft jedoch edelfaule Trauben aus ganz Österreich für die Produktion seiner üppigen Süßweine: die traditionelle, in Akazienholzfässern vinifizierte Produktpalette Zwischen den Seen und die in neuen französischen Barriques erzeugte Marke Nouvelle Vague.

rot, weiß, Dessertwein 2002, 2001, 2000, 1999, 1998, 1997 ★ Zwischen den Seen, Nouvelle Vague

Tement
Steiermark

Berghausen, Zieregg 13, Ehrenhausen 03453 41 0 10
www.tement.at n. V.

MANFRED TEMENT zählt zu den bekanntesten Erzeuger Österreichs. Seine Produktreihe beginnt mit dem L u T Welschriesling (leicht und trocken) und steigert sich dann in Preis und Qualität bis hin zum Zieregg Morillon (Chardonnay), an dessen Erzeugung malolaktische Gärung und sehr viel Eiche beteiligt sind. Im mittleren Bereich liegt der aromatische Zieregg Sauvignon Blanc, der zur Erhaltung seiner Frische in Stahl vinifiziert wird.

weiß 2002, 2001, 2000, 1999, 1998 ★ Zieregg Morillon, Zieregg Sauvignon Blanc, L u T Welschriesling

Weingut Erich und Walter Polz
Steiermark

Grassnitzberg 54a, Spielfeld 034 53 23 010 www.polz.co.at

DIE BRÜDER Erich und Walter Polz erzeugen in ihrer Familien-Kellerei beträchtliche Mengen hervorragender Steiermark-Weine, darunter ein stahliger Welschriesling, ein fein strukturierter Grauburgunger (Pinot Gris), ein Weißburgunder (Pinot Blanc) vom Grassnitzberg sowie das Aushängeschild, der vielschichtige Chardonnay (Morillon) vom Hochgrassnitzberg. Derselbe Weingarten liefert auch einen herrlich duftenden Sauvignon Blanc, Ried Obegg dagegen einen eichentönigen Chardonnay. Sie alle sind herausragend.

Weingut Erich & Walter Polz

weiß 2002, 2001, 2000, 1999, 1998 ★ Grassnitzberg Weißburgunder, Hochgrassnitzberg: Morillon, Sauvignon Blanc

WEINKARTE SCHWEIZ

Die Schweiz gliedert sich sprachlich in verschiedene Regionen; gemeinsam ist allen die Berglandschaft. Die Alpen spielen zwar für alle Anbaugebiete des Landes eine Rolle, aber in dem kleinen Land existieren ganz unterschiedliche Subklimazonen und Bodenprofile, und entsprechend groß ist die Vielfalt Schweizer Weine.

SCHWEIZ: GEBIETE UND SPITZENERZEUGER

DER WESTEN
Jean-René Germanier
Marie-Therese Chappaz
Provins

DER OSTEN
Daniel und Martha Gantenbein

DER SÜDEN
Luigi Zanini (Castello Luigi)

DIE WEINBAUGEBIETE DER SCHWEIZ

DER WESTEN

DIE FRANZÖSISCHSPRACHIGEN Kantone im Westteil der Schweiz bilden das Zentrum der schweizer Weinbranche. Mehr als 11 000 ha Fläche stehen in den Kantonen Wallis, Vaud, Geneva und Neuchâtel unter Reben. Fast die Hälfte befindet sich im Wallis. Die Weingärten folgen dem Ufer der Rhône und erstrecken sich vor allem an den Südhängen; sie liegen in Höhen zwischen 400 und 700 m. Zu den Schwierigkeiten des Weinbaus gehören Fröste und Bodenerosion; typisch für diese Region sind steile, terrassierte Weingärten – teilweise an Hängen mit bis zu 85 % Steigung. Wie überall in der Schweiz wird auch dieser schmale Landstreifen von Hunderten kleiner Weinbauern bewirtschaftet. Auf den Rebflächen dominieren Chasselas und Pinot Noir, wenngleich auch Syrah hier im Kommen ist. Daneben gibt es zudem Dutzende faszinierender heimischer Sorten, die nirgendwo sonst auf der Welt zu finden sind. An weißen Trauben gibt es Amigne und Petite Arvine; Cornalin und Humagne Rouge können bemerkenswerte Rotweine liefern.

alluvial, Kies, Gletschermoräne, kalkstein, Ton
Pinot Noir, Gamay, Syrah, Cornalin, Humagne Rouge
Chasselas, Sylvaner, Pinot Gris, Amigne, Petite Arvine *rot, weiß, rosé, Schaum- und Dessertwein*

Schneebedeckte Weingärten im Wallis, Westschweiz

Château in Vaud, westliche Schweiz

Der Osten

ÜBER DIE 17 DEUTSCHSPRACHIGEN, unter der Bezeichnung Ostschweiz zusammengefassten Kantone verteilt liegen über 2500 ha Rebfläche. An dieser Seite der Alpen stellen Winter- und Frühlingsfröste ein Problem dar, aber ein ausgedehntes Netz von Flüssen und Seen mäßigt das Klima weitgehend. Trotz der hier oft vorherrschenden Kälte widmet sich diese Region vor allem der Rotweinerzeugung (insbesondere Pinot Noir). Obwohl die Anbaubedingungen schwierig sind, rechnet man einige Pinot Noirs aus dieser Region (meist als Blauburgunder etikettiert) zu den landesweit besten Weinen. Von den weißen Trauben ist die Müller-Thurgau am weitesten verbreitet; Dr. Hermann Müller, der diese berühmte Kreuzung 1882 entwickelte, war im Kanton Thurgau zu Hause.

Kalkstein, Sandstein, Schiefer, Gletschermoräne

Pinot Noir (Blauburgunder) *Müller-Thurgau, Pinot Gris, Pinot Blanc, Gewürztraminer, Chardonnay*

rot, weiß, rosé, Schaum- und Dessertwein

Der Süden

DAS TESSIN IST EIN ITALIENISCHSPRACHIGER Kanton an den Südhängen der Alpen. Dies ist die sonnigste Region der Schweiz, und dank der Föhnwinde auch die wärmste. Die beinahe schon mediterranen Verhältnisse machen sie eindeutig zum Rotweingebiet. Hier wachsen über 1000 ha Reben, davon beinahe 90 % Merlot. Im nördlichen Anbaubereich Sopraceneri ist die Sorte Bondola beheimatet, aus der man den robusten Rotwein Nostrano keltert. Der südliche Bereich, Sottoceneri, liefert eine Reihe ausgezeichneter Merlots. Die besten Weine des Tessins tragen meistens das heimische Qualitätssiegel »VITI«.

Granit (Norden); Kalkstein, Ton (Süden)

Merlot, Bondola, Pinot Noir, Cabernet Sauvignon *Chardonnay, Chasselas, Sémillon, Sauvignon Blanc* *rot, weiß, rosé, Schaumwein*

SPITZENERZEUGER

Jean-René Germanier, *Westen*

www.jrgermanier.ch

Dieses Familiengut ist das vielleicht innovativste im Wallis. Es produziert u. a. einen preisgekrönten Chasselas (Fendant), Pinot Noir, Humagne Rouge, einen beeindruckenden Syrah namens Cayas und Mitis, einen herausragenden Süßwein aus der einheimischen Amigne-Traube.

Marie-Thérèse Chappaz, *Westen*

www.chappaz.ch

Nach ihrer Ausbildung in Önologie und mehreren Forschungsjahren in Vaud begann Marie-Thérèse Chappaz mit der Renovierung des 7-ha-Gutes ihres Großonkels. Sie keltert charakterstarke Weine aus den Trauben Chasselas (Fendant), Pinot Noir und Humagne Rouge – neben Marsanne (Ermitage) und Petite Arvine.

Provins, *Westen*

www.provins.ch

Provins wurde als Zusammenschluss genossenschaftlicher Weinkeller gegründet und ist mit 1250 ha Rebfläche der größte Erzeuger des Landes. Die Weine bieten oft ein gutes Preis-Leistungs-Verhältnis; es lohnt sich vor allem, nach der Maître-de-Chais-Produktpalette Ausschau zu halten.

Daniel und Martha Gantenbein, *Osten*

081 302 47 88

Die Gantenbeins bestellen 6 ha Rebfläche in Bünder Herrschaft zwischen dem Rhein und der Grenze zu Liechtenstein. Diese auch als das Burgund der Schweiz bekannte Region produziert einige ausgezeichnete Pinot Noirs, und man kann ohne Übertreibung sagen, dass der von Daniel und Martha Gantenbein der beste ist. Daneben produzieren sie einen körperreichen und betörenden Chardonnay. Seit ihren bescheidenen Anfängen im Jahr 1982 haben sie gelernt, dass die geernteten Früchte durch nichts verbessert werden können, d. h. dass man im Keller nur ihr Potenzial bewahren (oder verlieren) kann.

Luigi Zanini (Castello Luigi), *Süden*

www.zanini.ch

Luigi Zanini gründete das Gut Castello Luigi vor beinahe 20 Jahren, und der Wert, den er auf höchste Qualität legt, hat ihn zum führenden Erzeuger des Tessin gemacht. Seine Merlot-Reben werden so behandelt, dass sie Früchte mit einem Maximum an Farbe und Aroma liefern – wobei ihr Ernteertrag knapp ein Drittel dessen anderer Weingärten der Region beträgt. Zanini vinfiziert seine Weine von Weltklasse dann in einem Keller, der spiralförmig 18 m unterhalb eines recht üppig verzierten Châteaus verläuft.

MITTEL- UND OSTEUROPA

MITTEL- UND OSTEUROPA

Die Länder dieser einstmals bedeutenden Weinregion verwenden viel Energie darauf, an ihre große Vergangenheit anzuknüpfen. Unter dem Kommunismus zählte Quantität mehr als Qualität, und die Weinindustrie litt unter chronischem Investitionsmangel. Von der Aufnahme in die EU erhoffen sich viele Weinproduzenten einen kräftigen Entwicklungsschub.

UNGARN

In der Zeit der österreichisch-ungarischen Habsburger Monarchie wurden große Mengen Qualitätswein in Ungarn produziert. Der berühmte Tokajer und andere Weine wie der knackige Somló standen auf den Tischen vornehmer Häuser im In- und Ausland. Der große Einbruch kam dann, bedingt durch die Einführung von Genossenschaften und Staatsbetrieben, nach dem Ende des 2. Weltkriegs, 1945.

Die traubengeschmückte Bahnhofsuhr von Tokaji, Ungarn

Eine Besserung der Verhältnisse setzte erst 1990 ein. Die Weingüter in Ungarn sind in ihrer Entwicklung bereits wesentlich weiter als in anderen Ländern des ehemals kommunistischen Ostblocks, da es einigen Erzeugern bereits vor dem Fall des Eisernen Vorhangs möglich war, privatwirtschaftlich eigene Parzellen zu bewirtschaften.

Heute gibt es in Ungarn neben Genossenschaften auch zahlreiche private Weinbauern, denen aber oft nicht mehr als 10 ha Land zur Verfügung stehen. Zurzeit stehen 85 220 ha unter Reben, die Jahresproduktion beträgt 4,8 Mio. hl. und mehr als ein Viertel der Weine werden exportiert – überwiegend nach Deutschland. Wie in anderen ehemaligen Ostblockstaaten auch gingen die ausländischen Investitionen in den letzten fünf Jahren zurück. Wirklich erfolgreich waren nur die Region Tokaj und die Marke Riverview des Großerzeugers Hilltop.

In Ungarn gibt es viele einheimische Rebsorten mit klangvollen Namen. Die beliebteste ist Kékfrankos (Blaufränkisch oder Lemberger), auf den nur knapp 10 % der Rebfläche entfallen, gefolgt von Olasz Rizling (Welschriesling). Weit verbreitet sind internationale Sorten wie Chardonnay und Cabernet Sauvignon, Sauvignon Blanc, Pinot Noir, Merlot und Pinot Gris. Die nach Kékfrankos und Olasz Rizling häufigste einheimische Sorte ist die Tokajer-Traube Furmint, gefolgt von der Muskat-ähnlichen Irsai Oliver. Auch Zweigelt wird oft angebaut.

Am Plattensee in Westen Ungarns wächst Weißwein.

Markenweine haben sich im Stil weitgehend dem Geschmacksempfinden des

◁ **Weingarten bei Klanjec im Landesinneren von Kroatien**

WEIN-LÄNDER

Die Länder Mittel- und Osteuropas produzieren Weine unterschiedlichster Typen, von den Süßweinen Ungarns über die Rotweine im Bordeaux-Stil aus Bulgarien bis hin zu den leichten aromatischen Weißen aus Kroatien.

Westens angepasst, wohingegen die scharfen Weine aus Somló, die Süßweine aus Tokaj und das erst in den letzten Jahren wieder entdeckte Erlauer Stierblut dem Geschmack der einheimischen Bevölkerung entsprechen.

RUMÄNIEN

RUMÄNIEN IST ALS von slawischen Nachbarn umgebenes romanisches Land eine Besonderheit und besitzt eine 4000-jährige Weintradition. 90 % der Produktion sind für den Inlandsverbrauch bestimmt, der Rest geht zu einem überwiegenden Teil nach Deutschland.

Rumänien ist das sechstgrößte Erzeugerland Europas. Die Rebfläche beträgt 180 000 ha, aber nur 90 000 ha sind mit den so genannten Edelsorten bestockt. Von den Edelsorten wurden im Jahr 2001 3,2 Mio. hl erzeugt, 78 % davon Weißwein für den heimischen Markt. Im Exportbereich haben die Rotweine einen besseren Ruf.

Die Privatisierung der staatseigenen Rebflächen und Kellereien war im Jahr 2001 weitgehend abgeschlossen. Dabei wurden 180 000 ha in Einzelparzellen von weniger als je 1 ha an Privatpersonen übereignet. Diese Fragmentierung hat zu großen Problemen für die Kellereien geführt, die nur mit Mühe genügend zusammenhängende Flächen aufkaufen können, um eine verlässliche Qualität des Traubenguts zu gewährleisten.

In jüngster Zeit hat Rumänien dank des Qualitätspotenzials und der niedrigen Kosten für Boden und Arbeit zahlreiche ausländische Investoren angezogen. Im Kampf gegen das schlechte Image rumänischer Weine haben sich zudem führende Kellereien zusammengeschlossen und gemeinsam eine große Promotion-Kampagne für ihre Produkte gestartet.

Die Weingärten Rumäniens liegen beiderseits der Karpaten. Im Westen finden sich oft dieselben Rebsorten wie in Österreich oder Ungarn, darunter Fetească Albă und Olasz Rizling. Östlich der Karpaten hat sich die bekannteste Weinregion Rumäniens, Dealul Mare, einen Namen für weiche, reife Pinot Noirs gemacht. Internationale Sorten gibt es in Rumänien schon seit der Reblauskrise Ende des 19. Jh., aber selten von guter Qualität. Dafür gibt es interessante einheimische Sorten wie die Schwarze Mädchentraube, Fetească Neagră, die das Zeug für volle, gut strukturierte Rotweine hat. Die weiße Variante Fetească Regală liefert gute Schaumweine, während Tamaioasă Românescă (Weihrauchtraube) und

Die wärmste Weinregion Bulgariens liegt im Südwesten bei Melnik.

Grasă die Basis für Süßweine aus Cotnari bilden.

Die rumänische Weinindustrie steht heute erst am Anfang, aber es kommen immer mehr Investoren ins Land. In den nächsten Jahren wird man das Weinland Rumänien sicherlich im Auge behalten müssen.

BULGARIEN

IN BULGARIEN gibt es Weingärten, die bereits in der Antike, in der Zeit der alten Griechen, bestellt wurden. Nach der Gründung des Reiches Bulgarien im Jahr 681 erlebte der Weinbau eine erste Blüte, wurde aber mit der Eroberung durch das Osmanische Reich und der daraufhin erfolgenden Islamisierung im 14. Jh. auf klösterliche Besitzungen zurückgedrängt. 1878 erlangte Bulgarien nach 500 Jahren osmanischer Herrschaft die Unabhängigkeit, jedoch wurden die Weingärten bald darauf durch Reblausbefall zerstört.

Nach dem 2. Weltkrieg wurde die bulgarische Weinindustrie zum Spielball der Politik, Böden und Kellereien wurden verstaatlicht. Hauptabnehmer für Wein waren nun die Comecon-Länder. Im Zuge zunehmender Mechanisierung verlegte man die Rebflächen von den Bergen in flachere Gebiete, zudem wurden einheimische Sorten durch internationale ersetzt. Auf diese Weise wurde Bulgarien zum damals sechstgrößten Erzeugerland der Welt. Bis in die 1990er-Jahre wurden 80 % aller Weine unter Kontrolle des Weinministeriums Vinprom erzeugt. Durch die Antialkoholkampagne Gorbatschows brach 1985 der russische Markt weg, woraufhin die Wirtschaftsbeziehungen zu Westeuropa intensiviert wurden – hier erfreuten sich insbesondere bulgarische Cabernet Sauvignons einer großen Nachfrage.

Schätzungen der gegenwärtigen Rebfläche schwanken zwischen 90 000 ha und 140 000 ha, wobei ein Großteil infolge ungenügender Investitionen in der Vergangenheit neu bepflanzt werden muss. Neuanpflanzungen früherer Jahre zeigen bereits jetzt ein beträchtliches Potenzial. Die heutige Weinindustrie wird von privaten Großbetrieben dominiert, denen aber das nötige Kapital für Investitionen fehlt. Im Vergleich zu Ungarn und Rumänien kann Bulgarien nur relativ wenig von ausländischen Geldern profitieren.

Weiterhin wird die bulgarische Weinindustrie durch den Konflikt zwischen den Erzeugern behindert, von denen einige hohe Erträge und damit hohe Gewinne anstreben, andere aber eine Qualitätssicherung durch Ertragsreduktion und reife Trauben. Trotz allem hat sich Bulgarien einen gewissen Namen für Sortenweine wie Cabernet Sauvignon und Merlot gemacht, die in den Export gehen, daneben gibt es viel versprechende einheimische rote Trauben (genannt seien hier die Sorten Mavrud, Melnik und Rubin).

Weinarbeiter in Tokaj (Tokajská), Slowakei

Qualitätsbewusste Erzeuger haben in den letzten Jahren mehrfach bewiesen, dass Bulgarien mit den richtigen Trauben und sorgfältiger Kellerarbeit auf dem richtigen Weg ist.

TSCHECHISCHE REPUBLIK UND SLOWAKEI

DIE SLOWAKEI hat eine lange Weintradition, die in den Kleinen Karpaten (Malokarpatská) rund 3000 Jahre zurückreicht. Im Gebiet der Tschechischen Republik begann der Weinbau dagegen erst im 9. Jh. in Böhmen. Während der kommunistischen Herrschaft wurden ehemals private Weingüter zu großen Kollektiven vereint, die überwiegend Massenweine von minderer Qualität produzierten. Nach dem Sturz des Kommunistischen Regimes in der einstigen Tschechoslowakei gab es Versuche, die Weingüter ihren ehemaligen Besitzern zurückzugeben. Doch erst mit dem EU-Beitritt beider Länder 2004 begannen dringend erforderliche Investitionen, so dass nun immer mehr Erzeuger auf Qualität setzen.

Das Klima in beiden Ländern ist besser für Weißweine als für Rotweine geeignet; lange, trockene Herbstperioden ermöglichen auch die Erzeugung von exzellenten Süßweinen.

SLOWENIEN UND KROATIEN

DER WEINBAU hat in diesen beiden Ländern eine beachtliche Tradition und reicht immerhin weit mehr als 2000 Jahre zurück. Beide Länder waren bis vor wenigen Jahren Teil des ehemaligen Vielvölkerstaats Jugoslawien, aus dessen überaus dramatischem Zerfall Slowenien weitgehend unbeschadet hervorging, während Kroatien schwer unter den Kriegsfolgen zu leiden hatte und auch heute noch hat. In beiden Ländern gibt es einige Spitzenhersteller, wenngleich die Weinindustrie heute in Slowenien weitaus besser etabliert ist als die in Kroatien. In den wärmeren Anbaugebieten nahe der Adriaküste überwiegen Rotweine – genannt seien hier die Merlotverschnitte aus dem slowenischen Goriška Brda oder aber die mächtigen Rotweine von Plavac Mali aus Dingac in Kroatien. Im Binnenland werden mehr trockene Weißweine produziert, wie beispielsweise Pinot Gris aus Ljutomer-Ormo in Slowenien oder Graševina (Welschriesling) aus Slawonien (Kroatien).

Weingarten in Haloze in der Region Podravje, Slowenien

WEINKARTE UNGARN

UNGARN HAT 22 WEINREGIONEN, die aber nicht alle Qualitätsweine erzeugen. Tokajer, der berühmteste Wein des Landes, kommt wie Bikavér, Erlauer Stierblut, aus dem Nordosten des Landes. Im Süden sind Villány und Szekszárd die angesehensten Rotweingebiete. Wichtige Regionen für Weißwein sind Sopron, Somló und Ászár-Neszmély am Plattensee im Nordwesten. In der Großen Tiefebene produzierte man früher Massenweine für den Export nach Russland, kämpft aber seit dem Wegbrechen dieser Märkte mit großen Problemen.

LEGENDE

Ungarn

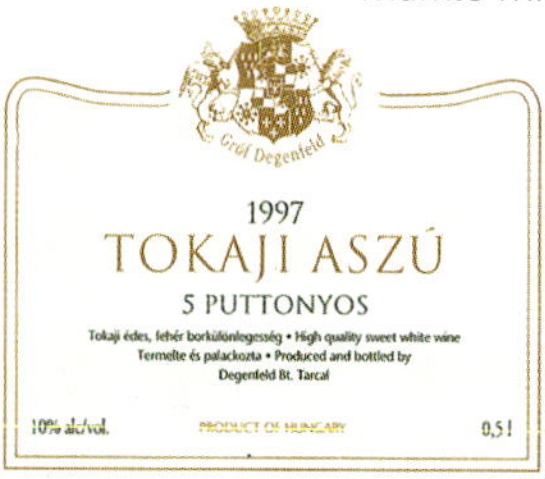

Etikett Tokaji Aszú

SPITZENWEINE: UNGARN

- **R** Attila Gere Cabernet Sauvignon Barrique €€ (072 492 195)
- **R** Béla Vincze Cabernet Franc €€ (036 427 515)
- **D** Disznókő Esszencia €€€
- **R** Ede Tiffán Cabernet Franc €€
- **D** Graf Degenfeld 6 Puttonyos €€€ (047 380 173)
- **D** István Szepsy Aszú 6 Puttonyos €€€
- **R** Jozsèf Bock Cabernets Sauvignon-Franc €€
- **D** Oremus 6 Puttonyos €€€
- **D** Royal Tokaji Mezes Maly 6 Puttonyos €€€
- **R** Tibor Gál Egri Pinot Noir €€
- **R** Vesztergombi Szekszárdi Bikavér €€
- **S** Vinarium Château Vincent Extra Brut Vintage € (012 265 133)

Weingärten an einem erloschenen Vulkan in der Region Badacsony am Nordufer des Plattensees

Weinlese in Badacsony

DAS TERROIR AUF EINEN BLICK

Breite: 45,5–48,5 °N

Höhe: 80–600 m über NN

Topografie: Überwiegend flach und trocken, die Tokajer Berge steigen 300 m hoch an. Der Plattensee ist der größte See Europas. Das Nordmassiv ist vulkanisch geprägt. Die Nachsilbe »-alja« verweist auf hügeliges Gebiet.

Boden: Sand in der Großen Tiefebene; Basalt am Plattensee; Lehm, Löss bei vulkanischem Untergrund in Tokaj und im Nordmassiv

Klima: Kontinental mit kalten Wintern und heißen Sommern; ein langer Herbst begünstigt die Botrytisbildung.

Temperatur: Das Julimittel beträgt 21,5 °C.

Niederschlag: schwankend von 410–1210 mm jährlich

Gefahren für den Weinbau: Frühjahrsfröste; Regen zur Lese; ein kühler Herbst mit wenig Nebel und viel Regen kann die Botrytisbildung verhindern.

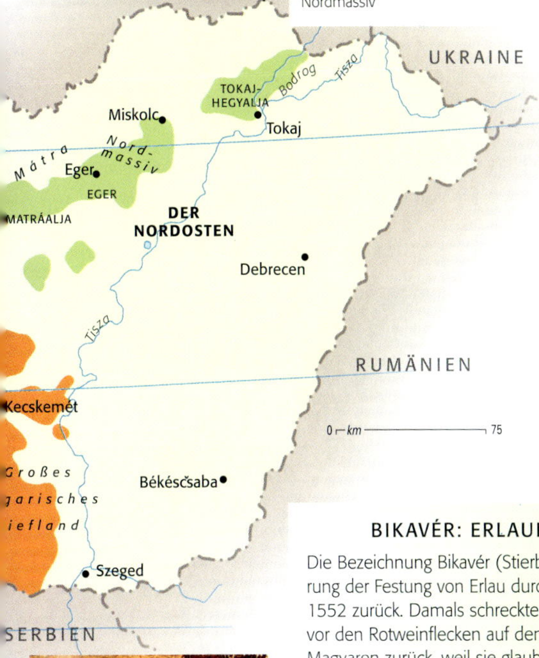

UNGARN: GEBIETE UND SPITZENERZEUGER

Flaschenkeller des Erzeugers Disznókő, Nordostungarn

BIKAVÉR: ERLAUER STIERBLUT

Die Bezeichnung Bikavér (Stierblut) geht auf die Belagerung der Festung von Erlau durch die Türken im Jahr 1552 zurück. Damals schreckten die Türken angeblich vor den Rotweinflecken auf den Uniformen der Magyaren zurück, weil sie glaubten, diese würden zur Kräftigung Stierblut trinken.

Erlauer Stierblut ist ein Verschnitt von mindestens drei Sorten. Normalerweise ist der Kadarka-Anteil hoch, oft wird sie durch Kékfrankos ersetzt, neben Kékoportó und Cabernet Sauvignon oder Zweigelt. Nach 1945 verlor Stierblut an Ansehen und wurde in den 1960er- und 1970er-Jahren zu einem gefragten Billigrotwein in Westeuropa. Heute versucht man mit einer gesetzlichen Regelung von Herkunft, Ertragsmengen und Eicheausbau an alte Traditionen anzuknüpfen. Erzeuger wie Tibor Gál in Eger und Vesztergombi in Szekszárd vermarkten Stierblut als echten Qualitätswein.

Egri Bikavér, Erlauer Stierblut

Weingärten bei Tokaj

DIE WEINBAUGEBIETE UNGARNS

Der Nordosten

AM BERÜHMTESTEN für die Produktion von Stierblut ist **Eger** (Erlau), wo diese robusten Rotweine auf den Löss-, Tuff- und Lehmböden am Fuß der Matraberge wachsen. Wie in Szekszárd war der Hauptbestandteil bis 1945 Kadarka: Heute besteht Stierblut überwiegend aus Kékfrankos (Blaufränkisch), neben Kékoportó (Portugieser) und Zweigelt. Der Wegfall von Kadarka führte aber zu einem Verlust an Komplexität und elementarer Würzigkeit. Bedeutende Erzeuger sind Thummerer und Tibor Gál.

Schild eines Weinhauses (*Borház*) in Villány

Die südlich angrenzende Weinregion **Matráalja** ist die zweitgrößte Ungarns, hat aber bis dato nur eine Hand voll anerkannter Erzeuger. Chardonnay und Sauvignon Blanc aus dem Hause Gyöngyős erregten Aufsehen, als fliegende Weinmacher sie erstmals in einem internationalen Stil bereiteten. Der Chardonnay ist noch heute verlässlich und preiswert. Bekannt ist auch das Weingut Nagyrede, vor allem für seine ansprechenden, wenn auch einfachen Sortenweine. Das wichtigste Anbaugebiet der Region ist Tokaj-Hegyalja.

Lehm, Löss, Tuff *Cabernet Sauvignon, Merlot, Kékfrankos, Kékoportó, Zweigelt* *Furmint, Chardonnay, Hárslevelű, Muscat, Olasz Rizling, Szűrkebarát (Pinot Gris), Pinot Blanc, Zenit* *rot, weiß, Dessertwein*

Tokaj-Hegyalja

IN DIESER REGION Ungarns – der renommiertesten – wächst der berühmte Tokaj, ein üppig-süßer Weißwein. Im Mittelpunkt der vulkanischen Hügellandschaft liegt die Stadt Tokaj. Die Herbstnebel in dieser Gegend am Zusammenfluss von Bodrog und Theiß begünstigen die Entstehung von Botrytis.

Ideale Bedingungen für diesen Pilz, der die Edelfäule *(s. S. 66)* verursacht, sind kühle und feuchte Vormittage und warme Nachmittage. Ohne edelfaule Trauben gäbe es keinen Tokajer. Um wirtschaftlich rentabel zu arbeiten, produziert man auch trockene Weine, da das Auftreten von Herbstnebeln nicht verlässlich ist. In der Regel haben 70 % der Jahresernte nicht die erforderliche Qualität zur Bereitung von Aszú, dem besten Tokaj. Für die Erzeugung guter trockener Weine sind ganz andere Kenntnisse erforderlich, als sie für edelfaule Trauben benötigt werden. Deshalb hat der ehemalige Staatsbetrieb Kereskedoház internationale Berater hinzugezogen und erzielt so auch bei trockenen Weißweinen gute Ergebnisse.

Der Westen

SOWOHL DER PLATTENSEE als auch die Donau wirken sich mäßigend auf das Klima in diesem Teil Ungarns aus. Weißweine herrschen hier vor. Die Region **Ászár-Neszmély** gewinnt zunehmend an Bedeutung, auch dank der erfolgreichen Kellerei Hilltop mit ihren sauberen, frischen und volltönenden Weinen. Die wichtigsten Sorten dieser Gegend sind Szűrkebarát (Pinot Gris), Tramini (Gewürztraminer), Chardonnay und Sauvignon Blanc neben lokalen Spezialitäten wie Csersegi Fűszeres, einem aromatisch-würzigen Weißwein mit weicher Säure. Das vulkanisch geprägte Gebiet **Somló** ist fast so berühmt wie Tokaj, vielleicht weil man den Weinen nachsagt, sie seien die Gewähr für einen männlichen Nachkommen, wenn man sie bei der Hochzeit trinkt. Somló ist die kleinste Weinregion Ungarns; man erzeugt körper- und extraktreiche trockene Weiße von Furmint, Hárslevelű und Juhfark. Letztere liefert feste mineralische Weißweine von markanter Säure. Im östlich angrenzenden Distrikt **Etyek Buda** werden seit jeher Grundweine für die Sektproduktion hergestellt, zunehmend aber auch schlanke, aromatische Weißweine, besonders Szűrkebarát, Chardonnay und Sauvignon Blanc. Von der sonnigeren Nordseite des Plattensees, aus **Badacsony**, kommt der einzigartige und wunderbar duftige Kéknyelő, neben vollem und würzigem Szűrkebarát und Olasz Rizling. Im Süden des Sees liegt **Balatonboglár**, wo man mit großem Erfolg internationale Sorten wie Szűrkebarát, Chardonnay und Muskat anbaut. Direkt an der österreichischen Grenze liegt die Rotweinregion **Sopron**: Das Klima ist gemäßigter als im übrigen Ungarn, mit kühleren Sommern und feuchteren Wintern. Die Hauptsorte ist Kékfrankos, und die Weine sind meist stark tanninhaltig und von fester Säure. Weitere Sorten sind Cabernet Sauvignon, Merlot und weißer Zöldvetelini (Grüner Veltliner).

Weingärten an den Hängen des Badacsony

Basalt, roter Sandstein, Kreide, Löss, Lehm, braune Waldböden, kristalliner Schiefer, Kalkstein, Kies *Kékfrankos, Merlot, Cabernet Sauvignon, Zweigelt, Kadarka* *Olasz Rizling, Chardonnay, Szűrkebarát, Sauvignon Blanc, Ezerjó, Furmint, Juhfark, Müller-Thurgau* *rot, weiß, Schaumwein*

Der Süden

ECHTES QUALITÄTSPOTENZIAL zeigt vermehrt die Region **Szekszárd** im Westen der Großen Tiefebene, das größte Rotweingebiet Ungarns. Nachdem die Produktion von Bikavér (Stierblut) in der kommunistischen Ära verboten war, wird dieser berühmte Wein erst seit kurzem auch hier wieder gekeltert. Seine paprikawürzige Qualität führt man auf die mineralhaltigen Löss- und Terra-Rossa-Böden der Gegend zurück. Man baut vermehrt auch wieder Kadarka an, früher unerlässlich für Stierblut. Man erhebt in Szekszárd den Anspruch, die besten Merlots ganz Ungarns zu machen; auch Cabernet Franc zeigt viel Potenzial. Die Nachbarregion **Tolna** ist offenbar derart viel versprechend, dass der italienische Erzeuger Antinori *(s. S. 265)* in das Weingut Bátaapáti investiert hat; es erzeugt Chardonnay, Gewürztraminer und einen Talentum genannten Rotwein im Bordeaux-Stil.

Im südlich angrenzenden **Siklos** überwiegt die weiße Leányka. Die bekanntere Region **Villány** steht für den erfolgreichen Weinbau im postkommunistischen Ungarn. Ehrgeizigen Winzern gelingen dort exzellente Rotweine, die leider auch ihren Preis haben. Die berühmtesten Weinberge der Region liegen an den Hängen des Szársomlyó. Im Sommer entsprechen die Temperaturen denen im französischen Rhônetal. Die überwiegenden Sorten sind Kékfrankos (die purpurrote, saftige, kirschfruchtige Weine mit hoher Säure erbringt) und Kékoportó (lebhafte, gut trinkbare Rotweine mit samtigen Tanninen und Beerennoten). Daneben finden sich mehrere ausländische Sorten für gut ausgewogene Weine im Bordeaux-Stil und selbst einige viel versprechende Pinot Noirs.

Löss, Terra Rossa *Merlot, Cabernet Sauvignon, Cabernet Franc, Kékfrankos, Kékoportó, Kadarka* *Chardonnay, Olasz Rizling, Pinot Blanc, Leányka, Gewürztraminer* *rot, weiß*

DIE SPITZENERZEUGER UNGARNS

Disznókő
Nordostungarn/Tokaj

Disznókö Szőlőbirtok Pincészet, Tokaj 047 361 371 n. V.

Disznókő, im Besitz der französischen Versicherung AXA Millésimes, ist einer der Trendsetter in Tokaj, wurde aber auch für seine Sauternes-ähnlichen Weine kritisiert. Trotzdem besteht an der Qualität der einzelnen Crus kein Zweifel. Ein ausgereifter fünf- oder sechsbuttiger Wein *(s. rechts)* hat ähnliche Aromen wie Dessertweine aus Westeuropa: Aprikose, Pfirsich und getrocknete Kräuter. Der Weingarten besteht aus einer großen Einzelparzelle nahe der Kellerei und gilt als Großes Erstes Gewächs *(s. rechts)*. Süßweine werden als Szamorodni (Szamorodner) abgefüllt oder als vier-, fünf- oder sechsbuttige Aszús. Es gibt auch einen trockenen Szamorodni, der oft eine Sherry-Note aufweist.

weiß, Dessertwein 2000, 1999, 1997, 1995 ★ 5 Puttonyos, 6 Puttonyos, Dry Furmint

István Szepsy
Nordostungarn/Tokaj

Táncsics u 37, Mád 047 348 349 n. V.

In der Familie von István Szepsy macht man schon seit dem 14. Jh. Tokajer. In den 1970er-Jahren begann Szepsy als Leiter einer Genossenschaft und setzte sein eigenes Weingut noch vor dem Fall des Regimes Stück für Stück zusammen. Heute gehören ihm gut 20 ha mit einem hohen Anteil klassifizierter Gewächse. Seine Weine

Etikett Tibor Gál Egri Bikavér

sind eine Mischung aus Tradition und Moderne: Oxidativen Ausbau lehnt er ab, hält aber gerade für die besten Weine an langer Fassreife fest.

Dessertwein 2002, 2000, 1999, 1996, 1993 ★ Aszú 6 Puttonyos, Szepsy Cuvée

Oremus
Nordostungarn/Tokaj

Tokaj-Oremus Szőlőbirtok Es Pincészet Kft, Bajcsy Zs út 45, Tolcsva 047 384 504 n. V.

Oremus gehört Pablo Álvarez, dem Besitzer des berühmten spanischen Weinguts Vega Sicilia *(s. S. 299)*. Oremus umfasst 45 ha, darunter angeblich die Urparzelle von Tokaji-Aszú, und verfügt über eine neue High-Tech-Kellerei. Man erzeugt guten trockenen Furmint und eine Furmint-Spätlese, daneben trockenen Szamorodni mit nussigen Fino-Noten und ein komplettes Aszú-Sortiment. In dem Gut lagern noch Tokajer-Bestände aus kommunistischer Zeit, etwa ein 1972-er 6 Puttonyos mit Orangen- und Toffeearomen und ein sublimer Esszencia Jahrgang 1975.

weiß, Dessertwein 2000, 1999, 1995, 1993, 1989, 1975, 1972 ★ 5 Puttonyos, 6 Puttonyos, Aszú Esszencia

Royal Tokaji Betsek

Royal Tokaji
Nordostungarn/Tokaj

Royal Tokaji Borászati Kft, Rákóczi út 35, Mád 047 348 011 n. V.

Die Royal Tokaji Wine Company wurde von dem erfolgreichen Weinbuch-Autor Hugh Johnson gegründet und gehört heute zu den Paradegütern des wiedererstandenen Tokaj. Sie produziert ausschließlich Aszú-Weine von ihren Anteilen an den Erstgewächslagen von Betsek, Birsalmas, Nyulászo und Szent Tamás. Zu den Kronjuwelen gehört ein Anteil am Großen Erstgewächs Mézes Mály. Mit Angaben über das Gewächs zeichnet man bei Royal Tokaji nur die besten Weine aus: Einfachere Weine tragen ein schlichtes blaues Etikett.

Dessertwein 2000, 1999, 1995, 1993, 1991, 1990 ★ Mézes Mály, Szent Tamás, Betsek, Birsalmas, Nyulászo

Tibor Gál
Nordostungarn

Verőszala u 22–24, Eger 036 429 800

Tibor Gál war acht Jahre lang Weinmacher bei Antinori in der Toskana *(s. S. 265)*, ehe er nach Ungarn zurückkehrte. Davon konnte die Region um Eger, die bis dahin einen zweifelhaften Ruf genoss, nur profitieren. Gál, der 2005 tödlich verunglückte, machte einen sehr guten Bikavér, der nur wenig Kadarka sowie Cabernet Franc, Merlot, Syrah und Kékfrankos enthält. Ein Glanzpunkt im Sortiment ist der samtige, schwarzbeerige Cabernet Franc. Auch der duftig-seidige Pinot Noir verdient Beachtung.

weiß, rot 2001, 2000, 1999, 1997, 1996 ★ Egri: Pinot Noir, Cabernet Franc, Bikavér

Ede Tiffán
Südungarn

Teleki Zs u 9, Villány
072 492 417 n. V.

Tiffán erzeugt nur Rotweine. Sein Erfolg beruht auf Verschnitten von Kékoportó, Kékfrankos und Cabernet Sauvignon, die meist stämmig sind. Es gibt auch noch einen kräuterduftigen Cabernet Franc.

rot 2000, 1999, 1997, 1996
★ *Cabernet Franc, Cabernet Sauvignon Barrique, Grande Selection*

József Bock
Südungarn

Bock Pince, Batthyány u 15, Villány
072 492 919 n. V.

Bock, Vorzeigewinzer von Villány, macht sehr guten pfirsichtönigen Hárslevelő von seinem Besitz in Siklós. Seine besten Weine sind aber die schmelzigen Roten, etwa Kékoportó sowie der Verschnitt von Cabernet Sauvignon und Cabernet Franc. Sie sind exemplarisch für das neue Osteuropa.

rot, weiß 2002, 2000, 1999, 1997, 1996 ★ *Kékoportó, Bock Grand Selection*

Vesztergombi
Südungarn

V & V Borázati Bt (Vesztergombi Pince), Muncácsy u 41, Szekszárd
074 316 059 n. V.

Ferenc Vesztergombi und sein Sohn waren mit die Ersten, die Kadarka in Csaba Szekszárd wieder einführten, vor allem im Hinblick auf Bikavér, die Spezialität der Region. Sie verschneiden ihn mit Kékfrankos, Merlot und Cabernet Sauvignon, was einen charmanten, zimtduftigen Wein ergibt. Lohnend sind auch die Sortenweine von Merlot und Cabernet Sauvignon.

rot 2000, 1999, 1998, 1997
★ *Szekszárdi: Bikavér, Merlot, Cabernet Sauvignon*

TOKAJER: DAS GOLD DER UNGARN

Der Tokajer, laut Ludwig XIV. »Wein der Könige und König der Weine«, ist für Ungarn heute so bedeutend, dass er sogar in der Nationalhymne Erwähnung findet.

So entsteht Tokajer

Das Beste, was die Region Tokaj zu bieten hat, sind ihre süßen Aszú-Weine von edelfaulen Trauben – überwiegend Furmint für Struktur und Säure sowie etwas süßer Hárslevelő und Muscat Blanc à Petits Grains (Muskotály). Die Trauben werden einzeln gepflückt und anschließend in Holzbutten *(puttonyos)* so lange gelagert, bis der Grundwein für die Tokajerherstellung bereitsteht. In der Lagerphase sickern kleinste Mengen einer intensiv süßen Flüssigkeit aus den Butten – die »Essenz« oder *esscenzia*. In seltenen Fällen wird sie separat vergoren, was dann den legendären Wein selben Namens ergibt; normalerweise wird sie den Aszú-Weinen beigegeben, um den Süßegrad einzustellen. Anschließend werden die Aszú-Beeren zu einer Paste zerquetscht, die in Gönci-Fässern (136 l) bereits angegorenem trockenem Grundwein zugesetzt wird. Der Süßegrad des fertigen Weins, der zwischen drei und sechs schwanken kann, richtet sich nach der Anzahl der *puttonyos* pro Fass. Die Maische gärt einen bis fünf Tage, wird dann abgepresst und in Fässern in interirdischen Gewölben gelagert. Decken und Wände sind mit dicken Schichten Edelschimmel überzogen, der die Reifung der Weine zusätzlich begünstigt.

Edelfaule Furmint-Trauben

Mit dem Edelschimmel *Racodium cellare* bedeckte Tokajer

Andere Weine aus Tokaj

Szamorodni wird von ganzen Trauben bereitet, die je nach Jahr unterschiedlich hohe Anteile von Aszú-Beeren enthalten. Abhängig davon bereitet man daraus trockene, einem *fino*-Sherry *(s. S. 328)* vergleichbare Weine, oder aber den süßen Szamorodni (Édes), der im Holzfass vergoren wird.

Viele Winzer erzeugen heute süße Spätlesen von teilweise edelfaulen Trauben, die in Edelstahl vergoren und frühzeitig abgefüllt werden; sie sind wunderbar frisch und duftig wie etwa die atemberaubende Cuvée von Szepsy.

Forditás ist ein süßer, gerbstoffreicher Wein. Dafür wird ausgepresster Aszú-Trester mit frischem Most aufgegossen und neu vergoren.

Máslás ist trocken und wird aus einer Mischung von Most und Aszú-Bodensatz hergestellt.

Gewächs-Klassifikation

Noch vor Bordeaux und Burgund nahm man in Tokaj 1731 eine Klassifikation einzelner Lagen vor. Die Vereinigung Tokaj Renaissance ist bestrebt, dieses System wiederzubeleben. Danach gibt es zwei Erste Große Gewächse: Mézes Mály und Szarvas. Bekannte Erste Gewächse sind Disznókő, Hetszolo, Nyulászo, Nagyszolo, Szent Tamás, Kiraly, Betsek, Messzelato und Pajzos.

WEINKARTE RUMÄNIEN

DEN KERN DES LANDES bildet der Karpatenbogen, der von der ukrainischen Grenze in Richtung Serbien verläuft und in seiner Mitte die Transsylvanische Hochebene umschließt. In Rumänien gibt es sieben Anbaugebiete: In der nordöstlichen Provinz Moldau liegt das berühmte Weingebiet Cotnari, dessen Süßweine sich einst den Rang mit Ungarns Tokajer streitig machten. In der Provinz Dobrogea im Südosten liegt Murfatlar, ein vor allem für Weißweine bekanntes Gebiet. Zu Oltenia-Muntenia an den Südhängen der Karpaten gehört Dealul Mare – das berühmteste Rotweingebiet Rumäniens.

Weinlese in der Region Murfatlar

LEGENDE

Rumänien

RUMÄNIEN: GEBIETE UND SPITZENERZEUGER

MOLDAU *S. 392*

BANAT U. TRANSSYLVANIEN (SIEBENBURGEN) *S. 392*

Recaş Winery *S. 393*

OLTENIA-MUTENIA *S. 392*

Carl Reh Winery *S. 393*
Prahova Valley *S. 393*
The Carpathian Winery *S. 393*
Vinarte *S. 393*
Vinterra International SA *S. 393*

DOBROGEA *S. 392*

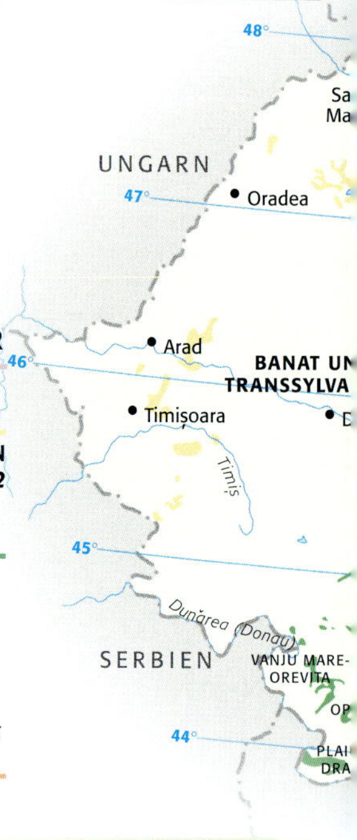

SPITZENWEINE: RUMÄNIEN

- Ⓦ Carl Reh Winery La Cetate Chardonnay €
- Ⓡ Carl Reh Winery La Cetate Merlot €
- Ⓓ Chateau Pietro Tamaioasa Românescă €€ (216 652 550)
- Ⓡ Prahova Valley Cherry Tree Hill Merlot €
- Ⓡ Prahova Valley Pinot Noir Reserve €
- Ⓡ Recas Winery Cabernet Sauvignon Barrique €
- Ⓡ SERVE Cuvée Charlotte Red ££ (212 242 131)
- Ⓡ The Carpathian Winery Pinot Noir €
- Ⓡ Vinarte Merlot Prince Matei €€
- Ⓡ Vinarte Swallowtail Feteasca Neagra €€
- Ⓡ Vinterra International SA Feteasca Neagra €
- Ⓡ Vox Populi Pinot Noir € (216 652 550)

DAS SÜSSE HERZ RUMÄNIENS

Die berühmten Cotnari-Weine mit ihrer 500-jährigen Tradition gibt es als Verschnitt oder sortenrein von vier einheimischen Trauben. Grasă ist körperreich und süß mit Noten von Honig und Sultaninen, Tămaioasă Românescă duftig und würzig, Fetească Alba frisch und duftig, Frăncusă von knackig-apfeliger Säure. Grasă kann eine unglaubliche Süße entwickeln und bildet alle drei bis vier Jahre sogar Botrytis aus, was dann den intensiv süßen Cotnari ergibt. In anderen Jahren bereitet man süße Spätlesen. Beide Weine reifen ein Jahr im Fass, werden aber im Gegensatz zu Tokajer nicht oxidativ ausgebaut, weshalb sie ihre grün schillernde Farbe behalten.

Weinlese in Oltenia-Muntenia

DAS TERROIR AUF EINEN BLICK

Breite: 44–48 °N

Höhe: 0–600m über NN

Topografie: geprägt vom Karpatenbogen, der sich quer durch das Land zieht

Boden: sandiges Schwemmland mit etwas Kreide im Südosten; Terra Rossa im Südwesten; vulkanisch steiniger Schiefer in der Mitte

Klima: Von maritimen Einflüssen am Schwarzen Meer abgesehen kontinental; Seebrisen vom Schwarzen Meer und der Einfluss der Donau ganz im Süden und Südwesten wirken sich mäßigend aus.

Temperatur: Das Julimittel beträgt 23,5° C.

Niederschlag: Das Jahresmittel beträgt 540 mm.

Gefahren für den Weinbau: strenger Frost im Winter, Frühjahrsfröste, Dürre im Sommer, Septemberregen

Weine von Prahova Valley

PINOT NOIR: DIE TRAUBE DER ZUKUNFT

Rumänien ist bekannt für preiswerten Pinot Noir, doch handelt es sich wirklich immer um Pinot Noir? In kommunistischer Zeit lag der Schwerpunkt eher auf Masse als auf Klasse, und es gab kaum Qualitätskontrollen. Die Sortenzugehörigkeit der Trauben ist also oft fraglich und ein diesbezüglicher wissenschaftlicher Nachweis nur schwer möglich. Die Zukunft für rumänischen Pinot Noir liegt wohl in Neuanpflanzungen mit Originalreben aus Frankreich. Carl Reh und Steve Donnelly von der Carpathian Winery sind der Ansicht, dass 90 % ihrer Pinot-Noir-Bestände echt sind. Die rumänische Regierung subventioniert nur Altbestände, was Neuimporte sehr kostspielig macht. Doch sind die Weine von den noch jungen Rebstöcken schon heute sehr viel versprechend.

Pinot-Noir-Trauben

DIE WEINBAUGEBIETE RUMÄNIENS

Moldau

DIE MOLDAUPROVINZ östlich der Karpaten ist mit einem Drittel der Gesamtrebfläche (85 000 ha) die größte Weinregion des Landes. Zwei Drittel dienen der Weißweinproduktion, wobei die Weingärten – vor allem in **Cotnari**, der berühmtesten Region – überwiegend an den von kalten Nordwinden geschützten Südhängen liegen. **Odobeşti**, das älteste Weinbaugebiet Rumäniens, erzeugt überwiegend alkoholstarke Weißweine für den heimischen Markt. **Coteşti**, die südlichste Region, ist eher für seine dunklen Rotweine bekannt, aber auch die Weißweine von dort haben Potenzial.

Mergel und Lehm auf Kalkstein *Cabernet Sauvignon, Băbească Neagră, Merlot, Fetească Neagră* *Fetească Regală, Muscat Ottonel, Aligoté, Tămaioasă Românească, Grasă* *rot, weiß, Dessertwein*

Banat und Siebenbürgen

DAS AN DER SERBISCHEN Grenze gelegene Banat ist die kleinste Weinregion Rumäniens. Östlich davon liegt die Transsylvanische Hochebene (300 m) mit ihren oft steilen Hängen, die kühlste Weinregion des Landes. Sie gehörte früher zur österreichisch-ungarischen Monarchie, was sich auch an den Weinen zeigt, die mit ihrer knackig-frischen Säure vom Stil her eher deutsch sind. **Tarnave** ist ist die wichtigste Subregion.

Sand- und Schwarzerdeböden, Schwemmland, saure Braunerdeböden *Pinot Noir, Cadarcă, Merlot, Burgund Mare* *Fetească Albă, Traminer Rose, Olasz Riszling, Sauvignon Blanc, Muscat Ottonel, Fetească Regală* *rot, weiß*

Wein von Prahova Valley

Oltenia-Muntenia

MIT KNAPP MEHR als 110 000 ha sind diese beiden Gebiete in etwa so groß wie Bordeaux. Muntenia liegt an den Osthängen der Karpaten und umfasst **Dealul Mare**, das bekannteste Rotweingebiet des Landes. Die 130–600 m hoch gelegenen Weingärten sind mit Cabernet Sauvignon, Merlot, etwas Pinot Noir sowie mit Fetească Neagră bestockt. **Pietroasa** ist eine kleine Unterregion und erzeugt üppig-

Weingarten bei Dealul Vei in der Karpatenregion Dealul Mare

süße, duftende, goldfarbene Weißweine. Oltenia reicht in die Südkarpaten und umfasst die ausgedehnten, angeblich schon bei den Römern bekannten Rebflächen von **Drăgaşăni**. **Sâmburesti** ist eine kleinere Region mit Schwerpunkt auf körperreichen Rotweinen. **Plaiurile Drancei** im Südwesten umfasst die Unterregionen **Vanju Mare-Orevita Oprisor**, beides viel versprechende Gebiete für hochwertige Rotweine.

Braunerdeböden, Lehm, schwere, eisenhaltige Böden, Podsol, Fels, Kalk, Terra Rossa *Cabernet Sauvignon, Pinot Noir, Merlot, Burgund Mare, Fetească Neagră* *Fetească Albă, Olasz Rizling, Pinot Gris, Muscat Ottonel, Sauvignon Blanc, Tămaioasă Românească* *rot, weiß, rosé*

Dobrogea

Diese am Schwarzen Meer gelegene Region kann 300 Sonnentage im Jahr aufweisen. Die berühmteste Weinregion ist **Murfatlar**, wo man zu 75 % Weißweine erzeugt. Dort entstehen ausdrucksstarke, fruchtige, trockene Weine von Pinot Gris und Chardonnay, einer bereits 1907 eingeführten Sorte. Aufgrund der trockenen Sommer kommt es kaum zu Botrytisbildung, trotzdem ist Murfatlar auch für süße Spätlesen bekannt.

Schwarzerde auf Kalksteingrund *Cabernet Sauvignon, Pinot Noir, Merlot* *Pinot Gris, Chardonnay, Muscat Ottonel, Olasz Rizling, Sauvignon Blanc* *rot, weiß, Dessertwein*

DIE SPITZENERZEUGER RUMÄNIENS

Recaş Winery
Banat und Siebenbürgen

Str Lugojului 322, Recaş 0256 330 296 www.recaswine.ro n. V.

PHILIP COX und seine Frau kauften 1999 660 ha Rebfläche; 2002 bauten sie diese Kellerei, eine der modernsten Europas. Recaş Winery ist das einzige Weingut westlich der Karpaten, das neue, qualitativ hochwertige Pinot-Noir-Klone anbaut. Der im Barrique gereifte Cabernet hat Noten von Schwarzer Johannisbeere, der Pinot Gris ist frisch und delikat.

rot, weiß 2002, 2001, 2000 ★ Pinot Gris, Cabernet Sauvignon Barrique, Pinot Noir

Carl Reh Winery
Oltenia-Muntenia

Oprisor, Meheolinti 0252 391 310 www.reh-kendermann.de n. V.

2001 KAUFTE das deutsche Unternehmen Reh-Kendermann 292 ha eines aufgelassenen Weingartens nahe Oprisor. Die biologisch bewirtschafteten Terra-Rossa-Böden werden nach und nach mit hochwertigen Importklonen neu bepflanzt, darunter Pinot Noir und Shiraz. Der Merlot La Cetate ist der Beweis, dass man hier volle, samtige Rotweine produzieren kann.

rot, weiß, rosé 2002, 2000, 1999 ★ La Cetate Merlot, River Route Merlot Rosé

Prahova Valley
Oltenia-Muntenia

92 Gageni St, Ploiesti 0244 130 955 www.prahova-wine.ro

1999 GING DIESES GUT an das britische Unternehmen Halewood International. Es umfasst fünf Kellereien in Dealul Mare, und für 85 % der Produktion werden Trauben angekauft. Die leitende Weinmacherin ist Aurelia Visinescu, die ihr großes Können bereits in Südafrika und Australien bewiesen hat.

rot, weiß, Schaumwein, Dessertwein 2002, 2000, 1999 ★ Pinot Noir Reserve, Fetească Neagră Special Reserve, Cherry Tree Hill Merlot

The Carpathian Winery
Oltenia-Muntenia

Tohani St., Mizil, Prahova County 0244 253 299 www.carpathian-wine.com n. V.

DER ENGLISCHE Weinmacher Steve Donnelly ist davon überzeugt, dass Rumänien das Potenzial für die feinsten Rotweine der Welt hat. 2000 kaufte er ein stillgelegtes Busdepot und baute es zu einer hochmodernen Kellerei um. Er erzeugt dort einen beeindruckenden Sauvignon Blanc – wohl den ersten dieser Art in ganz Rumänien mit typischem Sortencharakter. Die Rot-Cuvée ist ein weicher, komplexer Verschnitt von Cabernet Sauvignon, Pinot Noir und Merlot.

Logo der Carpathian Winery

rot, weiß 2002, 2001, 2000 ★ Pinot Noir, Sauvignon Blanc, Rot Cuvée.

Vinarte
Oltenia-Muntenia

Terase Danubiane, Comuna Rogova, Judetul Mehedinti 052 352 206 www.vinarte.com

DANK ITALIENISCHER Investoren produziert man hier 2,6 Mio. Flaschen jährlich, darunter einige der teuersten Rotweine Rumäniens. Dazu gehören der volle, samtige, kieferduftige Prince Matei, ein Merlot, und der Swallowtail mit Brombeernoten von Fetească Neagră.

rot, weiß 2000, 1999 ★ Merlot Prince Matei, Swallowtail Fetească Neagră, Cabernet Sauvignon Soare

Vinterra International SA
Oltenia-Muntenia

National Way E85, no 235, Sahateni-Buzau 0212 100 854 www.vinterra.ro

SEIT SEINER GRÜNDUNG 1998 flossen 2,6 Mio. US-Dollar in dieses niederländisch-rumänische Joint Venture. Das Weingut besitzt 25 ha Rebfläche in Dealul Mare und 100 ha in Vanju Mare-Orevita. Mit tieffarbigen Weinen von robuster Struktur und mit Noten von Schwarzkirschen fördert man vor allem den Ruf der Fetească Neagră.

rot, weiß 2002, 2000, 1999 ★ Fetească Neagră, Cabernet Sauvignon, Pinot Noir

Weinentnahme aus einem Fass auf dem Gut Prahova Valley

WEINKARTE BULGARIEN

Damianitza

DIESES KLEINE LAND auf dem Balkan umfasst fünf Weinbaugebiete. Das Nordgebiet reicht von der Donau nach Süden bis zum Balkan und zur Thrakischen Ebene. Das Ostgebiet grenzt an das Schwarze Meer und ist bekannt für seine Weißweine. Im Talgebiet im Zentrum wird vor allem Rotwein produziert. Im Südwesten schlängelt sich die Struma durch das Rhodopen-Gebirge. An ihren Ufern erstrecken sich die einzigen Weingärten in Hanglage. Im Südgebiet herrscht moderates Kontinentalklima, das vor allem die Reifung roter Trauben begünstigt.

LEGENDE

Bulgarien

BULGARIEN: GEBIETE U. SPITZENERZEUGER

NORDGEBIET *S. 404*
Stork Nest Estates *S. 405*

OSTGEBIET *S. 404*

TALGEBIET *S. 404*
Blueridge Winery *S. 405*
Vini Sliven *S. 405*
Vinex Slavyantsi *S. 405*

SÜDGEBIET *S. 404*
Santa Sarah *S. 405*
Vinazod Assenovgrad *S. 405*

SÜDWESTGEBIET *S. 404*
Damianitza *S. 405*

WELTKLASSE-POTENZIAL IN BULGARIEN

Der desolate Zustand der Bulgarischen Weinindustrie ist vor allem auf die katastrophale Situation der Weingärten zurückzuführen, die wiederum mit dem Zusammenbruch des Kommunismus zu erklären ist. Wie es in Zukunft weitergehen kann, zeigt ein Projekt in Ognianovo im Südgebiet. Geldgeber sind der deutsche Weinliebhaber Karl Hauptmann und der Bordeaux-Hersteller Stephan von Neipperg, als Weinmacher arbeitet Marc Dworkin. Die hervorragenden Böden, die das Potenzial für Weltklasse-Weine haben, führten die drei in diese Region. Mit Hilfe der Behörden vor Ort erwarben sie 200 ha, auf denen sie Merlot, Cabernet Sauvignon, Syrah und Petit Verdot anpflanzten. Der erste Jahrgang 2003 erbrachte nur 6000 Flaschen – heiß ersehnt von allen, die auf hervorragende Bulgarische Weine warten.

Merlot-Trauben

Erntezeit, Nordgebiet

DAS TERROIR AUF EINEN BLICK

Breite: 41–44 °N

Höhe: 100–1000 m über NN

Topographie: Der Balkan zieht sich durch das Zentrum des Landes und schützt den Süden vor kalten Nordwinden aus der russischen Steppe. Die höchste Erhebung sind die Rodopen im Süden des Landes.

Boden: Löss über Kalkstein in der the Donau-Ebene; alluviale Böden in der Thrakischen Ebene; Waldböden in Gebirgsnähe.

Klima: Kontinentalklima im Norden, mediterranes Klima im Süden und maritimes Klima an der Schwarzmeerküste

Temperatur: Das Julimittel beträgt 23 °C

Niederschlag: Jahresdurchschnitt 630 mm

Gefahren für den Weinbau: Hagel; Pilzkrankheiten; Septemberregen

Verkostungsraum in Vini Sliven, Talgebiet

SPITZENWEINE: BULGARIEN

Ⓡ Bouquet Telish Merlot €

Ⓡ Damianitza Redark €€

Ⓡ Damianitza Uniqato €€

Ⓦ Maxxima Chardonnay Reserve €

Ⓡ Maxxima Private Reserve €€

Ⓡ Santa Sarah Bin 40 Cabernet Sauvignon €€

Ⓡ Santa Sarah Privat Cabernet Sauvignon €€€

Ⓡ Vini Sliven Cabernet Sauvignon Reserve €

Ⓡ Stork Nest Estates First Flight Cabernet Sauvignon €

Ⓦ Vinex Slavyantsi Sungurlare Chardonnay €

Ⓡ Vinazod Assenovgrad Ententa €€

Ⓡ Vinazod Assenovgrad Mammuth €€

Blick auf die Weinbaugebiete nahe Melnik, Südwestgebiet

Traubenernte in Suhindol im Nordgebiet

DIE WEINBAUGEBIETE BULGARIENS

Nordgebiet

IM MITTLEREN und westlichen Teil der Donauebene überwiegen rote Sorten, die bekanntesten sind Cabernet Sauvignon und Merlot. Sie erbringen dort reife, warme Weine mit geschmeidigen Tanninen. Die bedeutendste Kellerei, Stork Nest Estates, gilt als bester Rotweinerzeuger der Region.

Löss auf Kalkstein, Sand, Karbonatböden
Gamza, Cabernet Sauvignon, Merlot, Pamid
Muscat Ottonel, Chardonnay, Aligoté *rot, weiß*

Ostgebiet

DIE SCHWARZMEERREGION ist der einzige Teil Bulgariens, in dem weiße Sorten überwiegen. International am erfolgreichsten sind die frischen Chardonnays der Kellerei Schumen der Domäne Boyar. Aus dem Hause Khan Krum in Preslav, einer der besten Weißweinlagen Bulgariens, stammt der Maxxima Chardonnay Reserve.

zimtbraune Böden, lehm- und sandhaltige Böden *Pamid, Cabernet Sauvignon* *Dimiat, Misket, Muscat Ottonel, Chardonnay, Ugni Blanc, Traminer, Sauvignon Blanc* *rot, weiß*

Talgebiet

DIESE REGION, auch als Tal der Rosen bekannt, erstreckt sich zwischen den Balkanbergen bis zum Sungurlare-Tal im Osten. Sie ist bekannt für die einheimische weiße Sorte Red Misket, aus der man traubige, trockene bis liebliche Weine bereitet. Einen hohen Stellenwert hat auch Chardonnay – mit vollen, sahnigen Aromen und frischer Säure als Ausgleich. Die zweite bedeutende Unterregion ist Sliven, in der man überwiegend Rotweine von Cabernet Sauvignon und Merlot produziert.

gut entwässerte Lehmböden *Cabernet Sauvignon, Pinot Noir, Merlot* *Chardonnay, Muscat Ottonel, Sauvignon Blanc, Red Misket* *rot, weiß*

Südgebiet

DIESE WEINREGION erstreckt sich über die Kerngebiete der Thrakischen Ebene, umfasst aber auch das Sakar-Gebirge, das für volle, fruchtige Merlots bekannt ist. Es werden überwiegend rote Sorten angebaut, darunter die einheimische Mavrud, die nur von den Kellereien Vinazod Assenovgrad und Pulden Wine Cellars in Perushtitza verarbeitet wird.

Lehm- und sandhaltige Böden, fruchtbares Schwemmland, Waldböden *Pamid, Merlot, Cabernet Sauvignon, Mavrud*
Rkatsiteli, Red Misket, Dimiat *rot, weiß*

Südwestgebiet

DIESE GEBIRGIGE REGION nahe der griechischen Grenze ist die kleinste Weinregion des Landes; 9000 ha Rebfläche um Melnik sind zu 75 % mit der Melnik-Traube bestockt. Das trockene Klima mit hoher Sonnenscheindauer, niedrige Erträge und der Verzicht auf Bewässerung sind Faktoren, welche die für die Region typischen konzentrierten, körperreichen und tanninstarken Weine mit großem Alterungspotenzial entstehen lassen. Auch dank der Investitionen aus dem Ausland gehören sie wohl bald mit zu den besten Weinen Bulgariens.

sandige, kalkhaltige braune Böden *Melnik, Merlot, Cabernet Sauvignon* *Chardonnay* *rot, weiß*

DIE SPITZENERZEUGER BULGARIENS

Stork Nest Estates
Nordgebiet

110 33 Svishtovski polk St, Svishtov
631 23 4 70 www.winez.net
n. V.

ZIEL DIESES ERSTEN eigenständigen Erzeugers in Bulgarien ist es, das Image bulgarischer Weine zu verbessern. Neben der Stammsorte Cabernet Sauvignon baut man auch erstmals in Bulgarien Shiraz, Malbec und Viognier an.

rot, rosé 2002, 2001, 2000 ★ First Flight Cabernet Sauvignon, Rubin

Blueridge
Talgebiet

Promishlena Zona, Starozagorsko Chose, Sliven 446 19 1 01

DAS FÜR 15 Mio. US-Dollar nach australischem Vorbild errichtete Weingut Blueridge gilt als Vorzeigeprojekt von Boyar Estates. Unter Federführung bulgarischer Weinmacher versucht man, die Stile von Alter und Neuer Welt zu verbinden. Die Weine sind akzeptabel, wenn auch zuweilen etwas mager.

rot, weiß 2002, 2001, 1999 ★ Oravinifera Cabernet Sauvignon Reserve, Merlot Premium Oak, Muscat

Blueridge Winery

Vini Sliven
Talgebiet

Tsar Simeon St, Sliven 446 67 6 66
www.vini.bg

VINI SLIVEN hat sich mit der Produktlinie Tuida ein neues Gesicht gegeben. Sie umfasst junge, geschmeidige, fruchtige Weine von internationalen Sorten. Mit dem Ziel größerer Eigenständigkeit erwarb das heute privat geführte Weingut bei einer Ausschreibung 200 ha Land: Die erste Lese erfolgte 2005.

rot, weiß 2002, 2001 ★ Cabernet Sauvignon Reserve, Tuida Cabernet Sauvignon, Tuida Merlot

Vinex Slavyantsi
Talgebiet

8460 Slavyantsi, Bourgas
557 12 5 00 www.vinexbg.com
n. V.

DER STAMMSITZ dieser Kellerei liegt im Sungurlare-Tal. 60 % der Weine sind Weißweine; 80 % der Gesamtproduktion gehen in den Export. In den letzten Jahren legte dieser Erzeuger 200 ha Weingärten an – überwiegend Cabernet Sauvignon neben Chardonnay und Riesling sowie Probeparzellen mit Pinot Noir und Shiraz.

rot, weiß 2002, 2001 ★ Sungurlare: Chardonnay, Misket; Rose Creek Pinot Noir

Santa Sarah
Südgebiet

J K Industrialen, Nova Zagora
457 22 6 55

IVO GENOWSKI, Weinimporteur und einer der besten Erzeuger Bulgariens, strebt für die eigenen Weine uneingeschränkte Spitzenqualität an. Er begann mit dem Aufkauf von Trauben, die er in angemieteten Remisen nahe Nova Zagora zu Garagenweinen *(s. S. 83)* verarbeitete. Heute besitzt Genowski 40 ha Rebfläche bei Pomorie sowie Gärbehälter aus neuer Eiche mit pneumatischer Vorrichtung zum Abstoßen des Tresterhuts, um eine möglichst sanfte Extraktion zu gewährleisten.

rot 2002, 2001 ★ Bin 40 Cabernet Sauvignon, Privat Cabernet Sauvignon

Vinzavod Assenovgrad
Südgebiet

75 Bulgaria Blvd, Assenovgrad
331 29 055 n. V.

SEIT 2002 ist der schwedische Weinmacher Lars Torstenson verantwortlich für die Verarbeitung einheimischer Trauben, in erster Linie Mavrud (eine lokale Spezialität) und Rubin. Quasi über Nacht errichtete man eine hochmoderne Kellereianlage und übernahm Methoden wie die Grüne Lese.

rot 2001, 2000 ★ Ententa, Mammuth, Sariza

Damianitza
Südwestgebiet

2813 Damianitza, Sandanski District
746 30 0 90
www.melnikwine.bg n. V.

DER HAUPTEIGENTÜMER dieses 1997 privatisierten Unternehmens, Philip Harmandjiev, steht auch hinter dem wichtigsten Weinmagazin des Landes. Er gewann den französischen Weinmacher Marc Dworkin als Berater, der auch an den ersten beiden Jahrgängen des beeindruckenden, schwarzfruchtigen Redark Merlot beteiligt war, einem der teuersten Weine Bulgariens.

rot 2001, 2000 ★ Uniqato, Redark, No Man's Land

WEINKARTE TSCHECHISCHE REPUBLIK U. SLOWAKEI

IN TSCHECHIEN gibt es zwei Hauptanbaugebiete: Ein kleines mit langer Tradition liegt bei Prag im ehemaligen Böhmen, ein viel größeres befindet sich in Mähren an der Grenze zu Österreich und der Slowakei. Die Weingärten der Slowakei beginnen im Westen an der tschechischen Grenze und ziehen sich im Süden des Landes an der Grenze zu Ungarn fast lückenlos in östliche Richtung. Das Weinbaugebiet Kleine Karpaten (Malokarpatská) liegt im Westen; weit im Osten bildet Tokai (Tokajská) ein Anhängsel der weltberühmten ungarischen Region Tokay.

LEGENDE

Tschechische Republik u. Slowakei

Weinlese in Mähren, Tschechische Republik

SPITZENWEINE: TSCHECHISCHE REPUBLIK U. SLOWAKEI

- Ⓢ Bohemia Sekt Prestige Brut €
- Ⓦ Borik Vino Tramin €
- Ⓦ Château Belá Riesling €€
- Ⓓ J & J Ostrozovic Tokay 5 Puttonyos €€
- Ⓦ Kolby Pinot Blanc Selection €€
- Ⓦ Mikros-Vin Pinot Blanc €€
- Ⓓ Mikros-Vin Welschriesling Ice Wine €€€
- Ⓡ Stanislav Skrobak Dornfelder €
- Ⓦ Tanzberg Pinot Gris €
- Ⓡ Víno Marcinčák Blaufränkisch €€
- Ⓓ Víno Marcinčák Neuburger Straw Wine €€
- Ⓡ Vino Masaryk Cabernet Sauvignon €

Weingärten nahe dem böhmischen Hradcany, Tschechien

St. Laurent ist weit verbreitet.

DAS TERROIR AUF EINEN BLICK

Breite: 48–50 °N

Höhe: 115–2655 m über NN

Topografie: Den böhmischen Westen des Landes prägen Ebenen und von niedrigen Bergen umgebene Hochplateaus. Im Osten, in Mähren, ist das Terrain hügeliger. In der Slowakei gibt es im Norden und im Landesinneren zerklüftete Berge, Flachland im Süden.

Boden: verschiedene Bodentypen

Klima: Gemäßigt mit maritimen und kontinentalen Einflüssen; kühle Sommer und kalte Winter

Temperatur: Gemäßigt mit maritimen und kontinentalen Einflüssen; kühle Sommer und kalte Winter

Niederschlag: Das Jahresmittel beträgt 690 mm in Tschechien, in der Slowakei 530–650 mm.

Gefahren für den Weinbau: niedrige Temperaturen

Weingärten in der Umgebung von Kosice, Ostslowakei

TSCHECHISCHE REPUBLIK: GEBIETE UND SPITZENHERSTELLER

BÖHMEN *S. 408*
Bohemia Sekt *S. 409*

MÄHREN *S. 408*
Kolby *S. 409*
Mikros-Vin *S. 409*
Stanislav Skrobak *S. 409*
Tanzberg *S. 409*
Vino Marcinčák *S. 409*

SLOWAKEI: GEBIETE UND SPITZENERZEUGER

KLEINE KARPATEN *S. 410*
Borik Vino *S. 411*
Vino Masaryk *S. 411*

SÜDSLOWAKEI *S. 410*
Château Belá *S. 411*

NITRA *S. 410*
Château Topolcianky *S. 411*

ZENTRALSLOWAKEI *S. 410*

OSTSLOWAKEI *S. 410*

TOKAI *S. 410*
J & J Ostrozovic *S. 411*

J. & J. Ostrozovic, Slowakei

Mähren mit seinen ausgedehnten Weingärten ist die größte Anbauregion Tschechiens.

DIE WEINBAUGEBIETE DER TSCHECHISCHEN REPUBLIK

MIT DEM EU-BEITRITT Tschechiens am 1. Mai 2004 wurde der Weg frei für dringend erforderliche Investitionen in die Weinindustrie. Seit der Zeit gibt es eine bedeutende Zunahme der Rebflächen.

Böhmen

DIESE MIT 550 HA eher kleine Weinregion liegt an den Flüssen Labe (Elbe), Vltava und Berounka in der direkten Umgebung und nördlich von Prag. Die Kernzonen heißen **Mostecka, Zernosecká, Roundnická, Melnická, Prazká** und **Caslavská**. Der Weinbau in Böhmen geht bis in das 9. Jh. zurück. Heute bietet der Tourismus eine wichtige Absatzmöglichkeit für die Winzer vor Ort. Als beste Sorte gilt Riesling; die frischen und aromatischen Weine sind deutschen Weinen nicht unähnlich. Der größte Erzeuger ist Bohemia Sekt.

Kalkstein, Sandstein, Vulkanböden
Riesling, Müller-Thurgau, Rizling Vlassky (Welschriesling), Chardonnay, Gewürztraminer, Pinot Gris *Frankovka (Blaufränkisch), Pinot Noir, Portugieser* *rot, weiß*

Mähren

TSCHECHISCHE WEINE stammen zu 95 % aus Mähren im Süden des Landes. Die Kernzonen heißen **Brneská, Kyjovska, Mutenická, Uherskohradistka, Bzenecká, Stráznická, Podluzí** und **Mikulovská** – die größte Weinregion Tschechiens –, **Velkopavlovicka und Znojemská**. Das im Vergleich zu Böhmen wärmere Kontinentalklima begünstigt weiße Sorten, die rund 75 % der Produktion ausmachen. Die trockenen Weißweine sind oft sehr aromatisch, von schlanker, mineralischer Struktur und bemerkenswerter Säure. Die bestimmende Sorte ist der österreichische Grüne Veltliner, gefolgt von dem eher ausdruckslosen deutschen Müller-Thurgau. Die wohl erfolgreichsten Weine liefern dagegen Riesling, aber auch Pinot Gris, Mährischer Muskat und Pinot Blanc. Ein relativ mildes Herbstklima und die kalten tschechischen Winter begünstigen auch süßere Typen: verschwenderisch üppige Eisweine und aus getrockneten Trauben erzeugten Strohwein. Die Rotweinproduktion wird von St. Laurent (Svatovavrinecke) bestimmt, auf die mehr als die Hälfte der Gesamtrebfläche entfällt. Die interessanteren Roten sind dagegen die leichten, fruchtigen und doch charaktervollen Weine von Frankovka (Blaufränkisch). Die tiefdunkle deutsche Dornfelder-Traube hat neben Portugieser ebenfalls ihren Platz.

Weingarten in Havraniky, Mähren

Lehm, Sand, Kalkstein *Grüner Veltliner, Müller-Thurgau, Rizling Vlassky (Welschriesling), Riesling, Pinot Blanc, Moravian Muscat*
St. Laurent, Frankovka (Blaufränkisch), Zweigeltrebe, Portugieser *rot, weiß, Schaum- und Dessertwein*

DIE SPITZENERZEUGER DER TSCHECHISCHEN REPUBLIK

Bohemia Sekt
Bohemia

Smetanova 220, Stary Plzenec ☎ 377 966 766 W www.bohemiasekt.cz ◯ n. V.

DIESER GRÖSSTE Weinproduzent Tschechiens gehört zu den bedeutendsten Unternehmen des Landes insgesamt. Die Jahresproduktion beträgt etwa 10 Mio. Flaschen, das Gros davon sind Schaumweine. Zur weiteren Steigerung von Ausstoß und Qualität läuft seit drei Jahren ein umfangreiches Investitionsprogramm. Die Trauben für den bedeutendsten Schaumwein des Hauses, Bohemia Sekt, stammen aus Südmähren.

rot, weiß, Schaumwein 2004, 2003, 2002 ★ Bohemia Sekt Prestige Brut

Kolby
Mähren

Ceska 51, Pouzdrany ☎ 519 415 495 W www.kolby.cz ◯ n. V.

DIESES KLEINE WEINGUT an der österreichischen Grenze erzeugt eine hervorragende Pinot-Blanc-Spätlese, daneben süße Strohweine von Neuburger, Silvaner und Welschriesling. Weitere Sorten sind Pinot Gris, Chardonnay und Sauvignon Blanc. Das Gut arbeitet mit modernster Technologie.

weiß, Dessertwein 2004, 2003, 1999 ★ Pinot Blanc Selection

Mikros-Vin
Mähren

Nadrazni 29, Mikulov ☎ 515 238 342 W www.mikrosvin.cz ◯ n. V.

BEI ÜBERWIEGEND biologischer Wirtschaftsweise ist Mikros-Vin der Erzeuger mit dem größten Weingartenbesitz. Die Produktpalette umfasst zahlreiche Typen und Sorten, darunter Gewürztraminer und Chardonnay. Probehalber neu hinzugekommen ist Kerner. Charakteristisch für alle Weine ist der saubere, fruchtbetonte Stil.

rot, weiß, Dessertwein 2004, 2003, 2001 ★ Welschriesling Ice Wine, Pinot Blanc

Stanislav Skrobak
Mähren

Okruzni 823, Cejkovice ☎ 518 362 510 W www.vino skrobak.wz.cz ◯ n. V.

DIESER KLEINE BETRIEB wurde erst 1995 gegründet. Unterstützt von EU-Fördergeldern experimentierte Skrobak in jüngster Zeit mit Reinzuchthefen und dem Barriqueausbau bestimmter Rotweine. Besonders nennenswert sind sein Müller-Thurgau, Mährischer Muskat und Portugieser.

rot, weiß, Dessertwein 2003, 2002, 20011 ★ Dornfelder

Weinkeller in Südmähren

Tanzberg
Mähren

Tanzberg Mikulov, Bavory 132, Mikulov ☎ 519 500 040/9 W www.tanzberg.cz ◯

DIESES BILDERBUCH-Weingut liegt inmitten der Palava-Höhen. Die 68 ha große Anbaufläche verteilt sich auf die Gemeinden Mikulov, Bavory und Perná. Bei der Sortenwahl richtet man sich nach den Böden und den klimatischen Bedingungen. Tanzberg erzeugt guten Chardonnay, Cabernet Sauvignon und Sauvignon Blanc, bietet daneben aber auch einheimische Sorten. Mit Hilfe hochmoderner Kellertechnik versucht man, möglichst naturbelassene Weine zu erzeugen.

rot, weiß, rosé, Dessertwein 2004, 2002, 1999 ★ Pinot Gris, Saint-Laurent Rosé

Vino Marcinčák
Mähren

Vinarska 6, Mikulov ☎ 519 510 958 W www.marcincak.cz ◯ n. V.

IN EINEM EHEMALIGEN Keller betreibt dieses nahe der Stadt Novosedly in Mikulovská gelegene 80-ha-Gut einen eigenen Restaurationsbetrieb für Besucher. Es wurde 1999 gegründet und bietet eine große Auswahl einheimischer Sorten und Typen. Die Weine sind schon jetzt sehr viel versprechend.

rot, weiß, Dessertwein 2004, 2002 ★ Frankovka (Blaufränkisch), Neuburger Straw Wine

Weingarten nahe Pezinok, Slowakei

DIE WEINBAUGEBIETE DER SLOWAKEI

IM ÖSTLICHEN TEILGEBIET der ehemaligen Tschechoslowakei geht die Privatisierung der Staatskellereien nur schleppend voran. Die Slowakei wurde 2004 EU-Mitglied und steht vor zahlreichen Herausforderungen, aber auch Chancen. Während die Spitzenweine durchaus Weltklassepotenzial haben, werden die Erzeuger billiger Massenweine langfristig kaum konkurrenzfähig sein.

Kleine Karpaten

DIESE WEINREGION umfasst ein Drittel der gesamten Anbaufläche der Slowakei. Die Qualität der Weine schwankt, aber Hunderte kleiner Weinbauern in Pezinok und Dörfern wie Devin und Vajnory geben ihr Bestes. Entlang der Weinstraße Kleine Karpaten können Besucher roten Frankovka und St. Laurent sowie einheimische Weißweine verkosten.

Lehm, Sand *Pinot Blanc, Müller-Thurgau, Grüner Veltliner, Welschriesling, Devin*
Frankovka (Blaufränkisch), St. Laurent
rot, weiß, Schaum- und Dessertwein

Südslowakei

DIE SÜDSLOWAKEI ist vor allem durch Château Belá bekannt, ein Gemeinschaftsunternehmen, an dem auch Egon Müller aus der Moselregion beteiligt ist. Besonders die Belá-Rieslinge sind sehr schnell an die Weltspitze vorgerückt. In dem milden Klima gedeihen volle, körperreiche Rieslinge, die mit den besten österreichischen und elsässischen Varianten konkurrieren können. Es lohnt sich, diese Region im Auge zu behalten.

Vulkanböden *Riesling, Tramin (Gewürztraminer)* *Cabernet Sauvignon, Frankovka, St.-Laurent* *rot, weiß*

Nitra und angrenzende Gebiete

NITRA, DIE **Zentralslowakei** und die **Ostslowakei** decken rund 20 % der Produktion ab. Nitra, eines der vielfältigsten Weingebiete des Landes, erzeugt ein breites Stil- und Qualitätsspektrum, das von körperreichen Rotweinen über knackig aromatische Weißweine bis hin zu Schaumweinen reicht. Aus der Inneren Slowakei kommen knackig frische Weißweine.

unterschiedlich, die besten vulkanischen Ursprungs *Grüner Veltliner, Müller-Thurgau, Welschriesling, Pinot Blanc, Tramin* *Frankovka, St.-Laurent, Cabernet Sauvignon* *rot, weiß, Schaum- und Dessertwein*

Tokai

DER TRADITIONSREICHE Süßwein aus der Region Tokajská wird gemeinhin mit Ungarn in Verbindung gebracht, aber immerhin gehören rund 900 ha Tokaji-Weingärten zur Slowakei. Seit 2004 dürfen sieben Erzeuger ihre Produkte als original »Tokaji« vermarkten, jedoch reicht die Qualität der Weine an das ungarische Original nur selten heran. Unter geänderten Bestimmungen jedoch und mit Hilfe längst überfälliger Investitionen könnte sich die Region zu einem der interessantesten Anbaugebiete des Landes entwickeln.

Vulkanböden *Furmint, Lipovina, Gelber Muskateller* *weiß, Dessertwein*

DIE SPITZENERZEUGER DER SLOWAKEI

Borik Vino
Kleine Karpaten

Jilemnického 2a, Pezinok ☎ 905 525 759 [W] www.borikvino.com
☐ n. V.

PETER UND Magdalena Borik gehören zu den vielen kleinen Qualitätswinzern in und um Pezinok. Zwar kelterten sie schon während des Kommunismus Wein für den Eigenbedarf, sind aber erst seit 1998 hauptberuflich Winzer. Sie produzieren nur 15 000 Flaschen jährlich, und zwar weiche, eichenfassgereifte Rotweine, aber auch knackige Weißweine von Riesling, Chardonnay und Traminer.

rot, weiß *2001, 2002*

Vino Masaryk
Kleine Karpaten

Pod Kalvariou 45, Skalica ☎ 346 646 960 [W] www.vino-masaryk.sk
☐ n. V.

ALOJZ MASARYK gründete seinen Kleinbetrieb nahe der tschechischen Grenze erst 1996, allerdings war er zuvor schon 30 Jahre in der Weinindustrie der kommunistischen Tschechoslowakei tätig. Mit neuesten technischen Mitteln erzeugt Masaryk ein Sortiment reifer, fruchtiger Weißweine sowie konzentrierter Rotweine.

rot, weiß *2001, 2002*
★ *Cabernet Sauvignon, Frankovka, Devin, Chardonnay*

Château Béla
Südslowakei

Kastiel Béla, 94353 Béla, Muzla
☎ 367 586 112

AUF DER BASIS eines Joint Ventures zwischen der Familie von Baron Ullmann und dem deutschen Starwinzer Egon Müller wird hier ein Weltklasseriesling produziert. Château Béla liegt in der Weinregion Südslowakei (Juznoslovenská) nahe der ungarischen Grenze – einer der wärmsten Gegenden des Landes. Das Unternehmen verfügt zwar noch nicht über genügend eigene Weingärten, aber die Kellerei unter Kellermeister Miro Petrech funktioniert perfekt. Der 2001er ist ein atemberaubender, süßer und doch eleganter Wein von vibrierender Säure. Der 2002er ist trocken und insgesamt mächtiger als sein Vorgänger, mit überbordender tropischer Frucht und einem knackig mineralischen Rückgrat. Mit dem jüngsten Jahrgang ist der für Château Béla anvisierte Stil schon fast erreicht.

weiß *2001, 2002*
★ *Riesling*

Château Topolcianky
Nitra

Cintorinska 31, Topolcianky
☎ 376 301 131
[W] www.vinotop.sk ☐

IN LANDSCHAFTLICH reizvoller Umgebung gelegen, gehört dieses Weingut zu den großen Erzeugern von Weinen aller Qualitätsstufen in Nitra (Nitranská). Nach seiner Privatisierung 1993 wurden umfangreiche Investitionen vorgenommen. Das Sortiment umfasst ein komplettes Programm an Rot-, Weiß-, Schaum- und Süßweinen. Generell empfiehlt es sich, die jeweils älteren Jahrgänge vorzuziehen.

rot, weiß, Schaum- und Dessertwein *2003, 2004*

J. & J. Ostrozovic
Tokai

Velká Trna 233 ☎ 566 793 322
[W] www.ostrozovic.sk ☐

DIE WEINE aus dem slowakischen Teil dieses Anbaugebiets sind den ungarischen zwar meist unterlegen, jedoch gehört J. & J. Ostrozovic zu den besseren Erzeugern. Die Eheleute Jaroslav und Jaromira Ostrozovic gründeten das Weingut 1990 mit, wie sie sagen, »wenig mehr als fünf Holzfässern und dem unbedingten Willen, eine harte Arbeit zu verrichten«. Heute stellen sie neben dem klassischen Tokaji-Süßwein auch trockene Rot- und Weißweine her, und zwar von Sorten wie Cabernet Sauvignon, Pinot Blanc und Pinot Grigio, Letzteren auf der Basis von Trauben aus der Ostslowakei.

rot, weiß, Dessertwein
1995, 1999, 2000 ★ *Tokay 5 Puttonyos*

Lagerkeller von J. & J. Ostrozovic

WEINKARTE SLOWENIEN UND KROATIEN

AUFGRUND ANDERER geografischer Bedingungen unterscheiden sich die Weinregionen in Slowenien und Kroatien grundlegend. In den an die Adria angrenzenden Gebieten Primorje in Slowenien und Primorska in Kroatien herrscht mediterranes Klima, in dem bevorzugt Rotweine angebaut werden. In der weitaus kühleren alpinen Region Podravje in Slowenien gedeihen frische, aromatische Weißweine. Im kroatischen Hinterland, der hügeligen Region Kontinentalna, erzeugt man ebenfalls leichte, erfrischende Weißweine, aber auch Rotweine der Sorte Frankovka.

LEGENDE

Slowenien und Kroatien

Weingärten in Posavje, Slowenien

SLOWENIEN: GEBIETE UND SPITZENERZEUGER

PODRAVJE *S. 414*

Joannes *S. 415*

Kupljen *S. 415*

POSAVJE *S. 414*

PRIMORJE *S. 414*

Edi Simčič *S. 415*

Marjan Simčič *S. 415*

Movia *S. 415*

Santomas *S. 415*

Sutor *S. 415*

KROATIEN: GEBIETE UND SPITZENERZEUGER

KÜSTENREGION *S. 416*

Dingac Winery *S. 417*

Grgic Vina *S. 417*

Tomic *S. 417*

HINTERLAND *S. 416*

FeraVino *S. 417*

Ivan Enjingi *S. 417*

Slowenische Weine von Edi Simčič, Primorje

Weingärten zu Füßen einer mittelalterlichen Bergsiedlung, Istrien, Kroatien

DAS TERROIR AUF EINEN BLICK

Breite: 42–47 °N.

Höhe: 0–2864 m über NN

Topografie: Slowenien ist ein von den Alpen und den Dinarischen Alpen geprägtes gebirgiges Land mit einem Küstenstreifen an der Adria. Kroatien wird im Nordosten von sanftem Hügelland bestimmt, im Westen von einer felsigen Küstenlinie entlang der Adria. Dazwischen verlaufen die Dinarischen Alpen und einige kleinere Gebirgszüge.

Boden: wechselnd

Klima: Entlang der Adriaküste mediterran mit milden Wintern und heißen Sommern, in den Gebirgszonen kühler, im Hinterland kontinental

Temperatur: Das Julimittel reicht von 21°C in Nordostslowenien bis 25°C im Süden der kroatischen Küstenregion

Niederschlag: Das Jahresmittel beträgt 800–1350 mm.

Gefahren für den Weinbau: Frost und niedrige Temperaturen in den kühleren Regionen; Regen zur Lese; Pilzbefall

Spritzeinsatz bei Klanjec in Kontinentalna, Kroatien

In der Region Ljutomer-Ormož, Slowenien

SPITZENWEINE SLOWENIEN UND KROATIEN

- R Edi Simčič Duet Riserva €€€
- W Edi Simčič Sivi Pinot Riserva €€€
- R Grgic Vina Plavac Mali €€
- W Grgic Vina Pošip €€
- R Ivan Enjingi Graševina €€
- W Kupljen Extract of Styria €€
- D Marjan Simčič Leonardo Ribolla Passito €€€
- R Marjan Simčič Teodor Rdeče €€€
- R Movia Pinot Noir €€€
- R Santomas Grande Cuvee €€
- R Tilia Gold Label Merlot €€ (www.ra-rod.si)
- D Tomic Prošek Hektorovich €€

Herbstlicher Weingarten in Kras, der Heimat des berühmten Teran

DIE WEINBAUGEBIETE SLOWENIENS

SLOWENIEN WURDE nach dem Zerfall Jugoslawiens 1991 unabhängig und blieb im Vergleich zu den anderen ehemaligen Teilstaaten von Kriegsfolgen weitgehend verschont. Seine Weintradition reicht 2400 Jahre zurück. Offiziell stehen 24 500 ha unter Reben, und die Zahl der Qualitätswinzer steigt stetig.

Podravje

PODRAVJE, DIE GRÖSSTE WEINREGION Sloweniens, liegt im Nordosten an der Grenze zu Österreich. In dem kühleren Klima gedeihen überwiegend aromatische Weißweine mit lebhafter Säure. Aus **Maribor** kommen die besten aromatischen Weißweine, vor allem Renski Rizling. In Maribor steht auch der älteste Rebstock Europas, ein 400 Jahre altes Exemplar der Sorte Žametovka. Das wohl berühmteste von sieben Weingebieten ist **Ljutomer-Ormož**. In den Bergen von Jeruzalem wachsen gute trockene Weißweine, Beli und Sivi Pinots, aber auch Šipon und Laški Rizling, außerdem Spätlesen, Eisweine und edle Süßweine. **Haloze** bringt frische Pinots hervor, Renski Rizling und Traminec (Gewürztraminer).

Sediment, Mergel, Lehm, Vulkanböden in Maribor *Žametovka (Žametna Črina), Modra Frankinja (Blaufränkisch), Modri Pinot (Pinot Noir)* *Laški Rizling, Renski Riesling (Rhein Riesling), Sivi Pinot (Pinot Gris), Beli Pinot (Pinot Blanc), Šipon (Furmint)* *rot, weiß, Dessertwein*

Posavje

POSAVJE IM SÜDOSTEN ist international kaum bekannt. Das Gros der Weine sind Verschnitte, jedoch haben die Eisweine von Laški Rizling einen guten Namen. Es gibt drei Anbaugebiete: **Bizeljsko**, **Dolenjska** und **Bela Krajina**. Der Cviček ist eine Spezialität von Dolenjska, ein leichter, frischer Verschnitt von zwei roten und zwei weißen Trauben. Bela Krajina ist vor allem für Metliška Črnina bekannt, einen Verschnitt von Frankinja und Žametovka. In Bizeljsko wachsen Beli Pinot, Chardonnay, Laški Rizling und Sauvignon. Eine Spezialität dieser Gegend sind Schaumweine.

Mergel, Lehm, Sandstein, Löss *Modra Frankinja (Blaufränkisch), Žametovka (Žametna Črina), Modri Pinot (Pinot Noir)* *Laški Rizling, Šipon (Furmint), Chardonnay, Rumeni Muskat (gelbe Muskateller)* *rot, weiß, Schaumwein, Dessertwein*

Primorje

IN DER REGION Primorje (oder Primorska) – der Name bedeutet »am Meer« – sitzen die meisten Spitzenwinzer Sloweniens. Es gibt vier Untergebiete: **Brda, Vipava, Kras** und **Koper**. Brda, auch Goriška Brda genannt, schließt direkt an die italienische Region Collio *(s. S. 230)* an. Im Vipava-Tal wächst Weißwein. Die einheimische Refošk spielt in Koper ein große Rolle; sie erbringt lebhafte, himbeerduftige Weine. Aus Kras kommt der berühmte Teran. Er wächst dort auf fruchtbaren Terra-Rossa-Böden.

Mergel, Schiefer, Sandstein, Terra Rossa in Kras *Merlot, Refošk, Cabernet* *Rebula, Malvazija, Sivi Pinot (Pinot Gris), Chardonnay, Sauvignon* *rot, weiß*

DIE SPITZENERZEUGER SLOWENIENS

Joannes
Podravje

Vodole 34, Malecnik ☎ *024 732 100* Ⓦ *www.slovino.com* ◷ *n.V.*

Bostjan und Gregor Protner bewirtschaften 7 ha Land an der österreichischen Grenze. Ihre Spezialität sind Rieslinge, darunter auch eine für diese Gegend ungewöhnliche trockene Variante mit mineralischen Untertönen. Die süßeren Selection-Weine sind wunderschön ausgewogen.

weiß *2002, 2001* ★ *Riesling Selection, Pinot Gris, Riesling*

Kupljen
Podravje

Jeruzalem-Svetinje, Ivanjkovci ☎ *027 194 001* Ⓦ *www.vino-kupljen.com* ◷ *n.V.*

Joe Kupljens Weingärten liegen bei Jeruzalem im kühleren Nordosten und sind besonders für knackige, mineralische Weißweine wie Pinot Gris geeignet. Kupljen pflanzte aber auch als Erster in dieser Gegend Pinot Noir an; er gewinnt daraus einen Rotwein, Star of Styria, den er in Maulbeerfässern ausbaut.

rot, weiß, Dessertwein *2002, 2000, 2001* ★ *Extract of Styria, Pinot Noir Barrique, Pinot Gris*

Edi Simčič
Primorje

Vipolže 39 A, Dobrovo ☎ *053 039 591* ◷ *n.V.*

Vater und Sohn Edi und Aleks Simičič haben neue Qualitätsmaßstäbe für ihr 5,5-ha-Gut gesetzt. Nicht zuletzt dank Aleks' Fähigkeiten als Weinmacher gelingen ihnen Weine, die zu den feinsten Mitteleuropas gehören. Der Merlot-Verschnitt Duet Riserva erinnert an »zerdrückte Blaubeeren auf einem Gewürzbasar«.

rot, weiß, Dessertwein *2003, 2001, 2000* ★ *Duet Riserva, Sivi Pinot Riserva, Beli Pinot*

Marjan Simčič
Primorje

Ceglo 3B, Medana, Dobrovo ☎ *053 959 200* ◷ *n.V.*

Die Löwenmähne täuscht leicht darüber hinweg, dass Marjan Simčič zur Weinmacher-Elite Sloweniens gehört. Er ist qualitätsbesessen und Alleinherrscher in seinem Keller. Seine Weißweine sind reich, voll und intensiv; der Rebula wird wie Rotwein mit den Schalen vergoren. Seinen Chardonnay beschreibt er selbst als Mike-Tyson-Wein.

rot, weiß, Dessertwein *2002, 2000, 2001* ★ *Teodor Rdeče, Leonardo Ribolla Passito, Chardonnay*

Gärkeller bei Marjan Simčič

Movia
Primorje

Ceglo 18, Dobrovo ☎ *053 959 510* Ⓦ *www.movia.si* ◷ *n.V.*

Dieses 1820 gegründete Gut liegt im slowenischen Teil von Collio. Der Weinmacher Ales Kristančič verbindet in seinem Ansatz Tradition und Moderne – biodynamischer Weinbau mit computergesteuerter Mondphasenberechnung. Die Weine reifen lange Zeit in Eiche, haben aber genügend Frucht zum Ausgleich.

rot, weiß *2000, 1998, 1996* ★ *Modri Pinot, Veliko Rdeče, Veliko Belo*

Santomas
Primorje

Šmarje 10, Šmarje pri Kopru ☎ *056 392 651* ◷ *n.V.*

Die Weingärten von Santomas liegen in Koper und sind zur Hälfte mit Refošik bestockt, der Spezialität dieser Gegend. Dank hoher Anthocyan-Werte und konsequenter Ertragsreduzierung entstehen daraus ernsthafte, konzentrierte und tieffarbige Weine.

rot, weiß *2002, 2000, 1999* ★ *Grande Cuvée, Refošk Antonius*

Sutor
Primorje

Podraga 30–31, Podnanos ☎ *053 669 367* Ⓦ *www.sutorvino.com* ◷ *n.V.*

Primo Lavrenčič und sein Bruder Mitja werden noch viel von sich reden machen. Ihr Weingut liegt im kühlsten Teil des Vipava-Tals, in dem die Farbe weiß den Ton angibt. Aus Primos Aktivitäten in der Weinforschung resultiert die Erkenntnis, dass von den roten Trauben Pinot Noir für ihre Lage besonders geeignet ist, weshalb sie nun Neuanpflanzungen und auch Kreuzungen mit Merlot vornehmen.

rot, weiß *2003, 2002, 2000* ★ *Burja, Chardonnay, Sauvignon*

Auf der Insel Hvar hat der Weinbau eine lange Tradition.

DIE WEINBAUGEBIETE KROATIENS

KROATIEN HAT EINE LANGE, bis ins 4. Jh. v. Chr. zurückreichende Weintradition, diese musste aber durch den Krieg im ehemaligen Jugoslawien in den 1990-Jahren herbe Rückschläge hinnehmen, deren Folgen noch nicht gänzlich überwunden sind. Das Land hat zwei von einem Gebirgszug getrennte Weinregionen – die Küstenregion sowie das Hinterland. Diese unterscheiden sich durch ihre verschiedenen Böden, Klimata und Weintypen. Initiativen wie der »Roots-of-Peace«-Bewegung, die sich für die Minenräumung einsetzt, ist es zu verdanken, dass die Rebflächen im Land wieder zunehmen.

Küstenregion

DIE KÜSTENREGION KROATIENS verläuft von Istrien im Nordwesten entlang der Adria bis nach Dalmatien im Südosten. Das Klima ist mediterran mit maritimen Einflüssen, wobei das hügelige Gelände unterschiedliche Mikroklimate bewirkt. Folgende wichtige Unterregionen gibt es: **Istrien und die kroatische Küste**, **Norddalmatien**, **Zentral- und Süddalmatien** plus Inseln sowie das **Dalmatinische Hinterland**. Insgesamt etwa 70 % der Produktion entfallen auf Rotwein. In Istrien sind die Bordeaux-Sorten Cabernet Sauvignon und Merlot führend, daneben gibt es Malvasia Nera und Teran, die in Italien als Refosco *(s. S. 231)* bekannt ist. Weiter im Süden gibt es zahlreiche, an die spezifischen Bedingungen angepasste einheimische Sorten. Am bekanntesten davon ist Plavac Mali, die körperreiche, robuste Weine liefert. Viele Jahre wurde darüber spekuliert, ob Plavac Mali mit der kalifornischen Zinfandel *(s. S. 487)* identisch sein könnte. Aufgrund einer DNA-Analyse weiß man aber heute, dass Zinfandel sicher aus Kroatien stammt, Plavac Mali aber ein »Sohn« von Zinfandel ist. Die besten Weine der Sorte Plavac Mali kommen aus den Appellationen Dingac und Postup auf der Halbinsel Peljesac im Süden des Landes. Zu den in Primorska angebauten weißen Sorten gehören Malmsey und Muskat im Norden bis hin zu lokalen Sorten wie Marastina im Süden. Letztere gehört zu den interessanteren; sie liefert frische, leichte und kräuterwürzige Weine.

felsig *Malvasia Nera, Teran (Refosco), Cabernet Sauvignon, Merlot, Plavac Mali* *Marastina, Pošip, Grk* *rot, weiß*

Hinterland

DAS KROATISCHE HINTERLAND erstreckt sich entlang des Flusses Drau bis hin zur Donau. Bei heißen, trockenen Sommern und kalten Wintern baut man dort überwiegend Weißweine an. Die bestimmende Sorte ist Graševina (Welschriesling). Die wichtigsten Unterregionen sind: **Zagorje-Medimurje, Prigorje-Bilogora, Plesivica, Moslavina, Pokuplje, Slavonija** und **Podunavlje**.

verschiedene *Frankovka* *Graševina (Welschriesling), Riesling, Gewürztraminer, Pinot Blanc, Chardonnay* *rot, weiß*

DIE SPITZENHERSTELLER KROATIENS

Dingac Winery
Primorska

Vinarija Dingac, Potmoje
20 742 010 *n. V.*

Es gibt sicher bessere Erzeuger in Primorska, aber diese Genossenschaft bietet die Möglichkeit, die Weine der traditionsreichen Appellationen Dingac und Postup zu vergleichen. Beide sind berühmt für ihre Plavac-Mali-Weine: Jene aus Dingac sind traditionell voller und muskulöser, wohingegen Postup mit etwas mehr Eleganz aufwarten kann. Extrem mächtige sind beide.
rot *2000, 2003* ★ *Dingac, Postup*

Grgic Vina
Primorska

Trstenik 78, Trstenik
20 748 090 *n. V.*

Grgich-Etikett

Miljenko Grgic, der Inhaber des Weinguts Grgic Hills in Napa Valley, zählt zu den berühmtesten kroatischen Weinmachern. 1996 gründete er ein kleines Weingut in dem Küstenort Trstenik auf der Halbinsel Peljesac. In Kalifornien ein begeisterter Anhänger von Zinfandel, hat sich Mike Grgic in Kroatien auf dessen enge Verwandte Plavac Mali spezialisiert. Er baut den Wein in französischer Eiche aus. So entstehen kleine Mengen eines tieffarbigen, erstaunlich eleganten Tropfens. Daneben macht Grgic einen leichten, spritzigen Weißwein von Pošip. Sein großes Know-how lässt Grgic auch einheimischen Erzeugern zugute kommen und unterstützt zudem die Neuanpflanzung von Weingärten über die »Roots-of-Peace«-Bewegung.
rot, weiß *2000, 2001, 2002*
★ *Plavac Mali, Pošip*

Tomic
Primorska

Bastijana, Jelsa, Hvar Island
21 768 160 *www.bastijana.hr*
n. V.

Auf der Insel Hvar produziert dieses fortschrittliche, erst 1997 gegründete Gut hervorragende Weine, etwa einen reichen und komplexen Plavac Mali sowie einen einzigartigen Süßwein aus rosiniertem Traubengut – Prošek Hektorovich. Der Weinmacher Andro Tomic, gebürtig in Hvar, kam nach langjähriger Tätigkeit auf dem Festland hierher zurück, um eben diese alten Traditionen neu zu beleben. Tomic bezieht seine Trauben aus eigenen Weingärten sowie von mehreren sorgfältig ausgewählten Weinbauern vor Ort.
rot, weiß, Dessertwein *2001, 2002* ★ *Plavac Mali, Prošek Hektorovich*

FeraVino
Kontinentalna

Fericeva 16, Ferianci *31 603 213*
www.feravino.hr *n. V.*

Dieser relativ große, moderne Betrieb hat seinen Sitz in Slawonien im kroatischen Hinterland. Nach beträchtlichen Investitionen 1995 stellt das Weingut heute eine perfekte Mischung aus Tradition und Moderne dar und erzeugt saubere, gut gemachte Weine. Der rote Frankovka reift bis zu zwei Jahre in slawonischer Eiche. Die mit größer Sorgfalt bereiteten Weißweine, darunter Riesling und Graševina, bestechen durch ihren frischfruchtigen Charakter.
rot, weiß *2002, 2003*
★ *Frankovka, Pinot Blanc*

Ivan Enjingi
Kontinentalna

Hrnjevac, Vetovo *34 267 200*
n. V.

Dieses kleine Gut in Slawonien erzeugt nun schon seit Jahren exzellente Weine, machte aber unlängst Furore in der internationalen Weinszene, als bei dem international hart umkämpften Wettbewerb Decanter World Wine Awards 2004 gleich zwei seiner Weine ausgezeichnet wurden: Die im Barrique gereifte Cuvée Venje und der sortenreine Graševina. Zum Gut gehören rund 50 ha Weingärten, die mit verschiedenen Sorten bestockt sind, darunter Riesling, Gewürztraminer und Zweigelt. Weitere Expansionen sind geplant.
rot, weiß
1998, 2002
★ *Graševina, Venje*

Wein von Ivan Enjingi

ÖSTLICHER MITTELMEERRAUM

ÖSTLICHER MITTELMEERRAUM

SÜDOSTEUROPA IST DIE WIEGE DES WEINBAUS. *Historikern zufolge nahmen Weinbereitung und Weinkultur vor rund 6000 bis 8000 Jahren in Kleinasien ihren Ausgang. Der Weinbau, wie er in diesem Teil Europas heute betrieben wird, verbindet Tradition und Moderne. So entstehen heute einige der besten Weine der Welt.*

GRIECHENLAND: HINTERGRUND

DIE GESCHICHTE DES WEINBAUS in Griechenland reicht 4000 Jahre zurück, Weinhandel lässt sich bis auf 1000. v. Chr. zurückverfolgen; damals belieferten die Griechen halb Europa. Man transportierte Wein in Amphoren, luftdichten Tongefäßen mit zwei Griffen. Einige Funde geben Hinweise auf ein Appellationssystem, das zu jener Zeit verwendet wurde. Aus der Form des Behälters konnte man auf die Herkunftsregion schließen, der Jahrgang wurde eingeritzt. Auf beiden Griffen der Amphoren befanden sich jeweils ein Wappenzeichen des Erzeugers sowie des Provinzfürsten.

Griechische Amphore

Ab ca. 750 v. Chr. gründeten die Griechen Kolonien im gesamten Mittelmeerraum. Auf diese Weise verbreiteten sie auch die Weinbaukunst in Europa. In Süditalien ist ihr Erbe noch heute sichtbar. Dort gehen die Bezeichnungen alter Rebsorten direkt auf das Griechische zurück.

GRIECHENLAND: DIE WEINBRANCHE HEUTE

DER ANTEIL GRIECHENLANDS an der jährlichen Gesamtproduktion ist mit ungefähr 3,5 Mio. hl vergleichsweise gering. 750 000 hl davon gehen in den Export. Die Anbaufläche liegt bei einer Größenordnung von 71 000 bis 75 000 ha. Davon entfallen 68 % auf weiße, 32 % auf rote Rebsorten. Es gibt rund 360 kommerzielle Erzeugerbetriebe, einschließlich 54 Genossenschaften. Die Produktion insgesamt ist seit Anfang der 1980er-Jahre gesunken, aber der kommerzielle Ausstoß blieb konstant. Vielerorts gibt es eine neue Generation von Erzeugern, von denen viele im Ausland ausgebildet wurden.

RETSINA: EINE ALTE TRADITION NEU ENTDECKT

Retsina wie wir ihn heute kennen wird in Griechenland seit 2000 Jahren erzeugt und exportiert. Ursprünglich verwendete man Pinienharz, um die Amphoren zu versiegeln und eine Oxidation des Weins zu verhindern. Später fügte man das Harz dem Wein direkt zu, so dass es einen Schutzfilm auf der Oberfläche bildete und der Wein das Harzaroma annahm. Dieses Getränk wurde vor allem in Attika aus der neutralen weißen Savatianotraube erzeugt. Dort verliehen großzügige Mengen an Harz dem Wein einen kräftigen Geschmack. Im Lauf der Zeit wurde diese Tradition zugunsten herkömmlicher Weintypen zurückgedrängt. Heute erlebt Retsina in Form leicht geharzter, frischer und gut trinkbarer Weine eine Renaissance. Man bereitet ihn aus heimischen, qualitativ hochwertigen Sorten. Guter Retsina kann bei allen Vorbehalten hervorragend sein, besonders zu einem würzigen Essen. Folgende Erzeuger sind zu empfehlen: **Gaia Wines**, **Tsantali**, **Kechri** *(23107 51283)*, **Boutari**, **Sitia** *(www.sitiacoop.gr)* und **Papagianakos** *(21066 26146)*.

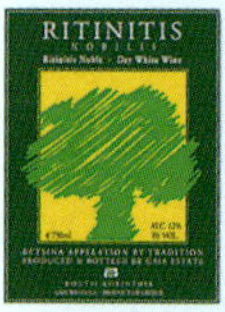

Gaia Wines retsina label

◁ **Weinberg auf der Ionischen Insel Kephalonia**

ANBAULÄNDER

Griechenland ist der größte Weinerzeuger Südosteuropas; Weinberge finden sich auf dem Festland und auf den Inseln. Israel und die Türkei haben Anbauschwerpunkte, der Libanon dagegen nur eine Weinregion, das Bekaatal. Die Weintypen sind recht unterschiedlich, obschon das Terroir oft ähnlich ist.

GRIECHENLAND: REBSORTEN UND WEINTYPEN

In Griechenland gibt es mehr als 300 einheimische Rebsorten, obwohl nur rund 20 % davon in der heutigen Weinindustrie Verwendung finden. Die Sorten, für die das zutrifft, beleben einen weitgehend uniformen Weltmarkt mit erfrischender Vielfalt. Mit jedem Jahrgang kommen mehr dieser alten Sorten zu neuen Ehren und befriedigen das zunehmende Bedürfnis nach Abwechslung. Und mit jedem Jahr schreitet die Qualitätsrevolution in Griechenland weiter fort.

Heutige Erzeuger greifen auf eine ganze Palette heimischer und internationaler Rebsorten zurück, um das Terroir jeder einzelnen Region zum Ausdruck zu bringen und um dem Verbraucher alle Weintypen vorzustellen. Mit zu den besten und ergiebigsten einheimischen Sorten gehören die roten Trauben Xynomavro, Agiorgitiko, Kotsifali und Krasato sowie die weißen Trauben Assyrtico, Roditis, Savatiano (die eigentliche Retsinatraube) und Vilana. Die erfolgreichsten internationalen Sorten sind Syrah, Cabernet Sauvignon, Merlot, Chardonnay, Sauvignon Blanc, Traminer und Sémillon. Man leistet hier Pionierarbeit bei der Wiedereinführung alter Rebsorten wie der weißen Traube Malagousia (Domaine Gerovassiliou) oder der roten Traube Mavrotragano (Hatzidakis). Auch historische Weinregionen wie das schon bei Homer erwähnte Marónia in Thrakien werden von engagierten Firmen wie Tsantali wiederbelebt.

Weinberg der Domäne Biblia Chora (Makedonien)

LIBANON

DIE MINDESTENS 6000 JAHRE alte Weinkultur im Libanon gehört zu den ältesten und beständigsten weltweit. In jüngster Zeit war selbst der 15 Jahre dauernde Bürgerkrieg für die großen Erzeuger des Landes kein Grund, keinen Wein mehr herzustellen. Wohl dank dieser Kontinuität ist es den international renommierten Weinmachern dieses kleinen Landes gelungen, an Bewährtem festzuhalten und sich dennoch zu öffnen, um dieses bedeutende Weinland international im Rennen zu halten. Ungefähr 90 % der libanesischen Weine gehen in den Export.

Die heimischen Rebsorten dieser Region gibt es schon seit der Zeit der Phönizier. Manche sind sogar noch älter – die weißen Trauben Obaideh und Merwah z. B. sind im Libanon seit rund 4000 Jahren bekannt. Die moderne libanesische Weinindustrie jedoch und die Weinbereitungsstile sind von den engen Verbindungen des Landes mit Frankreich geprägt. Die besten Erzeuger heutzutage fühlen sich Europa verpflichtet und nutzen die altehrwürdigen französischen Sorten ebenso wie heimische. Forcierte Fruchtigkeit lehnt man vehement ab zugunsten von Balance, Zurückhaltung und Understatement. Seit der allmählichen Rückkehr von Frieden und Stabilität im Jahr 1990 machen sich immer mehr neue innovative Erzeuger daran, diese Weinregion, die bereits heute zu den interessantesten der Welt zählt, noch vielfältiger zu gestalten.

Weinlese auf Château Ksara im Libanon

ISRAEL

OBWOHL ISRAEL die Heimat der ältesten Weinbaugebiete überhaupt ist, entstand eine moderne Weinindustrie dort erst am Ende des 19. Jh., als Baron Edmond de Rothschild den ersten Erzeugerbetrieb gründete. Aber der Rückstand zur übrigen Welt war doch gewaltig. In Israel produzierte eine vernachlässigte Weinindustrie lange Zeit recht gewöhnliche Weine aus nur einer Rebsorte – Carignan. Mit diesen koscheren Weinen versorgte man das eigene Land und orthodoxe Juden welt-

DIE WEINREGIONEN ZYPERNS

Das Klima in Zypern ist mediterran, mit bis zu 37° C heißen Sommern und kühlen, regenreichen Wintern, in denen die Temperaturen oft bis auf 5° C absinken. Die Weinbaugebiete (rund 24 000 ha) der Insel liegen im Süden und Westen des Troodos-Gebirges. Sechs Anbauzonen – Pitsilia, Troodos Nord, Marathasa-Tal, Commandaria, Troodos Süd und Troodos West – sind mit 15 Rebsorten bestockt, die alle als einheimisch gelten. Die anderen Sorten stammen überwiegend aus Griechenland. Wohl am bekanntesten ist Zypern für seine gut trinkbaren Alltagsweine und für seine Dessertweine, die seit jeher ein Exportschlager sind. Daneben gibt es heute eine kleine Anzahl von Boutique-Weingütern, die in zunehmendem Maße auf Qualität setzen; dennoch bleibt abzuwarten, ob diese kleine Insel mit ihren hervorragenden Bedingungen für den Weinbau ihr wirklich großes Potenzial erfüllen kann.

Blick auf einen zypriotischen Weinberg

weit. Seit Mitte der 1980er-Jahre jedoch ist ein rasanter Anstieg der Qualität zu verzeichnen. Der großflächige Anbau internationaler Spitzensorten und enorme Investitionen in modernste Kellertechnik führten dazu, dass man in diesem kleinen Land nun langsam das Beste aus dem herausholt, was das Terroir zu bieten hat. Heute zählen Cabernet Sauvignon, Chardonnay, Merlot, Sauvignon Blanc, Cabernet Franc und Muscat (Muskateller) zu den häufigsten Trauben. Überwiegend aus Kalifornien importiertes Know-how hinterließ ebenfalls seine Spuren, so dass heute viele Weine Israels unverkennbar nach Neuer Welt schmecken. Wenn auch die israelische Weinindustrie noch in den Kinderschuhen steckt, so bringen doch immer talentiertere Fachleute immer bessere Weine hervor, die man bald auch in den etablierten Weinländern zur Kenntnis nehmen wird.

TÜRKEI

MIT EINER REBFLÄCHE von fast 600 000 ha gehört die Türkei zu den fünf größten Erzeugerländern von Trauben weltweit. Aber nur rund 2 % davon werden zu Wein verarbeitet.

Die Türkei ist zwar angeblich eine jener Regionen, in denen *Vitis vinifera* ursprünglich kultiviert wurde, dennoch dümpelte die Weinindustrie lange vor sich hin. Erst Kemal Atatürk, der Gründer der türkischen Republik und ihr erster Präsident, verhalf ihr in den 1920er-Jahren zu einem Aufschwung. Sehr viel Wein wird noch heute ausschließlich für den heimischen Markt produziert, aber die Türkei ist mittlerweile dabei, sich eine Nische auf dem Weltmarkt für hochwertige Weine zu erobern. Diese werden aus interessanten einheimischen Rebsorten im Stil der Alten Welt zubereitet und sind auf einem Cabernet- und Chardonnay-gesättigten Weltmarkt eine echte Alternative. Trotzdem haben auch die internationalen Sorten nach wie vor ihren Platz in der Türkei.

In Südosteuropa einheimische Rebsorten

Rote Sorten

Agiorgitiko (Griechenland): Diese auf dem Peloponnes heimische Traube ergibt weiche, runde und geschmeidige Weine.

Boğazkere (Türkei): Diese Sorte steht für große, muskulöse, tanninreiche Weine mit Alterungspotenzial. Sie wird oft mit Öküzgözü verschnitten.

Mandelaria (Griechenland): Diese auf den Inseln verwendete rote Sorte ergibt fruchtige, mittelschwere Weine mit viel Rückgrat.

Xinomavro

Öküzgözü (Türkei) liefert intensive, fleischige Weine und wird zur Abrundung oft mit Boğazkere verschnitten.

Xinomavro (Griechenland): Die Traube wird in Nord- und Zentralgriechenland angebaut und ergibt große, muskulöse, tanninreiche Weine, die hervorragend altern.

Weiße Sorten

Assyrtiko (Griechenland): Aus dieser auf Santorin heimischen Traube entstehen mineralische, trockene Weißweine, aber auch verführerische Süßweine.

Athiri (Griechenland): Athiri wird überwiegend auf den Inseln angebaut und liefert fruchtige Weine mit wunderschöner Textur.

Assyrtiko

Merwah (Libanon): Diese Sémillon sehr ähnliche Traube ist Verschnittpartner im Weißwein von Château Musar.

Moschofilero (Griechenland): Moschofilero kommt überwiegend auf der Peloponnes vor und ergibt wunderbar trockene und elegante Weißweine mit Rosenduft.

Narince (Türkei): Diese Traube liefert frische, sehr trockene, zitronige Weine.

Obaideh (Libanon): Die Traube ist Verschnittpartner im Weißwein von Château Musar und ist am Gaumen Chardonnay sehr ähnlich.

Robola (Griechenland): Die Traube Kefalonias ergibt konzentrierte und elegante Weine.

Roditis (Griechenland) wird über das gesamte Festland verteilt angebaut und liefert kernige, trockene, ausdrucksstarke, fruchtbetonte Weine.

Savatiano (Griechenland): Savatiano ergibt weiche, runde, fette und geschmeidige Weine. Er wird auch für Retsina verwendet.

Vilana (Griechenland): Die Weine dieser auf Kreta beheimateten Sorte sind frisch, geschmeidig und zitronig.

WEINKARTE GRIECHENLAND

Etikett Gaia Wines, Peloponnes

WEIN WIRD in ganz Griechenland angebaut, von den kühleren, grüneren Regionen Thrakien und Makedonien im Norden bis hin zur heißen Insel Kreta im Süden, von Kefalonia und den Ionischen Inseln im Westen bis nach Rhodos im Osten. Das Festland und die Inseln sind in zwölf Regionen eingeteilt *(s. u.)*, die alle ihren eigenen Charakter haben. Darüber verteilt gibt es 28 kontrollierte Herkunftsgebiete für Qualitätsweine. In 20 von diesen Appellationen, oder OPAPs, werden trockene Weine erzeugt, die übrigen acht, so genannte OPEs, sind für Süßweine reserviert. Daneben gibt es zahlreiche *topikos oenos* oder Landweine.

GRIECHENLAND: GEBIETE UND SPITZENERZEUGER

THRAKIEN *S. 426*

MAKEDONIEN *S. 426*

Boutari *S. 429*
Domaine Constantine Lazaridi *S. 429*
Domaine Gerovassiliou *S. 429*
Estate Biblia Chora *S. 429*
Estate Kyr-Yanni *S. 429*
Tsantali *S. 429*

EPIRUS *S. 426*

THESSALIEN *S. 427*

ZENTRALGRIECHENLAND UND ATTIKA *S. 427*

Domaine Evharis *S. 430*
Domaine Vassiliou *S. 430*
Harlaftis *S. 430*

PELOPONNES *S. 427*

Achaia Clauss *S. 430*
Gaia Wines *S. 430*
Papantonis Winery *S. 430*
Tselepos *S. 431*

KYKLADEN *S. 427*

Hatzidakis *S. 431*
Santo Wines *S. 431*

RHODOS *S. 428*

CAIR *S. 431*

KEFALONIEN UND IONISCHE INSELN *S. 428*

Metaxa Wine Estate *S. 431*

LIMNOS, SAMOS UND ÄGÄISCHE INSELN *S. 428*

Sámos Co-operative *S. 431*

KRETA *S. 428*

Weinlese in Makedonien

DAS TERROIR AUF EINEN BLICK

Breitengrad: 35–41,5 °N

Höhe: 0–800 m über NN

Topografie: Das Festland durchziehen hohe Gebirgszüge (wie das Pindosgebirge) von Norden her, an deren zerklüftete Ausläufer sich pinienbestandenes Hügelland und fruchtbare Ebenen anschließen. Die Inseln machen ein Fünftel der Gesamtfläche des Landes aus.

Boden: Kalksteinuntergrund auf dem Festland, Vulkanböden auf den Inseln. Allgemein geringe Fruchbarkeit.

Klima: Mediterran, mit kontinentalen Einflüssen im kühleren Bergland. Das Nord-Süd-Gefälle kann extrem sein. Kalte, schneereiche Winter und warme, leicht regnerische Sommer im Norden. Milde Winter und trockene Sommer im Süden auf Rhodos und Kreta.

Temperatur: Das Julimittel liegt bei 26,5° C.

Niederschlag: Das Jahresmittel beträgt 720 mm.

Wind: Meeresbrisen

Gefahren für den Weinbau: Dürre; plötzliche Stürme

Weinberg des Erzeugers Tsantali in Rapsani, Thessalien

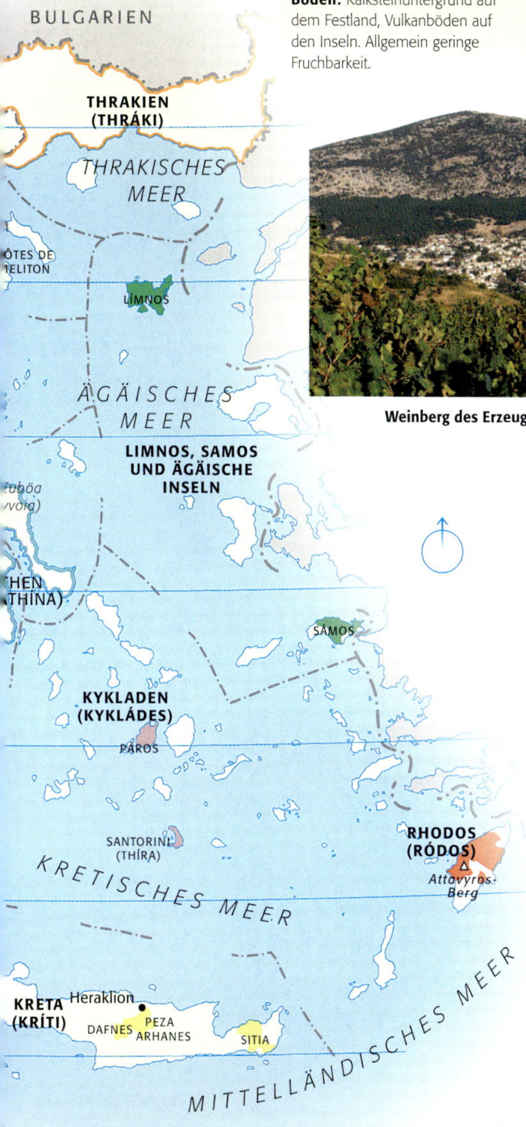

SPITZENWEINE: GRIECHENLAND

- D Achaia Clauss Mavrodaphne Grand Reserve 1979 €€€
- R Boutari Naoussa €
- S CAIR Rosé Réserve 10 Ans Brut €
- W Domaine Evharis Assyrtiko €€
- R Domaine Gerovassiliou Syrah €€
- W Domaine Vassiliou Fumé €€
- R Estate Kyr-Yanni Yianakohori €€
- W Hatzidakis Santorini €€
- R Papantonis Meden Agan €€
- D Sámos Co-operative Sámos Nectar €€
- R Tsantali Rapsáni Reserve €
- W Tselepos Moschofilero €€

Blick über die Weinberge auf die Ägäis bei Sithonia, Makedonien

DIE WEINBAUGEBIETE GRIECHENLANDS

Thrakien

THRAKI, WIE DIE EINHEIMISCHEN SAGEN, grenzt an Bulgarien und die Türkei. Die schon in der Antike bekannten Weinberge in Marónia wurden in jüngster Zeit mit großem Aufwand wiederhergestellt. Daneben wurden im Grenzgebiet zur Türkei drei vielversprechende neue Anbauzentren gegründet – Avdiron, Ismarikos und Thrakikos. Dank milder Winde von der Ägäis im Winter und kühler Nordwinde im Sommer sind extreme Temperaturschwankungen selten. Die Weißweine, überwiegend von Malvasia, sind weich, fruchtig und frisch duftig. Eleganz und Finesse prägen dagegen die erstklassigen, auf Syrah basierenden Rotweine aus dieser aufstrebenden Region.

kalkhaltig *Limnio, Mourvèdre, Grenache, Syrah, Merlot* *Malvasia, Sauvignon Blanc, Chardonnay, Muscat, Viognier* *rot, weiß, rosé*

Makedonien

DIESE BEDEUTENDSTE WEINREGION Griechenlands umfasst vier OPAPs: **Amindeo**, **Côtes de Meliton**, **Goumenissa** und **Naoussa** und 19 *topikos oenos*, also Landweinregionen, von denen alle ein eigenes Mesoklima haben. Das Klima ist insgesamt gemäßigt, mit kalten, regen- und manchmal schneereichen Wintern und warmen Sommern. Makedonien ist die Region Griechenlands, die am meisten hochwertige und einige der allerbesten Weine hervorbringt. In den bergigen Gebieten am Rande von mit Pfirsichbäumen bestandenen Ebenen gedeiht in allen Höhenlagen die Nebbiolo-ähnliche Xinomavro. Sie liefert dichte, tanninreiche, wunderbar langlebige Rotweine. Die Weißweine bestechen dank des kühleren Klimas mit angenehm frischer Säure und Frucht, und auch internationale Sorten wie Cabernet Sauvigon, Syrah, Merlot und Grenache haben in höher gelegenen Gebieten ihren Platz. Die hieraus bereiteten Sorten- und Verschnittweine sind fleischig und vollgepackt mit Frucht.

sandiger Lehm *Xinomavro, Negoska, Limnio, Cabernet Sauvignon, Syrah, Grenache, Merlot* *Roditis, Assyrtiko, Athiri, Malagousia, Sauvignon Blanc* *rot, weiß, rosé, Dessertwein*

Kellerei Papantonis, Peloponnes

Epirus

EPIRUS (IPEIROS), an der Westküste gegenüber von Korfu gelegen, ist die kleinste und am meisten zerklüftete Weinregion auf dem griechischen Festland. Sie besteht zu vier Fünfteln aus Bergen mit überwiegend kalkhaltigen Böden, die konzentrierte Rotweine mit mächtiger Struktur sowie lebendige, fruchtige Weißweine ergeben. Das Klima ist in der Regel kontinental und hat kalte Winter und warme Sommer. In der einzigen OPAP dieser Region, Zitsa, baut man die ungewöhnliche, nach grünen Äpfeln duftende Debinatraube an.

kalkhaltig *Cabernet Sauvignon, Merlot, Vlachiko, Bekiari* *Debina, Chardonnay, Traminer* *Rot, Weiß, Rosé, Schaumwein*

Thessalien

THESSALIEN (THESSALIA) liegt an der Ostküste des Festlands. Wein baut man dort bis in eine Höhe von 600 m an, von der ans Meer grenzenden OPAP Anhialos bis an die Hänge des Olymp. Die sehr regenreichen Winter sind hier kalt, die Sommer extrem heiß. Die dort produzierten Weißweine können angenehm frisch und fruchtig sein, aber der eigentliche Stolz der Region sind die körperreichen Rotweine mit ihrer Tabaknase und samtigen Tanninen. Diese Weine, in der Regel Verschnitte aus Xinomavro, Krassato und Stavroto, profitieren von den Einflüssen der Ägäis und dem kühlen Schmelzwasser aus den Bergen.

eisenhaltiger Schiefer auf sandigem Lehm *Xinomavro, Krassato, Stavroto, Cabernet Sauvignon, Merlot* *Roditis, Savatiano, Batiki* *rot, weiß, rosé*

Zentralgriechenland und Attika

REBFLÄCHEN MIT OPAP-STATUS gibt es hier keine, aber dennoch sind diese Regionen überaus bedeutend. Von hier stammt ein beträchtlicher Anteil der Gesamtproduktion Griechenlands, darunter nicht wenige Weltklasseweine aus Attika, Euböa, Boetien und Atalanti. Von den einheimischen Sorten haben die schwere Reblauskrise Mitte des 20. Jh. fast nur Savatiano und Roditis überlebt, aber man konzentriert sich heute ohnehin auf die internationalen und auf verpflanzte heimische Sorten aus anderen Gegenden. Warme, feuchte Winter und ofenheiße, trockene Sommer verleihen den Weinen eine Menge Konzentration und Aroma. Die Sortenweine sind meist vorbildlich.

Kalk, Lehm *Cabernet Sauvignon, Syrah, Merlot, Grenache* *Savatiano, Roditis, Assyrtiko, Athiri, Chardonnay, Sauvignon Blanc* *rot, weiß, rosé*

Rebschnitt in Emborio auf Santorin

Peloponnes

DIESER SÜDLICHSTE TEIL des Festlands liefert einen hohen Anteil des griechischen Gesamtausstoßes – große Teile davon aus Massenproduktion. Trockene Qualitätsweine kommen aus den OPAPs **Mantinia**, **Nemea** und **Patras**, hochwertige Süßweine aus den OPEs **Muscat of Patras**, **Muscat of Rio of Patras** und **Mavrodaphne of Patras**. Die Winter auf dem Peloponnes sind mild und feucht, die Sommer heiß und trocken, doch hat jedes Gebiet ein eigenes Mesoklima. So können die Winter in Mantinia auch sehr kalt sein. Diese Weine gehören zu den besten: trockener, zitroniger Roditis; weicher, geschmeidiger Savatianos; nach Rosen duftender, fruchtiger Moschofileros; samtig strukturierter, körperreicher Agiorgitikos; kräftig-eindringliche süße Muskatweine und die opulent-vielschichtigen süßen Mavrodaphne-Weine.

tiefer Lehm, Kalk *Agiorgitiko, Mavrodaphne, Cabernet Sauvignon, Merlot* *Roditis, Moschofilero, Savatiano, Muskat, Chardonnay* *rot, weiß, rosé, Schaumwein, Dessertwein*

Kykladen

ZU DIESER INSELGRUPPE (griech. Kyklades) gehören zwei wichtige OPAP-Anbaugebiete: **Santorin** und **Paros**. Der halbmondförmige Küstenbogen der Vulkaninsel Santorin bietet ein Panorama hoher, rötlicher Felsterrassen und weißer, ins Meer abfallender Klippen. Milde Winter und warme, trockene Sommer ergeben im Zusammenspiel mit den Vulkanböden stahlig-frische, mineralische Weißweine und volle, körperreiche Dessertweine von der Assyrtiko-Traube. Um Trockenheit vorzubeugen, winden die Winzer ihre Rebstöcke zu korbartigen Gebilden, welche die Feuchtigkeit der Nachluft speichern und am Tag vor den heißen Stürmen schützen.

Paros ist eine weitere Insel, auf der Stürme den Winzern zu schaffen machen. Hier lässt man die Reben deshalb nicht in die Höhe, sondern dicht über dem Boden entlang wachsen. Man baut hier neben den bekannteren Trauben Assyrtiko und Mandelaria die alten weißen Sorten Monemvasia und Aidini an, die alle sehr angenehme, unkomplizierte Weine ergeben.

vulkanisch *Mandelaria, Mavrotragano* *Assyrtiko, Monemvasia, Athiri, Aidini* *rot, weiß, rosé, Dessert- und aufgespriteter Wein*

Rhodos

Die Bedingungen für den Weinbau auf **Rhodos** sind dank milder Winter und relativ kühler Sommer ausgesprochen gut. Ideal ist die Lage an den östlichen Hängen des Attavyros. Dort liefert Athiri, die wichtigste Traube der Insel, auf insgesamt 1800 ha Rebfläche gute Erträge und kernige Säure. Man bereitet daraus frische, fruchtige Schaumweine und erfrischende, trockene bis halbtrockene Stillweine. Die feinsten, meist mittelschweren Rotweine haben weiche Tannine, cremige Textur und viel Frucht. Rhodos hat auch gute Dessertweine – die weißen Muskatweine mit ihren Honig- und Zitrusaromen haben immer auch genügend Säure und Tiefe, während die roten Süßweine von Mandelaria (hier Amorghiano genannt) delikate Rosinen- und Zitrusschalenaromen haben.

kalkhaltig *Mandelaria, Grenache, Syrah, Cabernet Sauvignon* *Athiri, Muskat* *rot, weiß, rosé, Schaumwein, Dessertwein*

Weinberg bei Argostolion auf Kefalonia

Kefalonia und Ionische Inseln

DIE IONISCHEN INSELN Kefalonia, Zakinthos, Korfu und Levkas sind alle Weinproduzenten, aber **Kefalonia** – Heimat der verführerischen Robola – nimmt einen besonderen Rang ein. Die einheimischen Sorten Tsaoussi, Goustoulidi, Zakynthino und Mavrodaphne sind hier ebenfalls präsent, während Muscat und Mavrodaphne eigene Süßweinappellationen (OPEs) haben. Die meisten Rebgärten befinden sich in einer Höhe von 200 bis 800 m auf steinigen Kalksteinböden, die den Weinen saubere Säure und ein kräftiges Rückgrat geben.

Kalkstein *Mavrodaphne, Aghiorghitiko* *Robola, Tsaoussi, Goustoulidi, Zakynthino, Muskat* *rot, weiß, rosé, Dessertwein*

Limnos, Samos und Ägäische Inseln

LIMNOS HAT ZWEI ausgewiesene Qualitätszonen, eine für trockene Weine und eine für Süßweine. Die Standardtraube dort ist Muscat d'Alexandrie. Sie liefert duftige, mineralische, trockene Weißweine und exzellente blumige Süßweine mit Honignoten und stabiler Säure. Ein Großteil der 1000 ha großen Rebfläche befindet sich auf Meeresniveau, aber auch in 430 m Höhe gibt es Weinbau. Die Limnio-Traube ergibt auf den leicht sauren Vulkanböden einen runden, gefälligen Rotwein mit weichen Tanninen. Auf der Insel **Samos** hat der Weinbau eine 3000-jährige Tradition. Seit dem 17. Jh. baut man auf bis zu 800 m hoch liegenden Terrassen Muscat Blanc à Petits Grains (weiße Muskat genannt) an, aus der einer der berühmtesten Dessertweine der Welt entsteht. Süßer Samoswein ist nicht zuletzt dank des Klimas langlebig, schwer und körperreich. In jungen Jahren honigsüß, können sich diese Weine zu wahren Giganten mit Aromen von frischen Datteln und Feigen entwickeln und dann bis zu 100 Jahre altern.

vulkanisch, kalkhaltig *Limnio* *Muscat d'Alexandrie, Muscat Blanc à Petits Grains* *rot, weiß, rosé, Dessertwein*

Kreta

KRETA (KRITI) IST DER SÜDLICHSTE PUNKT Griechenlands. Die milden Winter und heißen Sommer sind wichtig für den Weinbau, aber eine noch wichtigere Rolle spielt der Gebirgszug. Hier werden die Reben im Sommer mit Schmelzwasser versorgt, während eine Brise von der Ägäis Abkühlung bringt. Das Ergebnis sind leichte, fruchtige Weißweine auf der Basis von Vilana und Rotweine, die weich, munter und fruchtbetont sein können, aber auch groß, muskulös und reif konzentriert wie die Kotsifali-Mandelaria-Verschnitte.

Kalkstein *Kotsifali, Mandelaria, Liatiko* *Vilana, Daphni, Plyto, Thrapsathiri, Athiri* *rot, weiß, rosé, Dessertwein*

DIE SPITZENERZEUGER GRIECHENLANDS

Boutari
Makedonien

Stenimachos, Naoussa 23320 41666 www.boutari.gr

BOUTARI, EINER DER ÄLTESTEN Erzeuger Griechenlands, entwickelte sich zu einem Großunternehmen. 1992 kaufte die Kellerei den attischen Erzeuger Cambas auf und gehört mit einem Jahresausstoß von 110 000 hl heute zu den Größten im Land. Die Familie hat den Betrieb an den Staat verkauft, behielt aber die Leitung. Die Qualität der Terroir-betonten Weine ist daher nach wie vor hoch. Boutari bietet mit die größte Auswahl internationaler und einheimischer Rebsorten.

rot, weiß, rosé, Dessertwein, Retsina 2003, 2001, 2000, 1999, 1997, 1994, 1993, 1992, 1990 ★ Domaine Selladia, Cava Boutari (rot)

Domaine Constantine Lazaridi
Makedonien

Adriani, Drama 25210 82231

DIESE KELLEREI BIETET eine Palette von Sorten- und Verschnittweinen auf der Basis heimischer und internationaler Trauben. Das Spektrum reicht von frischen, sauberen Weißweinen bis zu dichten, langlebigen, fassgereiften *cavas* (länger gelagerte Weine). Lazaridi gehört seit vielen Jahren zu den international am meisten geschätzten Erzeugern dieser Region.

rot, weiß, rosé 2003, 2001, 2000, 1999, 1997, 1995 (r), 1994, 1993, 1992, 1990 ★ Château Julia Assyrtiko, Amethystos: Rosé, Cava

Weingut Biblia Chora

Tsantali-Weinkeller

Domaine Gerovassiliou
Makedonien

Epanomi, Thessaloniki 22860 32466 www.gerovassiliou.gr

EVANGELIOS GEROVASSILIOU, einer der Pioniere der griechischen Weinindustrie, ist der wohl beste Weinmacher Griechenlands. Sein Können beweist er an heimischen und internationalen Sorten. Die lange vergessene weiße Malagousia-Traube rettete er mit nur einem einzigen Ableger von einem Stock an der Terrasse eines Freundes. Seine Weine sind durchweg exzellent: elegant, stilvoll und frisch. Der wunderbar konzentrierte harmonische Syrah ist sehr gut.

rot, weiß 2003, 2001, 2000, 1999, 1997, 1994, 1993, 1992, 1990 ★ Syrah, Domaine Gerovassiliou

Estate Biblia Chora
Makedonien

Kook Kinohori, Kavala 25920 44974

DIESES GUT, 2001 von der Legende Vassilis Tsaktsarlis und dem noch berühmteren Winzer Evangelios Gerovassiliou gegründet, ist eines der wichtigsten Gemeinschaftsunternehmen der griechischen Weinindustrie, das von jahrzehntelanger Erfahrung profitiert. Mineralische Weißweine im Alte-Welt-Stil, Rosés mit zauberhaft frischer Frucht und mittelschwere, duftige, elegante Rotweine ergänzen das Sortiment.

rot, weiß, rosé 2003, 2001 ★ Biblia Chora (rot, weiß)

Estate Kyr-Yanni
Makedonien

Yanakohori, Naoussa 23320 51100

HOCH IN DEN BERGEN von Naoussa baut Yiannis Boutari mit internationaler Anerkennung die magere, tannin- und säurereiche Xinomavro an. Er machte den Wein von alten Reben weicher und verführerisch, indem er ihm mehr Körper verleiht, ohne die Charakteristik der Traube zu verlieren, das Tabakartige, Minzige und die mittelschwere Frucht. Sein Syrah hat kräftige Tannine und eine Robustheit, die mit zunehmendem Flaschenalter an Tiefe und Komplexität gewinnt.

rot, weiß, rosé 2003, 2001, 2000, 1999, 1997, 1994, 1993, 1992, 1990 ★ Yianakohori, Ramnista, Syrah

Tsantali
Makedonien

Aghios Pavlos, Halkidiki 23990 76100 www.tsantali.gr

DIESER GROSSERZEUGER hat seinen Schwerpunkt in Nord- und Zentralgriechenland, besitzt aber im ganzen Land Güter. Der Jahresausstoß liegt bei 180 000 hl. Ebenso beeindruckend ist die Palette, die von den Marken Makedonikos und Thessalikos, beides einfache Weine, bis hin zu raffinierten Rotweinen reicht – mächtige, aber geschmeidige, langlebige Verschnitte aus Xinomavro und Krassato.

rot, weiß, rosé, Dessertwein, Retsina 2003, 2001, 2000, 1999, 1997, 1994, 1993, 1992, 1990 ★ Rapsáni Reserve, Metoxi

Domaine Evharis
Zentralgriechenland und Attika

Mourtiza, Megara ☎ *22960 90346*
www.evharis.gr ☐

DIESES EINFLUSSREICHE GUT gehört Haris Antoniou und seiner Partnerin Eva Boehme. Sie überließen nichts dem Zufall: Eine moderne Kellerei und gekonnter Eicheneinsatz lassen Jahr für Jahr Weltklasseweine entstehen. Neuanpflanzungen heimischer Sorten sind ebenso erfolgreich wie Merlot und Syrah, die man hier in bester Alte-Welt-Manier bereitet.
rot, weiß, rosé, Schaumwein ***2003, 2002, 2001, 2000, 1999, 1998, 1997 ★ Merlot, Syrah, Assyrtiko***

Domaine Vassiliou
Zentralgriechenland und Attika

26 Klm Av Lavriou, Koropi
☎ *21066 26870*
www.vassilioudomaine.gr ☐

GEORGE VASSILIOU bekam für seine Weine bereits viele Auszeichnungen. Frische, komplexe Weißweine von Savatiano, Roditis und Moschofilero sowie intensiv-schwere rote Verschnitte von Agiorgitiko und Cabernet Sauvignon sind Vassilious Stärke. Sein Umgang mit französischer Eiche wird ständig besser.
rot, weiß, rosé, Retsina ***2003, 2001, 2000, 1999, 1998, 1997, 1994, 1993, 1992, 1990 ★ Fumé, Mantinia, Rosé***

Harlaftis
Zentralgriechenland und Attika

Leoforos Stamatas 11, Stamata Atticis, Attica ☎ *21062 19374*
www.harlaftis.gr ☐

DER PILOT Diogenis Harlaftis und seine Frau Adda nahmen dieses Familienunternehmen 1979 wieder in Betrieb; heute führt es Sohn Nikos. Harlaftis ist heute auch auf dem Peloponnes vertreten und macht dort einen exzellenten Roten von Agiorgitiko – Argilos Ghi. Der schwere Wein ist perfekter Ausdruck des Terroirs der Region. Unter den Weinen aus Attika sind Château Harlaftis Cabernet Sauvignon mit seinen komplexen Aromen und elegant umhüllter neuer Eiche, aber auch einige Weißweine mit Eichentönen höchst ansprechend.
rot, weiß, rosé ***2003, 2001, 2000, 1999, 1998, 1997, 1994, 1993, 1992, 1990 ★ Château Harlaftis Cabernet Sauvignon, Argilos Ghi, Domaine Harlaftis Chardonnay***

Die Domäne Evharis am Fuß des Gerania-Gebirges

Harlaftis

Achaia Clauss
Peloponnes

Petroto, Patras ☎ *26103 25051* ☐

DIESES SCHÖNE WEINGUT wurde 1859 von dem Deutschen Gustav Clauss gegründet. Angeblich liebte er eine der Arbeiterinnen auf seinem Gut – Daphne –, die aber nicht von seiner Liebe wusste. Nach ihrem Tod soll er die rote Mavrodaphne-Traube kreiert haben. Diese ist zwar mittlerweile weit verbreitet, aber die feinsten Weine auf der Achaia Clauss stammen noch immer von ihr. Der duftig-komplexe, üppige Süßwein Mavrodaphne Grand Reserve reift seit 1979 im Fass und wird nur in kleinen Mengen abgefüllt.
rot, weiß, rosé, Dessertwein, Retsina ***2003, 2001, 2000, 1999, 1998, 1997, 1994, 1993, 1992, 1990 ★ Château Clauss, Pelopas (rot), Mavrodaphne Grand Reserve 1979***

Gaia Wines
Peloponnes

Themistokleous 22, Maroussi ☎ *21080 55642* ☐ *n. V.*

SEIT SIE 1994 erstmals von sich reden machten, sind Yiannis Paraskevopoulos und Leon Karatsalos führend im Exportgeschäft. Schwungvolle Weiße aus Santorin und einige beliebte Rote aus Nemea (darunter der fruchtige Notios und der intensive Gaia Estate) sind durchweg hervorragend. Der Retsina Ritinitis Nobilis verleiht diesem ungewöhnlichen Stil eine moderne, angenehme Note.
rot, weiß ***2003, 2001, 2000, 1998, 1997 ★ Gaia Estate***

Papantonis Winery
Peloponnes

Kanari 48, Argos ☎ *27510 23620*
www.papantonis.gr ☐ *n. V.*

DIE GESCHWISTER Anthony und Kallie Papantonis bauten diese Kellerei 1993 für ihren 11 ha großen, mittlerweile 30 Jahre alten Weingarten, der mit die besten Agiorgitiko-Trauben des

Landes erbringt. Ältere Jahrgänge des Erstweins, Meden Agan, sind derart tiefgründig komplex und doch voll und weich, dass sie bei Christie's oft zu hohen Preisen ersteigert werden. Ein 2002 erstmals bereiteter Dessertwein, Lysimelis, ist vielversprechend.

rot, Dessertwein 2003, 2001, 2000, 1999, 1998, 1997, 1994, 1993 ★ Meden Agan

Tselepos
Peloponnes

14th Klm Tripolis-Kastri NR Rizes, Arcadias 27105 44440

DER WEINMACHER Yiannis Tselepos, der schon in Burgund tätig war, ist bekannt für seinen dichten, konzentrierten Verschnitt von Cabernet Sauvignon und Merlot. Zum Ruf dieses Erzeugers tragen aber auch wunderbar trockene, elegante, runde, nach Zitronen und Rosen duftende Weißweine von Moschofilero bei.

rot, weiß 2003, 2001, 2000, 1999, 1998, 1997, 1994, 1993, 1992, 1990 ★ Mantinia, Moschofilero, Nemea Aghiorghitiko, Cabernet-Merlot

Hatzidakis
Kykladen

Pyrgos Kallistis, Santorini 22860 32466 n. V.

DIESER JUNGE WEINMACHER gehört zu den größten Talenten in ganz Griechenland. Zu Haridimos Hatzidakis Werkzeugen gehören Assyrtiko, Aidini und Athiri, zu seinen Spezialitäten stahlige, mineralische, ausgewogene, trockene Weißweine und fruchtig-frische Süßweine. Er ist auch einer der Ersten, der Neubelebungsversuche mit der lange vergessenen roten Mavrotragano-Traube startete, von der er fruchtbetonte, duftige Weine bereitet.

rot, weiß, Dessertwein 2003, 2001, 2000, 1999, 1997 ★ Santorini, Santorini Barrel, Vin Santo

Santo Wines
Kykladen

Pirgos, Santorini 22860 22596 www.santowines.gr

DIESE GENOSSENSCHAFT macht seit 1947 kaum beachtete Assyrtiko-Weine, die aber wunderbar ausgewogen sind, stahlig und mit mineralischen Zitrusnoten. Die übervollen würzigen Süßweine mit Aromen von Trockenfrüchten gelten bei vielen als die besten der ganzen Insel.

rot, weiß, rosé, Dessertwein, Retsina 2003, 2001, 2000, 1999, 1997, 1996, 1995, 1994, 1993, 1992, 1990 ★ Santorini Nykteri, Vin Santo

CAIR
Rhodos

2. Klm Rhodos-Lindos 22410 68770 www.cair.gr

QUALITÄT IST DAS Markenzeichen dieses mit Abstand größten Erzeugers auf Rhodos, und für die von Athiri gewonnenen, weißen Still- und Schaumweine – aromatisch, fruchtbetont und saftig – ist CAIR Jahr für Jahr maßgebend. Hervorragend sind auch die nach Tabak duftenden, opulenten Verschnitte von Cabernet Sauvignon und Grenache sowie die honigsüßen, gut strukturierten Muskatweine.

rot, weiß, rosé, Schaumwein, Dessertwein, Retsina 2003, 2001, 2000, 1999, 1997, 1994, 1993, 1992, 1990 ★ Ródos 2400, Archontiko, Rosé Réserve 10 Ans Brut

Etikett von CAIR

Metaxa Wine Estate
Kefalonia und Ionische Inseln

Mavrata, Cephalonia 26710 81292

YANNIKOSTAS METAXA und seine Frau Martine machen seit 1992 erfreuliche Weine aus den heimischen Trauben Kefalonias, ganz erstaunlich ist ihr trockener, kräuterwürziger Robola of Cephalonia mit Feuersteinaroma. Der wohlschmeckende Zakynthino mit seinen Pfirsich- und Zitrusaromen ist fraglos der beste seiner Art in ganz Griechenland.

rot, weiß, rosé 2003, 2001, 2000, 1999, 1997, 1996, 1994, 1993, 1992, 1990 ★ Robola of Cephalonia, Elios, Arethoussa Spring

Sámos Co-operative
Limnos, Samos und Ägäische Inseln

Union of Vinicultural Co-operatives of Sámos, Malagari, Sámos 22730 27381 www.samoswine.gr

AUF SAMOS MACHT MAN schon seit Jahrtausenden Wein, dennoch ist die Genossenschaft der einzige zugelassene Erzeuger, wenn auch die Trauben von vielen einzelnen Bauern stammen. Muscat Blanc à Petits Grains ist die einzige Sorte, und obwohl auch trockene Weine erzeugt werden, sind die gut strukturierten Süßweine mit ihren Aromen von Datteln, Feigen und Rosinen der eigentliche Renner. Sie können das Alter von 80 bis 90 Jahren erreichen.

weiß, Dessertwein 2003, 2001, 2000, 1999, 1997, 1996, 1995, 1994, 1993, 1992, 1990 ★ Sámos: Nectar, Anthemis, Vin Doux Naturel Grand Cru

WEINKARTE LIBANON, ISRAEL, TÜRKEI

AN DER OSTKÜSTE DES MITTELMEERRAUMS liegen drei Länder, die alle eine lange Weintradition haben. Weinbau wird in Israel, im Libanon und in der Türkei seit Jahrhunderten betrieben, und seit dem Einzug moderner Techniken sind auch immer mehr dieser Weine auf dem Weltmarkt vertreten. Die Anbaubedingungen in diesen Ländern könnten unterschiedlicher nicht sein; sie reichen von kühleren Gebieten im Norden der Türkei bis zu fast wüstenartigen Verhältnissen im Negev in Israel. Hochwertige Weine zeigen heute das große Potenzial der dortigen Terroirs.

LEGENDE

Libanon, Israel und Türkei

Weinlese auf Château Ksara im Libanon

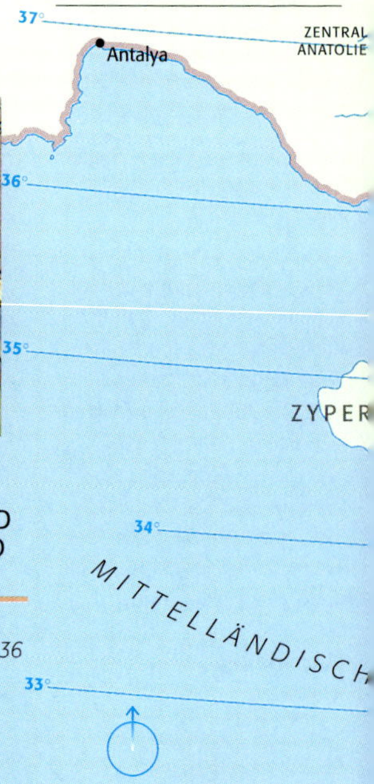

SPITZENWEINE: LIBANON, ISRAEL & TÜRKEI

- Ⓡ Château Clos St Thomas Château St Thomas €€
- Ⓡ Château Kefraya €€
- Ⓡ Château Kefraya Comte de M €€€
- Ⓦ Château Ksara Chardonnay €€
- Ⓡ Château Musar €€
- Ⓡ Château Musar Hochar Père et Fils €€
- Ⓦ Dalton Winery Reserve Sauvignon Blanc €€
- Ⓡ Domaine du Castel Grand Vin €€€
- Ⓓ Golan Heights Winery Yarden Heights Wine €€
- Ⓡ Golan Heights Winery Yarden Syrah €€€
- Ⓢ Kavaklidere Altin Kopuk Brut NV €
- Ⓦ Kavaklidere Narince €€

LIBANON, ISRAEL UND TÜRKEI: GEBIETE UND SPITZENERZEUGER

LIBANON *S. 434*
Château Clos St Thomas *S. 436*
Château Kefraya *S. 436*
Château Ksara *S. 436*
Château Musar *S. 437*
Domaine Wardy *S. 436*
Massaya *S. 436*

ISRAEL *S. 434*
Amphorae Vineyard *S. 438*
Barkan Wine Cellars *S. 438*
Carmel *S. 438*
Dalton Winery *S. 438*
Domaine du Castel *S. 438*
Galil Mountain Winery *S. 438*
Golan Heights Winery *S. 439*
Recanati Winery *S. 439*

TÜRKEI *S. 435*
Doluca *S. 439*
Kavaklidere *S. 439*

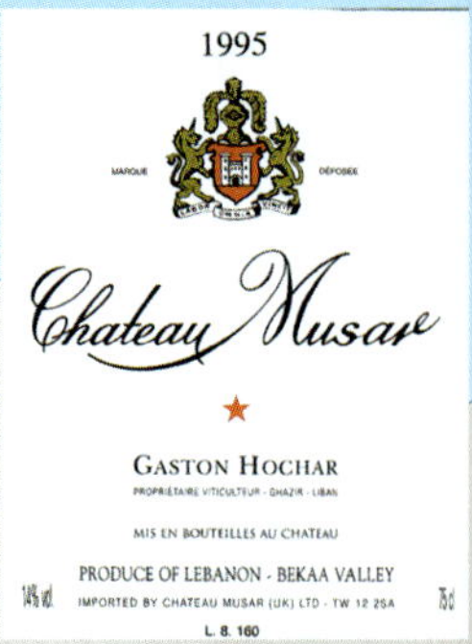

Etikett Château Musar, Libanon

Sortieren von Trauben in der Kellerei Kavaklidere in der Türkei

DAS TERROIR AUF EINEN BLICK

Breitengrad: 31,5–42 °N

Höhe: 0–1250 m über NN

Topografie: Der Libanon ist vom rund 900 m hohen Bekaatal geprägt. In Israel gibt es Küstenebenen, das bergige Hinterland, das Jordantal und die Negevwüste, in der Türkei ein zentrales Hochplateau, eine schmale Küstenebene und mehrere Gebirgszüge.

Boden: keine vorherrschenden Bodentypen

Temperatur: Julimittel in den Weinregionen im Libanon und in Israel ist 26 °C. Die Sommerdurchschnittstemperaturen reichen von 25 bis zu 40 °C in der Türkei.

Klima: Mediterran mit heißen, trockenen Sommern und kühlen feuchten Wintern. In Höhenlagen und im Binnenland sind die Winter wesentlich kälter.

Niederschlag: Das Jahresmittel liegt im Libanon und Israel bei gut 600 mm, in der Türkei ist es höher.

Wind: Die Küste ist stark von Meeresbrisen beeinflusst.

Gefahren für den Weinbau: Stürme, Hochwasser, Dürre

Libanesische Rotweine von der Domaine Wardy

Weinberg der Domaine du Castel in Judäa (Israel)

Frauen bei der Weinlese auf Château Ksara in Libanon

WEINBAUGEBIETE: LIBANON, ISRAEL, TÜRKEI

Libanon

DER LIBANON, EINE DER ÄLTESTEN Weinregionen der Welt, ist stark von Frankreich geprägt, was angesichts der historischen Verbindungen nicht überrascht. Die 6 Mio. Flaschen, die jährlich auf kleiner Fläche hergestellt werden, stammen von nur 14 Erzeugern. Französische Rebsorten überwiegen, und die Qualität der Weine ist seit Jahrzehnten unumstritten.

Das **Bekaatal**, die einzige Anbauregion im Libanon, gilt als die Wiege des Weinbaus. Vor mehr als 3000 Jahren erzeugten die Phönizier dort Weine. Die Tempelanlage Baalbek enthält ebenfalls Hinweise auf eine alte Weinkultur. Die Römer errichteten dort dem Weingott Bacchus einen eigenen Tempel. Das Tal erstreckt sich etwa 30 km östlich von Beirut von den Libanonbergen weitere 120 km ostwärts zum Antilibanon. Bodenbeschaffenheit, Höhenlage (900–1100 m) und viel Sonne lassen die Weine frisch und doch konzentriert schmecken, so dass auch eine gewisse Balance und Eleganz erreicht werden. Die Bedingungen sind ideal für frische, fruchtige Weißweine mit hervorragender Säure – und opulente, dichte, elegante, rund strukturierte, konzentrierte Rotweine, von denen manche weltweit Anerkennung finden.

Kies, Lehm, Kreide, Kalkstein *Cinsaut, Carignan, Cabernet Sauvignon, Merlot, Syrah* *Chardonnay, Sauvignon Blanc, Clairette, Merwah, Obaideh* *rot, weiß, rosé, Dessert- und aufgespriteter Wein*

Massaya-Etikett, Libanon

Israel

DA DIE ALTEN REBSORTEN dieser Region längst verschwunden sind, geben die internationalen Trauben den Ton an. Kalifornische Einflüsse verleihen den Weinen Israels einen unverkennbaren Touch, der einen schönen Kontrast zu den Alte-Welt-Stilen im Libanon bildet.

Von der libanesischen Grenze in Richtung Süden erstreckt sich die für Qualitätsweine bedeutendste Anbauregion **Galiläa**. Sie ist unterteilt in Oberes Galiläa, Unteres Galiläa, Golanhöhen (Israels kälteste Region) undTabor. Die Weinberge auf den Golanhöhen ganz im Norden liegen bis zu 900 m hoch, die im Gebiet Oberes Galiläa bis zu 700 m hoch. Im Norden von Galiläa schneit es im Winter, während die Hitze im Sommer von kühlen Winden vom Berg Hermon gelindert wird. Im Zusammenspiel mit viel Sonne verleiht das den Weinen eine Konzentriertheit der Frucht, die andernorts in diesem Land selten ist. Cabernet Sauvignon, Merlot, Syrah, Chardonnay, Sauvignon Blanc und Muscat sind die Trauben, die von den exzellenten Bedingungen in Galiläa am meisten profitieren.

Im Süden, im Bereich der Küstenebene, liegt **Samaria**, die größte Weinregion Israels. Das mediterrane Klima verleiht den Weinen Geschmeidigkeit und intensive Aromen. Die wichtigsten weißen Trauben sind Chardonnay und Sauvignon Blanc, die wichtigsten roten Cabernet Sauvignon und Merlot. Diese Sorten begegnen uns weiter im Süden wieder, in der Region **Samson**; die Weißweine dort sind oft körperreich und intensiv fruchtig, die Roten groß, dicht und robust.

Die weiter landeinwärts gelegenen Berge von **Judäa** sind bis auf wenige Weinberge direkt im Norden von Jerusalem noch kaum erschlossen. Die Reben stehen dort überwiegend auf Terrassen oder in schmalen Tälern auf flachgründigen kalkhaltigen Felsböden und liefern einige überaus feine Weine im Stil der Alten Welt. Burgunderartige Weißweine und Rotweine im Bordeauxstil sind mit die besten Tropfen dieser Region.

Lehm, Kalkstein, Kalkspat, Sandstein *Cabernet Sauvignon, Merlot, Pinot Noir, Cabernet Franc, Sangiovese, Syrah* *Chardonnay, Sauvignon Blanc, Gewürztraminer, Muskat, Riesling* *rot, weiß, rosé, Schaum-, Dessert- und aufgespriteter Wein*

Türkei

Der Weinbau hat hier zwar eine lange Tradition, aber nur wenige der heute angebauten Trauben werden gekeltert. Von den offiziell gelisteten 1250 Rebsorten werden rund 60 % kommerziell genutzt, wobei die heimischen Sorten im Osten überwiegen. Die Weine sind traditionell gehalten, aber dennoch interessant.

An der Grenze zu Griechenland und Bulgarien liegt das Gebiet **Thrakien und Marmara**, mit 40 % der Gesamtproduktion das Herzstück der türkischen Weinindustrie. Heiße, feuchte Sommer mit viel Sonne sowie frostige Winter führen dazu, dass die aus einer Vielzahl von Sorten gewonnen Weine eher leicht sind. Die besten sind frisch, von guter Balance und Säure.

Weiter östlich erstreckt sich die 1700 km lange **Schwarzmeerküste**. Dort überwiegen die roten Sorten Boğazkere und Öküzgözü. Sie ergeben kräftige, attraktive, fruchtige Rotweine, während die Sorten Narince und Kabarcik erstaunlich gut strukturierte Weißweine liefern.

Die Weinberge im zentralen anatolischen Hochland unterliegen extremen Temperaturunterschieden, bringen aber elegante Weine von heimischen Sorten hervor. In **Ostanatolien**, in der Umgebung von Elazig, herrschen ähnliche Bedingungen, aber die Weine von dort altern meist besser; die Palette umfasst einen delikaten portartigen Süßwein von Öküzgözü.

In der trockenen, 600 m hoch gelegenen Ebene **Südostanatoliens** klettert das Thermometer im Sommer bis auf 46 °C, während es im Winter auf –11 °C abfällt. Die rote Boğazkere wird mit diesen Bedingungen am besten fertig. Die daraus gewonnen Weine, dunkel, robust, tannin- und körperreich, werden zuweilen mit dem fruchtigeren, delikateren Öküzgözü verschnitten, um ihnen mehr Eleganz zu verleihen.

Lehm, Ton, Sand *Boğazkere, Öküzgözü, Papazkarasi, Kalecik Karasi* *Narince, Sémillon* *rot, weiß, rosé, aufgespriteter Wein*

URSPRÜNGE DES WEINBAUS

Der Bibel zufolge liegen die Anfänge des Weinbaus irgendwo im Kaukasus zwischen Kaspischem und Schwarzem Meer. Nachdem die Sinflut zurückgegangen und die Arche gelandet war, soll sich Noah dort niedergelassen und als erster Mensch Reben gepflanzt haben.

Älteste Spuren von Weinbau deuten durchaus auf einen wahren Kern dieser Geschichte. Bis 5600 v. Chr. war das Schwarze Meer ein kleiner See in einem fruchtbaren Land. Dann stieg der Meeresspiegel rasant an, und das Mittelmeer überflutete dieses fruchtbare Land mit dem See in der Mitte, der sich nun zum Schwarzen Meer auswuchs. Man glaubt, dass die Überlebenden dieser Flut nach Europa, in die Ukraine und nach Anatolien geflohen sind. Die Tatsache, dass viele Kulturen ein ähnliches Wort für Wein haben, beruht vielleicht auf der Herkunft dieses Worts von den Ufern dieses überfluteten Sees.

Weinberg über dem See Genezareth, Israel

SPITZENERZEUGER: LIBANON, ISRAEL UND TÜRKEI

Château Clos St Thomas
Libanon/Bekaatal

Kab-Elias, Main St, Bekaa Valley 08 500 814 www.closstthomas.com

DIESER FAMILIENBETRIEB ist eine Neugründung im Bekaatal. 1993 pflanzte man die ersten Reben, der erste Wein kam 1998 auf den Markt. Vom Stil her sind die Weine wie kaum ein anderer dieser Region, dennoch bringen sie das bedeutende Terroir zum Ausdruck. Die Weißweine sind überaus ausgewogen und mit schmackhafter Säure. Die harmonischen, üppig duftigen, weichen, samtigen Rotweine – der beste ist Château St Thomas – sind weltklasse.

rot, weiß, rosé 2002, 2001, 2000, 1999, 1998 ★ Les Gourmets Blanc, Les Emirs, Château St Thomas

Château Kefraya
Libanon/Bekaatal

Zahlé 08 645 333 www.chateaukefraya.com

FRANZÖSISCHER STIL und Terroir gehen auf diesem Weltklasse-Gut eine Symbiose ein. Kefraya lieferte die Trauben seiner Reben ursprünglich an Château Musar. Seit 1979 jedoch entstehen hier unter der Leitung von Michel de Bustros eigene großartige Weine. Die weißen Dessertweine sind lebendig und fruchtbetont mit angenehmen Honigaromen; die besten Rotweine wie der Comte de M sind komplex, von schönem Gewicht, hochkonzentriert und mit zunehmendem Alter ein wahrer Ausbund an Eleganz und Finesse.

rot, weiß, rosé, Dessertwein 2002, 2001, 2000, 1999, 1998, 1997, 1996, 1995, 1994, 1993, 1991, 1990 ★ Le Château Kefraya Blanc de Blancs, Château Kefraya, Comte de M

Château Ksara
Libanon/Bekaatal

Charles Malek Av, Nakhle Hanna Bldg 01 200 715 www.ksara.com.lb

DIESES IN DER NÄHE einer ehemaligen Kreuzzugs-Festung gelegene Weingut hat eine lange Geschichte. 1857 wurde es von Jesuiten erworben, die die Weinbautradition fortführten, bis das Gut 1973 nach einer Entscheidung des Vatikans privatisiert wurde. Alte Gewölbe aus römischer Zeit werden noch immer als Naturkeller genutzt. Die heutigen Weine sind durch und durch Alte Welt – der würzige, geschmackvoll mit Eiche versehene Chardonnay macht dem Weinmacher alle Ehre, und die besten Rotweine halten einem Vergleich mit feinstem Bordeaux stand.

rot, weiß, rosé, Dessertwein 2002, 2001, 2000, 1999, 1998, 1997, 1996, 1995, 1994, 1993, 1991, 1990 ★ Chardonnay, Château Ksara, Cabernet Sauvignon

Weinlese auf der Domaine Wardy im Libanon

Château Musar
Libanon/Bekaatal

S. rechts

Domaine Wardy
Libanon/Bekaatal

Cité Industrielle, Zahlé, Bekaa Valley 08 930 141 www.domaine-wardy.com

DIESES GUT BRACHTE seinen ersten Jahrgang 1997 heraus, obschon das Mutterunternehmen (Solifed) bereits seit 1893 unter wechselndem Namen Arrak produziert. Sein Besitzer Wardy Salim pflanzt weiterhin neue Reben an, aber das Lesegut stammt auch von Stöcken, die bereits 1989 angepflanzt wurden. Die Weißweine sind lebendig, fruchtig und gut trinkbar. Die mittelschweren Rotweine sind gut gemacht, und die besten, wie der Château Les Cèdres, haben Komplexität, perfekte Balance, gute Frucht und eine angenehm feste, runde Struktur.

rot, weiß, rosé 2002, 2001, 2000, 1999, 1998, 1997 ★ Wardy Clos Blanc, Château Les Cèdres, Cabernet Sauvignon

Massaya
Libanon/Bekaatal

Tanail Property, Bekaa Valley 08 510 135 www.massaya.com

MASSAYA IST EIN 1998 ins Leben gerufenes franko-libanesisches Gemeinschaftsunternehmen mit vier Partnern. Das einzigartige Terroir des Bekaatals findet sich in den aus Edelsorten gewonnenen Weinen makellos verewigt. Die gut trinkbaren Weißweine haben etwas attraktiv Feminines, und die kernig-maskulinen, langlebigen Rotweine duften traumhaft und sind vollgepackt mit Frucht.

rot, weiß, rosé 2002, 2001, 2000, 1999, 1998 ★ Silver Selection (rot, weiß), Gold Reserve

CHÂTEAU MUSAR: TROTZ ALLEM EINE ERFOLGSGESCHICHTE

Dass Château Musar den Bürgerkrieg überlebt hatte, war schon erstaunlich, aber es ist nicht nur die Geschichte des Weinguts, die es zur treibenden Kraft in der libanesischen Weinindustrie macht. Es sind vielmehr der Ehrgeiz und die sagenhafte Fantasie von Serge Hochar, dank dessen sorgfältiger Weinbereitungsmethoden diese Weine weltweit so viel Anerkennung finden. Beim Erstwein, Château Musar – ein Verschnitt aus Cabernet Sauvignon, Cinsaut und Carignan – gleicht kaum ein Jahrgang dem anderen. Manchmal überwiegt Cabernet Sauvignon, der den Weinen etwas Médoc-artiges verleiht, während in anderen vielleicht Cinsaut mit Anklängen an die Rhône den Ton angibt. Dabei behält er immer die typischen Eigenschaften des Bekaatals. Die unterschiedliche Zusammensetzung, die Stilvarianten und kompromisslos hohen Standards machen ihn zu einem der interessantesten und individuellsten Weine.

Bürgerkrieg
Der Gründer von Château Musar, Gaston Hochar, und seine Söhne Serge *(oben)* und Ronald wurden in der Weinwelt zu wahren Legenden, als sie während des Bürgerkriegs in den 1980er-Jahren standhielten. Damals pflegten sie ihre Weingärten weiter und ernteten ihre Trauben auch über Kampflinien hinweg. Château Musar überlebte den Konflikt, auch wenn das nur 24 km südlich gelegene Beirut zerstört wurde.

Kontakt

Baroudy St, Sopenco Bldg, Beirut
01 328 111
www.chateaumusar.com.lb

Die Weine

rot, weiß, rosé *2002, 2001, 2000, 1999, 1998, 1997, 1996, 1995, 1994, 1993, 1991, 1990*
★ *Château Musar (rot, weiß), Hochar Père et Fils*

Andere Weine von Musar
Der hochindividuelle weiße Château Musar bricht fast alle Regeln; aus Obaideh und Merwah bereitet, ist er von nussig-sherryartiger Qualität und belebender Säure, die zu manchen Desserts wie zu würzigen Gerichten passt. Château Musar hat in jüngster Zeit einige neue Weine für das mittlere Preissegment herausgebracht. Dazu gehören die Cuvée Réservée, ein exzellenter, leichter, frischer Roter, sowie der Lagenrotwein Hochar Père et Fils, ein körperreicher, komplexer Wein mit Tabak- und Ledernoten.

Frühling in den Weinbergen von Château Musar im Bekaatal

Amphorae Vineyard
Israel/Galiläa

3 Hasadnaot St, Herzlia ☎ 04 984 0702 W www.amphorae-v.com ☐

VERSTECKT in den Carmel-Bergen, aber nicht weit von Haifa entfernt liegt dieses neue Weingut. Seine dichten, schweren, tanninreichen Roten scheinen die besten Eigenschaften Galiläas und des benachbarten Samaria in sich zu vereinen. Die Weine, die schon jetzt Weltklasse sind, haben das Potenzial, sehr lange zu altern.

rot, weiß 2003, 2002, 2001, 2000 ★ Chardonnay, Merlot, Cabernet Sauvignon

Barkan Wine Cellars
Israel/Samson

Kibbutz Hulda, DN Sorek ☎ 03 936 4520 W www.barkan-winery.co.il ☐

BARLAN, EINES DER größten Weingüter Israels, wurde 1990 gegründet. 1994 verkaufte es 25 % der Anteile an den Staat. Auf dem Kibbuz Hulda in der Region Samson entstand 1999 eine neue Kellerei, in der Barkan heute hervorragende, moderne Weine macht, die tendenziell groß, intensiv und robust sind. Gute Weine erscheinen auch unter der Marke Segal.

rot, weiß, rosé, Dessertwein 2003, 2002, 2001, 2000, 1999, 1998, 1997, 1996, 1995, 1994, 1993, 1992, 1991, 1990 ★ Segal Dry White Wine, Barkan Reserve Merlot

Carmel
Israel/Samson

25 Hacarmel St, Rishon Le Zion ☎ 03 948 8851 W www.carmelwines.co.il ☐

CARMEL ist einer der größten Erzeuger und Exporteure Israels. Das Gut, das auch zu den ältesten in Israel gehört, wurde 1882 von Baron Edmond de Rothschild gegründet und war Teil der turbulenten Geschichte der heutigen israelischen Weinindustrie. Die Weine im Neue-Welt-Stil sind gut gemacht. Die Trauben stammen aus den besten Gebieten Israels, darunter Galiläa. Chardonnay und Cabernet Sauvignon der Marke Private Collection sind besonders gut. Beide sind körperreich und maskulin, gut strukturiert mit viel Konzentration und Unmengen Frucht.

Carmel

rot, weiß, Schaumwein, Dessert-, aufgespriteter Wein 2003, 2002, 2001, 2000, 1999, 1998, 1997, 1996, 1995, 1994, 1993, 1992, 1991, 1990 ★ Private Collection: Chardonnay, Cabernet Sauvignon

Dalton Winery
Israel/Galiläa

52 Bezalel St, Ramat Gan ☎ 03 751 8922 W www.dalton-winery.com ☐

DIESES KLEINE, familieneigene Unternehmen gilt als aufsteigender Stern Israels – und das mit gutem Recht. Es befindet sich in der Region Oberes Galiläa, in einer Höhe von 850 m. Man baut Sauvignon Blanc an, Cabernet Sauvignon, Merlot, Shiraz und Chardonnay. Die Betonung liegt auf Komplexität und Eleganz, aber dank großer Sorgfalt im Keller bleibt auch die für die Region typische wundervolle Konzentriertheit der Frucht erhalten. Der mittelgewichtige, intensiv fruchtige und ausgewogene Sauvignon Blanc und der volle, körperreiche Reserve Cabernet Sauvignon sind die besten Weine dieses Erzeugers.

rot, weiß 2003, 2002, 2001, 2000, 1999, 1998, 1997, 1996, 1995, 1994 ★ Reserve: Sauvignon Blanc, Cabernet Sauvignon, Merlot

Domaine du Castel
Israel/Berge von Judäa

Ramat Raziel ☎ 02 534 2249 W www.castel.co.il ☐

ALS ELI BEN-ZAKEN diesen Familienbetrieb in den Bergen von Judäa gründete, brachte er eine für Israel einzigartige Philosophie des Weinmachens mit. Seinen Chardonnay könnte man leicht mit einem feinen Burgunder verwechseln, seine eleganten, subtilen, stilvollen Rotweine mit einigen der besten Bordeaux. Ben-Zakens Vorliebe für die Alte Welt – in Israel ungewöhnlich – macht die Weine seines Hauses einzigartig. Sein Können, das sich über Weinberg und Keller gleichermaßen erstreckt, hebt ihn als großen Individualisten hervor.

rot, weiß 2003, 2002, 2001, 2000, 1999, 1998, 1997, 1996, 1995, 1994, 1993, 1992 ★ Castel C Blanc du Castel Chardonnay, Petit Castel Red, Castel Grand Vin

Galil Mountain Winery
Israel/Galilee

Kibbutz Yiron, MP Merom Hagalil ☎ 04 686 8740 W www.galilmountain.co.il ☐

DIESES WEINGUT ist ein Joint Venture zwischen der Golan Heights Winery und dem

Domaine du Castel

Kibbuz Yiron. Neuanpflanzungen von Cabernet Sauvignon, Merlot, Pinot Noir und Chardonnay im Kadesh Valley im Norden an der Grenze zu Libanon sind als Ergänzung zu bestehenden Weingärten gedacht; seit den 1980er-Jahren ergeben sie komplexe, intensiv fruchtige Weine. Der tabakduftige rote Yiron – körperreich und elegant, konzentriert und intensiv – bringt das Terroir vollendet zum Ausdruck.

rot, weiß 2003, 2002, 2001

★ *Yiron*

Golan Heights Winery
Israel/Galilee

Katzrin *04 696 8400*
www.golanwines.co.il

DIESER 1983 gegründete Betrieb ist in der Kleinstadt Katzrin auf den Golanhöhen ansässig. Trauben erntet man hier schon seit 1976, ursprünglich verkaufte man sie an große Genossenschaften an der Küste. 1982 entstanden auf der Basis einer Zusammenarbeit zwischen vier *kibbutzim* (Kollektiv-Farmen) und vier *moshavs* (Genossenschafts-Farmen) exzellente Weine. Daraufhin schlossen sich diese acht Betriebe zur heute bedeutendsten und größten Kellerei dieser Region zusammen. Überwiegend aus Kalifornien herangezogene Fachberatung verleiht den intensiven, schweren, überaus fruchtigen Weinen – alle von internationalen Sorten – einen kalifornischen Touch. Dieser Weltklasse-Erzeuger gewinnt heute viele internationale Preise. Yarden ist das Spitzenlabel.

weiß, Schaumwein, Dessertwein
2003, 2002, 2001, 2000, 1999, 1998, 1997, 1996, 1995, 1994, 1993, 1992, 1991, 1990 ★ *Yarden Syrah, Yarden Cabernet Sauvignon, Yarden Heights Wine*

Etikett Galil Mountain Winery

Recanati Winery
Israel/Samaria

Industrial Zone Emek Hefer
04 622 2288
www.recanati-winery.com

DIE KELLEREI RECANATI hat ihren Sitz in Samaria, bezieht aber die meisten Trauben – Merlot, Cabernet Sauvignon und Chardonnay – von Hochlagen der Region Oberes Galiläa und von den Bergen um Jerusalem. Als einziger Erzeuger in Israel lässt Recanati die Trauben von Hand lesen. Der Schwerpunkt liegt auf den eleganten, geschmeidigen und runden Rotweinen, die mit der Zeit große Komplexität entwickeln. Empfehlenswert ist vor allem Reserve Merlot, ein wunderbar ausgewogener, eleganter und außerordentlich komplexer Wein.

rot, weiß 2003, 2002, 2001 ★ *Cabernet Sauvignon, Reserve Merlot*

Doluca
Türkei/Thrakien & Marmara

Halkali Caddesi 218 Sefakoy, Istanbul *0212 698 9830*
www.doluca.com

DIESER PRIVATE ERZEUGER, dessen Anfänge in die 1920er-Jahre zurückreichen, gehört zur alten Garde in der Türkei. Im Nordosten gelegen, erzeugt Doluca interessante Verschnitte von heimischen Trauben aus dem ganzen Land. Daneben stehen viele Weine aus internationalen Sorten, die mit heimischen verschnitten werden. Für Sortenweine von internationalen Reben schuf man ein eigenes Label namens Sarafin. Verlässlich, interessant und süffig sind die Weine von Doluca.

rot, weiß, rosé, Schaumwein
2003, 2001, 2000, 1999, 1997, 1994, 1993, 1992, 1990 ★ *Özel Kav Boğazkere-Öküzgözü, Özel Kav Narince, Antik (rot)*

Kavaklidere
Türkei/Zentralanatolien

Akyurt, Ankara *0312 847 5073*
www.kavaklidere.com

CENAP AND, EIN in Österreich ausgebildeter Weinmacher, gründete diesen Betrieb 1929; er gehört somit zu den ältesten – und zu den größten – Privatkellereien in der Türkei. Trotz hoher Investitionen aus Frankreich arbeitet der in Zentralanatolien ansässige Betrieb nur selten mit internationalen Sorten, sondern ist der führende Pionier auf dem Gebiet einheimischer Trauben. Er bezieht Trauben aus der ganzen Türkei und stellt daraus Verschnitte her, wobei er das Beste aus ihnen herauszuholen versteht. Die erzeugte Gesamtmenge ist groß, was aber der Qualität keinen Abbruch tut.

rot, weiß, rosé, Schaum-, aufgespriteter Wein *2003, 2001, 2000, 1999, 1997, 1994, 1993, 1992, 1990*
★ *Altin Köpük Brut NV, Narince, Selection Kirmizi (rot)*

SÜDAFRIKA

SÜDAFRIKA

DIE WUNDERSCHÖNEN *Weingärten am Kap verteilen sich auf ein relativ kleines Gebiet. Aber dank der großen Vielfalt der Anbauzonen bringt dieses Land ein breites Spektrum von Weinen hervor, die Weinliebhaber auf der ganzen Welt begeistern.*

HINTERGRUND

MANCH EINEN VERWUNDERT ES, dass Südafrika als Weinland zur Neuen Welt gezählt wird, ist doch der Weinbau hier alles andere als »neu«. Die ersten Reben am Kap der guten Hoffnung pflanzte 1655 Jan van Riebeeck von der Niederländisch-Ostindischen Kompanie. Obschon van Riebeeck erstmals Wein in Südafrika kelterte, war es Simon van der Stel, der den Weinbau in Stellenbosch (1679) und in Constantia (1685) begründete. Er gilt als der eigentliche Vater einer erfolgreichen Weintradition in Südafrika, und auch den berühmten Dessertwein aus Constantia (*s.* Vin de Constance, *S. 456*) soll er kreiert haben. Dessen Ruf war bereits 1698 bis in die Niederlande vorgedrungen.

Chenin-Blanc-Trauben

Aber der Weinbau am Kap sollte noch so manche Rückschläge erleiden. In große Schwierigkeiten gerieten die Erzeuger, als Großbritannien – der wichtigste Abnehmer – 1861 die Zölle für französische Weine senkte, wodurch diese billiger wurden als die Weine aus Südafrika. Dann zerstörte die Ausbreitung der Reblaus 1885 viele Weinberge. Das nächste große Problem war die Überproduktion zu Beginn des 20. Jh., als die Weinbauern ihren Erfolg vor allem an hohen Erträgen maßen. 1918 erzeugten unabhängige Weinbauern von 87 Mio. Rebstöcken 560 000 hl Wein – große Teile davon waren unverkäuflich. Als Konsequenz daraus gründete man die Kooperatiewe Wijnbuwers Vereniging (KWV), eine Genossenschaft, die die Absätze kontrollieren und die Preise stabilisieren sollte. 1957 wurde ein Quotensystem eingeführt, das eine Ausweitung der Rebflächen begrenzte; zusätzlich bestimmte die KWV darüber, welches neue Rebmaterial importiert wurde. Eine derartige Politik beschnitt das Repertoire der Erzeuger, und die Folgen für die Qualität waren verheerend. Fast einem Todesstoß für die Weinindustrie am Kap kamen dann die Handelssanktionen gleich, die viele Länder in den 1980er-Jahren als Protest gegen die Apartheid in Südafrika verhängten.

Kellerei von Vergelegen in der Spitzenanbauregion Stellenbosch

◁ **Spektakuläre Luftaufnahme des Wards Constantia**

ANBAUREGIONEN

Die Weingebiete Südafrikas konzentrieren sich vor allem auf die als Kapregion bezeichnete südwestliche Ecke des Landes. Dort reihen sich in einem Bogen entlang des Küstengürtels immer größere Rebflächen, da die Weinindustrie Südafrikas stark expandiert. Die am Orange River angebauten Trauben verarbeitet man zu Wein und Mostkonzentrat, während die wichtigste Sorte, Sultana, überwiegend getrocknet wird.

DIE WEINBRANCHE HEUTE

SEIT ABSCHAFFUNG DER APARTHEID hat sich die Situation gravierend gewandelt. In den 1990er-Jahren kam es nach und nach zu einer Wiederaufnahme internationaler Handelsbeziehungen, und auch die KWV gab 1997 ihre Kontrollfunktion auf. Heute ist Südafrika der achtgrößte Weinerzeuger der Welt. Der Großteil der Jahresproduktion (83 %) stammt noch immer von Genossenschaften. Aber die Zahl unabhängiger qualitätsbewusster Erzeuger wächst ständig, und das Land schneidet im internationalen Wettbewerb immer besser ab.

Rupert & Rothschild Vignerons, Paarl District

REBSORTEN UND WEINSTILE

DIE IN SÜDAFRIKA AM HÄUFIGSTEN angebaute Traube ist Chenin Blanc. Sie wurde ursprünglich in erster Linie für die Brandy-Produktion verwendet, hat aber ihre führende Rolle in den Weingärten behalten. Seit der Aufhebung der Kontingentierung im Jahr 1992 haben viele neue, oftmals internationale Sorten weniger geeignete ersetzt. Die sieben häufigsten Sorten nach Chenin Blanc sind heute Cabernet Sauvignon, Colombard (eine weitere sehr wichtige Brandy-Sorte), Shiraz, Pinotage (Südafrikas Nationaltraube; *s. S. 451*), Sauvignon Blanc, Merlot und Chardonnay. Neu ist auch die zunehmende Bedeutung der Rotweine: Im Jahr 1990 fielen auf sie noch 15,5 % der Rebfläche, 2002 bereits 39 %. Zur Erweiterung des Repertoires experimentiert man auch mit französischen, spanischen, portugiesischen und italienischen Sorten. Die Bandbreite der Stile reicht heute vom Schaumwein bis zum aufgespriteten Wein, von groß und fulminant bis eher fein und elegant. Nur der typisch südafrikanische Stil fehlt noch. Oft werden die Weine als zwischen der Alten und der Neuen Welt liegend beschrieben: mit der Struktur und Zurückhaltung des europäischen Kontinents und der Fruchtintensität der amerikanischen Sorten. Wenn die vielen neuen Terroir-betonten Weingärten sich einwachsen und die Weinmacher das Lesegut besser interpretieren können, dann wird auch ihr Sinn für das Lagentypische ihrer Weine zunehmen.

DIE WENDE IN SÜDAFRIKA

KAUM EIN ASPEKT der Weinindustrie Südafrikas blieb unberührt von der politischen Entwicklung seit Abschaffung der Apartheid im Jahr 1990. Am 2. Februar dieses Jahres begann mit einer von Präsident de Klerk gehaltenen Rede der Anfang vom Ende dieses Unrechtssystems und zugleich ein Prozess der internationalen Öffnung und des Erfolgs der Weinindustrie am Kap.

Etikett von Villiera

Rebgärten von Glen Carlou im Distrikt Paarl

Die Rolle Nelson Mandelas

NEUN TAGE nach der historischen Rede de Klerks erfolgte die Freilassung Nelson Mandelas aus dem Gefängnis; 1994 fanden die ersten demokratischen Wahlen in Südafrika statt. Mandelas großes Engagement für die Weine seiner Heimat machten auch politisch den Weg dafür frei, dass Weine vom Kap international wieder eine Rolle spielten. Auch als Mandela 1993 den Friedensnobelpreis bekam, stieß er darauf mit Kapwein an.

Mzokhona Mvemve, Weinfachmann mit Diplom

Der Wind des Wandels

DIE BETRÄCHTLICHE Zunahme der Anzahl der Privatkellereien sowie die Umwandlung der KWV *(s. S. 442)* von einer Genossenschaft in ein Privatunternehmen führten zu mehr Wettbewerb und einer drastischen Qualitätsverbesserung. Die Exportzahlen allein sprechen Bände. 1991 umfasste der Gesamtexport 230 000 hl, während diese Zahl bis zum Jahr 2002 auf 2 180 000 hl hochschnellte. Das Exportgeschäft profitierte bis 2003 zusätzlich von der Schwäche der Landeswährung, des Rand; seit Beginn des neuen Jahrtausends fördern zudem Organisationen wie Wines of South Africa (WOSA) den Export.

Gleiches Recht für alle

RICHTIG ERFOLGREICH wird die Weinindustrie Südafrikas erst dann werden, wenn Schwarze und Weiße offen und gleichberechtigt aufeinander zugehen. Die Black Association of the Wine and Spirits Industry (BAWSI) wirkt mit aller Kraft auf dieses Ziel hin, aber auch Einzelne ergreifen die Initiative. So unterstützen etwa Gutsbesitzer wie Charles Back von Fairview *(s. S. 464)* ihre Arbeiter beim Kauf eigener Häuser und bei der Gründung eigener Betriebe. Manche Unternehmen finanzieren auch Stipendien für Schwarzafrikaner, die an der Universität von Stellenbosch Önologie studieren möchten. Mzokhona Mvemve war 2001 der erste schwarze Absolvent dieses Studiengangs.

Neue Entwicklungen

SEIT DEM FALL DES Quotierungssystems *(s. S. 442)* 1992 drangen experimentierfreudige Winzer bis an die Spitze des Kontinents und in Höhen bis an die Schneegrenze vor. In gerade einmal zehn Jahren ist der Anteil der fünf klassischen Sorten (Shiraz, Cabernet Sauvignon, Merlot, Chardonnay, Sauvignon Blanc) an der Gesamtrebfläche von 10,5 auf 36 % gestiegen. Auch Qualitätssorten aus anderen Regionen, insbesondere dem Rhônetal, sind immer weiter verbreitet am Kap. Weinberge und Weinmacher, darunter ausländische Berater, haben seit dem Ende der Apartheid einen neuen Stellenwert bekommen. Man weiß heute besser, was Terroir bedeutet und worauf es bei der Weinbergspflege und der Bewässerung ankommt, um besseres Lesegut zu erzeugen.

Austauschbesuche zwischen einheimischen und ausländischen Weinmachern haben ebenfalls zu vielen Neuerungen geführt – darunter Techniken wie Mikro-Oxygenierung oder Vollendung des Ausbaus von Rotwein in kleinen Eichenfässern. So wurden etwa Güter wie Tokara, Morgenster Estate oder Quoin Rock zu High-Tech-Betrieben.

Gerade die in den letzten zehn Jahren gewonnenen Kenntnisse haben manchen Winzern auch den Mut gemacht, zu traditionelleren Methoden zurückzukehren. Vergärung im offenen Holzbottich z. B., natürliche Weinbereitung ohne Hefezugabe und ohne nachträgliches Schönen oder Filtrieren finden heute zunehmend Verbreitung.

Investitionen aus dem Ausland

AUSSER PERNOD-RICARD sind die großen Getränkekonzerne in Südafrika bisher nicht vertreten, jedoch sind viele Einzelunternehmer aus allen Teilen der Welt in die seit 1990 florierende Weinindustrie eingestiegen. Manche gründeten Joint Ventures wie das amerikanische Expertenduo Phil Freese und Zelma Long. Andere haben ganze Weingüter gekauft; Anne Cointreau-Huchon etwa, ein Mitglied der berühmten Cointreau-Familie,

Eichenfässer im Keller von Vergelegen in Stellenbosch

gehört heute das Weingut Morgenhof in Stellenbosch, und das französische Unternehmen Château Pichon-Lalande besitzt Glenelly, ebenfalls in Stellenbosch. Diese ausländischen Investoren brachten viele neue Ideen ins Land und kurbelten den Export an.

Die Weine

HEUTIGE WEINE AUS SÜDAFRIKA sind ein deutlicher Ausdruck dafür, dass sich viel getan hat in den Weinbergen, im Management und im Keller. Die Weinmacher manipulieren die Weine weniger und geben ihnen stattdessen mehr Freiraum, gebietstypische Eigenarten auszudrücken. Sortenreine Weine verkaufen sich nach wie vor am besten, wenn auch Verschnittweine, besonders Rote, zunehmend aufholen. Aufwändige Verpackung, moderne Etiketten und neue Verschlusssysteme zeigen die Entwicklung Südafrikas zu einem vollwertigen Partner auf dem Weltmarkt.

Weinlese auf Charles Backs »Fairview Estate« im Distrikt Paarl

WEINKARTE SÜDAFRIKA

Lesearbeiter auf Springfield Estate

DIE BEDEUTENDEN WEINREGIONEN Südafrikas liegen in der südwestlichen Ecke des Landes, dem Kap. Die Gebiete an der Westküste haben sich unlängst einen Namen gemacht mit kommerziellen Weinen aus Olifants River, mit ehrgeizigen, alterungswürdigen Rotweinen aus Swartland, mit Qualitätsweinen aus Darling und mit modernen Roten aus Tulbagh. Südliche Regionen im Landesinneren wie Klein Karoo machten Fortschritte bei speziellen Weinen im Portstil, aber auch bei guten roten und weißen Weinen, während auch ganz neue, kühlere Regionen an der Südküste wie etwa Elim groß herauskamen. Die bedeutendste Weinregion des Landes ist nach wie vor die Kaphalbinsel, besonders Stellenbosch *(s. S. 460)*.

LEGENDE

Südafrika

SÜDAFRIKANISCHES WEINRECHT

DAS GÜTESIEGEL *Wine of Origin (WO) umfasst Angaben über Rebsorte, Jahrgang und Herkunft. Rebsorte und Jahrgang des jeweiligen Weins müssen mindestens zu 85 % mit dem Etikett übereinstimmen, die Herkunft zu 100 %. Die Gebietsangaben auf dem Etikett umfassen im Weitesten drei Kategorien* (s. unten). *Ein Wine of Origin kann aber auch als Estate-Wein ausgewiesen sein, wenn er von einem bestimmten Weingut angebaut, bereitet und abgefüllt wurde und unter einem bestimmten Namen registriert ist.*

Regionen

Region bezeichnet ein relativ großes Gebiet. Es sind dies im Wesentlichen: Olifants River, Klein Karoo, Breede River Valley und die Coastal Region (zu der Swartland gehören, Darling, Tulbagh, Paarl, Tygerberg, Stellenbosch und Cape Point). Regionen sind unterteilt in Distrikte und/oder Wards, aber nicht alle Distrikte bzw. Wards gehören zu einer Region.

Distrikte

Sie sind kleiner als eine Region. Ihre Grenzen fallen oft mit politischen oder geografischen Grenzen zusammen. Die bekanntesten sind Stellenbosch, Paarl und Swartland.

Wards

Für diese noch kleineren Anbauzonen ist das Terroir maßgeblich. Wards innerhalb eines Distrikts sind Elgin und Walker Bay im Distrikt Overberg. Neue Wards außerhalb der etablierten Gebiete sind Cederberg und Elim.

Das WO-Siegel wird durch das Wine & Spirits Board nach einer umfangreichen Analyse vergeben. 2002 fielen 44 % der Weine Südafrikas in diese Güteklasse.

Wine of Origin, Paarl

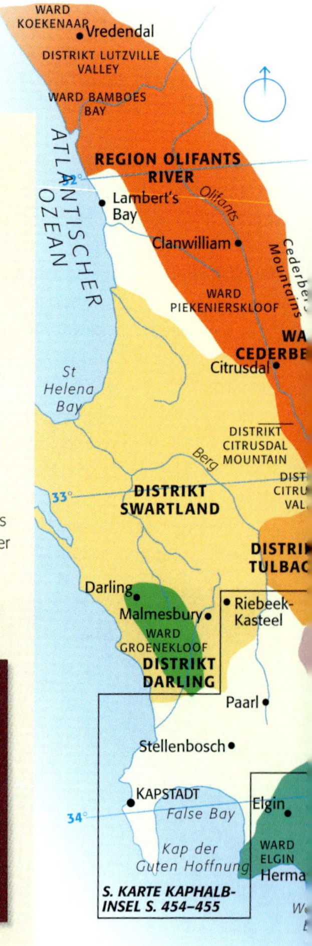

Kellerei und Gästehaus »Paul Cluver« im Distrikt Overberg

DAS TERROIR AUF EINEN BLICK

Breite: 31–34,5°S

Höhe: 0–1100 m über NN

Topografie: In Swartland betreibt man Weinbau auf niedrigen Bergen; in Tulbagh auf Talböden oder Osthängen; an fruchtbaren Flussufern im Breede River Valley und an Gebirgsausläufern. Aus dem Olifants River werden rund 10 000 ha Rebfläche bewässert.

Boden: Der Weinanbau beschränkt sich auf tiefgründige Böden, die Wasser speichern, oder auf Gebiete mit Bewässerungsmöglichkeiten.

Klima: Mediterranes Klima. Im Landesinneren wird es heißer und trockener, mit größeren Temperaturunterschieden im Sommer und Winter.

Temperatur: Das Januarmittel liegt bei 22,5° C.

Niederschlag: Das Jahresmittel reicht von 140 mm in der Region Olifants River bis zu 1042 mm im Distrikt Overberg.

Wind: Die Westküste unterliegt kühlenden Einflüssen vom Benguela-Strom; im Süden bringen Südostwinde im Sommer Wolken und Regen.

Gefahren für den Weinbau: Wind, Dürre

WESTKÜSTE: GEBIETE UND SPITZENERZEUGER

REGION OLIFANTS RIVER *S. 448*

WARD CEDERBERG *S. 448*

Cederberg Cellars *S. 450*

DISTRIKT SWARTLAND *S. 448*

Kloovenburg *S. 450*

Sadie Family Wines *S. 450*

DISTRIKT DARLING *S. 449*

Darling Cellars *S. 451*

Groote Post *S. 451*

DISTRIKT TULBAGH *S. 449*

Rijk's Private Cellar *S. 451*

Weine von Groote Post, Distrikt Darling

SÜDKÜSTE U. BINNENLAND: GEBIETE UND SPITZENERZEUGER

REGION KLEIN KAROO *S. 452*

Axe Hill *S. 454*

De Krans Wine Cellar *S. 454*

REGION BREEDE RIVER VALLEY *S. 452*

Graham Beck Wines *S. 454*

Springfield Estate *S. 454*

DISTRIKT OVERBERG *S. 453*

Bouchard Finlayson *S. 455*

Hamilton Russell Vineyards *S. 455*

Newton Johnson *S. 455*

Paul Cluver *S. 455*

WARD ELIM *S. 453*

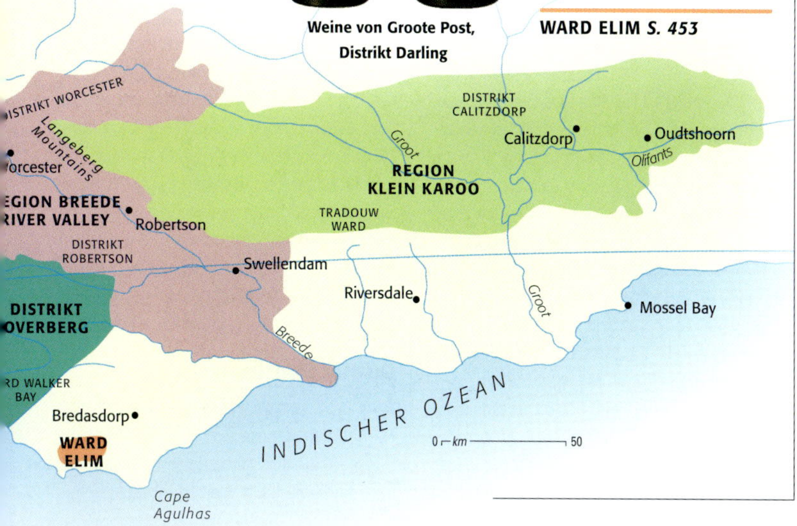

Groote-Post-Rebfelder im neu geschaffenen Distrikt Darling

DIE WEINBAUGEBIETE DER WESTKÜSTE

FRÜHER WAREN GENOSSENSCHAFTEN und Massenproduktion in den Anbaugebieten an der Westküste vorherrschend. Heute kommen aus dieser Gegend auch Qualitätsweine, da immer mehr Privatkellereien eröffnet werden und in bestehende Weingärten investieren.

Region Olifants River

DIE WEINREGION OLIFANTS RIVER ist nach dem Fluss benannt, an dessen Ufern sie liegt. Die Möglichkeiten zur Bewässerung der dortigen Rebfelder sind bestens, entsprechend hoch die Erträge. Das erklärt auch, warum man das Gebiet früher mit billigem Massenwein in Verbindung brachte. Mittlerweile haben sich die Weinbaumethoden verbessert, und die Traubenproduzenten werden häufiger für ausgewogene Fruchtqualität statt für einen besonders hohen Zuckergehalt bezahlt, was bedeutet, dass die Erträge heute viel niedriger sind. So entstehen Weine mit mehr Charakter, wenn sie auch weiterhin früh trinkreif und im Stil kommerziell sind. Die positive Wende drückt sich auch in der Auswahl der Rebsorten aus. 1990 waren die fünf Hauptsorten alle weiß, angeführt von Chenin Blanc *(s. S. 450)* und Colombard; aber schon 2002 hatten es Shiraz und Pinotage *(s. S. 451)* auf die Liste geschafft, wobei Shiraz besonders vielversprechend ist.

Etikett von Rijk's, Distrikt Tulbagh

Neue Anbauzonen mit größerem Qualitätspotenzial sind ebenfalls dazugekommen. Dies sind: der Distrikt **Lutzville Valley** ganz im Norden; **Koekenaap Ward,** an der Küste nahe Vredendal gelegen; **Bamboes Bay Ward**, wo die Rebfelder fast bis ans Meer reichen; **Piekenierskloof Ward**, im neuen Distrikt **Citrusdal Mountain;** sowie **Citrusdal Valley**.

Trotz dieser Fortschritte geben die Genossenschaften noch immer den Ton an; Vredendal, die Haupt-Weißweinkellerei von Westcorp International, ist mit einem Jahresertrag von 65 000 t die größte des Landes.

Schwemmland, Roterde und Kalk, roter Sand *Shiraz, Pinotage, Merlot, Cabernet Sauvignon, Ruby Cabernet* *Chenin Blanc, Colombard, Hanepoot (Muscat d'Alexandrie), Chardonnay, Sauvignon Blanc* *rot, weiß, Schaum-, Dessert- und aufgespriteter Wein*

Ward Cederberg

CEDERBERG IST EIN KLEINER WARD im Südosten der Region Olifants River. Die gleichnamige Kellerei mit einer Rebfläche von 42 ha liegt 1100 m hoch in den Cederberg Mountains. Die schöne, karge Landschaft ist heute Naturschutzgebiet, mit klarer Luft und einer Schneedecke fast in jedem Winter. All das trägt zum Charakter der schlanken Weine bei.

Sandstein *Cabernet Sauvignon, Pinotage, Merlot, Ruby Cabernet* *Chardonnay, Chenin Blanc, Sauvignon Blanc, Bukettraube* *rot, weiß*

Distrikt Swartland

SWARTLAND – SCHWARZES LAND – hat seinen Namen von den hier verbreiteten Renosterbüschen, die sich nach Regen schwarz verfärben. Traditionell ein Weizenanbaugebiet, entstanden hier in den letzten zehn Jahren zunehmend mehr Weingärten für Premium-Weine. Aufgrund der langen heißen Sommer kann man nicht jeden Weintyp erzeugen. Üblich ist eine Buschreben-Erziehung, die geringere Erträge liefert. Daraus bereitet man die mächtigen Weine, für die das Zentrum dieses Distrikts berühmt ist. Bei den Weintypen fand im Laufe der Jahre kaum ein Wandel statt, bei den führenden Rebsorten dagegen schon. 1990 überwogen noch Chenin Blanc, Palomino, Cinsaut, Colombard und Pinotage, während die Liste heute von Chenin Blanc, Cabernet Sauvignon, Shiraz, Pinotage und Sauvignon Blanc angeführt wird – deutliche Zeichen für einen Qualitätsschub.

rotbraun mit Granit *Cabernet Sauvignon, Shiraz, Pinotage, Merlot, Cinsaut* *Chenin Blanc, Sauvignon Blanc, Chardonnay, Colombard* *rot, weiß, Schaumwein, Dessertwein, aufgespriteter Wein*

Distrikt Darling

GROENEKLOOF, DER FÜHRENDE WARD im neu geschaffenen Distrikt Darling, ist auch der führende Nutznießer des Benguela-Stroms, der kühle Luft aus dem Süden heranführt. Dazu kommt eine günstige Ausrichtung der Hänge, die ebenfalls dazu beiträgt, dass die Fruchtsäure erhalten bleibt. Weiße Sorten, besonders Sauvignon Blanc, brillieren in Darling. Den Weinen fehlt es nicht an Alkohol, aber die natürliche Säure verleiht ihnen ein frischeres, eleganteres Gepräge als es bei Weinen mit hohem Alkoholgehalt sonst üblich ist.

Blick auf Swartland, das »schwarze Land«

EINE NEUE WEINMACHER-GENERATION

Seit Südafrika mit dem Ende der Apartheid 1990 wieder international im Geschäft ist, können heutige Weinmacher auch leichter Einflüsse von außen aufnehmen. So gilt anders als früher heute nicht mehr der Keller als alleinige Schaltstelle für die Bereitung von Qualitätsweinen. Man legt heute mehr Wert auf Terroir, und die Fortschritte rund um den Weingarten sind beachtlich. Auch für Experimente ist man in Südafrika heute sehr offen – sowohl was neue Lagen betrifft als auch Neupflanzungen mit internationalen Sorten. Statt traditioneller Methoden stehen heute die Wünsche des Verbrauchers im Vordergrund.

rotbraun mit Granit *Cabernet Sauvignon, Cinsaut, Shiraz, Pinotage, Merlot* *Chenin Blanc, Sauvignon Blanc, Chardonnay* *rot, weiß, Dessertwein*

Distrikt Tulbagh

TULBAGH, LANGE ZEIT ein eher vernachlässigtes Gebiet, erlangte durch das Erdbeben von 1969 traurige Berühmtheit. Bis vor kurzem war der Distrikt vor allem für seine Schaumweine vom Typ Cap Classique *(s. S. 459)* berühmt, die alle von einem Erzeuger, Twee Jonge Gezellen, stammten. Ansonsten brachte man den Distrikt mit einfachen Alltags-Weißweinen in Verbindung. Im Zuge der Öffnung in den 1990er-Jahren jedoch entdeckten neue private, durchwegs qualitätsbewusste Erzeuger das Rotwein-Potenzial dieser Gegend. Heute ist ein Drittel der Rebfläche mit roten Trauben bestockt, und Shiraz, Merlot, Cabernet Sauvignon und Pinotage haben der Vorherrschaft der Weißweine ein Ende bereitet. Einer der Newcomer in dieser Region, Rijk's Private Cellar, gewann 2000 mit seinen ersten Weinen höchste Auszeichnungen: sein Pinotage wurde überhäuft mit Auszeichnungen, aber auch der Sauvignon Blanc schnitt bestens ab, was beweist, dass man in diesem heißen Tal auch mit Trauben Erfolg haben kann, die an ein eher kühleres Klima gewöhnt sind.

felsig *Cinsaut, Shiraz, Merlot, Cabernet Sauvignon, Pinotage* *Chenin Blanc, Colombard, Hanepoot (Muscat d'Alexandrie), Crouchen Blanc (Cape Riesling), Chardonnay* *rot, weiß, Schaum- und Dessertwein*

SPITZENERZEUGER DER WESTKÜSTE

Fasskeller des Erzeugers Kloovenburg

Cederberg Cellars
Cederberg Ward

PO Box 84, Clanwilliam
027 482 2827

DER 1100 M HOCH in den Cederberg Mountains gelegene Betrieb des Weinmachers David Nieuwoudt ist der einzige in der Gegend. Seine Familie bewirtschaftet dieses Land schon in der fünften Generation, und ihre Weine gehören zu den besten des Landes. Die Weißen vibrieren geradezu vor natürlicher Säure und reiner Frucht, während die Roten traditionell europäische Eleganz mit einer stark nach Neue Welt duftenden Aromenfülle verbinden. Mit seinem Cabernet Sauvignon heimste Davids Großvater regelmäßig Preise ein, und auch Davids eigener V Generations Cabernet – von 20 Jahre alten Reben – hat mit dieser Tradition nicht gebrochen.

rot, weiß 2002, 2001, 2000 ★ V Generations Cabernet Sauvignon, Pinotage, Chenin Blanc

Kloovenburg
Swartland District

PO Box 2, Riebeek-Kasteel 022 448 1635 www.kloovenburg.co.za

IN ERSTER LINIE beliefert Kloovenburg die örtliche Genossenschaft. Seit 1997 jedoch hält die Familie du Toit – wie viele andere Genossenschaftsmitglieder – einen kleinen Teil der Ernte von ihrem 130 ha großen Weingarten zurück, um eigene Weine daraus zu bereiten. Damit wurde eine bis in die 1950er-Jahre zurückreichende Tradition wiederbelebt. Als besonders vorteilhaft auf den steilen Terrassen hat sich Shiraz erwiesen. Die Farm ist zwar alt, der Stil dieser Weine jedoch höchst modern – geprägt von geschmeidigen Tanninen und süß-würziger Frucht, die vom Ausbau in amerikanischer Eiche profitiert. Chardonnay macht sich ebenfalls gut bei Kloovenburg – ein weiterer Beweis für die klimatische Anpassungsfähigkeit, fruchtige Eleganz und Körperreichtum dieser Modetraube.

rot, weiß 2001, 2000
★ Shiraz, Chardonnay

Sadie Family Wines
Swartland District

PO Box 1019, Malmesbury
021 869 8349 n. V.

EBEN SADIE IST TYPISCH für die neue Generation südafrikanischer Weinmacher: immer mit vollem Herzen dabei, ob bei der Arbeit oder auf dem Surfbrett. Nach einer Zeit als Weinmacher bei Spice Route machte sich Sadie 2001 selbstständig. Columella, sein mit Mourvèdre verschnittener Shiraz, ist ein überaus delikater Wein, trotz der sehr warmen Gegend. Das Geheimnis dieses Erfolg sind ausschließlich natürliche Behandlungsmethoden, Vergärung mit natürlichen Hefen, ein kluger Umgang mit Eiche und schließlich der Verzicht auf Filtration. Demnächst möchte Sadie diese Magie einem weißen Rhône-artigen Verschnitt angedeihen lassen, ehe er nach Spanien

CHENIN BLANC: WIEDER IM KOMMEN

Chenin Blanc eignet sich hervorragend für Brandy und war deshalb auf dem Kap früher tonangebend. Zugunsten anderer Sorten ging dann der Anteil von Chenin Blanc (in Südafrika als Steen bekannt) an der Gesamtrebfläche von 32 % im Jahr 1990 auf 18 % im Jahr 2002 zurück. Besondere Fans, die um den Fortbestand der Sorte fürchteten, gründeten 1999 sogar die Chenin Blanc Association (www.chenin.co.za). Bedeutende Erzeuger, darunter Kanu (www.kanu.co.za), Rudera (www.rudera.co.za), Ken Forrester Wines, De Trafford Wines und Villiera Wines entwickeln heute einen neuen Stil, der so ganz anders als die früheren Massenweine ist und das Typische dieser Sorte zum Ausdruck bringt: Finesse und Konzentration. Manche dieser Weine haben etwas zart Blumiges und Aromen von Zitrusfrüchten und Honig, während andere erdig-voll schmecken. Alle diese Weine haben Entwicklungspotenzial.

DER LOKALMATADOR: PINOTAGE

Professor Abraham Perold kreuzte 1924 Pinot Noir mit Cinsaut und schuf damit Südafrikas eigene Traube, Pinotage. Es sollten jedoch rund 35 Jahre vergehen, ehe sie als Champion auf der Cape Wine Show gefeiert wurde, und eine kommerzielle Nutzung begann erst 1961. International wurde man auf Pinotage erst zu Beginn der 1990er-Jahre aufmerksam: Damals verlangten die Konsumenten nach den Weinen dieser bis dato unbekannten Region. Das führte zur Gründung der Pinotage Association (www.pinotage.co.za), deren Ziele die Erforschung und Vermarktung dieser Traube sind; mit dem Top Ten Award werden jährlich die zehn besten Gewächse gekürt. Das Strenge dieser Sorte hat man heute gut im Griff. Sie besticht mit reifer, roter Frucht, Pflaume und Himbeere sowie vollmundiger Textur. Die Bandbreite der Weine reicht von leicht, trocken und fruchtig bis zu eichig, körperreich und langlebig. Inzwischen ist die neue Cape Blend genannte Klassifizierung mit mindestens 20 % Pinotage eingeführt.

Eben Sadie in seinem Keller

geht, um dort ein kleines Weingut umzukrempeln.

rot, weiß 2000 (1. Jg.) ★ Columella, Palladius

Darling Cellars
Darling District

PO Box 114, Darling 022 492 2276 www.darlingcellars.co.za

Dieses Gut könnte stellvertretend für den großen Wandel der Weinbranche in Südafrika stehen. Mit der Umbenennung von Mamreweg Co-op in Darlington Cellars ging 1997 eine komplette Neuorientierung einher, einschließlich einer Verlagerung des Schwerpunkts von Quantität auf Qualität. Heute hat man vor allem den internationalen Markt im Visier. Passend dazu pflanzte man gängige Sorten wie Merlot und Chardonnay, und Fortschritte in der Weinbergsarbeit führen zu einer Reduktion der Erträge. Die wärmeren Lagen im Landesinneren bringen große Rotweine, insbesondere Shiraz hervor, während man an kühleren Orten immer besseren Sauvignon Blanc produziert. Empfehlenswert ist die rote cuvée Onyx Kroon.

rot, weiß, rosé 2002, 2001, 2000 ★ Onyx Kroon, Darling Cellars: Shiraz, Pinotage

Groote Post
Darling District

PO Box 13, Darling 022 492 2825 www.grootepost.com

Die bergigen Rebflächen von Groote Post liegen nur 6 km vom Atlantik und seinen kühlenden Einflüssen entfernt. Früher graste hier noch eine Herde von Holsteiner Milchkühen. Inzwischen können die Besitzer Peter und Nick Pentz aber ihre volle Aufmerksamkeit den Reben widmen. Ihr Sauvignon Blanc ist delikat und dabei intensiv fruchtig, während der fassvergorene Chardonnay vor zitroniger Frische geradezu vibriert. Ähnlich frisch, aber großzügig proportioniert ist der beste Rote, ein Shiraz, aber auch den temperamentvollen Pinot Noir wird wohl niemand zurückweisen.

rot, weiß 2002, 2001, 2000 ★ Sauvignon Blanc, Shiraz

Rijk's Private Cellar
Tulbagh District

PO Box 400, Tulbagh 023 230 1622 www.rijks.co.za

Tulbagh galt lange Zeit als reine Weißweinregion, was so gar nicht zu den heißen Sommern dieses Tals passte. Der Geschäftsmann Neville Dorrington bereitete diesem Irrglauben ein Ende, als er 1997 Rijk's Farm kaufte. Sein erster Pinotage, modern vollmundig und mit schönen Tanninen, gewann gleich fünf lokale Wettbewerbe. Wichtig für den Erfolg ist nicht zuletzt eine sorgfältige Bewässerung der kargen Böden in dieser Region. Sie kommt natürlich auch den Weißweinen zugute. Der in französischer Eiche vergorene Sémillon – opulent und individuell – setzt einige Standards.

rot, weiß 2001, 2000 ★ Pinotage, Sémillon

Groote Post

Weinberge im Breede River Valley mit den Langeberg Mountains im Hintergrund

DIE WEINBAUGEBIETE DER SÜDKÜSTE UND DES BINNENLANDS

DIE SÜDKÜSTE MIT IHREM HINTERLAND repräsentiert zwei verschiedene Aspekte des Weinlands Südafrika. Die Regionen Klein Karoo und Breeder River Valley im Landesinneren sind traditionelle, heiße Anbaugebiete. Dagegen stehen Overberg und die Gebiete südlich von Elim für den modernen Weinbau. Hier sucht man kühlere Bedingungen, und als Maßstab gilt nur Qualität.

Region Klein Karoo

DIE REGION IST AUCH unter dem Namen Little Karoo bekannt. Der Ruf der Region gründet heute auf portähnlichen, aufgespriteten Weinen, heimliches Zentrum ist hierbei der **Distrikt Calitzdorp**. Für diese Weine werden die Trauben nach alter Tradition mit den Füßen in offenen Zementtanks gestampft. Ausschlaggebend für die Wahl dieses Stils waren wohl die klimatischen Bedingungen, die jenen in der Region Douro in Portugal *(s. S. 333)* gleichen. Bewässerung ist hier unumgänglich, allerdings nicht überall möglich, weshalb in dieser heißen, sehr großen Region nur eine kleine Fläche (etwa 3000 ha) unter Reben steht. Dennoch experimentieren unabhängige Erzeuger mit vielen Sorten.

Tradouw Ward ist ein kleineres, erst unlängst entdecktes Gebiet, von dem aus man einen Blick auf das 45 km entfernt liegende Meer im Süden hat. Somit ist es auch etwas kühler, was den auf einer begrenzten Fläche von 115 ha erzeugten Rotweinen im Bordeauxstil und den raffinierten Chardonnays nur zugute kommt.

Schwemmland, Schiefer, Sandstein *Ruby Cabernet, Shiraz, Pinotage, Merlot, Red Muscadel (roter Muscat Blanc à Petits Grains)* *Colombard, Chenin Blanc, Hanepoot (Muscat d'Alexandrie), Chardonnay* *rot, weiß, Schaumwein, Dessertwein, aufgespriteter Wein*

Region Breede River Valley

DAS BREEDE RIVER VALLEY wird im Norden von den Langeberg Mountains begrenzt. Die beiden großen Weindistrikte der Region – Robertson und Worcester – liegen an den beiden Ufern dieses Flusses.

Etikett Graham Beck Wines, Region Breede River Valley

Mit rund 18 130 ha Rebfläche stellt der Distrikt **Worcester** das größte zusammenhängende Anbaugebiet des Landes dar. Die meisten Weinberge entstanden ursprünglich in den fruchtbaren Ufergebieten. Mittlerweile sind neue Lagen dazugekommen, aber auch Sortenwahl, Weinstile und die Einstellung der Erzeuger haben sich gewandelt. Chenin Banc und Colombard sind nach wie vor führend, dicht gefolgt von Chardonnay, Sauvignon Blanc, Cabernet Sauvignon und Shiraz. Höher gelegene Weinberge liefern heute niedrigere und bessere Erträge, die zu angenehmen Weinen verarbeitet werden. Zum baldigen Genuss bestimmte Weine erhalten durch Eichenspäne zusätzliche Aromen. Viele Weine werden für Supermarktketten bereitet.

Ein Stück Tradition hat sich in den aufgespriteten und den Dessertweinen der Region erhalten, bereitet von Muscat, die die Weine aus Constantia einst berühmt gemacht hatte.

Im anderen großen Distrikt dieser Region, in **Robertson**, gibt es viele Kalksteinböden. Sie sind ideal für Chardonnay, z. T. als Schaumwein im Stil Cap Classique *(s. S. 459)*. Weiße Sorten waren lange bestimmend, aber Shiraz und Cabernet Sauvignon machen sich heute ebenfalls gut – mit frischer Frucht und festen, aber angenehmen Tanninen.

Schwemmland, Schiefer, Kalkstein Cabernet Sauvignon, Shiraz, Merlot, Pinotage, Cinsaut, Ruby Cabernet Chenin Blanc, Colombard, Hanepoot (Muscat d'Alexandrie), Chardonnay, Sauvignon Blanc, Muscat Blanc à Petits Grains rot, weiß, Schaum-, Dessert- und aufgespriteter Wein

Distrikt Overberg

DIE WICHTIGSTEN QUALITÄTSREGIONEN IN OVERBERG sind die Wards Elgin und Walker Bay. Jedoch steht ihr hoher Rang in keinem Verhältnis zu ihrem winzigen Anteil an der Gesamtmenge der am Kap produzierten Weine. In der Region überwiegen kleine Kellereien, obschon auch die größerenTrauben von hier aufkaufen.

Der hoch gelegene **Ward Elgin** wird überwiegend von Apfelplantagen geprägt, aber in jüngster Zeit zog es auch einige der Spitzenerzeuger am Kap hierher. Die Gesamtrebfläche, zurzeit nur rund 159 ha groß, kann mit einem kühleren Klima und längerer Reifeperiode punkten. Paul Kluver und Iona, ein weiterer neuer Erzeuger, haben die Eignung dieser Gegend für Weißweine – besonders Sauvignon Blanc – bereits bewiesen.

Im **Ward Walker Bay**, dessen Klima etwas milder ist, liegen fast alle Weinbetriebe im Hemel-en-Aarde Valley. Der Spitzenrotwein hier ist Pinot Noir, während Sauvignon Blanc die wichtigste weiße Sorte stellt.

kiesig, Sandstein mit Schiefer und Granit Cabernet Sauvignon, Merlot, Shiraz, Pinot Noir, Pinotage Sauvignon Blanc, Chardonnay, Chenin Blanc, Sémillon rot, weiß, Dessertwein

DER NEWCOMER PINOT NOIR

Erste Resultate mit Pinot Noir ermutigten auch andere Erzeuger in Südafrika, diese Sorte auszuprobieren; und auch ein Franzose (Paul Bouchard aus Burgund) hat sich zu dem Zweck mit einem einheimischen Weinmacher (Peter Finlayson) zusammengetan. Die Erschließung neuer Lagen, besseres Rebmaterial aus Frankreich und Auslandsmarketing haben dazu beigetragen, dass Pinot Noir im heutigen Südafrika eine ganz neue Rolle spielt. Individuelle Stillweine kommen heute nicht nur aus dem Hemel-en-Aarde Valley, sondern auch aus Elgin, Constantia, Teilen von Stellenbosch und sogar aus Paarl. Die Sorte ist auch weiterhin von Bedeutung für Schaumweine nach Stil Cap Classique *(s. S. 459)*. Hamilton Russel Vineyards und Bouchard Finlayson gelten als die führenden Pinot-Noir-Erzeuger.

Ward Elim

DIESE AM SÜDLICHSTEN gelegene Weinregion Afrikas ist auch die jüngste. Die ersten Weinberge wurden Ende der 1990er-Jahre angelegt, und 2002 betrug ihre Gesamtfläche gerade einmal 51 ha. Der Sauvignon Blanc jedoch, mit dem die Rebfläche gut zur Hälfte bestückt ist, errang bereits Preise am laufenden Band. Dahinter steckt harte Arbeit, weil in der kühlen Witterung Fäulnis ein Problem darstellt. Rotweine aus Elim kamen erst vor kurzem in den Handel, sie könnten aber, so die Winzer, noch mehr Furore machen als die Weißweine. Es gibt noch keine Kellereien hier, und nur auf einer Hand voll von Etiketten befindet sich der Aufdruck Elim WO.

Schiefer Cabernet Sauvignon, Merlot, Petit Verdot Sauvignon Blanc, Sémillon rot, weiß

Weinberge von Hamilton Russel in Walker Bay, Distrikt Overberg

DIE SPITZENERZEUGER DER SÜDKÜSTE U. DES BINNENLANDES

Axe Hill
Region Klein Karoo

PO Box 43942, Scarborough
021 780 1051 n. V.

DER JUNGFERNJAHRGANG dieser Kellerei erschien 1997. Tony Mossop und seine Frau Lyn zertraten die Trauben von Touriga Nacional und Tinta Barroca mit den Füßen, um daraus ihren Cape Vintage »Port« zu bereiten. Die höheren Lagen ihres Weinbergs im ansonsten heißen und trockenen Distrikt Calitzdorp sind etwas kühler und gut für später reifende Sorten. Ihre Portweine ähneln denen aus der Alten Welt, müssen ihre Alterungsfähigkeit aber noch beweisen.

aufgespritet 2001, 2000, 1999, 1998, 1997 ★ Cape Vintage

De Krans Wine Cellar
Region Klein Karoo

PO Box 28, nr Calitzdorp
044 213 3314

DAS FLAGGSCHIFF Vintage Reserve von Boets und Stroebel Nel erscheint seit 1990 und enthält vier portugiesische Sorten. Mit dem hohen Alkohol- und niedrigen Zuckergehalt erinnert er an die europäischen Originale. Daneben umfasst die Palette weißen Port sowie Ruby, Tawny und Vintage-Variationen. De Krans erzeugt aber auch trockene Weine von Touriga Nacional und Tinta Roriz – Letzteren unter der spanischen Bezeichnung Tempranillo. Der White Muscadel Jerepigo wird dem Ruf der Region Klein Karoo gerecht, verleiht ihm aber mit dem etwas niedrigeren Alkohol- und Zuckergehalt einen modernen Touch.

rot, weiß, rosé, Schaumwein, aufgespriteter Wein 1999, 1997, 1995 ★ Vintage Reserve Port

Graham Beck Wines
Region Breede River Valley

PO Box 724, Robertson 023 626 1214 www.grahambeckwines.co.za

1981 SPÜLTE EIN VERHEERENDES Hochwasser den Oberboden dieser Farm weg. Dennoch kaufte Graham Beck das Land und errichtete darauf ein Weingut. Heute ist der Chef-Weinmacher Peter Ferreira führend in der Erzeugung von Cap-Classique-Schaumweinen. Zudem hat er bewiesen, dass Robertson, lange Zeit nur eine Weißweinregion, ebenso charmante Rotweine hervorbringen kann; besonders Shiraz gedeiht hier prächtig. Weitere gute Tropfen sind Pinotage und Cabernet Sauvignon, die Charles Hopkins in der Beck Wines gehörenden Kellerei Franschhoek erzeugt.

rot, weiß, aufgespriteter Wein, Schaumwein 2002 (w), 2001, 2000 (r), 1999 (r), 1998 (r) ★ The Ridge Shiraz, Blanc de Blancs Cap Classique, Pinotage

Abrie Bruwer, Weinmacher auf Springfield Estate

Springfield Estate
Region Breede River Valley

PO Box 7700, Robertson 023 626 3661 www.springfieldestate.com

DER WEINMACHER Abrie Bruwer ist geradezu versessen auf die gebietstypischen Eigenarten seiner Weine. Dabei legt er so viel Zurückhaltung an den Tag, dass es so mancher nicht in die Flasche schafft. Méthode Ancienne Chardonnay zum Beispiel wird 55 Tage auf Naturhefe vergoren, lagert danach ein Jahr ungeschwefelt in Eiche und wird ohne Nachbehandlung abgefüllt. Bislang waren nur zwei von fünf Weinen erfolgreich. Aber wenn seine Methode funktioniert, kann sich das Ergebnis in der Tat sehen lassen. Seit kurzem

DER ERFOLG VON KAP-»PORT«

Die »Port«-Stile am Kap waren üblicherweise süß und wurden von Tinta Barroca, Cinsaut und sogar Cabernet Sauvignon bereitet. Seit Gründung der South African Port Producers Association (SAPPA) im Jahr 1993 jedoch setzten sich trockenere Stile durch, ein höherer Alkoholgehalt und ein Mix der besten Sorten, darunter der König der Porttrauben, Touriga Nacional. Da die Bezeichnung Port nach europäischem Recht seit 2002 geschützt ist, ist man bemüht, den südafrikanischen Weinen dieser Art eine eigene Identität zu geben. Man verwendet heute Etikettierungen wie Cape Vintage, Cape Late Bottled Vintage, Cape Ruby, Cape Tawny und Cape Vintage Reserve. Die Hochburg für südafrikanischen »Port« ist Calitzdorf in der Region Klein Karoo, aber auch aus Paarl und Stellenbosch kommen hervorragende Ports. Zu den besten Erzeugern gehören **Axe Hill**, **De Krans** und **J P Bredell** *(021 842 2478)*. Kap-»Port« hat zwar einen ähnlichen Zucker- und Alkoholgehalt wie sein Verwandter aus Portugal, ist aber meist fruchtiger.

bereichert sein erster, auf derart riskante Weise zubereiteter Cabernet Sauvignon das Sortiment. Und wer glaubt, jeder Sauvignon Blanc wäre gleich, der probiere neben Bruwers Special Cuvée den Wein Life From Stone, der auf Feuerstein-Böden wächst.

rot, weiß 2002 (w), 2001 (w), 2000 (r), 1999, 1998 (r), 1997 (w) ★ Méthode Ancienne: Chardonnay, Cabernet Sauvignon

Bouchard Finlayson in Walker Bay im Distrikt Overberg

Bouchard Finlayson
Distrikt Overberg

PO Box 303, Hermanus
028 312 3515
www.bouchardfinlayson.co.za

PETER FINLAYSON gilt zu Recht als Pionier für Pinot Noir im Hemel-en-Aarde Valley. Er arbeitete zwölf Jahre lang mit der Sorte bei Hamilton Russell, ehe er mit Paul Bouchard diese Kellerei gründete. Hier ist Pinot Noir sein Schwerpunkt. Auch etwas Chardonnay baut er an, kauft aber zusätzliche Trauben für diesen Wein im benachbarten Villiersdorp. Bei allem Hang zum Klassischen kommt Finlaysons Experimentierfreude nicht zu kurz. Sein Hannibal genannter Wein, ein ungewöhnlicher, aber hervorragender Verschnitt aus Sangiovese, Nebbiolo und Pinot Noir, entspringt seiner Vorliebe für italienische Sorten.

rot, weiß 2001, 2000, 1999, 1998, 1997 ★ Tête de Cuvée Pinot Noir, Galpin Peak Pinot Noir

Hamilton Russell Vineyards
Distrikt Overberg

PO Box 158, Hermanus
028 312 3595

TIM HAMILTON RUSSEL, der Gründer dieser Farm, suchte lange nach einer kühleren Region für seine Lieblingssorten Pinot Noir und Chardonnay. In Hermanus fand er das Beste, was Südafrika in dieser Hinsicht zu bieten hatte, und machte lange Zeit außergewöhnliche Weine aus eben diesen Sorten. Auf diesen Erfolg haben sein Sohn und der Weinmacher Kevin Grant aufgebaut. Sie erzeugen auf umweltschonende Weise gute Trauben und dank regelmäßiger Auslandsreisen sind sie über neue Trends bei den Weintypen auf dem Laufenden. Das Ergebnis ist nicht zuletzt ein Wein mit Sinn für Herkunft und Qualität.

rot, weiß 2001, 2000, 1999, 1998 ★ Pinot Noir, Chardonnay

Newton Johnson
Distrikt Oberberg

PO Box 225, Hermanus
028 312 3862

DIE BRÜDER GORDON (Weinmacher) und Bevan Johnson (Marketingmanager) sind jederzeit offen für Neues. Hier im Hemel-en-Aarde Valley gehören sie natürlich zur Pinot-Noir-Truppe, bereiten aber auch individuelle Weine von Sauvignon Blanc. Ihr Pinotage sprüht vor Finesse, und ihr Rosé erscheint subtil raffiniert, da sie dafür Pinot-Noir-Trauben aus dem kühleren Elgin aufkaufen. Cabernet Sauvignon aus der Region Bot River verschnitten mit Shiraz aus Durbanville ergibt einen hervorragend zum Essen geeigneten Wein, der dieses außergewöhnliche Sortiment abrundet.

rot, weiß, rosé 2002 (w), 2001, 2000 ★ Pinotage, Chardonnay, Sauvignon Blanc

Paul Cluver
Distrikt Overberg

PO Box 48, Grabouw 021 844 0605 www.cluver.co.za

Paul Cluver

DAS HOCH GELEGENE ELGIN ist primär Apfelanbaugebiet, aber aufgrund schlechter Ernten haben manche Farmer in letzter Zeit einige Parzellen für Reben eingeplant. Die Cluvers waren mit die Ersten; und nachdem sich diese kühleren Lagen bewährt haben, testet man nun auch andere Gebiete der Farm für den Weinbau. Bewölkung im Sommer führt zu längeren Reifeperioden, weshalb die Aromen hier intensiver sind. Chardonnay, Riesling und Sauvignon Blanc sind Paul Cluvers Trumpf bei den weißen Sorten. Von den roten ist Pinot Noir sehr vielversprechend, aber auch Cabernet Sauvignon, der sonst eigentlich mehr Wärme braucht.

rot, weiß, Dessertwein 2002 (w), 2001, 2000, 1999 (r) ★ Pinot Noir, Chardonnay, Riesling

WEINKARTE KAPHALBINSEL UND ANGRENZENDE GEBIETE

HIER IM ÄUSSERSTEN SÜDEN, dem Zentrum der südafrikanischen Weinindustrie, erzeugt man ausschließlich Qualitätsweine. Tonangebend ist Stellenbosch mit seinen unterschiedlichen Terroirs, obschon auch Paarl mittlerweile mächtig im Kommen ist. Beides sind überwiegend Rotwein-Distrikte. Seit den 1980er-Jahren befindet sich Constantia wieder im Aufwind, nicht nur mit seinem Vin de Constance, sondern auch mit Sauvignon Blanc und Merlot. Diese Sorten machen auch in Tygerberg von sich reden. Für das Cape Point, das erst Mitte der 1990er-Jahre erschlossen wurde, zeichnen sich erste Erfolge ab. In naher Zukunft werden diese Regionen wohl weiterhin die Liga südafrikanischer Qualitätsweine anführen.

LEGENDE

Kaphalbinsel und angrenzende Gebiete

Weinberge im Distrikt Cape Point

VIN DE CONSTANCE

Simon van der Stel, von 1679 bis 1699 Gouverneur am Kap, bekam 1685 von der Niederländisch-Ostindischen Kompanie eine Farm zugesprochen, die er Constantia nannte. Neben anderen Trauben pflanzte er Muscat de Frontignan, aus der er bald die ersten Süßweine herstellte. Weltruhm erlangte dieser Dessertwein aber erst Ende des 18. Jh., nachdem die Familie Cloete die Farm übernommen hatte. Der honigartige Tropfen, den man schlicht Constantia nannte, war in europäischen Königshäusern geschätzt.

Der Wein verschwand von der Bildfläche, als das Gut 1885 verstaatlicht und als Forschungsfarm genutzt wurde. Fast 100 Jahre sollten vergehen, ehe die Familie Jooste 1980 einen Teil der ursprünglichen Farm in der Absicht kaufte, den Wein neu zu beleben. Heutiger Vin de Constance wird von Muscat de Frontignan nach strengen Regeln – niedrige Erträge, sehr reife Trauben, langsame Gärung, Ausbau in Eichenfässern – bereitet und in einer Nachbildung der Originalflasche aus dem 19. Jh. *(rechts)* vermarktet. Damit ist dieser moderne Klassiker vom Kap wieder weltweit ein Begriff.

Weinbergarbeiterin im Distrikt Paarl

DAS TERROIR AUF EINEN BLICK

Breite: 33–34,5 °S

Höhe: 0–550 m über NN

Topografie: Überwiegend von Bergen geprägt – die Rebflächen liegen an Hängen und in üppig grünen Talböden.

Boden: Überaus unterschiedlich, mit mehr als 50 Bodentypen allein in der Region Stellenbosch, gemeinhin aber sehr sauer und lehmhaltig.

Klima: Mediterran, mit langen, heißen Sommern und kalten Wintern. Schnee auf höheren Bergen.

Temperatur: Das Januarmittel liegt bei 23° C.

Niederschlag: Das Jahresmittel reicht von 735 mm in Stellenbosch bis zu 1070 mm in Constantia. Künstliche Bewässerung ist in vielen Fällen notwendig.

Wind: Im Sommer bringen Südostwinde, Cape Doctor genannt, Kühlung und beugen Krankheiten vor.

Gefahren für den Weinbau: Nässe, Hitzestress, Stürme

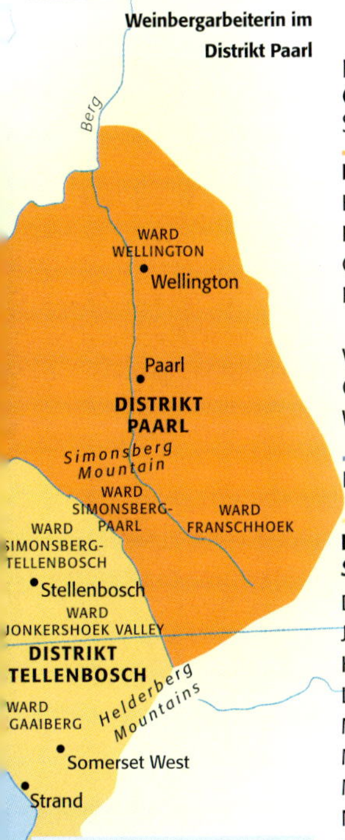

KAPHALBINSEL: GEBIETE UND SPITZENERZEUGER

DISTRIKT PAARL *S. 458*

Boekenhoutskloof *S. 464*
Fairview *S. 464*
Glen Carlou *S. 464*
Rupert & Rothschild Vignerons *S. 464*
Veenwouden Private Cellar *S. 465*
Welgemeend Estate *S. 465*

DISTRIKT TYGERBERG *S. 459*

DISTRIKT STELLENBOSCH *S. 460*

De Trafford Wines *S. 465*
Jordan Wines *S. 465*
Kanonkop *S. 466*
Le Riche Wines *S. 466*
Meerlust Estate *S. 466*
Morgenster Estate *S. 466*
Mulderbosch Vineyards *S. 466*
Neil Ellis Wines *S. 467*
Rustenberg Wines *S. 467*
Rust en Vrede Estate *S. 467*
Saxenburg *S. 467*
Thelema Mountain Vineyards *S. 467*
Vergelegen *S. 469*
Villiera Wines *S. 468*

WARD CONSTANTIA *S. 461*

Klein Constantia Estate *S. 468*
Steenberg Vineyards *S. 468*

DISTRIKT CAPE POINT *S. 461*

Cape Point Vineyards *S. 468*

Etikett Rupert & Rothschild Vignerons, Distrikt Paarl

SPITZENWEINE: KAPHALBINSEL

R Boekenhoutskloof Syrah €€€

W Cape Point Vineyards Sémillon €

W De Trafford Wines Chenin Blanc €€

R Fairview Primo Pinotage €€

W Jordan Wines Chardonnay €€

A J P Bredell Wines Cape Vintage Reserve Port €€€ (021 842 2478)

D Klein Constantia Estate Vin de Constance €€€

R Neil Ellis Wines Cabernet Sauvignon €€

R Rust en Vrede Estate Blend €

W Steenberg Vineyards Sauvignon Blanc Reserve €€

R Thelema Mountain Vineyards Cabernet Sauvignon €€

R Vergelegen Flagship Red Blend €€€

Weinberge von Jordan Wines, Distrikt Stellenbosch

Welgemeend Estate im Binnen-Distrikt Paarl

DIE WEINBAUGEBIETE DER KAPHALBINSEL UND ANGRENZENDER GEBIETE

IN DIESER REGION liegen einige der ältesten Weinfarmen am Kap, und nirgendwo sonst in Südafrika gibt es so viele Kellereien. Unter diesen überwiegend kleinen und familieneigenen Betrieben finden sich mit die größten Namen und die besten Weine. Die Nähe von Kapstadt und die günstigen Auswirkungen des mediterranen Klimas in der Küstenregion sind zwei wichtige Gründe, warum diese bekannten Gebiete in puncto Qualität führend sind.

Distrikt Paarl

PAARL (DEUTSCH »PERLE«) befindet sich im Binnenland und das Klima ist relativ mild. Auf einer Rebfläche von 17 500 ha – nur der Distrikt Worcester ist größer – erzeugt man Qualität und Quantität. Von kleinen Privatkellereien und Handelshäusern bis zum Großunternehmen KWV ist alles vertreten, und viele dieser Betriebe sind auf dem neuesten Stand.

Dank der großen Vielfalt der Topografie, der Böden und des Mesoklimas erzeugt Paarl exzellente Weine der ganzen Bandbreite, von Schaumweinen im Stil Cap Classique bis zu »Ports«. Von den weißen Sorten sind Viognier, Sémillon und Chardonnay besonders erfolgreich, von den roten Shiraz, Mourvèdre, Cabernet Sauvignon und Merlot. Weniger konzentrierte Trauben von jüngeren Weingärten nutzt man meist für jung zu trinkende Alltagsweine, während die Weine von älteren Rebflächen lagerungsbedürftig sind. Gegenwärtig umfasst der Distrikt drei Wards, weitere sind aber bereits geplant.

Flussabwärts nördlich der Stadt Paarl liegt der **Ward Wellington**, der sich vom Hawekwaberg und den Groenberg Mountains bis über den Fluss Berg hinweg erstreckt. Wellington gilt traditionell als Zentrum für gute Weine im Sherrystil aus Chenin-Blanc-Trauben – der Hauptsorte hier –, hat aber unlängst auch eine Eignung für körperreiche Rotweine gezeigt. Diese präsentieren sich als sortenrein oder als Verschnitte von Shiraz, Cabernet Sauvignon, Merlot und Pinotage.

Alte Weinpresse auf Rädern

Die Weinberge in **Simonsberg-Paarl**, einem der jüngst ausgewiesenen Wards, erstrecken sich über die zu Paarl gehörigen Hänge des Simonsberg Mountain. Gut besonnte, sanfte Hänge – meist nordexponiert – und tiefe Böden sind ideal geeignet sowohl für Rot- wie für Weißweine, wobei die weißen Reben meist höher als die roten gepflanzt sind, um kühle Luft besser auszunutzen. Klassische Sorten und der lokale Pinotage dominieren, man experimentiert aber auch mit Sangiovese, Verdelho, Tannat, Tempranillo und Nebbiolo.

Der **Ward Franschhoek**, auf Afrikaans »französische Ecke«, ist eine der malerischsten Gegenden von Paarl. Er liegt im Südosten

Weingärten des Erzeugers Glen Carlou, Distrikt Paarl

des Distrikts in einem schmalen, von hohen Bergen umgebenen Tal. Hier entspringt der Fluss Berg, der durch die Distrikte Paarl und Swartland zum Atlantik fließt. Die Weinberge befinden sich auf den Schwemmlandböden der Flussufer und auf den meist besseren Hanglagen. Sémillon ist in Franschhoek seit jeher beheimatet – einige bis zu 100 Jahre alte Stöcke tragen noch immer Frucht. Rote Sorten wurden erst jüngst eingeführt, aber Cabernet Sauvignon, Merlot und Shiraz zeitigen bereits schöne Ergebnisse.

Paarl ist im Norden eher flach, ausgenommen Paarl Mountain und Perdeberg. Bei einem wesentlich trockeneren Klima als im übrigen Teil des Distrikts baut man überwiegend Rotweine an, darunter große und mächtige Rote von Pinotage und Shiraz.

rötlich-gelb am Fuß der Berge, raue Erde auf granithaltigem Lehm im freien Gelände, dunkle Schwemmlandböden an den Flussufern, Sand an den Berghängen *Cabernet Sauvignon, Shiraz, Pinotage, Cinsaut, Merlot* *Chenin Blanc, Sauvignon Blanc, Chardonnay, Colombard, Crouchen Blanc* *rot, weiß, Schaumwein, Dessertwein, aufgespriteter Wein*

Distrikt Tygerberg

TYGERBERG GRENZT AN DIE nördlichen Vororte von Kapstadt. Das weitere rapide Anwachsen der Metropole des Landes hätte den **Ward Durbanville**, wie auch Constantia, längst bedroht, wenn diese Gebiete für ihre Qualitätsweine nicht so berühmt wären. Durbanville liegt in einem beiderseits offenen Graben in den Tygerberg Hills, was bedeutet, dass kühle Winde vom Atlantik und in geringerem Umfang auch von der False Bay in den Sommermonaten wie eine Klimaanlage wirken. Diese Bedingungen sind ideal für die dort überwiegende weiße Sorte Sauvignon Blanc. Der bestimmenden roten Sorte, Cabernet Sauvignon, kommen die vielen Sonnenstunden an entsprechend ausgerichteten Hängen voll zugute, aber auch Merlot gedeiht hier viel besser als anderswo. Früher wurde der überwiegende Teil der Trauben aus Durbanville an Großhändler verkauft und ging in Verschnitten auf, während die wenigen kleinen Privatkellereien auf einem sehr niedrigen Niveau arbeiteten. Das hat sich mittlerweile geändert, und Weine aus Durbanville sind heute sehr gefragt.

Schiefer, roter Granit *Cabernet Sauvignon, Merlot, Shiraz, Pinotage* *Sauvignon Blanc, Chenin Blanc, Chardonnay* *rot, weiß, Schaumwein*

MÉTHODE CAP CLASSIQUE

Die Champagner-Kontrollorganisation CIVC verbot die Bezeichnung Champagner für Schaumweine vom Kap bereits lange vor einem entsprechenden Handelsabkommen mit der EU 2002. Aus dem Grund erfanden die Schaumweinproduzenten Südafrikas die Bezeichnung Méthode Cap Classique (MCC) für die traditionelle Art der Schaumweinbereitung. »Méthode« und »classique« lassen dabei an die klassische Champagnermethode denken, während »Cap« auf die Herkunftsregion verweist.

Gute MCC-Schaumweine werden in allen großen Weinregionen des Landes erzeugt. Viele enthalten Chardonnay und Pinot Noir, die klassischen Champagnertrauben. Daneben verwendet man Pinot Meunier und manchmal sogar einen Hauch Chenin Blanc oder Pinotage. Alle werden nach der Méthode champenoise bereitet, wenn auch die Weine reifere Fruchtaromen im Neue-Welt-Stil aufweisen. Die Bandbreite umfasst alle gängigen Champagnerstile, darunter auch rote Weine von Shiraz und Pinotage. Drei führende Erzeuger für Spitzenschaumweine im Stil Cap Classique sind **J C Le Roux** (www.jcleroux.co.za), **Villiera Wines** und **Graham Beck Wines**.

Distrikt Stellenbosch

DAS HERZSTÜCK der südafrikanischen Weinindustrie, Stellenbosch, verfügt über mehr Privatkellereien als jede andere Kapregion. Der Distrikt ist darüber hinaus das Zentrum für Ausbildung und Forschung im Weinbau. Auch der landesweit größte Erzeuger für Weine und Spirituosen, Distell, hat dort seinen Sitz. Qualität war für diese Region immer der oberste Grundsatz.

Der Distrikt Stellenbosch folgt dicht hinter Worcester und Paarl, was die Gesamtrebfläche betrifft. Wie Paarl profitiert er von unterschiedlichen Hangausrichtungen, Mikroklimata, Höhenlagen und Bodentypen. Zudem hat Stellenbosch den zusätzlichen Vorteil der großen Nähe zur False Bay. Der so genannte Cape Doctor, der typische Kapwind, bringt Kühlung in die Weinberge und verhindert die Ausbreitung von Rebkrankheiten. Alle diese Bedingungen sind die Grundlage für die Erzeugung von Qualitätsweinen aller Typen. 2002 machten diese Weine 6,5 % der Gesamtmenge der Weine Südafrikas aus.

Viele Weingärten in dieser Region erstrecken sich zwar über die Hänge, aber die gewellten Tallagen sind am dichtesten mit Reben bestockt. Hohe Bodenpreise schrecken die Weinmacher nicht davon ab, innovativ und experimentell zu arbeiten – stets streben sie alle nach dem Ausdruck von Terroir in ihren Weinen. Spezielle Charaktereigenschaften dieser Weine, besonders der Roten, sind mancherorts bereits erkennbar.

Zu Stellenbosch gehören fünf Wards: Der nordwestlich der Stadt Stellenbosch gelegene **Ward Simonsberg-Stellenbosch** umfasst alle Südhänge des Simonsberg Mountain sowie einen Teil der tiefer gelegenen Gebiete im Umfeld dieser bis zu 1000 m hohen Gipfel. In den höchsten Lagen (bis zu 450 m), den kräftigen Südostwinden ausgesetzt, gedeihen weiße Sorten am besten. Die Lagen am Fuß der Berge sind dagegen weitaus geschützter, und die hier kultivierten roten Sorten ergeben volle Weine.

Die warmen, nach Norden und Westen ausgerichteten Hänge im **Bottelary Ward** sind für Shiraz gut geeignet. Der **Devon Valley Ward** – zugänglich nur über eine einzige schmale gewundene Straße – hat eine hufeisenförmige Anbaufläche: Die Südseite ist eher für Chardonnay geeignet, die übrigen Hänge eher für Rotweine, insbesondere Cabernet Sauvignon. An Devon Valley angrenzend liegt der **Papegaaiberg** (Papageienberg). Diese Region steht für einen Mix aus roten und weißen Sorten,

BIOWEINE

Wegen der politischen Isolierung in der Zeit der Apartheid hatten südafrikanische Winzer keinen Zugang zu ökologischem Denken. Heute haben sie den Trend längst aufgegriffen und einige betreiben sogar biologischen Landbau *(s. S. 105)*. Die Sommer am Kap sind ohnehin überwiegend heiß und trocken, was die Vermeidung von Pestiziden begünstigt – in guten Jahren erbringen manche Lagen erstklassige Bioweine. Allerdings werden bis heute nur einige Hundert Hektar organisch bewirtschaftet, nur wenige davon streng biologisch. Folgende Bioweinerzeuger gibt es zurzeit: ***African Terroir (www.africanterroir.co.za), Bon Cap (www.boncaporganic.co.za), Fairview, Laibach (www.laibach.co.za), Rozendal (www.rozendal.co.za), Stellar Organics (www.stellarorganics.com)***

Das Weingut Steenberg im Ward Constantia

Panoramablick vom Estate Jordan Wines im Distrikt Stellenbosch

da es hier aber weniger Erzeuger gibt, sticht auch keine Sorte heraus. **Jonkershoek Valley Ward** wird von den Jonkershoek und den Stellenbosch Mountains überragt. Das Gelände ist insgesamt unwirtlich und wegen der geringen Sonnenscheindauer nur an Süd- und Westhängen und am Taleingang mit Reben zu bepflanzen. Wie schon in Papegaaiberg findet sich hier eine Mischung aus roten und weißen Sorten, von denen aber Cabernet Sauvignon die feinsten Weine erbringt. Angesichts der jährlich steigenden Zahl von Kellereien in Stellenbosch werden wohl weitere Wards ausgewiesen werden, sobald bestimmte Erzeuger sich von der Masse abzuheben beginnen.

Helderberg ist noch kein eigenständiges Wine-of-Origin-Gebiet, aber die hier kultivierten Rotweine sind dank der kühlenden Winde von der False Bay meist fein und elegant. Besonders gut macht sich Cabernet Franc.

rötlich-gelb, Granit, raue Erde auf granithaltigem Lehm, Schiefer *Cabernet Sauvignon, Merlot, Shiraz, Pinotage, Cabernet Franc* *Chenin Blanc, Sauvignon Blanc, Chardonnay, Crouchen Blanc, Sémillon* *rot, weiß, Schaumwein, Dessertwein, aufgespriteter Wein*

Ward Constantia

DIESER EHER KLEINE und vor allem für seine Süßweintradition berühmte Ward ist auch ein gehobener Wohnvorort. Die Weinbaumöglichkeiten werden begrenzt durch die Stadtentwicklung und durch die Präsenz zweier Berge der Gebirgskette der Kaphalbinsel: des Constantiabergs und des Vlakkenbergs, über deren Hänge sich die Rebflächen erstrecken. Wenige unabhängige Erzeuger von Qualitätswein geben den Ton an. Den vor allem südostexponierten Weinbergen kommen kühlende Meereswinde von der False Bay zugute. Trotz dieser Winde kommt es aufgrund dichter Bewölkung und Nachttau häufig zu Grauschimmelbildung, der man mit großem weinbautechnischem Aufwand vorbeugt. Der Ward ist vor allem für Sauvignon Blanc bekannt, der häufigsten Sorte, aber in den tieferen, wärmeren Lagen kultiviert man auch rote Sorten.

rotbrauner Sandstein auf Granit *Cabernet Sauvignon, Merlot, Shiraz, Cabernet Franc* *Sauvignon Blanc, Chardonnay, Riesling, Sémillon* *rot, weiß, Schaumwein, Dessertwein*

Distrikt Cape Point

CAPE POINT REPRÄSENTIERT in jeder Hinsicht die Wende im südafrikanischen Weinbau. Die Weinberge, die alle Cape Point Vineyards gehören, wurden auf der dem Atlantik zugewandten Seite der Kapberge neu angelegt. Terroir ist hier das A und O. Um Noordhoek herum überwiegen Sauvignon Blanc, Sémillon, Chardonnay und Pinot Noir, während in den Redhill-Lagen weiter südlich auf dem Gebiet einer aufgelassenen Kiesgrube Cabernet Sauvignon und Shiraz gedeihen. Rotweine von hier sind noch nicht auf dem Markt, aber die Bedeutung dieser aufstrebenden Region ist unumstritten, und die ersten Sauvignon-Blanc-Jahrgänge wurden bereits ausgezeichnet.

Sandstein auf Granit *Cabernet Sauvignon, Shiraz, Pinot Noir* *Sauvignon Blanc, Chardonnay, Sémillon* *rot, weiß*

WEINREISE DURCH STELLENBOSCH

Vergelegen

STELLENBOSCH, 1679 gegründet, ist heute eine lebendige Universitätsstadt und das Zentrum der im In- und Ausland anerkanntermaßen berühmtesten Weinregion Südafrikas. Zurzeit gibt es rund 100 Kellereien, die für Besucher geöffnet und zudem alle von der Stadt aus leicht zu erreichen sind. Eine Rundfahrt durch diese Gegend vermittelt den wohl besten Eindruck des so vielfältigen Weinlands Südafrika.

① **Vergelegen** △
Auf diesem Weingut gibt es ein wunderschönes Herrenhaus, weitläufige Gärten und ein Informationszentrum über die lange Geschichte der Farm. Von hier stammen einige der besten Weine Südafrikas *(s. S. 469)*.
☎ 021 847 1334 🅆 www.vergelegen.co.za

② **Morgenster Estate** △
Dieses Gut, das dem Italiener Giulio Bertrand gehört, ist für seine klassischen Rotweine im Bordeaux-Stil ebenso bekannt wie für seine Olivenöle. Der moderne Keller bietet einen spektakulären Blick auf den Helderberg Mountain *(s. S. 466)*.
☎ 021 852 1738 🅆 www.morgenster.co.za

③ **Spier**
Spier wurde 1767 gegründet und gehört zu den ältesten Weingärten in Stellenbosch. Zu besichtigen sind die Gebäude im kapholländischen Stil, der Garten, der gut geführte Weinladen, Restaurants und die Kellerei, die sortenreine Weine modernen Stils erzeugt.
☎ 021 809 1100 🅆 www.spier.co.za

④ **Stellenbosch** ▽
Die Dorp Street ist bekannt für ihre altholländischen Siedlerhäuschen, für Weinläden und Ausschänke, darunter das Stellenbosch Wine Export Centre, sowie für einen alten Gemischtwarenladen, Uncle Samie's *(s. unten)*. Alte Gerätschaften zur Weinherstellung gibt es im Stellenryck Wine Museum zu sehen.
☎ 021 883 3584 (Tourist Information)

WEINFESTIVALS

Das erste Festival in Stellenbosch fand 1976 statt. Heute hält man alljährlich im August eine wesentlich größere Veranstaltung dieser Art ab. Im Mittelpunkt stehen Restaurants und Feinkostläden sowie Gastronomie- und Weinspezialisten und natürlich die Weine aus Stellenbosch. Auch kleinere Städte bieten ihren Weinen und örtlichen Spezialitäten auf diese Weise ein Forum.
🅆 *www.stellenbosch.org.za*

⑤ **Neil Ellis Wines**
Eine gewundene Landstraße führt zu dieser Kellerei im toskanischen Stil. Der Fluss mit Wehr vor dem Haus, ein farbenprächtiger Garten und eine imposante Bergkulisse bilden die ideale Umgebung für den Genuss edler Weine *(s. S. 467)*.
☎ 021 887 0649 🅆 www.neilellis.com

⑥ Thelema Mountain Vineyards ▷

Hier können Sie einige der gefragtesten Weine Südafrikas verkosten und dabei den Anblick der Groot Drakenstein Mountains genießen *(s. S. 467)*.

☎ 021 885 1924

W www.thelema.co.za

Tipps für Besucher

Route: 200 km in der Umgebung von Stellenbosch

Dauer: ein ganzer Tag

Kellereien: Die meisten Kellereien sind an den Wochentagen und Samstagvormittagen geöffnet, im Sommer auch an Sonntagen. Stellen Sie sich auf einen Unkostenbeitrag für die Verkostung ein.

Restaurant-Empfehlungen: Spier und Tokara sind sehr zu empfehlen.

Kontaktadresse: Stellenbosch Wine Route W www.wineroute.co.za

LEGENDE

Routenverlauf

⑦ Tokara

Moderne Architektur und eine beeindruckende Naturkulisse bilden eine Einheit bei dieser neu gebauten Kellerei. Noch lohnenswerter wird der Besuch durch Kunstausstellungen, Olivenöl aus eigenem Anbau und ein Restaurant mit gutem Ruf – und natürlich durch die Weine.

☎ 021 808 5959 W www.tokararestaurant.co.za

⑧ Rustenberg Wines △

Dieses Anwesen aus dem Jahr 1692, das von vielen Bauten im kapholländischen Stil umgeben ist, hat seinen eigenen Charme, und der Keller ist übervoll mit exzellenten modernen Weinen *(s. S. 467)*.

☎ 021 809 1200 W www.rustenberg.com

⑨ Kanonkop ◁

Eigentümer dieser Farm sind die Brüder Krige (Johan, *s. links*) – Enkel von Paul Sauer, einem einstigen Regierungsmitglied. Den Verkostungsraum haben sie mit Familiensouveniers ausgestattet. Passend dazu heißt auch der beste Rotwein des Hauses, ein Verschnitt im Bordeaux-Stil, Paul Sauer *(s. S. 466)*.

☎ 021 884 4656 W www.kanonkop.co.za

SPITZENERZEUGER DER KAPHALBINSEL UND ANGRENZENDER GEBIETE

Boekenhoutskloof
Distrikt Paarl

PO Box 433, Franschhoek Valley
021 876 3320 n. V.

Die grosse Liebe des Winzers Marc Kent gilt Shiraz. Solange das Rebfeld in Franschhoek noch keine Früchte trägt, bereitet er seinen Shiraz von Trauben aus Wellington. Der Wein ist trotz seiner Würzigkeit delikat und ohne Eiche.

Neue Eiche verwendet er für den Sémillon von 100 Jahre alten Rebbeständen in Franschhoek. Der Dritte im Bund ist ein Cabernet Sauvignon, dessen Duft nach französischer Eiche die lebendigen Aromen süßer Früchte abrundet.

rot, weiß 2001 (w), 2000, 1999, 1998, 1997 (r) ★ Shiraz, Cabernet Sauvignon, Sémillon

Fairview
Distrikt Paarl

PO Box 583, Suider-Paarl 021 863 2450 www.fairview.co.za

Die Rhône ist hier das Maß aller Dinge. Das Sortiment Goats do Roam zielt auf die Hedonisten unter den Weintrinkern, während ein raffiniert-würziger Shiraz das Flaggschiff des Hauses ist. Das von Charles Back geführte Weingut war das erste in Südafrika, das sich an Viognier versuchte, der hier weich texturiert ist. Das Team um Back erzeugt auch einen opulenten Sémillon, einen Pinotage mit Tanninen wie Satin und einen sehr eleganten Chardonnay. Nächstes Ziel sind Sauvignon Blanc und Rote im Bordeaux-Stil von neuen, kühleren Lagen in Darling und Stellenbosch. Mit Goat d'Afrique erfolgte ein erster Schritt auf den Markt für Bioweine.

rot, weiß, rosé 2002, 2001, 2000, 1999, 1998 ★ Fairview: Viognier, Sémillon, Shiraz

CHARLES BACK

Charles Back ist ein Geschäftsmann, dem seine Arbeit über alles geht. Nach seiner Ausbildung am Elsenburg Agricultural College ging er 1978 zurück auf die Familienfarm Fairview, die damals sein Vater leitete und deren Chef er heute ist. In den 1990er-Jahren rodete Back alle Rebstöcke, die nicht zu Fairview passten, und pflanzte stattdessen andere Trauben – überwiegend solche von der Rhône. Dieser mutige Schritt lohnte sich, wie sein seidig texturierter Viognier und seine gut trinkbaren Weine des Sortiments Goats do Roam (ein Wortspiel auf Côte du Rhône) beweisen. Nach diesem Vorstoß ins untere Preissegment arbeitet Back nun an einem, so hofft er, Icon-Wein. Er nennt sich Malabar, kommt von seinem Weingut Spice Route in Swartland und ist ein voller, eleganter Verschnitt aus Shiraz, Merlot und Grenache.

Glen Carlou
Distrikt Paarl

PO Box 23, Klapmuts 021 875 5528 www.glencarlou.co.za

Seit 1988 hat Walter Finlayson, mit zunehmender Unterstützung von seinem Sohn David, seinen Chardonnay zu einem alterungswürdigen Wein mit interessanten, frischen Aromen weiterentwickelt. Der Junior ist zudem Spezialist für Bordeauxsorten. Sein Grand Classique genannter Cabernet-Sauvigon-Verschnitt hat Klasse. Er experimentiert auch mit Pinot Noir, Zinfandel und Shiraz. Weitere sollen folgen. Die Farm wurde unlängst von Hess Holdings aufgekauft, was aber an der Weinbereitung nichts ändert.

rot, weiß 2002, 2001, 2000, 1999, 1998 ★ Chardonnay, Grand Classique

Rupert & Rothschild Vignerons
Distrikt Paarl

PO Box 412, Franschhoek Valley 021 874 1648 www.rupert-rothschildvignerons.com n. V.

Die 1690 gegründete Farm vereint heute zwei Weindynastien – eine südafrikanische und eine französische. Als Tribut an diese großen Namen atmen die umweltfreundlich erzeugten Weine einen Hauch von Größe.

Der reinsortige Chardonnay Baroness Nadine ist opulent und doch elegant und trocken. Auch zwei auf Cabernet Sauvignon basierende Verschnitte erzeugt die Farm: Baron Edmund und Classique. Ersterer reift mehr als zwei Jahre in neuer Eiche, während Letzterer leichter texturiert und zugängiger ist und auch weniger Eiche abbekommt.

rot, weiß 2001, 2000, 1999 ★ Baron Edmund, Classique, Baroness Nadine Chardonnay

Rupert & Rothschild Vignerons

Veenwouden Private Cellar
Distrikt Paarl

PO Box 7086, Noorder-Paarl
021 872 6806 n. V.

VEENWOUDEN hat in weniger als einem Jahrzehnt Kultstatus erlangt: erstaunlich für einen Familienbetrieb, der ganz ohne praktische Erfahrung gegründet wurde. Ex-Golfprofi Marcel van der Walt verdankt seine Kenntnisse fast ausschließlich dem Jet-Set-Önologen Michel Rolland, der den 1994er bereitete.

Der Schwerpunkt liegt auf drei Weinen im Bordeaux-Stil. Dies sind zum einen ein opulenter Merlot sowie die Weine Classic, ein auf Cabernet Sauvignon basierender Verschnitt, und Vivat Bacchus, ein Verschnitt aus überwiegend Merlot und Malbec. Aufgrund strikter Ertragsbegrenzung sind alle drei so mächtig, dass sie zwei Jahre Ausbau im Eichenfass vertragen.

rot, weiß 2000 (r), 1999, 1998, 1997 ★ Classic, Merlot

Welgemeend Estate
Distrikt Paarl

PO Box 1408, Suider-Paarl
021 875 5210 m. V.

DIESER FAMILIENBETRIEB erzeugte 1979 den ersten Bordeauxverschnitt am Kap. Der damalige, mittlerweile verstorbene Weinmacher Billy Hofmeyr bevorzugte klassische Stile; heute hat Tochter Louise diese Zielsetzung übernommen. Das Sortiment umfasst eine Amadé genannte Kapversion eines Rhôneverschnitts aus Shiraz, Grenache und Pinotage. Die Weine sind bekannt für moderaten Alkoholgehalt, dezente Eichenoten und gute Lagerfähigkeit.

rot 2000, 1998, 1997, 1996, 1995, 1996 ★ Estate Reserve blend, Amadé

Künstleretikett von De Trafford Wines

De Trafford Wines
Distrikt Stellenbosch

PO Box 495, Stellenbosch 021 880 1611 www.detrafford.co.za n. V.

DER GROSSTEIL der Trauben für die zehn Weine dieses Sortiments stammt von hohen Lagen am Helderberg. Alle Weine sind hocharomatisch und doch elegant. Der Besitzer und Weinmacher David Trafford hat sich auf zwei Chenin-Blanc-Stile spezialisiert, einen trockenen, mit Naturhefen vergorenen Wein und einen üppig süßen *vin de paille*. Ebenso individuell sind De Traffords Rotweine, darunter ein großer, geschmeidiger Shiraz und ein majestätischer Cabernet Sauvignon. Die Etiketten malt Rita Trafford von Hand.

rot, weiß, Dessertwein 2002 (w), 2001, 2000, 1999, 1998 (r) ★ Chenin Blanc, Shiraz, Cabernet Sauvignon, Vin de Paille

Jordan Wines
Distrikt Stellenbosch

PO Box 12592, Die Boord 021 881 3441 www.jordanwines.com

TED JORDAN kaufte diese Farm 1982 und stimmte seine Auswahl der Sorten auf einen zukünftigen internationalen Markt ab. Ihm folgten Anfang der 1990er-Jahre sein Sohn Gary und dessen Frau Kathy nach, die beide als Weinmacher in Kalifornien ausgebildet wurden. Seit 1993 ist die Produktion kräftig angestiegen, was aber der hohen Qualität keinen Abbruch tut. Zu den Glanzpunkten des Sortiments gehören ein überaus beständiger Chardonnay, ein fassvergorener Sauvignon Blanc, ein modern-klassischer Cabernet Sauvignon und das Flaggschiff des Hauses, der Bordeauxverschnitt Cobblers Hill. Alle altern hervorragend.

rot, weiß 2001, 2000, 1999, 1998 ★ Chardonnay, Cabernet Sauvignon, Cobblers Hill

Endverpackung auf Welgemeend Estate

Kanonkop
Distrikt Stellenbosch

PO Box 19, Elsenburg 021 884 4656 www.kanonkop.co.za

DIESES TRADITIONSREICHE Familiengut, 1910 von Senator Sauer gegründet, ist heute im Besitz der Brüder Krige. Der Nationaltraube Pinotage hat einst der Weinmacher Beyers Truter einen neuen Touch verliehen, ansonsten arbeitet man im Keller traditionell. Der Saft wird in offenen Tanks vergoren. Die Aufmerksamkeit von Kritikern weltweit zog der Bordeauxverschnitt Paul Sauer auf sich. Dieser Wein von 30 Jahre alten Rebstöcken ist nach dem Großvater der Brüder Krige benannt.

rot 1999, 1998, 1997, 1996, 1995, 1994 ★ Paul Sauer, CWG (Cape Winemakers' Guild): Auction blend, Auction Pinotage

Le Riche Wines
Distrikt Stellenbosch

PO Box 6295, Stellenbosch 021 887 0789

ALS STRENG UND DOCH ELEGANT könnte man den stilistischen Ansatz beschreiben, den Etienne le Riche von seiner jahrelangen Erfahrung in Rustenberg mitgebracht hat. Seine Palette umfasst Cabernet Sauvignon und Merlot, die von Trauben aus verschiedenen Teilen Stellenboschs bereitet werden – manche der Weine sind zum baldigen Genuss bestimmt, andere zur längeren Reifung. Der Cabernet Reserve ist vollmundig, geschmeidig und mit bester französischer Eiche angereichert. Der einfache, etwas weichere Cabernet enthält einen Schuss Merlot und weniger neue Eiche.

red 2001, 2000, 1999, 1998 ★ Cabernet Reserve, Cabernet Sauvignon, Cabernet Sauvignon-Merlot

Unterstoßen des Tresterhuts auf Gut Kanonkop

Meerlust Estate
Distrikt Stellenbosch

PO Box 15, Faure 021 843 3587 www.meerlust.co.za n. V.

DIE FAMILIE MYBURGH lebt hier seit 1693 in der nun achten Generation. Der Weinmacher Giorgio Dalla Cia, seit 1978 Weinmacher auf diesem Gut, hat den Stab inzwischen an Chris Williams übergeben. Das Sortiment ist, basierend auf Bordeaux- und Burgundersorten, traditionell; die Weine kommen nach einem Ausbau in französischer Eiche älter als üblich in den Handel. Die Cabernet-Sauvigi-non-dominierte Cuvée im Bordeaux-Stil, Rubicon, war bei ihrem erstmaligen Erscheinen 1980 eine der ersten am Kap. Sohn George destilliert auch einen Grappa.

Meerlust Estate

rot, weiß 1999, 1998, 1997, 1996, 1995 ★ Rubicon, Merlot, Chardonnay

Morgenster Estate
Distrikt Stellenbosch

PO Box 1616, Somerset West 021 852 1738 www.morgenster.co.za m. V.

PERFEKTION KOMMT NICHT von ungefähr. Es dauerte zehn harte Jahre, ehe Giulio Bertrand, ein ehemaliger Textilfabrikant aus Italien, seinen ersten Premiumwein im Bordeaux-Stil herausbringen konnte. Die steinigen Weinberge an den Hängen des Schaapenbergs mussten komplett neu angelegt werden. Das Team von Weinmachern gehört zu den erfahrensten in ganz Südafrika; ihm gehört u. a. Pierre Lurton an, Manager von Château Cheval Blanc *(s. S. 80)* in Saint-Émilion. Morgenster, das Flaggschiff des Hauses, glatt, frisch und elegant, ist ein Verschnitt von Cabernet Sauvignon und Cabernet Franc. Daneben gibt es einen eleganten, Merlot-dominierten Roten: Lourens River Valley.

rot 2000, 1999, 1998
★ Morgenster, Lourens River Valley

Mulderbosch Vineyards
Distrikt Stellenbosch

PO Box 548, Stellenbosch 021 865 2488 www.mulderbosch.co.za n. V.

EIN BESUCH HIER lohnt wegen des unterhaltsamen Weinmachers Mike Dobrovic, der Landschaft und der Vogelwelt, aber natürlich auch wegen der Weine. Das Ansehen der Farm beruhte ursprünglich auf intensivem Sauvignon Blanc. Dann versuchte man sich bei Chenin Blanc, Chardonnay und einem reiferen Sauvignon Blanc, mehr und mehr mit Eiche, die aber nie die Hauptrolle spielte. Auch einen fassvergorenen Chardonany macht man hier, jedoch nur in Jahren mit ausreichender Mostkonzentration. Der einzige Rotwein ist ein Verschnitt von Cabernet Sauvignon, Cabernet Franc und Merlot.

rot, weiß 2001, 2000, 1999, 1998 ★ Sauvignon Blanc, fassvergorener Chardonnay

Neil Ellis Wines
Distrikt Stellenbosch

Oude Nektar Farm, Jonkershoek Valley ☎ *021 887 0649* *www.neilellis.com*

NEIL ELLIS BEGRÜNDETE vor fast 20 Jahren die Tradition der Handelskellereien *(s. S. 97)*. Ellis baut selbst Trauben an, kauft aber auch Material von anderen Gütern, etwa Sauvignon Blanc von Groenekloof am Atlantik, Chardonnay vom Gut Elgin und zusätzlich Chardonnay, Shiraz, Merlot und Cabernet Sauvignon von wärmeren Stellenbosch-Lagen in der Umgebung. Jeder seiner Weine trägt die Eigenarten seiner Herkunft und ist ein Musterbeispiel für modernes Raffinement bei großem Alterungspotenzial.

rot, weiß *2002 (w), 2001, 2000, 1999, 1998, 1997 (r)* ★ *Cabernet Sauvignon Reserve, Elgin Chardonnay, Groenekloof Sauvignon Blanc*

Rustenberg Wines
Distrikt Stellenbosch

Lelie Rd, Idas Valley ☎ *021 809 1200* *www.rustenberg.com*

SEIT 1941 IM BESITZ der Familie Barlow, erlebte Rustenberg Mitte der 1990er-Jahre eine komplette Umgestaltung. Die ehemalige Molkerei baute man zu einer neuen Kellerei um, und zur Qualitätssteigerung importierte man neues Rebmaterial. An den Weinen machen sich diese Investitionen bereits bemerkbar, nicht zuletzt dank des Einsatzes von Winzer Adi Badenhorst. Bester Wein des Hauses ist der majestätische Einzellagen-Cabernet-Sauvignon Peter Barlow. Und auch die Cuvée John X Merriman im Bordeaux-Stil ist lohnenswert.

rot, weiß *2002 (w), 2001, 2000 (w), 1999, 1998 (r), 1997 (r)* ★ *Peter Barlow, Rustenberg John X Merriman*

Kellerei des Guts Neil Ellis Wines

Rust en Vrede Estate
Distrikt Stellenbosch

PO Box 473, Stellenbosch ☎ *021 881 3881* *www.rustenvrede.com*

DAS ZIEL hier ist es, sich in naher Zukunft auf nur einen einzigen Rotwein – die Estate-Prestige-Cuvée – als jeweils besten Ausdruck eines Jahrgangs zu konzentrieren. Ehe sich dieser Traum erfüllt, müssen aber noch alte, virusbefallene Rebstöcke ausgetauscht werden. Bis dahin teilt sich diese schon jetzt preisgekrönte Estate-Cuvée den Platz mit anderen Weinen im Sortiment des Guts: einem köstlichen Cabernet Sauvignon, einem vollen Shiraz und einem fleischigen Merlot.

rot *1999, 1998, 1997, 1996* ★ *Estate-Cuvée*

Saxenburg
Distrikt Stellenbosch

Polkadraai Rd, Kuils River ☎ *021 903 6113* *www.saxenburg.co.za*

SHIRAZ IST WOHL die Lieblingssorte vieler Winzer am Kap, was auch auf Nico van der Merwe zutrifft, aber keiner hat so viel Erfahrung mit der Traube wie er. Sein erster Saxenburg-Jahrgang erschien 1991. Seit 1996 gönnt er sich den Luxus, zwei Versionen im Jahr zu kreieren: den feinen, dunkelbeerigen Wein Private Collection und den konzentrierten Saxenburg Shiraz Select. Eine weitere Version macht er auf der Domaine Capion im Languedoc.

rot, weiß, Dessertwein, Schaumwein *2002 (w), 2001 (w), 2000, 1999 (r), 1998 (r), 1997 (r), 1996 (r), 1995 (r)* ★ *Saxenburg Shiraz Select, Private Collection Shiraz, Private Collection Cabernet Sauvignon*

Thelema Mountain Vineyards
Distrikt Stellenbosch

PO Box 2234, Stellenbosch ☎ *021 885 1924* *www.thelema.co.za*

NAHEZU JEDES SORTIMENT dieses Guts seit 1988 war in weniger als zwei Monaten nach dem Erscheinen ausverkauft. Die Philosophie des Winzers Gyles Webb besteht darin, gute Trauben zu erzeugen und sie ohne viel Aufwand abzufüllen. Mit Unterstützung des US-Consultant Phil Freese produziert dieses in den Bergen gelegene Weingut mit den besten Cabernet Sauvignon, Chardonnay sowie Sauvignon Blanc am Kap. Die Palette umfasst auch einen trockeneren Riesling, der wunderbar altert.

rot, weiß, aufgespriteter Wein *2002 (w), 2001 (w), 2000 (r), 1999, 1998, 1997 (r), 1996 (r), 1995 (r), 1994 (r)* ★ *Cabernet Sauvignon, Chardonnay, Sauvignon Blanc, Riesling*

Vergelegen
Distrikt Stellenbosch

s. rechts

Villiera Wines
Distrikt Stellenbosch

PO Box 66, Koelenhof ☎ 021 865 2002 w www.villiera.com ○

DIE FAMILIE GRIER kann die Qualität eines Sortiments halten, das 26 Weine umfasst. Die Reben hier gedeihen prächtig ohne den Einsatz von Insektiziden oder Pestiziden; für unerwünschtes Getier sind Enten und Perlhühner zuständig. Die Weine entwickeln entsprechend viel Persönlichkeit, seien es Bubblies (Perlweine) oder der seidig-fruchtige Dessertwein Inspiration.

rot, weiß, Schaum- u. Dessertwein 2002 (w), 2001 (w), 2000, 1999 (r), 1998 (r) ★ Bush Vine Sauvignon Blanc, Monro Brut Première Cuvée

Klein Constantia Estate
Constantia Ward

PO Box 375, Constantia ☎ 021 794 5188 w www.kleinconstantia.com ○

1986 ERÖFFNETEN DIE HÄNGE von Klein Constantia einen völlig neuen Blick auf Sauvignon Blanc vom Kap. Wichtige Bestandteile dieses Erfolgs waren u. a. die ideale Lage und eine sorgfältige Pflege der Laubwand.

Auslieferung bei Villiera Wines

Ebenfalls entscheidend war, dass der damalige Winzer Ross Gower Erfahrung in Neuseeland sammeln konnte, einem Land, das geradezu ein Synonym für Sauvignon Blanc ist. Auch für ihren aprikosenduftigen Vin de Constance sind er und die Besitzer der Farm, die Familie Jooste, berühmt. Dieser nicht aufgespritete Muscat de Frontignan-Dessertwein ist eine Neuschöpfung des berühmten Constantia-Weins, auf dem der Ruf des Kaps ursprünglich gründete. Auch Riesling erbringt hier beständige, aber wenig beachtete Ergebnisse. Rote Sorten haben zu kämpfen in diesen kühleren Zonen, aber besseres Rebmaterial sorgt zunehmend für Abhilfe.

rot, weiß, Dessertwein 2002 (w), 2001 (w), 2000, 1999 (w), 1998, 1997 ★ Vin de Constance, Sauvignon Blanc, Riesling

Lese in den Steenberg Vineyards

Steenberg Vineyards
Constantia Ward

PO Box 224, Steenberg ☎ 021 713 2211 w www.steenberg-vineyards.co.za ○

SAUVIGNON BLANC HAT HIER etwas mehr Fülle als bei dieser Sorte sonst üblich. Der Grund dafür ist mehr Sonne. Die besten Jahrgänge dieses ohne Eiche ausgebauten Weins sind mehrere Jahre gut lagerfähig. Der fassvergorene Sémillon ist ebenfalls exzellent. Auf den wärmeren Hängen des Guts Steenberg gedeihen rote Sorten: überwiegend Merlot, aber versuchshalber auch etwas Nebbiolo. An das Gründungsjahr der Farm erinnert Steenberg 1682 Brut, ein jahrgangsloser Schaumwein von Chardonnay und Pinot Noir.

rot, weiß, Schaumwein 2002 (w), 2001, 2000, 1999, 1998 (r) ★ Sauvignon Blanc Reserve, Sémillon, Merlot

Cape Point Vineyards
Distrikt Kap Point

PO Box 100, Noordhoek ☎ 021 785 7660 w www.capepointvineyards.co.za ○ n. V.

DAS BESONDERE DIESES GUTS ist die abgeschiedene Lage seiner beiden Weinberge im Westen der Gebirgskette der Kaphalbinsel. Sauvignon Blanc von einem vier Jahre alten Rebbestand war der Wein des Jahres bei der South African National Wine Show 2000; es folgten weitere Preise. Dieser Wein, der ansonsten ganz ohne Holz auskommt, erhält seinen Pfiff durch einen Hauch fassvergorenen Sauvignon Blanc und Sémillon. Daneben umfasst das Sortiment mittlerweile auch einen duftig-grasigen Sémillon mit Eiche und einen vollen nussigen Chardonany.

rot, weiß 2002 (w), 2001, 2000 ★ Sauvignon Blanc

DER ERFOLG VON VERGELEGEN

VERGELEGEN, 1700 VON Willem van der Stel gegründet, gehört zu den prachtvollsten Weingütern am Kap. Als das Unternehmen Anglo American 1987 den Besitz erwarb, pflanzte man auf den jeweils am besten geeigneten Lagen Cabernet Sauvignon, Cabernet Franc, Merlot, Sauvillon Blanc, Sémillon sowie etwas Shiraz und Chardonnay. Die Weine von diesen Stöcken erlangten schnell internationales Ansehen. In der Kellerei arbeitet man allein nach dem Schwerkraftprinzip, ganz ohne Pumpen, und erreicht damit eine möglichst sanfte Behandlung der Weine von der Traubenanlieferungszone bis zum Fasskeller.

Am Anfang der Reihe vieler preisgekrönter Weine stand der mächtige, reine Sauvignon Blanc. Ihm folgte der wunderbar geschliffene Flaggschiff-Rotwein im Bordeaux-Stil und in jüngster Zeit ein neuer fassvergorener, weißer Bordeauxverschnitt (Sémillon, Sauvignon Blanc), der große Komplexität zu entwickeln verspricht. Dem seit 1987 dort tätigen Weinmacher Martin Meinert, einem Meister seines Faches, folgte 1998 André van Rensburg nach. Er träumt davon, nur mehr einen einzigen erstklassigen Weißwein und einen ebenso guten Rotwein zu machen.

Das Herrenhaus
Schon von seinen Vorbesitzern restauriert, fügt sich das im 18. Jh. erbaute Wohnhaus van der Stels harmonisch in das Gesamtensemble des beeindruckenden Anwesens ein. Im Wechselspiel mit der imposanten Landschaft der Umgebung entsteht so eine einmalige Sehenswürdigkeit.

Kontakt

Lourensford Rd, Somerset West
021 847 1334
www.vergelegen.co.za

Die Weine

rot, weiß 2002 (w), 2001, 2000, 1999, 1998 (r)
★ *Vergelegen Red (Verschnitt im Bordeaux-Stil), Vergelegen White (Verschnitt im Bordeaux-Stil), Sauvignon Blanc Reserve*

Die Kampferbäume
Van der Stel machte aus dem unkultivierten Stück Land, dem er den Namen Vergelegen gab, einen internationalen Garten Eden. Bäume mochte er besonders gerne, die von ihm angepflanzten chinesischen Kampferbäume stehen zum Teil noch heute. Als älteste Bäume in Südafrika wurden sie zum Nationaldenkmal erklärt.

Blick auf die auf einer Anhöhe gelegene Gutskellerei Vergelegen

USA

USA

DIE USA SIND MIT *sehr verschiedenen Anbauregionen gesegnet, vom sonnigen Kalifornien über das klimatisch an Burgund erinnernde Oregon bis zum frostigen Norden des Staates New York. Jede Region hat ihre eigenen Weintypen.*

HINTERGRUND

SPANISCHE MISSIONARE brachten im 18. Jh. die ersten Reben in die USA, um daraus Messwein zu keltern. Ernsthafte Bemühungen, die Qualität zu verbessern, setzten Mitte des 19. Jh. ein, als man hochwertige Setzlinge aus Europa importierte. Sie gediehen in Kalifornien und teils auch an der Ostküste. Bereits Ende des 19. Jh. wurden die Rotweine aus Napa Valley besonders geschätzt.

Arbeiter bei Robert Mondavi

Dann folgten zwei Katastrophen: die Reblausplage Ende des 19. Jh. *(s. S. 528–529)* und – nicht minder schwerwiegend – die Prohibition *(s. S. 474–475)*. Zwar umging man das Alkoholverbot großzügig, aber dennoch kam es in Kalifornien zur Vernachlässigung der Weingärten und zur Schließung von Kellereien. Als das Verbot 1933 aufgehoben wurde, lag die Weinindustrie danieder: In Kalifornien erzeugte man billige aufgespritete Weine; feine Rotweine gab es gerade mal eine Hand voll. Bundesstaaten im Osten wie New York brachten minderwertige Schaumweine in den Handel und süße Rotweine von schlechten Rebsorten.

Erst in den 1960er-Jahren machten sich neue Entwicklungen bemerkbar, die auf Leute wie André Tchelitscheff oder Robert Mondavi *(s. S. 476)* zurückgingen. Mondavi gründete 1966 erstmals seit der Prohibition eine neue Kellerei in Napa Valley. Weitere Neugründungen folgten, auch in anderen Regionen Kaliforniens wie etwa Sonoma oder Santa Cruz. Das Potenzial weiter südlich gelegener Regionen wie Monterey oder Santa Barbara County wurde erst in den 1970er-Jahren entdeckt, zur selben Zeit, als die Pinot Noirs *(s. S. 515)* aus Oregon zunehmend Anerkennung fanden. In den 1980er-Jahren erkannte man im Staat Washington das Potenzial dieser Gegend für Sorten aus Bordeaux und von der Rhône.

Weinberg und Schule in St Helena in Napa Valley

Auch von gelegentlichen Krisen wie einem Überangebot von Trauben und dem erneuten Auftreten der Reblaus in den 1980er-Jahren ließen sich die amerikanischen Winzer nicht verunsichern. In Kalifornien stiegen Qualität und Preise, und nun zeigte sich auch das Potenzial anderer Staaten wie Ohio, Michigan, New York und Virginia.

DIE WEINBRANCHE HEUTE

DIE USA sind der viertgrößte Weinerzeuger der Welt, 94 % des Gesamtausstoßes entfallen allein auf Kalifornien. Nach Italien und Frankreich sind die USA das Land mit dem höchsten

◁ **Herbstliche Weinberge und die Mayacamas Mountains in Napa Valley in Kalifornien**

ANBAUREGIONEN

Kalifornien beherrscht die Weinindustrie der USA, dabei spielt der Weinbau auch in fast allen anderen Bundesstaaten eine nicht unerhebliche Rolle. Am bedeutendsten sind in dieser Hinsicht Oregon im Nordwesten und der Staat New York im Osten. Viele Bundesstaaten leiden unter ihrem schlechten Ruf, doch die Weinqualität in Michigan, Ohio und Virginia verbessert sich stetig.

Weinkonsum der Welt. Jedoch 80 % der in Amerika getrunkenen Weine fließen durch die Kehlen von nur 8 % der Bevölkerung. Obwohl es rund 1500 Kellereien gibt, wird der Markt von einigen großen Erzeugern beherrscht: auf Ernest & Julio Gallo fallen allein 30 %, und auch Beringer Blass, Constellation Brands und Mondavi sind stark vertreten.

Die Anbaugebiete sind in mehr als 100 Zonen eingeteilt, so genannte American Viticultural Areas (AVAs). AVAs unterscheiden sich vom europäischen System kontrollierter Herkunftsgebiete insofern, als sie rein geografisch ausgerichtet sind und keine Qualitätsmerkmale beinhalten. Da es keine Regulierung wie in Europa gibt und die Weinindustrie allein nach Marktgesetzen produziert, gibt es des Öfteren Jahre mit Unter- oder Überproduktion. Letzteres war 2003 der Fall, was dazu führte, dass Zehntausende Hektar Weinland in Kalifornien gerodet wurden. Derart instabile Perioden sind aber meist nur von kurzer Dauer.

REBSORTEN UND WEINSTILE

DIE MIT ABSTAND wichtigste rote Sorte in Kalifornien ist Cabernet Sauvignon; sie macht dort ein Viertel aller roten Trauben aus. An zweiter Stelle waren mehrere Jahre lang Zinfandel und Merlot gleichauf. Erstere war vor 20 Jahren kurz vor dem Aussterben, kam dann aber als »Blush«-Wein *(s. S. 487)* zu neuen Ehren. Die Beliebtheit von Merlot erreichte Ende der 1990er-Jahre ihren Höhepunkt, aber hohe Erträge und mindere Qualität haben ihrem Ruf geschadet. Pinot Noir hat in den letzten zehn Jahren in kühlen Regionen wie Oregon enorm aufgeholt, während Syrah offenbar überall gedeiht.

Cabernet-Sauvignon-Traube

Kalifornische Rotweine sind meist wuchtig, fast vierschrötig, und immer ziemlich alkoholhaltig, was angesichts des milden Klimas nicht ungewöhnlich ist. Rotweine vom pazifischen Nordwesten und von Long Island im Staat New York sind oft weniger mächtig, haben dafür aber mehr Balance.

Von den weißen Sorten steht Chardonnay unangefochten an der Spitze. Offenbar sind Vollmundigkeit und Opulenz die Gewähr für Popularität. Andere weiße Sorten wie Viognier, Roussanne, Pinot Gris oder Riesling liefern einige exzellente Weine, im Vergleich jedoch mit Chardonnay in winzigen Mengen. Einzig Sauvignon Blanc kann Chardonnay, was die Quantität betrifft, das Wasser reichen.

PROHIBITION

WÄHREND DER PROHIBITION von 1920 bis 1933 waren in den USA Produktion und Verkauf von alkoholischen Getränken verboten. Hinter dem »noble experiment«, wie sie einmal genannt wurde, standen verschiedene gesellschaftliche Kräfte, für die US-Weinindustrie jedoch war sie eine Katastrophe. Auch über diese Zeit hinaus wirkte die Prohibition: So zeigt sich ihr Erbe noch heute in den komplexen Regelungen für den Verkauf von Alkohol.

Tablett aus der Zeit der Prohibition

Getarnter Korkenzieher

Kollaps

Mit dem 18. Zusatzartikel zur amerikanischen Verfassung trat die Prohibition in Kraft, was zum sofortigen Zusammenbruch der amerikanischen Weinindustrie führte. Es gab aber gesetzliche Schlupflöcher, die es wenigen gestatteten, reduziert weiterzuarbeiten. Einige überlebten mit dem legalen Verkauf von getrockneten »Traubenziegeln« für die Weinbereitung zu Hause. Andere produzierten Messwein und Wein für medizinische Zwecke.

GRASS-ROOTS PROTEST

Demonstration für die Prohibition in Washington, DC, 1913

Prohibitions-Plakat

Amerikas Vorstoß in den Westen und die rasche Industrialisierung erzeugten um die Zeit der Wende zum 20. Jh. viel Chaos. Das Gefühl sozialen Unfriedens wurde durch den 1. Weltkrieg noch verstärkt. Als Reaktion darauf kam es zu sozialreformerischen Tendenzen und zu einer Neubelebung religiöser Werte. Bald rückte auch der Alkoholmissbrauch ins Visier dieses Protests von unten. Aufgrund der negativen Folgen der Prohibition verlangten die Anführer der Abstinenzbewegung aber bald nach Reformen.

Alkoholische Getränke wurden beschlagnahmt und vernichtet.

Illegaler Alkoholkonsum
Trotz der Anstrengungen der Polizei wurde die Prohibition von vielen übergangen. »Speakeasies«, in denen heimlich Wein, Bier und Schnaps ausgeschenkt wurden, florierten. Und der Schwarzmarkt für Alkohol war in den Händen krimineller Banden.

Nachspiel
Der 21. Zusatzartikel zur Verfassung beendete die Prohibition. Heute regeln die Bundesstaaten den Verkauf von Alkohol. Es gilt ein System, wonach der Weg vom Erzeuger über Groß- und Einzelhändler zum Konsumenten kontrolliert wird. In manchen Staaten, den so genannten »control states«, fungiert der Staat selbst als Groß- und Einzelhändler. In den »license states«, bestimmt der Staat, wer diese Rolle übernimmt. Die Rechtmäßigkeit dieses Systems wird inzwischen vielfach angezweifelt.

Zu Beginn fanden die Kampagnen große Unterstützung.

BEDEUTENDE WEINMACHER DES 20. JH.

NACH DER PROHIBITION waren viele ehemals berühmte Kellereien in den USA geschlossen, und es fehlte an moderner Ausrüstung und ausgebildeten Weinmachern. Eine Hand voll unermüdlicher Enthusiasten – an ihrer Spitze der Weinmacher André Tchelitscheff von Beaulieu Vineyards – wagte den Neuanfang. Tchelitscheffs Vorstellungen und Methoden beeinflussten Generationen von Weinmachern in Kalifornien, die dem Sonnenstaat ab den 1950er-Jahren wieder zu internationalem Ansehen verhalfen.

Beaulieu Vineyards

André Tchelitscheff in den Beaulieu Vineyards

André Tchelitscheff (1901–1994)
Der in Frankreich ausgebildete russische Önologe Tchelitscheff kam 1938 nach Napa Valley, um das Weingut Beaulieu Vineyards *(s. S. 490)* auf Vordermann zu bringen. Die Prohibition überstand man mit der Produktion von Messwein. Zudem war es eines der wenigen Weingüter Kaliforniens mit einem beträchtlichen Bestand alter Cabernet-Sauvignon-Reben. Tchelitscheff modernisierte die Kellerei und kreierte einige berühmte Cabernets, die er Georges de Latour Private Reserve nannte. Zu seinen größten Leistungen zählt die Einführung von Frostschutzmaßnahmen, der temperaturkontrollierten und der Milchsäuregärung. Sein Wissen gab er an unzählige Weinmacher weiter, was zu einer enormen Qualitätssteigerung kalifornischer Weine insgesamt führte.

Martin Ray (1905–1976)
Nachdem Martin Ray 1936 das Weingut Paul Masson gekauft hatte, veräußerte er es 1943 an Seagram und gründete in 600 m Höhe in den Santa Cruz Mountains sein eigenes Weingut Mount Eden. Ray bestand auf 100 % sortenreinen Weinen, wenngleich ein solcher nach dem amerikanischen Weingesetz bis zu 25 % einer anderen Traube enthalten darf. Er wandte sich auch gegen den Einsatz chemischer Zusätze und die Verwendung von Konzentraten, beides in dieser Zeit weit verbreitete Methoden. Zudem propagierte er die Übernahme europäischer Methoden des Weinbaus und der Weinbereitung, was inzwischen in Kalifornien gang und gäbe ist.

Robert Mondavi (geb. 1935)
Mondavi entstammte einer alteingesessenen Winzerfamilie, kam aber nach einigen Europareisen zu der Überzeugung, dass die kalifornischen Weine mit dem europäischen Vorbild nicht Schritt halten könnten. Seine Familie war anderer Meinung, weshalb er

Robert Mondavi in seinem Weinkeller in Napa Valley

1966 sein eigenes Weingut in Napa Valley gründete *(s. S. 491)*. Innerhalb weniger Jahre kreierte er einige der raffiniertesten Weine Kaliforniens. An seinem Qualitätsbewusstsein orientierten sich auch andere, und seine Erfahrungen, die er mit Techniken wie etwa dem Ausbau in Eichenfässern machte, gab er stets großzügig an Kollegen weiter. Dass maßvoller Weingenuss das Leben bereichern kann, ist eine Erfahrung, die seiner Meinung nach dem Konsumenten unbedingt zu vermitteln sei. Heute, im Alter von über 90 Jahren, ist Mondavi noch immer weltweit als Botschafter des guten Geschmacks in Sachen Wein, Essen und Kunst unterwegs.

Warren Winiarski (geb. 1928)
1964 siedelte Winiarski, als Politologe eigentlich ein kühler Kopf, von Chicago nach Kalifornien über und übernahm einen einfachen Job im Keller bei Mondavi, um schließlich ein Weingut im Distrikt Stag's Leap *(s. S. 492)* in Napa Valley zu kaufen. Sein Cabernet Sauvignon überzeugte 1976 die französischen Kritiker bei jener berühmten Verkostung, die als »Das Urteil von Paris« *(s. S. 492)* Geschichte machte. Heute macht Winiarski noch immer makellose Cabernets, die neben den Großen Frankreichs bestehen können.

Paul Draper (geb. 1936)
Paul Draper ist seit 1969 Weinmacher bei Ridge Vineyards *(s. S. 504)* in Santa Cruz. Zu seinen Verdiensten gehört, dass er mit dem langlebigen Cabernet Sauvignon Monte Bello einen amerikanischen Klassiker geschaffen hat; zum anderen hat er gezeigt, dass Zinfandel mehr als ein rustikaler Kraftprotz sein kann und ihm durchaus ein Platz unter den begehrtesten Rotweinen der Welt gebührt. Seit 30 Jahren ergeben seine Zinfandels von alten Reben sagenhaft gute Weine, die es so nur in Kalifornien gibt.

David Lett (geb. 1940)
Große amerikanische Weinmacher gibt es nicht nur in Kalifornien, und wenn David Lett nicht so überzeugt davon gewesen wäre, dass Pinot Noir sehr viel besser nach Oregon passe als nach Kalifornien, wäre Oregon vielleicht noch heute Provinz. Seine Pinots aus den 1970er-Jahren brillierten bei Blindverkostungen zusammen mit Burgundern *(s. S. 515)*. Seitdem ist Oregon in aller Munde.

David Lett 1966 beim Pflanzen erster Reben

Randall Grahm (geb. 1953)
Randall Grahm von Bonny Doon Vineyard in Santa Cruz *(s. S. 505)* ist der originellste und einfallsreichste Weinmacher Amerikas. Zu Beginn der 1980er-Jahre probte er den Aufstand, indem er den allgegenwärtigen Cabernets und Chardonnays den Rücken kehrte und stattdessen Sorten wie Riesling und Trauben aus dem Mittelmeerraum favorisierte, besonders solche von der Rhône. Als Sprachrohr einer Gruppe gleich gesinnter Winzer, die sich Rhône Rangers *(s. S. 501)* nennen, ist es ihm gelungen, diesen neuen Ton bei den kalifornischen Weinen weltweit bekannt zu machen.

Helen Turley (geb. 1946)
Helen Turley hat als beratende Önologin seit Beginn der 1990er-Jahre den vorherrschenden Stil kalifornischer Spitzenweine etabliert: Mit ultrareifen Trauben, viel Eiche als Ausgleich für geringe Säure, viel Alkohol und dem Verzicht auf Filtration. Sie ist die bekannteste der immer größer werdenden Gruppe von Consultants, die in den USA Bedeutung erlangt haben, da immer mehr reiche US-Bürger ohne Erfahrung Weingüter gründen.

Warren Winiarski

KALIFORNIEN

DIESES PARADIESISCHE WEINLAND *bringt seit mehr als 100 Jahren Weine von großer Üppigkeit hervor. Es ist ein Mekka für Erzeuger von bestem Chardonnay und Cabernet Sauvignon; darüber hinaus resultiert aus dem Terroir ein so breites Spektrum von Weinen, das sich mit jedem europäischen Land messen kann.*

Die ersten Reben pflanzten spanische Missionare, die um 1770 nach Kalifornien kamen. Mitte des 19. Jh. bauten Siedler aus Italien und Deutschland in den kühleren Höhenlagen Wein an, wo sie die Bedingungen ihrer europäischen Heimat vorfanden. Bald war der Weinbau in einigen Regionen auch geschäftlich ein Erfolg. Dann erlitt die Weinindustrie zwei schwere Rückschläge: die Reblausplage am Ende des 19. Jh. *(s. S. 528–529)* und die Prohibition Anfang des 20. Jh *(s. S. 474–475)*. Doch man gab nicht auf, und nach dem Ende der Prohibition, vor allem aber in der Zeit des wirtschaftlichen Aufschwungs nach dem 2. Weltkrieg fasste der Weinbau in Kalifornien wieder Tritt.

Quady Winery, Central Valley

Es sollte jedoch bis in die 1960er-Jahre hinein dauern, ehe eine wirkliche Renaissance kalifornischer Weine einsetzte. 1966 gründete Robert Mondavi sein eigenes Weingut, und Anfang der 1970er-Jahre konnten sich zwei Weine aus Kalifornien im »Urteil von Paris« *(s. S. 492)* gegen französische Spitzenweine durchsetzen. Von da an ging es stetig bergauf. Heute gibt es gut 800 Kellereien in einem Gebiet von Mendocino im Norden bis nach Malibu im Süden. Die Bandbreite der Erzeuger reicht von Boutiqueweingütern, die nur einige Hundert Kisten im Jahr machen, bis zu industriellen Großbetrieben wie Ernest & Julio Gallo oder Beringer Blass. Auf einer Fläche von 200 000 ha erzeugt Kalifornien 94 % der Weine in den USA.

Das reich gesegnete Napa Valley ist zwar nicht die größte Anbauregion Kaliforniens, aber zu Recht die berühmteste; manche der körperreichen Cabernet Sauvignons von dort können sich mit jedem Spitzenbordeaux messen. Das benachbarte Sonoma hat ein unterschiedlicheres Klima und eine größere Sortenvielfalt. Monterey ist ideal für Chardonnay und Riesling. Santa Barbara County zeigt ein Potenzial für Chardonnay, Pinot Noir und Syrah. Das Landesinnere ist die Heimat vierschrötiger Zinfandels und aufgespriteter Weine von den Sierra Foothills sowie großer Mengen einfacher, aber trinkbarer Weine aus dem glühend heißen Central Valley.

Blick über Weinberge des Guts Byron auf die Sierra Madre Mountains in Santa Barbara

◁ **Weinberg am Fuß der Mayacamas Mountains im Knights Valley in Sonoma**

WEINKARTE NORDKÜSTE KALIFORNIENS

DIE NORDKÜSTE ERSTRECKT SICH von San Francisco aus nordwärts über vier Counties hinweg: Napa Valley, Sonoma, Mendocino und Lake County. Die AVAs der Nordküste sind meist fest umrissene topografische Einheiten. In Sonoma dagegen verlaufen die Grenzen komplizierter; Green Hill und Chalk Hill etwa sind faktisch Subregionen innerhalb der größeren AVA Russian River, während die AVA Sonoma Coast ein breiter Küstenstreifen ist, der sich vom äußersten Süden bis zum äußersten Norden des Counties erstreckt.

LEGENDE

Kaliforniens Nordküste

Navarro-Weinberge in Mendocino

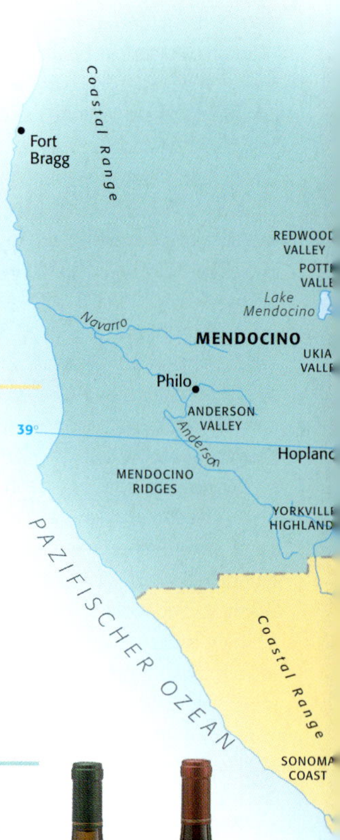

KALIFORNIENS NORDKÜSTE: ANBAUGEBIETE UND SPITZENERZEUGER

Etikett Beaulieu Vineyards, Napa Valley

Gloria-Ferrer-Weine, Sonoma

Beerenlese in den Beringer-Weinbergen in Napa Valley

DAS TERROIR AUF EINEN BLICK

Breite: 38–40 °N

Höhe: 20–700 m über NN. Die Talregionen liegen fast auf Seehöhe; die Pacific Ridgelands in Sonoma und Mendocino steigen bis zu 600 m an. Die Weinberge am Spring Mountain im Napa Valley liegen sogar noch höher.

Topografie: Reben werden meist in Nordsüdrichtung verlaufenden Tälern und an tieferen Hanglagen kultiviert. Der Fluss Napa durchfließt das Napa Valley, während der Russian River durch Teile von Sonoma und Mendocino fließt. Die Böden in Flussnähe sind zu fruchtbar, in größerer Entfernung vom Ufer bieten Flussterrassen aber ideale Bedingungen.

Boden: unterschiedliche Böden, aber Lehm und Mergel überwiegen

Klima: Die Winter sind oft regenreich, die Sommer sehr heiß, die Herbstmonate mild und trocken.

Temperatur: Das Julimittel beträgt 22 °C.

Niederschlag: Das Jahresmittel beträgt 950 mm.

Gefahren für den Weinbau: Frühjahrsfröste, Dürre, Pierce's Disease

Weingut Joseph Phelp in St Helena im Napa Valley

SPITZENWEINE: KALIFORNIENS NORDKÜSTE

- Ⓡ Araujo Cabernet Sauvignon €€€€
- Ⓡ Beringer Private Reserve Merlot €€€€
- Ⓡ Château St Jean Merlot €€
- Ⓡ Cline Ancient Vines Mourvèdre €€
- Ⓡ Frog's Leap Zinfandel €€
- Ⓦ Joseph Phelps Viognier €€€
- Ⓦ Kenwood Sonoma Sauvignon Blanc €€
- Ⓦ Marimar Torres Chardonnay €€€
- Ⓡ McDowell Valley Vineyards Reserve Syrah €€
- Ⓦ Navarro Riesling €€
- Ⓢ Roederer Estate Brut €€
- Ⓡ Spottswoode Cabernet Sauvignon €€€€

Rebzeilen in Carneros im herbstlichen Napa Valley

DIE WEINBAUGEBIETE AN KALIFORNIENS NORDKÜSTE

Napa Valley

AUS NAPA KOMMEN seit mehr als hundert Jahren die feinsten Rotweine Amerikas, von welchen die besten bei Wohltätigkeitsauktionen mehrere Tausend Dollar erzielen. Napa wurde auch zu einem Tummelplatz der Reichen, für die alles als schick gilt, was mit Wein zu tun hat. Sämtliche für den Weinbau geeignete Flächen stehen heute unter Reben, so dass es kaum noch Spielraum für Expansion gibt. Der Wettbewerb der Weingüter untereinander und der Rentabilitätsdruck bei extrem hohen Kosten für Rebflächen und Bepflanzung sind der Grund, warum Napa-Weine heute für viele als überteuert gelten.

Etikett Frog's Leap, Rutherford

Cabernet Sauvigon beherrscht das Feld. Opulente Frucht und feste Tanninstruktur kennzeichnen diese Weine, die insgesamt fleischiger und mächtiger sind als die Weine aus Bordeaux. Es gibt aber auch hervorragende Weine aus Merlot, Syrah und Zinfandel. Die Rebfläche von immerhin 15 000 ha macht nur 11 % der Anbaufläche Kaliforniens insgesamt aus – und dank niedriger Erträge nur 4 % der Produktionsmenge. Das Klima in Napa variiert – im Norden, um Calistoga, ist es bedeutend heißer als in südlichen Regionen wie Yountville oder Carneros. Es gibt auch beträchtliche Unterschiede zwischen den niedrigen Flussterrassen beiderseits des Talbodens und den höheren Lagen in den Bergen.

Kies, Mergel, Sand, Schwemmland, Vulkanboden, Schiefer, Tuff *Cabernet Sauvignon, Syrah, Merlot, Pinot Noir, Sangiovese, Zinfandel* *Sauvignon Blanc, Chardonnay* *rot, weiß, Schaumwein*

Rutherford

DIE AVA RUTHERFORD ist der historische Kern des Napa Valley, in dem schon im 19. Jh. die Güter Beaulieu und Inglewood gegründet wurden. Sie umfasst mit das teuerste Rebland in ganz Amerika. Die Weine, die von einigen der Spitzengüter Kaliforniens stammen, sind sehr gefragt und sehr teuer. Cabernet Sauvignon gedeiht hier prächtig und erbringt opulente Weine von großer Tiefe und Langlebigkeit: Einige Cabernets aus Rutherford aus den 1940er- und 1950er-Jahren sind noch immer sehr genießbar. Angeblich beruht das Geheimnis des Erfolgs dieser Region auf den lehmigen Kiesböden und den gut entwässerten Flussterrassen am Fuß der Mayacama Mountains. Die näher am Fluss in der Mitte von Napa Valley gelegenen Weingärten haben fettere Böden und neigen zur Überproduktion.

St Helena

DIREKT IM NORDEN von Rutherford erstreckt sich ausgehend von der Stadt St Helena die AVA gleichen Namens ein Stück nordwärts. Wie Rutherford ist auch dies Rotweinland, von wenigen weißen Sorten abgesehen. St Helena ist etwas wärmer als Rutherford, produziert aber dennoch Cabernet Sauvignon von erstaunlicher Eleganz und Vollmundigkeit. Viele Traditionsgüter in Napa Valley haben hier ihren Sitz, darunter Beringer, Charles Krug und Freemark Abbey. Im Norden von St Helena schließt sich die heiße Gegend um Calistoga an, die zwar keinen AVA-Status hat, aber trotzdem berühmt ist für mächtige Rotweine von Gütern wie Château Montelena oder Araujo.

Kellerei von Robert Mondavi in Oakville

Oakville

BEKANNT WURDE DIE AVA OAKVILLE durch Robert Mondavi, als dieser in den 1960er-Jahren dort seine Kellerei im spanischen Stil erbaute. Hier liegen einige der besten Weinberge des Tals: To-Kalon, weitgehend im Besitz von Mondavi, und Martha's Vineyard, Traubenlieferant für Heitz Winery in Napa Valley. Diese Lagen auf Flussterrassen sind mit den berühmteren Lagen in Rutherford vergleichbar, und auch die Trauben für Opus One von Rothschild und Mondavi stammen von dort. Cabernet Sauvignon aus Oakville ist oft würziger, dafür aber nicht so mächtig wie die Weine aus Rutherford. Weiße Sorten, besonders Sauvignon Blanc und Chardonnay, ergeben in dem etwas frischeren Klima oftmals hervorragende Weine.

Yountville

DIE AVA YOUNTVILLE, die südlichste der Rotweinregionen in Napa Valley, ist bedeutend kühler als Oakville und die weiter nördlichen Regionen. Dominus, die bekannteste Kellerei des Distrikts, erzeugt auf den gut entwässerten Mergelböden muskulöse Rotweine im Bordeauxstil.

KULTWEINE

Es vergeht kein Jahr, in dem nicht neue Rekordpreise für Kult-Cabernet aus Napa Valley vermeldet werden. 2000 erzielte eine Magnumflasche 1996er Screaming Eagle bei einer Wohltätigkeitsauktion 10 000 US-Dollar. Die meisten Kultweine werden in winzigen Mengen von Consultant winemakers gegen meist astronomische Honorare erzeugt. Sie erhalten von amerikanischen Weinkritikern fast immer Spitzenbewertungen. Viele sind von außergewöhnlich hoher Qualität, auch meist nach demselben Muster gestrickt: konzentriert und strotzend vor neuer französischer Eiche. Der Hype beruht weitgehend auf der Extravaganz amerikanischer Weinsammler, die sich bei der alljährlichen Weinauktion in Napa Valley gegenseitig überbieten.

Stags Leap District

DIESE AVA LIEGT ENG an die Vaca Range geschmiegt östlich von Yountsville und wurde berühmt für die Eleganz ihrer Cabernets. Die markant roten Böden haben vulkanischen Untergrund an den Hängen. Hier ansässige Erzeuger wie Shafer oder Stag's Leap Wine Cellars führen den besonderen Stil ihrer Weine oft auf den Wind zurück, der nachmittags kühle Luft von der San Pablo Bay heranführt und die Reben vor Überhitzung schützt. Die Weine sind entsprechend geschmeidig, haben aber dennoch Alterungspotenzial.

Howell Mountain und Atlas Peak

DIESE BEIDEN REGIONEN liegen in den Bergen der Vaca Range. Die AVA Howell Mountain blickt direkt auf St Helena herab, Atlas Peak liegt hoch über Stag's Leap. Das hier herrschende Mesoklima unterscheidet sich von den tieferen Lagen nicht nur wegen der Höhe (zwischen 300 und 600 m), sondern auch weil die Region über der Nebelgrenze liegt. Howell Mountain ist berühmt für seine Cabernets und Zinfandels, die vom Stil her groß und fleischig sind. Es mag ihnen an Eleganz fehlen, das aber machen sie mit Mächtigkeit und Intensität wett. In der AVA Atlas Peak gibt es nur ein Estate; es trägt den Namen der Region und gehört dem italienischen Erzeuger Antinori *(s. S. 265)* und dessen Partnern. Die AVA Chiles Valley ist eine weitere Weinregion in diesen Bergen, verfügt aber kaum über nennenswerte Weingärten.

PINOT NOIR: DIE DIVA UNTER DEN TRAUBEN

Bewunderer dieser schwierigen Traube streiten gerne darüber, welche Weinregion in Kalifornien den besten Pinot Noir hervorbringt. Eine definitive Antwort darauf gibt es wohl nicht, am ehesten kommen die Regionen Sonoma Coast, Carneros und Russian River in Frage. Der Rebbestand in Sonoma Coast ist noch zu jung, als dass man über das dortige Potenzial sicher urteilen könnte, aber manche Pinot Noirs dieser Region haben ein exquisites Parfum, Finesse und Reinheit.

Etikett Pinot Noir

Pinots aus Carneros sind zwar frisch und fruchtig, aber selten komplex und langlebig, während Russian River Valley vielschichtigere Weine hervorbringt, mit Anklängen an Burgunder und mittlerem Alterungspotenzial. Am meisten Erfahrung mit Pinot Noir hat zweifelsohne die Nordküste. Kalifornischer Pinot Noir ist mit Burgunder nicht zu vergleichen, jedoch entstehen dank ausgewählter Standorte, guter Klone und sensibler Verarbeitung immer mehr Weltklasseweine.

Mount Veeder & Spring Mountain

Diese beiden AVAs liegen in den nördlichen bzw. südlichen Ausläufern der Mayacamas Mountains. Ihnen gegenüber auf der anderen Seite des Tals liegen Howell Valley bzw. Atlas Peak. Eine hohe Lage über der Nebelgrenze ist allen vier Regionen gemeinsam. Mont Veeder ist mit Cabernet, Merlot und etwas Chardonnay bestockt. Die Rotweine hier sind zuweilen tanninlastig und stämmig. Auf den Vulkanböden von Spring Mountain wachsen Weine, die etwas geschmeidiger sind als jene von Mount Veeder. Die bekanntesten Güter dort sind Newton, Kennan, Cain, Togni und Stony Hill.

Carneros

Die nahe der Pablo Bay gelegene AVA Carneros mit ihren grasbewachsenen Hügeln ist die südlichste Region in Napa Valley, an der übrigens auch Sonoma County teilhat. Wegen der Meereswinde und häufiger Nebel ist das Klima in Carneros insgesamt kühler und für Cabernet Sauvignon ungeeignet. Einzig Merlot und Syrah bringen in geschützten Lagen gute Ergebnisse. Dominierend aber sind Chardonnay und Pinot Noir, die zu Schaum- und Stillweinen verarbeitet werden. Schaumweinerzeuger aus Frankreich und Spanien haben hier mit Taittinger *(s. S. 174)* und Codorníu *(s. S. 312)* ihre Außenposten errichtet.

Sonoma

Noch vor zehn Jahren stand Sonoma im Schatten von Napa Valley, während seine Weine heute mit jenen des weltberühmten Nachbarn durchaus konkurrieren können. Mit einer enormen Bandbreite an Bodentypen, Mesoklimata und Höhenlagen ist Sonoma das vielfältigste aller Counties der Nordküste. Im Allgemeinen sind die pazifiknahen Subregionen kühler und für Burgundersorten (Chardonnay, Pinot Noir) besser geeignet, während der heißere Talboden und die Osthänge sich besser für rote Bordeauxsorten und Zinfandel eignen. Die Aufteilung in Subregionen ist sehr kompliziert, da sich manche AVAs überlappen.

Während Napa Valley schon jetzt komplett für den Weinbau genutzt wird, kommen in Sonoma ständig neue Anbauregionen dazu. Am spannendsten davon sind die kühlen Bergketten

Gloria Ferrer's Weingut im Sonoma-Bereich von Carneros

von Sonoma Coast. Insgesamt stehen 22 000 ha unter Reben, mit gut 170 Kellereien unterschiedlicher Größe, vom kleinen Boutiquebetrieb bis zu den riesigen Ranches, wie die der Familie Gallo. Neben den bereits etablierten italienischen Familien – Seghesio, Foppiano, Martinelli – finden sich Newcomer, die mit demselben Elan versuchen, das große klimatische Spektrum Sonomas zu nutzen. Chardonnay dieser Region kann exzeptionell sein, und Pinot Noir vom Russian River Valley ist der für kalifornische Verhältnisse wohl beste Ausdruck dieser schwierigen Traube.

Kies, sandiger Mergel, flaches Sedimentgestein, Lehm, Sandstein, Schiefer *Cabernet Sauvignon, Zinfandel, Merlot, Pinot Noir, Syrah* *Chardonnay, Sauvignon Blanc, Gewürztraminer* *rot, weiß*

Chardonnay-Lese in Sonoma

Alexander Valley und Knights Valley

DIE AVA ALEXANDER VALLEY kann extrem heiß sein, weshalb viele der 6000 ha umfassenden Weinberge in höheren Regionen der Mayacamas Mountains liegen. Auf dem Talboden gedeiht Zinfandel, aus dem Tal kommt auch immer mehr Cabernet Sauvignon und Merlot, beide saftig und voll.

Die benachbarte AVA Knights Valley erstreckt sich über die Berge bis Calistoga im nördlichen Napa Valley. Es gibt hier nur eine bedeutende Kellerei, Peter Michael, obschon auch Beringer ausgedehnte Rebfelder unterhält. Rotwein gedeiht unten im Talboden, während Chardonnay in sehr viel höheren Lagen sehr gute Ergebnisse erbringt.

Etikett Kendall-Jackson, Sonoma

Dry Creek Valley

DIESE BERÜHMTE REGION (4000 ha Rebfläche) erstreckt sich im Nordwesten von Healdsburg, und die meisten Estates und Kellereien liegen entlang der Dry Creek Road. Man finden hier eine ganze Reihe von Beständen von bis zu 100 Jahre alten Zinfandel-Reben, aber wie andere Regionen in Sonoma ist auch Dry Creek Valley vielfältig, und so findet man hier hervorragender Cabernet Sauvignon und sogar einige weiße Sorten. Die meisten Estates sind eher klein, allerdings hat die Familie Gallo *(s. S. 506)*, die in Sonoma riesige Betriebe aufbaute, ihren Hauptsitz in Dry Creek Valley.

Russian River Valley, Green Valley und Chalk Hill

DIE AVA RUSSIAN RIVER VALLEY, in der rund 4000 ha unter Reben stehen, ist als kühles Weinbaugebiet mit vom Meer aufziehenden Nebeln bekannt. Aus dem Bereich, in dem auch die Erzeuger Williams-Selyem, Rochioli und Davis Bynum ihren Sitz haben, kommt sicher mit der beste Pinot Noir von ganz Kalifornien. Die Textur dieser Weine ist oft seidig und sinnlich, und nirgendwo sonst in Kalifornien entwickelt Pinot Noir diese verführerischen, für Burgunder so typischen, Noten von feuchtem Unterholz. In manchen Gebieten ist auch Zinfandel seit Jahrzehnten etabliert.

Green Valley ist zwar eine unabhängige AVA, faktisch jedoch eine Enklave im südlichen Russian River Valley. Diese Ecke kann kühl sein, und in manchen Jahren reifen die Trauben nur schwer. Marimar Torres, die Schwester des berühmten katalanischen Erzeugers Miguel Torres *(s. S. 313)*, baut hier Burgundersorten an, während Iron Horse der bekannteste Schaumweinerzeuger der Region ist. Die AVA Chalk Hill, eine weitere Region innerhalb des Russian River Valley, ist weitgehend von Estate und Kellerei desselben Namens bestimmt. Dieses nördlich von Santa Rosa gelegene Gebiet ist berühmt für Chardonnay und Sauvignon Blanc.

Die Weinberge von Navarro im Anderson Valley in Mendocino

Sonoma Valley und Sonoma Mountain

Die AVA Sonoma Valley erstreckt sich von Santa Rosa bis Carneros *(s. S. 484)* und ist Sitz einiger der besten Erzeuger (Kenwood, Landmark, St Francis und Château St Jean). Die Kellereien liegen im Talboden, die Rebflächen manchmal in den Seitentälern. Insgesamt ist die Region sehr vielfältig; es gedeihen guter Chardonnay, Zinfandel und rote Bordeauxsorten. Die höher gelegene AVA Sonoma Mountain grenzt direkt im Westen an. Das bekannteste von wenigen hier ansässigen Gütern ist Laurel Glen. Es produziert tanninreiche und langlebige Cabernets von 250 m hoch gelegenen Weinbergen.

Sonoma Coast und Northern Sonoma

Die AVA Sonoma Coast ist enorm groß und daher als Herkunftsangabe fast bedeutungslos. In den letzten Jahren pflanzte man, auf der Suche nach dem idealen kühlen Standort für Chardonnay und Pinot Noir, zunehmend Reben auf hohen Bergketten möglichst nahe der Pazifikküste. Die einzige namhafte Kellerei ist Flowers, doch beziehen viele Spitzenerzeuger Trauben aus dieser Region. Die Weine aus der AVA Sonoma Coast haben oft eine Intensität und Reinheit, die an feinen Burgunder erinnert. Eine weitere Appellation innerhalb von Sonoma Coast ist Northern Sonoma. Sie wurde auf Betreiben der Großkellerei Gallo of Sonoma geschaffen, die unter dieser AVA sämtliche Weine vermarktet, die sie aus den Gebieten Sonomas aufkauft und verschneidet.

Mendocino

Jahrzehntelang war Mendocino, die nördlichste Anbauregion Kaliforniens, in erster Linie Traubenerzeuger für Großkellereien weiter im Süden, die diese Region als Lieferant von Qualitätstrauben zu günstigen Preisen zu schätzen wussten. Heute haben große Weinerzeuger – Robert Mondavi, Beringer, Duckhorn – eigene Weingärten dort angelegt. Ursprünglich waren weite Teile des Landes von italienischen Familien besiedelt, die ohne künstliche Bewässerung Petite Sirah, Zinfandel und andere Sorten anbauten. Da heute immer mehr Kellereien entstehen, macht sich Mendocino zusehends einen Namen als eigenständige Weinregion. Als solche ist Mendocino ähnlich vielseitig wie Sonoma; hier entstehen guter Chardonnay und Viognier, robuste Rote und feine Schaumweine. Mit 6000 ha unter Reben und weniger als 40 Kellereien ist die Region zwar eher klein, hat aber so unterschiedliche Subregionen wie das kühle Anderson Valley nahe am Pazifik und wärmere Täler wie Redwood und McDowell im Hinterland zu bieten. Darin versteckt liegen sehr alte Weingärten, die von Weinmachern aus ganz Kalifornien geschätzt werden. Weit verbreitet ist der ökologische Weinbau, den Fetzer hier erstmals betrieb; 25 % der Gesamtrebfläche sind als biologisch eingestuft.

Lehm, Kies, Vulkanböden, roter Lehm, Mergel, Schwemmland *Cabernet Sauvignon, Zinfandel, Petite Sirah, Pinot Noir, Syrah, Barbera* *Gewürztraminer, Riesling, Chardonnay, Pinot Gris, Sauvignon Blanc* *rot, weiß, Schaumwein*

Anderson Valley, Mendocino Ridges und Yorkville Highlands

Anderson Valley, an den Ufern des Navarro und dem Pazifik am nächsten gelegene AVA, verfügt über einige kühle und neblige Areale. In manchen Jahren ist es so kalt, dass die Trauben nicht reifen oder wegen der Feuchtigkeit faulen.

Die Sortenvielfalt ist zwar groß, herausragend aber sind Riesling, Gewürztraminer und Chardonnay sowie Pinot Noir. Auch hervorragender Schaumwein wird erzeugt, namentlich vom amerikanischen Zweig des Champagnerhauses Louis Roederer *(s. S. 175)*, das sich hier 1982 angesiedelt hat.

Einige hervorragende alte Weinberge zwischen dem Anderson Valley und dem Pazifik bilden eine eigene AVA namens Mendocino Ridges. In Lagen über 350 m gedeiht dort vor allem Zinfandel. Die AVA Yorkville Highlands liegt im Süden von Anderson Valley und ist deutlich wärmer. Die Rebfläche dort macht nur 10 % der Gesamtanbaufläche von 400 ha im Anderson Valley aus.

Redwood Valley und Potter Valley

EINIGE DER ÄLTESTEN Weingärten Mendocinos liegen in der AVA Redwood Valley, die eine enorme Vielfalt aufzuweisen hat. Zwar ist es hier kühler als in der Nachbarregion Ukiah, aber noch warm genug, dass Zinfandel und italienische Sorten ausreifen. Die AVA Potter Valley im Osten von Redwood liegt 300 m hoch, weshalb man überwiegend weiße Sorten (Chardonnay, Sauvignon Blanc) und etwas Pinot Noir anbaut. Ein Großteil der Trauben geht an Schaumweinhäuser.

ZINFANDEL: KALIFORNIENS EIGENE REBSORTE

Kaliforniens Markenzeichen im Weinbau ist eine Traube mit hoch interessanter Geschichte. Zinfandel ist offenbar kroatischen Ursprungs und identisch mit dem süditalienischen Primitivo, hat aber in Kalifornien eine eigene Identität entwickelt. Italienische Einwanderer pflanzten im 19. Jh. an der Nordküste Kaliforniens viel Zinfandel an. Viele der alten Weingärten gibt es noch immer; sie werden nicht bewässert und erbringen deshalb niedrige, intensiv aromatische Erträge. Zinfandel reift nicht in jedem Jahr gleich: Beginnt man zu früh mit der Lese, kann er grün schmecken, ist man zu spät dran, schmeckt er wie Marmelade. Der Trick besteht darin, ihn vollreif zu ernten. Leider sind sehr alkoholstarke Zinfandels und auch süße *»blush«*-Zinfandels, also Rosés, zurzeit en vogue.

Zinfandel-Etikett

Ukiah Valley

DIE GROSSE ANBAUREGION Ukiah Valley, die keinen AVA-Status hat, erstreckt sich von Hopland nordwärts bis Ukiah. Aus ihr kommt ein beträchtlicher Anteil aller in Mendocino erzeugter Trauben. Die besten Lagen finden sich an den Flussterrassen beiderseits des Russian River. In den höheren Gebieten liegen ältere Weingärten mit italienischen und Rhône-Sorten.

Die Kellerei Fetzer in Mendocino

McDowell Valley

DIESE KLEINE AVA im Süden Mendocinos ist mehr oder weniger Privatbesitz von McDowell Valley Vineyards, einer Kellerei, die sich fast komplett auf Rhône-Sorten spezialisiert hat. Ihre Syrah-Bestände gehören mit zu den ältesten Kaliforniens und sie erbringen noch immer erstklassigen Wein. Reserve Syrah von McDowell ist rauchig und würzig und zuweilen von wild- oder gar marmeladeartigem Charakter.

Lake County

DIE AVA CLEAR LAKE ist die einzige bedeutende Subregion in diesem County. Sie liegt östlich von Ukiah Valley und ist nach einem großen, von Weinbergen umsäumten See benannt. Trotz des warmen Kleinklimas war die Region lange für ihren Sauvignon Blanc und Cabernet Sauvignon bekannt. Heißen Tagen stehen Nächte gegenüber, in denen die Luft von den Bergen für Abkühlung sorgt. Obwohl Clear Lake als Region kein Begriff mehr ist, kaufen viele Kellereien Trauben von dort, oder sie legen eigene Weinberge an.

vulkanisch, Schwemmland *Cabernet Sauvignon, Zinfandel, Merlot* *Sauvignon Blanc, Chardonnay* *rot, weiß*

WEINREISE DURCH NAPA VALLEY

Sterling Vineyards

NOCH VOR DREISSIG JAHREN war Napa Valley weitgehend unbekannt. Heute ist das Tal durch die Nähe zu San Francisco und als Heimat weltberühmter Weine eines der beliebtesten Reiseziele in den USA. Wahre Besucherströme füllen die Verkostungsräume, Delikatessenläden, Country Clubs und Luxushotels. Die direkteste Route folgt der Hauptverkehrsader durch das Tal, dem Highway 29. Ist diese Strecke überlastet, bietet sich als Alternative der Silverado Trail an, der seinen alten ländlichen Charme erhalten hat.

① **Copia**

Dieses großzügig ausgestattete Erlebniszentrum für Wein, Essen und Kunst liegt direkt am Ufer des Napa River. Das Programm für den Besucher umfasst Weinseminare, Kunstausstellungen, Diners, Blindverkostungen und vieles mehr.

☎ 707 259 1600

Ⓦ www.copia.org

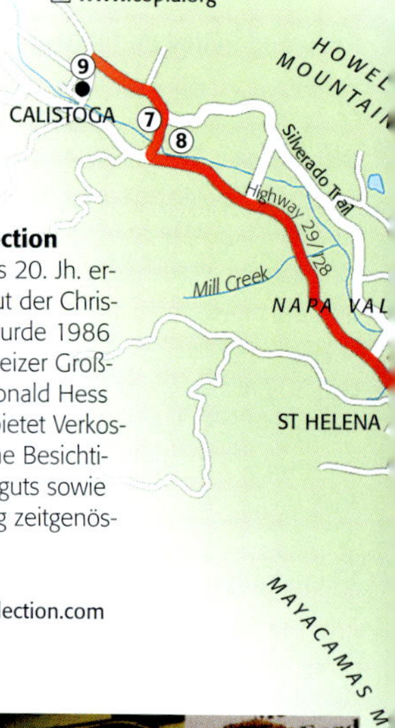

② **Napa Wine Train** △

Der luxuriöse Zug ist die bequemste Möglichkeit, das Tal zu besichtigen – zum Komplettpreis. Er fährt nonstop vom Bahnhof Napa bis St Helena und zurück. Im Lauf der dreistündigen Fahrt werden Weinverkostungen und ein komplettes Menü angeboten.

☎ 707 253 2111 Ⓦ www.winetrain.com

③ **Hess Collection**

Das Anfang des 20. Jh. errichtete Weingut der Christian Brothers wurde 1986 von dem Schweizer Großindustriellen Donald Hess gepachtet. Es bietet Verkostungen und eine Besichtigung des Weinguts sowie eine Sammlung zeitgenössischer Kunst.

☎ 707 255 1144

Ⓦ www.hesscollection.com

④ **Robert Mondavi** ▽

Das Weingut Mondavi ist nicht nur sehenswert, auch die Führungen sind die besten im ganzen Tal. Sie konzentrieren sich auf technische Belange, die Mysterien der Verkostung oder das Zusammenspiel von Wein und Essen. Reservierung ist dringend erforderlich *(s. S. 491)*.

☎ 1 888 766 6328 Ⓦ www.robertmondavi.com

⑤ **Niebaum-Coppola** △

Filmregisseur Francis Ford Coppola hat einen Teil der alten Weingärten von Rutherfords und das ehemalige Weingut Inglenook gekauft, das er in ein Museum über die Geschichte des Guts umgewandelt hat. Das Museum enthält auch einige Erinnerungsstücke Coppolas, darunter seine fünf Oscars.

☎ 1 800 782 4266 Ⓦ www.niebaum-coppola.com

LEGENDE

Routenverlauf

⑦ Clos Pegase △

Nachdem der Architekt Michael Graves den Zuschlag zum Bau dieses Weinguts bekommen hatte, versuchten Anwohner, das Projekt zu verhindern. Das minoisch anmutende Gebäude entstand 1986 und ist umgeben von modernen Skulpturen des Eigentümers Jan Shrem. Es ist das umstrittenste Weingut im Tal. Nehmen Sie an einer der täglichen Führungen teil und bilden Sie sich Ihre eigene Meinung. ☎ 707 942 4981 🅆 www.clospegase.com

⑥ Das Restaurant Tra Vigne

Dieses vornehme und alteingesessene Restaurant in St Helena empfiehlt sich für ein Mittag- oder Abendessen. Die Preise sind moderat. Man wählt aus einer großen Auswahl an Flaschen- und offenen Weinen. Reservierung erforderlich. ☎ 703 963 4444 🅆 www.travignerestaurant.com

⑧ Sterling Vineyards △

Die beeindruckende Kellerei von Sterling Vineyards erinnert von fern an die weiß getünchten Bauten auf griechischen Inseln. Man erreicht sie per Cable Car. Führungen und Verkostungen exzellenter Sortenweine finden täglich statt. ☎ 1 800 726 6136 🅆 www.sterlingvineyards.com

⑨ Calistoga ▷

Calistoga hat viel zu bieten. Die Liste der Attraktionen umfasst heiße Quellen und Moorbäder oder gemütliche, zwei Stunden dauernde Ballonfahrten über die Weinberge mit Champagnerfrühstück an Bord. 🅆 www.caohwy.com/b/balloons.htm

Tipps für Besucher

Route: Die Tour (65 km) beginnt in Napa und verläuft über den Highway 29 bis Calistoga. Wer eine Rundtour machen möchte, fährt über den Silverado Trail zurück.

Dauer: Die Strecke ist an einem Tag zu schaffen; eine Übernachtung lohnt sich aber allemal.

Weingüter: Fast alle Güter bieten Verkostungen, bei manchen kann man eine kleine Mahlzeit im Freien einnehmen. Viele Erzeuger verlangen einen Unkostenbeitrag für die Verkostung; er wird bei einem Weinkauf erstattet.

Hotelempfehlungen: In punkto Luxus und Geräumigkeit lässt das Hotel Meadowood Resort in St Helena keine Wünsche offen. 🅆 www.meadowood. com; Das Hotel Rancho Caymus in Rutherford bietet bei zentraler Lage ein gemütliches Ambiente. 🅆 www.ranchocaymus.com; Inn at Soutbridge in St Helena ist preiswert, modern, komfortabel und funktional. ☎ 707 967 9400

DIE SPITZENERZEUGER V. KALIFORNIENS NORDKÜSTE

Araujo
Napa Valley

2155 Pickett Rd, Calistoga ☎ *707 942 6061* W *www.araujoestatewines.com* ●

IN DEN 1970ER- und 80er-Jahren lieferte Eisele Vineyard, wie das Gut damals hieß, beste Cabernet-Sauvignon-Trauben an Ridge und Phelps. Anfang der 1990er-Jahre kauften es Bart und Daphne Araujo und erweiterten das Sortiment um Sauvignon Blanc und Syrah. Die Araujos gehören zu jenen reichen Unternehmern, die Weingüter in Napa aufkaufen und mit Hingabe Spitzenweine keltern. Die Weine sind hervorragend, besonders die Roten mit ihren für Calistogan typischen Aromen von schwarzen Johannisbeeren, Schokolade und schwarzen Oliven.

rot, weiß *2001, 1999, 1997, 1995, 1994* ★ *Cabernet Sauvignon, Syrah*

Beaulieu Vineyards
Napa Valley

1960 St Helena Hwy, Rutherford ☎ *707 967 5230* W *www.bvwines.com* ○

DIESES LEGENDÄRE Weingut wurde 1899 von Georges de Latour gegründet. In den 1950er- und 1960er-Jahren kreierte André Tchelitscheff *(s. S. 476)* dort großartige Cabernet Sauvignons. Bergab ging es in den 1970er-Jahren, aber seit das Gut zum Konzern Diageo gehört, hat sich die Lage wieder entspannt. Das Basissortiment sortenreiner Weine ist nicht aufregend, doch die Signet Collection bietet Weine mit Charakter, Verschnitte im Rhônestil und Sangiovese.

rot, weiß, Schaumwein *2001, 2000, 1999, 1997, 1995, 1994* ★ *Private Reserve Cabernet Sauvignon*

Nightingale-Wein von Beringer

Beringer
Napa Valley

2000 Main St, St Helena ☎ *707 963 4812* W *www.beringerblass.com* ○

DIESES TRADITIONSREICHE Weingut aus den 1880er-Jahren hatte im Lauf der Zeit mehrere Besitzer und gehört heute Beringer Blass aus Australien. Weinmacher in all der Zeit war Ed Sbragia, der einen vollen, Eiche geprägten Stil schuf. Beringer kauft Trauben in ganz Kalifornien, besitzt aber auch ausgedehnte Rebflächen in Napa Valley. Am feinsten sind die Cuvées im Bordeaux-Stil (Alluvium) sowie die Private Reserves, die sehr gut altern. Eine Kuriosität im Sortiment ist Nightingale, ein Süßwein aus Sauvignon Blanc und Sémillon, den man von künstlich mit Edelfäule infizierten Trauben erzeugt.

rot, weiß *2001, 2000, 1999, 1997, 1995, 1994, 1991* ★ *North Coast Zinfandel, Private Reserve Merlot*

Château Montelena
Napa Valley

1429 Tubbs Lane, Calistoga ☎ *707 942 5105* W *www.montelena.com* ○

JAMES BARRETT ließ dieses Weingut aus dem 19. Jh. restaurieren, sein Sohn Bo ist seit 1981 Weinmacher auf dem Gut. Der Spitzenwein des Hauses ist der intensive Estate Cabernet Sauvignon, während die preiswertere Calistoga Cuvée von zugekauften Trauben bereitet wird. Der Chardonnay ist in jungen Jahren recht streng, altert aber meist gut.

rot, weiß *2000, 1997, 1995, 1994, 1991* ★ *Calistoga Cuvée, Cabernet Sauvignon, Zinfandel*

Dominus
Napa Valley

2570 Napanook Rd, Yountville ☎ *707 944 8954* W *www.dominusestate.com* ●

DOMINUS STEHT inmitten eines alten Weingartens, der einst die Trauben für den legendären Inglewood-Cabernet lieferte. 1982 erwarben die Besitzer von Château Pétrus *(s. S. 83)* das Gut. Anfänglich war der im Bordeaux-Stil gehaltene Spitzenwein recht kantig, inzwischen hat der Wein mehr Balance und zeigt viel Mächtigkeit und Tiefe. Der Zweitwein, Napanook, ist früher trinkreif.

rot *1999, 1997, 1995, 1994, 1991* ★ *Dominus, Napanook*

Duckhorn
Napa Valley

1000 Lodi Lane, St Helena ☎ *707 963 7108* W *www.duckhornvineyards.com* ○

LANGE BEVOR MERLOT in Kalifornien in war, produzierte Dan Duckhorn mächtige Merlots von beeindruckender Tanninstruktur. Zudem kreierte er Paraduxx, einen ansprechenden Verschnitt von Zinfandel, Cabernet und Merlot. In den letzten Jahren hat er seinen Betrieb erweitert und in Mendocino Land zugekauft, von dem ein feiner, Goldeneye genannter Pinot Noir gekeltert wird.

rot, weiß *2001, 1999, 1997, 1995, 1994, 1991* ★ *Paraduxx, Three Palms Vineyard Napa Merlot, Napa Cabernet Sauvignon*

Das Weingut Duckhorn in St Helena

Frog's Leap
Napa Valley

8815 Conn Creek Rd, Rutherford
707 963 4704
www.frogsleap.com

JOHN WILLIAMS ERZEUGT eleganten Sauvignon Blanc, Cabernet Sauvignon Blanc und Zinfandel sowie einen Rutherford genannten Verschnitt von Cabernet Sauvignon und Cabernet Franc. Williams legt mehr Wert auf Balance als auf Mächtigkeit und Eiche. Das Resultat ist ein Sortiment ernst zu nehmender Weine, die noch dazu aus Biotrauben gekeltert werden.

rot, weiß 2001, 1999, 1997, 1995, 1994, 1991 ★ Cabernet Sauvignon, Zinfandel, Rutherford

Joseph Phelps
Napa Valley

200 Taplin Rd, St Helena 707 963 2745 www.jpwines.com n. V.

DAS WEINGUT PHELPS machte sich einen Namen mit süßem Riesling und experimentierte schon früh mit Syrah. Heute ist es für Cabernet Sauvignon bekannt und den prestigeträchtigen Insignia, aber Weinmacher Craig Williams erzeugte auch Weine im Rhône-Stil, einen exzellenten Viognier etwa, einen saftigen Verschnitt namens Le Mistral und einen guten Grenache rosé.

rot, weiß, rosé 2001, 1999, 1997, 1995, 1994, 1992, 1991 ★ Viognier, Syrah

Merryvale
Napa Valley

1000 Main St, St Helena 707 963 2225 www.merryvale.com

MERRYVALE BEFINDET SICH heute mehrheitlich in schweizerischer Hand und hat vom Starönologen Michel Rolland profitiert. Der Gesamtausstoß ist beträchtlich, aber von sehr hohem Standard. Die Spitzensortimente Reserve und Prestige sind hervorragend, der beste Wein ist jedoch Profile, ein eleganter, in neuer Eiche gereifter Bordeauxverschnitt.

rot, weiß, aufgespriteter Wein 2001, 2000, 1999, 1997, 1995, 1994 ★ Silhouette Chardonnay, Carneros Merlot, Profile

Robert Mondavi
Napa Valley

7801 St Helena Hwy, Oakville
707 226 1395
www.robertmondavi.com

ROBERT MONDAVIS *(s. S. 476)* Erfolgsgeheimnis sind stete Neugier und die feste Entschlossenheit, besser zu sein. Mit dem Fumé Blanc kreierte er einen neuen, eichehaltigen Sauvignon-Blanc-Stil und er befasste sich intensiv mit Fragen wie dem Ausbau in Eichenfässern oder der Rebstockdichte, um die Erkenntnisse mit anderen Gütern zu teilen. Sein unermüdliches Engagement in Sachen Wein machte ihn auch zum größten Geldgeber für das Copia Center *(s. S. 488)*. Mondavis riesige Rebfelder an der Central Coast und in Santa Barbara liefern überwiegend Trauben für preiswertere Verschnitte; die Weine von den Weingärten in Napa dagegen sind hochwertig, besonders jene aus den Subregionen Oakville, Stag's Leap und Carneros. Die Reserve-Weine sind eindeutig besser als die regulären Abfüllungen.

rot, weiß 2001, 1999. 1997, 1995, 1994, 1991 ★ Pinot Noir Reserve, Oakville Cabernet Sauvignon

Spottswoode-Etikett

Spottswoode
Napa Valley

1902 Madrona Ave, St Helena
707 963 0134 www.spottswoode.com n. V.

SEIT DEM TOD des Gründers Jack Novak leiten Witwe Mary und Tochter Beth dieses bedeutende Bioweingut. Trotz des Renommees und der Beständigkeit der Weine ist die Atmosphäre auf Spottswoode familiär und ohne jedes Elitäre. Consultant winemaker Tony Soter begründete den Ruf für überaus stilvollen Cabernet und lebendigen Sauvignon Blanc, und Weinmacherin Rosemary Cakebread ist diesem Ansatz seit1997 treu geblieben.

rot, weiß 2000, 1999, 1997, 1995, 1994, 1991 ★ Sauvignon Blanc, Cabernet Sauvignon

DAS URTEIL VON PARIS

Der britische Weinhändler Steven Spurrier organisierte 1976 eine Blindverkostung von den besten Weinen Kaliforniens und den Spitzengewächsen aus Bordeaux und Burgund. Das überwiegend französische Verkosterteam gab einem Cabernet Sauvignon von Stag's Leap Wine Cellars und einem Chardonnay von Château Montelena den ersten Preis. Der Wettstreit war nicht ganz fair, da nur junge Jahrgänge verkostet wurden und französische Weine in ihrer Jugend weniger offen und ausdrucksstark sind als vergleichbare Weine aus Kalifornien. Dennoch hat die Verkostung gezeigt, dass Weine aus Napa Valley international konkurrenzfähig sind.

Stag's Leap Wine Cellars
Napa Valley

5766 Silverado Trail, Napa ☎ *707 944 2020* W *www.cask23.com* ☐

Das berühmte Weingut Warren Winiarskis *(s. S. 477)* ist vor allem für seine opulenten Cabernets berühmt, etwa einen Napa-Wein von angekauften Trauben oder dem SLV von eigenen Weingärten sowie der Spitzencuvée Cask 23. Sie sind der Inbegriff eines Stag's Leap-Weins – voll, dabei doch elegant, ausgewogen und alterungswürdig. Neben diesen hochpreisigen bietet Winiarski auch gute, preiswerte Weine unter dem Zweitetikett Hawk Crest.

rot, weiß *2001, 1999, 1997, 1995, 1994, 1991* ★ *Sauvignon Blanc, SLV Cabernet Sauvignon, Cabernet Sauvignon Cask 23*

Château St Jean
Sonoma

8555 Hwy 12, Kenwood ☎ *707 833 4134* W *www.beringer-wine estates.com* ☐

In den 1970er-Jahren erzeugte der erste Weinmacher dieses Guts, Richard Arrowood, vibrierende trockene und süße Weißweine von Einzellagen. Heute gehört Château St Jean zu Beringer Blass, und das Sortiment ist nicht mehr so breit, obwohl der Chardonnay und Sauvignon Blanc noch immer beeindrucken. Nachfolger Steve Reeder hat einige hervorragende Rotweine dazugenommen: einen Merlot und den Cabernet-dominierten Cinq Cépages. Der Stil der Weine ist fruchtbetont, und die meisten sollte man, wozu sie auch gedacht sind, jung trinken.

rot, weiß *2001, 2000, 1999, 1995, 1994, 1991* ★ *Robert Young Vineyard Chardonnay, Cinq Cépages*

Cline
Sonoma

24737 Hwy 121, Sonoma ☎ *707 963 4310* W *www.clinecellars.com* ☐

Die Brüder Cline kommen aus Oakley im County Contra Costa, wo ihnen noch heute ein alter, mit Traditionssorten bepflanzter Weingarten gehört; vor allem Mourvèdre, Zinfandel und Carignane (Carignan) findet man dort. 1991 siedelten die Clines ins südliche Sonoma über und pflanzten Rhône-Sorten. Man sollte ihren wohlfeilen Zinfandel, Mourvèdre, Syrah und Viognier, aber auch Carignane und Marsanne probieren.

rot, weiß, Schaumwein *2001, 1999, 1997, 1995, 1994* ★ *Sonoma Viognier, Ancient Vines Mourvèdre*

Etikett Cline

Ferrari-Carano
Sonoma

8761 Dry Creek Rd, Healdsburg ☎ *707 433 6700* W *www.ferrari-carano.com* ☐

Die Caranos, Hoteliers aus Nevada, wissen sich zu präsentieren. Neben den Weinen sind für viele der Park und das Besucherzentrum mindestens ebenso interessant. Trotzdem gehören die Weine zu den besten Sonomas, wofür Weinmacher George Bursick seit langem Sorge trägt. Anfangs war das Gut für seinen eleganten, eichetönigen Chardonnay und Sauvignon Blanc bekannt, heute finden auch die Rotweine Zuspruch. Zusätzlich zu den Sortenweinen gibt es einen feinen Verschnitt von Cabernet Sauvignon und Sangiovese, Sienna genannt, und einen Tresor genannten Bordeauxverschnitt.

rot, weiß *2001, 2000, 1999, 1995, 1994, 1991* ★ *Fumé Blanc Reserve, Siena*

Gallo of Sonoma
Sonoma

3387 Dry Creek Rd, Healdsburg ☎ *707 431 5500* W *www.gallosonoma.com* ☐

Zum Erstaunen und auch zur Verärgerung mancher kleiner Erzeuger in Sonoma wagte sich der mächtige Gallo-Clan

Mitte der 1980er-Jahre aus seinem Stammsitz in Central Valley heraus und kaufte 12 000 ha Land in Sonoma. Seit dem ersten Jahrgang 1991 waren die Kritiker von der hohen Qualität überrascht. Außer den Lagenweinen brachten die Gallos in kleinen Mengen auch Sortenweine heraus, verwirrenderweise mit dem Etikett Estate Range. Sie sind zwar teurer, aber nicht wirklich besser als die regulären Abfüllungen.

rot, weiß 2001, 2000, 1999, 1995, 1994, 1991 ★ Laguna Chardonnay, Frei Ranch Zinfandel, Stefani Vineyard Cabernet Sauvignon

Gary Farrell
Sonoma

10701 Westside Rd, Healdsburg
707 433 6616
www.garyfarrell.com n. V.

SEIT 1982 HAT Gary Farrell im Hintergrund einige der besten Pinot Noirs für Kellereien wie etwa Davis Bynum in der Region Russian River gemacht. Auch unter seinem eigenen Namen brachte er ein Sortiment heraus, ehe er 2000 sein eigenes Weingut gründete. Heute ist er vor allem für eleganten, zurückhaltenden Chardonnay und Pinot Noir bekannt, daneben macht er noch weitere Sortenweine.

rot, weiß 2001, 1999, 1995, 1994, 1991 ★ Russian River Valley Pinot Noir, Dry Creek Zinfandel

Gloria Ferrer
Sonoma

23555 Hwy 121, Sonoma 707 996 7256 www.gloriaferrer.com

EINIGE EUROPÄISCHE Schaumweinhäuser gründeten in den 1980er-Jahren in Carneros Kellereien; diese hier wurde von der Familie Ferrer errichtet, der das Cava-Imperium Freixenet *(s. S. 312)* gehört. Einige der einfacheren Weine sind etwas vordergründig und zu fruchtbetont, um wirklich elegant zu sein, aber die Spitzencuvées sind beeindruckend. Royal Cuvée liegt vor dem Degorgieren sechs Jahre auf Hefe, und die toastartigere Cameros Cuvée reift noch länger. Da sich Schaumweine nicht so gut verkaufen, produziert Gloria Ferrer zunehmend Stillweine – Pinot Noir, Chardonnay, Merlot und Syrah.

rot, weiß, Schaumwein 1998, 1997, 1994, 1992, 1991 ★ Royal Cuvée, Carneros Cuvée

Royal Cuvée von Gloria Ferrer

Kendall-Jackson
Sonoma

5007 Fulton Rd, Santa Rosa 707 544 4000 www.kj.com

JESS JACKSON BEGANN erst 1982, Wein von seinen Pflanzungen im Lake County zu machen. Dabei blieb es aber nicht. Die Rebflächen wurden zusehends größer, und bald war Jackson Milliardär, nicht zuletzt wegen des großen Erfolgs seines halbtrockenen Chardonnays Vintner's Reserve. Heute produziert er in ganz Kalifornien, und sein Imperium umfasst auch viele unabhängige Kellereien. Die Güter in Sonoma sind Hartford Court, La Crema, Stonestreet und Matanzas Creek. Von Anfang an kaufte Jackson nur Trauben von der Nordküste. Nach australischem Vorbild verschneidet er Weine unterschiedlicher Herkunft, um einen konsistenten Stil der Weine zu gewährleisten.

rot, weiß 2001, 2000, 1999, 1995, 1994 ★ Vintner's Reserve Cabernet Sauvignon, Grand Reserve Pinot Noir, Verité Sonoma Merlot

Kenwood
Sonoma

9592 Hwy 12, Kenwood 707 833 5891 www.kenwoodvineyards.com

DER NAME KENWOOD steht seit mehr als 30 Jahren für gute Qualität in allen Preisklassen, von der einfachen Sonoma Series bis zu den hochwertigeren Sortimenten Jack London und Reserve. Besonders für Sauvignon Blanc, eine für Kalifornien schwierige Traube, hat Kenwood zu Recht einen guten Ruf. Der beste, in neuer Eiche ausgebaute Cabernet Sauvignon erscheint in der Artist Series, andere sehr gute Weine entstehen auf der Jack London Ranch.

rot, weiß 2001, 1999, 1995, 1994, 1992, 1991 ★ Jack London Zinfandel, Sonoma Sauvignon Blanc

Kenwood-Degustationsraum in Sonoma

Kistler
Sonoma

4707 Vine Hill Rd, Sebastopol
707 823 5603

MARK BIXLER UND SEIN Geschäftspartner und Weinmacher Steve Kistler besitzen Weinberge in den Mayacamas Mountains, aber sie kaufen auch Trauben von Spitzenlagen in Sonoma, die getrennt verarbeitet werden. Von Anfang an genossen Kistler-Weine Kultstatus, und sie sind wirklich eine Klasse für sich, verfügen über eine in Kalifornien seltene Konzentration und mineralische Komplexität. Kistler ist am bekanntesten für seine fruchtigen Chardonnays, erzeugt aber auch Pinot Noir von bemerkenswerter Reinheit und Intensität.

rot, weiß 2001, 2000, 1999, 1995, 1994, 1991 ★ Vine Hill Chardonnay, Chardonnay Cuvée Cathleen, Hirsch Vineyard Pinot Noir

Marimar Torres
Sonoma

11400 Graton Rd, Sebastopol 707 823 4365 www.marimarestate.com n. V.

MARIMAR TORRES, ein Mitglied des katalanischen Torres-Clans *(s. S. 313)*, kaufte dieses Weingut 1982. Das kühle Klima in den Weinbergen im Green Valley ist ideal geeignet für Chardonnay und Pinot Noir, jedoch wurden zur Steigerung der Produktion auch Flächen in der Region Sonoma Coast aufgekauft. Wichtig für Torres sind Balance und Finesse, und obwohl sie keine Burgunder-Imitate anstrebt, haben ihre Weine die Eleganz und Länge, die man bei feinem Burgunder vorfindet. Seit 2003 wird das Gut biologisch bewirtschaftet.

rot, weiß 2001, 2000, 1999, 1995, 1994, 1992 ★ Chardonnay, Pinot Noir

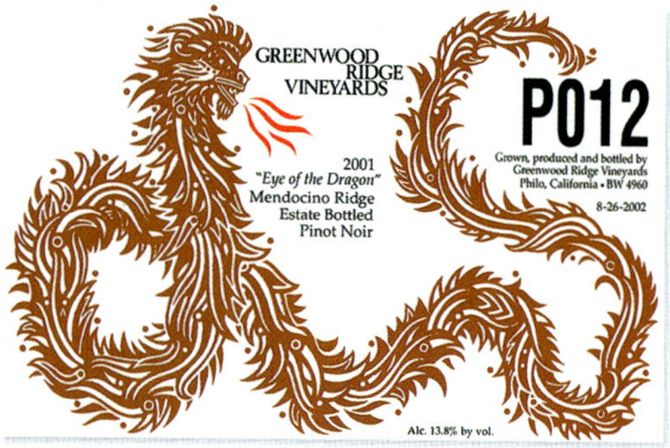

Etikett Greenwood Ridge

Peter Michael
Sonoma

12400 Ida Clayton Rd, Calistoga
707 942 4459 www.petermichaelwinery.com

DER ENGLÄNDER Sir Peter Michael erwarb 1981 Land im Knights Valley und erntete 1987 seinen ersten Jahrgang. Das Estate ist bekannt für sein Sortiment von Einzellagen-Chardonnays, die bemerkenswert intensiv und komplex sein können. Auch Sauvignon Blanc (L'Après-Midi) und Cabernet Sauvignon (Les Pavots) können erstklassig sein. Teuer sind sie alle.

rot, weiß 2001, 2000, 1999, 1995, 1994, 1991 ★ Clos du Ciel Chardonnay, Les Pavots

Ravenswood
Sonoma

s. rechts

Fetzer

Fetzer
Mendocino

13601 Eastside Rd, Hopland 707 744 7600 www.fetzer.com

EIGENTÜMER DIESES WEINGUTS ist nicht mehr die Familie Fetzer, sondern das Unternehmen Brown-Forman. Fetzer war ein Pionier des ökologischen Weinbaus in Kalifornien, und auch heute erzeugt das Weingut unter der Marke Bonterra zehn Bioweine. Ein Großteil der Trauben kommt aus Mendocino, aber es wird auch zugekauft. Fetzer setzt drei Mio. Kisten Wein pro Jahr ab. Das Basissortiment trägt den Namen Bel Arbor, während Barrel Select und Reserve hochwertiger sind. Die Weißweine sind schlank und frisch, die roten voller Fruchtaromen.

rot, weiß 2001, 2000, 1999, 1997, 1996, 1995 ★ Bonterra Viognier, Barrel Select Zinfandel

Greenwood Ridge
Mendocino

5501 Hwy 128, Philo 707 895 2002 www.greenwoodridge.com

VIELE DER WEINBERGE Allan Greens liegen hoch in den Bergen rund um das Anderson Valley. Green wurde so unbeabsichtigt zu einem Vorreiter der AVA Mendocino Ridges, die zur Bezeichnung höherer Lagen gegründet wurde. Greens Riesling, Pinot Noir, Cabernet und Merlot stammen alle von den Ridges, für seinen Chardonnay und Sauvignon Blanc dagegen kauft er Trauben aus andere Weinbergen in Mendocino.

rot, weiß 2000, 1999, 1996, 1995, 1992, 1991 ★ Estate Merlot, Estate Chardonnay

McDowell Valley Vineyards
Mendocino

3811 Hwy 175, Hopland ☎ 707 744 1053 www.mcdowellsyrah.com

DIE SYRAH-BESTÄNDE dieses Guts stammen aus den Jahren 1948 bzw. 1959 und gehörten somit zu den ältesten in ganz Kalifornien. Von diesen alten Reben bereitet man Syrah Reserve, aber auch der reguläre Syrah hier ist saftig und verführerisch. Auch die anderen Weine stammen von Rhône-Sorten, darunter ein exzellenter Viognier sowie ein gut trinkbarer Marsanne und ein trockener Grenache rosé.

rot, weiß 2001, 2000, 1999, 1996, 1995 ★ Viognier, Reserve Syrah

Monte Volpe
Mendocino

1170 Bel Arbres Rd, Redwood Valley ☎ 707 485 9463 www.domaine-saintgregory.com

GREG GRAZIANOS Vorfahren waren eingewanderte Bauern, deren Tradition er in Ehren hält, indem er sich auf italienische Sortenweine spezialisiert hat. Da in den Bergen Mendocinos jedoch andere Bedingungen herrschen als in Piemont oder Friaul, ist nicht jeder Wein erfolgreich. Alles in allem hat Graziano jedoch ein glückliches Händchen und darüber hinaus den Mut, feinere Versionen seiner Weine zu erzeugen, die sich sicher nicht immer leicht verkaufen. Unter der Marke Domaine St Gregory vermarktet er Weine der Pinot-Familie, während Enotria piemontesischen Sorten wie Nebbiolo oder Barbera vorbehalten ist.

Etikett McDowell Valley Vineyards

rot, weiß 2001, 2000, 1999, 1996, 1995 ★ Monte Volpe Pinot Bianco, Enotria Barbera

Navarro
Mendocino

5601 Hwy 128, Philo ☎ 707 895 3686 www.navarrowine.com

1973 KAUFTEN TED BENNETT und Deborah Kahn eine Schafranch in Anderson Valley und bepflanzten 34 ha mit Sorten, die kühles Klima brauchen. Ihr stets von lebendiger Säure unterlegter Riesling gehört zu den feinsten Kaliforniens. Ihr Pinot Noir reift in kleinen französischen Fässern und kann beeindruckend sein.

rot, weiß 2001, 2000, 1999, 1997, 1996, 1995 ★ Riesling, Pinot Noir Méthode à l'Ancienne

Roederer Estate
Mendocino

4501 Hwy 128, Philo ☎ 707 895 2288 www.roedererestate.net

DIE MEISTEN französischen Champagnerhäuser in Kalifornien sitzen in Carneros oder im südlichen Napa Valley; Jean-Claude Rouzaud jedoch, Chef des Hauses Roederer *(s. S. 175)* entschied sich für Anderson Valley. Keine schlechte Wahl, denn das kühle Klima verleiht den Weinen genau jenes Säurerückgrat, das guter Schaumwein braucht. Standardwein ist der Estate Brut, der zuweilen ebenso gut ist wie die teurere Prestige Cuvée, der Jahrgangswein L'Ermitage. Viele kalifornische Schaumweine haben Frucht, aber keine Finesse; Roederer Estate hat beides.

Schaumwein 1996, 1994, 1993, 1991 ★ Estate Brut, Rosé, L'Ermitage

DIE RAVENSWOOD-STORY

Joel Peterson, von Haus aus Immunologe, infizierte sich in den 1970er-Jahren mit dem Weinvirus. 1976 produzierte er 327 Kisten, und schon 1991 war sein Betrieb berühmt für hervorragende Rotweine. Die Produktion wurde erweitert und Peterson kaufte ein altes Gut in Sonoma. Bald war der Verkostungsraum voll mit Besuchern, die Weine probierten und witzige T-Shirts kauften. In den 1990er-Jahren erzeugte Ravenswood weiterhin Lagenweine, machte aber das große Geld mit dem Billigsortiment Vintners

Blend, das Peterson selbst als Château Cash-Flow bezeichnete. 2001 wurde Ravenswood von Constellation Brands aufgekauft. Peterson hielt die Stellung, und der muntere Verkostungsraum ist nach wie vor überfüllt. Mittlerweile ist aber die Jahresproduktion auf 400 000 Kisten angestiegen – sicher ein schöner Erfolg. Wie wird die Geschichte weitergehen, da das Boutique-Weingut in einem Großunternehmen aufgegangen ist?

18701 Gehricke Road, Sonoma ☎ 707 933 2332 www.ravenswood-wine.com

WEINKARTE ZENTRAL- UND SÜDKALIFORNIEN

DIE BERÜHMTESTEN WEINREGIONEN Kaliforniens drängen sich zwar an der nördlichen Küste, aber auch südlich von San Francisco liegt ein ausgedehntes Anbaugebiet. In Monterey County in der Region Central Coast finden sich die größten Traubenerzeuger Kaliforniens, während AVAs wie Carmel Valley und Chalone immer mehr Qualitätsweine liefern. San Luis Obispo County, dort besonders Paso Robles, erbringt geschmeidige Rotweine, während Santa Barbara County große Fortschritte mit Chardonnay, Pinot Noir und Rhône-Sorten macht. Im Hinterland liegen die Sierra Foothills und das Central Valley, die Heimat der amerikanischen Massenweinindustrie.

Quady Winery, Central Valley

LEGENDE

Zentral- und Südkalifornien

ZENTRAL- UND SÜDKALIFORNIEN: GEBIETE UND SPITZENERZEUGER

SAN FRANCISCO BAY *S. 498*

Ridge Vineyards *S. 504*
Testarossa *S. 504*
Wente Vineyards *S. 504*

MONTEREY *S. 498*

Calera Wine Company *S. 504*
Chalone Vineyard *S. 504*
Paraiso Springs Vineyards *S. 505*

SAN LUIS OBISPO *S. 500*

Alban Vineyards *S. 505*
Justin Vineyards & Winery *S. 505*
Meridian Vineyards *S. 505*
Tablas Creek Vineyard *S. 505*
Wild Horse Winery & Vineyards *S. 506*

SANTA BARBARA COUNTY *S. 501*

Andrew Murray Vineyards *S. 506*
Arcadian Winery *S. 506*
Au Bon Climat Winery *S. 506*
Byron *S. 507*
Firestone Vineyard *S. 507*
Sanford Winery *S. 507*

SIERRA FOOTHILLS *S. 502*

Domaine de la Terre Rouge *S. 507*

CENTRAL VALLEY *S. 502*

Quady Winery *S. 507*

SÜDKALIFORNIEN *S. 503*

Moraga Vineyards *S. 507*

Herbstliche Weinberge vor den Santa Lucia Mountains, San Luis Obispo

SPITZENWEINE: ZENTRAL- UND SÜDKALIFORNIEN

- Ⓡ Alban Vineyards Reva Syrah €€€€
- Ⓡ Arcadian Winery Bien Nacido Pinot Noir €€€€
- Ⓦ Au Bon Climat Winery Talley Vineyard Chardonnay €€€
- Ⓡ Byron Pinot Noir €€
- Ⓦ Chalone Vineyard Viognier €€
- Ⓡ Domaine de la Terre Rouge Pyramid Block Syrah €€€
- Ⓡ Justin Vineyards & Winery Isosceles €€€
- Ⓐ Quady Winery Essensia €€
- Ⓡ Ridge Vineyards Monte Bello Cabernet Sauvignon €€€€
- Ⓡ Tablas Creek Vineyard Esprit Red €€€
- Ⓦ Testarossa Michaud Vineyard Chardonnay €€€
- Ⓡ Andrew Murray Vineyards Roasted Slope Syrah €€€

DAS TERROIR AUF EINEN BLICK

Breite: 33–39,5 °N

Höhe: 20–1000 m über NN

Topografie: Die Rebflächen in der Bay Area, in Monterey und San Luis Obispo liegen auf flachem Schwemmland oder höheren Plateaus sowie auf Bergketten. In Santa Barbara wachsen die Reben in Tälern, in den Sierra Foothills auf kargen Böden in großer Höhe, in Central Valley auf flachem, extrem fruchtbarem Land.

Boden: Alkalische Sandböden und lehmiger Mergel. Meeresablagerungen in Tälern und an Küsten.

Klima: Die Winter sind mild, können aber feucht sein. Die Sommer sind oft erstaunlich frisch und temperiert. Meeresnahe Gebiete sind kühler als das Hinterland, oft bilden sich dort Nebelbänke aus.

Temperatur: Das Julimittel beträgt 21,3 °C

Niederschlag: Das Jahresmittel beträgt 400 mm.

Gefahren für den Weinbau: Pierce's Disease, Frühjahrsfröste, frühe oder späte Reife

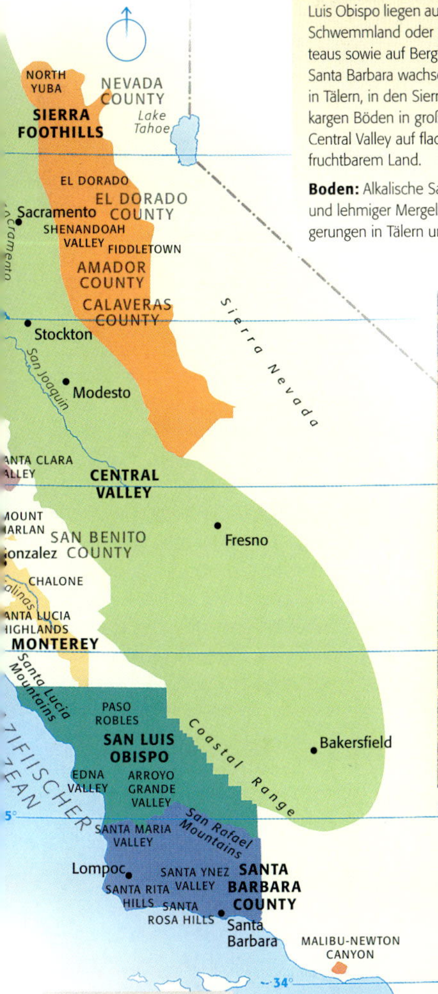

Weinberge und Kellerei des Guts Byron am Fuß der San Rafael Mountains, Santa Barbara County

Etikett der Wild Horse Winery, San Luis Obispo

Chalone-Weinberg unterhalb des Pinnacles National Monument, Gavilan Mountains

DIE WEINGEBIETE IN ZENTRAL- UND SÜDKALIFORNIEN

San Francisco Bay

BIS ZUR REBLAUSKRISE Ende des 19. Jh. war die San Francisco Bay eine bedeutende und gut entwickelte Weinregion. Danach wurden viele Weinberge nicht wieder bepflanzt oder aufgrund der Nähe zu San Francisco von ausufernden Vorstädten geschluckt. Heute ist die Region übersät mit marginalen AVAs, die so klein sind, dass ihre Namen selten auf Etiketten erscheinen.

Die bedeutendste Anbauzone östlich der San Francisco Bay ist die AVA Livermore Valley, die überwiegend mit weißen Sorten bestockt ist – darunter Sauvignon-Blanc-Reben, die auf Setzlinge von Château d'Yquem aus den 1880er-Jahren *(s. S. 75)* zurückgehen. Sie ist fest in der Hand des Kellerei-Imperiums Wente.

Wente Vineyards im Livermore Valley

Nennenswert im Süden der Bay ist die AVA Santa Cruz Mountains, die exzellenten Cabernet Sauvignon und in höheren Lagen auch andere Sorten hervorbringt. Die meisten Weinberge in dieser Gegend liegen weit ab und verstreut. Zwischen San Jose und Gilroy befindet sich die AVA Santa Clara Valley, in der heute wegen zunehmender Verstädterung für den Weinbau so gut wie kein Platz mehr ist. Viele Güter im Süden der Bay ergänzen die heimische Traubenproduktion durch Zukäufe.

Kies, Mergel, Schiefer *Cabernet Sauvignon, Pinot Noir, Zinfandel*
Chardonnay, Sauvignon Blanc, Sémillon
rot, weiß, Schaumwein

Monterey

DIE REGION MONTEREY erstreckt sich von Watsonville aus in südöstlicher Richtung bis zu Salinas Valley. In den 1960er-Jahren empfahlen Weinbauexperten das Tal als guten Standort für Cabernet Sauvignon. Sie gingen davon aus, dass die Sonnenscheindauer für die Reifung von Cabernet ausreichte, hatten dabei aber nicht die kräftigen kalten Winde berücksichtigt, die durch das Tal fegen und die Trauben nicht ausreifen lassen. Deshalb hatten viele der Weine einen unangenehm krautigen Charakter. Man hat aus den Irrtümern der Vergangenheit gelernt, und Montery ist heute vor allem für seine weißen Sortenweine bekannt, in erster Linie Chardonnay und Riesling. In einigen Subregionen reifen auch rote Bordeauxtrauben, aber was Rotwein betrifft, ist Monterey besser für Pinot Noir und Syrah geeignet.

In der umfassenden AVA Monterey ist eigentlich nur Salinas Valley nennenswert, das als »Salatschüssel Amerikas« bekannt ist. Der nördliche Teil ist sehr kühl, aber in Richtung Süden wird das Tal zunehmend wärmer, je mehr der maritime Einfluss schwindet. Hier machen sich Investitionen im großen Stil bemerkbar, und einzelne Unternehmen ließen Hunderte, wenn nicht Tausende von Hektar bepflanzen. Allein Kendall-Jackson besitzt hier 1000 ha, und der Weinberg von San Bernabe ist mit 3500 ha der größte in ganz Kalifornien. In Monterey sitzen relativ wenige Erzeuger, und ein Großteil der Trauben wird an Großkellereien andernorts verkauft. Die bestimmende Traube ist Chardonnay, deren Weine oftmals Aromen tropischer Früchte haben. Folgende AVAs sind die bedeutendsten.

Schwemmsand, Mergel, gut entwässerter sandiger Mergel, Lehm, Schwemmmergel, zerfallener Granit, Lehm, Kalkstein *Pinot Noir, Syrah, Merlot, Cabernet Sauvignon* *Chardonnay, Riesling, Pinot Blanc, Sauvignon Blanc, Viognier* *rot, weiß*

Carmel Valley

DIE WEINBERGE DIESER AVA liegen in einem grünen Tal zwischen Salinas Valley und dem Pazifik im Westen. Das Mesoklima ist wärmer als in Salinas Valley, und es gibt kaum Nebel. Obwohl die Weinberge bis zu 600 m hoch liegen, gedeihen die roten Bordeauxsorten hier gut und machen sogar 70 % des Gesamtbestands aus. Die Weine sind voll, fleischig und von mäßiger Struktur. Neben den roten Sorten findet sich auch etwas Chardonnay. Größere nennenswerte Kellereien sind Joullian, Heller und Georis.

Santa Lucia Highlands

IN SALINAS VALLEY befindet sich nahe Gonzalez, leicht erhöht an der westlichen Talseite, eine Folge von Terrassen, die die AVA Santa Lucia Highlands bilden. In diesen Höhenlagen gerade jenseits der Nebellinie liegen, leicht geschützt vor den kalten Winden unten im Tal, einige der besten Weinberge von Monterey. Hier gibt es nur wenige Kellereien, so dass die Trauben der doch recht großen und angesehenen Weinberge an viele Erzeuger verkauft werden. Sogar einige Güter von der Nordküste haben hier Land gekauft. Pinot Noir und Syrah können, wie Riesling, hervorragend sein; da aber die Preise für Rieslingtrauben niedrig sind, werden in vielen Weinbergen gängigere und lukrativere Sorten aufgepfropft.

Chalone

DIE AVA CHALONE liegt 550–600 m hoch in den Gavilan Mountains an der Ostseite von Salinas Valley. Sie besteht aus nur einem Weingut. Dass man hier 1919 noch ganz ohne Elektrizität und Wasserversorgung Reben pflanzte, war ziemlich gewagt. Die aus dieser Zeit erhaltenen Rebstöcke, Chardonnay und Chenin Blanc, sind die ältesten ihrer Art in Monterey. Um das Weingut war es ziemlich still, bis es Dick Graff 1965 kaufte. Mittels Tröpfchenbewässerung und Fassgärung (in jener Zeit selten) produzierte Graff außergewöhnliche und langlebige Weine. Heute stehen 200 ha unter Reben, und nach einem häufigen Wechsel der Weinmacher ist das Gut Chalone Vineyard wieder in Topform.

Mount Harlan

AN DER OSTSEITE der Gavilan Mountains liegen im County San Benito vier kleine AVAs, von welchen einzig Mount Harlan von Bedeutung ist. Diese AVA, die eigentlich nicht mehr zum County Monterey gehört, ist wegen ihres ungewöhnlichen Terroirs erwähnenswert. Der Burgunder-Aficionado Josh Jensen wählte Mitte der 1970er-Jahre den Standort wegen seiner Kalksteinböden aus, seiner Meinung nach eines der Geheimnisse von großem Burgunder. Das einzige Weingut hier ist die Calera Wine Company von Jensen selbst. Es ist für seinen Chardonnay und Pinot Noir berühmt, die beide in einer Höhe von 700 m weit über der Nebellinie angebaut werden. Die Chardonnays sind verlässlich, und die Pinots waren zuweilen exzeptionell; manche Jahrgänge sind aber leider kantig oder von Fremdaromen entstellt.

Die Calera Wine Company in den Gavilan Mountains, AVA Mount Harlan

San Luis Obispo

DIESES COUNTY HAT 10 000 HA REBFLÄCHE und drei hervorragende AVAs aufzuweisen, von welchen Paso Robles die bekannteste ist. Die mesoklimatischen Unterschiede sind groß; viele Weingärten liegen in ziemlich flachem Gelände, andere dagegen hoch in den Santa Lucia Mountains. Verallgemeinerungen sind schwierig, aber die Rotweine (besonders Cabernet Sauvignon, Syrah und Zinfandel) aus Paso Robles sind meist geschmeidig, während die kühleren AVAs Arroyo Grande und Edna Valley für Burgundersorten besser geeignet sind. Im Gegensatz zu Monterey, das seine Trauben überwiegend »exportiert«, gibt es in San Luis Obispo eine Vielzahl kleiner florierender Weingüter. Großes Interesse finden neuerdings die Rhône-Sorten.

Tablas Creek Vineyard-Etikett, Paso Robles

sandiger Mergel, Schwemmsand mit Lehm, Meeresablagerungen, zerfallener Granit und Tuff, Lehm, leichter Lehm *Cabernet Sauvignon, Zinfandel, Merlot, Syrah, Pinot Noir* *Chardonnay, Sauvignon Blanc, Viognier* *rot, weiß*

Paso Robles

DIE WEINBERGE DIESER rund 85 Güter umfassenden AVA liegen im Osten und Westen der Stadt Paso Robles. Östlich erstreckt sich ein ausgedehntes Hochplateau, auf dem sich der überwiegende Teil der Rebfläche befindet. Im Westen ist das Terrain ganz anders: gebirgiger, mit Weinbergen auf abgelegenen Hängen in den Wäldern der Santa Lucia Mountains. Unterschiedlich sind auch die Mesoklimata, da die Weinberge im Westen viel mehr Regen abbekommen als jene auf dem Hochplateau. Dort kann es tagsüber sehr heiß werden, aber aufgrund der 400-m-Höhenlage kühlt es nachts ziemlich ab, so dass die Trauben keinen »Sonnenbrand« bekommen. Alles in allem sind Plateau-Weine weder leicht noch schwer, sie haben geschmeidige Tannine und sehr viel jugendlichen Charme. Zinfandel, Cabernet Sauvignon und Syrah sind in den ersten fünf Jahren am besten, man kann sie aber oft länger lagern. Weine vom Westen spiegeln das dortige rauhe Terrain wieder; die Tannine sind schroffer und oft brauchen die Weine bis zu fünf Jahre in der Flasche, ehe sie ihre Komplexität und Tiefe zeigen. In der AVA gibt es eine Fülle kleiner Weingüter, die ein breites Spektrum vom stilistisch Rustikalen bis zum raffinierten Boutique-Erzeuger abdecken. Diesen kommen alte Zinfandelbestände zugute, aber auch neuere Pflanzungen mit Bordeaux- und Rhônesorten.

Angrenzend an den Westen dieser AVA liegt die kleine, kühlere, für ihre Rotweine bekannte AVA York Mountain, deren Trauben nicht immer gut ausreifen.

Edna Valley

IM SÜDEN DER STADT San Luis Obispo liegt die AVA Edna Valley, die mit Paso Robles wenig gemein hat. Da sie direkt an den Pazifik grenzt, ist die Wachstumssaison bei maritimem Klima recht lang. Durch den Nebel kommt es häufig zu Grauschimmel und anderen Krankheiten. Chardonnay überwiegt, und die Weine sind meist vollmundig und fett. Bei einer Rebfläche von 550 ha ist für eine weitere Ausdehnung kaum Platz. Die Region wird von nur einem Weingut beherrscht, das den Namen des Tals trägt.

Weingärten vor der atemberaubenden Kulisse des Arroyo Grande Valley, San Luis Obispo

DIE RHÔNE RANGER KALIFORNIENS

Seit den 1970er-Jahren gibt es den Standpunkt, Sorten aus dem Mittelmeerraum seien besser geeignet für Kalifornien als die üblichen Burgunder- und Bordeauxsorten. Heute gibt es diese so genannten Rhône Rangers in ganz Kalifornien. Gründungsmitglied Randall Grahm *(s. S. 477)* von Bonny Doon Vineyards erweist mit seinen Weinen den mediterranen Vorbildern seine Reverenz, während Perrin, der Inhaber des berühmtesten Weinguts in der AC Châteauneuf-du-Pape Château de Beaucastel *(s. S. 133)*, die besten Klone von Rhônesorten in den Hügeln von San Luis Obispo *(rechts)* pflanzen ließ. Syrah, die Rhône-Traube schlechthin, erlebt dort und in Santa Barbara einen wahren Boom. Gute Syrahs kommen auch aus den eher rustikalen Sierra Foothills. Grenache wird oft zur Erzeugung vollfruchtiger Rosés verwendet, wohingegen Viognier sich als schwieriger erwiesen hat – vielleicht weil man in Kalifornien dazu neigt, alles in neuer Eiche zu ertränken und dafür hohe Preise zu verlangen. Trotzdem kommen gute Viogniers aus so unterschiedlichen Regionen wie Mendocino, Napa oder Santa Barbara. Weiße Sorten wie Marsanne und Roussanne werden ebenfalls kultiviert, und an der Nordküste macht man sich mit Carignane vertraut, wo viele Erzeuger in Südfrankreich die Sorte gerade abstoßen. Zu den Rhône Rangers gehören **Fetzer**, **McDowell Valley Vineyards**, **Joseph Phelps**, **Tablas Creek Vineyard**, **Alban Vineyards** und **Andrew Murray Vineyards**.

Arroyo Grande Valley

DIES IST IM GRUNDE die südöstliche Verlängerung von Edna Valley. Das Mesoklima dieser AVA ist etwas wärmer und weniger windig, aber dem der Nachbar-AVA weitgehend ähnlich. Chardonnay und Pinot Noir sind hier sehr erfolgreich. Im wärmeren Hinterland finden sich auch kleine Bestände Zinfandel. Alban Vineyards, im Westen dieser Subregion gelegen, ist ein Außenposten für Rhônesorten von außergewöhnlicher Qualität.

Santa Barbara County

1969 STANDEN IN DIESEM COUNTY nicht einmal 5 ha unter Reben, heute sind es 8000 ha. Ehemals sanft hügeliges Weideland, boten sich die Hänge und Talböden für den Weinbau geradezu an. Die Täler in Ostwestrichtung sind offen für Meereswinde, was die Region besonders für Burgundersorten interessant machte, während die weiter im Hinterland gelegenen Weinberge warm genug für Merlot sind. Auch Syrah, Sauvignon Blanc, Riesling, Cabernet Franc und sogar Cabernet Sauvignon werden hier reif, wenn auch nur an speziellen Standorten. Von besonderer Bedeutung angesichts des kühlen Klimas ist die Sonneneinstrahlung, weshalb Trauben in schlechteren Lagen oftmals nicht ausreifen. Die Erzeuger in Santa Barbara lobten ihre Weine von Anfang an, selbst als man Trauben noch beliebig anpflanzte, ohne besondere Kenntnisse über Klone und andere weinbautechnische Methoden. Heute, da man diese Dinge besser im Griff hat, wird sich die Qualität wahrscheinlich sogar noch weiter verbessern.

Meeressedimente, sandiger Mergel, lehmiger Mergel, Schwemmsand mit Mergel, Kalzium

Pinot Noir, Merlot, Syrah *Chardonnay, Riesling, Pinot Blanc, Sauvignon Blanc, Viognier*

rot, weiß, Schaumwein

Santa Maria Valley

AUFGRUND MARITIMER EINFLÜSSE gehört diese AVA zu den kühlsten Kaliforniens. Die meisten Weinberge liegen auf natürlichen Terrassen über dem Talboden, kein einziger dagegen auf den exponierten Höhenlagen der San Rafael Mountains im Norden. Viele der riesigen Rebflächen befinden sich in Besitz von Erzeugern von der Nordküste wie Robert Mondavi, Kendall-Jackson oder Beringer. Daneben gibt es große Traubenerzeuger wie Bien Nacido, die ihre Trauben an diverse Kellereien im ganzen Land verkaufen. Die beherrschende Sorte ist ganz klar Chardonnay; die Trauben entwickeln zuweilen eine ausgezeichnete, für Kalifornien ungewöhnliche Säurestruktur, und genau diese festigt die Intensität ihrer Aromen. Die Weine haben oft exotische oder fruchtsalatartige Aromen, die Kenner schätzen. Auch Pinot Noir baut man hier erfolgreich an.

Santa Ynez Valley

Dieses südlich von Santa Maria Valley gelegene Tal erstreckt sich von der Stadt Lompoc aus ins Hinterland. Nach jeweils drei Kilometern nimmt die Durchschnittstemperatur um ein halbes Grad zu, so dass es einen erheblichen Unterschied gibt zwischen westlichen Standorten wie dem der Sanford Winery und östlichen Standorten wie Firestone und Zaca Mesa. Das bedeutet, dass man ein ganzes Spektrum von Sorten anbauen kann: Burgundersorten und Riesling etwa gedeihen im kühleren Westen gut, Bordeaux- und Rhône-Sorten im wärmeren Westen. Verlässlicher sind Merlot und Cabernet Franc, während Cabernet Sauvignon oftmals krautige Noten entwickelt. Regen gibt es im Sommer sehr wenig – faktisch überhaupt keinen –, Frühjahrsfröste sind sehr selten.

Pinot Noir von Sanford, Santa Rita Hills

Santa Rita Hills

Diese AVA wurde 2001 auf das Drängen führender Erzeuger wie Richard Sanford und Bryan Babcock geschaffen. Sie liegt zwischen den Purisima Hills im Norden und den Santa Rosa Hills im Süden. Fast die gesamte Region ist eine Enklave innerhalb der AVA Santa Ynez Valley. Aufgrund maritimer Nebel ist die rund 500 ha große Anbauregion kühler als das größere Santa Ynez Valley und Pinot Noir dementsprechend die bevorzugte Rebsorte. Sie entwickelt hier einen dunkeltönig-mächtigen, dabei duftigen Charakter.

Sierra Foothills

Der Weinbau in den Sierra Foothills geht auf die Zeit des Goldrauschs Mitte des 19. Jh. zurück, als Farmer und andere Neuwinzer Reben für durstige Goldgräberkehlen anpflanzten. Um 1870 standen 4000 ha unter Reben. Heute ist die Anbaufläche nur in etwa halb so groß, aber so mancher Weingarten stammt noch aus dem ausgehenden 19. Jh. Was die Region der Sierra Foothills so faszinierend macht, ist wohl die Kombination aus hohem Gelände, langer Weintradition (noch heute an wirklich alten Weingärten ersichtlich) und der nach wie vor lebendigen Erinnerung an die Tage des Goldrauschs. Auf dem Weingut Kautz Ironstone z. B. stellt man stolz einen beachtlichen Goldklumpen zur Schau.

Dadurch dass die Weinberge zwischen 400 und 900 m hoch liegen, ist es in dieser östlich von Sacramento im Binnenland gelegenen Region relativ kühl. Von den vier AVAs ist **El Dorado** die größte. Sie produziert eine Vielzahl von Rebsorten, darunter Zinfandel, Barbera, Cabernet Sauvignon, Merlot, Chardonnay und Viognier. Direkt im Süden von El Dorado, im County Amador, liegen die AVAs **Shenandoah Valley** und **Fiddletown**, die beide für Zinfandel von alten Rebstöcken berühmt sind. Die südlichste Region, Calaveras County, ist ohne eigene AVA, aber trotzdem Sitz einiger bedeutender Weingüter. Die Erzeuger in den Sierra Foothills sind offen für Experimente, weshalb es hier beträchtliche Bestände italienischer und Rhônesorten gibt. Aufgespritete Weine, darunter Weine im Portstil von Barbera oder Zinfandel sowie reiche Muskatweine, können hervorragend sein. Unterschiedlich dagegen ist die Ausstattung der Kellereien – zwischen Rückständigkeit und neuester Technik ist alles vertreten.

Die eindrucksvollen Weinfelder der Renaissance Winery, die sich einer eigenen AVA, nämlich **North Yuba** erfreuen kann, produziert erfolgreich eine breite Palette von Weinen, von Riesling bis Cabernet Sauvignon.

Granit, vulkanisch *Syrah, Zinfandel, Cabernet Sauvignon, Barbera* *Chardonnay, Sauvignon Blanc* *rot, weiß, rosé, aufgespriteter Wein*

Central Valley

Hier schlägt das Herz der kalifornischen Weinindustrie. Mit 76 900 ha unter Reben ist Central Valley die mit Abstand größte Weinregion Kaliforniens, die 60 % aller Trauben des Bundesstaates erzeugt. Sie umfasst das riesige San Joaquin Valley und Gebiete im Norden und Süden. Die Böden sind fett, das Klima glühend heiß und trocken, weshalb kein Anbau ohne künstliche Bewässerung möglich ist. Trotzdem kann man hier aufgrund der Hitze keine hochwertigen Trauben ernten; stattdessen bereitet man fruchtige Weine, die Genuss zu einem annehmbaren Preis bieten. Einige wenige Erzeuger machen hervorragende Muskatweine und Weine im Portstil, aber diese gehen in einem Meer von Chardonnay, Chenin Blanc, Colombard, Merlot und Zinfandel fast unter. Einige Regionen im Norden um Sacramento können halbwegs einen Anspruch auf Qualität erheben, etwa Zinfandel von Lodi oder Chenin Blanc von Clarksburg.

Weingarten in Santa Ynez Valley im County Santa Barbara

Schwemmmergel *Merlot, Cabernet Sauvignon, Zinfandel* *Chardonnay, Chenin Blanc, Colombard, Sauvignon Blanc* *rot, weiß, rosé, Schaumwein, Dessertwein, aufgespriteter Wein*

Südkalifornien

Im 19. Jh. florierte der Weinbau selbst in Los Angeles, kam aber aufgrund der so genannten Pierce's Disease, einer bakteriellen Rebenerkrankung, die durch Insekten verbreitet wird, zum Erliegen. In den letzten Jahren fielen dieser Krankheit beträchtliche Rebbestände in Südkalifornien zum Opfer, vor allem in Temecula, einer typischen Chardonnay-Region zwischen Los Angeles und San Diego. Trotzdem ist der Weinbau aus dem Großraum Los Angeles nicht ganz verschwunden – es gibt sogar eine kleine AVA, die sich Malibu-Newton Canyon nennt. In der Gegend um San Bernardino liegt die von Zinfandel bestimmte AVA Cucamonga Valley, ganz im Süden bei San Diego die 30 ha große AVA San Pasqual Valley. Von einigen Ausnahmen abgesehen sind dies alles keine Qualitätsregionen, und die Weinerzeuger leben davon, den Durst der Bevölkerung vor Ort zu befriedigen. Die bestimmenden Rebsorten der Region sind Zinfandel, Chardonnay und Sauvignon Blanc.

unterschiedlich *Zinfandel* *Chardonnay, Sauvignon Blanc* *rot, weiß*

DIE LANGE TRADITION AUFGESPRITETER WEINE

Vor wenigen Jahrzehnten war die Weinindustrie Kaliforniens von aufgespriteten Weinen bestimmt, die viel Alkohol für wenig Geld boten. Die Qualität war meist ein Graus, da die Erzeuger versuchten, auf billige Weise Sherry- und Portstile nachzuahmen. Heute sind diese Weine aus der Mode, dafür gibt es einige besondere ihrer Art.

Portartige Weine werden zuweilen von Zinfandel bereitet, Petite Sirah und Cabernet Sauvignon, und eine Handvoll Erzeuger, darunter die Großkellerei Mondavi Woodbridge in der AVA Lodi, produziert gute aufgespritete Weine aus portugiesischen Sorten wie Touriga Nacional. Auch die Region Sierra Foothills, in der die Produktion aufgespriteter Weine niemals abriss, ist ein verlässlicher Lieferant sowohl dieser Weine wie auch von Muskat. Im qualitativ durchschnittlichen Central Valley produziert Ficklin aufgespritete Weine, die regelmäßig zu den besten Kaliforniens gekürt werden. Als Spezialist für elegante Muskatweine gilt die Quady Winery in Central Valley. Dort erzeugt man intensiv parfümierte Muskatweine, die – nicht zuletzt dank genialer Verpackungsstrategien *(links)* – obendrein international erfolgreich sind.

Etikett für Muskat der Quady Winery

DIE SPITZENERZEUGER IN ZENTRAL- UND SÜDKALIFORNIEN

Ridge Vineyards
San Francisco Bay

17100 Monte Bello Rd, Cupertino
408 867 3233
www.ridgewine.com

1959 GRÜNDETEN Professoren der Stanford-Universität dieses berühmte Weingut in einem Weingarten aus den 1880er-Jahren. Weinmacher ist seit 1969 Paul Draper. Sein feinster Wein ist ein Cabernet Sauvignon, den er aus Trauben von dem 600 m hoch gelegenen Weinberg Monte Bello bereitet. Dieser Wein, der zu den Spitzengewächsen Kaliforniens gehört, wird in amerikanischer Eiche ausgebaut. Im Programm vertreten sind auch einige exzellente Zinfandels von Weinbergen in Sonoma und Paso Robles.

rot, weiß 2000, 1999, 1997, 1996, 1995, 1993, 1992, 1991 ★ Santa Cruz Mountains Chardonnay, Monte Bello Cabernet Sauvignon, Geyserville Zinfandel

Ridge Vineyards

Testarossa
San Francisco Bay

300-A College Ave, Los Gatos
408 354 6150
www.testarossa.com

DIESE KELLEREI wurde 1993 von Rob und Diana Jensen gegründet. Der Betrieb besitzt keine eigenen Weingärten und verarbeitet Trauben von neun Spitzenlagen in Monterey und Santa Barbara. Die Chardonnays sind meist vollmundig und toastartig und von guter Säure. Die Pinot Noirs sind würzig, gut strukturiert und im Stil kalifornisch. Sehr gut ist auch der Syrah.

rot, weiß 2000, 1999, 1998, 1997 ★ Michaud Vineyard Chardonnay, Sleepy Hollow Vineyard Pinot Noir, Gary's Vineyard Syrah

Wente Vineyards
San Francisco Bay

5565 Tesla Rd, Livermore 408 456 2300 www.wentevineyards.com

DIESES 1883 gegründete Familien-Weingut ist tonangebend in Livermore Valley und besitzt zudem beträchtliche Rebflächen in Monterey, die mit Pinot Noir und anderen Sorten bestückt sind. Die Weine werden in großen Mengen erzeugt und sind von beständiger Qualität. Das Standardprogramm der Sortenweine wird als Family Selection vermarktet, Gutsabfüllungen als Vineyard Selection. Wente macht auch guten Schaumwein, der vor dem Degorgieren fünf Jahre reift.

rot, weiß, Schaumwein 1999, 1997, 1995 ★ Estate Chardonnay, Late Harvest Riesling, Brut Reserve

Calera Wine Company
Monterey

11300 Cienega Rd, Hollister 831 637 9170 www.calerawine.com

CALERA IST EINES von wenigen Versuchsgütern, die angelegt wurden, um eine Theorie zu testen. Josh Jensen kam nach mehreren Burgundreisen Anfang der 1970er-Jahre zu der Überzeugung, Kalksteinböden seien das Geheimnis von großem Pinot Noir. In den Gavilan Mountains entdeckte er diesen Bodentyp 670 m hoch, wo er Pinot Noir anpflanzte – mit unterschiedlichem Ergebnis. Manche Jahrgänge waren exzellent, andere dumpf und brandig. Die Drainagefähigkeit der Kalksteinböden ist zwar optimal, aber in manchen Jahren litten die Trauben unter Bakterienbefall. Der Viognier jedoch ist exzellent.

rot, weiß 1999, 1997, 1996, 1995, 1993 ★ Viognier, Mount Harlan Chardonnay, Selleck Mount Harlan Pinot Noir

Chalone Vineyard
Monterey

Stonewall Canyon Rd & Hwy 146 W, Soledad 831 678 1717 www.chalonevineyard.com n. V.

DIESES WEINGUT gibt es schon seit 1919, aber die ersten eigenen Weine wurden erst 1960 abgefüllt. Es überwiegen Chardonnay und Pinot Noir; Syrah und Viognier wurden Ende der 1990er-Jahre gepflanzt. In dieser Zeit litt Chalones Ruf auf Grund von Bakterienbefall, inzwischen hat es seine Form wieder gefunden. Chenin Blanc mag aus der Mode sein, aber die Weine dieser Sorte sind Grund genug, altmodisch zu sein.

rot, weiß 2000, 1999, 1993 ★ Chenin Blanc, Viognier, Pinot Noir

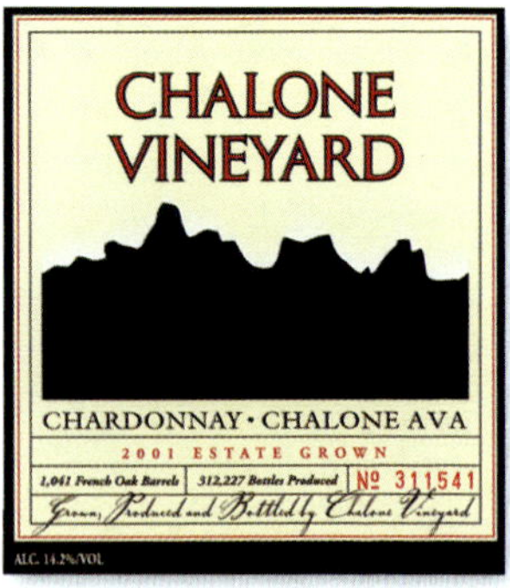

Etikett Chalone Vineyard

RANDALL GRAHM UND BONNY DOON

Der Querdenker Randall Grahm gilt als *enfant terrible* in der kalifornischen Weinmacherszene. Er möchte beweisen, dass das kalifornische Klima weitaus besser geeignet ist für Sorten von der Rhône und aus dem Mittelmeerraum als für die heiligen Kühe Chardonnay und Cabernet Sauvignon. Die Weine von seinem Gut Bonny Doon Vineyard sind eine Hommage an Châteauneuf-du-Pape und Bandol. Ein mutiger Querschuss ist sein Riesling Pacific Rim, für den er Trauben aus Washington verarbeitet. Sicher gehören diese Weine nicht zu den besten Kaliforniens, aber Grahms lockerer Umgang mit gängigen Vorstellungen lässt auch andere Winzer die Zukunft kalifornischer Weine neu überdenken.

***Verkostungsräume:** 2 Pine Flat Rd, Bonny Doon*
831 425 4518 or 2485 W Hwy 46, Paso Robles
805 239 5614 www.bonnydoonvineyard.com

Syrah von Bonny Doon

Paraiso Springs Vineyards
Monterey

38060 Paraiso Springs Rd, Soledad
831 678 0300

RICH SMITH IST IN ERSTER Linie Traubenerzeuger, hat aber einen Teil der Gesamtrebfläche von 1200 ha reserviert, um davon eigene Weine zu machen. Seine Weine sind unkompliziert, rein und von direkter Frucht. Riesling und Pinot Blanc wurden leider aus dem Programm genommen, aber Pinot Noir und Syrah zeigen intensive Fruchtigkeit, die für den Wein aus in Monterey typisch ist.

rot, weiß 1999, 1998, 1996, 1993 ★ Pinot Noir, Syrah

Alban Vineyards
San Luis Obispo

8575 Orcutt Rd, Arroyo Grande
805 546 0305

NACH EINEM BESUCH in Condrieu ließ John Alban seinen Weingarten von 1990 an mit Rhônesorten bepflanzen. Seine Weine sind dank niedriger Erträge von enormer Konzentriertheit, und ob er sich nun an Roussanne oder Viognier versucht, an Syrah oder Grenache, misslungen ist ihm bisher noch keiner. Da verwundert es nicht, dass andere Erzeuger nach seinen Trauben Schlange stehen.

rot, weiß 1999, 1997, 1996, 1995 ★ Viognier, Reva Syrah, Grenache

Justin Vineyards & Winery
San Luis Obispo

11680 Chimney Rock Rd, Paso Robles
805 238 6932
www.justinwine.com

DER EHEMALIGE BANKER Justin Baldwin kaufte dieses Gut 1982 und bewirtschaftet heute 29 ha. Im Lauf der Zeit probierte er aus, welche Sorten auf den neu geschaffenen Rebflächen am besten gedeihen. Bestanden haben sein Cabernet Sauvignon und Syrah, beide sortenrein, sowie seine Isosceles und Justification genannten Bordeauxverschnitte. Hohe Qualität und geschicktes Marketing brachten Justin rasch Anerkennung.

rot, weiß, aufgespriteter Wein 2000, 1999, 1998, 1995, 1994 ★ Sauvignon Blanc, Syrah, Isosceles

Meridian Vineyards
San Luis Obispo

7000 Hwy 46 E, Paso Robles 805 237 6000 www.meridianvineyards.com

DER WEINMACHER und Gründer dieses Guts, Chuck Ortmann, hält das Ruder nach vielen Besitzerwechseln bis heute fest in der Hand. Der derzeitige Eigentümer, Beringer Blass, strebt eine weitere Produktionssteigerung des ohnehin schon großen Betriebs an. Von den Tausenden von Hektar, die Ortman zur Verfügung stehen, macht er viele unterschiedliche Weine zu einem außerordentlich guten Preis-Leistungs-Verhältnis.

rot, weiß 2000, 1999, 1998, 1997, 1995, 1994 ★ Pinot Noir Reserve, Paso Robles Syrah, Paso Robles Zinfandel

Tablas Creek Vineyard
San Luis Obispo

9339 Adelaida Rd, Paso Robles
805 237 1231 www.tablascreek.com n. V.

LANGE SUCHTEN die Familie Perrin und der Weinimporteur Robert Haas nach dem idealen Standort für Rhônesorten in Kalifornien. Schließlich entschieden sie sich für den Westen der AVA Paso Robles, da die Böden dort den Gegebenheiten auf dem Familiengut Château de Beaucastel *(s. S. 133)* in der AC Châteauneuf-du-Pape glichen. Dort gründete man ein Bioweingut und importierte Reben aus Frankreich. Seit 1997 werden sie zu komplexen Verschnitten namens Esprit de Beaucastel verarbeitet. Der Rote besteht aus Mourvèdre, Syrah und Grenache, der Weiße aus Marsanne, Viognier und Roussanne.

rot, weiß 2000, 1999, 1998, 1997 ★ Esprit de Beaucastel, Esprit de Beaucastel Blanc

Wild Horse Winery & Vineyards
San Luis Obispo

1437 Wild Horse Winery Ct, Templeton ☎ *805 434 2541*
W *www.wildhorsewinery.com* ○

SEIT 20 JAHREN produziert Ken Volk ein breites Sortiment von Weinen aus eigenen Trauben und aus Zukäufen von verschiedenen Lagen Zentralkaliforniens. Berühmt ist er für seinen Pinot Noir und die Rhônemarke Equus; darüber hinaus ist er ein Freund höchst individueller Sorten wie Malvasia, Trousseau Gris und Négrette. Die Qualität schwankt, was angesichts der Vielzahl oft ausgefallener Weine nicht verwunderlich ist. Trotzdem handelt es sich um ernst zu nehmende Weine. Pinot Noir und Syrah können vortrefflich sein.

rot, weiß *2000, 1999, 1998, 1997, 1995, 1994* ★ *Malvasia Bianca, Equus Roussanne, Cheval Sauvage Pinot Noir*

Etikett Wild Horse Winery & Vineyards

Andrew Murray Vineyards
Santa Barbara County

6701 Foxen Canyon Rd, Los Olivos ☎ *805 686 9604* W *www.andrewmurrayvineyards.com* ●

DER RESTAURATOR James Murray unternahm mit seinem Sohn Andrew (der heute Weinmacher ist) mehrere Gourmetreisen nach Frankreich, wo sie auch Weine von der Rhône kennen lernten. 1990 bepflanzten sie in Santa Ynez Valley 20 ha mit Rhônesorten. Diese Reben liefern heute einen reifen, blumigen Viognier und ein Sortiment würziger Syrahs mit Nelkenaromen, die mit jedem Jahrgang das große Potenzial dieser Region für diese beiden Sorten unter Beweis stellen.

rot, weiß *2001, 2000, 1999, 1998, 1997* ★ *Estate Viognier, Roasted Slope Syrah*

Arcadian Winery
Santa Barbara County

Santa Ynez ☎ *805 688 1876*
W *www.arcadianwinery.com* ●

JOSEPH DAVIS besitzt keine Weingärten. Stattdessen pachtet er Parzellen von Traubenerzeugern im County Santa Barbara und in Monterey und bewirtschaftet sie selbst, so stellt er die gewünschte Traubenqualität sicher. Da er in Burgund gearbeitet hat, ist Frankreich für ihn das Vorbild für Pinot Noir und Chardonnay. Er verwendet viel neue Eiche, aber dank der Konzentriertheit der Weine sind die Holznoten immer dezent. So entstehen Weine im Burgunderstil von großer Klarheit und Intensität.

rot, weiß *2000, 1999, 1998, 1997* ★ *Bien Nacido Chardonnay, Pisoni Vineyard Pinot Noir, Gary's Vineyard Syrah*

Au Bon Climat Winery
Santa Barbara County

Rte 1, Santa Maria Mesa Rd, Santa Maria ☎ *805 937 9801*
W *www.aubonclimat.com* ●

JIM CLENDENEN gehört zu den Pionieren im Santa Maria Valley. Seit fast 20 Jahren produziert er feinen Chardonnay und Pinot Noir; die Trauben stammen von eigenen Weinbergen und den führenden Erzeugern der Region. Er bevorzugt Zurückhaltung statt Mächtigkeit, dennoch sind seine Weine in ihrer Großzügigkeit und Fülle noch immer sehr kalifornisch. Unter der Marke Podere dell'Olivos erzeugt Clendenen auch einige italienische Sortenweine.

rot, weiß *2001, 2000, 1998, 1997, 1996, 1993* ★ *Talley Vineyard Chardonnay, Isabelle Pinot Noir*

DAS PHÄNOMEN GALLO

In seinen aufwändigen Werbekampagnen präsentiert sich Gallo gerne als Familienunternehmen, dem seine Weingärten und die Zufriedenheit der Kunden am Herzen liegen. In Wirklichkeit handelt es sich um den größten Wein-Multi der Welt, der so viel Wein produziert wie ganz Australien, wenn auch viel unter anderen Marken verkauft wird.

Die Brüder Ernest und Julio Gallo gründeten das Unternehmen Mitte der 1930er-Jahre. Dank eines gut entwickelten Verteilungsnetzes, Markenbewusstsein und knallhartem Marketing wuchs die Firma rasch und beherrschte 1967 bereits ein Drittel des US-Markts. Ihren Sitz hat sie in Central Valley, wo sie Dutzende Millionen Kisten pro Jahr produziert. Vor dem Ruf der Mittelmäßigkeit retteten in den 1980er-Jahren die Gallo-Enkel das Unternehmen mit der Gründung einer Außenstelle in Sonoma. Diese bietet hohe Qualität zu einem fairen Preis – gut fürs Image.

Ernest & Julio Gallo

Byron
Santa Barbara County

5230 Tepusquet Rd, Santa Maria
805 937 7288
www.byronwines.com

KEN BROWN GRÜNDETE das Weingut in den 1980er-Jahren. 1990 verkaufte er es an Robert Mondavi, hat aber weiterhin das Sagen. Die wichtigsten Weine sind Pinot Noir, Chardonnay, Pinot Blanc und Pinot Gris. Byron hat über 250 ha, trotzdem kauft er zusätzlich Trauben von anderen Spitzenlagen in Santa Barbara. Die Weine sind in einem ausgewogenen Stil, doch manche einfachere Exemplare sind besser als die holzwürzigen.

rot, weiß ***2001, 2000, 1999, 1998, 1997, 1996, 1993 ★ Pinot Gris, Santa Maria Chardonnay, Byron Vineyard Pinot Noir***

Firestone Vineyard
Santa Barbara County

5000 Zaca Station Rd, Los Olivos *805 688 3940*
www.firestonewine.com

IN DEN 1970ER-JAHREN gründete Brooks Firestone dieses Gut in Santa Ynez Valley; heute gehört es der japanischen Firma Suntory, aber die Familie Firestone ist weiterhin beteiligt. Das Gut war bald bekannt für ein hervorragendes Preis-Leistungsverhältnis. Nach stetiger Produktionssteigerung kauft man heute Trauben dazu, weshalb die Qualität zuweilen wechselt. Seit jeher verlässlich ist Riesling, aber auch Merlot und Cabernet Sauvignon. Oft fehlt es den Weinen an Konzentration und Länge, sie sind aber ihren Preis wert.

rot, weiß ***2001, 2000, 1999, 1997, 1996, 1994 ★ Gewürztraminer, Late Harvest Riesling, Merlot Reserve***

Byron

Sanford Winery
Santa Barbara County

7250 Santa Rosa Rd, Buellton
805 688 3300

RICHARD SANFORD kultiviert seit 1971 – als einer der Ersten im County – Pinot Noir. Zehn Jahre später gründete er eine eigene Kellerei und erweiterte das Weingut auf 140 ha. Die Weißweine sind ausladend und holzwürzig, der Pinot Noir aber wahrlich exzeptionell.

rot, weiß ***2001, 2000, 1998, 1997, 1996, 1994 ★ Barrel Select Chardonnay, La Rinconada Pinot Noir***

Domaine de la Terre Rouge
Sierra Foothills

10801 Dickson Rd, Fiddletown
209 245 3117
www.terrerougewines.com

TERRE ROUGE, 1987 von William Easton gegründet, erzeugt die besten Rhône-Sortenweine in den Sierra Foothills. Der feinste Syrah stammt von der Parzelle Pyramid Block; die besten Trauben davon bleiben der sehr eichehaltigen Spezialabfüllung Ascent vorbehalten. Das Weißweinsortiment umfasst einen Verschnitt im Rhônestil, Enigma, und einen reichen Viognier, während die Marke Easton einige mächtige, aber elegante Zinfandels sowie saftige Barberas bezeichnet.

rot, weiß, aufgespritete Weine ***2000, 1999, 1998, 1995 ★ Enigma, Pyramid Block Syrah, Estate Zinfandel***

Quady Winery
Central Valley

1318 Rd 24, Madera *559 673 8068* *www.quadywinery.com*

Ende der 1970er-Jahre versuchte sich Andrew Quady an Weinen im Portstil und an aufgespriteten Muskatweinen.

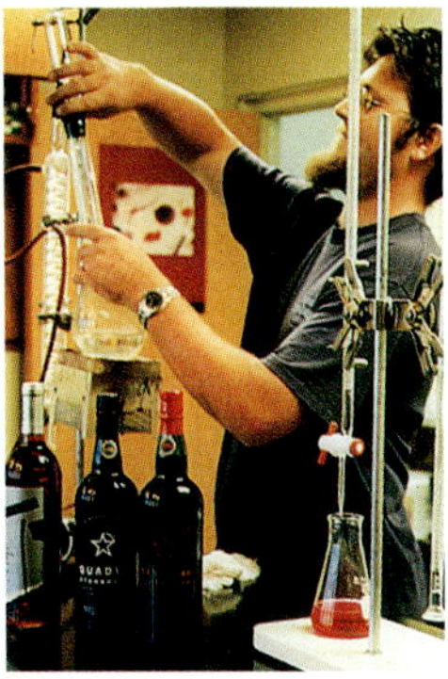

Weinmacher Herb Quady im Labor der Quady Winery

1981 brachte er in wunderschöner Aufmachung Essensia, einen Orange Muscat auf den Markt. Ihm folgten Elysium, ein Black Muscat, mit Rosenaromen, süße und trockene Wermuts und aufgespritete Weine von Zinfandel und portugiesischen Sorten. Damit hat Quady bewiesen, dass Madera, eine für gute Tischweine zu heiße Region, ideal geeignet ist für Süßweine von Weltrang.

aufgespritete Weine ***★ Essensia, Elysium***

Moraga Vineyards
Southern California

650 Sepulveda Blvd, Los Angeles
310 471 8560
www.moragavineyards.com

GIBT ES EINEN ungewöhnlicheren Ort für ein Spitzenweingut als Bel Air, den exklusiven Vorort von Los Angeles im Moraga Canyon? Das Mikroklima ist zumindest besser als in Downtown Los Angeles. Tom Jones bietet zwei Weine an, einen roten und einen weißen. Der Cabernet-Sauvignon-dominierte Bordeauxverschnitt, opulent, holzwürzig und hochpreisig, beeindruckt ebenso wie ein feiner Cabernet aus Napa Valley.

rot ***1999, 1997, 1995, 1994 ★ Moraga Cabernet***

DER PAZIFISCHE NORDWESTEN

OREGON UND WASHINGTON sind zwar Antipoden wie Bordeaux und Burgund, beide zusammen aber verbindet mehr mit Frankreich als mit anderen Weinregionen in den USA. Wie diese französischen Weinzentren liegen sie zwischen dem 43. und 47. Breitengrad. Die Grenze bildet der mächtige Columbia River. Das Zusammenspiel zwischen Sonne, Witterung und der Topografie ist ausschlaggebend für die Weintypen der jeweiligen Region.

Hinter den Anfängen von Oregons Weinindustrie in in den 1960er-Jahren stand die Absicht, Pinot Noir zu produzieren. Die ersten Winzer dort waren überzeugt, dass dieser lange reifen müsse, um das würzige Parfum, die samtige Textur und die feine Struktur von echtem Burgunder zu erhalten. Nachdem sie sich bei diesem Versuch schon beinah um Kopf und Kragen gebracht hatten, begründeten sie schließlich die so genannte Cool Climate Viticulture *(s. S. 515)* in der Neuen Welt.

Pinot-Gris-Traube

In den USA an vierter Stelle, was die Produktionsmenge betrifft, erzeugen die 217 Weingüter in Oregon auf einer Fläche von 4855 ha mehr als 1 Mio. Kisten Wein pro Jahr. Die meisten drängen sich im Westen der Kaskadenberge innerhalb des von der Küste beeinflussten, kühlen und feuchten Willamettetals. Angebaut werden Pinot Noir, Pinot Gris, Sauvignon Blanc, Gewürztraminer, Riesling und Pinot Blanc.

Die Weinindustrie im Staat Washington ist viel größer. In den letzten 20 Jahren stieg die Anzahl der Weingüter von 19 auf über 240, während die Rebfläche von 2025 auf mehr als 11 735 ha anwuchs. Mittlerweile auf dem zweiten Platz in den USA, produziert Washington 454 600 hl Wein pro Jahr. Eingebettet in ein fast wüstenartiges, von Hochebenen bestimmtes Terrain, konzentriert sich die Weinindustrie hier auf Flusstäler im Osten des Bundesstaats. Ohne künstliche Bewässerung wäre kein Weinbau möglich. Dank endloser Sonnenscheindauer reifen die Trauben verlässlich aus, und der Anbau von Chardonnay, Riesling, Cabernet Sauvignon, Merlot und Syrah ist möglich.

Cabernet-Franc-Weingarten der Woodward Canyon Winery in Walla Walla, Washington

◁ **Reben im Willamette Valley mit dem Mount Hood im Hintergrund, Oregon**

WEINKARTE PAZIFISCHER NORDWESTEN

IM NORDWESTEN DER USA drängen sich Washington und Oregon. Östlich der Kaskadenberge liegen die vier großen AVAs Washingtons: AVA Columbia Valley, darin eingeschlossen die AVA Yakima Valley, innerhalb letzterer die AVA Red Mountain, und Walla Walla in der Umgebung der gleichnamigen Stadt. Die einzige AVA im Westen Washingtons ist Puget Sound. Die AVAs Oregons liegen im Westen zwischen dem Küstengebirge und den Kaskadenbergen. Sie erstrecken sich über 320 km vom feuchten Norden in den trockeneren Süden: Willamette Valley, Umpqua Valley, Rogue Valley, mit den Subregionen Applegate und Illinois River Valley.

Etikett Woodward Canyon Winery, Washington

LEGENDE

Pazifischer Nordwesten

SPITZENWEINE: PAZIFISCHER NORDWESTEN

- Ⓡ Cayuse Vineyards En Cerise Vineyard Syrah €€€
- Ⓡ Columbia Winery Red Willow Sangiovese €€
- Ⓡ DeLille Cellars D2€€€
- Ⓦ Domaine Drouhin Chardonnay €€
- Ⓡ Domaine Drouhin Laurène Pinot Noir €€€
- Ⓡ Ken Wright Cellars Single Vineyard Pinot Noirs €€€€
- Ⓡ Ken Wright Cellars Tyrus Evan Del Rio Vineyard Syrah €€€
- Ⓦ McCrea Cellars Ciel du Cheval Vineyard Viognier €€
- Ⓡ Ponzi Vineyards Reserve Pinot Noir €€€€
- Ⓦ Stimson Lane Vineyards & Estates Château Ste Michelle Canoe Ridge Chardonnay €€
- Ⓦ Eyrie Vineyards Pinot Gris €€
- Ⓡ Woodward Canyon Winery Old Vines Cabernet Sauvignon €€€€

WASHINGTON: GEBIETE UND SPITZENERZEUGER

COLUMBIA VALLEY *S. 512*

Columbia Winery *S. 516*
McCrea Cellars *S. 516*
Stimson Lane Vineyards & Estates *S. 516*

YAKIMA VALLEY UND RED MOUNTAIN *S. 513*

DeLille Cellars *S. 516*
Hedges Cellars *S. 517*
Washington Hills Cellars *S. 517*

WALLA WALLA *S. 513*

Canoe Ridge Vineyard *S. 517*
Cayuse Vineyards *S. 517*
L'Ecole No 41 *S. 517*
Woodward Canyon Winery *S. 517*

Die Kellerei der Domaine Drouhin in Willamette Valley, Oregon

DAS TERROIR AUF EINEN BLICK

Breite: 45–48,5 °N (Washington); 42–45,5°N (Oregon)

Höhe: 0–270 m über NN Washington; 90–800 m über NN Oregon.

Topografie: In Washington bilden die Kaskadenberge eine Barriere gegen das feuchte, gemäßigte Meeresklima. Die Weinregionen Oregons liegen weiter westlich, zwischen Küstengebirge und Kaskadenbergen.

Boden: Basaltsand, Löss und Flussgestein in Washington; Granit, Lehm und Vulkanböden in Oregon

Klima: Aufgrund der Gebirgsbarriere bekommen die trockenen Regionen Washingtons nur 200 mm Regen ab. Die Sommer sind heiß, aber große Temperaturschwankungen bewahren die Säure und ermöglichen eine langsame Reifung. In Oregon sind die Sommer kühl, die Herbstmonate feucht.

Temperatur: Das Julimittel liegt bei 21 °C in Washington, bei 19 °C in Oregon.

Niederschlag: Das Jahresmittel beträgt 200 mm in Washington, 1100 mm in Oregon.

Gefahren für den Weinbau: Gelegentliche Frostschäden in Washington, Pilzerkrankungen und ungenügende Reife in Oregon

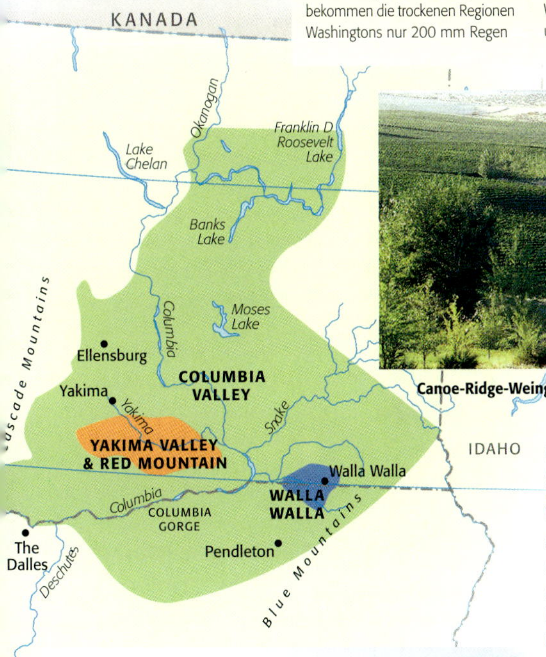

Canoe-Ridge-Weingarten in Walla Walla, Washington

OREGON: GEBIETE UND SPITZENERZEUGER

WILLAMETTE VALLEY *S. 514*

Amity Vineyards *S. 518*
Archery Summit Winery *S. 518*
Argyle Winery *S. 518*
Domaine Drouhin *S. 518*
Elk Cove Vineyards *S. 518*
Ken Wright Cellars *S. 518*
Panther Creek Cellars *S. 519*
Ponzi Vineyards *S. 519*
WillaKenzie Estate *S. 519*
Willamette Valley Vineyards *S. 519*

UMPQUA VALLEY *S. 514*

Abacela Vineyards & Winery *S. 519*

ROGUE, APPLEGATE UND ILLINOIS RIVER VALLEYS *S. 514*

DER GEOLOGISCHE AUFBAU

Die Geografie des pazifischen Nordwestens ist das Produkt gewaltiger Fluterosion sowie andauernder vulkanischer Aktivität. Mit dem Abschmelzen der Gletscher vor mehr als 16 000 Jahren setzte einer der größten Inlandsseen der Vorzeit, der Lake Missoula, eine riesige, 60 m hohe und 20 m breite Flutwelle frei. Sie schoss mit 320 km/h dahin, schürfte die Columbia-Schlucht aus dem Boden, strömte weiter westwärts durch den alten Basalt des Kaskadengebirges und lagerte schließlich lastwagengroße Findlinge und Schwemmsand im Tal des Willamette ab. Sie hinterließ eine 75 m tiefe Kiesschicht in Columbia Valley und eine mit Steinen übersäte flache Oberbodenschicht, die – unfruchtbar, reblausfrei und wasserdurchgängig – ideal ist für den Weinbau.

Rebfelder in einem trockenen Flussbett in Walla Walla, Washington

DIE WEINBAUGEBIETE DES PAZIFISCHEN NORDWESTENS

WASHINGTON

IM 19. JH. WAR DER WEINBAU das Steckenpferd französischer, deutscher und italienischer Einwanderer und hat von daher eine lange Tradition in Washington. Heute beherrschen zwei Großunternehmen die Weinindustrie, Stimson Lane und Corus Brands, mit 70 % der Gesamtproduktion. Die Weinindustrie in Washington arbeitete im großen Stil. Große Kellereien, die in Siedlungszentren um Seattle herum entstanden sind, wurden mit Trauben beliefert, die im sonnenverwöhnten Osten Washingtons gewachsen waren. Dies gewährleistete effiziente Produktionsweisen und Verschnitte von Trauben verschiedener Klimazonen und Großlagen. Am Anfang standen große Mengen preiswerter, aber guter Alltagsweine, dann kamen, immer noch zu vernünftigen Preisen, Weine gehobener Qualität und im Premiumsegment angesiedelte Tropfen dazu.

Etikett Canoe Ridge Vineyard

Ursprünglich beherrschten die Weißweine das Sortiment, heute überwiegen die Rotweine mit 57 % der Gesamtproduktion. In den letzten 30 Jahren hat sich die Weinindustrie in Washington mit ihren Sortenweinen einen Namen gemacht. Sie bieten charaktervolle Aromen, weiche Textur und ausgeprägte Struktur – zu horrenden Preisen.

Columbia Valley

DIE 4,3 MIO. HEKTAR große AVA Columbia Valley umfasst drei weitere AVAs (Yakima Valley, Red Mountain und Walla Walla) und liefert 98 % der Gesamtproduktion Washingtons. Die AVA Columbia Valley wurde 1984 quasi als Sammelbecken eingerichtet, um großräumige Verschnitte zu ermöglichen. Die dazugehörige Rebfläche umfasst 6880 ha mit einem einzigartigen Spektrum verschiedener Mikroklimata: von den heißesten Lagen entlang des Wahluke Slope – Mattawa, Saddle Mountains, Frenchman Hills und Indian Wells – bis in den kühleren Süden, in der klimatisch gemäßigten, frostfreien Subregion Columbia Gorge: Alder Ridge, Cold Creek, Zepher Ridge und Canoe Ridge.

Die Böden wechseln von unfruchtbarem Kies, Sand, Lehm bis hin zu Basalt. Um Frostschäden vorzubeugen und wegen kühlerer Temperaturen im Sommer, hat man Weingärten in höheren Lagen zwischen 20 und 310 m sowie nahe dem Columbia River angelegt.

Die AVA Columbia Valley machte mit ihren hochwertigen, zart duftigen Rieslingen in den 1970er-Jahren erstmals auf sich aufmerksam. In den 1980er-Jahren drängten sich dann Merlot und Chardonnay in den Vordergrund, aber der Riesling gehört nach wie vor zu den besten der USA. Bei entsprechender Witterung macht man auch Eisweine. Leider wird der anfängliche Erfolg von Sémillon und Chenin Blanc – beides unmoderne, rasiermesserscharfe Weine voll vibrierender Frucht – nicht so richtig gewürdigt. Die erfrischend knackigen Sauvignon Blancs gehören zu den besseren und sind trotzdem oft sehr günstig.

Merlot ist seit 1976 der Star unter den Rotweinen Washingtons. Er ist in der Regel reifer und alkoholhaltiger als in Bordeaux und feiner strukturiert als in Kalifornien. Cabernet Sauvignon reift ebenso beständig und erbringt konzentrierte, mächtigė Weine, steht aber dennoch im Schatten von Merlot. Beide Trauben sind auch gute Verschnittpartner, sei es mit Cabernet Franc oder Malbec – oder gleich mit beiden zusammen als Meritage. Alle Weine haben oft Ähnlichkeit mit Bordeaux.

In den 1990er-Jahren erlebte Syrah phänomenale Zuwächse und ist inzwischen die vierthäufigste Traube der Region. Vom Stil her ähneln ihre Weine denen des nördlichen Rhônetals. Um Aroma und Struktur zu verbessern, setzen die Weinmacher, die nach französischem – und kalifornischem – Vorbild arbeiten (»Rhône-Rangers«, *s. S. 501*), 7 % Viognier zu.

Auch von weniger bekannten Trendsorten wie Marsanne, Roussanne, Malbec, Mourvèdre, Nebbiolo, Sangiovese, Barbera, Zinfandel, Grenache und Cinsaut macht man zunehmend interessante Weine. Ein einzigartiges Comeback erlebt Lemberger. Kräftig, selbstbewusst und fruchtig, entpuppt er sich als die Antwort Washingtons auf kalifornischen Zinfandel.

Kies, Sand, Lehm, Basalt *Merlot, Cabernet Sauvignon* *Chardonnay* *rot, weiß*

Yakima Valley und Red Mountain

DIE EHER KÜHLE AVA YAKIMA VALLEY, zwischen den Rattlesnake und den Horseheaven Hills gelegen, wurde 1983 gegründet und umfasst heute 4450 ha Rebfläche. Schwemmsand und Mergel sind die Bodentypen in den berühmten Weingärten Otis, Red Willow, Sagemoor, Wycoff, Boushey und Elerding. Überwiegend stehen dort Chardonnay, Riesling, Merlot, Cabernet Sauvignon und Cabernet Franc, aber Newcomer wie Pinot Gris, Sangiovese, Barbera, Syrah, Malbec und Viognier sind auf dem Vormarsch. Die wärmste Zone innerhalb von Yakima Valley ist die recht neue AVA Red Mountain (2001). Dort gedeihen auf 285 ha ultrareife Trauben von Bordeaux- und Rhônesorten. Die gut entwässerten Weinberge eignen sich für Cabernet Sauvignon, Cabernet Franc, Merlot, Malbec, Syrah und Viognier.

Kies, Sand, Lehm, Basalt *Merlot, Cabernet Sauvignon* *Chardonnay* *rot, weiß*

Sémillon-Rebfelder in Yakima Valley

EIN »COOLER« VORTEIL

Der Weinbau in Washington ist zwar gelegentlich mit Frostschäden konfrontiert, aber die kühle Witterung bringt auch Vorteile. Die Reblaus z. B. hat in der für das Columbia-Becken typischen extremen Kälte und den Sandböden keine Chance, weshalb Washington komplett Phylloxera-frei ist und man Vinifera-Reben ungepfropft auf dem eigenen Wurzelstock kultivieren kann. Viele halten den Charakter der Sorten für reiner, ähnlich jenen, die man im 19. Jahrhundert in Frankreich von der Reblauskrise *(s. S. 528–529)* kannte.

Walla Walla

IN DER 1984 GEGRÜNDETEN AVA Walla Walla findet sich die dichteste Konzentration von Boutique-Weingütern. An die 405 ha Rebfläche mit einem unglaublichen Potenzial erstrecken sich über ein von Steinen übersätes Gebiet ehemaliger Flussläufe. Aufgrund großer Unterschiede im Mesoklima kann der Abstand der Lesezeiten ein und derselben Sorte ja nach Lage bis zu drei Wochen betragen. In den Weinbergen Pepper Bridge, Seven Hills und anderen wachsen kräftiger Cabernet Sauvignon und Merlot, aber auch raffinierter, rassiger Viognier und voller, weicher Syrah. Ähnliche, wenn auch kühlere Bedingungen für den Weinbau herrschen im Nachbarstaat Idaho.

Kies, Böden auf Lössbasis *Cabernet Sauvignon* *Chardonnay* *rot, weiß*

OREGON

VON ANFANG AN gab es in Oregon hauptsächlich kleine bewirtschaftete Familienbetriebe mit oft nur 1,5–8 ha Land. Man orientiert sich an den in Burgund gepflegten Traditionen, wo sich die Erzeuger auf extreme Jahrgangsschwankungen eingestellt haben. Trotzdem haben im Lauf der Zeit verbesserte Weinbaumethoden, bessere Auswahl der Klone, Ertragssenkungen und der Einfluss 20 bis 35 Jahre alter Reben dazu beigetragen, dass man jährliche Schwankungen ausgleichen und die Konzentration und Komplexität der Weine erhöhen konnte. In einer Welt, die hoch technisierte Weine aus heißen Klimazonen bevorzugt, steht Oregon einzigartig da und geht seinen eigenen Weg.

Willamette Valley

DIE KÜHLE, FEUCHTE, von Pinot Noir bestimmte AVA Willamette Valley ist Sitz von fast drei Vierteln aller Weingüter Oregons. Nach 40 Jahren ist das Terroir von den Dundee Hills, den Eola Hills, Chehalem Ridge, dem Distrikt Yamhill-Carlton und dem Fuß der Küstenberge deutlich erkennbar. Die Reben – gut eingewachsene Klone – stehen auf mageren Böden, in Hanglagen in einer Höhe zwischen 90 und 215 m.

Die besseren Pinot Noirs aus Oregon sind fruchtbetont, von klarer Struktur und intensivem Aroma und orientieren sich eher an den Weinen Burgunds. Oft dauert es vier bis sieben Jahre, bis sie sich öffnen. Andere Rotweine – Ganay, Dolcetto und St-Laurent – sind ebenfalls vielversprechend.

Pinot-Noir-Reben

Pinot Gris, trocken, von frischer Frucht und reicher Struktur, ist die bedeutendste weiße und nach Pinot Noir die zweithäufigste Traube Oregons, wenn ihr nicht bald Pinot Blanc, mit rassiger Säure und üppiger Pfirsichfrucht, den Rang streitig macht. Riesling und Gewürztraminer, obschon kommerziell uninteressant, können intensive sortentypische, fast elsässische Ausprägungen annehmen. Nachdem die für ein heißes Klima bestimmten Chardonnay-Klone aus Kalifornien herbe Weine ohne Frucht ergeben hatten, importierte man Klone aus Dijon. Das heutige Vorbild ist eine subtile, Côte-de-Beaune-ähnliche Frucht, unterlegt von mineralischem, zart blumigem, erdigem Aroma und deutlicher Säure.

Vulkanböden, Granit, Lehm, Meeressedimente
Pinot Noir *Pinot Gris* *rot, weiß*

Umpqua Valley

ZWISCHEN DER WÄRMEREN, feuchten Pinotregion im Norden und den höheren, trockeneren Syrah-Gebieten im Süden gelegen, wird diese AVA von einem Übergangsklima bestimmt. Versuche mit Tempranillo, Syrah, Merlot, Dolcetto, Malbec, Cabernet Franc, Viognier und Albariño waren erfolgreich.

metamorph, sedimentär, vulkanisch, alluvial
Pinot Noir *Chardonnay* *rot, weiß*

Rogue, Applegate und Illinois River Valleys

DIE AVA ROGUE VALLEY und die Subregion Applegate Valley sind nun im Kommen. Mit einer Regenmenge von 180–510 mm sind sie deutlich trockener als Willamette Valley, und die verschiedenen Höhenlagen (310–780 m) und Bodentypen bieten schier endlose Möglichkeiten. Nach einer anfänglichen Bevorzugung von Pinot Gris, Chardonnay, Sauvignon Blanc und Pinot Noir stehen heute Sangiovese, Viognier, Syrah, Tempranillo und die Bordeauxsorten im Vordergrund. Besonders bemerkenswert sind die reifen, schön strukturierten, Claret-artigen Verschnitte von Cabernet Sauvignon, Cabernet Franc, Merlot und Malbec.

Diese eher für ein heißes Klima bestimmten Sorten reifen hier wie Pinot Noir weiter im Norden ziemlich langsam. Der daraus resultierende Charakter und die feinere Struktur sind eher für Weine aus Washington als aus Oregon typisch. Schon jetzt ist Viognier fein aromatisch, knackig und von schönem Körper, Syrah vollmundig reif und gut strukturiert.

Das näher am Pazifik gelegene Illinois River Valley, eine Unterregion des Rogue Valley, bekommt 890 mm Regen im Jahr ab und favorisiert, wie der Norden des Willamette Valley, die Sorten Riesling, Pinot Gris, Gewürztraminer und Pinot Noir.

Granit, Mergelanteile, Lehm *Merlot, Cabernet Sauvignon* *Pinot Gris, Chardonnay* *rot, weiß*

DIE GEBURT DES COOL-CLIMATE-WEINBAUS

DAS IN DEN USA neuartige Konzept des Cool-Climate-Weinbaus fand seine erste Anwendung in Oregon. Henderson Luiellen und Peter Britt legten dort 1847 bzw. 1852 erste Pflanzungen mit Vitis vinifera *an, aber nur wenige Güter überstanden die Prohibition. In den 1960er-Jahren nahm der Weinbau in Oregon einen wirklichen Aufschwung.*

In der Überzeugung, das heiße Klima Kaliforniens sei ungeeignet für Sorten aus Mitteleuropa, machten sich Richard Sommer und David Lett auf der Suche nach Bedingungen, unter denen die Trauben langsamer und sanfter reiften, auf ins nördliche Oregon, das angeblich zu kalt und zu feucht für den Weinbau war.

Richard Sommer erkundete das Umpqua Valley und legte dort 1961 einen mit Riesling bestockten Weinberg an, den er Hillcrest nannte. David Lett seinerseits nahm allen Mut zusammen und pflanzte 1965 im deutlich kühleren und feuchteren nördlichen Willamette Valley Pinot Noir, Pinot Meunier, Pinot Gris, Riesling und Muskat. Weitere Sorten folgten bald.

David Letts Erwartungen sollten sich erfüllen. 1979 gewann sein 1975er Pinot Noir Eyrie Vineyards gegen eine Konkurrenz erstklassiger cru-Burgunder den zweiten Platz bei der Weinolympiade von Gault-Millaut. Damit war Oregon die erste Region außerhalb Burgunds, die Pinot Noir im Burgunder-Stil produzierte.

Anfänglich fasziniert von ihrem »burgundischen« Klima bekamen die Winzer in Oregon bald dessen Kehrseite zu spüren: Frost, Fäulnis, unreife und saure Trauben sowie extreme Jahrgangsschwankungen. Praktische Unterstützung bei der Lösung dieser Probleme suchten sie in Burgund, in der Schweiz und im Elsass. Von den Schweizern lernten sie in den 1970er-Jahren, die Laubwand zu optimieren und Blätter zu entfernen, um Licht und Wind an die Trauben zu lassen. In Frankreich erfuhren sie eine Menge über die Bedeutung von Standorten und Mikroklimata, Hanglagen, Drainagefähigkeit, Pflanzdichte und Kaltmazeration. Neu waren auch der Verzicht auf Filtration und der Ersatz von Pumpen durch die Schwerkraft. Schließlich trennten sich die Erzeuger auch noch von ihren Pinot-Noir-Reben und importierten stattdessen besser geeignete Cool-Climate-Klone aus dem burgundischen Dijon.

Pinot-Noir-Etikett von Eyrie Vineyards

Somit war es also Pinot Noir, die die Winzer in Oregon zwang, sich mit derartigen Fragen auseinander zu setzen und damit den Boden für den Cool-Climate-Weinbau bereitete, der heute in der Neuen Welt üblich ist.

Eyrie Vineyards ☎ *503 472 6318*

Pinot-Noir-Reben im kühlen Willamette Valley

DIE SPITZENERZEUGER D. PAZIFISCHEN NORDWESTENS

Columbia Winery
Columbia Valley

14030 NE 145th St, Woodinville, WA
425 488 2776
www.columbiawinery.com

DIE COLUMBIA WINERY wurde 1962 von weitsichtigen Amateurwinzern gegründet und gehört heute Constellation Brands, dem zweitgrößten Erzeuger des Landes. Weinmacher ist seit 1979 David Lake, seines Zeichens »Master of Wine«. Seine Weine sind sortentypisch korrekt, charaktervoll und aromatisch. Nachdem er Lake Cabernet Franc, Syrah und Pinot Gris in Washington eingeführt hatte, war er an der Etablierung von Sangiovese und Barbera beteiligt und propagierte Terroir-betonte Einzellagenweine.

rot, weiß 2002, 1999, 1998, 1995, 1994, 1992, 1991 ★ Cabernet Franc, Viognier, Syrah

McCrea Cellars
Columbia Valley

13443 SE 118th Ave, Rainier, WA
800 378 6212 www.mccreacellars.com n. V.

DER EHEMALIGE Saxofonist und heutige Rhône Ranger des Nordens, Dough McCrea, bringt Syrah, Grenache, Viognier, Mourvèdre, Roussanne und Counoise zum Klingen. Von Trauben überwiegend aus Red Mountain bereitet er einen eleganten, in französischer Eiche ausgebauten Syrah, Amerique, einen in amerikanischer Eiche ausgebauten Syrah und die Cuvée Orleans (Syrah mit Viognier). Boushey Grande Côte Syrah und ein würziger, außerordentlich fruchtiger Viognier runden das Sortiment ab.

rot, weiß 2002, 2001, 2000, 1999 ★ Syrah, Syrah-Grenache, Syrah-Viognier

Weinberg von DeLille Cellars im Yakima Valley

Stimson Lane Vineyards & Estates
Columbia Valley

Château Ste Michelle, 14111 NE 145th St, Woodinville, WA 425 488 1133
www.stimson-lane.com

DIESES GESCHICKT auf dem Markt positionierte Unternehmen umfasst die Marken Château Ste Michelle und Columbia Crest sowie die preiswerteren Linien Snoqualmie, Faron Ridge und Saddle Mountain (alle in Columbia Valley); zusammen produzieren sie mehr als 50 % der Weine Washingtons. Heute gehören die Chardonnays, Merlots und Cabernet Sauvignons von Château Ste Michelle zu den feinsten Amerikas. Auch Columbia Crest, 1984 als Massenmarke gegründet, ist heute ein eigenständiger Qualitätserzeuger. Weiter auf Expansionskurs hat Stimson Lane die kalifornischen Weingüter Howell Mountain und Guenoc geschluckt und mit Antinori *(s. S. 265)* und Dr. Loosen *(s. S. 354)* zusammengearbeitet.

rot, weiß 2002, 2001, 2000, 1999, 1997, 1995, 1994, 1990 ★ Merlot, Riesling, Chardonnay

Columbia Crest von Stimson Lane Vineyards & Estates

DeLille Cellars
Yakima Valley

14208 NE Redmond Rd, Woodinville, WA 425 489 0544
www.delillecellars.com n. V.

DELILLE PRODUZIERTE Washingtons erste Meritage® (Bordeaux-Verschnitt) und macht auch heute noch langlebige, unfiltrierte Verschnitte von erstklassigen Trauben. Niedrige Erträge und akkurate Traubenselektion garantieren Beständigkeit und Spitzenqualität. Chaleur und Harrison Hill, beides intensive Cabernet-Sauvignon-Verschnitte, ergänzen den D2, einen Merlot-dominierten Wein mit Wildcharakter. Der Graves-beeinflusste Sauvignon-Sémillon und der pfeffrige Doyenne (97,5 % Syrah) mit staubigen Tanninen sind ebenso faszinierend.

rot 2002, 2001, 2000, 1999, 1997, 1995, 1994 ★ Chaleur, D2, Doyenne

Hedges Cellars
Red Mountain

195 NE Gilman Blvd, Issaquah, WA
425 391 6056
www.hedgescellars.com

DIE WEINE VON HEDGES sind voll gepackt mit dichten Aromen, saftiger Textur und festen Tanninen. Zu den Spitzenweinen gehören der vollreife Columbia-Valley-Verschnitt (von Merlot, Cabernet Sauvignon, Cabernet Franc und Syrah), der dichte Three Vineyards und der komplexe Red Mountain Reserve (beide von Cabernet Sauvignon und Merlot). Empfehlenswert sind auch der intensive Cabernet Sauvignon, der erdig-dichte Merlot sowie der »Port«.

rot, aufgespritete Weine *2002, 2001, 2000, 1999* ★ *Cabernet Sauvignon-Merlot, Merlot-Cabernet Sauvignon*

Washington Hills Cellars
Yakima Valley & Red Mountain

111 E Lincoln Ave, Sunnyside, WA
1 800 814 7004
www.washingtonhills.com

WASHINGTON HILLS bietet ein exzellentes Preis-Leistungs-Verhältnis. Im unteren Segment finden sich frische, gut trinkbare Weine, darunter Riesling, Chenin Blanc und Gewürztraminer. Das mittlere Segment der Marke Bridgeman überbietet sich ständig selbst, mit edlem Cabernet Franc, pfirsichartigem Viognier, kirschartigem Sangiovese und mangoartigem Sauvignon Blanc. Der Syrah der Linie Apex Reserve besticht mit Noten von Pfeffer, Lakritz und schwarzen Früchten, während Apex Gewürztraminer, ein Eiswein, reintönend und jeden Cent seines hohen Preises wert ist.

rot, weiß, Dessertwein *2002, 2001, 2000, 1999, 1998, 1994* ★ *Syrah, Gewürztraminer, Cabernet Franc*

Etikett aus der Künstlerserie der Woodward Canyon Winery

Canoe Ridge Vineyard
Walla Walla

1102 W Cherry, WA *509 527 0885* *www.canoeridgevineyard.com*

DIESER BEDEUTENDE Weingarten in der Columbia-Schlucht wurde im 19. Jh. von den Pionieren Lewis und Clark so genannt, weil er wie ein umgekehrtes Kanu aussieht. Unter der Leitung der in Kalifornien ansässigen Chalone Group entstehen stark duftige, samtige, Pinot-Noir-ähnliche Merlots und delikate Chardonnays im Chablis-Stil.

rot, weiß *2002, 2001, 2000, 1999, 1997, 1995, 1994, 1990* ★ *Merlot, Chardonnay, Cabernet Sauvignon*

Cayuse Vineyards
Walla Walla

17 E Main, WA *509 526 0686* *www.cayusevineyards.com* *n. V.*

IM BAROSSA VALLEY verbreitet Terroir-Spezialist Christoph Baron heute gälischen Charme in Walla Walla; die Nummernschilder auf seinem Auto tragen die Aufschrift WWSYRAH. Seine Trauben werden biodynamisch angebaut und mit einheimischen Hefen vergoren, und die Weine, alles ungeschönte und unfiltrierte Lagenweine, sind der Inbegriff von Originalität, Authentizität und Individualität. Baron verabscheut »Weine à la Mike Tyson, die einen umhauen«. Er selbst kreiert gut zum Essen passende Weinstile.

rot, weiß *2002, 2001, 2000, 1999* ★ *Syrah, Syrah-Viognier*

L'Ecole No 41
Walla Walla

41 Lowden School Rd, WA *509 525 0940* *www.lecole.com*

DIE IM ALTEN SCHULHAUS von Lowden untergebrachte Kellerei L'Ecole macht einen der besten alterungsfähigen Sémillons der Welt. Spitzenrotweine sind der fein strukturierte Merlot und der ausladende, sahnige, ungefilterte Merlot-Cabernet-Verschnitt Apogee. Bemerkenswert aus der Serie Walla Walla sind der fleischig-weiche Cabernet Sauvignon und der tieffarbige Syrah mit Aromen trockener schwarzer Früchte und gut gearbeiteten Tanninen.

rot, weiß *2002, 2001, 2000, 1999, 1997, 1995, 1994, 1990* ★ *Sémillon, Syrah, Apogee*

Woodward Canyon Winery
Walla Walla

11920 W Hwy 12, Lowden, WA
509 525 4129
www.woodwardcanyon.com

DER DICHT BESTOCKTE Weinberg dieses Boutique-Weinguts erbringt komplexe, seidige Weine. Diese sind unfiltriert und niemals gesäuert. Woodward ist berühmt für seinen eleganten, erdigen Chardonnay Celilo, den duftigen, samtigen Merlot und den mächtigen, tanninstarken Cabernet Sauvignon von alten Reben. Zurzeit erkundet man das Potenzial der Gegend für Barbera, Dolcetto und Pinot Noir.

rot, weiß *2002, 2001, 2000, 1999, 1997, 1995, 1994, 1990* ★ *Chardonnay, Cabernet Sauvignon, Merlot*

Amity Vineyards
Willamette Valley

18150 Amity Vineyards Rd, Amity, OR ☎ *888 264 8966* W *www.amityvineyards.com* ◻

ZUM SORTIMENT dieses Winzers gehören ein komplexer, alterungsfähiger Pinot Noir von alten Reben, vollfruchtiger Gamay und beispielhafte, typische Aromasorten: trockener Riesling, Gewürztraminer und Pinot Blanc. Erwähnenswert sind auch einer der wenigen schwefelfreien Weine der Welt – der Bio-Pinot-Noir Eco-Wine – und die leicht altertümliche Architektur der Kellerei.

rot, weiß 2002, 2001, 2000, 1999, 1998, 1994, 1990 ★ Pinot Noir, Gewürztraminer, Pinot Blanc

Archery Summit Winery
Willamette Valley

18599 NE Archery Summit Rd, Dayton, OR ☎ *503 864 4300* W *www.archerysummit.com* ◻

DIESES WEINGUT im Stil eines französischen Châteaus bildet einen optischen Kontrapunkt zur benachbarten Domaine Drouhin. Die Weine – intensiv fruchtige und holzwürzige Pinot Noirs von Einzellagen mit einem Hauch kalifornischen Glamours – durchlaufen die Kellerei bis in den Lagerkeller ausschließlich mit Hilfe der Schwerkraft.

rot 2002, 2001, 2000, 1999, 1998, 1996 ★ Pinot Noir

Argyle Winery
Willamette Valley

691 S Pacific Hwy, Dundee, OR ☎ *888 417 4953* W *www.argylewinery.com* ◻

BEIM ERSTEN VORSTOSS eines australischen Weinmachers in die USA konzentrierte sich Brian Coser *(s. S. 570,* Petaluma*)* darauf, in Oregon Schaumwein nach der Champagnermethode *(s. S. 166–167)* zu erzeugen. Der Weinmacher Rollin Sales wird für seine vollfruchtigen Chardonnays und Pinot Noirs mit Auszeichnungen überhäuft. Die Palette umfasst Schaumweine des Typs Blanc de Blancs, Rosé und Jahrgangsweine, alle mit klarem Cool-Climate-Charakter und autolytischen Noten.

rot, weiß, Schaumwein 2002, 2001, 2000, 1999, 1998, 1994 ★ Blanc de Blancs, Chardonnay, Pinot Noir

Etikett Elk Cove Vineyards

Domaine Drouhin
Willamette Valley

6750 Breyman Orchards Rd, Dundee, OR ☎ *503 864 2700* W *www.domainedrouhin.com* ◻ *n. V.*

DOMAINE DROUHIN steht für den ersten Vorstoß Burgunds in die Neue Welt. 1987 ließ der Négociant Joseph Drouhin eine Parzelle mit Chardonnay und Pinot Noir bestocken, mit doppelt so hoher Pflanzdichte wie in den USA üblich. Seine Kellerei rüstete er mit neuester französischer Technik aus. Heute erzeugt Drouhin elegante, zurückhaltende, vielschichtige Pinot Noirs mit großzügiger Frucht und höchst unterschätzte erdige Chardonnays von Dijon-Klonen. Teuer, aber seinen Preis wert ist der Reserve-Pinot Laurène, den es nur in den besten Jahren gibt.

rot, weiß 2002, 2001, 2000, 1999, 1998, 1994, 1993 ★ Pinot Noir, Chardonnay

Elk Cove Vineyards
Willamette Valley

27751 NW Olson Rd, Gaston, OR ☎ *877 355 2683* W *www.elkcove.com* ◻

TYPISCH FÜR DIE ERSTEN Qualitätserzeuger in Oregon, begann auch Elk Cove die Produktion mit auf dem Gut abgefülltem Pinot Noir, um dann eine Auswahl regionaler Lagenweine dazu zu nehmen wie z. B. La Bohème und Dundee Hills. Die Pinotstile sind von beständiger Subtilität, Balance und Eleganz, oftmals von seidiger Struktur. Die besten können 20 Jahre lang liegen. Riesling, Gewürztraminer und Pinot Gris, trocken und spät gelesen, sind oft hervorragend und preiswert. Vielversprechend sind auch Syrah und Viognier vom Weingarten Del Rio in Rogue Valley.

rot, weiß 2002, 2001, 2000, 1999, 1998, 1994, 1990 ★ Pinot Noir, Gewürztraminer, Pinot Gris

Ken Wright Cellars
Willamette Valley

236 N Kutch St, Carlton, OR ☎ *503 852 7070* W *www.kenwrightcellars.com* ◻ *n. V.*

KEN WRIGHT STELLTE die bis dato auf Gewicht basierende Bezahlungsgrundlage für Trauben auf den Kopf, indem er in den 1980er-Jahren die ersten Preis-pro-Acre-Verträge in den USA aushandelte – unter Einbeziehung von Konzentration, Qualität und Reifegrad der Trauben. Wright produziert acht bis zwölf Pinot Noirs von Einzellagen mit sehr niedrigen Erträgen, die ein breites Spektrum von Bodentypen und Mikroklimata abbilden. Die Linie Tyrus Evan Rogue Valley umfasst einen überaus fruchtigen, gut strukturierten Cabernet Franc, einen feinkörnigen

Malbec, einen Claret-artigen Bordeauxverschnitt und einen sahnigen reifen Syrah im Pinotstil. Mit solchen Weinen könnte sich Rogue Valley zu einer ernsthaften Konkurrenz für Willamette entwickeln.

rot, weiß 2002, 1999, 1998, 1994, 1990 ★ Pinot Noir, Pinot Blanc

Panther Creek Cellars
Willamette Valley

455 N Irvine St, McMinnville OR
503 472 8080
www.panthercreekcellars.com

HOCHWERTIGE, UNGEFILTERTE Pinot Noirs mit Niedrigerträgen – damit brachte Ken Wright Panther Creek ins Gespräch. Seit seinem Weggang Mitte der 1990er-Jahre produziert Panther Creek weiterhin fruchtige, ausgewogene und strukturierte Weine mit Alterungspotenzial.

rot, weiß 2002, 2001, 2000, 1999, 1998, 1990 ★ Pinot Noir, Melon, Pinot Gris

Ponzi Vineyards
Willamette Valley

14665 SW Winery Lane, Beaverton OR 503 628 1227 www.ponziwines.com

PONZI, IN DEN frühen 1970er-Jahren gegründet, arbeitet kontinuierlich an einer Verbesserung der Angebotspalette und der Qualität. Der Pinot Noir gehört zu den beständigsten und komplexesten in Oregon: seidigweich, eingehüllt in Aromen von Räucherspeck und Pilzen. Chardonnay, Pinot Gris, spät gelesener Riesling und Arneis haben alle eine sahnige Textur und eine saubere und reife Frucht.

rot, weiß 2002, 2001, 2000, 1999, 1998, 1990 ★ Pinot Noir, Pinot Gris, Arneis

Das Fasslager bei Panther Creek Cellars

WillaKenzie Estate
Willamette Valley

19143 NE Laughlin Rd, Yamhill, OR
503 662 3280
www.willakenzie.com

DER AUS BURGUND stammende Computerfachmann Bernie Lacroute betreibt heute biologischen Weinbau. Sein nach dem Prinzip der Schwerkraft arbeitender Betrieb erzeugt vollfruchtige, feinkörnige Pinot Noir, Gris und Meunier sowie einen mächtigen Gamay. Die Weine bieten beständig gute Qualität zu vernünftigen Preisen.

rot, weiß 2002, 2001, 2000, 1999, 1998, 1996 ★ Pinot Noir, Gamay, Pinot Meunier

Etikett Willamette Valley Vineyards

Willamette Valley Vineyards
Willamette Valley

8800 Enchanted Way SE, Turner, OR
503 588 9463 www.wvv.com

DAS MITTLERWEILE Nasdaq-notierte Unternehmen produziert eine breite Auswahl bezahlbarer Pinot Noirs. Die Trauben stammen von älteren, biologisch bewirtschafteten Beständen im gesamten Willamette Valley. Mit der Übernahme von Tualatin Vineyards sicherte man sich einen Zugriff auf Trauben von alten Reben. Die auf das Rogue Valley konzentrierte Serie Griffin Creek umfasst einen delikaten Viognier und einen gut abgerundeten Syrah mit viel reifer Frucht. Weitblick beim Management und Klugheit und Geschick im Keller gewährleisten gut gemachte Weine zu guten Preisen.

rot, weiß 2002, 1999, 1998, 1994, 1993, 1990 ★ Pinot Noir, Pinot Gris, Viognier

Abacela Vineyards & Winery
Umpqua Valley

12500 Lookingglass Rd, Roseburg, OR 541 679 6642
www.abacela.com

NACHDEM ER IN GANZ Amerika nach einem passenden Klima für Tempranillo gesucht hatte, entschied sich der Gründer dieses Weinguts für die sonnigen Südhänge in Rogue Valley. Dort entstehen heute attraktive Weißweine wie Albariño und Viognier und auch andere interessante Sorten – Syrah, Merlot Dolcetto, Cabernet Franc, Sangiovese, Grenache und Malbec .

rot, weiß 2002, 2000
★ Syrah, Tempranillo, Malbec

DER BUNDESSTAAT NEW YORK

DER STAAT NEW YORK *verdient als Weinregion zusehends mehr Respekt und Anerkennung. Die Zeiten süßer, billiger oder auch koscherer Weine für jüdische Einwanderer sind ein für alle Mal vorbei. Stattdessen geben Riesling im europäischen Stil, Chardonnay, Merlot und Cabernet Franc den Ton an.*

Die ersten Reben pflanzte man im 17. Jh. auf Long Island. Zu Beginn des 18. Jh. gediehen Hybridpflanzungen, da Züchter Tausende europäischer Sorten *(Vitis vinifera)* mit robusteren heimischen Reben *(Vitis labrusca)* gekreuzt hatten. Dann kam die Abstinenzbewegung auf, denn viele machten den Alkohol für die sozialen Probleme des Landes verantwortlich. Die Prohibition brachte 1919 die Weinindustrie schließlich ganz zum Erliegen. Einige Winzer überlebten mit der Produktion von Traubensaft und Messwein sowie der Belieferung von illegalen Kellereien.

Das Weingut Keuka Lake im Gebiet der Finger Lakes

In den 1950er-Jahren erlebte der Weinbau einen neuen Aufschwung. Damals sprach der aus der Ukraine stammende Botanikprofessor Konstantin Frank immer häufiger öffentlich darüber, dass europäische Vinifera-Reben wie Riesling, Pinot Noir und Chardonnay im kalten Gebiet der Finger Lakes durchaus eine Chance hätten. Charles Fournier, der Direktor von Gold Seal, dem damals führenden Weingut in New York, ließ es darauf ankommen und machte Frank zum Direktor der Forschungsabteilung. Frank pfropfte Vinifera-Reben auf heimische Unterlagen – die »zweite Entdeckung Amerikas«, wie er einmal meinte.

1976 durften kleinere Weingüter erstmals ihre Produkte direkt vermarkten, was einen enormen Aufschwung zur Folge hatte: Während es 1976 noch 19 Weingüter waren, sind 2003 immerhin 177 – meist kleine Familienbetriebe – im Geschäft.

Heute ist New York nach Kalifornien und Washington der drittgrößte Weinerzeuger der USA. Zwar ist die Qualität vieler Weine beachtlich, aber New York wird wohl quantitativ immer hinter der Westküste zurückbleiben. Doch den passionierten Winzern ist Prestige ohnehin wichtiger als Profit. Die meisten der ohne viel Chemie gemachten Weine sind in erster Linie für lokale Märkte bestimmt.

Weingarten über dem Canandaigua Lake im Gebiet der Finger Lakes

◁ **Das Weingut Keuka Lake im Gebiet der Finger Lakes**

WEINKARTE BUNDESSTAAT NEW YORK

Zwischen den Ufern des Lake Erie und der Ostspitze von Long Island liegen vier bedeutende American Viticultural Areas (AVAs). Lake Erie ist die größte, jedoch sind 90 % des Ausstoßes Traubensaft. Etwa 500 km westlich von New York City liegt die landschaftlich reizvolle Region der Finger Lakes und nördlich von Manhattan das Hudson River Valley. Auf der Nordgabel von Long Island finden sich »New Yorks Bordeaux«, auf der Südgabel »The Hamptons«. Zentral-New-York ist als Weinregion im Kommen, hat aber noch nicht den AVA-Status.

Legende

Bundesstaat New York

Merlot- und Chardonnay-Reben auf der Nordgabel von Long Island

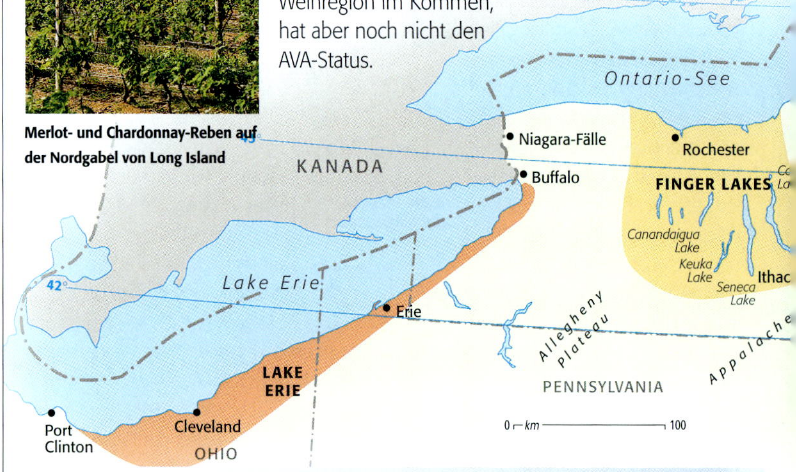

ERKUNDUNG DER WEINGÜTER IM STAAT NEW YORK

Es bietet sich an, die malerischen Weinregionen im Staat New York mit dem Auto zu erkunden. Schilder weisen am Straßenrand auf Weingüter mit Besichtigungsmöglichkeit hin.

An den Ufern der Finger Lakes, besonders Lake Seneca, reiht sich Weingut an Weingut, darunter **Hermann J Wiemer Vineyard**, ein Riesling-Spezialist, der Audio-Touren durch den Weinberg anbietet, oder **Wagner Vineyards** mit Restaurant und Verkostungsraum (probieren Sie den rauchig-pflaumenartigen Meritage, einen Bordeauxverschnitt, und den spritzig-würzigen Riesling-Eiswein). Ebenfalls in der Region Finger Lakes liegt **Glenora Wine Cellars**, ein Gut mit Gasthaus und einem atemberaubenden Blick. Mit seinen Schaumweinen, besonders Riesling und Gewürztraminer, ist es führend in der Region.

Millbrook Vineyards & Winery

Millbrook Vineyards & Winery im Hudson River Valley veranstalten Konzerte, Freiluftkino und Partys zur Lesezeit. Auf Long Island kommt man um **Pindar** und **Pellegrini Vineyards** nicht herum. Beide bieten Lifemusik und kulinarische Veranstaltungen an.

Hermann J Wiemer Vineyard: www.wiemer.com; Wagner Vineyards: www.wagnervineyards.com; Glenora Wine Cellars: www.glenora.com; Millbrook Vineyards & Winery: www.millbrookwine.com; Pindar: www.pindar.net; Pellegrini Vineyards: www.pellegrinivineyards.com

Etikett von Bedell Cellars, Long Island

DAS TERROIR AUF EINEN BLICK

Breite: 40,5–43°N

Höhe: 0–245 m über NN

Topografie: Verschiedene Geländetypen. Eiszeitgletscher formten eine Hügellandschaft mit tiefen Tälern und den Finger Lakes und dem breiten Hudson River.

Boden: Tiefgründige, gut entwässerte Eiszeitböden mit Schwemmsand und Mergel

Klima: Kühle Nächte und warme, aber nicht heiße Tage; alle Regionen profitieren vom Klima-Effekt größerer Gewässer –Meer, Fluss oder See.

Temperatur: Das Julimittel beträgt 24° C.

Niederschlag: Das Jahresmittel beträgt 915–1120 mm.

Wind: See- und Meereswinde wirken im Sommer kühlend. Im Winter nehmen Südwestwinde vom Atlantik der Kälte die Spitze.

Gefahren für den Weinbau: Vögel, Schwarzfäule, Insekten, Hurricanes

Weinberg über dem Canandaigua Lake im Gebiet der Finger Lakes

SPITZENWEINE: NEW YORK

- (W) Bedell Cellars Corey Creek Chardonnay €€€
- (R) Bedell Cellars Merlot €€
- (R) Château LaFayette Reneau Cabernet Sauvignon €€€€
- (W) Château LaFayette Reneau Johannisberg Riesling €€
- (S) Dr Konstantin Frank Château Frank Brut €€
- (W) Dr Konstantin Frank Rkatsiteli €€
- (W) Johnson Estate Vidal Blanc €€
- (W) Paumanok Vineyards Chenin Blanc €€
- (W) Standing Stone Vineyards Gewürztraminer €€
- (R) The Lenz Winery Old Vines Merlot €€€€
- (W) The Lenz Winery White Label Chardonnay €€
- (r) Wölffer Estate Rosé €€

NEW YORK: GEBIETE UND SPITZENERZEUGER

LONG ISLAND *S. 524*
Bedell Cellars *S. 526*
Palmer Vineyards *S. 526*
Paumanok Vineyards *S. 526*
The Lenz Winery *S. 526*
Wölffer Estate *S. 526*

HUDSON RIVER VALLEY *S. 525*

FINGER LAKES *S. 525*
Château LaFayette Reneau *S. 527*
Dr Konstantin Frank *S. 527*
Standing Stone Vineyards *S. 527*

LAKE ERIE *S. 525*
Johnson Estate *S. 527*

Weinberg am Westufer von Lake Keuka

ANBAUGEBIETE DES BUNDESSTAATES NEW YORK

Long Island

VERTEILT AUF ZWEI HALBINSELN gibt es heute 52 Weingüter auf Long Island, die alle nur die klassischen europäischen Sorten anbauen. Die Mehrheit findet sich auf der Nordgabel. Reblausprobleme hatte man bis dato keine, und während Kalifornien immer mehr kranke Rebstöcke austauschen muss, wird Long Island ironischerweise bald über den älteren Rebbestand verfügen.

fruchtbarer Sand, Mergel, Schwemmsand *Merlot, Cabernet Sauvignon, Cabernet Franc* *Chardonnay, Gewürztraminer, Riesling* *rot, weiß, rosé, Schaumwein, Dessertwein*

Nordgabel

VON KRITIKERN zu Recht gelobt, sind Weine von der Nordgabel heute selbst in den besten Restaurants von Manhattan zu haben. Am Rebbau versuchte man sich hier schon im 17. Jh., aber erst 1973 gelang es Alex und Louisa Hargrave, die ersten Vinifera-Reben auf ihrer Kartoffelfarm in Cutchogue zu kultivieren. Sie trotzten Dürreperioden, Rebkrankheiten und Sturmschäden, und 2003 feierte Long Island pompös den 30. Jahrestag ihres Sieges. Ihr Pioniergeist wirkte ansteckend auf andere Weinmacher, die heute Cabernet Sauvignon, Merlot, Bordeaux-Verschnitte und Chardonnay von Weltformat produzieren. Die Spitzenerzeuger – Bedell Cellars und The Lenz Winery etwa – ziehen einen eleganten, europäischen Weinstil vordergründigen kalifornischen Weinen vor. Bei einer Vegetationszeit von 215 bis 235 Tagen herrscht auf der Nordgabel eine ausgedehnte frostfreie Periode. Dürre und Hurrikans mit salziger Gischt gefährden die Ernte immer wieder, aber das größere Problem sind gefräßige Stare und Wanderdrosseln. Die beste, wenn auch teure Lösung sind Netze, die man über die Reben spannt.

Etikett Bedell-Cellars

The Hamptons

BERÜHMT VOR ALLEM für ihre mondänen Sommerhäuser und glamourösen Partys, sind die Hamptons ein intensiv genutztes landwirtschaftliches Gebiet, in dem sich Bauern aus Europa schon im 17. Jh. angesiedelt hatten. Der tiefgründige Boden mit guter Drainagefähigkeit ist reich an Mergel und muss weniger bewässert werden als die Böden der Nordgabel. Von den drei Weingütern auf der Südgabel – Wölffer Estate, Channing Daughters und Duck Walk – ist Wölffer das ambitionierteste und beste. Chardonnay und Merlot von Wölffer überzeugen mit Tiefe und Balance. Ein Grund, warum es in den Hamptons weniger Weingüter gibt, sind vielleicht die hohen Bodenpreise, denn die ehemals verschlafenen Dörfer haben sich längst zu schicken Erholungsorten für reiche New Yorker entwickelt. Besonders Sommerwochenenden können berauschend sein, auch ohne Wein.

Hudson River Valley

IM ÜPPIG GRÜNEN Hudson River Valley baut man schon seit 300 Jahren Reben an, und auch das älteste durchgehend arbeitende Weingut Amerikas, Brotherhood, hat hier seinen Sitz. Es ist eines der wenigen, die die Prohibition mit der Produktion von Messwein und Wein für medizinische Zwecke überdauert haben. Es überwiegen einheimische Rebsorten wie etwa Concord, Catawba, Delaware und Niagara sowie die französisch-amerikanische Hybridsorte Seyval Blanc. Das Tal liegt auf demselben Breitengrad wie Nordspanien, doch ist die Wachstumsperiode etwas kürzer. An die 30 Weingüter erzeugen hauptsächlich fruchtige Weine mit leichtem Körper. Spitzenerzeuger der Region ist Millbrook Vineyards and Winery; dort entsteht ein lebhafter Tocai Friulano und ein Cabernet Franc wie aus dem Bilderbuch.

eiszeitliche Ablagerungen, Schiefer, Schieferton, Kalkstein *Pinot Noir, Cabernet Franc* *Chardonnay, Tocai Friulano, Seyval Blanc* *rot, weiß*

Finger Lakes

DIESE ELF SCHMALEN SEEN im Westen des Bundesstaates New York wurden von Eiszeitgletschern ausgeschürft. Einer Legende der Irokesen zufolge ähneln die vier größten den vier Fingern des »Großen Geistes« – daher ihre indianischen Namen. Heute verteilen sich über 80 Weingüter auf diesem ehemals von Wildnis bedecktem Gebiet und nutzen die hier vorherrschenden idealen Bedingungen zum Anbau einer verblüffenden Vielfalt von Rebsorten. Die Gewässer sorgen für einen Ausgleich von Temperaturextremen im Sommer wie im Winter, und dank einer mindestens 190 Tage dauernden Wachstumsperiode herrschen ideale Reifebedingungen für Riesling, Gewürztraminer und Pinot Noir. Eine weitere Stärke der Region sind Schaumweine; Glenora Wine Cellars ist einer der größten Erzeuger im Osten der USA. Am Südostufer des Seneca Lake liegt der so genannte Bananengürtel, eine Anbauzone mit der längsten Wachstumsperiode überhaupt in der Region der Finger Lakes. Hier findet sich auch die dichteste Konzentration von Weingütern, darunter Château LaFayette Reneau, Wagner Vineyards, Standing Stone Vineyards, Silver Thread Vineyard und Red Newt Cellars. Riesling und Gewürztraminer werden in diesem Mikroklima offenbar besonders volltönend und strotzend vor Honigaromen, und auch Merlot und Cabernet Sauvignon gewinnen an Intensität.

Zentral-New-York, idyllisches Farmland östlich der Finger Lakes, entwickelt sich langsam zu einer Weinregion, doch steht der AVA-Status noch aus. Mit derzeit mehr als einem Dutzend Weingütern wird das Gebiet immer interessanter.

dünne Oberbodenschicht auf Schieferhängen *Cabernet Franc, Pinot Noir, Merlot, Cabernet Sauvignon* *Chardonnay, Riesling, Gewürztraminer* *rot, weiß, Schaumwein, Dessertwein*

Lake Erie

DIE 16188 HA GROSSE AVA Lake Erie erstreckt sich über die Bundesstaaten New York, Pennsylvania und Ohio. Seit dem 19. Jh. beherrschen Erzeuger der einheimischen *Vitis-labrusca*-Traube den Markt und haben diese Region zur führenden Traubensaftquelle der USA gemacht. Diese Tradition spiegelt sich auch in den saftigsüßen Weinen der Region, jedoch sind französisch-amerikanische Sorten wie Seyval Blanc und Edelreben wie Riesling und Chardonnay seit geraumer Zeit auf dem Vormarsch. Die angesehensten der rund ein Dutzend Weingüter sind Johnson Estate und Merritt Estate. Um den See herrscht ein einzigartiges Makroklima mit sonnigen Sommern, kaum Gewitter, ständigem Luftzug, der Pilzerkrankungen eindämmt, doch regelmäßig setzen harte Winter den Reben zu.

Kies- und Schieferböden eiszeitlichen Ursprungs *Chancellor, Merlot, Cabernet Sauvignon* *Chardonnay, Riesling, Vidal Blanc* *rot, weiß, Schaumwein, Desserwein*

Rebstock auf den Millbrook Vineyards in Hudson River Valley

DIE SPITZENERZEUGER DES BUNDESTAATES NEW YORK

Bedell Cellars
Long Island/Nordgabel

36225 Main Rd, Cutchogue
631 734 7537
www.bedellcellars.com

NACH VERSUCHEN im häuslichen Keller gründete Kip Bedell 1980 dieses heute hochgerühmte Weingut. Er hatte erkannt, dass das kühle Klima und die gut entwässerten Böden der Nordgabel für Merlot ideal sind. Seine Weine sind beständig, vollmundig und seidig mit Anklängen an Himbeere und Schwarzkirsche. Heute wagt er sich auch an pflaumige Weine im Bordeaux-Stil, komplexe Cabernet Sauvignons und leicht holzwürzige Chardonnays. Im Jahr 2000 übernahm Michael Lynne, Geschäftsführer von New Line Cinema, das Gut. Lynne hat auch die Güter Corey Creek und Wells Road aufgekauft, und damit eine neue Ära des Big Business eingeläutet.
rot, weiß, rosé, Dessertwein
2002 (r), 2001 (w), 2000, 1999 (r), 1998 (r), 1995 (r) ★ Merlot, Corey Creek Chardonnay, C-Block South Merlot

Palmer Vineyards
Long Island/Nordgabel

108 Sound Ave, Aquebogue
631 722 9463
www.palmervineyards.com

PALMER MACHT DIE bekanntesten Weine von Long Island. Der Besitzer, Robert Palmer, kommt zwar aus der Werbebranche, aber der runde, dabei aber nicht opulente Chardonnay und der seidig-rauchige Cabernet Franc mit Schwarzkirsch-Noten werden ihrem Ruf auch so gerecht. Das Verkostungsgebäude, ein Original-Bauernhaus aus dem 18. Jh., ist einen Besuch wert.

Etikett Bedell Cellars

rot, weiß, rosé, Schaumwein
2002 (r), 2001 (w), 2000, 1998 (r), 1997 (r) ★ Cabernet Franc Reserve, Chardonnay Reserve

Paumanok Vineyards
Long Island/Nordgabel

1074 Main Rd, Rte 25, Aquebogue
631 722 8800
www.paumanok.com

BENANNT NACH DEM WORT der Indianer für Long Island, wurde dieses Familienunternehmen 1983 von Ursula und Charles Massoud gegründet. Ursula stammt aus einer deutschen Winzerfamilie, und auch die drei Söhne sind am Betrieb beteiligt. Der reiche Merlot und der volle Cabernet Sauvignon sind beständig, ebenso der melonensaftige Chardonnay. Cabernet Franc ist geschmeidig, mit geschmackvollen Tabaknoten. Das Gut gehört zu den wenigen in New York, die Chenin Blanc machen – mit knackigen Zitrus- und Pfirsicharomen.
rot, weiß 2001, 2000, 1998 (w), 1995 (r) ★ Merlot, Chenin Blanc

The Lenz Winery
Long Island/Nordgabel

Main Rd, Rte 25, Peconic 631 734 6010 www.lenzwine.com

LENZ WURDE 1978 gegründet und verfügt über einen der ältesten Weinberge auf Long Island. Der unglaublich gute Old Vines Merlot, von Merlotstöcken, die zu den ältesten Amerikas gehören, ist würzig und üppig mit dezenten Holzkohlenoten. 1996 veranstalteten die Besitzer des Guts, Peter und Deborah Carroll, Blindverkostungen, und tatsächlich machten ihre Merlots und Chardonnays Schlagzeilen, weil sie teureren französischen und kalifornischen Rivalen standhielten. Long-Island-Weine waren damit am Ziel, und die Carrolls spannen weiter an ihrer Erfolgsgeschichte.
rot, weiß, Schaumwein 2001, 2000, 1997 (r), 1996 (w), 1995 (r) ★ Old Vines Merlot, Gewürztraminer, White Label Chardonnay

Wölffer Estate
Long Island/The Hamptons

139 Sagg Rd, Sagaponack 631 537 5106 www.wolffer.com

CHRISTIAN WÖLFFER steckte Millionen in dieses Weingut mit einem Hauch Toskana. Für den Kontakt zu den Einheimischen sorgen gesellschaftliche Ereignisse und ein Reitsportzentrum von Weltrang. Die Weine des deutschstämmigen Weinmachers Roman Roth sind elegant, europäisch im Stil und gute Begleiter zum Essen. Das Angebot reicht von einem 100 US-Dollar teuren Premier Cru Merlot mit üppigen Beerenaromen bis zu einem einfacheren Rosé, mit Rosen- und Zitrusanklängen fürs Picknick.
rot, weiß, rosé, Schaumwein
2000, 1999, 1998 (w) ★ Estate Selection Merlot, Reserve Chardonnay, Cabernet Franc

Château LaFayette Reneau
Finger Lakes

Rte 414, Hector 607 546 2062
www.clrwine.com

DAS TERROIR im Gebiet des südlichen Seneca Lake bereichert den gut strukturierten, vom Stil deutschen Riesling und den körperreichen Merlot dieses Châteaus mit Untertönen von Mokka und Schwarzkirsche. Der Pinot Noir hat lebendige Noten von Himbeere und Kirsche und der vielschichtige Cabernet Sauvignon erinnert an Pflaume, Leder und Schokolade. Der Weinmacher Tim Miller wurde bereits mehrmals ausgezeichnet.

rot, weiß, rosé, Schaumwein, Dessertwein 2001, 2000 (w), 1999, 1998, 1995 (r) ★ Cabernet Sauvignon, Merlot, Johannisberg Riesling

Château LaFayette Reneau

Dr. Konstantin Frank
Finger Lakes

9749 Middle Rd, Hammondsport
607 868 4888
www.drfrankwines.com

DER BOTANIKER DR. FRANK, der dieses wegweisende Weingut 1962 gründete, war ein Verfechter von möglichst wenig Chemie im Weingarten. Dasselbe gilt für seinen Enkel Fred: Er düngt mit Stroh, und um Vögel zur Schädlingsbekämpfung anzulocken, stellt er Vogelhäuser auf. Die Weinpalette umfasst erdige Rotweine, reife Rieslinge und Rkatsiteli, einen volltönenden Wein mit Apfelnoten, der ursprünglich aus Georgien stammt. Die Schaumweine schlagen oft teurere französische Exemplare aus dem Feld.

rot, weiß, Schaumwein 2001, 2000 (w), 1999, 1998 ★ Château Frank Brut, Rkatsiteli, Cabernet Sauvignon

Standing Stone Vineyards
Finger Lakes

9934 Rte 414, Hector 800 803 7135
www.standingstonewines.com

DER GOLDFARBENE, LEICHT stechende Gewürztraminer von Standing Stone ist wohl der beste in den USA. Besonders hervorzuheben unter den anderen, wunderbar komplexen Weinen sind der granatfarbene Pinnacle mit Aromen von Roter Johannisbeere (ein Bordeaux-Verschnitt) und der nach Kirsche und Schokolade schmeckende Cabernet Franc. 1991 kauften Tom und Marti Macinski die Flächen des Weinguts Gold Seal und konnten damit die ältesten Vinifera-Bestände im Staat New York gleich mit übernehmen. Mit nur 16 ha ist das Areal zwar klein, hat aber jede Menge Potenzial.

rot, weiß, Dessertwein 2001, 2000 (w), 1999 ★ Gewürztraminer, Pinnacle, Cabernet Franc

Johnson Estate
Lake Erie

8419 West Main Rd, Westfield
716 326 2191
www.johnsonwinery.com

AMERIKANISCHE Sorten und amerikanisch-französische Hybriden haben eine lange Tradition bei Johnson, dem ältesten Familien-Weingut im Staat (1961). Seine Spezialität sind halbsüße fruchtige Weine wie Seyval Blanc. Merlot Freelings Creek erinnert an Kirschkuchen, und Chancellor ist ein ernsthafterer Rotwein mit guter Säure. Der Eiswein Vidal Blanc ist üppig.

rot, weiß, rosé, Schaum-, Dessertwein 2002 (r), 2001, 2000 (r), 1998 (w) ★ Vidal Blanc, Chancellor, Seyval Blanc

AUFSTREBENDE ERZEUGER

Einige der besten Erzeuger im Staat New York sind aufgrund ihrer geringen Produktion unbekannt – oder weil sie einfach zu jung sind. **Schneider Vineyards** ist ein Spezialist für Cabernet Franc mit weniger als 3 ha Rebfläche auf der Nordgabel. **Shalestone Vineyards** und **Silver Thread Vineyard** in der Region Finger Lakes sind nur je 4 ha groß und vermarkten 90 % ihrer Weine direkt. Shalestone erzeugt fünf gut strukturierte Vinifera-Rotweine, Silver Thread ist das einzige biologisch bewirtschaftete Gut; man produziert Riesling und Pinot Noir. Merken sollte man sich auch den Namen des Weinmachers David Whiting: Nachdem er für Château LaFayette Reneau und Standing Stone Vineyards gearbeitet hat, eröffnete er 1999 **Red Newt Cellars** und macht dort mehrere Sortenweine. Die Stärke von **Fox Run Vineyards** *(links)*, ebenfalls in der Region Finger Lakes, ist Riesling. Gamay, Gewürztraminer, Merlot und Cabernet Franc kommen künftig dazu.

Schneider Vineyards: www.schneidervineyards.com; Shalestone Vineyards: www.shalestonevineyards.com; Silver Thread Vineyard: www.silverthread-wine.com; Red Newt Cellars: www.rednewt.com; Fox Run Vineyards: www.foxrunvineyards.com

PHYLLOXERA

PHYLLOXERA VASTATRIX, REBLAUS, ist eine Blattlausart, die im Osten Nordamerikas heimisch ist und in den 1860er-Jahren über importierte Reben nach Südfrankreich gelangte. Von dort verbreitete sich die Reblauskrise rasch in ganz Europa. Befallene Rebstöcke wurden ausgegraben und verbrannt. Die Art, wie man der Seuche begegnete, bewirkte eine völlig neue Methode der Rebkultivierung.

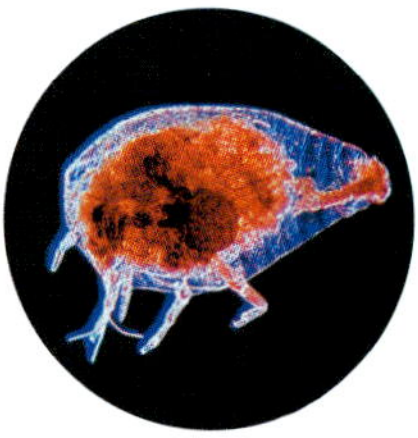

Reblaus

Die Reblauskrise
Als in den 1860er-Jahren die Rebstöcke in Frankreich abstarben, kursierten abstruse Theorien, die von Bodenermüdung bis zum Zorn Gottes reichten.

Ursachenforschung
Der französische Botaniker Jules-Emile Planchon erkannte als Erster, dass gelbe Insekten, die man auf den Wurzeln vertrockneter französischer Reben gefunden hatte, das große Rebensterben verursachten. Ebenfalls stellte er fest, dass amerikanische Reben von Natur aus resistent gegen diesen Parasiten waren. Als seine Theorie anerkannt wurde, war die Verbreitung der Plage in anderen europäischen Weinregionen bereits in vollem Gange.

Teamwork-Lösung
Um 1875 erarbeitete Planchon zusammen mit dem berühmten amerikanischen Entomologen Charles Riley eine Lösung für das Reblausproblem: Man verband reblausresistente amerikanische Reben durch Pfropfen mit Fruchttragenden Trieben europäischer Reben.

PFROPFEN

Pfropfen ist ein einfaches Verfahren. Auf den Wurzelstock einer nordamerikanischen Spezies, etwa *Vitis riparia*, setzt man den Trieb einer bestimmten Sorte der europäischen Spezies *Vitis vinifera*. Nach dem Auspflanzen trägt und schützt der reblausresistente Wurzelstock den Trauben tragenden Trieb. Fast überall auf der Welt sind Rebstöcke heute auf diese Weise gepfropft, und es werden große Anstrengungen unternommen, die Sicherheit des Verfahrens weiter zu gewährleisten.

LEBENSZYKLUS DER REBLAUS

Der Lebenszyklus der Reblaus ist komplex. Wie diese Darstellung aus dem 19. Jh. zeigt, umfasst er Eier, Puppen, männliche und weibliche erwachsene Läuse, die sich oberirdisch fortpflanzen, geschlechtslose erwachsene Läuse, die unterirdisch leben und sich fortpflanzen, und sogar eine geflügelte Variante. Berechnungen zufolge produziert ein Weibchen in sieben Monaten 26 Milliarden Nachkommen.

Ei

Die zweigeschlechtliche Art der Laus verursacht eine Blattgalle, in welche sie Eier legt.

Die geflügelte Art der Reblaus befällt häufiger amerikanische Reben.

Querschnitt einer Blattgalle, eines Auswuchses, der durch das Saugen der Laus an der Rebe entsteht

Gallen voller Eier auf der Unterseite eines Rebblatts

Rebläuse saugen auch an den Wurzeln, an welchen ebenfalls Gallen entstehen. Ein so befallener Rebstock stirbt meist ab.

Von der unterirdisch lebenden geschlechtslosen Art der Reblaus sind europäische Reben am häufigsten befallen.

Querschnitt einer Blattgalle, in der Eier der Laus heranwachsen

CHILE UND ARGENTINIEN

CHILE UND ARGENTINIEN

CHILE UND ARGENTINIEN *stehen mit ihrer jahrhundertelangen Erfahrung als Weinerzeuger am Rand einer Revolution. Beide Länder besitzen zahllose natürliche Vorteile in punkto Klima und Kontrollierbarkeit der Bewässerung. Ausgestattet mit brandneuer Technologie und einem wirklichen Terroir-Verständnis können sie nun konkurrenzfähige Weine für den Weltmarkt produzieren.*

CHILE

DIE WEINREBE GELANGTE bereits im 16. Jh. mit den spanischen Invasoren in viele lateinamerikanische Länder, darunter auch nach Chile. Die Erzeugung von Qualitätswein geht jedoch auf den Einfluss französischer Kultur im 19. Jh. zurück: Die Begeisterung für alles Französische führte zur Einstellung vieler französischer Winzer und der Bepflanzung der Weingärten mit europäischen Ablegern – einige Jahrzehnte, bevor die Reblaus in Europa grassierte. In seiner abgeschiedenen Lage hinter den Anden – zwischen der Atacama-Wüste im Norden und der Antarktis im Süden – blieb Chile bis heute von der Reblaus verschont, und die Weinbranche des Landes basiert nach wie vor auf diesen europäischen Reben.

Cabernet-Sauvignon-Trauben

Der politische Wandel Chiles erlaubt seit 1989 wieder ausländische Investitionen, und der Exportmarkt für chilenische Weine ist rasch gewachsen. Heute rangiert die Weinproduktion des Landes weltweit auf Platz 10 – zwar vorwiegend Alltagswein, doch die Qualität steigt zunehmend. Alle großen Weinfirmen und die meisten Kleingüter haben ihre Kellereien modernisiert und konzentrieren sich mit der Suche nach Spitzenlagen für jede Traubensorte nun auf die Weingärten. Neue Gebiete wie Casablanca Valley wurden bepflanzt; Leyda in San Antonio Valley und Limarí Valley könnten die Stars der Zukunft sein. Der biodynamische Anbau nimmt zu, bisher macht er etwa 1 % der Gesamtfläche aus.

Einer der wichtigsten Schritte in jüngerer Zeit war die Bestimmung der Carmenère-Traube *(s. S. 538)*. Diese hocharomatische, weiche, pflaumige alte Bordeaux-Sorte wurde früher mit Merlot verwechselt und nimmt nun ihren Platz unter den chilenischen Weinen ein. Ebenso wichtig für die Region war die Unterscheidung zwischen der früher an vielen Orten angebauten Sauvignonasse und echter Sauvignon Blanc. Neupflanzungen erfolgen jetzt nur mit Sauvignon Blanc, und die Qualität dieser Sorte wurde enorm gesteigert.

Cabernet Sauvignon ist in Chile die am häufigsten kultivierte Sorte – in den

Weingärten in Aconcagua Valley mit Anden-Ausläufern, Chile

◁ **Catena Zapatas Kellerei in Upper Mendoza River, Argentinien**

letzten 10 Jahren hat sich die Anbaufläche verdoppelt.

Die heimische Traube País dagegen wird von Jahr zu Jahr weniger angebaut. An dritter und vierter Stelle rangieren Merlot und Chardonnay. Neue Syrah-Pflanzungen waren sehr erfolgreich, vor allem in Colchagua und Aconcagua Valley, und auch Viognier, Gewürztraminer und Sangiovese tragen zur Vielfalt bei. Rotweine entfalten in Chile üppig-reife Frucht. Das steigende Vertrauen in klimatisch kühlere Lagen wie Casablanca Valley und Leyda hat die Qualität chilenischer Weißweine erheblich gehoben, und hier entwickelt sich auch Pinot Noir viel versprechend.

Weingarten in Upper Mendoza River, Argentinien

ARGENTINIEN

Jesuitische Missionare pflanzten Mitte des 16. Jh. vermutlich die ersten Reben in der argentinischen Region Mendoza und nutzten dabei Bewässerungskanäle, die Jahrhunderte zuvor angelegt worden waren. Mehrere Einwanderungswellen brachten im 19. und 20. Jh. neue Rebsorten und bessere Vinifikationsverfahren ins Land und schafften damit die Grundlagen der heutigen argentinischen Weinbranche, die inzwischen die fünftgrößte der Welt ist. Der wichtigste Schritt dahin war der Bau der Eisenbahnlinie Buenos Aires-Mendoza, die danach bis San Juan ausgebaut wurde. All diese Maßnahmen führten zur massiven Erweiterung der Weingärten.

Argentinien hat dramatische politische Umschwünge erlebt und steht noch vor wirtschaftlichen Herausforderungen, doch die Hauptprobleme der Weinbranche wurden angegangen: Ein massives Rodungsprogramm reduzierte die Rebfläche in den 1980ern um ein Drittel, und man konzentrierte sich auf den Export. Investitionen heimischer Firmen zeigten gerade positive Ergebnisse, da sorgte die Abwertung des Peso Ende 2001 für einen herben Rückschlag. Jetzt fließen Investitionen aus aller Welt nach Argentinien und kurbeln die Branche an. Dieser Geldzufluss zeigt – vor allem im oberen Marktsegment –, dass Argentiniens Weinrevolution erst beginnt.

Heimische Traubensorten wie País und Moscatel herrschen in den Weingärten immer noch vor, werden aber im Allgemeinen nicht für Exportweine verwendet. Vor allem mit Malbec macht sich Argentinien jetzt einen Namen: Die Anfang des 20. Jh. aus Frankreich eingeführte Sorte reift in der Sonne der südlichen Hemisphäre voll aus und erzeugt in Europa bis dahin ungekannte, intensive Haferpflaumenaromen. Auch Torrontés ist weit verbreitet und kann dank moderner Vinifikationstechniken ihren leichten, äußerst aromatischen Stil richtig entfalten. Argentiniens Stärke jedoch liegt in der Vielfalt: Sangiovese, Tempranillo, Bonarda, Nebbiolo und Viognier erzielen gute Ergebnisse, wobei Rotweine kräftige, reife Aromen ausbilden, Weißweine dagegen noch stetig an Qualität zulegen. Zudem wurden aufgrund eines in den letzten fünf Jahren anhaltenden Trends hin zum Luxus neue Gebiete wie Uco Valley erschlossen.

WEINKARTE CHILE UND ARGENTINIEN

Haras de Pirque

CHILE BILDET einen dünnen, langen Landstreifen zwischen dem Pazifik im Westen und den Anden im Osten. Die meisten Weingärten liegen zwischen dem küstennahen Gebirge und den Anden sowie in kleineren Flusstälern, die sich bis zum Meer erstrecken. Von Atacama im Norden bis zum Mallecotal im Süden werden über eine Entfernung von 1300 km in den Tälern Trauben angebaut. Die argentinischen Weingärten erstrecken sich östlich davon im Windschatten der Anden über 1600 km von Salta im Norden über La Rioja, San Juan und Mendoza bis nach Río Negro im Süden.

LEGENDE

Chile und Argentinien

CHILE: GEBIETE UND SPITZENERZEUGER

LIMARÍ VALLEY *S. 536*

ACONCAGUA VALLEY *S. 536*
Errázuriz *S. 536*

CASABLANCA UND SAN ANTONIO VALLEYS *S. 536*
Viña Indomita *S. 540*
Viña Veramonte *S. 540*

MAIPO VALLEY *S. 537*
Antiyal *S. 540*
Concha y Toro *S. 543*
Cousiño-Macul *S. 540*
Haras de Pirque *S. 541*
Santa Carolina *S. 541*
Santa Rita *S. 541*

RAPEL VALLEY *S. 537*
Caliterra *S. 542*
Casa Lapostolle *S. 542*
Viña La Rosa *S. 542*
Viña Montes *S. 542*

CURICÓ VALLEY *S. 538*

MAULE VALLEY *S. 538*

ITATA VALLEY *S. 538*

BÍO-BÍO VALLEY *S. 538*

MALLECO VALLEY *S. 538*

Traubensortieren bei Fabre Montmayou, Mendoza, Argentinien

DAS TERROIR AUF EINEN BLICK

CHILE

Breite: 30–38 °S

Höhe: 400–1000 m über NN

Topografie: Weinlagen zwischen küstennahem Gebirgszug und den Anden

Boden: Kalkstein und Ton mit Alluvialschlamm in Flussnähe

Klima: Maritim und sehr wechselhaft bei starker Hitze im Norden und starkem Niederschlag im Süden. In Gebirgsnähe beträchtlicher Abfall der Nachttemperaturen.

Temperatur: 30 °C Durchschnittstemperatur im Januar

Niederschlag: 380 mm im Jahresdurchschnitt

Gefahren für den Weinbau: Frost, Starkregen

ARGENTINIEN

Breite: 26–42 °S

Höhe: 300–2200 m über NN

Topografie: Weinlagen in Westargentinien, im Regenschatten der Anden

Boden: Sand, Ton und tiefer, lockerer Alluvialboden

Klima: Kontinental und semiarid. Hohe Tagestemperaturen, die vor allem in den Gebirgsausläufern nachts extrem fallen.

Temperatur: 28 °C Durchschnittstemperatur im Januar

Niederschlag: 100–300mm im Jahresdurchschnitt

Gefahren für den Weinbau: Hagel

ARGENTINIEN: GEBIETE UND SPITZENERZEUGER

NORTH MENDOZA *S. 544*
Familia Zuccardi *S. 548*

UPPER MENDOZA RIVER *S. 544*
Bodega Benegas *S. 548*
Bodega Norton *S. 548*
Catena Zapata *S. 548*
Dominio del Plata *S. 548*
Fabre Montmayou *S. 549*
Finca Flichman *S. 549*
Terrazas de los Andes *S. 549*
Weinert *S. 549*

UCO VALLEY *S. 545*
Bodegas Salentein *S. 550*
Clos de Los Siete *S. 550*
Finca La Celia *S. 550*
Jacques & François Lurton *S. 550*
O Fournier Bodegas y Viñedos *S. 550*

EAST MENDOZA *S. 545*

SOUTH MENDOZA *S. 545*

SALTA *S. 546*
Bodega Colomé *S. 551*
Michel Torino Bodega La Rosa *S. 551*
San Pedro de Yacochuya *S. 551*

LA RIOJA *S. 546*

SAN JUAN *S. 546*

RÍO NEGRO *S. 547*
Humberto Canale *S. 551*

Catena-Zapata-Weingarten in Mendoza, Argentinien

SPITZENWEINE: CHILE UND ARGENTINIEN

- Ⓡ Antiyal €€€
- Ⓡ Casa Lapostolle Clos Apalta €€€
- Ⓡ Catena Zapata Angélica Zapata Malbec Alta €€€€
- Ⓡ Catena Zapata Caro €€€€
- Ⓡ Clos de Los Siete €€€€
- Ⓦ Concha y Toro Terrunyo Sauvignon Blanc €€
- Ⓡ Concha y Toro Almaviva €€€€
- Ⓡ O Fournier Bodegas y Viñedos A Crux €€€€
- Ⓡ San Pedro de Yacochuya Yacochuya €€€€
- Ⓡ Seña €€€€
- Ⓡ Terrazas de los Andes Cheval des Andes €€€€
- Ⓡ Viña Montes Alpha M €€€

Die gepflegten Don-Maximiano-Weingärten von Errázuriz, Aconcagua Valley

DIE WEINBAUGEBIETE CHILES

COQUIMBO

Eigentlich müsste die Region Coquimbo im Norden viel zu heiß und trocken für den Traubenanbau sein, aber ihre Nähe zum Pazifik und der Einfluss des Humboldt-Stroms aus der Antarktis sorgen für kühlen Seewind und damit das richtige Klima. Von den zwei Tälern Elqui und Limarí ist nur letzteres für den Weinbau von Interesse.

Limarí Valley

Bis 1993 wurde diese semiaride Region nur genutzt, um Trauben für die Spirituose Pisco anzubauen, doch neuerdings hat man auch mit dem Anbau von Weintrauben Erfolg – vor allem Cabernet Sauvignon, Merlot, Carmenère, Chardonnay und Viognier. Inzwischen gibt es bei den Städten Ovalle und Punitaqui etwa 1500 ha Rebland in Talsohlen und an Hängen. Tagsüber senkt die Seeluft die Temperaturen, nachts der Nebel, und das La-Paloma-Reservoir ermöglicht die Bewässerung. Firmen wie Casa Tamaya machen sich jetzt einen Namen mit reinen, fruchtigen, geschmeidigen Weinen.

steiniger Ton *Cabernet Sauvignon, Merlot* *Chardonnay, Viognier* *rot, weiß*

ACONCAGUA

Zum Gebiet Aconcagua gehören das warme, gleichnamige Tal sowie Casablanca Valley und die neue, aufstrebende Gegend von San Antonio Valley.

Aconcagua Valley

Das warme, trockene Klima dieses durch den Fluss Aconcagua mit dem Pazifik verbundenen Gebiets begünstigt die Rotweinproduktion: Das Flusstal leitet die kühle Seeluft weiter, so dass warme Tage und kühle Nächte eine langsame Reifung erlauben – und damit volle, fruchtige Weine mit intensiver Farbe und konzentrierten Aromen. Aconcagua Valley ist mit um die 800 ha Rebland – davon 90 % für Rotwein – recht klein; die meisten Weingärten liegen um Panquehue mit Errázuriz als wichtigstem Erzeuger. Der flache, steinige, gut entwässerte Boden bietet gute Bedingungen für Cabernet Sauvignon, Merlot und Carmenère; Syrah dagegen gedeiht an den warmen Nordhängen und Sangiovese in kühleren Lagen. Weiter in Richtung Küste wurde bei Ocoa der Seña-Weingarten *(s. S. 541)* in Nordostlage angelegt, um Trauben für einen chilenischen Spitzen-Rotwein zu liefern.

Seña, Aconcagua Valley

gut entwässerte, steinige, flache Böden *Cabernet Sauvignon, Merlot, Syrah, Carmenère* *rot*

Casablanca und San Antonio Valleys

Nachdem man Casablanca Valley in den 1980ern als Weinbaugebiet entdeckte, war schon bald kein Rebland mehr zu haben. Es liegt westlich der küstennahen Bergkette im kühlenden Einflussbereich des Pazifik und bietet ausgezeichnete Bedingungen bei kaltem Klima. Frühlingsfröste können hier allerdings ein

Nachteil sein. Auch die Bewässerung ist schwierig, da die Region für den Zufluss von Schmelzwasser zu weit von den Anden entfernt ist. Die Versorgung beschränkt sich daher auf einige Bohrlöcher.

San Antonio Valley wurde noch später erschlossen. Der Einfluss des antarktischen Humboldt-Stroms ist hier sehr stark, und dank der kühlen Sommer können die Trauben langsam reifen und konzentrierte, lebendige Fruchtaromen entwickeln. Vor allem in den sanften Hügeln von **Leyda** herrschen gute Bedingungen für Chardonnay und Pinot Noir, aber auch Merlot, Gewürztraminer und Riesling werden hier kultiviert. Erweiterungen wurden hier erst durch den Bau einer Wasser-Pipeline vom Maipo her möglich.

flache, sandige Böden *Pinot Noir, Merlot* *Chardonnay, Sauvignon Blanc* *rot, weiß*

CENTRAL VALLEY

Der Kernbereich chilenischer Weinproduktion erstreckt sich südlich von Santiago über 320 km zwischen Andenausläufern und küstennahem Gebirge. An einigen Stellen gibt es weite, offene Täler, an anderen stehen die Berge dicht beieinander. Mehrere Flüsse durchziehen das Tal und bilden vier Subregionen: die Täler Maipo, Rapel, Curicó und Maule.

Maipo Valley

Hier wurde die erste Generation ernst zu nehmender chilenischer Weine hervorgebracht. Wohlhabende Familien pflanzten hier im 19. Jh. Reben aus Bordeaux an, und viele große Güter erinnern noch an die gute alte Zeit. Die Vororte Santiagos verdrängen die älteren Weingärten nach und nach, und viele Firmen werden weiter nach Süden verlegt.

In Maipo gibt es 8500 ha Rebland; die Weingärten erstrecken sich von den Andenausläufern im Osten Santiagos in einem Bogen, der von 1000 m auf 400 m abfällt – über **Puente Alto**, **Pirque**, **Buin** und **Isla de Maipo**. Höhere, kühlere Lagen können hier für die Reifung Tage oder Wochen mehr benötigen, was die Entwicklung komplexer Aromen und feiner Tannine erlaubt. Dank unterschiedlicher Mesoklimata und Bodentypen bilden die Weine verschiedene Geschmacksnuancen aus.

Maipo Valley ist für feinen, geschmeidigen Cabernet Sauvignon bekannt. Vor allem aus Puente Alto beziehen Firmen wie Concha y Toro und Errázuriz die Trauben für ihre Spitzenweine. Hier entwickelt chilenischer Cabernet Sauvignon seine vollmundigsten, üppigsten Aromen – mit intensiver, schwarzer Johannisbeerfrucht, einem Hauch Eukalyptus und weichen, seidigen Tanninen.

Weiter südlich in Pirque hält der Wind längs des Flusses die Temperaturen niedrig, während die Trauben in Richtung Buin schneller reifen und den vorherrschenden Cabernet-Reben volle, weiche, minzige Aromen entlocken.

unfruchtbarer, alluvialer Ton auf Felssohle *Cabernet Sauvignon, Merlot* *rot*

Rapel Valley

Die 25 000 ha Rebland von Rapel Valley machen ein Viertel der chilenischen Weingärten aus. Rapel, das vor allem eine Rotweingegend ist, besteht aus zwei Bereichen, dem **Cachapoal Valley** und dem aufstrebenden **Colchagua Valley** *(s. S. 539)* – beide von einem Fluss durchzogen, der in den See Rapel mündet. Das kleinere Cachapoal erstreckt sich von den kühlen Andenausläufern durch das schmale Central Valley bis nach Peumo. Im heißeren Landesinneren um Rancagua und Rengo dominieren Cabernet Sauvignon und Merlot; im kühleren Requinoa dagegen liefern Cabernet-Trauben eher frische, fruchtige Weine. Auch weiße Trauben wie Chardonnay und Sauvignon Blanc zeigen viel Potenzial. Bei Peumo jenseits der küstennahen Berge ist es kühler; diese Region ist für ihren hochwertigen Merlot bekannt.

von fruchtbarem Alluvialboden bis zu flachen, steinigen Hängen *Cabernet Sauvignon, Merlot, Carmenère* *rot*

Lese von Cabernet Sauvignon, Maipo Valley

EINE TRAUBE AUS DEM 19. JH.

Carmenère ist eine typisch chilenische Traube. Als man sie 1994 wieder entdeckte, hielt man sie für eine Merlot-Variante des vorhergehenden Jahrhunderts – obwohl sie eine etwas andere Blattform hat und zwei Wochen später reift. DNA-Tests jedoch haben kürzlich gezeigt, dass sie die Nachfahrin von bordeleser Grand-Vidure-Reben aus dem späten 19. Jh. ist. Während die Grand-Vidure-Reben in Bordeaux durch die Reblaus praktisch vernichtet wurden, gedeihen ihre Nachkommen in Chile und liefern Weine mit Brombeer-Schokoladen-Aromen und hohem Alkoholgehalt. Carmenère macht hier etwa 7 % der Rebfläche aus; Merlot etwa 12 %.

Curicó Valley

DIESES GEBIET IST mit über 15000 ha Rebfläche die treibende Kraft chilenischer Weinproduktion. Fast alle große Weinfirmen des Landes sind hier ansässig, und viele preiswerte Weine kommen von hier. Die Reben wachsen meist in den fruchtbaren Ebenen bei **Lontué** und an den Hängen der küstennahen Berge, wo eine lange Wachstumsphase die Fruchtkonzentration der Trauben verbessert. Kühlere Gebiete bei Molina im Osten und Teno im Norden eignen sich besonders für weiße Trauben.

fruchtbare alluviale Ebenen *Cabernet Sauvignon, Merlot, Carmenère* *Sauvignon Blanc, Chardonnay* *rot, weiß*

Maule Valley

DER SÜDLICHSTE BEREICH DES Central Valley mit seinen weiten Ebenen und flachen Hügeln ist seit 200 Jahren für den Weinbau von Bedeutung. Es gibt hier etwa 26 000 ha Weingärten. Ein Drittel davon ist mit der einheimischen roten Traube País bepflanzt, aus der man Wein für den heimischen Verbrauch keltert. Den Rest bestreiten Cabernet Sauvignon, Merlot und Sauvignon Blanc. Hier ist auch die Carmenère-Traube zu Hause: Sie entwickelt vor allem bei San Clemente ihre vollmundigen, würzigen Aromen. Dort fällt mehr Niederschlag, so dass z. B. bei Cauquenes keine Bewässerung erforderlich ist.

fruchtbare alluviale Ebenen *Cabernet Sauvignon, Merlot, Carmenère* *Sauvignon Blanc, Chardonnay* *rot, weiß*

DER SÜDEN

EIN FÜNFTEL DER CHILENISCHEN WEINGÄRTEN liegt im Süden, der daher schon rein mengenmäßig von Bedeutung ist. Hier dominieren heimische Trauben wie País und Moscatel de Alejandría; von Interesse sind jedoch die kleineren Pinot-Noir- und Chardonnay-Bereiche.

Itata Valley

DURCH DIE EINFÜHRUNG edler Trauben weiter nördlich geriet dieses alte Anbaugebiet vor 100 Jahren etwas in Vergessenheit. Noch herrschen die heimischen Sorten País und Moscatel de Alejandría vor, doch es gibt auch einige neuere Cabernet-Sauvignon- und Chardonnay-Pflanzungen. Heiße, trockene Sommer und starke Tag-Nacht-Temperaturschwankungen machen diese Region für Weinbau interessant.

fruchtbarer Lehm *País, Cabernet Sauvignon* *Moscatel de Alejandría, Chardonnay, Torontel* *rot, weiß*

Bío-Bío Valley

DIESES TAL hat mehr Niederschlag als die Gebiete weiter nördlich, die von den küstennahen Bergen besser geschützt werden. Kühlere Sommer und die Reifung verlangsamende Bedingungen begünstigen die Produktion aromatischer Weißweine. Die Ernte erfolgt z. T. drei Wochen später als in Central Valley. Obwohl die einheimische País-Traube extensiv angebaut wird, besitzt Bío-Bío viel Potenzial für frische, lebhafte Weine aus Pinot Noir, Gewürztraminer, Chardonnay und Riesling – insbesondere in der Gegend um Mulchén.

fruchtbarer alluvialer Lehm *País, Pinot Noir* *Moscatel de Alejandría, Chardonnay* *rot, weiß*

Malleco Valley

DIESES ERST 1995 erschlossene Anbaugebiet liegt etwa 480 km südlich von Santiago zwischen Anden und Cordillera de Nahuelbuta – kühl und reich an Niederschlägen, aber mit viel Sonne und kräftigen Südwinden, was die Reifung unterstützt. Bis jetzt wurden hier 5 ha Chardonnay angebaut, die spritzig-aromatische Weine liefern.

flacher, steiniger Boden *Chardonnay* *weiß*

DAS NEUE IMAGE VON COLCHAGUA VALLEY

Colchagua Valley ist heute Chiles modernste Weinregion, und Weinerzeuger und Reisebüros arbeiten daran, ihr durch ein internationales Image besonderes Profil zu verleihen. Viele bedeutende Erzeuger besitzen hier Weingärten.

Das Tal erstreckt sich als 30 km breiter, im Norden und Süden von Andenausläufern flankierter Korridor den Fluss Tinguiririca entlang von den Anden bis hin zum Pazifik. Sein Terrain weist in Flussnähe tiefe, lehmige, fruchtbare Böden auf, im Hügelbereich flache Böden, Fels und Kies. Im Grunde ist dies eine warme Gegend, aber der kühlende Einfluss der Anden im Osten und der mildernde Einfluss des Meeres im Westen sorgen für ein veränderliches Mesoklima. Die Temperaturunterschiede zwischen Tag und Nacht verleihen Colchagua-Weinen feste Tannine und intensive Aromen. Cabernet Sauvignon dominiert in dieser Rotweingegend – neben etwas Merlot, Carmenère und Syrah.

Spitzenerzeuger
Eine Reihe ausgezeichneter Erzeuger tragen zum guten Ruf dieser aufstrebenden Region bei, darunter insbesondere Caliterra, Casa Lapostolle, Cono Sur, Viña Montes, Luis Felipe Edwards *(www.lfewines.com)*, MontGras *(www.montgras.cl)*, Los Vascos *(www.lafite.com)* und Viu Manet *(www.viumanet.cl)*.

Apalta im Colchagua Valley
Lolol und Marchihue in Küstennähe sind als Erzeuger hochwertiger Colchagua-Valley-Weißweine von Bedeutung. Eine der Hauptgegenden ist jedoch Apalta *(s. oben)* mit ihren steilen, steinigen Hängen, wo die wichtigsten Weingärten von Casa Lapostolle und Viña Montes liegen – z. T. mussten für den Rebenanbau Terrassen in die steilen Hänge gegraben werden. Apalta liefert die Cabernet-Sauvignon-Trauben für Montes' Spitzenwein Alpha M und Casa Lapostolles Clos Apalta. Diese strukturierten, komplexen, konzentrierten Rotweine gehören zu den aufregendsten Tropfen Chiles und beweisen, dass die Region weltweit konkurrenzfähig ist.

Weingarten in Hanglage in Colchagua Valley, Rapel Valley

DIE SPITZENERZEUGER CHILES

Errázuriz
Aconcagua Valley

Panquehue, Aconcagua *02 203 6688* *www.errazuriz.com* *n. V.*

DIESES GUT mit seinem alten Kellereigebäude und den Korbsesseln auf der Veranda scheint sich seit der Gründung durch Don Maximiano Errázuriz 1870 kaum verändert zu haben; die Kellerei jedoch ist hochmodern ausgestattet. Der tadellose Don-Maximiano-Weingarten direkt bei der Kellerei war eine der ersten Hanglagen Chiles. Heute wird ein Teil davon biologisch bestellt. Die besten Sorten sind Merlot, Cabernet Sauvignon und Syrah. Wegen ihrer besonderen Eigenschaften wurden noch weitere Weingärten im Tal ausgewählt: Der wärmere El Ceibo liefert fruchtige Cabernets und Merlots, der kühlere Las Vertientes besser strukturierte Cabernets und Syrahs. Errázuriz gehört heute – wie auch Caliterra – der Familie Chadwick, die für das Seña-Projekt sogar eine Partnerschaft mit der kalifornischen Mondavi-Familie eingegangen ist *(s. rechts)*.

rot, weiß 2003, 2002, 2001, 2000 ★ Viñedo Chadwick, Don Maximiano, Errázuriz Single Vineyard Carmenère

Errázuriz-Kellerei aus dem 19. Jh.

Viña Indomita
Casablanca Valley

Ruta 68, km 64, Casilla 162, Casablanca *02 220 1530* *www.indomita.com*

VIÑA INDOMITA liegt hoch in den Hügeln am Ostende von Casablanca Valley. Dieses ehrgeizige, 2000 ins Leben gerufene Projekt soll Spitzenkellerei, Restaurant und Besucherzentrum verbinden. Die 220 ha Rebland verteilen sich auf Casablanca, Maipo, Rapel und Maule Valley. Die 1,5-Mio.-Liter-Kellerei hat genug Raum, um ihre Produktion zu verdoppeln. Ihre Weine sind viel versprechend, vor allem Pinot Noir und Chardonnay.

rot, weiß 2003, 2002 ★ Pasión Chardonnay, Pasión Pinot Noir

Viña Veramonte
Casablanca Valley

Ruta 68, km 66, Casablanca *03 274 2421* *www.veramonte.cl*

DIE ARCHITEKTUR von Veramonte erinnert an Napa Valley und spiegelt so die kalifornischen Wurzeln der Stammfirma. Winzer Rafael Tirado jedoch produziert typisch chilenische Weine. Auf den 400 ha in der Talsohle und an den Hängen des heißesten Bereichs von Casablanca Valley wachsen Syrah, Merlot, Carmenère, Pinot Noir und die üblichen weißen Sorten. Das Gut stellt auf biodynamischen Betrieb um, und dank zunehmender Pflege des Weingartens – weniger Bewässerung, besserer Rebschnitt – kommen Komplexität und Frucht der Weine besser zum Ausdruck.

rot, weiß 2003, 2002, 2001, 2000 ★ Winemaker's Selection, Merlot, Primus

Antiyal
Maipo Valley

Padre Hurtado 68, Paine, Santiago *02 821 4224* *www.antiyal.com*

Antiyal

DIESES KLEINUNTERNEHMEN gehört Alvaro Espinoza, einem der anerkanntesten chilenischen Winzer und führenden Vertreter des biodynamischen Weinbaus. Neben verschiedenen Berateraufgaben und Projekten wie VOE *(s. S. 543)* bei führenden Unternehmen bestellt er seine eigenen Weingärten nach biodynamischen Grundsätzen unter Verwendung spezieller Komposts. Die ersten Jahrgänge seines Weins auf Cabernet-Sauvignon-Basis mit etwas Syrah und Carmenère sind stilvoll und hocharomatisch.

rot 2001, 2000 ★ Antiyal

Concha y Toro
Maipo Valley

S. Seite 543.

Cousiño-Macul
Maipo Valley

Macul, Maipo *02 351 4135* *www.cousinomacul.cl* *n. V.*

ALS COUSIÑO-MACUL 1856 die ersten Reben pflanzte, lag Macul noch am Stadtrand von Santiago. Die Vororte der Stadt haben die ausgezeichneten Weingärten verdrängt, und sie werden bald wohl ganz verschwinden. Ein neuer Weingarten in Buin (Maipo Valley) mit dichterer Bepflanzung und Tropfbewässerung bietet jetzt die Möglichkeit eines Neuanfangs. Um die Qualität aufrechtzuerhalten, wählte man Ableger der besten Originalreben aus.

Die High-Tech-Kellerei auf dem neuen Gelände vervollständigt den Wandel des Traditionsguts, dessen Cabernets ihren festen Körper und langlebigen Stil beibehalten. Das alte Cousiño-Macul-Gut mit seinen gepflegten Gärten, der alten Kellerei und einigen verbliebenen Weingärten bleibt in Macul.

rot, weiß *2003, 2002, 2001, 2000* ★ *Finis Terrae, Antiguas Reservas*

Haras de Pirque
Maipo Valley

Camino San Vicente, Casilla 247, Correo Pirque *02 854 7910*
www.harasdepirque.com *n. V.*

DIESE AM FUSS einer hufeisenförmigen Hügelkette errichtete Kellerei gehört zu den optisch eindrucksvollsten der neuen Ära. Den Hang ansteigende Rebzeilen holen hier das Maximum aus unterschiedlichen Lagen. Die qualitativen Ansprüche der Inhaberfamilie Matte spiegeln sich in der hochmodernen Kellerei. Erstklassige Berater wie Alvaro Espinoza haben von Anfang an für optimale Vinifikation gesorgt. Die sorgfältig gekelterten Rotweine besitzen volle, intensive, leuchtende Frucht mit seidigen Tanninen und sich steigernder Komplexität.

rot, weiß *2003, 2002, 2000* ★ *Haras Elegance Cabernet Sauvignon, Haras Character Chardonnay*

Haras de Pirques imposante Kellerei in Maipo Valley

Santa Carolina
Maipo Valley

Tiltil 2228, Macul, Santiago
02 450 3161
www.santacarolina.com *n. V.*

SANTA CAROLINA hat seinen Sitz zwar in einem chilenischen Nationaldenkmal – einer Kellerei aus dem 19. Jh. in Macul –, ist aber eine unbedingt zukunftsorientierte Firma. Sie besitzt 2000 ha Rebland in Maipo und Colchagua Valley, hat ein Netzwerk von Weinbauern unter Vertrag und übt strenge Qualitätskontrolle. Ihre Weine sind durchweg gut; Chardonnays und Merlots besitzen besondere Intensität und reife Frucht. Ihr angegliedert ist die Firma Viña Casablanca auf dem Santa Isabel Estate in Casablanca Valley. Der Sauvignon Blanc mit seinen lebhaften Kräuteraromen gehört zu den besten Chiles.

rot, weiß *2003, 2002, 2001, 2000* ★ *Barrica Selection Carmenère, VSC, Santa Isabel Sauvignon Blanc*

Santa Rita
Maipo Valley

Buin, Maipo *02 361 2171*
www.santarita.com *n. V.*

DIESE EXPORTORIENTIERTE Firma ist mit ihren 2000 ha Rebfläche – verteilt auf Maipo, Casablanca, Rapel, San Antonio und Maule Valley – in der Lage, die Qualität ihrer Weine bereits im Weingarten zu steuern. Man verwendet sogar Satellitenfotos, um die Reifung in den riesigen Weingärten zu überwachen und die Trauben zum richtigen Zeitpunkt zu ernten. Das Weinsortiment reicht vom kommerziellen, aber guten 120 (nach 120 Soldaten benannt, die sich während des chilenischen Unabhängigkeitskriegs in den Kellern versteckten) über Reserva und Medalla Real bis zu Floresta, einem neuen, fruchtbetonten Typ, der Komplexität und reife, volle Aromen bietet. Im Zentrum des Guts liegt eine 30-ha-Insel mit einem Luxushotel und einer restaurierten Kapelle. Zu Santa Rita gehört auch die benachbarte Kellerei Carmen – eine Wegbereiterin des biologisch-dynamischen Weinbaus in Chile unter Leitung von Alvaro Espinoza (Antiyal).

rot, weiß *2003, 2002, 2001, 2000, 1999* ★ *Casa Real Cabernet Sauvignon, Floresta Apalta Cabernet Sauvignon, Floresta Syrah-Merlot*

SEÑA: QUALITATSSIEGEL

Die Familien Chadwick und Mondavi betreiben gemeinsam das Seña(»Siegel«)-Projekt, um zu zeigen, dass sich in Chile ein weltweit konkurrenzfähiger Wein herstellen lässt. Man scheute keinen Aufwand im dicht bepflanzten Seña-Weingarten in Aconcagua Valley, den die Nachmittagssonne nicht mehr erreicht, wodurch die Reifungsphase verlängert wird. Zudem liefert der Don-Maximiano-Weingarten (Errázuriz) Trauben. Tim Mondavi kontrolliert die Vinifikation. Der Cabernet-Merlot-Carmenère-Verschnitt ist komplex, elegant und voller Potenzial.

Caliterra
Rapel Valley/ Colchagua Valley

Arboleda, Colchagua ☎ 02 203 6688 [W] www.caliterra.com ◯ n. V.

CALITERRA GEHÖRT den Chadwicks (ebenfalls Inhaber von Errázuriz). Die Bepflanzung des 1000-ha-Guts in Arboleda begann 1997. Hier gibt es 300 ha Cabernet Sauvignon, Merlot, Carmenère, Syrah und Malbec, die ein Drittel der Trauben liefern; der Rest stammt von Vertragsbauern in Maipo Valley, Rapel Valley und Curicó. Man errichtete eine große Kellerei mit Gefällezuführung. Das Gros der Trauben liefert leuchtende, saubere, gut vinifizierte Weine; das fassgereifte Arboleda-Spitzensortiment benötigte etwas Zeit, zeigt jetzt aber Intensität und Ausgewogenheit.

rot, weiß 2003, 2002, 2001, 2000 ★ Caliterra Arboleda: Syrah, Carmenère

Casa Lapostolle
Rapel Valley/ Colchagua Valley

Santa Cruz, Colchagua ☎ 02 242 9774 [W] www.casalapostolle.com ◯ n. V.

DER NEUESTE TREND in dieser Spitzenkellerei ist das manuelle Entstielen der Trauben. Die meisten Trauben wurden 2002 und 2003 auf diese Weise sortiert und getrennt – was zeitaufwändig, doch durch die seidige Textur der Weine gerechtfertigt ist. Im Mittelpunkt des Betriebs von Casa Lapostolle steht eine Pflanzung 80-jähriger Cabernet-Sauvignon-Reben in Colchagua Valley; für die erweiterte Rebfläche am Hang von Clos Apalta wird eine zusätzliche Kellerei errichtet. Daneben gibt es Weingärten in Casablanca und Rapel Valley. Niedrige Erträge, reife Früchte und das vereinte Fachwissen von Michel Rolland und Lapostolles eigenem Weinmacher, dem Franzosen Michel Friou, sorgen dafür, dass die Weine ihr hohes Niveau beibehalten.

rot, weiß 2003, 2002, 2001, 2000 ★ Clos Apalta, Cuvée Alexandre Merlot

Caliterras Weingarten, Arboleda, Colchagua Valley

Viña La Rosa
Rapel Valley/ Cachapoal Valley

Camino de la Fruta, Ruta 66, km 28, Comuna de Peumo ☎ 07 250 1810 [W] www.larosa.cl ◯ n. V.

VIÑA LA ROSAS Weingarten bei La Palmeria de Cocolán liegt in einem entlegenen Tal hinter Palmen versteckt und besitzt ein ideales Mesoklima für den Weinbau. Hier wachsen Cabernet Sauvignon, Merlot und Carmenère. Die über 700 ha der Viña-La-Rosa-Weingärten sind auf drei Orte in Rapel Valley verteilt. Die Firma gehört zu La Rosa Sofruco, einem Unternehmen für Obstanbau – sie hat kürzlich in eine neue Kellerei samt Weingärten und Besucherzentrum investiert. Die Produktqualität ist gestiegen, vor allem bei den Einzellagenweinen mit intensiv-samtiger Frucht im oberen Produktsegment.

rot, weiß, rosé 2003, 2002, 2001, 2000, 1999 ★ La Palmeria: Merlot Reserve, Merlot-Cabernet Sauvignon Gran Reserve, Merlot Gran Reserve

Viña Montes
Rapel Valley/ Colchagua Valley

Colchagua Estate, La Finca de Apalta, Apalta, Santa Cruz, Colchagua ☎ 07 282 5417 [W] www.monteswines.com ◯ n. V.

»ES WAR LIEBE auf den ersten Blick«, sagt Inhaber Aurelio Montes über den steilen, steinigen Hang von Finca de Apalta in Colchagua Valley. Das war bereits 1972 und damit 16 Jahre bevor Viña Montes, seine mit drei Partnern gegründete Firma, das Land kaufte und die dort wachsenden Birnen- und Pflaumenbäume entfernte. Mit nunmehr 140 ha in Apalta und weiteren 350 ha in Marchigue (beides Colchagua Valley) sowie Weingärten in Curicó hat sich das Unternehmen einen Namen gemacht. Syrah ist die jüngste Herausforderung. Da man diese Reben höher am Hang gepflanzt hat, entwickeln sie hohe Konzentration und komplexe Aromen. Montes ist ein angesehener Weinmacher, der auch als Berater für andere Firmen arbeitet. Seine Spitzenweine – der vollmundige, pfeffrig-würzige Folly (Syrah) und der harmonische, elegante Alpha M (Cabernet-Verschnitt) – gehören zu den edelsten Chiles.

rot, weiß 2003, 2002, 2001, 2000 ★ Alpha M, Folly, Alpha Syrah

DAS IMPERIUM CONCHA Y TORO

Concha y Toro ist die größte chilenische Weinfirma und eine der ältesten (1883 gegründet). Aufgrund ihrer Ressourcen kann sie die Vorzüge chilenischen Weins mit einem breiten Sortiment demonstrieren. Mit über 3500 ha Rebland in den Hauptanbaugebieten kontrolliert sie die Traubenversorgung für alle Spitzenweine. Zwei der besten Weinmacher Chiles – Marcelo Papa und Ignacio Recabarren – sind für die acht Vinifikationsteams in den Niederlassungen bei den Weingärten verantwortlich.

Cono Sur und Viñedos Orgánicos Emiliana (VOE) sind Tochtergesellschaften von Concha y Toro. Die Cono-Sur-Kellerei für frisch-fruchtige Weine im Stil der Neuen Welt wurde 1993 in Chimbarongo (Rapel) gegründet. Mit dem Slogan »Keine staubigen Flaschen, keine Geschichte, einfach nur Frucht« hat sie sich einen Namen für moderne, fruchtige Weine gemacht. VOE ist ein kleines Versuchsprojekt in Colchagua, Maipo und Casablanca Valley, das nach biologischen und biodynamischen Prinzipien arbeitet.

Marcelo Papa

Almaviva

Dieses Gemeinschaftsprojekt von Concha y Toro und Baron Philippe de Rothschild sollte einen der edelsten Weine Chiles kreieren. Almaviva stammt von einem 50-ha-Weingarten mit Carmenère, Cabernet Sauvignon, Cabernet Franc, Merlot und Petit Verdot bei Puente Alto in Pirque. Niedrige Erträge und klassische Vinifikation ergeben einen fest strukturierten, eleganten Wein, der seine halbfranzösische Abstammung erkennen lässt.

Praktische Information

Pirque, Maipo ☎ *02 476 5269*

W *www.conchaytoro.com*

◯ *n. V.*

Weininformation

rot,. weiß

2003, 2002, 2001, 2000, 1999

★ *Don Melchor, Almaviva*

Die Concha-y-Toro-Weine

Die Qualität der Concha-y-Toro-Weine nimmt stetig zu. Von der lebhaften, fruchtbetonten Serie Casilliero del Diablo, die alle wichtigen chilenischen Traubensorten berücksichtigt, bis zu den Serien Trio, Marqués de Casa Concha, Amelia, Terrunyo und Don Melchor *(oben)* wird die Beziehung zum Terroir immer enger. Terrunyo Sauvignon Blanc aus dem kühlen Casablanca Valley und Leyda (San Antonio Valley) zeigen, wie weit sich in Chile Fruchtcharakteristika im Bezug auf die Weingartenlage festlegen lassen. Überall wird Eiche (vor allem hochwertige, fein gemaserte) mit Bedacht eingesetzt.

Almavivas Kellerei in Pirque, Maipo Valley

Merlot-Weingärten vor den Anden in Upper Mendoza River

DIE WEINBAUGEBIETE ARGENTINIENS

MENDOZA

Aus der Luft wirkt Mendoza wie ein grüner Fleck in der ausgedehnten, trocken-braunen Buschlandfläche im Regenschatten östlich der Anden. Der größte Teil Mendozas ist bis heute Wüste. Teile davon verwandelten die Inkas bereits vor 700 Jahren in eine Oase – durch Umleitung der aus den Bergen gespeisten Flüsse in Bewässerungskanäle. Diese Kanäle wurden im Lauf der Jahrhunderte von den Huarpe-Indianern erweitert. Heute ist Mendoza das wichtigste Anbaugebiet Argentiniens und produziert auf 140 000 ha 70 % der Weintrauben des Landes. Die meisten großen Firmen sind in Mendoza ansässig. Mendoza besteht aus fünf Regionen.

North-Mendoza

Diese Ebene im Norden und Osten der Stadt Mendoza liegt 600–700 m über dem Meeresspiegel und umfasst die Gegenden Lavalle, Guaymallén, Las Heras, San Martín und einen Teil von Maipú. Der karge, sandige Lehmboden wird vom Fluss Mendoza bewässert; sein hoher Salzgehalt senkt den Säuregehalt des Weins. In dieser Region bevorzugt man leichte, junge Rotweine wie Bonarda und Sangiovese und Weißweine wie Chenin Blanc und Pedro Giménez. Zu den etwa 14 000 ha Rebland gehört auch ein kleiner Bereich mit 100-jährigen Malbec-Reben.

alluvialer, sandiger Lehm *Bonarda, Sangiovese* *Chenin Blanc, Pedro Giménez* *rot, weiß*

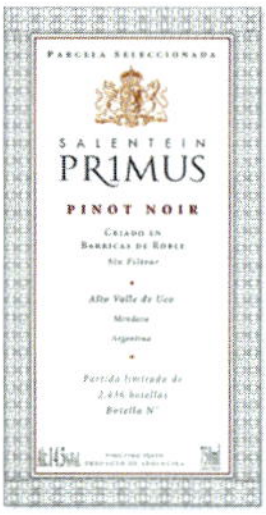

Etikett Bodegas Salentein, Uco Valley

Upper Mendoza River

Die Zentralregion um die Stadt Mendoza gilt als eines der besten Anbaugebiete Argentiniens. Südlich der Stadt erstreckt sich entlang der Andenausläufer **Luján de Cuyo** mit Vistalba, Perdriel und Agrelo – eine der drei offiziellen argentinischen DOs (Denominatión de Origen) mit leicht abschüssigen Weingärten vor schneebedeckten Bergen im Hintergrund. Vor 100 Jahren wurde hier Malbec gepflanzt, und dies ist bis heute der beste Ort Argentiniens, um niedrige Erträge und konzentrierte Aromen zu erhalten. Wichtige Kellereien wie Fabre Montmayou, Bodega Norton und Catena Zapata sind hier ansässig; viele andere beziehen Trauben aus diesem Gebiet. Das starke Temperaturgefälle zwischen Tag und Nacht in 1000 m Höhe erzeugt feine Aromen und einen guten Säuregehalt. Je nach Lage variiert der Boden dieses Nordosthangs.

Maipú im Osten und Südosten der Stadt Mendoza ist im Begriff, DO-Status zu erhalten; dazu gehören die Subzonen Cruz de Piedra, Lunlunta und Las Barrancas. Dieses um die 800 m hohe Gebiet besitzt steinigen Boden – vor allem bei Las Barrancas. Hier wird vorwiegend Malbec angebaut, obwohl auch Cabernet Sauvignon hochwertige Weine mit Struktur, Eleganz und intensiven Aromen erzeugen kann.

komplex alluvial-steinig *Malbec, Syrah, Cabernet Sauvignon* *Sémillon, Chardonnay* *rot, weiß*

Uco Valley

DIESES INTERESSANTE, neu erschlossene Gebiet erstreckt sich 80 km südlich der Stadt Mendoza über ebenfalls 80 km. Im Bereich zwischen Tupungato und Pareditas bepflanzt man nach und nach die niedrigeren Andenhänge zwischen 900 und 1500 m und baut hochmoderne Kellereien. Hier haben sich Clos de los Siete, Bodegas Salentein und O Fournier Bodegas y Viñedos zu Investitionen entschlossen, um die von Natur aus niedrige Temperaturen, lange Reifungsdauern und karge, steinige Böden zu nutzen. Rote Trauben wie Malbec, Syrah, Cabernet Sauvignon, Merlot und Pinot Noir zeigen hier ausgeprägten Sortencharakter, gestützt von spritziger Säure. Die Weißweine aus Sémillon, Riesling, Pinot Gris und Chardonnay besitzen klare Fruchtaromen – gestützt von einer Säure, die den Weinen anderer Gegenden oft fehlt. Die Anbaugebiete könnten noch erweitert und eines der argentinischen Spitzenanbaugebiete werden.

karg, steinig *Malbec, Cabernet Sauvignon, Merlot* *Sémillon, Chardonnay, Riesling* *rot, weiß*

East Mendoza

IN EAST MENDOZA wird der meiste Wein in der Provinz erzeugt. Dieses vorwiegend flache, warme Gebiet mit extensivem Rebenanbau erstreckt sich entlang der Ufer des Flusses Tunuyán bis nach La Paz. Seine Höhe schwankt zwischen 750 m im Westen bei **Medrano** und 560 m bei **La Paz**. Die Bodentypen variieren zwischen hohem Sandgehalt im Westen und tiefen, nährstoffreichen Böden im Osten. Die 60 000 ha Reben werden vielfach auf traditionelle Weise an Hochspalieren (Parrals) erzogen. In einigen Gegenden führt dieses Verfahren zu hohen Erträgen bei niedriger Qualität, doch hier können – bei hohen Tagestemperaturen – die sich entwickelnden Trauben durch kontrollierten Rebschnitt und Rebenerziehung vor zu viel Sonne geschützt werden und liefern hochwertige, geschmacksintensive Weine. In diesem ausgedehnten Gebiet ist eine große Zahl roter Trauben zu Hause, darunter Viognier.

fruchtbar, tief, alluvial *Bonarda, Syrah, Sangiovese* *Torrontés, Chardonnay, Viognier* *rot, weiß*

VIELSEITIGE MALBEC

Malbec ist in Argentinien mehr Glück als in ihrer Heimat Frankreich beschieden. Die Reben wurden vermutlich im späten 19. Jh. von Arbeitern aus Südwestfrankreich eingeführt, wo man sie Côt nennt. In der Sonne Südamerikas reifen die Trauben gut und liefern vollmundige, üppige Weine mit Haferpflaumennote – unverwechselbar, vielseitig und verschneidbar mit anderen Sorten. Malbec ist die zweithäufigste Sorte Argentiniens (etwa 17 % der Rebfläche).

South Mendoza

ETWA 130 KM SÜDÖSTLICH von Mendoza liegt San Rafael Valley, die erste argentische DO. An einem Hang, der von 800 m bei Las Parades im Westen sanft auf 450 m bei General Alvear im Osten absteigt, werden hier 20 000 ha Rebland von den Flüssen Diamante und Atuel bewässert. Die Alluvialböden liegen auf einer Kalksteinsohle; bei niedriger Niederschlagsmenge besteht jedoch große Hagelgefahr. Warme Tagestemperaturen im Sommer begünstigen die Erzeugung von aromatischem Malbec, Syrah und Cabernet Sauvignon. Die meist gepflanzte weiße Traube ist Chenin Blanc.

fruchtbar, alluvialer Kalkstein *Malbec, Barbera, Cabernet Sauvignon* *Chenin Blanc* *rot, weiß*

Malbec-Lese in Luján de Cuyo, Upper Mendoza River

Michel Torino Bodega La Rosa in Salta

JENSEITS VON MENDOZA

In Mendoza liegen zwar die meisten argentinischen Weingärten, aber es gibt auch größere Anbaugebiete in San Juan (22 %) und La Rioja (3,8 %) sowie kleinere in Salta, Catamarca und Rio Negro. Dort herrscht jeweils ein für den Weinbau ideales Mikroklima, und aufgrund steigender Exportziffern läuft die Suche nach geeigneten Anbaugegenden weiter.

Salta

Läge die Provinz Salta nicht so weit abseits, wäre sie der ideale Ort für den Traubenanbau: kühle Nächte und heiße Tage mit einem erfrischenden Wind, der sich wie eine Klimaanlage zur heißesten Tageszeit einschaltet. Die hoch gelegene Region in den Andenausläufern 1000 km nördlich von Mendoza erreicht man nur nach langer Fahrt. Ihre Weingärten befinden sich in den Calchaquíes-Tälern, die sich in den Nachbarprovinzen Tucumán und Catamarca fortsetzen. Der Gebirgsort **Cafayate** ist das wichtigste Weinbaugebiet Salsas. Seine Rebflächen liegen in etwa 1700 m Höhe – neuere Pflanzungen sogar noch höher, wo man die Trauben in bis zu 2200 m Höhe reifen lässt. In diesen Höhen sind die Temperaturschwankungen zwischen Tag und Nacht erheblich, was komplexe Aromen und Geschmacksnoten in den Trauben erzeugt, während die von Natur aus hohe UV-Strahlung in roten Trauben für intensive Farbe und feine Tannine sorgt.

Traditionellerweise wird zu 90 % die leichte, aromatische Torrontés-Traube angebaut, aber auch kleine Mengen Cabernet Sauvignon und Malbec wachsen hier. Neben diesen roten Trauben werden auch Syrah und Tannat auf neuen Gütern wie San Pedro de Yacochuya und Bodega Colomé angepflanzt.

gut entwässerter, sandiger Kies *Malbec, Cabernet Sauvignon, Bonarda* *Torrontés, Chenin Blanc, Chardonnay* *rot, weiß*

Etikett Michel Torino Bodega La Rosa, Salta

La Rioja

Die Weingärten von la Rioja liegen größtenteils zwischen Sierra de Famatina und Sierra de Velasco im Westen der Provinz. Neben Coronel Felipe Varela, Famatina, Castro Barros und Auraco ist Chilecito – nach Chilenen benannt, die hier vor einem Jahrhundert Gold schürften – das Hauptproduktionsgebiet. Diese heiße, trockene Gegend ist auf Bewässerung angewiesen, und neben Weintrauben (besonders Torrontés) werden hier auch Tafeltrauben produziert. Famatina Valley ist eines der ältesten Anbaugebiete Argentiniens – und eine seiner drei DOs, **Valles de Famatina Torrontés Riojano**.

Aufgrund des heißen Klimas werden weiße Trauben meist früh gelesen, damit sie frisch und aromatisch bleiben. Torrontés ist die wichtigste weiße, Bonarda, Cabernet Sauvignon, Barbera und Syrah sind die vorherrschenden roten Sorten. Durch bessere Kontrolle von Bewässerung und Rebschnitt steigt die Qualität dieser Weine zusehends.

tiefer, alluvialer Lehm *Bonarda, Cabernet Sauvignon, Syrah* *Torrontés, Moscatel de Alejandría* *rot, weiß*

San Juan

San Juan ist das traditionelle Zentrum des argentinischen Traubenanbaus. Hier werden seit jeher auch die aufgespriteten Weine erzeugt. Es wurde im späten 19. Jh. von europäischen Einwanderern erschlossen und macht etwa ein Viertel der argentinischen Rebfläche aus – wenngleich viel davon der Produktion von Tafeltrauben und Rosinen dient. In dieser heißen, trockenen Region ist der Wind oft so heftig, dass die Blüten der Reben austrocknen und diese keine Frucht ansetzen. Die Rebflächen liegen in einer Ost-West-Kette von Tälern in 900 bis 600 m Höhe und werden vom Fluss San Juan bewässert; am wichtigsten sind das steinige Ullum-Zonda Valley (900 m) und das alluviale Tulum Valley (600 m). Hier werden auf über 80 % der Rebfläche Standardsorten wie Pedro Giménez, Moscatel de Alejandría, Torrontés und große Mengen der einheimischen rosa Cereza-Traube angebaut. Daneben gibt es kleine Cabernet Sauvignon-, Malbec- und Syrah-Pflanzungen. Das karge, 1340 m hohe El Pedernal Valley südlich davon ist eine jüngere Insel für San-Juan-Qualitätsweine: Milde Sommer und kühle Nächte bilden ideale Bedingungen für die langsame Reifung von Chardonnay, Sauvignon Blanc, Merlot und Malbec, die hier feine Aromen entwickeln.

karg, steinig, alluvial *Syrah, Bonarda, Cabernet Sauvignon, Barbera* *Pedro Giménez, Moscatel de Alejandría, Torrontés* *rot, weiß, aufgespritet*

Río Negro

DAS WEINBAUGEBIET von Río Negro liegt etwa 640 km südlich von Mendoza am Nordrand Patagoniens, wo sich flaches Wüstenland in endlose Weiten erstreckt. Im frühen 20. Jh. leitete ein Team britischer Ingenieure einen Teil des Flusses um, um ein Tal für den Apfel-, Birnen- und Quittenanbau zu bewässern. Trauben sind hier weniger bedeutend als andere Früchte, trotzdem ist das besondere Klima für einige Sorten ideal. Ein Problem stellen Frühlingsfröste dar, doch dann sorgen warme Tage und kühle Nächte für eine lange Reifungsphase, die besonders für frische Weißweine und weiche, reife Rotweine von Vorteil ist. Es gibt hier, vor allem bei Neuquén und General Roca, um die 2500 ha Rebfläche. Viele Erzeuger aus Mendoza haben auch Versuchsweingärten, die noch erweitert werden könnten. Bei nur 300 m über dem Meeresspiegel hält nicht die Höhe, sondern die südliche Lage die Temperaturen niedrig. Dies ist noch nicht die südlichste Weinregion Argentiniens: Bodegas Weinert bepflanzt noch 320 km weiter südlich ein Gebiet in der Provinz Chubut (42 °S), und auch andere Firmen erkunden das Potenzial jener Region.

alluvialer Sand, Kies *Merlot, Malbec, Syrah, Pinot Noir* *Pedro Giménez, Torrontés, Sémillon, Chardonnay, Sauvignon Blanc* *rot, weiß*

SOZIALARBEIT

Einige Weinerzeuger begnügen sich nicht allein mit dem Weingeschäft. Viele Firmen auf dem Land, die oft die größten oder sogar einzigen Arbeitgeber der Gegend sind, bieten nicht nur Arbeit, sondern auch Häuser, gemeinnützige Einrichtungen und vor allem Schulen. Erzeuger wie José Alberto Zuccardi von La Agricola sind stolz auf die zahlreichen Angestellten, die auf ihrem Land arbeiten. Das Gut bietet dringend benötigte Arbeitsplätze, und die 400 Arbeiter erledigen vieles von Hand: Rebenpflege, Rebschnitt und Traubenlese. Anstelle eines einzelnen Arbeiters mit Traktor – wie in Europa üblich – gibt es hier Gruppen von 20 Personen, die mit dem Festbinden von Trieben oder dem Pflanzen neuer Reben beschäftigt sind. Firmen wie La Agricola bedeuten Stabilität für ganze Gemeinden: Viele Arbeiter wohnen auf dem Firmengelände, und zu den Schulen der Gegend verkehren Busse.

Sémillon-Traubenlese in Río Negro

DIE SPITZENERZEUGER ARGENTINIENS

Familia Zuccardi
North Mendoza

Ruta Provincial 33, km 7.5, Maipú
0261 441 0010
www.familiazuccardi.com

DIESES AKTIVE Unternehmen – eine der größten argentinischen Kellereien in Familienbesitz – setzt auf Innovation. Die üblichen Trauben (Malbec, Cabernet Sauvignon, Merlot und Chardonnay) sind hier stark vertreten, aber Zuccardi ist durchaus bereit, mit Sorten wie Tempranillo, Viognier, Barbera, Grenache, Marsanne und Zinfandel Neuland zu betreten. Seine 600 ha Rebland werden zunehmend biodynamisch bestellt, während sich seine Produktpalette in allen Preissegmenten vergrößert.

rot, weiß *2003, 2002, 2001, 2000* ★ *Q Malbec, Q Tempranillo, Santa Julia Viognier*

Bodega Benegas
Upper Mendoza River

Araoz 1600, Mayor Drummond Luján de Cuyo *0261 496 0794* *www.bodegabenegas.com* *n. V.*

BENEGAS IST EINE der ältesten Firmen Argentiniens. Der damalige Gouverneur von Mendoza, Tiburcio Benegas, kurbelte die Landwirtschaft der Region 1883 durch einen Ausbau der Wasserwege an. Er kaufte den Weingarten El Trapiche und gründete die gleichnamige erfolgreiche Weinfirma. Diese wurde in den 1970ern verkauft, und seine Familie hatte danach kaum noch mit Wein zu tun. Federico Benegas Lynch jedoch eröffnete das Familiengut in Luján de Cuyo neu, und nun wachsen hier auf 40 ha steinigem Boden Cabernet Franc, Sangiovese, Petit Verdot und andere. Die Kellerei

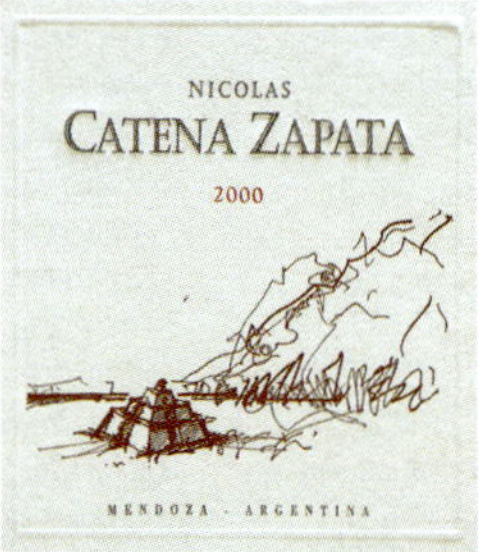

Etikett Catena Zapata

mag zwar alt sein, aber die Gärtanks wurden instand gesetzt und liefern intensive, konzentrierte Sortenweine und Blend, einen neuen Verschnitt im Bordeaux-Stil.

rot, weiß, rosé *2003, 2002, 2001, 2000* ★ *Blend, Sangiovese, Syrah*

Bodega Norton
Upper Mendoza River

Ruta Provincial 15, km 23.5, Perdriel, Luján de Cuyo *0261 488 0480*
www.norton.com.ar

EIN ENGLISCHER Ingenieur, der im argentinischen Eisenbahnbau tätig war, gründete diese Firma 1895. Die österreichische Familie Swarovski erwarb sie 1989, baute eine neue Kellerei und brachte die Weingärten in Schuss. Auf den 680 ha Rebfläche – darunter kostbare, 90-jährige Malbec, die Kleinstmengen an Spitzenwein liefern – experimentiert Norton während der Umstellung auf biologischen Anbau mit Spalieren, Bewässerung und Rebschnitt.

rot, weiß *2003, 2002, 2001, 2000* ★ *Perdriel Malbec*

Catena Zapata
Upper Mendoza River

Calle J Cobos, Agrelo, Luján de Cuyo
0261 490 0214 *www.catenawines.com* *n. V.*

ARGENTINIENS PROMINENTESTES Weinimperium besitzt eine brandneue, einer Maya-Pyramide ähnelnde Kellerei in Agrelo. In den letzten 20 Jahren hat sich die Produktpalette dieser Firma verändert: Sie konzentriert sich nun eindeutig auf hochwertige, fruchtbetonte Weine im mittleren bis oberen Preissegment. Ihr Spitzenwein Nicolás Catena Zapata kann in Blindverkostungen mit Bordeaux-Spitzenweinen mithalten. Auf 425 ha Rebland (mit Vertragsbauern noch einmal das Doppelte) erforscht Catena die Auswirkungen von Höhenlage, dichter Bepflanzung, Klonen und Erträgen auf die Weinqualität. Der neue Weingarten in Patagonien verwandelt die Wüste allmählich in Grünfläche. In Zusammenarbeit mit Eric de Rothschild produzierte man Caro, einen argentinischen Spitzenwein mit französischer Struktur.

rot, weiß *2003, 2002, 2001, 2000* ★ *Nicolás Catena Zapata, Alta Malbec, Alta Chardonnay*

Dominio del Plata
Upper Mendoza River

Cochabamba, Agrelo Luján de Cuyo
0261 498 6572 *n. V.*

DIE ÖNOLOGIN Susana Balbo und ihr Mann Pedro Marchevsky gingen dieses neue Unternehmen 2001 auf eigene Faust an. 22 ha junger Malbec- und Cabernet-Sauvignon-Reben, eine funktionale Kellerei und gute Kontakte zu Weinbauern bieten ihnen Zugang zu ausgezeichnetem Rohmaterial. Ihre ersten Weine besitzen viel Potenzial – lebhafte Frucht, Ausgewogenheit und Eleganz.

rot, weiß *2003, 2002* ★ *Susana Balbo Malbec, Ben Marco VMS, Crios Torrontés*

Fabre Montmayou
Upper Mendoza River

Roque Saenz Peña, Vistalba, Luján de Cuyo ☎ *0261 498 2330* ○ *n. V.*

ALS DIANE UND HERVÉ Joyaux in den frühen 1990ern aus Bordeaux kamen, suchten sie das ideale Terroir in Chile und Argentinien. Auf den flachen, mit 100-jährigen Malbec-Reben bepflanzten Hängen von Luján de Coyo fanden sie, was sie suchten. Diese dicht gepflanzten, tief wurzelnden Reben bilden den Kernbereich des 80-ha-Guts und liefern mit ihrem niedrigen Ertrag einen hocharomatischen, reifen, üppigen Wein mit eindeutig französischer Note. Ein zweites, größeres Gut im patagonischen Río Negro produziert die eleganten, ausgewogenen Weine der Marke Infinitus.

rot *2001, 2000* ★ *Grand Vin, Malbec, Infinitus Merlot*

Finca Flichman
Upper Mendoza River

Munives 800, Barrancas, Maipú ☎ *0261 497 2039* *www.flichman.com.ar* ○

UM EINEN NOCH komplexeren Geschmack zu erzielen, plant Weinmacher Juan Carlos Rodrigues Villa, seine Weingärten irgendwann so dicht zu bepflanzen, dass man für die Arbeit zwischen den Rebzeilen statt Traktoren Pferde benötigt. Dies wird noch dauern, aber sein Vorhaben zeigt, dass er ausschließlich auf Qualität aus ist. Jüngere Investitionen des neuen portugiesischen Besitzers Sogrape *(s. S. 338)* flossen in eine neue Kellerei und ein Fasslager. Die angebauten Sorten wurden um Syrah und etwas Touriga Naçional erweitert. Die 350 ha großen Rebflächen liegen im warmen Las Barrancas und im kühleren Tupungato. Zwei Cabernet-Verschnitte – der dichte, würzige Paisaje Barrancas (mit Syrah) und der vollmundige Paisaje Tupungato (mit Malbec) – sind erste Versuche, Weine mit speziellem Terroir zu verbinden.

rot, weiß *2003, 2002, 2001, 2000* ★ *Dedicado, Paisaje Barrancas, Paisaje Tupungato*

Terrazas de los Andes
Upper Mendoza River

Cochabamba y Thames , Perdriel, Luján de Cuyo ☎ *0261 488 0058* *www.terrazasdelosandes.com* ○

HINTER DEN TOREN dieser Bodega in altspanischem Stil wird man vom Edelstahlschimmer förmlich geblendet. 1999 kelterte man den ersten Jahrgang dieser neu eröffneten Kellerei, und seitdem hat sich die Qualität des Weins ständig gesteigert. Terrazas de los Andes hat als erste argentinische Kellerei die entscheidende Verbindung zwischen Traubensorte und Höhe des Reblands hergestellt: Syrah in 800 m, Malbec in 1080 m und Chardonnay in 1200 m – jede Traube erhält die ideale Kombination von Temperatur und Sonne für optimale Reifung. Der neue Cheval de los Andes entstand in Zusammenarbeit mit dem bordeleser Winzer Pierre Lurton von Cheval Blanc *(s. S. 80)*.

rot, weiß *2003, 2002, 2001, 2000* ★ *Gran Malbec, Syrah Reserva*

Weinert

Weinert
Upper Mendoza River

San Martin 5923, Luján de Cuyo ☎ *0261 496 0409* *www.bodegaweinert.com* ○ *n. V.*

DIESE 1975 von Bernardo Weinert gegründete Firma baut ihre vollmundigen, konzentrierten Weine noch immer in großen Eichenfässern aus, was ihnen köstliche, weiche Komplexität verleiht. Weinert gehört zu den Ersten, die in Chubut, in der Wildnis Patagoniens, auf der Suche nach neuem Rebland sind. Hier sollen Sorten wie Pinot Noir und Sauvignon Blanc, die kühles Klima bevorzugen, angebaut werden.

rot, weiß *2003, 2002, 2001, 2000* ★ *Malbec Estrella, Cavas de Weinert Merlot, Cavas de Weinert Cabernet Sauvignon*

Hervé Joyaux von Fabre Montmayou

Bodegas Salentein
Uco Valley

Ruta 89, Los Arboles, Tunuyán
02622 423550
www.bodegasalentein.com

DIESE FIRMA war 1998 Vorreiter der internationalen Investoren im kühlen Uco Valley und besitzt jetzt ein 2000-ha-Gut mit 340 ha Rebland. Malbec, Merlot, Cabernet Sauvignon und Syrah wurden hier in 1000–1250 m Höhe gepflanzt, Pinot Noir und Sauvignon Blanc, die kühleres Klima mögen, in 1700 m. Man baute eine neue, optisch wie technisch imposante Kellerei und plant zudem ein Kulturzentrum mit Auditorium, Restaurant und Kunstgalerie. Mit jedem Jahrgang entwickeln sich die Weine – vor allem der Reserve Pinot Noir mit seiner ausgewogen-harmonischen Frucht und der dichte, samtige Merlot.
rot, weiß* 2003, 2002, 2001, 2000 ★ *Reserve Pinot Noir, Merlot, Malbec

Clos de Los Siete
Uco Valley

Vista Flores, Tunuyán
02614 234230

GLEICH EINEM Musterbild modernen Designs steht diese Uco-Valley-Kellerei inmitten junger Reben. Die sieben Inhaber, darunter Spitzenweinmacher Michel Rolland, haben sich zusammengeschlossen, um eine Genossenschaft zu bilden. Etwa 800 ha Boden an den flacheren Andenausläufern wurden aufgeteilt und werden bepflanzt, wobei sich einstiges Buschland in optimal gepflegte Rebflächen verwandelt. Ein Verschnitt aus allen Weingärten repräsentiert das Gut als Einheit bei dem gemeinsamen Versuch, durch sorgfältige Lagen-, Reben- und Traubenauswahl einen Spitzenwein zu produzieren. Die ersten Ergebnisse sind erstaunlich gut – dichte, üppige Weine auf Malbec-Basis. Angestrebt sind fünf Kellereien, die jeweils ihren eigenen Wein produzieren.
rot* 2002 ★ *Clos de Los Siete

Reben von Bodegas Salentein

Finca La Celia
Uco Valley

Circunvalacion, Eugenio Bustos, San Carlos *02622 451012*

DIE VON DER chilenischen Weinfirma San Pedro 2000 aufgekaufte Finca La Celia wird nach massiven Investitionen in Weingärten und Kellerei in Kürze wieder auf Vordermann sein. Ihr um die 1000 m hoch gelegener 400-ha-Weingarten im kühlen Uco Valley wird auf 600 ha erweitert; zudem bezieht man Trauben von anderen Weinbauern. Die Kellerei wurde um ein Fasslager und ein neues Kühlsystem ergänzt die alten Bottiche wurden ausgetauscht. Man möchte hier eine exportorientierte Firma aufziehen, und die ersten Resultate sind viel versprechend. Die Weine der Marken La Consulta und La Celia sind gut produziert, strukturiert und angenehm fruchtig.
rot, weiß* 2003, 2002, 2001, 2000 ★ *La Celia Malbec Reserva, La Consulta Syrah, La Consulta Malbec

Jacques & François Lurton
Uco Valley

Ruta Provincial 94 km 21, 556 Tunuyán *02614 248400*
www.jflurton.com

UM EINE DER ersten Kellereien im kühlen Uco Valley zu gründen, wählte diese französische Firma eine bergnahe Lage in etwa 1000 m Höhe. Auf dem kargen, steinigen Boden von Vista Flores wachsen 275 ha Reben; weitere 100 ha pflanzte man in der wärmeren Gegend von Las Barrancas (Upper Mendoza River). Im Gegensatz zu den meisten neuen Kellereien mit ihren blitzenden Edelstahlapparaturen wählte man traditionelle Gärtanks aus Beton, in denen die Trauben zur besseren Extraktion von Hand untergetaucht werden können. Die Weine – vor allem die weißen und der Bonarda – besitzen reine, lebendige Aromen. Die übrigen Rotweine werden mit jedem Jahrgang komplexer.
rot, weiß* 2003, 2002, 2001, 2000 ★ *Gran Lurton Cabernet Sauvignon Reserva, Bodega Lurton Malbec Reserva, Bodega Lurton Pinot Gris

O Fournier Bodegas y Viñedos
Uco Valley

Calle Los Indios, La Consulta
02622 451579 *www.bodegasofournier.com*

DIESES INVESTITIONSPROJEKT im Besitz der spanischen Familie Ortega Fournier zeigt bereits positive Resultate: 75 ha Rebland wurden schon bepflanzt, und ältere Weingärten sind langfristig unter Vertrag. Man konzentriert sich hier auf Tempranillo; weitere Stützen des Verschnitts sind Merlot und Malbec. Die nach Sternen im Kreuz des Südens benannten Weine A Crux und B Crux besitzen intensive Himbeer- und Schokoladennoten mit viel Potenzial.

rot 2002, 2001 ★ A Crux, B Crux, Urban Oak

Bodega Colomé
Salta

4419 Molinos, Salta 03868 494044 www.bodegacolome.com n. V.

BODEGA COLOMÉ behauptet, dass ihre Weingärten in 2200–3020 m Höhe die höchsten der Welt seien. Das 2001 vom schweizer Geschäftsmann und Kunstsammler Donald Hess gekaufte Unternehmen ist heute Teil der internationalen Hess Group, die Kellereien auf drei Kontinenten besitzt. Zu dem riesigen Gut gehören 10 ha alter Malbec- und Cabernet-Sauvignon-Reben. Von den geplanten Neupflanzungen wurden bereits 28 ha Malbec, Cabernet Sauvignon, Tannat und Syrah mit geringem Rebabstand vorgenommen, und bis 2008 sind weitere 20 ha geplant. Das Klima bietet kalte Nächte und mäßige Tagestemparaturen bei starker UV-Strahlung, die die Trauben dunkel färbt. Ein Gut mit biologischem Anbau und traditioneller Vinifikation, das man im Auge behalten sollte.

rot ★ Colomé Reserva

Michel Torino Bodega La Rosa
Salta

Ruta 68 y 40, Cafayate, Salta 03868 421139 www.micheltorino.com.ar n. V.

DIE BRÜDER DAVID und Salvador Michel gründeten dieses Gut 1892. Seinen Namen verdankt es der Heirat Davids mit Gabriela Torino. Seit der jüngsten Übernahme durch die Peñaflor Group wandelt man die alte Kellerei mit einem Investitionsprogramm in ein Luxushotel um und nimmt die zweite daneben wieder in Betrieb. Man plant zudem, die 360 ha zu erweitern und bessere Zuchtmethoden zu entwickeln – einschließlich des Wechsels zu biologischem Anbau. Torrontés herrscht hier traditionell vor, inzwischen sind aber auch Cabernet Sauvignon, Malbec, Merlot, Tempranillo und Tannat stärker vertreten. Die Weine – darunter die Don-David-Spitzenauslese und der Spitzenwein Altimus – steigern ihre Qualität zusehends.

rot, weiß 2003, 2002, 2001 ★ Altimus, Don David Malbec, Michel Torino Colección Syrah

San Pedro de Yacochuya
Salta

Ruta Provincial 2, km 6, Yacochuya, Cafayate 03868 421233 www.yacochuya.com

DIESES WINZIGE GUT – ein Joint Venture zwischen dem argentinischen Winzer Arnaldo Etchart und dem französischen Berater Michel Rolland mit nur 15 ha Rebland auf halber Höhe eines Hangs im entlegenen Salta – spricht für ganz Argentinien: Es zeigt das Vertrauen dieser beiden Weingrößen in Salta, wo der große Unterschied zwischen Tages- und Nachttemperaturen Komplexität und Duft der Trauben zur Geltung bringt. Sein z. T. schon vor 80 Jahren angelegter Weingarten auf 2000 m ist einer der höchsten Argentiniens und wird erst einige Wochen nach denen von Mendoza abgeerntet. Der Wein auf Malbec-Basis (mit etwas Cabernet Sauvignon) wird 15 Monate in Eiche ausgebaut. Die Weine sollten wenigstens fünf Jahre reifen, sind aber schon jung aromatisch, vollmundig-komplex und ausgewogen. Auf dem Gut wachsen auch 2 ha Torrontés-Reben.

rot, weiß 2002, 2001, 2000 ★ Yacochuya, San Pedro de Yacochuya, San Pedro de Yacochuya Torrontés

Humberto Canale

Humberto Canale
Río Negro

Casilla de Correo 2, Chacra 186 – J J Gómez, General Roca, Pcia 02941 430415 www.bodegahcanale.com n. V.

DIE KELLEREI dieses seit 1913 existierenden Familienunternehmens steht im Upper Valley des patagonischen Río Nero, wo kalte Nächte und warme Tage den Reben gute Reifungsbedingungen bieten. Sie kombiniert alte Holzbottiche und Edelstahl, und ihre Weine sind intensiv fruchtig und aromatisch.

rot, weiß 2003, 2002, 2001, 2000 ★ Marcus Gran Reserva: Malbec, Pinot Noir; Humberto Canale Sémillon

Das Gut Bodega Colomés in Salta

AUSTRALIEN

AUSTRALIEN

AUSTRALIEN IST IN SACHEN WEIN *der Star der Neuen Welt – ein Land, das sich von überkommenen Traditionen und Vorgaben gelöst hat, das technisch innovativ, verbraucherorientiert und international wettbewerbsfähig ist – und vor allem verlässlich sonnig-fruchtbetonte Weine erzeugt. Australien wurde 2003 als weltweit sechstgrößter Weinerzeuger und viertgrößter Exporteur eingestuft.*

DIE ANFANGSJAHRE

GOUVERNEUR ARTHUR PHILLIP, der in seinem Garten die erste Weinrebe Australiens gepflanzt haben soll, ging 1788 in Sydney Cove an Land. Das 18. und 19. Jh. haben noch weitere Wegbereiter gesehen, bis der tatkräftige Schotte James Busby in Europa etwa 543 verschiedene Reben sammelte (von denen aber nur 362 die Reise überlebten) und im Botanischen Garten von Sydney anpflanzte. Ihre Ableger, die in ganz Australien verteilt wurden, bildeten dann die Grundlage des australischen Weinbaus.

Gouverneur Arthur Phillip

Den Weinbau des frühen 19. Jh. bestimmte britischer Landadel, der sich in Neusüdwales, Victoria und Südaustralien ansiedelte. Zu prominenten Schlüsselfiguren wie Lindeman, Wyndham, Penfold, Reynell und Hardy gesellten sich bald weitere europäische Einwanderer – Schweizer, Deutsche und Schlesier wie die de Castellas, de Purys, Henschkes und Gramps. In der zweiten Hälfte des 19. Jh. wuchsen die Rebflächen enrom an, und neben einem starken Binnenmarkt kam auch der Exporthandel mit Großbritannien auf. Doch dann brach 1875 die Reblausplage in Victoria aus und breitete sich schnell im ganzen Staat aus. Hunderte von Weingärten mussten in der Folge gerodet und abgebrannt werden, was viele Anbaugebiete in Victoria vernichtete. Währenddessen aber florierte der Weinbau in Südaustralien und Barossa Valley.

Die junge australische Weinbranche erlebte infolge von Wirtschaftskrisen, zwei Weltkriegen und dem ständigen Streit um Schutzzölle zwischen Einzelstaaten und Subventionen im Handel mit Großbritannien eine Reihe von Auf- und Abschwüngen. Dank fruchtbarer Böden und viel Sonne boomten aufgespritete Weine und Rotweine – und mit ihnen der wichtige britische Markt. Einen Aufschwung schließlich nahm die Weinbranche Mitte der 1960er-Jahre, obwohl sich die Weine damals noch sehr von den heutigen unterschieden.

Weingärten der Hardy Wine Company, Adelaide Hills, Südaustralien

MODERNE GESCHICHTE

IM JAHR 1966 waren 78 % des konsumierten australi-

◁ **Weingarten von Wolf Blass an den Osthängen von Barossa Valley, Südaustralien**

WEINNBAUGEBIETE

In jedem Staat und jeder Region Australiens werden Trauben angebaut; die wichtigsten Anbaugebiete sind jedoch Südaustralien, Victoria und Tasmanien, Neusüdwales und Westaustralien. In diesen Staaten gibt es fast 70 Anbaugebiete, deren Zahl sich durch Erschließung neuer Regionen noch erhöhen wird.

schen Weins noch aufgespritet. Im selben Jahr schrieb der Hunter-Valley-Pionier Max Lake das Buch *Classic Wines of Australia*, in dem er die Ansicht vertrat, die Branchenzukunft liege nicht in der Produktion »riesiger Seen süßer aufgespriteter Weine«, sondern größerer Mengen an Qualitätswein aus bewährten Traubensorten. Seine Analyse traf zu: Nach dem 2. Weltkrieg beeinflussten europäische Einwanderer den australischen Geschmack mit Weinen und Speisen, die nicht anglo-keltischen Ursprungs waren. Sie kauften auch regelmäßig Wein, und zwar genau die von Lake empfohlene Art. Einige von ihnen, wie Bortoli, Miranda, Sergi und Casella, stiegen sogar selbst in die Weinproduktion ein.

In den 1970er-Jahren hatte sich eine neue Weinindustrie entwickelt – unter Führung kleiner, wegbereitender Erzeuger wie Cullen, Cape Mentelle, Pipers Brook, Stonier und Mount Mary, die kühlere Regionen, wie Margaret River, Tasmanien, die Morrington-Halbinsel und Yarra Valley, erschlossen. An der Spitze wurde übergreifend rationalisiert, und die Komponenten späterer Weinimperien wie Southcorp Wines, Beringer Blass und Orlando Wyndham schlossen sich zusammen. So entstand die Weinindustrie, wie wir sie heute kennen. Von vielen wurde Edelstahl eingeführt, und neue Verfahren zur Kontrolle der Gärtemperatur machten die Rotweine fruchtiger. Selbst in den heißesten Gegenden wurde die Erzeugung von Weißwein möglich. Die leicht erkennbaren Sortenweine Chardonnay und Cabernet Sauvignon taten ein Übriges. In den 1980er- und 90er-Jahren florierte die Weinbranche und weckte nun auch außerhalb Großbritanniens Interesse. Qualitativ haben sowohl reife, fruchtige Alltagsweine als auch Nischenweine von Spitzenlagen Australien weltweit bekannt gemacht.

»GEOGRAPHIC INDICATIONS«

Die 1994 eingeführten Geographic Indications (GI) sind ein auf Staats- und Regionalgrenzen beruhendes Etikettierungssystem. Weine mit GI-Definitionen müssen der 85-%-Regel gehorchen: Die auf dem Etikett gemachten Angaben bezüglich Einzeljahrgang, Region oder Sorte müssen auf 85 % des Weins zutreffen. Das System gliedert sich wie folgt:

South Eastern Australia ist die allgemeinste Angabe und bezeichnet alle Anbaustaaten außer Westaustralien.

State bezieht sich auf die innerhalb eines Staates erzeugten Weine.

Zone besteht aus einer oder mehr Regionen.

Region ist ein Gebiet innerhalb einer Zone, das wenigstens fünf Weingärten mit mindestens 5 ha umfasst und 500 t Früchte produziert. Für eine Subregion gilt dasselbe – sie ist aber Teil einer Region.

DIE WEINBRANCHE HEUTE

DIE AUSTRALISCHE Weinbranche ist in den letzten zwei Jahrzehnten unglaublich gewachsen: Vor 20 Jahren gab es nur 344 Kellereien; heute sind es unglaubliche 1624 – mit steigender Tendenz. Große Bereiche der Landschaft wurden in Rebflächen umgewandelt, und man plant unter dem Titel „Vision 2025", den australischen Anteil am weltweiten Weinhandel zu vergrößern. Dass australische Winzer mit ihren Weinen auf den Weltmarkt zielen, steht außer Frage: Die Weinexporte übersteigen inzwischen den Inlandsabsatz (470 Mio. vs. 415 Mio. Liter). Große Weinfirmen wie Hardy Wine Company, Beringer Blass und Southcorp haben gute Verbindungen in die USA, während Orlando Wyndham der französischen Firma Pernod-Ricard gehört. Mittelgroße Firmen festigen ihre Position beständig durch Erweiterung der Weingärten und zahlreiche Innovationen bei Produktion und Marketing. Inzwischen exportiert selbst der kleinste australische Winzer, sobald seine Produktion die Nachfrage vor Ort übersteigt.

Hunter Valley, Neusüdwales

Dieses Wachstum hat zur Erschließung zahlreicher neuer Anbaugebiete geführt: Mount Benson in Südaustralien (Shiraz), Orange und Hilltops in Neusüdwales (Chardonnay), der Bezirk Canberra (Riesling und Shiraz) und sogar die kühleren, höheren Lagen des tropischen Queensland (Chardonnay). Man baut heute selbst in Gebieten an, die früher als ungeeignet galten.

WEINBAU UND VINIFIKATION

AUSTRALISCHE WEINBAUERN und Erzeuger haben schon immer modernste Verfahren zur Verbesserung der Weinqualität eingesetzt. Besonderes Gewicht liegt heute auf einer Maximierung der Bewässerung und der Bekämpfung von Krankheiten auf möglichst umweltschonende Weise. Zudem werden Vor- und Nachteile maschineller gegenüber manueller Durchführung von Rebschnitt und Traubenlese diskutiert.

Traubenlese von Hand

In den Kellereien achtet man immer mehr darauf, dass bereits junge Weine ansprechend und trinkreif sind; die Weine werden überhaupt immer jünger verkauft, und Verfahren wie Mikrooxidation (die langsame Zuführung winziger Gasbläschen während der Vinifikation) können Farbe und Körper verbessern, die Frucht hervorheben und so die Wirkung einer Fassreifung nachahmen. Das früher so selbstverständliche Verschneiden über Regionsgrenzen hinweg ist bei preiswerten Weinen noch immer beliebt, im oberen Marktsegment legt man jedoch Wert auf regionale bzw. Einzellagenherkunft.

Auch die Weinmacher sind sich uneins bei der Frage, ob alt oder neu – z. B. beim Einsatz computergesteuerter, „intelligenter" Geräte in der Kellerei anstelle altmodischer Handarbeit. Ein oft bemängeltes Zuviel an Alkohol und Eiche in australischen Weinen liefert ebenfalls Stoff für ständige Diskussion. Der Erzeuger ist hier aufgefordert zu zeigen, dass er nicht nur gute Allrounder, sondern auch edle Weine produzieren kann.

ROTE TRAUBENSORTEN UND WEINTYPEN

MIT 37 000 HA REBFLÄCHE besitzt Australien eine der größten Shiraz- (oder Syrah-) Pflanzungen. Die südaustralischen Regionen Barossa Valley und McLaren Vale produzieren diesen typisch australischen Weintyp – mit einem hohen, von reichlich Eiche getragenen Gehalt an sonnengereiften Aromen und Alkohol. Im Hunter Valley (NSW) nehmen die Trauben einen eigenwilligen und erdig-sonnengetrockneten Charakter an.

Shiraz am nächsten kommt Cabernet Sauvignon mit 29 500 ha. Diese Rebe kann vor allem in Coonawarra und Margaret River einige Weine von Weltklasse hervorbringen, aber ihr typischer Verschnittpartner Merlot (10 000 ha) verhindert ihre weitere Ausbreitung. Immer mehr Erzeuger entdecken, dass Merlot sich durchaus auch allein trägt – wenngleich ihr noch ein eindeutiger Stil fehlt. Dann gibt es noch den Superstar Pinot Noir: In etwas mehr als 30 Jahren konnte sie sich von Null auf 4000 ha steigern und dank leidenschaftlicher Weinmacher in Süd-Victoria und Tasmanien sehr gut profilieren.

WEISSE TRAUBENSORTEN UND WEINTYPEN

BEI WEISSWEIN kommt in Australien keine Traube an die Chardonnay mit über 21 700 ha Rebfläche heran. Traditionell galten australische Chardonnays als sonnengereifte, üppige, jung zu trinkende Weine; heute legt man aber auch Wert auf die Erzeugung komplexer, lagerfähiger Spitzenchardonnays. Auch Sémillon (6600 ha) und Riesling (3900 ha) haben immer wieder gezeigt, dass sie Spitzenweine hervorbringen können. Der klassische, holzfreie Hunter-Valley-Sémillon ist vermutlich Australiens bester Weißwein, während die Täler Clare und Eden einige der besten Rieslinge liefern.

Chardonnay-Trauben

Da die Weinbranche mit Chardonnay und Shiraz gesättigt ist, kommen auch eine ganze Reihe anderer Trauben in Betracht: So bieten etwa Verdelho und Marsanne außerordentlich interessante weiße Alternativen, und auch die roten Trauben Grenache, Mourvèdre (oder Mataro) und Petit Verdot sind hier ebenfalls heimisch geworden. Was die mediterranen Sorten Tempranillo, Graciano, Sangiovese, Barbera, Cortese, Primitivo (Zinfandel) und Pinot Gris betrifft, so müssen sich diese noch entwickeln.

Ein modernes Kellerei-Restaurant, Yarra Valley, Victoria

AUSTRALISCHE ERZEUGER – KLEINE UND GROSSE

DIE AUSTRALISCHE WEINBRANCHE *erlebt ein unglaubliches Wachstum – seit 2000 kommt alle 61 Stunden ein neuer Erzeuger dazu. Meist sind dies kleine Familienbetriebe, deren Weine den Lebensstil ihrer Besitzer spiegeln. Die steigende Zahl kleiner Erzeuger verdeutlicht auch ein anderes typisch-australisches Phänomen: die immer größer werdende Kluft zwischen groß und klein.*

Southcorp Wines △
Southcorp Wines Australia ist ein Zusammenschluss mehrerer Spitzenerzeuger, der als einer der größten Reblandbesitzer der Welt in jedem Wein produzierenden Staat stark vertreten ist und einige der besten Chardonnay- und Shiraz-Weine erzeugt.
Erzeuger: *Rosemount Estate, Seppelt, Seppelt Great Western, Wynn's Coonawarra Estate, Penfolds, Lindemans, Devil's Lair, Coldstream Hills* **Marken:** *Koonunga Hill, Grange, St Henri, Thomas Hyland, Leo Buring, Traditional, Roxburgh, Giant's Creek, Fifth Leg, Hill of Gold, John Riddoch*

Beringer Blass △
Foster's, die australische Stammfirma von Mildara Blass, kaufte 2000 die kalifornischen Beringer Wine Estates und gründete Beringer Blass – in Australien bekannt für ausgezeichneten Riesling und ein gutes Rotweinsortiment.
Erzeuger: *Mildara Coonawarra, Wolf Blass, Yarra Ridge, Rothbury Estate, St Hubert's, Saltram, Bailey's of Glenrowan* **Marken:** *Jamiesons Run, Yellowglen, Eaglehawk, Black Opal, Annie's Lane, Robertson's Well, Metala, Mamre Brook, Pepperjack, Greg Norman Estate, Andrew Garrett, Ingoldby, Mt Ida*

McGuigan Simeon Wines △
CEO Brian McGuigan und seine Familie arbeiten für diese börsennotierte Firma, die schnell und ehrgeizig zum leistungsfähigsten Weinerzeuger der Welt aufsteigen möchte.
Erzeuger: *McGuigan, Tempus Two, Miranda* **Marken:** *Genus 4, Black Label, River Run, Earth's Portrait, High Country, Vine Vale, Hermitage Road, Cowra Crossing, Howcroft Estate, Pewter Label*

DIE FÜNF GROSSEN

Die Branche beherrschen fünf Erzeuger *(s. unten)*, die sich als globale Gesellschaften mit entsprechenden Zielen verstehen. In den letzten 20 Jahren haben sie kleinere Weinerzeuger systematisch aufgekauft und sind so mächtiger und leistungsfähiger geworden. Ihr Erfolg im In- und Ausland beruht auf der versierten Produktion fruchtbetonter, den allgemeinen Geschmack ansprechender Weine zu sehr günstigen Preisen (sie erzeugen natürlich auch Qualitätsweine). Allein Hardy Wine Company und Southcorp liefern über 50 % der in Australien verkauften Markenweine.

Hardy Wine Company ▽
BRL Hardy – ursprünglich ein Zusammenschluss der zwei großen südaustralischen Firmen Hardy Wines und Berry Renmano Ltd – fusionierte 2003 mit dem US-Riesen Constellation Brands zum größten Weinerzeuger der Welt. Stärken dieser Firma sind Schaumweine, die Marke Banrock Station und die Rotweine McLaren Vale.
Erzeuger: *Hardy's, Leasingham, Renmano, Houghton, Moondah Brook, Banrock Station, Reynell, Yarra Burn* **Marken:** *Omni, Sir James, Arras, Stonehaven, Tintara, Eileen Hardy*

Orlando Wyndham ◁
Orlando Wyndham gehört dem französischen Getränkeriesen Pernod-Ricard. Seine Erfolgsmarke Jacob's Creek vertritt australischen Wein auf dem gesamten Weltmarkt.
Erzeuger: *Wyndham Estate, Richmond Grove, Poet's Corner, Morris* **Marken:** *Jacob's Creek, Triology, Gramps, Jacaranda Ridge, Centenary Hill, Lawson's, RF Range, St Hilary, St Helga, Russet Ridge, Carrington*

Frankland-Estate-Riesling

Grosset Wines ▽
Jeffrey Grosset gehört zu den führenden Riesling-Erzeugern Australiens. Unter seiner Führung füllte 2000 eine Gruppe seiner Clare-Valley-Weinmacherkollegen (Südaustralien) Riesling mit Schraubverschluss ab. Heute tritt er für die wachsende Anti-Korken-Bewegung ein *(s. S. 568)*.

Clonakilla ▽
Bevor der Shiraz-Viognier-Verschnitt in Autralien populär wurde, Viognier überhaupt ernsthaft in Betracht gezogen wurde oder Canberra für Riesling bekannt wurde, gab es all das schon bei Clonakilla, und zwar mit Stil. Heute gelten Tim Kirk und sein Vater zu Recht als führende Vertreter dieser Weine *(s. S. 584)*.

KLEIN, ABER FEIN

Die 22 großen und mittelgroßen Spitzenerzeuger Australiens wie McWilliam's, Brown Brothers, Tyrell's, Riverina Estate und Peter Lehman Wines kontrollieren heute 92 % des Binnenmarktes. Damit kämpfen die übrigen 1600 Erzeuger um den Absatz der restlichen 8 % Flaschenweine. Ihren geringen Umsatz machen sie jedoch auf anderer Ebene wett: Sie bilden den kreativen Mittelpunkt der australischen Weinbranche. Fast jedes Anbaugebiet des Landes verdankt seine Anfänge Kleinunternehmern, die bereit waren, Reben in unberührten Boden zu pflanzen und das Resultat abzuwarten.

Pizzini △
Wenn die Geheimnisse italienischer Traubensorten in Australien jemals ganz enthüllt werden, dann von Fred Pizzini, einem australisch-italienischen Weinbauern und -macher aus King Valley (Victoria). Sein Streben nach Authentizität bei Nebbiolo und Sangiovese zeigt aufregende Ergebnisse *(s. S. 599)*.

Yalumba
Hinter Yalumbas altehrwürdigem Image steht eine Firma im Umbruch: Es gibt fast nichts, was nicht das Interesse dieses rührigen Unternehmens weckt – ob Viognier, Riesling, Shiraz, potenziell interessante Sorten wie Cienna (eine Kreuzung aus Cabernet Sauvignon und der spanischen Sumoll-Traube), Tempranillo, Petit Verdot oder Marsanne: Alle sind unter der Marke Vinnovation erhältlich *(s. S. 570)*.

Frankland Estate
Westaustraliens Ruf als gutes Rieslinggebiet hat viel mit dem Erfolg des Frankland Estate von Judi Cullam und Barrie Smith zu tun. Mit Riesling haben sie in diesem entlegenen Weingarten im Südwesten das große Los gezogen. Die Firma sponsert jetzt eine jährliche Riesling-Verkostung mit Reisegewinn *(s. S. 611)*.

Giaconda Vineyard
Rick Kinzbrunner mit Sitz in Beechworth ist heute einer der einflussreichsten Winzer Australiens: Sein Chardonnay setzt den Standard, an dem sich andere Erzeuger messen. Sein Engagement und seine Begeisterung sind bekannt, und es gibt kaum Sorten, aus denen er nicht etwas Besonderes macht *(s. S. 598)*.

Weingarten Yalumbas Pewsey Vale, Eden Valley, Südaustralien

SÜDAUSTRALIEN

IN SÜDAUSTRALIEN IST WEIN *das große Geschäft: Viele Großunternehmen Australiens haben ihren Firmensitz in diesem bergigen Staat, wo sich über flachen Talsohlen hübsch terrassierte Weingärten erheben. Der gute Ruf vieler großer Weinmarken geht auf die Qualität südaustralischer Trauben zurück.*

Im südaustralischen Barossa Valley liegen die Anfänge der australischen Weinbranche: Mitte des 19. Jh. wurde dieses Gebiet von emsigen Einwanderern besiedelt, die beeindruckende Weinimperien aufbauten – viele davon bestehen bis heute. Seppelt, der größte Erzeuger Südaustraliens, war bis 1903 in Barossa ansässig, und das Tal deckte über die Hälfte des gesamten Weinumsatzes des Staates. Seit jeher war McLaren Vale der Erzrivale Barossas. Die Anfangsgeschichte dieses Gebiets wurde von drei Männern geschrieben: John Reynell, Dr. Alexander Kelly und Thomas Hardy, aus dessen Firma Thomas Hardy & Sons sich – vor allem durch den Handel mit Großbritannien – das Großunternehmen Hardy Wine Company entwickelte. Die Vorliebe der Briten für kräftige, süße, aufgespritete und schwere Rotweine trug die südaustralische Weinindustrie fast 100 Jahre. Bis in die 1950er-Jahre festigten intelligente Vinifikation und eine Reihe Investitionen die Vorherrschaft dieses Staates. Die Einführung deutscher Edelstahl-Gärtanks durch Orlando Wines 1953 verlieh den Barossa-Weißweinen – vor allem dem Riesling – einen frischen, aromatischen Charakter. Orlando brachte 1956 mit Barossa Pearl zudem Australiens ersten naturvergorenen Schaumwein heraus.

Wie man sich in der Welt des Weins zurechtfindet

Heute dominieren in Südaustralien große Namen wie Southcorp – ein Zusammenschluss alter südaustralischer Firmen wie Penfolds, Leo Buring und Seppelt. Daneben hat Beringer Blass fast überall in Südaustralien Fuß gefasst (über die Marken Jamiesons Run, Wolf Blass, Saltram, Annie's Lane, Andrew Garrett Wines, Ingoldby und Maglieri). Auch Orlando Wyndham und Hardy Wine Company sind in Südaustralien zu Hause.

Im Laufe der Jahre machten diese Marken und ihre vielen Nachahmer Millionen Australier und seit den 1970er-Jahren auch Weintrinker in aller Welt mit südaustralischem Wein vertraut.

Der Heggies-Weingarten von Yalumba, Eden Valley

◁ **Weingärten in kühlerer Lage, Adelaide Hills**

WEINKARTE SÜDAUSTRALIEN

IN SÜDAUSTRALIEN schwankt das Klima zwischen erfrischend-maritim, warm-mediterran und heiß-wüstenartig. Zum Ausreifen roter Trauben – vor allem Shiraz – eignen sich von Natur aus die heißen Regionen; daher werden 53 % der australischen Rotweine hier produziert. Shiraz ist eine Spezialität von Barossa Valley, McLaren Vale und Clare Valley. Clare, Eden und Barossa liefern auch Spitzenrieslinge. Ausgezeichneter Cabernet Sauvignon dagegen kommt bereits seit langem aus Coonawarra. Im Riverland-Gebiet kann man dank Bewässerung alles anbauen, was die Branche benötigt, und das kühle Adelaide Hills ist inzwischen der führende Sauvignon-Blanc- und Pinot-Noir-Erzeuger des Staates.

LEGENDE
Südaustralien

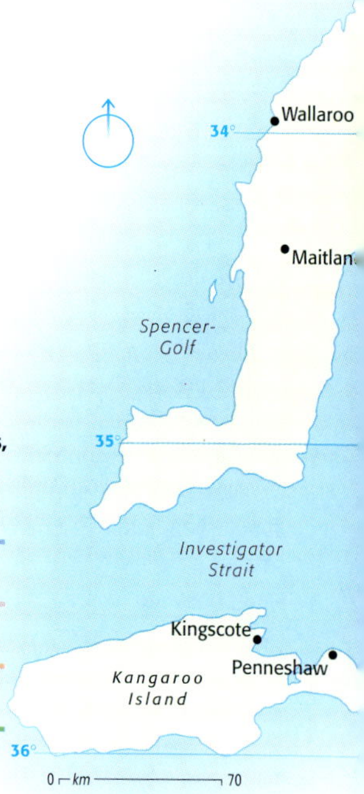

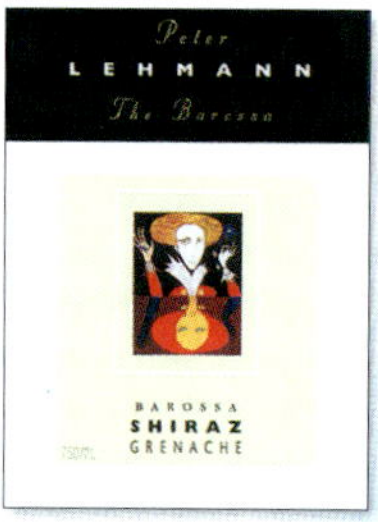

Etikett Peter Lehmann Wines, Barossa Valley

SÜDAUSTRALIEN: GEBIETE UND SPITZENERZEUGER

CLARE VALLEY *S. 564*
Grosset Wines *S. 568*
Jim Barry Wines *S. 568*
Wendouree Cellars *S. 568*

RIVERLAND *S. 564*
Banrock Station *S. 568*

BAROSSA VALLEY *S. 565*
Orlando Wyndham *S. 568*
Penfolds *S. 571*
Peter Lehmann Wines *S. 569*
Seppelt Winery *S. 569*
Wolf Blass Winery *S. 569*
Yalumba *S. 570*

EDEN VALLEY *S. 565*
Henschke Wines *S. 570*
Mountadam Vineyards *S. 570*

ADELAIDE HILLS *S. 566*
Petaluma Limited *S. 570*
Shaw & Smith *S. 570*

MCLAREN VALE *S. 566*
Clarendon Hills *S. 572*
Coriole *S. 572*
D'Arenberg *S. 572*
Hardy Wine Company *S. 573*

LANGHORNE CREEK *S. 566*
Casa Freschi *S. 573*

MOUNT BENSON *S. 567*

PADTHAWAY *S. 567*

WRATTONBULLY *S. 567*

COONAWARRA *S. 567*
Bowen Estate *S. 573*
Wynns Coonawarra Estate Winery *S. 573*

Weingärten in Barossa Valley

Känguruhs im Weingarten, Padthaway

DAS TERROIR AUF EINEN BLICK

Breite: 33,5–3,5 °S

Höhe: 20–500 m über NN

Topografie: Ausgedehnte, flache Ebenen in Riverland. Die Mount-Lofty-Berge und die benachbarten Adelaide Hills bieten höhere und kühlere Weinbaulagen.

Boden: Leicht entwässernde Kalkstein- und Sandböden mit einem konstanten Spiegel reinen Grundwassers 2 m tiefer.

Klima: Variiert stark; im allgemeinen sehr heiß und trocken, in Küstennähe und hügeligen Gegenden kühler.

Temperatur: 18 °C Durchschnittstemperatur im Januar.

Niederschlag: 51,5 mm im Jahresdurchschnitt. Im Norden Bewässerung durch den Murray River, im Süden per Pipeline vom Lake Alexandria aus.

Wind: Kühle Küstenbrisen vom Gulf St Vincent mildern das Klima von McLaren Vale und können landeinwärts bis nach Clare Valley vordringen.

Gefahren für den Weinbau: Starker Wind; Frühlingfröste

Etikett D'Arenberg, McLaren Vale

Shaw & Smith-Weine, Adelaide Hills

SPITZENWEINE: SÜDAUSTRALIEN

- **R** Bowen Estate Cabernet Sauvignon €€€
- **W** Grosset Wines Polish Hill Riesling €€€
- **W** Hardy Wine Company Eileen Hardy Chardonnay €€€
- **R** Henschke Wines Hill of Grace Shiraz €€€€
- **R** Jim Barry Wines The Armagh Shiraz €€€€
- **W** Leo Buring Leonay Riesling €€€
- **R** Orlando Wyndham St Hugo Cabernet Sauvignon €€€
- **R** Penfolds Grange €€€€
- **W** Petaluma Limited Tiers Chardonnay €€€€
- **A** Seppelt Winery Show Tawny DP 90 €€€€ (500 ml)
- **W** Shaw & Smith M3 Chardonnay €€€
- **R** Wendouree Shiraz €€€

Weingärten in der hübschen Clare-Valley-Landschaft

DIE WEINBAUGEBIETE SÜDAUSTRALIENS

Clare Valley

CLARE VALLEY BIETET für jeden etwas – einen besonders guten, fruchtigen Riesling, einen seit langem bewunderten, honigtönigen Sémillon, und für Liebhaber herzhaften Rotweins einen saftigen, aber festen Cabernet Sauvignon sowie einen milden, würzigen Shiraz. Der Kontrast zwischen feinen Weißweinen und üppigen Rotweinen könnte nicht größer sein; er spiegelt die klimatische Vielfalt einer warmen Region mit dem kühlenden Einfluss südwestlicher Meeresbrisen (vom Gulf St Vincent aus landeinwärts) und vereinzelt auch höherer Lagen (einige Subregionen liegen bis zu 550 m hoch). Der Weinbau in Clare Valley begann schon früh: Mount Horrocks Wines erinnert an John Horrocks, der hier als erster Siedler 1840 Reben anpflanzte.

DER BESTE RIESLING?

Die Produktion von hochwertigem Riesling hat in Clare und Eden Valley Tradition. Riesling aus Clare Valley ist mineralisch mit Zitrus- und Limettenaromen sowie belebender Säure, die ihm seine typische Straffheit verleiht. In Eden Valley entfaltet die Traube üppig-blumige, zitrusartige und zuweilen sogar Tropenfruchtnoten; Eleganz ist das Hauptmerkmal des Eden-Valley-Rieslings. Die meisten Erzeuger halten die Weine aus den beiden Tälern getrennt; Wendy Stuckey, Chefweinmacher von Wolf Blass *(s. S. 569)*, zeigt jedoch, dass sie gut kombinierbar sind und vereint in seiner Marke Gold Medal die Vorzüge beider Regionen.

Die goldene Zeit von Clare Valley waren die 1890er-Jahre, als Firmen wie Wendouree und Stanley entstanden (heute Teil der Hardy Weine Company).

rote bis braun-graue Böden mit Kalkstein
Cabernet Sauvignon, Shiraz, Grenache *Riesling, Chardonnay, Sémillon* *rot, weiß, aufgespritet*

Riverland

DER »RIVER« IM NAMEN Riverland ist der gewaltige Murray, der durch ganz Südaustralien und Victoria fließt und dabei Leben in die heiße, trockene Region bringt. Mit seinem Wasser werden 22 400 ha Weingärten bewässert, die jährlich unvorstellbare 420 000 t Trauben liefern und Riverland so zur größten Weinbauregion Australiens machen. Jeder große Erzeuger bezieht Trauben aus diesem Gebiet; die Hardy Wine Company ist hier sogar zu Hause und mit 500 Anbauern prominent vertreten. Die Kombination von Sonne, verfügbarem Wasser und Weinbau im großen Stil bringt Einsparungen durch Produktionserweiterung mit sich, was große Firmen schätzen, um üppige, intensiv-fruchtige Weine im unteren Preissegment bieten zu können. An der Spitze der Produktpalette steht reifer, sonniger Chardonnay; eine viel versprechende Neuheit ist der würzige Petit Verdot – diese für ihre ausgeprägte Säure bekannte rote Traube bewahrt in der Hitze von Riverland ihre Festigkeit und Struktur.

rot-brauner, sandiger Lehm auf Kalksteinsohle *Shiraz, Mourvèdre, Grenache, Petit Verdot* *Chardonnay, Colombard* *rot, weiß, Schaumwein*

Barossa Valley

Barossa ist das Kernland der australischen Weinbranche. Viele Firmen, die heute auf dem Weltmarkt vertreten sind, stammen von hier: Penfolds, Orlando, Wolf Blass, Henschke, Seppelt, Yalumba. Britischer Landadel und Lutheraner, die vor der religiösen Intoleranz in Preußen geflohen waren, gründeten Mitte des 19. Jh diese Güter. Sie alle kamen aus Kulturen, in denen man Wein trinkt, weshalb der Weinbau einfach zur Landwirtschaft gehörte. Um 1870 waren viele der ersten Weingärten voll in Betrieb und beherrschten nicht nur die Weinerzeugung der Region, sondern ganz Australiens. Der Export solider, trockener Rotweine und schwerer aufgespriteter Weine nach England trug zum Aufstieg von Barossa Valley bei. Doch als sich der Geschmack nach dem 2. Weltkrieg eher dem Weißwein zuwandte, änderte sich auch in Barossa viel. Gärung in gekühlten Edelstahltanks erlaubte die Produktion spritziger, fruchtiger Weißweine in dieser warmen Region. Schon immer aber hat sich Barossa mit einer Traube hervorgetan: Shiraz. Sie entwickelt hier eine Kraft und Fruchtintensität, die vielleicht weltweit ihresgleichen sucht – und ist die Hauptstütze des größten australischen Rotweins, Penfolds Grange (erstmals 1951 erzeugt).

brauner, lehmiger Sand, grau-brauner Sand *Shiraz, Cabernet Sauvignon, Grenache* *Riesling, Chardonnay, Sémillon* *rot, weiß, Schaumwein, aufgespritet*

HENSCHKE HILL OF GRACE

In einem ruhigen Abschnitt von Eden Valley liegt ein 8-ha-Weingarten mit knorrigen Shirazreben, die vor ca. 140 Jahren gepflanzt wurden. Cyril Henschke entschloss sich um 1960, aus diesen Trauben einen besonderen Wein zu keltern, den er Hill of Grace nannte – und der heute zu den großen australischen Rotweinen zählt. Einen wichtigen Beitrag dazu leistete der Weingarten: Die Reben wurden in trockenen, sandigen Lehm gepflanzt und wurzeln tief in eisenhaltigem Stein und Quartzkies, was den Wein außerordentlich aromatisch macht. Die Erträge sind niedrig, weshalb ein typischer Hill of Grace mit seinen Brombeer- und Veilchenaromen äußerst konzentriert ist. Er besitzt seidige Tannine, die amerikanische Eiche akzentuiert seine pikanten, lakritz- und schokoladenartigen Aromen, und er ist gut lagerfähig.

Eden Valley

Eden Valley – verwirrenderweise auch Barossa Ranges genannt – ist die kühlere, hügeligere Fortsetzung von Barossa Valley. Seine Geschichte ist eng mit der Barossas verknüpft; hier legten britische und deutsche Siedler zwischen den 1840er- und 1860er-Jahren Weingärten an. Seit damals kontrollieren die zwei Erzeuger Yalumba und Henschke Eden Valley. Yalumba wurde 1849 von Samuel Smith in Angaston gegründet, und Johann Henschke pflanzte 1862 Reben in der Nähe von Keyneton. Diese beiden und später noch andere Firmen fanden heraus, dass sich die etwas wärmeren Gegenden im Norden um Angaston, Moculta und Keyneton besonders für Shiraz eignen: Weine wie der seidige Henschke Hill of Grace sind so körperreich wie ein Barossa Shiraz, aber feiner strukturiert. Aus den kühleren, höheren Gegenden im Süden um die Städte Eden Valley und Springton (bis zu 550 m) kommen einige der besten Rieslingweine Australiens. Der sehr blumige, zitrustönige Eden Valley Riesling entwickelt sich über zehn Jahre zu einem goldenen Wein mit Röstnoten.

sandiger, tonartiger Lehm mit eisenhaltigem Gestein *Shiraz, Cabernet Sauvignon, Pinot Noir* *Riesling, Chardonnay, Sémillon* *rot, weiß*

Fässer der Yalumba-Kellerei, Barossa Valley

EINE SAUVIGNON-BLANC-SPITZENREGION

Die einzige australische Region, die Neuseeland in Sachen Sauvignon Blanc Konkurrenz machen kann, ist Adelaide Hills. Dies liegt fast ausschließlich am Einfluss überzeugter Wegbereiter wie Martin Shaw und Michael Hill-Smith von Shaw & Smith, die während der 1990er beharrlich mit großen Beispielen aufwarteten. Adelaide Hills Sauvignon Blanc ist heute ein etablierter Klassiker; seine Spitzenvertreter sind saftig und fest, reich an Passionsfrucht- und Zitrusaromen, körperreich mit spritziger Säure und sollten idealerweise innerhalb eines Jahres nach der Abfüllung getrunken werden.

Adelaide Hills

BLICKEN WIR ZURÜCK: In den 1970er-Jahren war Adelaide Hills noch voller Obstgärten. In den 1870ern hatte die Region einen Weinboom erlebt, verabschiedete sich aber aufgrund des kühlen Klimas vom Weinbau. Als man vor gut 30 Jahren jedoch den Weinbau in kühlen Gebieten erforschte, war Adelaide Hills wieder am Zug. Einer der wichtigsten Vertreter dieser Entwicklung war der frühere Thomas-Hardy-Weinmacher Brian Coser. Er wählte Piccadilly für seine Weinfirma Petaluma aus. Die reinen Adelaide-Hills-Chardonnays, die er seit 1990 produziert hat, gehören zu den besten des Landes. Nach 1990 bewiesen die Cousins Martin Shaw und Michael Hill-Smith (Shaw & Smith), dass die Region auch hinreißenden Sauvignon Blanc hervorbringen kann. Die bis zu 730 m hohen Hügel liefern außerdem einen weichen, eleganten, beerigen Pinot Noir.

grau-brauner, lehmiger Sand, Ton und Lehm *Pinot Noir, Cabernet Sauvignon, Shiraz* *Chardonnay, Sauvignon Blanc, Sémillon* *rot, weiß, Schaumwein*

McLaren Vale

MCLAREN VALE wurde durch die Weinproduktion bekannt. Geht man die Hauptstraße der gleichnamigen Stadt hinab, findet man eine große Kellerei, die durch Thomas Hardy berühmt wurde: Tintara. Der Engländer gründete die heutige Hardy Wine Company. Die Region liegt am äußeren Stadtrand von Adelaide, zwischen dem Gulf St Vincent im Westen und den Mount Lofty Ranges im Osten. Ersterer kühlt dieses ansonsten warme Anbaugebiet; Letztere bieten höhere Lagen (bis zu 350 m), die zunehmend erschlossen werden. Die wichtigsten Sorten hier sind ein sonniger Chardonnay und ein großer, ausdrucksvoller Shiraz. Daneben findet man ausgewogene Cabernets und spritzigen, mittelschweren Riesling und Sauvignon Blanc.

rot-brauner, lehmiger Sand *Shiraz, Cabernet Sauvignon, Grenache* *Chardonnay, Sémillon, Riesling* *rot, weiß, aufgespritet, Schaum- und Dessertwein*

Langhorne Creek

LANGHORNE CREEK tritt bei der australischen Weinproduktion immer nur im Hintergrund auf. Große Firmen verwenden zwar seinen weichen, ausgewogenen, erdigen Cabernet Sauvignon und Shiraz für absatzstarke Weine wie Penfolds Bin 389 Cabernet Shiraz und Wolf Blass Black Label Cabernet Sauvignon, jedoch fast nur für Verschnitte. Vier der größten Erzeuger des Landes besitzen hier Weingärten (Southcorp, Orlando Wyndham, Hardy Wine Company und Beringer Blass), doch der echte Langhorne-Creek-Stil wurde von den kleinen Kellereien vor Ort entwickelt. Familie Potts von Bleasdale Vineyards ist der Hüter der heimischen Tradition: Sie produziert hier seit den 1850er-Jahren Shiraz und Verdelho. Neben Cabernet sind diese zwei Sorten heute die wirkliche Stärke der Region.

tiefer, alluvialer, sandiger Lehm *Cabernet Sauvignon, Shiraz, Merlot* *Chardonnay, Verdelho, Riesling* *rot, weiß*

D'Arenberg-Kellerei in McLaren Vale

Coonawarras berühmte Terra-Rossa-Böden

Mount Benson

DIESE AUFSTREBENDE REGION wurde bekannt, nachdem der Rhône-Winzer M. Chapoutier *(s. S. 132)* hier 1998 einen Weingarten anlegte und sich damit Potenzial für Shiraz- und Rhône-Weine abzeichnete. Heute kaufen die meisten australischen Großfirmen hier Trauben ein.

sandiger Ton bis lehmiger Ton auf Kalkstein und Kieselsand *Shiraz, Cabernet Sauvignon, Merlot* *Chardonnay, Sauvignon Blanc, Sémillon* *rot, weiß*

Padthaway

IN DEN 1960ERN wurden die Weinfirmen auf Padthaway aufmerksam, da die Trauben dort billiger waren als in Coonawarra. Die Gründung der Stonehaven Winery durch die Hardy Wine Company in den 1990ern verschaffte Padthaway schließlich die verdiente Anerkennung.

lehmige Sandböden, vereinzelt mit Kalkstein *Shiraz, Cabernet Sauvignon, Merlot, Pinot Noir* *Chardonnay, Riesling, Sémillon* *rot, weiß*

Wrattonbully

IN DIESEM GEBIET an der Grenze zu Coonawarra werden traditionell eleganter Shiraz und Cabernet Sauvignon erzeugt, der manchmal auch als Coonawarra abgefüllt wurde. Nach dem Geographical Indications Process *(s. S. 555)* ist die Region heute völlig unabhängig.

sandiger Ton bis lehmiger Ton auf Kalksteinsohle *Cabernet Sauvignon, Shiraz, Merlot* *Chardonnay, Sauvignon Blanc, Sémillon* *rot, weiß*

Coonawarra

DIE WEINE VON COONAWARRA sind vorwiegend rot, und auch der Boden ist ziegelrot. Dieser schlicht Terra Rossa genannte Boden begründet Coonawarras Anspruch darauf, die bedeutendste Rotweinregion Australiens zu sein. Die Form des Terra-Rossa-Streifens ähnelt einer Zigarre (15 km lang und 200 m bis 1,5 km breit). Unter der dünnen Schicht gut entwässerten, fruchtbaren roten Bodens liegt weicher Kalkstein, der die Reben bis an die Grundwasserreserven vordringen lässt. Die Region wird aufgrund ihrer langen Reifungsphase als kühl eingestuft – was im Sommer kaum zu glauben ist. Dies verleiht Cabernet Sauvignon ein festes Tanningerüst und macht ihn sehr lagerfähig. Seine konzentrierte, feste Art ähnelt stärker als jeder andere australische Cabernet einem Bordeaux, doch besitzt er oft eine typische Minznote. Seit den 1950er-Jahren haben sich die renommierten Winzereien Wynn's, Bowen, Hollick, Lindemans, Jamiesons Run, Majella, Brand's und Katnook hervorgetan. Andere Sorten kommen hier kaum zum Zug, aber die Gegend produziert auch einen stark unterschätzten, erdigen Shiraz und einen blumigen, süffigen Riesling.

roter Boden und schwarzer Ton auf Kalksteinsohle *Cabernet Sauvignon, Shiraz, Pinot Noir* *Chardonnay, Riesling, Sauvignon Blanc* *rot, weiß*

DER STREIT UM DIE GRENZE VON COONAWARRA

Der lange Streit um die offizielle Grenze der herausragenden Cabernet-Sauvignon-Region Coonawarra begann 1984. Dabei ging es um ein zigarrenförmiges Gebiet mit fruchtbarem rotem Terra-Rossa-Boden. Als es bepflanzt war, nahmen die Erzeuger die benachbarten Lagen in Angriff, wo ebenfalls kleine Terra-Rossa-Bereiche zu finden waren. Im Laufe der Zeit hielten sie deren Weine für vergleichbar, und daran entzündete sich der Grenzstreit. Nach einer Gerichtsentscheidung von 1999 lagen 46 Erzeuger, darunter Petaluma und Beringer Blass, außerhalb der Grenze; sie legten Berufung ein. 2001 rechnete ein Gericht 24 der 46 Erzeuger (darunter Petaluma) wieder dazu. Nach einer weiteren Berufungsverhandlung ließ das Bundesgericht weitere fünf Erzeuger zu (darunter Beringer Blass).

DIE SPITZENERZEUGER SÜDAUSTRALIENS

Grosset Wines
Clare Valley

Stanley St, Auburn 08 8849 2175
www.grosset.com.au

Jeffrey Grosset achtet bei der Weinerzeugung auf jedes Detail – vor allem beim Verschnitt verschiedener Rieslinge. Seine Rieslinge Polish Hill (fest und mineralisch) und Watervale (zitrustönig-aromatisch) gehören in Australien zu den Spitzenerzeugnissen dieser deutschen Traube. Mit seinem Piccadilly Chardonnay aus Adelaide Hills und einem komplexen Clare-Valley-Cabernet-Sauvignon-Verschnitt namens Gaia hat er sich auch auf neues Gebiet vorgewagt.

rot, weiß 2003 (w), 2002, 1998 (r), 1996 (w), 1994 (r) ★ Polish Hill Riesling, Watervale Riesling, Gaia

Jim Barry Wines
Clare Valley

Craigs Hill Rd, Clare
08 8842 2261

Die Brüder Jim und Brian Barry mit ihren Weinfirmen sind eine Institution in Clare Valley. Jim Barry Wines ist bekannter – vor allem durch seinen international erfolgreichen, kräftigen The Armagh-Shiraz aus dem gleichnamigen Weingarten, den Jim 1968 persönlich angelegt hat; schade, dass dieser tolle Wein aufgrund der Nachfrage meist nicht erhältlich ist. Die Lücke füllen der McRae Wood Shiraz mit seiner kräftigen Brombeerfrucht und einem Hauch Minze sowie der McRae Wood Cabernet Sauvignon. Jim Barry produziert jedoch nicht

Jeffrey Grosset, der Winzer von Grosset Wines

nur ausgezeichnete Rotweine; auch der duftige Jim Barry Watervale Riesling ist ein guter Kauf.

rot, weiß 2001 (w), 2000, 1999, 1998, 1996, 1995, 1994 (w), 1993, 1992, 1991, 1990
★ Watervale Riesling, The Armagh Shiraz, McRae Wood Shiraz

Wendouree Cellars
Clare Valley

Wendouree Rd, Clare
08 88422896

Tony Brady übernahm diesen Weingarten aus dem 19. Jh. in den 1970er-Jahren. Brady ist eine Ausnahmefigur der australischen Weinbranche: Er sucht keine Publicity, aber seine Weine sind stets schnell ausverkauft, was von ihrer Qualität zeugt. Neben diversen Verschnitten erzeugt er außerordentlich kraftvollen Shiraz und komplexen Cabernet Sauvignon mit Tannin, das einige Zeit im Keller benötigt.

rot, aufgespritet
2002, 1998, 1996, 1991
★ Shiraz, Cabernet Sauvignon, Cabernet Sauvignon-Malbec

Jim Barry Wines

Banrock Station
Riverland

Holmes Rd, Kingston on Murray
08 8583 0299
www.banrockstation.com.au

Banrock oberhalb des Murray River geht auf eine Initiative der Hardy Wine Company zurück, die den 18 000-ha-Besitz 1994 erwarb. Hier werden sowohl verbraucherfreundliche Weine in Boxen und Flaschen als auch ein höherpreisiges Reserve-Sortiment produziert. Dessen Stars sind Rotweine: pflaumiger, vollmundiger Shiraz, schokoladiger Merlot und kräftiger, brombeertöniger Petit Verdot. Die Spitze bildet jedoch ein lebhafter Shiraz-Schaumwein, dessen Preis im Widerspruch zu seiner geschmacklichen Intensität steht.

rot, weiß, aufgespritet 2001, 2000, 1998, 1996 ★ Sparkling Shiraz, Cave Cliff Merlot, Ball Island Shiraz

Orlando Wyndham
Barossa Valley

Barossa Valley Way, Rowland Flat
08 8521 3111 www.orlandowyndhamgroup.com

Von hier aus eroberten die Orlando-Jacob's-Creek-Weine den internationalen Markt. Der erste Shiraz-Cabernet-Sauvignon von Jacob's Creek war 1976 eine Revolution: ein fruchtbetonter, preiswerter Rotwein. Heute gehören neun Standard- und fünf Reserve-Sorten zur Jacob's Creek-Reihe mit jährlich 5,3 Mio. Kisten Wein. Die Marke und ihr Erzeuger sind inzwischen über Barossa Valley hinausgewachsen, aber noch immer hier verwurzelt.

Die Orlando-Wines-Reihe rekrutiert sich heute aus mehreren Regionen: der strenge Steingarten Riesling

Peter-Lehmann-Wines-Etikett, Barossa Valley

und der feinere, zitrustönige St Helga Riesling aus Eden Valley, der tropische St Hilary Chardonnay aus Padthaway, der aristokratische, eichentönige Jacaranda Ridge Cabernet Sauvignon und der ausgewogene St Hugo Cabernet Sauvignon aus Coonawarra bieten einen guten Kontrast zum warmen Einzellagenwein Centenary Hill Shiraz aus der Heimat Barossa.

rot, weiß, aufgespritet, Schaum- u. Dessertwein 2001 (w), 2000, 1998, 1997, 1996, 1995 (w), 1994, 1992, 1990 ★ Centenary Hill Shiraz, St Hugo Cabernet Sauvignon, Steingarten Riesling

Penfolds
Barossa Valley

S. Seite 571

Peter Lehmann Wines
Barossa Valley

Off Para Rd, Tanunda 08 8563 2500 www.peterlehmannwines.com.au

PETER LEHMANN – herzlich und gastfreundlich – ist in Barossa eine Legende. Heute betreiben sein Sohn Doug und die Weinmacher Leonie Lange und Andrew Wigan das Geschäft. Die Firma ist auf traditionelle Barossa-Weine spezialisiert – unübertrefflich der Peter Lehmann Shiraz mit seinen vollen Fruchtaromen und dem starken Eichenton. Weiterhin gibt es den intensiven, verlockenden Shiraz-Schaumwein Black Queen und den langlebigen Stonewell Shiraz. Wahrhaft himmlisch-exotische Aromen bietet der prächtige Eight Songs Shiraz. Zudem gibt es einen Vintage-»Port«, ebenfalls überwiegend aus Shiraz. Lehmanns feiner, aromatischer Riesling und sein zitroniger Sémillon dagegen sind äußerst subtil.

rot, weiß, aufgespritet, Schaum- u. Dessertwein 2002, 2001 (w), 1998, 1997 (w), 1996 (r), 1994, 1993 (w), 1991 (r), 1990 (r) ★ Black Queen Sparkling Shiraz, Blue Eden Riesling, Eight Songs Shiraz

Seppelt Winery
Barossa Valley

PMB 1 Seppeltsfield via Nuriootpa 08 8568 6217 www.seppelt.com.au

IN SEPPELTSFIELD legte der deutsche Geschäftsmann Joseph Seppelt 1867 den Grundstein für sein Imperium – ein großes Weingut, das schrittweise vergrößert wurde. In den 1970er-Jahren produzierte Seppelt in drei Staaten Wein, Schaumwein und aufgespriteten Wein. Die Familie kontrollierte die Firma bis zur Fusion mit South Australia Browing im Jahr 1984. In der Vorzeigekellerei Seppeltsfield erzeugt Winzer James Godfrey heute unter Southcorp hochwertige aufgespritete Weine. Hier befindet sich eine der größten Schatzkammern des Landes mit altem, aufgespritetem Verschnittmaterial, das es gestattet, jedes Jahr einen 100-jährigen Tawny-Likör-»Port« für unglaubliche 3000 AUS-Dollar pro Flasche herauszubringen (der erste war 1978 ein Wein von 1878). Die Spitzenplätze nimmt ein außergewöhnliches Trio ein: ein extrawürziger Show Fino, ein elegant-nussiger Show Tawny und ein trocken-komplexer Show Amontillado.

rot, weiß, aufgespritet, Schaumwein 2001, 1998 ('ports') ★ Show Fino DP 117, Show Amontillado DP 116, Show Tawny DP 90

Wolf Blass Winery
Barossa Valley

97 Sturt Hwy, Nuriootpa 08 8568 7311 www.wolfblass.com.au

DER DEUTSCHSTÄMMIGE Wolf Blass wirbt mit Sprüchen wie: »Meine Weine machen schwache Männer stark und starke Frauen schwach.« Der 1961 nach Australien gekommene Weinmacher schaffte es mit etwas Chuzpe, aus einem alten Armeeschuppen mit Kellerei in Nuriootpa (Barossa) ein enorm erfolgreiches Weinunternehmen zu machen. Heute steht dort anstelle des Schuppens eine Spitzenkellerei für 30 Mio. AUS-Dollar, die wesentlicher Teil des Beringer-Blass-Imperiums ist – nach der Fusion mit der damaligen Firma Mildara Blass im Jahr 1991. Der Kernbereich der Wolf-Blass-Weine ist bis heute unverändert: eine äußerst gefällige Reihe bemerkenswerter Rieslinge und kräftiger, eichentöniger Shiraz- und Cabernet-Sauvignon-Weine.

rot, weiß, aufgespritet, Schaumwein 2002 (w), 2001 (w), 1999 (r), 1998 (r), 1997 (r), 1996, 1995 (r), 1993 (w), 1992 (w), 1991 (r), 1990 ★ Platinum Label: Barossa Cabernet Sauvignon, Barossa Shiraz, Gold Label Riesling

Yalumba
Barossa Valley

Eden Valley Rd, Angaston
08 8561 3200
www.yalumba.com

DER ENGLÄNDER Samuel Smith gründete Yalumba (aboriginal für »das ganze Umland«) im Jahr 1849. Heute steht sein Ururenkel Robert dem innovativen Unternehmen vor. Sein Rotwein-Star ist der warme, angenehme Barossa Shiraz. In Eden Valley liegen die Weingärten Yalumbas Pewsey Vale und Heggies, die kräftigen Riesling bzw. Viognier hervorbringen. Der Pewsey-Vale-Riesling besitzt feine Zitrusnoten; vom Viognier gibt es mehrere Varianten – vom trinkreifen Heggies Vineyard Viognier bis zum üppigen, ingwerwürzigen The Virgilius.

rot, weiß, aufgespritet, Schaum- u. Dessertwein *2002 (w), 2001 (w), 2000 (w), 1999 (w), 1998, 1996, 1995, 1993, 1992, 1991, 1990* ★ *Barossa Shiraz-Viognier, The Virgilius Viognier, Pewsey Vale Riesling*

Henschke Wines
Eden Valley

Henschke Rd, Keyneton *08 8564 8223* *www.henschke.com.au*

STEPHEN UND PRUE Henschke sind ein ausgezeichnetes Team: Er hält als Winzer einen Weingarten aus dem 19. Jh. in Ehren, den er von früheren Henschke-Generationen übernommen hat; seine Frau Prue versteht als Önologin eine Menge von der Weinerzeugung. Als sie das Gut 1980 übernahmen, beschlossen sie, die Spaliere in den Weingärten zu verbessern und Sonnenlicht an die Reben zu lassen. Die dadurch gewonnene, intensive Frucht hat – in Verbindung mit der Komplexität, die alte Reben bei niedrigem Ertrag erzeugen – Rotweine von großer Finesse hervorgebracht. Nach dem stark konzentrierten Hill of Grace *(s. S. 565)* von Stephens Vater Cyril kommen der feste Mount Edelstone Shiraz und der elegante Henschke Cabernet Sauvignon.

rot, weiß *2002 (w), 2001 (w), 1999 (r), 1998, 1997 (w), 1996 (r), 1995 (w), 1994, 1993, 1992, 1991 (r), 1990* ★ *Hill of Grace Shiraz, Mount Edelstone Shiraz, Cyril Henschke Cabernet Sauvignon*

Etikett Petaluma Limited

Mountadam Vineyards
Eden Valley

High Eden Rd, Eden Valley *08 85 64 1900* *www.mountadam.com*

MOUNTADAM wurde 1972 vom inzwischen verstorbenen David Wynn und seinem Sohn Adam gegründet und sollte immer etwas Besonderes sein. David hat das erste kommerzielle Weinfass Australiens entwickelt und das Coonawarra-Gut der Wynns aufgebaut. Er und sein Sohn gehörten zu den Ersten, die in Australien für nicht in Holz gereiften Chardonnay und Shiraz warben. Das Mount-Adam-Spitzensortiment dagegen ist von barocker Opulenz, geführt von einem erstaunlich vollen, buttrigen, traditionell vergorenen Chardonnay-Schaumwein. Der rote Spitzenwein The Red ist ein geschmeidiger Merlot-Cabernet-Sauvignon-Verschnitt. Biologisch erzeugte Weine sind unter der Marke Eden Ridge vertreten. Adam akzeptierte 2000 ein Übernahmeangebot von Cape Mentelle, und seitdem geht das Geschäft seinen üblichen Gang.

rot, weiß, Schaum- u. Dessertwein *1998, 1997, 1996 (r), 1994, 1993, 1992 (w), 1991, 1990* ★ *Eden Valley Riesling, Chardonnay, The Red*

Petaluma Limited
Adelaide Hills

Spring Gully Rd, Piccadilly
08 8339 4122
www.petalumalimited.com

PETALUMA IST untrennbar mit Brian Croser verbunden. Der charismatische ehemalige Hardy-Weinmacher gründete Petaluma 1976 im Alleingang, um Spitzenweine auf Spitzenlagen zu erzeugen. Er gewinnt einen tadellosen Riesling in Clare Valley und einen eleganten Cabernet Sauvignon in Coonawarra, der für den nach der Gegend benannten roten Verschnitt verwendet wird. Seinen Firmensitz legte er jedoch nach Bridgewater im damals wenig bekannten Adelaide Hills, wo er im benachbarten Piccadilly Valley Chardonnay anbaute. Innerhalb eines Jahrzehnts setzten diese drei Sorten mit der Croser-typischen Reinheit und Eleganz in Australien Maßstäbe und spiegelten ein Konzept, das für viele australische Konsumenten neu war: Terroir bzw. in Crosers Worten »ausgezeichnete Weinlagen«. Seit 2000 arbeitet Croser an einigen neuen Weintypen: einem schwungvollen Shiraz und einem aprikosentönig-vollmundigen Viognier.

rot, weiß, Schaum- u. Dessertwein *2002, 2001 (w), 2000, 1999, 1998, 1997, 1996, 1995, 1994, 1992, 1991, 1990* ★ *Hanlin Hill Riesling, Tiers Chardonnay, Coonawarra*

DIE PENFOLD-ERFOLGSGESCHICHTE

Keine andere Weinfirma der Welt ist Penfolds in punkto Weinqualität und -vielfalt in allen Preissegmenten ebenbürtig – von Rawson's Retreat für 10 AUS-Dollar bis zu Grange für 400 AUS-Dollar. Als Teil von Southcorp, Australiens größtem Weinerzeuger, stehen Penfolds Tausende Hektar Rebfläche in allen Staaten zur Verfügung, wenngleich Südaustralien die Ausgangsbasis bleibt.

Dr. Christopher Rawson Penfold kam 1844 nach Magill bei Adelaide und baute dort Reben an – vorwiegend Grenache, aber auch Palomino, Muscat und Frontignac wurden rings um den Familienhof »The Grange« der Penfolds gepflanzt. Dr. Penfold glaubte an den medizinischen Wert des Weins und behandelte seine Patienten damit. Nach seinem Tod setzten Generationen der Familie die Arbeit in den Weingärten fort und festigten so die Winzertradition der Penfolds. Eine 1911 in Barossa Valley errichtete Kellerei wurde in Zusammenarbeit mit der alten Magill-Kellerei zum Firmensitz.

Weinmacher
Für die Kontinuität des Penfold-Weinstils sorgte bereits der Umstand, dass es nur vier Chefweinmacher gegeben hat, seit Max Schubert, der Entwickler der Grange-Reihe, in den 1950er-Jahren das Sagen hatte. Der letzte von ihnen, Peter Gago *(links)*, ist sich bewusst, dass der Markt eine Fortsetzung der Penfolds-Tradition erwartet.

Kontaktinformation

Tanunda Rd, Nuriootpa
08 8568 9408
www.penfolds.com.au

Weininformation

rot, weiß, aufgespritet 1998 1996, 1994, 1992, 1991, 1990
★ *Penfolds Grange, Bin 707 Cabernet Sauvignon, Yattarna Chardonnay, Bin 389 Cabernet Sauvignon-Shiraz*

Penfolds-Weine
Überregionaler Verschnitt gewährleistet einen gleichbleibenden Charakter der Weine, die ansonsten fast alle typisch für Barossa Valley sind. Der Penfolds-Stil ist reif, voll, süßfruchtig, oft eichentönig mit abgerundeter Tanninstruktur. Den Kern der Marke Penfold bildet ein exzellentes Sortiment individueller Weine: Es gibt den pfeffrigen Bin 128 Shiraz und den reifen, vollaromatischen Bin 389 Cabernet-Shiraz; der Bin 707 Cabernet Sauvignon ist dagegen der eleganteste. St Henri Shiraz-Cabernet ist das Alter ego von Penfolds grandiosem Grange, einem Shiraz von großer Kraft.

Dr. Penfolds erster Weingarten in Magill, Adelaide, 1958

Shaw & Smith
Adelaide Hills

Lot 4, Jones Rd, Balhannah
08 8398 0500
www.shaw andsmith.com

MICHAEL HILL-SMITH, der erste australische »Master of Wine«, und sein Cousin Martin Shaw gehörten zu den ersten »fliegenden Weinmachern« des Landes. Sie taten sich zur Gründung von Hill & Smith 1989 zusammen und betörten Weinliebhaber mit einem leuchtenden, tropischen Sauvignon Blanc. Das Duo begann danach, Adelaide Hills' Reputation als ernst zu nehmende Chardonnay-Gegend zu festigen – zuerst mit einer apfeltönigen, nicht in Holz ausgebauten Version, dann mit einer holztönigen vollen Steinfrucht. Im Jahr 2001 brachten sie den schlanken, zitrustönigen Chardonnay M3 Vineyard heraus.

rot, weiß, Schaum- u. Dessertwein
2001, 2000, 1999, 1997, 1995, 1993, 1992 ★ Sauvignon Blanc, M3 Vineyard Chardonnay, Merlot

Clarendon Hills
McLaren Vale

Brookmans Rd, Blewitt Springs
08 8383 0544 n. V.

DIE CLARENDON-HILLS-Weine gehören zu den vollmundigsten und konzentriertesten Australiens. Der Schöpfer dieser Riesen – meist aus Shiraz, Cabernet Sauvignon und Grenache – ist Bratasiuk. Er verwendet Trauben alter Reben mit niedrigen Erträgen aus den McLaren-Vale-Subregionen. Das wachsende Sortiment wird angeführt von dem enorm vollen Astralis Shiraz, der bei Sammlern inzwischen Kultstatus genießt. Da er für die Meisten unerschwinglich ist, springen andere Rotweine in die Bresche, insbesondere Liandra Shiraz und der rustikale Roma's Vineyard Old Vine Grenache.

rot, weiß 2003 (r), 2002 (r), 2001 (r), 2000 (w), 1998, 1996 (r)
★ Astralis Shiraz, Liandra Shiraz, Roma's Vineyard Old Vine Grenache

Michael Hill-Smith und Martin Shaw von Shaw & Smith

Coriole
McLaren Vale

Chaffeys Rd, McLaren Vale 08 8323 8305 www.coriole.com

CORIOLE BIETET ein wenig Toskana in Australien – terrassierte Weingärten, Olivenbäume und guten Sangiovese. Die Coriole-Inhaber Mark und Paul Lloyd gehörten zu den Ersten, die in Australien in den 1980er-Jahren Sangiovese anbauten. Sie verwenden diesen Wein als eigenständigen, an pikanter Kirschfrucht reichen Sortenwein, aber auch als erdige Verschnittmasse. Der rote Boden verleiht den herrlich ausgewogenen Rotweinen eine feine, mineralische Note. An der Spitze steht der Lloyd Reserve Shiraz, ein Idealbeispiel für einen McLaren-Vale-Wein. Auch der süffige, weiße Lalla Rookh Sémillon ist eine Coriole-Spitzenleistung.

rot, weiß 2001, 1998, 1997, 1996 (r), 1995, 1994, 1993 (w), 1992, 1991, 1990 ★ Lalla Rookh Sémillon, Sangiovese-Shiraz, Lloyd Reserve Shiraz

D'Arenberg
McLaren Vale

Osborn Rd, McLaren Vale 08 8323 8206 www.darenberg.com.au

D'ARENBERG HAT viele unvergessliche Rotweine hervorgebracht, seit die Marke in den 1990er-Jahren auf Vordermann gebracht wurde – darunter Dead Arm Shiraz, Iron Stone Pressings, The Laughing Magpie Shiraz-Viognier und High Trellis Cabernet Sauvignon. Jetzt sind noch mehrere Weißweine dazugekom-

SHIRAZ – EINE MCLAREN VALE-SPEZIALITÄT

Aus McLaren Vale kommen einige der ausgewogensten, vollmundigsten Shiraz-Weine Australiens. In diesem warmen Klima erreicht man einen hohen Alkoholgehalt (14 % ist fast schon normal), der auch ein reiferes geschmackliches Spektrum erschließt: Brombeere, Lakritz, Schokolade, Rosinen, Zimt und Muskatnuss. Angesichts solch opulenter Frucht wird amerikanische Eiche oft verstärkt eingesetzt. Zu Beginn des 20. Jh. wurde McLaren Vale-Shiraz wegen seines Eisengehalts geschätzt und sogar von Ärzten verschrieben, um anämischen Patienten mehr Lebenskraft zu geben.

men, z. B. der mineralische Olive Grove Chardonnay und der The Hermit Crab Marsanne-Viognier mit seinen Geißblattnoten.

rot, weiß, Schaum- u. Dessertwein 2002, 2001, 1996, 1995 (r), 1994 (w), 1991 (r), 1990 (w) ★ The Hermit Crab Marsanne-Viognier, Dead Arm Shiraz, Ironstone Pressings Grenache-Shiraz-Mourvèdre

Hardy Wine Company
McLaren Vale

Reynell Rd, Reynella 08 8392 2222 www.brlhardy.com.au

BRL HARDY fusionierte nach ernsten Finanzproblemen in den 1990er-Jahren 2003 mit der amerikanischen Weinfirma Constellation Brands; daraus entstand die Hardy Wine Company als größtes Weinunternehmen der Welt.

Der Weg zurück an die Spitze begann mit dem Kauf angesehener Erzeuger in guten Regionen: Yarra Burn (Yarra Valley), Brookland Valley (Margaret River) und Nobilo (Neuseeland). Rechnet man die Pflege alter Marken wie Houghton, Leasingham und Château Reynella dazu, liefert BRL Hardy die Erfolgsgeschichte australischen Weins schlechthin. Unter Winzer Ed Carr ist auch die Schaumweinsparte im letzten Jahrzehnt stark gewachsen. An die preiswerte Omni-Reihe knüpft die Sir James-Reihe im mittleren Segment an – mit ihrem sehr guten apfel-zitrustönigen Jahrgangswein und einem würzigen Shiraz-Schaumwein; den Abschluss bildet die Spitzenreihe Arras aus den traditionellen Champagnertrauben Pinot Noir und Chardonnay. Der Name Eileen Hardy steht für zwei Vorzeigeweine – einen komplexen Chardonnay und einen herzhaften McLaren-Vale-Shiraz.

rot, weiß, aufgespritet, Schaum- u. Dessertwein 2000, 1999, 1998 (r), 1997 (r), 1996, 1995 (r), 1994, 1993, 1991, 1990 ★ Arras Vintage Sparkling, Eileen Hardy: Chardonnay, Shiraz

Casa Freschi
Langhorne Creek

30 Jackson Ave, Strathalbyn 08 8536 4569 www.casafreschi.com.au

SOWOHL DER NAME Casa Freschi als auch der Anbau von Nebbiolo legen eine Verbindung mit Italien nahe, aber geschmacklich sind die aufregenden Rotweine dieses Newcomers internationaler – vielleicht, weil Weinmacher David Freschi in Italien, Kalifornien und Neuseeland gearbeitet hat. Er kehrte 1998 nach Langhorne Creek zurück, um im 2,5-ha-Weingarten seiner Eltern seinen eigenen Bereich abzustecken. Die ersten Casa-Freschi-Weine waren ein großer Erfolg: La Signora (»die Dame«) ist ein ungewöhnlicher Verschnitt von Cabernet Sauvignon, Shiraz, Nebbiolo und Malbec mit Schokoladen- und Lakritzaromen, Profondo Shiraz-Cabernet ein opulenter, samtiger Wein, der seinem Namen gerecht wird.

rot 2002, 2001, 2000, 1999 ★ La Signora, Profondo

Bowen Estate
Coonawarra

Riddoch Highway, Coonawarra 08 8737 2229

DOUG BOWEN gibt zu, an seinem Cabernet Sauvignon nicht viel zu machen, da dieser so ziemlich alles selbst macht – und doch ist dieser zedern- und brombeertönige Cabernet noch etwas üppiger als viele andere. Bowen, der im Cabernet-versessenen Coonawarra als Shiraz-Meister gilt, meint, dass diese Sorte den Wünschen des Weinmachers besonders entgegenkommt. Ein junger Bowen-Shiraz hat einen so mächtigen Tannin- und Alkoholgehalt, dass er erst nach fünf Jahren weicher wird. Sein 1998er Ampelon Shiraz von einer Einzellage mit niedrigem Ertrag besitzt stark konzentrierte, vollmundige Aromen.

rot, weiß, Schaumwein 2001, 2000, 1998, 1996, 1994, 1991, 1990 ★ Ampelon Shiraz, Shiraz, Cabernet Sauvignon

Wynns Coonawarra Estate Winery
Coonawarra

Memorial Dr, Coonawarra 08 8736 2225 www.wynns.com.au

DAVID WYNN hat sich von dem Bordeaux-Stil, den viele Coonawarra-Erzeuger so anstreben, entfernt und stattdessen den typischen, gelassenen australischen Cabernet kreiert – ein satter, fruchtigwarmer Wein mit einem Hauch zedriger Eiche, der weithin als Wynns Black Label bekannt ist. Der John Ridoch Cabernet eine Stufe höher ist in jeder Hinsicht noch intensiver – vor allem in punkto Eiche. Der einfache, erdige Wynns Shiraz ist ein einladender Alltagswein; der Michael Shiraz dagegen benötigt wenigstens zehn Jahre, bis seine eichenen Tannine zur Ruhe kommen. Die altgediente Weinmacherin Sue Hodder erzeugt auch einen guten, zitronentönigen Riesling.

Wynns Shiraz

rot, weiß 2001 (w), 1999, 1998, 1997 (r),1996, 1995, 1994 (r), 1993, 1991, 1990 ★ Riesling, John Riddoch Cabernet Sauvignon, Michael Shiraz

NEUSÜDWALES

NEUSÜDWALES ist mit seinen klimatischen Extremen kein Paradies für die Weinrebe, aber vom tropischen Norden bis zu den schneebedeckten Alpen im Süden sind die Weinbauern mit diesen Widrigkeiten fertig geworden. Inzwischen sind hier viele Große der australischen Weinbranche ansässig.

Die australische Weinindustrie nahm bereits 1788 in Neusüdwales (NSW) ihren Anfang, doch es waren zielstrebige Pioniere des 19. Jh. wie George Wyndham und Dr. Henry Lindeman, die in entlegenen Siedlungen wie Hunter Valley Weingärten anlegten.

Weinpionier Vittorio De Bortoli

Um 1850 waren die Güte und das Potenzial von Hunter-Valley-Trauben wie Shiraz und Sémillon bereits zu erkennen. Auch in Mudgee gab es bereits 1858 Reben, doch erst die Ausweitung von Einrichtungen des bekannten Erzeugers Orlando Wyndham *(s. S. 558)* auf Mudgee im Jahr 1997 förderten die Region wirklich. Seitdem geben die Mudgee Weine – allen voran Shiraz, Cabernet Sauvignon und Chardonnay – zunehmend Anlass zur Zufriedenheit.

Mit dem Murrumbidgee-Bewässerungsprogramm kam der Weinbau 1912 ins trockene Riverina, das in den 1970er- und 80er-Jahren große Mengen billigen Weins zur Abfüllung in Schläuchen (Bag-in-Box) lieferte. Heute jedoch produziert Riverina Früchte für gut trinkbare Weine.

Spätere Pioniere wie der italienischstämmige Vittorio De Bortoli *(s. S. 585)* legten noch bis in die 1950er-Jahre in den unmöglichsten Gegenden Weingärten an. Seit den 1970er-Jahren hat der verstärkte Weinbau in kühleren Regionen zur Erschließung noch vieler anderer Gebiete wie Hilltops, Orange und der Enklave Canberra (ACT) geführt. Hier werden inzwischen interessante Weine mit festerer Tanninstruktur, ausgeprägterer Säure und weniger sonnenverwöhntem Fruchtcharakter als andernorts gekeltert.

Neusüdwales ist heute der drittgrößte Weinstaat des Landes. Bekannte Erzeuger wie Lindemans *(s. S. 587)*, Wyndham, Tyrell's und McWilliam's besitzen hier 37 400 ha Rebland – eine Leistung, die vor zwei Jahrzehnten undenkbar gewesen wäre, ganz zu schweigen von zwei Jahrhunderten.

Traubenlese bei Tyrell's in Hunter Valley

◁ **Blick auf das Hunter Valley, die wichtigste Weinanbauregion in Neusüdwales**

WEINKARTE NEUSÜDWALES

McWilliam's Mount

IN NEUSÜDWALES liegt Australiens erste Wein-Adresse – die Region Hunter Valley. Lower Hunter produziert zwei Sortenweine von Weltrang: lagerfähigen Sémillon und erdigen Shiraz. Bei Upper Hunter und Mudgee denkt man sofort an vollmundigen Chardonnay, wogegen die neuen Gebiete Orange und Hilltops weiter südlich mineralischeren Chardonnay und körperreichen Shiraz liefern. Das große Riverina-Gebiet ist als Massenproduzent bekannt, erzeugt jedoch auch üppigen Shiraz und exzellenten Sémillon. Das neu dazugekommene, näher an der Küste liegende Canberra-Gebiet liefert blumigen Riesling, pfeffrigen Shiraz und ausgezeichneten Pinot Noir.

LEGENDE

Neusüdwales

NEUSÜDWALES: GEBIETE UND SPITZENERZEUGER

UPPER HUNTER VALLEY S. 578
Rosemount Estate *S. 582*

LOWER HUNTER VALLEY S. 578
Brokenwood Wines *S. 582*
McGuigan Wines *S. 582*
McWilliam's Mount Pleasant Wines *S. 582*
Poole's Rock Wines *S. 583*
The Rothbury Estate *S. 583*
Tower Estate *S. 583*
Tyrrell's *S. 583*

MUDGEE S. 597
Botobolar Vineyard *S. 602*
Poet's Corner Wines *S. 602*

ORANGE & COWRA S. 598
Hamiltons Bluff Vineyard *S. 602*

HILLTOPS S. 580
Barwang Vineyard *S. 584*

CANBERRA DISTRICT S. 580
Clonakilla *S. 584*
Helm Wines *S. 585*
Lark Hill Winery *S. 585*

TUMBARUMBA S. 580

RIVERINA S. 581
Casella Wines *S. 585*
De Bortoli Wines *S. 585*
Nugan Estate *S. 585*

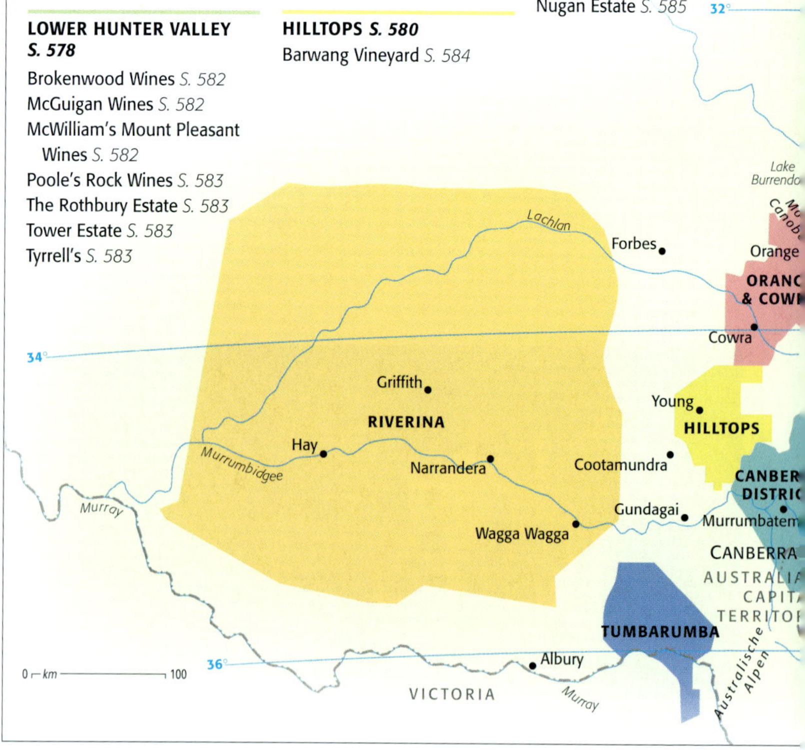

Wasserpumpe inmitten von Weingärten, Mudgee

DAS TERROIR AUF EINEN BLICK

Breite: 32–36,5 °S

Höhe: 10–900 m über NN

Topografie: Für Hunter Valley, Mudgee und Canberra sind sanfte Hügel und Überschwemmungsgebiet typisch; Orange, Cowra, Hilltops und Tumbarumba sind bergig mit höheren Weinlagen. Der Murrumbidgee River ist im heißen Weinbaugebiet von Riverina wichtig.

Boden: Vorwiegend roter Ton oder Sand; fruchtbarer vulkanischer Boden im Gebiet Orange.

Klima: Lower Hunter ist warm und feucht, Upper Hunter trockener, Mudgee klimatisch gemäßigt, Orange kühl an den Ausläufern von Mount Canobolas, Cowra warm und trocken. Riverina ist heiß und trocken; hier ist Bewässerung lebenswichtig, während Canberra zwischen warm und kalt wechselt.

Temperatur: 27 °C Durchschnittstemperatur im Januar.

Niederschlag: 630–750 mm im Jahresdurchschnitt

Gefahren für den Weinbau: Frühlingsfröste, Regen während der Ernte, Krankheiten aufgrund zu hoher Feuchtigkeit

Luftaufnahme der Weingärten von Lower Hunter Valley

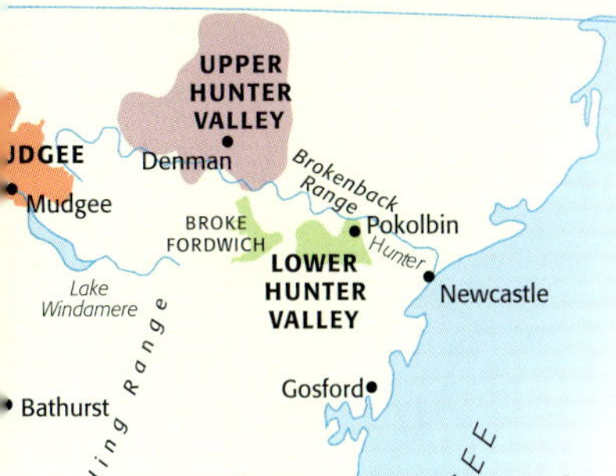

SPITZENWEINE: NEUSÜDWALES

- (R) Barwang Vineyard Shiraz €€
- (R) Brokenwood Wines Graveyard Shiraz €€€€
- (R) Clonakilla Shiraz-Viognier €€€€
- (D) De Bortoli Wines Noble One Botrytis Sémillon €€€
- (W) Helm Wines Riesling €€
- (R) Lark Hill Winery Exaltation Pinot Noir €€€
- (W) McWilliam's Mount Pleasant Wines Elizabeth Sémillon €€
- (W) Poole's Rock Wines Chardonnay €€€
- (W) Rosemount Estate Hill of Gold Chardonnay €€
- (R) Tower Estate Hunter Shiraz €€€
- (W) Tyrrell's Vat 1 Sémillon €€€
- (W) Tyrrell's Vat 47 Chardonnay €€€

Weinmacher von De Bortoli Wines bei der Probe, Riverina

Der Roxburgh-Weingarten (150 ha) des Rosemount Estate, Upper Hunter Valley

DIE WEINBAUGEBIETE VON NEUSÜDWALES

Upper Hunter Valley

IN UPPER HUNTER, dem nördlichsten Bereich der bekannten Hunter-Valley-Region, steckt der Weinbau noch in den Kinderschuhen. Erst 1960 wagte sich mit Penfolds ein Erzeuger aus dem erfolgreichen Lower Hunter in diese Gegend bei der Bauernstadt Denman. Inzwischen ist Upper Hunter jedoch mehr als nur eine Fortsetzung seines südlichen Pendants: Die Region hat ganz eigene Merkmale entwickelt – vor allem seit der Niederlassung Arrowfields (1968) und des Rosemount Estate (1969). Diese Erzeuger haben gezeigt, dass Weißweine, vor allem buttrig-vollmundiger Chardonnay und weicher Sémillon, ihre Stärken sind. Beide Sorten sind ausgewogen und voll reifer, satter Frucht. Der aromatische rote Cabernet Sauvignon ist natürlich-saftig, der Shiraz warm und strukturiert (wenngleich ihm die bemerkenswerte Individualität der Lower-Hunter-Version fehlt).

fruchtbarer, schwarzer, schlammiger Lehm; rot-braune Duplexböden *Cabernet Sauvignon, Shiraz, Merlot* *Chardonnay, Sémillon, Sauvignon Blanc* *rot, weiß, Schaumwein*

Lower Hunter Valley

DIESE REGION GENIESST wegen ihrer unverwechselbaren, typisch australischen Weine weltweite Bekanntheit. Pokolbin bildet mit über 80 Kellereien ihr Produktionszentrum; westlich davon liegt Broke Fordwich mit weiteren über 20 Kellereien. Die Region folgt weitgehend dem Hunter River, mit der zerklüfteten Bergkette Brokenback Range als Westgrenze.

Am typischsten für Lower Hunter ist der weiße Sémillon, dessen Trauben traditionell bei recht niedrigem Zuckergehalt gelesen und so vinifiziert werden, dass sie anfangs spritzig-delikat und intensiv sind, im Laufe der Zeit aber vollmundig, komplex und honigtönig werden. An großen Rotweinen gibt es einen Shiraz von fast rustikalem Anstrich.

HUNTER VALLEY SÉMILLON

Ein echter Hunter Valley-Sémillon macht zunächst kaum den Eindruck eines Klassikers, entwickelt sich aber langsam zum Meisterwerk. Jung wirkt er im Glas in der Tat wässrig, ist auffallend säurehaltig und trocken mit schwach-aromatischen, zitronigen Noten. Er wird nicht in Eiche ausgebaut, und sein Alkoholgehalt ist eher niedrig. Einige Erzeuger haben herumexperimentiert, damit er schneller trinkreif wird, aber echte Fans kaufen Sorten, die reifen müssen; sie entwickeln in der Flasche prächtige, goldene Röstnoten und werden vollmundig-komplex. Der hohe Säuregehalt hält sie während der Reifung stabil. Oft ist ein Hunter Sémillon nach fünf Jahren trinkreif, aber es ist auch nicht ungewöhnlich, dass er ein Jahrzehnt oder länger gut reift. Von den Meistern dieses Weintyps (McWilliam's, Tyrell's, Lindeman's) gibt es Weine, die noch nach 15 oder 20 Jahren hervorragend trinkbar sind.

Brokenwood Wines

Dass sich diese zwei Weltklasse-Weine in einem Klima, das für den Weinbau alles andere als förderlich ist, hervortun, ist erstaunlich: Hunter ist heiß, es regnet oft während der Erntezeit, und die Feuchtigkeit macht Krankheiten zum Dauerproblem. Aber den Trauben macht die Hitze offensichtlich nichts aus, und man fand heraus, dass sich die fruchtbaren roten Böden (gut entwässernder roter Ton) gut für Shiraz eignen, der sandige Lehm des Flussbetts und der gelbe Ton dagegen für weiße Sorten wie Sémillon.

Der Erfolg dieser Trauben in Lower Hunter Valley bestätigt die Weitsicht zweier wichtiger Wegbereiter von Hunter: James Busby und George Wyndham, die die Initiative ergriffen und im frühen 19. Jh. Weingärten anlegten. Um 1843 hatte auch ein ehemaliger Arzt der Royal Navy, Dr. Henry Lindeman (der schon bald ein Begriff sein sollte) Reben im Tal angepflanzt. Heute ziert der Name Lindeman viele Southcorp-Weine und ist eine Weltmarke.

Zu den späteren Pionieren zählt Dr. Max Lake, der Gründer von Lake's Folly. Er baute hier 1963 als Erster Cabernet Sauvignon an und erkannte auch deren Potenzial als ebenso erdige, schmackhafte Shiraz-Partner. Der ebenso weitsichtige Murray Tyrell von Tyrell's erhielt für den Hunter Chardonnay sogar noch mehr Anerkennung; und dann gibt es noch Len Evans, den Gründer des Rothbury Estate (1968) und passionierten Wortführer in Hunter-Angelegenheiten.

gut entwässernde, rote Mehrschicht- und Lehmböden *Shiraz, Cabernet Sauvignon, Pinot Noir* *Chardonnay, Sémillon, Verdelho* *rot, weiß, aufgespritet, Schaum- u. Dessertwein*

HUNTER VALLEY SHIRAZ

Hunter Shiraz duftet und schmeckt nach dem sonnenverwöhnten Boden, von dem er stammt. Als vielleicht am leichtesten erkennbarer Shiraz Australiens unterscheidet er sich deutlich von der vollmundig-pfeffrigen Variante anderer Staaten, deren Kraft und Intensität er nicht teilt. Hunter Shiraz ist mittelschwer: Selbst wenn es in der Erntezeit nicht regnet und die Trauben länger reifen, ist er kein Knüller. Aber er benötigt auch nicht viel neue Eiche; echter Hunter Shiraz muss in der Tat nur selten in neuer Eiche ausgebaut werden. Stattdessen mildern alte Eichenfässer seine Tannine, verleihen ihm ein wenig mehr Komplexität und bewahren dabei alle typischen Hunter-Duft- und Geschmacksnoten.

Mudgee

DAS ABORIGINAL-WORT Mudgee bedeutet »Nest in den Hügeln« – eine passende Bezeichnung für diese bergige Gegend an den Westhängen der Great Dividing Range, in der viele kleine Familienbetriebe ansässig sind. Einige der ersten, 1838 von James Busby eingeführten Chardonnay-Ableger Australiens landeten hier im Craigmoor-Weingarten, wo man sie White Pineau nannte. Weinpionier Alf Kurtz von Mudgee Wines entnahm schon 1963 in Craigmoor Ableger und baute sie an, doch erst später, beim Besuch eines französischen Rebeneexperten in seinem Weingarten, identifizierte man sie als außergewöhnliche, virusfreie Chardonnay-Reben. Diese üppige, pfirsich- und melonentönige Sorte diente dann landesweit als Quelle vieler späterer Pflanzungen. Kurtz entwickelte in dieser Region auch einen vollmundigen, schokoladigen Cabernet Sauvignon. Obwohl sich diese beiden Sorten für Mudgee am besten eignen, hat die starke Nachfrage nach kräftigem, ledrigem Shiraz auch diese Traube hierher geholt.

sandiger Lehm-Mutterboden auf Tonuntergrund *Shiraz, Cabernet Sauvignon, Merlot* *Chardonnay, Sémillon, Sauvignon Blanc* *rot, weiß*

Weingärten im Anbaugebiet Mudgee

Orange und Cowra

ORANGE LIEGT VON Sydney aus ein Stück landeinwärts in den Ausläufern des 1426 m hohen Mount Canobolas. Ihre hohen, kühlen Lagen haben dieser Region mit fein strukturiertem Chardonnay und Cabernet Sauvignon schnell zu einem Namen verholfen, obwohl der Weinbau hier erst in den 1980er-Jahren begann. Ihr wichtigster Förderer ist das Rosemount Estate; es gehörte zu den Ersten, die das Potenzial dieser Region deutlich machten. Südlich von Orange liegt die warme, trockene Region Cowra, die sich besonders zur Erzeugung lebhaften, pfirsichreichen Chardonnays eignet. Rothbury Estate und Petaluma schlugen in den 1970er-Jahren als erste Kapital aus den Cowra-Chardonnays, die nicht besonders subtil, aber ansprechend sind.

gut entwässerter, rot-brauner Ton mit Vulkanasche und lehmiger Ton auf Schiefer; Terra Rossa (Orange); lehmiger Sand und Ton auf rotem Tonuntergrund (Cowra) Shiraz, Cabernet Sauvignon, Cabernet Franc Chardonnay, Sémillon, Verdelho rot, weiß

Hilltops

NUR WENIGEN KONSUMENTEN ist Hilltops ein Begriff, aber das Barwang-Sortiment von McWilliam's hatte in den 1990er-Jahren Erfolg – mit stilvollen, eleganten Weinen, die jeden überraschten, der dachte, dies sei nur ein heißer Fleck im Inland. Knapp 80 km südlich von Cowra genießt Hilltops ein kontinentales Klima mit langer, kontinuierlicher Reifungsphase. Diese Bedingungen scheinen sich besonders gut für die Erzeugung von weichem, strukturiertem, dunkelfarbigem Shiraz und Cabernet Sauvignon zu eignen, was jedoch noch abzuwarten bleibt. Auch Firmen mit Sitz in Hunter wie Allandale und Hungerford Hill (Southcorp) beziehen von hier Trauben.

dunkler, roter, granithaltiger Ton mit Basalt Shiraz, Cabernet Sauvignon Sémillon, Chardonnay, Riesling rot, weiß

Canberra District

Etikett Lark Hill Winery, Canberra District

CANBERRA IST AUSTRALIENS Regierungssitz – und so waren es auch Angestellte der Regierung, die hier in den 1970er-Jahren bei Murrumbateman nördlich der Stadt und bei Lake George im Osten erste Hobbyweingärten anlegten. Doch nur wenige besaßen Erfahrung, und auch der Weinbau hatte vor Ort keine Tradition. Trotzdem sind heute viele von ihnen Vollzeitwinzer, und Firmen wie Clonakilla, Helm, Brindabella Hills und Lark Hill stellen einige der besten Weine der Region her.

Als der zweitgrößte australische Weinerzeuger, die Hardy Wine Company, 1997 im Herzen von Canberra eine 2000-t-Kellerei baute, waren die örtlichen Winzer zufrieden, wurde die Region doch nun auch von einem Großerzeuger als Qualitätsgebiet anerkannt.

Weine aus Canberra sind noch eine Neuheit, aber die weißen sind bereits fein strukturiert und mild-aromatisch, was sich bei den delikaten, blumigen Rieslingen zeigt. Die roten sind vorwiegend elegant mit feiner Tanninstruktur, z. B. der pfeffrige Shiraz und der opulente Pinot Noir.

harter, roter Mehrschichtboden Cabernet Sauvignon, Merlot, Pinot Noir Chardonnay, Riesling, Gewürztraminer rot, weiß, Dessertwein

Tumbarumba

SEIT IN TUMBARUMBA in den 1980er-Jahren die ersten Reben gepflanzt wurden, kaufen Firmen wie Southcorp, die Hardy Wine Company und

AUSTRALIENS SÜSSES HERZ

Das flache, heiße Riverina produziert etwas so dekadent üppiges wie Botrytis-Dessertwein: Nach dem langen, heißen Sommer lässt man die Sémillon-Trauben noch weiterreifen, bis sie aufgrund steigender Herbstfeuchte mit Botrytis infiziert sind. Dies entzieht ihnen das Wasser, so dass sie eintrocknen und ihr Zuckergehalt steigt. Die Infektionsrate schwankt dabei; die Erzeuger bevorzugen eine 90-%ige Deckung. Man macht den Wein danach durch Zugabe frischer Beeren etwas schwungvoller und frischer. Der Riverina-Erzeuger De Bortoli führte den Botrytis-Sémillon 1982 ein: Sein Noble One mit komplexen Marmeladen-, Zitrusschalen- und süßen Aprikosennoten setzt Maßstäbe.

Orlando Wyndham von hier Trauben für ihren Spitzenschaumwein. Seine kühlen Hochlagen eignen sich gut zur Chardonnay-, Pinot-Noir- und Pinot-Meunier-Erzeugung für Schaumweine. Die Weine werden später meist verschnitten, aber Hungerford Hills unterstützt das Gebiet seit den 1990er-Jahren durch Nennung Tumbarumbas auf seinen Etiketten.
Granit, Basalt *Pinot Noir, Cabernet Sauvignon, Merlot, Pinot Meunier* *Chardonnay, Sauvignon Blanc* *rot, weiß, Schaumwein*

Riverina

Mit 23 000 ha Rebfläche, die jährlich 321 000 t Früchte produzieren, ist Riverina Australiens zweitgrößtes Weinbaugebiet. Hier ließen sich nach den zwei Weltkriegen viele Weinbauern italienischer Herkunft nieder, die heute riesige Gebiete roten Bodens mit Wasser des Murrumbidgee River bewässern – z. T. über 400 ha. Viele wie De Bortoli, Riverina Estate und Casella Wines haben durch Bedienung des preisgünstigen Marktsegments ansehnliche Imperien aufgebaut: Mit McWilliam's ist hier der achtgrößte Erzeuger des Landes ansässig.

Die Erzeuger haben viel an der Verbesserung der Qualität und der Konzentration der Fruchtaromen gearbeitet und konnten so in die obere Preiskategorie vorstoßen. Üppiger Shiraz und vollmundiger, sonnengetränkter Chardonnay sind immer beliebt, doch seit den 1990er-Jahren haben einige auch Durif (De Bortoli), Sémillon (Riverina Wines) sowie Viognier und Tempranillo (Casella) ausprobiert. Der Star dieses Gebiets ist jedoch ein herrlicher, goldener, edelfauler Sémillon.
sandiger Lehm auf sandigem, lehmigem Ton *Shiraz, Cabernet Sauvignon, Mourvèdre* *Sémillon, Trebbiano, Chardonnay* *rot, weiß, Dessertwein*

Gärtanks von De Bortoli in Riverina

Weinbau in Queensland

Albert-River-Wines-Etikett

Es mag überraschen, dass man im tropischen Queensland schon seit 1863 Wein anbaut. Die dortigen Erzeuger meiden seine feuchte Hitze, indem sie Hochlagen oder Gebiete mit kühler Seeluft wählen. Der Granite Belt bei Stanthorpe und Ballandean im südlichen Queensland erreicht Höhen von 810 m und liefert neben dem allgegenwärtigen Shiraz auch hochwertigen Sémillon und Cabernet Sauvignon. Die Anbauflächen im ausgedehnten Burnett-Gebiet nördlich von Brisbane liegen tiefer und müssen bewässert werden. Körperreicher, geschmeidiger Chardonnay ist der attraktivste Weintyp dieser Region.

Albert River Wines

www.albertriverwines.com.au

Bei Albert River Wines (1997 gegründet) erzeugt Master of Wine Peter Scudamore-Smith eine Serie preiswerter Weine unter der Marke Private Reserve – darunter ein vollmundiger Chardonnay, ein pflaumiger Merlot und ein ungewöhnlicher, in Eiche gereifter Shiraz-Cabernet-Merlot-Verschnitt voll roter Beerenfrucht.

Ballandean Estate Wines

www.ballandean-estate.com.au

Dieser Granite-Belt-Produzent bemüht sich um die Erzeugung einiger der beständigsten, körperreichsten Chardonnays dieser Gegend. Unter Führung des tatkräftigen Angelo Puglisi bringt Ballandean zwei verschiedene Produktserien heraus.

Rimfire Vineyards & Winery

www.rimfirewinery.com.au

Der auf nur 12 ha einer 1500-ha-Rinderfarm angebaute hochwertige Chardonnay, Verdelho und Shiraz von Rimfire Vineyards hatte in den späten 1990er-Jahren bei Präsentationen großen Erfolg.

Sirromet Wines

www.sirromet.com

Diese große, kostenintensive Kellerei mit 142 ha Rebfläche unter Adam Chapman betrat 1998 mit großem Erfolg die Bühne. Ihre verkaufsorientierte Marke bietet Weine aller Preislagen – qualitativ führend sind dabei sonniger Chardonnay, ausgewogener Shiraz und weicher Pinot Noir.

Stone Ridge Vineyards

07 4683 4211

Jim Lawrie, der seit 1981 hier Inhaber ist, erregte 2003 mit dem teuersten Pinot Noir von Queensland Aufsehen: 100 AUS-Dollar pro Flasche voller Frucht. Auch sein würziger Shiraz hat ihm viel Anerkennung eingebracht.

DIE SPITZENERZEUGER VON NEUSÜDWALES

Rosemount Estate
Upper Hunter Valley

Rosemount Rd, Denman
02 6549 6450
www.rosemountestates.com

MURRAY TYRELL MAG in Australien zwar den Weg für Chardonnay gebahnt haben, aber dieses 1969 von Bob Oatley gegründete Gut sorgte für die allgemeine Beliebtheit dieser Traube. Mit klugem Marketing und guter Vinifikation baute er eine tadellose Produktreihe auf, und als sich die besondere Traubenqualität seines Roxburgh-Weingartens herausstellte, brachte Rosemount 1984 einen Roxburgh-Spitzenchardonnay heraus – ein vollmundig-buttriger Wein, der als neuer australischer Chardonnay-König gepriesen wurde. Rosemounts Spitzenweine stammen aus verschiedenen Regionen, darunter Mudgee (Hill of Gold und Mountain Blue) und McLaren Vale (Serien Traditional und Balmoral).

rot, weiß, Schaumwein 2001, 2000 (r), 1999, 1998, 1997, 1996, 1995, 1993, 1992, 1991, 1990 ★ Giants Creek Chardonnay, Roxburgh Chardonnay, Hill of Gold Chardonnay, Balmoral Syrah

Brokenwood Wines
Lower Hunter Valley

McDonalds Rd, Pokolbin 02 4998 7559 www.brokenwood.com.au

BROKENWOOD wurde 1970 gegründet – der Wunschtraum dreier Berufstätiger (unter ihnen der bekannte Weinautor James Halliday), die es schafften, aus einem Wochenendhobby ein angesehenes Unternehmen zu machen. An die Stelle der ursprünglichen Besitzer trat dann eine Reihe von Investoren, und 1982 übernahm CEO-Winzer Ian

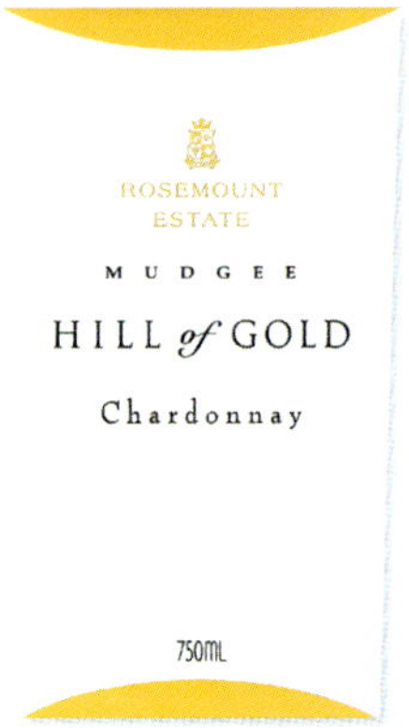

Chardonnay-Etikett, Rosemount Estate

Riggs das Ruder. Es ist vor allem sein Verdienst, dass Graveyard Vineyard Shiraz zu den großen Rotweinen Australiens gehört. Dieser Wein stammt von einer Einzellage (die einst für einen Friedhof ausgewählt, aber nie dafür genutzt wurde) und besitzt eine für Hunter unübliche Eleganz und Diskretion. Jung ist der Sémillon warm und zitronig; er reift angenehm aus. Der Zweitwein Cricket Pitch bietet ein sehr gutes Preis-Leistungs-Verhältnis.

rot, weiß 2002, 2001, 2000, 1999, 1998, 1997, 1996, 1995, 1994, 1992, 1991 ★ Sémillon, Graveyard Vineyard: Shiraz, Chardonnay

McGuigan Wines
Lower Hunter Valley

Corner Broke & McDonalds Rds, Pokolbin 02 4998 7402 www.mcguiganwines.com.au

BRIAN MCGUIGAN, der zu den einflussreichen Gestalten der australischen Weinbranche zählt, gründete McGuigan Wines 1992. Sein Ziel ist die Produktion süffiger Weine, die die Allgemeinheit ansprechen. McGuigan Wines tat sich 2003 mit der großen Weinfirma Simeon zu Australiens siebtgrößtem Weinunternehmen zusammen und ist ein bedeutender Weinerzeuger für den heimischen wie den internationalen Markt.

rot, weiß 2003, 2002, 2001, 2000, 1999, 1998 ★ Genus 4 Old Vine Cabernet Sauvignon, Personal Reserve Hunter Valley Shiraz, Bin 9000 Sémillon

McGuigan Wines

McWilliam's Mount Pleasant Wines
Lower Hunter Valley

Marrowbone Rd, Pokolbin
02 4998 7505
www. mcwilliams.com.au

MOUNT PLEASANT ist gleichbedeutend mit dem australischen Spitzenweinmacher Maurice O'Shea. Er hat sehr eleganten Shiraz und Sémillon ohne Eichenausbau erzeugt und ihnen Namen wie Anne, Florence, Philip und Richard gegeben. O'Shea starb 1956, aber sein Stil ist bis heute ein Merkmal dieser Weine: Der Elizabeth Sémillon ist der meistverkaufte Sémillon des Landes, kommt nach vier bis fünf Jahren Flaschenausbau auf den Markt und besitzt warm-buttrige Röstnoten. Der Vorzeige-Sémillon Lovedale ist außerordentlich komplex und wird ebenfalls vor dem Verkauf ausgebaut. Der Maurice O'Shea Shiraz ist die moderne Version eines O'Shea-Originals – mit viel Eiche, aber auch Finesse.

rot, weiß, aufgespritet, Schaum- und Dessertwein 2000 (w), 1999, 1998, 1997 (w), 1996, 1995, 1994 (r), 1991 (r), 1990 (r) ★ Elizabeth Sémillon, Maurice O'Shea Shiraz, Lovedale Sémillon

DIE WINZER-DYNASTIE DER TYRRELLS

Familie Tyrrell hat nicht nur das Hunter Valley, sondern die gesamte australische Weinbranche mitgestaltet. Murray Tyrrell sprang als Winzer der dritten Generation 1967 in einer Mondnacht über den Zaun des Nachbarn, um sich über 1000 Chardonnay-Ableger zu »borgen« – genug, um einen halben Hektar eigenes Land zu bepflanzen. So entstand der Vat 47 Chardonnay – ein Wein, der australischen Chardonnay weltbekannt machte. Tyrrell's baute 1973 als Erster Chardonnay in Oxhoftfässern (300-l-Fässern) aus neuer französischer Eiche aus; eine weitere Pionierleistung war sein 1976er Pinot Noir, der 1979 auf dem Cover von Time stand, nachdem er bei der Pariser Weinolympiade (s. S. 21) den ersten Platz belegt hatte. Murray starb 2000; Sohn Bruce hat seitdem seinen Platz inne.

Poole's Rock Wines
Lower Hunter Valley

DeBeyers Rd, Pokolbin ☎ 02 4998 7501 [w] www.poolesrock.com.au ◯

DAVID CLARKE gründete Poole's Rock als Privatunternehmen für Weine nach seinem eigenen Geschmack, doch es bietet inzwischen erheblich mehr. Chardonnay steht hier im Mittelpunkt – leuchtend, rein, mineralisch und elegant. Die Marke Cockfighter's Ghost samt Weingarten kam 1994 als ansprechender Zweitwein dazu, und auch die preiswerte, überregionale Marke Firestick gehört seit 2002 zum Poole's Rock-Portfolio.

rot, weiß* 2001, 1999, 1998, 1995, 1993, 1992 ★ *Poole's Rock Chardonnay, Cockfighter's Ghost: Unwooded Chardonnay, Verdelho

The Rothbury Estate
Lower Hunter Valley

Broke Rd, Pokolbin ☎ 02 4998 7363 [w] www.beringerblass.com.au ◯

LEN EVANS und sein Freund Murray Tyrell gründeten Rothbury 1968, als sie auf Tyrells Boden einen speziellen Weingarten für Hunter-Sorten wie Shiraz, Chardonnay und Sémillon anlegten. Ihre Weine wurden als Einzellagen ausgezeichnet und direkt verkauft, deren Käufer dagegen Mitglieder der Rothbury Society und als solche von Evans zu – herrlich dekadenten – Diners und Verkostungen in die millionenschwere Rothbury-Kellerei eingeladen. Ohne Evans hat Rothbury etwas von seinem Glanz verloren, doch die Einstellung von Weinmacher Neil McGuigan im Jahr 1999 hat zu einer Qualitätssteigerung geführt.

rot, weiß, aufgespritet 2001, 2000, 1998, 1997, 1994, 1993 (r), 1991 ★ Brokenback: Sémillon, Shiraz; Neil McGuigan Series Hunter Valley Shiraz

Tower Estate
Lower Hunter Valley

Corner Broke & Halls Rds, Pokolbin ☎ 02 4998 7989 [w] www.towerestatewines. com.au ◯

NACH DEM VERLUST seines geliebten Rothbury Estate durch eine feindliche Übernahme begann Len Evans mit einigen befreundeten Investoren ganz von vorne und errichtete 1999 diesen prächtigen Komplex mit Kellerei und Unterkünften. Wie die Hoteleinrichtung sind auch die Weine typisch für Evans – kraftvoll, luxuriös und opulent. Die Kellerei ist nicht mehr auf Hunter fixiert; Dan Dineen verwendet jetzt nur das Beste aus ganz Australien.

rot, weiß* 2001, 2000, 1999 ★ *Hunter Valley Shiraz, Clare Riesling, Barossa Shiraz

Tyrrell's
Lower Hunter Valley

Broke Rd, Pokolbin ☎ 02 4993 7000 [w] www.tyrrells.com.au ◯

TYRRELL'S IST ENG mit Hunter Valley verbunden: Keine andere Weinfirma kann in punkto Tradition, Gespür für den Boden sowie Leidenschaft und Überzeugung mit Tyrrell's mithalten. Die Eckpfeiler des Unternehmens bilden Chardonnay, Sémillon und Shiraz in unterschiedlichen Stilen. Die Vat-Weine – der elegante Vat 47 Chardonnay, der nussig-honigtönige Vat 1 Sémillon und der erdige Vat 9 Shiraz – sind exzellente Beispiele für Hunter-Weine. Daneben gibt es eine Vielfalt ausgezeichneter Individualstile, vom jung zu trinkenden Lost Block Sémillon und dem sorbetartigen Moon Mountain Chardonnay bis zum fruchtigen Brokenback Reserve Shiraz von alten Reben.

rot, weiß, aufgespritet, Schaum- und Dessertwein* 2002 (r), 2000, 1998, 1997 (w), 1996 (w), 1993 (w), 1992, 1991 (r) ★ *Vat 1 Sémillon, Vat 47 Chardonnay, Vat 9 Shiraz

Etikett Tower Estate

Der Weinkeller von Poet's Corner

Botobolar Vineyard
Mudgee

89 Botobolar Lane, Mudgee ☎ *02 6373 3840* Ⓦ *www.botobolar.com* ○

Bei seiner Gründung durch den Journalisten Gil Wahlquist 1971 war dies einer der ersten biologisch-dynamischen Weingärten Australiens. Zwischen den Reben grasen Schafe, Kupfersulfat und Schwefelkalk werden gegen Krankheiten versprüht, und um Raupen und Motten kümmern sich die Vögel. Kevin und Trina Karstrom übernahmen das Gut 1994 von Wahlquist und haben seine Arbeit fortgesetzt. Sie haben sich an konservierungsmittelarme Weine gewagt, aber am besten bleiben doch Rotweine, bei denen Schwefeldioxid zum Konservieren von Fruchtaromen und Geschmack sowie gegen die Oxydation eingesetzt wird.

rot, weiß *2002 (r), 2001, 1999 (r), 1998 (w)* ★ *Shiraz, Cabernet Sauvignon, Marsanne*

Poet's Corner Wines
Mudgee

Craigmoor Rd, Mudgee ☎ *02 6372 22 08* Ⓦ *www.poetscornerwines.com* ○

Der Name dieser Kellerei ist eine Hommage an Henry Lawson, einen Dichter aus Mudgee. Sie wurde 1989 gegründet und dann vom Wyndham Estate (Hunter Valley) gekauft – das 1990 wiederum von Orlando übernommen wurde. Orlando-Wyndham sah bei Poet's Corner die Möglichkeit, eine preiswerte, verbraucherfreundliche Produktreihe für den Massenkonsum zu lancieren – gute Alltagsweine, davon drei weiße und drei rote. Vor einigen Jahren kam eine Henry-Lawson-Reihe dazu, und die Marke Montrose bietet einige Mudgee-Spitzenweine, angeführt vom vollmundigen Black Shiraz.

rot, weiß *2001, 2000, 1998 (r), 1997 (r)* ★ *Montrose: Black Shiraz, Sangiovese; Poet's Corner Unwooded Chardonnay*

Hamiltons Bluff Vineyard
Orange & Cowra

Longs Corner Rd, Canowindra ☎ *02 6344 2079* Ⓦ *www.hamiltonsbluff.com* ●

Orange und Cowra machen sich mit ihrem sinnlichen, von kühlen Lagen stammenden Cabernet-Sauvignon-Merlot und Chardonnay bereits einen Namen. Manch einer bemerkt hier das Aufkommen eines europäischen Weinstils: leicht, mittelschwerer Körper und moderate Tannine – all diese Merkmale besitzen die Produkte von Hamiltons Bluff. Der 1995 von der Familie Andrews angelegte Weingarten ist neben den obligatorischen Sorten Chardonnay, Cabernet Sauvignon und Shriraz auch mit Viognier, Riesling, Sémillon und Sangiovese bepflanzt. Von dem Chardonnay gibt es drei Sorten: Reserve, Chairman's Reserve und Unwooded.

rot, weiß *2003, 2002 (w), 2001 (r), 2000 (w)* ★ *Sangiovese, Canowindra Grossi Unwooded Chardonnay, Chairman's Reserve*

Barwang Vineyard
Hilltops

Barwang Rd, Young ☎ *02 6382 3594* Ⓦ *www.mcwilliams.com.au* ☎ *02 6382 3594* ●

McWilliam's kaufte Barwang 1989, da man annahm, dass diese kühle Region an den Südwesthängen der Great Dividing Range eine gute Zukunft vor sich hatte – und hatte Recht. Barwang-Weine kommen gut an, da sie viel Geschmack zu vernünftigen Preisen bieten. Es fällt schwer, zwischen den zwei Dauerbrennern der Firma zu wählen – einem elegant-würzigen Shiraz mit Pflaumennoten und einem ebenso eleganten Cabernet Sauvignon mit schwarzer Johannisbeere und Vanille. Beide besitzen eine weiche Tanninstruktur und sind gut lagerfähig. Der Barwang Chardonnay ist ebenfalls angenehm unaufdringlich.

rot, weiß *2001, 2000, 1998, 1997, 1996, 1994 (w), 1993, 1992, 1991* ★ *Shiraz, Cabernet Sauvignon, Chardonnay*

Clonakilla
Canberra District

Crisps Lane, Murrumbateman ☎ *02 62 27 5877* Ⓦ *www.clonakilla. com.au* ○

Seit Tim Kirk seinen Vater 1997 als Weinmacher abgelöst hat, hat er einige der interessantesten australischen Shiraz-Weine kreiert. Er verschneidet seinen intensiv-pfeffrigen

Shiraz mit etwas weißem Viognier und erzielt so atemberaubenden Duft bei durchsichtiger Färbung. Was Kirk auch anfasst, wird ein Erfolg: von seinem lebhaften Riesling bis zum blumig-delikaten Viognier-Sortenwein.

rot, weiß 2003, 2002, 2001, 1998, 1997, 1995 (w), 1994, 1993 (w), 1991 (w) ★ Shiraz-Viognier, Riesling, Viognier

Helm Wines
Canberra District

Butts Rd, Murrumbateman 02 6227 5953 www.helmwines.com.au 02 6227 5953

DER REBLAUS-EXPERTE Ken Helm stellt seit 1973 Wein her und ist ein begeisterter Anhänger des aufstrebenden Anbaugebiets Canberra. Seine Vinifikation spiegelt den wissenschaftlichen Blick des Puristen und betont regionaltypische, reine Frucht und feste Säure. Dies zeigt sich beim fest strukturierten Cabernet-Sauvignon-Merlot, einem nicht in Holz ausgebauten Chardonnay, mit viel zitroniger Würze und bei einem limetten- und mineraltönigen Riesling.

rot, weiß, Dessertwein 2003, 2002, 2001, 2000, 1998, 1996, 1995 ★ Riesling, Cabernet Sauvignon-Merlot, Unwooded Chardonnay

Lark Hill Winery
Canberra District

Bungendore Rd, Bungendore 02 6238 1393 www.larkhillwine.com.au

DAVID UND SUE Carpenter wurden in den 1980er-Jahren durch frische, aromatische Rieslinge aus ihrem 860 m hoch gelegenen, kühlen Weingarten bei Lake George bekannt; darauf folgte ein fest strukturierter Chardonnay. In den 1990er-Jahren wurde ein kräftiger, vollmundig-samtiger Pinot Noir zum Aushän-

Detail des Clonakilla-Etiketts

geschild von Lark Hill, und in außergewöhnlichen Jahren wird der Superpremium-Pinot Exaltation produziert.

rot, weiß 2001, 2000, 1999 (r), 1997 (r), 1996 (r), 1995, 1994, 1993, 1992, 1991 ★ Exaltation, Pinot Noir, Riesling, Shiraz

Casella Wines
Riverina

Wakley Rd, Yenda 02 6968 1346 www.casellawine.com.au

ALS CASELLA 2001 die Yellowtail-Reihe mit dem süffigen, leicht süßen Chardonnay und dem pfeffrigen Shiraz herausbrachte, stiegen die Verkaufszahlen. Die Weine der Produktreihen Cottler's Bridge, Yendah Vale und Carramar Estate dieser ruhigen Firma zeigen, worin Riverina stark ist: reine, fruchtige, einfache Weine zu vernünftigen Preisen. Weinmacher John Casella geht aber auch das obere Marktsegment an und bezieht inzwischen Weine aus anderen Regionen.

rot, weiß 2002, 2000, 1998 (w) ★ Yendah Vale: Durif, Tempranillo; Caramar Estate Merlot

De Bortoli Wines
Riverina

De Bortoli Rd, Bilbul 02 6966 0100 www.debortoli.com.au

DAS ERFOLGREICHE De-Bortoli-Weinimperium ist die Frucht der harten Arbeit und Hingabe von Vittorio De Bortoli, einem italienischen Einwanderer, der 1924 nach Australien kam. Heute leitet sein Enkel die inzwischen sechstgrößte Firma Australiens, die jährlich 70 000 t Trauben verarbeitet. Ihre Weine reichen von der einfachen Reihe Deen De Bortoli bis zum köstlichen Noble One Botrytis Sémillon. Seit Mitte der 1980er-Jahre ist De Bortoli in Yarra Valley vertreten, wo man Spitzenweine wie den samtigen Pinot Noir und einen eleganten Chardonnay herstellt; auch im Lower Hunter Valley ist man seit 2002 tätig.

rot, weiß, aufgespritet, Schaum- und Dessertwein 2002, 2001 (w), 2000, 1999 (w), 1998, 1997 (w), 1996 (w), 1995 (w), 1994, 1993 (r), 1992 (w), 1991 (r), 1990 ★ Noble One Botrytis Sémillon, Yarra Valley: Chardonnay, Pinot Noir

Casella Wines

Nugan Estate
Riverina

Darlington Point Rd, Willbriggigie 02 6962 1822

SEIT 1999 HAT DIE Geschäftsfrau Michelle Nugan ein 600-ha-Weinimperium aufgebaut, das bewässerte Riverina-Frucht bietet, wie man sie selten erlebt: vollmundig, geschmeidig, gut strukturiert und komplex. Der Cookoothama Pigeage Merlot zeigt verschwenderische Fruchtaromen; der Frasca's Lane Chardonnay zieht Zitrus- und Steinfruchtnoten einem reifen Riverina-Stil vor; Durif liefert bei Nugan einen Wein voll köstlicher Pflaumenaromen.

rot, weiß, Dessertwein 2002, 2001, 2000 ★ Cookoothama Pigeage Merlot, Manuka Grove Vineyard Durif, Frasca's Lane Vineyard Chardonnay

WEINTOUR IM LOWER HUNTER VALLEY

DAS LOWER HUNTER VALLEY genau nördlich von Sydney wird von der imposanten, blaugrünen Silhouette der Brokenback Range überragt. Trotz einer Million Touristen pro Jahr hat sich diese Region ihre ruhige, reizvolle, ländliche Atmospäre bewahrt. Große, Millionen Dollar schwere Kellereien stehen Seite an Seite mit kleinen Familienbetrieben; ihr Baustil reicht von Unterkünften im Toskana-Stil zu provenzalischen Villen und traditionell-australischen Anwesen. Die wichtigsten Weinstädte sind Pokolbin und die alte Bergbaustadt Cessnock.

Lower Hunter Valley-Weingärten mit Blick auf die Brokenback-Bergkette im Hintergrund

Legende

Route

① Allandale Winery

Machen Sie ein Picknick oder werfen Sie eine Garnele auf Bill Sneddons Barbecue; genießen Sie ein Glas seines köstlich-stählernen Sémillon oder des leckeren Matthew Shiraz; erfreuen Sie sich am Panoramablick aufs Tal.

☎ 02 4990 4526

W www.allandalewinery.com.au

② Tower Estate

In Tower Estate verbindet sich Len Evans Vorliebe für internationale Kunst und Antiquitäten harmonisch mit einem modernen Umfeld. Bestaunen Sie die herrliche Architektur; genießen Sie ein Dinner im Restaurant; probieren Sie die guten Weine aus mehreren Regionen; übernachten Sie in The Lodge *(s. S. 583)*.

☎ 02 4998 7989 W www.towerestatewines.com.au

③ Pepper Tree Wines ◁

Pepper Tree Wines rühmt sich der hübschesten Weinkellertür von Hunter Valley. Zum Komplex gehören eine Rasenfläche für Picknicks, das Convent-Gästehaus und Robert's Restaurant. Für Merlot-Liebhaber ist der Besuch hier ein Muss.

☎ 02 4998 7539

W www.peppertreewines.com.au

④ Tyrrell's ▷

Die Steinhütte am Eingang ist das von Edward Tyrrell errichtete Anwesen aus den 1850er-Jahren. Hier werden Weine aller Preisklassen erzeugt, aber die Spitzenstellung nehmen die Vat-Weine ein. Tägliche Führungen von Montags bis Samstags *(s. S. 583)*.

☎ 02 4998 7989 W www.tyrrells.com.au

⑤ **McGuigan Wines** ◁
Dies ist das Zentrum der Hunter Valley Cheese Company und genau der rictige Ort, um sich mit Picknick-Vorräten und McGuigans reifen, sonnenverwöhnten Weinen – z. B. dem Genus 4 Chardonnay oder dem Personal Reserve Hunter Shiraz – einzudecken *(s. S. 582).*
☎ 02 4998 7402 Ⓦ www.mcguiganwines.com.au

⑥ **Brokenwood Wines** ▷
Anfangs war dieses Unternehmen für Winzer Iain Riggs ein Wochenendhobby. Die kleine Kellerei erzeugt hochwertigen Hunter-Shiraz. Hinter der unprätentiösen Weinkellertür finden sich einige exklusive Weine *(s. S. 582).*
☎ 02 4998 7559
Ⓦ www.brokenwood.com.au

Besucher-Tipps

Route: Diese 34km-Tour führt durch das Lower Hunter Valley.

Dauer: Die Tour dauert einen ganzen Tag.

Kellereien: Die meisten Kellereien hier kann man täglich besuchen; bei einigen müssen Verkostungen bezahlt werden.

Restaurant-Empfehlung: Chez Pok ☎ 02 4998 7596 in Peppers Guest House, Pokolbin.

Nützliche Kontakte: Wine Country Visitor Information Center in Pokolbin
Ⓦ www.winecountry.com.au

⑦ **Lindemans** ▽
Lindemans hat hier keine Kellerei mehr in Betrieb, aber dieses schöne Weinmuseum befindet sich im alten Ben-Ean-Gebäude. Die Ausstellungsstücke reichen bis ins 19. Jh. zurück; Verkostungen kann man im Garten genießen. ☎ 02 4998 7684
Ⓦ www.lindemans.com.au

⑧ **McWilliam's Mount Pleasant Wines** ▽
Der in leicht befahrbare Blöcke untergliederte Weingarten lädt zum Picknicken und Wandern auf dem Gut ein. Besucher des Cafés können sich an exotischen Gerichten wie Emu, Krokodil und Känguruh erfreuen. Verkosten sollte man die Spitzen-Sémillons, den Merlot und den erdigen Maurice O'Shea-Shiraz *(s. S. 582).*
☎ 02 4998 7505 Ⓦ www.mcwilliams.com.au

⑨ **Bimbadgen Estate** △
Das mit erweitertem Kellerei-Restaurant-Komplex wieder eröffnete Gut bietet ein gutes Basissortiment mit Sémillon, Verdelho und Shiraz – ein Beispiel für das zuversichtliche, neue Hunter Valley mit begleiteten Verkostungen am Eingang des Weinkellers und Übernachtungsmöglichkeit. ☎ 02 4998 7585
Ⓦ www.bimbadgen.com.au

VICTORIA UND TASMANIEN

Victoria macht seine kleine Fläche durch Vielfalt wett: Es gibt hier mehr eingetragene Weinregionen (20) und mehr Erzeuger (460, Tendenz steigend) als in jedem anderen Staat. Die Landschaft ist übersät von Weingärten – kleinen Familienbetrieben, die hier die Hauptstütze der Branche bilden.

Die ersten Weingärten Victorias wurden nach dem großen Goldrausch der 1850er-Jahren angelegt, doch die über Geelong eingeschleppte Reblaus vernichtete 1875 viele der frühen Unternehmen. Erst in den späten 1960er-Jahren gab es einen neuen Aufschwung.

Wie in den meisten australischen Wein-Staaten herrschen Shiraz und Chardonnay auf den Rebflächen vor, die sich vom Murray River nach Süden bis zum Meer erstrecken. Einige Weine bleiben jedoch typisch für Victoria: pfeffriger Shiraz aus Pyrenees, fruchtbetonter Pinot Noir von der Mornington-Halbinsel, edler Yarra- Valley-Chardonnay, Shiraz-Schaumwein aus den Grampians und der Marsanne aus Goulburn Valley mit seinen Geißblattnoten. Der Nordosten liefert aufgespritete Weine: Tokajer- und Muskatweine von Weltklasse, die maximale Geschmacksintensität und Konzentration erreichen können.

Ein Fass mit köstlichem Victoria-Muskat

Südlich von Victoria liegt Tasmanien, der kleinste Weinstaat Australiens. Die Weinproduktion begann hier erst in den 1950er-Jahren, als der Franzose Jean Miguet im Norden Reben pflanzte und der italienischstämmige Claudio Alcorso seine Arbeit im Süden aufnahm. Jahrelang mühten sich diese beiden allein in den kalten Weinbauregionen ab, bis weitere Pioniere dazukamen – wie Dr. Pirie 1974 in Pipers Brook. Chardonnay, Pinot Noir, Riesling und Sauvignon Blanc bestreiten 87 % der Gesamtproduktion dieser Region, deren Eignung für die Produktion von Spitzenschaumwein man erst in den letzten 20 Jahren entdeckte.

Pipers Brook Vineyard, einer der bekanntesten Erzeuger Tasmaniens

◁ **Blick auf die Weingärten in der kühlen Weinbauregion von Yarra Valley**

WEINKARTE VICTORIA UND TASMANIEN

Victoria und Tasmanien verfügen über klimatisch völlig unterschiedliche Gebiete: Auf dem Festland können die Temperaturen 42 °C erreichen; in völligem Gegensatz dazu ist in der klirrenden Kälte Tasmaniens Frost ein Hauptfeind der Reben. Entspechend vielfältig sind die produzierten Weine: Aus den wärmeren Regionen Nordost-Victorias kommen aufgespritete Weltklasseweine, aus Zentral-Victoria würziger Shiraz und aus Süd-Victoria Pinot Noir und Chardonnay.

Etikett Brown Brothers Milawa Vineyard, Nordost-Victoria

Weingarten und Kellerei von Yarra Yering, Yarra Valley

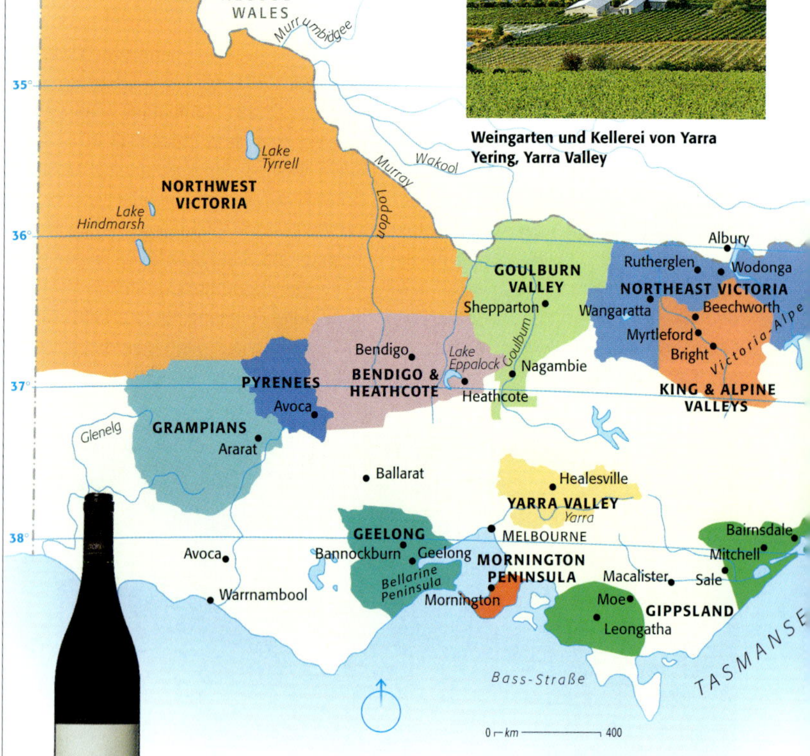

Scotchmans Hill, Geelong

Chardonnay-Traubenlese von Hand in Yarra Valley

DAS TERROIR AUF EINEN BLICK

Breite: 34–38,5° S

Höhe: 15–800 m über NN (Victoria); 50–210 m (Tasmanien)

Topografie: Extrem unterschiedlich, von Gebirgszügen bis zu Tälern und Küstenebenen

Boden: Roter Lehm und vulkanische Böden in Victoria; Ton und Torf in Tasmanien

Klima: Meeresklima. Nördlich der Great Divide warm und trocken; südlich davon feucht und kühl. In Tasmanien sind die Temperaturen niedriger und die Feuchtigkeit höher als im übrigen Australien.

Temperatur: 19 °C (Victoria) bzw. 17 °C (Tasmanien) Durchschnittstemperatur im Januar

Niederschlag: 638 mm (Victoria) bzw. 1032 mm (Tasmanien) im Jahresdurchschnitt

Wind: Im Süden Meeresbrisen und hohe Luftfeuchte. Windbarrieren an seewärtigen Hängen schützen die Reben in Tasmanien vor dem Seewind.

Gefahren für den Weinbau: Dürre; Seewind und Fröste in Tasmanien

VICTORIA UND TASMANIEN: GEBIETE UND SPITZENERZEUGER

NORTHWEST VICTORIA *S. 592*
Zilzie Wines *S. 596*

GRAMPIANS *S. 592*
Mount Langi Ghiran Wines *S. 596*
Seppelt Great Western *S. 596*

PYRENEES *S. 592*
Dalwhinnie *S. 596*
Redbank Wines *S. 596*

BENDIGO & HEATHCOTE *S. 593*
Jasper Hill Vineyard *S. 597*
Wild Duck Creek Estate *S. 597*

GOULBURN VALLEY *S. 593*
Mitchelton Wines *S. 597*
Tahbilk Wines *S. 597*

NORTHEAST VICTORIA *S. 611*
Brown Brothers Milawa Vineyard *S. 616*
Giaconda Vineyard *S. 616*
Morris Wines *S. 616*

KING UND ALPINE VALLEYS *S. 612*
Chrismont Wines *S. 616*
Pizzini Wines *S. 617*

GIPPSLAND *S. 594*
Bass Phillip Wines *S. 599*
Nicholson River Winery *S. 599*

YARRA VALLEY *S. 594*
Mount Mary Vineyard *S. 599*
Yarra Yering *S. 600*

MORNINGTON PENINSULA *S. 594*
Dromana Estate *S. 600*
Stonier Wines *S. 600*

GEELONG *S. 595*
Bannockburn Vineyards *S. 600*
Scotchmans Hill *S. 600*

TASMANIEN *S. 595*
Freycinet Vineyard *S. 601*
Jansz *S. 601*
Pipers Brook Vineyard *S. 601*
Stefano Lubiana Wines *S. 601*

Stefano Lubiana Wines in Derwent Valley, Tasmanien

Yarra Valley, bekannt für seine Weinvielfalt

DIE WEINBAUGEBIETE VON VICTORIA UND TASMANIEN

Northwest Victoria

DER NORDWESTEN ist eine der großen Weinfabriken Australiens. Seine flache Landschaft wird von kleinstadtgroßen Kellereien bestimmt, umgeben von Tausenden Hektar Reben, die im heißen Klima prächtig gedeihen. Die erforderliche Bewässerung liefert der Murray River.

Alle bedeutenden Erzeuger wie Southcorp, Beringer Blass und BRL Hardy *(s. S. 558)* haben hier Betriebe, die preiswerte, süffige Weine produzieren. In den 1970er-Jahren stellten Sultana und Muscat of Alexandria den größten Teil der preiswerten Verschnitte; heute sind es in der Regel Chardonnay, Sémillon, Shiraz, Colombard und Cabernet Sauvignon. Hohe Erträge, viel Wasser und reichlich Sonne erzeugen körperreiche, aromatische und erschwingliche Weine, die den australischen Weinabsatz in Übersee anführen.

brauner, lehmiger Sand *Shiraz, Cabernet Sauvignon* *Chardonnay, Colombard* *rot, weiß*

Etikett Sally's Paddock von Redbank Wines, Pyrenees

Grampians

FÜR AUSTRALISCHE VERHÄLTNISSE gibt es hier wenige Erzeuger – aber mit erstaunlichem 5000-t-Ertrag an Frucht pro Jahrgang. Die Bedeutung der Region spiegelt sich nicht in ihrer Ausdehnung: Seppelt Great Western hat hier die größte Schaumweinanlage des Landes errichtet, in der alle Southcorp-Weine verschnitten werden und reifen. Mit Ausnahme von Seppelt arbeiten die Erzeuger jedoch in kleinem Maßstab. Der herbe Shiraz-Schaumwein aus superreifen Trauben wird hier erzeugt – wie auch stiller Shiraz, ein mittelschwerer, milder Wein, der im Glas kräftig wirken kann.

grau-brauner, lehmiger Sand *Shiraz, Cabernet Sauvignon, Pinot Noir* *Chardonnay, Sauvignon Blanc, Riesling* *rot, weiß, Schaumwein*

Pyrenees

ZUM PYRENEES-GEBIET gehören auch die ruhigen Orte Moonambel und Avoca. Bei den robusten Rotweinen aus dieser Gegend ist es aber mit der Ruhe vorbei: Der Shiraz ist kraftvoll-minzig mit Gewürzbukett, und der Cabernet Sauvignon – sein oft übersehener jüngerer Kollege – zeigt dieselbe gute Lagerfähigkeit. Die Region hat 40 Jahre benötigt, um ihre wirklichen Stärken zu entdecken; in den 1960er-Jahren wurde hier mit Investitionen des Getränkeriesen Rémy Martin Château Rémy die erste moderne australische Kellerei zur Branntweinerzeugung gegründet. Als der Branntweinabsatz jedoch sank, schwenkte man um auf Schaumweine und stille Weine. Hierfür wurden die kühleren Pyrenees-Lagen erschlossen. Der Chardonnay mit seiner vollmundigen Struktur eignet sich jedoch eher als stiller Wein und übernimmt daher allmählich das Feld. Auch Sauvignon Blanc wird produziert.

grau-brauner, sandiger Lehm *Shiraz, Cabernet Sauvignon, Pinot Noir* *Chardonnay, Sauvignon Blanc* *rot, weiß, Schaumwein*

Bendigo & Heathcote

In Bendigo gab es 1864 infolge des Goldrausches über 40 Weingärten – von denen nach der Reblausplage 1893 jedoch kaum noch etwas übrig war. Als die Weinbauern Anfang der 1970er-Jahre feststellten, dass man hier guten Wein produzieren kann, kam Bendigo zusammen mit dem benachbarten, beständig anwachsenden Heathcote wieder auf die Beine. Hier stellen Cabernet Sauvignon, Shiraz und Chardonnay den größten Anteil; die Rotweine sind kraftvoll und fest mit starken Tanninen. Wo sich goldhaltiger Quartz findet, haben die Weine eine mineralische Note. Der Chardonnay ist warm und abgerundet.

brauner, lehmiger Sand, lehmiger Ton, vereinzelt Quarzkies *Shiraz, Cabernet Sauvignon, Pinot Noir* *Chardonnay, Riesling* *rot, weiß*

Goulburn Valley

Die wichtigsten Trauben im französischen Rhônetal sind Viognier, Marsanne, Roussanne, Shiraz und Mourvèdre – so auch im australischen Goulburntal. Shiraz wird hier seit den 1860er-Jahren angebaut und Marsanne seit den 1930er-Jahren; andere ebenso robuste Sorten, die sich für das warme Klima eignen, kamen später dazu. Die Weingärten folgen dem Verlauf des Goulburn River durch raues, trockenes Grasland, in dem Bewässerung unabdingbar ist. Die ersten Kellereien lagen in Flussnähe bei Nagambie. Bei Tahbilk Wines und Mitchelton Wines mildern mehrere nahe gelegene Seen die Temperaturen. Die Shiraz- und Cabernet-Aromen sind in dieser Gegend rustikal, schokoladig, mit roten Beeren und einer Duftnote trockener Erde.

AUSTRALIENS PERLENDES HERZ

Seppelt Great Western ist heute mit 18 Mio. Litern jährlich der größte Schaumweinerzeuger der südlichen Hemisphäre; unter den verschiedenen Marken von Southcorp, Australiens größtem Erzeuger, lagern weitere 19 Mio. Flaschen. Minchinbury, Kaiser Stuhl, Killawarra, Seaview, Fleur de Lys, Salinger und der wirklich ursprüngliche, individuelle Seppelt Sparkling Shiraz kommen ausnahmslos aus dieser Edelstahl-Kleinstadt. Joseph Best pflanzte als erster Inhaber die Reben und errichtete die beeindruckende Kellerei; die Keller ließ er von arbeitslosen Goldsuchern graben. Sein Nachfolger Hans Irvine holte 1887 Winzer samt Ausrüstung aus der Champagne, und der dritte Inhaber, Benno Seppelt, trug dazu bei, die Firma auf ihre heutige Größe zu erweitern.

roter und brauner, sandig-lehmiger Ton, kieshaltiger Quarzsand *Shiraz, Cabernet Sauvignon, Merlot* *Viognier, Marsanne, Roussane* *rot, weiß*

Northeast Victoria

Weissweine aus dem Nordosten gelten als Entrée vor einem Hauptgericht voll kräftiger Frucht, beeindruckender Tannine und viel Alkohol – also Shiraz, Cabernet Sauvignon und Durif. Die Regionalspezialität Durif (in Kalifornien Petite Sirah) stammt aus dem Rhônetal und liefert einen berauschend-würzigen Wein mit hohem Tanningehalt. Das warme bis heiße Gebiet um Rutherglen ist ideal für die Erzeugung herzhafter roter und außergewöhnlicher aufgespriteter Weine. Der Muscat Blanc à Petit Grains und der Tokajer (Muscadelle) werden zu den konzentriertesten, köstlichsten Dessertweinen der Welt gerechnet. Ein Klassifikationssystem unterscheidet bei Rutherglen-Dessertweinen mehrere Qualitätsstufen: Rutherglen, Classic, Grand und schließlich Rare.

bröckelige, rote Erde; direkt entwässernder kieshaltiger Quarzsand; roter, alluvialer Lehm auf Flusskies *Shiraz, Cabernet Sauvignon, Durif* *Chardonnay, Riesling, Tokay* *rot, weiß, aufgespritet*

Weingarten von Mount Langi Ghiran Wines, Grampians

King und Alpine Valleys

DIE KING-VALLEY-WEINGÄRTEN im Herzen der Victoria-Alpen liegen um die 800 m hoch und gehören damit zu den höchsten des Staates. Von hier kommen fein strukturierter Chardonnay und Pinot Noir sowie weitere aromatische Weißweine. Weiter unten im Tal liefert eine kleine italienische Ecke robuste Rotweine wie Marzemino und Sangiovese mit stabiler Säure. Auch Cabernet und Merlot eignen sich hier gut und weisen eine geschmeidige, feste Struktur und eine sehr dunkler Färbung auf.

Pizzini-Wines-Etikett, King und Alpine Valleys

Die Landschaft der Alpine Valleys bei Bright ist ähnlich, nicht aber ihre Weine: Diese Gegend ist wärmer und ideal für Shiraz, der hier teils stabil und würzig, teils – von Erzeugern bei Beechworth – pikant-mineralisch auftritt. Auch die Durif- und Marzemino-Trauben machen einen viel versprechenden Eindruck, während der Chardonnay eher sehr weich ist.

fruchtbarer, tiefer, roter, lehmiger Ton; sandiger Lehm *Cabernet Sauvignon, Shiraz, Merlot* *Chardonnay, Riesling, Sauvignon Blanc* *rot, weiß*

Gippsland

BEI DEM ZERGLIEDERTEN Anbaugebiet Gippsland unterscheidet man zwischen Westen, Osten und Süden. Der Westteil um Moe ist am trockensten und wärmsten und bietet ausreichend Sonne, damit Shiraz und Cabernet Sauvignon reifen können; insgesamt ist das Weinbau-Klima jedoch eher kühl. Der Süden um Leongatha ist am kühlsten, feuchtesten und mit kräftigen Brisen von der Bass-Straße her auch am windigsten. Hier ist der Weinbau schwierig, kann jedoch exzellenten Pinot Noir und Chardonnay hervorbringen. Im Osten um Bairnsdale herrscht ein eher mediterranes Klima. Hier eignet sich Chardonnay am besten, aber es gibt auch kleine Nischen mit Pinot Noir und sogar Cabernet Sauvignon. Trotz seiner Größe hat Gippsland nur wenige Kellereien mit kleinen Erträgen.

dunkler, schwarzer Lehm, leichterer Sandboden *Cabernet Sauvignon, Pinot Noir, Shiraz* *Chardonnay, Sauvignon Blanc* *rot, weiß*

Yarra Valley

IN YARRA VALLEY LÄUTETE die Wiederherstellung der St Hubert- und Yerinberg-Kellereien in den 1960er-Jahren die Moderne ein. Der Erfolg beruht auf einer phänomenalen Eignung zur Erzeugung hochwertiger Weine – von Pinot Noir, Chardonnay, Cabernet Sauvignon und Shiraz bis zu hervorragendem Schaumwein. Eine solche Vielfalt ist nur möglich, da dies ein kühles Anbaugebiet (nach allgemeiner Ansicht kühler als Bordeaux, aber wärmer als Burgund) mit zahlreichen klimatischen Subzonen ist. Je weiter nördlich, desto wärmer und trockener wird es; je weiter südlich, desto kälter und feuchter. Der elegante Yarra Valley Chardonnay besitzt Steinfrucht- und Feigenaromen; die besten Produzenten erzeugen einen komplexen Pinot Noir mit Kirsch- und Waldfruchtaromen. Chardonnay und Pinot Noir dienen auch als Basis für fest strukturierte, wirklich delikate Schaumweine. Yarra Valley produziert zudem guten Cabernet Sauvignon mit feinen Tanninen und guter Lagerfähigkeit. Der Shiraz ist stramm und elegant.

harter, roter Mehrschichtboden; tiefer, sehr fruchtbarer roter vulkanischer Boden *Pinot Noir, Cabernet Sauvignon, Merlot* *Chardonnay, Sauvignon Blanc, Riesling* *rot, weiß, Schaumwein*

Weingärten von Stonier Wines, Mornington-Halbinsel

Mornington Peninsula

AUF EINER LIEBHABER-WUNSCHLISTE für australischen Chardonnay oder Pinot Noir würden mit Sicherheit einer odere mehrere Weine dieser Halbinsel stehen. Dieses in den 1970er-Jahren wieder entdeckte Anbaugebiet hat sich schnell als australische Spitzenregion etabliert. Durch die Bemühungen des Erzeugers Elgee Park wurde hier auch erstmals in Australien die weiße Viognier-Traube aus dem Rhônetal eingeführt – neben der vollmundigen elsässer Sorte Pinot Gris bei T'Gallant. Das Klima der Halbinsel ist sehr maritim, und die Seeluft übt einen Kühleffekt aus – was vielleicht auch erklärt, warum sich hier die an kühles Klima gewöhnten Burgunder-Trauben besser eignen als die aus Bordeaux. Seit der späten Erschließung der Halbinsel sind hier 140 Weingärten und 48 Kellereien entstanden – verteilt zwischen Rosebud und Boneo im Süden und Mornington im Norden.

gut entwässernder Ton; fruchtbarer, roter vulkanischer Boden; brauner Mehrschichtboden; sandig *Pinot Noir, Shiraz* *Chardonnay, Pinot Gris, Sauvignon Blanc* *rot, weiß*

Geelong

GEELONG WIRD IN AUSTRALIEN als die Region in Erinnerung bleiben, wo die Reblausplage zuerst ausbrach. Das war 1875, und bereits 1882 war der Weinbau in Geelong zum Erliegen gekommen. Dank des Tierarztes Dr. Daryl und Dr. Sefton, deren Großeltern zu jener Schweizer Gemeinde gehörten, die Geelong anfangs zu einem bedeutenden Anbaugebiet gemacht hatte, gab es 1966 einen Neuanfang. Bis heute ist die Reblaus hier eine echte Bedrohung, doch hält man sie inzwischen durch Quarantänemaßnahmen und reblausresistente Wurzelstöcke in Schach.

Heute bilden Rotweine den Schwerpunkt: Shiraz und Pinot Noir wetteifern um Anerkennung. Das warme Gebiet um Anakie landeinwärts eignet sich ausgezeichnet für üppigen Shiraz, während sich die kühlere, maritime Bellarine-Halbinsel durch Pinot Noir und Chardonnay hervortut. Von Bannockburn kommt der ganz besondere, wildtönig-komplexe Bannockburn Pinot Noir.

rot-brauner, lehmiger Ton auf hartem Ton *Cabernet Sauvignon, Shiraz, Pinot Noir* *Chardonnay, Sauvignon Blanc, Riesling* *rot, weiß*

Tasmanien

WEINBAU UND -ERZEUGUNG sind in Tasmanien harte Arbeit. Dies ist der kälteste, maritimste Weinstaat Australiens, und seine Weingärten sind am häufigsten von späten Frühlingsfrösten oder Windböen bedroht. Dr. Andrew Pirie erhielt 1972 den ersten australischen Doktortitel in Weinbau für seine Theorie, derzufolge die Gegend von Pipers Brook ein ideales Anbaugebiet für gute, aromatische Weine europäischen Stils ist. Seine Studie schuf die Voraussetzungen für den zukünftigen Erfolg von Pipers Brook Vineyard, dem heute größten und einflussreichsten Erzeuger der Insel. Da der Westen und die Inselmitte bergig sind, finden sich die Weinlagen in den Küstenbereichen des Nordens, Ostens und Südens, die die drei Hauptanbaugegenden darstellen. Der Norden (Tamar Valley und Pipers Brook) ist auf spritzigen Chardonnay und hocharomatische Weißweine wie Riesling und Pinot Gris spezialisiert; hier sitzen auch spezialisierte Schaumwein-Winzer. Ausgewählte Einzellagen an der Ostküste lassen Chardonnay und Pinot Noir ausgezeichnet reifen. Südtasmanien (um Derwent Valley und Coal River) ist bereits äußerstes Randgebiet, kann aber gut strukturierten Cabernet Sauvignon sowie üppigen Riesling, Chardonnay und Pinot Noir erzeugen.

Pipers Brook Vineyard, Tasmanien

tiefer, rot-brauner Boden; kieshaltiger Basalt auf Ton; eisenhaltiger Stein; flacher, torfiger Alluvialboden auf Sandsteinbasis *Pinot Noir, Cabernet Sauvignon* *Chardonnay, Riesling* *rot, weiß, Schaumwein*

DIE SPITZENERZEUGER VON VICTORIA UND TASMANIEN

Zilzie Wines
Northwest Victoria

Lot 66 Kulkyne Way, Karadoc
03 5025 8100
www.zilziewines.com.au

FAMILIE FORBES nahm die Weinerzeugung erst 1999 auf und besitzt bereits eines der größten Weingüter der Region. Zur Zilzie-Reihe gehören Premium, Show Reserve und die eher kommerzielle Buloke Reserve. Zilzie landete 2002 einen Marketing-Coup durch Verpflichtung des australischen Cricket-Champions Shane Warne, dessen Name jetzt ein Chardonnay und ein ausgezeichneter Cabernet-Merlot-Petit-Verdot-Verschnitt tragen – beide mit gutem Preis-Leistungs-Verhältnis.

rot, weiß *2003, 2002*
★ *Show Reserve Chardonnay, Premium Merlot, Shane Warne Collection Cabernet-Merlot-Petit Verdot*

Mount Langi Ghiran Wines
Grampians

80 Vine Rd, Bayindeen *03 5354 3207* *www.langi.com.au*

WEINMACHER TREVOR MAST kreiert hier ein herausragendes Beispiel für modernen australischen Shiraz: mittelschwer, rein und edel. Mast ist ein einflussreicher Vertreter des minimalen Gebrauchs von Chemie im Weingarten und setzt sich zudem für italienische Sorten wie Pinot Grigio ein. Dank seiner Ausbildung in Deutschland weiß er mit aromatischem Riesling umzugehen. Er hat sogar das Interesse des Spitzenerzeugers Chapoutier *(s. S. 132)* aus dem Rhônetal geweckt, mit dem er in einem Joint-Venture derzeit Shiraz entwickelt.

rot, weiß *2003, 2002, 1999 (r)* ★ *Shiraz, Pinot Grigio, Riesling*

Seppelt Great Western
Grampians

Moyston Rd, Great Western *03 5361 2222* *www.seppelt.com.au*

DIE BEIDEN australischen Weingrößen Hans Irvine und Colin Preece bestimmten die Anfangsgeschichte von Seppelt: Irvine legte mit Weinmachern und Ausstattung aus der Champagne in den 1890er-Jahren den Grundstein für die Schaumweinerzeugung; Preece sorgte mit Marken wie Chalambar und Moyston in den 1940er-Jahren für den guten Ruf der Firma als Rotweinerzeuger. Schaumweine, allen voran Salinger Sparkling und sein rotes Pendant Show Sparkling Shiraz, sind noch immer die Stärke von Seppelt Great Western – heute als Teil der Southcorp-Gruppe. Daneben gibt es auch eine Reihe stiller Weine auf Shiraz-Basis. Chalambar ist ein roter Alltagswein, St Peters Shiraz dagegen der beste Rotwein der Region.

Seppelt Great Western

rot, weiß, aufgespritet, Schaum- und Dessertwein *2003, 2002, 2001 (r), 2000, 1999 (w)* ★ *Show Sparkling Shiraz, Salinger Sparkling, St Peters Shiraz*

Dalwhinnie
Pyrenees

Taltarni Rd, Moonambel *03 5467 2388* *www.dalwhinnie.com.au*

DALWHINNIE machte zuerst durch einen Chardonnay auf sich aufmerksam, aber die wirklichen Stärken dieses Erzeugers sind Cabernet Sauvignon, Shiraz und in geringerem Maße auch Pinot Noir. Die außergewöhnliche Lage ihres Weingartens (670 m hoch in den Pyrenees) erlaubt es den Inhabern, Jenny und David Jones, Traubensorten für warmes und kaltes Klima anzubauen. David kümmert sich um den Pinot Noir und den Shiraz, wobei er nach französischem Vorbild komplexe Aromen erzeugt. Sein konzentrierter Eagle Series Shiraz ist einer der teuersten Rotweine des Staates.

rot, weiß *2003, 2000, 1999 (w), 1998, 1997, 1996 (w)* ★ *Chardonnay, Cabernet Sauvignon, Eagle Series Shiraz*

Redbank Wines
Pyrenees

1 Sally's Lane, Redbank
03 5467 7255
www.redbank wines.com

SALLY'S PADDOCK von Redbank Wines ist der typische Victoria-Rotwein. Bei Redbank

SPITZENWEINE: VICTORIA UND TASMANIEN

- R Bass Phillip Wines Reserve Pinot Noir €€€€
- R Dalwhinnie Eagle Series Shiraz €€€€
- W Freycinet Vineyards Chardonnay €€
- W Giaconda Vineyard Chardonnay €€€€
- S Jansz Vintage Sparkling €€
- R Jasper Hill Georgia's Paddock Shiraz €€€€
- D Morris Wines Old Premium Liqueur Muscat €€€€
- R Mount Langi Ghiran Wines Shiraz €€€€
- R Mount Mary Vineyard Cabernet €€€€€
- W Pipers Brook Riesling €€
- S Seppelt Great Western Show Sparkling Shiraz €€€€
- W Stefano Lubiana Wines Chardonnay €€

werden die fünf roten Sorten Cabernet Sauvignon, Merlot, Cabernet Franc, Malbec und Shiraz angebaut, die je nach Jahrgang für diesen eleganten Verschnitt verwendet werden. Robb setzt bei der Vinifikation wenig Technik ein, um die Erdigkeit der Weine zu bewahren. Kürzlich hat er seine Produktpalette um eine neue Serie erweitert, die der Sunday Morning Pinot Gris aus King Valley anführt.

rot, weiß, Schaumwein 2001, 2000, 1998, 1997 ★ Sally's Paddock, Sunday Morning Pinot Gris, Rising Chardonnay

Jasper Hill Vineyard
Bendigo und Heathcote

Drummonds Lane, Heathcote
03 5433 2528 n. V.

RON LAUGHTON hatte sich 1976 ein ehrgeiziges Ziel gesetzt – mit Erfolg. Allein mit seinen Rieslingen und Shiraz wurde er zum Star der Region. Vor allem der ausdrucksvolle, exotische Georgia's Paddock Shiraz steht im Rampenlicht; der raffinierte Emily's Paddock Shiraz-Cabernet Franc dagegen ist eleganter. Aufgrund von Laughtons biodynamischem Ansatz hat sich ein Kontakt zum gleichgesinnten Rhône-Erzeuger Michel Chapoutier *(s. S. 132)* ergeben. Beide haben jetzt einen nahe gelegenen Weingarten mit französischen und australischen Shiraz-Klonreben bepflanzt.

Etikett Michelton Wines

Die pittoreske Kellerei von Tahbilk Wines

rot, weiß 2002, 2001, 2000, 1999, 1998 ★ Georgia's Paddock: Riesling und Shiraz

Wild Duck Creek Estate
Bendigo & Heathcote

Spring Flat Rd, Heathcote
03 5433 3133 n. V.

DER DUCK MUCK Shiraz gehört zu den Weinen, die eine neue Art australischer Kultweine haben aufkommen lassen, die so genannten »neuen Klassiker«. Dieser vollmundige, ausdrucksstarke Wein besitzt in der Tat Charakter. Der von David »Duck« Anderson erzeugte Duck Muck kann bis zu 17,5 % Alkohol enthalten – neben viel saftiger Frucht und entsprechender Eiche. Seine übrigen Rotweine – Shiraz und Cabernet Sauvignon – sind ebenso kraftvoll und sehr individuell.

rot 2000, 1998, 1997, 1994 ★ Duck Muck Shiraz, Alan's Cabernet Sauvignon, Springflat Shiraz

Mitchelton Wines
Goulburn Valley

Mitchellstown Rd, Nagambie
03 5736 2222
www.mitchelton.com.au

MITCHELTON ist heute Teil des Getränkeriesen Lion Nathan und liegt seit 1972 in den fähigen Händen des Weinmachers Don Lewis. Sein Blackwood Park Riesling gehört zu den australischen Weißweinen mit dem besten Preis-Leistungs-Verhältnis; der Crescent Shiraz-Grenache-Mourvèdre und der Airstrip Marsanne-Viognier-Roussanne sind zeitgenössische Versionen dieser Alte-Welt-Verschnitte. Mitchelton hat sich jüngst dem Viognier zugewandt und erzeugt auch noch Marsanne-Dessertweine mit köstlichen Geißblattaromen.

rot, weiß, Schaum- und Dessertwein 2003, 2002 (r), 1998, 1994 (w), 1992 (r) ★ Viognier, Crescent Rhône red blend, Airstrip Rhône white blend

Tahbilk Wines
Goulburn Valley

Nagambie 03 5794 2555
www.tahbilk.com.au

TAHBILK RÜHMT SICH eines Weinguts in französischem Stil und einer klassischen Kombination von Rhône-Sorten. Trotzdem sind die Weine eindeutig australisch: die roten erdig und direkt, nur selten mit aufdringlicher neuer Eiche, die weißen meist nicht in Eiche ausgebaut, subtil und angenehm. Seit drei Generationen gibt es kaum merkliche Veränderungen bei Tahbilk – z. B. der Übergang zu einem fruchtigeren Marsanne und die Einführung des neuen Stars Viognier in den späten 1990er-Jahren.

rot, weiß, aufgespritet, Schaum- und Dessertwein 2003, 2002, 2001 (r), 2000 (w) ★ Marsanne, 1860 Vines Shiraz, Cabernet Sauvignon, Viognier

Entnahme einer Fassprobe bei Morris Wines

Brown Brothers Milawa Vineyard
Northeast Victoria

Meadow Creek Rd, Milawa 03 5720 5500 *www.brownbrothers.com.au*

DIESE FIRMA baut so gut wie jede erdenkliche Traubensorte an. Die Browns sind eine experimentierfreudige Familie und gehörten zu den Ersten, die mit aktuellen europäischen Sorten arbeiteten. Seit den 1980er-Jahren experimentieren sie mit Trauben wie der italienischen Dolcetto oder Sangiovese, der spanischen Tempranillo und der Rhône-Sorte Viognier. Ihr Grundprodukt sind jedoch herzhafte, tanninreiche Rotweine und die ausgezeichneten aufgespriteten Weine aus dem Nordosten. In King Valley erschlossen sie mit Erfolg neues Schaumwein- und Weißwein-Gebiet. 2003 wurden die ersten Spitzenweine (rot, weiß und moussierend) vom Patricia Vineyard in Heathcote erzeugt.

rot, weiß, aufgespritet, Schaum- und Dessertwein *2002, 2001 (w), 1998 (r)* ★ *King Valley Barbera, Patricia Pinot Noir-Chardonnay Vintage Sparkling, Shiraz-Malbec-Cabernet Sauvignon*

Giaconda Vineyard
Northeast Victoria

McClay Rd, Beechworth 03 5727 0246 *www.giaconda.com.au* *n. V.*

GIACONDA WURDE 1985 von dem genialen Weinmacher Rick Kinzbrunner gegründet. Seine Lehrzeit in den kalifornischen Tälern Napa und Sonoma machte ihn mit Methoden wie dem Einsatz wilder Hefekulturen und der Vergärung aller Weine in neuer Eiche vertraut; das Ergebnis ist ein Chardonnay mit samtiger Struktur – ein australischer Klassiker mit Aromen gerösteter Nüsse und verbrannter Eiche sowie Steinfruchtnoten. Zur Giaconda-Reihe gehören auch ebenso gut vinifizierter Roussanne, Pinot Noir, Shiraz und Cabernet Sauvignon.

rot, weiß *2002, 2001, 1999 (w)* ★ *Chardonnay, Nantua Les Deux (Chardonnay-Roussanne), Shiraz*

DIE BROWN-FAMILIE

Brown Brothers ist in Victoria seit langem eine Institution. Die Firma begann mit einem 1889 von John Francis Brown angelegten Weingarten in Milawa und steht heute mit ihrem Weinabsatz landesweit an 15. Stelle. John Brown senior, der Sohn des Gründers, hat alles in den Händen der Familie gelassen und jedem seiner vier Söhne eine bestimmte Rolle zugewiesen: John junior ist Weinmacher, Peter für den Anbau zuständig, Ross der Verkäufer, und der verstorbene Roger war für die Erschließung neuer Lagen zuständig. Die Firma gehörte zu den ersten, die in den 1970er-Jahren von den Exportmöglichkeiten profitierten, im aufstrebenden King Valley Trauben für kühlere Lagen anbauten, neue Weine wie den leichten, roten Sortenwein Tarrango erzeugten und spanische und italienische Traubensorten einsetzten. In den 1990er-Jahren übernahmen Angehörige einer neuen Brown-Generation das Geschäft.

Morris Wines
Northeast Victoria

Mia Mia Rd, Rutherglen 03 6026 7303 *www.orlandowyndham group.com*

DIESES 1859 von George Morris gegründete Gut gehört zu den ältesten der Region. Die alte Rhône-Sorte Durif ist seit langem eine Spezialität von Rutherglen und Morris; Muskat und Tokajer (Muscadelles) sind ebenso hochwertig, da Generationen von Weinmachern Verschnittmaterial eingelagert haben. Heute hat Mick Morris' Sohn David hier die Leitung. Angesichts der ländlichen Atmosphäre des Gutes möchte man kaum glauben, dass es Teil der geschäftstüchtigen Firma Orlando Wyndham ist.

rot, weiß, aufgespritet, Schaum- und Dessertwein *2001 (r), 2000 (w), 1998 (r)* ★ *Durif, Old Premium Liqueur Muscat, Liqueur Tokay*

Chrismont Wines
King und Alpine Valleys

Lake William Hovell Rd, Cheshunt 03 5729 8220 *www.chris montwines.com.au*

DIE FAMILIE Pizzini – Nachfahren früher italienischer Siedler – besitzt zwei Kellereien: Arnie leitet Chrismont, sein Cousin Fred dagegen Pizzini. Für den Weinberg haben beide ein glückliches Händchen, für die Kellerei die ihre

BERÜHMTE LIKÖRE: MUSKAT UND TOKAJER

Am Ende sind die großen aufgepriteten Weine aus Nordost-Victoria doch noch bekannt geworden: der köstliche, rosinentönige Muskat und der nussige, buttertoffeetönige Tokajer. Keine andere Region Australiens erreicht solch intensive Köstlichkeit; ein Hauptfaktor ist dabei das für die Reifung der Trauben Muscat Blanc à Petits Grains und Muscadelle erforderliche warme Klima. Noch wichtiger ist die Hingabe von Generationen von Winzern, die Weine zum Reifen eingelagert haben (in einigen Kellern gibt es bis zu 80 Jahre alte Bestände): Nur ein Schuss 80-jährigen, öligen Nektars im Verschnitt, und der Erfolg ist sicher. Aber auch der Verschnittmeister spielt eine Rolle: Durch das Verschneiden unterschiedlicher Weintypen – junger und alter, trockener und süßer, von Solera-Verschnitten *(s. S. 322–323)* und fassgereiften – erzielt man erstaunliche Komplexität.

gute Intuition. Arnie ist für den vermutlich besten Victoria-Riesling mittlerer Preisklasse zuständig und betritt mit seiner neuen Produktreihe La Zona (Pinot Grigio, Barbera und Marzemino) aufregendes neues Gelände: süffige Tischweine mit leicht bitterer Säure und viel weicher Frucht.

rot, weiß *2001 (r), 2000, 1999, 1998* ★ *Riesling, La Zona: Pinot Grigio, Barbera*

Pizzini Wines
King und Alpine Valleys

King Valley Rd, Whitfield *03 5729 8278* *www.pizzini.com.au*

In den 1990er-Jahren beeindruckte Pizzini nur mit seinen Weißweinen, doch inzwischen hat Inhaber Fred Pizzini die Vinifikation von Trauben aus seiner italienischen Heimat in den Griff bekommen – rote wie Nebbiolo und Sangiovese sowie die üblichen weißen wie Vernaccia. Er legt bei seinen üppig-fruchtigen Weinen Wert auf Struktur, Intensität und Komplexität. Seine Leidenschaft ist Nebbiolo, dessen verborgene Tiefe er als erster australischer Erzeuger wirklich auslotet.

rot, weiß *2003, 2002, 2001 (w), 2000 (w), 1999* ★ *Riesling, Vernaccia, Sangiovese, Nebbiolo*

Bass Phillip Wines
Gippsland

Hunts Rd, Leongatha South
03 5664 3341 *n. V.*

Phillip Jones, der als führender australischer Pinot-Noir-Erzeuger gilt, hat für seine Leidenschaft gelitten: Während er seinen Weingarten anlegte, lebte er in einem Wohnwagen. Doch das Warten lohnte sich: Als Perfektionist achtet Jones zum Zweck der Aromakonzentration auf lächerlich geringe Erträge (im Durchschnitt nur eine Tonne Frucht aus 0,4 ha Weingarten), und sein Pinot Noir kann trotz seiner Stärke überraschend subtil sein.

Etikett Nicholson River Winery

rot, weiß *2002, 2001, 1998, 1997, 1996, 1995 (w)* ★ *Standard, Premium und Reserve Pinot Noir*

Nicholson River Winery
Gippsland

Liddell's Rd, Nicholson *03 5156 8241* *www.nicholsonriverwinery.com.au*

Die Nicholson River Winery spielt eine Sonderrolle, und Weinmacher Ken Eckersley genießt seinen Nonkonformismus. Er erzeugt keine Weine für die australischen Wine Shows (ein beliebter Zeitvertreib dortiger Weinmacher), sondern für Liebhaber vollmundiger Aromen. Sein Vorzeige-Chardonnay – kraftvoll-vollmundig, reif, toastig und manchmal mit einem Hauch Edelfäule – neigt dazu, die Ansichten in Weinkreisen zu polarisieren.

rot, weiß *2001 (r), 2000, 1999* ★ *Riesling, Chardonnay, Pinot Noir*

Mount Mary Vineyard
Yarra Valley

22–24 Coldstream West Rd, Lilydale
03 9739 1761

Die Weine von Mount Mary sind ein wahrhaft außergewöhnliches Erlebnis, wenn man das Glück hat, etwas von der winzigen Produktionsmenge zu ergattern. Gründer Dr. John Middleton arbeitet hart, um seine hohen Maßstäbe aufrechtzuerhalten. Sein Quintet Cabernet (ein Verschnitt fünf roter Bordeaux-Sorten) ist ein echtes Juwel: ein klassisch strukturierter Wein mit prächtiger schwarzer Johannisbeere, üppiger, aber nie übertriebener Eiche und feinen Tanninen. Für ihn müssen Weine lagerfähig sein – daher benötigen sie Jahre, um sich zu entfalten.

rot, weiß *2000, 1999, 1996, 1992, 1990* ★ *Quintet Cabernet, Chardonnay, Pinot Noir*

Yarra Yering
Yarra Valley

Briarty Rd, Gruyere
03 5964 9267

DIE EINZIGEN Verkehrsstaus in Yarra Valley soll es vor Yarra Yering geben, wenn Inhaber und Weinmacher Dr. Bailey Carrodus einmal im Jahr seine Kellertür zum Verkauf öffnet. Sein Dry Red Number One (Cabernet-Malbec-Merlot) und sein Dry Red Number Two (Shiraz-Viognier) sind ausgezeichnet, sollten aber nie jung getrunken werden. Carrodus erregte 1996 mit der Produktion des ersten australischen Merlot für 100 AUS-Dollar Aufsehen; später folgte ein trockener Rotwein aus sieben Portweinsorten – Dry Red Number Three.
rot, weiß 1998, 1996, 1994, 1993 ★ Dry Red Number One, Dry Red Number Two, Pinot Noir

Yarra Yering

Dromana Estate
Mornington Peninsula

25 Harrisons Rd, Dromana
03 5987 3800 www.dromana estate.com.au

GARRY CRITTENDEN hat in den letzten 20 Jahren gezeigt, dass die Halbinsel ein interessantes Gebiet für Chardonnay, Pinot Noir und sogar Cabernet Sauvignon ist – was bei ihrem kühlen Klima erstaunt. Seine Mitte der 1980er im mittleren Preissegment auf den Markt gekommene Schinus-Reihe war ein Verkaufsschlager: fruchtbetonte Weine zu fantastischen Preisen. Nach 1990 brachte er eine Serie italienischer Weinsorten namens »i« (für italienisch) aus Arneis, Dolcetto, Sangiovese, Rosato (rosé) und Nebbiolo heraus, die begeistert aufgenommen wurde. 2003 übertrug er die Leitung seinem Sohn Rollo, der seine Leidenschaft für Neuland in Sachen Wein teilt.
rot, weiß, rosé 2003, 2001 (r), 2000, 1999, 1997 ★ Chardonnay, Pinot Noir, 'i' Sangiovese

Stonier Wines
Mornington Peninsula

2 Thompsons Lane, Merricks 03 59 89 8300 www.stoniers. com.au

NUR WENIGE Erzeuger auf der Mornington-Halbinsel können in Qualität und Preis mit Stonier Wines konkurrieren. Mit beneidenswerter Regelmäßigkeit gehören vielschichtiger Chardonnay und strukturierter, dunkelbeeriger Pinot Noir dieser Firma zu den besten Victorias. Wen wundert es da, dass der 1978 von dem Verlagsangestellten Brian Stonier gegründete Weingarten dem australischen Branchenführer Brian Coser (Petaluma) ins Auge fiel; 1998 erfolgte die einvernehmliche Übernahme. Stonier gehört heute (wie Petaluma Limited; *s. S. 570*) zu Lion Nathan, arbeitet aber in mörderischem Tempo weiter. Der langjährige Weinmacher Tod Dexter ging 2003; seine Assistentin Geraldine McFaul tritt jetzt in seine Fußstapfen.
rot, weiß 2003, 2002, 2001, 2000, 1998 (w) ★ Pinot Noir, Chardonnay

Bannockburn Vineyards
Geelong

Midland Highway, Bannockburn
03 5281 1363

WEINMACHER GARRY FARR meidet die Medien und lässt lieber seine Weine für sich sprechen: Bannockburn Pinot Noir ist duftig, seidig und würzig-lecker – eine französische Inspiration, die auf Farrs langjährige Freundschaft mit dem Winzer Jacques Seysses von der Domaine Dujac in Burgund (s. S. 99) zurückgeht. Ebenso komplex sind sein Shiraz und Chardonnay.
rot, weiß 2001, 2000, 1999 ★ Pinot Noir, Chardonnay, Shiraz

Scotchmans Hill
Geelong

190 Scotchmans Rd, Drysdale
03 5251 3176
www.scotchmans hill.com.au

ZWEI JAHRZEHNTE produzierte Familie Brown preiswerten, süffigen Pinot Noir und Chardonnay, bevor sie 2002 ihre ersten Einzellagenweine aus

DR. BAILEY CARRODUS

Der Individualist Dr. Bailey Carrodus kam 1969 nach Yarra Valley, als dort der Weinbau begann. Er pflanzte 12 ha Reben (heute sind es 28 ha), vor allem Cabernet Sauvignon und Shiraz, gefolgt von den damals unkonventionellen Sorten Pinot Noir und Viognier. Er strebte nicht nur nach der mit dem Anbau in kühleren Regionen verbundenen Eleganz, sondern wollte auch die mit der Reife zunehmende Komplexität akzentuieren – u. a. durch einen recht hohen Gehalt flüchtiger Säure in Rotweinen, edelfauler Früchte bei Weißweinen, Änderung kleinerer Verschnittanteile und ausschließliche Verwendung französischer Eiche. Für ihn ist Weinerzeugung mehr als bloße Erhaltung von Frucht – daher jetzt auch der Verschnitt von Portweinsorten zu einem trockenen Rotwein. Seine Firma Yarra Yering ist ihrer Zeit wie immer voraus.

diesen Trauben herausbrachte. Lagerfähigkeit hat hier nie eine besondere Rolle gespielt, aber Winzer Robin Brockett hat den Reserve-Weinen eine festere Komplexität verliehen; daher können sie gut lagern.

rot, weiß 2002, 2001, 1999 (w), 1998 ★ Pinot Noir, Reserve Chardonnay, Shiraz

Freycinet Vineyards
Tasmanien

15919 Tasman Hwy, Bicheno
03 6257 8574

GEOFF BULL MERKTE 1980 rein instinktiv, dass sich ein von ihm gekauftes 182-ha-Stück Land für den Weinbau eignete. Er baute versuchsweise einige Traubensorten an und hatte auch Erfolg. Sein Schwiegersohn Claudio Radenti machte aus diesen Trauben einige der besten und zuverlässigsten Weine Tasmaniens. Die Freycinet-Weine sind rein und frisch mit messerscharfer Frucht.

rot, weiß, Schaumwein 2003, 2002, 2001, 2000, 1999 (r) ★ Radenti Sparkling, Chardonnay, Pinot Noir

Jansz
Tasmanien

1216B Pipers Brook Rd, Pipers Brook
03 6382 7066 www.jansz.com.au

ES BEGANN 1985, als Heemskerk, führender tasmanischer Erzeuger, ein Joint-Venture

Pipers-Brook-Vineyard-Weine

Jansz, einer der führenden Erzeuger Tasmaniens

mit der Champagnerfirma Louis Roederer *(s. S. 175)* zur Erzeugung von Schaumwein bekannt gab. Dafür wurde ein spezieller Weingarten in Pipers Brook angelegt. Heute konzentriert sich Weinmacherin Natalie Brook auf drei Hauptvarianten: den nach drei Jahren Reifung in den Handel gelangenden, weichen Vintage-Schaumwein; den sorbetartigen Chardonnay-Pinot-Noir-Verschnitt ohne Jahrgang und einen vollmundigen, honigtönigen Schaumwein.

Schaumwein 1999, 1997, 1996, 1995 ★ Jansz Vintage, Jansz Non-Vintage, Jansz LD (spät degorgiert)

Pipers Brook Vineyard
Tasmanien

1216 Pipers Brook Rd, Pipers Brook
03 6332 4444 www.pipersbrook.com

MIT PIPERS BROOK Vineyard (PBV) verband man lange Andrew Pirie – bis 2003 die Firma durch Kreglinger Australia übernommen wurde. Veränderungen sind nun vorprogrammiert, denn für einige Marken soll mehr angebaut werden – vor allem für die absatzstarke Marke Ninth Island im mittleren Produktsegment. Mit über 200 ha Rebland, die Weine vom burgundischen und elsässischen Schlag liefern, bestimmt diese Firma Tasmaniens Weinbranche. Aromatische Sorten wie Riesling, Pinot Gris und Gewürztraminer sind sehr voll, Chardonnay und Pinot Noir dagegen äußerst elegant – wie der im Stile von Piries Liebling Champagne Bollinger *(s. S. 172)* erzeugte Pirie-Schaumwein.

rot, weiß, Schaumwein 2003, 2002, 2001, 2000, 1999, 1998 ★ Pirie, Riesling, Chardonnay

Stefano Lubiana Wines
Tasmania

60 Rowbottoms Rd, Granton
03 6263 7457
www.stefanolubiana. com

STEFANO LUBIANAS Niederlassung im tasmanischen Hobart hat ihm landesweit Anerkennung für seine eleganten Schaumweine und Pinot-Noir- und Chardonnay-Sortenweine eingebracht. In einem der kältesten Anbaugebiete Australiens erzielt er reife Frucht und einen Alkoholgehalt von bis zu 14,5 %. Unter seiner Vorzeigemarke Signature bringt er einige der komplexesten Weine Tasmaniens auf den Markt. Jeder seiner Weine ist individuell, besonders sein 2000 erstmals erzeugter körperreicher Pinot Grigio.

rot, weiß, Schaumwein 2003, 2002 (r), 2001, 2000 ★ Sparkling Brut Non-Vintage, Signature: Chardonnay, Pinot Noir, Pinot Grigio

WESTAUSTRALIEN

KAUM ZU GLAUBEN, *dass die Weinindustrie in diesem Staat voll sonnenversengter Ebenen und zerklüfteter Bergketten nicht nur überlebt hat, sondern sogar floriert. Der Grund dafür ist, dass sich die Weingärten nur im gemäßigten Süden befinden, und dort vor allem im Umkreis von Küstenstädten.*

Westaustralien (WA) ist zwar riesig, besitzt aber nur 11 400 ha Rebfläche, die weniger als 5 % der gesamten australischen Weinproduktion erzeugt. Allerdings rangiert dabei Qualität vor Quantität.

Mit dem Aufkommen der köstlichen, aufgespriteten Weine des heißen Swan Districts wurde in den 1920er-Jahren klar, dass die Region Potenzial besaß. Doch erst der »White Burgundy« der Houghton Wine Company – ein aromatischer, goldfarbener Weißwein – machte Westaustralien in den 1930er-Jahren wirklich populär. Ausgeschöpft wurde ihr Potenzial dann etwa 30 Jahre später im Anschluss an einen Forschungsbericht von 1965 *(s. S. 607)*, der Margaret River als interessantes neues, leicht bordeauxartiges Anbaugebiet beschrieb. Weitere 10 Jahre später waren hier bereits 11 Weingärten angelegt; der Rest ist bekannt. Heute gilt Margaret River als herausragendes Anbaugebiet Westaustraliens, wenngleich viel versprechende neue Anbaugegenden wie Great Southern ihm in Zukunft Konkurrenz machen könnten.

Shiraz-Trauben

Der subtile Charakter vieler westaustralischer Weine überrascht. Im Gegensatz zum Mainstream sind sie vorwiegend fruchtbetont, eher mittelschwer als vollmundig und werden von einer äußerst feinen Struktur getragen. Chardonnay, Sauvignon Blanc, Sémillon und zunehmend auch Riesling sind die meistgepflanzten weißen Sorten. Auch die roten Bordeaux-Sorten Cabernet Sauvignon, Merlot und Cabernet Franc gedeihen in diesem Staat sehr gut und liefern einige Weine von Weltklasse. Am meisten Anerkennung findet jedoch Shiraz, deren an kühlen Lagen gewonnene Weine eine sehr attraktive, pfeffrige Würze und einen ansprechenden, für australische Rotweine seltenen Körper besitzen.

Weingärten bei Mount Barker, Great Southern

◁ **Blick auf Weingärten am Flussufer, Margaret River**

WEINKARTE WESTAUSTRALIEN

WESTAUSTRALIEN mag zwar der größte australische Staat sein, ist jedoch in Sachen Wein eher ein Winzling. Die meisten Kellereien – mit Ausnahme derer im glühend heißen Swan District – liegen südlich der Hauptstadt Perth in Küstennähe, wo Meeresbrisen die Temperaturen niedrig genug halten, insbesondere im Spitzenanbaugebiet Margaret River. Auch regionale Besonderheiten sind bereits zu erkennen: Die neuen Pinot Noirs aus Pemberton und Manjimup, die Rieslinge aus Mount Baker sowie Shiraz und Cabernet Sauvignon aus Great Southern gehören heute zu den aufregendsten Weinen, die in diesem Staat produziert werden.

LEGENDE
Westaustralien

Plantagenet Wines, Great Southern

SPITZENWEINE: WESTAUSTRALIEN

- (W) Cape Mentelle Sémillon-Sauvignon Blanc €€
- (R) Cullen Wines Cabernet Sauvignon-Merlot €€€€
- (W) Frankland Estate Riesling €€
- (R) Houghton Wine Company Pemberton Merlot €€
- (W) Leeuwin Estate Art Series Chardonnay €€€
- (R) Moss Wood Winery Cabernet Sauvignon Blend €€€€
- (R) Plantagenet Wines Mount Barker Shiraz €€
- (A) Sandalford Wines Sandalera €€€
- (W) Smithbrook Wines Sauvignon Blanc €€
- (S) Stone Bridge Estate Sparkling €€
- (D) Vasse Felix Botrytis Sémillon €€
- (W) Voyager Estate Chardonnay €€

WESTAUSTRALIEN: GEBIETE UND SPITZENERZEUGER

SWAN DISTRICT *S. 606*
Houghton Wine Company *S. 608*
Sandalford Wines *S. 608*

GEOGRAPHE *S. 606*

MARGARET RIVER *S. 606*
Cape Mentelle *S. 608*
Cullen Wines *S. 609*
Leeuwin Estate *S. 609*
Moss Wood Winery *S. 609*
Vasse Felix *S. 609*
Voyager Estate *S. 610*
Xanadu Wines *S. 610*

MANJIMUP *S. 607*
Chestnut Grove Wines *S. 610*
Stone Bridge Estate *S. 610*

PEMBERTON *S. 607*
Picardy *S. 610*
Smithbrook Wines *S. 611*

GREAT SOUTHERN *S. 607*
Alkoomi Wines *S. 611*
Frankland Estate *S. 611*
Plantagenet Wines *S. 611*
Wignalls Wines *S. 611*

Traubenlese von Hand, Margaret River

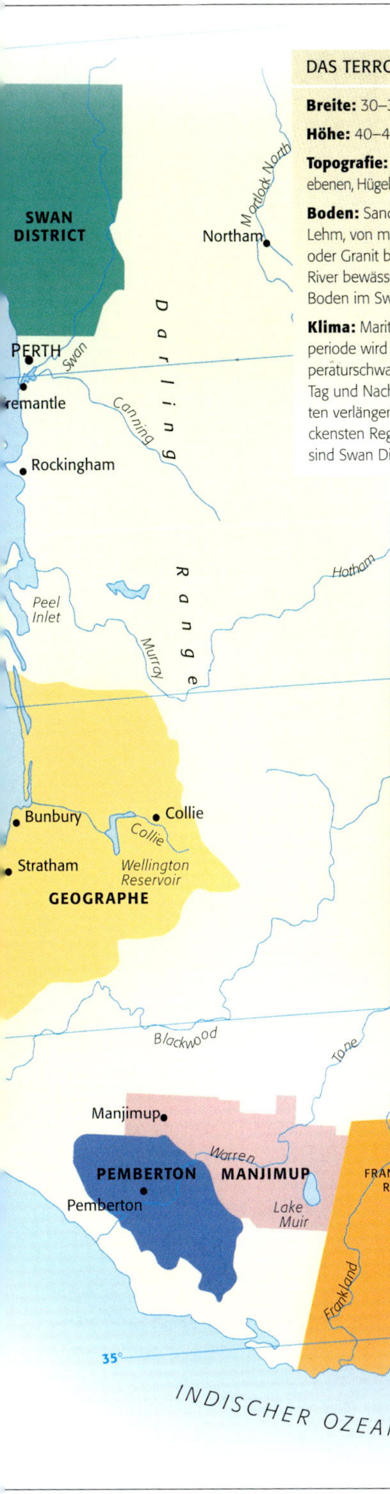
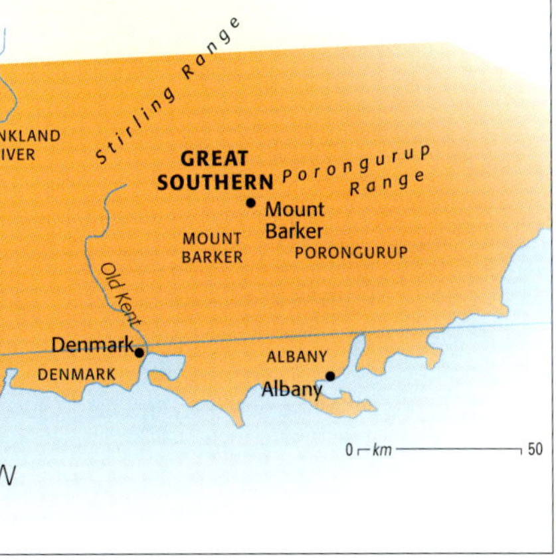

DAS TERROIR AUF EINEN BLICK

Breite: 30–35 °S

Höhe: 40–400 m über NN

Topografie: Flache, alluviale Flussebenen, Hügel und Grate dominieren.

Boden: Sandiger, kieshaltiger Lehm, von mäßig fruchtbarem Ton oder Granit bedeckt. Der Swan River bewässert den sandigen Boden im Swan District.

Klima: Maritim; die Vegetationsperiode wird durch mäßige Temperaturschwankungen zwischen Tag und Nacht und den Jahreszeiten verlängert. Die heißesten, trockensten Regionen des Staates sind Swan District und Great Southern, wo Bewässerung sehr wichtig ist.

Temperatur: 20,5 °C Durchschnittstemperatur im Januar

Niederschlag: 1145 mm im Jahresdurchschnitt

Wind: Gemäßigte Temperaturen durch Meeresbrisen. In Swan District erfrischender Nachmittagswind (so genannter »Fremantle Doctor«). In Great Southern führt der eisige Antarktis-Strom eisige Winde mit sich (»The Roaring Fourties«).

Gefahren für den Weinbau: Windschäden; Vögel; Dürre

Margaret River, Westaustraliens wichtigstes Anbaugebiet

Die Kellerei von Voyager Estate, Margaret River

DIE WEINBAUGEBIETE WESTAUSTRALIENS

Swan District

HIER BEGANN WESTAUSTRALIENS Weinproduktion im Jahr 1829. Die Olive Farm bei Guildford (nördlich von Perth) kann von sich behaupten, den ersten Weingarten angelegt zu haben, aber die 1859 gegründete Houghton Wine Company gilt im Allgemeinen als erster Vertreter der kommerziellen Weinerzeugung.

Diese Region hat ein heißes Klima und ist insofern ideal für die Produktion der in den 1920er-Jahren beliebten süßen, aufgespriteten Weine. In den 1930er-Jahren folgten andere körperreich-vollmundige Weintypen. Swan District hat mit Weißweinen mehr Erfolg gehabt als mit Rotweinen, und die höher gelegenen, kühleren Lagen wie Moondah Brook im Norden haben auf jeden Fall einige hochwertige Weine wie Verdelho und Chenin Blanc hervorgebracht.

Etikett Cape Mentelle, Margaret River

gelb-brauner Lehmboden; sandiger, gelber Mehrschichtboden *Grenache, Shiraz, Cabernet Sauvignon* *Chenin Blanc, Chardonnay, Verdelho* *rot, weiß, aufgespritet*

Geographe

DIESES GEBIET WURDE nach dem beliebten Seebad Geographe Bay benannt. Hier werden bereits seit den 1920ern Trauben angebaut, doch die moderne Weinszene erschloss diese Region erst 1973 mit der Gründung von Leschenault Wines (jetzt Killerby Wines) durch Dr. Bary Killerby in Stratham, nicht weit vom Indischen Ozean. Capel Vale folgte 1975, und bis heute geben diese beiden Erzeuger im Küstenstreifen nördlich von Margaret River den Ton an. Das Klima ist warm und trocken, aber die Meeresbrisen üben einen kühlenden, feuchten Einfluss auf den Weinbau aus. Chardonnay ist hier am besten geeignet und von fein bis körperreich in allen Varianten erhältlich. Derzeit sind auch robuster Shiraz und körperreicher Merlot im Kommen.

leicht entwässernder Sand auf Kalksteins; sandiger Lehm *Shiraz, Merlot, Cabernet Sauvignon* *Chardonnay, Sémillon, Sauvignon Blanc* *rot, weiß*

Margaret River

MARGARET RIVER hat viel Sonne, Meeresbrandung und Weine von Weltklasse zu bieten. Zu dieser Region gehört ein Küstenstreifen mit einer niedrigen Hügelkette von Cape Naturaliste im Norden bis Cape Leeuwin im Süden. Als bestes westaustralisches Anbaugebiet gehört Margaret River landesweit zu den Regionen mit dem stärksten maritimen Einfluss; die Seebrisen mäßigen hier das warme Klima. Nachdem der Agronom Dr. John Gladstones *(s. S. 607)* 1965 erkannte, dass dies ein interessantes Anbaugebiet ist, erfolgte eine schnelle Entwicklung: Die Zahl der Weingärten stieg von nur einem im Jahr 1967 (Vasse Felix) auf heute über 114 Erzeuger. Neben lebendigem Sauvignon Blanc und weichem, komplexem Chardonnay sind hier die roten und weißen Bordeaux-Sorten herausragend.

kieshaltiger, sandiger Lehm mit Granituntergrund
Cabernet Sauvignon, Shiraz, Merlot, Pinot Noir
Sémillon, Sauvignon Blanc, Riesling, Chardonnay
rot, weiß

Manjimup

MANJIMUP IST ERST seit den späten 1980ern Weinbaugebiet, weshalb seine Weingärten noch dünn gesät sind und meist von Familienbetrieben bewirtschaftet werden. Das einzige größere Unternehmen ist Cape Mentelle in Margaret River, das 1998 ein Joint Venture mit dem Anbauer Fonty's Pool Farm vor Ort einging. Es produziert eine Reihe preisgünstiger Weine – Chardonnay, Pinot Noir und Shiraz. Die Region ist wärmer als Pemberton weiter im Süden und in der Lage, guten Chardonnay und Pinot Noir für Schaumweine zu liefern. Auch einige vollfruchtige stille Weine werden hier produziert – allen voran lebhafter Verdelho und süffiger Chardonnay (weiß) sowie weicher Pinot Noir und Merlot (rot).
kieshaltiger Sand und Lehm *Cabernet Sauvignon, Pinot Noir, Merlot* *Chardonnay, Verdelho* *rot, weiß, Schaumwein*

Pemberton

WIE MARGARET RIVER verdankt auch Pemberton die Entdeckung seines Weinbaupotenzials dem Agronomen Dr. John Gladstones. Sein Bericht erklärte Pemberton zu einer der besseren Pinot-Noir- und Chardonnay-Lagen des Staates – aufgrund relativ niedriger Temperaturen, einer niedrigeren Zahl an Sonnenstunden, der hohen Niederschlagsmenge und der Feuchtigkeit. Seine Einschätzung hat sich bestätigt. Am zuverlässigsten und besten gedeiht hier Chardonnay; Pinot Noir bietet gelegentlich gute Resultate, ist aber zu unzuverlässig. Die tief liegenden Berge nordöstlich von Pemberton, wo die Weingärten von Salitage und Picardy liegen, besitzen viel Potenzial für elegante, mittelschwere Weine und sollten im Auge behalten werden.
kieshaltiger Sand und Lehm; fruchtbarer Lehm *Cabernet Sauvignon, Pinot Noir, Merlot* *Verdelho, Chardonnay, Sauvignon Blanc* *rot, weiß*

Houghtons Weingärten in Swan District

AUSTRALIENS BORDEAUX

Der Agronom Dr. John Gladstones wartete 1965 mit der verlockenden These auf, dass Margaret River das Potenzial für ein australisches Bordeaux habe. Zwischen beiden Regionen entdeckte er Ähnlichkeiten im Klima – wenngleich in Margaret River die Frühlingsfrostgefahr niedriger, die Sommersonne sicherer und das Risiko von Starkregen während der Reifungsphase niedriger sind. Daraufhin wurden in den 1970er-Jahren 20 Weingärten in Margaret River angelegt. In den 1980ern bepflanzte man weitere 23 und orientierte sich dabei Gladstones Bericht gemäß eng an Bordeaux. Die traditionellen weißen Bordeaux-Sorten Sauvignon Blanc und Sémillon eigneten sich gut für den typischen Margaret-River-Weißwein, doch die wichtigsten roten Bordeaux-Sorten (Cabernet Sauvignon, Merlot, Cabernet Franc und Petit Verdot) tun sich hier besonders hervor. Ihre Weine besitzen üppige Frucht und weiche Tannine, sind aber zugleich gut strukturiert. Margaret River Cabernets sind stilvoll und elegant.

Great Southern

HIER LIEGT DIE BETONUNG auf »Great«, denn dies ist das größte Anbaugebiet Westaustraliens. Great Southern hat fünf Subregionen, die inzwischen einen eigenen Stil entwickeln: **Frankland River** im Westen macht sich einen Namen mit elegantem Riesling und Cabernet Sauvignon; **Mount Barker** südöstlich von Frankland produziert einen köstlich-würzigen Shiraz im Rhône-Stil; für **Albany** im Süden sind körperreicher Pinot Noir und Chardonnay typisch; **Denmark** westlich von Albany erzeugt duftige Weiß- und saftige Rotweine; **Porongurup**, das von der Porongurup Range überragt wird, ist die jüngste Aufsteigerregion – mit viel versprechendem, aromatischem Riesling, edlem Chardonnay und üppigem Pinot Noir.
harter, gelb-gesprenkelter Mehrschichtboden *Cabernet Sauvignon, Shiraz, Pinot Noir* *Chardonnay, Riesling, Sauvignon Blanc* *rot, weiß*

DIE SPITZENERZEUGER WESTAUSTRALIENS

Houghton Wine Company
Swan District

Dale Rd, Middle Swan ☎ *08 9274 51 00* [w] *www.houghton-wines.com.au* ◻

DER LEGENDÄRE Winzer Jack Mann führte Houghton mit seinen sherrytönigen Weinen und einem vollmundigen, reifen Chenin Blanc namens »White Burgundy« ein, der zu einem der erfolgreichsten australischen Weine wurde. Nach Houghtons Erfolg kam 1976 die Übernahme durch Thomas Hardy & Sons (heute BRL Hardy). Der Jack Mann Cabernet dieser Firma strotzt vor fülligen Pflaumenaromen, während der samtige Margaret River Cabernet aus Houghtons örtlicher Spitzenauslese Noten schwarzer Johannisbeere mit eichentönigen Gewürznoten verbindet.

rot, weiß, aufgespritet, Schaum- und Dessertwein *2002 (w), 2001, 2000, 1999* ★ *Pemberton Chardonnay, Jack Mann Cabernet Sauvignon, Margaret River Cabernet Sauvignon*

Sandalford Wines
Swan District

3210 West Swan Rd, Caversham ☎ *08 9374 9300* [w] *www.sandalford.com* ◻

FÜR SANDALFORD WINES waren die späten 1970er- und die frühen 1980er-Jahre eine goldene Zeit: Winzer Dorham Mann beherrschte die Weinausstellungen. Sein Riesling, Chenin Blanc, Verdelho und Cabernet Sauvignon fanden bei den Konsumenten enormen Anklang. Als sich Mann zur Ruhe setzte, schrumpfte der Marktanteil der Firma, und sie wurde mehrmals verkauft. Dennoch bietet die Produktreihe Element für jeden etwas (von samtenem Chardonnay bis zu weichem, fruchtigem Cabernet-Shiraz), und die aufgespriteten Weine, allen voran der süßem Madeira ähnelnde Sandalera von alten Verdelho-Reben, sind sensationell.

rot, weiß, aufgespritet, Dessertwein *2003 (r), 2002* ★ *Element Chardonnay, Element Cabernet-Shiraz, Sandalera*

Vanya Cullen von Cullen Wines

Cape Mentelle
Margaret River

Wallcliffe Rd, Margaret River ☎ *08 9757 0888* [w] *www.cape-mentelle.com.au* ◻ *n. V.*

CAPE MENTELLE, die Schwesterfirma von Cloudy Bay *(s. S. 607)*, wurde 1971 in dem Glauben gegründet, dass Margaret River und Cabernet Sauvignon für einander gemacht seien – und Inhaber David Hohnen behielt recht: Er gewann in den 1980er-Jahren zwei Mal den begehrten Jimmy-Watson-Rotweinpreis. Der Cabernet Sauvignon führt das gehobene Rotwein-Sortiment an. Hohnen führte auch Zinfandel in Australien ein, aus dem er einen intensiven Wein keltert. Sein Sémillon-Sauvignon-Blanc-Verschnitt ist würzig, der Chardonnay fruchtbetont, und der gut strukturierte Cabernet kaffee- und vanilletönig. Veuve Cliquot *(s. S. 174)* investierte 1988 in Cape Mentelle, aber Hohnen hatte zusammen mit Winzer John Durham weiterhin das Sagen. Sie gaben 1998 Fonty's Pool als neue Manjimup-Marke heraus. Und unter dem neuen CEO Dr. Tony Jordan geht alles weiter wie gehabt.

rot, weiß *2002 (w), 2001, 2000 (w)* ★ *Cabernet Sauvignon, Chardonnay, Sémillon-Sauvignon Blanc*

MARGARET RIVER-SÉMILLON

Bei australischem Sémillon kommt einem sofort Hunter Valley in den Sinn, aber auch Margaret Valley produziert Hochwertiges aus dieser Traube. Sémillon *(rechts)* entwickelt hier tropische Noten mit Kräutereinschlag und ist geschmacklich ausgewogener als in Hunter Valley. In kälteren Jahren ähnelt sie dagegen eher einer Sauvignon Blanc mit grasigen Kräuternoten und scharfer Säure. Erzeuger wie Moss Wood Winery machen daraus einen lagerfähigen Sortenwein. Der Sémillon-Sauvignon-Blanc-Verschnitt aus Margaret River spricht einen dagegen umittelbar an; keine australische Region kann diesen Verschnitt besser machen: voll lebhafter Frucht und üppig im Geschmack. Cape Mentelle und Cullen Wines vergären sogar etwas Sauvignon Blanc im Fass, damit er noch komplexer wird.

Cullen Wines
Margaret River

Caves Rd, Cowaramup 08 9755 5277 www.cullenwines.com.au

Wenn es in Australien eine erstklassige Boutique-Kellerei gibt, dann ist es Cullen Wines. Der Stil der Familie Cullen ist faszinierend – sei es beim subtilen Sémillon-Sauvignon-Blanc oder beim Cullen Cabernet-Sauvignon-Merlot, ihrer kraftvoll-komplexen australischen Ikone. Dr. Kevin Cullen gründete den Weingarten 1971, und als sich die Ausübung seines Arztberufs als zu zeitaufwändig erwies, überließ er die Weinerzeugung seiner Frau Di, die mit Zauberhand in der damals noch entlegensten Weinregion des Landes waltete. Als ihre Tochter Vanya sie 1989 ablöste, experimentierte man noch mehr, und vor allem ihre Verfeinerung des Chardonnay fand weltweit Anerkennung: Er ist nicht nur äußerst komplex, sondern auch so fein strukturiert und ausgewogen, dass er zu den wenigen australischen Chardonnays gehört, die ein Jahrzehnt einzulagern sich lohnt.

rot, weiß 2002, 2001, 2000, 1999, 1998, 1997 ★ Cabernet Sauvignon-Merlot, Chardonnay, Sémillon-Sauvignon Blanc

Leeuwin Estate Art Series: Riesling- und Chardonnay-Etiketten

Leeuwin Estate
Margaret River

Stevens Rd, Margaret River 08 9759 0000 www.leeuwinestate.com.au

Denis und Tricia Horgan, die geistigen Eltern von Leeuwin Estate, kauften das Gut 1969 ursprünglich als Rinderfarm. Ein Treffen mit dem kalifornischen Weinerzeuger Robert Mondavi änderte 1973 jedoch alles, und man fasste einen großen Plan. Leeuwins Art Series Chardonnay besitzt außerordentlich intensive Frucht und ist einer der wenigen lagerfähigen australischen Chardonnays – er gilt zu Recht als einer der besten des Landes. Die anderen Weine stehen in seinem Schatten; mehr Anerkennung allerdings verdienen der Art Series Cabernet Sauvignon mit seinen feinen Tanninen und der delikate Riesling.

rot, weiß 2002, 2001, 2000 (w), 1999 ★ Art Series: Chardonnay, Cabernet Sauvignon, Riesling

Moss Wood Winery Cabernet Sauvignon

Moss Wood Winery
Margaret River

Metricup Rd, Wilyabrup 08 9755 6266 www.mosswood.com.au n. V.

Winzer Keith Mugford kam angeblich zum Surfen nach Margaret River, blieb am Ende aber wegen des Weins – und seine Weine sind trotzdem Klassiker geworden: Seit dem Kauf von Moss Wood 1985 hat er Chardonnay, Sémillon, Pinot Noir und Cabernet Sauvignon von erstaunlich konstanter Güte erzeugt. Moss Woods Star ist der reife, beerige Cabernet Sauvignon, der im Laufe der Jahre mit Cabernet Franc, Merlot und Petit Verdot modifiziert wurde. Viele neue Weine stammen vom Ribbon Vale Vineyard.

rot, weiß 2003, 2002 (w), 2001, 1999 ★ Cabernet Sauvignon, Chardonnay, Sémillon

Vasse Felix
Margaret River

Harmans Rd South, Cowaramup 08 9756 5000 www.vassefelix.com.au

Tom Cullity, ein Kardiologe aus Perth und Weinbauer mit der Leidenschaft des echten Visionärs, gründete 1967 Vasse Felix und wurde so zum ersten kommerziellen Weinbauern von Margaret River. Das Gut wurde 1987 vom Millionär Robert Holmes gekauft, dessen Investitionen in die Kellerei ebenso wie ein gutes Restaurant zu seinem Ansehen beigetragen haben. Schwer zu sagen, wer beeindruckender ist: der süß-beerige Shiraz oder der Heytesbury Cabernet-Sauvignon-Verschnitt. In guten Jahren glänzt der Heytesbury durch üppige Frucht, Weichheit und elegante Margaret-River-Kräuter. Daneben gibt es einen samtigen Heytesbury Chardonnay und den honigtönigen Noble Riesling.

rot, weiß, Schaum- und Dessertwein 2002 (w), 1999 (r), 1996 (r) ★ Heytesbury: Cabernet Sauvignon und Chardonnay, Shiraz

Voyager Estate
Margaret River

Stevens Rd, Margaret River 08 9757 6354 www.voyagerestate.com.au

VOYAGER ESTATE gehört dem Bergbaumagnaten Michael Wright, der angeblich so gut wie abstinent lebt, die Weinproduktion aber sehr ernst nimmt und große Summen investiert hat, damit sein Gut ein Wahrzeichen dieser Gegend wird – sowohl durch seine kapholländische Architektur als auch durch seine Spitzenweine.

Die Vorarbeiten erledigte Stuart Pym, ein talentierter Weinmacher und Architekt des eleganten, vollmundigen, strukturierten Voyager-Chardonnay-Stils. Die Firma stellt auch einen guten, fassvergorenen Sémillon-Sauvignon-Blanc namens Tom Price her. Weinmacher Cliff Royle setzt geschickt Eiche ein, wie der pfeffrige Shiraz und der fest strukturierte Cabernet Sauvignon zeigen.

rot, weiß 2003, 2001, 2000 (w) ★ Chardonnay, Tom Price Sémillon-Sauvignon Blanc, Cabernet Sauvignon

Voyager Estate Chardonnay

Xanadu Wines
Margaret River

Boodjidup Rd, Margaret River 08 9757 2581 www.xanaduwines.com.au

IN DEN 1990ERN produzierte Xanadu ein starkes Sortiment gut gekelterter Weine mit Entwicklungspotenzial, 1999 verkaufte die Familie Lagan an eine Investorengruppe. 2001 war das Unternehmen an der Börse notiert. Mit diesem finanziellen Hintergrund kaufte Xanadu 2002 Normans Wines in Adelaide Hills. Glücklicherweise blieb unter dem langjährigen Weinmacher Jurg Muggli die Qualität der Weine unverändert: Der spritzige, aber auch samtige Chardonnay und der körperreiche Cabernet Sauvignon gehören zu den besten von Margaret River; die Secession-Produktreihe bietet ein gutes Preis-Leistungs-Verhältnis.

rot, weiß 2003, 2002, 2001, 2000, 1998 ★ Reserve Cabernet Sauvignon, Chardonnay, Secession Sauvignon Blanc-Sémillon

Der Familienbetrieb Picardy in Pemberton

Chestnut Grove Wines
Manjimup

Chestnut Grove Rd, Manjimup 08 9772 4345 www.chestnutgrove.com.au

CHESTNUT GROVE wurde 1991 mit einer sagenhaften Produktreihe ins Leben gerufen. Am besten kam ein passionsfruchttöniger Verdelho an, gefolgt von einem an Alkohol, Kraft und Körper reichen Merlot, der dem Ruf dieser Gegend, kalt und unbedeutend zu sein, widerspricht. Kühl ist sie allerdings in der Tat, wie die jahrgangsabhängigen Chestnut Grove Pinot Noirs und Cabernet-Merlots zeigen. Die Marke Chestnut Grove wurde 2002 von Australian Wine Holdings gekauft, aber Weingarten und Kellerei sind noch im Besitz der Gründerfamilie Kordic.

rot, weiß, Schaumwein 2002 (w), 2001 (r), 2000, 1999 ★ Verdelho, Sémillon-Sauvignon Blanc, Merlot

Stone Bridge Estate
Manjimup

189 Holly's Rd, Manjimup 08 9773 1371 n.V.

KATE HOOPER lernte in Frankreich viel über die Weinerzeugung, bevor sie in die Kellerei ihrer Familie zurückkehrte. In dem kühlen Klima von Manjimup sind ihre Erfahrungen von unschätzbarem Wert. Ihr Trumpf ist der aromatische Schaumwein, der wenigstens 30 Monate auf der Hefe reift – für einen kleinen Erzeuger ein beträchtlicher Aufwand, der von sehr viel Hingabe zeugt.

rot, weiß, Schaumwein 2001, 1999 (w), 1998 (r), 1997 (r) ★ Sparkling, Shiraz

Picardy
Pemberton

Vasse Hwy & Eastbrook Rd, Pemberton 08 9776 0036 www.picardy.com.au n. V.

NACHDEM SIE BEI MOSS Wood in Margaret River den Cabernet Sauvignon mit auf den Weg gebracht hatten, verkauften Bill und Sandra Pannell und machten 1993 mit der Gründung von Picardy weiter – im Bestreben, den Anbau von Chardonnay, Pinot Noir, Shiraz und Cabernet Sauvignon in der kühlen Region Pemberton auszuprobieren. Angesichts der Leidenschaft der beiden für Burgund überrascht es nicht, dass ein mineralischer

Chardonnay und ein rassiger Pinot Noir den Anfang machten. Auch einen dunklen, würzigen, vollmundigen Shiraz haben sie produziert.

rot, weiß 2003 (w), 2002 (r), 2001 (w), 1997 (r) ★ Chardonnay, Pinot Noir, Shiraz

Smithbrook Wines
Pemberton

Smithbrook Rd, Middlesex 08 9772 3557 www.smithbrook.com.au n. V.

IN DER ANFANGSZEIT von Pemberton belieferte diese kaum bekannte Firma große Erzeuger mit Trauben von ihren umfangreichen Rebflächen. Einen kleinen Teil zweigte man jedoch ab, um die Weine der Marke Smithbrook zu erzeugen – darunter ein frischer, lebendiger Sauvignon Blanc und ein pfirsichtöniger Chardonnay. Nach dem Kauf dieser Marke durch Brian Coser von Petaluma wurde das Unternehmen 1997 auf Vordermann gebracht; vor allem wurden die Pinot-Noir-Pflanzungen durch Merlot ersetzt. Der weiche, pflaumige und wie alle Smithbrook-Weine preisgünstige Merlot ist jetzt das Aushängeschild der Firma.

rot, weiß 2003, 2001 (r), 2000 (w), 1999 (r), 1998 (w) ★ Merlot, Chardonnay, Sauvignon Blanc

Alkoomi Wines
Great Southern

Wingebellup Rd, RMB 234, Frankland 08 9855 2229 www.alkoomiwines.com.au

ALKOOMI WINES und die Gegend von Frankland verdanken ihren Aufstieg u. a. ihren Rieslingen: Schon die ersten zeigten die Art von Aromaintensität, die man normalerweise mit den Tälern Clare und Eden verbindet, und erregten sofort Interesse. Meeresbrisen verlängern hier die Vegetationsperiode und geben den Trauben Zeit, eine große Geschmacksfülle zu entwickeln. Doch das Klima ist jeder von Winzer Merv Lange angebauten Sorte recht: Der Cabernet Sauvignon ist dunkel und reich an Frucht, und auch die Schwarzpfeffernote des Shiraz ist sehr ansprechend.

rot, weiß 2003, 2002, 2001, 1999, 1997 (w) ★ Shiraz, Cabernet Sauvignon, Riesling

Frankland Estate
Great Southern

Frankland Rd, Frankland www.franklandestate.com.au 08 9855 1544 n. V.

JUDI CULLAM UND Barry Smith nannten einen ihrer Weine Isolation Ridge. Man versteht leicht, warum: Frankland ist eine der letzten großen Regionen Australiens für Weinbaupioniere. In Frankreich ausgebildet, konnten sie sogar den Bordeaux-Erzeuger Jenny Dobson als Weinmacher herlocken. Der elegante Körper ihres Cabernet Sauvignon hebt ihn von der Masse australischer Cabernets ab; Olmo's Reward ist ein Verschnitt im Bordeaux-Stil; der Shiraz kann schwungvoll-pfeffrig ausfallen, und der kraftvolle Riesling ist ihr inoffizielles Aushängeschild geworden.

rot, weiß 2003, 2001, 1999, 1997, 1995 ★ Riesling, Isolation Ridge Shiraz, Olmo's Reward

Etikett Alkoomi Wines

Plantagenet Wines
Great Southern

*PO Box 122, Mount Barker
08 9851 2150
www.plantagenetwines.com*

PLANTAGENET WURDE 1974 in einem Schuppen in der Siedlung Mount Barker gegründet und läutete so die Frühgeschichte der hiesigen Weinerzeugung ein. Die Einheimischen hielten die Idee einer Kellerei für ziemlich verrückt, aber ihr Inhaber Tony Smith gab nicht nach, und Plantagenet überlebte. Zuerst erschien ein frischer, aromatischer Riesling, der anders aussah und schmeckte als alles, was bis dahin in Westaustralien gekeltert worden war. Auch der pfeffrige, muntere Shiraz fand Anklang. Da die Frucht hier so rein und frisch ist, hat sich Smith auch an einem nicht in Eiche ausgebauten Chardonnay versucht.

rot, weiß, Dessertwein 2002 (r), 2001 (w), 2000, 1998 ★ Omrah: Shira and, Unoaked Chardonnay; Mount Barker Cabernet Sauvignon

Wignalls Wines
Great Southern

Chester Pass Rd, Albany 08 9841 2848 www.wignallswines.com

BILL UND PAT WIGNALL dachten bereits an den Pinot-Noir-Anbau, bevor viele Australier überhaupt von dieser Traube gehört hatten. Sie meinten, dass King River bei Albany dem burgundischen Côte de Nuits *(s. S. 96)* sehr ähnlich sei und preschten vor mit Pinot Noir, Chardonnay und etwas Cabernet Sauvignon. Sie bauten 1998 eine große, neue Kellerei und betrauten Ben Kagi – früher bei Rippon Vineyard in Neuseeland *(s. S. 627)* – mit der Leitung.

rot, weiß 2002 (r), 2001, 1999, 1993 (r) ★ Shiraz, Pinot Noir, Chardonnay

NEUSEELAND

NEUSEELAND

IM LAUFE DER LETZTEN *20 Jahre hat neuseeländischer Wein, der vorher praktisch unbekannt war, internationale Anerkennung erlangt – eine ziemliche Meisterleistung für ein kleines Land mit nur 4 Mio. Einwohnern.*

HINTERGRUND

Der englische Missionar Reverend Samuel Marsden pflanzte 1819 in Kerikeri (North Island) die ersten Reben Neuseelands, und etwa 20 Jahre später soll James Busby, der erste Abgesandte Großbritanniens, in Waitangi erstmals Wein produziert haben. Danach gab es ein Jahrhundert lang nur wenige Fortschritte im Weinbau, bis in den 1960er-Jahren die Regierung die Branche förderte und sich internationale Firmen wie Penfolds, McWilliam's und Seagram niederließen. Die Zunahme an Investitionen und Einsatz bedingte auch eine Verbesserung von Weinbau, Traubensorten und Wein.

Sauvignon-Blanc-Trauben

Wie die australische ist auch die neuseeländische Weinbranche im wärmeren Norden des Landes ansässig, wo die Reifung der Trauben gewährleistet ist: Auckland an der Westküste und Hawke's Bay im Osten von North Island machten den Anfang. Während der 1970er-Jahre galt es dann, auch die Möglichkeiten von South Island zu prüfen. Erstmals testete man in Australien und Neuseeland kühlere Lagen für Sorten wie Sauvignon Blanc, Chardonnay, Merlot, Cabernet Sauvignon und Pinot Noir. Montana, Neuseelands größter Erzeuger, pflanzte 1973 die ersten Reben in Marlborough. Sein würziger 1980er Sauvignon Blanc war eine Offenbarung und wirkte wie ein Katalysator für die neuseeländische Weinbranche. Er stimulierte zudem die Geschmacksknospen des australischen Erzeugers David Hohnen von Cape Mentelle *(s. S. 608)*: Nachdem dieser einen Marlborough-Sauvignon gekostet hatte, überquerte er das tasmanische Meer und gründete Cloudy Bay. Dessen erster, 1985 von Weinmacher Kevin Judd kreierter Wein wurde eine Sensation. Danach erschloss

Die imposante Kulisse der Weingärten von Montana Wines in Auckland und Northland

◁ **Die Bergkulisse der Cloudy-Bay-Weingärten in Marlborough**

Wegweiser zu Nigel Greenings erfolgreicher Felton-Road-Kellerei in Central Otago

man auch andere Regionen der kühlen Südinsel für den Weinbau – Nelson, Central Otago und Canterbury. Im Jahr 1990 gab es bereits 5000 ha Rebland. Dies war der Beginn eines Booms, der bis heute anhält; auf beiden Inseln zusammen gibt es nun 15 800 ha Rebland.

DIE WEINBRANCHE HEUTE

In der internationalen Weinszene setzt Neuseeland mit heute mehr als 400 Kellereien auf Qualität. Im Jahr 2002 verarbeitete man die Rekordmenge von 118 000 t Frucht, was allerdings im Vergleich zu seinem großen weinproduzierenden Nachbarn Australien eher eine Lappalie ist – dort wurden unglaubliche 1,7 Mio. Tonnen verarbeitet.

Der Exportmarkt treibt den Boom eindeutig an. Große Firmen weisen dabei den Weg: In der neuseeländischen Weinszene verarbeitet der Riese Montana 35 % der gesamten Traubenmenge pro Jahr; Nobilo folgt auf Platz zwei, Villa Maria – die größte Kellerei in Privatbesitz – auf Platz drei. Herz und Seele von Neuseelands Weinbranche bleiben jedoch die vielen, überall verstreuten Familienbetriebe. Sie sind zwar klein, stellen aber zahlenmäßig die meisten Kellereien und haben ganze Weinbauregionen wie Central Otago neu erschlossen.

TRAUBENSORTEN UND WEINTYPEN

Die beliebteste Sorte des Landes ist Sauvignon Blanc. Sie wird inzwischen sogar häufiger als Chardonnay angebaut und wächst auf 41 % der gesamten Rebfläche. Chardonnay behauptet sich mit 38 % jedoch nach wie vor und liefert viele verschiedene Weintypen. Daneben gibt es einen zunehmenden Trend zu roten Sorten, der mit dem Erfolg von Pinot Noir begann – der mit mehr als 2000 ha Rebfläche heute dritthäufigsten Traube des Landes. Die Möglichkeit, intensive Pinot-Sortenaromen zu erzeugen, bietet sich eher auf dem kühleren South Island, wo der Anbau vorwiegend stattfindet. Merlot stellt etwa 8 % der gesamten Rebfläche, und auch Riesling und Gewürztraminer fassen trotz harter Konkurrenz Fuß.

Doch der Erfolg der neuseeländischen Weine mit ihren reinen, fast unberührten Fruchtaromen und ihrer Frische hat die Entdeckerlust der Weinbauern nicht im geringsten geschmälert: Die Zukunft weißer Sorten wie Pinot Gris ist sehr viel versprechend, und einige Erzeuger sind bereit, sich auf früher völlig unbekanntes Gelände vorzuwagen: Syrah und rote italienische Sorten – es gibt noch viele Anbaugebiete und Traubensorten zu entdecken.

Kumeu River Wines, Auckland und Northland

WEINKARTE NEUSEELAND

DIE ZWEI INSELN NEUSEELANDS – North Island und South Island – sind in neun Hauptanbaugebieten von Weingärten übersät. North Island besitzt fünf davon, darunter Hawke's Bay als das zweitgrößte; Marlborough als das größte gehört zu den vier übrigen auf South Island. Diese Anbaugebiete – unter ihnen die südlichsten Weingärten der Welt – erstrecken sich zwischen dem 35. und 46. Breitengrad über mehr als 1600 km. Die Klima- und Bodenunterschiede sind dabei enorm, und die Traubenlese im wärmeren Norden erfolgt teilweise bis zu sieben Wochen vor der im kühleren Süden.

Eingang von Dry River, Wairarapa

NORTH ISLAND: GEBIETE UND SPITZENERZEUGER

AUCKLAND UND NORTHLAND *S. 618*

Babich Wines *S. 622*
Goldwater Estate *S. 622*
Kumeu River Wines *S. 622*
Montana Wines *S. 622*
Nobilo Wine Group *S. 623*
Stonyridge Vineyard *S. 623*
Villa Maria Estate *S. 623*

Sauvignon Blanc von Cloudy Bay, Marlborough

WAIKATO UND BAY OF PLENTY *S. 618*

GISBORNE *S. 618*

HAWKE'S BAY *S. 618*

C J Pask Winery *S. 623*
Corbans Winery *S. 624*
Craggy Range Winery *S. 624*
Te Mata Estate *S. 624*

WELLINGTON UND WAIRARAPA *S. 619*

Ata Rangi *S. 624*
Dry River *S. 624*
Martinborough Vineyard *S. 625*
Palliser Estate *S. 625*

SOUTH ISLAND: GEBIETE UND SPITZENERZEUGER

NELSON *S. 619*

Neudorf Vineyards *S. 625*

MARLBOROUGH *S. 619*

Cloudy Bay *S. 625*
Huia Vineyards *S. 626*
Isabel Estate Vineyard *S. 626*
Wither Hills Vineyards *S. 626*

CANTERBURY UND WAIPARA *S. 619*

Pegasus Bay *S. 626*

CENTRAL OTAGO *S. 619*

Chard Farm *S. 627*
Felton Road *S. 627*
Gibbston Valley Wines *S. 627*
Rippon Vineyard *S. 627*

SAUVIGNON BLANC: WELTWEIT BELIEBT

Der Genuss von Marlborough Sauvignon Blanc ist äußerst belebend. Der erste Sauvignon Blanc aus dieser Gegend (Montana Wines) erregte mit seinen pikanten Grasnoten 1973 Aufsehen und galt als typisch neuseeländisch, so dass er nirgendwo sonst nachgeahmt werden konnte, nicht einmal in der französischen Heimat der Traube an der Loire. Marlborough eignet sich aus verschiedenen Gründen für Sauvignon Blanc: Viel Sonne und eine lange Vegetationsperiode lassen die Trauben vollständig ausreifen. Die fruchtbaren, schlammigen Böden dieser Region erzeugen einen schwungvollen Sauvignontyp; steinige Lagen liefern dagegen einen milderen Wein. Von den 68 Kellereien in Marlborough produziert praktisch jede heute Sauvignon Blanc, allerdings in unterschiedlichen Varianten: Einige sind scharf und kräutertönig, andere reif und tropisch.

DAS TERROIR AUF EINEN BLICK

Breite: 35–46 °S

Höhe: 0–3,750 m über NN

Topografie: Starke Unterschiede: Hohe Berge und tiefe Täler, die in weite Ebenen münden. Rebflächen finden sich vor allem in Ebenen und leicht hügeligem Gelände.

Boden: Von fruchtbarem, alluvialem bis zu unfruchtbarem, sandigem Boden

Klima: Kühl-maritim; North Island ist wärmer, South Island kühler, aber auch trockener. Randlagen, Fröste und Wassermangel erschweren den Weinbau auf South Island.

Temperatur: 23 °C (North Island) bzw. 18 °C (South Island) Durchschnittstemperatur im Januar

Niederschlag: 1240 mm (North Island) bzw. 810 mm (South Island) im Jahresdurchschnitt. Starkregen auf North Island kann die Trauben beschädigen bzw. verderben lassen.

Wind: Vorwiegend aus Westen. In North Island mildernder Einfluss von Meeresbrisen; auf South Island kommt der Wind vorwiegend aus Richtung der Southern Alps.

Gefahren für den Weinbau: Reblaus, Viruserkrankungen (Blätter)

Isabel Estate Vineyard, Marlborough

Maté's Vineyard, Kumeu River Wines in Auckland und Northland

SPITZENWEINE: NEUSEELAND

- Ⓦ Chard Farm Judge & Jury Chardonnay €€
- Ⓦ Cloudy Bay Sauvignon Blanc €€
- Ⓡ Felton Road Block 5 Pinot Noir €€€
- Ⓡ Goldwater Estate Esslin Merlot €€€€
- Ⓦ Huia Vineyards Riesling €€
- Ⓦ Isabel Estate Vineyard Sauvignon Blanc €€
- Ⓦ Kumeu River Wines Maté's Vineyard Chardonnay €€€
- Ⓡ Martinborough Vineyard Reserve Pinot Noir €€€
- Ⓢ Montana Wines Marlborough Deutz Cuvée €
- Ⓡ Stonyridge Vineyard Larose €€€€
- Ⓡ Te Mata Estate Bullnose Syrah €€
- Ⓦ Villa Maria Estate Reserve Noble Riesling €€

Grasende Schafe in einem Weingarten bei Kumeu, Auckland und Northland

DIE WEINBAUGEBIETE NEUSEELANDS

NORTH ISLAND

IN DER BAY OF ISLANDS wurden 1819 die ersten Reben gepflanzt. Heute floriert die Weinbranche in fünf großen Anbaugebieten.

Auckland und Northland

DIESE REGION IST IN BEZUG auf die tatsächlich bestehende Weingartenfläche klein, hat aber aufgrund ihrer hohen Zahl von Kellereien (insgesamt 90) großen Einfluss. Die Firmensitze aller großen Erzeuger befinden sich in Auckland und verarbeiten Trauben aus diesem Anbaugebiet und von außerhalb. Es gibt hier sieben Gegenden mit unterschiedlichen Weintypen; Matakana, die jüngste, verspricht gute Rotweine, Waiheke Island produziert einige der besten Weine auf Cabernet-Basis, und Kumeu liefert aufregenden Chardonnay.

rot-brauner Ton *Merlot, Cabernet Sauvignon* *Chardonnay, Pinot Gris* *rot, weiß*

Etikett Huia Vineyards Marlborough

Waikato und Bay of Plenty

MIT NUR 1 % der landesweiten Anbaufläche dürfte die ruhmreiche Zeit der Anbaugebiete Waikato und Bay of Plenty vorüber sein. Waikato bildete dank der Te Kauwhata Viticultural Research Station zu Beginn des 20. Jh. den Mittelpunkt neuseeländischen Weinbaus. Erzeuger wie Mills Reef, Rongopai und Morton Estate gereichen ihr jedoch noch immer zur Ehre, vor allem mit ihren Chardonnays.

gut entwässernder, braun-orangener Boden *Cabernet Sauvignon* *Chardonnay, Sauvignon Blanc* *rot, weiß, Dessertwein*

Gisborne

DAS WARME, SONNIGE GISBORNE – auch Poverty Bay genannt – eignet sich ideal für die Erzeugung ausgewogener, ansprechender Weine. Seine Weißweine, vor allem der Chardonnay und der Gewürztraminer, genießen landesweit einen guten Ruf. Es ist zudem eines der letzten Gebiete Neuseelands mit größeren Rebflächen der einstigen Lieblingstraube Müller-Thurgau. Sie wird neben den Muskatarten oft für preiswerte, kommerzielle Marken verwendet.

grau-brauner Flussschlamm *Chardonnay, Müller-Thurgau, Muskatweine, Gewürztraminer* *weiß*

Hawke's Bay

BEVOR MARLBOROUGH Mitte der 1970er-Jahre die Szene betrat, war dies Neuseelands Hauptanbaugebiet (Te Mata war Standort der ersten neuseeländischen Kellerei), mit geeignetem Klima und Boden sowie Pioniergeist. Die meisten Kellereien liegen im Süden um Hastings, wo es den berühmten Gimblett-Road-Kies gibt. Das wärmere Gelände dort liefert mit die vollmundigste und reifste Frucht der Region – und sehr guten Cabernet Sauvignon und Merlot. Hawke's Bay ist Neuseelands zweitgrößtes Anbaugebiet mit über 50 Erzeugern und bekannt für seine vollmundigen Chardonnay- und Cabernet-Sauvignon-Verschnitte, die in punkto Struktur mit einem Bordeaux mithalten können.

braune Hügelböden und Flussschlamm *Merlot, Cabernet Sauvignon* *Chardonnay, Sauvignon Blanc* *rot, weiß*

Wellington und Wairarapa

DIES IST IDEALES Pinot-Noir-Gebiet: Die Burgunder-Traube macht hier fast die Hälfte der Rebfläche aus und hat Wairarapa anfangs bekannt gemacht. Doch heute ist dieses Gebiet sehr vielseitig und liefert auch Sauvignon Blanc und Chardonnay von Weltklasse. Große Erzeuger sitzen vor allem in der Stadt Martinborough (was erklärt, warum oft mit diesem Namen auf die ganze Region verwiesen wird).
lockerer, grau-brauner Löss *Pinot Noir* *Sauvignon Blanc, Chardonnay* *rot, weiß*

SOUTH ISLAND

HIER SETZTE DER Weinbau wesentlich später ein als im Norden. Obwohl South Island kühler und weniger rentabel ist, dehnen sich ihre vier Anbaugebiete rasch aus.

Nelson

NELSON HAT EINIGES mit seinem Nachbarn Marlborough gemeinsam: Es ist warm und sonnig, doch kann Herbstregen die Reifung wesentlich stärker gefährden. Hermann Seifried baute hier 1974 seine ersten Reben an, und das Seifried Estate ist bis heute der größte Erzeuger. Nelson gliedert sich in zwei verschiedene Klima- und Bodenbereiche: die Flussschlamm-Ebenen der Waimea Plains und die höheren Abschnitte der Upper Moutere Hills.
gelb-grauer, steiniger Schlamm (Fluss); lehmiger Torf (Hügel) *Pinot Noir, Cabernet Sauvignon* *Chardonnay, Sauvignon Blanc, Riesling* *rot, weiß*

Marlborough

NACH EINEM RASANTEN Start im Jahr 1973 ist Marlborough zur Spitzenregion aufgestiegen und besitzt heute 42 % aller neuseeländischen Weingärten. Seine Vorteile sind eine lange Reifungsphase, viel Sonne, kühle Nächte und wenig Niederschlag. Deshalb befinden sich hier mit etwa 70 Kellereien mehr als sonst auf der Südinsel. Der Aufstieg in der Anfangszeit geht auf eine Traubensorte zurück: Sauvignon Blanc; das beste Beispiel dafür dürfte der Erfolg von Cloudy Bay sein. In den 1980er-Jahren lieferte diese Gegend die besten Schaumweine des Landes und bewies, dass sie sich auch für Pinot Noir und Chardonnay eignete. Dabei ist dies kein ideales Anbaugebiet: Fröste und zu wenig Wasser sind ein Dauerproblem. Der Weinbau konzentriert sich auf die Wairau Plains, aber jetzt entstehen auch in den nahe gelegenen Tälern (Brancott, Hawkesbury und Waihopai) Subregionen.
gelb-grauer, steiniger Flussschlamm *Pinot Noir* *Sauvignon Blanc, Chardonnay, Riesling* *rot, weiß, Schaumwein*

Canterbury und Waipara

AUFGRUND IHRER NÄHE zu den Southern Alps galt diese Region immer als zu kalt für den Weinbau. Pinot Noir und Chardonnay lassen sich aber noch anbauen – vor allem in Waipara, das an der Pegasus Bay, von grünen, schützenden Hügeln umgeben, liegt.
graues Alluvium; steiniges, gelb-graues Sediment *Pinot Noir* *Chardonnay, Riesling, Sauvignon Blanc* *rot, weiß*

Central Otago

IN DIESER REGION IM REGENSCHATTEN der Southern Alps muss man die Reben oft in Hanglage pflanzen, damit sie vor Frost geschützt sind und viel Sonne erhalten. Sie gehört zu den zuletzt erschlossenen Weinbaugebieten, holt aber rasch auf und ist vor allem für ihren Pinot Noir bekannt *(s. S. 624)*, wenngleich hier auch außergewöhnlicher Chardonnay, Pinot Gris und Riesling produziert wird. Das kontinentale Klima liefert elegante, feine Weine, doch die Produktionskosten sind hier aufgrund des schwierigen Klimas sehr hoch.
gelb-braun von alpinem Gelände *Pinot Noir* *Chardonnay, Pinot Gris, Riesling* *rot, weiß*

Die Aussicht von Tim Finns Neudorf Vineyards in Nelson

KORKENZIEHER UND VERSCHLÜSSE

DIE VERWENDUNG VON KORKEN für Weinflaschen geht auf das 17. Jh. zurück. Die Einführung standardisierter Flaschen im 18. Jh. änderte jedoch die Funktion dieser Verschlüsse: Da die neuen Flaschen liegend in Regalen gelagert wurden, musste man die Korken vollständig in den Flaschenhals treiben, um ein Auslaufen zu verhindern – und um einen so fest sitzenden Korken zu ziehen, benötigte man ein Werkzeug. Seitdem wurden Korkenzieher in unzähligen Ausführungen entworfen.

Heeley A1 Double Lever-Korkenzieher

Peg and Worm um 1780

Helix-Gewinde

Loop 120

1920er Bacchus-Korkenzieher

Folding Fancy (19. Jh.)

Mechanisch
Mechanische Korkenzieher verwenden Hebel und Drehpunkte, um den Kraftaufwand beim Korkenziehen zu verringern.

Einfach
Einfache Korkenzieher bestehen aus Griff, Schaft und Gewinde.

Henshall Corkscrew
Der Engländer Samuel Henshall entwickelte 1795 den ersten patentierten Korkenzieher.

1920er Stahl-Korkenzieher

Archimedisches Gewinde

Italienischer Aluminium-Korkenzieher (1930er-Jahre)
Konstruktionen mit zwei Hebeln wurden zum Ziehen fest sitzender Korken aus den engen Hälsen italienischer Weinflaschen entwickelt.

»Des Kellners Freund«
Der Deutsche Karl Wienke erfand diesen bis heute verwendeten Korkenzieher 1882.

Pemberton Corkscrew
Der englische Handwerker Samuel Pemberton konstruierte 1810 dieses Gerät aus Perlmutt und Silber.

Silberne Korkenzieherkappe

Zigzag Concertina Corkscrew (um 1920)

Weir's Concertina Corkscrew
Dieses mechanische Gerät wurde von J. Heeley & Sons in den 1880er-Jahren in England entwickelt.

Thomason-Modell mit gedrechseltem Knochengriff (19. Jh.)

Multifunktionswerkzeug mit Korkenzieher (um 1820)
Zu diesem alten Gerät gehörten auch ein Locheisen und ein Stiefelhaken.

GES Geschultz Mermaid, 1900

Screwpull
Elegante Korkenzieher, in den 1970er-Jahren von dem amerikanischen Luftfahrtingenieur Herbert Allen entwickelt.

MODERNE VERSCHLÜSSE

Die meisten Weinflaschen werden mit Naturkorken verschlossen. Es gibt allerdings eine Reihe von Alternativen: Eine beliebte Wahl ist der synthetische Kunststoffkorken; eine andere der Schraubverschluss. Bei Schraubverschlüssen dachte man früher eher an Weine minderer Güte, doch heute werden sie von vielen führenden Erzeugern (vor allem in Neuseeland) verwendet. Der bei Saft- und Bierflaschen übliche Kronkorken ist bei Wein noch die Ausnahme.

Schraubverschluss *(links)*, künstlicher Korken *(Mitte)*, Kronkorken *(rechts)*

DIE SPITZENERZEUGER NEUSEELANDS

Babich Wines
Auckland und Northland

Babich Rd, Henderson ☎ *09 833 7859* [w] *www.babichwines.co.nz* ◯

SEIT DER GRÜNDUNG durch den Patriarchen Joe im Jahr 1916 ist Babich ein wichtiger Vertreter der lokalen Weinszene. Die Firma, die in der Branche lange als konservativ galt, hat zahlreiche Investitionen getätigt: So erwarb sie 1998 einen 40-ha-Weingarten in Awatere Valley (Marlborough), dann 65 ha im Waihopai Valley sowie in eine Viertelbeteiligung an Rapaura Vintners in Marlborough. Die Marken Patriarch und Mara machen Babich Wines alle Ehre; der Irongate Chardonnay gehört zu den besten des Landes.

rot, weiß *2002, 2000, 1998, 1996 (w), 1995, 1994, 1992 (w), 1991 (w), 1990* ★ *Irongate Chardonnay, Patriarch Cabernet Sauvignon, Marlborough Sauvignon Blanc*

Goldwater Estate
Auckland und Northland

18 Causeway Rd, Waiheke Island ☎ *09 372 7493* [w] *www.goldwaterwine.com* ◯

DIE INSEL WAIHEKE mit ihrem milden, maritimen Klima liegt eine Stunde mit der Fähre von Auckland entfernt und bietet einen der besten neuseeländischen Cabernet Sauvignons. Die Ähnlichkeiten zwischen Waiheke Island und Bordeaux wurden erst klar, als Kim Goldwater dort 1978 die ersten Reben anbaute. Goldwater Estate machte sich einen Namen mit Cabernet-Merlot-Verschnitten; in jüngerer Zeit hat jedoch der seidige Esslin Merlot das Interesse von Konsumenten aus aller Welt geweckt.

Blick vom Goldwater Estate auf Waiheke Island

rot, weiß *2002, 2001 (w), 2000, 1999, 1998 (r), 1994, 1993, 1992 (w), 1991, 1990 (r)* ★ *Marlborough Chardonnay, Esslin Merlot, Cabernet Sauvignon-Merlot*

Kumeu River Wines
Auckland und Northland

550 State Highway 16, Kumeu ☎ *09 412 8415* [w] *www.kumeuriver.co.nz* ◯

NEUSEELANDS erster Master of Wine, Michael Brajkovich, ist einer der besten Chardonnay-Erzeuger des Landes und enthüllt die üppige Komplexität dieser Traube besser als die meisten anderen. Der nach seinem verstorbenen Vater benannte Maté's Vineyard Chardonnay zeigt Brajkovich auf dem Gipfel seiner Kunst. Für Chardonnay ist seine Firma bekannt, aber auch Pinot Gris, Pinot Noir und die roten Bordeaux-Verschnitte sind fein strukturiert. Nach Jahren ständigen Korkgeschmacks ist Michael mutig zur Verwendung von Schraubverschlüssen für seine gesamten Produkte übergegangen.

rot, weiß *2002, 2001 (w), 2000, 1998, 1996, 1994, 1993, 1991* ★ *Maté's Vineyard Chardonnay, Pinot Gris, Pinot Noir*

Kumeu River Wines

Montana Wines
Auckland und Northland

333 Apirana Ave, Glen Innes ☎ *09 570 8400* [w] *www.montanawines.com* ◯

DAS WELTWEIT in Hochglanzmagazinen abgedruckte Bild von Montana Wines zeigt Brancott Vineyard in Marlborough, auf dessen 295 ha fast ausschließlich eine Traube – Sauvignon Blanc – angebaut wird. Montanas Sauvignon Blanc war es auch, der die Welt überhaupt auf das große Potenzial dieser Region aufmerksam machte – nicht das erste Mal, dass diese größte Firma Neuseelands wegweisend war. Ihr mit Investitionen der Champagnerfirma Deutz *(s. S. 172)* erzeugter Marlborough-Deutz-Cuvée-Schaumwein war der erste ernst zu nehmende Schaumwein des Landes, und die Zusammenarbeit mit dem bordeleser Erzeuger Cordier hat zu erheblichen Verbesserungen ihrer Rotweine geführt.

Das 1944 von dem kroatischen Einwanderer Ivan Yukich gegründete Unternehmen bietet einige Spitzenprodukte, ist aber in der

Hauptsache sehr verbraucherorientiert. Im Jahr 2003 verarbeitete es 50 000 t Trauben – das sind 35 % der neuseeländischen Gesamtproduktion jenes Jahres.

rot, weiß, Schaum- und Dessertwein 2001 2000, 1999 (w), 1998, 1995, 1994, 1993 (w), 1991 ★ Marlborough Deutz Cuvée, Reserve Marlborough Chardonnay, Hawke's Bay Cabernet Sauvignon-Merlot

Nobilo Wine Group
Auckland und Northland

45 Station Rd, Huapai 09 412 6666
www.nobilo.co.nz

DIE VOM DALMATINISCHEN Einwanderer Nikola Nobilo 1943 gegründete Firma wurde anfangs durch den landesweiten Erfolg ihres aromatischen weißen Sortenweins Müller-Thurgau bekannt. Die Zeiten haben sich jedoch geändert – und ebenso Nobilo. Ganz nach dem allgemeinen Geschmack war der in den 1980er-Jahren produzierte White Cloud, ein süffiger Müller-Thurgau-Chenin-Blanc-Verschnitt; er regte viele zur Nachahmung an – vor allem den australischen Erzeuger Seppelt Great Western *(s. S. 596)* mit seinem Glass Mountain.

BRL Hardy *(s. S. 572)* besitzt Nobilo seit 2000 zu 100 %; eine Finanzspritze hat neue Weingartenprojekte in Marlborough und Hawke's Bay ermöglicht, so dass Nobilo jetzt die zweitgrößte Kellerei Neuseelands ist.

rot, weiß, Dessertwein 2002 (r), 2001, 2000 (r), 1999, 1998, 1996 (r), 1994 (w), 1991 ★ Icon Series Chardonnay, Icon Series Riesling, House of Nobilo Marlborough Sauvignon Blanc

Stonyridge Vineyard
Auckland und Northland

80 Onetangi Rd, Waiheke Island
09 372 8822
www.stonyridge.co.nz

IN STONYRIDGE herrscht eine typisch-mediterrane Atmosphäre. Gründer Stephen White meint, dass dies dem Klima von Waiheke entspricht, das um die 4 °C wärmer ist als das der übrigen neuseeländischen Anbaugebiete. White – Segler, Surfer und Weinmacher – wurde durch seine Arbeit für Mas de Daumas Gassac *(s. S. 145)* zum Anpflanzen roter Bordeaux-Sorten angeregt, und Weinautoren rechnen seinen Larose – einen Verschnitt fünf roter Sorten, der zu den teuersten und gefragtesten Weinen des Landes zählt – zur Bordeaux-Klasse.

rot, weiß 2002, 2000, 1999, 1996, 1994 ★ Larose, Syrah

Villa Maria Estate
Auckland und Northland

5 Kirkbride Rd, Mangere 09 255 0660 www.villamaria.co.nz

DAS 1961 GEGRÜNDETE Villa Maria Estate ist nach Montana und Nobilo der dritte Weinriese Neuseelands. Seine treibende Kraft ist der absolut bescheidene, aber resolute Inhaber George Fistonich, dessen Winzerphilosophie angesichts der noch jungen neuseeländischen Weinbranche auf preiswerte, süffige Weine zielt; Villa Maria Estate ist dadurch groß geworden und bietet jetzt aus jedem großen Anbaugebiet und in jeder Preisklasse etwas – allem voran die stolze Marke Villa Maria Reserve.

Etikett Villa Maria Estate

rot, weiß, Schaum- und Dessertwein 2002, 2001 (w), 2000, 1999, 1998 (r), 1996 (w), 1995, 1994 (w), 1991 (r), 1990 Wairau Reserve Sauvignon Blanc, Reserve Hawke's Bay Cabernet Sauvignon-Merlot, Reserve Noble Riesling

Etikett C J Pask Winery

C J Pask Winery
Hawke's Bay

1133 Omahu Rd, Hastings
06 879 7906
www.cjpaskwinery.co.nz

CHRIS PASK, Pilot eines Schädlingsbekämpfungsflugzeugs, und Kate Radburnd, eine preisgekrönte Weinmacherin, arbeiten schon seit 1990 erfolgreich zusammen. Pask gehörte zu den ersten, die das Potenzial der heute berühmten Gimblett-Road-Kiesböden erkannten, und baute hier eine Reihe weißer und roter Sorten an. Radburnd produziert recht gute Weißweine, doch ihre wahre Stärke ist ein Merlot, der landesweit zu den besten zählt. Verlass ist auch auf ihren Cabernet-Sauvignon-Verschnitt, und ihr Syrah wird mit Spannung erwartet.

rot, weiß 2002 (r), 2000, 1998 (r), 1996 (w), 1995, 1994 (w), 1991 (r), 1990 ★ Reserve Merlot, Reserve Cabernet Sauvignon-Merlot, Reserve Chardonnay

Corbans Winery
Hawke's Bay

91 Thames St, Napier 📞 *06 833 6830* *www.montanawines.co.nz*

WEINTRINKERN könnte Corbans in einer seiner vielen Gestalten durchaus vertraut sein: Longridge of Hawke's Bay, Stoneleigh Vineyard, Robard and Butler, Cook's Winemaker Reserve, International Cellars und natürlich Corbans eigene Marke. Corbans ist seit langem ein wichtiger Vertreter der neuseeländischen Weinbranche, zuletzt als Teil des großen Montana-Imperiums. Die Firma bietet eine außerordentliche Vielfalt an Weinen – vom einfachen weißen Label bis zur exklusiven Marke Cottage Block, zu der auch ein steinfruchttöniger Chardonnay gehört.

rot, weiß, Schaum- und Dessertwein ***2002, 2000, 1998, 1996, 1995, 1994, 1991, 1990*** ★ ***Cottage Block Chardonnay, Marlborough Sauvignon Blanc, Private Bin Noble Riesling***

Craggy Range Winery
Hawke's Bay

253 Waimarama Rd, RD12, Havelock North 📞 *06 873 7126* *www.craggyrange.com*

CRAGGY RANGE wurde 1998 von dem erfolgreichen Geschäftsmann Terry Peabody gegründet, der zunehmendes Interesse an der Erzeugung von Spitzenweinen hatte. Seinem Projekt steht der fortschrittliche Weinbauer und Weinmacher Steve Smith vor, ein Master of Wine, der Weingärten in Martinborough und Hawke's Bay angelegt hat, darunter auch Syrah auf dem Gimblett-Road-Gelände – eine spannende Erweiterung des regionalen Rotweinarsenals. Dass Smith an die Bedeutung der Lagenwahl glaubt, zeigt bereits der Name des Craggy-Range-Restaurants: Terroir.

rot, weiß ***2002, 2001, 1999 (w)*** ★ ***Sauvignon Blanc, Chardonnay, Pinot Noir***

Te Mata Estate
Hawke's Bay

Te Mata Rd, Havelock North 📞 *06 877 4399* *www.temata.hb.co.nz*

DIE ERSTEN Pinot-Noir-Reben wurden hier bereits 1892 gepflanzt, und bis heute zählt Te Mata aufgrund seiner Rotweine zu den Spitzenerzeugern des Landes. Inhaber John Buck konzentriert sich bei der Produktion seiner eleganten, feinen Weine auf Cabernet Sauvignon, Merlot und Cabernet Franc. Sie gelten zudem als lagerfähig, was für viele Rotweinerzeuger Neuseelands nur ein schöner Traum ist. Te Matas langjähriger Weinmacher Peter Cowley hat sich jetzt mit Syrah auf ein neues, interessantes Gebiet begeben – sein Bullnose Syrah strotzt förmlich vor Gewürznoten.

rot, weiß ***2002, 2001, 2000, 1999, 1998, 1997 (w), 1996, 1995 (r), 1994 (w), 1991, 1990 (r)*** ★ ***Elston Chardonnay, Coleraine Cabernet Sauvignon-Merlot, Bullnose Syrah***

Bullnose Syrah, Te Mata Estate

Ata Rangi
Wellington und Wairarapa

Puruatanga Rd, Martinborough 📞 *06 306 9570* *www.atarangi.co.nz*

ATA RANGI ist Maori und bedeutet »Neuanfang« – was auf diesen Weingarten, der zur Einführung moderner Winzerei in Martinborough beitrug, zutrifft. Gründer Clive Paton und seine Frau Phyllis, eine ehemalige Montana-Weinmacherin, pflanzten hier Burgunder-Sorten an, nachdem der Bodenexperte Dr. Derek Milne festgestellt hatte, dass diese Region sich dazu eignen würde. In den 1990er-Jahren wurde Ata Rangi wegen seines überaus körperreichen Pinot Noirs hochgeschätzt.

rot, weiß, Dessertwein ***2003 (r), 2001, 2000 (r), 1996, 1994, 1991 (w)*** ★ ***Pinot Noir, Craighall Chardonnay, Lismore Pinot Gris***

Dry River
Wellington und Wairarapa

Puruatanga Rd, Martinborough 📞 *06 306 9388*

DR. NEIL MCCALLUM überraschte Dry-River-Anhänger 2003 mit dem Verkauf seines

DER AUFSTIEG DES PINOT NOIR

Vor zwanzig Jahren war neuseeländischer Pinot Noir meist dünn und rosé-artig. Ältere Klone der Burgunderrebe waren ungeeignet – und viele Lagen ebenfalls. Doch zusammen mit dem Weinbau verbesserten sich auch die Weine. Pinot ist heute die meistgepflanzte Traube Neuseelands (fast 3000 ha). Martinborough war und ist dabei Vorreiter – mit dunklen Weinen voll wunderbarer, schwarzkirschartiger Aromen und einer ausgeprägten Wildnote. Über 40 % der Pinot-Pflanzungen befinden sich heute in Marlborough, wo die Traube sowohl Schaumwein als auch stillen Wein liefert. Pinot aus Marlborough ist geschmacklich wie preislich am zugänglichsten; für einen Pinot mit mehr Biss muss man sich dagegen nur zwei Worte merken: Central Otago.

8-ha-Weingartens an Amerikaner. Das Gute ist, dass McCallum als Gründer, geistiger Vater und Weinmacher geblieben ist. In Pinot-Noir-Kreisen ist er eine Legende, weshalb Dry-River-Weine sehr schwer zu erhalten sind. Sein Geheimnis ist die Begeisterung für jedes Detail: Dry River enthüllt die vollmundige, komplexe Seite der Pinot-Noir-Traube, und jede Traube McCallums verdient es in der Tat, gekostet zu werden.

rot, weiß, Dessertwein 2002, 2001, 2000 (r), 1999, 1997 (w), 1996, 1994, 1991 (w) ★ Pinot Noir, Craighall Amaranth Riesling, Gewürztraminer

Martinborough Vineyard
Wellington und Wairarapa

Princess St, Martinborough 06 306 9955 www.martinborough-vineyard.co.nz

MARTINBOROUGH Vineyard hat Martinborough populär gemacht. Oder war es umgekehrt? Wie auch immer, von hier stammt einer der üppigsten Pinot Noirs. Die Reife der Früchte ist dabei entscheidend, und diese Firma hat lange und schwer daran gearbeitet: Man kümmert sich umsichtig um Spalier- und Rebschnittverfahren sowie die Auswahl der besten Klone. Auch der äußerst kraftvolle Chardonnay liefert Spitzenresultate. In den 1990er-Jahren dachte man bei Martinborough sofort an Weinmacher Larry McKenna, einen Guru der Pinot-Liebhaber. Nach seinem Abschied gilt es, das hohe Niveau beizubehalten.

rot, weiß 2001, 2000, 1999 (r), 1998, 1996 (r), 1994 (r), 1991, 1990 ★ Reserve Pinot Noir, Chardonnay, Riesling

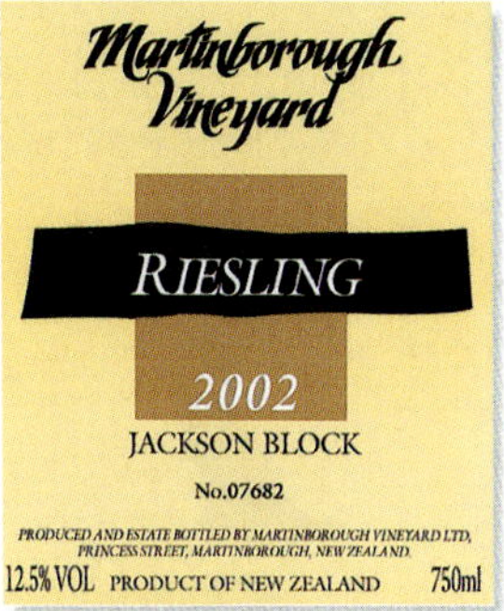

Etikett Martinborough Vineyard

Palliser Estate
Wellington und Wairarapa

Kitchener St, Martinborough 06 306 9019 www.palliser.co.nz

WIE DIE MEISTEN Erzeuger von Martinborough wurde Palliser in den 1990er-Jahren durch Pinot Noir bekannt. Heute ist die Firma jedoch ein Allrounder mit einem Lager voller Spitzenweine von Riesling über Chardonnay bis hin zu Pinot Gris und Sauvignon Blanc – einschließlich eines Schaumweins. Das Palliser-Markenzeichen ist messerscharfe Fruchtigkeit; der nicht in Holz ausgebaute Sauvignon Blanc ist in der Tat so gut, dass ein Marlborough bei dem Preis kaum mithalten kann. Mit 85 ha Rebfläche gehört Palliser Estate zu den größten Kellereien der Region.

rot, weiß, Schaumwein 2001, 2000, 1999, 1998 (r), 1997, 1996, 1994, 1993 (w), 1992 (w), 1991, 1990 ★ Sauvignon Blanc, Riesling, Pinot Noir

Sauvignon Blanc, Palliser Estate

Neudorf Vineyards
Nelson

Neudorf Rd, Upper Moutere 03 543 2643 www.neudorf.co.nz

NELSON HAT SEINEM berühmten Nachbarn Marlborough etwas voraus: Neudorf Vineyards. Dieser winzige Weingarten der Finns liefert einen ausgewachsenen, international geschätzten Chardonnay. Der direkte, aromatische Kraft und Eleganz kombinierende Neudorf wird als bester neuseeländischer Vertreter dieser Traube gewertet. Tim Finn geht seine Aufgabe wie ein Architekt an: Struktur ist alles. Auch sein geschätzter Pinot Noir zeugt von seinem Blick fürs Detail.

rot, weiß 2002 (w), 2001, 1998, 1997, 1994, 1992 (w), 1991, 1990 ★ Moutere Chardonnay, Sauvignon Blanc, Moutere Reserve Pinot Noir

Cloudy Bay
Marlborough

Jacksons Rd, Blenheim 03 520 9140 www.cloudybay.co.nz

CLOUDY BAY definierte 1985 den Archetyp des neuseeländischen Sauvignon Blanc und wurde dadurch international berühmt. Fruchtige Süße im Widerspiel mit würzigen Stachelbeernoten setzte Maßstäbe, und in warmen Jahren wirkte ein Schuss Sémillon Wunder. Weinmacher Kevin Judds Stil wurde in ganz Neuseeland und Australien kopiert. Der Weltklasse-Schaumwein Pelorus wurde 1992 auf den Markt gebracht, doch das ist noch nicht alles: Das Cloudy-Bay-Sortiment steckt voller großer Weine – edler Chardonnay, Pinot Noir, ein in Holz ausgebauter avantgardistischer Sauvignon Blanc, eine Riesling-Spätlese und ein umwerfender Gewürztraminer. Es gibt praktisch nichts, was Cloudy Bay nicht gelingt; dabei ist es natürlich hilfreich, zur Gruppe Louis Vuitton Moët Hennessy zu gehören.

rot, weiß, Dessert- und Schaumwein 2002, 2001 (r), 2000, 1999 (r), 1997 (r), 1996, 1994, 1991 ★ Pelorus Vintage Sparkling, Sauvignon Blanc, Pinot Noir

Huia Vineyards
Marlborough

Boyces Rd, RD3, Blenheim 03 572 8326 www.huia.net.nz

EINE 1989 VERKOSTETE Flasche Cloudy Bay Sauvignon bestimmte über Claire und Mike Allans weitere Laufbahn. Die aufwallenden Aromen dieses Weins überzeugten das in Australien Önologie studierende Pärchen, sich nach Marlborough zu orientieren. Man kann sagen, dass sie in Huia einen der prickelndsten Sauvignon Blancs der Region erzeugt haben; inzwischen haben sie zudem einen fabelhaften Schaumwein nachgelegt. Huias Markenzeichen ist eine feste Struktur mit knochentrockenem Abgang. Sein ungewöhnlicher Name geht auf einen ausgestorbenen Singvogel zurück.

rot, weiß, Schaumwein 2002, 2001, 2000, 1999, 1997 ★ Huia Brut, Sauvignon Blanc, Riesling

Isabel Estate Vineyard
Marlborough

72 Hawkesbury Rd, Renwick 03 572 8300 www.isabelestate.com

DIE WEINE DIESES fantastischen Weingartens verdanken wir der inzwischen verstorbenen Isabel Tiller. Sie pflanzte die ersten Reben 1982 an. Man plante alles langsam und umsichtig: Bevor die Tillers – Isabels Sohn Michael und seine Frau Robyn – 1997 ihre eigene Kellerei aufmachten, bauten sie Trauben für andere Erzeuger an. Die Weine sind bekannt für ihre starke Aromakonzentration und ihre Länge; alle Produkte sind qualitativ herausragend.

rot, weiß, Dessertwein 2001, 2000, 1999, 1998, 1997, 1996 ★ Sauvignon Blanc, Riesling, Noble Sauvage (Botrytis-Weißwein; je nach Jahr Sauvignon Blanc oder Riesling)

Etikett Pegasus Bay

Wither Hills Vineyards
Marlborough

114 New Renwick Rd, RD2, Blenheim 03 578 9497 www.witherhills.co.nz

FRÜHER WAR DIES ein erfolgreiches, kleines, von dem herausragenden Weinmacher Brent Marris gegründetes Mitglied der neuseeländischen Weinbranche. Seit einer 52 Mio. NZ-Dollar-Investition durch den Bier- und Getränkeriesen Lion Nathan im Jahr 2002 gehört Wither Hills zu dessen Imperium. Die Zukunft von Brent Marris selbst war ungewiss, aber bis dato läuft alles wie gehabt: Marris ist guter Weinmacher und geschickter Geschäftsmann. Er konzentriert sich auf nur drei Sorten – Sauvignon Blanc, Chardonnay und Pinot Noir, die mit schöner Regelmäßigkeit herausragend sind.

rot, weiß 2003, 2002, 2001, 2000, 1999, 1998, 1997 (w), 1996, 1994, 1992 ★ Sauvignon Blanc, Chardonnay, Pinot Noir

Pegasus Bay
Canterbury und Waipara

Stockgrove Rd, Amberley 03 314 6869 www.pegasusbay.com

IVAN DONALDSON, Professor für Neurologie und Weinmacher, besaß genug Forschergeist, um in der Entwicklungsphase von Pegasus Bay nicht nur auf Fruchtaromen, sondern auch auf Komplexität und Struktur zu achten. Das Unternehmen Pegasus erzeugt Weine mit ausgeprägtem Profil: Ob Sauvignon-Blanc-Sémillon, Riesling, Chardonnay oder Pinot Noir, die Aromen sind vollmundig. Von Donaldsons Liebe zur Oper zeugen Namen wie die Riesling-Spätlese Aria und der ungefilterte Pinot Noir Prima Donna. Kein anderer Erzeuger aus Waipara kommt den Geheimnissen dieser Region näher.

rot, weiß 2002 (w), 2001, 1999 (w), 1998 (r), 1995, 1994, 1991 (r) ★ Sauvignon Blanc-Sémillon, Chardonnay, Prima Donna Pinot Noir

BRENT MARRIS: EIN AUSSERGEWÖHNLICHER WEINMACHER

Brent Marris, überaus charmant und mit einer perfekten Laufbahn als Weinmacher, ist ein Star der neuseeländischen Weinbranche. Als erster qualifizierter Winzer eröffnete er 1994 Wither Hills Vineyards. Kurz darauf beeindruckte er mit einem außergewöhnlichen Chardonnay, dem ein erfolgreicher, mehrfach preisgekrönter Sauvignon Blanc (rechts) und jetzt ein Pinot Noir folgten. Als leitender Juror bei australischen und neuseeländischen Weinwettbewerben hat der Mittvierziger Marris ein Gespür für die Vorliebe der Kunden: kräftige, reine Fruchtaromen, eine edle, leichte Eichennote und vielschichtige, elegante Komplexität.

Chard Farm
Central Otago

Gibbston, RD1, Queenstown ☎ 03 442 6110 [w] www.chardfarm.co.nz ◯

DAS BUNGEE-JUMPING wurde in den Schluchten nahe der Chard Farm erfunden, was eine Vorstellung von der Landschaft dort gibt. Das Gut wurde 1987 von den Brüdern Rob und Greg Hay gegründet und eignet sich wegen der kühlen Lage ideal für Riesling sowie die seelenverwandten Burgundersorten Chardonnay und Pinot Noir. Die Reifung kann hier jedoch schwierig sein, und Rob (Greg ist seit 1998 nicht mehr dabei) muss den Alkoholgehalt durch Chaptalisation steigern. Der Riesling ist umwerfend, aber auch Chardonnay und Pinot Noir kämpfen um den ersten Platz. Hay erzeugt von jeder Sorte mehrere Typen; Judge and Jury Chardonnay sowie Finla Mor Pinot Noir bieten berauschende Höhepunkte.

rot, weiß 2002, 2001, 1999, 1998, 1996, 1995, 1991 ★ Riesling, Judge and Jury Chardonnay, Finla Mor Pinot Noir

Felton Road
Central Otago

Bannockburn, RD2 ☎ 03 445 0885 [w] www.feltonroad.com ◯

FELTON ROAD ist für Central Otago das, was Cloudy Bay für Marlborough war: Die ersten Pinot Noirs der 1991 gepflanzten Reben überraschten mit aufgeladener Fruchtintensität. Central Otago Pinot Noir, vor allem von Felton Road, wurde so zur begehrten Ware – insbesondere in der britischen Heimat von Inhaber Nigel Greening. Er meint, dass der Fruchtcharakter in Central Otago auf die großen Temperaturschwankungen zwischen Tag und Nacht zurückgeht (von 3 ° bis 33 °C). Hier herrscht biologischer Weinbau vor, und die Vinifikation orientiert sich an der Alten Welt. Die Weine sind sehr individuell mit außergewöhnlich lebhafter, ursprünglicher Frucht.

rot, weiß, Dessertwein 2002, 2001, 2000, 1999, 1998, 1997 ★ Block 5 Pinot Noir, Dry Riesling, Barrel-Fermented Chardonnay

Rippon Vineyard bei Lake Wanaka, Central Otago

Gibbston Valley Wines
Central Otago

Queenstown-Cromwell Hwy, Gibbston ☎ 03 442 6910 [w] www.gvwines.co.nz ◯

NEBEN SKISPORT und Bungee-Jumping gibt es noch einen weiteren Grund, Queenstown zu besuchen: Wein. Gibbston Valley Wines, das vor 10 Jahren völlig unbekannt war, ist heute einer der führenden Pinot-Noir-Erzeuger von Central Otago. Das Klima ist kühl und nur bedingt für den Anbau geeignet, weshalb die Fachkenntnisse des aus Otago stammenden und in Napa Valley ausgebildeten Winzers Grant Taylor entscheidend sind. Freuen Sie sich auf Weine mit voller, reiner Frucht. Die aromatische weiße Pinot Gris wird sich vielleicht als am besten geeignete helle Traube dieser Region erweisen; der geschmeidige Pinot Noir ist einer der reinrassigeren Weine von hier – mit der Reserve als Spitzenreiter.

rot, weiß, Dessertwein 2002, 2001, 2000 (r), 1998, 1996 (r) ★ Riesling, Chardonnay, Reserve Pinot Noir

Rippon Vineyard
Central Otago

Mount Aspiring Rd, Lake Wanaka ☎ 03 443 8084 [w] www.rippon.co.nz ◯

RIPPON VINEYARD mit dem blau schimmernden Lake Wanaka und der schneebedeckten Buchanan Range im Hintergrund ist atemberaubend schön. Mit ihren ursprünglichen, gebirgsfrischen Fruchtnoten sind seine Weine so beeindruckend wie die Aussicht. Als in Rippon 1974 die erste Versuchsparzelle mit etwa 30 Sorten angelegt wurde, wusste man noch nicht, was einen erwartete; nach den ersten Proben traf man 10 Jahre später die Endauswahl: Pinot Noir und eine Reihe aromatischer Weißweine.

rot, weiß, Schaumwein 2002, 2001, 2000, 1998 (r), 1995, 1993 (r), 1992, 1991 ★ Pinot Noir, Riesling, Gewürztraminer

ANDERE WEIN PRODUZIERENDE LÄNDER

EUROPA

DIE KLEINSTEN WEIN *produzierenden Länder in Europa stehen im Schatten ihrer berühmten Nachbarn. Die Jahresernten dieser Länder zusammengenommen ergeben nicht einmal die Erträge eines der großen Produzenten wie Frankreich, Italien oder Spanien. Und doch gibt es in diesen kleinen Ländern bedeutende Weinindustrien, von denen einige sich sehr dynamisch entwickeln.*

Luxemburg

DIE WEINBEREITUNG IM Großherzogtum Luxemburg reicht bis in 1. Jh. zurück. Viele Jahre ging ein Großteil der Luxemburger Ernte nach Deutschland, wo er zur Sektherstellung verwendet wurde. Heute werden die meisten Weine im Land selbst getrunken oder nach Belgien exportiert. Das Klima ist für die Weinbauern in vielerlei Hinsicht eine Herausforderung. Die Rebfläche ist westlich der Mosel an der deutschen Grenze auf 1300 ha beschränkt. Der Weinbau ist schwierig und arbeitsintensiv; Frühjahrsfröste und ganzjährig niedrige Temperaturen sind die Regel. In Luxemburg werden vor allem trockene, fruchtige Weißweine produziert. Die wenig bemerkenswerte Rivaner-Traube (Müller-Thurgau) ist die häufigste Sorte, aber ihre Beliebtheit nimmt ab. Ähnlich verhält es sich mit der alten Sorte Elbling, die sich gut für die Produktion von Schaumweinen eignet. Die besten Luxemburger Weine sind Rieslinge, vor allem die von den Kalksteinhängen bei Ahn im Distrikt Grevenmacher. Weitere viel versprechende Sorten sind Pinot Blanc, Pinot Gris und Gewürztraminer. Pinot Noir findet immer mehr Verwendung bei Rosé- und Rotweinen, die aufgrund des kühlen Klimas aber häufig wenig aromatisch sind. Zwei Drittel aller Weine des Landes werden von der Genossenschaft Les Domaines de Vinsmoselle hergestellt.

Pinot Noir *Rivaner, Elbling, Riesling, Pinot Blanc, Pinot Gris* *Remich, Grevenmacher* Les Domaines de Vinsmoselle *(www.vinsmoselle.lu)*

Auxerrois-Etikett, Luxemburg

Pinot-Noir-Weingärten in Südengland

Großbritannien

OBWOHL SEIT VIELEN JAHRTAUSENDEN Wein in Großbritannien angebaut wird, ist die Weinindustrie zu Beginn des 20. Jh. völlig zum Erliegen gekommen. In den 1950er-Jahren fand eine Wiederbelebung durch Hambledon Vineyard statt, und seither hat sich britischer Wein gut entwickelt. Das Land ist der kleinste Weinproduzent Europas, hat aber inzwischen 115 Kellereien und fast 400 Weingärten. Die meisten konzentrieren sich in Südengland, einige befinden sich aber auch in Wales, Yorkshire und sogar in Durham. Kommerzieller Weinbau ist in diesen Breiten nur dank des maritimen Einflusses und des Golfstroms möglich. Niedrige Temperaturen während der Wachstumsphase führen dazu, dass die Trauben oft erst im Oktober oder November geerntet werden. Die Qualität der Ernten schwankt beträchtlich, da Frühjahrsfröste, Fäulnis und Reifeprobleme auftreten können.

Es werden nur Traubensorten kultiviert, die unter schwierigen Bedingungen gedeihen. Vor allem Sorten aus Deutschland sind verbreitet, so die früh reifende Müller-Thurgau, Reichensteiner, Huxelrebe und Schönburger. Auch Madeleine Angevine wird angebaut, ebenso die Hybride Seyval Blanc. Britische Weine sind trocken-aromatisch mit mittlerem Körper.

Einige Produzenten haben bewiesen, dass auch Sorten wie Chardonnay, Riesling und

◁ **Weingärten im Bewässerungsnebel, Okanagan Valley, Kanada** sogar Merlot in Großbritannien Potenzial haben. Diese Sorten gedeihen in wärmeren Jahren – z. B. 2003 – besonders gut und sie profitieren von der allgemeinen Klimaerwärmung. Einige Weingüter experimentieren mit späten Lesen, Dessertweinen sowie Rotweinen von Pinot Noir und Teinturier. Zurzeit scheint die Produktion von Schaumweinen besonders viel versprechend. Neutrale, säurehaltige Weine sind unter den gegebenen Bedingungen leicht zu produzieren, und sie bilden die perfekte Ausgangsbasis für qualitativ hochwertige Schaumweine.

Pinot Noir, Teinturier *Müller-Thurgau, Reichensteiner, Schönburger, Madeleine Angevine, Seyval Blanc*
Kent, Sussex, Südwales
English Wines Group *(www.englishwinesgroup.com)*; Nyetimber Vineyard *(www.nyetimber-vineyard.com)*

Serbien mit Kosovo, Montenegro

DER KRIEG UND SEINE FOLGEN einschließlich der verhängten Sanktionen haben der Weinindustrie in der ehemaligen Republik Jugoslawien, die einmal zu den größten Exporteuren von Massenwein zählte, sehr geschadet. 2001 betrug die Gesamtrebfläche in Serbien und Montenegro 64 000 ha; dazu kommen 5000 ha in der Provinz Kosovo, wo die UN die Weinindustrie mit einem Sonderprogramm unterstützt. Die Provinz Vojvodina nördlich von Belgrad ist eine Fortsetzung des Weinlands Kroatien – mit weitgehend denselben Rebsorten und Weinstilen –, obgleich der größte Anteil auf die lokale weiße Sorte Smederevka entfällt. Die interessantesten, mit Merlot und Cabernet Sauvignon bestockten Weingärten liegen in der Hügellandschaft Fruska Gora, jedoch fehlen den veralteten Großkellereien Ausrüstung und Know-how, um das vorhandene Potenzial voll auszuschöpfen.

Serbischer Rotwein von Navip

Auf Serbien fiel rund ein Drittel der Weinproduktion Jugoslawiens, und besonders die Rotweine genießen einen guten Ruf: Die rote Prokupac wächst in allen Weingebieten Serbiens, überwiegt jedoch in Zapadna Morava; in Juzna Morava nahe der bulgarischen Grenze baut man auch Cabernet Sauvignon und Merlot an. Montenegro trug nie mehr als rund 2 % zur jugoslawischen Weinproduktion bei und ist für seinen robusten, vollaromatischen Vranac berühmt, einen von der gleichnamigen Rebsorte erzeugten Rotwein.

Prokupac, Vranac, Cabernet Sauvignon, Merlot *Smederevka* *Fruska Gora, Zapadna Morava, Juzna Morava, Vranje*

Weingarten der English Wines Group in Südengland

Mazedonien

Weingärten in der Nähe von Negotino in Mazedonien

WEINBAU TREIBT MAN IN Mazedonien schon seit römischer Zeit. Heute sind 80 % der Anbaufläche mit roten Sorten bestockt. Die bedeutendste Anbauregion ist Povardarje bei Skopje. Da die heißen Sommer durch die relativ hohe Lage gemildert werden, ist die Wachstumsperiode sehr lang, so dass sich die Aromen gut ausbilden. So mancher ausländische Investor hat auf die Region bereits ein Auge geworfen und festgestellt, dass dort einiges Potenzial stecken könnte.

Prokupac, Vranac, Cabernet Sauvignon, Merlot *Smederevka, Laski Rizling* *Povardarje, Peinja-Osogovo, Pelagonija-Polog*

Ehemalige GUS-Staaten

EINIGE DER EHEMALIGEN Sowjetrepubliken produzieren beträchtliche Mengen Wein, obwohl die Anbaufläche im Zuge der Anti-Alkohol-Kampagne von Präsident Gorbatschow in den 1980er-Jahren stark reduziert wurde.

Republik Moldau (Moldawien)

ARCHÄOLOGISCHE FUNDE lassen darauf schließen, dass der Weinbau in dieser Region mindestens 3000 Jahre zurückreicht. Auch heute spielt er eine große Rolle und stellt etwa 30 % des Exportvolumens des Landes dar. Moldawien mit seiner sanften Hügellandschaft birgt ein großes Potenzial für Qualitätsweine. Es ist in sieben Anbaugebiete unterteilt, und das Klima ist dank der Winde vom Schwarzen Meer gemäßigt.

Moldawien bildete einmal den östlichen Teil des Fürstentums Rumänien, und noch heute sprechen rund zwei Drittel der Bevölkerung Rumänisch. 1812 kam das Land erstmals unter russische Herrschaft, und die Zaren förderten den Anbau europäischer Rebsorten. In kommunistischer Zeit wuchs die Gesamtrebfläche auf 240 000 ha, doch ein Großteil fiel in den 1980er-Jahren der Anti-Alkohol-Kampagne Gorbatschows zum Opfer. Heute stehen rund 110 000 ha unter Reben, wobei 70 % der Produktion auf Weißwein entfallen. Rund 90 % aller Weine werden exportiert – das Gros nach Russland. Einige Erzeuger jedoch konzentrieren sich zunehmend auf westliche Märkte. So beschäftigt etwa Cricova-Acorex einen italienischen Weinmacher und erzeugt auf kontrolliert biologisch bewirtschafteten 700 ha wunderbar frischen Sauvignon Blanc und Pinot Gris. Dionysos-Mereni wiederum gehört einem Amerikaner moldawischer Abstammung. Man erzeugt einen reifen, wenn auch leicht erdigen Cabernet und einen in Eiche ausgebauten Chardonnay mit vollem Körper. Bedeutende ausländische Investitionen gibt es nicht.

Plakat aus Gorbatschows Anti-Alkohol-Kampagne: »Wo er trinkt, kämpft er.«

Pinot Noir, Merlot, Cabernet Sauvignon *Aligoté, Rkatsiteli, Sauvignon Blanc, Chardonnay* *Hincesti, Pucar, Balti, Romanesti, Cricova, Stauceni, Ialoveni* Cricova-Acorex *(www.acorex .net);* Dionysos-Mereni *(www.dionysos-mereni.com)*

Georgien

GESCHÜTZT VOR DEN EISIGEN Wintern der russischen Steppe, liegen die Weinberge Georgiens überwiegend an den Südhängen des Kaukasus. Die wichtigsten Anbauregionen sind Kakheti im Osten, Kartli im Landesinneren und westlich daran anschließend die etwas kleinere Region Imereti. In Georgien gibt es 35 amtlich zugelassene, überwiegend einheimische Rebsorten, jedoch überwiegt die rote Sorte Saperavi. Die dunkeltonige Traube mit ihren an Brombeeren erinnernden Früchte-Aromen liefert sehr hochwertige Weine und genügt bei sorgfältiger Vinifikation auch westlichen Ansprüchen. Wichtige weiße Sorten sind Rkatsiteli und der lokale Mtsvane. Sie ergeben zuweilen knackig-frische und pfirsichduftige Weine, die sehr oft jedoch dumpf, ausdruckslos und oxidiert sind.

Die georgische Weinindustrie hat vor allem in Russland einen guten Ruf. Über 90 % der Weingärten wurden privatisiert, aber bei einer geschätzten Zahl von 150 000 Winzern und einer Anbaufläche von nur 60 000 ha ist eine konsistente Qualität des Leseguts kaum zu gewährleisten. Nur ca. 10 % aller Trauben werden von professionellen Kellereien verarbeitet. Größere westliche Investition flossen einzig im Fall der Georgian Wines and Spirits Company, die zu Pernod-Ricard gehört. Das Unternehmen verfügt über 220 ha Rebfläche, weitere 600 sind geplant. Mit australischer Hilfe gelangen ein vollmundiger, schwarzfruchtiger Saperavi und frischer, knackiger Mtsvane.

Saperavi *Rkatsiteli, Mtsvane* *Kakheti, Imereti, Kartli* Georgian Wines & Spirits Company *(www.gws.ge)*

Der Kaukasus ist die wichtigste Weinregion Georgiens.

Ukraine

ZUR UKRAINE GEHÖREN WEITE TEILE der Schwarzmeerküste und als wichtigste Anbauregion die Krimhalbinsel. Im Jahr 2000 betrug die Gesamtrebfläche etwa 125 000 ha, mehr als alle Weingärten Südafrikas zusammen. Das Terrain ist, abgesehen von den Karpaten und den Krimbergen, überwiegend flach.
Im milden, frostsicheren Schwarzmeerklima werden die Reben relativ hoch gezogen; sie erbringen hohe Erträge, und da sie weit auseinander stehen, ist auch der Grad der Mechanisierung entsprechend hoch. Der Produktion von Qualitätsweinen stehen jedoch Mängel im Produktionsablauf entgegen, denn ein Großteil der Weine wird in veraltete Genossenschafts-Kellereien gebracht, wo die malolaktische Gärung und der weitere Ausbau stattfinden. Der Bedarf an Schaumwein, besonders für den Export nach Russland, ist enorm. Es gibt ihn von trocken bis süß, oft wird etwas Branntwein zugesetzt. Speziell die Krimhalbinsel hat eine lange Tradition für aufgespritete Weine und verfügt zudem in Magarach über ein Zentrum für Weinforschung.

Wichtigster Erzeuger auf der Krim ist heute die Massandra-Kellerei in der Nähe von Jalta. Das warme Klima lässt die Trauben gut ausreifen, was für aufgespritete Weine ideal ist. Ursprünglich Hauptlieferant für den Sommersitz des Zaren, ist die Kellerei heute das Zentrum für den Ausbau der Weine von 25 Einzelkellereien. Die Produktpalette umfasst Krimsekt und den Rotwein Ruby of Crimea, einen Verschnitt von Saperavi, Matrassa, Aleatika, Cabernet und Malbec. Aufgespritete Krim-Weine kamen Anfang der 1990er-Jahre im Westen auf den Markt; damals machten besonders die alten Exemplare im Port- und Madeirastil geradezu Furore, während die heute produzierten Weine dieser Art einem Vergleich nicht mehr standhalten. Odessa, die zweitwichtigste Anbauregion, ist vor allem für trockene Weißweine bekannt. Eine neue Rotweintraube, Odessa Black, die dunkle, weiche Weine erbringt, ist aber stark im Kommen.

Cabernet Sauvignon, Saperavi, Bastardo *Rkatsiteli, Aligoté, Riesling, Sercial* *Crimea, Odessa*

KLEINE FLASCHENKUNDE

LANGE ZEIT LAGERTE MAN Wein nur in großen Behältern – in irdenen Amphoren oder Fässern aus Holz –, um ihn bei Bedarf in kleine Gefäße umzufüllen. Weinflaschen kamen um 1630 in England auf und waren entweder rund oder zwiebelförmig. Zu Beginn des 18. Jh. waren die Flaschen bereits höher und gerader. Um 1820 begann sich die Einheitsform der zylindrischen Flasche durchzusetzen.

um 70 v. Chr. Italien

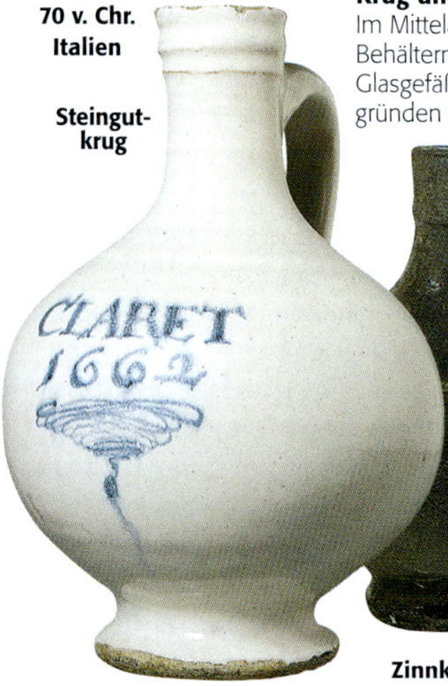

Steingut-krug

Krug und Kanne
Im Mittelalter servierte man Wein in Behältern aus Ton, Zinn und sogar Leder. Glasgefäße kamen damals aus Kostengründen und wegen der Zerbrechlichkeit nicht infrage.

Zinnkrug um 1660

Zwiebelform 1670

FRÜHE ETIKETTIERUNGEN

Etiketten, wie wir sie heute kennen, gab es im 18. und frühen 19. Jh. nicht. Um den Inhalt einer Flasche zu kennzeichnen, hängte man Schilder aus Porzellan, Silber oder Perlmutt um den Flaschenhals.

Bordeaux-Schild um 1850

Madeira-Schild 1822

Rheinwein-Schild 1809

Formen
Fassungsvermögen und Form der ersten Flaschen variierten stark je nach Werkstatt und Anforderungen des Kunden.

Farbe
Der olivgrüne oder sogar schwärzliche Ton früherer Flaschen rührte von verunreinigtem Rohmaterial oder vom Rauch der Schmelzöfen her.

Schlegelform 1738

Schlegelform 1764

Schlegelform 1780

HEUTIGE FLASCHENFORMEN

Heutzutage kann man allein von der Form einer Weinflasche auf ihren Inhalt schließen. Sehr schlanke und hohe Flaschen (1, 2), so genannte Schlegelflaschen, enthalten Riesling vom Rhein (braun) oder aus dem Elsass (grün), aber z. B. auch Gewürztraminer. Die gedrungene Burgunderflasche mit hängenden Schultern (3) ist typisch für Weine aus dem östlichen Frankreich, wird aber auch an der Rhône verwendet. Bei geraden zylindrischen Flaschen mit hoher Schulter (4, 5, 6) schließlich handelt es sich um die weltweit beliebte Bordeaux-Flasche. In der Regel enthält sie auch Bordeaux-typische Sorten wie Cabernet Sauvignon oder Merlot.

NORD- UND SÜDAMERIKA

REBSORTEN UND PHILOSOPHIE sind zwar dieselben, trotzdem unterscheiden sich die Weinbauländer Nord- und Südamerikas beträchtlich. Hoch im Norden, in Kanada, herrschen arktische Winter und ganzjährig niedrige Temperaturen, während in Chile *(s. S. 518)*, Argentinien *(s. S. 526)*, Mexiko, Brasilien, Uruguay und Peru eher die große Hitze problematisch ist.

Brasilianischer Wein von Vinicola Aurora

Okanagan Valley in Britisch Kolumbien, Kanada

Kanada

FAST UNBEMERKT vom Rest der Welt macht sich Kanada zusehends einen Namen als Weinland. Vor allem seit Gründung des Weinguts Inniskillen 1974 – einer Zeit, in der noch alkoholstarke Süßweine überwogen – hat sich die Weinindustrie grundlegend gewandelt.

Das kanadische Klima zeichnet sich durch strenge Winter, Frühjahrsfröste und eine kurze Wachstumsperiode aus, weshalb man die mildernde Wirkung großer Wasserflächen nutzt. Aber das problematische Klima ist natürlich ideal für die Produktion von Eiswein. In Kanada verwendet man dafür Rebsorten wie Vidal und Riesling, deren Trauben man an der Rebe gefrieren lässt. Sie werden spät im Jahr gelesen, wenn die Temperaturen auf mindestens –8° C abgesunken sind. Die Trauben werden in noch gefrorenem Zustand gepresst. Den hochkonzentrierten Most verarbeitet man weiter zu einem üppig süßen Dessertwein. Die für die Produktion von Eiswein erforderlichen niedrigen Temperaturen werden in Kanada viel häufiger erreicht als in Deutschland, dem klassischen Eisweinland, weshalb Kanada zum weltweit größten Erzeuger dieser Art Wein aufsteigen konnte.

Inniskillen-Eiswein aus Kanada

Hauptanbauregionen sind die Niagarahalbinsel in Ontario und das Okanagan Valley in Britisch Kolumbien. Außer auf Eiswein konzentriert man sich in diesen Gebieten auf duftige, trockene Weißweine von Riesling, Chardonnay, Gewürztraminer und Pinot Blanc. Aufgrund des Klimas ist der Anbau von Rotwein schwieriger, auch wenn immer mehr Güter viel versprechende Rote von Pinot Noir, Cabernet Sauvignon, Merlot und Syrah keltern.

Pinot Noir, Cabernet Sauvignon, Merlot, Syrah *Riesling, Chardonnay, Vidal* *Niagara Peninsula, Okanagan Valley* Burrowing Owl Vineyards *(www.bovwine.com);* Inniskillin *(www.inniskillin.com)*

Mexiko

UNTERSTÜTZT DURCH AUSLÄNDISCHES KAPITAL haben in jüngster Zeit ehrgeizige einheimische Erzeuger dem Weinbau in Mexiko neue Impulse verliehen. Der überwiegende Teil der Traubenernte wird zwar noch immer als Tafeltrauben oder für die Branntweinherstellung genutzt, aber die Inlandsnachfrage nach Qualitätsweinen steigt stetig. Die führende Weinregion, Baja California, grenzt an den US-Bundesstaat Kalifornien; die wichtigste Teilregion wiederum ist Guadalupe Valley. Sie ist auch Sitz der besten Weingüter Mexikos, darunter Monte Xanic, Casa Pedro Domecq und Château Camou. Ihre Stärke sind Rotweine, und die Besten stammen von Cabernet Sauvignon, Merlot, Nebbiolo, Petite Sirah und Zinfandel. Östlich von Baja California liegt Sonaro, ein weiteres großes Anbaugebiet.

Cabernet Sauvignon, Merlot, Petite Sirah, Zinfandel *Colombard, Chenin Blanc, Trebbiano* *Baja California, Sonoro* La Cetto *(www.lacetto.com);* Monte Xanic *(www.montexanic.com);*

Casa Pedro Domecq *(www.domecq.com.mx)*; Château Camou *(www.chateaucamou.com.mx)*

Brasilien

BRASILIEN IST DER DRITTGRÖSSTE Weinproduzent Südamerikas, obwohl derzeit nur gut die Hälfte der 60 000 ha großen Rebfläche für die Weinproduktion genutzt wird. Der Rest der Ernte kommt als Tafeltrauben in den Handel. Dank ausländischer Investitionen sind die klassischen europäischen Sorten heute in 20 % aller brasilianischen Weine zu finden. Die Weingärten liegen überwiegend im Süden, im Hügelland der Serra Gaúcha. In großer Höhe baut man neben Chardonnay auch Sémillon, Gewürztraminer und Welschriesling an. Ein jüngeres Anbaugebiet ist Frontera an der Grenze zu Uruguay. Es wurde vorwiegend mit weißen europäischen Sorten bepflanzt.

Cabernet Franc, Merlot, Cabernet Sauvignon *Chardonnay, Welschriesling, Sémillon, Gewürztraminer, Isabella* *Serra Gaucha, Frontera* Vinicola Aurora *(www.vinicolaaurora.com.br)*

Uruguay

BASKISCHE EINWANDERER brachten Ende des 19. Jh. den Weinbau nach Uruguay. Ein Großteil der Produktion sind preiswerte, einfache Weine für den Binnenmarkt, dennoch streben immer mehr Erzeuger nach höherer Qualität. Ausgerüstet mit neuester Kellertechnik und vertraut mit einheimischen wie internationalen Sorten, verspricht diese neue Winzergeneration eine spannende Zukunft für den Weinbau in Uruguay.

Die Weingärten liegen überwiegend im kühleren Süden in der Umgebung von Montevideo. Die Winzerfamilie Pisano ließ sich 1914 dort nieder und beliefert heute den Weltmarkt mit hochwertigen Weinen. Ein weiterer bedeutender Erzeuger, Establecimiento Juanicó, hat seinen Sitz im benachbarten Canalones, das dank milder Meereswinde eine längere Wachstumsperiode garantiert. In der direkt an die brasilianische Weinregion Frontera angrenzenden Provinz Rivera liegt Jean Carraus Bodega Cerro Chapeu. Diese hoch gelegene Anbauregion mit ihren tiefgründigen Sandböden ist mehr und mehr im Kommen. Auch die weiter im Landesinneren gelegenen Weingärten Carpinteria und El Carmen sind viel versprechend. Die am weitesten verbreitete Rebsorte ist die hier als Harriague bekannte Tannat. Sie stammt aus Südfrankreich und erbringt einige der besten Weine des Landes, alle mit der typischen dunklen Farbe, von fester Struktur und mit der Frucht schwarzer Beeren. Die Qualität jedoch schwankt. Zunehmend beliebter werden internationale Sorten wie Cabernet Sauvignon, Merlot, Sauvignon Blanc und Chardonnay.

Rebpflege in den Pisano-Weingärten, Uruguay

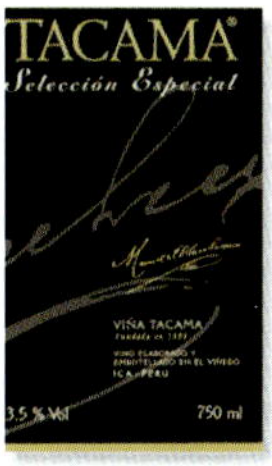

Etikett Tacama's Vineyard, Peru

Tannat, Cabernet Sauvignon, Cabernet Franc, Merlot *Pinot Blanc, Sauvignon Blanc, Chardonnay* *Rivera, Carpinteria, El Carmen, Canalones* Establecimiento Juanicó *(www.juanico.com.uy)*; Cerrau Chapeau *(www.castel pujol.com)*; Pisano *(www.pisanowines.com)*

Peru

TROTZ DES INSGESAMT ungünstigen Klimas ist Peru das älteste Weinland Südamerikas. Mancherorts sind die Winter so warm, dass sogar zwei Ernten pro Jahr möglich sind. Das Gros der Trauben wird als Tafeltrauben oder für Pisco verwendet, den landesüblichen Weinbrand. In manchen Gegenden wachsen erstaunlich viel versprechende Weine. Die Anbauregionen Perus liegen überwiegend im zentralen Küstenabschnitt in der Umgebung der Stadt Pisco, wo Meereswinde vom Pazifik die extremen Temperaturen mildern. Das Vorzeigegut des Landes, Tacama's Vineyard, liegt in der benachbarten Stadt Ica und produziert mehrere Still- und Schaumweinsorten von Tannat, Malbec, Sauvignon Blanc und Sémillon. Das Unternehmen profitierte von französischem Knowhow und exportiert heute in die ganze Welt.

Tannat, Petit Verdot, Malbec, Cabernet Sauvignon *Sauvignon Blanc, Sémillon, Albilla* *Ica* Tacama's Vineyard *(www.tacama.com)*

ASIEN

DAS KLIMA in Asien ist für die Produktion von Qualitätsweinen generell ungeeignet. Auf diesem Kontinent baut man schon seit Jahrtausenden lediglich Tafeltrauben an. Seit in China, Japan und Indien das Interesse an Wein wächst, kommt der Weinbau in diesen Ländern in Schwung. Dank verstärkter Investitionen und fachlicher Beratung zeigen einige Regionen ein beachtliches Potenzial.

Weine von Sula Vineyards, Indien

China

OBWOHL DIE ERSTEN Traubenkerne schon im 2. Jh. v. Chr. nach China kamen, steckt der Weinbau in China noch in den Kinderschuhen. Die Trauben, die heute auf einer Fläche von 165 000 ha wachsen, werden überwiegend zum Verzehr angebaut. Die besten Anbaugebiete liegen in den kühleren Küstenprovinzen Shandong, Hebei und Tianjin. Das von einem britischen Weinhändler gegründete Weingut Huadong in Shandong bot als Erstes Weine im modernen Stil von europäischen Sorten wie Chardonnay, Riesling und Cabernet Sauvignon an. Das Weingut Huaxia in Changli in der Provinz Hebei ist besonders für den Rotwein Great Wall Red bekannt. Aufmerksamkeit verdienen auch Staatsbetriebe wie Chang Yu und Qingdao, ebenfalls in Shandong.

Cabernet Sauvignon *Chardonnay, Riesling*
Shandong, Hebei, Tianjin Huadong Winery *(www.huadongwinery.com)*

Wein von Huadong, China

Japan

IN JAPAN BAUT MAN seit dem 7. Jh. Trauben an, jedoch steht die Produktion von Tafeltrauben seit jeher im Vordergrund. Nur 10 % der Jahresernte gelangen in die Kellereien, und viele lokale Erzeuger peppen ihre Produkte mit importiertem Traubenkonzentrat auf. Ein großes Problem für die Winzer ist das Monsunklima. In den Weinregionen Yamanashi und Katsunuma treten häufig Pilzerkrankungen auf, auf der Nordinsel Hokkaido wiederum sind niedrige Temperaturen problematisch. Die Weine von einheimischen Sorten sind meist leicht, jedoch hat die weiße Sorte Koshu durchaus Potenzial. Erfolgreich sind auch europäische Sorten – Cabernet Sauvignon in Yamanashi und Chardonnay in Nagaro.

Cabernet Sauvignon *Koshu, Chardonnay, Neo-Muscat, Ryugan (Senkoji)*
Yamanashi, Katsunuma, Zentral-Hokkaido

Weingut in Yamanashi, Japan

Indien

TROTZ SCHEINBAR WIDRIGER klimatischer Umstände produziert auch Indien für den internationalen Weinmarkt. Weinbau betreibt man in dem Land schon seit mindestens 300 v. Chr., wenn auch derzeit 90 % der Anbaufläche für die Produktion von Tafeltrauben und Rosinen genutzt werden. Die bedeutendsten Weinregionen liegen in den jeweils benachbarten Staaten Maharashtra, Karnataka und Andhra Pradesh. Dort erzeugt man jede Menge gewöhnlicher Weine, dennoch treiben einige Güter die Entwicklung voran. Château Indage in Maharashtra ist besonders für Schaumweine wie den Omar Khayyam bekannt, während Grover Vineyards in der Nähe von Bangalore ein Sortiment auf der Basis französischer Sorten wie Cabernet Sauvignon bietet. Sula Vineyards, ebenfalls in Maharashtra ansässig, produziert intensive Weißweine von Sauvignon Blanc und Chenin Blanc.

Cabernet Sauvignon, Pinot Noir, Merlot
Sauvignon Blanc, Chenin Blanc, Chardonnay
Maharashtra, Karnataka, Andhra Pradesh
Grover Vineyards *(www.grover-vineyards.com);* Sula Vineyards *(www.sulawines.com;* Château Indage *(www.indagegroup.com)*

AFRIKA

DIE NACHFOLGEND AUFGEFÜHRTEN *nordafrikanischen Staaten sicherten in den 1950er-Jahren zwei Drittel des internationalen Weinmarktes. Das Gros wurde nach Frankreich exportiert, der damaligen Kolonialmacht. Nach der Entlassung in die Unabhängigkeit brach dieser Markt weg – mit verheerenden Folgen für die Weinindustrie. Dem zögerlichen Neubeginn dieser Tage steht der große Einfluss des Islam entgegen, der den Gläubigen jeglichen Alkoholgenuss verbietet.*

Pflügender Weinbauer in Südtunesien

Marokko

NACHDEM MAROKKO 1956 von Frankreich unabhängig geworden war, schrumpfte die Anbaufläche für Wein von 55 000 ha auf 10 000 ha. Heute wird die Weinindustrie von SODEA beherrscht, einem Staatsbetrieb, der darum bemüht ist, der Branche wieder auf die Beine zu helfen. Grund zur Hoffnung geben auch ausländische Investitionen und Betriebe wie die innovativen Celliers de Meknès, die Fortschritte sind jedoch noch verhalten.

In Marokko erzeugt man überwiegend Rotwein. Die häufigste Sorten sind Cinsaut, Grenache und Carignan, jedoch sind Cabernet Sauvignon, Merlot und Syrah auf dem Vormarsch und liefern einige der besten Weine des Landes. Zu den besten Lagen zählen die hoch gelegenen Weingärten Meknès-Fès und Berkane.

Carignan, Cinsaut, Grenache, Cabernet Sauvignon, Merlot *Clairette, Muscat, Chenin Blanc, Chardonnay* *Meknès-Fès, Berkane* Celliers de Meknès

Celliers de Meknès, Marokko

Tunesien

DER WEINBAU KAM BEREITS mit der Gründung Karthagos durch die Phönizier um 800 v. Chr. nach Tunesien. Er wurde in den Jahren 1883 bis 1963 geprägt, als das Land von den Franzosen besetzt war. Diese führten Rebsorten wie Carignan, Grenache, Clairette und Alicante ein.

Der tunesischen Weinindustrie mangelt es derzeit vor allem an Investitionen. Die Produktion liegt zu zwei Dritteln in den Händen des Staates, der bis dato wenig Verständnis für neue Technologien zeigte, und auch die wenigen Privatbetriebe konnten das Blatt bisher nicht wenden. Die Gesamtproduktion ist von leichten Roséweinen geprägt, wohingegen die Zukunft Tunesiens wohl mehr in seinen vollaromatischen Rotweinen liegt.

Carignan, Grenache, Cinsaut *Clairette, Muscat d'Alexandrie* *Nabeul, Cap Bon, Bizerte*

Algerien

ALGERIEN HAT FÜR EIN muslimisches Land eine ungewöhnlich starke Weinindustrie. Aus der Zeit der französischen Herrschaft (1830–1962) sind rund 60 000 ha Rebfläche verblieben, jedoch ging es mit der Weinproduktion seit der Unabhängigkeit dramatisch bergab, so dass heute rund die Hälfte der Jahresernte als Tafeltrauben auf den Markt kommt. Die großen Anbaugebiete liegen im Norden an der Küste. In dem mediterranen Klima dort wachsen robuste und alkoholstarke Weine. Die wichtigsten roten Sorten sind Carignan, Alicante Bouschet, Cinsaut und Grenache, von denen viele noch von den Franzosen in den 1950er-Jahren angepflanzt wurden. Von den weißen Sorten sind Ugni Blanc und Clairette zu nennen, von den roten Edelsorten Cabernet Sauvignon und Merlot. Obwohl es mehr als 70 Weingüter gibt, liegt die Industrie komplett in den Händen der staatlich kontrollierten Organisation ONCV.

Carignan, Alicante, Cinsaut, Grenache *Ugni Blanc, Clairette* *Coteaux de Tlemcen, Coteaux de Mascara, Dahra Hills*

ANHANG

ETIKETTEN

KAUM EIN PRODUKT *verrät so viel über seine Herkunft wie eine Flasche Wein. Weinetiketten enthalten zahlreiche Informationen. Entweder basieren sie ganz oder teilweise auf den Weingesetzen des Landes, in dem der Wein produziert oder verkauft wird, oder aber es sind freiwillige Angaben des Erzeugers.*

Zu verstehen, was auf einem Etikett steht, ist nicht immer einfach, und gerade Weine aus den traditionellen Anbaugebieten Europas sind in vielen Fällen oft besonders kompliziert. Oft werden auch bestimmte Kenntnisse vorausgesetzt: Im Idealfall ist einem der Erzeuger bekannt, dann sollte man sich mit Appellationen und Klassifikationen auskennen, und auch Kenntnisse über die wichtigsten Weintypen erleichtern die Auswahl erheblich.

Im Mittelpunkt stehen in der Regel geografische Angaben oder soche über die Rebsorte. Hinzu kommen in beiden Fällen weitere Informationen, etwa zum Alkoholgehalt. Der gravierende Unterschied besteht darin, dass der Schwerpunkt einmal auf der Herkunft des Weins liegt, ein anderes Mal auf den verwendeten Rebsorten.

Wein aus Penedès

Etikett mit Herkunftsangabe

Meist sind es europäische Erzeuger, die die Herkunft des Weins in den Mittelpunkt stellen, da in ihren Augen das Anbaugebiet die entscheidende Rolle spielt. Hervorgehoben auf dem Etikett erscheint der Name der Region, des Dorfes oder des Weingartens sowie die Garantie, dass der Wein tatsächlich von der angegebenen Lage stammt. In Frankreich steht dafür der Begriff Appellation d'Origine Contrôlée (AOC), in Italien Denominazione di Origine Controllata (DOC), in Spanien Denominación de Origen (DO) und in Deutschland Qualitätswein mit Prädikat (QmP).

Die Herkunftsetiketten mancher europäischer Weine, wie etwa französischer Vin de Pays *(s. S. 52)* oder der meisten deutschen Weine, liefern zusätzlich den Namen der Rebsorte/n. In den meisten Fällen jedoch fehlen derartige Angaben. Jede Region hat ihre eigenen Weintypen, und man muss sich schon auskennen, wenn man nach bestimmten Geschmacksrichtungen sucht.

Die Herkunftsangabe ist die wichtigste Information, denn sie verweist auf den Weintyp. In den jeweiligen Regionen sind nur bestimmte Rebsorten zugelassen, deren Namen aber so gut wie nie auf den Etiketten erscheinen. Zusätzliche Bedeutung hat das Terroir der einzelnen Regionen. Das Anbaugebiet für diesen Wein ist Corton-Charlemagne, ein Weinberg an der Côte de Beaune in Burgund.

Appellation Contrôlée oder **Appellation d'Origine Contrôlée (AOC)** ist die Gewähr dafür, dass der Wein von der angegeben Lage (hier Corton-Charlemagne) stammt und den regionalen Vorschriften gemäß erzeugt wurde.

Alkoholgehalt

Der Jahrgang ist gerade in Europa sehr wichtig, da die Witterung und damit die Weinqualität von Jahr zu Jahr schwanken.

Das Herkunftsland ist Frankreich.

Inhalt

Der Erzeugername kann in Bezug auf die zu erwartende Qualität des Weins ebenso bedeutend sein wie die Herkunftsangabe.

Die Qualitätsklasse ist hier mit Grand Cru, »Großes Gewächs«, angegeben. In Burgund ist das die höchste Stufe.

Etikett aus dem Rheingau

◁ **Showroom des Weinguts Leeuwin Estate, Westaustralien**

Etikett mit Sortenangabe

Diese Art der Etikettierung findet man meist in Ländern mit noch junger Weintradition, z. B. in Australien, den USA und in Südafrika. Sortenetiketten sind verbraucherfreundlich, denn hier liegt die Betonung auf der Rebsorte – der für den zu erwartenden Geschmack wichtigsten Komponente. Das spezifische Aroma wird sich zwar je nach Erzeuger und Anbauregion ändern, dennoch ist der Rebsortenname ein wertvoller Hinweis auf den Grundcharakter eines Weins. Das bedeutet nicht, dass die Herkunft von Weinen mit Sortenetikett keine Rolle spielt. Es gibt immer mehr Anbauregionen in der Neuen Welt, die sich gerade durch die besondere Qualität ihrer Sortenweine einen Namen gemacht haben. Napa Valley etwa ist berühmt für Cabernet Sauvignon, Oregon für Pinot Noir, die Kaphalbinsel in Südafrika für Chenin Blanc und Pinotage, Marlborough in Neuseeland für Sauvignon Blanc und die australischen Regionen Barossa und Hunter Valley für Shiraz, Clare und Eden Valley für Riesling.

Der Erzeugername spielt hier eine ebenso große Rolle wie bei Herkunftsetiketten. Gute Erzeuger spezialisieren sich oft auf bestimmte Rebsorten.

Auch das Sortiment, zu dem ein Wein gehört, wird oft angegeben. Art Series ist der Name des Spitzensortiments von Leeuwin Estate.

Der Jahrgang ist für Neue-Welt-Weine meist von geringerer Bedeutung als für andere Weine. In manchen Regionen kommt es jedoch zu jahrgangsbedingten Schwankungen.

Inhalt

Alkoholgehalt

Das Herkunftsland ist Australien.

Die Region liefert einen Anhaltspunkt für Stil und Gewicht des Weins. Manche Regionen haben einen hervorragenden Ruf: Margaret River etwa ist bekannt für reichen, eleganten Pinot Noir.

Die Rebsorte ist in der Regel deutlich hervorgehoben. Sie ist ein verlässlicher Hinweis auf Stil und Charakter des Weins.

Ein Chenin Blanc aus Südafrika

Nationales Weinrecht

Informationen hierzu auf S. 52–53 (Frankreich), S. 192–193 (Italien), S. 290–291 (Spanien), S. 331 (Portugal), S. 348–349 (Deutschland), S. 446 (Südafrika).

DAS RÜCKENETIKETT

Viele Weine haben heute ein Rückenetikett. Dieses kann wichtige Zusatzinformationen enthalten, die oft ebenso viel, wenn nicht mehr aussagen als das Hauptetikett. Oft enthält es eine kurze Geschichte des Weinguts oder der Anbauregion, Angaben zum Klima (niedrigere Temperaturen begünstigen komplexere, subtilere Weine), zum Leseverfahren (Handlese ist sanfter) und zu den Vinifikationsmethoden oder aber Tipps, zu welchen Speisen der Wein passt. Da natürlich jeder Erzeuger seine Produkte verkaufen möchte, muss man bei den Beschreibungen mit Übertreibungen rechnen. Besonders sinnvoll wäre ein Rückenetikett bei europäischen Weinen mit Herkunftsangabe, aber leider gibt es sie nur in den seltensten Fällen.

Rückenetikett eines südafrikanischen Weins

DER EINKAUF

DIE AUSWAHL BEIM WEINKAUF war nie so groß wie heute. Viele nutzen die Bequemlichkeit des Supermarkts um die Ecke. Jedoch haben auch andere Einkaufsmöglichkeiten Vorteile: Beim Weinhändler kann man sich beraten lassen; im Internet kann man sich die günstigsten Preise aussuchen, und wer bei Auktionen kauft, bekommt einen Nervenkitzel und eine potenzielle Kapitalanlage gleich mitgeliefert.

Supermarkt

Wein im Supermarkt zu kaufen ist praktisch und auch halbwegs verlässlich, wenn auch nicht gerade aufregend. Heute haben alle größeren Lebensmittelmärkte ein breites Sortiment im Angebot, in dem jedoch Weine kleinerer Winzer und ausgefallenere Typen häufig fehlen. Was ihnen allerdings in der Breite fehlt, machen sie mit Sonderangeboten und einem generell guten Preis-Leistungs-Verhältnis wett. Manche Ketten haben ihre Hausmarken, die durchaus empfehlenswert sein können.

Beim Einkaufen im Supermarkt hat man nicht immer Zeit und Lust, die oft große Auswahl an Weinen detailliert durchzusehen. Da ist es sehr hilfreich, wenn man sich schon vor dem Einkauf in aller Ruhe über das Wein-Angebot in seiner Supermarkt-Filiale informieren kann. Passend zu den geplanten Speisen stellt man dann eine Liste seiner Wunschweine zusammen und spart sich damit Zeit und Grüblerei vor dem Weinregal. Hier ist folgende Internetadresse aus Österreich hilfreich: www.webheimat.at/aktiv/Essen-und-Trinken/Kulinarische-Rezepte-Archiv/Supermarkt-Wein-Weine.html
Eine Hilfe beim Kauf bieten auch folgende Bücher:
Kämmer, Frank: Superweine aus dem Supermarkt 2005/2006, Frankfurt 2004;
Ehrlich, Till: Die besten Supermarktweine, München 2005.

Weinhändler

Weinfachhändler bleiben auch im Zeitalter von Internet und Mail-and-Order *die* Anlaufstelle für Kenner. Denn dort findet man neben Beratung, eine hervorragende Auswahl und auch Weine von kleineren Qualitätswinzern. Oft haben Inhaber und Personal die angebotenen Weine selbst verkostet und freuen sich, ihre Kenntnisse in Form von Empfehlungen weiterzugeben. Zudem können viele Weine direkt vor Ort in Ruhe verkostet werden. Lassen Sie sich ruhig Zeit und gehen sie auf Ihre persönlichen Belange ein. Dazu gehören Preisvorstellungen, bevorzugte Stilrichtungen, Speisen, die der Wein begleiten, und der Anlass, zu dem er getrunken werden sollte.

Postversand

Häufig wird Wein auch über den Versandhandel gekauft. Diese Firmen bieten großzügige Preisnachlässe und exklusive, direkt beim Erzeuger eingekaufte Weine. Sie veranstalten Weinproben für ihre Mitglieder, die darüber hinaus mit regelmäßigen Rundschreiben informiert werden. Die Qualität der Weine wechselt jedoch, und gerade die Sonderaktionen bieten nicht immer das beste Preis-Leistungs-Verhältnis. Doch auch viele Weinfachhändler bieten einen Versandservice und liefern zudem ab einem Mindestbestellwert versandkostenfrei.

Auktionen und Börsen

Trotz eines gewissen Risikos bieten Auktionen und Internetbörsen eine hervorragende Möglichkeit, besonders seltene Weine zu kaufen. Große Auktionshäuser wie Christie's (www.christies.com) und Sotheby's (www.sothebys.com), aber auch kleinere Unternehmen dieser Art versteigern regelmäßig Wein. Am besten macht man sich erst einmal mit den Abläufen solcher Auktionen vertraut und informiert sich über zusätzliche Gebühren. Auch sollten Sie vor dem Bieten so viel wie möglich über Zustand und Herkunft der Ware in Erfahrung bringen.

Ein weitaus jüngeres Phänomen sind Weinbörsen, von

denen manche, wie Uvine (www.uvine.com), über das Internet agieren. Auf dieser Seite stellen Verkäufer einen Wein zu einem bestimmten Angebotspreis ein. Findet sich ein Kunde dafür, gilt der Wein als verkauft. Alle Weine werden vom Uvine-Team auf ihren Zustand hin überprüft. Der Kunde zahlt für diesen Service 10 % des Verkaufspreises. Dazu kommen Versandkosten und Steuern. Und natürlich kann das Stöbern bei Ebay (www.ebay.de) durchaus lohnenswert sein, eine Qualitätsgarantie ist hier aber keineswegs gegeben; die erfolgreiche Suche ist hier eine Frage des Glücks.

Wein als Kapitalanlage

Bis vor kurzem galt Wein als krisensichere Kapitalanlage, während heute Einigkeit darüber herrscht, dass Wein ebenso viele Risiken birgt wie jede andere Form der Geldanlage. Lassen Sie sich ausgiebig beraten und informieren Sie sich, ehe Sie in Wein investieren. Bedenken Sie grundsätzlich Folgendes:

- Halten Sie sich an etablierte Weingüter, z.B. aus den klassischen Regionen Frankreichs (Bordeaux, Burgund, nördliche Rhône).
- Kaufen Sie nur die besten Jahrgänge.
- Kaufen Sie möglichst viele unterschiedliche Weine.
- Kaufen Sie Weine, die von einem anerkannten Weinkritiker hoch bewertet wurden.
- Seien Sie vorsichtig mit früh umjubelten Jahrgängen (wie dem 2000er Bordeaux), da deren Preis möglicherweise von Anfang an sehr hoch ist.
- Achten Sie bei zum Weiterverkauf bestimmten Weinen auf ideale Lagerbedingungen.
- Ermitteln Sie die optimale Trinkreife eines Weins, da sein Wert sinkt, sobald der Gipfel überschritten ist.

Beim Winzer

In einer schönen Umgebung und in Anwesenheit des Winzers schmeckt jeder Wein gut. Nachdem man die Gastfreundschaft eines Weinguts genossen hat, ist es üblich, wenigstens ein paar Flaschen zu kaufen. Seien Sie sich aber bewusst, dass Sie dabei im Vergleich zum handelsüblichen Preis nicht unbedingt sparen.

Restaurants

In Sachen Wein ist in vielen Restaurants Zurückhaltung durchaus angebracht, denn so mancher Wirt macht den Großteil seines Umsatzes mit Wein, und die Gewinnspanne liegt hier nicht selten bei 400 %. Spitzenrestaurants beschäftigen einen Sommelier, der sich um die Weinbestellungen der Gäste kümmert. Er berät sie, welcher Wein zum Essen passt, öffnet die Flasche, dekantiert, falls erforderlich, und schenkt ein. Sie brauchen nur Ihren Weingeschmack und Ihr preisliches Limit kundzutun, und ein guter Sommelier wird den idealen Wein servieren. Falls Sie bei der Weinwahl auf sich gestellt sind, halten Sie sich grundsätzlich an die Ratschläge auf den Seiten 652–655.

Wenn Sie bestellt haben, bringt der Kellner die Flasche ungeöffnet an den Tisch und lässt Sie die Angaben auf dem Etikett überprüfen. Nach dem Entkorken wird er eine kleine Menge zum Kosten einschenken. Dabei sollten Sie darauf achten, ob der Wein korkig oder sonst irgendwie fehlerhaft ist. In dem Fall geben Sie ihn zurück.

Manche Restaurants bieten die Möglichkeit, bei größeren Anlässen wie Familienfeiern eigene Weine mitzubringen. Pro konsumierter Flasche wird dann ein so genanntes Korkgeld berechnet, über dessen Höhe sie sich im Voraus informieren sollten.

Im Internet

Viele Weinhändler und Versandhäuser sind auch im Internet vertreten. Daneben gibt es auch Händler, die ausschließlich über das Internet operieren. Auf den Seiten 664–665 finden Sie eine Auswahl.

WEIN IM INTERNET AUSFINDIG MACHEN

Die Suche nach Weinhändlern im Internet gestaltet sich manchmal als etwas schwieriger und zeitraubender, als man sich das vorstellt.

Anbei erhalten Sie einige Adressen, die in diesem Zusammenhang hilfreich sein können.

www.weinkompass.de/haendlersuche.html

In diesem Verzeichnis kann man Wein und Weinhändler nach alphabetischer Folge, nach Postleitzahlen und nach Anbauländern suchen.

Eine Liste mit Weinhändlern in Deutschland gibt es im Internet unter

www.way2business.de/b13816

Die folgende Liste enthält ein Verzeichnis von Weinhandlungen in der Schweiz:

www.weinimwww.de/idxhch.htm

Wer österreichische Weine kaufen möchte, dem bietet folgende Internetseite einen guten Service. Hier wird man nach Angabe einiger Geschmacksparameter direkt zum Weingut geführt.

www.weinserver.at

Natürlich ist dies nur eine geringe Auswahl, deren Aktualtität schnell wieder überholt sein wird. Wenn Sie sich auf den Internetseiten der einschlägigen Fachorgane informieren *(s. S. 664– 665)*, bleiben Sie stets auf dem Laufen.

WEIN LAGERN UND SERVIEREN

UM EINEN WEIN ZU GENIESSEN, *muss man sich mit Begriffen wie Lagern, Atmen und Dekantieren zwar nicht unbedingt auskennen, aber man hat einfach mehr Freude am Wein, wenn man etwas genauer Bescheid weiß.*

WEIN LAGERN

Das Gros der heutigen Weine wird hergestellt, um jung getrunken zu werden. Fast alle Weine durchschnittlicher Preisklasse überleben eine Lagerung von zwölf Monaten unbeschadet, jedoch würden sie bei längeren Lagerzeiten eher abbauen. Im Zweifelsfall ist es immer besser, einen Wein eher zu jung zu trinken als zu alt.

Warum Wein lagern?

In der Flasche durchläuft Wein verschiedene chemische Reaktionen, in deren Verlauf eher vordergründige Fruchtaromen einen komplexeren, reiferen Charakter entwickeln. Rotweine werden farblich heller, die Tannine werden weicher, und sie entwickeln Aromen von Zedernholz, Leder oder Pilzen. Weißweine dagegen dunkeln nach, verlieren an Säure und gewinnen an Intensität. Typisch für einen reifen Weißwein sind Aromen von Nüssen und Bienenwachs. Die Einflüsse von Eichenfässern – Anklänge an Vanille, Kokosnuss und Gewürze – treten bei allen Weinen mit zunehmendem Alter mehr in den Hintergrund.

Lagerbedingungen

Weitläufige Kellerkatakomben sind keineswegs erforderlich, auch ein unter der Treppe stehender Schrank kann als Weinkeller dienen, wenn die anderen Bedingungen für die Lagerung stimmen. Der ideale »Keller« sollte jedenfalls folgende Eigenschaften besitzen:

- Empfehlenswert ist eine konstante Temperatur zwischen 10 und 15 °C. Geringfügig höhere Werte sind akzeptabel: Der Wein reift dann lediglich schneller, wenn auch nicht ganz optimal. Problematisch sind Temperaturschwankungen.
- Wein mag kein Licht, weshalb auch viele Flaschen aus farbigem Glas sind. Das Beste sind dunkle Räume oder verschlossene Kisten.
- Mangelnde Feuchtigkeit lässt Korken austrocknen und schrumpfen. Der Kontakt mit Luftsauerstoff führt dann dazu, dass der Wein oxidiert oder schlimmstenfalls zu Essig wird. Ein feuchter Keller dagegen schadet dem Wein nicht.
- Erschütterungen können ebenfalls schaden, weshalb man Wein nicht in der Nähe von Waschmaschinen oder Kühlschränken lagern sollte.
- Wein lagert man am besten liegend; der Korken trocknet dann durch den permanenten Flüssigkeitskontakt nicht aus. Weine mit Schraubverschluss können auf Grund des anderen Verschlussmaterials stehend gelagert werden. Sind keine zum Lagern von Wein geeigneten Räumlichkeiten vorhanden, bieten sich folgende Alternativen: Entweder kaufen Sie einen speziellen Weinkühlschrank, oder Sie mieten geeignete Lagerräume. Der Weinhändler vor Ort kann Sie sicher diesbezüglich beraten.

WEIN SERVIEREN

Weingenuss kann zum Ritual werden. Teile der damit verbundenen Praktiken haben durchaus ihre Berechtigung, andere wiederum beruhen schlicht auf Tradition und sind ohne nachweisbare Wirkung. Im Folgenden lernen Sie die Grundregeln für das Servieren von Wein kennen.

Reihenfolge

Hierzu gibt es eine Reihe allgemein anerkannter Regeln:

- Weiß vor rot – obschon man einen leichten Rotwein durchaus vor einem köperreichen Weißwein trinken kann.
- Trocken vor süß – so tritt die Säure eines Weins nicht allzu sehr in den Vordergrund.
- Leichte Rotweine vor schwereren – leichte Weine schmecken nach einem schwereren Exemplar meist dünn.
- Weine geringerer Qualität vor edleren Weinen.
- Strittig ist die Frage der Reihenfolge bei alten und jungen Weinen. Hier kommt es vor allem auf den jeweiligen Wein an.

Das richtige Glas

Wie ein Wein letztlich schmeckt ist oftmals eine Sache des Glases. Der Handel bietet zwar bestimmte Gläser für spezielle Weine, in der Regel aber genügt ein gutes Allzweckglas. Dieses sollte einen Stiel haben, so dass man die Schale nicht mit der Hand anfasst. Diese wiederum sollte nicht zu klein sein, damit noch genügend Platz zum Schwenken bleibt, und sie sollte sich nach oben hin verjüngen, um die Aromen zu konzentrieren. Die Schale besteht idealerweise aus farblosem Glas, alles andere lässt die Farbe des Weins nicht mehr erkennen. Für Schaumweine sind hohe Gläser (»Flöten«) besser geeignet als breite Schalen, in denen sich die Bläschen zu schnell verlieren würden.

Trinktemperatur

Wie ein Wein schmeckt ist nicht zuletzt eine Sache der richtigen Temperatur. Weißweine werden häufig zu kalt serviert, Rotweine zu warm. Als Leitfaden gilt:

- Schaumweine: gekühlt, um 8 °C.
- Leichte, aromatische Weine: relativ kühl – um 10 °C nach einigen Stunden im Kühlschrank. Gekühlt kommt der knackig frische Charakter gut zur Geltung, ohne dass die Aromen beeinträchtigt würden.
- Weißer Burgunder und andere Chardonnays: Sie sind weniger aromatisch, weshalb 12 °C angebracht sind.
- Leichte und mittelschwere Rotweine: Auf 12 oder 13 °C herunterkühlen (eine halbe Stunde im Kühlschrank), besonders im Sommer.
- Schwere Rotweine: Bei zu niedrigen Temperaturen treten die Tannine verstärkt hervor, weshalb um 15 °C – also mäßig warm – anzuraten sind.

Dekantieren

Hochwertige Weine (meist Rotweine) wie der 2000er Bordeaux, die man vor ihrer optimalen Reife öffnet, lässt man in der Regel vor dem Trinken »atmen«, d. h., man ermöglicht den Kontakt mit Luftsauerstoff. Dabei hilft es wenig, lediglich die Flasche zu entkorken. Es empfiehlt sich die Verwendung einer Dekantierkaraffe; die Form spielt keine Rolle, wichtig ist nur, dass sie aus Glas ist.

Dekantieren sollten Sie auch Weine, die Ablagerungen bilden. Dies sind Vintage Ports, sofern ungefiltert, oder LBV-Ports sowie Crusted Ports, aber auch ältere rote Bordeaux, rote Burgunder, Rhône-Rotweine, Barolo, Barbaresco und andere körperreiche Rotweine.

Vor dem Dekantieren sollte die Flasche mindestens 24 Stunden aufrecht gestanden haben, damit die Ablagerungen auf den Flaschenboden absinken können. Wenn Sie den Wein langsam in eine Karaffe gießen, hilft eine Lichtquelle hinter dem Flaschenhals, um rechtzeitig zu stoppen, sobald die Ablagerungen bis in den Flaschenhals vordringen. Bedenken Sie, dass Wein, der länger in einer Karaffe steht, schnell verdirbt.

Schaumwein öffnen

Es empfiehlt sich folgende Vorgehensweise:

- Halten Sie die Flasche in einem Winkel von ungefähr 55 Grad.
- Der Flaschenhals sollte nicht auf andere Personen oder zerbrechliche Gegenstände zeigen.
- Entfernen Sie vorsichtig Folie und Drahtgestell.
- Umfassen Sie mit der einen Hand den Korken, mit der anderen die Flasche und drehen Sie letztere (nicht den Korken), bis der Korken mit angemessenem Knall aus der Flasche schießt.

Wie viel pro Person?

Wie viel Wein Sie servieren, hängt vom Anlass und der Trinkfestigkeit der Gäste ab. Rechnen Sie bei einem Abendessen mit einer halben bis zu einer ganzen Flasche pro Person am Abend. Bestellen Sie in jedem Fall lieber zu viel als zu wenig.

Offene Flaschen

Übrig gebliebener Wein sollte in möglichst kleine Flaschen umgefüllt, mit dem Originalkorken verschlossen und im Kühlschrank aufbewahrt werden. Danach sollte man ihn innerhalb von höchstens vier Tagen aufbrauchen.

HALTBARKEIT VON ROT- UND WEISSWEIN

Die Lagerfähigkeit hängt vom Rang des Erzeugers, der Lage und dem Jahrgang ab. Bei den folgenden Anhaltspunkten sollten Sie immer berücksichtigen, dass man nur Spitzenweine länger lagern kann.

Weißwein

Chardonnay: 2 bis 5 Jahre für Spitzenweine (außer Burgunder)
Riesling: 2 Jahre für preiswerte Weine; 5 bis 20 Jahre für die besten deutschen Rieslinge; süße Weine halten sich länger als trockene.
Sémillon: 5 bis 10 Jahre für die Besten aus dem australischen Hunter Valley; 1 bis 2 Jahre für andere
Süßwein: 5 bis 20 Jahre für die besten Exemplare aus Sauternes, Deutschland und Ungarn
Weißer Burgunder: 1 bis 10 Jahre für Chablis; 2 bis 8 Jahre für andere gute Burgunder
Weißer Rhônewein: 3 bis 10 Jahre für Weine von Marsanne und Roussanne

Rotwein

Barolo und Barbaresco: 5 bis 20 Jahre für die besten Exemplare; im Zweifelsfall 2 bis 5 Jahre
Cabernet-Sauvignon-dominierte Weine: 3 bis 10 Jahre
Merlot: 3 bis 15 Jahre für einen St-Émilion oder Pomerol guter Qualität; weniger für Weine anderer Herkunft
Pinot Noir: 2 bis 5 Jahre für die besten Exemplare aus Neuseeland, USA und Australien
Roter Bordeaux: 5 bis 20 Jahre
Roter Burgunder: 2 bis 10 Jahre
Rhône: 5 bis 15 Jahre für die besten Jahrgänge; Weine von der südlichen Rhône sind schneller reif als Weine von der nördlichen Rhône.
Shiraz: 5 bis 15 Jahre für Besten
Vintage Port: 10 bis 40 Jahre

WEIN VERKOSTEN

WEIN KANN MAN TRINKEN wie jedes andere Getränk auch. Aber angesichts der Vielfalt an Stilen und Aromen verpasst man eine Menge, wenn man sich nicht näher damit beschäftigt. Die Verkostung von Wein ist eine bewusste und wohl durchdachte Art des Weintrinkens, die den Genuss erst perfekt macht.

PRAKTISCHE VORAUSSETZUNGEN

Wein verkostet man am besten in einem geruchsneutralen Raum mit Tageslicht, damit keine Fremdgerüche den Geruchssinn beeinflussen und man die Farbe problemlos begutachten kann. Zigaretten, Parfum und scharfe Bonbons sollte man vermeiden. Der wichtigste Faktor bei einer Verkostung sind Form und Größe der Gläser, da diese den Geschmack eines Weins maßgeblich beeinflussen können.

Erscheinungsbild

Achten Sie auf Farbe und Klarheit des Weins – Trübungen deuten möglicherweise auf einen Fehler hin. Halten Sie bei Rotweinen das Glas gegen einen hellen Hintergrund und achten Sie auf die Ränder, um die tatsächliche Farbe festzustellen. Bei Rotweinen geht das tiefe Purpurrot mit zunehmendem Alter in Granatrot und schließlich in Braun über. Ein bräunlich aussehender Rotwein kann seine beste Zeit also bereits hinter sich haben. Bei Weißwein kann eine tiefgoldene Farbe ein Hinweis auf die Verwendung von Eiche oder eine besonders reife Frucht sein – oder aber es handelt sich um einen Süßwein.

Geruch

Am Wein zu riechen ist fraglos die wichtigste Phase der Verkostung. Schnuppern Sie zunächst vorsichtig und notieren Sie Ihre ersten Eindrücke, da diese oft am meisten aussagen. Schwenken Sie den Wein im Glas, um noch mehr Aromen freizusetzen. Achten Sie besonders auf die Fruchtaromen, die Sie nun wahrnehmen. Sind Sie intensiv oder eher verhalten? Sind mehrere Aromen im Spiel? Wenn ja, dann könnte das ein Hinweis auf gute Qualität sein. Überwiegen die für junge Weine typischen Fruchtaromen oder stehen eher reifere Aromen (Pilze, Leder) im Vordergrund? Überwiegt ein bestimmter Geruchseindruck und mögen Sie diesen? Hilfe beim Identifizieren Ihrer Eindrücke finden Sie auf den Seiten 652–653.

Geschmack

In dieser Phase wird die »Nase« des Weins meist nur bestätigt. Nehmen Sie einen kleinen Schluck und behalten Sie den Wein eine Weile im Mund und auf der Zunge. Der Geschmackseindruck verstärkt sich, wenn Sie die Lippen spitzen und etwas Luft einziehen. Das ist bei professionellen Verkostern gang und gäbe, da Sauerstoffzufuhr die Aromen intensiviert. Wenn Sie viele Weine nacheinander verkosten, empfiehlt es sich, den Wein auszuspucken und den Geschmack mit einem Schluck Wasser oder einem Stück Brot zu neutralisieren. Nachfolgend finden Sie weitere Anhaltspunkte:

- An der Zungenspitze nimmt man die Süße des Weins wahr: Ist er trocken, halbtrocken oder süß?
- Wie ist es um die Säure bestellt, die an den Zungenseiten wahrgenommen wird? Ist sie im Gleichgewicht mit den übrigen Aromen?
- Bei Rotweinen sind auch die Tannine wichtig, jener adstringierende Stoff, der ein Gefühl von Trockenheit erzeugt. Sind sie streng und bitter oder harmonisch in den Wein eingebunden?
- Wie schwer fühlt sich der Wein im Mund an? Ist er eher leicht, mittelschwer oder körperreich?
- Ist die Frucht rein und markant (wie bei einem jungen Wein) oder reif und komplex (wie bei einem älteren Wein)?
- Können Sie bestimmte Aromen ausfindig machen?
- Achten Sie darauf, wie lange der Geschmack im Mund nach dem Schlucken oder Ausspucken anhält. Man spricht in diesem Zusammenhang vom »Abgang«. Je länger dieser ist, desto besser ist auch der Wein.

VERKOSTUNGSNOTIZEN

Wer Verkostungsnotizen sammelt, bekommt einen guten Überblick darüber, welche Weine er in einem bestimmten Zeitraum getrunken hat. Versuchen Sie, in den jeweiligen Verkostungsstadien zumindest eine Bemerkung aufzuschreiben, einschließlich einer Schlussbewertung in Punkten oder durch eine Zusammenfassung des Gesamteindrucks.

EINEN WEIN BESCHREIBEN

Es ist beinahe unmöglich, die komplexen Geschmackseindrücke selbst einfacher Weine zu beschreiben. Fachleute bedienen sich hierfür vielschichtiger Vergleiche etwa mit Blumen, Früchten, Gewürzen oder bestimmten Holzarten. Einige dieser Aromakomponenten sind in manchen Weinen tatsächlich enthalten. Vanillearomen z. B. stammen von Vanillin, einem natürlichen Bestandteil neuer Eiche. Andere dagegen beruhen lediglich auf Eindrücken, die der Verkoster zu erkennen glaubt. Natürlich ist der Geruchs- und Geschmackssinn bei jedem Menschen unterschiedlich entwickelt, so dass sämtliche Zuschreibungen subjektiv sind.

VERKOSTUNGSVOKABULAR

Es gibt viele geläufige Ausdrücke zur Beschreibung von Typ und Charakter eines Weins. Die hier aufgeführten Definitionen sind nicht wissenschaftlich, und oft überschneiden sich ihre Bedeutungen mehr oder weniger stark.

alterungswürdig: Flaschenreifung trägt zur Vervollkommnung des Weins bei. Alterungswürdige Weine sind in ihrer Jugend tannin- und säurebetont oder leicht süß.
aromatisch: ausgewogen; ein Wein, bei dem alle Komponenten (Säure, Alkohol, Frucht, Tannine, Zucker, Extrakt) miteinander harmonieren
bitter: eigentlich negative Beurteilung um auszudrücken, dass ein Wein zu tanninhaltig ist. Tannine hinterlassen einen bitteren Geschmack, der hinten auf der Zunge wahrgenommen wird. Viele italienische Rotweine jedoch dürfen sogar bis zu einem gewissen Grad bitter schmecken.
Blockbuster: bezeichnet außergewöhnlich große Weine. Stellen Sie sich Unmengen an Frucht, Alkohol, Tanninen und Eichenaromen vor.
einfach: ein Wein ohne Komplexität und Aromenvielfalt; unproblematisch bei einem Alltagswein, bei teuren Weinen jedoch ein Fehler
elegant: ein subjektiver Begriff zur Beschreibung subtiler, ausgeglichener Weine guter Qualität, die nicht zu fruchtig und angenehm zu trinken sind
Extrakt: alle im Wein gelösten Inhaltsstoffe, die bei einer Destillation zurückbleiben (Tannine, Farbstoffe, Zucker etc.). Der Extraktgehalt verleiht einem Wein Körper.
Finesse: Feinheit und Eleganz eines Weins
fleischig: ein Wein, der im Mund förmlich zum Beissen verleitet. Verantwortlich dafür sind große Mengen an Extrakt und Alkohol.
frisch: wird wie knackig zur Beschreibung angenehm säurebetonter Weine, meist junger Weißweine, verwendet
fruchtig: ein Wein mit reichhaltigem Aroma aus gesunden, reifen Trauben
groß: körperreiche, beeindruckende Weine mit meist hohem Frucht-, Tannin- und/oder Alkoholgehalt. Dient auch zur Bezeichnung besonders aromatischer Weine.
hart: wie kantig für Weine mit hohem Säure- und/oder Tanningehalt
Holzgeschmack: Schmeckt ein Wein zu stark nach Eiche, werden andere Aromen überdeckt. Holzaromen sind nur dann wünschenswert, wenn genügend Frucht zum Ausgleich vorhanden ist. Junger, hochwertiger Wein verliert nach einigen Jahren in der Flasche einen Teil seines Holzgeschmacks.
knackig: säurebetont, aber auf positive, erfrischende Art. Wird meist für Weißweine mit sauberen, frischen Aromen verwendet.
Körper: Weine mit reichlich Extrakt und Alkohol, die sich im Mund entsprechend schwer anfühlen. Um herauszufinden, ob ein Wein leicht, mittelschwer oder körperreich ist, ist ein Vergleich mit dem Gefühl von Wasser im Mund hilfreich.
komplex: ein aromatisch und geschmacklich vielschichtiger Wein – verschiedene Fruchteindrücke sowie andere Komponenten wie Gewürze und Vanille. Komplexität ist ein Merkmal, das einen großen Wein von einem durchschnittlichen unterscheidet. Besonders komplexe Weine haben meist nach einer Reifephase zusätzliche Aromen entwickelt.
konzentriert: besondere Geschmacksintensität bei Weinen mit hohem Gehalt an Zucker und Tanninen sowie an Aroma- und Farbstoffen
mächtig: ein großer Wein mit einem hohen Gehalt an Extrakt und/oder Alkohol. Kann sowohl positiv als auch negativ gebraucht werden.
rassig: wie knackig und frisch für säurebetonte Weißweine, besonders für deutschen Riesling verwendet
reif: eigentlich trinkreif; bei Weinen, die eine gewisse Flaschenreife benötigen. Überreife Weine haben ihre beste Zeit hinter sich. Bezeichnet aber auch Weine von vollreifen Trauben mit Aromen tropischer Früchte wie Ananas statt etwa Äpfeln.
sauber: in Bezug auf Aromatik und Geschmack ohne negative Beeinträchtigung
scharf: ein Wein mit wenig Fruchtaromen, dafür einem Übermaß an harten, bitteren Tanninen und/oder Säure
schlaff: negativer Begriff für einen unausgewogenen Wein mit wenig Säure; oft geht damit ein pappig-süßer Geschmack einher.
schwer: beschreibt meist einen tanninstarken Rotwein mit vollem Körper

Fortsetzung nächste Seite ▷

stechend: Für ein gutes Gleichgewicht braucht jeder Wein Säure, zu viel jedoch ist ein Fehler. Säure nimmt man an den Außenseiten der Zunge wahr.
Struktur: bezieht sich normalerweise auf die in Rotwein enthaltenen Tannine, die die anderen Komponenten stützen. Bei einem gut strukturierten Wein sind die Tannine spürbar, aber ausgewogen. Weißweine können eine gute Säurestruktur haben.
subtil: tritt meist in Verbindung mit Finesse auf und bezieht sich auf mehrere verschiedene Geschmacksnuancen eines Weins
süffig: ein relativ einfacher Wein, der gut trinkbar ist und angenehm fruchtig schmeckt. Süffige Rotweine sind tanninarm.
süß: ein Wein mit deutlichem Restzuckergehalt, der an der Zungenspitze wahrgenommen wird. Der Ausdruck »süße Fruchtaromen« wird auch zur Beschreibung eines im Stil sehr reifen Weins verwendet.
tanninbetont: ein Zuviel an Tanninen, jenem adstringierenden Bestandteil im Wein, der von der Schale und den Stielen stammt. Manche tanninreichen Weine brauchen etwas mehr Flaschenreife. Tannine sind nicht von vornherein schlecht, sie müssen aber in einem Gleichgewicht mit den Fruchtaromen sein.
trocken: keine erkennbare Restsüße; jedoch können sehr reife Fruchtaromen und solche von neuer Eiche auch bei einem trockenen Wein den Eindruck von Süße vermitteln. Als ausgetrocknet bezeichnet man Rotweine, die nach einer zu langen Periode in Fass oder Flasche ihre Fruchtaromen verloren haben.
unkompliziert: ein gut trinkbarer Wein mit angenehmen Fruchtaromen
vollmundig: bezeichnet wie konzentriert einen hocharomatischen, intensiven Wein; manchmal ist auch eine leichte Süße im Spiel.
weich: ein Rotwein mit sanften Tanninen

GESCHMACK UND AROMA

In Wein hat man Tausende unterschiedlicher Aromen und Geschmacksnuancen nachgewiesen, weshalb folgende Liste nur eine Auswahl enthält. Manche Aromen (wie etwa schwarze Johannisbeere) erklären sich von selbst, andere wiederum, wie etwa vegetabil oder mineralisch, erfordern ein gewisses Maß an Erläuterung. Die Einträge nennen auch die Rebsorten bzw. Weine, auf die die entsprechende Beschreibung zutrifft.

animalisch: erinnert an Tiere und tierische Produkte wie Fell, Leder, aber auch Dung und Erde. Während diese Noten bei älterem, rotem Burgunder erwünscht sein können, sind sie bei einem jungen Wein eher auf Fehler bei der Weinbereitung zurückzuführen.
Apfel: häufig bei Weinen aus kühleren Klimazonen wie Chablis, Muscadet, Vouvray
Aprikose: typisch für reifere Weintypen wie Viognier oder fassvergorenen Chardonnay
buttrig: Fassvergorener Chardonnay und andere Weißweine weisen oft eine cremige, butterartige Textur (kein spezielles Aroma) auf. Sie ist das Ergebnis malolaktischer Gärung, besonders wenn dabei der Bodensatz aufgerührt wird.
duftig: Weine aus kühleren Regionen weisen oft blumige Aromen auf. Manche sind leicht zu identifizieren, darunter Holunderblüte (aromatische Weißweine), Veilchen (reifer Bordeaux) und Rose (Gewürztraminer und Nebbiolo-dominierte Rote wie Barolo und Barbaresco).
erdig: typisch für älteren roten Bordeaux
Gewürze: kommt bei Weinen vor, die in Fässern aus neuer Eiche vergoren und ausgebaut wurden, wird aber auch bestimmten Rotweintrauben wie Grenache und anderen Weinen aus Südfrankreich zugeschrieben
Gras: typisch für Weine aus kühleren Zonen von Trauben wie Sauvignon Blanc, Sémillon und Chenin Blanc
Gummi (verbrannt): ein möglicher Hinweis auf übermäßiges Schwefeln, in positivem Sinn häufig für Syrah verwendet
Hefe: ein brotiges Aroma, das oft mit Champagner in Verbindung gebracht wird (und dem Prozess der zweiten Gärung im Lauf seiner Herstellung)
Honig: meist bei süßeren Weinen, vor allem, wenn edelfaule Trauben im Spiel sind: Sauternes, Deutscher Riesling (BA, TBA), Tokay Pinot Gris (auch Tokay d'Alsace genannt), Süßweine von der Loire
Kirsche: vor allem bei italienischen Rotweinen. Barbera, Sangiovese und Corvina sind einige italienische Sorten, bei denen dieses Aroma vorkommt.
Kokos: ein Aroma, das bei Weiß- und Rotweinen vorkommt, besonders solchen, die in neuer amerikanischer Eiche vergoren oder ausgebaut wurden. Ein Übermaß kann auf einen Fehler hindeuten.

Lakritz: meist auf körperreiche Syrah-Rotweine bezogen
Litschi: häufig bei Gewürztraminer
marmeladig: leicht abwertender Ausdruck für Rotweine, die voll unkomplizierter Aromen von Schwarzer Johannisbeere, Himbeere und anderen Früchten sind, denen es aber an Struktur fehlt – für Weine ohne Finesse.
mineralisch: Mineralische Noten lassen sich schwer fassen. Gemeint ist ein markanter, erdiger Charakter bei Chablis und Sauvignon-Blanc-Weinen aus Sancerre und Pouilly Fumé.
Minze: wird besonders häufig mit Cabernet Sauvignon aus warmen Klimazonen in Verbindung gebracht
Petrol/Kerosin: typisch für reife Rieslinge, insbesondere ältere, deutsche Exemplare. Bei australischen Rieslingen entwickelt sich das Aroma früher.
Pfeffer (schwarz): für Rotweine aus Südfrankreich (vor allem aus dem Rhônetal) und Weine von Grenache
Pflaume: kommt bei vielen Rotweinen vor, insbesondere bei Merlot
Pilze: für reifen Pinot Noir. Den italienischen Weinen Barolo und Barbaresco wird oft nachgesagt, sie würden nach weißen Trüffeln duften.
Rose: typisch für Gewürztraminer und Weine von Nebbiolo wie Barolo und Barbaresco
sahnig: verweist auf eine weiche, körperreiche Struktur oder den Duft von frischer Sahne
schwarze Johannisbeere: meist in Bezug auf Cabernet Sauvignon und andere Rotweinsorten wie Merlot, Syrah/Shiraz oder Cabernet Franc
Sommerfrüchte: Aromen von Erdbeere, Himbeere oder Kirsche; typisch für jungen Pinot Noir
Stachelbeere: das klassische Aroma von Sauvignon Blanc; kommt auch bei anderen aromatisch-knackigen Weißweinen vor
Tabak: ein Aroma, das sich bei reifem Cabernet Sauvignon entwickelt und das besonders für roten Bordeaux typisch ist
Toast: beschreibt das Aroma, das von Eichenfässern stammt, kommt aber auch bei reifem Champagner und bei Sémillons

aus dem australischen Hunter Valley vor
traubig: mit dem Duft frischer Trauben, einem leicht »süßen«, fruchtigen Aroma. Die einzige Sorte, auf die das wirklich zutrifft, ist Muskat (und seine zahlreichen Klone).
tropische Früchte: Aromen von Ananas, Banane oder Mango, die meist zur Beschreibung von australischem Chardonnay dienen
Vanille: ein Aroma, das von Fässern aus neuer Eiche herrührt
vegetabil: ein Geschmackseindruck, der an Pflanzen und bestimmte Gemüsesorten erinnert; Cabernet Sauvignon z. B. schmeckt oft nach Paprikaschote.
Wild: Leichter Verwesungsgeruch von abgehangenem Wild findet sich meist bei älterem Pinot Noir (rotem Burgunder), Syrah (nördliche Rhône) und anderen gereiften Rotweinen.
Zitrone: bei Weißweinen weit verbreitet, besonders bei solchen aus kühleren Regionen
Zitrus: vor allem bei Weißwein weit verbreitet, besonders bei frischen, aromatischen Stilen; es finden sich Aromen von Limone, Zitrone, Orange usw.

WEINFEHLER

Noch nie war Wein so makellos wie heute, und von einigen korkigen Exemplaren abgesehen kommen Weine mit gravierenden Fehlern kaum mehr vor. Dennoch treten Probleme nach wie vor auf, die die Rückgabe einer Flasche rechtfertigen würden.

Korkgeschmack: Dies ist der häufigste Fehler und tritt bei 2 bis 5 % aller verkauften Weine auf. Er wird durch einen Schimmelpilz verursacht. Korkiger Wein ist ohne alle Fruchtaromen und riecht modrig, was oft erst nach einiger Zeit im Glas deutlich wird. Das Problem tritt nicht auf bei Plastikkorken oder Schraubverschlüssen.

Oxidation: Übermäßiger Sauerstoffkontakt schadet jedem Wein und verwandelt ihn schließlich in Essig. Ein Wein kann oxidieren, wenn der Verschluss luftdurchlässig ist, wenn er vor dem Öffnen zu lange Zeit in der Flasche verbracht oder wenn er nach dem Öffnen zu lange gestanden hat.

Schwefel: Wegen der besseren Haltbarkeit werden alle Weine vor dem Abfüllen geschwefelt. Ein Zuviel an Schwefel jedoch führt dazu, dass der Wein nach Gummi riecht. Für Asthmatiker können größere Schwefelmengen sogar gefährlich werden.

Unsachgemäße Weinbereitung: Wenn ein Wein zu viel Säure, Tannine oder Eiche aufweist oder wenn die Fruchtaromen fehlen, liegt dies meist an mangelnder Fachkenntnis bei der Weinbereitung.

WEIN UND ESSEN

WEIN UND ESSEN gehören seit jeher zusammen. Weder Softdrinks noch Hochprozentiges harmonieren mit dem Geschmack eines Gerichts, wohingegen Wein dank des moderaten Alkoholgehalts, der erfrischenden Säure und der schier unendlichen Aromenvielfalt am Esstisch erst so richtig zur Geltung kommt. Es lohnt sich, klassische und bewährte Kombinationen kennen zu lernen.

GRUNDREGELN

Ob Sie nun den passenden Wein zu einem Fertiggericht oder mehrere Weine als Begleiter zu den Gängen eines Menüs aussuchen, ein paar Grundregeln sollten Sie in jedem Fall beachten:

- Stimmen Sie die Weinwahl auf die vorherrschende Geschmackskomponente des Gerichts ab.
- Achten Sie darauf, ob Sie ein eher schweres oder leichtes Essen vor sich haben. Hocharomatische Speisen erfordern hocharomatische Weine mit viel Körper. Delikate Speisen werden von holz- oder tanninlastigen Weinen erdrückt, weshalb hier ein leichter Wein anzuraten ist. Denken Sie aber daran, dass körperreiche Weißweine von ähnlichem Kaliber sind wie leichte Rotweine und deshalb problemlos z. B. zu gegrilltem Thunfisch oder zu Truthahnbraten passen.
- Zu süßen Speisen gehört ein süßer Wein. Die thailändische Küche z. B. arbeitet viel mit Zucker, weshalb auch halbtrockene Weine wie deutscher Riesling oder Gewürztraminer aus dem Elsass gut passen.
- Die in Rotwein enthaltenen Tannine schmecken weicher in Verbindung mit rotem Fleisch. Deshalb sind auch klassische Paarungen wie Rindfleisch zu rotem Bordeaux oder Lamm zu rotem Rioja so erfolgreich.
- Je komplexer die Aromen eines Gerichts sind, desto schwieriger ist es, einen passenden Wein zu finden. Auf S. 655 (im Restaurant) finden Sie Hinweise, welcher Wein wozu passt.
- Wenn Sie Spitzenweine servieren, stimmen Sie das Essen auf den Wein ab und nicht umgekehrt. Meistens passen einfache Gerichte aus den besten Zutaten am ehesten, da sie dem Wein nicht den Rang ablaufen.
- Servieren Sie zu regionalen Gerichten möglichst Weine aus derselben Region.

Aperitifs

Ein Aperitif sollte lediglich den Appetit anregen. Reichen Sie deshalb nie einen allzu schweren oder dominierenden Wein. Ein trockener, leichter und erfrischender Weißer passt fast immer. Empfehlenswert sind australischer oder neuseeländischer Riesling, unoaked Sémillon, unoaked Chenin Blanc aus Südafrika, Muscadet oder elsässischer Pinot Blanc.

- Trockener deutscher Riesling mit seiner Appetit anregenden Säure und den frischen Aromen können ebenfalls gut sein.
- Ideal sind Champagner bzw. andere Schaumweine. Mit ihrem trockenen und säurebetonten Charakter stimulieren sie die Geschmacksknospen.
- Trockener Sherry, *fino* oder *manzanilla*, passt ebenfalls, wobei es sich wegen des hohen Alkoholgehalts empfiehlt, einen kleinen Snack dazu zu reichen.
- Servieren Sie niemals den besten Wein des Abends als Aperitif. Ein gutes, einfaches Exemplar setzt Akzente und lässt Raum für eine angemessene Würdigung der Feinheiten nachfolgender Weine.

Vorspeisen

Stimmen Sie die Auswahl der Vorspeise auf die Reihenfolge ab, in der man Wein normalerweise serviert – weiß vor rot, trocken vor süß, leicht vor schwer und auf der Qualitätsskala ansteigend. Wenn aufgrund der Menüzusammenstellung die Vorspeise einen schweren Rotwein erforderlich macht, vermeiden Sie Hauptgerichte, zu denen nur ein leichter Weißwein passt.

Gänseleberpastete: Sauternes, obschon die Wahl eines Süßweins zu Beginn des Abends später Probleme bereiten könnte; Champagner oder Gewürztraminer passen auch.

Gazpacho: relativ neutrale, trockene Weißweine

Pâtés und Terrinen: Weine, die zum Hauptbestandteil passen *(s. bei Fisch und Fleisch)*

Salat (ohne Dressing): trockene Weißweine – Sauvignon Blanc, Riesling und Chardonnay

Salat (Cremedressing): vollere Weine wie Chablis oder Pinot Blanc
Salat (Vinaigrette): Weine mit hohem Säuregehalt wie Vinho Verde, Sauvignon Blanc oder deutscher Riesling
Salat (mit Speck): Sauvignon Blanc in jeder Form
Spargel: Sauvignon Blanc
Spargel (mit Sauce hollandaise): vollere Weine wie Chablis oder unoaked Chardonnay
Suppe (Huhn): mittelschwerer Chardonnay oder Pinot Blanc
Suppe (mit Fleischeinlage): einfache Rotweine etwa aus Südfrankreich (Côtes du Rhône), Vin de Pays d'Oc oder preiswerte italienische Rotweine
Suppe (mit Sahne oder auf Fischbasis): eher aromatischer Chardonnay oder Weine wie Muscadet, weißer Bordeaux oder Pinot Grigio, aber auch Schaumwein oder leichter Rosé

Fisch und Meeresfrüchte

Gerichte mit Sahne verlangen einen körperreichen Weißwein, solche auf Tomatenbasis einen mittelschweren Rotwein. Zu berücksichtigen sind auch die Zubereitungsart und die Qualität der Zutaten.
Bouillabaisse: preiswerte Weiß-, Rot- oder Roséweine aus Südfrankreich
Fischsuppe (auf Sahnebasis): einfacher Chardonnay
Fischsuppe (auf Tomatenbasis): mittelschwere italienische Rotweine
Forelle (frisch): Pinot Blanc, Chablis oder unoaked Chardonnay
Forelle (geräuchert): guter weißer Burgunder
Heilbutt: Muscadet oder Chablis
Hering: Muscadet
Hummer: guter weißer Burgunder
Kabeljau (im Backteig): knackige, trockene Weißweine wie Sauvignon Blanc oder unoaked Chenin Blanc
Kabeljau und Schellfisch (natur): unoaked Chardonnay oder trockener weißer Bordeaux
Krabben: Sauvignon Blanc oder trockener Riesling
Lachs (vom Holzkohlegrill): eher leichte Rotweine wie Pinot Noir oder Beaujolais
Lachs (vom Elektrogrill): delikate Weine wie unoaked Chardonnay oder elsässischer Pinot Blanc, aber auch Weiße von der Rhône und aus Bordeaux bzw. trockener Riesling
Lachs (gedünstet): ein delikater Weißwein wie Chablis oder weißer Bordeaux
Lachs (geräuchert): Von Chablis über Sauvignon Blanc bis zu trockenem Riesling passt alles. Auch mit Champagner harmoniert Räucherlachs gut.
Makrele und Sardinen (frisch): Vinho Verde, Albariño, Sauvignon Blanc, Muscadet, leichte Rosés
Makrele (geräuchert): öliger Weißwein wie Pinot Gris aus dem Elsass
Muscheln: Muscadet oder Sauvignon Blanc
Seehecht: Sauvignon Blanc, Pinot Blanc, Soave oder weißer Rioja
Steinbutt: guter weißer Burgunder, kalifornischer Chardonnay oder erstklassiger trockener, weißer Bordeaux
Thunfisch (frisch): vollere, trockene Weißweine wie Sémillon oder australischer Chardonnay Alternativen: mittelschwere Rotweine wie Pinot Noir, argentinischer Malbec oder Beaujolais
Wolfsbarsch (in Buttersauce): weißer Burgunder
Wolfsbarsch (in Tomatensauce): mittelschwere Rotweine aus Italien oder Südfrankreich

Helles Fleisch

In der Regel ist helles Fleisch eher geschmacksneutral. Berücksichtigen Sie deshalb bei der Wahl des Weins die Zubereitungsart.
Coq au Vin: roter Burgunder, aber auch preiswerter Côtes du Rhône
Hähnchen (gegrillt): Chardonnay, Sauvignon Blanc oder leichte Rotweine wie Beaujolais
Hähnchen (in Sahnesauce): weißer Bordeaux, Riesling aus dem Elsass oder Neuseeland oder südafrikanischer Chenin Blanc mit Eiche
Hähnchen (gebraten): Chardonnay, Pinot Noir oder weicher Merlot
Hähnchenkasserolle: leichte italienische Rotweine oder preiswerte Rotweine aus Südfrankreich
Kalb: trockene Weißweine (unoaked Chardonnay), Weißweine von der nördlichen Rhône oder weiche, fruchtige Rotweine wie Chianti oder Merlot
Schwein (gebraten): Von weißem Burgunder oder Sauvignon Blanc bis hin zu leichteren Rotweinen (Merlot, Pinot Noir oder Beaujolais) passt alles.
Schwein (Spare Ribs): Zinfandel oder fruchtiger Shiraz aus Australien, Südafrika oder Kalifornien
Schwein (mit Apfelsauce): halbtrockene Weine, z. B. deutscher Riesling, Colombard, Verdelho oder Chenin Blanc aus der Neuen Welt
Truthahn (aus dem Ofen): eichenhaltiger Chardonnay oder Rotweine wie ein weicher Merlot oder Pinot Noir
Truthahn (mit Preiselbeersauce bzw. Füllung): rote Burgunder, Merlot-dominierter Bordeaux, Syrah von der nördlichen Rhône oder Schaumwein von Shiraz aus Australien
Würstchen (vom Schwein): preiswerte Rote aus Südfrankreich

Rotes Fleisch, Grillfleisch und Wild

Diese Fleischsorten erfordern Weine mit mehr Körper. Besonders zu Rindfleisch und Lamm reicht man meist tanninhaltige Rotweine. Eine wichtige Rolle spielen aber auch die Saucen.
Ente (gebraten): klassische Rote wie Burgunder, Barolo oder Rioja

Fortsetzung nächste Seite ▷

Ente (mit Apfel- oder Orangensauce): australischer Sémillon oder Riesling aus Deutschland oder dem Elsass
Ente (mit Kirschsauce): fruchtige Rote wie Cabernet Sauvignon oder Shiraz aus der Neuen Welt
Grillfleisch: mächtige Weine wie fruchtiger Chardonnay aus der Neuen Welt, Shiraz, Zinfandel oder Bordeaux
Lamm (Kasserolle, Eintopf): würzige französische Rote wie Vin de Pays d'Oc, Coteaux du Languedoc oder Côtes du Rhône
Lamm (Koteletts): Rotweine guter Qualität (Rioja, Bordeaux oder Chianti) sowie Cabernet Sauvignon und Merlot aus der Neuen Welt; Alternative: Rotweine aus Südfrankreich, besonders wenn das Gericht Knoblauch enthält
Lamm (Braten): Bordeaux und Burgunder erster Güte; Alternative: Rioja, Chianti oder Cabernet Sauvignon und Merlot aus der Neuen Welt
Rind (Hamburger, Pfeffersteak, in Blätterteig): kalifornischer Zinfandel, französischer Syrah oder australischer Shiraz
Rind (Roast Beef oder Steak): körperreiche Rotweine aus Bordeaux oder von der nördlichen oder südlichen Rhône, aber auch Shiraz aus Australien und guter Rioja
Rind (in Weinsauce): roter Burgunder
Wild: klassische europäische Rotweine wie Bordeaux, Burgunder, Rioja oder Barolo, aber auch Neue-Welt-Weine wie Cabernet Sauvignon und Pinot Noir

Vegetarische Gerichte

Wegen möglicher Reste von tierischen Produkten lehnen strenge Vegetarier Weine ab, wenn zur Schönung Gelatine, Eiweiß oder Hausenblase (ein Fischprodukt) verwendet wurden. Aufschluss darüber gibt evtl. das Rückenetikett, oder aber man erkundigt sich beim Händler nach »sauberen« Weinen. Vegetarische Gerichte sind mit hochwertigen Weinen schwer zu kombinieren, ein Pilz- oder Kürbisrisotto jedoch hält auch schwereren Kalibern stand.
Aufläufe und Pasteten: würzige Rote aus Südfrankreich
Aufläufe und Pasteten (mit Sahnesauce): Viognier, Chenin Blanc oder Chardonnay aus der Neuen Welt
Bratlinge: Shiraz, roter Bordeaux und Neue-Welt-Cabernet-Sauvignons
Chilli (vegetarisch, mit Sojagranulat): herzhafte Rotweine aus Südfrankreich oder fruchtige Weine wie Merlot oder Zinfandel
Lasagne (vegetarisch, mit Tofu): voller Weißwein wie Chardonnay oder Pinot Gris
Linsen- oder Gemüsegerichte: Rotweine aus Südfrankreich oder Süditalien
Pasta (mit Sahnesauce): trockener italienischer Weißwein oder unoaked Chardonnay, Pinot Noir bzw. Sémillon
Pasta (mit Sauce auf Tomatenbasis): leichte italienische Rotweine wie Chianti oder Valpolicella
Pilze à la Wellington: roter Bordeaux und Neue-Welt-Cabernet-Sauvignon
Pilzrisotto: körperreiche italienische Weine (Barolo, Chianti Classico, Brunello di Montalcino) oder ein guter roter Burgunder
Pfannengerichte (mit Tofu): Gewürztraminer, Sauvignon Blanc oder ein Riesling aus Deutschland bzw. der Neuen Welt
Quiches und Omelettes (Ei): unoaked Chardonnay, Pinot Blanc oder leichte Rotweine wie Beaujolais
Quiches und Omelettes (Pilze): mittelschwere Rotweine wie Pinot Noir
Quorn und Tofu: Der Wein sollte sich nach der Wahl der verwendeten Zutaten richten.
Risotto (mit Kürbis, z. B. Butternut): guter trockener weißer Burgunder oder ein anderer Spitzenchardonnay

Internationale Küche

chinesisch (allgemein): Riesling, Gewürztraminer, Pinot Gris, Sauvignon Blanc
chinesisch (auf Fleischbasis): fruchtige Rote wie Merlot, Zinfandel oder Shiraz aus der Neuen Welt
chinesisch (süßsauer): reifere Weine, z. B. australischer Sémillon, kalifornischer Chardonnay oder elsässischer Gewürztraminer
indisch (Hähnchen Tikka Masala): einfacher Chardonnay
indisch (Korma): einfacher Chardonnay oder deutscher Riesling
indisch (Rogan Josh und Balti): weiche, fruchtige Rotweine wie Shiraz oder Cabernet Sauvignon aus der Neuen Welt
indisch (scharf und würzig): vorzugsweise Bier, Wasser oder Lassi
thailändisch (allgemein): halbtrockene Weißweine wie deutscher Riesling oder Gewürztraminer
thailändisch (Curry): einfacher Sauvignon Blanc oder australischer Sémillon
japanisch (Sushi): traditionellerweise Sake (Reiswein)
japanisch (mit Teriyaki-Sauce): fruchtige Rotweine wie kalifornischer Zinfandel

Nachspeisen

Der Wein zum Dessert sollte immer süßer sein als dieses selbst und darf am Ende einer Mahlzeit ruhig auch etwas mehr Alkohol enthalten. Wunderbar zu vielen hocharomatischen Desserts passt ein mächtiger, aufgespriteter Wein.
Christstollen: australischer Liqueur Muscat, Moscato d'Asti oder aufgespriteter Muskat
Crème brûlée: klassischerweise Sauternes oder fast alle anderen Süßweine
Eiscreme: Marsala, Pedro-Ximénez-Sherry oder australischer Liqueur Muscat
Nusskuchen: Recioto aus Nordostitalien, süßer Oloroso

Sherry oder sogar ein Tawny Port

Obst: leicht süße Weine wie Riesling, Sémillon oder Chenin Blanc. Moscato d'Asti schmeckt besonders gut in Verbindung mit Schwarzen Johannisbeeren, Fruchtsalat oder Zitronenmousse.

Obstkuchen: Wählen Sie einen Wein, dessen Aroma dem des Obstkuchens nahe kommt.

Schokolade (dunkel): roter Süßwein wie ein Recioto aus Nordostitalien oder LBV-Port

Schokolade (hell): Moscato d'Asti

Schokoladenkuchen: Wählen Sie den Wein je nach Üppigkeit der verwendeten Schokolade. Die Orangenaromen bestimmter Muskatweine (Australien) harmonieren hervorragend mit vielen Schokoladensorten.

Tiramisu: italienische Dessertweine wie Moscato d'Asti oder Passito, auch australische Liqueur Muscat

Trifle: aufgespritete Weine wie süßer Amontallido Sherry

Käse

Käse und Wein sind ideale Partner, jedoch ist es nicht immer einfach, sie aufeinander abzustimmen. Aufgrund unterschiedlicher Konsistenz und Aromen vieler Käsesorten kann man von süßem Weißwein bis hin zu aufgespritetem Rotwein fast alles dazu servieren.

Blauschimmelkäse: normalerweise Süßwein, aber auch Tawny Port

Brie: Beaujolais oder andere leichte, fruchtige Rotweine

Camembert: Beaujolais oder andere leichte, fruchtige Rotweine, aber auch aromatischere Chianti-Weine. Auch Weißweine wie Chablis sind möglich.

Cheddar (reif): guter roter Bordeaux, Châteauneuf-du-Pape oder Tawny Port

Gruyère und Emmentaler: Shiraz, Rote von der nördlichen Rhône oder Merlot. Evtl. harmoniert auch ein Riesling.

Mozzarella: unoaked Chardonnay

Münster (und ähnlich strenge Sorten): Gewürztraminer

Parmesan: italienische Rotweine, besonders Sangiovese

Ziegenkäse: Sauvignon Blanc, besonders von der Loire

Schafskäse: eher süße Weine wie Riesling oder Muskat, aber auch würzige Rotweine aus Südfrankreich

Unterschiedliche Anlässe

Manchmal bestimmt der Anlass die Auswahl der Weine. In geselliger Runde trinkt man z. B. ganz andere Weine als bei einer Verlobungsparty.

Zum Essen: Unabhängig von den allgemeinen Regeln für die Weinauswahl ist es oft ratsam, einen Allround-Begleiter *(s. unten)* zu nehmen. Die Gäste können dann ein und denselben Wein zu allen Gängen trinken.

Ohne Essen: Für den puren Genuss empfehlen sich meist leichte, preiswerte und unkomplizierte Weine. In solchen Fällen sollte man von schweren oder von säure- bzw. tanninreichen Weinen besser die Finger lassen. Zu berücksichtigen sind auch die Jahreszeit und das Wetter.

Im Sommer: Wählen Sie erfrischende Weine wie Riesling, Chenin Blanc und andere alkoholarme Weißweine. Oder Sie nehmen einen leichten und fruchtigen, gekühlt trinkbaren Roten. Hier käme ein einfacher Merlot, Beaujolais oder Pinot Noir in Frage.

Im Winter: Gut sind mittelschwere Weiß- oder Rotweine mit fruchtigen Aromen und nicht zu viel Eiche, etwa Sémillon, unoaked Chardonnay oder Pinot Blanc, aber auch Weiße von der südlichen Rhône. Auch Rote wie ein Cabernet-Shiraz-Verschnitt aus Australien, Zinfandel, chilenischer Merlot und argentinischer Malbec sind in der kalten Jahreszeit ein Genuss.

an Festtagen: Die Gelegenheit schlechthin für Champagner und Schaumweine – da Champagner meist teurer ist, hängt die Entscheidung letztlich von Ihrem Budget ab. Auch Schaumweine anderer Herkunft eignen sich für Festivitäten, und als Zutat in Cocktails wie etwa Bucks Fizz sind sie ohnehin besser geeignet.

Im Restaurant

In vielen Spitzenrestaurants berät ein Sommelier die Gäste bei der Auswahl der Weine. Wo das nicht der Fall ist, sollte man sich an Weine halten, die zu fast jedem Essen passen. Bestellt in einem größeren Kreis jeder etwas anderes, sind halbe Flaschen eine Möglichkeit, dass jeder den passenden Wein bekommt.

- Vermeiden Sie Extreme zugunsten der Mittelklasse. Unter den Weißweinen sind unoaked Chardonnay, Sémillon und Sauvignon Blanc am flexibelsten. Empfehlenswerte Rotweine sind Pinot Noir, einfacher Merlot oder fruchtige Cabernet-Merlot-Verschnitte.
- Rot- und Weißweine aus Italien (besonders Rotweine) passen zu so gut wie allen Gerichten.
- Ist ein Restaurant auf die Küche eines bestimmten Landes spezialisiert, sollten Sie auch die Weine darauf abstimmen.

GLOSSAR

Wie andere Spezialisten unterhalten sich auch Weinkenner in einer ganz eigenen Sprache. Hier finden Sie eine Auflistung der gängigsten Fachausdrücke mit den dazugehörigen Erklärungen.

A

Abstich: Bei diesem auch Abzug genannten Verfahren wird der junge Wein vom Bodensatz im Gärbehälter getrennt. In der Regel geschieht dies durch Umpumpen.
Amarone (Italien): DOC-Rotwein aus Valpolicella (Nordostitalien), der aus getrockneten Trauben (Passito) bereitet wird
Amerikanische Eiche: zur Herstellung von Eichenfässern verwendete Holzart aus dem Osten der USA. Fässer aus amerikanischer Eiche sind vor allem in Nord- und Südamerika, Spanien und Australien verbreitet. Sie verleihen dem Wein intensivere Vanillearomen als europäische Hölzer.
Amontillado (Spanien): reicher, nussiger Sherry, im Stil trocken oder medium
Appellation: gesetzlich festgelegte Herkunftsregion; manchmal auch als Abkürzung für AOC oder AC gebraucht
Appellation d'Origine Contrôlée oder AOC (Frankreich): häufig auch nur Appellation Contrôlée (AC). Bezeichnet die höchste Qualitätsstufe des französischen Klassifikationssystems. Damit ist garantiert, dass ein Wein aus einer bestimmten Region stammt und nach den dort geltenden Bestimmungen hergestellt wurde. Nicht alle AOC- oder AC-Weine sind hochwertig, meist sind sie aber besser als ein Vin de Pays oder Vin de Table.
aufgespritet: ein Wein, dem reiner Alkohol (Weingeist) zugesetzt wurde. Beispiele sind Port, Sherry, Madeira und Liqueur Muscat.
Ausbau: der Reifeprozess, den ein Wein noch auf dem Weingut in Fass oder Flasche durchläuft. Nach der Auslieferung kann der Wein vom Kunden noch weiter »ausgebaut« werden, obschon man dann eher von liegen lassen oder lagern spricht.
Azienda (Italien): Weingut

B

Barrique (Frankreich): Eichenfass mit 225 l Inhalt
Bin (Australien/Neuseeland): Mit einer Bin-Nummer werden einzelne, besonders zubereitete Partien eines Jahrgangs versehen.
Biodynamischer Weinbau: strenge Form des biologischen Weinbaus mit Schwerpunkt auf der Gesunderhaltung des Bodens
biologischer Weinbau: Reiner Biowein ist schwierig herzustellen, da man bei der Weinbereitung bestimmte Chemikalien kaum vermeiden kann. Deshalb wird bei vielen Bioweinen lediglich auf die Verwendung von Kunstdünger, Fungiziden und Pestiziden verzichtet.
Blanc de Blancs (Frankreich): ein Weißwein, der zur Gänze aus weißen Trauben hergestellt wurde, häufig für Champagner und andere Schaumweine verwendet
Blanc de Noirs (Frankreich): ein »Weißwein«, der zur Gänze aus roten Trauben gewonnen wurde, häufig für Champagner und andere Schaumweine verwendet
Blush: US-amerikanische Bezeichnung für einen blass rosafarbenen Wein
Bodega (Spanien): Weingut oder Kellerei
Bodensatz: Feststoffe im Wein. In der Phase der Weinbereitung stammen diese von abgestorbenen Hefen, Schalen und Fruchtfleisch, oder aber sie entstehen später bei der Flaschenreifung. Alte Weine, die einen Bodensatz, ein so genanntes Depot ausgebildet haben, müssen dekantiert werden.
Bordeaux: Ein Wein, der hinsichtlich Rebsorte(n) und Zubereitung den in Bordeaux geltenden Bestimmungen entspricht. Die körperreichen roten Bordeaux sind ein Verschnitt von zumeist Cabernet Sauvignon, Merlot, Cabernet Franc. Die oftmals in Eiche ausgebauten Weine halten über Jahrzehnte.
Botrytis cinerea: Ein Pilz, der unter bestimmten Bedingungen die Ausbildung von Edelfäule bewirkt. Diese lässt die Trauben eintrocknen und konzentriert den Zuckergehalt, so dass dann natürlich süße und hocharomatische Weine bereitet werden können.

Bourgogne: französisch für Burgund
brut: trocken, hauptsächlich bei Champagner und Schaumweinen verwendet
Burgunder: Ein Wein, der hinsichtlich Rebsorte/n und Zubereitung den in Burgund geltenden Bestimmungen entspricht. Die Region ist berühmt für ihre trockenen Weißweine von Chardonnay und ihre mittelschweren Rotweine von Pinot Noir.

C

Cantina (Italien): Weingut
Cantina Sociale (Italien): Genossenschaft
Cava (Spanien): ein weltweit beliebter spanischer Schaumwein, der überwiegend im Nordwesten des Landes produziert wird, und zwar von Macabeo, Xarello, Parellada sowie immer mehr von Chardonnay
Chaptalisation: die Praxis, dem Traubenmost Zucker zuzufügen, um den Alkoholgehalt zu steigern; vor allem in kühleren Regionen verbreitet, in denen der natürliche Zuckergehalt oft nicht ausreicht.
Château (Frankreich): besonders in Bordeaux weit verbreitete Bezeichnung für ein französisches Weingut bzw. eine Kellerei
Clairet (Frankreich): ein dunkel roséfarbener Wein, stilistisch zwischen einem Rosé und einem leichten Roten gelegen
Claret: ein auf England beschränkter Ausdruck für roten Bordeaux
Classico (Italien): die Kernzone innerhalb einer DOC(G)-Region (meist mit den besseren Lagen)
Colheita: Tawny Port eines einzigen Jahrgangs, der mindestens sieben Jahre Fassausbau genossen hat
Côte (Frankreich): Hang
Crémant (Frankreich): gängige Bezeichnung für französische Schaumweine, die außerhalb der Champagne hergestellt wurden
Crianza (Spanien): ein Rotwein, der vor Auslieferung mindestens sechs Monate im Eichenfass und 18 Monate in der Flasche gereift ist
Cru (Frankreich): wörtlich »Gewächs«, aber auch »Lage«. Cru Classé bedeutet deshalb klassifizierte Lage. Die Klassifikation Cru Bourgeois bezeichnet in der Bordeaux-Appellation Médoc einen Wein unterhalb der Qualitätsstufe Cru Classé *(s. auch Premier Cru* und *Grand Cru)*.
Crusted Port: ein Portwein ohne Jahrgang, der wie ein Vintage Port ungefiltert abgefüllt wird
Cuvée (Frankreich): bezeichnet einen Verschnitt von Weinen unterschiedlicher Sorten, Lagen und Jahrgänge. In der Champagne bezeichnet Cuvée auch den ersten, besonders hochwertigen Teil des Safts, der aus der Presse läuft.
Cuvée de Prestige: vor allem in der Champagne gängiger Begriff für den besten Wein eines Erzeugers. Beispiele sind Dom Pérignon von Moët & Chandon und La Grande Dame von Veuve Clicquot Ponsardin.

D

Degorgieren: Entfernen des Bodensatzes, der sich bei der zweiten Vergärung von Champagner in der Flasche gebildet hat.
Dekantieren: Umfüllen eines Weins aus der Flasche in eine als Dekantiergefäß bezeichnete Karaffe. Man dekantiert meist ältere, ungefilterte Weine, um sie vom Bodensatz zu trennen. Jüngere Weine werden des Sauerstoffkontakts wegen dekantiert, d. h., man lässt sie »atmen«.
Denominação de Origem Controlada oder DOC (Portugal): die in der Qualitätshierarchie höchste Stufe für einen Wein in Portugal, entspricht einem AC-Wein in Frankreich
Denominación de Origen oder DO (Spanien): spanisches Gütesiegel für Qualitätsweine unterhalb der Güteklasse Denominación de Origen Calificada (DOCa); entspricht der AOC-Klassifizierung in Frankreich.
Denominacíon de Origen de Pago oder DO Pago (Spanien): Pago heißt wörtlich »Weingut« und bezeichnet Weine von anerkannten Spitzenlagen.

WEINGESETZ

Mehr Informationen über Fachbegriffe der Etikettensprache finden Sie hier: Frankreich *S. 52–53*; Italien *S. 192–193*; Spanien *S. 290–291*; Portugal *S. 329*; Deutschland *S. 348–349*

KLIMATISCHE GRUNDBEGRIFFE

Kontinentalklima: von heißen Sommern und kalten Wintern geprägtes Klima. Die starken jahreszeitlichen Unterschiede nehmen umso mehr zu, je weiter man sich vom mäßigenden Einfluss der Ozeane ins Landesinnere bewegt.

Gradtag: Einheit, die Aufschluss darüber gibt, ob eine Region für den Weinbau geeignet ist

Makroklima: beschreibt das Klima innerhalb einer ganzen Region

Seeklima: vom Meer beeinflusstes Klima in Meeresnähe. Die Temperaturen bleiben das ganze Jahr über relativ stabil, mit milden Wintern und warmen Sommern.

Grenzklima: klimatische Bedingungen, unter denen Weinbau kaum mehr möglich ist. Von Grenzklima spricht man eher, wenn es in einer bestimmten Region zu kalt, nicht wenn es dort zu warm ist. In klimatischen Grenzregionen muss man mit großen Jahrgangsschwankungen rechnen.

Mesoklima: Klima einer Teilregion

Mikroklima: Klima eines noch kleineren Gebiets, etwa eines Weinbergs oder einer besonders geschützten Lage

gemäßigtes Klima: ein Klima mit nur minimalen Temperaturschwankungen im Jahresablauf. Derartige Bedingungen kommen häufig in der Nähe großer Wasserflächen vor.

Denominazione di Origine Controllata oder DOC (Italien): italienisches Gütesiegel für Qualitätsweine unterhalb der Güteklasse Denominazione di Origine Controllata e Garantita oder DOCG, entspricht der AOC-Klassifizierung in Frankreich

Dessert/Süßwein: Weine mit hohem Restzuckergehalt. Sie schmecken süß und werden meist zum Dessert getrunken.

Domaine (Frankreich): Weingut

Dosage: Schaumweine und Champagner werden nach dem Degorgieren mit einer Mischung aus Most, Wein und Zucker auf den normalen Füllstand gebracht. Diesen Vorgang nennt man Dosage.

dry-farmed: im englischsprachigen Raum gängiger Begriff, der darauf hinweist, dass die Reben eines Weinguts nicht künstlich bewässert werden

E

Eiche: die für das Vergären und den Ausbau von Weinen favorisierte Holzart. Holz- und Vanillearomen sind umso intensiver, je kleiner und neuer die verwendeten Fässer sind. Viele preiswertere Weine bekommen ihre Holzaromen von Chips oder Dauben, die in den Tank gehängt werden. *S. auch amerikanische* bzw. *französische* Eiche

eichenbetont: ein Wein, der durch die Verwendung von Eichenfässern, Eichenchips oder Eichendauben bewusst in einem holzbetonten, cremigen Stil bereitet wurde

Eiswein: hochkonzentrierter Wein aus Trauben, die in gefrorenem Zustand geerntet und gepresst werden. Das ergibt einen hocharomatischen Most, da das in den Trauben enthaltene Wasser als Eis zurückbleibt.

en primeur: bezeichnet den Verkauf eines neuen Weins, noch ehe er abgefüllt ist. Der Kunde sichert sich damit bei seltenen Weinen seine Anteile, kauft dadurch aber nicht unbedingt günstiger ein. Im Deutschen spricht man hier von Subskriptionskäufen.

Erstes Gewächs: *s. Premier Cru*

Ertrag: die jährlich von einem Rebstock oder einer bestimmten Rebfläche produzierte Gesamtmenge an Wein. In der Regel ist die Qualität bei niedrigeren Erträgen besser, weshalb in vielen europäischen Anbaugebieten bestimmte Höchsterträge vorgeschrieben sind. Diese können von 38 hl/ha für roten Grand-Cru-Burgunder bis hin zu 100 hl/ha für weniger illustre Gewächse reichen.

Erzeugerabfüllung: Die meisten besseren Weine werden heute direkt auf dem Weingut abgefüllt. Damit ist keine Qualitätsgarantie, aber zumindest ein Hinweis auf Qualität verbunden. Die englische Entsprechung für den Begriff lautet *estate bottled*, die französische *mise en bouteille à la propriété/au château/au domaine*, die italienische *imbottigliato all'origine*, die spanische *embotellado en la propriedad*.

F

Fass: Fässer kommen in verschiedenen Phasen der Weinbereitung zum Einsatz. Hochwertige Weißweine werden oft im Fass vergoren, damit sie die Aromen des Holzes annehmen. Durch Ausbau im Fass wird der Wein weicher und nimmt bei neuer Eiche Vanille- oder Zedernaromen an; *s. auch amerikanische Eiche* und *französische Eiche.*

fassgereift: Ausbau im Holzfass. Der Wein wird dadurch weicher und nimmt Eichenaromen an; *s. Fass.*

fassvergoren: Der Wein wurde im Eichenfass vergoren. Durch das normalerweise bei Weißwein angewandte Verfahren werden Eichenaromen besser integriert.

Filtration: Verfahren, bei dem feinste im Wein enthaltene Trübungen vor dem Abfüllen entfernt werden. Manche Erzeuger verzichten mit Rücksicht auf das Aroma darauf – in diesen Fällen enthält das Etikett oft einen entsprechenden Zusatz: ungefiltert, *non filtré* oder *unfiltered*. Ungefilterte Weine müssen in der Regel dekantiert werden.

Finca (Spanien): Weingut

Fino: ein heller, relativ leichter und trockener Sherry, der mit einer Flor genannten Hefeschicht auf der Oberfläche reift

Flaschengärung: das Verfahren, das die Bläschen beim Champagner erzeugt. Dabei füllt man einen bereits fertigen Stillwein zusammen mit Zucker und Hefe in eine Flasche. Dort setzt eine zweite Gärung ein, und das entstehende Kohlendioxid macht den Stillwein zu Schaumwein.

Flor (Spanien): Hefeschicht, die sich auf der Oberfläche potenzieller Fino-Sherrys bildet. Sie verleiht dem Wein sein typisches Aroma und schützt ihn vor Oxidation.

Flying Winemaker: Weinmacher mit wechselnden Einsatzorten auf der ganzen Welt. Der Ausdruck stammt aus der Zeit, als hoch spezialisierte Weinmacher aus Übersee Güter, die nicht mehr auf der Höhe der Zeit waren, auf Vordermann brachten.

französische Eiche: aus Gebieten wie Cher, Alliers und den Vogesen stammendes Holz, das sich nach allgemeiner Ansicht am besten für Vergärung und Ausbau von Wein eignet

Fruchtansatz: Der Zeitpunkt im Jahresablauf, zu dem sich an den befruchteten Blüten Beeren ausbilden – nicht befruchtete Blüten fallen ab.

Futures: in den USA gebräuchlicher Ausdruck für Subskriptionskäufe

G

Gärung: chemischer Prozess, bei dem Hefen den natürlichen Zucker der Trauben in Alkohol und Kohlendioxid verwandeln. Als Gärbehälter dienen Edelstahltanks, ausgekleidete Betontanks, große Bottiche oder Fässer aus Holz. *S. auch malolaktische Gärung*

Garagenwein: relativ neuer Ausdruck für seltene und entsprechend teure Weine von meist sehr jungen Kleinbetrieben. Diese arbeiten oft mit einfachsten Mitteln, die auch in einer Garage Platz hätten.

Genossenschaft: Im Bereich des Weinbaus besteht eine Genossenschaft aus einem Zusammenschluss von mehreren Winzern, die ihren Wein gemeinsam herstellen und vermarkten. Oft sind die Weine gut, in manchen Fällen aber auch ausnehmend schlecht.

Grand Cru (Frankreich): wörtlich »Großes Gewächs«. In Burgund sind die besten Lagen als Grand Cru klassifiziert. In der Region St-Émilion (Bordeaux) sind die besten Châteaus als Grand Cru Classé klassifiziert, und die absolute Spitze darf sich Premier Grand Cru Classé nennen. *S. auch Premier Cru*

Gran Reserva (Spanien): ein Rotwein, der mindestens fünf Jahre gereift ist, davon mindestens 18 Monate im Eichenfass

Grand Vin (Frankreich): erscheint oft auf den Etiketten von AC-Weinen und bedeutet wörtlich »großer Wein«. Oftmals wird damit der Spitzenwein eines Guts bezeichnet.

Grünlese: Maßnahme, bei der ein bestimmter Teil der Trauben im Sommer noch vor der eigentlichen Lese entfernt wird. Durch diese Form der Ertragsreduzierung konzentriert sich die Kraft des Rebstocks auf die verbleibenden Trauben.

Grundwein: zur Herstellung von Champagner und anderen Schaumweinen verwendeter Stillwein

H

Hefe: einzelliger Pilz, der während des Gärprozesses Zucker in Alkohol umwandelt. Manche Weinmacher bevorzugen die in vielen Gegenden auf der Traubenschale und im Keller natürlich vorkommenden »wilden« Hefen, andere wiederum entscheiden sich für eine kontrollierte Gärung mit Zuchthefen.

holzig: Beschreibung für den Geschmack eines Weines, der in nicht ausreichend gewässerten und gedämpften Holzfässern ausgebaut bzw. gelagert wurde. Dadurch gehen unerwünschte Gerbstoffe in den Wein über. Ein holziger Geschmack gilt als Weinfehler. *S. auch unoaked*

Hybride: eine durch Kreuzung verschiedener Spezies gezüchtete Rebsorte. Ein Beispiel ist die Sorte Baco Noir, die durch Kreuzung der Europäerrebe *(Vitis vinifera)* Folle Blanche mit einer Sorte der Amerikanerrebe *(Vitis riparia)* entstand. In der EU darf Qualitätswein nur von der europäischen Kulturrebe *Vitis vinifera* gewonnen werden.

I

Indicazione Geografica Tipica IGT (Italien): in jüngerer Zeit geschaffene Qualitätskategorie für italienische Weine, die in etwa einem Vin de Pays entspricht.

J

Jeroboam: Großflasche mit einem Fassungsvermögen von 3 l (vier Normalflaschen à 75 cl)

Jóven (Spanien): junger Wein mit wenig oder keinem Eichenkontakt, der sofort getrunken werden kann

K

Kaltgärung: langsamer Gärprozess bei niedrigen Temperaturen, in dessen Verlauf Frische und Fruchtaromen der Trauben extrahiert werden

Klon: eine Vielzahl von Reben, die mittels Stecklingsvermehrung von einer Mutterrebe gewonnen wurden. Sie sind genetisch identisch.

Kohlensäure-Gärung: eine im Beaujolais in Frankreich gängige Methode der Weinbereitung. Dabei werden die Trauben als Ganze vergoren, was farbintensive, fruchtige und dabei tanninarme Weine erbringt.

korkig: muffiger Geruch und Geschmack, der von einem Schimmel im Korken verursacht wird. Schätzungsweise 6 % aller Flaschen sind davon betroffen, weshalb viele Erzeuger mittlerweile Schraubverschlüsse oder synthetische Korken bevorzugen.

L

Lagern: Die meisten Weine werden so zubereitet, dass sie nach der Abfüllung trinkreif sind. Einige jedoch werden besser, wenn man sie an einem kühlen, dunklen Ort nachreifen lässt. Vor allem körperreiche Rotweine, süße Weißweine und aufgespritete Weine sollte man lagern.

Late Bottled Vintage oder LBV (Portugal): Portwein mit Jahrgang, der vor dem Abfüllen vier bis sechs Jahre im Fass lagert

M

Madeira: ein auf der gleichnamigen zu Portugal gehörenden Insel hergestellter aufgespriteter Wein

Maderisierung: bewusst herbeigeführte Veränderung eines Weins durch Erwärmung und Sauerstoffkontakt, damit dieser wie Madeira schmeckt. Der Ausdruck »maderisiert« kann auch einen Fehler beschreiben, der auf zu hohe Lagertemperaturen und/oder Sauerstoffkontakt zurückzuführen ist.

Magnumflasche: Flasche mit 1,5 l Fassungsvermögen (zwei Normalflaschen à 75 cl). In einer Magnumflasche reift Wein langsamer und eleganter als in einer Normalflasche, weshalb die Größe besonders für Champagner als ideal gilt.

Maischegärung: gängige Methode der Rotweinbereitung, bei der der Saft zusammen mit den Schalen vergoren wird, um Farbstoffe, Tannine und Aromen herauszulösen.

malolaktische Gärung: Prozess, in dessen Verlauf die scharfe Apfelsäure in mildere Milchsäure umgewandelt wird. Die für diese zweite »Gärung« erforderlichen Bakterien sind entweder im Wein vorhanden oder werden nach Bedarf künstlich zugesetzt. Fast alle Rotweine durchlaufen die malolaktische Gärung; bei Weißweinen hängt die Entscheidung vom angestrebten Typ des Weins ab.

Master of Wine (MW): Titel, den das Londoner Institute of Masters of Wine nach Bestehen einer überaus anspruchsvollen Prüfung vergibt. Verlangt werden Kenntnisse in den Teilbereichen Weinbereitung, Sensorik, Vertrieb, Marketing usw. Derzeit gibt es nicht einmal 250 Titelträger weltweit.

Meritage: in Kalifornien und Südafrika übliche Bezeichnung für einen Verschnitt von den gängigen Bordeaux-Sorten (Merlot, Cabernet Sauvignon und Cabernet Franc für Rotwein, Sauvignon Blanc und Sémillon für Weißwein)

Méthode Traditionnelle/ Classique (Frankreich): Bezeichnung für das Herstellungsverfahren von Champagner und anderen Schaumweinen. Entscheidend dabei ist, dass die zweite Gärung in der Flasche erfolgt.

Monopole (Frankreich): Bezeichnung für eine Komplettlage (Monopollage), einen Weinberg, der sich komplett in der Hand nur eines einzigen Besitzers befindet

Most: durch Pressen frisch gewonnener Saft von Trauben

Mutage: französischer Begriff für das vorzeitige Stoppen der Gärung durch Hinzufügung von Branntwein. Mit diesem Verfahren stellt man Vin Doux Naturel her.

N

Négociant (Frankreich): wörtlich Händler, bezeichnet heute ein Handelshaus, das Trauben oder Most ankauft, um daraus eigene Markenweine herzustellen. Besondere Bedeutung kommt den Négociants in Gegenden wie in Burgund zu, in denen sich der Weinbergbesitz auf viele kleine Winzer verteilt. Die Weine decken ein breites Qualitätsspektrum ab.

Nachsäuerung: Hinzufügung chemischer Säuren bei der Weinbereitung, um einen zu niedrigen Säuregehalt des Mosts auszugleichen

Non-Vintage: im englischsprachigen Raum gängiger Begriff für einen Verschnitt von Weinen mehrer Jahrgänge. In fast jeder Flasche Champagner stecken mehrere Jahrgänge.

O

Önologie: Weinbaukunde, wobei der Schwerpunkt meist auf der Tätigkeit des Weinmachers liegt

Old Vines: im englischen Sprachraum verbreitete Bezeichnung für alte Reben. Bei niedrigen Erträgen ist die Qualität der Trauben meist besser, weshalb dieser Zusatz auf dem Etikett auf einen konzentrierteren, komplexeren Wein hinweisen kann. Leider gibt es keine genauen Richtlinien, die einen Rebbestand als alt ausweisen.

Oloroso: ein reicher, nussiger Sherry-Stil mit vollem Körper. Der Wein erhält sein spezifisches Aroma durch oxidative Reifung und ist von *dry* bis *medium* erhältlich.

P

Passito (Italien): ein mächtiger, aus getrockneten Trauben hergestellter Wein. Die süße Variante bezeichnet man als Recioto, die trockene als Amarone.

Phylloxera vastatrix: lateinischer Name der Reblaus, die Ende des 19. Jh. die europäischen Weinberge vernichtete. Das Insekt, eine Blattlausart, saugt an den Wurzeln des Rebstocks, was letztlich zum Absterben der Pflanze führt. Noch heute ist man gegenüber diesem Schädling machtlos – jedoch wurden sämtliche europäischen Reben auf Phylloxera-resistente amerikanische Unterlagen gepfropft.
Pierce's Disease: potenziell verheerende, nicht zu behandelnde Rebkrankheit, die von Bakterien hervorgerufen wird. Sie wird von kleinen Insekten verbreitet, die die Blätter attackieren, und kommt vor allem im Süden der USA und in Südamerika vor.
Pilzkrankheiten: Oberbegriff für eine Reihe von Krankheiten wie echter bzw. falscher Mehltau oder Schwarzfäule. Der Pilz befällt Trauben und Blätter und kann große Schäden verursachen. Erwünscht dagegen ist die von *Botrytis cinera* hervorgerufene Edelfäule.
Portwein: aufgespriteter Wein vom oberen Douro im Norden Portugals
Premier Cru (Frankreich): wörtlich »Erstes Gewächs«. Im Médoc in der Region Bordeaux sind die besten Châteaus als Premier Cru klassifiziert, während in St-Émilion, auf der anderen Seite der Gironde, die Spitzengewächse unter Premier Grand Cru Classé laufen. In Burgund wiederum folgt eine Premier-Cru-Lage in der Gesamthierarchie erst an zweiter Stelle nach der Klassifikation Grand Cru.
Prosecco: gefälliger, von der gleichnamigen Rebsorte bereiteter Schaumwein aus der Region Veneto in Italien. Die Stilvarianten reichen von trocken bis halbsüß.

Q

Qualitätswein mit Prädikat (QmP): höchste Qualitätsstufe bei deutschen Weinen. Zwischen Kabinett und Eiswein gibt es sechs Stufen abhängig vom Reifegrad der Trauben. Für die darunter liegende Klassifikation Qualitätswein bestimmter Anbaugebiete (QbA) gelten weniger strenge Anforderungen.
Quinta (Portugal): Weingut

R

Recioto (Italien): roter oder weißer, aus getrockneten Trauben (Passito) hergestellter Süßwein, eine alkoholstarke Spezialität aus Venetien
Reserva (Spanien): Wein eines guten Jahrgangs, für den bestimmte Mindestausbauzeiten gelten. Roter Reserva muss fünf Jahre gereift sein, davon

WICHTIGE BODENARTEN

albariza: für das Sherry-Gebiet Jerez in Spanien typische kalkhaltige Böden. Sie speichern Wasser und reflektieren das Sonnenlicht.

alluvial: aus Schwemmablagerungen gebildete feinkörnige Böden, die aus Geröll, Sand, Schlamm und Schlick bestehen.

Galestro: von Tonschiefer durchsetzte Bodenart, die typisch ist für viele Weinberge in der Toskana

Gneis: granitähnliches Gestein

Granit: grobkörniges, aus Mineralien zusammengesetztes Gestein

kalkhaltig: aus Kalziumkarbonat, Kalzium oder Kalkstein zusammengesetzte Böden

Kalkstein: Dieses aus Kalziumkarbonat aufgebaute Sedimentgestein ist typischerweise sehr hart und kann von den Wurzeln des Rebstocks nur schwer durchdrungen werden, es sei denn in Spalten. Manchmal befinden sich unter Kalksteinböden Wasserreservoirs, die von langen Wurzeln gut eingewachsener Reben erreicht werden.

Kies: Böden mit einem hohen Anteil an Kieselsteinen möglicherweise alluvialen Ursprungs (in Frankreich *graves* genannt); typisch für die am linken Gironde-Ufer gelegenen Bordeaux-Appellationen

Kieselerde: Siliziumdioxid, das man in Quarz und Sand findet

Kreideböden: Diese aus weichem, bröseligem, feinkörnigem und porösem Sedimentgestein bestehenden Böden werden im Weinbau wegen ihrer guten Drainagefähigkeit geschätzt.

Lehm: Bodenart mit unterschiedlichen Bestandteilen, darunter Ton, Sand und organisches Material

Löss: besteht aus feinen, vom Wind angewehten Ton- und Schwemmsandkörnern. Lössböden sind vor allem in österreichischen und deutschen Weinbergen verbreitet.

Mergel: bröselige, aus Kalkstein, Ton und Muschelschalen bestehende Böden. Viele Weinberge an der Côte d'Or in Burgund liegen über kalkhaltigem Mergel.

Quartz: Diese aus Kieselerde bestehenden Böden sind meist nicht besonders fruchtbar, haben aber gute Drainagefähigkeit.

Sandstein: aus Sandkörnern zusammengesetztes Sedimentgestein. Fruchtbarkeit und Drainagefähigkeit dieses Bodentyps wechseln.

Schiefer: kompaktes, feinkörniges metamorphes Gestein, das Wasser und Wärme speichert. Schieferböden sind typisch für das Anbaugebiet Mosel-Saar-Ruwer.

Schieferton: Mittel- bis grobkörniges metamorphes Gestein, das sich leicht in dünne Schichten aufspaltet, kommt im Elsass, an der Côte Rôtie und im Rhônetal vor.

Schwemmsand: alluviale Ablagerung unterschiedlicher Körnung. Schwemmsand ist ein wichtiger Bestandteil der Böden im kalifornischen Napa Valley.

Terra Rossa: rotbrauner Lehm oder Ton auf einer Kalksteinschicht. Berühmtes Terra-Rossa-Gebiet ist Coonawarra in Südaustralien.

toniger Lehm: Diese feinkörnigen, aber schweren Böden sind für ihre Fähigkeit bekannt, Wasser und Nährstoffe zu speichern.

Tuff: kalkhaltiger Boden, eine Form von weichem Kalkstein

Zweischichtboden: Böden mit porösem Oberboden auf nicht poröser Unterlage aus Sand oder Lehm

mindestens 18 Monate im Fass. Weißer Reserva muss zwei Jahre in der Kellerei verbringen, davon mindestens sechs Monate im Fass.

Reserve: englischsprachiger Hinweis auf Etiketten für einen besonders hochwertigen Wein, was aber meist nur dann zutrifft, wenn der Wein von einem angesehenen Erzeuger kommt

Restzucker: nach Abschluss der Gärung im Wein verbleibender Zuckergehalt

Rodung: In europäischen Regionen mit Überproduktion zahlt die EU im Rahmen eines Rodungsprogramms Prämien für die endgültige Aufgabe des Weinbaus durch Rodung.

Rosé: Wein, der farblich zwischen Rot- und Weißwein liegt. Seine Farbe erhält der Wein in der Regel nicht aus einer Mischung roter und weißer Sorten, sondern ausschließlich von roten Trauben, die nur eine kurze Maischephase durchlaufen. So hält sich der Anteil der aus den Schalen gelösten Farbstoffe in Grenzen.

Rosinieren: Die Trauben trocknen entweder am Stock oder nach der Lese. Rosinierte Trauben sind hochkonzentriert und ergeben hervorragende Süßweine.

S

Säure: Jeder Wein enthält verschiedene Säuren wie Weinsäure und Apfelsäure. Sie sind ein wichtiger Bestandteil, denn sie gewährleisten Frische und Gleichgewicht: Weine mit zu viel Säure schmecken stechend-scharf, solche mit zu wenig Säure »schlaff« und pappig-süß.

Schönen: Entfernen von Schwebstoffen im Wein. Das verwendete Schönungsmittel, z. B. Eiweiß oder Bentonit, verbindet sich mit den Schwebstoffen und lässt diese zu Boden sinken.

Sec (Frankreich): trocken, italienisch Secco, spanisch Seco

Sekt: in Deutschland meist mittels Tankgärung hergestellter Schaumwein

Sélection de Grains Nobles (Frankreich): im Elsass übliche Güteklasse für Wein von edelfaulen Trauben

Sherry: ein in der spanischen Region Jerez hergestellter aufgespriteter Wein. Es gibt zwei Grundstile, *s. Fino* und *Oloroso*.

Solera (Spanien): ein u. a. in der Sherryindustrie angewandtes Verschnittsystem, bei dem Weine unterschiedlichen Alters in jeweils kleinen Mengen miteinander verschnitten werden

sortenreiner Wein: Wein, der nur aus einer Rebsorte besteht und auch nach dieser benannt ist

Spumante (Italien): Schaumwein. Der berühmte Asti Spumante stammt aus der Region Asti im Nordwesten Italiens.

Stabilisierung: Verfahren, das sicherstellt, dass der Wein nach dem Abfüllen keine weiteren Reaktionen, z. B. Gärung, durchläuft. Dieses beinhaltet das so genannte Schönen und die Filtration.

Stockdichte: bezeichnet die Anzahl der Rebstöcke pro Hektar Weinbergsfläche. Eine hohe Stockdichte (rund 8000 Reben pro Hektar) ist in Europa weit verbreitet, da der Wettbewerb unter den Pflanzen geringere, dafür aber hochwertigere Erträge garantiert.

Strohwein (Österreich): Wein aus Trauben, die auf Schilf oder Stroh getrocknet wurden

Struktur: ein im Rahmen der Weinansprache vor allem für Rotweine verwendeter Ausdruck, um das Gewicht von Frucht und Tanninen am Gaumen zu beschreiben. Körperreiche Weine wie hochwertiger Bordeaux sollten eine »gute Struktur« haben.

Superiore (Italien): meist für DOCG-Weine mit höherem Alkoholgehalt verwendet; kein eindeutiger Hinweis auf bessere Qualität

***sur lie* (Frankreich):** besagt, dass der Wein nach der Gärung längere Zeit auf dem Hefesatz lagerte. Diese Methode spielt für Weine wie Muscadet und Champagner eine besondere Rolle. Das dadurch entstehende Aroma wird noch verstärkt, wenn man den Hefesatz wiederholt aufrührt (französisch *bâtonnage*).

T

Tafelwein: theoretisch die unterste Stufe der EU-Qualitätsskala. In der Regel sind diese Weine tatsächlich billig und nicht besonders ansprechend. Dennoch laufen einige der feinsten Weine Europas unter dem Begriff Tafelwein. Der Preis ist hier ein verlässlicher Indikator für Qualität – feinere Weine kosten erheblich mehr als einfache.

Tannine: adstringierende Substanzen, die auch in Schwarztee vorkommen. Die im Wein enthaltenen Tannine stammen von den Schalen, Kernen und Stielen der Trauben. Sie verleihen Rotweinen Gewicht und Struktur. Zudem lassen sie den Wein anders reifen und tragen zu seiner Haltbarkeit bei.

Tawny: blasser, lohfarbener Portwein. Bessere Exemplare verdanken ihr typisches Aussehen und den weichen Geschmack besonders langer Fassreife. Das Alter ist in diesen Fällen auf dem Etikett meist angegeben – 10, 20, 30 oder sogar 40 Jahre.

Tenuta (Italien): Weingut

Terroir: aus dem Französischen stammender Begriff zur Beschreibung der Gesamtheit der Wachstumsbedingungen einer bestimmten Lage. Gemeint sind Faktoren wie Boden, Mikroklima, Hangneigung und Hangausrichtung. Befürwortern des Terroir-Prinzips zufolge soll ein Wein immer auch Ausdruck des Ortes sein, von dem er stammt.

Traditional Method: *s. Méthode Traditionnelle/Classique*

Trockenbeerenauslese: in Deutschland und Österreich geläufiger Begriff für Weine aus eingetrockneten, meist edelfaulen Trauben. Er bezeichnet die fünfte Stufe auf der Skala deutscher Prädikatsweine (QmP). Die üppig-süßen Weine dieser Art sind sehr selten und extrem teuer.

U

ungefiltert/unfiltered/non-filtré: Das Filtern von Weinen ist meist mit einem Verlust an Aromen verbunden – was auch für das Schönen mit Eiweiß und Bentonit zutrifft. Nach Ansicht der meisten traditionellen Erzeuger sind beide Praktiken unverzichtbar, um einen kristallklaren und bakterienfreien Wein zu bekommen. Viele qualitätsbewusste Weinmacher der Neuen Welt verzichten jedoch auf Schönung und Filtrierung.

unoaked (ohne Eiche): ein Wein, bei dessen Bereitung zur Betonung der fruchtig-frischen Aromen bewusst auf Holz verzichtet wurde

V

Vendange Tardive: französisch für »Spätlese«; bezeichnet besonders im Elsass einen meist üppig süßen Wein, der aus spät gelesenen Trauben gekeltert wurde. Die Verwendung des Begriffs ist im Elsass gesetzlich genau festgelegt, andernorts darf er nach Belieben des Erzeugers verwendet werden.

Verschnitt: eine Mischung von Weinen unterschiedlicher Trauben, Herkunft, Stile oder Jahrgänge mit dem Ziel konstanter Qualität und Ausgeglichenheit

Vieilles Vignes (Frankreich): wörtlich »alte Rebstöcke«. Je älter ein Rebstock wird, desto weniger, dafür aber qualitativ hochwertige Trauben produziert er. Das Prädikat ist keine Garantie für einen besseren Wein, da sein Gebrauch völlig willkürlich ist.

Vin de Pays (Frankreich)/ Vino de la Tierra (Spanien)/ Vinho Regional (Portugal): Die in der Qualitätshierarchie zwischen einfachem Tafelwein und Weinen mit kontrollierter Herkunftsangabe angesiedelten »Landweine« bieten oft ein hervorragendes Preis-Leistungs-Verhältnis.

Vin de Table (Frankreich)/ Vino de Mesa (Spanien)/ Vino da Tavola (Italien)/ Vinho de Mesa (Portugal): *s. Tafelwein*

Vin doux Naturel (Frankreich): Dessertwein mit hohem Restzuckergehalt, da die Gärung mit Alkohol vorzeitig gestoppt wurde. *S. auch Mutage*

Vinifikation: Weinbereitung, der Prozess, in dessen Verlauf aus Traubensaft Wein wird

Vintage: englisch für Jahrgang

Vintage Port: Spitzenportwein, der nur in den Jahren erzeugt wird, die von den Produzenten als besonders gute Jahrgänge deklariert werden. Im Durchschnitt gibt es nur drei Vintages in zehn Jahren.

Vitis vinifera: »weintragende Rebe«, eine Unterart der Gattung, der fast alle Rebsorten der Welt angehören

WEITERFÜHRENDE HINWEISE

ÜBER DAS THEMA WEIN *kann man sich heute in Büchern, Zeitschriften oder im Internet ausgiebig informieren. Mittlerweile haben auch viele Erzeuger eigene Webseiten. Eine Möglichkeit, andere Interessierte kennen zu lernen und Kenntnisse zu vertiefen sind Weinproben oder die Teilnahme an Weinforen im Internet.*

ALLGEMEINE WEBSEITEN

Folgende Seiten bieten verlässliche Informationen

www.wein.de
Homepage der Deutschen Landwirtschafts-Gesellschaft e.V. Informationen über deutsche Weine, Empfehlungen, Glossar von Begriffen aus der Weinwelt

www.wein-plus.de/glossar
Umfassende Weinwissen-Datenbank mit fast 20 000 Begriffen, 1785 Übersetzungen und fast 41 500 Links. Ein unbeschränkter Zugriff ist allerdings nur für Abonnenten möglich.

http://www.wein-plus.de/
Netzwerk zur Information und Kommunikation. Wein-Plus verkauft nichts, sondern ist ein schnell wachsendes, offenes Netzwerk für mehr als 70 000 registrierte private und professionelle Weinliebhaber, das täglich von mehr als 6000 Menschen genutzt wird. Sie können sich über Wein informieren, Kontakte knüpfen und Unterstützung finden. Weinliebhaber finden ihren Lieblingswein und Weine finden ihre Genießer. Weinkäufer finden ihren Weinhändler und diese finden ihre Kunden.

WEINE ONLINE BESTELLEN

Die folgende Liste ist selbstverständlich weit davon entfernt vollständig zu sein.

www.oekowein.de
Ökoweine online bestellen

www.weininternational.de
Ausgesuchte Weine aus Deutschland, Frankreich, Italien und Spanien mit besonders gutem Preis-Leistungs-Verhältnis. Ständig neue Entdeckungen und Geheimtipps, Probierpakete frei Haus

www.rouge-blanc.com
Bei Rouge & Blanc finden Sie eine sorgfältige Auswahl von Weinen aus über 14 Ländern sowie Geschenkideen und Firmenpräsente. Lieferung binnen 5 Tagen europaweit.

www.ronaldi.de
Italienische Weine können hier online bestellt werden.

www.vinos.de
Hier können Weine aus Spanien bestellt werden – über 1000 Weine sind im Sortiment.

www.reserva-weinimport.de
Auch dies ist eine Adresse für Weine aus Spanien.

www.avinos-wein.de
Hier kann bestellt werden; außerdem bietet die Seite eine Vielzahl von Informationen rund um den Wein sowie ein Weinlexikon.

www.vinatis.de
Vinitatis ist ein Händler, der sein Angebot in mehr als 25 Länder liefert.

www.importweine.de
Eine Adresse für Weine aus Italien und Frankreich

www.wineloverspage.com
Dies ist eine sehr beliebte Seite aus den Vereinigten Staaten, mit einer Vielzahl von ausführlichen Verkostungsnotizen, Expertenmeinungen, Buchbesprechungen, Rezepttipps und Vielem mehr.

www.gangofpour.com
Großzügiger Netzauftritt, erstellt von vier Weinliebhabern aus Detroit, Kalifornien und Kanada, eine empfehlenswerte Seite für nordamerikanische Weine

www.erobertparker.com
Die Internetseite des weltweit einflussreichsten Weinkritikers Robert Parker. Mit einer Vielzahl von Verkostungsnotizen und Artikeln aus seinen Zeitschriften *The Wine Advocate* und *The Hedonist's Gazette*. Sie ist kostenpflichtig.

WEINFOREN

Internetforen bieten Raum zum Austausch auch über das Thema Wein. Oft werden reale Verkostungen organisiert, was eine gute Möglichkeit ist, andere Weinfreunde in der näheren Umgebung kennen zu lernen:

www.weinforum.info/
www.forengruppe.de/phpbb2/viewforum.php?f=11&
www.best-of-wine.com/
www.weinserver.at/forum/
www.weinforum-oesterreich.de/
www.wineguide.ch/gr/forum/index.cfm
www.wine-online.ch/magazin/chWein/

www.schweizerweinecke.ch/das_schweizer_weinforum.htm

WEINWISSEN

www.vinum.info
www.best-of-wine.com/
www.weinwissen.com/
www.deutschland-vinothek.de/Weinwissen.16.0.html
www.weinclub.ch/
www.weinserver.at/wissen/

LÄNDERSEITEN

Viele Webseiten bieten nützliche Informationen über jeweils ein bestimmtes Weinland:

Argentinien
www.argentinewines.com/ing
Allgemeine Informationen über das Land, die Anbaugebiete und die Weine, streckenweise ausschließlich auf Spanisch.

Australien
www.winetitles.com.au/awol
Viele Informationen für den interessierten Weintrinker

Chile
www.britishcouncil.cl/english/infoexch/chlwine.htm
Auflistung chilenischer Erzeuger mit den Links zu deren Webseiten

Frankreich
www.terroir-france.com
Hilfreiche Informationen über das ganze Land, Literaturempfehlungen und weiterführende Links zu Detailfragen bestimmter Regionen
www.vinsalsace.com/public_html/sommaire_uk.html
Mit zahlreichen interessanten Informationen zur Region ausgestattete offizielle Seite der elsässischen Weinindustrie
www.medoc-wines.com
Viel Brauchbares zur Geschichte von Bordeaux, seiner Appellationen und einzelner Châteaus
www.bivb.com
Offizielle Seite der Region Burgund mit nützlichen Hintergrundinformationen über die Region und ihre Weine
www.nanson.ch
Mit ihrem Schwerpunkt auf Burgund ist diese Seite nützlicher als die offizielle Burgundseite. Sie enthält Verkostungsnotizen und Besprechungen einer Auswahl der besten Erzeuger.
www.champagne.fr
Die offizielle Seite der Champagne bietet Basisinformationen sowie Links zu einzelnen Erzeugern.
www.languedoc-wines.com
Gut gemachte offizielle Seite des Languedoc mit vielen Links zu regionalen Erzeugern
www.vins-centre-loire.com/gb/default.htm
Besonders nützlich für das Gebiet der mittleren Loire
www.vins-rhone.com
Offizielle Seite über das Rhônetal mit umfassenden Detailinformationen zur Geschichte der Region und ihrer Appellationen sowie zahlreiche Links zu einzelnen Erzeugern

Deutschland
www.winepage.de
Übersichtlich und unterhaltsam gestaltete Seite eines deutschen Weinliebhabers (auf Englisch!). Hervorragende Linksammlung sowie Erläuterungen zu Rebsorten und Anbaugebieten
www.wein-plus.de
Ausführliche Informationen über Wein innerhalb und außerhalb Deutschlands

Italien
www.winenews.it
Hervorragend für alle, die des Italienischen mächtig sind
www.italianmade.com
Ähnlich gut gemachte Seite über italienische Weine

Neuseeland
www.winesofnz.com
Neben Basisinformationen bietet die Seite eine umfassende Liste neuseeländischer Weingüter.

Portugal
www.winesfromportugal.co.uk
Besprochen wird eine Auswahl einiger weniger Erzeuger, dafür aber umso ausführlicher

Südafrika
www.wine.co.za
Enthält nützliche Neuigkeiten, Informationen und Links

Spanien
www.jrnet.com/vino
Unterhaltsame Seite über spanische Weine und mehr

USA
www.allamericanwineries.com
Umfassende Liste amerikanischer Erzeuger
www.winecountry.com
Enthält jede Menge Neuigkeiten aus Kalifornien sowie touristische Informationen
www.oregonwines.com
Hervorragender Überblick über Erzeuger und Weine der Region

WEINBÜCHER

Johnson, Hugh und Jancis Robinson: ***Der Weinatlas***, München 2002
Johnson, Hugh: ***Der große Johnson. Die Enzyklopädie der Weine, Weinbaugebiete und Weinerzeuger der Welt***, München 2004
Robinson, Jancis: ***Das Oxford Weinlexikon***. München 2003
Parker Robert M. und Pierre-Antoine Rovani: ***Parker's Wine Guide***, München 2003
Ambrosi, Hans, u. a.: ***Farbatlas Rebsorten***, Stuttgart 1998

ZEITSCHRIFTEN

Vinum
Vinum hat zwei deutschsprachige Ausgaben, jeweils für die Schweiz und Deutschland.
www.vinum.info

Weinwelt
Weinwelt richtet sich eher an den Weinfreund mit weniger Erfahrung, ist also für den Einstieg gut geeignet.
www.wein-marktplatz.de

Selection
www.selection-online.de

Weingourmet
Der *Weingourmet* ist der Weinableger vom Feinschmecker. Infos im Internet:
www.der-feinschmecker-club.de

Mondo
Mondo – Weine der Welt, Bachstraße 27, 69121 Heidelberg

Weinwisser
www.weinwisser.com

Register

Fett gedruckte Seitenzahlen beziehen sich auf Haupteinträge

D

N

Q

R

S

Danksagung

DORLING KINDERSLEY dankt folgenden Personen, ohne deren Mithilfe dieses Buch nicht zustande gekommen wäre:

BERATUNG

Susan Keevil

Susan Keevil, die einst als Lektorin für das Weinmagazin *Decanter* arbeitete, ist inzwischen Buchautorin. In dieser Funktion bereist sie seit dem Jahr 2000 die Weinbaugebiete dieser Welt. Über ihre Erfahrungen berichtet sie in verschiedenen Zeitschriften, z. B. in *Wine*, *Decanter* und *Food & Travel*, zudem hat sie eine Kolumne in der amerikanischen Zeitschrift *The Wine News*. Für ihren *Which? Wine Guide 2003* erhielt sie den Lanson Award for Annual Wine Guides (verliehen im Mai 2003).

MITARBEIT

Geoff Adams (Südosteuropa)

Geoff Adams arbeitet als Autor, freier Journalist und Wein-Kolumnist. Er schreibt u. a. für *Decanter*, *Harpers Wine & Spirit Weekly*, *Greece Magazine* und The Journal. Adams ist bei mehreren internationalen Weinwettbewerben Mitglied der Jury.

Christine Austin (Chile & Argentinien)

Christine Austin schreibt seit über 20 Jahren über Wein, z. B. in ihrer Kolumne in der *Yorkshire Post*, aber auch für Zeitschriften, Bücher, Radio und Fernsehen. Sie hat weltweit zahlreiche Weinbaugebiete bereist. Ihre besondere Vorliebe gilt Weinen aus Südafrika.

Richard Baudains (Nordostitalien, Mittelitalien)

Richard Baudains hat sich auf italienische Weine spezialisiert. Er schreibt regelmäßig für die Zeitschrift *Decanter*, aber auch für andere Publikationen in den USA und in Italien. Baudains lebt in Gorizia, Italien.

Julie Besonen (Bundesstaat New York)

Julie Besonen ist Redakteurin des *Paper Magazine* in New York City. Sie veröffentlicht in zahlreichen anderen Publikationen zu den Themen Wein, Cocktails und Reisen.

Stephen Brook (Deutschland, Burgund, Kalifornien, S. 472–473 u. 476–477)

Stephen Brook begann seine Karriere als Herausgeber diverser Bücher. Seit 1982 schreibt er u. a. zu den Themen Wein und Reisen. Er ist Mitherausgeber der Zeitschrift *Decanter* und Autor zahlreicher preisgekrönter Bücher wie *The Wines of California* und *Bordeaux: People, Power & Politics*.

Kathleen Buckley (Elsass)

Kathleen Buckleys Artikel zu den Themen Wein und Reisen sind u. a. in folgenden Publikationen erschienen: *Decanter*, *Harpers Wine & Spirit Weekly*, *The San Francisco Chronicle* und *Wine Business Monthly*.

Giles Fallowfield (Champagne)

Giles Fallowfield schreibt vor allem über Champagner und Schaumweine. Er wurde in den Jahren 2001 und 2003 als Lanson Award Champagne Writer of the Year ausgezeichnet.

Dr. Caroline Gilby MW (Osteuropa)

Caroline Gilby war für den Einkauf einer großen britischen Einzelhandelskette verantwortlich, wo sie vor allem den Bereich Osteuropa betreute. Sie arbeitet heute als freie Autorin, Dozentin und unabhängige Beraterin und ist regelmäßig Jury-Mitglied bei internationalen Weinprämierungen.

Richard Jones Rebsorten, Andere Wein produzierende Länder, Anhang, Ausführungen zum Weinrecht, S. 34–41, 166–167, 190–191)

Richard Jones' Begeisterung für das Thema Wein begann Mitte der 1990er-Jahre, als er Wine Communications Coordinator bei Oddbins wurde, einem der größten Weinhändler Großbritanniens. Heute arbeitet er als freier Journalist und Autor zu den Themen Wein und Spirituosen.

Susan Keevil (Einführung, Geschichte und Kultur des Weins, Weintypen)

S. oben.

James Lawther MW (Bordeaux, Rhônetal, Loiretal, Südfrankreich, S. 48–51, 54–57)

James Lawther lebt seit gut 20 Jahren in Frankreich, seit 1996 in Bordeaux. Er ist Mitherausgeber von *Decanter*, publiziert zum Thema Wein und arbeitet als Dozent. Er leitet auch Touren durch französische Weinbaugebiete.

Angela Lloyd (Südafrika)

Angela Lloyd schreibt seit 1985 für zahlreiche südafrikanische Zeitschriften und Zeitungen zum Thema Wein, aber auch für anerkannte internationale Blätter. Sie ist langjährige Mitarbeiterin am *John Platter South African Wine Guide* und erfahrene Weinverkosterin.

Giles MacDonogh (Österreich, Ungarn)

Giles MacDonogh schreibt regelmäßig für die »food-and-drink«-Seiten der *Financial Times* sowie für andere britische Publikationen. Er ist Autor mehrerer Bücher zum Thema Wein: *Syrah, Grenache & Mourvèdre*, *The Wine & Food of Austria*, *Austria: New Wine from the Old World* und *Potugese Table Wines*.

Richard Mayson (Portugal)

Richard Mayson schreibt für zahlreiche Zeitschriften, darunter *Decanter*, *Wine*, *Wine & Spirit International*, *Harpers Wine & Spirit Weekly* und *Slow*. Er ist Autor der Bücher *Port & the Douro* und *The Wines & Vineyards of Portugal*. Weiterhin arbeitet er als Dozent für den Wine and Spirit Education Trust und die Leith's School of Food and Wine in London.

Michael Palij MW (Nordwestitalien, Süditalien und die Inseln, S. 186–189)

Michael Palij ist Importeur, Journalist und seit vielen Jahren Fürsprecher für alles, was italienischen Wein anbelangt. Er siedelte 1989 von Kanada nach Großbritannienn über, wo er 1995 die Prüfung zum Master of Wine ablegte.

Jeni Port (Australien, Neuseeland)

Jeni Port lebt in Melbourne und schreibt für *The Age*, *Winestate* u. a. Publikationen. Die ehemalige Präsidentin des Wine Press Club of Victoria ist Autorin von *Choosing Australian Wines* und *Crushed By Women: Women & Wine*.

John Radford (Spanien)

John Radford ist freier Autor, Rundfunksprecher, Dozent und Weinliebhaber mit dem Schwerpunkt Spanien. Sein Buch *The New Spain* erhielt vier internationale Auszeichnungen. Radford schreibt regelmäßig für Zeitschriften wie *Decanter* und *Harpers Wine & Spirit Weekly* und ist gefragter Referent für Seminare zum Thema Wein.

Roger Voss (Elsass)

Roger Voss ist Autor der Bücher *Food & Wine of France*, *The Wines of the Loire*, *Alsace & the Rhône* und zahlreicher Taschenbücher zum Thema Wein. Er lebt in Bordeaux und ist Herausgeber der europäischen Ausgabe der New Yorker Zeitschrift *Wine Enthusiast Magazine*. Voss schreibt regelmäßig für *Harpers Wine & Spirit Weekly* und *Decanter*.

Dr Paul White (Pazifischer Nordwesten)

Paul White hat viele Kenntnisse während seiner Zeit im Oxford University Blind Wine Tasting Team erworben. Heute lebt er in Wellington, Neuseeland, und schreibt regelmäßig für *Gourmet Traveller WINE* und andere Publikationen.

Bei Dorling Kindersley
Lektorat: Gary Werner
Bildredaktion: Sue Metcalfe-Megginson
Cheflektorat: Deirdre Headon
Grafik: Peter Luff
DTP-Design: Louise Waller
Bildrecherche: Anna Bedewell
Bildarchiv: Richard Dabb
Herstellung: Mandy Inness

Korrekturen
Fiona Wild

Register
Hilary Bird

Karten
Dominic Beddow, Simonetta Giori, Sibby Postgate bei Draughtsman Ltd (www.magneticnorth.net)

Layout und Redaktionsassistenz
Bernhard Wolf Koppneyer, Davin Kuntze, Clare Tomlinson

Bildrecherche
Caroline Blake, Claire Gouldstone, Rita Selvaggio, Melanie Watson, Debbie Woska

Karten
Dorling Kindersley und Departure Lounge danken den folgenden Institutionen:
Australian Wine & Brandy Corporation; Berry Brothers & Rudd; Chianti Classico.com; CIVB Bordeaux; Deutsches Weininstitut GmbH; HEPO; Mary Pateras; Michael Cooper (Autor von *Wine Atlas of New Zealand*); National Vine & Wine Chamber; SAWIS (South Africa Wine Industry & Systems); Stellenbosch tourist office; Vinterra International SA; Wine Industry Association of Western Australia; WOSA (Wines of South Africa); www.winecountry.it.

Illustrationen
Stephen Conlin 29u, 38–9, 40–41; Lee Redmond 38or, 40or; Simon Roulstone 22–3, 24–5; Deborah Maizels

Fotografien im Studio
Steve Gorton

Allgemeine Unterstützung
Dorling Kindersley und Departure Lounge danken den Weinerzeugern für ihre Unterstützung, z. B. für die Bereitstellung von Fotos und Flaschenetiketten. Besonderer Dank gilt The Gay Hussar; Elizabeth Ferguson von Berkmann Wine Cellars; Catherine Borgmeister von Peretti Communications; Philglas & Swiggot, Battersea, London; Oddbins, Clapham, London und vor allem Kate Hall von Berry Brothers & Rudd, London.

Bildnachweis
Schlüssel: o = oben; ol = oben links; olM = oben links Mitte; oM = oben Mitte; or = oben rechts; Mlo = Mitte links oben; Mo = Mitte oben; Mro = Mitte rechts oben; Ml = Mitte links; M = Mitte; Mr = Mitte rechts; Mlu = Mitte links unten; Mu = Mitte unten; Mru = Mitte rechts unten; ul = unten links; u = unten; uM = unten Mitte; uMl = unten Mitte links; ur = unten rechts

Der Verlag war bemüht, sämtliche Rechteinhaber ausfindig zu machen und bittet an dieser Stelle für jede unbeabsichtigte Unterlassung um Entschuldigung. Eventuell notwendige Angaben werden in die nachfolgenden Auflagen dieses Buches aufgenommen.

Dorling kindersley und departure lounge danken folgenden Personen, Institutionen und Bildagenturen für die freundliche Erlaubnis, folgende Bilder zu reproduzieren:

ADAGP: © Jean Cocteau, Paris and DACS, London 2004 71u; AKG-Images: 14ol, 16ol, 16ul, 18ol, 19ul, Rabatti-Domingie 186u, Erich Lessing 14ul, 14/15u, 15or, 17or, 269u; Alamy: 25; Alfred Gratien: 168ol; Antinori: 265u, 265u; Antiyal: 522Mro; Art Archive, The: Biblioteque des Arts Decoratifs Gianni Dagli Orti 19Mr, Museo Degli Argenti Pitti Palace, Florenz Gianni Dagli Orti 16Ml, Provinciaal Museum G M Kam Nijmegen, Niederlande/Dagli Orti 614o; 615oM; Australian Wine Export Council, AWEC, Adelaide, Australien: 20uMl, 26Mro, 27or, 33Mr, 35ur, 36or, 36ur, 36ur, 36ura, 538Mu, 539u, 542, 543u, 544ur, 546o, 556, 557u, 563ul, 570, 571u, 573ol, 584, 585u, 586u, 589ul, 640o, 646o, 648o.

Badia da Coltibuono: 258ol, 259ol; Beaulieu Vineyards: 458Ml; Bellavista: 202or; Beringer Blass: 540Mlu; Beringer: 463ol, 472oM; Bisol Desiderio & Figli: 226u; BIVB/Domaine A: 101Mlu; Boccadigabbia: 239u; Bodega Colomé: 533ur; Bodegas Salentein: 526o, 532oM; Bouchard Finlayson: 437or; Bridgeman Art Library: Biblioteca Marciana, Venedig *The Natural History of Pliny the Elder* (AD 23–79) 15uMr, Museo della Civiltà Romana, Rom 186o, Museo Diocesano de Solsona, Lerida, Spanien Jaime Ferrer (1430–57) 15oMr, The Stapleton Collection nach einem Porträt von Titian Sarah Gräfin von Essex 18ul, Privat/Lucien Herve 71ur, Byron: 489Mlu.

Cà del Bosco: 203ur; Caliterra: 524or; Canoe Ridge Vineyard: 493Mr; Castello di Volpaia: 259Mru; Catena Zapata: 512–13, 517uM; Cavalleri: 204ul; Cephas: Gerry Akehurst 409ul, Jerry Alexander 458ur, 460, Kevin Argue 35Mr, 37u, Franck Auberson 37ol, Nigel Blythe 36Mo, 78ol, 224o, 300o, 347ur, 350ul, 352o, 356o, 357or, 363ul, 617ur, Emma Borg 439ul, Fernando Briones 32ol, 294u, Andy Christodolo 24, 37uM, 36Ml, 215u, 410or, 518o, 521u, 521or, 525u, 527ul, 528ol, 529ul, 559ol, 561ur, 569ul, 585u, 612or, David Copeman 326u, Jeffery Drewitz 568Mlo, J Juan Espi 438Ml, Bruce Fleming 510–11, Dario Fusaro 190ul, 190Ml, 195u, 195u, 206u, 237u, Kevin Judd 33ol, 33u, 34ur, 34ul, 35u, 35oM, 37uM, 41Mr, 159Mr, 176, 191Ml, 452–3, 454ul, 463Mr, 510ur, 543u, 545ol, 572Mro, 573ur, 586Mr, 598or, 599uM, 600o, 610–11, 620Mlo, M J Kielty 386u, 616or, Herbert Lehmann 266Mlu, 375Mr, 376o, 389or, 385ul, Mike Newton 191ul, Char Abu Mansoor 404or, 419u, Diana Mewes 1u, 103ul, John Millwood 417ur, R & K Muschenetz 37Mr, 461u, 464o, 482ur, 479Mr, 487ul, Fred R Palmer 503u, Neil Phillips 4or, 289u, 306uM, Alain Proust 431ul, 444ur, 444Ml, 445ul, 445Mru, 445oM, Mick Rock 5ol, 25 (1 & 5), 28u, 29or, 29oM, 29Ml, 32Ml, 32oM, 33Ml, 33oM, 33or, 32ur, 35Ml, 35or, 39or, 38ul, 39oM, 39Ml, 40ol, 40ul, 40Ml, 41ol, 56or, 56u, 63o, 66ur, 75o, 77or, 79ur, 84o, 92o, 93u, 1001or, 101u, 102o, 108Ml, 110o, 114o, 115u, 118, 119u, 121ur, 121ol, 124ul, 127ul, 129o, 159r, 159 (background), 164, 165u, 170o, 179Mr, 184–5, 190uM, 190u, 190ol, 191u, 191u, 191Mr, 191ol, 194, 196ol, 197ol, 198o, 200or, 206o, 207ul, 208ol, 214, 219ul, 225ul, 231ul, 238uM, 240u, 240o, 241u, 242or, 243u, 244ul, 254o, 255or, 256or, 257ul, 258Mlu, 258Mro, 258Mru, 263oM, 269u, 270Mu, 271u, 272o, 273ul, 274u, 274ol, 277or, 280o, 294o, 295u, 302or, 303ur, 304ul, 304o, 307ul, 307ur, 315u, 315Mr, 315ol, 317ul, 318or, 322u, 323Mu, 327or, 328ul, 333ur, 334ul, 335ol, 342ur, 362o, 366o, 370ur, 371Mu, 372ul, 373Mu, 375uM, 378ol, 384ur, 385ol, 386o, 387ul, 389uM, 390Mlo, 391ol, 392or, 395Mr, 395ol, 396u, 396o, 397ul, 404uM, 405Mr, 407ol,

408o, 481ur, 485or, 491u, 493ol, 495ul, 497u, 502, 504Mlo, 506o, 510ul, 541ur, 560o, 569Mr, 613ur, Ian Shaw 34Ml, 56u, 74ur, 76o, 77ul, 91ol, 109u, 150, 156ol, Ted Stefanski 466u, Peter Stowell 370Mo, Mike Taylor 622ul, 623or, Peter Titmuss 425Mr, Stephen Wolfenden 70u;
CHAMPAGNE DRAPPIER: 168Mr, 173o; CHATEAU MOUTON ROTHSCHILD: Flaschen und Etiketten mit frd. Genehmigung v.Chateau Mouton Rothschild, Pauillac, Frankreich, 70–71; CHAMPAGNE JACQUART: 171Mr; CHÂTEAU BEAU-SÉJOUR BÉCOT: 80Mr; CHÂTEAU DE LA MALTROYE: 91Mro; CHÂTEAU DE PIBARNON: 149ol; CHÂTEAU DE STADTBREDIMUS: 612u; CHÂTEAU DE REIGNAC: 87ur; CHÂTEAU DUMRU-BEAUCAILLOU: 72Mlo; CHÂTEAU HAUT BRION: 73or; CHÂTEAU KSARA: 414Ml, 416o; CHÂTEAU LAFITE-ROTHSCHILD: 64ur, 68ur; CHÂTEAU LA NERTHE: 133or; CHÂTEAU MARGAUX: 19ol, 65Mu; CHÂTEAU MOUTON-ROTHSCHILD: 69ul; CHÂTEAU MUSAR: 419Mro, 419Ml; CHÂTEAU PALMER: 65o, 73Mlu; CHÂTEAU PAPE CLÉMENT: 74ol; CHÂTEAU PAVIE MACQUIN: 76u; CHÂTEAU PENIN: 84ul; CHÂTEAU REYNON: 86oM; CHIANTI CLASSICO.COM: 254u; CHURCHILL'S: 338Mr; CIVB, BORDEAUX: 59u, 63u, Ph. Roy 85OR; CIVA: 178ol; CLONAKILLA: 567oM; CLOS FOURTET: 81ur; CLOUDY BAY: Kevin Judd 594–5, 596Mo, 598Mlu; COLDSTREAM HILLS: 574o; COLTERENZIO: 189or; CONCHA Y TORO: 525Ml; CORBIS: Archivo Iconografico, S.A. *The Sick Bacchus* by Michelangelo Merisi da Caravaggio 10u, Gianni & Tiziana Baldizzone 109Mr, 179uM, Morton Beebe 46–7, Bettmann 456–7, 457ol, Jonathan Blair 268, 330Mlo, Michael Busselle 12ul, 151u, 286–7, Chateaux Margaux/Mr Alfred Danflou 1867 19ol, Elio Ciol 231ol, 230o, 375ol, Jim Cornfield 323ol, Gianni Dagli Orti 15ul, 17ol, Robert Holmes 38Ml, 58, 471ur, 568ur, Hulton-Deutsch Collection 457or, Owen Franken 88, 140u, 188u, 199ur, David J & Janice L Frent Collection 456or, Farrell Grehan 368–9, K J Historical 456u, Mimmo Jodice 275Mr, Bob Krist 187u, William Manning 34or, Gail Mooney 126o, 400–1, Fabio Muzzi/Corbis Sygma 236, Pat O'Hara 619or, Charles O'Rear 2–3, 39ur, 108uM, 122o, 124o, 288ul, 454Mo, 539ur, 538or, 559Mr, Raymond Reuter/Corbis Sygma 21o, Maiman Rick/Corbis Sygma 470Mru, Galen Rowell 458or, Vittoriano Rastelli 253uM, Sylvain Saustier 22, Stapelton Collection 15u, Phil Schermeister 460Ml, Vince Streano 252Ml, Jim Sugar 467or, Swim Ink 165u, Underwood & Underwood 456u, Patrick Ward 344–5; CSL (Crown Copyright) 511ul; CULLEN WINES: Frances Andrijich 590oM.

D'AMBRA: 271ol; DAMIANITZA: 373or, 395ul, 394ol, 399or; D'ARENBERG: 548ur; DE BORTOLI WINES: 557u, 559uM; DELILLE CELLARS: 494o, 498or; DE TRAFFORD WINES: 5or; DOMAINE ARMAND ROUSSEAU: 98o; DOMAINE DE LA RECTORIE: 143u; DOMAINE DE LA VOUGERAIE: 99or; DOMAINE DES COMTES LAFON: 107u; DOMAINE DES LAMBRAYS: 96Mu; DOMAINE DU CASTEL: 415ur, 420ur; DOMAINE DU CHÂTEAU DE CHOREY: 105u; DOMAINE HENRI BOURGEOIS: 163ul; DOMAINE JEAN-FRANÇOIS COCHE-DURY: 106o; DOMAINE MARCEL DEISS: 57Mu, 82o; DOMAINE WARDY: 415Mr, 418or; DOMENICO CLERICO: 207u; DORLING KINDERSLEY: 28oM, 28ol, 44Mr, 59u, 66oM, 109ul, 113u, 321ur, 323or, 469Mo, 141Mr, Shaen Adey 440Mu, Max Alexander 89u, 96o, 97u, 102u, 109o, 111or, 137u, 138Mlo, 141u, 143u, 146Mu, 147ul, 177u, 316o, Philip Enticknap 177u, 180o, 181ur, Steve Gorton 175Mlu, 321ur, 329Mlu, 329Mru, 339uM, Paul Harris 336or, Andrew McKinney 471ol, Ian O' Leary 13or, 24u, 26ul, 27ul, 28uM, 29Mr, 29ol, 30u, 30ul, 30or, 32uM, 32ul, 32u, 32or, 42ul, 42ur, 42Ml, 42or, 43ol, 44oM, 44oMr, 44ol, 45ul, 45ol, 43ul, 89u, 125Mo, 394uM, 420Mlo, 455Mu, 590uM, 634oM, 634or, 635Mro, 635or, 636oMr, 636ol, 639uM, Neil Lukas 168ul, 169o, Rob Reichenfeld 330or, Kim Sayer 153ol, 157ur, 188u, 307Mr, Clive Streeter 152uM, 155oM, 322or, 323ul, 328or, Linda Whitwam 318ul, 324–5, 326u, 329ul, 329or, 331ol, 332u, 332o, 337ur, 337u, 402u, Peter Wilson 376u, 377or; DUCKHORN: 473ol; DURIUS ALTO DUERO: 292u.
ELLA MILROY: 140o, 142or, 632ol, 632olM, 632r, 632rc; EMILIO MORO: 298ol; ERNEST & JUILIO GALLO: 488ur; ERRÁZURIZ: 514ul, 522ul; ESTATE BIBLIA CHORA: 403ur, 411ul; EVHARIS ESTATE: 412or; EYRIE VINEYARDS: 497Mo.

FABRE MONTMAYOU: 4ol, 35ul, 514or, 517ol, 531ur; FAIRVIEW: 427u, 439ol; FELTON ROAD, CENTRAL OTAGO: 597ol; FETZER: 34Mo, 35ol, 469ul, 476Mru; FONSECA PORTO: 339or; FORADORI: 223oM; FREIXENET: 288u, 305or, 312o.

GAROFOLI GIOACCHINO: 247ur; GIROLAMO DORIGO: 232Mr; GIUSEPPE MASCARELLO: 212ol; GLEN CARLOU: 426Mlo, 428uM, 441or; GLORIA FERRER: 462ur, 475or; GOLDWATER ESTATE: 604or; GROOTE POST: 429u, 433ur, 430o; GROSSET WINES: 541Ml, 550oM; GUIGAL: 130ur.

HAMILTON RUSSELL VINEYARDS: 435ul; HARAS DE PIRQUE: 12or, 514u, 516ol, 519ur, 523or; HARDY WINE COMPANY: 536ul, 540Mru; HERITAGE IMAGE: The British Museum14Ml; HOLT STUDIOS: Nigel Catolin 25 (3 & 4); HOUSE OF JC LE ROUX: 441uM; HULTON ARCHIVE: 18Mul; HUMBERTO CANALE: 533Mro.

ICEX (SPANISH INSTITUTE FOR FOREIGN TRADE): 293ol, 307ol; ILLUMINATI DINO: 251oM; INNISKILLEN: 620Mu; INTERLOIRE/FIVAL: Monsieur Gilles d'Auzac, Monsieur Bouvais, Ephémère Tours, Monsieur Frappier, Monsieur José Saudubois, Monsieur Christian Waiter, Zoom Studios: 28Mr, 30or, 151u, 152Mlo, 154u, 155u, 154o; INTER RHÔNE: Philippe Médard 28ur, 28or, 28Ml, Isabelle Desarzens 28ul, 119u, 126u, 127or, 642or, Alain Gas 122Mr, 123ur, 128ul, Alain Maigre 125ul.

JANSZ: 583or; JEAN-MARC BROCARD: 55uM, 95oM; JIM BARRY WINES: 550ul; JORDAN WINES: 443o; JOSKO GRAVNER: 232uM; 602 (im Uhrzeigersinn v. or) © JUDITH MILLER/DK/CHRISTOPHER SYKES ANTIQUES, © JUDITH MILLER/ DK/BELOW STAIRS OF HUNGERFORD, © JUDITH MILLER/DK/CHRISTOPHER SYKES ANTIQUES, © JUDITH MILLER/ DK/CHRISTOPHER SYKES ANTIQUES, © JUDITH MILLER/DK/ BELOW STAIRS OF HUNGERFORD, © JUDITH MILLER/DK/ BELOW STAIRS OF HUNGERFORD; © JUDITH MILLER/ DK/CHRISTOPHER SYKES ANTIQUES © JUDITH MILLER/DK/BELOW STAIRS OF HUNGERFORD; 603 (im Uhrzeigersinn v. or) © JUDITH MILLER/DK/CHRISTOPHER SYKES ANTIQUES, © JUDITH MILLER/DK/CHRISTOPHER SYKES ANTIQUES, © JUDITH MILLER/DK/CHRISTOPHER SYKES ANTIQUES, © JUDITH MILLER/DK/ CHRISTOPHER SYKES ANTIQUES, © JUDITH MILLER/DK/ CHRISTOPHER SYKES ANTIQUES, © JUDITH MILLER/DK /CHRISTOPHER SYKES ANTIQUES.

KANONKOP: 448oM; KANTE: 233oM; KAVAKLIDERE: 415ol; KENWOOD: 474Mo; KLEIN CONSTANTIA ESTATE: 422–3, 438uM; KLOOVENBURG: 432ol; KUMEU RIVER WINES: 597ur.

LA MONDOTTE: 82ul; LA RIOJA ALTA: 301u, 306Ml; LA STOPPA: 201ul; LE DÔME: 83oM; LEEUWIN ESTATE: 636oMl, 636oMr; MARTIN FARQUHARSON: 624–5; LEÓN BEYER: 55or; LE VIGNE DI ZAMÒ: 217Mo; LIVIO FELLUGA: 231Mr; LIVON: 234ol; LOUIS JADOT: 100ol; LUCIANO SANDRONE: 212uM.

MACULAN: 227ol; MARCHESI DE' FRESCOBALDI: 237u; MARQUÉS DE RISCAL: 298uM, 302uM, 306oM; MARTÍN CÓDAX: 296ol; MARY EVANS PICTURE LIBRARY: 16–17, 19or, 19ut, 19ur, 20or, 48u, 48ul (Explorer Archives), 457ur; Douglas McCarthy 17ur; MASCIARELLI: 239ol, 245o, 251ur; MASI: 227ur, 229u, 229Ml; MATTEO CORREGGIA: 213or; MCGUIGAN SIMEON WINES: 540u, 564Mru, 569ol; MCWILLIAM'S MOUNT PLEASANT WINES: 558ol; MEERLUST ESTATE: 448Mru; MGM: The Kobal Collection 71Ml; MOLETTIERI: 279or; MONTANA WINES: 596u; MORIS FARMS: 262Ml; MOSS WOOD WINERY: 591ul; MOUNT LANGI GHIRAN WINES: 575ul; MOUTON CADET: 85ul.

NATIONAL ARCHIVES OF SOUTH AFRICA: 18–19u; NATIONAL LIBRARY OF AUSTRALIA: Wolfgang Sievers/DACS, London 2004: 553u; NATIONAL MARITIME MUSEUM, LONDON: 536u; NAVARRO: 462Ml, 468ol; NECTARIS: 220uM; NEIL ELLIS WINES: 449or; New York Wine & Grape Foundation/Randall Tagg Photography: 504Mu, 505Mr, 507ur; NEW ZEALAND WINEGROWERS: Gilbert Van Reenen 609or; NEUDORF VINEYARDS: 601ur; NONINO: 219or; NYETIMBER VINEYARD: 613Mo; OCHOA VIÑEDOS Y BODEGA – OLITE – NAVARRA – ESPAÑA: 310ol; ORLANDO WYNDHAM: 540uM, 566ol, 581Mo, 580ol.

PANTHER CREEK CELLARS: 35ol, 41ur, 501or, 10–11u, 490, 491u; PAPANTONIS WINERY: 408u; PATRICIA HARBOTOLE: 614uMl, 614ul; PAUL CLUVER: 429ol, 437Mru; PONZI VINEYARDS: 496Mu.

PETER LEHMANN: 544u; PICARDY: 592or; PHOTO SCALA, FLORENZ: 14u, *Works of Mercy: Sheltering Pilgrims* detail, San Martino dei Buononimi, Ghirlandaio Domenico (school) 8–9; PHOTOS 12.COM: Keystone Pressdienst 20ol, 20u, Oasis, Bibliothèque de L'Arsenal/Snark Archives 17Mr, ARJ/Musee de Cluny: 16ul; PINOTAGE ASSOCIATION: 433oM; PIPERS BROOK VINEYARD: 571u, 577or, 583ul; PIQUERAS: 314Mlo, 320ul; PISANO: 621or; PRAHOVA VALLEY: 393ur, 392Mu; PRODUTTORI COLTERENZIO: 221or; PRODUTTORI SAN MICHELE APPIANO: 217ol.

QUADY WINERY: 478Mlo, 489or; QUINTA DE AVALEDA – VINHO VERDE: 331Mr, 338oM.

REX FEATURES/ROGER VIOLLET: 70Ml, 510ol, 510u; Rivera: 277u; ROBERT MONDAVI: 465or, 470ul; ROCCA DI MONTEGROSSI: 253ol; ROMANO DAL FORNO: 228ol; ROOTSTOCK: Hendrick Holler 20–21u, 21ur, 50ol, 57or, 90Ml, 108Mr, 179Mu; ROYAL BOTANIC GARDEN, KEW: *Le phylloxera, moyens propsoespuor le combattre, état actuel de la question* by P. Mouillefert, published Paris, G Masson, 1879 511o; RUINART: 54or, 175ur; RUPERT & ROTHSCHILD VIGNERONS: 446ur.

SADIE FAMILY WINES: 433Ml; SCIENCE PHOTO LIBRARY: Alfred Pasieka: 510or; SCOOMHMANS HILL: 572ul; SEÑA: 518u; SHAW & SMITH: 21ol, 545ul, 548Mo, 554ol; SOPEXA/CIVCP/FRANÇOIS MILLO: 49u, 136, 137u, 139ol, 139ul, 146o, 630o, 639ur; 644ol: SOUTHCORP WINES: 13u, 549ol, 553Mlu, 555Mru, 578Ml, 28o; SPRINGFIELD ESTATE: 428ol, 434o, 436or; STAG'S LEAP WINE CELLAR: 459ur, 21oM; STEENBERG VINEYARDS: 442u, 450ul; STERLING VINEYARDS: 470ol, 471Mlu; STIMSON LANE VINEYARDS & ESTATES: 498uM; STONIER WINES: 576ul; SULA: 622or; SUNDAY TIMES, SOUTH AFRICA: Ruvan Boshoff 426Mu.

TABLAS CREEK VINEYARD: 483Mo; TAHBILK WINES: 579or; TANNERS WINES: 603ur; TEDESCHI: 228ul; TE MATA ESTATE: 606Mr; TENUTA SAN LEONARDO: 215u, 217uM, 218o; TENUTE SILVIO NARDI: 267Mlu; TIBOR GÁL: 388oM; TORRES: 313u, 313u; TSANTALI: 405or, 407Mr, 411oM.

V & A IMAGES: 614u row, 614uM, 615ol, 615or; VERBAND DEUTSCHER PRÄDIKATSWEINGÜTER: 348uM; VERGELEGEN: 424u, 427or, 444or, 451Ml, 451u, 451Mlu; VIEUX CHÂTEAU CERTAN: 83ur; VILLIERA WINES: 450oM; VINICOLA AURORA: 620or; VINTNERS COMPANY, LONDON: 17ul; VOYAGER ESTATE (WA) PTY LTD: 11or, 588o, 592Mlu.

W & J GRAHAM'S PORT & CO: 29u, 328Ml, 335uM, 341or; WEINGUT CHRISTMANN: 360oM; WEINGUT DR LOOSEN: Robin Head 354Mro; WEIN AUS ÖSTERREICH: Südoststeiermark/Kapfenstein, © ÖWM, Faber 378u; WEINGUT ERICH & WALTER POLZ: 383ur; WEINGUT FAMILIE NIGL: 380oM; WEINGUT GEHEMER RAT DR. VON BASSERMANN-JORDAN: 346u; WEINGUT GEORG BREUER: 351ul, 362u; WEINGUT JULIUSSPITAL: 366u; WEINGUT MEYER-NÄKEL: 359Mro, 358or; WEINGUT PETER JAKOB KÜHN: 365or; WEINGUT PRIELER: 374Mu; WEINGUT REICHSGRAF VON KESSELSTAFF: 345u, 346u; WEINGUT REICHSRAT VON BUHL: 361Mru; WEINGUT REINHOLD HAART: 353ul; WEINGUT WIENINGER: 382ul; WEINGUT WITTMANN: 356u; WELGEMEEND ESTATE: 447ur, 440o; WOLF BLASS WINERY: 534–5.

YALUMBA: 541Mr, 547ur; YARRA YERING: 582Ml.

Umschlagabbildungen, Vorderseite:
DK Images/Ian O'Leary (M), DK Images/Steve Gorton (ul), DK Images (uMr), Kumea River Wines, Neuseeland (ur), Welgemeend Estate, Südafrika (o).
Rückseite: Byron, Kalifornien, USA (Mlo), Cephas Picture Library/Mick Rock Back (o), Domaine Armand Rousseau, Burgund (ul), Errázuriz, Chile (Ml), Rupert & Rothschild Vignerons, Südafrika (Mro); Speri, Italien (ur).
Rücken: DK Images/Ian O'Leary

JAHRGANGSTABELLE

Jahrgangstabellen lassen Rückschlüsse auf die klimatischen Besonderheiten einer Region in einem bestimmten Jahr zu. Alle Jahrgänge werden mit Noten von 5 bis 1 bewertet, wobei 5 für »exzellent« steht und 1 für »sehr schlecht«. In jedem Jahrgang gibt es gute und schlechte Weine, aber ein 5er-Jahrgang bringt eindeutig mehr gute Weine hervor als ein 1er-Jahrgang. In Regionen, die für körperreiche Rotweine bekannt sind, z. B. Bordeaux, benötigen Weine aus höher bewerteten Jahrgänge in der Regel eine längere Zeit in der Flasche, bevor sie trinkreif sind. So kann Wein aus einem 2er-Jahrgang besser sein als ein gerade abgefüllter aus einem 4er-Jahrgang. Gute Erzeuger stellen aber immer wieder gut trinkbare Weine her, unabhängig von den Verhältnissen.

	JAHRGANG	2003	2002	2001	2000	1999	1998	1997	1996	1995	199
FRANKREICH	Bordeaux – Rive gauche	3	4	4	5	4	4	2	5	4	3
	Bordeaux – Rive droite	3	3	4	5	4	5	3	4	4	4
	Bordeaux – Sauternes	5	4	5	3	4	4	4	4	4	2
	Burgund – rot	2	5	4	3	5	3	3	5	4	2
	Burgundy – weiß	2	5	3	4	4	3	3	5	4	3
	Nördliche Rhône	4	2	4	4	5	4	4	4	5	3
	Südliche Rhône	4	1	4	5	5	5	2	2	4	3
	Südfrankreich	4	3	5	4	3	5	2	2	4	-
	Loiretal	4	4	4	3	2	2	4	5	4	4
	Champagne	2	5	1	3	3	4	4	5	5	2
	Elsass	3	4	5	5	3	4	4	3	4	4
ITALIEN	Norditalien	3	2	4	5	5	5	5	5	4	2
	Toskana	3	2	4	4	5	5	5	4	4	4
	Spanien – Rioja	4	4	5	2	4	5	3	4	5	5
	Portugal – Porto	3	-	-	5	-	-	4	-	2	5
	Deutschland	3	4	5	3	4	4	4	4	4	4
	Südafrika	4	3	4	4	4	4	3	2	4	3
USA	Kalifornien	3	4	5	3	4	3	5	4	4	4
	Pazifischer Nordwesten	3	3	4	4	5	5	3	3	2	5
	Bundesst. New York	3	5	5	2	4	4	3	2	4	3
	Australien	4	5	4	3	3	4	4	4	4	4
	Neuseeland	3	4	4	4	4	5	4	5	3	4